World Book 280

Vincent Willem van Gogh

LETTRES DE VINCENT VAN GOGH À EMEL BERNARD

VERZAMELDE BRIEVEN VAN VINCENT VAN GOGH

고흐 영혼의 편지

빈센트 반 고흐/김유경 옮겨엮음

동서문화사

네가 사랑하는 것들을 사랑하라
김유경

인생을 캔버스에 그리다

이쪽을 응시하는 새하얀 캔버스를 보면 물감을 칠해 버려. 텅 빈 캔버스가 쳐다보면 내가 얼마나 꼼짝달싹 못하게 되는지 너는 몰라. 녀석은 화가에게 말하지. '너는 아무것도 못한다!' 그 캔버스에 달린, 응시하는 백치의 눈이 화가들에게 최면을 걸어 이번에는 화가들이 백치가 되어버린단다.

화가들은 대부분 텅 빈 캔버스를 두려워해. 하지만 이 텅 빈 캔버스는 '너는 아무것도 못한다!'는 화면에 맞서 그 주술을 깨뜨려 버리는 열정적이고 진지한 화가를 두려워하지.

인생도 빈 캔버스와 마찬가지로 아무것도 그려지지 않고, 무의미하며, 무기력하고 절망케 하는 빈자리를 인간에게 늘 향하고 있어. 그렇지만 아무리 인생이 무의미하고 허무하며 죽은 것처럼 보이더라도 신념 있는 사람, 활기찬 사람, 열정적인 사람, 그리고 무언가 깨우친 사람은 그런 것에 쉽게 현혹되지 않아. 그 사람은 그 안에 들어가 이해하고, 행동하고, 끝까지 앞으로 나아간다!

준데르트의 고흐 생가

빈센트 반 고흐의 독특하고 감동적인 회화 기법은 예술에 대한 지식이 전혀 없는 사람들조차도 인정한다. 불꽃같은 삶을 살고 '상식을 벗어난' 말과 행동을 거듭하다가 비극적인 자살로 삶을 마감했다는 사실 때문에, 반 고흐는 인간존재의 소외와 고통의 상징으로 떠올랐다. 그리고 그를 주인공으로 내세운 문학과 영화도 오늘날 반 고흐 신화를 만드는 데 한몫했다.

그렇지만 아직도 세상은 반 고흐를 온전히 이해하지 못하고 있다. 자신의 귀를 자른 미치광이 화가, 저주받은 사람(그를 묻을 때 영구차를 빌려 달라는 부탁을 거절한 오베르의 사제가 이 말을 쓴 첫 번째 인물이다)이라 불린 이 화가는 같은 시대 사람들에게 오해받고 때로는 적대시되기까지 했으며, 오늘날에도 여전히 풀리지 않는 수수께끼로 남아 있다. 그의 '격렬한' 삶의 조각들은 그의 '격렬한' 작품들과 서로 어우러져 우리를 당황하게 만든다.

그런데 우리에게는 그의 삶을 들여다볼 수 있는 소중한 자료가 있다. 바로 1872년 8월부터 1890년 7월까지 이어진 그의 편지들이다. 19세기 끝 무렵 통신수단은 편지가 유일했다. 고흐도 당연히 자신의 후원자이자 지지자인 동생 테오와 자주 편지를 주고받았다. 또 부모님과 누이동생 빌레미나, 친구와 동료들에게도 편지를 보냈다. 이 편지들을 읽어보면, 그에게 가해진 숱한 오해와는 달리 고흐가 참으로 명석하고 이성적이며 유머러스한 사람임을 알 수 있다. 게다가 그는 이웃을 가엾게 여기는 인류애까지 지닌 휴머니스트이고, 여자를 열렬히 사랑한 로맨티스트이기도 했다.

삶을 송두리째 그림에 바친 고흐, 한 치의 양보도 없이 치열하게 예술혼을 불태운 고흐, 존경할 수밖에 없는 그의 모든 것이 담긴 편지들이기에 그 문장의 섬세한 숨결 하나하나를 살려 실었다. 《고흐 영혼의 편지》는 아름답고 장대하며 슬픈 삶의 기록이다. 나날의 일상, 자연에서 받은 감동, 여성에 대한 생각, 지독한 가난, 예술가의 고뇌와 열정, 그리고 작품 제작 과정을 빈틈없이 그려내 보여주며 고흐 삶의 굴곡과 예술 세계를 상세하게 전한다. 그 감정들은 광인이나 예술가만이 가지는 독특한 것이 아니라 인간 실재에서 나오는 것이며 우리 모두 느낄 수 있는 감정이다.

화상에서 목회자로

빈센트 반 고흐는 1853년 3월 30일, 네덜란드 브라반트 지방의 작은 마을 준데르트에서 보수적인 개신교 목사 테오도르스 반 고흐의 맏아들로 태어났다. 육체적으로도 정신적으로도 몹시 예민했던 그는 1869년 학교를 졸업한 뒤 16살 때 집을 떠나 헤이그로 갔다. 구필상회 창설자이며 주주인 큰아버지 빈센트의 추천으로 헤이그 지점에 수습생으로 취직하여, 그곳 지점장인 테르스티흐의 총애를 받으며 즐겁게 일했다. 구필상회는 주로 19세기 프랑스와 네덜란드의 미술작품과 모사품을 다루었다. 덕분에 그는 유럽에서 가장 존경받는 화가의 한 사람이었던 프랑수아 밀레(1814~1875)가 화폭에 담은 농부의 삶에 친숙해졌다. 또한 바르비종파의 그림과도 친해졌다. 17세기 네덜란드 회화의 전통과 마찬가지로 바르비종파는 요제프 이스라엘스(1824~1911), 안톤 마우베(1838~1888), 야콥 마리스(1837~1899)가 활동한 헤이그파에 영향을 주었다. 이들은 농부들의 삶, 교외 풍경과 바다를 주로 그렸으며 농담을 활용해서 회색을 섬세하게 처리했다.

고흐가 근무했던 구필상회 헤이그 지점

1873년에 빈센트는 구필상회 런던 지점으로 옮겼고, 네 살 아래 동생 테오는 브뤼셀 지점에 취직하여 화상으로서의 경력을 쌓기 시작했다. 1874년 1월에 빈센트가 테오에게 쓴 편지에는 다음과 같은 구절이 있다. '될 수 있으면 더 많이 감탄해라. 대부분의 사람들은 충분히 감탄하지 못하고 있으니까.' 미술품을 보는 눈을 키우려면 비평하는 연습을 해야 한다고 동생에게 알려준 그였으나 정작 자기 자신은 예술품 시장에는 그다지 관심이 없었다. 반면 테오는 영리하면서도 혁신적인 태도를 지닌 미술 중개상이었다. 빈센트는 파리 지점으로 옮겼지만 불행한 연애와 환경, 뜻밖에 찾아온 경건파 신앙의 은혜가 그의 앞에 하나의 선택지를 제시했다. 이

대로 그림을 팔 것인가 아니면 신의 종이 될 것인가. 빈센트는 1876
년 구필상회를 떠나 영국에서 가정교사와 전도사가 되었다. 그러나
이는 벌이가 거의 없었던 탓에 1876년 4월부터 12월까지 이어졌을
뿐이다. 그래서 그와 이름이 같은 큰아버지 빈센트가 이 놀랄 만큼
책을 많이 읽은 젊은이에게 도르드레흐트의 서점에서 일할 수 있게
다리를 놓아 주었다. 하지만 이 일도 오래가지 못했다. 이제 24살이
된 빈센트 반 고흐는 아직도 신의 말씀 씨앗을 뿌리는 사람이 되기
를 절실하게 바랐기 때문이다.

그는 목사가 되기 위한 계획을 실행으로 옮겼다. 그렇지만 신학을
배우기 전에 먼저 암스테르담 학교의 최종시험을 통과해야만 했다.
그는 초등학교를 졸업한 뒤 중학교에 1년 6개월을 다녔을 뿐이기 때
문이다. 그러나 암스테르담에서 14개월 동안 개인수업을 받은 게 다
였던 그는 공부를 포기했다. 대학 전체가 이루 말할 수 없는 혼란

《만종》(1857) 밀레.
오르세 미술관

《엠마오 집에서의 성찬》(1648) 렘브란트

그 자체이며 위선의 온상이라는 결론에 이르렀던 것이다. 한편 암스테르담에서 빈센트는 박물관에 자주 들렀고 그곳에서 소묘 공부를 하기도 했다. 특히 렘브란트(1606~1669)에게 사로잡혔다. 1878년 테오에게 보낸 편지에는 이렇게 쓰어 있다. '나는 마주치는 대상들을 서투르게 스케치하기 시작했어. 그것 때문에 정말 해야 할 일을 못 하는 것 같으니 아예 시작하지 않는 편이 나을 것 같구나.'

이 인생 최악의 시기에 이어 그다음에도 나쁜 상황이 찾아와 빈센트는 또다시 좌절을 맛본다. 1879년 벨기에 보리나주의 탄광촌에서 있었던 일로, 빈센트는 브뤼셀의 복음전도학교 후원을 받아 평신도 설교사로 훈련하던 중이었다. 이곳에서 빈센트는 아픈 사람들을 돌보며 도움이 필요한 사람들 모두의 친구가 되었다. 옷도 돈도 모두 내주었고 노동자와 함께 탄광에 들어가기도 했는데, (어떤 목사가 증언했듯이) 달팽이를 발견하면 프란체스코회 수도사처럼 이를 손으로 잡아서 나뭇가지에 올려줬다고 한다. 이런 눈물겨운 노력에도 브뤼셀 학교장에게 말재주가 없다는 단호한 평가를 받으며 빈센트는 시험에 떨어졌다.

1879년 여름에 빈센트 반 고흐가 잃은 것은 일자리뿐만이 아니었다. 그는 자신의 꿈을 이루기 위해 경제적으로 자립할 기회를 아마도 영원히 잃어버렸다는 사실을 깨달았다. 극단적인 신앙심에서 벗어나자 빈센트는 어떤 형태로든 살아갈 보장을 손에 넣으려면 그림 상인으로 경력을 쌓아온 동생 테오에게 의지할 수밖에 없음을 느끼게 되었다.

영혼의 동반자 테오

1880년 빈센트는 스스로에게 다음과 같이 말하며 자신의 상황을 이해하려고 애썼다. '나는 어딘가에 도움이 될 것이다. 내 인생에는 목적이 있으며 나는 전혀 다른 사람이 될 자신도 있다. 어떻게 하면 세상에 도움을 줄 수 있을까? 어떻게 해야 다른 사람을 도울 수 있을까? 내 안에는 무언가가 있다. 나는 무엇이 될 수 있을까?'

이 무렵부터 동생 테오는 형에게 돈을 부치기 시작한다. 그 돈은 결국 빈센트의 유일한 수입원이 되고 말았다.

현재 간행된 800여 통의 빈센트 편지 가운데 대부분은 그가 테오에게 보낸 것이다. 이 편지는 오늘날 사람들에게 근대 미술의 탄생 궤적을 실제로 경험할 수 있게 해준다. 빈센트 개인의 사례에서 근대 미술 전체의 전형적인 움직임이 드러나기 때문이다. 빈센트는 1872년 8월에 테오에게 처음으로 편지를 썼다. 이때 그는 헤이그에서 수습사원으로 일하던 중이었으며 테오는 구필상

소년 시절 고흐
(1866, 13세)

회 브뤼셀 지점에서 막 일을 시작한 무렵이었다. 그리고 1890년 7월 27일 오베르 쉬르 우아즈에서 자신을 총으로 쏘았을 때 빈센트의 웃옷 주머니에는 테오에게 보내는 편지가 들어 있었다.

테오는 암스테르담에서 공부하던 빈센트를 찾아왔고 벨기에 보리나주에도 형을 보러 와, 조금이라도 편히 생활할 수 있도록 그때마다 형에게 얼마쯤의 돈을 주고 갔다. 빈센트는 아직 부모에게 경제적으로 의지하고 있었기에 1878년부터 파리로 옮겨와 이미 그림 상인으로 꽤 벌이가 괜찮았던 테오의 도움을 받았다. 그 뒤 부모님이 돌아가시자 테오가 형을 돌보는 모든 책임을 짊어지게 되었다. 이는 빈센트가 바란 일이기도 했다.

벨기에에서 빈센트는 테오에게 이런 편지를 썼다. '내가 한심한 인간이 되어버려도 너는 반대로 출세했어. 내가 사람들에게 공감을 받지 못해도 너는 반대로 이를 손에 넣었지. 이 사실이 나는 매우 기뻐. 정말 진심으로 그렇게 생각하며 앞으로도 언제든 늘 그렇게 생각할 거야. 만일 네게 성실함이나 깊이가 부족하다면 이 마음은 언제까지고 계속되지 않을지도 몰라. 그렇지만 나는 네가 아주 성실하고 무척 깊은 사람이라고 생각하니 괜찮으리라고 굳게 믿어. 그렇지만 네가 나를 그저 게으른 식충이보다는 조금 더 괜찮은 사람으로 봐 준다면 정말 기쁘겠어.'

형의 이토록 따뜻한 마음과 믿음을 배신하는 일을 테오는 생각할 수 없었으리라. 나중에 파리를 떠나 남프랑스로 내려간 빈센트에게 테오가 쓴 편지에는 형에 대한 애정과 이해가 담겨 있다. '형님은 반복되는 일상생활 속에서 사람들이 저마다의 찬란한 빛을 잃어버렸다는 생각을 처음으로 한 사람입니다. 형님은 따뜻한 마음을 가졌고 사람들을 위해 무엇인가를 해주려고 계속 노력했지요. 형님에 대해 알려고도 이해하려고도 하지 않았던 사람들이 가장 나쁩니다.'

1880년 가을부터 빈센트는 운명의 길을 바꾸고자 고민을 거듭했으며 '나는 무엇이 될 수 있을까'라는 질문에 답을 찾으려고 애썼다.

화가의 길로 들어서다

마침내 빈센트 반 고흐는 화가가 되기로 마음먹었다. 이를 위한 준비는 충분히 했고 이제까지 누구보다 진지하게 임할 생각이었다. 그는 구필상회에서 일할 때부터 그림에 폭넓은 지식을 가지고 있었으며 많은 화랑에 방문한 경험으로 옛 거장들의 작품과도 친숙했다. 아울러 바르비종과 헤이그에 강한 영향력을 가진 외광파 화가들의 복제화를 꾸준히 수집했다. 1873년에는 런던에 도착한 지 얼마 안 되어 재능 있는 화가들에게 열중했고 곧 9명의 이름을 들었다. 존 에버렛 밀레이(1829~1896), 조지 헨리 보턴(1833~1905), 자메 티소트(1836~1902) 같은 화가들이었다. 6개월 뒤 빈센트가 특별히 좋아하는 화가들 목록은 54명에 이르렀다. 그는 자기 그림에 걸맞은 것을 찾아다녔다. 셰익스피어를 발견했을 때는 화가답게 이렇게 말했다. '그의 말과 양식은 열광과 감동으로 떨리며 완전히 화가의 붓 같다.'

빈센트는 그림 공부를 시작하고 2년 동안은 유화물감도 붓에도 손대지 않았다. 그렇지만 보리나주에서 그 지역 사람들 모습에 매력을 느꼈을 때에는 그림을 그리고 싶다는 충동을 억누르지 못했다. '나는 자주 밤늦게까지 그린다. 몇 가지 추억을 기록하기 위해서이고 여기 풍경을 보면서 자연스럽게 떠오른 생각을 강하게 만들기 위해 그림을 그린다.' 곧 빈센트는 더욱 체계적인 공부 방법을 시도하게 된다. 과거와 현재 화가들의 석판화, 동판화, 사진 등에 더해 샤를 바르그(1826/27~1883)의 전문적인 《바르그의 데생 교본》을 손에 넣었다. 그리고 그 책 안에 들어 있는 석고상 그림과 거장들의 모사화를 몇 번이고 되풀이해 따라 그렸다. 1880년 빈센트는 구필상회 지점장이었던 테르스티흐에게 샤를 바르그의 《목탄화 연습》을 보내달라고 부탁했으며, 테오에게는 자신이 좋아했던 밀레의 판화 몇 점을 부탁했다. 빈센트는 선교 활동에 쏟아부었던 정열을 예술에 쏟기 시작했다. 그는 테오에게 보내는 편지에 '사람들 앞에 보일 수 있는, 그리고 팔리는 소묘를 되도록 빨리 그릴 수 있게 되어서 내 작품으로 직접 무언가 벌이를 시작할 수 있기'를 바란다고 적었다.

어떤 다른 초심자들보다 강한 인내력과 깊은 이해력으로 빈센트는 아무런 환상도 없이 실제 그림 공부에 임했다. 처음부터 철저하게 기초를 쌓지 않고 서둘러 허둥거리며 정상에 이르려고 하는 사

《짐 지고 가는 여인들》
(1811) 크뢸러-밀
러 미술관, 오텔로,
네덜란드

람들에게 큰 의문을 가졌다. 그리고 그림을 잘 그리기 위해서는 비
율, 명암법, 원근법 같은 몇 가지 법칙을 반드시 익혀야 하며 이런
지식 없이는 아무리 노력해도 결실을 맺을 수 없다는 사실도 알고
있었다. 빈센트는 단호히 어떤 종류의 편견, 특히 그림은 태어나면
서부터 가진 재능에 달려 있다는 생각을 피했다. 그가 보기에는 끊
임없는 노력이 훨씬 중요했다. '만일 정말로 화가가 되고 싶다면, 이
일을 기쁘다고 느낀다면 반드시 될 수 있을 것이다. 그렇지만 이런저
런 문제와 고생, 실망, 우울함, 무력감에 휩싸이는 날도 있을 것이다.'
경험을 쌓으면서 빈센트는 소묘 작업이 마치 느끼는 일과 할 수 있
는 일 사이를 가로막는 보이지 않는 강철 벽을 통과하는 것처럼 느
껴진다고 토로했다. 그렇지만 이제 그에게는 확실한 목표가 있었으
므로 그 어느 때보다 기분이 좋았다. '나는 많은 일에서 나 자신의
나약함과 어찌할 수 없는 의존심을 깨닫지만 정신은 안정을 되찾았
고 날마다 에너지가 가득해지는 것을 느낀다.'

　　노력, 고민, 실망, 의기소침, 나약함, 의존심, 무기력의 보상으로 받

네가 사랑하는 것들을 사랑하라 11

은 행복한 시간. 그 뒤로 이것이 빈센트 인생의 하나의 유형이 되었으며 이는 편지에도 고스란히 드러난다. 브뤼셀, 에텐, 헤이그, 드렌터, 그리고 누에넨. 빈센트는 그 뒤 머문 어떤 지역에서도 한 장의 그림조차 팔지 못한 채 적어도 월 100프랑쯤은 어떻게든 얻을 수 있기를 바란 소묘 화가라는 직업에도 자리를 잡을 수가 없었다. 가난에 실연이 겹치고, 친척과의 문제는 병 때문에 더욱 심해졌다. 그렇지만 빈센트는 아무리 작은 예술의 발전이라도 소중히 여기며 이를 테오에게 알렸다. '인물상을 완전히 실패하는 일은 아주 드물어. 모델에게 들어가는 돈도 분명 곧 벌 수 있을 거야.', '나를 요즘 행복하게 해주는 것은 그림이야.'

이렇게 좋은 소식을 전할 수 있는 것은 테오 덕분이지만 그 이상으로 빈센트 자신이 노력한 결과이기도 했다. 동생에게 보낸 이런 편지는 테오가 자신을 계속 지원(때로 살짝 늦어지기는 했어도)하게 만드는 이상적인 담보가 되어주었다. 그에게 성공을 알리는 일은 약한 자신감을 안정적으로 유지하기 위해 꼭 필요했다. 빈센트는 작은 비판에도 아주 민감하게 반응했다. 자주 고개를 쳐드는 광기와 자살 충동에서 어떻게든 자신을 지켜내려면 자기반성이나 새로운 인생관 등을 어떻게든 끊임없이 물리쳐야 했다. 게다가 편지는 만들어 낸 예술작품을 말로 확인할 수 있게 해주었다. 특히 아를에 있었던 시절에는 테오에게(즉 자기 자신에게) 거의 모든 동기와 주제를, 왜 그것을 그려야만 하는지를 적어서 보냈다.

누에넨, 안트베르펜 시절

빈센트는 아버지가 교구 목사로 부임해 있던 누에넨에서 2년쯤 머물면서 이백여 점의 그림을 그렸고 수많은 소묘와 수채화도 그렸다. 이 시기 대표작은 《감자먹는 사람들》이다. 여기에는 그동안의 그림 공부 결과와 관심사가 녹아들어 있었다. 누에넨 시절 그가 그린 그림의 주제는 풍경, 농부와 천 짜는 사람과 같은 주제에 거의 한정되어 있었다.

빈센트는 프랑수아 밀레를 '위대한 거장'으로 여기고 길잡이로 삼았다. 밀레가 발전시킨 이상을 추구하면서도 그 그림들에서 자연과

《감자먹는 사람들》
(1885). 반 고흐 미
술관, 암스테르담

공생하는, 고되지만 순수한 삶의 정수를 꿰뚫어 보았다. 하지만 그들의 고통을 감상적으로 처리하는 대신 지저분하고 누추한 모습을 있는 그대로 담아냈다. 그리고 알프레드 상시에가 쓴 《장 프랑수아 밀레의 삶과 예술》(1881)에서 빈센트는 자신의 인생과 대응하는 것을 발견했다.

빈센트는 그림을 그리면서 작은 주문을 받게 되었다. 에인트호벤의 보석상 찰스 헤르만이 거실을 장식할 스케치 몇 점을 부탁한 것이다. 빈센트는 밀레의 《사계절》에서 영감을 받아 스케치를 했고, 헤르만을 통해 다른 화가들과도 친분을 맺게 되었다. 예술적인 부분에서 누에넨 시절은 많은 도움이 되었지만 개인적으로는 괴로움의 연속이었다. 사랑에 빠졌던 여인과는 두 집안의 반대로 이루어지지 못했고, 1885년 3월에는 아버지가 갑작스럽게 세상을 떠났다. 한동안 불화를 겪기도 했으나 아버지의 죽음은 빈센트에게 큰 충격을 주었다. 같은 해 9월에는 누에넨의 목사가 주민들에게 빈센트의 그림 모델을 서주지 말라고 명령했다. 모델을 서준 소녀를 임신시켰다는 의혹 때문이었다. 그해 끝 무렵 빈센트는 안트베르펜으로 향했다.

《땅 파는 사람》(1885) 바버 미술관, 버밍엄대학교

《누에넨 교회에서 나오는 사람들》(1884) 반 고흐 미술관, 암스테르담

누에넨을 떠나기 전에 쉼 없이 책을 읽은 덕분에 그는 두 번째 스승이라고 할 만한 낭만주의 화가 외젠 들라크루아(1798~1863)를 만난다. 들라크루아는 19세기 전반기에 프랑스혁명의 자유주의적 이상을 그린 뒤 북아프리카의 색과 관능미를 화폭에 담았다.

빈센트는 샤를 블랑의 책에서 들라크루아의 색채론을 배우고, 그것을 '일반적으로 이용하기 위한 관련성과 완전성에 있어서', 아이작 뉴턴의 동력에 대한 책과 조지 스티븐슨의 증기엔진에 대한 책을 비교했다. '이 색채의 법칙이 나아가야 할 길을 비추어 주는 것은 단연코 확실하다.' 빈센트는 평생 예술의 사회적 책임과 회화가 가지는 인간적인 측면을 결코 잊은 적이 없었다. 그리고 들라크루아가 '완전히 색채를 지배하고 있는' 것에 감명받았다.

그는 갓 옮겨간 안트베르펜에서 17세기 거장 루벤스(1577~1640)의 작품을 알게 되고 그를 숭배하게 되는데, 그 영향으로 붉은색과 흰색을 풍부하게 사용함으로써 그림들이 한층 생기를 얻었다. 또한 이곳에서 그는 자기 미학 이론의 세 번째 바탕—얼핏 다른 두 길잡이와는 전혀 어울려 보이지 않는—을 만난다. 바로 공쿠르 형제 에드몽과 쥘이 쓴 작품을 통해 알고 있었던 '자포네즈리(일본 취향)'이다. 빈센트가 1866년 안트베르펜에서 예술 아카데미 기초 과정을 배울 때는 테오에게 이렇게 써 보낸다. '나는 여러 개의 작은 일본 판화를 벽에 핀으로 고정해 놓았어. 무척 유쾌한 작품이란다. 정원이나 모래사장에 있는 작은 여인들의 모습이나 말 타는 사람, 꽃, 옹두리가 있는 뾰족한 나뭇가지를 너도 알고 있을 거야.' 몇 달 뒤 그는 파리에서 열심히 이 우키요에를 모았다. 우키요에에 대한 열정은 화가로서의 빈센트 작품에 큰 영향을 주었고, 실제로 그림 그리는 방식도 바뀌었다. 이때 빈센트는 화구상이었던 《탕기 영감의 초상》과 《아고스티나 세가토리》의 배경에 이 우키요에를 그려 넣고, 그 명쾌한 윤곽과 선명한 색채를 강조했지만, 일본에서 우키요에는 그다지 중요한 예술로 여겨지지 않았다. 빈센트는 유채화 몇 점에서 우타가와 히로시게(1797~1858)와 게이사이 에이센(1791~1848)의 그림자 없는 묘사 방식을 응용했으며, 《이탈리아 여인》(1887년 12월)에서는 확실히 동양적인 분위기가 풍긴다.

《탕기 영감의 초상》(1887) 로댕 미술관, 파리

《빗속의 다리》(1887)
히로시게 작품 모사

《아타케 다리 위의 소나기》 히로시게 작품

파리 시절, 인상파를 만나다

1886년 3월, 빈센트는 파리에 있는 테오의 집으로 거처를 옮긴다. 그는 권위적인 아카데미 교육의 제약에 맞서기도 했지만 에콜 데 보자르에 입학한다. 전통적인 교육법도 효과가 있으리라 여겼던 것이다. 샤를 바르그가 쓴 입문서들도 학교에서 교재로 쓰였다. 테오는 편지에서 기본적인 교과 과정에는 해부학 소묘와 거장의 작품 모사가 있다는 점과, 습작과 완성작 사이의 뚜렷한 차이에 대해 자주 이야기하곤 했다. 사실 파리에 오기 전까지 빈센트는 양식 문제보다는 기법의 기초에 관심 있는 전통주의자였다.

그때 부소&발라동 상회(이전 구필 상회)의 지점장이었던 테오는 형에게 클로드 모네(1840~1926), 오귀스트 르누아르(1841~1919), 에드가 드가(1834~1917), 카미유 피사로(1830~1903), 알프레드 시슬레(1839~1899)와 점묘주의 화가인 조르주 쇠라(1859~1891)와 폴 시냑(1863~1935)을 소개해 주었다. 그러나 정작 빈센트의 마음을 사로잡은 그림은 아돌프 몽티셀리(1824~1886)의 정물화였다. 들라크루아와 같은 낭만주의 색채화가인 몽티셀리는 생생하고 부드러우며 화려한 색을 즐겨 사용했다.

고흐와 테오가 함께 살았던 아파트
파리 몽마르트르 르픽 거리 54번지

현대 미술 발전에 대한 빈센트의 지식은 야외 제작의 바르비종파와 헤이그파에 한정되어 있었다. 헤이그파 일원으로 빈센트와는 먼 친척인 안톤 마우베는 그가 독학을 시작한 즈음 때때로 조언을 해주었다. 그러므로 빈센트가 유화물감을 두껍게 칠해 그린 몽티셀리의 꽃 그림 빛에 열중한 것도 무리는 아니었다. 몽티셀리는 그 조금 전에 마르세유에서 세상을 떠났다. 빈센트는 이미 서른 점 정도의 강렬한 꽃 그림을 그리고, 이 동시대 화가를 밀레와 들라크루아와 함께 자신의 수호신으로서 전당에 올렸다.

'인상파라는 이름의 일파가 있다. 하지만 나는 그리 잘 알지 못한다'고 1885년에 빈센트는 초조한 듯 쓰고 있다. 늦어도 이 파리 시절 끝 무렵까지는 빈센트도 인상파의 한 사람이며, 그때 또는 그 조금 뒤에 나타난 상징파와 점묘파에 대해서도 자신만의 견해를 갖고 있었다. 사실 처음에 빈센트는 인상파 그림들을 '색이 형편없다'고 평가했다. 아마 몽티셀리와 들라크루아의 화려한 그림과 비교했기 때문이리라. 그런데 곧 그는 인상파에 대한 생각을 바꾸었다. 드가의 여성 누드화와 피사로의 풍경화에 존경을 드러냈다. 사실 빈센트는 르누아르나 모네보다는 밀레의 계승자로 여겨진 피사로에 가깝다. 테오의 친구이기도 한 피사로는 신진 화가들에게 늘 관심이 많았다. 세잔 (1839~1906)과 쇠라의 작품들도 눈여겨보았던 피사로는 그 누구보다 먼저 고흐의 잠재력과 재능을 알아보았다.

빈센트는 그즈음 세력을 떨친 살롱계 화가 페르낭 코르몽 (1845~1924)의 아틀리에에 학생으로 들어가 연구하며 3개월이라는 짧은 기간 동안 주로 그보다 젊은 친구들을 만났다. 그들은 아직까지 풍자나 이야기를 주로 그리며 주류를 차지하고 있는 장 레옹 제롬(1824~1904)과 토마 쿠튀르(1815~1879), 윌리앙 아돌프 부그로 (1825~1905)의 젠체하는 살롱 회화에 반대했다. 살롱 화가들은 인상파의 발견에서 주의 깊게 거리를 두었다. 그때 빈센트는 파리 교외 아니에르에서 폴 시냐과 나중에 상징파가 되는 에밀 베르나르 (1868~1941)와 함께 그림을 그리고 있었다. 베르나르는 폴 고갱(1848~1903)을 빈센트에게 소개했는데, 고갱도 아웃사이더였다. 빈센트는 또 오스트레일리아 출신 초상화가 존 피터 러셀 (1858~1930)의 모델이 되었고, 화가, 소묘가, 판화가였던 앙리 드 툴루즈 로트렉(1864~1901)은 1886년 12월에 그를 아리스티드 브리앙의 카바레 미를리통에 데리고 갔다.

동생 테오
(1889, 32세)

빈센트의 친구들 작품 또한 회화 시장에서는 팔리지 않았다. 가장 재능 있는 사람조차 궁핍했다. 인상파 그룹을 만든 피사로도 마찬가지였다. 인상파가 등장하고 10년이 흐른 1886년이 되어서야 화가로서 한몫을 하며 인정받게 되지만, 화랑과 교류가 있었음에도 1887년에 작품을 팔아 벌어들인 돈은 4000프랑도 되지 않았다.

빈센트가 영국 화가 리벤스(1862~1936)에게 보낸 편지에 따르면 상황은 다음과 같았다. '대규모 화상들은 밀레, 코로, 들라크루아, 도비니, 뒤프레, 그 밖에 두세 화가들 작품을 터무니없이 비싼 값에 팔고 있다. 젊은 예술가들에게는 아주 조금만 해주든가 전혀 아무것도 해주지 않는다.' 젊은 화가들은 빈센트의 그림을 고작 20프랑에 팔게 되는 줄리앙 탕기(탕기 영감)의 화방 같은 이류 화랑이나 관설 살롱 조사원이 받아들일 가망이 없는 예술가들을 위해 1884년 조직된 심사 없는 앵데팡당전 같은 곳으로 밀려났다.

빈센트는 여러 아틀리에에서 회화 시장의 현황을 검토하고 두 개의 전시회를 계획했다. 이 일에 앞장선 빈센트를 미술계 동료들은 호의적으로 받아들였다. 클리쉬 거리에 있는 레스토랑 샤틀레에서는 자신의 작품 백여 점과 다른 인상파 화가들의 작품을 전시했다. 인상파라는 말은 그 단순함 덕분에 회화 제도에 들어가지 못하는 거의 모든 화가에게 이용되었다. 베르나르, 로트렉, 루이 앙케탱(1861~1932), 아놀드 헨드릭 코닝(1860~1945), 그리고 아마도 아르망 기요맹(1841~1927)도 그 일원이었다. 그런데 신인상파 화가들이 이 전시회에 참여하지 않아 빈센트는 적잖이 실망했다. 쇠라와 시냑, 피사로도 참여하지 않았는데, 이들 신인상파 화가들은 자신들의 그림에 드러난 과학적 합리성을 베르나르와 고갱이 배척하고 있다며 둘에게 반기를 들었다. 빈센트가 연 전시회에 참가한 화가들은 스스로를 '프티 불바르 화가들'이라고 불렀다. 인상파 화가들의 작품을 전시한 유명 화랑 '그랑 불바르'에 빗댄 이름이었다. 많은 예술가들과 화상들이 이 전시회를 찾았으나 정작 빈센트는 레스토랑 주인과 말다툼 끝에 자신의 그림을 치워 버렸다. 그 대신 한 달 뒤, 연출가 겸 배우인 앙드레 앙투안이 문을 연 자유극장에 쇠라, 시냑과 함께 우정 출품했다.

《작약과 장미가 꽂혀 있는 꽃병》(1886)　반 고흐 미술관

《구두》(1887)　볼티
모어 미술관, 미국

《아니에르의 시렌
레스토랑》(1887)
오르세 미술관

《레스토랑 내부》
(1887)　크뢸러－
뮐러 미술관

네가 사랑하는 것들을 사랑하라 23

《파리의 집과 성벽》(1887) 위트워스 미술관, 맨체스터대학교

《파리 아니에르 공원》(1887) 반 고흐 미술관

《여인의 석고 토루소》(1886)
반 고흐 미술관

《누워 있는 여인》(1887)
크뢸러-뮐러 미술관

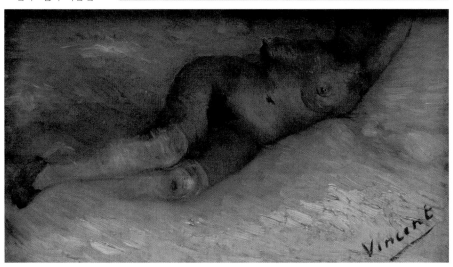

《밀짚모자를 쓴 자화상》(1887)　디트로이트 미술관, 미국

앞 페이지
《검은 펠트 모자를 쓴 자화상》(1886)　반 고흐 미술관

아를로 가다

아를로 향하는 차 안에서 밖을 바라보는 빈센트는 빨리 달려가고 싶은 흥분에 사로잡혀 몸도 마음도 불타버릴 것만 같았다. 빈센트에게 파리 생활은 만만치 않았고, 도시는 그에게 어울리는 주거 환경이 되지 못했다. 성급한 성격 탓에 테오와 부딪치는 일도 잦았다. 그는 예술적 힘이 메말라 가자 새로운 자극을 받아야 할 필요성을 강하게 느꼈다. 그리고 브르타뉴에 머물던 고갱의 격려로 고독하고 편안한 환경을 찾기 시작했다. 처음에 그가 바란 것은 '당황하지 않고 느긋하게 하기'를 위한 '평온과 안정'의 감각을 다시 한 번 되찾는 일뿐이었다. '내가 남쪽에 와서 일에 몰두하는 데는 수많은 이유가 있다는 걸 너도 알 거야. 다른 빛을 보기를 바라고, 빛나는 하늘 아래에서 자연을 바라보면 일본인의 사고방식과 그리는 방식에 대해 더욱 잘 알게 될지도 모른다고 생각해. 또 이 강렬한 태양을 보고 싶은 이유는 이 태양을 알지 못하면 수법과 기법의 관점에서 들라크루아의 회화를 이해할 수 없을 테고, 북쪽 아지랑이 속에서는 프리즘의 색이 숨어버린다고 느끼기 때문이야.'

이 아를은 알려져 있는 한, 화가가 살았던 적이 없는 땅이었다. 아를은 빈센트의 기대를 모두 채워 주었다. 화사한 색상으로 넘치는 남프랑스야말로 이제껏 그가 찾던 곳이었으며, 그림을 발전시키기 위해 필요한 곳이었다. 덕분에 조금씩 빈센트는 대담한 계획을 펼치기 시작한다. 이는 미술 시장을 바로잡고 예술에 활기를 되찾게 하기 위한 작은 전략이었다. 그 계기는 파리에서 지낸 2년 동안의 체험이며, 그사이 빈센트는 과격하리만큼 양식을 바꾸고 처음으로 미술 시장의 현실에 맞서게 되었다.

따라서 냉담한 아를에서의 첫걸음은 미술계의 전통 무기를 이용해 영국과 네덜란드에 진출하기 위한 계획을 세우는 것이었다. 파리에서의 작품은 테오와 함께 일하는 중개자 또는 테오가 직접 런던으로 보내면 그곳에 전시되어 팔릴 예정이었다. 헤이그 쪽은 테오의 고용주가 도움을 주어 일을 진행하기로 되어 있었다. 2월 끝 무렵, 빈센트는 테오의 직장 동료 테르스티흐 앞으로 쓴 편지를 정리해서 테오에게 보냈다. 파리의 아틀리에를 방문해 주길 바라며, 그림은

《고갱을 위한 자화상》
(1888) 포그 미술
관, 미국 케임브리지

결코 비싸지 않고 테르스티흐는 네덜란드에서 이 작품 중에서 '충분
히 오십 점'은 팔 수 있을 것이라고 생각한다는 내용이었다. 빈센트
는 자신만만했다. 선전 효과를 더욱 올리기 위해 네덜란드 사교계
의 저명인들에게 회화를 증정하는 것도 떠올렸다. 또한 그는 가까
운 마르세유에서 '인상파 상설 전시' 계획을 구상하고 있었다. 그러
나 처음에는 잘 진행되는 듯했던 이 계획이 결국 실패로 끝나고 만
사실을 형제는 받아들여야만 했다. 테르스티흐는 분명히 인상파의
대표작 몇 점을 위탁 판매로 받아들였지만 8주 뒤에는 이 그림들을
모두 되돌려 보냈다.

　빈센트가 생각한 두 번째 계획——예술과 상업, 예술가의 생활과

'현실 생활'을 통합한다는 긍정적이고 너그러운 시도——은 크리스마스를 앞두고 파국을 맞았으며, 그 비참한 결과는 화제가 되었다. 동생에게 실용주의자로서의 본성을 발휘한 편지를 쓴 3월 끝 무렵에는 이런 결과가 되리라고는 꿈에도 생각지 못했다. 그는 어느 협회 창설 계획에 대해 다음과 같이 짧게 말했다. 모두에게 인정받는 화가들과 특히 아직은 잘 알려지지 않은 인상파 화가들은 하나로 단결하고, '협회가 적어도 그 회원에게 생활과 제작을 보장할 수 있도록' 작품을 판매해서 얻은 이익을 서로 나누어야 한다. 유명 화가들은 1만 프랑의 가치 있는 작품을 제공하고, 젊은 화가들에게 말해서 이 제작자에 의한 화랑(이라고 해도 그것은 아직 그렇게 불리지는 않았지만)의 재고를 보충한다.

그가 생각하는 이 계획의 이점은 '위대한 인상파 화가들은 공유 재산이 될 그림을 제공함으로써 그 명성을 유지하고, 다른 사람들은 더는 그들이 평판을 독점한다고 비난할 수 없게 된다. 물론 이 명성은 주로 그들의 개인적인 노력과 저마다의 타고난 재주에 따른 것이지만 어쨌든 지금에 이르기까지 쭉 극심한 가난 속에서 끊임없이 그림을 그려온 수많은 화가의 작품에 의해 높아지고 지지받으며 유지되는 평판이다.' 빈센트는 오늘날의 우리에게도 큰 문제인, 작품이 팔리고 난 예술가의 권리에 대해서도 생각했다. 이것은 얼마 뒤 폴 고갱에게 보내는 편지에 쓰여 있다. 빈센트는 동료들을 위해 '현재의 환경에서는 작품이 화가의 손을 떠나고 오랜 시간이 지나야만 얻을 수 있는 가치 분배를 화가가 받아들일 수 있게' 보장되기를 바랐다. 이 방침을 조금 수정한 형태로 진행하려 했던 빈센트의 움직임 말고는 이 장기 계약 제안에 대한 화가들의 대응은 알려지지 않았다.

테오에게 편지를 쓰고 나서 고작 4일 뒤 빈센트는 '많은 이유에서' '가련한 파리의 마차 끄는 말들, 다시 말해 너와 나의 친구들, 수많은 가련한 인상파 화가들이 그곳에서 풀을 뜯으러 나갈 만한 아담한 은둔처 같은 것'을 발견하고 싶다는 희망을 드러낸다. 테오의 서른한 번째 생일인 5월 1일, 빈센트는 라마르틴 광장에 있는 밝은 노란색 건물의 방 네 개를 월 15프랑에 빌렸다. 이 '노란집'은 차츰

반 고흐의 《노란집》(1888)   수채화 습작

아틀리에 이상의 것, 단순히 빌린 사람이 살기 위한 공간만이 아닌
그 이상의 것이 되어 갔다. 빈센트는 그곳을 화가들 '협회의 시작'이
며 '새로운 색채, 새로운 구상, 새로운 예술적 활동'의 첫 씨앗이라고
생각했다.

　이제 몽상에 사로잡힌 그는 '남쪽' 또는 더욱 과격하게는 '열대지
방'에서의 미래와 함께 '헤아릴 수 없는 예술의 재생 가능성'을 굳게
믿었다. 빈센트는 '신세계'가 다가옴을 느끼고 예술가 한 사람만으로
는 실현할 수 없는 예술 작품을 요구했다. '내가 더욱더 생각하는 것
은 회화가 완전히 그 자체인 듯한 형태로 그림이 그려져야만 한다
는 것이다. 그리고 그리스 조각가나 독일 음악가, 프랑스 소설가들
이 다다른 저 높은 청명한 곳에 올라야만 한다. 그들은 고독한 개인
의 힘을 훨씬 뛰어넘어 있었다. 그러므로 어쩌면 그것은 어느 공통

된 생각을 실천하기 위
해 서로 협력하는 사
람들의 무리에 의해 창
조되는 것이다.'

반 고흐는 '서로 비
판하고 비난하는 예술
가들 사이에서 협동
정신이 부족함'을 알고
있었으며, 또 그것을
두려워하기도 했다. 그
가 떠올렸던 것은 '영
국 12명의 라파엘전파

《폴 고갱 자화상》
(1888) 반 고흐 미
술관

공동체 같은 성질의' 단체이며, 처음으로 뜻을 함께할 화가들도 늘
눈여겨보고 있었다. 퐁타벤에 화가들의 작은 집단이 조성된 브르타
뉴에서는 샤를 라발(1862~1894), 앙리 모레(1856~1913), 그리고 에
밀 베르나르를 아를로 초청한다. 빈센트는 이 재능 풍부한 시인이자
이론가이기도 한 베르나르와 자주 긴 편지를 주고받았다. 거의 아
버지처럼 빈센트는 파리 시절부터 이 친구(그즈음 베르나르 나이는
20살)에게 조언을 해주고 그림을 교환하며, 앞으로의 계획에 대해
누구보다도 빨리 이야기해 주었다. 베르나르는 순순히 참여하겠다
고 뜻을 밝혔지만 실제로는 오지 않았다.

또 그즈음 빈센트는 브르타뉴에서 베르나르와 함께 그림을 그리
던 나이 많은 동료이자 자신과 마찬가지로 독학으로 그림의 길에
들어선 폴 고갱을 초청하기 위해 무척 애썼다. 알고 지내는 모든 화
가 중에서도 빈센트는 고갱을 가장 높이 평가하고, 자신을 낮출 만
큼 존경했다. 그는 빈센트는 고갱을 노란집의 '수도원장'으로 간주하
고, 고갱 앞으로 '이제부터는 당신을 아틀리에의 원장이라고 생각하
기를' 바란다고 써 보낸다. 고갱은 처음에는 망설였지만 마침내 아
를로 떠난 유일한 화가가 되었다.

빛나는 색채의 향연

아를에서 처음 몇 주 동안, 빈센트는 그림에 대해서만큼은 특별히 무언가가 필요치 않았다. 일본이라는 마법의 나라가 있다는 것만으로도 충분했다. 그는 '눈처럼 밝은 하늘 아래, 산꼭대기마다 펼쳐진 설경'을 보고 눈에 들어온 풍경을 곧바로 그려냈다. 그것은 '마치 일본인이 그린 겨울 풍경' 같았기 때문이다.

일본과 인상파 모두에 경의를 표하며 빈센트는 유리컵에 꽂아둔 아몬드의 작은 가지와 바구니에 담은 오렌지 정물화 등 그림 세 점을 그렸다. 날씨가 몹시 추워서 머무르고 있던 호텔 겸 식당인 캐럴의 방에서 작업을 할 수밖에 없었다. 그다음에 그린 두 점의 그림은 예전 네덜란드에서 지낼 때 그렸던 주제로 돌아가 있는데, 전에는 회색과 '여러 갈색'을 썼다면 이번에는 밝은 보색이 조합되었다. 한 켤레 구두, 노란색 그릇에 담긴 까만 윤곽의 불그스름한 감자이

《설경》(1888)
개인 소장

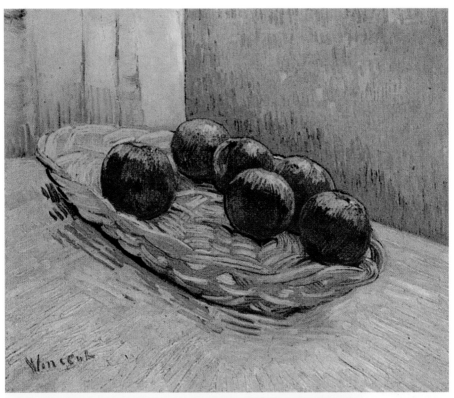

《유리병에 담긴 아몬드 꽃가지》(1888)

다. 그리고 집에서 그린 작품으로는, 새로운 주위 정경을 그린 두 점의 걸작이 있다. 닫힌 창문 너머로 보이는 정육점 모습과 열심히 설득한 끝에 겨우 모델이 되어준 노파가 그림 바깥쪽을 똑바로 바라보고 있다. 파리에 머무를 때 친구로 지내던 폴 시냑과 조르주 쇠라가 쓰던 방법처럼, 배경을 점묘풍으로 살짝만 그린 것이었다. '이것으로 여덟 점의 습작이 완성되었다.' 이렇듯 빈센트는 새 집으로 이사하고 나서 2주도 채 지나지 않아 이 소식을 테오에게 알리고, 가까이 있는 것들을 그리겠다며 주위를 탐색했다.

그다음 날에는 '다른 두 점의 풍경 습작'에 대해 보고하고 같은

주에 '네 점에서 다섯 점을 그리기 시작할' 예정이라고 선언했다. 아
를 운하의 우회로에서 빈센트는 우연히 랑글루아 다리(도개교)를
보고《랑글루아 다리》를 그렸다. 말, 짐수레, 보트, 세탁하는 여자,
갈대, 여섯 가지를 배합한 정교한 구도의 이 그림은 빈센트 자신이
'그림'이라 부르기에 어울린다고 생각한 첫 작품이었다. 그곳에서 대

《정육점에서 본 모습》
(1888) 반 고흐 미
술관

《랑글루아 다리》(1888)
크뢸러-밀러 미술관

《붓꽃이 있는 아를 풍
경》(1888) 반 고흐
미술관

여섯 장의 소묘와 유화를 그린 뒤, 빈센트는 테오를 위해 이 화려한 예술작품에 몰두했다.

소묘에서 습작을 거쳐 유화로 나아가는 단계 밟기에 찬성하고 있었지만 그가 늘 이 방법만을 쓴 것은 아니다. 습작을 완성작이라고 하거나 습작을 그린 뒤에 소묘를 하기도 했다. 그리고 자기감정을 화폭에 담기 위해 자신만의 기법을 만들어 나가기 시작했다. 그는 색채의 표현성과, 길고 끊어지거나 구부러진 다양한 붓놀림을 이용한 실험을 끊임없이 했다. 그리고 조금씩 나아지는 실력에 만족했다. 테오에게 보내는 편지에서는 이렇게 썼다. '나는 인상파 화가들이 내 작업 방식에서 문제를 찾는다 해도 놀라지 않을 거야. 이 방식은 인상파라기보다는 들라크루아의 생각에 따른 것이니까. 나는 내가 본 것을 그대로 그리지 않고 주관적으로 색을 사용해서 나 자신을 강렬하게 표현하고 싶거든.'

고갱에게도 말했지만 빈센트에게 색은 '시적인 개념'이 되었다. 색을 강화하고 왜곡함으로써 그가 추구한 시각적 개념과 물리적 개념을 일치시킬 수 있었다. 그의 그림에서 시각과 감정, 즉 눈과 마음이 아름다운 화음을 넣어 노래를 부르는 것이다. 그는 세밀한 관찰, 대각선 구도, 그림의 여러 부분을 대비되는 밝은 색상으로 그리는 기법으로 형태를 단순화했다('나는 지금 사소한 것들은 모두 무시하고 핵심만 강조하려고 노력 중이야'). 마침내 제대로 된 길을 찾았다고 생각한 빈센트는 친구와 동료들과 이 생각을 나누고 싶었다. 그렇다고 해도 사람들은, 빈센트 자신의 심정을 솔직하게 털어놓는 여러 편지의 상대일 뿐이었다. 그러나 빈센트 자신마저 조금은 혼란스러웠던 전통에 얽매이지 않는 그 새로운 양식이, 절대로 한때의 변덕이 아님을 설득하는 것은 그에게도 무척 중요한 일이었다. 이 점에서, 빈센트의 편지는 이제까지와는 달리 중요한 의미를 갖는다. 고독 속에서 길러진 예술의 형식을 바깥으로 넓혔음은 물론, 화가의 자기단련을 위해 없어서는 안 될 수단으로서 그 역할을 해준 것이다.

편지에 쓰인 그림들

자신의 작품을 널리 이해시키기 위해 빈센트는, 여동생 빌레미나에게 인상파가 어떻게 비춰질지를 상상했다. 네덜란드라는 유럽 변두리에서 어떤 자극도 없는 하루하루를 보낼 뿐이었던 여동생에게는, 현대 예술 지식이 전혀 없었다. 1888년 봄, 빈센트는 아를에서 여동생에게 편지를 썼다.

'인상파에 대해 일찍이 들어본 적이 있는 사람은 그 작품을 처음 보고 아주 크게 실망할 거야. 아무렇게나 휘갈긴 듯하고 보기 흉한 데다가 서투르고 스케치조차도 되어 있지 않고 색도 엉망진창, 이곳저곳 모두 초라하게 보일 뿐이야. 하지만 내가 말했던 그 스무 사람(인상파 화가들)은 하루만 주어져도 미술계에서 유명한 그 어떤 대가보다도 좋은 작품을 그려낼 수 있을 거야.'

자신을 늘 확인하고 자기 행동이 순수하게 논리적임을 그럴싸하게 설명하고 싶었던 빈센트는 여러 장의 편지를, 완성한 작품과 앞으로 그릴 예정인 작품 이야기로 가득 메워 쓰곤 했다. 여러 장소들이 작품 주제로서 어울릴지 아닐지를 분석하고, 더 나아가서 그 색의 조합이 존경받아 마땅한 영웅 들라크루아의 색채 이론과 얼마만큼 잘 맞는지를 검토하며, 언뜻 봐서는 단순하지만 꽤나 노력이 필요한 '빨강, 파랑, 노랑, 주황, 라일락, 초록 여섯 가지의 근본적인 색 조화를 잡기 위한 두뇌 노동'에 대해 상대의 동의를 바랐다. 자신이 아를에서 어떤 일을 하고 있는지, 편지를 받는 사람이 알아주길 기대했다. '단 30분 만에 백 가지 것들을 생각해야 할 만큼의 어려운 장면을 연기하는 무대 위 배우처럼, 끝까지 온 힘을 다하고 있어.'

봄이 겨울을 쫓아내고 아를에 복숭아며 자두, 살구, 사과나무들이 꽃을 피우기 시작하자, 전에 했던 비교가 옳은 행동이었음을 처음으로 증명받는 듯했다. 빈센트는 '내 귀까지 일에 푹 익어 있다고'할 만큼 그림 그리기에 매달렸다. 그리고 4주도 되지 않아 열네 점의 캔버스를 마무리했다. 이 과수원 작품들에서 사람은 찾아볼 수 없다. 그래서 이 작품들을, 미술사가 로널드 픽반스 말처럼 '바깥에서 그린, 커다란 꽃 정물화'로 볼 수도 있었다. 그러나 이 작품 말고

다른 것들은 놀라우리만치 한 점 한 점 모두 다르다. 어느 부분은 《꽃이 핀 살구나무가
연하게 칠해지고 또 어느 부분은 두껍게 덧칠했다. 예를 들어《꽃 있는 과수원》(1888)
이 핀 살구나무가 있는 과수원》은 완전히 마무리되었는데 이보다
도 더 바깥에서 스케치한 듯한 그림도 있다. 대부분은 인상파풍으
로 그려졌으며《사이프러스가 있는 과수원》처럼 점묘파풍의 작품
도 있다. 그 가운데 한 작품은 그린 사람 자신마저 놀라게 했다. '아
마 내가 그린 것들 중 가장 좋은 풍경이다.' 이는《분홍색 복숭아나
무》에 대한 빈센트의 의견이었다.

　에밀 베르나르에게 보낸 편지에서 빈센트는《꽃이 핀 살구나무가
있는 과수원》에 보이는 수법에 일관성이 없는 것에 대해, 그 방법이
올바르다고 주장한다. '붓을 움직이는 나만의 방법에는 전혀 통일성
이 없다네. 나는 불규칙한 붓 터치로 캔버스를 치고는 그대로 두거
든. 두껍게 발린 물감, 여기저기 다 칠해지지 않은 캔버스의 땅, 미
완성인 채로 남겨진 부분, 황량한 상태 그대로. 간단하게 말하자면,

《분홍색 복숭아나무》
(1888) 크뢸러-뮐
러 미술관

이런 결과는 기법에 대해 이미 정해진 사고방식을 가진 사람들에게
는 하늘의 산물처럼 생각될 만큼 불안감을 줄 수밖에 없다고 나는
생각한다네.'

　　1세기가 지난 뒤, 미술사가 피에르 슈네데는 빈센트가 단순히 도
발을 시도한 것은 아님을 아주 명쾌하게 지적했다. '이렇듯 서툰 그

《해안의 고깃배》(1888)
반 고흐 미술관

림의 미학은 그림의 진실과 묘법, 의미를 탐구함에 있어 빈센트에게
는 불가피한 결과이며 필요한 것이기도 했다.'

'만일 한 달, 또는 2주일 동안 네가 돈이 없어 곤란해진다면' 빈센
트는 동생 테오에게 편지를 써 보낸다. '나한테 알려주면 몇 점의 스
케치를 그릴 수 있어. 그 편이 경비가 덜 들겠지.' 일련의 과수원 작
품을 완성한 뒤 빈센트는 월말에 이 제안을 하고 밭에서 일하는 사
람들, 꽃이 핀 풀밭, 쌓여 있는 마른풀 더미, 노란색 집 뒤편의 공원,
론강에 떠 있는 거룻배, 아를 교외 몽마주르 수도원의 폐허에서 보
이는 라 크로 평원 등 '펜화 소묘' 작업을 시작했다. 옛 시가지 정경,
대성당, 경기장 등은 빈센트의 흥미를 끌지 못했다. 5월 30일부터 5
일 동안 지중해로 여행을 다녀온 뒤, 유채 습작 세 점과 《해안의 고
깃배》를 포함한 여덟 점의 훌륭한 소묘와 함께 빈센트는 생트 마리
드 라 메르로 돌아갔다. 그리고 이처럼 아틀리에에서 유채화를 완
성하기 위한 습작이든 그 자체만으로도 독립된 완성 작품이든, 빈
센트가 이즈음 여러 달에 걸쳐 그린 소묘들은 그에게 서양 미술 세
계에서 가장 훌륭한 소묘 화가의 자리를 약속하는 작품이 되었다.

《커피포트가 있는 정
물》(1888)

내달리듯 그림에 몰두하다

　빈센트는 아주 빠르게 그림을 그려냈다. 중요한 유채화 시리즈인
《여름》과 《수확》을 그린 뒤, 자기 작품을 바탕으로 한 가치 있는 소
묘 서른두 점을 테오, 베르나르, 오스트레일리아의 화가 존 러셀을
위해 완성했다. 채 3주도 걸리지 않았다. 게다가 그 틈틈이 유채화
도 계속 그렸다. '과연 나는 파리에서 한 시간 만에 보트를 스케치
할 수 있었을까? 지금은 그럴 수 있어. 그저 펜의 움직임에 몸을 맡
기면 되는 거야.' 빈센트가 자신의 작품 제작 속도를 이렇듯 순수하
게 칭찬하는 일은 드물었다. 그는 이에 대한 이의를 테오로부터 듣
기 전에, 미리 변명이라도 하듯 덧붙인다. '모두 내가 일을 너무 빨
리 끝낸다고 생각하겠지. 그런 사람들의 그 어떤 말도 믿어서는 안
돼. 우리를 이끌고 가는 것은 감정이 아니라 자연에 대한 솔직한 기
분이야. 때때로 감정이 지나치게 격해져서 일하고 있음을 의식조차
하지 못하고 그림을 그려버리거나, 말을 하고 있을 때나, 편지에서
이야기했듯이 붓 터치가 연결성과 일관성을 갖고 있다 해도 절대 잊

어선 안 될 것은, 늘 그렇게 되는 것도 아니며 전혀 영감이 떠오르지 않는 괴로운 나날도 분명 오기 마련이라는 사실이야.'

또한 그는 작품 양이 부족한 것에 대해서도 쓸데없는 걱정을 했다. '사람들에게 보여줄 만한 오십 점의 작품 가운데 반도 완성해 내지 못했다'면서. 그러나 사실 빈센트는 꽤 많은 작품을 그려내고 있었다. 아를에 머무르던 444일 동안, 즉 15개월도 채 되지 않는 동안 이백 점의 유채화가 거의 이틀에 한 점꼴로 완성되고 백 점이 넘는 수채화와 소묘가 탄생했다.

빈센트는 여름이 찾아오는 사이 '일중독' 상태가 되어 '절제 못한 채 내달리며' 그림을 그렸다. 주의 깊은 궁리 끝에 탄생된 작품을 무엇보다도 높이 평가한 그는 특히 어느 작품을 몇 번이나 바닥에 두기도 했다(일정한 거리를 두고 보기 위해). 5월에 그린 《커피포트가 있는 정물》 옆에 두었는데, 이 그림은 '다른 작품을 때려눕힐 수 있을' 만큼의 작품이 되었다. 그 작품이 바로 세세한 부분까지 면밀

《수확 풍경》(1888)
반 고흐 미술관

《해질녘의 씨뿌리는 사람》(1888) 크륄러-밀러 미술관

하게 그려낸 《수확 풍경》이며 여름날 라 크로 평원을 속속들이 관찰한 것이었다. 그리고 바닥에 두고 보아도 '이 빨간, 참으로 새빨간 벽돌색 밑바탕으로, 이 그림의 색채는 텅 비지도 않고 변하지도 않았다.' 그 자체도 주의 깊게 계획을 세워 그려진 《수확 풍경》은 수채 스케치 두 점을 바탕으로 이루어졌다.

그럼에도 빈센트 자신도 높이 평가한 다음 작품에서는 사정이 완전히 달랐으며, 테오에게 보낸 편지에서 이를 솔직하게 고백한다. 그것은 유채 습작(73×92cm)으로, 실제로는 그려지지 않았던 '터무니없이 커다란' 작품의 밑그림으로서 준비된 것이었다. 이 습작을 통해 빈센트는 프랑수아 밀레에게 관심이 생겼을 때부터 중요하게 생각했던 주제를 다시 다루었다.《해질녘의 씨뿌리는 사람》이다. 이 캔버스는 '쨍쨍 내리쬐는 태양 아래 옥수수밭에서 일주일 동안 열심히 집중적으로 한 일'의 결과로서 탄생된 아주 새로운 작품이며 이때 그는 아홉 점의 유채화 습작과 한 점의 소묘를 남겼다.《해질녘의 씨뿌리는 사람》이 그 가운데 훌륭하다고 손꼽히는 까닭은, 화가가 자연에서 출발하여 풍경에 존재하는 색채를 다른 부분에 활용했기 때문이다. 바로 밀과 보리의 노랑, 양귀비꽃의 빨강, 풀잎의 초록, 하늘의 파랑이 바로 그것이다. 이곳에서는 밤하늘만이 노랗고 그 앞을 황토색 옥수수밭이 울타리처럼 가로지른다. 화면의 거의 3분의 2를, '짙은 보라색 흙 뭉텅이' 또는 좀더 정확하게는 '짙은 보라색과 노란색을 섞어 얻어낸 무색의 색조'로 이루어진 밭이 차지하고 있다. '나는 색채의 진실을 위해 더없이 많은 고생을 했네.' 이렇게 빈센트는 베르나르에게 보낸 편지에서 말했다.

《해질녘의 씨뿌리는 사람》에서는 태양 그 자체가 처음으로 완전한 형태로 그려졌다. 미술사가 마이어 샤피로의 말에 따르면, 빈센트는 처음 이 천체를 '물체로서, 모든 것 가운데 가장 생명력 넘치며 눈부시게 빛나는 것으로서' 그려낼 수 있었다. 샤피로의 동료인 호르스트 쾰러는 이 같은 사고방식을 더욱 밀고 나가 다음과 같이 말했다. '그것은 사실이다. 반 고흐를 빼면 태양을 있는 그대로 활활 타오르는 모습으로 그린 화가는 한 사람도 없다.'

따라서 《해질녘의 씨뿌리는 사람》은 빈센트가 아를에서 세운 면밀한 계획을 바탕으로 그려진 최초의 대작이다. 《해질녘의 씨뿌리는 사람》의 묘사에는 색채에 대한 모든 사실주의의 개념에서 출발하여 계획적이고 기념비적인 작품을 지향하는 빈센트의 목표가 드러난다. 이 묘사는 그 자체가 어떤 선언과도 비슷하다. '나는 오히

《씨뿌리는 사람》(1888)
반 고흐 미술관

려 농민의 달력에 있는 듯한 소박한 그림을 그리고 싶다. 거기에서는 우박, 눈, 비, 맑은 날씨가 완전히 원시적인 양식으로 그려져 있다'고 빈센트는 베르나르에게 말했다. 근본적이고 상징적이라고도 말할 수 있는 회화 구성 개념에 대한 충실함을 나타내는 이 선언은 빈센트의 다음 단계 작품의 성격을 결정짓는 변화를 보여준다.

사랑과 우정 그리고 현실

1879년 8월 빈센트 반 고흐는 테오에게 이렇게 편지를 써 보낸다. '나도 가족과 우정, 사랑, 친근한 교제의 필요성을 느끼고 있어.'

그럼에도 거의 9년 뒤 아를에서 빈센트는 이제 자신이 '이상적인' 또는 '현실적인' 생활조차 아무도 없이 혼자 헤쳐 나가야 한다는 사실을 그런대로 받아들이고 있었다. 파리에 머물 때는 '그다지 신통치 않은 몇 번의 연애 사건'에 대해 자랑스럽게 이야기하기도 했지만, 그저 그 가운데 하나를 슬쩍 내비치는 정도일 뿐이었다. 여성과 사랑에 빠지면 빈센트는 언제나 금방 결혼을 생각했으나, 안타깝게도 그럴 기회는 주어지지 않았다. 그런 까닭에 아를에서는 이성에 대해 단 한 번 감상적인 생각을 말한 적이 있을 뿐('아름다운 여성은 살아 있는 경이이다'), 그 밖에는 매춘굴로 '2프랑짜리 여자들'을 찾아간다는 보고뿐이었다. 그는 친구 베르나르에게 설명했다. '나는 매춘부에게 동정심보다 공감을 느끼네. 나나 자네와 마찬가지로 사회에서 손가락질받고 추방당한 그녀들은 말할 것도 없이 우리의 친구이고 자매라네.'

빈센트는 현실 생활에 참여하고 있지 않다는 구슬픈 생각을 언제나 품고 있었고, 사실 '물감이나 석고보다는 살과 피 자체로 일하는 것이 낫다'고 생각했다. 이는 곧 '그림을 그리거나 장사를 하는 것보다는 아이를 만드는 것'이 낫다는 뜻이었다. 좀처럼 없는 행복을 느낄 때, 즉 작품이 만족스럽게 나왔을 때 그는 '인상파 운동'의 '승리'와 자신이 예술가로서 큰 발전을 이룩할 수 있으리라는 기대로 뛸 듯이 기뻐했다. 이를테면 1889년에 계획된 파리만국박람회 때도 그랬다.

모든 일이 순조롭게 나아갈 때, 빈센트는 예술가 협동조합이나 제작자들의 화랑, 그리고 남국의 아틀리에를 위한 온갖 계획을 지치지도 않고 생각하고 또 생각했다. 여름이 끝나갈 무렵에는 애정을 담아 '노란집'에 가구를 놓고 장식했다. 그러나 의기소침해 있을 때는 이렇게 말했다. '다행히 나는 더 이상 승리를 동경하지 않아. 그림에서 바라는 것은 그것이 어떻게든 인생을 견딜 수 있게 하는 하나의 수단이 된다는 것뿐이지.' 또 어느 때는 이렇게도 말했다. '성공의 욕구는 사라진 것 같아. 일을 하는 건 그것이 필요해서이고, 정신적으로 너무 힘들지 않도록 기분전환을 하기 위해서지.' 그런 기분일 때 빈센트는 자기 자신에게 아무것도 원하지 않았다. 화가의 불굴의 노력에 따른 결과는 다음 세대 예술가들의 것이 되며, 그 자신은 인생의 다른 영역으로 물러난다.

빈센트는 자신이 살고 있는 세상에 이따금 불만을 느꼈다. '이 세계는 신이 기분이 좋지 않았던 날에 급하게 만든 것이 틀림없어. 예술가는 자기가 무엇을 하고 있는지 몰랐거나 정성 들여 제대로 만들지 않았던 거야' 말한다. 천지창조를 회화 제작과 비교하는 것은 신성모독에 가까운 발언이었고 이에 대한 테오의 답장은 남아 있지 않다.

어쨌든 빈센트가 아를에 머무는 동안 테오는 지원을 아끼지 않았으며 잘 견뎌냈다. 예전에 형제는 곧잘 말다툼을 벌였기 때문에 빈센트는 단순히 자존심이 상했다는 이유만으로 자신에게 은혜를 베풀어 준 동생과 하마터면 완전히 결별할 뻔한 적도 있었다. 보리나주에서 전도사가 되려다가 실패했을 때, 테오는 가족을 대표하여 그를 찾아와서 앞으로의 일에 대해 조언했다. 테오가 제안한 것은 빵집, 석판공 또는 책방이었다. 동생의 이 부주의한 발언에 대한 대답으로 빈센트는 1년 동안 편지를 쓰지 않았다. 나중에 두 사람이 화해하고 빈센트가 화가의 길을 나아갈 결심을 굳혔을 때, 빈센트는 테오의 돈으로 매춘부인 클라시나 마리아 호르니크(시엔)와 함께 헤이그에서 살고 있었다. 빈센트는 시엔과 결혼하여 그녀의 두 아이를 키우려고 했지만, 동생은 모든 친척이 싫어하는 이 부당한 결혼을 포기하라고 설득했다.

1884년 첫 무렵 누에넌에서 그림을 그리고 있었을 때, 빈센트는 돈 문제로 테오와 말다툼을 벌였다. 물론 테오는 형을 깊이 사랑했기 때문에 형에게 줄곧 도움의 손길을 내밀었다. 그러나 1887년 테오는 여동생 빌레미나에게 보낸 편지에서 이렇게 호소한다. '최고의 친구였을 때는 빈센트가 무척 자랑스럽게 생각될 때도 있었지만 이제 그런 시절은 지나갔어. 그의 내면에는 두 사람이 있는 것 같아. 한 명은 멋진 재능을 가진 훌륭하고 선량한 사람이고, 다른 한 명

은 독선적이고 무자비한 인간이지.'

누에넌에서 의논한 결과, 편지로 형제 사이에 약속이 이루어졌으며 빈센트는 그것이 아를에서도 여전히 유효하다고 생각했다. '더 이상의 논쟁과 다툼을 피하기 위해, 평범한 생활을 하고 있는 사람들이 수입원이 전혀 없다고 나를 비난할 때 대답할 수 있도록 너에게서 받는 돈을 나 스스로 번 것이라고 생각하고 싶다! 물론 다달이 작품을 보내마. 네가 말하는 것처럼 그 작품은 너의 소유가 되는 거다.'

빈센트는 이 약속을 매우 충실하게 지켰다. 그는 양심적으로, 그린 작품을 거의 모두 커다란 꾸러미로 만들어 보내는 한편, 소묘는 둥글게 말아서 우편으로 보냈다. 그리고 편지를 보낼 때마다 두 사람 사이에 맺어진 협정을 굳이 썼다. '이 그림들을 너에게 진 빚의 일부를 갚는 거라고 생각하고 공제해 줘. 나는 언젠가 이런 식으로 너에게 1만 프랑이라도 줄 수 있게 된다면 기쁠 거야.' 그러나 테오는 이 유혹에 넘어가지 않고 모르는 척했다. '정말이지 형님은 아무것도 아닌 일을 지나치게 크게 생각하고 있습니다. 이미 저는 작품도 우정도 지나칠 만큼 충분히 돌려받았습니다. 그건 제 미래의 전 재산보다 가치 있는 것입니다.'

가난과 고독 속에서

빈센트는 일에서 잠시 손을 놓게 되면 어김없이 불안해지기 시작했다. 테오의 건강과 상사와의 불화로 어쩌면 불안정해질지도 모르는 동생의 직장에 대해 몹시 걱정했다. 또 자신의 건강도 걱정이 되었다──아를에서 보낸 편지 가운데 마흔 번 넘게 그 일을 언급한다──위가 아프다, 식욕이 없다, 이가 쑤신다, 눈도 피곤하다, 이런 식이었다. 여동생 빌레미나에 대해서도 걱정했다. 초상화 모델을 구하기 힘든 것도 걱정이었고, 일상의 사소한 일, 이를테면 더 맛있는 식사를 할 수 있는 식당을 찾는 것도 걱정거리였다. 또 무언가에 대해 예상보다 비싼 금액이 청구되면 짐짓 낙담했다.

무엇보다 아를에서 그에게 가장 심각한 고민은 고독이었다. 몇 달이 지난 뒤에도 '모든 것이' 여전히 '뒤죽박죽이고 불쾌하게' 보였다. 물론 책을 많이 읽고 편지도 200통 이상 썼지만, 프로방스 사투리를 알아듣지 못해 현지인들 대부분과 대화를 나눌 수 없었다. 가을까지는 다섯 사람 말고는 제대로 대화를 하지 않았다. 그 가운데 둘만이 현지 사람이었다——주아브 부대의 폴 외젠 밀리에 소위와 우편배달부 조제프 에티엔 룰랭이다. 예술에 관심이 많았던 밀리에는 빈센트에게 소묘 개인 지도를 받고 몽마주르에 함께 그림을 그리러 갔으며, 파리의 테오에게 보내는 작품을 모두 배달해 주고, 빈센트의 모델로 화려한 제복을 입은 연대의 트럼펫 주자를 데려왔다. 그 자신도 아프리카에 파견되기 전에 빈센트의 모델이 되었다. 대화를 나눈 다른 세 사람은 그곳에 여행을 온 외국인 화가들이었다.

3월부터 5월까지 빈센트는 덴마크의 화가 무리어 페테르센

《밀리에 소위의 초상》
(1888) 크뢸러-뮐러
미술관. 오텔로

《우편배달부 조제프 룰랭》(1888) 보스턴 미술관

(1858~1945)과 함께 일을 했는데, 그의 작품은 빈센트에게는 '무미 건조하고 정확하여 나약한' 것으로 보였다. 그러나 이 덴마크인은 빈센트가 사랑하는 작가들——에밀 졸라, 에드몽 드 공쿠르, 기 드 모파상——에 대한 열정을 공유할 수 있었기 때문에 빈센트는 그를 '나의 덴마크인 친구'라고 부르면서 테오에게 추천했고, 테오는 실제로 이 화가가 파리에 찾아왔을 때 자기 집에 한동안 머물게 했다.

동료인 존 러셀의 친구, 28살 도지 맥나이트(1860~1950)와 있을 때는 그다지 편하게 지내지는 못했다. 이 미국인이 '곧 초콜릿 상자를 위해 양이 있는 풍경을 그리게 될 것'이라고 놀렸지만 이 '양키'가 자신의 작품을 칭찬해 주었다고 기쁜 듯이 쓰고 있다. 한편 맥나이트의 여행 동무였던 벨기에 화가 외젠 보쉬(1855~1941)는 얼굴만 봐도 기분이 좋아지는 사람이었다. 7월 첫 무렵 빈센트는 그 '면도날 같은 얼굴'과 '플랑드르 신사 같은 머리'에 대해 테오에게 몇 번이나 편지를 썼다. 4주 뒤, 빈센트는 아직 그리지도 않은 작품에 대해 상세하게 묘사하는 편지를 보내 동생을 놀라게 했다.

'나는 친구인 이 화가의 초상화를 그릴 생각이야. 큰 꿈을 품고 밤꾀꼬리가 우는 것처럼 일하는 사람이지. 타고난 성격이 그래. 금발 머리로 그릴 생각이야. 그에 대한 나의 감사와 호의를 그림에 담으려고 해. 그래서 먼저 그를 있는 그대로 가능한 한 충실하게 그릴 거야. 그림은 아직 완성되지 않았어. 그것을 완성하기 위해 나는 변덕스러운 색채가가 될 작정이야. 머리카락의 금빛을 부풀리고 주황색, 크림색, 노란색, 밝은 레몬색까지 사용할 거야. 머리 뒤에는 초라한 방의 벽 대신 무한을 그리겠어. 내가 만들어 내는, 가장 풍부하고 깊은 푸른색 배경이지. 그 풍요로운 푸른색 배경 앞에서 빛나는 머리, 이 단순한 조합으로 신비로운 효과를 내는 거야. 깊고 푸른 하늘에서 반짝이는 별처럼.'

9월에 이 이미지가 《외젠 보쉬의 초상》이 되었을 때, 실제로 그 머리를 에워싼 테두리 뒤에 별이 빛나고 있었다. 그러나 빈센트와 사이가 좋아 함께 투우를 구경하러 간 적도 있는 보쉬는 유감스럽게도 '얌전한 인상파풍'의 작품밖에 그릴 수 없었다. 그래도 빈센트는 그의 '무척 양식 있는 사고방식'을 마음에 들어했다.

파리에 있었을 때와 달리 아를에서 빈센트는 사실상 자신이 나아갈 길을 정하거나 성장에 도움이 될 만한 예술작품을 볼 기회가 좀처럼 없었다. 테오가 빈센트에게 보낼 수 있었던 것은 잡지와 책, 석판화 몇 점, 사진, 그리고 우키요에뿐이었다. 이때 필요에 의해 몇 년 전에 본 것을 순간적으로 기억해 내는 놀라운 능력이 본격적으로 발휘된다. 편지 속에서 빈센트는 프란스 할스(1580~1666), 렘브란트, 들

《외젠 보쉬(시인)의 초상》(1888) 오르세 미술관. 파리

라크루아, 몽티셀리, 그 밖에 많은 화가들의 작품을 색채와 구도의 세세한 부분까지(자신의 작품과 관련이 있는 한) 정확하게 떠올렸다. 아울러 그는 화가 친구들에게 소묘와 풍경화, 초상화를 교환하자고 제안했다. 이것은 초기에는 베르나르와, 나중에는 고갱하고도 실행하고 있었다.

《파이프를 물고 밀짚 모자를 쓴 자화상》 (1888) 반 고흐 미술관

　한때 선원이기도 했던 고갱은 파리의 주식중개인으로서 4만 프랑이나 되는 연수입을 올리고 있었다. 그 뒤 수집가, 그리고 재능 있는 아마추어 화가로서(사립 미술학교인 아카데미 콜라로시에 다닌다) 인상파를 만났다. 1882년 주식 폭락으로 직장을 잃고 새로운 일을 찾지 못하고 있을 때 고갱은 취미를 직업으로 삼을 결심을 했지만, 그 또한 엄격하고 어려운 고비가 기다리고 있었다. 빈센트가 자신의 그림에 대해 느낀 것과 마찬가지로 고갱도 '인상파 그림을 이해하고 좋아하는 사람들은 대부분 너무 가난하고, 그것은 앞으로도 변하지 않을 것'이라고 느꼈다. 빈센트는 파리에서 베르나르를 통해 이 오만한 자기중심주의자를 소개받고 나서 고갱의 작품을 매우 마음에 들어했다. 4월에는 '그의 손이 탄생시키는 것은 모두 따뜻하고 자애롭고 놀라운 특질을 가지고 있네'라며 베르나르에게 열정적인 편지를 보냈다. 그러나 그 숭배하는 마음은, 자신을 향할 때는 불만이 되어 나타났다. '당신에 비하면 나는 언제나 예술에 대한 내 생각이 몹시 평범하게 느껴집니다.'

　그 무렵에 고갱은 퐁타벤의 예술가 집단 일원으로 그림을 그리고 있었다. 지병이 있는 데다 큰 빚을 지고 있었던 고갱은 2월에 빈센트에게 자기를 위해 테오에게 다리를 놓아달라고 부탁했다. 이 요청을 계기로 수많은 편지가 오갔으나 가을까지 결론은 나오지 않았다. 게다가 둘의 관심사는 너무나 명백했다. 경제적으로 궁지에 몰렸던 고갱은 테오 반 고흐와 손을 잡고 자신의 작품을 팔아서 얼른

고갱이 그린 《해바라기를 그리는 고흐》
(1888) 반 고흐 미술관

돈을 손에 넣고 싶어했다. 한편 테오는 고갱의 작품을 높이 평가하지만 판매를 보장하거나 선불을 해줄 수도 없었기 때문에 5월에 다른 방안을 제시했다. 그것은 빈센트가 바라던 일이기도 했다. 즉 고갱이 아를의 노란집에 가서 빈센트와 함께 그림을 그리고, 숙박비와 밥값과 그림 재료비 대신 한 달에 한 점씩 테오에게 그림을 보낸다는 것이었다. 처음에 고갱은 전혀 대답이 없었으나 마침내는 원칙적으로 이 계획을 받아들였다.

고갱이 이 제안에 동의했을 때, 모든 번거로운 상황에도 불구하고 이미 엄청난 속도에 이르렀던 빈센트의 작업량은 더욱 늘어나 있었다. 빈센트는 초대손님이 도착했을 때, '내가 확실하게 나 자신의 개성을 보여줄 수 있을 때까지 뭔가 새로운 것, 게다가 그의 영향을 받지 않은 것을 보여주겠다' 마음먹고 있었다.

인간을 그린 초상화

빈센트 반 고흐가 예술가로서 보인 태도는 모범적이었다. 하루하루의 생활에서는 비참한, 여러 번 질서를 벗어난 존재로서 행동할 때가 많았던 그였지만 한번 이젤을 마주하면 자신이 무엇을 바라는지 정확하게 알았다. 아직 초심자였던 시절에도 그는 걸을 수 있게 되기 전에 달리려는 위험을 무릅쓰지 않았고, 나중에도 흥미로운 양식을 만들어 내기보다 그의 영웅인 들라크루아와 밀레의 정신으로 자기 작품에서 진실을 찾아내고자 애썼다. 폴 고갱, 폴 세잔, 조르주 쇠라, 오딜롱 르동(1840~1916) 같은 거장들과 나란히 빈센트가 같은 시대 회화에 혁명을 일으켜(오늘날 누구나 인정하며 또한 글로 쓰이고 있듯) 20세기 전위예술로 나아가는 길을 마련한 것은 사실이지만, 그 자신은 아마 '혁명적'이라는 말에 그다지 기뻐하지 않았으리라.

빈센트의 말에 따르면 '파벌적 정신이 무언가에 도움이 되리라 생각되지 않는' 것이다. 말할 필요도 없이 빈센트는 아카데믹하게 오로지 정확히 그리는 것과 정면에서 충돌하는 길을 나아갔다. 네덜란드에 있었던 1885년이라는 이른 시기에 이미 자기 그림에는 '현실로부터의 이탈, 현실의 재편성과 변화'가 포함되어 있다고 인정했다. 그렇지만 이런 형식상의 '부정확함'은 그것 자체가 목적이 되는 일은 결코 있을 수 없고, 수단에 지나지 않았다. 빈센트는 어쩔 수 없다면 이런 '거짓말, 그래, 네가 그렇게 부르고 싶다면'을 예술작품에 필요한 것으로서 기꺼이 받아들였고, 그것은 무엇보다도 '글자 그대로의 진실보다 더 진실에 가까워지기 위해서'였다.

이 노력에서 빈센트는 나아갈 길을 벗어나는 일이 없었다. 인상파와의 만남에서도, 자신의 기술 향상에 대한 자신감과 숙련에서도 이 점은 바뀌지 않았다. 1888년 여름, 빈센트는 우선시하고 싶은 것에 대해 이야기하고 있다. 마침내 가장 가치 있다고 여겼던 분야에서 힘을 시험할 기회가 찾아온 것이다. 바로 초상화였다. '다른 무엇보다 더 내게 무한을 느끼게 해주기' 때문이었다. 1888년 6월 끝 무렵부터 9월에 걸쳐, 아를에서 모델을 찾을 수 있었으므로 초상화를 그렸다. 주아브군 트럼펫 연주자, 이름 모를 프로방스 소녀 '무스메',

《주아브 병사》(1888)

우편배달부 조제프 룰랭, 농부 파시앙스 에스칼리에, 주아브군 소위 폴 외젠 밀리에, 그리고 벨기에인 동료 화가 외젠 보쉬의 초상화를 그렸다. 이에 더해 자화상 두 점과 그 시절 69살이던 어머니의 초상화도 사진을 보고 그렸다.

'인간을 그리는 것, 그것은 오래된 이탈리아 예술이며, 프랑수아 밀레와 J. 브르통이 한 것도 그것이야.' 1885년 12월 끝 무렵, 빈센트는 안트베르펜에서 열정적으로 편지를 써 보냈고, 인간 형태에 대처하는 방법에 대한 신조를 분명하게 이야기했다. '문제는 영혼에서 시작하는가 옷에서 시작하는가에 있을 뿐이야. 형태가 리본이나 넥타이를 위한 양복걸이가 되는가, 아니면 형태를 인상과 감정을 표현하는 수단이라 생각하는가, 또는 형태 자체가 지나치게 한없이 아

《농부 파시앙스 에스
칼리에》(1888)

앞 페이지
《무스메(협죽도를 든
소녀)》(1888) 워싱
턴 국립미술관

름다우므로 그것을 살붙이기 방법으로 그리고 싶어서 그리는가. 그
가운데 첫 번째만이 지나가 버리는 것이며, 나머지 두 가지는 모두
풍부한 예술이란다.' 빈센트는 이 한없는 아름다움이라는 생각을 무
엇보다도 먼저 자연에 적용했다. 자연을 앞에 두고 기분이 한껏 부
풀어 '정신을 잃을' 때도 가끔 있었으며, 그럴 때는 달아오른 흥분이
식을 때까지 그저 잇달아 풍경을 바라보았다. 자연에 대한 그 자신
의 반응이 그에게 어떻게 그리면 되는지 가르쳐 주었다. 이에 비해
초상화는 마땅히 영감이 이끌어 주는 요소는 있지만, 더욱 의식적
이고 계획적인 표현 형식을 그에게 주었다.

진실의 색채

1888년 4월 첫 무렵, 빈센트는 어떤 특별한 필요성을 느꼈다. '나는 색채가 있는 별이 떠 있는 밤하늘 풍경을 그리고 싶어. 여기에는 때때로 멋진 밤이 있단다.' 그리고 9월 첫 무렵, 빈센트는 밤에도 그림을 그렸다. 노란집의 준비가 9월에 갖추어질 때까지 머물고 있던 지누 부부가 운영하는 카페 드 라 가르를 그리기 위해 사흘 밤을 이어서 잠도 자지 않고 그린 것이다. 빈센트는 이 《밤의 카페》를 '숙박비를 낼 수 없거나 머물기에는 주머니 사정이 절박한' 술꾼들을 위한 장소라 불렀고, '사람이 자기 자신을 파멸시키고 광기에 빠뜨리며 범죄에 손을 물들이는 곳'이라 말했다. 그림 한가운데에는 당구대—방 안에 그림자를 드리우는 가스등 밑에 있는 유일한 가구—가 시체 안치소처럼 우뚝 솟아 있고, '악마의 아궁이 같은 분위기'인 상자 모양 방은 주로 빨강, 초록, 노랑 세 가지 색으로 칠해져 있다.

그림을 그리지 않을 때 화가는 손님으로 그곳에 있었다. 일주일

《밤의 카페》(1888)
예일대학 미술관

《밤의 카페 테라스》(1888) 크뢸러–뮐러 미술관, 오텔로, 네덜란드

뒤, 빈센트는 또다시 잠을 희생하여 한 점의 작품을 그렸다. 이 작품에서는 기술과 감각이 매우 가깝게 이어져 있으므로, 100년 뒤 거리를 걷는 누구라도 '전혀 검정을 쓰지 않은 이 밤의 그림'에 감동받는다. 《밤의 카페 테라스》 속 흔들리는 가스등이 내는 타오르는 듯한 황금색으로 빛나는 노란빛은 술 마시는 사람들을 보호하는 벽처럼 둘러싸고 있다. 반들반들한 돌을 깔아놓은 거리를 따라 늘어선 집들의 모습은 마음을 가라앉히는 듯한 따뜻한 빛을 푸르게 반사하고 같은 편인 듯이 다정한 장면을 꾸미고 있다. 감청색 하늘에는 생트 마리에서 귀한 보석처럼 보인 별들이 마치 도망치고 싶어하는 사람을 기다리는 가까운 피난소처럼 보인다. 빈센트가 여동생 빌레미나에게 편지를 써 보냈듯이, '밤 풍경을 그 자리에서 그리는 것은 매우 유쾌해. 그건 핏기가 가신 듯이 빈약한 하얀빛을 그리는 판에 박은 야경을 몰아내는 유일한 방법이야.' 또한 빈센트는 이 주제를 기 드 모파상의 소설 《벨아미》 첫머리 묘사, '밝게 비춰진 수많은 카페들이 큰길에 늘어선 파리의 별이 떠 있는 하늘'로부터 생각해 냈다고도 쓰고 있다. 이때 빈센트는 처음으로 자기 작업에 대한 기사가 그 지방 신문에 실린 것을 보았다. 기사에는 이 어둠 속에서 '파랑을 초록이라' 착각한 적도 있었던 아를에서의 밤 그림에 대해서도 쓰여 있었다.

그리고 9월, 모든 야경 가운데 최고의 걸작 《론 강의 별이 빛나는 밤》을 그렸다. 그림 앞부분에 연인들이 있고 강가에는 요트가 있으며 수평선에는 마을 윤곽이 보이는, 헤아릴 수 없을 만큼 진지하게 그려진 이 작품에서 밤은 수많은 색을 띠고 있다. 테오에게 보낸 편지에서 화가는 사용한 색을 모두 늘어놓았다. '하늘은 초록빛을 띤 파랑, 물은 감청색, 땅은 자주색이야. 도시는 파랑과 보라이고 가스등은 노랗게, 빛의 반사는 탁한 붉은빛을 띤 금색에서 초록에 가까운 청동색까지 있지.' 그러나 얀 훌스케르가 이야기했듯이 '그때까지 화가는 이렇게 철저히 현실에서 벗어난 적이 없었는데', 그것은 하늘을 그리는 법에 뚜렷이 드러나 있다. 실제 거리와 전혀 관계없는 크기의 별들은 《밤의 카페 테라스》보다 훨씬 따뜻하게 도시 주민들을 지켜본다. 빈센트는 이 그림을 묘사하며 이렇게 설명했다.

《론 강의 별이 빛나는 밤》(1888) 오르세 미술관

'청록색으로 펼쳐지는 하늘에는 큰곰자리가 초록과 분홍으로 반짝이고, 그 얌전한 창백함은 가스등의 황금색과 아주 강한 대조를 이루고 있어.'

빈센트는 야경과 초상화만으로는 만족할 수 없게 되어서, 이 계절에 그릴 수 있는 것을 캔버스에 옮겼다. 꽃이 흐드러지게 핀 화사한 풍경과 포도밭, 노란집과 함께 가까운 공원도 그렸다. 또한 순수하게 자신만을 위해 새로운 주제를 마음대로 그렸다. 화물열차, 밤빛에 비춰진 석탄선, 새로운 트랭크타유 다리, 그리고 오래된 타라스콩 역마차 등이다.

빈센트는 《타라스콩으로 향하고 있는 화가》라 제목 붙인 그림도구를 등에 짊어진 자화상, 《해바라기》, 노란집의 《고흐의 방》 등을 그렸으며, 테오와 나눈 약속에 따라 소묘만 보내고 완성된 작품은 곁에 남겼다. 이런 그림 대부분을 액자에 넣은 이유는 롤란트 도른에 따르면 '아를에서의 회화적 창작의 바탕이 되는' 계획을 실현하는 중간에 있었기 때문이다.

그 계획은 오랫동안 손꼽아 기다리던 고갱의 아를 도착과 관계가 있었고, 빈센트는 자신의 화가로서의 진보를 고갱에게 분명하게 보여주어야 했다. 그것은 예전부터 빈센트가 소리 높여 주장했던, 이 지역을 지나가는 예술가들의 발판으로서 노란집을 남쪽 아틀리에로 삼을 계획과도 관련이 있었다.

《타라스콩 역마차》(1888)

《타라스콩으로 향하
고 있는 화가》(1888)

《침실》(1889)　오르
세 미술관

《해바라기》(1888) 내셔널 갤러리. 런던

《노란집》(1888) 반 고흐 미술관

왼쪽 귀를 자르다

폴 고갱은 10월 23일 해 뜰 무렵 아를에 도착하여 노란집에서 살기 시작했다. 그러나 두 달 뒤 고갱은 친구 빈센트의 기묘한 행동을 보고 12월 23일 일요일에는 호텔로 옮겼다. 12월 24일 아침, 고갱은 전날 밤 빈센트가 '얼굴과 가까운' 왼쪽 귀를 잘라냈다는 소식을 경찰에게 전해 듣고, 테오에게 이곳으로 와달라는 전보를 쳤다. 이틀 뒤, 고갱은 테오와 함께 파리로 돌아가 두 번 다시 빈센트와 만나지 않았다.

반 고흐의 생활을 극적으로 바꾸고 마지막에는 파괴하게 되는 이 폭풍 같은 사건은, 여기에서 표면적으로만 서술됐을지 모르나 그 내용은 정확하다. 바꾸어 말하면, 고갱의 역할에 대한 확고한 증거가 아무것도 없었다. 어쩌면 이 위기를 보고 도화선에 불이 붙었을지도 모르나, 무엇보다 고갱이 말하는 사건 양상이 사실 그대로라는 증거는 없다. 고갱은 15년 동안 이 사건을 글로 쓰지 않았다. 그때조차 아직 선입견에 사로잡혀 있었을지도 모른다. 고갱의 자서전인 《이전과 이후 *Avant et Après*》에 쓰인 사건 묘사에 따르면, 아를에서 두 화가는 열띤 토론을 나누는 것이 일상이었다고 한다. 빈센트도 '우리는 매우 뜨거운 토론을 나눴다'고 말했다. 이 토론이 빈센트의 기괴한 행동을 끌어낸 것이다. 빈센트는 밤중에 몇 번이나 고갱의 침실에 몰래 들어왔는데, 하루는 '미친 듯이' 웃으며 벽에 또박또박 이렇게 썼다. '제가 바로 성령(聖靈)입니다. 제 영혼은 완전해요.'

고갱의 말에 따르면, 밤의 카페에서 빈센트는 넘칠 듯 말 듯 가득 따라진 압생트 잔을 고갱의 머리 쪽으로 던졌다. 이 일을 계기로 피해자 고갱은 예정보다 일찍 파리로 떠날 것을 암시했다. 그리고 다음 날인 12월 23일 밤, 험악하고 충격적인 사건이 일어났다. 고갱은 그날 홀로 산책하고 있었다.

'재빠르고 가벼운, 익숙한 잰걸음 소리가 들렸을 때 나는 빅토르 위고 광장 한가운데를 가로질러 걷고 있었다. 그리고 빈센트가 칼날 부분을 드러낸 면도칼을 손에 쥐고 습격해 온 그 순간 뒤를 돌아보았다. 그때의 나는 틀림없이 한껏 힘이 들어간 눈초리였으리라. 그러자 그는 갑자기 그 자리에 멈춰 서더니 고개를 푹 숙이고 집 쪽으로 뛰어갔다. (……) 나는 재빨리 가장 가까이 있던 아를의 평범한 숙소 안으로 들어갔다.'

그러나 고갱이 묘사한 대로 사건이 일어났다고는 생각하기 어렵다. 가장 중요한 의문은, 흔히 전해지는 면도칼 사건이 아예 일어나지 않았던 게 아닐까 하는 점이다. 바로 그 뒤에 에밀 베르나르가 사건에 대해 물었을 때 어째서 고갱은 이 이야기를 하지 않았을까? 베르나르는 1889년 1월 1일 비평가인 알베르 오리에게 쓴 편지에서 이 사건을 말했는데, 면도칼에 대한 이야기는 한마디도 나오지 않았다.

이 사건에 대해서는 12월 30일 지방 신문 〈르 포럼 레퓌블리캥(Le Forum Républicain)〉에 기사가 실렸다. "지난주 일요일 밤 11시 반쯤, 네덜란드 출신 화가인 빈센트 반 고흐라는 인물이 1번지 유곽에 나타나 라셸이라는 여성과 만나게 해달라고 부탁했다. 그는 '이것을 소중히 보관하시오'라는 말과 함께 자신의 귀를 건네고 그 자리를 떠났다. 신고를 받은 경찰은 가엾게도 정신 착란을 일으킨 사람의 행동이리라 판단했고, 다음 날 그 사람의 방을 찾아갔다가 겨우 숨이 붙은 채 침대에 누워 있는 그를 발견했다. 이 불행한 사람은 응급 환자로서 병원으로 옮겨졌다."

빈센트 반 고흐도 이 운명적인 크리스마스이브 전날에 대해서는 설명할 수 없었다. 그 뒤 동생 빌레미나에게 빈센트는 다음과 같이 편지를 썼다. '나는 내가 무슨 말을 했는지, 무엇을 바랐는지, 무슨 짓을 했는지 전혀 모르겠어. 어떤 느낌이었는지 조금도 기억나지 않아.' 이 편지를 보면 고갱이 도착하기 전부터 이미 빈센트가 상식을 벗어난 상태였음을 뚜렷이 알 수 있다. 그것은 화가를 늘 '고열 상태'에서 일에 몰두하게 만들고 다른 일들은 완전히 잊어버리게 하는, 하나의 창조적인 황홀경이었다.

9월 끝 무렵 테오에게 써 보낸 편지에서 그 전형적인 증상이 드러난다. '나는 나흘 동안 주로 23잔의 커피를 마시고 아직 돈을 갚지 못한 흰 빵을 먹으며 살고 있어.' '지난해 여름에 다다른 것과 같은 최고조의 노란색 경지에 이르기 위해서' '셀 수 없이' 많은 파이프 담배를 피우며 지나치게 많은 술을 마셨다. 이 극도의 흥분 상태는 고갱이 도착한 뒤에도 이어졌다. 10월 끝 무렵에 그는 '나는 정신이 조각나고 일이 내 육체를 집어삼킨다고 해도 계속 그림을 그려야 한다는 것을 분명히 알고 있어'라고 말했다. 그러나 빈센트는 재정적으로 무엇 하나 잘되는 일이 없었기에 또다시 크게 절망했다. 빈센트는 다음처럼 썼다. '내 빚은 너무 막대하니 그것을 다 갚은 뒤에는——언젠가 모두 갚고 싶다고 생각해——그림 그리는 창작의 고통이 내 모든 인생을 앗아가 버리겠지.'

완벽한 허상

　빈센트는 질병을 두려워했다. 처음에는 고갱이 요령 있게 고민을 피해 그의 관심이 다른 곳에 쏠리도록 했기에 큰 작품들이 차례로 그려졌다. 고갱과 함께 산책한 뒤로는 집 밖에서 《붉은 포도밭》을 그렸다. 아틀리에에서는 카페 여주인 마리 지누의 초상화 두 점과 완벽한 작품 《해질녘의 씨뿌리는 사람》, 그리고 완전히 상상으로 그린 《에텐 정원의 추억》을 완성했다. 고갱은 주로 상상하여 그렸기 때문에 빈센트 또한 '자신의 작품에 작은 변화를 주기 위해' 같은 방법을 시도해 본 것이다. 이 수법이 고갱에게는 중요한 뜻을 가졌지만 빈센트가 그로부터 배울 점은 얼마 없었다. 그 뒤 고갱이 주장한 바에 따르면, 빈센트는 기쁜 듯이 유곽에서 그린 소묘에 고갱을 불러들였으나, 식사 준비와 공동재산에 대해서는 고갱에게 모두 맡긴 채 이렇게 말했다. '우리는 아주 열심히 일하고 있고, 공동생활은 무척 잘되어 가고 있어요.' 고갱은 빈센트의 해바라기 그림을 크

《붉은 포도밭》(1888)
푸시킨 미술관, 모스크바

《에텐 정원의 추억》
(1888) 에르미타주
미술관, 상트페테르
부르크

《지누 부인》(1888)
오르세 미술관

게 칭찬하며 그 작품이 클로드 모네의 정물화보다 뛰어나다고 평가했다. 빈센트는 테오에게 '위대한 예술가이자 멋진 친구'에 대해 써 보냈다. '고갱처럼 머리 좋은 동료와 함께 살면서 그가 일하는 모습을 보는 것은 나에게 헤아릴 수 없을 만큼 좋은 일이야.'

그럼에도 두 사람은 서로에게 의심을 품었다. 프로방스의 공기는 빈센트에게 열정을 불어넣었지만 고갱에게는 아니었다. 빈센트는 고갱이 이곳에서 가능한 한 오랫동안 즐겁게 지내기를 바라며 최선을 다했다. 하지만 두 화가의 성격과 예술 경향은 충돌할 수밖에 없었다. 빈센트는 고갱의 충고에 귀를 기울인 반면 무조건적으로 따르거나 자기 생각을 버리지는 않았다. 고갱은 빈센트에게 공격받기 전부터 이미 그가 '병에 걸렸다'고 여겼으며, '이 비범한 영혼을 괴롭히는' 것은 바라지 않았다. 그가 브르타뉴에서 빈센트에게 보낸 자화상은 빈센트를 불안하게 했다. 그 그림은 빈센트에게 이렇게 말하는 듯했다. '이대로 나아가서는 안 돼. 그는 다시 흑인 여성들을 그리던 때의 돈 많은 고갱으로 돌아가야 해.' 다행이었던 것은 몇 주일 뒤에는 고갱이 '예전의 자신이 돌아오는 것 같다'고 빈센트에게 이야기했다는 점이었다. 그러나 사실 이 프랑스 화가는 '아를에서의 자신은 완전한 이방인'이라고 느끼며 동거인을 매우 부담스럽게 여겼다. '빈센트와 나는 의견이 맞는 일이 거의 없어. 회화에 대한 일이라면 더욱 그렇지. 예를 들어 색채 문제에서 그는 두껍게 칠한 물감의 우연적인 요소를 추구하고 나는 낡은 기법들을 뒤섞는 것은 싫어하지.' 빈센트는 친구가 그리 즐거워 보이지 않는다는 사실을 알았다. '내 생각에 고갱은 이 기분 좋은 마을 아를, 우리가 만드는 작은 노란집, 그리고 특히 내가 조금 마음에 들지 않는 거지.' 이런 상황에 대한 빈센트의 마음을 보여주는 두 작품이 《고흐의 의자》와 《고갱의 의자》이다.

1888년 12월 시작 무렵부터 제작된 이 가구 정물화는 마치 숨겨진 초상화 같은데, 연작 형태를 띠고 있으나 아주 의도적으로 서로 다른 기법으로 그려졌다. 하나는 낮의 빛을 그렸고, 다른 하나는 밤 풍경이었다. 타일이 깔린 바닥은 시골의 소박함을 나타내는 한편, 화려한 융단과 의자 위 책은 좀더 지적인 것을 암시한다. 두 개의 의자는 그 시절 아직 인정받지 못했던 근대 회화인 상징주의와 인상주의처럼, 그리고 친구인 빈센트와 고갱처럼 나란히 놓여 있다. 반 고흐에게 빈 의자가 죽음의 상징으로서 지닌 뜻은 여러 연구로 밝혀졌다. 게다가 마이어 샤피로는 소박한 시골 마을의 의자 그림에서 나무 받침대와 반대 방향에 배치되어 있는 타일, 그리고 문 위에 그어진 직각이 만들어 내는 복잡한 기하학적 구도를 지적했다. 따라서 두 그림 가운데 단순해 보이는 작품의 수법이 오히려 복잡하다는 것이다.

두 의자 그림은 고갱이 이곳에 남아줬으면 좋겠다는 메시지로서 계획되었을 가능성이 높지만, 고갱은 그것을 무시했다. 그럼에도 빈센트는 자신을 두고 떠나버린 친구와의 우정을 끊지는 않았다. 1월 끝 무렵, 빈센트는 '친애하는 고갱'에게 편지를 보냈다. '나는 필요하다면 처음부터 다시 시작해도 좋다고 진심으로 생각합니다.'

《고흐의 의자》(1888) 내셔널갤러리, 런던

《고갱의 의자》 (1888) 반 고흐 미술관

그림에 계속되는 발작을 바치다

이때 빈센트 반 고흐는 또다시 '무서운 기세로' 작업했다. 8월부터 시작한 해바라기 정물화를 '완전히 똑같이' 반복해 제작했고, 귀에 붕대를 감고 파이프를 입에 문 자화상을 그렸다. 그리고 가장 중요한 것은 아프기 전부터 작업하던 조제프 룰랭의 아내 오귀스틴의 초상화(《자장가》)를 완성했다는 점이다. 빈센트는 어머니가 막내 마르셀의 요람 곁에 있는 다섯 점의 그림을 모두 다르게 그렸다. 그는

《파이프를 물고 귀에 붕대를 감은 자화상》(1889) 개인 소장

상상 속에서 이 '색채의 온갖 음악을 손에 넣으려고 시도'하면서 재능이 멀어지기 전의 상태로 모든 것이 다시 돌아갈지도 모른다는 소원을 담아 '그들 곁에서 횃불이나 촛대 같은 역할을 하는' 두 점의 해바라기 그림을 놓았다.

《룰랭 부인》(1889) 메트로폴리탄 미술관, 뉴욕

아를 병원에서 처음 2~3일 동안 빈센트는 매우 위험한 상황이었 《아를 병원의 정원》
기 때문에 테오조차 한때 그를 포기하려 했다. 그러나 새해에는 고 (1889) 레인하르트
흐의 건강이 나아지고 있었다. 젊은 의사 펠릭스 레이, 친구인 룰랭, 컬렉션, 스위스
그리고 같은 지방 출신의 개신교 목사 프레데릭 사르(아마 테오에
게 불려왔으리라)까지, 그들은 모두 입원 중임에도 완전히 기력을
되찾은 빈센트를 확인할 수 있었다. 1월 4일 빈센트는 노란집에서 오늘날 아를 병원 정원
룰랭과 함께 몇 시간을 보내고, 1월 7
일에 퇴원했다. 그의 병은 다 나았을
까? 어찌 되었든 빈센트는 되도록 빨
리 자신이 다 나았다는 인상을 주기
위해 적극적으로 행동했다. 그는 네덜
란드에 사는 어머니에게 편지를 썼다.
'저는 완전히 다 나아서 다시 그림을
그리기 시작했고, 아무 문제도 없습니

《의사 펠릭스 레이 초상》(1889) 푸시킨 미술관, 모스크바

다.' 그리고 동생 테오에게는 '이런 사소한 일 때문에 폐를 끼친 것'에 대해 사과하고, 이제 그것은 '지나간 일'로서 받아들였다. '단순히 예술가의 일시적인 발작이겠지.'

'일시적 발작'일 뿐 광기가 아니다. 이 오만하다고 할 만큼 긍정적인 말투는 지난날 자신이 지나친 행동을 했을 때 늘 빈센트가 사용하던 것이다. 그는 압생트 때문에 몽롱한 상태의 자신을 '멋지게 금이 간 지식'을 지닌, '보란 듯 쓸모없어진 잔해'라고 표현했다. 반은 진담, 반은 농담으로 빈센트는 '신경증을 비롯한 우리 병들'과 '전성기를 지나버릴 가능성'에 대해 썼지만, 물밑에서는 매우 비현실적인 공포를 품고 있었다.

1889년 봄에는 자신의 운명 깊은 밑바닥에 자리 잡은 공포를 뛰어넘는 힘든 일을 겪게 된다. 병이 도질 우려도 그에 따라 커져 갔다. 이 상태가 오래가는 것은 아닐까, 예전에는 건강했던 사람이 남은 생애 동안 환자가 되어버리는 것은 아닐까? 그런 걱정이었다.

퇴원하고 한 달쯤 지난 2월 7일에 일어난 일이다. 빈센트가 또다시 병원에 강제로 입원하게 되었다. 사건이 일어나기 전인 2월 2일, 빈센트는 이미 자신에게 다가올 발작 조짐에 대해 편지에 적어두었다. '때때로 나는 델포이 신전 제단에서 이루어진 고대 그리스 신탁처럼 흥분인지 광기인지 하늘의 계시인지 모를 느낌 때문에 괴로운 순간이 있어. 그럴 때는 무슨 말이든 할 수 있을 것 같은 기분이 들고 아를 여자들처럼 막힘없이 떠들 수 있는데, 그럼에도 내가 너무나 약하게 느껴져.' 주임 목사였던 사르는 그에 대해 다음처럼 말했다. '이 사흘 동안 그는 누군가가 자신의 음식에 독을 탔다고 믿었다. 그는 자기 주위 사람들은 모두 독을 탄 살인자이거나 독을 마신 사람들이라고 생각했다.' 알베르 드론이라는 의사는 환자가 환청을 듣는다는 내용을 진료 기록에 덧붙였다. 두 번째 입원은 열흘 동안 이어졌다.

세 번째 입원은 아를의 시민들이 빈센트 반 고흐를 구금하라는 탄원서를 내면서 이루어졌다. 그들의 두려움을 잠재우기 위해 빈센트는 병원행을 거부하지 않았다. 하지만 다음과 같이 테오에게 편지를 띄워 씁쓸함을 달랜다. '드가가 공증인의 역할을 한 것처럼 나도 미친 사람 역할을 솔직하게 받아들일까 생각 중이야. 그렇지만 유감스럽게도 내가 역할을 맡아서 할 힘이 없는 것 같구나.'

이번에는 2월 17일에 풀려났으나 그것은 그저 '일시적인' 조치였다. 빈센트는 자기 집 주변을 기웃거리며 '자신이 기묘한 동물이라도 되는 듯이' 창문 위로 올라가 자신을 구경하는 사람들 환각에 시달렸다. 빈센트는 자기 자신을 정당화하려 했으나 지나치게 사람들 눈에 띄었다. 사르 목사의 말에 따르면 거의 30명의 이웃들이 아를 시장에게 탄원서를 냈는데, 빈센트가 술을 진탕 마시고 자신들의 아이들을 갑자기 데려가려고 했으며 특히 여성들은 그를 무서워했다는 내용이었다고 한다. 그는 탄원서 내용을 인용하여 '왜냐하면 그가 마을 여성들의 허리를 붙잡고 뻔뻔스럽게도 그녀들을 만지려 했기 때문'이라고 말했다. 3월 1일~2일에는 시장의 명령을 받은 경찰부장이 빈센트를 입원시키고 노란집을 굳게 닫아걸었다. 빈센트가 3월 19일에 테오에게 쓴 편지를 보면, 그는 담배도 책도 물감도 없는 상태에서 '며칠이나 지냈고,' '자물쇠가 달린 방에서 감시인의 눈 아래 온종일 독방에 갇혀 있다'고 했다. 사르 목사는 그동안 담당자를 대신하여 피억류자의 앞날에 대해 테오에게서 결단을 끌어내리려고 했다. '당신은 형을 마중 나오려 하는 겁니까, 아니면 시설을 골라 그가 있을 곳을 찾으려는 겁니까? 그것도 아니라면 이 무거운 짐을 내려놓고 경찰에게 모든 것을 맡기는 편이 좋겠다고 생각하는 겁니까? 이 질문에는 반드시 대답해 주셔야 합니다.'

이 편지를 받은 테오에게서는 아무런 답장도 오지 않은 듯했다. 그 사건이 일어나기 얼마 전에 빈센트에게서 그의 정신 상태에 대한 편지를 받았을 때에도 그 안의 위험신호를 놓치고 상황의 긴급성에 대응할 수 없었듯이. 6월 끝 무렵 빈센트는 이미 자기 자신을 '절망적으로 정신없는 상태'라고 표현했으며, 한 달 뒤에는 다음과 같이 털어놓았다. '나는 요즈음 완전히 초췌해졌어. 거의 바우터스가 그린 휘호 판 데르 후스처럼 말이지.' 그리고 10월 8일에는 비관적 결말을 정확하게 예고하듯이 '메리온처럼 우울증 발작이 일어나지는 않을까 하는 공포에 몇 번이나 사로잡힌다'고 동생에게 전했다. 빈센트가 말한 메리온이라는 인물은 1868년에 정신 기능에 이상이 생겨 죽은 동료 화가였다. 형이 자기 자신을 상처 입힌 일, 그 뒤 병의 진척 상황이 생각처럼 좋지 못하다는 것을 알면서도 아무 행동도 취하지 않은 테오는, 이때 도움의 손길을 내밀 기회를 놓친 듯이 보였다. 몇 주일 동안 형의 편지에서 그가 '광기'와 가까워지고 있다는 사실이 반복적으로 암시되어 있었는데도 말이다.

실낱같은 희망

테오가 도움의 손길을 내밀었다고 해도 빈센트가 그것을 받아들였을지 아닐지는 전혀 다른 문제였다. 적어도 1889년 3월에는 빈센트의 활동 제한이 조금 풀리게 되어 책을 읽고 담배를 피우며 그림을 그릴 수 있었다. 파리의 화가 폴 시냑이 잠시 그를 방문했을 때에는 노란집에 다녀오기도 했다. 그의 증상은 시녁이 테오에게 이런 편지를 보낼 만큼 좋아졌다. '당신 형님은 정신적으로도 육체적으로도 완벽하게 건강한 상태인 것 같습니다.' 한편 집주인은 고흐에게 집에서 나가라고 말해 두었기에 사르 목사는 아를에서 그가 머물 다른 장소를 찾아냈다. 그때까지 아직 병원에 있던 빈센트는 4월 중순부터 새로운 집을 빌렸지만, 이사는 하지 않았다. 암스테르담에서 네덜란드인 요한나 봉허와 결혼하기 직전이었던 테오에게 고흐는 '미치광이로서의 내 역할에 대해 진솔하게 생각해 보고 있어' 써 보내고는 다음과 같은 결심을 했다. 먼저 '단기 체류자로서' 석 달 동안만 '월말에 사르 목사가 가르쳐 준 생 레미 병원이나 그 비슷한 시설에 간다.' '그러나 만일 머무르는 비용이 지나치게 많이 들 경우나 시설 밖에서 그림을 그릴 수 없다면, 그 대신 4~5년 동안 프랑스 외인부대에 간다.' 이것은 첫 발작 이후 종이에 쓴 일들 가운데 유일하게 참된 광기를 느끼게 하는 글이었다.

빈센트가 자신의 절망적인 상황을 또렷하게 깨달았던 것은 왠지 신기할 정도였다. 피하기 힘든 사태를 받아들이는 그 침착함은 인간을 뛰어넘은 무언가를 느끼게 했다. '나는 마음을 놓은 상태야. 지금은 내 생활을 관리할 수 없어.' 이렇게 말해도 그가 아를에서의 마지막 시간들을 아무런 감동 없이 멍하니 지낸 것은 아니었다. 오히려 그 반대로, 아틀리에 정리를 위해 활동적으로 돌아다녔다. 가구를 보관하기 위한 창고를 빌리고, 노란집에 걸어 두었던 작품들을 떼어냈다. 그 가운데 몇 점은 파손되어 있었다. '내가 집을 비우는 동안 불을 지피지 않아서 돌아와 보니 벽에서 물과 질산칼륨이 새어나와 있었어.' 빈센트는 곰팡이 핀 캠버스를 자신의 모든 생각의 '비참

《해바라기》(1889)
필라델피아 미술관

하고 뼈아픈 실패'의 증거로 보았다. 그는 그림을 두 개의 나무 상자에 정리하며 파리로 보냈지만, '깊은 후회 섞인 원망'에 계속 시달렸다. 1889년 9월, 요양원에 들어가고 얼마쯤 지난 뒤에도 빈센트는 아직 자신의 '소심함'을 자책했다. '경찰이나 이웃사람들과 싸워서라도 나는 아틀리에를 지켰어야 했어. 만일 다른 사람이 나 같은 처지였다면 리볼버를 꺼내 들었을지도 모르지. 물론 누군가가 예술가로서 그런 변변치 않은 사람들을 죽였다고 해도 아무런 비난 없이 풀려났을 거야. 나도 그랬으면 좋았을 텐데, 실제로는 겁 많은 술꾼이었을 뿐이야. 게다가 병에 걸려 용기도 없었지.' 이 편지를 글자 그대로 받아들여서는 안 된다. 리볼버를 준비해 다니는 그 자신에 대한 상상은 말도 안 되지만, 아틀리에 계획의 좌절이 빈센트에게 무엇을 뜻하는지는 매우 분명하게 보여주고 있다.

5월 8일, 사르 목사와 함께 생 레미에 도착했을 때 빈센트는 광기를 '다른 병과 똑같이' 볼 수 있게 되리라는 희망을 품었다. 또한 '창작의 힘이 완전히' 돌아오리라는 것 또한 한 치의 의심 없이 굳게 믿었다. 그러나 그 희망은 일부만 이루어졌다. 53주 동안 머무르면서 15주 동안은 병 때문에 그림을 그릴 수 없었기 때문이다. 이곳에 와서 처음으로 요양원의 테오필 페이롱 병원장이 빈센트의 증상을 의학적 용어로 설명해 주었다. '일반적인 일시적 정신 착란을 동반하는 급성 조증(기분의 고양, 의욕 향진 따위의 상태가 특징인 정신 장애)이며, 매우 불규칙적으로 뇌전증 발작이 일어난다.' 생 레미에서의 세월과 생애 마지막 69일을 보낸 오베르 쉬르 우아즈에서의 생활도 같았다. 아를에서의 나날을 보내며 그린 작품들에 대해 이야기한 것과 같이, 빈센트는 변함없이 다음처럼 그 상황을 이해했다. '너도 이 그림들이 다른 것들에 비해 그리 나쁘지 않다고 생각하지?'

별이 빛나는 밤

생 레미 병원에서 빈센트는 특별한 치료를 받지 않았으며 병동 밖에서 그림을 그리는 일을 허락받았다. 그곳에서 그린 그림은 백오십 점에 이른다. 2, 3일에 한 점씩 그린 것이다. 놀라운 점은 그뿐만

이 아니다. 가장 괴롭고 궁지에 몰린 시기에 그린 작품에서 또다시 활력이 느껴졌다. 모든 작품이 맑고 깨끗한 색채와 음악적인 조화를 이루면서 훌륭한 균형을 갖추고 있었다. 《별이 빛나는 밤》은 그 가운데서도 뛰어난 걸작이다. 온 하늘 가득한 밝은 밤은 다음 날의 희망을 이야기하는 듯하다. 생 레미로 옮기고 나서 빈센트는 '늘 사이프러스가 내 마음을 채우고 있어'라고 테오에게 편지를 보내기도 했다. '그건 이집트의 오벨리스크처럼 아름다워.' 어디에도 비할 수 없는 아름다움과 평온함이 넘쳐흐르는 《별이 빛나는 밤》이 탄생한 때는 그가 세상을 떠나기 석 달 전이었다.

테오 또한 형의 새 그림들을 마음에 들어했다. 그리고 매우 적절

《자화상》(1889)
오르세 미술관

《별이 빛나는 밤》(1889) 뉴욕근대미술관

한 해석을 붙여주었다. 그에 따르면 빈센트는 결코 고립된 화가가 아니며, 비록 독특하고 개인적인 방식이기는 하지만 현대 회화에 발맞추고 있었다. 1889년 여름 테오는 형에게 다음처럼 말해 주었다. '형님의 그림들에는 지금까지 도달하지 못했던 색채의 힘이 있습니다. 이것만으로도 보기드문 특징이지만, 형님은 거기서 더 멀리까지 나아가셨습니다. 형태를 왜곡해 상징을 탐구하려는 사람들이 있다면, 그런 상징을 나는 형님 그림들에서 발견했습니다. 형님이 강하게 애착을 느끼는 자연이며 살아 있는 존재에 대한 형님 사상을 요약한 표현에서 그런 상징이 보입니다.'

빈센트는 다시 에밀 베르나르와 편지를 주고받으면서 베르나르가 신비주의와 종교로 돌아갔음을 알게 되었다. 그는 그것이 인위적이고 위선적이라고 비난하며, 자신은 추상주의에는 아무런 관심도 없다고 다시 한 번 밝혔다. 몇 달 뒤 빈센트는 심한 발작을 일으켰고, 우울증에 빠져들었다. 발작을 일으키면서 물감을 삼키려고 했기 때문에 의사가 그림을 못 그리게 하자 우울증은 더욱 심각해졌다. 그럼에도 그는 포기하지 않았다. 상태가 조금 나아지자 테오에게 '나는 회복하려고 노력하고 있어. 마치 자살을 하려고 강을 찾았다가 물이 너무 차갑다는 사실을 깨달은 사람처럼 말이야' 하고 편지를 보내기도 했다.

1889년 11월에는 브뤼셀에서 열리는 '20인회' 전시에 초대를 받았다. 그는 자신이 직접 연 전시회를 포함해서 파리에서 열린 몇 번의 전시회 말고는 한 번도 전시회에 참가한 적이 없었다. 빈센트는 초대에 탐탁지 않은 반응을 보였지만 해바라기 그림 두 점과 함께 모두 여섯 점을 정성껏 골랐다. '여섯 점의 작품은 모두 매우 다양한 색의 효과를 만들어 낼 것입니다'라고 편지에 쓰기도 했다.

병원을 떠날 수 없었던 빈센트는 밀레, 들라크루아, 렘브란트 등 자신이 좋아하는 화가들의 작품을 모사했다. 그리고 다시 북쪽으로 돌아가고 싶어했다. 특히 자신에게 친절히 대해 주었던 피사로를 떠올렸다. 그러나 피사로의 아내가 아이들 옆에 정신적으로 불안한 사람을 두는 일에 반대했기 때문에 피사로는 예술 애호가이자 예술계에 발이 넓었던 가셰박사를 떠올렸다.

떠나려고 마음먹고 있을 때 빈센트는 젊은 비평가이자 상징주의 작가인 알베르 오리에가 1890년 1월 〈메르퀴르 드 프랑스〉지에 발표한 '미지의 화가 : 빈센트반 고흐'라는 기사 한 편을 받았다. 오리에는 빈센트의 작품에 감

《가셰 의사 초상》
(1890) 개인 소장

《사이프러스가 있는 밀밭》(1889) 메트로폴리탄 미술관

탄했고 그의 그림들에 나타난 독창성과 힘을 꿰뚫어 보았다. 그는 '반 고흐 예술의 단순한 진실'을 말하며, '비정상적이고 어쩌면 고통스러울 정도로 강렬하게 인식하는 과격주의자' 빈센트가 '열정적이고 야수와 같은 기법을 능수능란하게 결합시켰다'고 평가했다. 이 글을 읽은 빈센트는 기쁨과 걱정이 뒤섞인 감정을 느꼈고, 오리에에게 '사물의 색채를 이렇게 강렬하게 인식하는 유일한 작가'라는 표현은 자신이 아닌 몽티셀리에게 더 어울린다고 편지까지 썼다.

어쨌든 오리에의 기사는 효과가 있었다. '20인회'에 출품했던 고흐 작품 《붉은 포도밭》이 팔렸다. 처음 있는 일이었다. 화가 안나 보쉬(1848~1936)가 400프랑이라는 비교적 낮은 가격으로 구입했다. 안나는 빈센트가 초상화를 그려준 외젠 보쉬의 누이였다.

《사이프러스 나무》(1889) 메트로폴리탄 미술관, 뉴욕

삶의 마지막 나날들

생 레미 정신병원에 입원한 지 1년 만인 1890년 5월 16일 빈센트는 프로방스를 떠나 파리로 향했다. 그곳에서 잠시 머물다 다시 오베르로 갔다. 마지막 몇 달 동안은 꽤 정신이 맑았다. 그 무렵 테오는 아들을 낳았고, 이름을 빈센트라고 지었다.

아를과 생 레미에서 그린 그림 열 점이 앵데팡당전에서 큰 성공을 거두었다. 특히 모네와 피사로, 베르나르에게 좋은 평가를 받았다. 고갱조차 찬사로 가득한 편지를 보냈을 정도였다. 새로운 목적지에 도착한 빈센트는 가셰 박사와 금세 친해졌고, 2주 동안 그의 초상화를 그려주었다. 그리고 가셰 박사의 지인들과 자신의 관심사를 이야기했다. 오랫동안 그가 그리워하던 일이었다. 자신의 병이 남프랑스의 공기 때문이라고 확신한 그는 브르타뉴에 있던 고갱을 찾아가려고 했으나 고갱의 반응은 그다지 적극적이지 않았다. 그즈음 테오가 겪고 있는 문제들로 말미암아 빈센트의 생활이 다시 출렁이기 시작했다. 부소&발라동에서 상관들과 부딪치던 테오가 일자리를 잃었다. 엎친 데 덮친 격으로 테오의 아내와 아들이 병에 걸렸다. 이러한 사정을 알게 된 빈센트는 커다란 상처를 입었다. 그리고 동생의 경제적 상황이 자기 생존과도 직결되어 있음을 알았기 때문에 심한 죄책감에 빠져들었다. '다시 그림그리기 시작했어. 손에서 거의 붓을 놓기 직전이었지만.' 1890년 7월 10일 테오에게 이렇게 편지를 쓴 그는 슬픔과 고독감 속에서도 그림을 그리기 위해 온몸과 영혼을 쏟았다. 그러나 결국 7월 27일, 그림을 그리러 나갔던 들판에서 권총 자살을 시도했다. 상처를 입었지만 걸을 수 있었던 그는 집으로 돌아와 방에 틀어박혔다. 그를 찾으러 온 집주인에게 빈센트는 자살을 시도했으나 실패했다고 말했다. 동생의 주소를 가르쳐 주지 않고 버티던 그였으나 우여곡절 끝에 가셰 박사의 연락을 받고 테오가 형을 보러 급히 왔다.

'울지 마. 모두를 위해서 그런 거야.' 빈센트 반 고흐는 삶의 의지를 모두 놓아버린 채, 7월 29일 밤에 조용히 눈을 감았다.

빈센트는 자살했기 때문에 교회에서 장례를 치르지 못했고, 애도의 종도 울릴 수 없었다. 관을 옮기는 마차조차 구하지 못하고 이웃

마을에서 빌려와 묘지까지 옮겼다. 장례는 테오가 도맡았다. 그때 테오의 아내 요한나는 아들과 함께 네덜란드 집에 돌아가 있었으므로 그의 곁을 지켜줄 수 없었다. 테오는 홀로 그 큰 슬픔을 넘긴 것이다. 말할 수 없이 슬펐으리라.

본디 병약했던 테오는 형의 죽음을 계기로 더욱 쇠약해졌고, 그 반년 뒤인 1891년 1월 25일, 33살 나이로 위트레흐트에 있는 정신병원에서 눈을 감았다.

마음이 병들어 버린 이는 빈센트보다 테오 아니었을까? 형을 향한 마음이 망령이 되어 그를 괴롭혔다. '그때 이렇게 했어야 했다.', '이런 방법이 있었을 것이다' 후회하며 자책했으리라. 죽은 형을 위해 전시회를 열려고 애쓰며 기운을 차리려 노력했지만 그는 끝내 패배하고 말았다.

오늘날 오베르 쉬르 우아즈에는 빈센트와 테오의 무덤이 나란히 있다. 테오가 세상을 떠났을 때는 네덜란드 위트레흐트에 묻혔지만, 그 뒤 요한나가 형의 무덤 옆으로 테오의 무덤을 옮겼다. 담쟁이덩굴로 뒤덮인 형제의 무덤. 담쟁이덩굴의 꽃말은 '나눌 수 없는 영혼'이라 한다.

빈센트 반 고흐의 인생은, 한마디로 표현하자면 '우여곡절'이었다.

고흐와 동생 테오의 무덤 오베르 쉬르 우아즈

《첫걸음》(1890) 밀레 작품 모작. 메트로폴리탄 미술관, 동생 테오 가족을 그렸다.

그는 화가로서 태어난 인물이 아니었다. 이런저런 일을 겪은 끝에 겨우 화가가 된 것이다. 천재 화가에게나 있을 법한 '어렸을 때부터 그림을 잘 그렸다는' 일화도 없고 화가가 되기 위해 착실히 미술학교를 다니지도 못했다. 즉 본디 화가로서 성공할 만한 인물이라고는 할 수 없었다.

청년 시절부터 아를에 이르기까지의 빈센트 발자취를 따라가다 보면, '굳게 결심했으니 죽을 각오로 뛰어드는' 그의 성격을 알 수 있다. 다른 사람들 눈에는 그의 행동이 유별나 보였다. 그러나 그는 어느 하나에 몰입하면 끝까지 파고드는 성격이었다. 게다가 그가 갑자기 파리로 가거나 아를로 주거지를 옮긴 것은 자신에게는 아주 적합한, 그때로서는 가장 올바른 행동이었음에 틀림없다.

아를에서 빈센트는 그의 삶에서 가장 정력적으로 일을 했다. 여전히 테오가 보내오는 돈에 의지하면서도 《랑글루아 다리》, 《밤의 카페 테라스》, 《노란집》, 《해바라기》 연작 등, 우리가 고흐의 작품이라고 하면 바로 떠올리게 되는 수많은 걸작들을 탄생시켰다. 그곳에서 그는 오로지 자신의 부름에 동료들이 응해 주도록, '이렇게 열심히 하고 있다는' 모습을 보여주고 싶은 마음뿐이었다.

진실의 기록 고흐의 편지

알다시피 빈센트 반 고흐에 열광하는 현상은 몇몇 화가와 지식인을 빼고는 이 화가의 비극적 삶에 대한 동정과 호기심, 또는 공감에서 시작된다. 그리고 그에 대한 반발로서 '화가의 개인적 삶이 아니라 작품 그 자체로' 평가해야 한다는 시선도 있다. 그러나 위대한 예술가의 작품은 작가 내면으로 깊숙이 파고들어 분석하고 이해해야만 완전히 평가할 수 있다.

다행스럽게도 빈센트에게는 엄청난 양의 편지가 남아 있다. 그의 편지들은 매우 설득력이 있으며, 읽는 이에게 큰 감동을 준다. 그것은 무슨 까닭일까?

첫째, 예리한 관찰과 또렷한 이미지로 가득하다. 특히 '램스게이트와 아일워스' 그리고 '드렌터 황무지'에서 묘사한 글들은 한 점의 스케치를 보는 듯 풍경과 인물이 매력적으로 그려져 있다.

둘째, 첫사랑의 병을 앓고 청춘의 문턱에서 이리저리 방황하는 젊은 날의 고뇌가 모든 사람들 가슴에 와닿도록 묘사되었다. 누구나 흔히 겪는 부모와의 갈등, 자신의 앞날에 대한 불안과 고민이 크나큰 공감을 자아낸다.

셋째, 혼자 힘으로 그림 공부에 매진하는 과정을 구체적으로 써 나가, 후학의 길잡이가 된다. 수많은 좌절과 고통과 분노를 겪은 뒤 1880년 여름, 고흐는 27살 나이에 힘든 예술가의 길을 걷기로 마음먹고 온갖 노력을 기울였으며, 이는 살아 숨쉬는 본보기가 되어준다.

넷째, 감당하기 힘든 인생의 무게를 유머로 이겨냈다.

다섯째, 자신의 내면을 정직하고 진솔하게 털어놓았다.

여섯째, 이웃을 가엾이 여기는 휴머니즘이 우리 마음을 따뜻하게 해준다.

일곱째, 엄청난 독서량에 의한 해박한 지식으로 그즈음의 문학작품, 그림, 사회 모습, 역사 문제를 언급하여 읽는 이에게 즐거움과 재미를 안겨준다.

여덟째, 집안 대대로 내려오는 유전적인 질병에 굴복하지 않으려 자신을 세밀히 분석해, 이를 통해 우리는 그가 지닌 질병의 실체를 알 수 있게 된다. 빈센트 반 고흐는 평생 자주 분노하고, 낙담하며, 강박증에 시달리는 모습을 드러내지만 광기와는 달랐다. 감성적 지적으로 차분함을 유지하며 자신을 억누르는 모습이 뚜렷하다. 그는 천재와 광기의 경계에 대해 나름대로 냉철한 견해를 지녔고, 심지어 심한 발작을 겪고 난 뒤에조차 발작과 발작 사이의 정확한 날짜를 헤아려 대처했다. 자신의 치명적 장애인 여러 조건을 이겨내려 애써, 이 병이 창작에 실제로 그다지 큰 영향을 미치지 못한 것으로 여겨진다.

죽음은 어렵지만 삶은 더 어렵다

빈센트의 편지들을 읽으면 그가 오로지 맹렬한 기세로 작품 제작에만 몰두했음을 알 수 있다. 또한 2000여 개가 넘는 작품을 전체적으로 바라볼 때 우리는 거기에서 한 인간의 격렬한 불안과 고뇌에 찬 표현을 느낀다. 그는 교육과 선교와 포교 등의 다른 시도에 좌절한 뒤 회화를 유일한 수단으로 삼아 그 자신의 '슬픔이 가득한' 인간으로서의 조건에 맞선 것이다.

회화가 본디 지니고 있는 것은 빛, 여러 색채의 차이에 의해 만들어지는 빛이다. 그즈음 이른바 인상파라고 불리는 사람들이, 두 세기에 걸쳐 이루어져 온 '반농담(半濃淡) 시대' 뒤 색채의 세계로 이 빛을 막 등장시키고 있었다.

빈센트는 드렌터 지방의 창백한 새벽 어스름과 누에넌의 암갈색 해질녘, 그리고 방직공들의 가내수공업 공방 내부의 어슴푸레한 빛속에 조그만 불꽃이 지닌 '노란 빛무리'를 출현시켰다.《감자먹는 사람들》의 저녁 식탁 위에 드리워진 작은 램프 불빛이 그것이다.

그 뒤로 이 색조는 끊임없이 그 강도를 늘려나가 남프랑스 아를 지방의 태양으로 이어졌다. 그리하여 아를에서 '이 노랑이라는 성가신 존재'와 그의 격투가 시작된다. '노랑'이라는 이 강력한 색조는 자연의 것이든 인공적인 것이든, 또 밤이든 낮이든 저마다의 빛물체에 따라 하나의 화면에서 다른 화면으로 넓혀져 간다. 《밤의 카페》, 《밤의 카페 테라스》, 《별이 빛나는 밤》, 《보리밭》 등으로.

그런데 갑자기 하늘의 푸르름 속에 '검은색'이 나타난다. 그 검은 색은 급속히 기승을 부리기 시작해 교회의 커다란 촛불처럼 우뚝 선 사이프러스이며, 드넓은 밀밭에 까마귀 떼의 날갯짓으로 가로줄을 긋는다. 빈센트가 스스로 균열시키려 꾀한 '노랑'과 '검정'의 격렬한 대비라고 할 수 있다.

그는 죽기 몇 해 전부터 자신은 그리 오래 살 것 같지 못하다는 어떤 암시를 느낀다. 그리하여 그림이라는 단 한 가지 일에만 확신을 가진 무지한 인간처럼 살아가며, 자신에게 숙명 지어진 일을 완수해야 된다는 강박관념에 사로잡혔다.

'죽음은 어렵지만 삶은 더 어렵다.'

숨진 뒤 그의 품속에서 나온 마지막 편지에는 이렇게 쓰여 있다. '사랑하는 테오, 너에게 쓰고 싶은 이야기는 많지만 모두 소용없다는 생각이 드는구나. 나 자신의 일이지만 나는 거기에 내 목숨을 걸었고, 내 이성은 그 일로 무너졌어. (…) 나는 어떻게 하면 좋을까?'

인생은 누구의 것이든 모두 쓸쓸하다. 이 세상을 살아가는 사람들은 누구나 그렇게 느낀다. 그렇다면 우리 또한 유한한 생명 속에서 고흐처럼 묵묵히 자신의 일에 열정을 쏟으며 최선을 다하는 게 올바른 해답은 아닐까?

'지금 내 작품이 팔리지 않아도 어쩔 수 없어. 그렇지만 사람들이 언젠가는 내 그림들이 거기에 사용된 물감보다, 그리고 내 인생보다도 더 가치 있다는 것을 알게 되는 날이 올 거야.' 1888년 10월 테오에게 보낸 이 편지 내용은 오늘날 현실이 되었다.

빈센트 반 고흐, 그의 생애는 말한다.

"네가 사랑하는 것들을 사랑하라."

《스헤베닝겐 여인》(1881) 수채화 반 고흐 미술관, 암스테르담

《포플러 가로수길》(1884) 반 고흐 미술관, 암스테르담

《농부의 얼굴》(1885) 반 고흐 미술관, 암스테르담

《누에넨 근교 포플
러 가로수》(1885)
보이만스 미술관,
로테르담

《파이프와 밀짚모
자가 있는 정물》
(1885) 크뢸러-뮐
러 미술관, 오텔로

다음 쪽
《카페 뒤 탕부랭의
테이블에 앉아 있
는 여인》(1886)
반 고흐 미술관,
암스테르담

《구두》(1886)
반 고흐 미술관

《물랭 드 라 갈레
트》(1886) 크뢸
러-뮐러 미술관,
오텔로

다음 쪽
《자화상》(1886)
헤이그 미술관

《자화상》(1887) 반 고흐 미술관

《캔버스 앞의 자화상》(1888) 반 고흐 미술관

《데이지와 아네모네를 꽂은 꽃병의 정물》(1887)　크뢸러-밀러 미술관, 오텔로

《구리화병의 왕관패모꽃》(1887) 오르세 미술관, 파리

《석고상과 장미, 책 두 권이 있는 정물》(1887) 크뢸러-뮐러 미술관, 오텔로

《루픽 거리의 고흐 방에서 본 풍경》(1887)   반 고흐 미술관, 암스테르담

《종달새가 있는
밀밭》(1887)
반 고흐 미술관,
암스테르담

《아니에르의 센 강
을 가로지르는 다
리》(1887) 뷔를
레 콜렉션, 취리히

다음 쪽
《요람 곁에 앉아 있
는 귀부인》(1887)
반 고흐 미술관

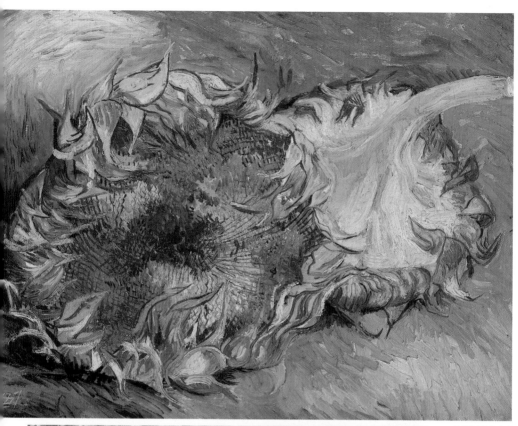

《잘린 해바라기
꽃》(1887) 메트
로폴리탄 미술관,
뉴욕

《해바라기》(1887)
베른 미술관, 스위스

다음 쪽
《세 송이의 해바라
기》(1888) 개인
소장

《건초더미》(1888)
크뢸러–뮐러 미술
관, 오텔로

《집시들의 캠프》
(1888) 오르세 미
술관, 파리

다음 쪽
《푸른 옷을 입은 여
인의 초상》(1887)
반 고흐 미술관,
암스테르담

《사이프러스로 둘
러싸인 과수원》
(1888) 크
뢸러-밀러 미술
관, 오텔로

《초록빛 포도밭》
(1888) 크뢸러-밀
러 미술관, 오텔로

다음 쪽
《생트 마리 드 라
메르의 풍경》(1888)
크뢸러-밀러 미술
관, 오텔로

《양파가 담긴 접시,
그밖의 다른 물건이
있는 정물》(1889)
크뢸러-뮐러 미술
관, 오텔로

《뒤집어진 게》(1889)
반 고흐 미술관

다음 쪽
《귀에 붕대를 감은
자화상》(1889) 고
톨드연구소. 런던

《아를 병원 병동》
(1889) 레인하르
트 컬렉션

《생 레미의 생폴 병
원 정원》(1889) 10
월. 개인 소장

다음 쪽
《생 레미 생폴 병원
정원》(1889)

《붓꽃》(1889) 부분 폴 게티 미술관, 로스앤젤레스

《붓꽃》(1890) 반 고흐 미술관

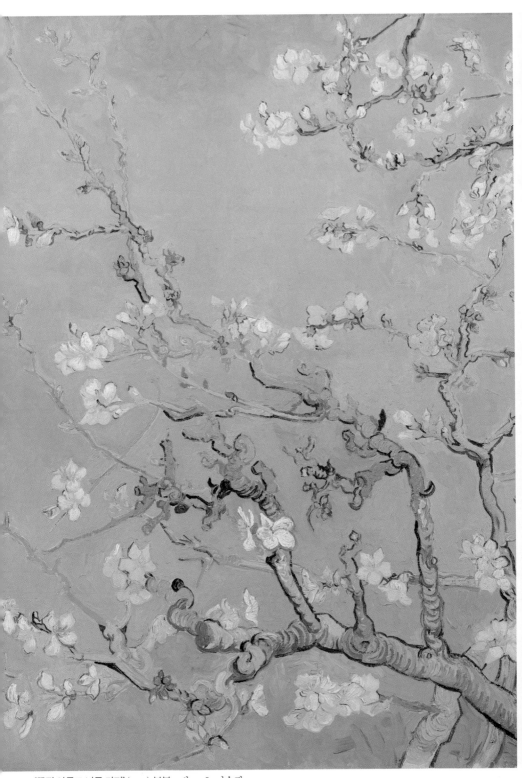

《꽃핀 아몬드 나무 가지》(1890) 부분   반 고흐 미술관

《오베르 교회》(1890)　오베르 미술관

《오베르 쉬르 우아즈 정원의 가셰 양》(1890) 오르세 미술관

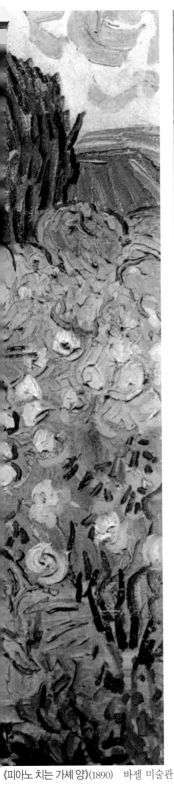

《피아노 치는 가셰 양》(1890) 바젤 미술관

《까마귀 나는 밀밭》(1890) 부분　반 고흐 미술관

《얼굴을 감싸고 있는 노인》(1890) ‘영원의 문’에서. 크뢸러-뮐러 미술관

《피에타》(1889)　들라크루아의 작품 모작. 반 고흐 미술관

《죄수들의 원형 보행》(1890) 푸시킨 미술관, 모스크바

고흐 영혼의 편지
차례

네가 사랑하는 것들을 사랑하라…김유경

고흐 얼굴의 수많은 색채들
파도치며 햇살 속에 일렁일렁
그 새로운 빛들이 춤을 추네.
모자챙 밑으로 불을 내뿜어
대기를 뚫을 듯 번뜩이는 푸른 눈
잠 못 이루는 밤, 밤, 밤
그 눈에 가득 별빛이 채워졌다.
노랑 왕관 밀짚 빛무리들
그를 돋보이게 하고
한낮의 맺혀 오르는 땀이
기름처럼 번쩍이는 흔적을 남긴다.
그가 바라보는 건
거울 속 자신이 아닌
──오로지 빛, 빛, 빛
변화무쌍한 시간들을 위해
온갖 색채로 빚어지는 고흐 햇살이여.

마릴린 챈들러 맥킨타이어(Marilyn Chandler McEntyre)

이 책을 읽는 이들에게

1. 이제까지 유럽에서 출판된 반 고흐의 편지들을 김유경이 네덜란드를 비롯 세계 이곳저곳 여행하면서 수집해 2019년에 새로 엮은 게 이 책이다. 충실하고 올바르게 그에 대한 보충설명을 하려 힘썼다.

2. 편지 순서는 받는 이가 아닌 날짜순으로 엮었다. 아를에서의 공동생활 앞뒤로 고갱 편지 또한 시간적으로 배치했다.

3. 편지마다 '고흐가 테오에게 1/런던 1874년 1월'로, 편지 쓴 사람과 받는 사람과 편지번호/장소와 날짜를 밝혀두었다.

4. 편지들은 초기에 네덜란드 어, 런던 지점에 근무하던 무렵은 영어, 파리로 간 뒤부터는 프랑스 어로 씌어졌다.

5. 고흐가 이니셜로 표기한 이름을 알기쉽게 본디 이름으로 바꾸어 옮겼다. 예를 들면 GAC는 고갱, T는 테르스티흐, CM은 코르 숙부 등으로.

6. 고흐가 애칭으로 표기한 인물은 이름으로 바꾸었다. 예를 들면 빌은 빌레미나, 요는 요한나 등으로. 한두 번 등장하는 인물은 ＊설명글로 누구인지 밝혀두었다.

7. 고흐가 화방에 주문하는 물감 이름은 보편적으로 널리 쓰이는 영어표기 외래어로 바꾸었다. 예를 들면 베르베로네즈는 비리디언, 블루드블스는 코발트블루 등으로.

8. A에게 쓴 편지 내용을 B에게 되풀이 쓴 경우 중복되는 내용을 삭제했다.

9. 페이지마다 아래쪽의 ＊는 이 책을 엮어지은 김유경의 보충설명이다.

헤이그
1872년 8월~1873년 5월

빈센트 반 고흐는 1853년 3월30일 네덜란드 브라반트 지방 작은 마을 준데르트에서 엄격하고 보수적인 칼뱅파 목사의 장남으로 태어났다. 고흐가 16살 때, 부모는 아들이 직업을 가질 나이라고 결정내린다.

그림상인인 빈센트 백부[*1]의 소개로 구필 화랑 헤이그 지점에 취직해 로스 집안에 하숙하며 3년째 다니던 19살 즈음 어느날, 동생 테오[*2](15살)가 그를 방문하면서부터 형제는 서로 편지를 주고받기가 시작된다.[*3] 그즈음 아버지[*4]는 이미 준데르트에서 헤르포르트(틸뷔르흐[*5] 북동쪽 농촌) 교회로 옮겨가, 그곳 남쪽 오이스터베이크의 학교까지 8km를 테오는 걸어다녔다. 두 번째 편지는 이듬해 5월 테오가 구필 화랑 브뤼셀 지점에서 일할 때 쓴 것으로, 형제 관계가 앞으로 점점 돈독해져 감을 짐작케 해준다.

---

*1 Vincent van Gogh, 1820~1888. 아버지의 셋째형. 센트 백부라고도 불리며 경제적·사회적으로 성공해 고흐에게 많은 영향을 주었다. 네덜란드 헤이그의 유명한 그림상인으로 Goupil&Cie의 파트너. 아내 코넬리아 Cornelia Carbentus, 1829~1913는 빈센트의 이모이며 백모.

*2 Theodorus van Gogh, 1857~1891. 형 빈센트를 사랑하여 한평생 영혼의 교감을 나누며 그를 위대한 화가로 키운 동생. 아버지와 이름이 같다.

*3 그즈음 철도시설망이 온 세계로 빠르게 뻗어나가, 그 폭넓은 철도망 덕분에 우편물이 어떤 때는 하루 4번씩 국내와 국외로 전달되었다. 고흐는 동생 테오에게 일주일에 한 번 꼴로 편지 쓰며 데생과 채색그림들을 보냈다. 나중에 테오의 아내가 된 요한나는 남편이 간직해 온 그 편지와 그림을 출판하여 약 1300점에 이르는 데생과 850점의 그림, 800여장 편지를 오늘날 우리가 볼 수 있게 되었다.

*4 Theodorus van Gogh, 1822~1885. 목사. 보수적이고 근엄한 분위기로 집안을 이끌었다. 가난한 농부들로부터 존경받았으며, 식료품을 사기 어려운 이들을 위해 잡화점 가게에 들러 늘 돈을 남겨두었다고 한다.

*5 Tilburg. 네덜란드 남부 노르트브라반트 주 중부의 도시. 빌헬미나 운하 중앙연안에 자리한다. 딱딱하고 형식적인 도시 헤이그보다 이곳을 더 좋아한 빌렘 2세가 여기에 궁전을 지었으나 완성을 앞두고 죽었다. 성벽으로 둘러싸인 작은 탑이 있는, 마치 동화 속에 나오는 듯한 아름다운 이 성은 그뒤 학교(캐슬 스쿨)로 바뀌어 1866년, 13살의 고흐도 다녔다.

고흐가 테오에게 1
헤이그 1872년 8월

사랑하는 테오

편지 고맙다. 무사히 돌아갔다니*¹ 다행이구나. 네가 간 뒤 한동안 쓸쓸했단다. 오후에 집에 돌아와도 네가 없으니 너무 허전하고 왠지 묘한 기분이었어.

우리가 함께 지낸 날들은 즐거웠지. 비가 내리면 그 비를 맞으며 산책했잖니, 이런저런 구경도 하면서.

참으로 지독한 날씨였어. 너무 무더워 네가 오이스터베이크까지 걸어다니려면 힘들었을 거야. 어제 전람회 때 마차경주*²가 열렸지만, 일루미네이션*³과 불꽃놀이는 날씨가 나빠 연기되었단다. 그러니 그 구경을 위해 네가 여기 남지 않은 게 다행이었지. 하네베크와 로스*⁴ 집안사람들 모두 네게 안부전한다.

언제나 너를 사랑하는 빈센트

고흐가 테오에게 2
헤이그 1872년 12월13일

사랑하는 테오

반가운 소식——아버지 편지로 알게 되었지. 진심으로 너의 행운을 빈다. 너는 분명 좋아하게 될 거야. 아주 즐거운 곳이거든. 이제 네 생활도 크게 바뀌겠구나. 우리가 같은 직업, 같은 화랑*⁵에서 일하게 되어 정말 기쁘다. 편지를

---

*1 테오가 헤이그로 찾아와 며칠 동안 머물며 형제는 즐겁게 지낸다. 마우리츠하이스 미술관을 구경하고, 스헤베닝언 바닷가에도 갔다. 많은 비가 내렸지만 라이스바이크에 이르는 수로를 따라 거닐었다. 형제는 풍차 앞에 멈춰서서 우유를 마시며 서로에게 영원한 친구가 되어주기로 약속했다.

*2 마구를 달고 1인승 이륜마차를 끄는 경마.

*3 illumination. 전구나 네온을 이용해 조명한 장식 또는 광고.

*4 Haanebeek와 Ross 집안 모두 친척. 고흐는 로스네 집에 하숙하고 있었다.

*5 고흐가 일한 화랑은 네덜란드 정치중심지 비넨호프에 가까운 플라츠 광장에 있었다. 거리를 걷던 사람들은 호기심에 찬 눈으로 발을 멈추고 진열창 너머 그림들을 바라보며 감탄하곤 했다. 그는 자신의 일에 자긍심을 가지고 인쇄물과 미술품들이 보관된 곳에서 미술품 포장과 진열창 준비 및 관리하는 일을 했다. 그즈음 온갖 종류의 새로운 인쇄술과 사진기술이 발전하면서 유명한 그림들을 다량으로 복사하는 일이 가능해져 그림상점 사업이 번창했다.

▲《풍차》 아랫부분　고흐가 그린 수채화(1882). 개인 소장

▲헤이그의 구필 화랑

어머니
안나 반 고흐 카벤투스

아버지
테오도루스 반 고흐

빈센트 백부

코르 숙부

빈센트

1852~1852

빈센트
1853~1890

안나
1855~1930

테오
1857~1891

리스
1859~1936

빌레미나
1862~1941

코르
1867~1900

▲고흐네 가족

자주 주고받도록 하자꾸나.*1

네가 출발하기 전에 한 번 더 만났으면 좋겠어. 아직 우리 둘이 할 이야기가 많을 테니까. 브뤼셀은 세련된 도시지만, 처음에는 좀 이상하게 여겨질 거야. 아무튼 곧 답장주기 바란다.

그럼, 잘 있어. 급히 보내는 편지가 되었지만, 네 소식이 너무 반가워 내 마음을 꼭 전하고 싶었단다.

행운을 빌어. 언제나 이 형을 믿어주렴.

너를 사랑하는 형 빈센트

덧붙임 : 로스 집안사람들이 너에게 안부 전한다.

---

*1 고흐가 쓴 편지는 오늘날 820통 남아 있는데, 그 가운데 테오에게 쓴 것은 658통이며 테오가 형에게 보낸 것은 1888년 10월 이후에 쓴 41통만 전한다. 그 가운데 이 책에 실린 몇 통의 편지를 보면, 국제적인 그림상점 구필상회의 성공한 그림상인으로서 형을 뒷바라지해 화가로 키우던 그의 안목과 인격과 품성을 느낄 수 있어 다른 편지들을 볼 수 없는 게 참으로 안타깝다. 실제로 고흐는 편지에 나타난 아우의 관점을 때로 높이 평가하며 칭찬하고 있다. 아우의 편지를 읽은 뒤 고흐는 대개 태워버렸다고 한다.

런던
1873년 6월~1875년 5월

1873년 5월 끝무렵부터 고흐는 런던 지점으로 옮겨가 오바하 씨 밑에서 일하게 되었다. 20살의 빈센트는 브뤼셀을 거쳐*¹ 파리에서 살롱전, 루브르 미술관, 뤽상부르 미술관, 구필 화랑 등을 방문한 뒤*² 런던에 도착한다. 8월, 우르술라 로이어 부인 집에 하숙하며, 그녀의 딸 외제니*³를 짝사랑하는 즐거운 나날을 보낸다. 11월, 테오는 헤이그 지점으로 옮겨간다(형이 살던 로스 집안에 하숙, 지점장도 같은 테르스티흐*⁴).

이듬해 6월 끝무렵, 고흐는 네덜란드로 돌아갔다가 일자리를 구하는 누이동생 안나*⁵를 데리고 7월15일에 런던으로 돌아온다. 외제니에 대한 사랑을 단념하고, 8월에 케닝턴 뉴 로드의 하숙집으로 이사한다. 우울해 하는 고흐를 걱정한 빈센트 백부가 힘써주어 파리 본점으로 옮긴다.

＊1 '월요일 아침 나는 파리행 기차를 타고 헤르포르트를 떠나 2시7분에 브뤼셀을 지나게 될 거야. 가능하면 기차역에 나와 줄래? 그러면 난 너무 기쁠 거야'라고 테오에게 써보낸다.
＊2 파리에서 고흐는 빈센트 백부와 백모를 만나, 그들을 따라 런던으로 갈 예정이었다. 파리에서 그는 눈에 들어오는 온갖 신세계를 보고 감탄했다. 빈센트 백부의 우아하고 멋진 아파트에서 며칠 지내며 유명한 미술관들을 방문하고 구필 화랑 파리 지점을 둘러보았는데, 그의 예상보다 훨씬 규모가 크고 인상적이었다.
＊3 1854년 4월 출생. 고흐는 사랑을 고백하지만, 함께 하숙하던 세 독일인 가운데 한사람을 좋아하는 그녀는 그를 피한다. 독일인들은 경제적으로 풍족하고 음악을 좋아해, 늘 피아노 치며 노래부르곤 했다. 청춘이 끝나갈 즈음 느닷없이 나타난 이 첫사랑은 이렇듯 덧없이 끝나버린다. 이 실연으로 그는 엄청난 무력감에 휩싸여 '신비한 발작현상'이라고 불리는 감정의 '일탈현상'을 겪으며 차츰 기괴한 행동을 보이기 시작한다.
＊4 Hermanus Tersteeg. 빈센트 백부는 파리의 아파트와 브레다 근교 별장에서 살고 여름에는 코트 다쥐르의 호텔에서 지내며 화랑에 거의 오지 않았다. 그는 지배인 테르스티흐에게 조카를 보살펴주도록 맡겼다.
＊5 Anna van Gogh, 1855~1930. 어머니와 이름이 같으며, 어릴 때부터 오빠 빈센트를 이상하게 여겨 사이가 좋지 않았다. 아버지가 세상떠난 뒤로 인연을 끊고 살았다.

사랑하는 테오

편지 고맙구나. 진심으로 행복한 새해가 되기 바란다. 네가 화랑에서 잘 지내며 근무하는 걸 알고 있어. 테르스티흐한테 들었거든. 네 편지를 보면 진심으로 미술에 흥미를 갖는 것 같구나. 좋은 일이지. 네가 밀레, 자크, 슈라이어, 랑비네, 할스 같은 화가들을 좋아한다니 나도 기뻐. 마우베가 입버릇처럼 말했듯 "바로 그거야!" 그래, 밀레의 저 그림 《만종》! 바로 "그거라니까." 훌륭한 시──그 자체인 작품이지.

미술에 대해서 많은 대화를 너와 나누고 싶어. 하지만 지금은 편지로 이야기하는 수밖에 없겠지. 되도록 아름다운 것을 많이 보며 살거라. 사람들은 대부분 아름다운 것을 충분히 못보며 살아간단다.

내가 특히 좋아하는 화가들은 셰페르, 들라로슈, 에베르, 아몽, 레이스, 티소, 라지, 보튼, 밀레이, T. 마리스, 드 그루, 드 브래켈레르 주니어, 밀레, J. 브르통, P. 페랭, E. 페이앵, 브리옹, 융트, 게오르그 자르, 이스라엘스, 앙케르, 크나우스, 보티에, 주르당, 잘라베르, 앙티냐, 콩트칼릭스, 로히센, 메소니에, 자마코이스, 마드라조, 지엠, 부댕, 제롬, 프로망탱, 드 투른느민, 파시니, 드캉, 보닝턴, 디아즈, T. 루소, 트루아용, 뒤프레, 폴 위에, 코로, 슈라이어, 자크, 오토 베버, 도비니, 발베르흐, 베르니에, E. 브르통, 세뉘, 세자르 드 콕, 미스 콜라르, 보드머, 콕코엑, 스헤르프하우트, 바이센부르흐, 그리고 마지막으로 소중한 마리스와 마우베.

이런 식으로 계속하다간 끝도 없을 거야. 게다가 옛사람들은 아직 나오지도 않았고, 요즘 화가들 가운데서도 훌륭한 화가들을 분명 몇 사람 빼먹었을 테지.

늘 꾸준히 산책하고, 자연을 마음껏 사랑하도록 해. 그것이 예술을 가장 잘 이해할 수 있는 바른 길이니까. 화가들은 자연을 이해하고, 사랑하고, 정확하게 보는 법을 우리에게 가르쳐준단다.

그런데 좋은 것만 그리며, 나쁜 것은 그리지 못하는 화가들이 있지. 그건 여느사람들 중에서도 좋은 일만 하는 이들이 있는 거나 마찬가지야.

나는 여기서 잘 지내고 있어. 멋진 집에서 런던과 영국풍 생활양식이며 영국인 그 자체를 관찰하는 게 정말 즐겁단다.[1] 그리고 나에게는 자연과 예술과 시가 있지. 그것으로 충분치 못하다면 또 뭐가 있겠니? 그렇다 해서 네덜란드를 잊은 건 아니야. 특히 헤이그와 브라반트!

일은 늘 바빠. 지금 재고품 조사를 하는데, 닷새면 끝날 거야. 그러니 헤이그에 있는 너희보다 우리가 조금은 편한 셈이지.

너도 나처럼 즐거운 크리스마스를 보냈으리라 생각해. 테오, 행운을 빈다, 빨리 답장주렴. 이번 편지는 너무 두서 없구나. 이해하리라 믿어.

잘 지내. 직원들, 또 내 소식을 궁금해 하는 다른 사람들, 특히 소피 외숙모[2]와 하네베크 집안사람들에게 안부전해줘.

빈센트

고호가 테오에게 20
런던 1874년 7월31일

사랑하는 테오

미슐레를 읽고 잘 이해했다니 기쁘구나. 그 책[3]은 평범한 사람들이 추구하는 이상의 무언가가 사랑 안에 있음을 가르쳐주지. 나에게는 하나의 계시이며 복음서란다. 늙은 여자란 이 세상에 없어! 나이든 여자가 없다는 뜻이 아니야. 여성은 사랑하는 한, 또 사랑받는 한 늙지 않는다는 뜻이지. 그리고 '가을의 상념' 같은 장(章)은 또 얼마나 훌륭한지! ……여자는 남자와 '전혀 다른 존재'이며, 네 말처럼 우리는 아직 잘 모르는 겉으로만 아는 존재라는 것, 그래, 나도 분명 그렇게 생각해. 또 여자와 남자는 하나가 될 수 있다——절반씩 둘이 아닌 하나의 전체가 될 수 있다고 생각한단다.

안나는 열심히 살고 있어. 우리는 함께 멋진 산책도 즐기지. 이곳은 정말 아름다워, 눈 안의 수많은 들보[4]가 방해하지 않는 소박하고 좋은 눈을 가졌기 때문이지. 그런 눈을 가지면 어디를 보나 아름답단다.

---

*1 런던에서 월급이 오르고 여가시간도 많아졌다. 런던 거리는 사람과 마차로 북적거리며 볼거리가 풍부해 지루할 틈이 없었다.
*2 어머니 남동생의 아내 소피 카벤투스. 딸 아리에테(예트)가 그해 11월에 헤이그 파 화가 안톤 마우베와 결혼했다.
*3 쥘 미슐레의 《사랑》.
*4 '자기 눈의 들보는 보지 못하는가.'(마태복음 7장3절).

아버지는 전혀 좋아지지 않으셨어. 그런데도 좋아졌다고 아버지 어머니*¹는 말씀하신단다. 어제 우리는 실행 가능성 없고 헛수고로 끝날 게 뻔한 모든 계획——우리가 그것들을 결코 실행할 리 없는——이 잔뜩 담긴 편지를 받았지. 그리고 마지막으로 아버지는 모든 걸 우리에게 맡기겠다고 또 쓰셨어. 정말 속상하고 짜증나는구나, 테오. 그래서 난 할아버지*² 편지가 생각났어. 하지만 내가 뭘 할 수 있겠니?

우리의 사랑하는 백모들이 와서 묵고 계시는 모양이야. 물론 잘된 일이지. 용 요헴의 격언처럼, 세상 모든 일은 순리대로 돌아가게 마련이야. 한낱 인간이 무엇을 할 수 있겠니?

안나와 나는 하루도 빠짐없이 신문을 읽고, 광고가 있으면 거기에 지원해본단다. 이미 여가정교사 소개소에 등록도 해놓았지. 우리가 할 수 있는 건 다하고 있는 셈이야. 급하면 돌아가라는 말도 있어. 네가 마침 하네베크 집안에 와 있다니 정말 잘됐구나. 모두에게 안부전해주렴. 그리고 내 소식도.

테르스티호가 사들였다는 T. 마리스의 그림은 참으로 아름답겠지? 나도 그 그림에 대해 자주 들었고, 그것과 같은 장르의 그림을 내가 직접 1점 샀다가 팔기도 했단다.

여기 영국으로 온 뒤 데생을 향한 내 열정은 식었지만, 아마 며칠 지나면 다시 불타오를 거야. 지금은 책을 많이 읽고 있어.

1875년 1월1일에 우리는 더 큰 다른 화랑으로 옮겨가게 될 거야. 우리가 그곳 일을 이어받아도 좋은지 결정하기 위해 지금 오바하 씨가 파리에 가 계신단다. 이 일은 당분간 아무에게도 말하면 안돼.

행운을 빈다. 머지않아 다시 편지보내주렴. 안나는 그림을 좋아하여 꽤 열심

＊1 Anna Carbentus van Gogh, 1819~1907. 1851년에 아버지와 결혼, 슬하에 7남매를 두었다. 첫 아들은 태어나자마자 죽고 세 아들과 세 딸을 기른다. 대도시 헤이그 출신인 어머니는 시골마을의 작은 목사관 생활에 적응하기 어려워 그녀를 돕는 가정부, 두 요리사, 정원사, 여가정교사가 있었다. 그림을 잘 그린 어머니는 아이들에게 그림과 자연을 사랑하도록 가르치고 많은 책을 읽도록 북돋아주었다. 어릴 때 고흐는 그림에 소질을 보이지 않았지만, 목수가 와서 무언가 수리할 때면 흥미롭게 지켜보고 또 자주 작업장에 가서 무엇을 만들거나 스케치했다고 한다.

＊2 Vincent van Gogh, 1789~1874. 목사. 세계적 명문대학인 네덜란드의 레이던 대학교에서 신학을 공부했다.

히 보고 있어. 어느덧 보튼, 마리스, 자케 등이 아주 좋다는구나. 드디어 시작인 거지. 너니까 말하는데, 일자리를 찾는 건 정말 어려워. 어디를 가나 안나를 너무 어리게 보고, 취직되려면 아무래도 독일어를 잘해야 할 것 같아. 하지만 네덜란드보다는 이곳이 안나에게 더 많은 기회를 줄 거야.[1]

그럼, 안녕.

빈센트

덧붙임 : 이곳에서 나와 함께 지내는 걸 안나가 얼마나 기쁘게 여기는지 너도 상상할 수 있겠지.

테르스티흐에게, 그림이 무사히 도착했으며 곧 편지보낸다고 전해주기 바란다.

▲파리 근교 아스니에르에 있던 구필 그림복제 인쇄소

---

[1] 로이어 부인의 하숙을 떠나 새로운 집을 찾아 이사했으나, 안나는 곧 일자리를 찾아 런던 북부 웰윈으로 갔다. 그뒤 고흐는 점점 더 말이 없어졌고 일하기보다는 성경책을 읽으며 시간보내기를 좋아했다.

파리
1875년 5월~1876년 3월

1875년 5월 중간무렵, 빈센트는 예술가들로 가득하고 밤마다 활기가 넘치는 파리의 몽마르트르에 살며*¹ 미슐레, 르낭, J. 엘리엇, 뮈세, 하이네, 롱펠로를 읽는다. 여전히 그림에 애정을 지녀 루브르와 뤽상브르 미술관을 자주 다니고 판화를 모았다. 이즈음부터 사물을 바라보는 그의 눈이 전과 완전히 달라진다. 작품의 '아름다움'보다 '효과'에 마음과 눈길이 갔다.*² 또한 같은 집에 하숙하는 해리 글래드웰*³과 함께 성경읽기에 열중한다.

10월, 아버지가 브레다 서쪽 마을 에텐으로 발령받는다. 고흐는 집으로 돌아가 가족들과 함께 크리스마스를 지내며, 아버지와 코르 숙부*⁴에게 자신의 일에 대해 상의했다. 앞으로 예정된 런던 지점에서의 일이 고객을 상대하는 일이 아닌 인쇄부여서 남기로 했다고 테오에게 편지쓴다.

그러나 1876년 1월에 파리 본점장 부소는 4월1일부터 일을 그만두도록 고흐에게 통보한다. 허락없이 사라져 크리스마스 휴가를 지냈고, 고객들에게 친절하지 않다는 게 그 이유였다.

---

*1 파리에서 고흐는 몽마르트르에 '담장나무와 야생 포도덩굴이 우거진 정원에 맞닿은' 작은 방을 빌려, 구필 상회에서 함께 일하는 18살 영국 젊은이 해리 글래드웰과 함께 살았다.

*2 호텔 드루오에서 열린 밀레의 데생 경매에 참석했을 때 "신발을 벗으시오, 당신은 지금 신성한 장소에 발을 들여놓고 있으니, 라는 말이 어디선가 들리는 것 같았어"라고 테오에게 써보낸다. '힘'이며 '시상(詩想)'보다 '신성한 것'에 대한 감정이 앞서며, 훌륭한 작품은 모두 천지창조를 모방했다는 의식이 생기기 시작했다. 그는 테오에게 성서 아닌 책은 읽지 말라고 충고한다.

*3 그는 이 젊은이에게서 몇 해 전 자신의 모습을 발견하고 생명력이 되살아났다. '그는 기묘하리만큼 촌스럽고 말랐어. 튼튼해 보이는 가지런한 이, 크고 붉은 입술, 번쩍거리는 눈, 튀어나온 커다란 귀……순진하고 때묻지 않은 마음을 지녔으며 일도 열심히 해'라고 테오에게 써보낸다. 글래드웰은 정신적으로 힘들어지기 전 행복했던 그 자신 그대로였다.

*4 Cornelis Marinus van Gogh, 1824~1918. 아버지의 동생. 암스테르담 중심부에 있는 카이저스 그라흐트에서 책과 미술품을 파는 화랑을 운영했다.

사랑하는 테오

오늘 아침에 편지 잘 받았어, 참으로 고맙구나.

어제 코로 전시회를 보고 《올리브 동산》을 그가 그렸다는 게 기뻤단다. 어둑한 푸른 하늘을 배경으로 올리브 나무들이 오른쪽에 있고, 떨기나무와 큰 나무 몇 그루가 배경에 있는 언덕 능선 위에 샛별이 반짝이고 있었지.

살롱의 코로 그림 3점은 모두 아름다워. 특히 죽음 직전에 그린 《여자 나무꾼들》은 〈릴뤼스트라시옹〉과 〈르 몽드 일뤼스트레〉에 복제품이 실려 있지.

너도 예상했겠지만, 루브르와 뤽상부르 미술관도 보러 갔었어. 루브르의 라 위스달은 아주 훌륭해. 특히 《덤불》《항구의 방책》《일광욕》이 좋았단다. 너도 언젠가 그곳에 있는 렘브란트 그림 《에마우스의 순례자들》과 쌍을 이루는 2점의 작품 《철학자들》을 봤으면 좋겠구나.

얼마 전 J. 브르통이 부인과 두 딸을 데리고 왔었어. 그의 얼굴은 J. 마리스를 닮고, 머리색은 검은기가 돌았지. 그가 쓴 《전원과 바다》라는 책을 보내주마. 거기에 그의 시가 실려 있어. 그는 살롱에 《성 요하네 제(祭)의 전날 밤》이라는 아름다운 그림을 출품했지. 여름 밤 농가 소녀들이 성 요하네의 불 주위에서 춤추는 그림인데, 배경은 교회마을이며 그 위에 달이 떠 있단다.

춤추라, 춤추라, 어린 소녀들아!

자신들의 사랑노래 부르며.

내일은 이른 새벽 집에서 나와

낫을 쥔 손이 바쁘리니.

뤽상부르에는 지금 그의 그림이 3점 있어. 《보리밭 사이 행렬》《이삭줍는 여인들》《혼자서》 등이지.

빈센트

사랑하는 테오

자연의 아름다움에 대한 감정은 아무리 예민하다 해도 종교적 감정과 똑같을 수 없어. 그래도 이 두 감정은 서로 밀접한 관계에 있다고 생각해.

예술에 대한 감정도 마찬가지야. 거기에 지나치게 몸을 맡겨서는 안돼. 무엇보다도 화랑과 네 일에 대한 열정, 테르스티흐에 대한 예의를 잃지 말아야 한단다. 시간이 지나면 그가 존경할 만한 사람이라는 걸 지금보다 잘 깨닫게 될 거야. 그렇지만 지나치게 마음쓸 건 없어.

누구나 자연에 대한 감정을 갖고 있지. 어떤 사람은 많이, 어떤 사람은 적게. 다만 신은 영(靈)이라는 것, 그리고 영혼과 진리로 신을 예배해야 한다는 것, 이것을 아는 사람은 많지 않단다. 아버지는 그 얼마 되지 않는 사람 가운데 한 분이고, 어머니도 그렇지. 빈센트 백부도 그렇다고 생각해.

'세상과 세상의 욕심은 지나간다'는 글을 너도 알 거야. 반대로 '선한 부분은 사라지지 않으리니'라는 말도, '내가 주는 물은 그 속에서 샘물되어 영생을 누리게 하리라'라는 말도 있지.

우리도 신 안에서 풍요로워지게 해달라고 기도드리자. 하지만 너무 깊이 생각하면 안돼. 시간이 지나면서 저절로 알게 될 테니까,[1] 내 조언을 들으면 돼. 이 생에서 우리에게 주어진 몫이, 신의 나라에 가서 가난한 자며 신의 종이 되는 것인지 질문을 던져보자. 우리는 아직 한참 멀었어. 내 눈 속에는 미처 못보는 들보가 이따금 존재하기 때문이란다. 그러니 우리 눈이 과연 소박해질 수 있는지 물어보자. 그러면 우리의 모든 게 단순해질 테니까.

로스 집안사람들과 내 소식을 궁금해 하는 사람들에게 안부전해줘. 늘 변치 않는 믿음과 함께.

사랑하는 너의 형　빈센트

덧붙임 : 식사는 제대로 하고 있겠지? 특히 빵을 배불리 먹도록 해. 그럼, 잘 자렴. 나는 내일 신을 구두를 닦아놓아야 한단다.

---

[1] 이즈음부터 고흐는 미래가 자신을 위해 그림 파는 일과는 다른 삶을 준비해 두고 있음을 막연히 느낀다. 그는 이제 화랑 일에 어떤 기대도 갖지 않은 채 그 속박으로부터 벗어나기를 바랐다——"잘 익은 사과는 약한 바람에도 나무에서 떨어지지. ……내가 앞으로 해야 할 일, 그게 무엇인지 나는 아직 잘 모르겠어"라고 테오에게 써보낸다.

램스게이트와 아일워스
1876년 4월~12월

23살에 실업자가 되어 집으로 돌아간 고흐는 부모를 낙담시킨다. 아버지는 빈센트 백부처럼 화랑을 열라고 제안하지만, 고흐는 영국으로 돌아가 교사가 되기를 희망한다. 1876년 4월8일, 테오는 에텐에서 형을 만난다.

고흐는 신문광고에서 발견한 기숙학교 무급교사 일자리를 찾아 런던을 거쳐 4월16일 도버 북쪽 항구마을 램스게이트*¹에 도착한다. 6월12일, 스톡스 씨의 이 학교가 런던 외곽 아일워스로 옮겨가게 되어 긴 도보여행*²을 한다.

미래가 불투명한 7월 첫무렵, 존스 목사 밑에서 주일학교 교사와 설교를 돕는 일을 시작한다. 그러나 존스 목사가 그에게 요구하는 일은 곧 그의 힘에 부치게 된다. 그는 때로 새벽에 아일워스를 출발해 런던의 가장 가난한 동네로 가서, 빈곤의 밑바닥에서 허덕이는 부모들로부터 아들 학비를 거두러 돌아다녀야 했다. 그때까지 그는 그토록 비참하고 가난한 세상이 있는 줄 몰랐다.

12월 끝무렵, 크리스마스에 에텐으로 돌아온 그에게 부모는 아일워스를 떠나도록 강하게 설득했다. 다시 빈센트 백부의 추천으로, 다음해 1월부터 도르드레흐트의 브라트 씨 서점에서 일하게 된다.

고흐가 부모에게 60
램스게이트 1876년 4월17~18일

사랑하는 아버지 어머니

---

*¹ 인구 12,000명의 해안도시라고 어디선가 읽었던 게 고흐가 램스게이트에 대해 알고 있는 전부였다.

*² 호기심 많은 고흐는 산책을 즐겨 도시며 마을 구석구석을 살피고 시골길을 걸어다니기 좋아했다. 그는 늘 새로운 마을과 새로운 길, 낯선 지방 등을 찾아가고 싶어했다.

집으로 돌아간다는 전보를 이미 받으셨겠지만, 더 자세히 알고 싶겠지요? 기차*¹ 안에서 자세히 썼으니, 제 여행이 어땠는지 아실 거예요.

4월14일 금요일

제 마음 같아서는 하루 종일 부모님과 함께 지내고 싶습니다. 어느 쪽이 좋을까요—다시 만나는 기쁨? 떠나는 슬픔?

우리는 이미 몇 번이나 이별을 경험했습니다. 이번에는 양쪽 다 지난날보다 더 슬픈 마음이었지요. 하지만 동시에 용기도 생겼습니다—신의 은총에 의한 굳은 확신을 통해, 또 그보다 큰 소망에 의해. 자연도 우리에게 공감해 주는 것 같지 않던가요?—몇 시간 전까지 지독한 잿빛 날씨였습니다.

지금 저는 드넓은 목초지를 바라보며 달리고 있습니다. 모든 게 조용하고, 태양은 잿빛 구름 너머로 숨으며 들판 위에 금빛 빛줄기를 쏟아냅니다. 지난번에 헤어진 뒤 몇 시간 동안 아버지 어머니가 교회에서 생활하셨던 때,*² 또 테오와 안나와 어린 동생들을 떠올리며 우리가 그동안 얼마나 서로 그리워하고 사랑했는지를 생각했습니다.

지금 막 제벤베르헨*³을 지나고 있습니다. 저를 여기로 데리고 와 주셨던 날*⁴이 떠오릅니다. 프로필리 씨 집 현관 층계에 서서 아버지가 타신 마차가 젖은 길을 달려 아스라이 멀어져가는 것을 지켜봤던 일,*⁵ 그리고 아버지가

---

*1 19세기에 출현한 기차는 곧 전세계적으로 노선이 뻗어나간다. 기차여행할 때는 엄격한 규칙을 따라야 했으며, 기관사가 부는 호각소리도 높낮이가 정확히 정해져 있었다. 금연구역 아닌 데서는 흡연이 허락되고, 파이프 담배를 피우는 사람은 모자 위에 파이프를 꽂아 두어야 했다.

*2 고흐의 부모는 점잖고 고지식한 사람들이었다. 아이들이 학교운동장에서 시골아이들과 어울려 놀지 못하게 했다. 가족들은 날마다 오후에 마을 주위를 함께 산책했는데, 어머니는 안에 심을 넣어 풍성하게 만든 긴 치마를 입었고 아버지는 긴 프록코트에 모자를 썼으며 그 뒤를 단정하게 차려입은 아이들이 따랐다.

*3 Zevenbergen. 지금은 스타숀스트라트(Stationsstraat)라고 부른다.

*4 목사관 맞은편의 마을학교에서 읽기와 쓰기를 배운 고흐는 학교생활에 잘 적응하지 못했다. 그가 11살 때인 10월 어느 비오는 날, 부모는 25km 떨어진 개신교도 신사숙녀들을 위한 제벤베르헨 사립기숙학교로 그를 데려갔다. 30명 남짓한 학생들 가운데 그의 나이가 가장 어렸다.

*5 마차가 멀어져가는 길 양쪽으로 키 큰 나무들이 늘어서 있고, 물웅덩이와 회색 하늘도 보였다. 고흐는 자신이 홀로 버려진 것만 같았다.

▶고흐가 11살 때 들어간 제벤베르헨 사립기숙학교

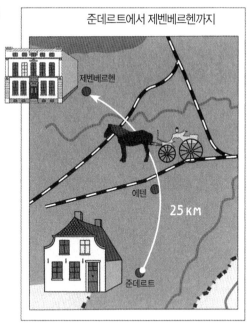

준데르트에서 제벤베르헨까지

제벤베르헨

에텐

25 KM

준데르트

▼고흐가 16살까지 다닌 틸뷔르흐에 있는 캐슬 스쿨

저를 만나러 오셨던 밤, 또 크리스마스에 처음으로 집에 돌아갔던 일 등.

토요일과 일요일

기선 위에서 안나 생각이 어찌나 나던지! 우리가 함께 여행길에 올랐던 일이 또렷이 떠오릅니다.

날씨는 화창했습니다. 특히 외즈 강에서 환상적이었지요. 바다에서 바라본 모래언덕은 햇빛에 하얗게 빛나고 있었습니다. 네덜란드에서 마지막으로 보인 것은 조그만 잿빛 교회탑이었지요. 해가 저물어 살을 에는 듯 추워질 때까지 갑판에 남아 있었습니다.

다음날 아침, 기차에서 바라보는 하리치에서 런던까지의 풍경도 아름다웠습니다. 새벽빛 속의 검은 농경지, 그리고 양들과 아기양들이 뛰노는 푸른 목초지, 여기저기 둘러쳐진 산사나무 울타리, 거무스름한 나뭇가지와 이끼낀 잿빛 줄기의 커다란 참나무들. 희끄무레해진 푸른 하늘에 아직 별들이 총총 남았고, 지평선 위에는 잿빛 구름이 깔려 있었습니다. 해뜨기 전인데도 벌써 종다리 울음소리가 들려왔지요.

런던에서 한 정거장 전 역에 도착할 무렵 해가 솟았습니다. 잿빛 구름은 사라지고 태양이 떠올랐지요. 상상할 수 있는 가장 장엄하고 큰 햇님, 그야말로 부활제 태양이었습니다. 풀 위에는 아침이슬과 밤서리가 내려 반짝이고 있었습니다. 하지만 그래도 저는 헤어질 때의 그 우울한 시간이 더 좋습니다.

토요일 오후에는 해가 완전히 질 때까지 갑판에 있었습니다. 망망대해는 검푸르고, 파도는 높이 일렁이다 희게 부서졌지요. 얼마 지나자 바닷가는 이미 보이지 않게 되었습니다. 하늘은 옅은 푸른색으로 구름 한 점 없이 맑았지요.

해가 넘어가며 바닷물 위에 한 줄기 빛이 눈부시게 떨어졌습니다. 웅장하고 화려한 광경이었지요. 그렇지만 더 단순하고 조용한 것이 사람마음을 훨씬 깊게 감동시키기도 합니다. 찌는 듯한 선실에서 승객들이 담배피우고 노래불렀던 그 밤을 생각하니 저도 모르게 몸서리쳐집니다.

런던에서는 램스게이트 행 열차가 2시간 뒤 도착했습니다. 그것을 타고 다시 4시간 반 동안 기차여행. 매우 아름다운 여행길입니다——이를테면 언덕의 굴곡이 있는 곳을 지나가지요. 언덕 기슭에는 길쭉한 풀이 자라고, 그 위쪽은 졸참나무숲입니다. 고향의 모래언덕과 매우 비슷합니다. 그런 언덕 사이에 마을이 자리하며, 대부분의 집들과 마찬가지로 교회는 담쟁이덩굴로 덮여 있습니다. 과수원에 꽃이 흐드러지게 피고, 옅은 푸른 하늘에 잿빛 구름과 하얀 구름이 떠 있습니다.

기차는 캔터베리도 지나갔습니다. 이 도시에는 아직 중세시대 건물이 많이 남아 있지요. 특히 오래된 느릅나무들에 둘러싸인 멋진 교회가 있습니다. 저는 이 도시 풍경을 그림으로 몇 번 본 적 있습니다. 상상되시겠지만, 저는 도착하기 전부터 창 너머로 목을 길게 빼고 램스게이트 쪽을 바라보았습니다.

1시쯤 저는 스톡스 씨 집에 닿았습니다. 그는 집에 없었지만, 오늘 밤 돌아온다는군요. 그가 없는 동안 런던의 학교선생님인 그의 아들(23살)이 대신하고 있었습니다.

스톡스 부인은 점심식사 때 만났습니다. 여기에는 10살부터 14살까지의 소년이 24명 있지요. 24명의 소년들이 식사하는 모습은 참으로 유쾌하답니다. 학교는 크지 않습니다. 창문으로 바다가 보이지요.[*1] 식사 뒤 우리는 바닷가로 산책나갔습니다. 이곳은 무척 아름답습니다.[*2] 바다를 바라보며 늘어선 단순한 고딕 풍 집들은 대개 노란 돌로 지어졌습니다. 그리고 히말라야 삼나무와 다른 거무스름한 늘푸른나무가 가득 심어진 정원이 딸려 있지요. 이곳에는 배들이 잔뜩 머무는 항구도 있는데, 이 항구는 돌을 쌓은 둑으로 둘러싸여 그 위를 걸을 수 있습니다. 그 끝에서는 자연 그대로의 바다가 바라보이는 아주 아름다운 경치입니다. 어제는 온통 잿빛이었습니다.

저녁에는 소년들과 함께 교회에 갔습니다. 교회 벽에 '보아라, 내가 세상 끝까지 너희와 함께 하리라'는 성경구절이 씌어 있었지요.

소년들은 밤 8시에 잠자리에 들어 아침 6시에 일어납니다. 그 밖에도 17살된 조교가 있습니다. 그와 4명의 소년들과 저는 근처의 다른 집에서 잡니다. 그곳에 저의 작은 방이 있습니다. 그 방 벽에 걸린 판화 몇 점이 없다면 아마도

[*1] 소년들이 그들의 부모가 기차역에서 내려 만나러 오는 것을 창문으로 바라보듯 '창문에서 바라본 이 풍경은 어른이 되어도 잊지 못할 거야'라고 고흐는 쓰고 있다. 부모에게 버림받은 듯한 느낌을 그는 잘 이해하고 있었던 것이다.

[*2] 이 작은 기숙학교에서 고흐는 프랑스 어, 글자쓰기, 산수를 가르쳤다. 틈이 나면 바닷가로 가서 오래도록 바다를 바라보고, 자연의 형태와 색깔을 한층 시간들여 묘사한다. '바다는 황토색이 되었어. 파도치는 해변이 특히 그렇지. 수평선에 한 줄기 빛이 가로지르고, 그 위쪽으로는 거대하고 무시무시한 암회색 구름덩어리가 격렬하게 움직이고 있단다.'

◀빈넨호프, 네덜란드 정부 청사 거리풍경 헤이그 지점에서 일할 때 그린 드로잉 (1872~1873). 반 고흐 미술관, 암스테르담

▼고흐의 스케치(1876) 램스게이트의 스톡스 씨 학교에서 바라본 풍경

휑한 느낌이 들 것입니다.[*1]

오늘은 이만 쓰겠습니다. 우리가 함께 보낸 날들이 얼마나 좋았는지! 감사합니다, 여러 모로 감사합니다. 리스,[*2] 알베르틴, 어린 남동생[*3]에게도 안부 전해 주세요. 진심으로 악수를 보냅니다.

사랑하는 아버지 어머니의 빈센트

덧붙임 : 두 분의 편지, 정말 고맙습니다. 방금 받았습니다. 곧 다시 소식 전해 드리지요. 여기서 며칠 지내며 스톡스 씨와 만난 다음에 보내겠습니다.

고흐가 테오에게 69
웰윈 1876년 6월17일 토요일

사랑하는 테오

지난 월요일, 나는 램스게이트를 출발해 런던으로 향했단다.[*4] 처음부터 끝까지 걸어갔어. 출발할 때 몹시 더웠는데, 캔터베리에 도착한 저녁까지도 계속 그랬지. 그날 밤 다시 걸음을 재촉하여 커다란 너도밤나무와 졸참나무 몇 그루가 있는 작은 연못가에 이르러서야 겨우 한숨 쉴 수 있었단다. 새벽 3시 반쯤 되자 희뿌옇게 동트고 새들이 지저귀더구나. 나는 다시 출발했지. 그때는 이미 다시 걸을 만큼 기운차린 뒤였어.

오후에 채텀에 도착했어. 그곳에서는 여기저기 졸참나무가 서 있고 군데군데 물이 범람한 저지대 목초지대 너머로 배가 가득 정박해 있는 템스 강이 보였지.[*5] 그 언저리는 늘 잿빛 날씨인 것 같아. 짐마차를 만나 2, 3마일 태워달라

---

*1 스톡스 씨는 처음에 매우 정많은 사람처럼 보였으나 차츰 고약한 성질을 드러냈다. 아이들이 떠든다고 저녁을 굶겨 잠자리에 들게 하고, 낡아서 썩은 마룻바닥과 깨진 창문들을 수리하지도 않았다. 고흐가 온 지 두 달 뒤 학교를 런던 외곽 아일워스로 옮기기로 한다. 고흐는 월급을 전혀 받지 못한 상태였는데도 계약이 연장되어 있었다.

*2 누이동생. Elizabeth van Gogh, 1859~1936. 오빠와 사이좋지 않아 인연끊고 살았다. 오빠가 죽은 뒤 유명해지자 고흐에 관한 책을 썼으나, 형편없다는 비평을 받았다.

*3 Cornelinus van Gogh, 1867~1900. 빈센트의 막내동생. 군인이 되어 결혼한 얼마 뒤 요하네스버그 전쟁에서 죽었다. 공식기록은 아니나 자살했다고 한다.

*4 기차표를 살 돈이 없는 고흐는 아일워스까지 걸어가야 했다. 120km 거리를 이틀 동안 꼬박 걸었다.

*5 메드웨이 강 Medway River 하구의 후미인지도 모른다.

고 했더니 마부가 아무 말없이 여관으로 들어가더구나. 그가 오랫동안 거기에 머물 것 같아 나는 다시 걸어갔어. 저녁 무렵에야 낯익은 런던 교외에 이르러 다시 도시를 향해 길고 긴 '도로'를 걸었단다.

런던에 이틀 동안 머물며 여러 사람, 특히 미리 편지보내 두었던 목사님[1]을 만나기 위해 도시 구석구석을 돌아다녔어. 여기 그 편지의 번역을 함께 보낼게. 그것은 '아버지, 저는 그 일에 맞지 않습니다' '아버지, 저에게 자비를'이라는 말을 하고 싶은 마음으로 내가 이 일을 결심했음을 네가 알아주었으면 해서야. 목사님이며 전도사님의 동료로서 런던 교외 노동자들 사이에서 일하며 뭔가 발견하고 싶어.

이 일에 대해서는 아직 아무에게도 알리지 말아줘, 테오. 스톡스 씨 학교에서 받는 급료는 아주 적단다. 식사와 숙박, 수업을 위한 아주 짧은 자유시간뿐인데 아마도 많아야 1년에 20파운드쯤 될까?

아무튼 이야기를 계속할게. 나는 레이드[2] 집에 하룻밤 묵고, 다음날 밤은 글래드웰 씨[3] 집에서 묵었는데 아주 친절했어. 글래드웰 씨가 밤에 굿나잇 키스를 해주셨고, 그건 나에게 매우 큰 위안이 되었지. 그런 인사를 해준 건 앞으로도 그의 아들에게 우정을 보여달라는 뜻이었는지도 몰라.

그날 밤 안나가 있는 웰윈[4]으로 가려 했지만, 비가 억수같이 쏟아진다며 그들은 나를 힘으로 주저앉혔단다. 새벽 4시쯤 빗줄기가 좀 약해져 웰윈으로 출발했지. 도시 이 끝에서 저 끝까지 줄곧 걸었어——거의 10마일쯤(1마일에 20분 속도로). 그리고 오후 5시에 누이동생에게 도착했지. 그녀를 만나 무척 반가웠단다. 잘 지내는 것 같았어. 담쟁이덩굴로 테를 두른 《성 금요일》《올리브 동산의 그리스도》《슬픔의 성모》 등이 걸려 있는 그녀 방을 보면 너도 나처럼 마음에 들 거야.

테오, 목사님에게 보낸 이 편지를 읽으면 아마 너는 생각하게 될 거야——

---

* 1 스톡스 씨가 고흐의 형편없는 급료마저 제대로 챙겨주지 못하자 다른 일을 찾아, 복음 전도사로의 첫걸음을 떼려는 희망으로 전에 설교를 들은 적 있는 런던의 한 목사에게 편지를 썼다.
* 2 Alexander Reid. 구필 화랑 런던 지점에서 일할 때 알고 지낸 스코틀랜드 출신 그림상인.
* 3 구필 화랑 파리 지점에서 함께 일한 동료 해리 글래드웰의 아버지.
* 4 누이동생 안나는 웰윈의 학교에서 지난해부터 프랑스 어 교사로 일하고 있었다.

'그*¹는 그리 나쁜 사람이 아니며, 이것이 분명 그인 거라고. 그러한 그가 어떤 사람이든 가끔은 그를 생각해 줘.

진심으로 악수를, 너를 사랑하는 형이.

빈센트

'동봉된 편지'

존경하는 목사님께

목사 아들인 저는 생활을 위해 일해야 하고, 킹스칼리지에서 공부할 돈도 시간도 없어 정상적으로 입학할 나이가 훌쩍 지나버린 이제 겨우 준비과정으로 라틴 어와 그리스 어 공부를 시작했습니다. 전문고등교육이 필요한 목사님 지위는 꿈도 못꾸겠지만, 교회와 관련된 일자리를 찾을 수 있다면 더없이 기쁘겠습니다.

제 아버지는 네덜란드의 한 마을에서 목사로 계십니다. 저는 11살 때 학교에 들어가 16살까지 다녔습니다.*² 직업을 선택할 때가 되자 무엇을 어떻게 해야 할지 알 수 없었습니다. 그래도 미술품 판매 및 판화인쇄업 하는 백부 소개로 구필 화랑 헤이그 지점에서 3년 동안 일했습니다. 그러다가 영어를 배우러 런던 지점으로 갔고, 2년 뒤 다시 파리 지점으로 옮겼습니다. 지금은 여러 사정으로 구필 화랑을 떠나 두 달 전부터 램스게이트의 스톡스 씨 학교에서 보조교사로 일하고 있습니다. 하지만 저는 교회에서의 일자리를 찾고 싶습니다.

교회 일을 위한 교육은 비록 못받았지만, 지금까지의 삶——여행과 다양한 곳에서의 생활, 가난한 이며 부유한 이며 신앙있는 이며 믿음없는 이 등 다양한 사람들과의 교류, 온갖 종류의 일을 하는 틈틈이 겪은 사무직 경험, 그리고 몇 가지 가능한 언어가 전문교육을 받지 못한 단점을 보완해 줄 것입니다.

목사님께 제가 저를 추천하는 가장 큰 이유는 다른 무엇보다도 교회며 교회 관련 일에 대한 사랑을 선천적으로 지녔기 때문입니다. 그 사랑이 이따금 잠

---

*1 고흐를 가리킨다.

*2 1866년 고흐는 틸뷔르흐에 있는 중학교(캐슬 스쿨)에 입학해 일주일에 34시간——모국인 네덜란드 어, 프랑스 어, 독일어, 영어, 수학, 역사, 지리, 대수학, 기하학, 식물학, 동물학, 체육, 서예, 그리고 5시간의 미술수업을 받았다. 이때의 미술선생님인 콘스탄트 휘스망스는 매우 열정적인 교사였지만, 뒷날 고흐는 자신에게 어느 누구도 원근법에 대해 가르쳐주지 않았다고 불만을 털어놓는다.

들기도 하지만, 그래도 끊임없이 다시 눈을 뜹니다. 저의 부족함을 통감하지만
──이렇게 말해도 좋다면──그것은 '신과 인간에 대한 사랑'에서 나온 마음이
아닌가 여깁니다.

그리고 이제까지의 제 생활과 네덜란드의 아버지 집을 떠올릴 때 이런 감정
에 빠지게 됩니다.

"아버지, 저는 하늘에 대해, 그리고 당신 앞에 죄를 지었습니다. 당신 아들이
라고 불릴 만한 자가 못됩니다만, 저를 당신 종으로 삼아주소서. 가난한 저에
게 은총을 베푸소서."

런던에 살 때 저는 목사님 교회를 자주 찾아갔습니다. 그 뒤로도 목사님
을 잊지 않았습니다. 지금 저는 교회에서의 일자리를 찾아 당신 추천을 바랍
니다. 제가 그 일을 얻을 가능성 있다면, 저를 아버지 눈으로 바라봐 주십시오.
저는 지금까지 제가 하고 싶은 대로 살아왔습니다. 목사님이 아버지 눈으로
바라봐 주신다면 저에게 큰 도움될 것입니다.

　새벽 이슬은

　낮에 흔적도 없으니.

저를 위한 배려에 미리 감사드립니다.

고흐가 테오에게 79
아일워스 1876년 10월31일

사랑하는 테오

진작 소식 전했어야 하는데, 다행히 너도 회복 중이라고 들었어. 크리스마스
가 몹시 기다려지는구나. 아직 한참 남은 것 같지만, 아마 생각보다 빨리 오겠지.

테오, 지난 일요일에 네 형은 '이곳에 평안을'이라고 씌어진 하느님 성소에서
처음으로 설교했단다.[1] 그 내용을 적어서 함께 보내마.[2] 이것을 시작으로 많
은 설교가 계속 이어지면 좋으련만.

---

[1] 고흐는 교회에서 설교하고 주일학교 학생들을 가르치도록 허락받았다. 새로운 일자리는
　그에게 완벽해 보였다. 하지만 그의 가족은 여전히 그를 걱정하며, 그의 편지가 온통 성경
　에서 따온 구절과 설교 투의 글들로 가득하다고 이야기 주고받았다. '큰오빠는 아버지 어
　머니의 근심거리야. 온갖 연민이 그의 마음을 휘저어놓고 있어'라고 누이동생 리스는 테오
　에게 써보냈다.

[2] 이 책에서는 생략했다.

화창한 가을날, 여기서 템스 강을 따라 리치몬드까지 걸어가는 길은 무척 환상적이었어. 노란 나뭇잎이 잔뜩 달린 커다란 마로니에 나무들과 맑고 푸른 하늘이 강물에 비쳐보였지. 나뭇가지들 사이로 보이는 언덕 위 리치몬드——빨간 지붕과 커튼없는 창, 푸른 정원이 있는 집들, 그리고 그 위로 잿빛 탑, 아래로는 커다란 잿빛 다리, 그 양쪽으로 높은 포플러 나무들, 다리 위를 지나다니는 조그맣고 검은 조각상 같은 사람들이 보였지.

교단에 섰을 때, 나는 내가 어두운 지하동굴에서 나와 다시 낯익은 햇빛 아래 서 있는 듯 느껴졌단다. 이제부터는 어디 가나 복음을 전할 수 있으리라는 기쁜 마음 때문이었어. 그러나 그 일을 완벽하게 해내려면 내 마음 안에 복음을 가져야 해. 주여, 저에게 그것을 주소서.

하느님께서 빛이 있으라 하시니 빛이 있었다, 하느님께서 말씀하시면 그것이 거기에 있다, 하느님께서 명령하신다, 그리고 그것은 거기에 있다, 분명하게 존재한다. 우리를 부르시는 그는 성실하며, 그것을 실행할 것이다. 테오, 너는 세상을 잘 알고 있으니 이 또한 알겠지. 세상 일에 대해 가난한 설교자가 얼마나 고독한지를. 하지만 주님은 우리 안에 '그러나 아버지가 나와 함께 하시니 나는 고독하지 않다'는 자신감과 믿음을 깨닫게 하실 것이다.

나는 안다, 누구를 믿어야 하는지
낮이 밤으로, 밤이 낮으로 바뀔지라도
나는 안다, 어떤 바위 위에 집을 지어야 하는지
우리의 평안을 바라시는 주님은 언제나 옳으시다.
내 생명의 저녁을 보니
근심걱정에 지쳐, 나
앞으로 남은 날 내내 주님을 찬양하리
높이 깨끗이 찬양하리.

감사합니다, 그리스도를 믿는 자들의
좌우에 하느님이 계십니다.
내가 힘없이 무너지고 고통받고
괴로워하는 곳에 하느님이 계십니다.
정많은 친구의 도움이

닿지 않는 곳에 하느님이 계십니다.
죽음과 죽음이 지배하는 곳에
그렇다, 어디에든 하느님이 계십니다.

동생아, 크리스마스가, 또 너희 모두와 만날 그날이 얼마나 기다려지는지! 최근 몇 달 동안 나는 몇 년이나 더 나이든 것 같구나.

사냥을 피해 헐떡이는 사슴
시원한 계곡물이 반가워도
목소리 크게 내지 못하네.
내 영혼도 이렇듯 하느님을 그리워하네.
내 영혼은 주님을 그리워하며 헐떡이네.
생명의 하느님, 오, 나는 언제
하느님 가까이 다가가, 하느님 집에서
하느님 이름을 찬양할까.

오, 나의 영혼아, 너는 무엇 때문에 슬퍼하느냐
무엇 때문에 마음 어지럽히느냐.
옛날처럼 길러야 할 신앙심으로,
구해야 할 너의 기쁨으로, 하느님을 찬양하는 마음으로.
주께서 너의 짐을 몇 번이나
행복으로 바꾸어주셨느냐
눈을 위로 들어 하느님을 기다리리라.
나는 나의 하느님을 찬양하리라.

동생아, 낙담과 병과 어려움을 만날 때는 그런 시간을 주신 하느님께 감사하자, 온화한 마음을 잊지 말자. '가난하고 슬픈 자, 내 말을 두려워하는 자들에게 눈을 돌리리니'라고 씌어 있으니까.

어제 저녁 리치몬드에 다시 갔었단다. 사방에 나무가 있고 집들에 둘러싸인 넓은 초원을 걸어갔는데, 그 위쪽에 교회탑이 우뚝 솟아 있었지. 풀 위에 이슬이 내리고, 땅거미가 지고 있었단다. 한쪽 하늘은 아직 희뿌옇게 빛나고, 다른 쪽에는 달이 높게 떠 있었어. 나무들 아래로 아름다운 잿빛 머리칼의 검은 옷 입은 노부부가 산책하고 있었지. 초원 한복판에서 커다란 모닥불이 활활 타오르는 모습을 사람들이 멀리서 바라보고 있었단다. 나는 이런 시편이 생각났어. '내 생명의 저녁을 보니 근심걱정에 지쳐, 나, 앞으로 남은 날 동안 주님을 찬양하리, 높이 깨끗이 찬양하리.'

그럼, 안녕, 진심어린 악수를.

너를 사랑하는 형 빈센트

고흐가 부모에게 81
아일워스 1876년 11월17~18일

사랑하는 아버지 어머니

테오가 빠르게 회복*¹되어 다행입니다. 아버지와 헤이케*²까지 눈 속을 걸어갔다 오다니, 브라보! 저도 함께 걸었으면 좋았을 텐데*³아쉽네요. 벌써 밤이 깊었습니다. 존스 씨 일 때문에 내일은 아침 일찍 런던에 가야 합니다. 가는 길에 루이셤의 글래드웰 집안을 방문하려 합니다. 밤늦게 돌아오겠지요.

존스 씨와 다른 사람들은 어디서 돈 벌까, 라는 생각을 해봅니다. 여기서는 이런 말을 자주 듣지요──신을 위해 일하는 사람들을 신은 보살펴 주신다. 이 문제에 대해 의견을 나누고 더 많이 생각하고 싶습니다.

그리고 제게 아이들을 아직 가르치고 있느냐고 물으셨는데, 저는 날마다 오후 1시까지 그들을 가르치고, 1시 이후에는 존스 씨 일로 외출하거나 가끔 존스 씨의 동네 소년들을 몇 명 모아 가르칩니다.*⁴ 그리고 밤이 되면 틈틈이 설교 노트에 조금씩 글을 쓰지요.

얼마 전 일요일에는 아침 일찍 턴햄그린의 주일학교에서 가르쳤습니다. 그날은 정말 영국 날씨답게 비가 내렸지요. 아침에 존스 씨가 사마리아 여인에 관해 설교했고, 그 뒤 주일학교가 이어졌습니다. 저는 주일에 주일학교 수업을

─────────

*1 9월 끝무렵, 테오가 병에 걸려 어머니가 10월에 헤이그로 가서 2주일 동안 간호했다.

*2 에텐 근교에 있는 마을. 그 뜻은 '작은 히스'.

*3 어릴 때 고흐는 준데르트의 집 언저리 목장과 숲과 습지대를 즐겨 산책했다. 걸으면서 그는 곤충과 꽃들, 빈 새둥지 속 알을 꺼내 수집했다. 뒷날 남 프랑스 정신병원에서 힘든 나날을 보내며 자주 이즈음 일들을 꿈 속에서 보았다──집의 방들과 정원 오솔길, 나무와 꽃들, 들판, 이웃사람들, 공동묘지, 교회, 부엌 뒤뜰, 공동묘지의 키큰 아카시아 나무 위 까치집.

*4 고흐는 아이들에게 성경이야기를 들려주었다. 그가 성경책을 읽는 동안 아이들이 잠들었으므로, 자신의 영어가 서투르거나 낮에 뛰어놀았기 때문이라고 생각했다.

합니다. 아이들은 많이 있습니다. 하지만 그들을 정해진 시간에 한자리로 모으기란 매우 어렵네요.

존스 씨와 그 소년들과 저는 오후에 교회지기집으로 차를 마시러 갔습니다. 이 사람은 구두수선공으로 교외에 살고 있습니다. 그 집 창문에서 내다보이는 풍경은 여러 모로 네덜란드를 생각나게 합니다. 쏟아지는 비에 진흙탕으로 변한 풀밭, 정원딸린 작은 붉은 집들이 그 주위를 둘러싸고 가로등 불빛이 늘어서 있습니다. 저녁에는 존스 씨가 시리아 인, 나아만에 대해 설교했습니다. 훌륭한 설교였습니다. 그뒤 집까지 걸어서 돌아왔지요.

지난 목요일에 존스 씨는 저에게 설교할 기회를 주었습니다. 내게 주어진 주제는 '하느님께 기도하는 자는 너뿐만이 아니요, 오늘 나에게 귀기울이는 자 모두 포박당하지 않은 나와 같이 되리라'였습니다.

다음 일요일 저녁에는 피터섬의 메소디스트 파 교회에 갑니다. 피터섬은 템스 강가 마을로 리치몬드를 지나 20분쯤 더 가야 합니다. 무슨 설교를 할지 아직 정하지 않았지만, 돌아온 탕자 시편 42장1절이 될 것 같습니다. 오전과 오후에는 턴햄그린의 주일학교에서 아이들을 가르칩니다.

이렇듯 한 주 한 주가 지나고 나면 겨울과 반가운 크리스마스가 다가오겠지요. 내일은 런던에서 멀리 떨어진 곳을 두 군데 가야 합니다. 화이트 차펠—디킨스 작품을 읽으셨으면 아시겠지만 아주 가난한 동네입니다. 그 다음에는 작은 배로 템스 강을 건너 루이섐에 갈 계획이랍니다.

존스 씨 아이들은 이제 회복되었습니다. 하지만 그 가운데 세 소년이 아직 홍역을 앓고 있지요. 이번 주에는 존스 씨 일로 한 소년을 데리고 악톤그린에 다녀왔습니다. 그 교회지기집 창문으로 보이는 묘지입니다.

그곳은 땅이 몹시 질척거렸지만 어둑어둑해지며 안개가 피어오르자 들판

한가운데 작은 교회 불빛이 반짝이는 풍경이 무척 아름다웠습니다. 왼쪽 꽤 높은 둑 위의 철길로 기차가 지나갈 때 풍경 또한 장관이었지요. 빨갛게 번쩍이는 기관차, 그리고 어스름 속에 보이는 객차의 불빛 행렬. 오른쪽에는 산사나무와 블랙베리 나무가 둘러선 가운데 말들이 풀을 우물우물 씹으며 걸어다니고 있었습니다.

제 작은 방에서 편지 쓰노라니 너무 쓸쓸해 아버지 어머니 초상화와 판화를 둘러봅니다.《위로하는 사람 그리스도》《성 금요일》《성묘하는 여인들》《늙은 위그노 신도》, 알리 셰펠의《방탕한 사나이》《폭풍우치는 바다의 보트》, 그리고 동판화《가을풍경》은 제 생일에 글래드웰이 준 히스 들판 풍경입니다.

그리고 가족들, 이곳에서 있었던 이런저런 일들, 턴햄그린, 리치몬드, 피터섬 등을 떠올리면 저는 이런 생각이 듭니다. "오, 주여, 제가 부모님 집을 떠날 때 어머니가 저를 위해 해주신 그 기도를 지금도 들어주소서. '하느님 아버지, 이 세상에서 저 아이를 데려가지 마시고 악마로부터 지켜주소서.' 그리고 오, 주여, 저를 오로지 제 아버지의 형제, 즉 그리스도 신자이며 그리스도의 종이 아니라 아버지와 똑같은 자가 되게 하소서. 주께서 시작하신 사업을 제 안에서 이루게 하소서. 주여, 조금씩 확실하게 한 걸음 한 걸음 저를 아버지의 형제로, 그리고 그와 똑같은 이로 만들어주소서. 오, 주여, 우리를 서로 진심으로 강하게 묶어주소서. 주님에 대한 사랑이 더욱 더 강해지게 해주소서."

테오, 빌레미나,[1] 코르[2]에게도 인사 전합니다. 답장 기다리겠습니다. 안녕히 주무세요. 내일 아침 일찍 집을 나서야 합니다. 진심어린 악수를.

진심으로 사랑하는 빈센트

덧붙임(연필로) : 런던의 반대편 끝에서.

오늘 새벽 4시에 출발해 지금 오후 2시입니다. 감자밭이었던 곳을 조금 전에 지나 이제 루이섬으로 가고 있습니다. 사람들은 가끔 중얼거립니다, 이렇게 가다가 어느 세월에 도착하느냐고요. 안녕히 계십시오.

---

[1] Willemina Tacoba van Gogh, 1862~1941. 고흐의 막내누이동생. 형제자매 가운데 테오와 그녀만 고흐와 연락하며 지냈다. 고흐와 같은 정신병이 있어 정신요양병원에서 생을 마감.
[2] 막내동생 코르넬리우스.

도르드레흐트
1877년 1월~4월

　　브라트 씨 서점에서 고흐는 사무책상에 앉아 성서를 영어, 독일어, 프랑스 어로 옮기며, 아버지 같은 목사가 되어야겠다는 결심이 굳어진다. 성서에 빠져들어 가능하면 통째로 외우고 싶을 정도였다. 그리하여 스스로 정한 하나의 목표를 향해 발을 내딛기 위한 새로운 계획을 세운다. 암스테르담으로 가서 신학공부를 하겠다고 테오에게 털어놓는다. "내가 되고 싶은 '하느님 말씀의 씨를 뿌리는 사람'에게는 하루하루 그날의 고뇌씨앗이 주어지지. 보리밭에서 씨뿌리는 사람에게도 마찬가지야. 그리고 대지는 엄청나게 많은 가시나무와 엉겅퀴를 자라게 한단다." 고흐가 자신을 비유한 '씨뿌리는 사람'은 이윽고 그의 작품에 자주 등장하는 중요한 소재가 된다.

고흐가 테오에게 85

도르드레흐트 1877년 2월7일~8일

사랑하는 테오

　……처음 6행 생략……

　지난주 이 언저리에 비가 너무 많이 내려 물이 흘러넘쳤단다. 밤 12시에서 1시 사이 대교회 언저리를 거닐었어. 그때 여기저기 서 있는 졸참나무마다 몹시 세찬 비바람이 휘몰아쳤지. 달빛이 비구름 사이로 얼굴을 내밀어 이미 넘치기 직전이던 운하의 수면을 비추었단다.

　내가 묵고 있는 곡물잡화가게 레이켄네 집*¹에서는 새벽 3시에 모두 일어나 가게 물건들을 2층으로 급히 날랐어. 집에 물이 들어와 거의 1m 높이까지 차

---

*1 고흐는 이 집 위층의 한 방을 어느 교사와 함께 나누어 사용했다. 그는 밤늦게까지 성경책을 읽고, 잠자는 것을 먹는 것만큼이나 사치로 여겼다. 그의 하숙집 친구들은 그가 고기를 먹지 않는 것을 보고 놀랐다. 그는 채식으로 충분하며, 다른 것들은 모두 불필요한 식탐이라고 말했다.

▶고흐가 일한 브라트 씨 서점

올랐거든. 별다른 소음도 소동도 없었지. 1층 사람들은 최대한 많은 물건을 위층으로 열심히 옮겼단다. 작은 보트가 노를 저어 큰길을 올라갔어.

새벽녘에 날이 밝자 길 건너편 끝에 사람들이 보였어. 한 사람씩 물 속을 건너 저마다 창고로 들어가더군. 손해가 굉장해. 브라트 씨가 종이 등을 보관하는 장소도 물에 잠겼는데, 물이 흘러넘쳐 들어온 게 아니라 지하로부터의 강한 압력으로 밀려올라온 거였어. 브라트 씨 말로는 금전적 피해가 엄청나다더구나.

우리는 반나절 동안 물건들을 2층 방으로 모두 옮겼지. 이렇듯 종일 손을 움직여 일하는 건 뭔가 새롭고 기분좋았어. 다만 이런 이유로 일했다는 게 불만스러울 따름이야. 그날 저녁 해질녘 광경을 너도 봤으면 좋았을 텐데. 카이프가 자주 그렸던 풍경처럼 거리가 황금빛으로 빛났단다.

……중략……

지난주 일요일 아침 나는 이곳의 프랑스 교회[*1]에 갔었어. 아주 진지하고 엄숙하고, 무언가 마음을 잡아끄는 데가 있더라. 성경 말씀은 '네가 가진 것을 굳게 잡아 아무도 네 면류관을 빼앗지 못하게 하라'였어. 설교의 마지막 구절은 '예루살렘아, 내가 너를 잊는다면, 내 오른손이 그 재주를 잃게 될 것이다'였지.

---

*1 고흐는 도르드레흐트에 있는 여러 교회 예배들을 때로는 하루에 세 군데 이상 참석하기도 했다.

교회에서 나와 이 풍차에서 저 풍차로 둑을 따라 멋진 산책을 했어. 풀밭 위로 펼쳐진 눈부신 하늘이 수로에 반짝반짝 비쳤단다.

토지에는 저마다 독특한 풍물이 있어. 예를 들면 내가 디에프에서 본 프랑스 해안에는 윗면이 초록색 풀로 뒤덮인 절벽, 바다와 하늘, 도비니가 그린 듯한 낡은 배 있는 항구, 갈색 그물과 닻, 작은 집들, 그 사이에 레스토랑이 몇 개 있고, 창문으로는 흰 커튼과 푸른 단풍나무 가지가 보였지. 빨간 술 달린 크고 파란 고삐를 맨 하얀 말들이 끄는 마차, 푸른 옷옷 입은 마부들, 기름먹인 천으로 지은 옷을 입은 수염기른 어부들, 검은 스목*¹에 챙없는 흰 모자를 쓴 움푹 꺼진 검은 눈에 해쓱한 얼굴의 프랑스 여자들. 지난 여름 램스게이트에서 도보여행할 때 본 가로등불 켜진 비오는 런던 거리, 그리고 오래된 회색 교회 돌층계에서 보낸 하룻밤 등.

장소가 바뀌면 어디나 반드시 고유한 풍물이 있어. 지난주 일요일에 그 둑 위를 혼자 걸었을 때는 이 네덜란드 대지가 어찌나 훌륭하게 느껴지던지! 그리고 '바로 지금 마음 속에서 나의 하느님과 단단히 맺어지고 있다'는 느낌을 받았지. 지나간 날들의 추억이 떠올랐거든. 특히 2월 끝무렵 우리는 아버지와 라이스베르헌 등지로 얼마나 많이 산책을 다녔니. 초록빛 어린 보리싹이 고개를 내민 시커먼 농경지 위에서 지저귀는 종다리의 노랫소리를 듣곤 했지. 흰 구름이 두둥실 떠 있는 눈부신 푸른 하늘과 너도밤나무 죽 늘어선 돌멩이투성이 길.

오, 예루살렘, 예루살렘아, 아니, 오, 준데르트, 준데르트여! 이번 여름에는 우리가 함께 바닷가를 걸을 수 있을까? 테오, 우리는 평생 좋은 친구로 지내자. 그리고 하느님을 믿고, 오랜 믿음으로 하느님을 믿어야 해. 하느님은 기도를 높여주시고, 생각을 높여주시지. 은혜가 얼마나 높아지는지 누가 감히 말할 수 있겠니? 오늘을 맞아 참으로 행복하기를 빈다. 벌써 1시 반이구나. 이제 2월8일*²이 된 거야. 하느님께서 우리를 위해 아버지가 오래 사시게 해주시고, 우리 사이를 더욱 돈독히 하시어 하느님 향한 사랑이 그 인연을 더 단단하게 묶어주시기를."

아버지 편지에 따르면 벌써 찌르레기를 보셨다더구나. 찌르레기들이 준데르

---

*1 Smock. 가벼운 재질의 길고 품이 넉넉한 블라우스.
*2 이날은 아버지의 탄신일.

트 교회 꼭대기에 자주 앉아 있던 걸 기억하니? 여기서는 아직 한 마리도 못 보았지만, 아침이면 대교회 위에 떼까마귀가 잔뜩 앉아 있단다. 어느덧 봄이 오고 있어. 머지않아 종다리도 다시 찾아오겠지.

…… 후략 ……

고흐가 테오에게 89
도르드레흐트 1877년 3월22일

사랑하는 테오

여행길에서 내 편지를 받으리라 생각하며 적는다. 암스테르담에서 함께 지낸 하루[*1]는 정말 즐거웠어! 네가 탄 열차가 시야에서 사라질 때까지 나는 줄곧 지켜보았지. 우리는 아주 오랜 친구야. 이맘때쯤 준데르트에서 아버지와 함께 종다리가 지저귀는 소리를 들으며 어린 초록 보리가 자란 농경지를 걷던 무렵부터, 우리는 이미 얼마나 오랜 세월 함께 산책을 즐겼는지!

오늘 아침 나는 코르 숙부와 함께 스트리커 이모부[*2] 댁에 가서, 너도 아는 그 문제[*3]에 대해 오래 이야기를 나눴단다. 그 뒤 저녁 6시 반에 코르 숙부가 역까지 데려다주셨어. 아름다운 저녁이었지. 모든 사물이 말을 걸어오는 듯한 느낌을 받았어. 조용한 거리에는 런던에서 자주 보는 안개가 엷게 깔려 있었어. 코르 숙부는 오전에 이가 아프다고 하셨지만, 다행히 오래 가지 않았지. 우리는 꽃시장에도 들렀어. 꽃을 좋아하는 건 좋은 일이야. 게다가 푸른 단풍나무, 담쟁이덩굴, 산사나무 울타리는 어릴 적부터 우리가 자주 보아온 것들이지.

우리가 암스테르담에서 무엇을 했는지, 그리고 어떤 이야기를 했는지는 집으로 보내는 편지에 자세히 썼어.

레이켄네 집으로 돌아와 집에서 보내온 편지를 받았어. 지난 일요일에 아버지 대신 캄 전도사가 설교를 했다고 하더구나. 나는 알아. 아버지가 마음 속으

---

*1 고흐는 테오와 암스테르담에서 만나, 새롭게 신학공부를 하여 목사가 되고 싶다고 털어놓는다. "서점에서 일하다 틈이 나면 들판에 나가 여유롭게 거닐며 자연의 흙에서 상쾌한 기분을 만끽하는데——이 독특한 풍경 속에서는 온갖 것들이 우리 마음에 말을 걸어오며 '용기를 가져라, 두려운 것은 없다'고 격려한단다"라고.

*2 Johannes Stricker. 목사. 빈센트의 이모 Willemina Carbentus, 1816~1904와 결혼. 빈센트가 목사 공부할 때 많은 도움을 주나, 딸 키 보스와 빈센트의 연애사건으로 사이가 나빠진다.

*3 암스테르담에서 신학공부를 새롭게 시작하는 일.

로 내가 아버지 일을 물려받기를, 형식적이 아닌 완전히 헌신해 주기를 바라는 뜨거운 열망을 품고 있다는 것을. 아버지는 나에게 줄곧 그런 기대를 하셨던 거야. 오, 부디 그 꿈이 이루어지기를! 하느님 은혜가 있기를!

네가 보내 준 '천지는 사라지지만, 나의 말은 사라지지 않는다'는 팸플릿과 헬드링 전도사의 초상화는 내 방에 이미 걸려 있어. 오, 나는 정말 기뻐. 그것들은 나에게 희망을 준단다.

내 의도를 너에게 글로 전하면서 내 생각은 더욱 분명하고 단단해졌어. 먼저 '말씀을 지키는 게 나의 사명'이라는 말이 떠오르는구나. 성경말씀이라는 보물을 내 것으로 만들고 싶다는 소망이 나에게는 있어. 그 오래된 이야기들을 모두 근본적으로, 사랑의 마음으로 알고 싶어. 특히 그리스도에 대해 되도록 많은 것을.

우리 그리스도 신자 집안에는 예부터 대대로 복음을 전하는 사람이 늘 있었지. 그런 가족의 한 사람인 내가 그 봉사의 부름을 느끼지 못할 리 있겠니? 그런 사람이야말로 자신의 마음을 전하고, 그 목적을 위한 수단을 찾아도 좋으며, 또 그렇게 해야 한다고 여기는 게 마땅하지 않을까? 아버지와 할아버지의 정신이 내게도 깃들어 그리스도의 일꾼이 되는 일, 그리고 내가 앞서 말한 사람들의 생활과 내 생활이 점점 닮아가게 하려는 게 내 기도이며 간절한 소망이야. 술은 오래될수록 좋고 우리는 새것을 바라지 않는다는 말도 있잖아.

······ 후략 ······

암스테르담

1877년 5월~1878년 7월

    대학에서 신학을 공부해 목사가 되겠다는 고흐의 계획을 부모는 마침내 돕기로 한다. 암스테르담의 해군조선소장인 얀 백부[1] 집에 묵으며 신학수업을 받게 하자는 결정이 친척들 사이에서 내려졌다.

    이모부 스트리커 목사도 힘이 되어주며, 고전어 교사 멘데스 다 코스타를 소개한다. 그의 딸[2]은 토마스 아 켐피스의 《그리스도를 본받아》 라틴 어 책을 선물해 주었다. 라틴 어와 그리스 어를 배우기 시작한 고흐는 그 책을 원문으로 읽기에 도전한다. 그러나 많은 이들의 도움과 격려, 그리고 자신의 무한한 노력에도 그 성과가 만족스럽지 못했다. 자신에게 혹독한 벌을 내릴 만큼[3] 공부에 매진한 보람도 없이 14개월 뒤 목사가 될 꿈을 포기하고 만다.

고흐가 테오에게 95

암스테르담 1877년 5월19일

사랑하는 테오

너와 함께 보낸 그날은 정말 즐거웠어.[4] 우리의 추억으로 오래도록 남을 거

＊1 Johannes van Gogh, 1817~1885. 아버지의 둘째 형. 암스테르담에서 해군조선소장을 지내며 빈센트를 아끼고 사랑했다.

＊2 Cornelia Stricker. 줄여서 키 kee라고 불렸으며, 보스 Christoffel Vos와 결혼했으나 아들 하나를 낳고 미망인이 되었다. 그 뒤 빈센트가 그녀를 사랑해 청혼하나, 둘의 사랑은 이루어지지 못한다.

＊3 공부가 안될 때마다 그는 막대기로 자기 등을 때리는 벌을 자신에게 주었다. 때로 너무 늦게 집에 도착해 현관문이 잠겨 있을 때면 나무헛간의 차디찬 바닥 위에서 밤을 보내기도 했다.

＊4 5월9일, 에텐으로 돌아온 그를 위해 아버지는 브레다의 가장 좋은 양복점에서 옷을 지어주고 헤이그의 테오에게 편지보내, 고흐가 암스테르담으로 가는 도중인 14일 저녁 무렵 그곳에 들를 테니 이발소에서 그의 머리를 다듬어주라고 부탁했다.

▲얀 백부

▲스트리커 이모부

야. 네가 에텐에서 돌아왔을 때 이 편지를 받았으면 좋겠구나. 우리가 자란 집에서 너도 즐거운 시간을 보냈으리라 믿는다. 그날들을 어떻게 보냈는지 곧 편지로 알려다오.

너의 판화 컬렉션에 보탬될 만한 것을 함께 보내마. J. 마리스의 그림을 석판화로 만든 건데, '하느님 나라의 가난한 남자'라는 제목이 어울릴 것 같아. 또 1점은 모링겔의 그림을 석판화로 만든 것인데, 나는 처음 보는 작품이지만 너에게는 어떨지?

나한테 필요한 라틴 어와 그리스 어 책을 구해주는 유대인 책방에서 수많은 판화 작품 가운데 우연히 눈에 띄어 골랐는데, 비싸지도 않아 13점에 70센트였어. 내 방에 꾸며놓을 생각으로 몇 점 샀지. 새로운 공부를 위해, 또 기분전환을 위해 분위기를 살리려고.

어떤 작품들인지 설명해 주마. 그러면 너도 이곳에 어떤 그림들이 걸려 있는지 상상할 수 있을 거야. 1점은 야민의 그림을 판화로 만든 것—네 방에도 걸려 있지—또 1점은 M. 마리스의 그림을 판화로 만든 학교에 가는 소년그림, 보스봄의 그림을 판화로 만든 5점, 반 데르 마텐의 《보리밭 장례행렬》, 이스라엘스의 눈내리는 겨울길을 걸어가는 가난한 남자, 오스타데의 화실그림. 그리고 눈쌓인 겨울 아침에 뜨거운 물과 석탄불을 나르는 작은 노파를 그린 아르베의 그림으로, 나는 코르 숙부 생일선물로 이 그림을 보냈어.

유대인 책방에는 그밖에도 좋은 작품들이 많지만, 나는 더 살 돈도 없고 벽에 한두 점 걸면 될 뿐 모을 생각은 없어.

어제 코르 숙부가, 지금 편지 쓰고 있는 종이와 같은 재질의 오래된 종이를 한 꾸러미 보내주셨단다. 연습장으로 쓰기에 아주 좋지.[1] 공부할 게 너무 많아서 좀처럼 쉽게 해낼 수 없어. 하지만 느긋한 기분으로 하다 보면 익숙해지겠지. 나는 '날개가 없어도 조용히 기어올라가는' 담쟁이덩굴을 닮고 싶어. 그러면 담쟁이덩굴처럼 펜이 종이 위를 돌아다닐 거야.

날마다 나는 꽤 먼 거리를 돌아다닌단다. 최근에는 아주 멋진 동네에 다녀왔는데, 바이텐칸트 바닷가를 걸어 네덜란드 철도역까지 갔었지. 그 언저리에서는 에이[2] 지역 가장자리에서 짐마차로 모래 옮기는 사람들을 볼 수 있어. 그런 다음 담쟁이덩굴 우거진 정원이 몇 개나 이어진 오솔길들을 걸었지. 왠지 모르게 램스게이트와 비슷한 분위기였어. 역 근처에서 나는 왼쪽으로 꺾어들었는데, 그 주위로 수많은 풍차가 운하를 따라 졸참나무 가로수 우거진 길에 서 있었어. 모든 게 렘브란트의 동판화를 그대로 연상시키는 곳이었단다.

슈트렉푸스의 책으로 나는 세계사를 공부하려고 해, 사실은 이미 시작했지. 아주 골치 아파. 하지만 한 발자국씩 천천히 해나가다 보면 좋은 결과를 얻으리라 굳게 믿어.

그래도 시간은 걸리겠지. 많은 사람이 그렇게 증언하고 있으니까. 코로는 자신의 작업을 위한 '일과 고찰과 주의'에만 40년 걸렸단다. 아버지며 쾌레 반 호른 전도사며 스트리커 이모부 등 그리스도를 섬기는 많은 사람들 일에는 그림 그리기와 마찬가지로 엄청난 공부가 필요해. 그래서 가끔은 내가 어떻게 해야 그 경지에 오를 수 있을지 자신에게 물어보곤 한단다.

······ 후략 ······

---

[1] 고흐는 이 종이의 질감이 무척 마음에 들었다. 이런 종이로 라틴 어를 공부하기에는 사치스럽다는 생각마저 들었다. 그는 지리공부를 핑계로 그림엽서들을 실컷 모사해 동생에게 몇 점 보내 벽에 붙여두고 또 모아달라고 부탁했다.

[2] 에이는 자위더르 남서쪽의 뒤쪽 끝, 그 남쪽에 암스테르담이 세워졌다. 에이에 잇닿은 동북쪽 구석에 해군조선소가 있고, 얀 백부가 사는 관사(카텐부르흐 거리)를 나와 남쪽 다리 건너 서쪽으로 가면 바이텐칸트 바닷가가 나온다. 서쪽으로 더 가면 아직 벽돌건물이 없는 중앙역 조성지가 나온다. 그 북쪽 항구는 지난해인 1876년에 운하가 개통되어 북해로 이어졌다.

내 동생 테오

6월7일에 쓴 네 편지를 받았어. 에텐에서 멋진 일요일을 보냈다니 기쁘구나. 아버지와 어린 남동생이 도르드레흐트까지 너를 배웅해 주었다니 모두들 즐거웠겠다.

그리고 집으로 돌아가 있을 때 장래계획을 이야기했다고 적었는데, 네 마음이 고스란히 전해지는 글이었단다. 아주 장하구나. 이제 망망대해로 나가 맞부딪쳐 보는 거야!

다만 파리보다 런던으로 먼저 가는 게 좋을 거라는 말을 해두마. 하지만 모든 건 순리에 따라야겠지. 내가 이 두 도시에 얼마나 큰 애착을 품어왔는지! 나는 향수를 느끼며 지금 그곳들을 떠올리고 있어. 너와 함께 다시 돌아가고 싶은 생각도 드는구나. 그 커다란 네덜란드 교회에서 언젠가 작은 지위를 얻게 된다면, 그 추억들이 설교의 소재가 될 수 있겠지.

너도 나도 신앙과 믿음 속에 앞으로 나아가자. 얀 백부가 여행에서 돌아오셨을 때 아버지와 백부가 준데르트 교회에서 만나 악수했던 일이 기억나는데, 우리도 그렇게 악수할 날이 오지 않겠니? 아버지와 백부 두 사람의 삶에는 많은 일들이 있었어. 그리고 마침내 우리들 발 밑에서 단단한 대지를 느끼게 된 것이지. 이 일에 대해 더 자세한 이야기를 듣게 된다면 나에게도 곧장 알려주렴.

네가 출발하기 전에 둘이 함께 조용한 시간을 보내고 싶구나. 좋은 기회가 금방 올 것 같지 않지만, 그런 기회는 느닷없이 찾아오기도 하지. 한 번 더 말하지만, 동생아, 내 마음은 너의 마음과 하나야. 그 계획은 아주 훌륭해! 너의 미래를 생각하면 내 과거가 생생히 되살아난단다. '보라, 내가 모든 것을 새롭게 하리라'는 그분의 이 말씀을 너도 곧 경험하게 될 거야.

너의 앞날에 축복이 있기를! 주위의 것들을 다시 한 번 눈에 잘 담아두렴, 그리고 잊지 말도록 해. 그곳을 다시 한 번——성경에 있듯, 여기저기 구석구석 걸어봐.

날마다 할 일이 어찌나 많은지 시간이 너무 빨리 지나가버려. 아무리 잡아 늘려도 하루가 무척 짧구나. 나는 발전하기를 간절히 바라고, 성경을 근본적으로 더 잘 이해하고, 너를 위해 베낀 크롬웰에 대해서처럼 많은 것들을 알고 싶어. 하루라도 읽기와 쓰기를 빼놓는 날이 없단다. 날마다 쓰고, 읽고, 공부하고, 과제연습하고, 평온한 마음으로 끈기있게 해나가다 보면 좋은 결과를 얻을 수 있겠지.

이번 주는 이곳의 묘지*¹를 방문했단다. 마이더포르트 외곽에 자리하는데, 그 바로 앞에 작은 숲이 있어. 해질 무렵 나뭇잎들 사이로 햇빛이 비칠 때 특히 아름답지. 또 거기에는 아름다운 묘지와 다양한 종류의 늘푸른나무가 많고, 장미와 물망초 꽃이 피어 있어. 그뒤 나는 다시 자위더르까지 걸어갔단다. 이곳에서 40분 걸리지. 둑 위에서 사방으로 풀밭이 보이며, 그곳 농가를 볼 때마다 나는 렘브란트의 동판화가 생각난단다.

이곳은 아름다운 도시야. 오늘은 또 T. 마리스며 아르베가 그린 듯한 곳을 보았어. 동쪽 교회의 작은 뒤뜰에 지어진 집들이야. 교회 안의 얀 백부 무덤자리 문제로 교회지기와 이야기할 게 있어 그의 집을 찾아갔었지. 그 건너에는 구두장이가 살고, 또 그 건너에는 다른 이가 살고…… 하지만 흔한 광경이겠지. 세상은 그런 것들로 가득하니까.

우리 마음도 그런 것들로 채워져야 해. 그리고 더욱 더 그렇게 만들고 싶어. 이 교회지기를 보니 나도 모르게 레텔—아마 맞을걸—의 목판화가 떠올랐어.《친구의 죽음》이라는 그림이야. 너도 알지? 그 표현은 언제나 나를 감동시켰지. 런던의 판화점 진열창에서 그 그림을 자주 볼 수 있었어. 그것은《파리의 콜레라》라는 작품과 쌍을 이룬단다. 그밖의 레텔 작품으로《죽음의 무도》도 있어.

일요일 아침*²에는 새벽 설교로 롤리야르 목사님의 '그리스도는 씨뿌리고 밭을 거넌다'에 대한 이야기를 들었어. 그의 설교에 나는 매우 감명 받았지. 그는 씨뿌리는 사람에 견주어, 씨는 싹을 틔우고 쑥쑥 자라는데 자신에게는 왜 아무 일도 일어나지 않는지 궁금해 하는 남자이야기를 들려주셨어—자신 또한 밭에 씨뿌린 뒤 밤에 잠자고 아침에 일어나는데. 또 반 데르 마텐의《보리

---

*1 그즈음 암스테르담의 동남쪽 변두리. 현재의 Tropen museum 근처.
*2 일요일이면 그는 시내 여기저기를 다니며 아침 7시 이후 10군데 이상의 교회 예배에 참석했다. 헤이그에서 즐거운 휴일을 보내라며 테오가 전해준 돈은 돌려주며 그는 "네 생각은 고맙지만, 나는 일요일 예배에 참석하는 게 더 좋아"라고 말했다.

밭 장례행렬》에 대해서도 말씀하셨단다.

태양이 창 너머로 빛나고 있었지. 그날 교회에 사람은 많지 않았는데, 주로 노동자와 여자들이었어.

그뒤 스트리커 목사가 동쪽 교회에서 '사람들이 아닌 하느님에게 칭찬받는 법'에 대해 여왕의 서거와 관련해 말씀하시는 걸 들었어.

……라므네의 프랑스 어 문장 인용은 생략……

오늘 아침 5시15분 전부터 천둥과 함께 폭풍우가 휘몰아치기 시작했는데, 폭우를 뚫고 조선소 문으로 노동자들이 우르르 쏟아져 들어왔어.

나는 일어나 노트 몇 권을 들고 강당으로 가서 둥근 지붕을 얹은 정자로 갔어. 거기에서 독서하며 조선소와 부두를 바라보았지. 포플러와 딱총나무와 다른 딸기나무들이 세찬 비바람에 휘청거리고, 산더미처럼 쌓인 목재와 배 갑판에 비가 요란하게 쏟아졌으며, 보트와 작은 증기선이 오가더구나. 멀리 에이 뒤쪽 끝 맞은편 마을 근처에서는 쏜살같이 지나가는 갈색 돛이 보이기도 했단다. 그리고 바이텐칸트 바닷가의 집들과 나무들, 더 짙은 빛깔의 교회 등도.

여러 차례 천둥이 치고 번개가 번쩍거렸어. 하늘은 마치 라위스달의 그림을 보는 듯했지. 갈매기가 수면을 스치듯 날아갔어. 그것은 대단한 장관으로, 어제의 숨막히는 더위가 지나간 뒤여서인지 기분이 아주 상쾌해졌단다. 어젯밤 위층으로 올라갔을 때는 몹시 지쳐 있었는데 그 덕분에 신선한 기분이 되었지.

전에 아버지 허락을 받은 일 있어 나는 어제 메이제스 목사님 부부를 방문해 함께 차를 마셨단다. 그 집에 닿으니 목사님은 낮잠을 주무시고 계셨어. 한 시간 반쯤 산책하고 오라고 했으므로, 다행히 주머니에 라마르틴의 작은 책자가 있기에 운하의 가로수 밑에서 읽었지.

시커먼 운하 물에 저무는 해가 비치고 있었어. 그리고 다시 되돌아와 목사님을 만났는데, 내 머릿속에 토르발센의 《겨울》이 떠오르더구나. 전에도 말했듯 아버지 어머니는 그런 면에서 아주 훌륭하신데, 여기 사람들한테서도 그런 느낌을 받았단다.

세월은 정말 빨라. 나는 너보다 4살 많지만, 내가 느끼기에 시간은 우리가 나이먹는 것보다 더 빠르게 지나가는 것 같아. 그래서 나는 조금이라도 더 하루를 길게 쓰려 노력하고 있어.

곧 다시 편지를 보내주겠니? 마헤르[1]가 결국 오지 못하게 됐다니 참 아쉽구나. 날씨는 다시 화창하게 개었단다. 푸른 하늘에 햇빛이 눈부시게 빛나고 작은 새들이 지저귀고 있어. 조선소 안에는 다양한 종류의 새들이 많단다. 저녁에는 언제나 개를 데리고 여기저기 거닐곤 하지. 그리고 가끔《별 아래에서》라는 시를 생각해——'모든 소리가 멎을 때 하느님 목소리가 들린다, 별 하늘 아래에서.'

집 바로 옆에 장미가 활짝 피었고, 정원에 졸참나무와 재스민도 있지. 얼마 전에는 트리페뉘스[2]에 다녀왔어. 너와 함께 갔을 때 닫혀 있던 진열실이 이제 열렸는지 보러 갔는데, 2주일은 더 있어야 한다더구나. 프랑스 인과 영국인 등 수많은 외국인들이 있었어. 그들의 말을 듣고 있노라니 많은 추억이 떠올랐어. 하지만 이곳으로 돌아온 걸 나는 후회하지 않아. 인생에는 끝없이 흘러내리는 모래와 수렁이 있는 법이지.

테르스티흐 부인은 안녕하시니? 마우베를 만나거나 그의 집을 방문하게 되면 안부전해줘. 하네베크 집안과 로스 집안 사람들에게도.

이제 공부를 좀 해야겠어. 오늘은 수업이 없지만, 내일 아침에 두 시간이나 있어 많이 해두어야 해. 구약성서 역사는 사무엘 서까지 나갔지. 오늘 밤은 열왕기를 공부할 차례야. 다 마치고 나면 뭔가 얻는 게 있겠지.

이렇게 편지 쓰는 동안에도, 지난번 너에게 보낸 것과 같은 작은 데생을 무의식적으로 그리게 돼.[3] 예를 들면 오늘 아침에는 황야의 엘리야를 그렸어——하늘에는 비바람치는 거친 폭풍, 눈 앞에는 가시덤불 몇 개. 특별할 건 없지만 그런 풍경들이 이따금 머릿속에 아주 생생하게 떠오른단다. 그런 순간이 오면 나도 이 주제를 열광적으로 이야기할 수 있지 않을까 생각해. 이윽고 그렇게 될 기회가 주어지기를!

너의 행운을 빈다. 스헤베닝언 숲이며 바닷가에 갈 때는 나를 위해 인사 건

---

*1 Nico mager. 도르드레흐트에서 함께 일했던 서점의 동료.

*2 네덜란드 국립미술관.

*3 그 자신의 표현에 따르면 고흐는 '본능적으로' 즉 무의식적으로 그림을 그렸다. 이것은 '무의식중의 자기해방'으로 이해할 수 있다. 그는 데생을 함으로써 점점 커져오는 실패에 대한 불안감과 아버지처럼 될 수 없을지 모른다는 압박감에서 잠시나마 벗어나려 했다.

네줘. 네가 여기 오면 멋진 장소들을 여기저기 보여줄 수 있을 거야.

날마다 유대인 구역을 지나 라틴 어 교사 멘데스의 집으로 간단다. 너도 롤리야르 목사님 설교를 들으면 좋을 텐데.

그럼, 안녕. 진심어린 악수를!

너를 사랑하는 형 빈센트

고흐가 테오에게 112
암스테르담 1877년 10월 30일

사랑하는 테오

지난번 편지 고맙다. 반가웠어. 그래, 테오. 쥘 구필의 그림*¹을 본뜬 동판화는 매우 아름다워. 관련된 모든 것이 잘 어우러져 아름답고 훌륭한 전체를 이루지. 사람 마음에 소중히 간직해 두어야 할 귀중한 재산이야.

네가 칼라일의 《프랑스 혁명사》를 읽었다니 좀 복잡한 기분이 드는구나. 나한테도 이 책은 낯설지 않아. 하지만 모두 읽은 게 아니고 다른 책, 즉 테느의 책에서 발췌된 부분을 읽었을 뿐이야.

지금 나는 모틀리의 책을 요약하고 있어. 특히 덴 브리엘 수탈, 할렘과 알크마르와 레이던 포위 등. 이것들을 다 정리하기 위해 나는 지도를 그렸지. 나는 시험합격이라는 목표를 위해 공부하고 있단다. 나는 멘데스와 모든 일을 상의하고, 그의 방식에 따라 내 공부방침을 정해. 나도 그의 방법대로 하는 게 좋다고 생각하기 때문이지. 이 80년 전쟁*²의 역사는 정말 멋져. 나도 그런 훌륭한 전쟁을 치른다면 인생이 아주 멋질 거야.

사실 인생은 투쟁이야. 인간은 자신의 몸을 지키고, 변호하고, 쾌활한 주의깊은 정신으로 계획세우고, 그에 바탕해 앞으로 나아가기 위해 계산도 해야해. 인간세상에서 살아갈수록 모든 일이 점점 어려워지고, 이런 말도 있지.

언제까지 오르막길인가

그렇다, 마지막의 끝까지.

여행은 하루 종일 걸리는가

---

*1 《혁명력 5년의 어느 젊은 시민》이라는 제목의 그림으로, 파리에서 이것을 본 고흐는 런던에 살 때 이 동판화를 방에 걸어두었다.

*2 1568~1648년에 일어난 네덜란드 독립전쟁.

그렇다, 새벽부터 한밤중까지, 친구여.[1]

또 존 번연의 《천로역정》에서 가려뽑은 것도 있어. '하루 종일 일하라, 새벽이든 저녁이든. 그러면 반드시 결과가 좋으리라.'

역경과 싸워야 우리 가슴 속에서 내면의 힘이 길러져. 그 용기는 생존싸움으로 더욱 강해지지──인간은 폭풍우 속에서 자라나거든. 우리가 끊임없이 그런 마음──생명이 거기에서 드러나므로──을 좋은 것, 소박한 것으로서 하느님 안에 풍요로움을 가지려 노력하고, 회복을 위해 애쓰고, 더욱 단단해지고, 하느님과 인간들 눈 앞에 좋은 양심을 지니려 명심하도록 애쓴다면 말이야.

우리가 다른 사람들을 보듯, 더 많은 눈이 우리를 보고 있어. 하느님이 주신 거룩한 선물인 양심에 의한 시선이고, 하느님 눈이 우리 위에서 모든 것을 보고 헤아려 안다는 증거이며, 또 하느님이 우리로부터 멀리 떨어진 존재가 아니라 바로 오른편에 있는 우리 그림자라는 것, 그리고 하느님이 악으로부터 우리를 지켜주시는 건 인생과 세상의 어둠 속으로 우리에게 빛이 비쳐든다는 확증이지. 위에서 우리를 굽어살피는 눈이 있음을 느낀다면 '보이지 않는 존재'를 우러러보듯 가끔 눈을 들어보는 게 좋아.

멘첼의 삽화 《프리드리히 대왕의 생애》는 나도 알고 있어. 좋은 작품을 샀구나. 계속 모아보도록 해. 쟈크의 《양 우리》 목판 복제화도 알아. 그런 그림은 크리스마스 때 집으로 가져오도록 하렴.

나는 스테펜스의 유화 석판 복제화를 유대인 가게에서 샀어. 전에 네가 보여준 적 있는 유화로, 늙은 성직자와 젊은 성직자가 정원에서 이야기하는 그림이지. 참으로 훌륭한 석판화야. 그것을 보면 자캉의 그림이 떠오르는데, 명함에 사진인쇄된 것으로 분명 《신임 보좌신부》라는 제목이었을 거야. 거기에는 감정이 있어. 도레의 《수련신부》도 떠오르지.

테오, 라틴 어와 그리스 어 공부는 너무 어려워.[2] 하지만 내가 하고 싶은 공부에 몰두할 수 있어 행복해. 그런데 얀 백부가 걱정하셔서 밤늦게까지 깨어 있을 수 없어. 하지만 렘브란트의 동판화 아래 적힌 "In medio noctis vim suam

---

*1 크리스티나 G. 로세티의 시 〈Up-hill〉에서 인용.
*2 가난한 사람들을 돕고 싶어하는 자신에게 고전언어는 아무 쓸모 없는 것처럼 여겨졌다. 그리스 어 공부는 브라반트의 보리밭보다 더 숨막힌다고 고흐는 말했다.

lux exerit(깊은 밤에 빛이 힘을 발한다)"라는 말이 내 마음에 새겨졌지. 나는 밤 새도록 작은 가스등을 켜놓고 있단다. 그리고 한밤중에 가끔 침대에 누워 그 것을 바라보며 다음날 공부계획을 세우거나, 어떻게 하면 공부가 잘 될까 생각 하지.

올 겨울에는 아침 일찍 불을 켤 수 있으리라 기대하고 있어——얀 백부는 가 끔 밤이나 어두울 때 등불을 켜도록 허락해 주시거든. 겨울아침은 각별해. 그 느낌을 프레르가 《술통 만드는 장인》——그 동판화가 네 방에 걸려 있었던 것 같은데——이며 다른 그림에서 표현하고 있지.

너에게 걸맞는 성스러운 고통으로 내 영혼을 만족케 하라. 내 삶을 모두 너 에게 바치고, 내 영혼의 쓰디쓴 고통——그렇다, 너에 대한 봉사 속에——을 견 디며 조용히 살고 싶어라. 오, 슬픔의 사람, 고통을 아는 사람아.[3] 이건 참으 로 멋진 기도야.

커피에 젖어 이 세상을 사는 건 좋은 일이다, 라고 너에게 불쑥 말했을 때 나는 이런 생각을 하고 있었어. 인간은 궁핍하면 일하기 위한 활력과 더 강해 진 힘이 필요하다——또 인간은 분수에 맞게 살아야 하며, 자신의 손이 닿는 한 무기와 자신의 자유가 되어줄 수단을 최대한 이용해 성과를 내려 애써야 한다고.

글자를 보면 알겠지만, 벌써 어두워졌어. 지금 막 램프 불을 켰단다.

언젠가 스트리커 이모부 댁에서 점심으로 고기와 야채 삶은 것을 먹을 때 모틀리의 책에서 가려뽑은 글이 생각났는데, 크리스마스에 만나면 네게 보여 줄게.

이 도시에서 교회 입구의 돌과 상석, 집들의 현관 돌층계를 엄청나게 많이 보며 밟다 보니 바위많은 스코틀랜드 지도를 만들어볼까 하는 생각이 들었는 데, 그것을 빨간색과 초록색으로 칠하려다 백부가 아주 좋아하시고 나도 좋아 하게 된 피클이 생각났어. 인간의 영혼이란 참으로 오묘해. 그런 영혼을 갖는 다는 건 멋진 일이야. 그것은 마음을 담아 만든 영국지도와도 같아서, 그 안에 최대한 많은 애정을 기울여야 해. 그 사랑은 신성해서, 모든 것을 믿고 기대하 고 참고 견디면 결코 없어지지 않아. 이 사랑은 세상의 빛이요, 참생명이요, 사

---

[3] 이사야 서 53장3절 인용.

람들의 빛이야. 어학지식은 분명 귀중한 재산이지. 거기에서 뭔가 얻어낼 게 없을까 나는 노력하고 있어.

딱딱하고 검은 호밀빵을 먹을 때, 'Tunc justi fulgebunt ut sol in regnum Pattis sui(그때 정의로운 이들은 아버지 왕국의 태양처럼 빛나리라)'라는 말을 떠올리는 건 좋은 일이야. 흔히 있는 진흙투성이 장화를 신거나 거무죽죽한 젖은 옷을 입을 때도 마찬가지지. 우리 모두 언젠가 이 세상 아닌 왕국으로 들어가게 되기를! 그곳에는 결혼도 없고, 태양이 대낮의 빛으로 또 광명으로 존재하지 않고, 달이 빛나지도 않아. 그곳에서는 주님이 영원한 빛이시고, 하느님은 우리 영광이 되실 거야. 또 해가 지지 않고, 달이 빛을 잃는 일도 없지. 슬픔의 날들은 끝나고, 하느님이 모든 이의 눈물을 닦아주실 거야.[1] 그리하여 우리는 '슬픔 속에서도 늘 기쁨을 느끼도록' 마음 속 효모가 훌륭히 거듭날 수 있단다. 우리가 하느님을 믿기에, 하느님 은혜로 '나는 결코 절망하지 않는다'는 말을 마음 속에 담고 살아가기 때문이야.

그리고 '얼굴을 부싯돌처럼 하고서'[2]도 좋은 말이고, '쇠기둥처럼, 오래된 떡갈나무처럼 살라'는 말도 마찬가지야.

영국의 작은 교회를 둘러싼 산사나무 울타리며 아름다운 묘지의 장미 같은 가시나무를 좋아하는 것도 바람직한 일이지. 그래, 우리가 사람들 앞에서 쓰기 위해서가 아니라 하느님께 보이기 위해 인생의 가시나무로 관을 만들 수 있다면 좋은 일일 거야.

스웨인의 목판화를 아니? 그는 재주좋은 사람이야. 런던의 한 멋진 구역에 그의 아틀리에가 있는데, 삽화신문사 사무실이 즐비한 스트랜드 거리 외곽에서 멀지 않아. 또 렘브란트의 동판화부터 가정판 디킨스와 샨도스 고전전집에 이르기까지 없는 게 없는 헌책방이며 서점들이 잔뜩 있는 북셀러스 거리에서도 멀지 않지. 그 언저리는 모든 게 초록빛을 띠고 있어. 안개긴 날, 가을이나 크리스마스 전 어두운 날들은 특히 더 그렇단다. 그곳은 사도행전[3]에 있는 에페소 땅을 연상시키거든. 또 파리의, 특히 포브르 생제르맹의 책방들도 아주 흥미로워.

---

*1 이사야 서 60장19~20절.
*2 이사야 서 50장7절.
*3 신약성경 유일한 역사서.

테오, 시험에 합격하면 나는 뛸 듯이 기쁠 거야. 내가 모든 어려움을 극복한다면 온 힘을 기울여 노력하며 동시에 하느님께 기도한 덕분이지. 나에게 필요한 지혜를 달라고 열심히 기도해. 그리고 수많은 원고를 쓰고 설교할 수 있게 되기를, 또 그 실력이 점점 좋아져 아버지의 설교에 가까워지고, 내 인생의 모든 일이 좋게 작용해 사명을 다하게 되기를 기도해.

월요일 저녁에는 코르 숙부 댁에서 그 가족들을 모두 만났어. 너에게 안부 전해 달라더라. 그곳에서 꽤 긴 시간을 보냈단다. 숙모님과 오래 만나지 못한 데다, 그들을 소중하게 생각지 않거나 우습게 여긴다는 인상을 주어 자칫 기분상하게 하는 건 좋지 않으니까.

숙부댁에서 《도비니의 판화작품》이라는 책을 보았어. 그 뒤 스트리커 이모부 댁으로 갔는데 외출중이셨지. 하지만 방문객이 있었어. 메이봄 박사의 아들—알프레드의 형제—인 해군장교, 그의 여자친구, 그리고 런던에 머물고 있어 다시 그리로 갈 예정인 미델베크라는 청년.

10시쯤 이모부가 비에 흠뻑 젖어 돌아오셨어. 그날 밤은 빗줄기가 굵었거든. 나는 이모부 이모와 많은 이야기를 나눴지. 며칠 전에 멘데스가 이곳을 방문했기 때문이야. 그의 보고가 결코 나쁘지 않았던 건 다행이었어.[1]

세상에는 생각보다 천재가 많지만, 그 말을 가볍게 입에 담아서는 안돼. 하지만 멘데스는 분명 특출난 인물이야.[2] 나는 그와 친해진 게 기쁘고 또 감사해.

이모부는 나에게 공부가 어렵지 않느냐고 물으셨어. 아주 어렵다고 나는 대답했고, 온 힘을 다해 정신차려 다양한 방식으로 눈뜨고 있도록 노력하고 있다고 말했어. 이모부는 나를 격려해 주셨지. 하지만 아직 그 끔찍한 대수와 기하학이 남아 있어.[3] 아무튼 해봐야지. 크리스마스가 지나면 그 수업들도 들어야 해. 어쩔 수 없지.

---

[1] 그러나 1년 뒤 멘데스는 스트리커 이모부에게 고흐가 사실상 요점을 파악하지 못하고 그리스 어 동사를 제대로 익히지 못해 어차피 시험에 통과하지 못할 것이므로 어려운 고전언어 공부를 시키는 것은 아무 의미 없다고 말했다.

[2] 멘데스는 고흐와 나이가 같아 처음부터 잘 어울려 지냈다. 그는 고전언어 외에 그리스와 로마 연극을 지도했다.

[3] 공부를 계속할수록 빈센트는 자신 앞에 넘을 수 없는 장벽이 점점 더 높아지고 있음을 깨닫고 낙담한다.

나는 교회 일에 열심히 매달리고 있어. 물건을 살 일이 있으면 언제나 책방에 들르지. 오늘은 할테스트라트의 스하레캄프 서점과 블링크만 서점에 갔어 ──스하레캄프는 아주 흥미로운 곳이야. 나는 교원조합에서 펴낸 작은 지도를 몇 장 샀어. 한 장에 50센트인 이 지도는 100장쯤 나와 있는데, 네덜란드는 역사연대로 구분되어 있어. 책방은 몇 번을 방문해도 늘 자극을 주고 세상에 이런저런 좋은 것들이 많다는 사실을 일깨워줘.

일요일 아침 새벽예배 뒤 프랑스 교회에서 가뉴방 목사님의 훌륭한 말씀을 들었어. 주제는 베다니,*¹ '필요한 것은 오직 하나, 마리아는 좋은 몫을 선택했다'였지. 그는 매력적인 태도와 존경할만한 두뇌를 갖춘 분으로, 그 표정에 신비로운 하느님의 평안 같은 게 깃들어 있었어. 그에게서는 《공포정치 마지막 희생자들》의 사제 같은, 또는 《기숙자의 친구들》에 나오는 저 검소하고 충실한 하인 같은 모습이 보이는 듯해.

네가 편지로 말한 이스라엘스의 그 그림은 분명 아름다울 거야. 네가 뚜렷이 그려주어 생생하게 상상할 수 있어. 나는 코르 숙부 화랑에서 그의 작품 1점과 마우베 작품 1점을 보았는데 아주 아름다웠지──모래언덕의 양떼와 양치기.

집에서 좋은 소식이 왔어. 프린센하헤의 빈센트 백부도 다행히 건강해지신 것 같아. 크리스마스가 기다려지는구나. 이것저것 되도록 많이 가지고 오렴. 가족들이 좋아할 거야.

담배는 천천히 보내줘도 돼. 아직 얼마쯤 남았으니까. 담배는 공부에 도움되므로 꼭 필요해.

해리에게 긴 편지를 썼어. 그는 오늘 출발했지. 너에게도 안부전한다고 덧붙여 두었단다.

시간날 때, 기회있으면 미슐레를 잊지 말도록 해. 알았니? 그리고 브르통도. 왜 그런지는 알겠지? 급한 건 아니야. 여차하면 크리스마스 때라도 상관없어.

슬슬 공부해야겠다. 더 쓸 공간도 없고. 그럼, 행운을 빌어. 되도록 많은 소식을 전해주렴. 네 편지에 들어 있던 영수증은 백부께 전해드렸어. 얀 백부, 스트리커 이모부와 이모도 안부전해달라시는구나. 네 하숙집 사람들에게 내가

---

*1 가난한 자의 집 또는 푸른 과일의 집이라는 뜻.

안부전한다고 해주렴. 마우베 부처, 테르스티호 집안과 스톡쿰 집안——그녀, 캐롤린은 건강한지?——하네베크 집안, 그리고 만난다면 보르헤르스에게도 안부전해주렴.

행운을 빈다. 이 가을을 건강하고 즐겁게 보내렴. 빨리 크리스마스가 되어 모두들 얼굴을 마주할 수 있으면 좋을 텐데.

그럼, 안녕, 마음 속으로 악수를! 나에 대한 믿음이 변함없기를!

사랑하는 너의 형 빈센트

덧붙임 : 가브리엘 막스의 복제사진을 2점 보았어. 《야일로의 딸의 부활》과 《수도원 정원에 있는 수녀》인데, 앞의 사진이 특히 아름다웠어.

랜시어의 《스코틀랜드 하이랜더*¹》라는 작품 판화 복제를 아니? 눈보라치는 산꼭대기에 서서 자신이 쏘아 떨어뜨린 독수리를 들고 있는 하이랜더의 그림이야.

＊1 Highlander. 고지인(高地人).

브뤼셀과 보리나주
1878년 7월~1881년 4월

　　고흐는 1878년 7월5일 에텐으로 돌아가,*¹ 런던에서 도와주러 온 존스 목사와 아버지를 따라 벨기에 북쪽 플랑드르 지방 라켄에 있는 브뤼셀 전도사 양성소로 갔다. 8월이 끝나갈 무렵 시작해 11월 중간무렵에 수습기간이 끝난다. 11월이 끝날 즈음 그는 벨기에 남부 탄광지대 보리나주에서 전도사 일을 찾기 위해 몽스 서남부 드루의 페론 목사를 만나러 갔다.

　　보리나주에 가기로 결심한 무렵, 파리에서 세계박람회 일을 반년 한 뒤 헤이그로 돌아가는 길에 브뤼셀에 들른 테오를 만난다.

　　12월부터 보리나주에서 지내며, 1979년 1월 중간무렵에 6개월 임시전도활동 허가서를 받았다. 그는 성경말씀을 전하고, 아이들을 가르치고, 병자를 돌보고, 탄광 가스폭발로 중상입은 사람들을 간호하는 등 가난하고 어려운 사람들을 위해 헌신하며, 자신의 옷가지와 돈을 궁핍한 이들에게 주고 초라한 차림으로 침대도 없는 오두막 난로 옆에 웅크리고 자며 생활했다. 그를 걱정한 아버지가 2월 끝무렵 아들의 생활을 살피러 와서 함께 지냈다.

　　7월, 그의 전도활동이 끝났으나 전도위원회는 그의 열정적 헌신이 그리 바람직하지 못하다고 판단했다. 밤에도 자지 않고 부상자와 병자를 간호하는 헌신과 가진 것을 내놓는 희생정신 말고도 집회를 주관하는 언어능력까지 갖추었으면 좋겠다는 평가를 하며 임시허가 취소결정을 내린다. 그의 프랑스 어와 탄광지대 사투리의 차이가 너무 큰 것도 문제되었다.

　　파리에서 병든 빈센트 백부를 문병한 어머니가 아들을 찾아왔다. 자신을 잘

---

*1 고흐는 아버지와 10살된 막내 남동생 코르와 긴 산책을 하며 토끼에게 먹일 풀을 모으고, 그들이 거닌 길을 지도로 그려 테오에게 편지와 함께 보냈다. 그리고 지는 햇살이 풀밭 위로 얼마나 아름답게 반짝이는지, 암스테르담에서 보낸 시기의 일들이 얼마나 어리석은 최악의 시간이었는지 적고 있다.

다스리며 사람들에게 헌신하는 삶을 살 수 있을 아들이 젊음을 탕진하면서 어렵고 헛된 나날을 보낸다며 어머니는 탄식했다.

7월 끝무렵, 그는 브뤼셀로 가서 화가인 피터슨 목사와 의논한다. 그의 관심은 화가의 길로 기울었고, 이미 데생을 공부하고 있었다.[*1]

8월 중간무렵 파리로 출장가는 테오와 만났다. 생활비를 벌 만한 일을 하라는 테오, 제빵사가 되라는 여동생 안나의 충고를 거부한 그는 놀고먹는다는 비난을 무릅쓰고 보리나주에 머물며 광부들을 그리기 시작한다. 그뒤 1년 동안 형제는 편지를 주고받지 않는다. 11월, 테오는 파리로 전근한다.

1880년 겨울, 고흐는 프랑스 북쪽 쿠리에르로 도보여행한 뒤 에텐으로 돌아가 부모님과 함께 지낸다. 7월, 보리나주에서 테오와 다시 편지를 주고받기 시작한다. 테오로부터 50프랑을 송금받은 형은 놀고먹어도 단순한 게으름뱅이와는 다른 종류의 인간, 가슴속에 열정을 불태우며 편견과 오해의 감옥에 갇혀 고뇌하는 '건달'도 있다고 쓴다.

1880년 봄, 가족들 사이에서 고흐를 헤르 정신병원에 입원시키자는 의논이 있었다. 곧 보류되었지만, 그 가능성은 늘 남아 있었다.

고흐가 테오에게 126
라켄[*2] 1878년 11월15일

사랑하는 테오

우리가 함께 지낸 날, 눈 깜짝할 새 지나가버린 그날 밤[*3]에 대해 쓰려고 해. 너와 다시 얼굴을 마주보며 이야기할 수 있어 무척 기뻤단다. 그런 날은 덧없이 지나가고 기쁨 또한 순식간에 사라지지만, 고맙게도 그 감정은 우리 기억 속에 머물며 추억으로 언제까지나 남아 있지.

[*1] 고흐는 자신이 '본능적으로' 데생을 하는 이유는 그만큼 소질이 있기 때문이라고 여긴다. 공부와 달리 그림그리는 일은 좋아하니 그쪽으로 노력하는 게 더 쉬우리라고 생각했다. 어쩌면 가족들이 자랑스러워 할 사촌 매형 마우베 같은 화가가 될지도 모른다는 희망을 품는다.

[*2] 고흐는 8월 끝무렵 라켄에 갔지만, 11월15일에야 동생에게 편지를 보낸다. 학업이야기는 전혀 쓰지 않고 매우 '회화적인' 묘사와 철학적·종교적 고찰을 접목한 성찰적 문장이 가득하다.

[*3] 1878년 7월, 파리 출장에서 헤이그로 돌아가던 도중 브뤼셀에 들른 테오와 함께 보낸 날의 일을 가리킨다.

작별인사 뒤 나는 곧장 오지 않고 예인선길을 따라 걸어왔어. 그곳에는 온갖 종류의 작업장이 있지. 특히 저녁에 불켜진 풍경은 아주 장관이야. 우리도 저마다의 분야에서 천직으로 주어진 일에 종사하는 노동자이므로, 우리가 귀기울이면 그런 작업장은 나름의 방식으로 말을 걸어온단다——'해 있는 동안 일하라. 어두워지면 일할 수 없다.' 그리고 그것은 하느님 아버지가 이제까지 일하셨고, 우리도 일해야 함을 일깨워주지.

비쩍 마른 늙은 흰말들이 끄는 마차를 타고 도로청소부들이 지금 막 돌아온 참이야. 그 긴 마차행렬이 '쓰레기장'이라 불리는 예인선길 기점에 서 있어. 그 늙은 흰말들을 보니 오래된 아쿼틴트 판화*¹가 생각났어. 너도 알 거야. 그리 예술적 가치가 있는 건 아니지만, 나는 감동과 감명을 받았어.

내가 말하는 건 《어느 말의 생애》 시리즈 가운데 마지막 판화야. 야위고, 쇠약하고, 평생 중노동과 온갖 궂은 일에 시달려 죽을 만큼 지친 늙은 흰말을 그린 작품이지. 그 불쌍한 동물이 있는 곳은 쓸쓸하고 황량해. 그 들판에는 빈약하고 시든 풀이 듬성듬성 자라고 뜨거운 바람에 뒤틀려 마구 갈라진 나무가 서 있어. 땅에는 두개골 하나가 굴러다니지. 저 먼 배경에는 말 해골이 조그만 오두막 앞에 뒹굴고 거기에 그 말을 죽인 남자가 살고 있어. 위에는 폭풍우가 몰려오는 하늘이 낮게 깔려 있단다. 살을 에는 듯한 추운 날, 폭풍우가 휘몰아치기 직전의 음울하고 어두운 날씨지.

참으로 애처롭고 깊은 우수를 느끼게 하는 광경이야. 우리가 죽음이라고 부르는 그림자 골짜기를 언젠가 지나가야 하며, 인생의 끝은 눈물과 백발임을 알고 또 느끼는 사람이라면 누구나 이 광경에 감동받을 거야. 그 너머에는 하느님만 아시는 위대한 수수께끼가 있지. 하지만 하느님은 죽은 이들의 부활을 결코 부정할 수 없도록 말씀으로 명시하셨어.

이 불쌍한 말, 늙고 충실한 하인은 참을성 있고 순하게, 그러면서도 용감하고 단호하게 서 있어. '수비병은 죽을지언정 항복하지 않는다'고 말한 노병처럼 자신의 마지막 때를 기다리지. 오늘 저녁 쓰레기 나르는 그 말들을 봤을 때 문득 이 판화가 생각났단다.

---

*1 부식 동판화 기법의 하나. 회색에서 검정까지 면의 그러데이션을 만드는 기법. 18세기 끝무렵 프랑스 Jean-Baptiste Le Prince, 1734~81가 발견. 샌드페이퍼 아쿼틴트, 슈거 아쿼틴트, 설파 틴트 등이 있다.

더럽고 지저분한 옷을 입은 마부들도 위대한 화가 드 그루가 《가난한 사람들 벤치》에서 그린 가난한 이들의 긴 행렬 같다기보다 차라리 떼지어 있는 듯했으며, 한층 더 깊은 가난구덩이에 뿌리내리고 있었어. 네가 그 판화를 아는지 알려줘. 쓰레기 나르는 남자들이 '가난한 사람들 벤치'에 앉아 하느님 가르침에 대해, 또 가난한 이의 몫, 그들의 보호자이며 그들의 오른쪽 그림자인 하느님에 대해 귀기울일 마음 있다면, 나는 기꺼이 그들에게 그 이야기를 들려줄 거야.

말로 표현할 수 없는 쓸쓸함, 고독, 빈곤, 비참, 어떤 것의 종말과 극한 모습을 볼 때 우리 마음에 하느님 생각이 솟아오르는 것은 정말 신기한 일이며, 나는 그것에 늘 감동받아. 적어도 나는 그렇단다. 아버지도 말씀하시잖니. '내가 이야기하기에 교회묘지만큼 좋은 장소는 없어. 그곳에서는 우리 모두 똑같은 땅에 서 있기 때문이야'라고. 그곳에서는 모두 똑같은 땅에 서 있을 뿐 아니라, 똑같은 땅에 서 있음을 언제나 실제로 느끼고 깨달을 수 있지.

미술관에 함께 가서 특히 드 그루와 레이스의 작품, 코세만스의 풍경화 같은 훌륭한 그림들을 많이 볼 수 있어서 참 좋았어.

너한테 판화 2점을 받아 정말 기뻐. 너도 나한테서 작은 동판화 《세 풍차오두막》을 받았어야 했어——내가 절반 내겠다고 했는데도 기어이 네가 돈을 치렀지. 아무튼 네 스크랩북에 넣어 보관하렴. 뛰어나게 아름답지는 않지만, 주목할 만한 작품이니까. 난 잘 모르겠지만, 벨벳 브뢰겔*1 보다는 농부 브뢰겔*2 작품이라고 해야 하지 않을까 상상해.

이 편지에 서투른 스케치 《오, 샤르보나주》*3를 넣어 보낸다. 길에서 보는 것들을 이것저것 스케치하고 싶지만, 내가 그림으로 성공할 리 없고 자칫하면 본업이 소홀해질 수도 있으니 섣불리 시작하지 않는 게 좋겠지. 나는 집에 돌아오자마자 누가복음 13장 6~9절의 '열매맺지 않는 무화과나무'에 대한 설교를 준비했어.

너는 고향으로 돌아가 즐거운 나날을 보내겠지. 일요일에도 있을 테니. 프린

---

*1 작은 아들 얀 브뢰겔의 별명. '지옥의 브뢰겔'이라는 형과 달리 온화한 종교그림, 풍경화. 꽃, 정물화를 많이 그렸다.
*2 아버지 대 브뢰겔의 별명. 농촌풍경을 많이 그렸다.
*3 charbonnage. 채탄. 탄전개발.

▲《오, 샤르보나주》(1878) 반 고흐 박물관. 암스테르담

▼벨기에 중부 지도 아래쪽 몽스·퀴엠므·밤므 지역이 보리나주

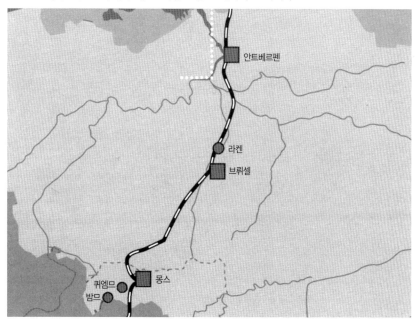

안트베르펜

라켄
브뤼셀

퀴엠므 몽스
밤므

브뤼셀과 보리나주(1878년 7월~1881년 4월) 183

센하혜의 빈센트 백부는 운이 좋으셔. 헤이그로 돌아가면 시간나는 대로 편지 주기 바란다. 로스 집안사람들에게 안부전해주렴.

《오, 샤르보나주》라는 스케치는 사실 그리 특별한 건 아니야. 이 동네 탄광에서 일하는 이색적인 사람들을 이곳에서 자주 보게 되지. 이 작은 집은 예인 선길에서 멀지 않은 곳의 작은 카페로, 큰 작업장과 잇닿아 있어 낮에 노동자들이 빵을 먹거나 맥주마시러 오곤 해.

예전에 영국에서 탄광 광부를 위해 일하는 복음전도사 자리에 지원한 적 있었어. 25살이 넘어야 하므로 내 소원은 그때 이뤄지지 않았지. 너도 알다시피 복음서며 성서 전체의 근원되는 기본적 진리는 '어둠 속에 떠오르는 빛'이야. 어둠에서 빛으로. 누가 그 빛을 가장 필요로 할까? 귀기울이는 건 누굴까? 내 경험이 가르쳐준 바로는, 특히 캄캄한 탄광 안 광부들처럼 어두컴컴한 땅속에서 일하는 사람들이야말로 복음서에 크게 감동 받고 또 믿는단다.

벨기에 남쪽 헤네호우번——에노 주의 몽스 언저리에서 프랑스 국경에 걸쳐 ——다시 그 너머까지 이어지는——보리나주*¹라고 불리는 지역이 있어. 그곳에 수많은 탄광에서 일하는 광부들로 이루어진 독특한 주민들이 살고 있지. 그들에 대한 다음 기사를 어떤 지리책에서 발견했어.

'보란 인*²들은 오로지 석탄채굴에 종사한다. 지하 300m까지 뚫린 이 탄광 안으로 날마다 수많은 광부가 내려가는 압도적인 광경은 걱정과 동정을 끌기에 충분하다. 광부 직업에 낮은 존재하지 않는다. 그들은 일요일에만 햇빛을 누린다. 좁은 갱도 안에서 몸을 반으로 접거나, 때로는 납작 엎드려 어두침침하고 흐릿한 램프 불빛 속에서 고된 노동을 한다. 우리 모두 그 크나큰 가치를 아는 광물을 땅 속에서 파내기 위해 그들은 일하는 것이다. 끊임없이 일어나는 위험 한복판에서 일한다.

그러나 벨기에 갱내의 광부들은 행복한 성격을 타고났다. 이러한 생활에 익숙한 그들은 어둠 속에서 이끌어주는 작은 램프 달린 모자를 쓰고 갱으로 내려갈 때 자신의 노동을 지켜보는, 그리고 그와 아내와 아이들을 보호해 주시는 하느님을 믿는다. 그들은 끓는 물에 살균된 소가죽 모자와 천으로 된 윗옷과 바지를 입는다.'

---

*1 '벨기에 중부지도' 참조. 몽스, 퀴엠므, 밤므를 포함하는 점선 안 부분.
*2 몽스 남쪽 보리나주 주민.

보리나주는 채석장 많은 레신 지방 남쪽에 있어. 나는 복음전도자로서 그곳에 가고 싶단다. 드 용 목사와 피테르센 목사님이 정한 3개월 수습기간이 거의 끝나가. 설교자로 위대한 전도여행을 떠난 바울은 이교도 사이에서 사역하기 전 3년 동안 아라비아에서 지냈지. 내가 그런 지방에서 3년쯤 배우고 늘 주의 기울이며 조용히 일할 수 있다면, 사람들이 내 말에 귀기울일 충분한 무언가를 갖추고 돌아올 텐데. 나는 겸손한 마음으로 솔직하게 말하고 있어. 하느님이 사명을 주신다면, 30살쯤에는 나도 그런 곳에 가 있을 거야. 특별한 훈련과 경험으로 시작한다면 지금보다 더 일에 정통하고 숙달되겠지.

이에 대해 우리는 이미 많은 이야기를 나누었지만, 너에게 다시 되풀이 쓰는 거야. 보리나주에는 이미 몇 개의 개신교 모임이 존재해. 학교도 있지. 복음전도자로 그곳에서 일할 지위를 하느님께서 나에게 주시어 가난한 사람들에게 성경말씀으로 설교하고——그것을 필요로 하는, 특히 그것이 어울리는 사람들을 위해——주일시간을 교육에 바칠 수 있다면 얼마나 좋을까!

너는 생 질*1에 가 봤지? 나도 옛 성문인 앙시엔느 바리에르에서 그 언저리로 가본 적 있어. 몽 생 장 어귀에 아르센베르흐로 가는 다른 길이 있지. 그곳 오른쪽 생 질 교회묘지의 히말라야삼나무와 담쟁이덩굴이 우거진 곳에서 도시 전체가 내려다보여. 더 가면 숲이 나와. 마치 그림을 보는 듯, 봉긋한 언덕에 보스봄이 자주 그린 모래언덕의 오두막 같은 오래된 집들이 서 있단다. 그곳에서 온갖 농사를 짓는 모습을 볼 수 있지. 곡물파종, 감자캐기, 순무씻기부터 장작패기에 이르기까지 모든 게 그림 같아.

몽마르트르와 비슷한 곳도 있어. 담쟁이덩굴로 뒤덮이고 포도밭 딸린 오래된 집들과 아담한 여관 등이 있지. 그 가운데 특히 머스터드를 만드는 페르키센이라는 사람 집이 눈길을 끌었어. 그의 작업장은 T. 마리스의 그림 비슷한 분위기였지. 여기저기 돌이 눈에 띄는 곳은 작은 채석장으로, 깊이 팬 수레바퀴 자국난 길이 뻗어 있어. 거기에서는 빨간 장식 술을 단 작은 흰말들과 푸른 작업복 입은 마부들을 볼 수 있어. 또 양치기도 보인단다——드 그루의 그림을 연상시키는 하얀 두건과 검은 옷을 입은 여자들도.

고맙게도 그런 곳이 여기저기 있어 사람들은 큰 평온함을 느낀단다. 향수

---

*1 브뤼셀 남쪽 변두리.

같은 독특하고도 오래된 감정을 느끼지. 거기에는 쓰디쓴 우울함이 있지만, 우리 정신을 북돋고 자극하고 새로운 활력과 일에 대한 의욕을 심어줘.

그날 나는 숲을 지나 샛길로 들어갔는데, 담쟁이덩굴로 뒤덮인 작고 오래된 교회가 있었어. 거기서 우리가 공원에서 본 것보다 더 얼키설키 자라난 엄청나게 많은 보리수를 보았어. 이른바 고딕 풍이었지. 교회묘지로 이어지는 움푹 들어간 길 가장자리에는 뒤틀린 나무뿌리며 잘려나간 나무기둥이 있었는데, 뒤러의 동판화《기사, 죽음과 악마》처럼 환상적이었단다.

너는 돌치의 《올리브 동산》이라는 그림—아니, 복제사진을 본 적 있니? 렘브란트 풍 작품으로, 나는 얼마 전에 보았어. 렘브란트를 본뜬 같은 주제의 크고 대범한 동판화, 두 여인과 요람이 있는 《성서를 읽다》라는 그림과 쌍을 이루는 작품인데—이건 너도 알겠지? 같은 주제의 코로 그림을 봤다는 네 이야기를 들은 뒤로 나는 줄곧 그 그림을 떠올렸어. 그가 죽은 바로 뒤 그의 작품전시회에서 그 그림을 보고 큰 감명을 받았단다. 예술에는 아름다운 것들이 얼마나 많은지! 본 것을 기억에 담아둘 수 있는 한 결코 허무하거나 고독할 일은 없어, 사람은 결코 혼자가 될 수 없거든.

안녕, 테오. 마음 속에서 따뜻한 악수를 보낸다. 건강하고, 모든 일이 뜻대로 잘 되기를! 너의 삶에서 좋은 일들을 많이 경험하고, 그것이 추억으로 남아 풍요롭게 해주기를—우리는 가진 게 아직 별로 없지만.

보르헤르스를 만나면, 편지보내주어 내가 정말 고마워한다고 전해주렴.

마우베에게도 안부전해줘.

너의 사랑하는 형 빈센트

덧붙임 : 이 편지를 며칠 동안 부치지 못했어. 11월15일도 지났으니 3개월 전도사 양성기간이 끝난 셈이야. 나는 드 용 목사와 보크마 선생님을 만나 이야기나누었어. 플랑드르 출신 학생들과 같은 조건으로 다닐 수는 없지만, 필요하다면 무료로 수업받아도 좋다는 이야기였어. 혜택은 그것뿐이라고 했지. 이곳에 오래 있으려면 지금보다 더 많은 비용이 필요한데, 어디서 구해야 할지 모르겠구나. 뜻대로 되지 않으면 보리나주로 갈 계획을 머지않아 실행할지도 몰라. 이 마을을 떠나면 이제 대도시로 쉽사리 돌아오지 못할 테지. 하느님을 믿지 않고, 또 하느님에 대한 신뢰없이 살아간다는 건 쉬운 일이 아니란다. 그

믿음이 없으면 분명 용기를 잃게 될 거야.

보리나주 에노 주 프티트 밤므 1878년 12월26일

사랑하는 테오

너에게 쓰는 편지를 더 미룰 수 없게 되었어. 먼저 새해인사를 보낸다. 너의 행운을 빌고, 새해 너의 일에 하느님 은총이 가득하기를 기도할게.

네 편지가 무척 기다려지는구나. 그곳은 요즘 어떠니? 몸은 건강한지? 혹시 최근에 어떤 아름답거나 눈길끄는 것을 보았다면 들려주기 바란다.

너도 충분히 짐작하겠지만, 보리나주에는 그림이 하나도 없고 사람들은 그림이 뭔지조차 알지 못해. 브뤼셀을 떠나온 뒤로 미술에 관한 것은 하나도 보지 못했단다. 그렇지만 여기가 그림에서 막 튀어나온 듯 아주 색다르고 독특한 곳이라는 건 변함없어. 말로 표현하기 어려운 특색들로 가득해.

얼마 전 크리스마스 전 흐린 날씨가 이어지며 땅에 눈이 쌓였었지. 그때 모든 게 중세의, 특히 농민화가 브뢰겔이며 다른 많은 사람들 그림, 저 빨강과 초록과 검정과 하양의 독특한 효과를 실로 적절하게 표현할 줄 아는 사람들 그림을 떠올리게 하더구나. 이곳에서 보는 것들은 T. 마리스며 뒤러의 작품을 연상시켜. 이곳의 가시나무 덤불이며 기이한 모양으로 뿌리내린 뒤틀린 큰 나무가 뒤덮인 오목한 길은 뒤러의 동판화《기사와 죽음》에 나오는 길과 똑같아.

황혼녘에 하얀 눈을 밟으며 집으로 돌아가는 광부들 모습은 참으로 감동적인 광경이야. 캄캄한 탄광에서 햇빛 속으로 나오면 그들은 굴뚝청소부처럼 시커멓지. 대부분 작은 오두막에 가까운 그들의 집은 움푹 팬 길을 따라 숲 속 또는 언덕의 비탈에 흩어져 있어. 여기저기 아직 이끼가 자란 지붕이 눈에 띄고, 저녁때면 작고 네모난 유리를 끼운 창 너머로 정겨운 불빛이 새어나온단다.

브라반트에 윤벌*1용 숲과 졸참나무숲이 있고, 네덜란드 지방에 가지치기한 버드나무가 있듯, 이곳에는 정원과 들과 밭을 둘러싸는 검은 산사나무 울타리가 있어. 요즘 그곳에 눈이 쌓여 마치 하얀 종이 위에 씌어진 글자처럼 보

---

*1 나무가 다시 자랄 수 있도록 삼림 일부를 나누어 차례로 벌채하는 일.

여 복음서의 한 페이지 같았지.

이곳에 온 뒤 종교모임을 위해 특별히 꾸민 큰 방이며 저녁마다 광부들 집에서 열리는 작은 모임——바이블 클래스라는 이름이 어울리는——에서 이미 몇 차례 이야기를 했어. 특히 겨자나무의 비유, 열매를 맺지 않는 무화과나무, 맹인으로 태어난 사람이야기 등을 했지. 크리스마스에는 베들레헴 마구간에 대해, 또 지상의 평화에 대해 말했어. 하느님 은총으로 이곳 어디에서나 안정된 지위를 얻게 되기를 진정으로 기도해.

이 언저리는 어디를 보나 커다란 굴뚝이 있고, 샤르보나주라 불리는 탄갱 입구 근처에 어마어마하게 큰 석탄산이 있어. 너도 아는 보스봄의 《쇼퐁텐》*1이라는 거대한 데생이 이곳 주변 풍경의 특징을 잘 나타내 보여준다. 다만 이곳은 모든 게 석탄이고, 에노 주 북쪽은 채석장, 그리고 쇼퐁텐은 철이지.

네가 브뤼셀에 왔던 날, 함께 미술관에 갔던 일을 지금도 가끔 떠올리곤 해. 가까이 있다면 더 자주 만날 수 있을 텐데. 곧 다시 편지주럼. 나는 《젊은 시민》이라는 동판화를 몇 번이나 감상하고 있어.

광부들 말은 잘 알아들을 수 없어. 하지만 프랑스 어를 빠르게 지껄여대면 그들도 잘 알아듣지. 엄청나게 빠른 속도로 말하는 그들의 사투리와 비슷하기 때문이야.

이번 주 모임에서는 사도행전 16장 9절 말씀, "그날 밤 바울에게 환상이 보여 마케도니아 사람 하나가 그에게 청하기를 '마케도니아로 건너와 우리를 도와주십시오' 하거늘"에 대해 이야기했단다. 복음에서 위로를 구하고, 오로지 한 분뿐인 진실하신 하느님을 알고자 갈망했던 이 마케도니아 사람 모습을 내가 설명하자, 그들은 주의깊게 귀기울였지.

나는 말했어——우리는 이 인물을, 얼굴에 슬픔과 고뇌와 피로의 표정을 띠고 겉모습은 볼품없지만 바닥나지 않는 양식인 하느님 가르침을 갈망하는 불멸의 영혼을 가진 노동자로 그려야 하지 않겠는가? 사람은 빵만으로 살 수 없고, 하느님 말씀으로 살아가기 때문이다. 또 예수 그리스도는 이 마케도니아 사람 같은 인간, 힘든 삶을 사는 노동자와 종업원을 격려하고 위로하고 일깨워주실 주인이시다. 그는 우리 병을 아는 슬픔의 위대한 인간이고, 하느님 아들

---

*1 Shaudfoantaine. 벨기에 지명. 리에주에 가깝다.

▲《눈길을 걸어가는 광부들》(1880) 크뢸러－뮐러 미술관, 오텔로

▼《석탄연료공장》(1879) 보리나주에서 그린 몇 안되는 수채화. 반 고흐 미술관, 암스테르담

로 목수의 아들이라고 불린 존재이며, 병든 영혼을 고쳐주는 주이기 때문이다. 하느님 뜻을 이루기 위해 가난한 목수로 30년 동안 일한 자. 그러므로 인간은 그리스도를 본받아 검소하게 살고, 이 세상을 돌아다니고, 높은 것을 바라지 않고, 복음서로부터 온화하고 검소한 마음을 배우면서 검소함과 자신을 일치시키는 것이 하느님 뜻이다, 라고.

나는 병자 몇 사람도 방문했어. 이곳에는 병자가 많거든. 오늘은 전도위원회장에게 편지써 다음 위원회 때 나에 대해 심사해 달라고 부탁했지.

오늘밤에는 눈이 녹는구나. 이렇듯 포근한 날에 눈이 녹아 검은 밭의 흙과 푸른 겨울보리가 다시 얼굴을 내미는 이 구릉지대는 말로 표현할 수 없을 만큼 그림 같은 풍경이야.

다른 곳에서 온 자에게 이곳 마을길은 마치 미로와도 같아. 언덕기슭에서 비탈을 따라 꼭대기까지 늘어선 작은 광부들 집 사이로 좁은 길이 끝없이 나 있지. 스헤베닝언 같은 마을, 특히 그 뒷골목, 또는 우리가 그림으로 알고 있는 브르타뉴의 마을들이 여기와 비슷할 거야. 너도 파리를 오가며 기차로 이 언저리를 지나다녔으니 얼마쯤 기억하겠지?

개신교 교회는 작아. 후베[*1]의 교회와 비슷하지만 그보다 조금 커. 내가 설교한 곳은 겨우 백 명 들어갈 만한 간소한 방이었어. 나는 마구간과 헛간에서 열린 종교행사에도 참석했지. 아주 소박하고 원시적이야.

여유가 생기면 곧 편지주렴. 내가 너를 가끔, 아니 늘 생각하고 있다는 걸 잊지 마. 새해를 맞아 너에게 하느님 은총이 가득하기를 다시 한 번 기도한다. 마음 속에서 악수를. 언제나 변치 않는 믿음을.

너를 진심으로 사랑하는 형 빈센트

덧붙임 : 로스 집안사람들에게 안부와 새해인사 전해줘. 내 소식을 궁금해하는 사람들에게도.

편지보낼 곳——에노 주 보리나주 몽스 방목장. 행상인 반 데어 하헌.

방금 숯장이네 할머니를 보고 오는 길이야. 심한 병을 앓고 있지만, 신앙심 깊고 참을성이 많아. 나는 그녀와 함께 성서 한 장을 읽고 기도했어. 이곳 사

---

*1 De Hoeve.

람들에게는 준데르트며 에텐의 브라반트 주민들처럼 타고난 소박함과 착함으로 흥미를 자극하는 독특한 뭔가가 있단다.

고흐가 테오에게 129
밤므 1879년 4월

사랑하는 테오

다시 이곳 소식을 전할 때가 왔구나. 집에서 온 편지를 보니, 너는 여행하던 중 에텐에서 며칠 지냈다고? 분명 좋은 여행이 되었으리라 생각해.

요즘이면 스헤베닝언 모래언덕에 가보겠구나. 여기도 봄풍경은 매력적이고, 구릉지대라서 마치 모래언덕에 와 있는 것 같아.

지난번에 흥미로운 탐험을 했어. 탄광 안에 6시간 있었지. 가장 오래되고 위험한 마르카스라는 탄광이야. 오르내릴 때 질식가스, 가스폭발, 침수, 오래된 갱도 붕괴 등으로 수많은 사람들이 목숨을 잃어 악명높아. 그곳은 참 음울해. 언뜻 보기에도 으스스하고 불길한 느낌이 들어.

그곳 광부들은 대부분 야위고 열병에 걸려 얼굴빛이 헬쑥하지. 지치고 쇠약하고 고생에 찌든 그들의 얼굴은 나이보다 훨씬 늙어 보여. 여자들도 대개 창백하고 야위었어. 탄광 주변에는 시커멓게 그을린 큰 나무 몇 그루가 서 있을 뿐인 초라한 광부 집들, 산사나무 울타리, 퇴비, 잿더미, 석탄찌꺼기들이 있어. 마리스라면 이 소재로 훌륭한 그림을 그리겠지. 네 이해를 돕도록 곧 작은 스케치를 그려봐야겠다.

나에게는 좋은 안내인이 있었어. 이곳에서 33년 동안 일한 이 남자는 친절하고 참을성 많고, 뭐든지 이해되도록 자세히 설명해주었단다. 우리는 700m 깊이까지 함께 내려가 지하세계의 가장 은밀한 구석구석까지 보고 왔어.

입구에서 가장 멀리 떨어진 멩트나주(maintenages)라든가 그라댕(gredins : 광부들이 일하는 채굴장)은 카슈(des caches : 숨은 장소)라고 불려. 이 탄광에는 5층으로 이루어진 갱도가 있는데, 위 3층은 채굴이 다 끝나 폐광이 되었어. 석탄도 바닥나 이제는 아무도 거기서 일하지 않아. 멩트나주를 그린다면, 아직 본 적 없는 새로운 그림이 될 거야.

거칠게 깎은 갱목으로 받쳐놓은 좁고 낮은 갱도 안에서 광부들이 채굴하러 줄지어 걸어가는 모습을 상상해 봐. 이런 채굴장에서 거친 아마천 옷을 위아래로 입은 굴뚝청소부처럼 더럽고 시커먼 광부들이 한 사람씩 작고 흐릿한 램프 불에 의지해 바쁘게 석탄을 파내는 거야. 광부들은 대개 서서 일하지만, 어떤 때는 땅바닥에 엎드려 작업해. 배열은 벌집이며 지하감옥의 어둡고 음울한 통로 같단다. 또는 작은 베틀 행렬, 농가에서 보는 빵굽는 가마 행렬, 지하 납골당의 칸막이 선반과도 비슷해. 갱

▲탄층(炭層), 엎드려 작업하는 곳

도 그 자체는 브라반트 농가들의 커다란 굴뚝과 다름없어. 사방이 온통 젖어 장소에 따라 광부들 램프 불빛이 종유굴 안에서 반사되듯 신비로운 효과를 만들어낸단다.

멩트나주에서 일하는 노동자, 전차처럼 레일 위를 운행하는 작은 화차에 파낸 석탄을 싣는 일꾼들도 있어. 주로 소년들이며, 여자아이들도 있지.

그곳 지하 700m에는 마구간도 있어, 늙은 말 7마리쯤이 어마어마한 수량의 탄차를 갱내 조차장까지 끌고 가지. 탄차는 거기서 위로 끌어올려져. 다른 노동자들은 오래된 갱도를 수리해 붕괴를 막거나, 광맥에 새로운 갱도를 만들어. 아무리 위험하고 힘든 일이 있어도, 육지에 내린 선원들이 바다를 그리워하듯 갱부들은 지상보다 지하를 더 좋아해.

이곳 마을들에는 왠지 황량한 분위기가 감도는데, 너무 한적해 아무도 살지 않는 곳 같아. 모든 생활이 지하에서 이루어지기 때문이야. 여기서 몇 년 산다 해도 갱 안으로 들어가 보지 않으면 정확한 생활상을 이해할 수 없어.

이곳 사람들은 배우지 못해 대부분 글자를 못읽지만, 자신들의 어려운 일에 대해 잘 이해하고, 눈치빠르고, 용감하며, 솔직하고, 작은 몸집의 떡 벌어진 어깨에 어둡고 움푹 들어간 눈을 하고 있어. 그들은 재주많고, 노동량이 엄청나. 신경질적이지만, 여리다는 의미가 아닌 날카롭다는 뜻이야. 그들은 주인행세 하는 사람에 대해 뿌리깊은 증오와 불신을 품고 있어. 숯장이들과 어울리려면 숯장이 마음을 가져야 하지. 거만하거나 고압적인 태도는 금물이야. 그렇지 않으면 그들과 잘 지낼 수 없고, 신뢰도 얻을 수 없어.

전에 가스폭발로 심한 화상을 입은 갱부에 대해 이야기했던가? 감사하게도 이제 회복되어 훈련을 위해 밖으로 나가 꽤 먼 거리를 걷기 시작했어. 두 손에 아직 힘이 없어 일하려면 시간이 더 필요할 거야. 하지만 그는 목숨을 건졌지. 그런데 그 뒤 티푸스와 악성 열병, 특히 '바보열'이라고 불리는 병들이 생기기

시작했어. 이 병에 걸리면 악몽처럼 기분나쁜 꿈에 시달리며 헛소리를 하게 돼. 그래서 다시 드러눕는 병자가 많이 생겼지. 침대에서 나오지 못한 채 가엾고 불쌍한 꼴로 쇠약해져가는 거야.

어떤 집에서는 온 가족이 열병에 걸려 간병할 사람이 없어 환자들끼리 서로 돌보는 지경이야. 그 집 부인이 말하더구나. "가난뱅이는 가난뱅이의 친구이듯, 여기서는 병자가 병자를 돌본답니다."

요즘 아름다운 그림을 보았니? 네 편지가 무척 기다려지는구나. 이스라엘스는 그림을 많이 그리는지? 마리스와 마우베는 어떠니?

며칠 전 어느 마구간에서 송아지가 태어났어. 귀엽고 작은 녀석이 금방 자기 다리로 벌떡 일어섰어. 이곳 광부들은 염소를 많이 길러서 어느 집에나 새끼 염소가 있고, 토끼도 길러.

슬슬 병자들을 보러 가야 하니 이만 펜을 놓을게. 틈나는 대로, 잘 지낸다는 소식을 전해줘. 로스 집안사람들에게, 그리고 마우베에게도 안부전해주렴. 행운을 빈다. 언제나 나를 믿어줘. 마음 속에서 악수를.

너의 사랑하는 형 빈센트

덧붙임 : 탄광 안으로 내려가는 기분은 정말 끔찍해. 두레박처럼 생긴 상자 또는 우리 같은 것에 들어가 내려가는데, 그 우물이 500~700m 깊이야. 땅 속에서 올려다보면 해드는 부분이 밤하늘 별처럼 작게 보여.

처음에는 바다 위 배에 있는 기분이지만 그보다 더 끔찍해. 다행히 그 기분은 오래가지 않아. 갱부들에게는 익숙한 일이지만, 그래도 극복하기 어려운 공포감과 혐오감에서 헤어나오기란 어려울 수밖에 없지. 일단 아래로 내려가면 끔찍한 느낌이 없어져, 이 고통도 땅 속에서 보게 되는 모든 것으로 크게 보상받게 된단다.

편지보낼 곳은——에노 주 보리나주 프티트 밤므 거리 밤므 장 바티스트 드니*¹네 집이야.

---

*1 고흐는 농부인 그의 집에 묵고 있었다. 뒷날 그 자손들은 고흐가 저녁내내 광부와 다른 노동자와 드니의 가족들을 스케치했다고 떠올렸다. 그리고 아침이면 드니의 아내가 그 그림들을 불쏘시개로 사용했다고 한다.

사랑하는 테오

너의 방문*¹에 감사하고 있음을 전하려고 펜을 들었어. 전에는 서로 자주 만나고 편지도 주고받았지만, 그것도 오래 전 일이 되고 말았지. 서로에게 무덤덤한 존재로 있기보다는 친밀한 관계를 유지하는 게 좋아. 법적인 죽음으로 정당하게 헤어진 것도 아니니 더 그렇지. 그런 시늉을 하는 건 위선이며 유치한 이야기야. 사회에서 자신의 체면과 지위로 보아 실크 모자를 쓰는 게 의무라고 착각하는 14살 소년처럼 유치하지.

우리가 함께 지낸 시간은, 적어도 우리 두 사람이 아직 살아 숨쉬는 이들의 땅에 존재하고 있음을 증명해 주었어. 너와 다시 만나 산책했을 때, 예전에는 더 강했던 그 감정을 맛보았지. 즉 인생이란 소중하고 멋지다는 생각이 들어 오랜만에 밝은 기분을 되찾았어. 요즘은 나에게 있어 인생이 점점 그 소중함을 잃어가, 어떻게 되든 상관없는 중요하지 않은 게 되기 시작했거나 또는 그렇게 여겨졌기 때문이야.

사람이 다른 이들과 어울려 지내며 호의적 관계를 맺을 때는 자신의 존재 이유를 깨달으며 자신이 쓸모있는 인간이라고 느끼게 되지. 사람은 서로를 필요로 하며 '여행동무'로 삼고 있기 때문이야. 신중함을 지닌 자존심은 다른 사람들과의 관계에 크게 의존하기도 하지.

독방생활을 선고받고 일을 금지당한 죄수는, 그 기간이 길어지면 반드시 오랜 굶주림을 견딘 자와 똑같은 고통을 겪게 될 거야. 나에게도 다른 사람들처럼 친구관계며 애정어린 친밀한 교제가 필요해. 나는 소화전이며 가로등처럼 돌이나 쇠가 아니므로, 그런 관계가 없으면 다른 교양 있는 정상인들처럼 허망한 기분과 허전한 감정을 느낄 수밖에 없어. 이런 말을 하는 것은, 너의 방문을 내가 얼마나 기뻐했는지 전하기 위해서란다.

우리 두 사람이 서로 서먹해지지 않기를 바라. 이 마음은 다른 가족들에 대해서도 마찬가지야. 그러나 당분간은 고향에 돌아가고 싶지 않아. 오히려 이곳

---

*1 테오는 형을 찾아가 부드러운 말로 충고하며 그가 앞으로 얼마나 오래도록 가족에게 의지해 살아갈 것인지 물었다. 이 대화는 큰 논쟁으로 바뀌었다. 고흐는 자신의 모든 실패와 온갖 비난, 그리고 가족의 좋은 의도가 담긴 충고를 듣는 데 지쳐버렸다.

에 계속 머물고 싶어. 이 또한 역시 내 탓일 거야. 자신이 놓인 상황을 내가 올바르게 못보고 있다는 네 말도 당연해. 그러므로 정말 내키지 않지만, 그리고 마음 무거운 귀성이지만, 어쨌든 에텐에 며칠 다녀와야겠구나.

네 방문에 감사하면서, 우리 대화를 추억해 보고 있어. 전에도 그 비슷한 것을 몇 번이나 되풀이 질문했었지. 개선을 위한, 변경을 위한, 그리고 활력을 북돋기 위한 계획——기분나빠하지 않았으면 좋겠는데——나는 그들이 좀 두려워. 그 의견에 따른 적도 있지만, 결과는 어떻든 끝내 환상이 깨어져버렸지. 나중에야 불가능함을 알게 된 그 일들에 대해 우리가 얼마나 많은 논의를 했었니!

암스테르담에서 보낸 그 시기는 지금도 내 기억 속에 생생하게 남아 있어. 너도 잘 알겠지. 어떤 것들이 검토되고, 협의되고, 대책세워지고, 현명하게 상담되었으며——그 일들이 크나큰 선의에서 이루어졌는데도 결과가 얼마나 비참했으며——전체적으로 얼마나 터무니없고 어이없는 계획이었는지! 생각하면 아직도 소름이 돋아.

지금까지의 생활 중 가장 나쁜 시기였어. 그때에 비하면 이 가난한 땅에서, 이토록 메마른 환경에서 보내는 어렵고 걱정투성이인 나날이 얼마나 편안하고 매력적인지 몰라.

내가 그 현명한 충고에 따랐을 때, 또 그때와 비슷한 결과에 이르지 않을까 나는 두려워. 그런 경험은 나한테 너무도 가혹하니까. 그런 타격, 정신적 충격, 우울한 마음은 너무도 엄청나서, 그런 고통과 우스운 꼴을 당한 뒤면 누구나 조금은 슬기로워질 수밖에 없지. 이런 경험에서 배우지 못한다면 무엇으로부터 배우겠니? 그때는 내 눈 앞에 놓인 목표에 이르려 노력하리라 다짐했지만, 이제는 그런 노력을 하고 싶지 않아. 그런 야망은 완전히 식어버렸어. 여전히 훌륭하고 아름다운 소망이지만, 나는 그런 것을 다른 관점에서 보고 있단다——경험이 나에게 가르쳐준 생각이 발칙하다 할지라도.

발칙——그래, 장 앙드리 목사님 설교가 성경말씀을 전하는 정신에 알맞다 해도 가톨릭 사제의 설교와 그리 차이 없지 않느냐는 내 말에 프랑크 전도사가 그건 발칙한 의견이라고 말한 것과 같아. 나는 대학에서 죽음에 대한 각오를 배우기보다 수명이 다해 자연스레 죽는 편이 좋아. 풀베는 계절 독일에서 찾아오는 농부들에게서 배우는 것들이 나한테는 그리스 어 수업보다 더 도움되는 듯해.

내 생활이 더 나아지기를 나는 바라지 않는 걸까? 나에게는 그런 개선이 필요없을까?

더 좋아지기를 나는 바라. 하지만 그렇기 때문에 '질병보다 나쁜 약'을 두려워하는 거야. 의사를 신중히 고르며, 잘못된 치료나 돌팔이의사의 진료는 받고 싶지 않다는 병자를 너는 비난할 수 있겠니?

폐결핵이나 티푸스를 앓는 이가 보리달인 약보다 더 독하고 잘 듣는 약이 필요하다고 생각한다면 나쁜 걸까? 아니면 보리달인 약 그 자체는 나쁘지 않게 여기지만 자신에게는 효과적인 강력한 작용이 없으리라고 의심한다면 잘못된 걸까?

이 경우 보리달인 약을 처방한 의사는 이 환자를 가리켜 약을 전혀 먹으려 하지 않는, 자기 무덤을 파는 고집쟁이라고 말해서는 안돼. 그는 그럴 마음이 없는 게 아니라 그 약이 안들을 뿐이거든. 그건 분명 '그것'이지만, 아직은 '바로 그것'이 아니기 때문이야.

카탈로그에 멤링의 이름이 달려 있어도 고딕 양식과 주제가 비슷하다는 것 말고는 멤링과 아무 관계 없으며, 예술적 가치도 없는 그림을 앞에 두고 무관심한 남자를 너는 욕할 수 있겠니?

그렇다 해서 너의 충고를 듣고 내가 너를 돌팔이의사라 여긴다고 근거없이 짐작한다면, 그건 오해야. 나는 너를 그런 식으로 생각하지 않아.

반대로 네 충고대로 청구서 색인 장식이며 명함 만드는 석판공 또는 부기사나 목수의 도제가 되거나, 제빵사가 되라는 우리의 사랑하는 여동생 안나의 충고 및 그밖에도 수없이 많은 제안들, 놀랍도록 기묘하고 제멋대로인 조언에 내가 따를 거라고 생각한다면, 그것도 너의 착각이지.

너는 말하겠지──반드시 그대로 따르라는 뜻의 충고는 아니다, 하는 일 없이 놀고 먹는 생활에 길들여져버릴까 걱정스러워 그런 생활을 끝내야 한다는 뜻이었다고.

이것만은 꼭 말해 두고 싶구나. 내가 따로 밥벌이하지 않는 건 특별한 이유가 있어서야. 자기변호하기 좀 그렇지만, 빠른 시일 안에 네가 이 문제를 다른 관점에서 봐주지 않는다면 정말 유감스러울 거야. 또 제빵사가 되라는 충고에 따라 그 비난을 물리친다 한들 과연 그게 옳은지 모르겠어. 아마도 해결책이긴 하겠지──제빵사나 이발사나 도서관 사서가 된 모습을 가정할 때 이야기지만. 하지만 사실은 어리석은 일이기도 할 거야. 당나귀에 올라타 비정한 사람이라는 비난을 받고 이번에는 내려 어깨에 짊어지고 길을 간 남자의 해결책과 비슷하지.

나는 우리 관계가 더 친밀해지기를 진정으로 바라. 너와 집안사람들이 나를 아무 짝에도 쓸모 없는 골칫거리로 진지하게 여길 경우, 또 네가 나를 침입자나 아무 가치 없는 존재로 생각할 때——내가 차라리 없어지는 게 낫다고 생각할 만큼——또 다른 사람들에게 방해되지 않도록 내가 끊임없이 노력해야 할 경우, 그밖의 어쩔 수 없는 사태라고 생각될 때 나는 슬픔을 못이겨 절망과 싸워야 할 거야.

이런 생각을 견디는 건 어려운 일이야. 나 때문에 우리 두 사람 또는 가족들 사이에 다툼이 일고 걱정과 비난이 생긴다면 더욱 견딜 수 없어. 만일 실제로 그렇다면, 그때는 나도 마땅히 이제 더 살아갈 가치가 없다고 생각해야겠지.

이런 온갖 생각들이 엄청난 힘으로 나를 억누르지만, 시간이 지나면 또 이런 생각도 들지. 이것은 끔찍하고 지독한 악몽이다, 시간이 흐르면 사태를 더 자세히 관찰하고 이해하게 될 것이라고.

하지만 이건 현실이 아닌가. 언젠가 좋아질까? 오히려 나빠지지는 않을까? 물론 좋아질 거라고 아직 믿는 건 바보짓이며 맹신이라고 많은 사람들은 생각하겠지.

추위가 혹독한 겨울이 되면 사람들은 말해. '너무 추워서 여름이 올 것 같지도 않군. 좋은 일은 나쁜 일을 이길 수 없어.' 하지만 그 추위는 마침내 끝나고, 어느 화창한 아침에 바람방향이 바뀌고 따뜻한 날씨가 되지.

기상상태를 우리 기분과 상황에 견주어보면 이 또한 날씨처럼 여러 모로 바뀌므로, 나는 좋아지리라는 희망을 아직 버리지 않아.

곧 다시 편지주면 고맙겠구나. 프티트 밤므 거리 밤므, 장 바티스트 드니네 집으로 보내줘.

네가 떠난 뒤 나는 밤므까지 걸었어. 그런 다음 초상화 데생을 그렸지.

안녕, 마음 속에서 악수를. 나를 믿어줘.

너의 벗 빈센트

이런저런 사정으로 그동안 소식을 전하지 못해*¹ 얼마쯤 내키지 않는 기분으로 펜을 들었어. 너는 이제 나에게 이방인이 되어버렸구나——나도 아마 네가 생각하는 이상으로 너에게 그런 존재가 되었겠지. 앞으로 우리는 이런 상태를 지속하지 않는 게 좋겠어. 지금도 너에게 편지써야 한다는 의무감과 필요성을 느끼지 않았다면, 또 네가 나에게 그것을 강요하지 않았다면, 나는 펜을 들지 않았을 거야.

네가 나를 위해 50프랑 보내준 일을 에텐에서 들었어. 아무튼 나는 그 돈을 받았지——내키지 않는 우울한 심정으로. 나는 막다른 골목에 갇힌 듯 우왕좌왕하고 있어. 그밖에 내가 달리 무슨 일을 어떻게 할 수 있겠니? 그래서 고맙다는 말을 하려고 펜을 든 거야.

너도 알다시피, 나는 보리나주로 돌아왔어. 아버지는 차라리 에텐 가까이에서 지내는 게 어떠냐고 하셨지만, 나는 거부했지. 아주 잘한 일이라고 생각해. 본의아니게 나는 가족들 사이에서 골칫거리, 이해할 수 없는 인간, 못믿을 인간이 되어버렸으니, 그런 내가 누구에게 무슨 도움될 수 있겠니? 어딘가로 떠나 적당한 거리를 두고 있는 듯 없는 듯 지내는 게 좋다, 그것이 가장 좋은 해결책이며 도리에 맞다고 생각했어.

깃털이 빠지는 새들의 털갈이 시기는 우리 인간에게 있어 역경과 불행을 겪는 괴로운 시기와 마찬가지야. 털갈이 시기에 인간은 한곳에 머무를 수도, 새로이 거듭날 수도 있어. 하지만 남들 앞에서 하거나 결코 즐거운 일은 아니므로 모습을 감출 필요가 있지. 뭐, 그렇다는 이야기야.

존경받는 높은 사회적 지위로부터 자유로워질 수 없는 가족들의 신용을 회복하기란 전혀 가능성 없는 어려운 일일지도 몰라. 하지만 진심에서 우러나는 이해를 바탕으로 가족관계를 천천히 되찾을 수 있으리라는 희망을 완전히 버린 건 아니야.

이러한 이해——지금까지보다 더 많게 바라지는 않아——가 아버지와 나 사

---

*1 다시 편지를 쓰게 된 것은 거의 1년만의 일이었다. 직장에서 승진해 형편이 좋아진 테오는 형에게 50프랑 보냈다. 고흐가 자존심을 되찾고 동생에게 감사편지를 보내는 데는 시간이 좀 걸렸다.

이에 회복되고, 우리 사이에도 그런 진심이 통하게 되기를 간절히 바라.

진심에서 우러나는 이해란 오해보다 얼마나 좋을까!

얼마쯤 추상적인 문제로 너를 헷갈리게 했지만, 참고 들어줘. 나는 정열적인 사람이라 무분별한 행동을 잘 하고, 그 때문에 늘 후회하지. 더 참고 기다리는 편이 좋을 때도 금방 말로 내뱉거나 행동해 버리곤 해. 다른 사람들도 때로는 이렇듯 경솔하게 행동할 테지.

이럴 때는 어떻게 해야 할까? 자신을 능력없는 위험한 인물이라고 생각해야 할까? 나는 그렇게 여기지 않아. 문제는 모든 방법을 동원해 그 정열을 잘 활용하는 거야.

예를 들면 나는 책에 대해 억누를 수 없는 열정을 갖고 있어. 끊임없이 자신을 일깨우고 싶지. 빵을 먹고 싶은 것과 마찬가지로 공부하고 싶어. 너라면 이해할 거야. 내가 다른 환경, 그림과 예술작품으로 둘러싸인 세계에 살 때 나는 그 세계에 격렬한 열정을 품었지. 열광적이었어. 나는 그걸 후회하지 않아. 고향을 멀리 떠난 지금도 나는 그림나라에 향수를 느끼는 때가 가끔 있어.

너도 기억할 거야. 그때 나는 렘브란트와 밀레의 모든 것을 잘 알고 있었어. 뒤프레, 들라크루아, 밀레이, M. 마리스도 마찬가지였지―지금도 잘 알아.

이제 나는 그런 환경에 있지 못해. 하지만 영혼이라고 불리는 그 무언가는 결코 죽지 않고 언제까지나 살아 계속 애쓰고 있지. 그러므로 나는 향수에 젖지 않고 자신에게 말해, 고향과 조국은 어디에나 있다고. 그리하여 절망에 빠지는 대신, 자신에게 기운이 있는 한 활동적인 우울을 택했단다. 활기없이 침체되고 절망하는 우울보다 희망을 품고 갈망하며 탐구하는 우울이 낫다고 생각한 거야.

나는 성서와 미슐레의 《프랑스 혁명사》와 내가 가진 책을 진지하게 공부했고, 이번 겨울에는 위고, 디킨스, 비처 스토우를, 또 최근에는 아이스킬로스와 그밖의 여러 가지―고전까지는 아니지만 위대한 명장(名匠)의 이야기를 읽었어―파브리티우스와 비다 같은 사람들 말이야.

이런 것에 열중하는 사람을 세상은 좋게 보지 않아. 발칙한 존재로 여기므로, 본인에게 그럴 의지가 없어도 사회의 일정한 형식과 관습과 예의범절에 어긋나는 잘못을 저지르게 되고 말지. 하지만 그런 게 나쁘게 여겨지는 건 유감이야.

너도 알듯 나는 옷차림에 신경쓰지 않을 때가 많아. 나도 인정해. 그런 점이 눈살찌푸려지게 한다는 것도 인정하마. 하지만 그건 가난과 궁핍 탓도 있지만, 이처럼 깊은 실의 때문이기도 해. 게다가 때로는 내가 하는 연구에 깊이 몰두하는 데 필요한 고독을 확보해 주는 좋은 수단이 되기도 하지.

반드시 필요한 공부로 의학을 들 수 있어. 그 지식을 얻으려 애쓰지 않는 사람, 그게 무엇인지 이해하지 못하는 사람은 거의 없어──그렇지만 나는 그것에 대해 아직 아무것도 몰라──이런 것들은 모든 사람의 마음을 빼앗고 몰두시키며 꿈꾸고 상상하고 생각하는 기회를 주지.

벌써 5년 동안──정확하게 기억나지는 않지만──나는 제대로 된 직업 없이 이리저리 방황해 왔어. 너희는 말하겠지, 너는 타락하고, 생기잃고, 무위도식한다고. 그게 사실일까?

사실 나도 가끔은 빵값을 벌었어. 때로는 어떤 친구가 호의로 그 돈을 주기도 했지. 나는 내 능력껏 순리대로 그럭저럭 살아온 거야.

나는 분명 여러 사람의 믿음을 잃었어. 비참할 만큼 돈이 없지. 앞날이 아주 어둡지만 더 잘 할 수 있을지도 몰라. 그저 빵값을 벌겠다며 그동안 많은 시간을 잃었고, 내 공부 자체가 비참하고 가망없는 상태이며, 배움이 아직 많이 부족한 걸 느껴. 하지만 그걸 단순히 타락이라고 부를 수 있을까? 아무것도 하지 않았다고 단정할 수 있을까?

너는 말하겠지──형이 대학에서 공부를 계속하리라 모두들 기대했는데 왜 그러지 않았느냐고. 나로서는 이렇게 대답할 수밖에 없어──비용이 너무 들고, 그런 앞날이 지금 내가 걷고 있는 길의 장래보다 낫다고 생각되지 않았기 때문이라고.

나는 지금 이 길을 계속 가야 해. 아무것도 하지 않고, 공부도 않고, 노력도 하지 않는다면 그때는 파멸해버릴 테지. 나에게 재앙있으라!

이것이 지금 나의 생각이며──계속 나아가는 것, 앞으로도 멈추지 않는 끈기가 나에게 필요해.

그러면 나의 마지막 목표는 뭐냐고 너는 묻겠지. 그 목표는 점점 분명해지고 있어. 천천히 확실하게 형태를 이루어가고 있단다. 크로키가 밑그림이 되고 그 밑그림이 완성된 그림이 되듯──진지하게 해나갈수록, 처음에는 아득했던 구상을 파고 들수록, 사라지기 쉬운 맨처음 생각이 더욱 확실해지는 거야.

전도사도 예술가와 마찬가지야. 오래된 아카데믹한 파는, 혐오스러운 권력을 마음대로 휘두르는 '거칠고 증오스러운 자들'로 편견과 관습의 강철갑옷을 입었어. 이런 자들이 교회의 지위를 뜻대로 주무르고 사업을 주관하며, 온갖 변명으로 좋은 자리를 차지하고 정직한 사람을 물리치고 있지.

그들은 셰익스피어의 그 유명한 술꾼 폴스타프가 숭배하는 '교회내부'의 신을 믿어. 기묘한 일이지만, 복음파 신사들 중에도 '정신적인 것'에 대해 저 주정뱅이와 같은 생각을 하는 자들이 있지——이런 사람들이 인간적 감정을 갖게 되어 그것을 깨닫는다면, 아마 자신도 깜짝 놀랄 거야. 하지만 걱정할 것 없어. 그런 자들의 감은 눈도 아까 같은 문제가 되면 번쩍 뜨여질 테니까.

이런 사태의 나쁜 면은, 이 모든 것에 동의하지 않고 몸과 정신을 모두 쏟아 한껏 분노를 끌어모아 항의하는 사람들에 대해서만 나타난다는 거야. 나는 그렇지 않은 아카데미션을 존경하지만, 사실 그리 많지 않아. 지금 내가 직업을 잃고, 여러 해 동안 제대로 된 직장을 갖지 못하는 원인의 하나는 바로 자신들과 같은 생각을 하는 자들에게 지위를 주는 신사들과 다른 생각을 내가 가졌기 때문이야. 사람들이 나를 위선적으로 비난하는 이유인 옷차림 같은 단순한 문제가 아니지. 더 심각한 문제인 거야, 정말로.

너에게 왜 이런 말을 하는지——그것은 푸넘도, 많든 적든 나에게 있을지 모르는 잘못을 변명하기 위해서도 아니야. 단지 다음과 같은 말을 하고 싶어서란다.

지난 여름, 너의 마지막 방문 때 둘이 '라 소르시에르(마녀)'라 불리는 폐광 옆을 거닐며 지난날 우리 둘이 라이스바이크의 오래된 운하와 풍차 옆을 거닐 때를 떠올리며 너는 말했지. "그때 우리는 의견이 일치했었는데, 그 뒤로 형은 많이 변해 버렸어. 이제 예전 같지 않아." 과연 그럴까? 전혀 그렇지 않아. 변한 듯 여겨지는 건, 그때는 내 사정이 지금보다 어렵지 않아서 겉보기에 내 앞날이 그리 어둡지 않았기 때문이야. 하지만 속마음은——사물을 보는 방식이며 생각이 바뀐 건 아니지만——그 무렵보다 지금 더 진지하게 생각하고 믿고 사랑하게 되었지.

지금의 내가 렘브란트며 밀레며 들라크루아 등에 열의를 갖지 않게 되었다고 네가 생각한다면, 사실은 그 반대야. 다만 믿고 사랑할 만한 것에는 여러 부류가 있단다. 셰익스피어에는 렘브란트적인 것, 미슐레에는 코레조적인 것,

위고에는 들라크루아적인 것이 있지. 그리고 복음서에는 렘브란트의 어떤 것, 렘브란트에는 복음서의 어떤 것이 있어. 말하자면 많든 적든 모두 같은 결과에 이르게 된다는 거야. 다만 그릇되게 비꼬지 않고 올바로 이해할 때만 가능하지. 또 비교 대상을 똑같이 대하는 마음, 그 사람 본디 인격의 참된 가치를 깎아내리려는 마음을 갖지 않는 한에서야. 그처럼 번연에는 마리스적인 것, 밀레적인 것이 있고, 스토우에게는 셰페르적인 것 또는 살트적인 것이 있어.

그림을 깊이 연구하는 사람을 인정한다면, 책을 사랑하는 것 또한 렘브란트에의 사랑과 마찬가지로 신성하게 여겨도 좋지 않을까? 나는 이 두 마음이 서로를 보완해 준다고 생각해.

파브리티우스의 《자화상》을 나는 무척 좋아해──언젠가 우리가 함께 거닐었던 날, 할렘의 미술관에서 오랫동안 바라봤던 그 그림. 그리고 디킨스의 《1793년 파리와 런던》에 나오는 칼튼*1도 좋아해. 다른 책들에서도 놀랍도록 비슷한 이상하리만치 감동적인 인물을 제시할 수 있을 거야. 또 나는 셰익스피어의 《리어 왕》에 나오는 켄트가 토마스 드 카이저의 그림 속 인물과 똑같이 고귀하고 걸출하다고 생각해. 켄트와 리어 왕이 훨씬 더 옛날에 살았다 해도 말이지. 이런 이야기는 이 정도로 해두자.

오, 셰익스피어는 얼마나 아름다운지! 그토록 신비로운 인물이 또 있을까? 그의 말도, 흥분과 감동으로 붓이 떨리는 듯한 감정을 느끼게 하는 그의 기교도. 아무튼 인간은 사물을 보는 방식이며 삶의 방식을 배워야 하듯 책읽는 법도 배울 필요가 있어.

그러니 내가 이것저것 다 부정하고 있다고 생각해선 안돼. 나는 나의 불성실함을 극복하며 성실하려 애쓰는 사람이야. 그리고 아무리 바꾸려 해도 나는 늘 같은 인간이지.

나는 대체 어디에 도움될까? 나는 쓸모있는 유용한 사람이 될 수 있을까? 어떻게 해야 여러 가지 문제를 더 오래도록 심화할 수 있을까?──이런 생각들이 끊임없이 나를 괴롭혀. 그리고 이런저런 일에의 관여를 거부당하고 정작 필요한 것은 손이 닿지 않는 곳에 놓여 가난 속에 갇혀버린 기분이야. 그래서 우울하고, 우정과 고귀하고 참된 사랑이 있어야 할 곳에서 헛됨을 느끼지. 기력

---

*1 《두 도시 이야기》의 시드니 칼튼.

그 자체를 좀먹는 무시무시한 낙담을 느껴. 운명은 사랑의 본능도 저지하는 힘을 갖고 있는 것 같아서 증오의 감정이 밀물처럼 솟구쳐오르곤 해. 그리고 죽는 소리를 한단다. "오, 언제까지 계속될까!"

나더러 어쩌라는 건지? 내부에서 일어나는 것, 그것이 외부에도 나타날까? 누군가의 영혼 안에 커다란 난로가 있어. 그 불을 쬐러 오는 사람은 아무도 없지. 지나가는 사람들은 굴뚝에서 연기가 나오는 것을 잠시 바라보다가 그대로 지나가버려.

자, 이제 어떻게 하지? 내 안의 이 난롯불이 꺼지지 않게 할까? 내 자신의 내부에 활력을 주어야 할까, 참을성 있게 기다릴까?──그런데 얼마나 참아야 하나? 누군가 난로 앞에 앉고 싶어져 그곳에 머물 때까지 기다릴까? 하느님을 믿는다면 곧 찾아올 그때를 기다려야 해.

지금 당장은 나와 관련된 모든 일이 제대로 돌아가지 않는 듯하구나. 이미 오랫동안 그러했고, 앞으로도 그 상태가 계속될 가능성이 있어. 하지만 위기에 맞닥뜨렸다고 생각되는 순간 곧바로 모든 일이 좋아지기도 하지. 하지만 나는 기대하지 않고, 그런 일은 아마 일어나지도 않을 거야. 혹시 어떤 좋은 방향으로 변화가 생긴다면 그만한 보상이 있는 것으로 생각하기로 하자. 그렇게 된다면 반가운 일이고, 나는 말할 거야──드디어 때가 왔구나! 역시 그럴 줄 알았어!

하지만 너는 말하겠지──형은 역겨운 인간이야, 종교에 대해 당치도 않은 생각을 갖고, 유치한 양심의 망설임을 품고 있다고. 만일 내가 그렇다면, 거기에서 벗어나고 싶구나. 그보다 좋은 일은 없지. 하지만 다음 이야기는 이 문제에 대한 내 생각과 아주 비슷해──수베스트르의 《다락방 철학자》를 읽으면 어떤 서민 남자, 아주 가난한 어느 순박한 노동자가 조국을 어떻게 생각하는지 알 수 있지.

"조국이란 무엇인지 당신은 생각해 본 적 없군."

그는 말하며 내 어깨에 한 손을 올렸다.

"그건 당신을 둘러싼 모든 것이야. 당신을 기르고 보살펴준 모든 것이며, 당신이 사랑해 온 모든 것이야. 당신이 보는 이 논밭, 집들, 나무들, 웃으며 지나가는 젊은 여자들, 이것이 조국이지! 당신을 보호해 주는 법률, 당신이 일하고 먹는 빵, 남들과 나누는 대화, 당신 삶 속에서 사람들이며 사물과 접촉하고 느끼는 기쁨과 슬픔, 그것이 조국이야! 지난날 당신이 어머니를 보고 있었던 저 작은 방, 어머니가 당신에게 남겨주신 추억, 그녀가 잠든 대지, 그것이 조국이야!

당신은 곳곳에서 조국을 보며, 그 공기를 마시고 있어. 여러 권리와 의무, 따뜻한 사랑과 필요한 것, 추억과 감사, 이 모두를 오로지 하나의 이름으로 아우르면 조국이 될 거야."

마찬가지로 진실로 선하고 아름다운 모든 것, 사람들과 그 일 속에 있는 도덕적, 정신적, 숭고한 내면의 아름다움은 모두 하느님으로부터 비롯되며, 인간과 그 일 속에 있는 악하고 부정적인 것들은 하느님으로부터 오는 게 아니야. 하느님은 그런 것들을 허락하지 않으시지.

나는 절로 생각하게 되는데, 하느님을 알 수 있는 가장 좋은 방법은 많은 것을 사랑하는 거야. 어떤 사람, 물건, 친구 등 자신이 바라는 것을 사랑하는 거지. 그러면 이윽고 하느님을 더 잘 알 수 있는 길을 걷게 될 거라고 나는 스스로에게 말하곤 해. 하지만 높고 진지한 내면에서 우러나는 공감으로 의지와 지성을 가지고 사랑해야 하며, 하느님을 보다 깊게 잘 알려고 늘 노력해야 해. 그것이 하느님에게 가는 길, 흔들리지 않는 믿음에 이르는 길이란다.

예를 들어 어떤 사람이 만일 렘브란트를 좋아한다면 그는 거기에 하느님이 있음을 알게 되고, 반드시 그것을 믿게 될 거야.

또 어떤 이가 프랑스 혁명사를 연구한다면, 그는 믿음없는 자가 아니야. 그는 위대한 것 안에 최고의 힘이 분명 모습을 드러내고 있음을 알게 되지.

어떤 이는 아주 잠시라도 가난하고 비참한 상황에서 최고학부 강의를 무료로 듣고, 자신의 눈으로 보고 귀로 들은 것에 주의기울이며, 그것들에 대해 깊이 생각하다가 결국 믿게 되어 말로 다 표현할 수 없는 그 이상의 것을 배우게 될 거야.

위대한 예술가나 진지한 거장들이 그들의 걸작 안에서 전하고자 하는 궁극의 말을 들으려 노력해 봐. 거기에서 하느님을 발견하게 될 거란다. 어떤 이는 그것을 책 속에 쓰고, 어떤 이는 그림 속에서 이야기하거든.

그리고 확실하게 성서를 읽어봐. 성경말씀은 사람을 생각하게 만들지. 많은 것을 생각하게 하고, 모든 것을 생각하게 한단다. 그래, 많은 것을 생각하고, 모든 것을 생각하도록 해. 그러면 네 사상을 보통 수준 이상으로 끌어올려줄 거야. 우리는 읽을 수 있으니 읽으면 되지!

사람들은 가끔 잠시 딴생각을 하거나 상념에 잠기곤 하며, 그것이 얼마쯤 정도를 넘는 이들이 있어. 나에게도 아마 그런 일이 일어난 걸 거야. 하지만 그 잘못은 나에게 있어. 그 이유가 아주 없지는 않은데, 나는 이런저런 사정으로 어떤 것에 마음빼앗겼고, 그것이 마음에 걸려 불안한 상태에 빠졌지. 하지만 이제 다시 일어섰어. 몽상가는 가끔 우물에 빠지지만 마침내 다시 밖으로 기어올라온다고 하잖니.

딴생각에 빠진 사람도 순간순간 정신을 차리곤 해. 이런 사람들도 저마다 삶의 이유를 가졌지만, 처음부터 그것을 깨닫지 못하고 딴 데 정신팔려 대개 자연스레 잊어버리지. 폭풍우치는 바다 위에서 일렁거리는 변화무쌍한 삶을 오래도록 살아온 자도 결국은 목적지에 도착해. 아무 재주 없이 사람 구실 못하고 살 것 같던 사람도 끝내는 직업을 찾아 적극적으로 활동하며 예전과 전혀 다른 모습을 보이게 되지.

나는 펜이 가는 대로 자유롭게 쓰고 있어. 네가 내 안에서 게으름뱅이와는 다른 종류의 무언가를 발견할 수 있다면 정말 기쁘겠구나. 게으름뱅이에는 흔히 생각하는 것과 정반대의 게으름뱅이도 있기 때문이야.

게으름과 무기력한 성격과 비열한 마음에서 오는 게으름뱅이도 물론 있지. 나를 그런 사람으로 여기고 싶다면 그렇게 해.

한편 그것과 다른 게으름뱅이도 있어. 이런 사람은 마음 속으로 활동에 대한 크나큰 욕구에 시달리면서도 아무것도 하지 않지. 그건 그가 그 어떤 것도 할 수 없는 상태에 놓였기 때문이야. 감옥 안에 갇혔기 때문이고, 생산적으로 필요한 것을 갖지 못하기 때문이고, 주위상황으로 어쩔 수 없이 그런 상태에 내몰려 있기 때문이야. 그런 사람은 자기가 무엇을 할 수 있는지 스스로 잘 모르지만, 본능적으로 느끼고 있어—'나도 어딘가에 쓸모있는 인간이다! 삶의 이유를 느끼고 있다! 완전히 다른 사람이 될 수 있음을 안다! 나는 대체 어떤 쓸모 있는 사람이 될 수 있을까, 어디에 도움될 수 있을까! 내 안에는 무언가가 있는데, 그게 대체 뭘까!'

이건 전혀 다른 종류의 게으름뱅이야. 괜찮다면 나를 그런 사람으로 여겨다오.

봄이 오면 새장 속의 새도 자기가 도움될 무언가가 있으리라고 강하게 느끼지. 뭔가 해야 할 일이 있다고 강하게 느끼지만, 할 수는 없어. 그게 뭔지 도저히 알 수 없거든. 그러면 어렴풋한 생각이 떠올라 혼잣말하지. '다른 새들은 둥지를 짓고 새끼들을 낳아 기르는데……' 그리고 머리를 새장의 철창에 마구 부딪쳐. 하지만 새장은 꿈쩍도 않고, 새는 고뇌로 머리가 이상해지고 말지.

그때 지나가던 다른 새가 말해.

"게으름뱅이다. 놀고먹는 녀석이군."

그래도 갇힌 새는 죽지 않고 계속 살아가. 안에서는 밖의 일을 알 수 없지. 건강하게 살며, 햇볕을 받아 조금은 쾌활해져. 그런데 철새들이 이동하는 계절이 돌아오면 갑자기 또 울적함이 몰려온단다. 하지만 새장의 새를 돌보는 아이들은 말해——필요한 건 뭐든지 주잖아, 라고. 새장 속의 새는 천둥번개치며 당장에라도 비바람이 쏟아질 듯한 하늘을 올려다보며 속으로 운명에 대한 반항심이 솟구치는 것을 느끼지.

"나는 새장에 갇혔어, 새장에 갇혀 있다고! 부족한 게 없다니, 바보들! 필요한 건 뭐든지 다 있다고? 오, 제발 나를 풀어줘. 다른 새들처럼 날아다니고 싶어!"

내가 말하는 게으름뱅이는 이런 새와 닮았어.

또 인간은 가끔 정체를 알 수 없는 끔찍한 새장, 참으로 끔찍한 우리 안에 갇혀 아무것도 할 수 없는 심한 어려움에 맞닥뜨리지.

그러나 분명 풀려나기도 해——뒤늦게. 아무 이유 없이 상처받은 평판, 궁핍, 피할 수 없는 사태의 흐름, 불행, 그것들이 죄수를 낳는 거야.

우리를 가두는 게 무엇인지, 어떤 벽에 가로막혀 있는지, 묻어버리는 게 무엇인지, 인간은 누구도 그것을 말할 수 없어. 그렇지만 뭔가 정체모를 울타리를, 철창을, 벽을 느끼지.

이 모든 게 헛된 생각일까? 공상일까? 나는 그렇게 여기지 않아.

인간은 자신에게 묻지. 오, 이런 상태가 계속 이어져 나갈까? 영원히 언제까지나 이어질까?

무엇이 이 감옥을 없애줄 수 있는지 아니? 그건 깊고 진지한 사랑이야.

친구 사이, 형제 사이의 사랑——이것들이 높은 힘과 강한 마력으로 감옥문을 열어줘. 하지만 이런 것들이 없는 사람은 죽음 안에 그대로 머물게 되지.

공감이 있는 곳에서는 생명이 되살아나.

또 감옥은 가끔 이런 이름들로 불리지. 편견, 오해, 모든 것에 대한 치명적

무지, 의심, 그릇된 수치심.

다른 이야기인데——내가 하락하는 동안 너는 상승해 갔어. 또 나는 동정을 잃었는데 너는 계속 획득했지. 이건 나도 기쁘게 생각해. 나는 진실을 말하고 있어. 앞으로도 나는 그것을 기뻐할 거야. 네가 진지하지 않거나 생각짧은 사람이라면 이 사실이 오래 가지 않으리라 걱정하겠지만, 나는 네가 참되고 생각 깊은 사람이라고 여기므로 오래가리라 믿어. 다만 네가 내 속에서 나쁜 게으름뱅이와는 다른 존재를 볼 수 있게 된다면 아주 기쁘겠지.

내가 너를 위해 무언가 할 수 있다면, 너에게 도움된다면 무슨 일이든 할 거라고 생각해줘.

네가 내게 도움주듯, 너에게 도움되는 일이라면 무엇이든지 어떤 식으로든 나에게 부탁해. 그렇게 해준다면 나도 기쁘고, 믿음의 표시로 여길 거야. 우리는 서로 멀리 떨어져 있어 여러 모로 생각이 다른 점이 있을지도 몰라. 그렇지만 언젠가는 서로에게 도움될 수 있을 거야.

오늘은 이만 악수를 보낸다. 네가 나에게 보여준 호의에 거듭 고마워하면서.

곧 다시 편지준다면——받는 이는 Ch. 드크뤽 방향, 뤼 뒤 파비용8, 퀴엠므, 몽스 근교로 보내줘.

네 편지가 나에게 큰 기쁨이라는 걸 알아줘.

너의 빈센트

고흐가 테오에게 136
퀴엠므, 1880년 9월24일

사랑하는 테오

네 편지 무척 반가웠어. 그런 편지를 보내주어 고맙구나.

동판화와 다양한 인쇄엽서 스크랩이 지금 막 도착했어.[1] 특히 훌륭한 동판화——도비니와 라위스달의 《떨기나무 덤불》! 그래 이거야. 나는 세피아[2]와 다

---

[1] 고흐는 예술가가 되기로 결심했음을 밝히고, 습작에 이용할 인쇄그림들을 가능한 한 많이 보내달라고 부탁했다. 편지에서 성경이야기가 차츰 줄어들고 밤이 깊도록 연습삼아 그린 '서투른 습작들'에 대한 이야기가 많아져간다. 이제 중요한 것은 '잘 그릴 수 있는 방법을 터득하는 것'과 '연필과 파스텔과 붓사용법을 익히는 일'이었다. 구필 상회에서의 경험을 통해 거장들에 대한 충분한 지식을 갖췄지만, 테크닉이 부족했다.

[2] 오징어 먹물에서 뽑은 암갈색 수채물감.

른 물감으로 2점의 데생을 모사할 계획을 세웠어. 1점은 이 동판화, 다른 1점은 루소의 《랑드 지방 빵굽는 화덕》이야. 사실 뒤엣것은 이미 세피아로 그렸는데, 도비니의 동판화에 비해 매우 약해 보이는 걸 너도 알 수 있을 거야. 하지만 그것만 보면 충분히 나름의 멋과 정감이 있지. 다시 도전해 봐야겠어.

나는 여전히 《바르그의 데생 교본》*¹으로 공부하고 있어. 다른 것을 배우기 전에 이걸 다 마칠 생각이야. 이 교본 덕분에 손과 마음이 자유자재로 움직여지고 강해지거든. 친절하게 이 책들을 빌려준 테르스티흐에게 아무리 감사해도 지나치지 않아. 이 교과서들은 매우 훌륭해. 테르스티흐가 보내준*² 해부책과 원근법책도 틈날 때마다 읽고 있어. 너무 어려워 가끔은 짜증나지만 공부하면 도움될 거라고 생각해.

이렇듯 열중하고 있지만, 기쁜 성과는 얼마 동안 기대할 수 없어. 그렇지만 가시나무도 제철이 되면 하얀 꽃을 피울 테지. 얼핏 무모해 보이는 이처럼 격렬한 싸움은 아이를 낳는 고통과도 같아. 처음에는 고통스럽지만 이윽고 기쁨이 오는 거야.

룩소르에 대해 너는 말했지. 내가 기억하는 건 우아한 수채화 몇 점이야. 금빛 색조와 언뜻 보기에 유려하고 가볍지만 기품있는 기법, 좋은 의미의 얼마쯤 장식적인 효과, 이런 것들이 그의 작품 특징이었던 것 같아. 따라서 나도 조금은 그에 대해 아는 셈이니, 너는 내가 전혀 모르는 인물을 말한 게 아니야.

나는 위고의 초상화를 좋아하는데, 이건 효과를 노리지 않고 진실을 존중하겠다는 분명한 의도로 아주 정성껏 그려진 작품이야. 바로 이러한 점 때문에 더욱 효과를 내고 있지.

지난 겨울에 나는 《사형수의 마지막날》, 매우 훌륭한 셰익스피어 론 등 위고의 작품 몇 가지를 연구했어. 나는 이 작가를 꽤 오래 전부터 공부했는데, 셰익스피어도 렘브란트와 마찬가지로 아름다워. 셰익스피어와 디킨스 또는 위

---

*1 197점의 석판화 작품이 실린 바르그의 《데생 교본 Cours de dessin》은 출간 당시부터 미술입문자와 전문가들에게 인기높은 필독서로 구필 화랑에서 1868년부터 판매했다. 이 책은 제1부 석고상 그리기, 제2부 대가의 데생 모사하기, 제3부 남성 누드 모델 그리기 등으로 구성되었다. 이러한 구성은 19세기 아카데미의 교습방식에 따른 것이었다. 고흐는 교본의 도판과 같은 크기의 종이로 연습했다.
*2 테르스티흐는 그림물감과 데생북도 선물로 보내주었다.

▶밀레의 《만종》 인쇄물 반 고흐 미술관. 암스테르담

▼인쇄물을 보고 그린 고흐의 습작(1880) 크뢸러−밀러 미술관, 오텔로

고와의 관계는 라위스달과 도비니, 렘브란트와 밀레의 관계에 버금간다고 할 수 있지.

네가 편지에서 말한 바르비종에 대한 의견은 아주 정확해. 나도 몇 마디 할 게. 그러면 내 의견도 너와 같다는 걸 알게 될 거야. 나는 바르비종에 가본 적 없어. 그곳을 본 적 없지만, 지난 겨울 쿠리에르에 다녀왔단다. 자유로운 도보여행을 계획했거든.

주로 파 드 칼레를 걸어다녔는데, 영국과 프랑스 사이의 좁은 해협이 아닌 시내 쪽이었지. 그곳에서 일자리를 찾을 수 있지 않을까 그 여행을 계획했던 거야. 아마 있었다면 뭐든지 했을걸. 하지만 결국 얼마쯤 충동적으로 출발했으므로, 왜 갔는지 정확히 설명하기는 어려워. 다만 '너는 쿠리에르를 꼭 봐야 해'라고 나 자신에게 말했단다. 주머니에 10프랑밖에 없었어. 처음에는 기차를 탔지만, 곧 돈이 바닥나버렸지. 한뎃잠을 자면서 일주일 동안 터벅터벅 걷는 여행은 퍽 힘들더구나.

어쨌든 나는 쿠리에르를 봤어. 그리고 J. 브르통의 작업실 겉모습을 봤지. 그런데 좀 실망스러웠어. 규칙을 중요하게 여기는 감리교 신자 같은 분위기의 신축 벽돌건물이라 감히 가까이할 수 없이 차갑고 딱딱했기 때문이야. 코르 숙부의 별장 요힌다와 비슷한 분위기여서—너니까 말하는데—나는 같은 이유로 그리 호감가지 않았어.

안을 볼 수 있었다면 겉모습쯤은 신경쓰지 않았을 거야. 왠지 그런 기분이 들어. 아니, 분명 그랬을 거야. 하지만 안을 못보았으니 어쩔 수 없지. 들어가보고 싶다고 말할 용기가 없었어.

나는 쿠리에르에서 J. 브르통이며 그밖의 다른 예술가들 흔적을 찾아봤지. 내가 발견한 건 어떤 사진관에 걸린 그의 초상, 그리고 오래된 교회의 어두운 한구석에 있던 티치아노의 《매장(埋葬)》 모사화에 지나지 않았지. 그 작품은 어둠 속에서도 매우 아름답고 당당해 보였어. 과연 그가 그린 것이었을까? 서명이 없었으니 정확히 알 수 없어.

그곳에 살아 있는 예술가의 자취는 하나도 없었어. 오로지 '미술 카페'라는 게 있었는데, 이 또한 감히 접근을 허락하지 않는, 사람에게 굴욕감을 주는 차가운 신축 벽돌건물이었지. 이 카페는 그 유명한 기사 돈키호테의 생애를 표현한 프레스코 벽화 같은 것으로 장식되어 있었어. 그 프레스코들은 솔직히 말해 위로와는 거리먼 평범한 것으로 보였지. 누구 작품인지 모르겠어.

쿠리에르의 시골풍경은 눈에 잘 담아두었어. 높이 쌓인 짚단, 갈색 경작지와 점토와 석회로 이루어진 땅——거의 커피색에 가깝고 하얀 얼룩점 있는 밭에 점토와 석회가 섞여 우리처럼 거무스름한 땅을 보고 자란 사람들에게는 특이한 인상을 준단다.

프랑스의 하늘은 연기와 안개가 많은 보리나주와 비교할 수 없을 만큼 맑고 투명해 보였어. 게다가 고맙게도 이끼로 뒤덮인 초가지붕을 아직 보존한 농가와 헛간들이 있었지. 도비니와 밀레의 그림으로 잘 알려진 까마귀떼도 볼 수 있었어. 또——이건 처음부터 말했어야 하는 건데——각양각색 노동자들의 특색있고 생기넘치는 모습, 밭가는 농부, 나무꾼, 쟁기끄는 말을 모는 머슴, 하얀 모자쓴 여자들의 실루엣 등을 볼 수 있었지.

쿠리에르에도 아직 탄전과 채굴광이 있었어. 나는 해질녘에 작업을 마치고 집으로 돌아가는 광부들을 보았지. 하지만 보리나주처럼 남자옷 입은 여자노동자는 없었어. 광부들은 지치고 초라한 몰골로 석탄먼지를 뒤집어써 시커매진 얼굴에 다 낡은 갱내복을 입었고, 그가운데 한 사람은 낡은 군인 외투를 걸치고 있었단다.

이 여행이 너무 힘들어 아픈 다리를 이끌고 우울한 기분으로 돌아왔지만 후회하지 않아. 흥미로운 것들을 잔뜩 보았으니까.

인간은 고난의 시련 속에서 비로소 다른 눈으로 사물을 보는 법을 배우지. 나는 여기저기서 가방에 갖고 있던 데생 몇 점을 빵과 바꾸었어. 하지만 지닌 10프랑마저 바닥나자 사흘 밤은 한뎃잠을 자야 했지. 한 번은 길가에 버려진 마차 안에서 잠을 청했는데, 아침이 되자 마차에 서리가 하얗게 내려 아주 끔찍했단다. 또 한 번은 섶나무 다발 쌓아둔 곳에서 잤고, 다음 날은 한쪽이 무너진 짚단으로 그럭저럭 포근한 잠자리를 만들 수 있었지. 아쉽게도 서리가 내려 그 안락함을 살리지는 못했지만.

그런데 이토록 끔찍하고 나쁜 환경에서 나는 에너지가 되살아나는 것을 느끼며 나 자신에게 말했어. 다시 일어서리라, 큰 낙담 속에 버려두었던 연필을 다시 잡고 데생을 시작하리라. 그뒤 나의 모든 게 바뀐 것 같아. 그리고 지금 나는 걸어가고 있어. 연필도 어느 정도 마음대로 다룰 수 있게 되고 날이 갈수록 좋아지는 것 같아.

너무도 길고 힘든 어려움이었어. 그토록 의욕을 잃고 아무것도 할 수 없었으니까.

그 여행에서 또 하나, 바로 방직공들의 마을을 보았단다.

광부와 방직공은 다른 노동자며 장인들과는 다른 종족이야. 나는 그들에게 큰 공감을 느껴. 언젠가 그들을 그려서 아직 공개되지 않은, 또는 거의 공개되지 않은 그들이 햇빛보게 되는 날이 온다면 나는 자신을 행운아라고 생각할 거야.

광부는 나락의 바닥과 깊은 심연에 있고, 또 다른 꿈꾸는 이들은 거의 몽상에 빠진 몽유병자 같지.

나는 2년 가까이 그들과 함께 지내며 그들의 독특한 성격을 조금은 알게 되었어——주로 광부들에 대해서. 그리고 나는 어둠에 묻힌 이 불쌍한 노동자들, 다시 말해 맨 아래층 사람들, 부당하게도 마치 범죄자며 악당처럼 잘못 여겨지며 멸시받는 사람들 속에서 감동적이고 슬픔으로 마음아프게 하는 무언가를 더 많이 발견하게 되었어. 범죄자, 게으름뱅이, 악당이 이곳에도 있지만, 참된 광부는 그런 자들과 전혀 달라.

가능하다면, 그리고 나에게 그럴 마음이 있다면 파리나 그 가까이로 오는 게 어떠냐고 너는 편지에서 어렴풋이 말했지. 파리나 바르비종 같은 곳으로 가는 게 분명 나의 크고 간절한 바람이야. 하지만 그게 어떻게 가능하겠니? 나는 한 푼도 벌지 못하니, 열심히 작업한다 해도 파리로 갈 수 있을 때까지는 시간이 더 걸릴 거야. 사실 제대로 작업하려면 한 달에 적어도 100프랑은 필요해. 그 아래로는 생활할 수 없어. 하지만 그건 너무 어려운, 거의 불가능한 일이지.

가난은 능력있는 자의 출세를 방해한다——는 오래된 속담이 있는데, 정말 그렇더구나. 그 참된 의도와 담겨진 뜻을 이해한다면, 진실 그 자체지.

지금 당장 어떻게 해야 실현할 수 있을지 모르겠어. 여기 머물며 내가 할 만한 작업을 하는 게 좋을 것 같아. 여기는 생활비도 적게 드니까.

그렇지만 지금 지내는 이 작은 방에서 계속 살 수는 없어. 아주 조그만 이 방에 아이들 것과 내 것, 침대가 두 개나 있어. 바르그의 데생 교본을 보며 큰 도화지에 그려야 하는데 방이 너무 비좁아. 가구 등으로 이 집 사람들을 곤란하게 만들고 싶지 않고, 집 안의 다른 방은 방값을 더 낸다 해도 나한테 빌려줄 수 없대. 부인이 세탁할 때 써야 한다는구나. 광부 집에서는 거의 날마다 세탁해야 하니까.

그래서 나는 작은 노동자의 집을 빌리고 싶어. 방값은 한 달에 평균 9프랑이야.

날마다 새로운 문제가 생기고, 앞으로도 계속 생길지라도, 데생을 다시 시작한 게 얼마나 기쁜 일인지 몰라. 이 계획은 아주 오랜 동안 내 머릿속을 맴돌았지만, 그동안은 도저히 이룰 수 없는 일처럼 생각되었지. 그런데 이제 나는 내 무력함, 사사건건 의존해야 하는 괴로움을 통감하면서도 마음의 안정을 찾고 기운도 되살아나고 있어.

그래서 말인데, 파리로 가서 성실하고 의욕적인 화가와 사귈 수 있다면 나로서는 아주 좋은 기회이겠지만, 무작정 간다면 그건 제2의 쿠리에르 여행이 될 거야. 쿠리에르에 가면 살아 있는 '예술가'라는 종족을 만날 수 있으리라 기대했지만, 그곳에서 찾을 수 없었어. 나에게 중요한 건 데생을 잘 할 수 있는 방법을 배우는 것, 연필이든 목탄이든 붓이든 자유로이 구사할 수 있게 되는 거야. 그렇게만 되면 어디 가든 좋은 일자리를 구할 수 있을 테지. 보리나주도 오래된 베네치아와 마찬가지로 아라비아, 브르타뉴, 노르망디, 피카르디, 브리처럼 그림 같은 정취가 있는 곳이야.

내가 신통치 못한 그림을 그린다면, 그건 내 잘못이지. 하지만 바르비종이라면—행운을 만난다면—누구든 더 능력있는 화가와 만날 기회가 다른 곳보다 많을 거야. 그런 화가는 내게 하느님의 천사나 다름없겠지. 과장이 아닌 진심으로 하는 말이야.

그러니 그런 수단이나 기회를 발견한다면 나를 잊지 말아줘. 그때까지는 이곳에 조용히 머물며 어느 노동자의 작은 집에서 열심히 공부하고 있겠어.

너는 메리용에 대해서도 말했는데, 그에 대한 너의 견해는 옳아. 그의 동판화에 대해 나도 조금은 알고 있어. 재미있는 걸 가르쳐줄까? 그의 정확하고 힘찬 그리포나주[1] 한 점을 비오레 르 뒤크 또는 다른 건축가의 도판 옆에 놓고 보면 메리용 그림의 참된 가치를 알 수 있을 거야. 상대의 동판화가 가엾게도 그의 작품을 더 돋보이게 하면서 대조효과까지 이끌어낼 테니까. 그러면 뭐가

---

*1 griffonnage. Griffe는 손톱, Griffonne는 아무렇게나 그린다는 뜻. 서양미술의 속어로, 난잡하게 휘갈겨그린 것을 의미한다.

보일까?―메리용은 벽돌, 화강암, 쇠창살, 다리난간을 소묘할 때 그 동판화 안에 무어라 표현할 수 없는 내면의 비통함에 동요하는 인간영혼을 담았어.

나는 위고가 그린 고딕 건축물을 본 적 있어. 거기에 메리용의 힘차고 당당한 기법은 없지만 같은 감정이 녹아 있었지. 그 감정이란 어떤 것일까? 그건 뒤러가 그의 《멜랑콜리아》 안에 표현한 감정과 아주 비슷해. 현대에는 티소와 M. 마리스―이 두 사람의 차이점은 있지만―에도 같은 감정이 있지. 어떤 통찰력 있는 비평가가 티소를 '고뇌하는 영혼'이라고 정확히 표현했어. 어떻든 거기에는 인간영혼이 있단다. 그 때문에 위대하고 영원하며 듀크와 비교하면, 듀크가 돌인 데 비해 메리용은 '정신'이지.

메리용에게는 엄청난 사랑의 힘이 있어서, 디킨스의 《두 도시 이야기》 속 칼튼처럼 사방에 널린 돌조차도 사랑스러워.

하지만 밀레 작품에서도, J. 브르통 작품에서도, 이스라엘스 작품에서도 더 고귀하고 더 당당하게―이렇게 말해도 좋다면―보다 복음적으로 발견되는 것이 명확하게 제시된 이 진주, 즉 인간적인 영혼이야.

다시 메리용으로 돌아가면, 그는 용킨트며 헤이든과 어떤 연결이 있는 듯해. 이 두 화가도 아주 힘차거든.

조금만 기다려 줘. 나도 훌륭한 화가라는 걸 언젠가는 너도 알게 될 테니까. 내가 무슨 그림을 그릴지 미리 알 수는 없지만, 인간적인 어떤 것이 엿보이는 그리포나주를 그리고 싶어. 하지만 먼저 바르그의 데생 교본을 열심히 공부하고 그밖의 귀찮은 일들을 이것저것 할 필요가 있어. 길이 좁고, 문도 좁아. 그리고 그것을 발견해 내는 이는 얼마 없지.

너의 친절, 특히 《딸기나무》에 감사하며 악수보낸다.

빈센트

덧붙임 : 내가 가지고 있는 너의 컬렉션을 모두 돌려줄게. 그것과 너의 목판화 컬렉션―계속 모으는 게 좋을 것 같아―을 위해, 나의 《세계미술관》 2권 중에서 훌륭한 판화 몇 점을 선물하마.

▲▶테오에게 보낸 데생(1881)

▼《짐 지고 가는 여인들》(1881)　크뢸러–뮐러 미술관, 오텔로

에텐
1881년 4월~12월

    1880년 10월, 고흐는 다른 예술가들과 소통할 필요성을 느끼고, 가능한 한 빨리 팔 수 있는 작품을 그리기 위해[*1] 브뤼셀[*2]로 떠났다. 그곳에서 만난 화가 빌렘[*3]은 그에게 브뤼셀 예술아카데미에 들어가 공부할 것을 권한다. 수업료는 없었으나, 교사들이 테크닉을 지나치게 강조하고 석고 모델을 그대로 그려내는 데 싫증나 고흐는 곧 그만둬버린다. 아카데미에서 테오의 소개로 알고 지내던 라파르트[*4]와 만나 오래 이어질 우정을 맺는다.

    이듬해 1881년 4월, 에텐의 집으로 돌아온다.[*5] 스트리커 이모부의 딸 키 보스가 아들과 함께 찾아와 에텐에서 여름을 보냈다. 그녀는 남편을 잃은 바로 뒤였다. 고흐의 사랑고백에 키는 '싫어요, 절대 안돼요'라고 잘라 말하며 거절했다. 그래도 포기하지 못하는 아들과의 말다툼 때 아버지가 내뱉은 저주의 말에 고

[*1] 그의 현재 목표는 그가 감탄해마지 않는 가바르니와 도미에 같은 풍자화가들처럼 되는 것이었다. 그들처럼 높은 지위까지 이르겠다는 마음은 없지만, 신문이나 책 삽화 일을 조금이나마 할 수 있으면 좋겠다고 바란다.

[*2] 브뤼셀에서는 생활비가 많이 들었다. 아버지가 한 달에 60프랑 보내주는데, 집세가 50프랑이었다. 식비와 그림재료 구입비와 책 외에 모델비와 모델에게 입힐 옷도 필요했다. 그는 모델에게 입힐 거칠게 만들어진 검은 벨벳 노동자용 윗옷과 바지 3벌과 신발 한 켤레를 중고품 가게에서 구입했다.

[*3] William Roelofs.

[*4] Anton van Rappard, 1858~1892. 고흐가 미디 거리 72번지의 작은 방에 사는 데 비해, 기사 작위를 가진 귀족 라파르트는 트레버시어Traversiere 거리의 넓은 아틀리에에서 꽤 호화롭게 지냈다. 매우 진지한 사람처럼 보이는 그에게 고흐는 호감을 품었다.

[*5] 이 시기에 고흐는 빨리 발전하고 싶어 홀린 듯 데생한다. '비가 오지 않는 날은 반드시 밖으로 나가 히스 우거진 들판으로 자주 가지. 그곳의 오두막이며 로젠달 거리의 초가지붕 헛간 등을 꽤 크게 그리고 있어.' 이 시기에 그는 크게 진보했으며, 라파르트가 찾아와 머문 6월에는 그 속도가 한층 빨라진다. 이때 라파르트는 '화면에 대기의 확산을 표현하고 싶으면 선묘 데생보다 붓으로 얇고 산뜻하게 채색하는 담채화법이 더 알맞다고 가르쳐주었다.

흐는 지난해 헤르 정신병원 사건의 굴욕을 다시 느꼈다.

고흐가 테오에게 150

1881년 9월 끝무렵

사랑하는 테오

너에게 편지보낸 지 얼마 안되었지만, 새로운 소식이 있어.

내가 데생을 그리는 방법과 그 결과에 변화가 생겼다는 거야. 또 마우베의 조언[*1]에 따라 살아 있는 모델을 그리는 새로운 작업을 시작했어. 다행히 이곳의 몇 사람에게 부탁할 수 있었는데, 노동자 피트 카우프만도 그 가운데 하나란다.

바르그의 《목판화 연습》교본을 열심히 공부하고 끈기있게 되풀이 모사했더니 인물데생에 대한 안목이 높아졌어. 나는 인체비율 잡는 법, 관찰하는 법, 커다란 선 잡는 법을 배웠고, 그 덕분에 고맙게도 전에는 엄두 못냈던 작업을 이제 서서히 할 수 있게 되었지.

나는 가래를 든 농부, 다시 말하면 밭에서 가래질하는 남자를 여러 가지 포즈로 5번, 씨뿌리는 사람을 2번, 빗자루 든 소녀를 2번 데생했단다. 그리고 감자껍질 벗기는 하얀모자쓴 여인, 지팡이에 기댄 양치기, 마지막으로 난롯가 의자에 앉아 무릎에 팔꿈치를 대고 두 손으로 머리를 감싼 늙고 병든 농부를 그렸어.

물론 이대로 끝나는 건 아니야. 양 몇 마리가 다리를 건너면 무리가 모두 그 뒤를 따르는 법이거든. 밭가는 사람, 씨뿌리는 사람, 남자들, 여자들을 지금 나는 끊임없이 그려야 해. 농민생활의 모든 것을 자세히 관찰하고 데생하는 거지. 다른 사람들이 그렸고, 또 지금도 그리고 있듯이. 이제 나는 자연 앞에서 무력하지 않아.

헤이그에서 연필처럼 만든 콩테를 가져왔고 연필과 찰필[*2]로도 작업을 시작

[*1] '마우베를 찾아가 내가 그린 펜화를 보여주자 "자네는 목탄, 초크, 붓을 사용해 그라데이션 등을 해봐야 해"라고 말해 주었어. 그뒤 얼마나 열심히 했던지, 마침내 목탄을 발로 짓밟고 온몸의 기운이 다 빠져버렸어. 하지만 드디어 너에게 목탄과 초크와 붓으로 그린 데생을 보낼 수 있게 되었지'라고 테오에게 써보낸다.

[*2] 종이나 얇은 가죽을 말아서 연필 모양으로 만든 도구. 데생한 뒤 쓱쓱 문질러주면 부드러운 표현이 가능하다.

▲땅파는 사람, 씨뿌리는 사람, 쟁기질하는 사람   고흐는 농부들 삶의 모든 것을 관찰하고 그린다.

220 고흐 영혼의 편지

De andere zaaier heeft een korf:
Enorm graag zou ik eens een vrouw laten poseeren
met een zaaikorf om dat figuurtje te vinden dat ik
in 't voorjaar te het laten zien en dat ge op den
voorgrond van 't eerste schetsje ziet

Enfin zooals Mauve zegt. "de fabriek is in
volle werking".
Als ge wat en kunt denk dan om het papier Ingres
van de kleur van ongebleekt linnen zoo mogelyk
het sterkere soort. Schryf my eens spoedig als ge kunt
in elk geval, en ontvang een handdruk in gedachten.
t. à t.
Vincent

하여 지금 많은 그림을 그리고 있어. 어떤 것들은 세피아나 수채*1로, 또 가끔은 색을 넣어서 그려. 내가 요즘 그린 그림들은 분명 전의 것들과 달라.

인물 크기는 《목판화 연습》 교본과 같게 그렸어. 이제 풍경화도 공부할 거야. 얻는 게 많겠지. 네가 잘 이해하도록 작은 스케치를 몇 점 함께 넣어 보낼게.

모델들에게는 물론 돈을 줘야 해. 큰 액수는 아니지만 날마다 그리프로 데생이 팔리기 전까지는 비용이 꽤 될 거야. 하지만 어떤 인물도 완전히 실패하는 일은 거의 없으니, 모델료가 해결될 거라고 생각해. 인물을 종이 위에 붙들어 앉히게 될 때까지 쉬지 않고 공부한 사람이면 얼마쯤 돈버는 세상이니까.

내가 이 스케치들을 보내는 이유는 어떤 포즈인지 알려주기 위해서야. 오늘 짧은 시간에 대충 그려 불균형한 점이 분명 있다는 건 나도 인정해.

라파르트의 소식을 들었어. 그도 작업에 몰두하고 있다더구나. 멋진 풍경 스케치를 몇 점 보내왔어. 그가 와서 며칠 지내면 좋을 텐데.

〔가래질하는 남자와 씨뿌리는 여자의 스케치 아래 문장〕

이 스케치는 경작지, 수확이 끝난 밭을 그렸으며 가래질하는 사람과 씨뿌리는 사람들이 있어. 본디그림은 상당히 큰 스케치로, 당장에라도 천둥과 번개가 치며 비가 쏟아질 듯한 날씨야.

다른 스케치 2점은 가래질하는 남자지. 이 주제로 몇 점 더 그리고 싶어.

씨뿌리는 다른 남자는 바구니를 들고 있어. 이번 봄 너에게 보여주었던, 그리고 최초 스케치 전경에서 볼 수 있는 작은 인물상을 그리기 위해 나는 씨앗이 담긴 바구니를 든 여인에게 모델이 되어달라고 부탁할 생각이야.

마우베의 말처럼, 요컨대 '공장은 완전가동' 중이란다. 너에게 그럴 마음이 있고 또 기회가 된다면, 표백하지 않은 아마 빛깔 앵글 지를 잊지말아줘. 되도

---

*1 고흐는 라파르트에게서 카사뉴의 《수채화론》을 빌렸다. '이 책에서 배운 게 많아——특히 세피아나 잉크로 그리는 데생법. 원근법을 잊어서는 안되는 소재를 데생할 때 그림자를 그려넣거나 마무리할 즈음 나는 갈대 펜을 쓰는데, 그 선이 꽤 두꺼워. 대장간, 목수작업장, 나막신 가게 내부 등을 그린 것이지.

록 질긴 종류가 좋아. 빨리 소식주렴. 마음의 악수를 보낸다.

너의 빈센트

고흐가 라파르트에게
에텐 1881년 10월12일

친애하는 라파르트

《가바르니, 그의 작품》을 지금 받았네. 책을 돌려주어서 고마워.

가바르니는 위대한 예술가이며 인간적으로 매우 흥미로워. 태커레이와 디킨스에게 몇 차례 실수했지만, 누구나 한 번쯤 저지를 만한 일에 지나지 않지. 그는 자신의 행동을 뉘우치며 홀대한 사람들에게 사죄했네. 그림도 보냈지. 나는 태커레이가 더 심했다고 여기네. 어떻든 그런 거친 행동들이 내면의 착한 마음마저 흐리게 한다고는 생각지 않네. 그들 자신은 잘 몰랐을지라도.

책을 받고 혼잣말을 중얼거렸지──'이 친구 여기에 오지 않겠군. 아니면 이렇듯 책을 먼저 보내지 않을 텐데.' 자네가 오면 모두 진심으로 반기리라는 건 말할 필요 없겠지. 오래 머물지 못한다면 잠시라도 들러주게. 이번 겨울, 무슨 계획을 세웠는지 궁금해. 네덜란드에 머물 생각은 없는가? 그럴 계획이라면 나는 희망을 접지 않겠네──여기는 겨울에도 날씨좋으니 함께 작업할 수 있지──야외작업도 좋고, 농가를 하나 구해 모델 작업도.

요즘 나는 인물을 많이 그렸어. 여러 사람들이 기꺼이 모델이 되어주었지. 《삽질하는 사람》《씨뿌리는 사람》 등 다양한 습작을 그렸네. 지금은 목탄과 콩

▲안톤 반 라파르트

▲라파르트의 아틀리에

에텐(1881년 4월~12월) 225

테로 데생 작업하고 있어. 세피아 수채물감과 템페라도 시도하지. 발전까지는 아니어도 내 그림에서 자네가 어떤 변화를 찾아내리라는 건 장담하네.

나는 인물화의 묘미에 푹 빠졌어. 인물화는 집중력을 키워주지. 앞서도 잠시 이야기했지만, 나는 목탄화 작업에 요즘 부쩍 관심이 많아. 칼 로버트의 《목탄화》를 좀더 보았으면 하는데 빌려주겠나? 나중에 헤이그에서 그 책을 구할 생각이네. 이번 겨울은 에텐에서 조용히 지내며 외국에 나가지 않을 생각이야. 이미 영국, 프랑스, 벨기에에서 많은 시간을 보냈고, 돌아온 뒤 그림과 다른 일들에 행운이 따라주었으니 이제는 네덜란드에 머무를 때인 것 같네.

눈부시게 아름다운 곳을 하나 찾아냈어. 역에서 좀 떨어진 가로수길로, 우듬지가 잘린 버드나무 고목이 서 있지. 그 나무들이 얼마나 아름다운지, 도저히 설명할 길 없다네. 그 가운데 몇 그루로 습작을 7점 그렸지.

일주일만 있어도 좋은 작품이 나올 걸세. 자네를 만날 기쁨을 주게.

나와 내 부모님의 우정어린 인사를 보내며, 악수를.

빈센트

고흐가 테오에게 152
에텐 1881년 10월12~15일

사랑하는 테오

네 편지를 받고 무척 기뻤어. 편지쓰려던 참이라 앵글 지를 보냈다니 고마워. 아직 좀 남았지만, 아마 빛깔은 없거든.

테르스티호가 내 데생을 좋게 평가했다니 고맙구나. 내 스케치를 보고 나의 전진을 네가 인정해 준 것도 그에 못지않게 기뻐. 내 실력이 늘기 시작했다면, 너와 테르스티호가 그 긍정적 의견을 계속 가지도록 작업에 철저히 몰두하고 싶어. 이런 점에서 너를 기만하는 일 없게 최선을 다할 거야.

자연은 처음에는 언제나 데생 화가에게 저항하지. 하지만 그 사실을 진지하게 받아들이는 사람이라면 그런 저항에 갈팡질팡하지 않아. 오히려 극복을 위한 자극이 된단다. 자연과 성실한 데생 화가는 근본적으로 하나야──자연은 '파악하기' 어렵지만 꼭 붙잡아야만 해, 단단히──그리고 오랜 동안 자연과 격렬한 싸움을 벌여온 지금, 상대는 이제 어느 정도 얌전해졌어. 내가 그런 경지에 벌써 이르렀다는 건 아니야. 누구도 그렇게 보지 않아. 다만 전보다 좋아지기 시작했다는 뜻이지.

자연과의 격렬한 싸움은 셰익스피어가 '말괄량이 길들이기'라고 불렀던 것과 얼마쯤 닮은 데가 있어——반항하는 것을 강한 끈기로 '강제로' 정복하는 거지. 특히 데생에서는 '고삐를 바짝 죄는 편이 좋아.'

인물 데생은 유익하고 풍경 데생에 간접적으로 좋은 영향을 준다는 확신이 점점 들어. 잎이 다 떨어진 한 그루 버드나무를 마치 하나의 생명——분명 본디 그렇지만——처럼 그리려 할 때, 모든 주의를 그 나무에 집중시켜 거기에 생명이 불어넣어질 때까지 참을성있게 그리면, 그것을 둘러싼 무언가가 저절로 응답해 그림이 완성되지.

여기 작은 스케치 몇 점을 함께 보낼게. 요즘 나는 자주 뤼에르 큰 길가에서 그리고 있어. 가끔은 수채나 세피아로도 그리지만, 하루아침에 능숙해지지는 않아.

마우베는 드렌터로 떠났어. 그가 편지주면 만나러가기로 약속했는데, 아마 프린센하헤에서 하루 묵고 갈 거야.

지난번 여행 때, 나는 로테르담에서 파브리티우스를 보았어. 특히 메스다흐의 그 데생을 너도 봤다니 기쁘구나. 네가 편지에 쓴 메스다흐 부인[1]의 데생이 이끼덮인 땅 위의 노란 장미를 그린 거라면, 나도 전시회에서 본 적 있어. 그건 분명 아름답고 매우 예술적이야.

네가 드 보크에 대해 쓴 의견은 아주 옳다고 생각해. 내 의견도 같지만, 네가 편지에 쓴 것처럼 잘 표현할 수가 없었지. 만일 그가 몰입해 그린다면, 분명 지금보다 더 좋은 예술가가 될 거야. 나는 그에게 솔직히 말한 적 있어. "드 보크, 자네와 내가 1년 동안 집중해 인물 데생을 그린다면, 우리는 지금과 몰라보게 달라질 걸세. 그러나 새로운 것을 배우지 않고 우물쭈물거린다면, 지금 상태를 유지하기는커녕 제자리걸음하며 후퇴하겠지. 인물 데생을 하지 않고 또 나무를 인물처럼 그리지 않는다면, 우리는 기골없는 무르고 약한 인간이 될 거야. 우리들이 좋아하는 밀레와 코로가 인물 데생을 했을까? 나는 이 거

---

*1 부부 모두 화가. 남편 Hendrik Willem Mesdag는 1856년에 Sina van Houten과 결혼. 1870년 《The Breakers of the North Sea》라는 작품으로 파리 살롱에서 금메달 입상하고, 1880년 벨기에의 한 회사로부터 스헤베닝언 마을풍경화 의뢰를 받아 아내와 제자들 도움을 받으며 거대한 그림 《파노라마 메스다흐》를 그렸다. 헤이그 파노라마 메스다흐 미술관 소장.

장들이 무엇이든 그리려 했다고 생각하네." 그러자 그는 내 의견을 인정했어.

그는 파노라마에 심취한 것 같아. 그 일은, 그 자신은 인정하지 않을지 모르지만 그에게 좋은 영향을 주고 있단다.

파노라마에 관해 그는 참으로 매력적인 말을 해주었어. 나는 그에게 크게 공감했지. 화가 데스트레를 너도 알지? 그가 어느 날 드 보크를 찾아와 매우 으스대며 말했어. 아주 거만하고 역겨운 깔보는 말투로. "드 보크, 나도 파노라마를 그려달라는 주문을 받았지만, 그런 비예술적인 건 거절해야 한다고 생각했답니다."

그러자 드 보크는 대답했어. "데스트레 씨, 파노라마를 그려주는 게 친절한 행동일까요, 거절하는 게 친절한 행동일까요? 그리고 그리는 것과 그리지 않는 것 가운데 어느 쪽이 예술적입니까?" 정확하게 그 말을 옮겼는지는 모르겠지만, 나는 그 대답이 핵심을 찔렀다고 생각해.

마찬가지로, 네가 그 업계의 나이많고 사려깊은 사람들에게 나이와 분별을 살려주는 한편 자신의 젊음과 에너지를 발산하는 태도도 훌륭하다고 생각해. 드 보크나 네가 그렇게 행동하는 것, 그것이 참된 철학이야. 그런 철학은 실천적이라고도 할 수 있지. 마우베가 '채색은 바로 데생'이라고 말한 것처럼.

여백이 없으니 이만 쓰고 외출해야겠구나. 너의 힘찬 지원에 참으로 감사하면서 마음으로 악수보낸다. 나를 믿어주렴.

너의 빈센트

고흐가 라파르트에게
에텐 1881년 10월12일 이후

나의 벗 라파르트

자네 편지를 받고 서둘러 답장쓰네. 이번 편지는 지금까지 받은 어떤 편지보다 흥미롭고, 자네가 말하려 한 것 이상의 무언가를 느끼게 했지. '라파르트는 눈부시게 발전하고 있다. 아니면 적어도 곧 그렇게 될 것이다.' 어떻게 아느냐고? 그런 건 전혀 중요하지 않아. 자네는 이미 예술적 혁신의 전환점에 이르러 있다고 나는 확신하네.

내 말이 믿어지지 않는다면, 빠른 시일 안에 직접 만나 이야기나누고 싶네. 내 부모님 이름으로 자네를 초대하지. 이곳에 며칠만이라도 들러주게. 만일 어

▲《수련이 피어 있는 늪》(1881) 버지니아 미술관, 리치먼드.

▶안톤 마우베

▼《양과 목동》(1880~88) 테일러 뮤지엄, 할렘
양떼를 그린 마우베의 풍경화는 미국 수집가들
사이에 매우 인기 있었다.

려우면, 중간쯤인 브레다 역이나 루센달 역에서 만나는 건 어떻겠나. 가능하다면 편지나 엽서로 도착시간과 장소를 알려주게. 나는 오래된 내 그림 몇 점과 자네가 아직 모르는 다른 작품 몇 점, 그리고 큰 작품을 1점 가지고 나가겠네. 그 기회에 자네 수채화도 몇 점 보았으면 좋겠구먼. 자네 그림이 무척 궁금해.

마우베가 프린센하혜로 가는 길에 여기 들러 하루 머물 예정이니, 그와 함께 셋이 우리 집에서 지내는 건 어떨까? 그리 불편하지는 않겠지? 자네와 마우베가 개인적으로 이미 아는 사이인지 어떤지 모르지만 그와 알고 지내거나 한 번쯤 다시 보는 것도 내 생각에는 나쁘지 않을 듯싶네. 마우베는 내가 힘들 때 마음의 위로와 더불어 주린 배를 채워준 고마운 사람이야. 무엇보다도 그는 천재적 재능을 지닌 화가지.

그런데 자네는 브뤼셀로 가서 성탄절까지 지내며 누드화를 그릴 예정이라고? 자네의 그런 의도는 충분히 이해하네. 특히 자네의 지금 정신상태를 고려한다면…… 나는 말없이, 아무 판단 없이 떠나는 자네를 곧잘 보았었네. 일어날 일은 반드시 일어나고 마는 법이지.

브뤼셀에 가든 않든, 자네 내부에서 새로운 그 무엇이 타오를 걸세. 모든 일이 잘 되어나가고, 브뤼셀로 가는 일은 좋게든 나쁘게든 자네에게 그리 큰 변화를 주지 못할 거야. 애벌레는 때가 되면 나비가 되는 법이지. 내가 지금 얼치기 점성술사 같은가?

라파르트, 자네는 옷입은 모델을 더 세밀하게 관찰하며 그려야 한다고 나는 생각하네. 누드화에 대한 견고한 개념이 우선해야 한다는 사실은 물론 두말할 필요도 없지. 하지만 현실에서 우리는 늘 옷입은 사람들을 대하고 있다는 사실을 잊어서는 안되네.

자네가 만일 보드리, 르페브르, 에네르 등 누드 전문화가의 뒤를 따를 생각이라면 당연히 누드 작업에 매달려야겠지. 그 경우 누드화에 만족을 느끼면 느낄수록 자네는 거기에 몰입될 테니 좋은 일이지.

하지만 솔직히 말해 나는 자네가 누드화에 완전히 빠져들리라고 생각지 않네. 다른 것들에 대한 너무도 섬세한 감각을 자네는 지니고 있거든. 밭에서 감자줍는 여인, 삽질하는 사람, 씨뿌리는 사람, 거리며 농가의 평범한 아낙들…… 그들을 화폭에 담지 않고 그냥 지나쳐버리기에는 너무 아름답다는 걸 자네는 잘 알고 있지. 비록 지금까지 자네가 그려오던 그림방식과는 다르다 할지라도

▲옆의 인쇄물을 보고 그린 고흐의 습
작 반 고흐 미술관, 암스테르담

▶밀레의 《씨뿌리는 사람》 인쇄물

▼에텐의 개신교회 목사관 옆 작은 건
물이 고흐의 작업실

말이야. 자네는 색채며 그 뉘앙스에 대해 누구보다도 예민한 감각을 지녔네. 다시 말하면, 자네는 누드 화가 보들리의 뒤를 따르기에는 매우 '풍경화가적'이고 '네덜란드적'이라네.

나는 잘 알지──자네가 길게 드러누운 여인이며 갈색 피부빛을 한 앉아 있는 여인 같은 훌륭한 누드 습작을 그린 것을. 솔직히 그 두 작품을 내가 그렸다면 하고 생각해본 적도 있어. 라파르트, 나는 자네에게 내 생각을 있는 그대로 꾸밈없이 말하고 있는 걸세. 자네도 역시 늘 그래야만 하네.

《씨뿌리는 사람》에 대한 자네 논평은 매우 올바르네──'실제로 씨를 뿌리고 있는 사람'이 아니라 '씨뿌리는 자세를 하고 있는 사람' 같다는 그 말.

나는 요즘의 내 작업을 인물화로 보고 있네. 인물화가 아니면 무엇이겠나. 내가 '실제로 씨뿌리는' 제대로 된 인물을 보여줄 수 있으려면 1, 2년 더 지나야 할 거야.

요 2주일 동안 아무것도 할 수 없었다고 자네는 말했지. 올여름 내게도 그런 때가 있었다네. 그저 '습관적으로' 작업할 뿐, 더 이상 제대로 된 그림을 그릴 수 없었지. 그것은 바로 변화의 시기라고 할 수 있네.

드 보크와 함께 '메스다흐 파노라마'를 보러 갔지. 거기에서 그 파노라마 작업이 끝나갈 무렵 있었던 매우 재미있는 사건이야기를 들었다네.

······중략······

동생 테오로부터 반가운 소식을 받았네. 자네에게도 안부전해 달라더군. 온 마음을 다하여 테오와의 친분을 잘 유지하게. 그에게 소식을 보내보게. 테오는 예술에 조예가 깊고 열정도 지녔지.

그가 화가가 아닌 게 얼마나 유감스러운 일인지! 그러나 테오 같은 사람이 있다는 건 화가들을 위해 좋은 일이라네. 그와 사귀다 보면 자네도 실제로 알게 될 걸세.

안녕. 상상의 악수를 청하며.

빈센트

고흐가 라파르트에게

에텐 1881년 10월15일

친애하는 라파르트

《셔츠의 노래》라는 시를 기억해내려 애쓰고 있네. 아마도 토마스 후드의 작품인 것 같은데, 아는가? 아니면 어디서 찾아볼 방법이 없을까? 자네가 알고 있는 시라면 알려주게.

자네한테 보낼 편지를 다 읽고 엎어두었다가 충고의 말을 전하기 위해 다시 쓰고 있네. 자네 계획은 충분히 이해되네. 그러나 실행으로 옮기기 전에 한 번 더 깊이 생각해 보게. 라파르트, 마음을 열고 이야기하겠네. 이곳에 머물러 있게. 물론 내가 모르는 어떤 이유가 있겠지. 그리고 자네 계획의 추진에 중요한 일일 수도 있을 거야.

어쨌든 되풀이 말하지만, 오로지 예술적 관점에서 이야기한다면 네덜란드인으로서 자네는 네덜란드 사고방식에 만족스러워질 걸세. 그리고 누드 전문화가보다는 이 땅의 자연——그것이 인물이든 풍경이든——을 화폭에 담는 일에 더 큰 만족감을 느끼게 될 거라고 나는 생각하네.

보드리, 르페브르, 에네르 같은 누드 화가를 좋아하면서 J. 브르통, 페랭, 뷔텡, 마우베, 아르츠, 이스라엘스 등을 그들보다 더 좋아하게 되지 말라는 법은 없지. 근본적으로는 자네도 같은 생각이리라고 믿으므로 말하는 거라네.

자네는 예술적 성향을 많이 추구했지만, 나도 그 못지않다고 자신하네. 화가로서는 비록 초보이지만 예술에 대한 시각은 꽤 넓지. 그러니 내 말들을 과소평가하지 말아주게.

내 생각에 자네와 나는 네덜란드의 자연——인물과 풍경——을 대상으로 하는 작업을 무엇보다도 잘할 수 있다고 여기네. 우리는 네덜란드에 살고, 또 이 땅의 고유한 생활환경 속에서 스스로를 느끼므로 우리는 우리일 따름이지. 외국 일들을 아는 것도 가치있겠지만, 우리는 네덜란드 대지에 깊이 뿌리내리고 있음을 잊어선 안되네.

빈센트

나의 벗 라파르트

곧바로 답장주어 고맙네. 아카데미 가까이에 숙소를 구해 살게 되었다고?

다른 사람들처럼 한림원에 드나든다 해도 나는 자네를 천박한 아카데미 회원으로 여기지 않겠네. '위선적인 예술가'라고 불리는 현학자들 가운데 하나로 여기지는 않겠다는 말이지. 스타라에르트 신부가 그 대표적 예지만, 그에게도 좋은 점은 있다네.

그런 사람들에게서 장점을 발견하는 건 매우 기쁜 일이야. 그러나 '당신은 과장되었다'느니 '이치에 맞지 않다'느니 말하는 누군가를 만날 때면 늘 고통스럽고 화가 치밀지. 그 고통은 상대에게서 장점을 발견하게 되는 날까지 쉽사리 지워지지 않는다네.

내가 어떤 사람에게서 부정적 측면을 찾아내는 일을 즐긴다고는 생각지 말아주게. 나를 광신자나 그 패거리로 오해하는 건 더욱 사양하네. 나도 남들처럼 감히 누구의 편이 되거나 적이 될 수도 있지. 때로는 삶이 그것을 강요하기도 하네. 그러나 한편 자기 의사를 뚜렷이 하고, 그 의견을 끝까지 관철해 나갈 용기를 갖도록 부추기기도 하지.

나는 사물의 긍정적 면을 먼저 본 다음 부정적 측면에도 눈을 돌리려 늘 애쓰고 있네. 지금은 비록 그렇지 못할지라도 언제나 너그러우며 편견에서 벗어난 자유로운 견해를 갖도록 힘쓸 것이네. 자신이 진리를 꿰뚫고 있다고 믿으며 늘 옳다고 모든 이들이 인정해 주기를 바라는 사람을 만나면, 인간 삶의 하찮은 미천함에서 오는 고통이 느껴지네. 내 자신뿐 아니라 모든 인간의 약점을 뼈저리게 인정하기 때문이라네.

자네와 나처럼 정직한 의도로 고양된 사람들조차도 여전히 불완전하며 자주 실수를 저지르고, 주변과 환경으로부터 영향받기는 마찬가지지. 우리가 결코 넘어질 염려없이 굳건하게 땅에 두 발을 딛고 서 있다고 만일 믿는다면, 그건 자신을 기만하는 일에 지나지 않네. 자네와 나는 물론 어느 정도 굳건히 서 있다고 믿네. 하지만 훌륭한 장점을 얼마쯤 지녔다 해도, 건방진 태도로 그 사실을 자만한다면 불행한 일이지. 자신의 장점을 지나치게 높이 평가하는 일은, 비록 그 장점을 실제로 지녔다 해도 스스로를 위선으로 몰고 가게 마련이라네.

자네가 좋은 누드를 그리고 내가 밭에서 씨뿌리는 사람을 그리는 작업은 우리에게 유익한 일이네. 그로써 우리는 계속 발전해 나아갈 걸세.

아카데미에서 누드를 그리는 일은 좋다고 여기네. 자네를 믿기 때문이지. 다른 위선자처럼 자신을 무조건 옳다고 여기지 않고, 의견이 다른 사람들을 무조건 외면하지 않으니까. 나에게 이런 믿음을 준 것은, 자네 말과 고백이 아닌 자네의 작품이었지.

오늘 《씨뿌리는 사람》을 다시 한 번 그렸네. 자네가 다녀간 뒤, 낫으로 풀베는 소년과 불 둘레에 앉은 한 쌍의 남녀도 그려넣었지. 자네가 찾아와주어 모두들 정말 기뻤다네. 자네의 수채화들을 볼 수 있어 무엇보다 반가웠지. 자네의 발전을 한눈에 확인할 수 있었어.

다만 자네에게 여전히 바라는 점은, 일상의 옷입은 사람들을 놓치지 말고 관찰하라는 것이네. 그들로부터 훌륭한 작품을 그려낼 거라고 나는 확신해.

캄 목사의 설교를 들으며 자네가 그린 《책읽는 사람》을 나는 자주 떠올리네. 그 뒤로 같은 종류의 그림을 더 이상 볼 수 없는 게 나는 매우 안타까워. 자네가 개종해 목사와 신도를 바라보는 눈길보다 설교듣는 귀를 더 쫑긋 세우고 있지는 않는가? 때로는 설교자가 우리 마음을 사로잡아 주위의 모든 것을 잊게 하는 경우도 있는 법이지. 교회가 '자주' 그러하다면, 나는 '늘' 그렇기를 원하네.

곧 답장주게. 브뤼셀에서 좋은 시간 보내고, 뜻깊은 성공을 거두기 바라네. 부모님과 나의 따뜻한 애정을 보내며 상상의 악수를……

빈센트

고흐가 테오에게 153
에텐 1881년 9월3일[1]

사랑하는 테오

마음에 걸리는 일이 있어 너에게 말하려고 해. 너도 이미 알고 있을지도 몰라. 이번 여름에 나는 키 보스[2]를 열렬히 사랑하게 되었어. 내 마음은 '키 보스는 나의 가장 친한 사람, 나는 키 보스의 가장 친한 사람'이라고 할 만한 정

---

[1] 이 날짜는 1881년 11월3일을 잘못 쓴 것으로 보인다.
[2] 1881년 여름 에텐 목사관에 방문객이 찾아왔다. 미망인이 된 외사촌누이였다.

도야. 하지만 그녀는 자신에게는 과거와 미래가 똑같아서 내 마음을 받아들일 수 없다고 했지.

어떻게 하면 좋을지 나는 갈등하고 있어. '싫어요, 절대 안돼요'라는 그녀 말에 그대로 단념해야 할지, 아니면 아직 끝난 일 아니니 용기내어 포기하지 말아야 할지.

나는 포기하지 않기로 했어. 그리고 여전히 '싫어요, 절대 안돼요'라고 거절당하고 있지만, 지금도 이 결심을 후회하지 않아. 그 뒤로 물론 나는 '인생의 자질구레한 고통'을 많이 겪었어. 그런 일이 책에 씌어 있다면 사람들 흥미를 자극하는 데 도움될지 모르지만, 직접 겪으면 결코 유쾌하지 못해.

나는 포기—'어떻게 그만둘 수 있겠니'—는 그것을 좋아하는 사람들에게 맡기고 어떻게든 용기내려 애써온 게 잘한 일이라고 지금도 생각해. 너도 알겠지? 이런 때 무엇을 할 수 있을지, 무엇이든 해도 좋은지, 무엇을 해야 하는지를 알기란 무척 어려워. 그래도 '어쨌든 움직여야 실마리를 잡지, 가만히 있으면 안돼.'

지금까지 너한테 알리지 않은 이유 가운데 하나는 내 처지가 매우 막막하고 불확실했기 때문이야. 그래서 너에게 설명할 수 없었어. 그렇지만 지금은 내가 그녀뿐 아니라 아버지 어머니, 스트리커 이모부와 이모, 프린센하혜의 빈센트 백부와 백모에게도 이 이야기를 하기에 이르렀어.

그런데 내가 열심히 그림그려 성공한다면 나에게도 기회가 생길 거라고 아주 조심스럽게 말해준 사람이 있어. 그건 전혀 예상하지 못했던 빈센트 백부야. 키가 말한 '싫어요, 절대 안돼요'에 대한 나의 해석이 재미있으셨나봐. 나는 끙끙대며 고민하지 않고 오히려 농담처럼 말했거든. "키가 운영하는 '싫어요, 절대 안돼요' 제분소에는 밀을 공급하지 말아주십시오. 제가 지금 말한 밀제분소의 파산을 기대하는 일 빼고는 그녀의 모든 일이 잘 되기를 기도하고 있으니까요."

스트리커 이모부가 이 문제로 '우정과 오랜 인연이 끊길지 모르는' 위험성도 있다고 말씀하셨을 때, 나는 그 말도 나쁘게 생각지 않았어. 그리고 대답했지. 제 생각에 이 문제는 오랜 인연을 끊기는커녕 회복이 필요한 낡은 인연을 다시 맺게 해줄 거라고.

아무튼 나는 이대로 계속 나아가려 한단다. 우울과 비관은 떨쳐버리고 열심

▶키 보스와 그의 아들

▼《에텐 거리》(1881)　메트로폴리탄 미술관, 뉴욕

히 그림그릴 거야. 그녀를 만난 뒤로 내 작업은 아주 드높은 상태에 이르렀어.

이미 말했듯, 상황은 분명해지기 시작했단다. 먼저 키는 '싫어요, 절대 안돼요'라고 거절했지. 그로써 이제 분명 결론났다고 여기며 나에게 단념을 강요하는 어른들 때문에 나는 엄청나게 큰 어려움에 부닥쳤어.

그래도 당장은 다정하게 대해주며, 스트리커 이모부와 이모의 큰 잔치——12월 은혼식——까지는 말로만 은근히 압박하지 않을까. 남들의 손가락질을 피하고 싶기 때문이지. 하지만 그 뒤에는 나를 쫓아내지 않을까 걱정스러워.

상황을 정확히 전하려다 거슬리는 표현을 쓰게 된 점을 이해해 줘. 확실히 채색이 얼마쯤 강렬하고 선도 좀 강하게 그어진 느낌이 있어. 하지만 에두르기보다 이렇게 말해야 너도 뚜렷이 이해할 거야. 그러니 내가 어른들에 대한 경의를 잃은 게 아닌가 하는 생각은 말아줘.

다만 나는 그들이 명확하게 반대하고 있다는 것을 너에게 분명히 전하고 싶었어. 그들은 내가 키를 만나 대화하거나 편지를 주고받지 못하게 막고 있어. 그 경우 키의 마음이 돌아설 수도 있다는 걸 충분히 알기 때문이지. 키는 결코 마음 바꾸지 않을 생각이고, 어른들은 그녀 마음이 확고하다는 걸 나에게 이해시키려 하지만, 그러면서도 짐짓 마음을 돌리게 될까봐 걱정하시는 것 같아.

어른들이 이 문제에 대한 생각을 바꾸게 된다면, 그건 그녀 마음이 바뀔 때가 아니라 내가 적어도 1년에 1000굴덴 버는 사람이 될 때일 거야. 또 너무 극단적으로 표현하고 말았지만 이해해 줘. 어른들은 비록 나를 좋게 생각지 않지만, 젊은이들 중에는 이해하는 사람이 있을 거라고 여겨.

테오, 내가 억지부린다는 말을 너도 들었을지 모르지만, 연애에서 억지부리는 일이 얼마나 어리석은지 누가 모르겠니! 당치도 않아. 나는 그럴 마음이 털끝만큼도 없어. 키와 나의 교제는 허황된 게 아니야. 서로 더 잘 알기 위해, 두 사람이 서로 어울리는지 확인하기 위해 만나서 이야기나누고 편지를 주고받고 싶을 뿐이야. 이건 결코 황당하고 무분별한 소망이 아니지. 1년 동안 서로 사귀어보는 건 그녀에게도 나에게도 이로운 일일 거야. 하지만 어른들은 이 점에 대해 아주 고집스러워——내가 부자라면 태도가 달라지겠지만.

너도 알겠지만, 그녀에게 다가갈 수만 있다면 지푸라기라도 잡고 싶은 심정이야.

그녀를 사랑하고 싶어, 언제까지나.

그녀도 마침내 나를 사랑해 줄 때까지.

그녀 모습이 사라져갈수록 그 마음은 점점 더 뚜렷이 나타나.

테오, 너도 사랑에 빠진 적 있을 거야. 그런 일이 있었기를 바라. 그렇잖니? 이 '하찮은 고통'에도 나름의 가치가 있으니까. 인간은 때로 절망에 빠지고, 지옥에 있는 듯 느끼기도 하지. 그래도 거기에는 여전히 무언가 다른, 좀더 좋은 게 있어. 거기에는 세 단계가 있단다.

1. 사랑하지 않고, 사랑받지 못한다.

2. 사랑하지만, 사랑받지 못한다(지금의 경우).

3. 사랑하고, 사랑받는다.

두 번째 단계는 첫단계보다 낫지만, 세 번째 단계!——바로 그거야.

너도 사랑하도록 해. 그리고 그때는 나에게 꼭 알려줘. 이 일에 대해서는 모르는 척하며 공감의 눈으로 바라봐주기 바란다.

물론 나도 '네, 좋아요'라는 그녀의 대답을 얼마나 바라는지 몰라. 하지만 '싫어요, 절대 안돼요'라는 대답도 무척 마음에 들어. 나는 거기에 다른 뜻이 있다고 생각하지만, 더 현명한 어른들은 말씀하시지. 그런 대답을 들었으면 가망 없다고.

라파르트가 찾아왔어. 수채화를 가져왔는데 훨씬 나아졌더구나. 마우베도 머지않아 올 거야. 오지 않으면 내가 만나러 가야지. 나는 데생을 많이 그렸고, 실력이 나아졌어. 전보다 연필로 작업하는 일이 많아졌지. 요즘은 꽤 추워져 거의 실내에서 인물 데생을 하고 있어——재봉사며 바구니짜는 장인 등.

마음으로 악수를. 곧 다시 편지 부탁해. 나를 믿어줘.

너의 빈센트

덧붙임 : 만일 네가 사랑에 빠졌는데 '싫어요, 절대 안돼요'라는 말을 듣는다면 결코 포기하지 마! 하지만 너는 행운아여서 그런 일을 당하는 일 없을 거야.

그들은 이 일을 다시 입에 올리거나 편지하지 말라고 나에게 강요했지만,

나는 약속하지 않았어. 내 생각으로는 이 세상 누구도 나에게—그리고 비슷한 입장의 사람에게—그런 요구를 당연한 듯 강요할 수 없지. 다만 나는 빈센트 백부에게 예기치 못한 사정으로 꼭 필요한 때가 아니면 스트리커 이모부에게 당분간 편지쓰지 않겠다는 약속만은 해두었어. 종다리는 봄이 오면 노래하지 않을 수 없단다.

고흐가 테오에게 157
에텐 1881년 11월12일

사랑하는 테오

11월6일의 네 편지 내용에 대해 따로 답장써야 할 것 같구나.

너는 말했지. "내가 그런 입장이라면 낙담하지 않습니다. 하지만 관계없는 사람들에게 절대 비밀로 할 걸요. 형님 태도는 지금 신세지고 있는 사람들을 놀라게 만들어 무기를 들게 할 겁니다." 만일 내가 이미 그런 전술을 쓰지 않았다면 그걸 좋은 무기로 여길 테고, 너는 새로운 대책을 가르쳐준 셈이 되지. 하지만 '그 뒤에는 어떻게 해야 하는지 아니?'

여기까지만 말해 둘게. 방어만으로는 반드시 충분치 못한 경우가 생긴다는 걸 잊어서는 안돼. 특히 내가 할 수 있는 게 겨우 방어적 수준에 불과하다는 얼마쯤 성급한 가정에서 상대방 전술이 세워졌다면, 그건 금물이야.

테오, 만일 네가 나와 같은 사랑을 한다면, 너 자신 안에서 전혀 새로운 조짐을 발견하게 될 거야. 너와 나처럼 남들과 잘 사귀고—너는 많고, 나는 적지만—일로 성공하려는 사람은 머리로 어떤 흥정을 하거나 치밀하게 계산해 일하지. 그렇지만 사랑에 빠지면 거기에 숨은 어떤 힘이 행동으로 몰아가는 걸 깨닫고 깜짝 놀랄 거야. 그게 바로 감정이란다.

우리는 그것을 얕보는 경향이 있어. 하지만 그런 생각은 오해이고, 특히 사랑에 빠진 사람이 '그런 경우 어떻게 해야 할지 물어볼 상대는 머리가 아닌 자신의 가슴이다'라는 말을 그 사람이 오해하고 있다는 사실은 변함없지. 그걸 비웃고 부인하는 사람이 어깨를 으쓱하며 고개젓는 건 아무래도 좋아. 나는 사람들이 나에게 그런 반응을 보여도 당황스럽지 않고, 사랑이 무엇인지 그가 아는지 의심스러워.

우리 부모님과 그녀의 부모님이 '이 문제와 관계없는' 사람들이라고 내가 생

각하는 줄 오해하는 건 아니겠지? 나는 그들과 이런저런 대화를 나누는 게 쓸데없는 짓이라고 생각하지 않아.

이번처럼 그들 마음이 적극적이지도 소극적이지도 않은, 즉 솔직하게 찬성하지도 반대하지도 않는 경우는 특히 더 그래. 무슨 태도일까? 그것이 그들에게 많은 불만, 우유부단, 일종의 심술——양심의 가책을 느끼는지 아닌지 사이의 그것을 일으키는 게 아닐지 나는 걱정스러워. 그들이 어떻게 이런 일을 견디는지 나는 이해할 수 없어——냉정하지도 다정하지도 않은 태도가 왠지 가엾게 여겨져.

결코 위기에는 이르지 않는 오랜 동안 치유되지 못한 어떤 정신적 고통이 그들을 짓누르고 있어. 그들은 위기에 빠지지 않지만, 해방되지도 않아. 그들은 자신들의 포도주에 물을 타고, 물에는 포도주를 타지. 그들은 한 걸음 전진하지만 결과가 두려워 다시 물러선단다. 한 걸음 후퇴하고는 다시 슬금슬금 나아가. 거기에는 치명적인 무언가가 있어. 그들은 믿으면서 의심해. "대체 그게 뭐야!" 태도를 분명히 해! 한 사람을 얼마나 비참하게 만들 작정이람! 나에게는 참으로 난처한 상황이란다. "전진!"이라는 말밖에 할 수 없으니까.

나 자신 망설이고 머뭇거리며 두 가지 생각 사이에서 방황했으므로 아버지 어머니의 태도를 묵인할 수 있었어. 그런데 지금은 상황이 완전히 바뀌었지. 사랑이 내 태도를 확고하게 만들어주었단다. 진심으로 사랑에 빠진 사람이면 누구나 겪게 되는 새롭고 건전한 에너지를 내 안에서 느껴. 아버지 어머니에게 에너지가 없다 해도 그건 어쩔 수 없는 일이지. 하지만 부모님에게 그럴 마음이 있었다면, 지금은 불가능해져버린 많은 것들을 우리는 할 수 있었을 거야. 나는 이것을 결코 용납할 수 없어.

요컨대 지금은 매우 어려운 상황이야. 지금의 사태에 어떻게 대처할지 곰곰이 생각해 태도를 정해야겠어.

아버지 어머니는 끝까지 태도를 정하지 않으실까? 언제까지나 냉정하지도 다정하지도 않은 태도로 계실까? "부모님은 찬성해 주실 거지요?"라는 내 물음에 긍정도 부정도 않고 본디마음을 감추려 경계하시지. "아니면 아니라고 말씀해 주세요. 부모님은 반대시잖아요"라고 하니 이번에도 "어떻게 우리를 그런 식으로 생각하니?"라고 모호하게 말씀하시더구나.

나의 사랑하는 테오, 너도 지금 아버지 어머니의 마음과 거의 같은 심정 아니니? 만일 그런 마음이라면——그게 내 착각이기를 바라지만——너에게 말하고 싶구나. 친구여, 너는 여자를 사랑한 일이 없더라도 사랑에 대해 생각해본 적은 있을 거야……어쩌면 좋은 결과에 이르지 않을까, 라고. 그러면 찬성도 반대도 하지 않는 태도가 얼마나 이상한지 너도 이해될 거야. 그리고 사랑에 빠진 사람이 이 문제에서 그런 너에게——애인이 없다 가정하고——그는 네 마음을 이해하는데 너는 그의 마음을 이해하지 못한다는 점에서 왜 강하게 반응하는지 알게 될 거야.

테오, 너는 아니?——아버지 어머니가 찬성도 반대도 하지 않는, 냉정하지도 다정하지도 않은, 만족도 불만도 아닌 그 이유를. 그들은 연애가 어떤 건지 잘 알면서도 영문을 알 수 없는 건망증 탓으로 그걸 잘 떠올리지 못하기 때문이야. 그리고, 그리고, 그리고 그들 안에는 뭔가가 잠들어 있어. 그것이 눈떠야 할 텐데. 나는 그게 조금이라도 빨리 깨어나기를 바라고 있어. 그것이 꿈틀거리기 시작한지는 한참 됐지. 많은 양의 아편을 복용한 것처럼. 겉으로는 눈뜨고 있지만, 참된 정신은 깊이 잠들어 있어.

오, 얼마나 많은 귀중한 시간이 이렇게 사라져갈까! 아니, 그런 식으로 생각하는 건 그만두자. 나는 물론 아버지 어머니가 정신의 정열을 꿰뚫어보고 적극적으로 찬성해주시기를 바라. 하지만 만일 그렇게 되지 않는다면, 내 사랑은 몇 개나 되는 양동이의 냉수로 식어버리게 될까? 아니, 결코 그렇게는 되지 않을 거야.

네가 차라리 '이 문제와 관련없고, 이 일에 대해 절대로 비밀에 부치는' 그런 사람들 무리에 끼고 싶다 하더라도, 나는 네 기분과 상관없이 가끔 너와 상담하고 싶어. 지금 아버지 어머니, 스트리커 이모부와 이모에게 그렇게 하고 있는 것처럼.

그리고 그녀에 대해서는? 그래, 마찬가지야……

과연 나 같은 상황에서 연애가 가능할까? 소용없는 짓일까? 나는 그렇게 생각지 않아. 말도 안돼.

아버지 어머니는 내가 그 일에 대해 말을 꺼내거나 가끔 그 문제로 자신들의 뜻에 거슬리는 의견을 말하는 게 탐탁지 않으신 거야. 왠지……이해되고 납득되기 때문이지. 그게 뭘까? 고맙게도 사랑이라는 것이 있어서 늙음도 젊음도 거기에서 따스함을 느끼고 그 빛을 볼 수밖에 없어.

이번 여름 내가 아버지에게 이 이야기를 털어놓았을 때, 아버지는 너무 많이 먹은 사람과 굶주린 사람 이야기를 하며 내 말을 끊어버리셨어. 그게 어찌나 엉뚱하고 앞뒤가 맞지 않는 이야기였던지, '아버지가 어떻게 되셨나?'하며 몸이 떨렸어. 아마도 아버지는 예상치 못한 이야기에 동요하신 걸 거야. 하지만 그녀와 내가 몇 주일 동안 함께 산책하고 이야기나누는 모습을 자신의 눈으로 봐오셨지. 아버지 어머니 눈이 지금 이런 기분 속에서 명확히 볼 수 있는 상태였을까? 나는 그렇게 생각하지 않아.

연애를 솔직하고 진지하게 여기며 마음이 냉정하기도 다정해지기도 하는 사람들은——내 나름대로 말하면——자신이 자기 구두가죽만큼도 못하다는 망연자실한 경험을 한두 번쯤 해본 사람들이야.

테오, 내가 굳게 믿으며 말하고 싶은 건, 인간은 남자든 여자든 자신 안에 깊이 숨겨진 독특하고 비밀스러운 커다란 힘을 자각하지 못할지라도 언젠가는 '그녀가 아니면 안된다'는 상대를 만남으로써 깨닫게 된다는 거야. 또 이런 생각도 들어. "그녀가 아니면 안된다"고 아직 말해 본 적 없는 너 같은 사람은 그 커다란 숨은 힘을 깨닫기 전에, 그런 것을 경계하여 때로는 완전히 또는 부분적으로 마비시켜버릴지도 몰라. 너는 연애라고 불리는 그 힘의 발현에 조금이라도 치명적 영향을 주는 일을 무엇 하나 하고 있지 않겠지. 어쩐지 그런 듯 여겨지는구나. 어떤 식으로? 내가 아는 한——그래야 한다고 줄곧 생각하면서도 아마 너는 네 안에서 얼마쯤 과격한 야심을 부추겨 그것이 네 안에서 불꽃 같은 열정이 되었을 거야. 좀더 부드러운 다른 감정은 그것 때문에 고통받아왔지.

이것이 너의 경우야. 내가 어떻게 그걸 알까? 그 주장을 뒷받침해줄 근거가 나에게 있을까? 아니면 알지도 못하면서 나서서 잘난 척하고 있는 걸까? 어떤 사람이 야심을 품었는지 아닌지는 어떻게 알까——나는 이 야심을 불 같은 것이라고 풀이했어. 그것은 두 가지 점에서 볼 수 있지. 하나는 환자를 질병 그 자체로 파악하는 경우, 다른 하나는 연애하고 있지 않거나 불충분한 연애에 만족하는 경우.

부디 화내지 말아줘. 내 말이 지나쳤다면, 침착하게 천천히 10까지, 20이나 30까지 세어봐. 내가 이야기하고 싶은 걸 너에게 하지 않는다면 누구에게 말하겠니?

누군가에게 "너는 연인이 없다"든가 "충분치 못한 연애에 만족하고 있다"는 말을 하는 건 큰 실례야. 하지만 실제로 뭔가 해야 할 말이 있을 때 입 다물고 있는 건 더 큰 결례일지도 모르지. 결국 나는 한 걸음 앞으로 나아가기 위해 내 운을 하늘에 맡겨보겠어.

연애보다 금전욕이나 야심이 더 강한 사람은 내부에 뭔가 잘못된 부분이 있는 거라고 생각해. 연애만 하고 돈은 벌 줄 모른다면 그것도 잘못된 거지. 야심과 금전욕은 우리 인간의 내면세계에 들어 있어 연애에 대해 매우 적대적이야.

이 두 힘은 씨앗이나 싹으로 처음부터 우리 모두의 안에 존재하지. 그뒤 인생에서 이 두 힘은 균형있게 발달하지 못한단다. 하나는 연애, 다른 하나는 야심과 금전욕이야. 그런데 지금 너나 나 같은 나이가 되면 때로 어느 정도 자신들 내면세계의 균형을 유지할 수 있어. 사랑이 성장해 완전히 발전하면, 사랑은 반대쪽 열정인 야심보다 더 좋은 인간성을 만들어준다고 생각해. 하지만 사랑은 그토록 강하기 때문에, 특히 청년기——내 생각에는 17, 18, 19살 즈음——에는 대개 충분한 힘이 없어 방향을 마음대로 조종하지 못하지.

정열은 조각배의 돛이야. 20살 된 사람이 자신의 감정에 휘둘린다면 바람을 정면으로 받아 그 조각배는 물을 뒤집어쓰고 가라앉아버려……그러다 다시 물 위로 떠오르든가.

반대로 야심의 돛에만 의존해 돛대에 다른 돛을 올리지 않는 사람은 무모한 행동도 하지 않고, 재난도 겪지 않고 인생항로를 똑바로 나아가지. 그 결과 마침내 자신의 돛은 충분치 못하다고 깨닫게 돼. 그때 그는 말할 거야. 1제곱미터의 돛을 더 얻기 위해서라면 재산을 모두 내놓을 텐데, 내겐 그게 없다며 절망에 빠지게 되지.

오, 하지만 또 다른 힘의 돛을 올리면 된다는 걸 그는 깨닫게 돼. 지금까지 무시하며 짐과 함께 바닥에 처박아두었던 돛이 생각난 거야. 그리고 그 돛이 그를 구해내지.

사랑의 돛이 그를 구할 게 틀림없어. 그가 그 돛을 올리지 않는다면 거기에 이르지 못할 거야.

첫번째 경우, 즉 20살에 조각배가 뒤집힌 그 남자는 가라앉아버렸겠니? 아니, 최근에 다시 항로에 나타난 그 인물은 사실 '가라앉았지만 다시 떠오른'

한 사람, 지금 이렇게 편지쓰고 있는 너의 형 빈센트란다.

두 번째 경우 "1제곱미터의 돛을 더 얻기 위해서라면 재산을 모두 내놓겠다"고 말한, 그 돛을 갖고 있지 못했던 사람, 하지만 역시 그것을 손에 넣은 인물, 그건 바로 내 동생 테오 아닐까?

내가 20살 때 알았던 사랑은 어떤 것이었을까? 설명하기 어려워. 육체적 정열은 아주 약했지. 아마 몇 년 동안의 지독한 가난과 고된 노동 탓이었을 거야. 하지만 나의 지적 정열은 강했어. 어떤 의미인가 하면, 나는 보답이나 은혜를 바라지 않고 줄 생각만 했지, 무엇을 받을 생각은 하지도 않았어. 어리석고 터무니없으며 오만하고 저돌적인 인간이었지. 연애에서는 받지만 말고 줄 줄도 알아야 하며, 또 주지만 말고 받을 줄도 알아야 하기 때문이야. 왼쪽이나 오른쪽으로 치우친 사랑은 쉽게 끝나지. 그렇게 되면 인정사정없어. 나는 그렇게 타락했단다. 그런데 놀랍게도 다시 일어섰어.

천천히 나를 회복시켜 준 것, 그것은 무엇보다도 몸과 마음의 병에 관한 책 읽기였어. 나는 내 마음과 남의 마음을 좀더 깊게 꿰뚫어보는 법을 배웠지. 나를 포함한 사람들을 다시 서서히 사랑하게 되었어. 그리고 온갖 고난에 한때 무너지고, 풀죽고, 못쓰게 되었던 내 마음과 정신이 서서히 되살아났단다.

현실생활로 돌아와 사람들과 사귈수록 내 안에서 점점 더 새로운 삶이 깨어나, 마침내 그녀를 만난 거야.

'네 이웃을 너 자신처럼 사랑하라'고 하잖니. 인간은 왼쪽으로든 오른쪽으로든 벗어날 우려가 있어. 그건 어느 쪽이건 좋지 않아.

내 생각에, 모든 것에 대해 모든 것을 주는 것은 옳은 일이야. 그래. 그런데 두 극단이 있어. 첫째는 아무것도 주지 않으면서 모든 것을 바라는 것이고, 둘째는 아무것도 바라지 않으면서 모든 것을 주는 것이야. 둘 다 과격하고 치명적인 잘못이며 어리석은 짓이지. 물론 이 둘 가운데 어느 한쪽을 권하는 사람들도 있어. 첫 번째 경우는 이를테면 건달이며 고리대금업자며 도둑이라고 불리는 무리를 낳지. 그리고 두 번째 경우는 예수회며 바리새인을 낳는데, 이들도 물론 건달이야.

만일 네가 "그 '싫어요, 절대 안돼요'를 너무 좋아하지 않도록 조심해"라고 나에게 말하고, 그것이 모든 걸 주면서 아무것도 받지 않는 일 없도록 조심하라는 의미라면, 네 말은 모두 옳아. 네가 그런 말을 한다면 나는 이렇게 대답하겠어. 나는 전에 그런 실수를 한 번 저지른 적 있으며, 한 소녀를*1 단념했었다고. 결국 그녀는 다른 사람과 결혼했고, 나는 그녀와 멀어졌지만 그녀를 잊지 못했지. 어쩔 수 없는 이야기야.

하지만 손해 보고 창피당하면 사람은 좀더 현명해져. 지금의 나라면 이렇게 말할 거야. 포기하지 말고 오히려 힘차고 끈질긴 에너지로 조금이라도 기쁨을 얻을 결과를 낳도록 애써보자고. 건전한 이성을 총동원해 저 '싫어요, 절대 안 돼요'를 누그러뜨리자고. 테오, 사랑에 빠졌어도 나는 차분하게 판단할 수 있다는 걸 너에게 보여주기 위해 다음과 같은 말을 해둘게.

만일 그녀와 내가 감상적이고 정에 약했다면 진작 결혼해 수많은 고난, 가난, 굶주림, 추위, 질병 등을 겪었을 거야. 그래도 함께인 게 좋았겠지. 격렬한 정열이 나를 떠밀고 그녀도 그것에 따랐다면, 그 정열이 차츰 식어 나의 축제 다음은 비탄이 되고 그녀는 결국 실의에 빠졌을 거야.

그녀가 요염하여 남자마음을 갖고 놀았는데도 그가 그녀의 교태를 알아차리지 못했다면 그 남자는 멍청이겠지만, 그래도 숭고한 멍청이라고 해야 할 거야. 즉 멍청이도 숭고할 수 있다는 말이지만, 사실 그런 건 난 믿지 않아.

만일 나에게 흑심이 있어 이를테면 돈이나 욕정 때문에 그녀를 쫓아다녔다면, 또 내가 이런저런 이유로 그녀가 도망치지 못할 거라고 생각했다면, 그거야말로 예수회며 바리새인 중에서도 가장 혐오스러운 인간일 거야——이런 식으로 말해도 좋다면. '하지만 그동안' 그녀와 나 사이에 그런 일은 없었어.

우리가 소꿉놀이했다고 말한다면 어린애처럼 행동했다는 뜻인데, 그건 틀린 말이야.

집 현관열쇠를 그 집 여자가 신경쓰고, 집열쇠와 여성 자신의 열쇠 모두 그 여성의 마음이 열렸느냐 닫혔느냐에 달렸다고 한다면, 나는 이 일로 아는 게 많은 스트리커 목사님의 걱정을 키워주고 있는 셈이지.

그녀가 내 사랑에 절대로 응답하지 않는다면, 나는 아마 평생 외톨이로 살게 될 거야.

만일 그녀가 다른 남성을 사랑하고 있다면 나는 깨끗이 단념하겠어. 그녀가 사랑하지 않는 남자를 부자라는 이유로 선택한다면, 내 얕은 소견을 정식으

---

*1 1873년, 런던 하숙집 딸 외제니를 사랑했던 일을 가리킴.

로 사과하고 말할 거야. 브로샤르의 그림을 쥘 구필의 그림으로 또는 파송의 판화를 보틴, 밀레이, 티소의 인물그림으로 착각해 버렸다고. 내게 그토록 보는 눈이 없을까? 내 눈은 그래도 네 눈처럼 꽤 정확하고 많이 훈련되어 있어.

하지만 만일 그녀와 내가 힘을 모아 새로운 삶을 향해 일어선다면, 그 미래는 어둡지 않아. 그녀가 여자 손으로, 내가 데생 화가 손으로 일한다면, 우리가, 그리고 그녀의 아들이 빵을 거르는 일은 없을 거야.

내가 그녀에게 청혼했을 때 우유부단하게 행동했다면 경멸당했겠지만, 지금 그녀는 날 경멸하고 있지 않아.

우리 일상생활에서도 하느님은 기적을 일으킬 수 있고 또 그럴 거라고 내가 믿지 않았다면 그녀의 '싫어요, 절대 안돼요'는 진작 나를 절망에 빠뜨렸을 거야. 하지만 지금 나는 그런 기적을 믿고 또 간절히 바라며, 그것을 행하실 하느님을 믿고 기도해. 포기하지 않고 용기내어 행동하면 하느님도 나에게 은혜를 베푸실 거고, 키 보스의 '싫어요, 절대 안돼요'는 눈녹듯 사르르 사라질 테지. 나는 그런 기적을 보게 될 거야, 그리고 너도.

우리가 지난날의 잘못이나 실수로부터 다시 일어설 수 없다면, 너도 나도 가망없는 인간이지. 하지만 역시 우리 인간의 본성에는, 그리고——이렇게 말해도 된다면——하느님에게는 '두려움없는 은총'이 있기에 과거에 대한 여러 보상이 있고, 잘못을 뉘우치는 데 너무 늦거나 이른 일은 없어.

나는 키 보스를 계속 사랑할 거야. 너도 '그녀가 아니면 안되는' 돛을 올려야 해. 그러면 우리 미래는 과거보다 더 좋아질걸.

행운아 테오여, 어쩌면 나는 너의 지난날이 아주 좋았다고 생각지 않고 너에게 이런 말까지 하는 인간일지도 몰라——"넌 연애경험이 부족해"라고 너에게 말해 주는 사람이 나 말고 달리 또 있겠니?

너에 대한 나의 처방——하루라도 젊을 때 더 연애해라. 사랑에 빠지기만 해도 네가 편지에서 말한 것처럼 좋은 결과가 있을 거야. 하지만 테오, 그것으로 충분한 건 아니야. 마음이 착해야 해. 그리고 이건 전혀 다른 무언가지. 테오, 네가 진심으로 '그녀가 아니면 안된다'고 말할 때면 나도 너를 마음착한 녀석이라고 생각할게. 그럴 때만 결국 좋은 결과가 있을 거라고 나는 보고 있어.

세 번째 편지지도 이미 다 썼구나. 그런데 아직 너에게 부탁하고 싶은 게 있어. 테오, 나는 다시 한 번 얼굴을 맞대고 그녀와 이야기하며 '싫어요, 절대 안돼요'라는 마음이 얼마나 깊은지 알아보러 가야 해. 빨리 하지 않으면 은혼식 즈음 나에게 아주 불리한 일이 일어날지도 몰라. 그것이 무엇인지 분명하게 설명하라고는 말아줘. 너도 사랑에 빠진다면 알게 될 거야. 네가 현재 사랑하고 있지 않으니, 나는 그걸 이해시킬 수 없어.

테오, 나는 암스테르담으로 갈 여비가 필요해. 아주 조금이라도 여비가 생기면 곧 출발할 거야. 아버지 어머니는 당신들이 관여하지 않는 조건으로 그 일에 반대하지 않겠다고 약속해 주셨어. 가보면 나도 어느 정도 상황을 이해할 수 있겠지.

테오, 만일 네가 여비를 보내준다면 너를 위해 헤이그 부근 데생이나, 아니면 다른 거라도 그릴게. '싫어요, 절대 안돼요'가 마음을 누그러뜨리면, 데생이 나빠지는 일은 없을 거야. '더 좋은 데생'을 위한 가장 좋은 약은 역시 '더 사랑하는 것'이니까.

나에게 여비를 보내줄 수 있겠니, 테오! 20프랑만 도와주면 나머지 10프랑은 아버지한테 부탁할게——눈 딱 감고 모른 척하는 조건으로.

그러면 나는 곧바로 날아갈 거야. 테오, 나를 늘 믿어주렴.

너의 빈센트

고흐가 라파르트에게
1881년 9월12일*1

나의 벗 라파르트

아직 답장이 없는 걸 보니 내 마지막 편지가 자네 마음에 들지 않았던 모양이네. 편지의 어떤 내용이 자네를 불쾌하게 만들었나보군. 그렇다면 이제 어떻게 해야 할까?

내 논리가 정확한지, 또 옳은지는 판단할 수 없네. 하지만 한 가지 사실만은 분명하지——때로 자네에게 향한 말투가 엄하고 거칠더라도 내가 자네에게 호감품고 있다는 것은. 그러므로 선입견없이 편지읽으면 그것을 쓴 사람이 적으

＊1 이 날짜는 11월12일로 추정된다. 라파르트는 실제로 10월15일 그곳 아카데미에서 수업한 의도를 알렸으며, 고흐는 오래된 제도에 반대하는 운동에 참가한다. 라파르트가 브뤼셀에 머물기 시작한 무렵인 11월2일 편지에서 고흐는 이 일을 다시 언급하고, 마음상한 라파르트가 답장하지 않자 고흐는 다시 펜을 든다.

로 여겨지는 일은 없을 걸세.

내가 자네에게 왜 그런 편지를 썼겠나? 악마적인 마음이 솟구쳐 자네를 끌어내리려고? 그래서 함정에 빠뜨리려고?

이런 생각은 했을 수 있네——자네가 얼음판에서 넘어지지 않을까 염려된다는. 세상에는 얼음판 위에 똑바로 서서 힘든 곡예를 부리는 사람이 있음을 모르는 바 아니네. 그러나 자네가 그런 능력을 지녔을지라도——그렇지 않다고 말하는 게 아닐세——나는 오솔길이며 포장된 길을 걷는 자네 모습을 보고 싶다네.

화내지 말고 끝까지 읽어주게. 분노가 치밀어 편지를 찢고 싶더라도 그 전에 먼저 열까지 천천히 세어보게. 하나, 둘 셋…… 마음이 얼마쯤 가라앉을 거야.

잘 듣게! 심각한 이야기는 지금부터라네.

라파르트, 자네는 스스로 의식하지 못하는 가운데 점점 더 진정한 사실주의자가 되려 애쓰고 있는 듯 나에게는 여겨지네. 아카데미에서 작업하며 현실에 만족할 때에도 말이지. 아카데미가 하나의 정부(情婦)에 지나지 않는다는 건 참으로 불행한 일이네. 그것은 자네 속에서 깨어나는 진지하고 따뜻하며 발전적인 사랑을 가로막거든. 그 정부를 되도록 멀리 떠나보내게. 그리고 자네의 진실한 동반자인 '자연'과 '현실'을 열렬히 사랑해야 하네.

자연과 현실에 온 마음을 빼앗긴 나는 큰 행복감에 젖어 있네. 비록 그녀가 나를 완전히 받아들이지 못해 아직 저항하고, 그녀를 성급하게 내 것으로 삼으려 할 때마다 손가락으로 톡톡 때리지만 말일세. 그녀 마음을 모두 사로잡지는 못했어도 나는 여전히 그녀를 원하며 그 진실된 마음을 열 수 있는 열쇠를 찾고 있지.

자연과 현실이라는 여성이 오로지 한 사람이라고는 생각지 말게. 그것은 다른 이름을 가진 몇몇 여인들의 공통된 성(姓)이지. 당연히 우리가 경쟁상대가 되는 일도 없어. 이해하겠나? 이것은 순수하게 예술에 관한 이야기라네.

정부에는 두 종류가 있지. 첫 부류의 정부에게서 우리는 일시적인 사랑을 맛볼 수는 있네. 하지만 영원한 사랑은 불가능함을 곧 알게 되지. 우리는 뒷일과 달아날 곳을 미리 마련해두지 않은 채 그녀를 향해 스스로를 완전히 불태우지는 않아. 이 부류의 정부들은 신경질적이고 아첨하며, 남자들을 상처입히고 타락시키네.

둘째 부류는 이와 다르지. 그들은 깃을 세운 현학자며, 위선자들이야! 이 부류는 상대를 완전하게 영원히 종속시키려 하며, 자신들은 뒷일과 달아날 준비 없이 결코 자신을 버리지 않는 차가운 여성들——냉혈한 스핑크스 살무사라네. 그녀들은 남성을 소름돋게 하고 경직시키지.

지금 이야기는 전적으로 예술적 측면에서 말하는 것이네. 즉 나는 첫 부류의 상처입히는 정부를 진부함에 길들이는 예술학교, 둘째 부류의 현학적인 정부를 아카데미에 비유하는 거라네.

이 두 부류 이외에, 세상에는 다행히도 자연과 현실이라는 이름의 여성들이 있네. 그들 가운데 하나라도 사로잡으려면 그 대가로 수많은 내적 번민을 바쳐야 하지.

그녀들은 우리의 마음, 영혼, 지성 그리고 우리 안에 숨쉬는 모든 사랑을 완벽하게 요구해. 물론 그녀들 역시 자신의 모든 것을 바쳐오지. 그 '자연의 여신'들은 비둘기처럼 진솔하고 뱀처럼 조심스럽네. 또 진실과 거짓을 잘 구분할 줄 알지. 한 마디로 이 '자연과 현실의 여신들'은 삶을 단련시키고 새로운 숨결을 불어넣어준다네!

나는 자네가 지금 자네 피를 빨고 경직시키며 소름돋게 하는 정부와 함께 있다고 생각하네. 그 '차가운 여인'의 품에서 벗어나지 못하면, 자네는 곧 싸늘하게 죽어갈 걸세!

내가 함정으로 친구를 유인하는 사람처럼 자네 눈에 보인다면, 그것은 '진실의 우물'이라고 자신에게 말하게.

그리고 나에게 정부가 현학적이지 않다고 더 이상 두둔하지 말게. 알겠나! 그녀는 참을성없고 조급한 여자이네. 마음을 주기 시작할 때, 그녀는 자네를 배신할 걸세. 그런 여자는 악마에게나 보내버려!

지금까지 말한 것 아닌 다른 이유로 불쾌했다면 서둘러 편지로 알려주게.

악수를 청하며, 신의를 다하여……

빈센트

덧붙임 : 최근에 데생을 1점 그렸네. 한 노동자가 식사하려고 식탁 앞에 앉아 빵 한 조각을 자르고, 바닥에는 그가 방금 밭에서 가져온 삽이 놓여 있지.

사랑하는 동생 테오

가끔 심장에 바람을 쐬어주지 않으면 증기 보일러가 터져버릴 것만 같은 기분이 들어.

너에게 할 말이 있어. 가슴에만 묻어둔다면 난 미쳐버리고 말 거야. 솔직하게 털어놓으면 아마 무겁게 나를 짓누르는 일은 없겠지.

너도 알다시피 '싫어요, 절대 안돼요'에 아버지 어머니와 나는 입장이 달라서, 무엇을 하고 무엇을 하면 안되는지에 대해 서로 의견이 맞지 않아.

그렇다 해도 '똥오줌도 분간 못하는 야비한 녀석'이라는 과격한 표현을 실컷 들은 다음——네가 연애하는데, 그 사랑이 '야비하다'는 말을 들었다고 상상해봐. 자존심 상해 벌컥 화내며 "그만해!"라고 외칠걸——그런 표현은 쓰지 말아달라고 내가 강력하게 부탁해 더는 하시지 않지만, 또 다른 말이 튀어나왔어. 이번에는 '내가 가족 사이 인연을 끊어놓고 있다'는 거야.

나는 진지하고 참을성있게 진심을 담아, 전혀 그런 문제가 아니라고 몇 번이나 말했어. 그것이 조금 도움은 되었지만, 곧바로 또 시작되었지. 내가 실제로 한 일은 '편지를 쓴 것'인데, 바로 그게 나에 대한 불만의 원인이었던 거야.

하지만——내가 보기에는 상당히 경솔하고 경박하게——'가족 사이 인연을 끊어놓는다'는 천박한 말을 계속 하시므로 나는 다음과 같이 행동했어. 며칠 동안 한 마디도 하지 않고, 아버지 어머니에게 눈길조차 주지 않았지. 사실 그러고 싶지 않았지만, 진정으로 가족 사이 인연이 끊어지면 어떻게 되는지 깨닫게 해드리고 싶었던 거야.

내 행동에 부모님은 놀라셨고, 나에게 그 말씀을 하셨으므로 대답했지——"보십시오, 우리 사이에 애정이 없어지면 이렇게 되는 겁니다. 다행히 정은 아직 끈끈하고, 당장 쉽사리 끊어지지는 않겠지요. 하지만 '인연을 끊어놓는다'는 말이 얼마나 매정한 소리인지 알아주세요. 이제 그런 표현은 하지 말아주십시오"라고.

그 결과 아버지는 화가 머리끝까지 나서 나더러 방에서 썩 나가라고 하시며

---

*1 실제 날짜는 11월18일로 추정된다.

저주를 퍼부으셨어. 적어도 나에게는 분명 그렇게 들렸지.

그것이 나는 너무 슬프고 유감스러워. 하지만 자기 아들을 저주하고——지난해 일을 생각해 봐——정신병원에 보내려 하고——물론 나는 온 힘을 다해 저항했지——아들의 연애를 '똥오줌도 분간 못하는 야비한' 일이라고 표현하는 아버지가 옳다고는 도저히 생각되지 않아.

아버지가 화내면 나를 비롯해 가족들 모두 아버지에게 늘 굴복했지. 하지만 이번만큼은 화내시든 말든 상관하지 않기로 마음먹었어.

화내시며 아버지는 나에게 다른 데로 떠나버리라는 의미의 말도 하셨어. 하지만 흥분해서 하신 말씀이라 나는 대수롭지 않게 생각해. 이곳에서는 모델을 쓸 수 있고, 아틀리에도 있지. 다른 데로 가면 생활비가 더 들고, 작업을 하기 어려워지며, 모델도 비싸게 구해야 해. 하지만 아버지 어머니가 냉정하게 '나가라'고 말씀하신다면, 물론 나갈 생각이야. 사람은 참지 못할 때도 있는 법이니까.

'미친 놈' '가족 사이 인연을 끊어놓는 인간' '야비하다'는 말을 듣는 경우 몸에 심장이 달린 사람이면 누구나 온 힘을 다해 항의할 거야. 나도 분명 아버지 어머니에게 반항을 좀 했지. 즉 이번의 내 사랑에 대해 심하게 오해하고 있으며, 또 부모님이 완고하셔서 다정하고 인간적인 견해를 전혀 이해하지 못하는 것 같다는 점 등을. 요컨대 나는 아버지 어머니의 견해가 편협하고 관대하지 못하며 배려없게 여겨진다는 점, 또 만일 사람이 자신의 사랑을 감추고 마음이 명하는 바에 따르는 게 허락되지 않는다면 '하느님'이란 공허한 말뿐이라고 생각된다는 점.

지금 생각하면 '야비하다'든가 '가족 사이 인연을 끊어놓는다'든가 하는 말에 나는 분노를 억누를 수가 없었어. 그런 말을 계속 듣는데 누가 냉정해질 수 있겠니?

아버지는 잔뜩 흥분하셔서 끊임없이 내게 저주를 퍼부으셨어. 하지만 지난해에도 그런 비슷한 말을 들었던 나는 감사하게도 실제로 파멸하기는커녕 내 안에서 새로운 생명과 에너지가 솟아올랐지. 그러니 이번에도 똑같은 효과, 아니 지난해보다 더 강력한 효과를 얻을 거라고 굳게 믿어.

테오, 나는 그녀를 사랑해. 그녀가 아니면 안돼, 죽어도 그녀여야 해. 그리고 테오, '싫어요, 절대 안돼요'가 글자 그대로의 효력을 갖는 듯 '보일지라도', 내 안에는 뭔가 구원 같은 감정이 있어서 마치 그녀와 내가 둘이기를 그만두고 영원히 하나가 되어버린 것 같아.

내가 그린 데생 받았니? 어제 아침에는 농부 아들이 주전자를 매달아놓은 난로에 불지피는 그림 1점과, 그 난로에 장작을 집어넣는 노인 그림을 1점 더 그렸어. 안타깝게도 내 데생에는 어딘지 딱딱하고 차가운 느낌이 있지. 그것을 없애기 위해 나는 그녀가, 즉 그녀의 영향이 필요해.

이건 내 생각인데, '저주의 말'을 너무 심각하게 받아들일 필요는 없을 거야. 아마도 나는 아버지 어머니가 원하지 않는 강경한 태도를 취해버린 것 같아. 그렇지만 '아버지의 저주 말'이 훨씬 과격하고 심하잖니? 너무 지나치잖아? 아무튼 악수를 보낸다.

고흐가 테오에게 159
1881년 11월18일 금요일 저녁

사랑하는 동생 테오.

오늘 아침 너에게 편지보냈을 때, 즉 우체통에 넣었을 때 내 어깨의 짐을 벗어던진 느낌이었어. 나는 그 이야기를 할지 말지 오랫동안 고민했지. 하지만 곰곰이 생각해 보니, 이야기하는 게 괜한 짓은 아닌 것 같아.

지금 나는 작업하는 방에서 편지쓰고 있어. 다른 방은 습기가 너무 많아 이 방을 아틀리에로 쓰고 있거든. 습작들이 사방에 빼곡히 걸려 있는데, 단 하나의 특정 주제——즉 브라반트의 인물들이지.

요즘 내가 시작한 작업인데, 지금 이 환경에서 벗어나게 되면 다시 처음부터 다른 일을 해야 할 테니 미완성으로 남게 될 거야. 그런 일이 있어서는 안돼. 나는 5월부터 이곳에서 그림그리며 내 모델들을 알게 되었고 이제 막 이해하기 시작했어. 작업도 순조롭게 진행되고 있지.

여기까지 오는 데 많은 고생이 있었어. 겨우 여기까지 왔는데 아버지는 나에게 이런 말씀을 하셔. "네가 키 보스에게 편지썼기 때문에 우리 사이가 균열되었다——너 때문에 사이가 틀어져버렸으니 나는 너를 저주하며 집에서 쫓아내련다"라고. 사실 이게 근본원인이며 '관습에 순응하지 않는 놈'이니 뭐니 하시는 건 다 쓸데없는 말이야.

너무 심한 이야기잖니. 이제 막 궤도에 오르기 시작한 작업을 겨우 그런 일

로 그만둬야 하다니 참으로 어이 없어.

싫어, 싫어, 그건 절대 안돼. 게다가 아버지 어머니와 내 사이가 틀어졌다 해도, 그리 심한 건 아니야. 함께 살지 못할 정도는 결코 아니지. 다만 아버지 어머니는 나이드셔서 가끔 잘 흥분하시고, 이제 너나 나는 받아들일 수 없는 그들만의 편견과 옛사고방식을 갖고 계셔.

이를테면 아버지는 내가 가진 미슐레와 위고 같은 프랑스 책을 보면 방화범이나 살인범 같은 '안좋은 일'을 떠올리셔. 너무 어이 없지 않니? 물론 나는 그런 일에 주눅들지 않아. 나는 벌써 몇 번이나 아버지에게 말했어. "아버지도 읽어보십시오. 몇 페이지만 읽어도 감명받으실 테니까요." 하지만 아버지는 완고하게 거부하셨지.

이번에 내 사랑이 마음에 뿌리내렸을 때, 미슐레의 《사랑》과 《여자》를 다시 읽어보고 많은 것이 분명해졌어. 그렇지 않았다면, 모든 게 아직 수수께끼로 남았을 거야. 나는 아버지에게 솔직하게 말씀드렸어. 지금 상황에서 어느 한쪽을 선택해야 한다면, 나는 아버지보다 미슐레의 조언을 듣겠다고. 그러자 아버지 어머니는 프랑스 사상에 젖어 알코올 중독자가 된 종조부 이야기를 꺼내시며 나도 그런 꼴이 될 거라고 빈정거리셨어. 정말 어이 없지.

아버지도 어머니도 최선을 다해 나를 보살펴주고 계셔. 그건 나도 진심으로 감사히 생각해. 하지만 인간이 먹고 마시고 자는 일에만 만족하지 않고 더 고상하고 훌륭한 것을 바란다는 것, 그것 없이는 결코 살아갈 수 없다는 건 부정할 수 없지.

나에게 꼭 필요한 그 훌륭한 것이란 키 보스의 사랑이야. 아버지 어머니는 말씀하시지. "그녀가 싫어요, 절대 안돼요, 라고 거절했으니 너는 더 할 말 없다"고. 그렇지만 나는 절대 그렇게 생각지 않아. 당치도 않아.

내가 그녀에게 편지쓰는 등의 행동을 하면 '억지부리고 있다'든가 '쓸데없는 짓을 한다'든가 '자신의 일을 스스로 망치고 있다'는 잔소리가 돌아와. 그리고 자신의 사랑이 '야비하다'는 걸 인정하지 않는 사람이 있다는 게 부모님은 놀라우신 거야. 이대로는 안되겠어.

테오, 내 생각에 나는 이곳에 머무르며 조용히 그림그리고, 할 수 있는 모든 일을 다해 키 보스의 사랑을 얻어야만 해. 무슨 일이 있어도 흐지부지되어서는 안돼.

그녀에게도 스트리커 이모부에게도 편지쓰지 말라는 아버지 어머니 의견에 나는 찬성할 수 없어. 나는 정반대 기분이야. 그녀와 그녀 부모님, 너에게 편지쓰지 못할 바에는 차라리 지금 막 시작한 작업과 이 집의 편리함을 포기하겠어. 아버지가 그 때문에 나를 저주하고 집에서 쫓아내고 싶다면 그러시라고 해. 하지만 나는 내 사랑에 관해 마음과 머리가 시키는 대로 따를 거야.

　잘 알아두기 바라는데, 어쨌든 아버지 어머니는 처음부터 이 문제에 반대 입장이야. 그렇지 않다면 나도 아버지 어머니가 오늘 아침에 하신 심한 말씀을 이렇듯 장황하게 설명하지 않았겠지. 그 일로 나는 절실히 깨달았어. 그분들 태도가 냉정하지도 다정하지도 않다고 말했던 건 내 착각이었음을.

　이 일을 너에게 편지로 알리는 건, 내 일과 관련된 문제가 너와 분명 깊은 관계를 갖고 있기 때문이야. 뭐니뭐니해도 너는 나를 성공시키기 위해 이미 엄청난 돈을 마련해 준 사람이니까. 지금 나는 어느 정도 궤도에 올라 있어. 일은 순조롭고, 빛도 보이기 시작했지. 그리하여 이제 너에게 말하노니, 테오, 이 문제가 내 머리꼭대기에 얹혀 있어. 나는 오로지 그림을 계속 그리고 싶어. 하지만 아버지는 나를 저주하며 쫓아내겠다고 하셔. 적어도 오늘 아침 나에게 그렇게 말씀하셨단다.

　원인은 내가 키 보스에게 편지쓴 데 있어. 내가 그러는 한, 아버지 어머니는 나를 비난할 구실을 찾으시겠지——내가 관습에 따르지 않고, 내 변명이 야비하며, 내가 가족 사이 인연을 끊어놓고 있다는 등.

　네가 강력하게 한 마디 해준다면 이 사태는 아마 잘 마무리될 거야. 너라면 내가 무슨 말을 하고 싶은지 이해하겠지? 작품 제작을 위해, 그리고 예술가가 되기 위해서는 애정이 필요해. 적어도 내 작품에서 감정을 탐구하고 싶다면 먼저 스스로 그것을 느끼고, 자신의 마음으로 살아가야 해.

　하지만 아버지 어머니는 이른바 '생계수단'에 있어서는 돌보다 완고하셔. 결혼이 가장 시급한 문제라고 하신다면 나도 당연히 같은 의견이었을 거야. 하지만 지금 문제는 '싫어요, 절대 안돼요'를 누그러뜨리는 일이고, 이건 생계수단으로는 어찌할 수 없는 문제야. 전혀 다른 마음의 문제지. '싫어요, 절대 안돼요'의 마음을 누그러뜨리기 위해 그녀와 나는 서로 만나고, 편지쓰고, 대화를 나누어야 해. 이건 대낮처럼 명백하고, 단순하고, 도리에 맞는 일이야. 사실——비록 나는 나약한 성격의 인간, '게으른 인간'이라는 평판을 듣지만——나는 이 사랑에 그 어떤 방해도 받고 싶지 않아. 하느님, 저를 구원해 주소서. 오늘은 내일로, 내일은 모레로 미뤄지며 조용히 기다리는 건 싫어. 지저귈 줄 아는데 침묵하는 종다리는 이 세상에 없어.

그 때문에 인생을 복잡하게 만들어버리는 건 근본적으로 어리석은 짓이야. 그 때문에 아버지가 나를 저주하신다면, 그건 아버지 문제지——내 문제는 키보스와 만나 이야기하고, 편지를 주고받고, 온 힘을 다해 그녀를 사랑하려 노력하는 것이야.

자기 아들이 관습에 따르지 않고 야비하다는 표현을 한다든가, 그밖의 그런 모든 오해——나는 본디 전혀 다르다고 생각하지만——에서 생긴 이유로 아버지가 심한 말을 퍼붓지는 않으신다고 너는 생각하겠지? 하지만 유감스럽게도 많은 가정에서 흔히 일어나는 일이고, 연애문제에서 부모의 뜻과 맞지 않으면 아버지들은 아들을 저주하고 욕하지. 난관은 바로 그거야. 관습이며 나의 변명이라는 말들은 구실에 지나지 않아.

우리는 지금 어떻게 해야 할까? 테오, 브라반트의 전형적인 서민을 데생하는 일이 궤도에 오른 지금, 아버지 어머니가 내 사랑에 화내고 있다 해서 이 일을 그만두는 건 어리석어. 안돼, 그럴 수 없지. 부모님이 부디 양보해 주셨으면 좋겠어. 젊은이가 노인들 편견 때문에 자신의 에너지를 희생한다는 건 정말 웃기는 이야기잖니. 사실 이번 문제에 대해 아버지와 어머니는 편견을 갖고 계셔.

테오, 나는 그녀에게 사랑의 말을 한 마디도 하지 못했어. 실제로 다른 무엇보다도 나를 괴롭히는 건 이 문제야. 아버지 어머니가 그녀를 진심으로 사랑하신다고는 생각지 않아. 적어도 지금은 부모님이 애정을 갖고 그녀에 대해 생각하실 심정이 아니지. 하지만 시간이 지나면 좋아질 거라고 기대해.

싫어, 싫어, 부모님은 지금 잘못하고 계신 거야. 하필이면 이럴 때 나를 저주하며 내쫓겠다고 하시는 건 옳은 행동이 아니야. 그런 행동에 정당한 이유는 없어. 이건 나의 일을 방해하기도 해. 그러니 절대 안돼.

오늘 아침에 있었던 일을 그녀가 알게 된다면 어떻게 생각할까? 아무리 '싫어요, 절대 안돼요'라고 거절했지만, 그녀에 대한 내 사랑이 야비하다느니 '가족 사이 인연을 끊어놓는다'느니 하는 말을 듣는다면 그녀는 어떤 기분이 들까? 테오, 만일 그 말——아버지가 나를 저주했던 말——을 듣는다면, 그녀는 분명 그런 저주에 동의하지 않을 거야.

허약하고 신경질적이라는 의미로 어머니는 그녀를 '그런 사람'이라고 말하신 적 있고, 다른 비슷한 말을 하신 적도 있어. 하지만 너도 알아둬야 할 건, 내 안에 잠든 '그런 사람'에게도 그녀에 대한 많은 사람의 생각을 바꿀 만한 정신력도 긍지도 에너지도 단호한 면도 있다는 거야. 또 '그런 사람'에 대해 대부분의 사람이 지금은 감히 생각지 못하는 일이 언젠가 분명 일어날 거라고 나는 믿어. 그녀는 선량하고 다정한 사람이라, 생각없는 말 한 마디에도 상처받을걸. 하지만 만에 하나 그녀처럼 상냥하고 예민하고 정많은 사람이——자존심에 상처입고——화낸다면, 그때는 그녀를 화나게 한 사람에게 재앙이 내릴 테지! 그녀의 그 분노가 나에게 향하지 않기를 바랄 뿐이야.

사랑하는 동생아, 내가 강도도 폭군도 아닌, 오히려 겉보기보다 내면적으로 침착하고 온화한 사람이라는 걸 그녀도 알기 시작했다고 생각해. 그녀는 이걸 이해하지 못해 처음에는 사실 나를 좋지 않게 생각했었어. 그런데 어찌된 영문인지 언쟁과 저주 등 날씨는 흐리고 점점 어두워지는 한편, 그녀 쪽에서는 광명이 비치기 시작했지.

지금까지는 나도 아버지 어머니가 다정하고 온화한 사람, 친절하고 선량한 사람인 줄만 알았어. 하지만 오늘 아침 사건, 그리고 지난해 헤르 정신병원 문제를 생각하면 내가 어떻게 그런 마음을 갖겠니? 부모님은 선량하고 친절하시지만, 편견을 갖고 계시며 그것을 절대 버리려 하지 않아. 그리고 부모님은 나와 그녀 사이를 '가로막는 벽' 역할을 하고 계셔. 그분들이 과연 나중에도 그걸 잘한 일이라고 생각하실지 의문이야.

테오, 나에게 '여비를 조금' 보내준다면 곧 데생 3점을 보내줄게. 너도 알지? 《낮잠》《불지피는 사람》《구빈원 남자》야. 여비는 네 형편 되는 대로 많이 보내주면 좋겠어. 이 여행이 아무 성과 없이 끝나는 일은 없을 테니까. 20프랑이나 30프랑이 생기면 적어도 한 번 더 그녀와 만날 수 있어.

그리고 괜찮다면 문제의——무시무시한?——저주와 추방선고에 대해 한 마디라도 좋으니 의견을 말해주기 바란다. 무엇보다도 나는 여기서 조용히 작업을 계속하고 싶고, 그럴 수 있다면 가장 기쁠 테니까. 나는 더 높은 예술수준에 이르기 위해 그녀가, 그녀의 영향이 필요해. 그녀가 없다면 나도 없는 거나 마찬가지야. 그녀가 있으므로 기회도 생기는 거지. 살아가고, 일하고, 사랑하는 것——사실 이 모두는 하나야.

그럼, 안녕. 악수를 담아…… 네가 '파리에서' 보내주는 말 한 마디는 저울 접시에, 편견의 반대쪽 접시에 무게를 더해 줄 거야.

너의 빈센트

덧붙임 : 지난해 헤르 문제——아버지가 내 뜻과 상관없이 나를 정신병원에 넣으려 했던 일——는 나에게 경계심을 심어주었어. 지금 조심하지 않으면, 아버지는 다시 무언가 '해야만 한다'고 생각하실 거야.

그 정신병원 문제를 그분들은 '양심의 확신'에서 한 일이라고 하셔. 이번에 내가 키 보스에게 편지보낸 건 용서할 수 없는 일이라고 말씀하는 것도 '양심의 확신'인 셈이지. 하지만 그건 몹시 불안정한 기초 위 '양심의 확신'에 불과해서 변명조차 될 수 없어. 있을 수 없는 일이야.

아버지에게 "그런 확신의 근거를 설명해 주십시오"라고 했더니, 아버지는 대답하셨어. "내가 굳이 설명할 필요는 없다. 그런 말을 하다니 너답지 않구나." 정말 앞뒤가 맞지 않는 이야기지.

분명히 말해서 나는 어머니 논리도 이해할 수 없어.

"우리가 처음부터 의견이 달랐던 건 너도 알 거다. 그러니 무조건 밀어붙일 생각하지마."

그러면 안되지. 그렇잖니, 테오? 그런 이유로 내가 이 아틀리에를 포기하고, 생활비가 더 많이 들며, 천천히 '여비'를 버는 대신 돈이 점점 바닥나는 곳으로 가야 한다면 그렇듯 심한 이야기가 어디 있겠니?

빈센트

고흐가 라파르트에게
에턴 1881년 11월21일

나의 벗 라파르트

오늘은 현실에 대해 좀더 구체적으로 이야기해 보세. 텐 케이트라는 사람이 나와 비슷한 이야기를 했다고? 언젠가 자네 아틀리에에서 본 그 사람이 그라면, 그와 내가 근본적으로 같은 사고방식을 가졌다고는 여겨지지 않네.

그는 아마도 작은 키에 머리는 검고 좀 핼쑥한 얼굴에 고급 모직 정장차림을 하고 있었지. 누군가의 정신적 성향을 관찰할 때 나는 주의기울여 그 외모를 살피는 습관이 있네. 하기야 어떤 관점에 대해 그가 나와 비슷한 이야기를 할 수도 있겠지. 그것이 불쾌하다는 의미는 아니야, 오히려 좋은 일일 수도 있어.

내 편지에 대한 자네의 답신은 미흡했지만, 어쨌든 고맙다는 말을 전하네. 지금 미처 못한 말을 언젠가는 자네가 해주리라 믿네. 그때는 지금 받은 것보다 더 길고 만족스러운 답장이 되겠지.

자네가 머지않아 아카데미를 완전히 떠난다고 가정해 보세. 자네는 이미 어렴풋이 짐작하는 전형적인 어려움에 맞닥뜨리게 될 거라고 확신하네. 오늘 어떤 일을 해야 한다고 미리 계획하는 대신, 곧바로 생각하고 행동해야 하네. 좀 더 정확히 말하면 나날의 활동범위를 스스로 만들어나가야 하지. 소재를 찾고 그림을 그린다는 것이 늘 그리 쉽지만은 않을 걸세.

아카데미로부터 완전히 자유로워졌을 때, 자네가 이따금 발 아래로 땅이 꺼지는 듯한 느낌을 받는다 해도 나는 놀라지 않을 거야. 자네는 그로 말미암아 비탄에 빠질 사람은 아니라고 생각하네. 틀림없이 곧 평정을 되찾겠지.

라파르트, 현실에 뛰어들 때는 머리부터 빠지게. 그리고 비상구 따위는 염두에 두지 말아야 해. 현실에 뛰어든다는 건 다시는 그곳으로부터 빠져나오지 않는 걸 뜻하기 때문이지. 그때는 자네 역시 아카데미에 여전히 매여 있는 사람에게 텐 케이트 씨나 나처럼 말하게 될 걸세. 여보게, 친구, 비상구 같은 건 염두에 두지 말게. 현실 속으로 머리부터 풍덩 빠지게나.

가끔은 씨뿌리는 사람이며 바느질 또는 삽질하는 사람들에게 어떤 혐오감을 느끼게 될 때도 있겠지. 솔직히 나 역시 그렇다네. 하지만 내 경우 그 혐오감은 어떤 열정에 의해 제어되곤 하지. 그런데 지금 자네한테는 혐오감과 열정이 똑같은 무게를 지니는 듯싶네.

내가 보낸 편지들을 자네는 혹시 지금까지 가지고 있나? 건방지게 들리겠지만, 만일 시간이 있고 편지를 아직 불태우지 않았다면 다시 한 번 읽어보게. 비록 흥분을 감추지도, 환상을 자유롭게 풀어놓는 걸 두려워하지도 않았지만 최소한 경박하게 쓰지는 않았다고 단언하네.

자, 어떤가——자네는 끝내 내가 광신적이며 독단적으로 설교한다고 말할 것인가? 자네가 그런 식으로 이해하고 싶다면 어쩔 수 없는 노릇이겠지. 불쾌하게 여겨지지는 않네. 나는 내 감정들을 수치스럽게 여기지 않고, 원칙과 신념을 가진 사람이라는 사실이 낯뜨겁지도 않다네.

내가 사람들을, 특히 나 자신을 어디로 인도하기를 바란다고 생각하나? '먼 바다'지. 나는 또 어떤 원칙을 말할까? 바로 이것일세.——"인간들이여, 대의에 영혼을 희생하라. 가슴으로 일하고, 사랑함을 사랑하라."

'사랑함을 사랑하라'는 말은 쓸데없는 조언 같지만, 아주 큰 의미를 지니네. 생각해 보게. 자신이 가진 최고의 능력을 그릴 만한 가치도 없는 데 쏟아붓는 한편, 정작 자신한테 소중한 것은 계모처럼 학대하는 이가 한둘 아니잖은가. 그러한 태도를 사람들은 심지어 '의연한 성품'이라느니 '강한 정신력'의 표현이라고 믿고 있지. 그러면서 가슴에서 북받치는 정열에 빠져드는 대신, 가치없는 것에 힘을 쏟고 진정으로 사랑하는 것은 무시해버리네.

이 모든 일은 '도덕적 제약'이며 '의무감' 때문에 '그것을 해야만 한다고 믿어지는' 가운데 '가장 성스러운 의도'로 이루어지네. 사람들은 결국 진정한 의식과 준(準)의식 또는 의식으로 가장된 것을 혼동하며 자기 눈의 '대들보'를 붙잡는 거지.

나 역시 눈에 박힌 괴물만큼 대들보들과 함께 오래도록, 이 땅을 거닐었네. "지금은 그것을 치워버렸느냐"고 물을 수도 있겠지. 뭐라고 대답할까? 한 가지 사실만은 분명하네. 거대한 대들보 하나는 일단 없어졌다는 거지. 하지만 몹시 슬플 때면 대들보를 못본 사실을 알므로 다른 대들보들이 아직 남아 있을 가능성을 전혀 배제하지는 않네. 그것들이 있는지 없는지는 물론 볼 수 없지만, 그때 이후 나는 눈병, 곧 눈에 박힌 대들보를 경계할 줄 알게 되었지.

방금 말한 거대한 대들보는 얼마쯤 비예술적인 장르였네. 나머지 것들이 어떤 장르인지는 말하지 않겠네. 실제로 세상에는 모든 장르의 대들보들이 있지. 예술적·신학적·도덕적——매우 흔한!——대들보들, 경험적·이론적 대들보들——때로 이 둘은 운명적으로 결합되기도 해——그리고 또 다른 많은 대들보들이.

일전에 테오로부터 반가운 편지를 받았네. 자네 안부를 묻는 것도 잊지 않았지. 동생에게 데생 몇 점을 보냈는데, 그는 내게 브라반트 사람들을 계속 그리라는 조언을 간곡히 덧붙였다네. 동생은 미술에 관해 늘 본질적이며, 실용적이고 실행 가능한 의견을 제시하곤 하지.

오늘 다시 한 번 체념이라는 '검은 짐승'과 싸움을 벌였네. 그 짐승은 잘라

낼수록 새로운 머리가 돋아나는 일종의 두사(頭蛇)인 듯하네. 하지만 놈을 제거하는 데 성공한 사람들도 있지. 조금이라도 틈이 나면 나는 이 오래된 '검은 짐승'과의 싸움을 즐긴다네.

신학에는 체념을 통한 금욕이라는 이론이 있네. 그것이 만일 상상이나 글쓰기 또는 신학자들의 설교에만 존재한다면 아무 걱정할 필요 없지. 하지만 몇몇 신학자들이 자신은 전혀 지키지 않으면서 인간의 어깨 위에 얹어둔 무거운 짐 가운데 하나라는 게 불행한 일이라네. 체념이라는 검은 짐승은 엄연히 현실 속에 살면서 '인간 삶의 크고 작은 수많은 비참함'을 불러일으키고 있어.

사람들이 내게 이 멍에를 씌우려 할 때, 나는 "좋아, 그렇게 해"라고 응수했네. 그들은 나를 몹시 불손하게 여겼겠지. 그렇다 해도 좋아. 체념의 존재이유에 대해 사람들이 어떻게 생각하든, 체념은 체념할 줄 아는 사람을 위한 것이라네. 신앙이 믿음을 가질 줄 아는 사람을 위한 것이듯, 나라는 인간이 만일 체념이 아닌 신앙과 그로부터 솟아나는 모든 것을 위해 태어났다면, 자네는 내가 무엇을 하면 좋겠나? 시간되면 한 번 더 답장주게. 기다리겠네.

악수를 청하며……

빈센트

고흐가 라파르트에게
에텐 1881년 11월22일

친애하는 라파르트

정확한 지적이 담긴 자네 편지 즐겁게 잘 읽었네. 그 솔직함 덕분에 우리 사이의 편지왕래는 더욱 의미있어진다고 믿네.

결론적으로 말하면 자네는 나를 광신자로 여기는군! 괴롭고 따가운 비판이지만, 어쨌든 깨우쳐준 일을 고맙게 여기네. 스스로는 감히 인정못하던 사실을 자네가 알아차리게 해주었지.

나는 내 나름의 의지와 기질을 지녔고, 그것이 결정해주는 방향으로 움직여 나가지. 그렇다고 거기에 만족하는 것도 아니지만, 다른 사람들이 나와 동반해주기를 원하네. 그러니 광신자라는 말을 들을 수밖에!

좋아, 이제부터는 오로지 광신자로만 살려네! 그 길의 동반자가 되어줄 수 없겠나? 자네를 만나지 않고 지내는 건 괴로운 일이니까. 내가 옳지 않은가?

"인간들이여, 사랑함을 사랑합시다"라는 내 신조는 뚜렷한 이치에 바탕하네. 그러므로 그 뚜렷한 사실을 되풀이 말할 필요는 없다고 판단했지. 하지만 좀 더 분명하게 하기 위해 다시 한 번 인용해야겠군.

"인간들이여, 사랑함을 사랑합시다. 자기 자신이 됩시다. 마치 신보다 더 잘 아는 듯 행동하지 맙시다."

마지막 표현은 내가 아닌 마우베의 신조이지만, 어쨌든 나는 이 명제의 정당성을 내 방식대로 증명해 보이려 하네.

자신의 사랑을 사랑하지 않는 사람이 있다고 가정해 보세. 그는 하느님이 만든 세상에 수많은 번민과 불행을 불러 남까지 불행하게 할 것이네. 모든 사람들이 사랑하는 것을 사랑하지 않는다면 신이 창조한 이 세계에 무슨 일이 일어날 것이며, 그 상황에서 존속할 수 있는 게 무엇이겠는가? 한 마디로 모든 사람이 그와 같다면, 세상은 근본적으로 치유할 수 없는 결점투성이가 되고 말지.

내 명제의 결론 또는 '결과'에 대해 정리해보면 이렇네.

1. 자신의 사랑을 사랑할 생각없는 사람은 자멸한다.

2. 오래 견뎌내려면 그의 인내력이 몹시 강해야 한다.

3. 만일 바뀐다 해도 그의 전향은 근본적이지 않다.

여기에 무엇을 덧붙이든 않든, 자네는 궁극적으로 내가 말하려는 바를 짐작하리라 믿네. 라파르트, 아카데미에 몸담고 밧줄에 매달려 있으면 다른 많은 이들처럼 질식해버릴 걸세. 바다로 나가려할 때, 자신이 매달린 밧줄을 불행히도 풀지 못할 것이야.

자네는 충분히 힘센 근육을 가졌으므로 필요한 경우 밧줄을 풀고 문을 넘는 데 물론 성공하겠지. 그러나 다른 사람들 가운데에는 그 문으로 밖에 나오려다 '걸려 넘어지는' 이가 분명 있겠지.

'아카데미 비상구' 말고도 지난 편지에서 말한 '눈의 대들보'가 있네. 유감스럽게도 이 세상에는 눈의 대들보만큼 좋은 비상구가 있지. 얼마나 많으냐고? 한 군단은 넉넉히 될걸세. '군단'이라고 했네!

이를테면 나는 도덕적인 눈의 대들보 때문에 여태껏 몹시 괴로워했고 괴로워하고 있네. 물론 앞으로도 괴롭겠지. 하지만 다른 한편으로는 그 대들보를 뽑아냈고, 뽑아내고 있으며, 계속 뽑아낼 것이네. 마찬가지로 도덕적인 비상구 역시 부쉈고, 부수고 있으며, 계속 부술 것이네. 언제까지? 내가 자유로운 눈과 통로를 갖게 될 때까지.

지난번에 이야기한 '검은 짐승'——놈을 몰아내는 데 쓸 시간이 충분치 않지만 그 짐승에 대한 공격의 고삐를 늦추지 않고 있어. 검은 짐승은 벼르고 있겠지. 놈은 조금쯤 경계의 빛을 보이기 시작했다네.

체념은 체념에 길들여지기 마련이므로 그 짐승은 결국 내가 싸움을 포기하리라 여길 거야. 하지만 나는 여전히 싸울 의지를 품고 있네. 언젠가 자네에게 '검은 짐승'을 주제로 이야기해 봄세. "그 멋진 검은 짐승!——그래도 나를 즐겁게 해주고 있지."

그럼, 악수를 청하며, 자네에게 자주 편지하는 이유는 빠른 시일 내에 많은 답장을 받고 싶어서야.

빈센트

헤이그
1881년 12월~1883년 9월

1881년 크리스마스에 아버지에게 맞선 고흐는 집을 나와 헤이그로 간다. 이종 사촌 예트의 집에 머물며 헤이그 파 화가인 그녀의 남편 마우베의 그림지도를 받지만 그와의 충돌도 피하지 못했다. 테르스티흐는 우호적이지만, 비판도 했다. 화가 바이센부르흐, 브레이트너, 드 보크 등도 힘이 되어주었다. 코르 숙부는 소묘를 주문해 주고, 라파르트도 방문해 온다.

1882년 겨울, 임신한 몸으로 남자에게 버림받고 빵을 구하러 길거리로 나선 여자, 시엔*¹을 알게 되었다. 그녀와 그 가족을 모델로 그림그리다 이윽고 결혼 까지 생각하게 된다. 파리 몽마르트르 지점 책임자로 있던 테오는 그 무렵부터 형에게 월 100프랑 송금했다.

8월4일 헤이그에서 형을 만나 테오는 결혼을 반대했다. 부모님이 다시 정신병 원에 넣거나, 금치산 후견인을 세우게 될지도 모른다고 걱정했다. 고흐는 탄광에 서 화상입은 불쌍한 광부를 두 달 간호하고 겨우내 불쌍한 노인에게 음식을 나 눠준 적도 있으니 이번에는 시엔을 돌볼 차례라고 대답한다.

고흐는 출산한 시엔 모자와의 생활에서 '따뜻한 가정'을 느꼈다. 그를 찾아온 테르스티흐는 그의 생활에 놀라 비난한다. 8월4일 누에넨에 부임한 아버지가 10 월 끝무렵 찾아와 고흐는 기뻐한다. 아버지는 마을의 오래된 교회에 대해 이야 기한다. 이 시기 그는 데생 공부에 몰두한다. 시엔과 그녀 어머니를 그리고, 고 독한 노인, 변두리의 건물과 일하는 사람들, 나무, 고깃배, 복권 사는 군중 등 사 회적 주제에 관심을 보였다. 그는 자신의 삶과 비슷한 책들을 주로 읽었다. 특히 미슐레의 《사랑》《여자》《민중》, 졸라의 《선술집》《사랑의 한 페이지》《파리의 위 (胃)》,《뮈레 신부의 죄》 등이다.

1883년 8월 중간무렵, 테오는 형에게 시엔과 헤어지라고 권한다. 고흐는 고민

---

*1 본명 Clasina Maria Hoornik, 1850년 출생.

끝에 드렌터 황무지로 혼자 떠날 결심을 한다.

고호가 라파르트에게

헤이그 1881년 12월3일

나의 벗 라파르트

브뤼셀에서 보낸 편지를 받았네. 한 마디로 전혀 마음에 안들었어. 제정신이 아닐 때 쓴 것이라고 자네 자신도 밝혔듯, 편지내용은 전체적으로 검증을 거쳐야만 할 걸세.

어쨌든 브뤼셀에서 돌아왔다니 기쁘군. 그곳은 자네가 있을 데가 아니라고 나는 생각하네. 자네가 아카데미에서 배우려 했던 '숙련된 테크닉'에 대해 말하면, 오히려 속임수에 넘어간 게 아닐까 나는 몹시 걱정스럽네. 테크닉은 그런 식으로 배울 수 있는 게 아니지. 비록 스타라엘트로가 가르친다 할지라도.

요즘은 처리해야 할 여러 가지 일들로 무척 바빠. 1월1일쯤에 들어갈 수 있는 아틀리에를 하나 구했지. 며칠 뒤 시간여유가 생기면 가벼운 머리로 다시 편지보내겠네. 이해하게. 지금은 편지쓰는 일보다 더 중요한 일들이 산더미처럼 쌓여 있으니까.

내 편지들이 늘 일목요연하고 무언가를 정확히 설명한다고는 물론 말할 수 없네. 오히려 실수를 자주 저지르는 편이지. 그러나 자네가 몹시 중요시하는 아카데미 회원들——스타라엘트로며 세베르돈크 같은——이 한 푼의 가치도 없다고 말할 때의 나는 무척 진지하다네. 되풀이 말하지만, 내가 자네라면 더 이상 그들에게 마음쓰지 않겠네. 아카데미에 관해서는 더 듣고 싶지도 이야기하고 싶지도 않아, 단 한 음절도. 아틀리에에 규칙적으로 모델을 불러 그려보는 게 어떤가? 자네에게 큰 만족을 줄 거야. 그럼, 이만.

아직 주소가 없으니 답장은 에텐으로 보내게, 내게 전해질 테니까.

아버지와의 불화로 에텐을 떠났네. 교회에 나가는 일로 말미암은 하찮은 문제가 다툼의 원인이었지. 작업에 몰두해도 그러한 불화는 나를 온전한 정신상태로 내버려두지 않는다네.

어려움은 여전히 있지만, 계속되는 불화와 권태를 짊어지고 살기보다는 낯선 이곳에 머무르는 쪽이 더 만족스러워.

빈센트

이건 내 쓸데없는 걱정이지만, 혹시 이따금 너무 사실적이라며 읽던 책을 집어던지는 일이 있는 건 아니겠지? 이 편지는 배려와 인내를 갖고 끝까지 읽어주기 바래——읽기 거북할지도 모르지만.

사랑하는 테오

헤이그에서 이미 편지했듯, 이곳으로 돌아온 지금 너에게 하고 싶은 이야기가 몇 가지 있어.

이번 헤이그 여행은 정말 감동적이었단다. 마우베의 집에 갔을 때는 가슴이 두근거렸지——그가 나를 쫓아내지는 않을까, 어떤 이상한 일을 겪게 되지는 않을까, 스스로에게 묻고 있었기 때문이야.

그는 모든 면에서 나에게 실용적이고 친절한 조언과 함께 용기를 주었어.[1] 그렇지만 내 모든 행동과 말에 찬성해 준 건 아니었지. 오히려 반대야. "이러저러한 것은 적절치 않네"라고 말하면서 "그러지 말고 이렇게 해봐, 저렇게 해보게"라고 말해주었지. 그것은 비평을 위한 비평과는 전혀 달랐어. '너는 여기가 병들었어, 저기가 안 좋아'라는 말을 들어봤자 아무 도움도 되지 않지만, '이렇게 저렇게 하면 좋아질 것'이라는 말을 듣고, 또 그 조언이 적절하다면 도움되지.

돌아올 때 유화 습작 몇 점과 수채화 몇 점을 가져왔어. 물론 걸작은 아니지만, 그 그림들에는 적어도 이제까지보다 더 건강하고 진실한 뭔가가 있다고 나는 확신해. 작품의 진지한 단서를 발견했다고 생각한단다. 게다가 나는 이제 몇 가지 기법상의 수단, 즉 물감과 붓을 자유로이 쓸 수 있게 되었지. 그리하여 세상의 모든 것이 새로워 보여.

이제 우리는 실제적인 일들을 실천에 옮겨야 해. 먼저 모델과의 적절한 거리를 확보할 만큼 충분히 넓은 방을 찾아야 하지. 마우베는 나의 습작을 보자마자 "모델과 너무 가까운 곳에서 그렸군"이라고 말했어. 가까우면 눈으로 그 알맞은 거리의 비율을 어림잡기 어려우므로 내가 가장 신경써야 할 부분이지. 그

---

[1] 마우베는 고흐를 힘껏 격려해 준 유일한 유명화가였다.

래서 넓은 방을 빌려야만 해. 방 하나, 아니면 헛간이라도 좋아. 많은 돈이 들지는 않을 거야. 이 지방에서 노동자 집을 빌리는 데 1년에 30프랑 들어. 그러니 노동자주택 방의 두 배쯤 되는 방을 구하면 비용이 60굴덴쯤 들 거야. 이 정도면 해볼 만해.

이미 헛간을 하나를 보고 왔는데, 불편한 점이 너무 많겠어―겨울에는 특히. 그래도 날씨가 따뜻해지면 그곳에서 작업할 수 있을 거야. 그리고 여기서 문제가 더 생긴다 해도 이곳 브라반트라면 에텐뿐 아니라 다른 마을에서 모델을 찾을 수 있지.

나는 브라반트라는 지역도 마음에 들지만, 이곳의 농민상과 인물상에 매력을 느껴. 스헤베닝언이 무척 아름답지만 지금은 이곳에 머물러 있고, 비용도 적게 들지. 좋은 아틀리에를 찾도록 최선을 다하겠다고 마우베에게 단단히 약속했고, 게다가 이제부터는 더 좋은 물감과 종이를 써야 해.

습작과 스케치할 때는 앵글 지가 가장 좋아. 만들어진 제품을 사기보다 다양한 크기의 스케치북을 직접 만드는 편이 훨씬 싸지. 앵글지가 아직 조금 남았지만, 그 습작을 다시 보낼 때 같은 종류의 것을 몇 가지 함께 보내주면 정말 고맙겠어. 새하얀 것 말고, 표백되지 않은 아마 빛깔이 좋아. 차가운 색깔은 안돼.

테오, 색조와 색채는 아주 중요해.[1] 그 감각을 습득하지 못하면 현실과 동떨어져 있게 될 거야. 마우베는 이제까지 내가 미처 못 본 아주 많은 것들을 볼 수 있도록 가르쳐주었어. 기회가 되면, 그가 가르쳐준 것들을 너에게도 알려줄게. 아마 너도 잘 모르는 것들이 몇 가지 있을 테니까. 어쨌든 너와 예술을 주제로 다시 이야기나눌 수 있으면 좋겠어.

마우베가 어떻게 돈을 버는지 내게 이야기해 주었을 때를 생각하면 어찌나 안심되는지 너는 상상도 못 할 거야. 생각해 봐, 잘못된 곳에서 내가 얼마나 오래 헤매왔는지를. 그리고 이제, 이제야 진정한 빛이 살며시 비쳐들기 시작한

---

[1] '먼저 목수연필로 데생한 다음 석탄용 연필로 마무리하는 방법을 생각해냈어. 석탄용 연필은 기름기가 많아 목수연필로 그은 선보다 훌륭한 효과를 발휘해. 여느 연필로는 아주 잘 되거나 잘 안되거나 둘 중 하나야. 이런 방법으로 간단히 데생했다면 그 다음에는 수정할 부분을 석판용 연필로 대담하게 고치면 돼. 망설일 필요도, 지울 필요도 없어. 그런 다음 검정 물감으로 효과를 끌어올리고 흰 물감으로 밝은 부분의 흰 빛을 강조한단다'라고 고흐는 써보내고 있다.

거야.

내가 가지고 돌아온 수채화 2점을 너에게도 보여주고 싶어. 네 눈에도 훌륭하게 보일 작품이라고 생각하니까. 아직 부족한 점이 많을지도 몰라. 내가 봐도 불만스러운 데가 많은 걸 인정해. 그렇지만 이제까지 그린 것들과 달리 더 생동감 있고 건전한 느낌이 들어. 앞으로는 더욱 생동감 넘치는 건전한 그림을 그리게 될 거야. 틀림없어. 다만 하루아침에 이루어질 수는 없지. 천천히 되어나갈 거야.

이 2점의 수채화는 지금 여기서 그리는 것들과 당장 비교해 보는 데 필요해. 적어도 마우베의 집에서 그린 것들에 버금가게 완성해야 하니까.

마우베는 두세 달 동안 나름의 시행착오를 거치고 3월쯤 자신에게 돌아오면 기본에 충실한 인기있는 데생을 그릴 수 있게 되리라고 말했지만, 사실 내 사정은 아직 여의치 않아. 모델, 아틀리에, 데생과 유화에 필요한 경비는 점점 늘어나는데 아직 한 푼도 벌이가 없어.

어쩔 수 없는 경비에 대해서는 걱정할 필요 없다고 아버지는 분명 말씀해주셨고, 마우베가 이야기한 내용이며 내가 가지고 돌아온 유화 습작과 데생에 만족하고 계셔. 하지만 아버지에게 돈 문제의 부담을 떠안기는 일은 나로서 몹시 비참해. 물론 언젠가는 나아지리라 믿지만, 그래도 마음이 무거워. 이곳으로 온 뒤 나는 한 푼도 못 벌고 있으니까. 아버지는 벌써 몇 번이나 코트와 바지를 사주셨어. 나로서는 사실 없어도 되는 것들이었지. 물론 필요는 하지만, 아버지에게 부담드리고 싶지 않아. 게다가 그 옷들은 내 몸에 맞지 않으니 더욱 그래. 결국 이것도 '인생의 사소한 고민'인 셈이지.

전에도 말했듯, 완전한 자유의 몸이 아니라는 게 나는 정말 참을 수 없어. 한 푼까지 어디에 썼는지 아버지에게 시시콜콜 보고해야 하는 건 아니지만, 어디에 얼마 썼는지 아버지는 언제나 정확히 알고 계시지. 특별한 비밀이 있는 건 아니지만 내 손바닥 안을 남에게 보인다는 건 유쾌한 일이 아니야. 내 비밀이라 해도 내가 공감하는 사람들에게는 비밀도 아무것도 아니지만 아버지라는 사람에게는 이를테면 너나 마우베를 대할 때와 같은 감정을 가질 수가 없어. 나는 분명 아버지 어머니를 사랑해. 하지만 그건 너나 마우베에 대한 공감과는 전혀 다른 종류의 감정이야. 아버지는 나와 공감할 수 없어. 아버지 어머니 방식에 따를 수가 없지. 너무 답답하고 숨막히는 일이란다.

내 모든 말은 아버지에게 공허한 울림이 되어버려. 어머니도 마찬가지야. 또 아버지 어머니의 기도며 하느님, 사람들, 덕성, 미덕 등에 대한 인식에는 시시한 점이 너무도 많아. 나도 미슐레와 발자크와 J. 엘리엇을 읽는 것처럼 가끔 성경을 읽지. 하지만 성경에서 나는 아버지와 전혀 다른 것을 발견하고, 아버지가 성경에서 학구적으로 이끌어내는 것들을 찾아낼 수가 없어.

아버지 어머니는 텐 카테 목사님이 번역한 괴테의 《파우스트》를 읽으시지. 성직자가 번역했기 때문이야. 그런 책이라면 천박할 리 없다고 해──???──그러면서도 이게 대체 뭐람! 하면서 아버지 어머니는 그 책 내용을, 야비한 사랑의 비참한 결과로밖에 보시지 않아.

그분들은 분명 성경을 제대로 이해하지 못하고 계셔. 마우베를 예로 들면, 그는 뭔가 심오한 것을 읽고 그 의도를 이리저리 헤아려보지만 입 밖에 내는 경솔한 행동은 하지 않아. 시정(詩情)이란 심오하고 복잡해서 그리 간단히 체계적으로 정의할 수 없기 때문이야. 하지만 마우베는 뛰어난 감수성의 소유자지. 정의나 비평 따위보다 그런 감성이 훨씬 가치 있다고 나는 생각해. 또 내가 책을 읽는 건──사실 그리 많이 읽는 게 아니고, 어쩌다 발견한 몇몇 작가나 저자의 책을 읽을 뿐이지만──그 저자들이 나보다 더 넓고 너그러운 눈으로, 그리고 더 깊은 사랑으로 사물을 보며 세상을 더 잘 알므로 뭔가 배울 수 있기 때문이야. 하지만 나는 선과 악, 품행의 올바름과 그름 등에 대한 그런 군소리들이 마음에 들지 않아. 사실 나는 뭐가 선이고 악이며, 뭐가 도덕적이고 비도덕적인지 논할 수 없어.

품행이라면, 자연스럽게 키 보스가 떠올라.

오, 전에도 썼지만, 봄철 딸기수확 때와는 전혀 다른 상태야.

같은 말을 되풀이하고 있다면 미안해. 암스테르담에서 있었던 일을 정확히 너에게 이야기했는지 잘 기억나지 않아서 그렇단다.

그곳으로 가면서 나는 생각해 보았어. 날씨가 이렇듯 따뜻해졌으니 저 '싫어요, 절대 안돼요'라는 키 보스의 말도 녹기 시작하지 않았을까 하고.

저녁 무렵, 케이젤스프라흐트를 따라 터벅터벅 걷는데 그 집이 눈에 들어왔지. 나는 초인종을 눌렀어. 그들은 식사 중이었는데, 들어오라고 하더군. 그곳에 얀과 박식한 교수도 있었지만 키는 없었지. 저마다 앞에 접시가 하나씩 놓여 있었는데 여분 접시는 없었어. 이 사소한 사실이 눈에 들어왔단다──그녀의 접시를 치워 집에 없는 것처럼 꾸몄던 거야. 하지만 나는 그녀가 거기에 있다는 걸 알 수 있었지. 나에게는 그것이 서투른 연기로 여겨졌어.

형식적인 인사말과 이야기를 좀 나눈 다음 나는 물었어. "그런데 키는 어디에 있습니까?" 스트리커 이모부는 내 질문을 아내에게 다시 전했어. "여보, 키는 어디 있지?" 그러자 그의 아내가 대답했단다. "키는 외출했어요." 나는 더 이상 묻지 않고, 교수와 내가 얼마 전 알티에서 보고 온 전람회에 대해 잡담을 나누었어. 그러다 교수는 자리를 떴고, 얀도 가고, 스트리커 이모부와 그의 배우자, 그리고 나만 남아 서로 경계하게 되었지.

스트리커 이모부는 성직자며 아버지로서 말하기 시작했어. 그 문제로 편지를 보내려던 참이었다며, 그것을 읽어주고 싶다고 했지. 하지만 나는 성직자님의 말을 가로막고 다시 물었어. "키는 어디에 있습니까?" 그녀가 이 도시로 돌아왔다는 걸 알고 있었거든. 그러자 스트리커 이모부는 "키는 자네가 여기로 온다는 소식을 듣자마자 집을 나갔네"라고 했어. 지금은 그녀 마음을 조금 이해하지만, 그때는 알지 못했다. 그리고 지금도 그녀의 냉담함과 쌀쌀맞은 태도가 좋은 징조인지 나쁜 징조인지 잘 모르겠어. 이 점은 너에게 분명히 말해두어야 해. 분명한 건 그녀가 겉으로든 본심으로든 내가 아닌 어느 누구에게도 그렇듯 냉담하고 쌀쌀맞고 예의없게 구는 것을 나는 한 번도 본 적 없다는 거야.

나는 말을 아끼고 냉정함을 유지했어. "그 편지를 읽어주시든 말든 저는 아무 상관없습니다."

그는 편지를 읽었지. 존사이며 석학인 사람이 쓴 것이었지만 사실 아무 내용도 없고, 다만 나에게 편지를 그만 보내라는 부탁과, 내 머리에서 이 문제를 떨쳐내기 위해 모든 수단을 동원해 노력하라는 조언이 있을 뿐이었어. 편지 낭독이 끝났을 때, 나는 교회에서 목사님의 목소리가 높아졌다 낮아졌다 마구 춤추다 마지막에 아멘 하는 소리를 들은 듯한 기분이었어. 나는 평소 설교를 들을 때처럼 냉정하게 있었지.

나는 최대한 차분하고 정중하게 말했어. "음, 이런 논의는 이제까지 들어왔는데, 그 다음은 어떻게 되나요?" 그러자 스트리커 이모부는 깜짝 놀라 눈을 들었지……그래, 그는 그 편지에 표현된 인간의 사고와 감정의 한계를 내가 전혀 이해하지 못한다는 사실에 놀란 것 같았어. 그런 대화가 이어지는, 중간중간 미나 이모가 아주 위선적인 말로 끼어들었지. 나는 좀 흥분해 자제심을 잃었고 스트리커 이모부 또한 자제심을 잃었단다——성직자의 체면이 허락하는 한도 안에서. "천벌받을 놈, 하느님 저주를 받아라!"라고 외치지는 않았지만, 성직자가 아니었다면 마땅히 그런 말이 튀어나왔을 만큼 화냈지.

내가 그들의 생각을 혐오하지만, 나름의 방식으로 아버지와 스트리커 이모부를 사랑하고 있다는 건 너도 알 거야. 그렇게 우리는 서로 양보하며 상황을 잘 마무리했고, 마지막에 그들은 자고 가라는 말까지 내게 해주었어. 나는 대답했지. "고맙습니다. 하지만 저 때문에 키가 집을 나갔다면 여기서 잘 수 없지요. 돌아가겠습니다." 어디서 잘 거냐고 두 사람은 물었어. "아직 모릅니다." 그들은 싸고 좋은 여관으로 안내해 주겠다며 고집부리셨어.

오, 이 늙은 두 사람이 그 춥고 안개낀 질퍽거리는 길을 나를 데리고 걷게 될 줄이야! 그리고 정말 아주 싸고 좋은 여관으로 나를 안내해 주었지. 나는 함께 가주지 않아도 된다고 완강히 말했지만, 두 사람은 기어이 데려다주겠다고 했단다. 테오, 나는 그런 그들에게서 무언가 인간적인 것을 느꼈고, 왠지 마음이 따뜻해졌어.

이틀 더 암스테르담에 머물며 스트리커 이모부와 대화했지만, 키의 얼굴은 끝내 볼 수 없었지. 그때마다 그녀는 모습을 감춰버렸던 거야. 나는 말했어—— 이제 다 끝난 문제라고 내가 인정하기를 당신들은 바라겠지만, 나는 절대 그럴 수 없으니 그런 줄 아시라고. 그러자 그들은 시간이 흐르면 그래야 한다는 걸 나도 절실히 깨닫게 될 거라고 완고하고 단호하게 말했지.

그 박식한 교수와도 몇 번 더 만났어. 그는 나를 생각보다 나쁜 사람 아니라고 여겼겠지만——하지만, 하지만, 하지만, 이 신사에 대해 내가 무슨 말을 더 할 수 있겠니! 당신도 언젠가 사랑에 빠지면 좋을 텐데, 라고 나는 그에게 말했어. 이런 상황이야. 교수들은 사랑에 빠질까? 성직자는 사랑이 뭔지 알까?

얼마 전 미슐레의 《여자, 종교, 사제》[1]를 읽었어. 이 책에는 현실감이 가득해. 하지만 현실보다 더 현실적인 게 뭘까? 인생보다 나은 삶이 어디 있을까? 또 살기 위해 최선을 다하는 우리는 왜 자기 마음대로 살지 못할까?

암스테르담에서 나는 별 성과 없이 사흘을 보냈어. 지독한 비참함을 느꼈지. 스트리커 이모부와 이모님의 어설픈 친절과 논의도 답답하게 느껴졌어. 마침

---

*1 정확한 제목은 《사제, 여자, 가족에 관하여(1845)》, 아셰트.

내 나 자신마저 성가시게 느껴져 스스로에게 물었어. "다시 우울증에 빠지고 싶은 거야?" 그리고 나 자신을 달랬지. "망연자실한 채로 있어서는 안돼."

그러던 일요일 아침, 그 집을 마지막으로 방문해 내가 말했어. "제 말 좀 들어보십시오, 이모부님. 만일 키 보스가 천사라면, 저에게는 너무도 고귀합니다. 제가 천사를 사랑할 수 있으리라고는 생각지 않습니다. 만일 그녀가 악마라면, 얽히고 싶지 않습니다. 지금 내가 보고 있는 그녀는 여자다운 정열과 변덕을 갖춘 여성입니다. 저는 그녀를 정말 사랑합니다. 이건 진정한 사실이고, 저는 그 사실을 기쁘게 생각합니다. 그녀가 천사나 악마가 되지 않는 한, 이 문제는 다 끝난 게 아닙니다." 스트리커 이모부는 이에 대해 대답하지 않고 여자다운 정열에 대해 뭔가 말했지만, 나는 그의 말을 잘 이해하지 못했어. 그런 다음 그는 교회에 가버렸지. 그곳에 들어가면 사람은 딱딱한 돌처럼 변해버려. 놀랄 건 없어. 나도 경험해 봐서 알거든.

문제의 인물, 네 형은 망연자실한 채로 있고 싶지 않았단다. 하지만 여전히 아무 생각 없이 머릿속이 멍했지. 마치 저 차갑고 딱딱한 하얀 교회벽을 바라본 채 아주 오랫동안 서 있었던 것 같은 기분이었어.

이야기를 계속하면, 테오, 사실주의 표방은 얼마쯤 위험한 일이야. 하지만 테오, 너도 사실주의자지. 그러니 나의 사실주의도 참아줘. 전에도 말했듯, 내 비밀은 너에게 비밀도 아니지. 지금도 그 말을 거둘 생각은 없어. 나에 대해 네 마음대로 생각해. 내 행동에 찬성하든 반대하든 상관없어.

이야기를 계속할게. 암스테르담에서 하를럼으로 가서 우리의 사랑하는 누이동생 빌레미나와 즐거운 시간을 보냈어. 그리고 함께 산책하고 저녁에 헤이그로 가서 7시쯤 마우베의 집에 도착했어.

그리고 나는 말했지. "마우베, 에텐으로 와서 팔레트의 신비를 조금이나마 저에게 가르쳐주기로 하셨지요? 그런데 2, 3일로 끝날 일이 아닌 것 같아 이렇게 댁으로 찾아왔습니다. 괜찮으시다면 4주나 6주 동안만이라도, 길든 짧든 원하시는 기간만큼 머물면서 어떤 작업들을 할 수 있는지 가르쳐주십시오. 이런 부탁을 드리는 게 정말 뻔뻔스러운 일이라고 생각하지만, 저는 시간이 그리 없답니다."

마우베가 "뭐 가지고 온 게 있나?"라고 물었지. "네, 여기 습작이 몇 점 있습니다." 그러자 그는 그 그림들을 칭찬해 주었어. 과분하리만큼 칭찬받았단다.

비판도 해주었지, 아주 조금이었지만. 그리고 다음날부터 우리는 정물을 그리기 시작했어. 그는 먼저 팔레트를 어떤 방법으로 잡는지 가르쳐주었어. 그뒤 나는 유화 습작을 몇 점 그리고, 수채화를 2점 그렸단다.

이것이 그날 있었던 일들이야. 손의 일과 머리의 일이 인생의 전부는 아니지.

나는 여전히 뼛속까지 악당, 즉 아까 말한 상상 속 또는 현실 속 교회 때문에 영혼에까지 스며든 악당을 느끼고 있었

▲《도자기와 나막신이 있는 정물》(1881)
크뢸러-뮐러 미술관, 오텔로

어. 나는 그런 치명적인 감정 때문에 망연자실하지 말자고 다짐했지. 그때 문득 이런 생각이 들었단다. '가끔은 여자와 함께 살아보고 싶다. 나는 사랑과 여자 없이 살아갈 수 없어.' 뭔가 무한하고 심오하며 진실한 것이 없다면 인생은 나에게 한 푼의 가치도 없다고.

나는 스스로에게 물어봤어. 너는 '그녀 아니면 안된다'고 말하지 않았어? 그런데 지금 다른 여자에게 가겠다는 말인가? 앞뒤가 맞지 않는군!

그에 대한 내 대답은──누가 주인인가? 논리인가, 나인가? 논리가 나를 위해 존재하는가, 내가 논리를 위해 존재하는가? 나의 부조리와 무분별 안에 조리와 분별은 정말 없는가? 내 행동이 옳든 아니든 나는 다르게 행동할 수 없다. 저 혐오스러운 벽은 나에게 너무 차가워. 나는 여자가 필요해. 사랑없이 살 수 없어. 하고 싶지 않고, 해서도 안돼. 나는 애욕을 지닌 남자야. 여자가 없으면 안돼. 그렇지 않으면 꽁꽁 얼든가 돌로 변해 망연자실하고 말 거야──였단다.

그때 나는 내 안에서 투쟁을 거듭했어. 이 투쟁에는 내 쓰라린 경험의 가르침도 얼마쯤 있어서 육체적, 위생적인 고려가 많은 부분을 차지했지. 여자없는 생활이 너무 오래되면 방해물을 피할 수 없는 법이야. 어떤 사람들은 하느님이라 부르고, 어떤 사람들은 더할 수 없이 높은 존재라 부르고, 또 어떤 사람들은 자연이라 부르는 게 불합리하고 인정사정없는 존재라고는 생각지 않아. 요컨대 나는 결론에 도달했지. 내가 여성을 찾을 수 있는지 한 번 해보자.

오, 그리 멀리 찾으러 갈 것까지도 없었어. 젊지도, 아름답지도, 재주도 없는 한 여자를 나는 발견했어. 아마 너도 조금은 알 거야. 그녀는 키크고, 다부진 몸매를 가졌어. 키 보스처럼 고상하지 않으며, 억척스럽게 일하는 손을 가졌지. 그녀는 거칠지도 비속하지도 않고, 어딘지 여성스러운 면이 있어. 그녀에게는 샤르댕, 프레르, 얀 스텐의 별나고 재미있는 인물상을 연상시키는 면이 있단다. 요컨대 프랑스 인이 여성노동자라고 부르는 그런 점이야. 그녀가 많은 고생을 해온 걸 한눈에 알 수 있었어. 흘러간 인생의 흔적이지. 오, 그녀는 고상하지 않은 아주 평범한 인간이었단다.

"모든 여자는 나이와 상관없이 그녀가 사랑하고 또 선량하다면 무한한 순간을 남자에게 줄 수 있다."

테오, 지나간 인생의 흔적을 지닌 그 형용할 수 없는 시든 얼굴은 나에게 한없는 매력을 느끼게 해. 오, 나에게 그녀는 아름다웠어. 그녀에게 페랭이며 페르지노를 연상시키는 뭔가가 있는 듯 보였지. 테오, 나는 순진하지도, 어리지도 않아. 나는 오래 전부터 성직자들이 그토록 저주하고, 높은 설교단에서 단죄하고 경멸하는 여성들에게 호의와 애착을 느꼈단다. 나는 그녀들을 저주하지 않아. 그녀들을 단죄하지도 경멸하지도 않아.

테오, 나도 30살이 다 되었어. 그런데 이제까지 애욕을 느낀 적 없겠니? 키 보스는 나보다 나이많아. 과거에 사랑을 알았으므로 나는 그녀가 좋아. 그녀는 숫처녀가 아니고 나도 미경험자가 아니지. 옛사랑에 매달려 살며 새로운 사랑은 알고 싶지 않다고 하는 건 그녀 문제야. 하지만 그녀가 끝까지 거기에 집착하며 나를 피한다면, 나는 내 에너지와 정신력을 그녀 때문에 질식시킬 수 없어. 싫어, 그러고 싶지 않아. 나는 그녀를 사랑해. 하지만 그녀 때문에 내가 얼어붙거나 내 정신이 마비되는 건 싫어. 우리에게 필요한 자극, 불꽃, 그것이 사랑이지! 결코 신비로운 사랑은 아니야.

그 여자는 나를 속이고 돈을 뜯어내려 하지 않았어——오, 그런 여자들을 사기꾼이라고 여기는 사람들은 큰 착각을 하고 있으며, 그녀들을 전혀 이해하지 못해. 그녀는 나에게 다정했지. 다정하고, 훌륭하고, 사랑스러웠어. 어떻게? 하지만 아무리 내 동생일지라도 이 이야기는 여기서 그만둘게. 내 동생도 분명 그런 경험을 했으리라 여기니까. 정말 멋진 경험이지!

우리가 돈을 많이 썼을까? 아니야, 나한텐 많은 돈 따위 없었어. "당신과 나는 서로 마음이 통하기 위해 취할 만큼 마실 필요도 없지요. 내가 절약할 수 있는 돈을 당신 주머니에 넣어두십시오." 나는 그녀에게 말했어. 가능하다면 더 돈을 아끼고 싶었지. 그럴 만한 여자였으니까.

우리는 이야기를 나누었어. 그녀의 인생, 걱정거리, 가난, 건강 등등. 그 대화는 박식한 학자처럼 행동하는 얀을 상대할 때보다 생동감이 넘쳤단다.

두서없이 이야기했는데, 그건 내가 지금 정에 굶주렸지만 어리석으리만치 감정에 휘둘리고 싶지 않는다는 걸 네가 알아주기 바라서야. 또 작업을 계속하기 위해 생명의 정열을 간직해야 해. 내 정신은 맑게, 몸은 건전하게 유지하고 싶어. 키 보스를 향한 사랑에서도 마찬가지야. 그녀 때문에 우울한 기분으로 작업하거나 갈팡질팡하고 싶지 않아.

너는 이해해 줄 거야. 너도 편지에 위생상 문제를 어느 정도 언급했었으니까. 요즘 너는 몸이 좋지 않다고 썼는데, 다시 건강을 회복하도록 최선을 다하렴.

성직자들은 우리를, 죄 안에서 잉태되어 태어난 죄인이라고 불러. 당치도 않아! 그 무슨 어이없는 헛소리람! 사랑하는 게 죄라니? 사랑을 원하고, 사랑없이 못견디는 게 죄란 말이니? 사랑없는 삶이야말로 죄이며, 부도덕해.

나는 신비적이고 신학적인 심오함에 속아 내 자신 안에 틀어박혀 있었던 그 시기가 너무 후회스러워. 그때로부터 나는 서서히 생각을 바꿔왔단다.

아침에 눈떠 새벽 어스름 속에서 네 옆의 동포를 보면, 세상은 한결 즐거워질 거야. 성직자들의 애인인 교훈적 일기며 하얀 교회벽 따위보다 즐겁지.

그녀*[1]는 검소하고 소박한 작은 집에 살고 있었어. 무늬없는 벽지가 차분한 회색 분위기를 자아냈지만, 샤르댕 그림 같은 따뜻한 느낌이었지. 마룻바닥에는 매트와 낡은 암적색 카펫 자투리, 흔한 요리용 스토브, 서랍달린 수납장, 군더더기없이 간소하고 커다란 침대 등이 놓여 있는, 요컨대 진정한 여성노동자의 방이야.

다음날 그녀는 세탁통 앞에 서서 일하고 있었어. 정말 완벽한 모습이었지. 보랏빛 웃옷에 검은 치마를 입은 그녀는 갈색 또는 불그스름한 회색 원피스를 입은 지금처럼 매력적으로 보였단다. 그녀는 젊지 않아. 아마 키 보스와 비슷한 나이일걸. 그녀에게는 아이가 하나 있었어. 그래, 인생의 지나간 흔적을 붙

---

*1 32살에 고흐를 만난 시엔은 5살난 딸을 거느린 임산부로, 헤이그 슬리케인데 13번지의 거칠고 황량한 어머니집에 살고 있었다.

들고 있었단다. 그녀의 젊음도 지나갔지. 지나갔을까? 세상에 늙은 여자는 없
어. 오, 그리고 그녀는 강하고 건강했어. 천박하지도 비속하지도 않았지.

탁월한 것을 중요하게 생각하는 사람들이 무엇이 탁월한지를 언제나 식별
할 수 있을까? 절대 아니야. 모두들 바로 코 앞에 있는 것을 못보고 높은 곳이
며 깊은 곳을 찾아헤매. 나도 가끔 그랬지.

나는 내 행동에 만족해. 내 일에 방해되는 것은 아무것도 없고, 내 용기를
빼앗을 일도 없었으니까.

키 보스를 생각하면 지금도 '그녀 말고는 안되고', '다른 여자를 찾고 있을
때'도 그녀에 대한 마음은 올 여름 그때와 똑같았어. 하지만 성직자들로부터
비난, 경멸, 저주받는 저 여자들, 내가 그녀들에게 흥미를 가진 건 어제오늘 일
이 아니란다. 사실 그녀들을 향한 내 사랑은 키 보스에 대한 사랑보다 훨씬 오
래됐어. 아무도 없이 혼자서 무엇을 해야 할지 몰라 시름시름 앓으며 비참한
마음으로 빈털터리로 거리를 헤매고 다닐 무렵, 나는 종종 그녀들을 보고, 그
녀들과 함께 지나가는 남자들을 부러워했지. 그리고 처지로 보나 생활경험으
로 보나 그 가난한 소녀들이 친동생처럼 느껴졌어. 이건 내가 예전부터 느껴
온 뿌리깊은 감정이야. 난 어릴 때도 반쯤 시든 여자들 얼굴을 한없는 공감과
존경을 담아 바라보곤 했었지. 그들의 얼굴에는 이른바 '인생과 현실이 여기를
지나갔다'고 씌어 있었거든.

하지만 키 보스에 대한 내 감정은 전혀 새로워. 그것도 모르고 그녀는 어떤 감옥에 갇혀 있지. 그녀도 가엾어. 자기 마음대로 할 수 없고 감정을 억누를 수도 없어 그녀는 포기하고 있는 거야. 그녀는 내 영향보다 성직자의 위선과 독실한 부인들 영향을 더 강하게 받고 있는 듯해. 나는 그런 위선을 속속들이 알므로 이제 그런 것들에 휘둘리지 않아. 하지만 그녀는 그것에 집착하고 있지. 만일 포기, 죄, 신 같은 사상체계들이 공허함을 깨닫게 되면 그녀는 견딜 수 있을까?

또 물타툴리가 그의 《무지한 자의 기도》를 마무리하면서 쓴 "오, 하느님, 하느님은 안계십니다"라는 말을 우리가 입에 담는 순간 비로소 하느님이 나타나시리라는 생각은 그녀의 머릿속에 절대 들어갈 수 없을 거야.

성직자들의 하느님은 나에게 이미 완전히 죽은 존재야. 그렇다고 내가 무신론자일까? 성직자들은 나를 그렇게 생각해——그러라고 해——하지만 나는 사랑하고 있어. 만일 내가 살아 있지 않다면, 또 만일 다른 사람들이 살아 있지 않다면 내가 어떻게 사랑을 느낄까? 우리는 살아 있기 때문에 그 안에 경이로운 뭔가가 있는 거야. 그걸 신이라고 부르든 인간본성이라고 부르든 다른 뭐라고 부르든, 거기에는 생동감 넘치고 진실하면서 나에게는 하나의 체계이며 정의할 수 없는 뭔가가 분명히 있어. 그래, 나에게는 그것이 하느님이야, 또는 하느님처럼 훌륭한 존재지.

이윽고 나에게도 어떤 식으로든 죽음을 각오해야 할 때가 오면 무엇이 나를 떠받쳐 계속 살아가게 해줄 것인지——이제 알겠지? 사랑에 대한 감정이 바로 그것 아니겠니?——도덕적 사랑이냐 아니냐는 내가 알 바 아니야.

난 절대적으로 키 보스를 사랑해. 하지만 나는 인생을, 그리고 진실한 뭔가를 믿기 때문에 지금 키 보스의 신이며 종교에 대한 생각과 내가 비슷한 생각을 하던 그 예전처럼 추상적으로 행동할 일은 없을 거야. 나는 그녀를 포기하지 않겠지만, 그녀가 겪고 있는 내면의 갈등은 끝내야만 해. 그러기 위해서 나는 참을 수 있어. 그녀가 지금 무슨 말을 하든, 무슨 행동을 하든 나는 화내지 않을 거야. 하지만 그녀가 그 옛날에 매달려 집착하는 동안 나는 일하고, 그림 그리고, 데생하고, 거래하기 위해 정신을 맑게 유지해야만 해. 그러니 나는 생명의 정열이 필요해서, 또 정신위생을 고려해서 그런 행동을 하는 셈이지.

내가 우울하거나 심각한 기분에 빠져 있는 게 아닐까 네가 다시 걱정하면 안되므로 이렇듯 이러쿵저러쿵 이야기하는 거야. 오히려 나는 많은 시간 유화 물감에 대해 생각하고, 수채화를 그리고, 아틀리에를 찾느라 바쁘게 지내고 있어. 테오, 알맞은 아틀리에를 찾아낸다면 정말 좋겠어.

이 편지도 결국 길어졌구나. 석 달 뒤 다시 마우베를 찾아가기로 했어. 그 석 달이 벌써 지나버렸으면 얼마나 좋을까! 그렇게 석 달이 지나면 좋은 결과가 나오겠지. 가끔 편지줘. 올 겨울에 이쪽으로 올 일은 없니?

아틀리에를 빌리는 일은 마우베에게 물어본 다음 결정하려고 해. 내가 바라는 평면도를 보내면 그가 직접 와서 봐줄지도 몰라. 하지만 아버지에게는 절대 말하지 마. 아버지는 예술과 관련된 문제들을 하나도 이해하지 못하니까. 의논을 줄이면 아버지도 그만큼 편해지실 거야. 나는 자립해서 자유롭게 살아가야 해——마땅한 일이지만.

키 보스가 자신의 과거에 파묻혀 오래된 죽은 관념에 집착하고 있는 걸 생각하면, 나는 가끔 몸서리가 쳐져. 그 안에는 어떤 운명적인 것이 있어. 자신의 생각을 바꾼다 해서 그녀가 잃을 건 없을 텐데. 그녀는 분명 다시 일어설 거야. 그만큼 그녀 안에 건전함과 활력이 있다는 거지.

3월에는 다시 헤이그로 갔다가 거기서 암스테르담으로 갈 거야. 지난번에 암스테르담을 떠나며 나는 다짐했었어. 무슨 일이 있어도 우울해지지 말자, 도리를 잃지 말자, 겨우 그런 일 때문에 이제 막 잘 풀리기 시작한 일을 망쳐서는 안된다고. 봄에는 딸기를 먹지. 그래, 삶에는 그런 때가 있어. 하지만 그건 1년 가운데 아주 짧은 시기이고, 아직 먼 이야기야.

넌 어떤 이유로든 내가 부러운 적 있니? 당치도 않지. 내가 추구하는 건 누구든지 찾을 수 있어. 너라면 아마 나보다 빨리 찾을걸. 오, 나에겐 뒤늦고 좁은 면이 너무도 많아. 어디에 문제가 있는지, 어떻게 하면 바로잡을 수 있는지 분명히 깨닫는다면 얼마나 좋을까. 하지만 유감스럽게도 인간은 자기 눈 안의 들보를 깨닫지 못하지.

곧 소식주기 바란다. 네가 내 편지 안의 낟알에서 독보리를 골라내주어야 해. 그 안에 조금이라도 좋은 낟알, 진짜 낟알이 있으면 좋겠어. 하지만 물론 내가 미처 깨닫지 못하는 부당한 것, 또는 좀 과장된 내용도 많이 있겠지. 사실 나는 학식있는 사람이 아니야. 엄청나게 무식하지. 다른 사람들과 마찬가지, 아니, 그들보다 심할지도 몰라. 하지만 그걸 스스로 판정하기란 불가능해.

하물며 타인을 판정하기란 더욱 불가능하지. 잘못을 저지르기도 한단다.

하지만 시행착오를 겪으며 우리는 올바른 길을 발견하지. "어떻든 움직이고 있으면 좋은 일이 생긴다."──J. 브르통이 하는 말을 어쩌다 엿들었어.

너는 마우베의 설교를 들은 적 있니? 나는 그가 몇몇 성직자 흉내를 내는 걸 들은 일 있어. 베드로의 배에 대해서도 설교했었지. 설교는 3부로 나뉘어져 있었어. 첫째, 그는 그 배를 얻었을까 아니면 유산상속했을까. 둘째, 할부로 샀을까 공동부담으로 샀을까. 셋째──무서운 생각이지만──그것을 훔쳤을까? 그는 이어서 '주의 선한 뜻'에 대해, 그리고 '티그리스와 유프라테스'에 대해 설교했어. 마지막으로 그는 안나*¹와 르콩트의 결혼축복식을 거행하는 스트리커 목사의 흉내를 냈지.

전에 아버지와 토론하다가 교회에서도, 그리고 설교단에서도 계발적인 이야기는 해도 좋지 않느냐고 내가 주장했다는 말을 하자 마우베도 그렇게 생각한다고 말했어. 또, 그는 베른하르트 신부님 흉내를 냈지. "하느님…… 하느님……은 전능하십니다. 하느님은 바다를 창조하셨습니다. 하느님은 땅을 창조하시고, 하늘과 별과 태양과 달을 창조하셨습니다. 하느님은 뭐든지 하실 수 있습니다……뭐든지, 모든 것을……아니, 하느님은 전능하시지 않습니다. 하느님에게도 불가능한 일이 하나 있습니다. 전능하신 하느님이 할 수 없는 그 일은──죄인을 내버려두지 못하십니다."

그럼, 안녕. 테오, 곧 편지 부탁한다. 마음 속에서 악수를.

너의 빈센트

고흐가 테오에게 169
1882년 1월7~8일

사랑하는 테오

너에게 상처주려고 편지를 반송한다고는 생각지 말아줘. 네 편지에 분명한 대답을 주는 데 가장 간단한 방법이라고 생각하기 때문이야. 네 편지가 손에 없으면, 내가 무슨 대답을 하는지 잘 알 수 없을 테니까. 번호순서로 찾아서 읽도록 해.

---

*1 빈센트의 사촌누이, 안나 카벤투스.

시간이 없어. 오늘 다른 모델이 또 한 명 기다리고 있거든.

파리 1882년 1월5일

사랑하는 빈센트

편지를 2통 받았습니다. 일이 어떻게 되어가는지 알려주어 고맙습니다. 형님이 헤이그에 정착해 다행으로 여기고, 스스로 돈벌 때까지는 되도록 금전적인 도움을 드리려고 합니다.

다만 형님이 아버지 어머니 곁을 떠난 속마음을 납득할 수 없습니다. (1)형님이 그곳을 견딜 수 없게 된 일은 충분히 이해되고, 시골에서 평생 살아 근대적 생활과 친숙해질 기회가 없었던 사람들과 견해가 다른 것도 당연한 일입니다. 하지만 그런 식으로 아버지 어머니의 생활을 괴롭게 만들다니, 그런 어린애스러운 뻔뻔한 행동을 어떻게 할 수 있지요?(2) 이미 지친 사람들에게 싸움을 거는 것만큼 쉬운 일은 없습니다.(3)

이 일에 대해 아버지가 편지하셨을 때 나는 하찮은 오해일 거라고 생각했지만, 형님은 "아버지와 나의 관계는 쉽게 회복되지 못할 거야"라고 편지에 쓰셨지요.(4) 아버지 성품을 모르십니까? 그리고 형님과 사이가 틀어지면 아버지가 살아갈 수 없으리라는 것을 모르십니까?(5) 형님은 무조건 이 문제를 해결할 의무가 있고, 이 문제를 그렇듯 난폭하게 처리한 것을 언젠가 분명 크게 후회할 겁니다.(6)

지금 형님은 마우베에게 완전히 빠져 있습니다. 누구에게나 같은 성질을 요구하므로, 조금 다르면 아무도 마음에 들지 않는 겁니다.(7) 자신은 더 자유로운 사고가 가능하다고 말하는 사람(8), 그 명료한 견해를 때로는 내심 부러워하는 사람, 그런 사람에게 하찮게 여겨지는 건 아버지에게 괴로운 일 아닐까요?(9) 아버지 인생은 아무 가치도 없습니까?(10) 형님 말은 이해할 수 없습니다(11). 가능하면 다시 편지 주십시오.(12) 마우베와 예트에게 안부 전해주세요.

테오

〔1월7~8일〕

사랑하는 테오

시간이 많지 않아 이렇듯 순서대로 쓰는 외에 다른 좋은 방법이 떠오르지 않았어.

(1) 나에게 속마음은 없어. 오히려 아버지가 여기 오셨을 때 마우베와 셋이서 에텐에 큰 아틀리에를 빌리는 일, 거기서 겨울을 보내는 일, 봄에는 헤이그로 돌아오는 일에 대해 의논했었지. 모델 문제며, 내가 규칙적으로 공부하고 발전을 보이기 시작한 게 에텐에서였음을 고려했기 때문이야. 그렇지만 나는 헤이그에 좀더 머무르고 싶었지——실제로 지금 여기에 있잖니. 하지만 브라반트의 인물을 계속 그리고 싶다는 의지는 꺾이지 않았어. 그리고 문제의 작업실——작아서 도저히 손보지 않고는 안될——일로 마우베가 함께 의논해주어 이미 그 일로 몇 차례 편지가 오갔는데 갑자기 그 계획에 찬물을 끼얹어 나는 분노를 참을 수 없었어.

인물공부를 계속하기 위해 너에게 자세히 써보냈던 편지를 떠올려주기 바란다. 나에게 그만한 뜻이 세워져 있는 일임을 오해의 여지없는 강한 어조로 아버지 어머니에게 설명해 달라고 너에게 부탁했던 그 편지 말이야. 그때 썼던 표현을 나는 기억해. 이미 발걸음을 내딛어 겨우 궤도에 오른, 더구나 몇 달이나 고생한 그 일을 아버지의 변덕 때문에 그만두는 건 경우에 어긋난다고 썼었지.

너도 잘 생각해 봐. 마우베가 많이 도와주지만, 여기는 집에 있을 때보다 힘든 점이 많아. 괴로움에 몸부림치며 어떻게 여기까지 왔는지 이상할 정도야.

(2) 내가 아버지 어머니의 생활을 괴롭게 만들었다는 그 표현은 사실 네 것이 아니야. 나는 그 표현이 오래 전부터 아버지 자신의 궤변(Jezuïtisme)임을 알고 있어. 그 말이 궤변임을 나는 알고 있으며, 그런 말로는 전혀 고민하지 않는다는 걸 아버지 어머니에게 분명히 전했지.

아버지에게 무언가 말씀드렸을 때 마땅히 대답할 말이 없으면 아버지는 늘 이런 궤변을 늘어놓으시지. 예를 들면 '네가 내 숨통을 죄고 있다'는 말을 신문 읽거나 담배피우며 아주 태연하게 하시는 거야. 무슨 마음으로 그런 말을 하시는 걸까 나는 생각하게 돼. 아니면 아버지는 노발대발 화내시지. 이런 상태가 되면 아버지는 자신에게 고분고분 순종하는 사람밖에 본 적 없기 때문에, 자신의 분노에 전혀 기죽지 않는 사람은 이상하게 생각되는 거야. 아버지는 가정 안에서 매우 예민하시고, 뭐든지 본인 맘대로 할 수 있다고 생각하셔. 그리고 당신이 우연히 생각해내신 표현 그대로 모든 것은 '이 집 안의 법도와 규칙' 아래 포섭되고, 나는 당연히 따를 의무가 있다고 생각하신단다.

(3) 노인에게 대드는 건 어려운 일이 아니라고 했지. 아버지가 노인이므로 나는 수백 번도 더 용서했고, 참을 수 없는 일도 참아왔어. 그렇지만 이번은 대드는 문제가 아니야. 그냥 '이제 질려버렸어!' 아버지는 이성과 상식에 귀기울이지 않으시므로 솔직히 말하는 게 낫다고 생각한 거야. 나 아닌 다른 사람도 가끔 속으로 그렇게 생각하곤 해. 그런 말을 솔직하게 입 밖에 내어 듣기 싫어도 듣게 한 건 잘한 일이라고 생각해.

(4) 쉽게 회복되지 않을 거라고 했었지. 형식적이라도 난 아버지에게 편지써서 사태를 정리하려 했어. 아틀리에를 빌리는 일, 새해인사, 그리고 새해를 맞아 앞으로는 싸우지 말자고. 이 문제와 관련해서는 이제 어떤 일도 하고 싶지 않아. 나로서는 더 할 일이 없어.

일시적 갈등이라면 상황이 달라졌을 거야. 하지만 그밖에 이런저런 문제가 있었지. 그동안 나는 더 조용하고 단호하게 아버지에게 많은 말을 했어. 하지만 존경하는 목사님은 그 말들을 흘려듣는 게 적절하다고 생각하시지. 그러니 내 인내심이 바닥나서 내뱉은 말이나 차분히 하는 말이나 똑같았을 거야. 다만 상황에 따라 입을 다물든지, 내 기분을 다른 말로 표현하지. 하지만 난 울컥해 평정심을 잃고 말았어. 그리고 감정적으로 대처해 버렸지. 이 점에 대해 사과할 생각은 없어. 아버지 어머니가 그런 생각을 바꾸지 않는 한 나도 전혀 바뀌지 않을 거야. 부모님이 좀더 인간적이고 세심하게 진심으로 나를 대하신다면, 그때는 나도 기꺼이 모두 없었던 일로 할 거야. 하지만 그렇게 되지 않을 것 같구나.

(5) 갈등이 해소되지 않으면 아버지 어머니는 살아가지 못할 거라고 했었지. 아버지 어머니가 만족스러운 노년을 보낼 수 있는데도 주위에 사막을 만들어 나쁜 노년을 자초했다는 게 맞는 말이야. 그리고 이제 나는 '참을 수 없다'든가 '숨통이 죄어온다'든가 '내 인생을 망쳐버렸다'는 표현에 무게를 두지 않아. 상투적인 표현일 뿐이니까. 부모님의 태도가 바뀌지 않으면, 자신들 스스로 때문에 쓸쓸하고 괴로운 나날을 맞게 되실 거야.

(6) 내가 후회하게 될 거라고 했었지. 전에는 이런저런 후회를 했고, 비탄에 빠지고, 몹시 고민하기도 했어. 부모님과 나 사이에 어찌할 수 없는 감정이 그만큼 쌓여 있었기 때문이야. 하지만 이제 아무래도 좋아. 그리고 솔직히 이제

나에게 후회의 감정은 남아 있지 않아. 해방된 감정만 있을 뿐이지. 나중에 내 잘못이라는 결론을 스스로 내리게 된다면, 그때는 후회하겠지. 하지만 그때까지는 다르게 행동할 방법이 있었으리라고 깨닫지 못할 거야. "내 집에서 썩 나가! 한 시간도 안돼, 30분 뒤가 더 좋겠구나"라는 단호한 말을 듣는다면 나는 15분 안에 사라져 두 번 다시 돌아오지 않을 거야. 너무 심한 말이었어. 경제적 문제도 있고, 앞으로 너에게 지금보다 더 부담을 주어서도 안되는데 이유없이 그냥 집을 나올 리 없잖니. 이 점은 꼭 알아줘. 하지만 "나가"라는 말이 아버지 입에서 나온 이상, 내가 가야 할 길은 뚜렷이 제시된 셈이야.

(7) 나는 마우베가 무척 좋고, 그와 마음이 통해. 나는 그의 일을 좋아하고, 그의 가르침을 받아 행운이라고 생각해. 그렇지만 마우베처럼 한 가지 방식이며 유파에 갇힐 수 없고,[*1] 마우베와 전혀 다른 작풍으로 작업하는 사람들도 좋아해. 나 자신과 나의 작업에 대해서는, 아마 마우베와 비슷한 점이 있을 거야. 하지만 차이점도 분명히 있지. 나는 누가 좋으면 진지하게 좋아해. 때로는 뜨겁게 열정적이고 적극적으로 좋아하지. 하지만 이성적으로 판단해서, 완벽한 사람은 그리 많지 않고 나머지는 모두 별볼일없는 사람이라고도 생각지 않아. 내가 그런 생각을 하다니 당치도 않지.

(8) 자유로운 사고라고? 나는 이 말을 싫어해. 더 좋은 말이 없어 가끔 어쩔 수 없이 쓰지만. 어떤 문제를 깊이 생각하거나 이성과 현명함에 귀기울여 행동하려 노력할 때는 최선을 다할 뿐이야. 한 사람의 가치를 완전히 묵살해 버리면 지금 말한 것과 정반대 일이 벌어질 거야. 물론 나도 가끔 아버지에게 "곰곰이 생각해 보십시오" "제가 보기에는 그 말도, 이 말도 옳습니다"라고 말하곤 했어. 하지만 이건 한 인간의 가치를 깔보는 말이 아니야. 내가 진실을 말하거나 발끈해 날카롭게 쏘아붙인 건 결코 아버지를 적으로 여겨서가 아니란다. 다만 그 일은 나에게 아무 소용 없었고, 아버지는 기분이 상하셨지.

---

*1 '마우베는 나에게 늘 석고모형으로 데생 연습해야 된다고 말했어. 나는 싫었지만 그래도 아틀리에에 석고로 만든 손이며 발을 몇 개 사다놓았지. 어느 날 그는 나에게 그 석고 데생 방법에 대해 미술학교 선생 같은 투로 떠들어댔어. 가만히 듣고 있었지만, 집에 돌아와 너무 화가 나서 그 꼴보기 싫은 석고모형들을 석탄상자에 던져버렸단다. 그뒤 나는 그에게 말했어──석고모형은 진저리나게 싫으니 나에게 그 이야기는 꺼내지도 말라고. 그는 편지로, 앞으로 두 달 동안 나와 상종도 하지 않겠다고 알려왔어'라고 고흐는 테오에게 쓰고 있다.

도덕이며 성직자들의 신앙말씀이 나에게 전혀 가치 없고, 내가 모든 세상일을 잘 아는 척 스스로 떠들어댄다고 아버지가 오해할지라도 나는 절대 그 오해를 풀어주지 않을 거야. 사실 나는 그렇게 말하고 싶은 심정이니까. 내가 평정심으로 있을 때는 그런 말 하지 않지. 아버지 어머니가 나를 억지로 교회에 끌고 가거나 그런 행동의 가치를 강요할 때, 그것은 논의할 가치없는 문제라고 말할 수밖에.

[(9)는 누락](10) 아버지 인생은 아무 가치 없느냐고 물었지. 이미 말했듯, '너는 나를 죽일 거다'라고 신문읽으며 말씀하신 30초 뒤 다른 광고에 대해 말한다면 그 표현이 부적절하고 호들갑스럽게 느껴지므로 나는 신경쓰지 않을 거야. 그런 또는 그 비슷한 말을 다른 사람들이 되풀이하고, 그들이 나를 살인자며 심지어 부모죽인 놈이나 다름없다고 생각하게 된다면, 그런 중상모략은 궤변에 지나지 않는다고 말할 뿐이야. 그리하여 그 살인자는 집을 나왔고 그 문제에 대해 신경을 껐으며, 그런 일에 마음쓰는 건 바보짓이라고 생각해.

(11) '형님 말은 이해할 수 없습니다'라고 했지? 그럴 거야. 편지는 문제를 서로 확실히 하는 수단으로는 빈약하니까. 게다가 시간도 걸리고, 너나 나나 바쁜 몸이지. 그러니 우리가 다시 만나 이야기할 수 있을 때까지 서로 조금씩 참아보자.

(12) 다시 편지를 보내라고? 물론이야. 하지만 어떤 식으로 쓰면 좋을지 너와 먼저 합의한 다음에 보내야겠어.

너는 일종의 비즈니스 스타일로 편지를 쓰라는 뜻이니? 건조하고 정확하게, 자기 말의 무게를 잘 헤아려 신중하게 선택해서? 그건 아무 말도 하지 말라는 뜻이나 다름없지. 아니면 내가 요즘 쓰는 식으로 계속 쓰기를 바라는 걸까? 마음에 떠오른 생각을 그대로, 자제심을 잃지 않도록 신경쓰지 말고, 생각을 드러내지 않게 애쓰지 말며, 너에게 이야기하는 식으로. 나는 하고 싶은 말을 분명히 자유롭게 쓰고 싶어.

네 편지에 대한 직접적인 답변은 일단 마칠게. 데생 등의 문제로 할 이야기가 있는데, 이게 바로 가장 하고 싶은 말이거든. 내가 이번 겨울을 에텐에서 지냈다면 훨씬 좋았겠지. 특히 경제적으로 편했을 거야. 그 생각을 하면 다시 우울해지니 더 생각하지 않겠어. 이미 이곳에 왔으니 어떻게든 지내는 수밖에. 이 문제로 다시 아버지에게 편지쓰는 건 불에 기름을 붓는 격이고, 나도 다시 화내고 싶지 않아. 나는 온 힘을 다해 이곳 생활과 작업에 몰두하겠어. 내가 하고 싶은 건 무엇일까? 에텐은 잃어버렸지, 헤이케도. 하지만 나는 그 대신 무언가 다른 것을 찾아낼 생각이야.

보내준 것, 정말 고맙다. 그래도 경제상황이 여전히 아주 어렵다는 건 굳이 말할 필요도 없지. 에텐에 있을 때보다 지출이 많아. 여유있으면 활발히 할 일을 절반도 못하고 있어.

하지만 내 아틀리에*¹는 점점 좋아지고 있어. 머지않아 너에게 보여주고 싶구나. 내가 그린 습작은 모두 벽에 걸었지. 너에게 보냈던 것도 되돌려주면 좋겠어. 아직 나에게 도움될지 모르니까. 모두 팔 만한 가치가 있는 건 아니며, 그 습작들의 단점을 모두 기꺼이 인정해. 다만 감동을 담아 그렸으므로 자연스러움은 갖추었지.

지금은 수채화를 그리려 열심히 시도하는 중이고, 잘하면 팔 수도 있을 거야. 테오, 내가 펜 데생을 들고 마우베를 찾아가 앞으로 목탄과 색연필과 붓과 찰필로도 그려봐야 한다는 말을 들었을 때, 나는 그 새로운 재료들과 씨름하며 공부했어. 내 인내심이 바닥날 정도였지. 가끔 화가 폭발해 목탄을 밟아뭉개고 풀죽기도 했어. 그래도 얼마 뒤 작품을 잔뜩 들고 마우베를 다시 찾아갔지. 물론 그는——너도 그랬듯——그 작품들이 당연히 받을 비판을 없애줄 점을 찾아냈어. 나는 겨우 한 발자국 내디뎠을 뿐이란다.

나는 다시 고군분투하고 실의에 빠진 인내와 초조함어린 희망과 고독의 시기에 들어와 있어. 나는 계속 싸워야만 해. 그러면 이제 곧 수채화 그리는 법도 더 잘 알게 될 거야. 너무 쉽게 바라는 대로 나아가면 재미도 줄어들지. 유화도 마찬가지야.

안타까운 건, 날씨가 좋지 않다는 거야. 올 겨울엔 기분전환하러 밖에 나가지도 못했어. 그렇지만 난 즐기고 있단다. 특히 아틀리에를 구해서 굉장히 기뻐. 커피나 차를 마시러 언제 오지 않을래? 빠를수록 좋아. 자고 가도 좋지.

---

*1 1882년 1월 고흐는 아틀리에를 빌린다 '알코브(침실, 서재, 서고 등의 반독립적 소공간으로 사용하는 방)였던 곳인데, 아틀리에로 개조할 수 있어. 그리 비싸지 않고 멀지 않아. 시외곽에서 조금만 걸으면 되고, 마우베의 집에서 10분쯤 걸려.' 마우베는 그의 이사를 돕고 100굴덴 빌려주었다. 고흐는 다시 삶의 기쁨을 발견했고, 아틀리에를 자랑스럽게 여겼다.

그러면 참 즐거울 거야. 꽃장식도 했어. 구근을 심은 화분 몇 개야.

그밖에도 아틀리에를 장식한 것들이 있어. 〈그래픽〉에 실렸던 아름다운 목판화 몇 점을 아주 싸게 샀거든. 그 가운데 몇 점은 판목을 직접 파서 제작한 거야. 모두 전부터 갖고 싶었던 것들이지. 헤르코머, 프랑크 홀, 워커, 그밖의 작가들 데생이란다. 브로크라는 유대인 책방에서 샀어. 5굴덴으로 산더미처럼 쌓인 〈그래픽〉과 〈런던 뉴스〉 더미에서 가장 좋은 것들을 골라냈단다. 무료숙박소 앞에서 기다리는 빈민들을 그린 파일스의 《떠돌이와 부랑자들》 같은 수려한 작품도 있어. 헤르코머 작품 2점은 대형이고 나머지는 소형이야. 프랑크 홀의 《아일랜드 이민자들》과 워커의 《낡은 문》, 그리고 특히 프랑크 홀의 《여자학교》와 헤이코머의 《폐병(廢兵)》. 그래, 정말 갖고 싶었던 작품들이야.

이 아름다운 작품들이 걸려 있으니 아늑하게 느껴져. 이런 흠잡을 데 없는 데생을 나는 아직 그릴 실력이 안되지만, 벽에 붙인 늙은 농부 데생은 내가 이 예술가들에게 열중하는 게 쓸데없는 행위가 아니라 사실적이고 정감있는 작품을 그리려 나 자신과 싸우는 노력임을 뒷받침해 준단다.*1 밭가는 사람이며 감자밭에서 일하는 남자모습을 그린 게 12점쯤 있어. 그것을 바탕으로 작품을 만들어낼 수 없을까 생각해. 예를 들면 아직 너한테 있는 자루에 감자를 담는 그림을 머지않아 완성할 거야. 이번 여름에 그 주제를 아주 주의 깊게 검토하여 이 모래언덕에서 땅과 하늘을 멋지게 그린 습작에 인물들을 대담하게 배치해 보았거든. 이런 습작들을 아직 너무 중시하지는 않아. 전혀 다른 방식으로, 더 완성도 높게 그려내고 싶어. 브라반트 사람들의 여러 모습을 그린 작품들에는 개성이 드러나 보이지. 과연 그것들이 이용가치 있는지는 뭐라고 말할 수 없어. 네가 보관하고 싶은 게 있으면 기꺼이 주겠지만, 그렇지 않은 건 돌려줘. 새 모델을 연구하다 보면, 이번 여름 그린 습작에 비율상 여러 문제가 있는 걸 깨닫게 될 거야. 그래서 나에게 아직 얼마쯤 도움될 것 같아.

---

*1 이 판화 작품들로 고흐는 자신이 나아가려는 목적—'사실적이면서 정감을 느끼게 하는 게 어떤 것인지 보여주려 했다.' 이 생각을 디킨스의 말을 인용해 더 자세히 설명한다. '디킨스는 노예처럼 모델을 추종하는 화가들의 잘못된 작업방식에 대해 말했어. "여러분의 모델은 여러분의 최종목표가 아니라 확고한 형태와 힘을 불어넣기 위한 수단임을 머릿속에 단단히 새겨주십시오." 내 생각에 여기에는 두 종류의 진실이 있어. 하나는 자신의 영감을 죽이고 모델의 노예가 되지 말라는 것, 또 하나는 모델을 고르고 철저히 연구하라는 거야. 그러지 않으면 영감은 아무리 시간이 지나도 조형적인 힘을 갖지 못해.'

네 편지가 마우베의 집으로 가서, 내 손에 들어오는 게 늦어져 나는 테르스티흐를 찾아가지 않을 수 없었어. 네 편지를 받기 전까지 쓰라면서 그는 25굴덴 주었지. 우리가 서로 합의한 다음 그와 협정맺는다면 사정이 좋아질 거야. 테오, 나는 내가 어느 수준까지 기대해야 할지 정확히 알고, 미리 어림잡아야 하며, 어떤 일을 벌여도 좋을지 아닌지 판단해야 해. 그러니 우리 사이에 서로 정확한 규칙을 정하면 좋겠어. 이 문제에 대해 편지보내주렴.

마우베는 나를 풀풀리의 준회원으로 곧 추천해 주겠다고 약속했어. 그러면 한 주일에 이틀은 그곳에서 모델 데생을 할 수 있고, 더 많은 화가들과 교제할 수 있지. 그리고 되도록 빨리 나는 정회원이 될 거야.

보내준 것들 고맙다. 그리고 나를 믿어줘. 악수를 보낸다.

너의 빈센트

고흐가 라파르트에게
1882년 1월15일 이전 일요일 저녁

나의 벗 라파르트

어제 자네 편지를 받고 무척 기뻤어. 동봉된 크로키들은 아주 좋았네. 특히 《묘지》가 매우 인상적이었지.

동생 테오가 수채화를 보고 간 뒤 다시 작업을 시작했네. 솔직히 내 습작을 두고 사람들이 웬만해선 초기작으로 여길 듯싶지 않네. 그만큼 작품들이 좋아보여 나는 큰 기대를 걸고 있다네.

요즘 이곳에서 네덜란드 데생 협회 전시회가 열리고 있는 걸 아나? 좋은 작품들이 많아. 특히 마우베의 《베짜는 여인》은 아직까지도 뇌리에 남아 있지. 이스라엘스의 유화소품들, 그밖에 뇌휘스, 마리, 뒤샤텔을 비롯해 많은 작가들이 전시회에 참여했네. 바이센브루흐도 빼놓으면 안되겠군. 이스라엘스가 그린 그의 훌륭한 초상화는 매우 독창적이고 진실한 느낌이었지.

메스다흐의 아름다운 해양화 대작 앞에서는 황홀할 뿐이었네. 한편 스위스를 배경으로 한 그의 데생 2점은 대담함은 표현되었으나, 숨결이며 감성이 배제된 졸작으로 보이더군. 많은 새끼들에 둘러싸인 B. 마리스의 암퇘지 그림도 아름답고, J. 마리스의 도시전망도 대작은 베르메르의 작품만큼 훌륭했지.

얼마 전 프랑스 미술전람회가 열렸네. 전시된 그림은 모두 개인 소장품들이

었다네. 도비니, 코로, J. 뒤프레, J. 브르통, 쿠르베, 디아즈, 자크, T. 루소…… 나는 감격과 동시에 하나둘 사라져간 이 거장들을 추억하며 좀 우울해졌지. 코로, 루소, 밀레, 도비니 모두 영면했네. J. 브르통, 뒤프레, 자크, 프레르는 살아 있지만 더 이상 붓과 씨름하지 않지. 모두들 죽음을 눈 앞에 두고 있어.

그들의 후계자들은 어떠할까? 과연 그들만큼 재능있고 노력할까? 진정한 현대의 거장이라고 불릴 만할까? 우리가 열정적으로 작업하고, 약해져서는 안 되는 이유가 바로 여기에 있다네.

새 아틀리에는 아주 마음에 들어. 가까운 곳에서 그림의 주제가 발견돼. 곧 한 번 들르게. 자네와 자네 작업들을 진심으로 보고 싶네. 올 수 없으면 편지로라도 알려주게.

테오가 안부 전하네. 자네 일은 잘 되어가고 있다고 전했지. 요즘은 거의 편지쓰지 못하고 있어. 이 글도 서둘러 쓰는 거라네.

자네의 성공을 간절히 바라네. 상상의 악수를 청하며, 믿음을 다하여.

빈센트

고흐가 테오에게 178
1882년 3월3일 금요일

사랑하는 테오

편지와 돈을 받은 뒤 날마다 모델을 불렀어.*¹ 작업에 완전히 몰두해 있지. 지금은 새 모델을 한 명 더 쓰고 있단다. 그런데 이 여성모델*²은 전에 한 번 대충 그린 적 있었어. 한 사람의 모델이라는 설명으로는 부족해. 한 가족인 세 사람을 그린 거야. 45살 여자——에두아르 프레르가 그린 인물과 닮았어. 그리

＊1 초기 작품에서 고흐는 풍경보다 인물화에 더 많은 흥미를 보였다. 정신적 효과뿐 아니라 기술적 효과를 위해 인물 데생에 특히 많은 힘을 쏟았다. '나는 이제까지 쉬지 않고 인물을 데생해 왔어. 풍경만 그렸다면 지금쯤 헐값에 팔릴 그림을 몇 점 완성했을지도 몰라. 인물화가 풍경화보다 시간도 걸리고 복잡하지만, 결국에는 훨씬 더 큰 효과를 거둘 수 있을 거야'라고 테오에게 쓰고 있다.

＊2 시엔의 어머니 마리아. 다음 문장은, 고흐가 그 가족들을 모두 그리고 있었음을 나타낸다. 천연두 자국 있는 여자는 시엔. 이때 《위대한 여인》《슬픔》 등이 그려진다. 한때 매춘부였고 '무척 다부진 몸매'였음에도 건강에 늘 좋지 않았던 그녀를 1923년 귀스타브 코키오는 '뚱보'라고 표현했지만, 고흐에게는 '거리여자'만의 매력을 갖춘 보기드문 모델이었다.

고 30살된 그녀의 딸, 그리고 10살에서 12살쯤 된 어린아이야. 가난한 사람들로, 흔쾌히 아주 기쁘게 승낙해 주었어. 포즈를 잡는 게 쉬운 일은 아니야. 그들에게 정기적으로 일을 주겠다고 약속했어. 나도 바라던 바야. 잘한 일이라고 생각해. 젊은 여자는 천연두 자국이 남아 있고 아름답진 않지만 자태가 우아하며 매력적이야. 게다가 훌륭한 옷들을 갖고 있지. 검은 메리노 옷, 세련된 스타일의 보닛, 아름다운 숄 등.

돈 문제는 걱정하지 않아도 돼. 작품이 팔리는 대로 하루에 1굴덴 주기로 그들과 협정맺었어. 당장은 조금 주지만 나중에 보상한다고도 했지. 내 데생을 사줄 사람을 어떻게든 찾아야 해.

여유만 있다면 지금 그리는 작품들을 다 갖고 있고 싶어. 1년 지나면, 작품 그 자체는 변함없더라도 얻어지는 이익은 더 많아질 거라고 생각하기 때문이야. 지금 상황에서는 적어도 테르스티흐가 가끔씩 사준다면 아주 기쁘겠어. 단, 그가 그것을 되팔지 못하는 경우 다른 작품과 교환해 주는 조건으로. 테르스티흐는 시간나는 대로 보러 오겠다고 약속했지.

내가 그 작품들을 갖고 싶은 이유는 간단해─나는 인물들을 하나하나 데생할 때 늘 더 많은 사람을 배치한 구도, 예를 들면 삼등대합실이나 전당포의 실내 구도를 염두에 둬. 이런 대형 구도 작품은 천천히 만들어지지. 바느질하는 세 여자를 그린 데생 1점을 완성하려면 적어도 90명을 그려야 하거든. 문제는 그거야.

코르 숙부의 친절하고 짧은 편지를 받았어. 곧 헤이그를 방문해 나를 만나러 오겠다고. 이번에도 약속에 불과하겠지만, 어떤 진전이 있을지도 모르지.

앞으로 그림상인과 화가 뒤를 따라다니는 짓은 그만둘 생각이야. 모델 뒤만 쫓아다녀야지. 모델없이 그리는 작업은 결정적으로 잘못된 일이라고 여기기 때문이야.

테오, 어떤 빛이 비쳐드는 건 기쁜 일이야. 그리고 지금 나는 어떤 빛을 보고 있어. 사람을 그리고, 생명을 그리는 일이 즐거워. 어렵고도 멋진 일이지.

내일은 아이들이 두 명 올 거야. 비위를 맞춰주며 그려야 해. 생명을 가진 존재가 아틀리에에 와주면 좋겠어. 그래서 여러 모로 이웃들과 사귀는 중이지. 다음 일요일에는 고아원에서 한 소년이 올 거야. 스타일이 좋지만, 안타깝게도 이 소년은 아주 잠시밖에 그릴 수 없어. 나는 지나치게 형식적인 사람과

그리 잘 지내지 못하므로 가난한 사람들, 이른바 서민들과 사귀는 게 편해. 손해도 이득도 보지. 나는 순리에 따르려고 다짐해──한낱 예술가로서 내가 이해하며 표현하고 싶은 그 세계에서 살아가는 게 마땅하고 정당하다, '사악한 마음을 가진 자에게 치욕있으라'.

다시 새로운 달이 되었어. 돈받은 지 아직 한 달도 지나지 않았지만, 좀더 빨리 보내줄 수 없을까? 100프랑 모두 당장 필요한 건 아니고, 나머지를 보내줄 때까지 충분히 작업할 수 있는 만큼만. 지난번 편지에서 네가 목록을 만들지 않으면 돈을 보내줄 수 없다고 해서 이런 말을 하는 거야.

여성모델에게 돈을 늦게 줘야 한다고 생각하니 내심 충격이었어. 그들은 정말 궁핍해. 이제까지 그들에게 규칙적으로 주었는데, 다음 주부터는 그럴 수 없지. 하지만 어쨌든 모델은 쓸 수 있어. 늙은 여자도 젊은 여자도 아이들도.

최근에 브레이트너가 너에 대해 이야기했어. 뭔가 켕기는 일이 있으며, 네가 그 때문에 화낸다고 생각하는 것 같았어. 내 생각에 그는 네 데생을 1점 갖고 있는 것 같아. 무슨 일이 있었는지 정확히 모르지만. 그는 대형작품을 그리는 중이야──다양한 모습의 사람들이 득실거리는 시장을. 어젯밤 나는 그와 함께 다양한 인물들을 찾으러 거리로 나갔어. 나중에 작업실로 불러서 그리기 위해서야. 나는 이 방법으로 앞서 말한 데생들을 그렸지. 이건 정신병원이 있는 헤스트에서 본 노파야.

그럼, 안녕. 답장 기다리마.

너의 빈센트

덧붙임 : 이번 주에는 방세를 냈어. 잘 자렴. 벌써 2시지만, 아직 작업이 끝나지 않았단다.

고흐가 테오에게 192

1882년 5월3~12일

(이 편지 내용에 대해 마우베에게 무엇을 물어도 좋지만, 그 이상은 삼가주기 바란다.)

사랑하는 테오

오늘 나는 마우베를 만나 아주 불쾌한 대화를 나누었어, 그 결과 우리 사이가 완전히 틀어져버렸음을 알게 되었지.*¹ 마우베는 한번 내뱉은 말을 절대 취소하지 않아. 적어도 그럴 마음이 없는 건 분명해.

나는 그에게 내 작품을 보고 여러 문제에 대해 이야기나누자고 부탁했는데, 마우베는 차갑게 거절했어. "결코 자네를 보러 가지 않을 거네. 다 끝이야." 그리고 나에게 '비열한 놈'이라고 말했지. 이 말에 나는 돌아섰지. 모래언덕에서 였는데, 나는 혼자 걸어서 집으로 돌아왔어. 마우베는 내가 '나는 예술가다'라고 말했다며 화내고 있어. 나는 이 말을 취소하지 않을 거야. 나의 이 말은 '이미 절대적인 발견을 했다는 게 아니라 언제나 탐구를 계속하고 있다'는 뜻이었으니까. '나는 알고 있다. 나는 그것을 발견했다'라는 말과는 정반대 뜻이지. 내가 아는 한 그 말은 '나는 탐구하고 있다. 고군분투하고 있다. 진심을 다해 작업하고 있다'는 뜻이야. 테오, 나도 귀가 있어. 누군가에게 '비열한 놈'이라는 말을 들으면 다음에 어떻게 해야 할까?

나는 돌아서서 혼자 돌아왔어. 마우베가 나에게 그런 말을 했다고 생각하니 마음이 무거웠지. 그에게 해명을 요구하지도, 변명하지도 않을 거야.

그래도, 그렇지만! 마우베가 그 말을 후회해 줬으면 좋겠어. 그들은 나에 대해 어떤 의심을 품고 있는 듯해. 그런 분위기가 느껴져. 빈센트는 뭔가 감추고

---

*1 석고모형 사건 뒤 두 사람은 저마다 모래언덕을 산책하다 맞닥뜨렸는데, 화해하려는 고흐의 노력에도 마우베는 적의에 가득한 거센 반발로 대했다. 회화에 대한 사고방식과 관점에서 비롯된 이 두 사람의 불화를 3년 뒤 라파르트, 또 6년 뒤 고갱과의 불화와 비교해 보는 일도 매우 의미 있을 것이다.

있다, 떳떳하게 드러낼 수 없는 뭔가를 등 뒤에 감추고 있다고…… 좋소, 신사 여러분. 그들은 예의와 품격을 중요하게 여겨. 그건 옳은 생각이야. 다만 그들이 실질적으로 그렇다면 말이지. 어쨌든 그런 그들에게 말하고 싶어—여자를 버리는 것과 오갈 데 없는 여자를 거두어주는 것 가운데 어느 쪽이 더 고상하고 섬세하며 남자다운 행동일까, 라고.

이번 겨울에 임신한 한 여성*¹을 알게 되었어. 한 남자의 아이를 가지고 버림받았지. 임신한 여자가 빵을 얻으러 한겨울에 길거리로 나서는 게 얼마나 힘든 일인지 너도 알겠지? 나는 겨우내 그녀를 모델로 작업했어. 그녀에게 충분한 모델료를 주지 못했어. 그래도 그녀의 집세는 내줄 수 있었지. 그리고 감사하게도, 내 빵을 그녀와 나눔으로써 그녀와 그녀 아이를 굶주림과 추위로부터 보호해주었어. 이 여자를 처음 보았을 때 나는 다른 것들이 보이지 않았지. 그녀가 병에 걸린 듯 보였기 때문이야.

나는 그녀가 씻을 따뜻한 물을 주고, 내가 할 수 있는껏 가장 영양가 있는 음식을 주었어. 그리하여 그녀는 몰라보게 건강해졌지. 나는 그녀와 함께 레이던에 있는 산부인과 병원을 다녀왔어. 그녀는 거기서 아기를 낳을 거야.

그녀는 병이 있으니 아기가 건강하지 않은 것도 당연해. 그녀는 수술받아야 하는 상태였어. 집게로 아기의 위치를 바꿔주어야 했지. 하지만 그녀는 사태를 잘 헤쳐나갈 테고, 6월쯤 출산할 거야.

조금이라도 가치있는 남자라면 이 상황에서 누구나 나처럼 행동했을걸. 아주 단순하고 마땅한 일을 했을 뿐이므로 내 마음 속에 묻어두었어. 그녀에게는 모델일이 무척 어렵겠지만, 곧 익숙해졌지. 좋은 모델이 생겨 내 데생도 발전했단다. 그녀는 이제 길들여진 비둘기처럼 나를 따라. 나도 한 번쯤은 결혼할 수 있지. 따지고 보면 이 여자와의 결혼만큼 좋은 일이 있을까? 그녀를 구원할 유일한 길이잖니. 그 방법이 아니면 그녀는 다시 가난을 못이기고 예전생활로 돌아갈 수밖에 없어. 불구덩이로 뛰어드는 것이나 마찬가지야. 그녀는 돈이 없어. 하지만 모델 일로 돈벌도록 내가 도와줄 수는 있지.

나는 내 그림작업에 대한 갈망과 야심으로 가득해. 마우베에게 버림받은 충격이 너무 커서 유화와 수채화는 당분간 그만두었지. 만일 그가 생각을 바꿔

---

*1 시엔.

준다면, 나는 용기내 다시 시작할 거야. 이제는 붓을 쳐다볼 수조차 없어. 붓을 보면 신경이 예민해진단다.

테오, 마우베의 행동에 대해 뭔가 정보를 알고 싶으냐고 내가 썼던가? 아마 이 편지를 받으면 너도 사정을 알게 되겠지. 넌 내 동생이야. 내가 너에게 개인적인 이야기를 하는 건 당연한 일이지. 나를 '비열한 놈'이라고 부르는 사람과는 당분간 말을 섞을 수 없어.

달리 어찌할 도리가 없었단다. 꼭 그렇게 해야 함을 깨닫고 나는 행동했던 거야. 나는 그림을 그렸어. 그리고 아무 말 하지 않아도 이해해주리라고 생각했지. 내가 마음설레던 또 다른 여성에 대해서도 잊지 않았어. 그렇지만 그녀는 멀리 떨어져 나와 만나기를 거부했지. 이번에 만난 여성은 한겨울에 병들고 굶주린 채 임신한 몸으로 길거리를 돌아다니고 있었어. 나는 달리 어떻게 할 수가 없었단다.

마우베와 테르스티흐, 그리고 테오, 너는 내 빵을 손아귀에 쥐고 있어. 그걸 나한테서 빼앗을 셈이니? 아니면 나에게 등을 돌리겠다는 거야?

할 말은 다 했어. 이번에는 그 대답을 기다릴 차례야.

빈센트

덧붙임 : 습작을 몇 점 보낸다. 이 그림을 보면 그녀가 모델이 되어준 게 얼마나 다행한 일인지 알게 될 거야. 나의 데생은 '나의 모델과 나'를 그린 거란다. 하얀 보닛을 쓴 여자는 그녀 어머니야. 하지만 이 3점은 다시 돌려주었으면 해. 1년쯤 지나면 화법이 꽤 변해 있을 테고, 지금 공들여 그리는 이런 습작을 바탕으로 작품을 제작해야 하기 때문이란다.

공들여 그린 습작임을 알 수 있겠지? 실내며 대합실 같은 곳을 그릴 때 이런 습작들이 도움될 거야. 세세하게 그릴 때 이 습작들을 참고할 수 있으니까. 내가 시간을 어떻게 쓰고 있는지 너에게 보여주어야 할 것 같아 보내는 거야. 이런 습작에는 오히려 꾸밈없는 기법이 필요해. 어떤 효과를 노리고 그리면 이런 습작들은 나중에 도움되지 않을 거야. 너에게도 스스로 납득되리라 생각해.

몸을 수그리고 있는 여자가 그려진 것과 같은 종이를 구하고 싶은데, 되도록 표백하지 않은 아마 빛깔이 좋겠어. 그 두께의 종이는 이제 한 장도 남지 않았어. 분명 더블 앵글 지라는 이름이었던 것 같은데, 여기서는 구할 수 없어. 그 데생이 그려지는 과정을 헤아려보면 얇은 종이에는 그릴 수 없었으리라는 걸 이해할 거야. 검은 메리노 옷을 입은 작은 인물도 1점 보내고 싶지만, 둥글게 말 수가 없어. 커다란 사람 옆에 의자를 그린 건 아직 완성되지 않았단다. 거기에 오래된 떡갈나무의자를 그려넣을 생각이거든.

고흐가 테오에게 193

1882년 5월14일

사랑하는 테오

지금까지 내가 써온 이야기의 정황을 더 자세히 설명한다면, 너는 분명 사태의 근본을 이해해 줄 거야. 그리고 암스테르담 방문 이야기는 분명하게 밝혀두어야만 해. 다만 부탁하고 싶은 건, 네 의견에 반대하더라도 나를 막돼먹은 놈이라고는 생각지 말아달라는 거야. 그리고 동봉해준 50프랑, 무엇보다 정말 고마워.

이런 문제는 분명히 말해두지 않으면 의미없어. 만일 네가 나에게 굴복하라고 요구한다면 침묵을 지키겠지만, 네가 그렇게 나오리라고 생각지 않아. 그리고 너는 일 아닌 인생 문제에 대처하는 능력은 아직 성숙지 못한 점이 많다고 말해도 아마 부당하다고 생각지 않을 거야. 너의 일하는 능력이 나보다 몇 배 뛰어난 건 무조건 인정해. 이 점에서 이렇다저렇다 이야기할 생각은 없어. 특히 네가 나에게 여러 가지로 설명해 줄 때면 오히려 나보다 지식이 많다고 느끼곤 해. 하지만 애정문제에서는 네 생각에 깜짝 놀랄 때가 많지.

기분나쁘게 생각지 말았으면 좋겠는데, 또 있어. 너의 이번 편지로 분명해진 건 네가 마우베며 테르스티흐 같은 계급 편에 서 있고, 나와는 다른 행동양식을 지녔다는 거야. 그래서 네가 그들과 잘 어울릴 수 있는 거지. 나는 달라. 그 계급 밖의 일을 너는 선입견을 가지고 표면적으로 보고 있을 뿐이야. 너의 이번 편지는 나에게 이런저런 생각을 하게 해주었단다.

나는 착각하고 있었던 듯한데, 내가 거부당하는 진짜 이유는 다음과 같아. 가난한 사람이 있는데——물론 이 사실만으로도 그는 아웃사이더야. 그러므로 마우베의 말을 그대로 받아들이거나, 내가 지금까지 고생해온 일을 테르스티흐가 돌이켜 생각해 주리라고 잠시나마 추측해 본 건 큰 착각이었고 짧은 생각이었지. 요즘은 돈만이 예전 최고권력자가 지녔던 권리를 가지니까.

한 사람에게 맞서는 건 치명적이야. 그러면 어떤 반응이 나올까—반성하는 대신 한방 날리지. 즉 '이제 그놈 작품은 사지 않겠다'든가 '이젠 도와주지 않겠다'든가 하는 형태로. 그러니 나도 내 목을 걸고 네 말에 맞서는 셈이야. 하지만 테오, 달리 어떻게 해야 할지 나는 모르겠어. 내 목이 날아가야 한다면, 기꺼이 목을 내밀게.

넌 내 처지가 어떤지, 내 생사가 너의 도움에 달려 있다는 것도 알아. 나는 이러지도 저러지도 못하고 있지. 좋아 테오, 만일 내가 너의 편지에 대해 네 말이 옳으며 시엔을 버리겠다고 대답한다면—첫째로 나는 너와 사이좋게 지내려 거짓말하는 것이고, 둘째로 어쩔 수 없이 혐오스러운 행동을 하게 될 거야. 또 만일 네 뜻을 거슬렀다가 네가 테르스티흐며 마우베와 같은 태도로 나온다면, 그건 내 목이 걸린 문제가 되겠지.

그렇게 해야 한다면, 부탁이니 내 머리를 날려버려. 아니면 결과는 더 나빠질 거야. 그러니 간단한 메모로 몇 가지를 분명히 설명하도록 할게. 어쩌면 네가 도움을 거두는 원인이 될지도 모르지만, 그것을 잃고 싶지 않다고 해서 진실을 숨기는 건 음흉한 방법인 것 같아. 오히려 위험을 무릅쓰는 편이 낫다고 생각해. 네가 아직 이해하지 못하는 걸 잘 알게 되면 시엔도, 그녀 아이와 나도 안정된 생활을 하게 될 거야. 그렇게 되기 위해서는 내가 용기내어 말해야만 해.

키 보스에 대한 내 감정을 표현하기 위해 나는 분명 '그녀 아니면 절대 안된다'고 말했어. 그리고 그녀는 '싫어요, 절대 안 돼요'라고 대답했지만, 내가 그녀를 단념해야할 만큼 강한 어조는 아니었지. 나는 아직 희망을 갖고, 거절당했어도 내 사랑은 사라지지 않았어. 거절은 얼음조각처럼 녹아없어질 거라고 생각했지.

하지만 속마음은 편하지 않았어. 그녀가 침묵하며 한 마디도 해주지 않아 나는 긴장감 속에서 견딜 수 없었어. 나는 암스테르담으로 갔지. 거기에서 이런 말을 들었어. "네가 찾아와서 키는 집을 비웠어. 그건 '그녀 아니면 절대 안된다'는 네 말에 '그는 아니에요, 분명'이라고 대답하는 것이다. 네 집념에 구역질나." 나는 손을 램프 불에 대고 "이 손을 불에 집어넣고 있는 동안만이라도 그녀를 만나게 해주십시오"라고 말했어. 나중에 테르스티흐가 그을린 내 손을 본 것도 이상한 일이 아니야. 그들은 램프 불을 불어 껐어. 그리고 그녀를 만나게 해줄 수 없다고 말했지.

그뒤 나는 그녀 오빠와 이야기했는데, 그는 공식적이든 비공식적이든 해결 방법은 돈뿐이라고 말했어. 공식적이든 비공식적이든 비열한 이야기인 건 마찬가지지. 암스테르담을 뒤로 하며 나는 노예시장에 다녀온 기분이었어. 참으로 가혹한 시간이었지. 특히 내가 그녀에게 억지부리고 있다고 말했을 때, 나는 그들이 사람 죽이는 말을 하고 있다는 생각이 들었고, 나의 '그녀 아니면 절대 안된다'는 마음도 사라져버렸음을 느꼈단다.

그뒤 얼마쯤 지나 나는 사랑이 말라죽어가는 것을 느꼈어. 어떤 공허함, 헤아릴 수 없는 공허감이 밀려왔지. 물론 하느님을 믿어. 사랑의 힘을 의심하지 않았지만, 뭐랄까 "나의 하느님, 어찌하여 나를 버리시나이까!"라는 기분이 들어 모든 게 허무하게 느껴졌지. 나는 내가 착각에 빠져 있었다고 생각했어……
"하느님, 하느님은 없습니다!"

암스테르담에서의 그 차갑고 끔찍한 응대는 나에게 너무 가혹했어. 마침내 나는 눈을 떴지. 스트리커 목사님과 테오도루스 반 고흐 목사님은 토가*¹를 두른 백발의 모습이 아주 고귀해 보이지만, 설교단 위에서도 집 안에서 떠들어대는 그런 사랑에 대해 설교할 수 있을까? 그렇지 못할걸. 나는 예언자의 말도 떠올렸어. "이스라엘의 늙은이들아, 어둠속에서 무엇을 하고 있느냐?" 이 말은 돈에 조종당하는 배신자 성직자들에게 하는 말이야.

이제 지긋지긋해. 그뒤 마우베가 나를 위로하고 용기를 주었지. 나는 온 힘을 다해 작업에 몰두했어. 그리고 마우베에게 버림받아*² 며칠 동안 앓고 난 1월 끝무렵 시엔을 만난 거야.

테오, 너는 내가 정말로 키 보스를 사랑했다면 지금처럼 행동하지 않았을 거라고 말하겠지? 하지만 암스테르담에서 있었던 그 일 뒤로 내가 아무것도 못하는 상태로 계속 있었어야 했을까?—내가 절망에 빠진 채로 있었어야 하는 거야? 왜 정직한 사람이 절망을 맛봐야 하지?—나는 죄인이 아니야—나는 이런 도리에 어긋난 대우를 받을 행동은 하지 않았어. 이번엔 그들도 할 수 있는 게 없을 거야.

*1 고대 로마 시민이 몸에 둘렀던 긴 겉옷.
*2 석고모형사건 뒤의 일을 가리킨다.

그들이 나보다 한 수 위인 건 틀림없어. 암스테르담에서 내 뒤통수를 친 걸 보면. 하지만 이번에는 그들에게 충고를 부탁하지 않을 거야. 나는 어린애가 아니니까. 대체 내가 자유롭게 결혼해도 되는지 안되는지 묻고 싶어——예스야, 노야? 노동자 옷을 입고 노동자처럼 생활해도 되겠습니까?——예스야 노야? 내가 누구에 대해 의무를 지고 있나? 누가 나에게 강요하지? 나를 방해하는 사람은 누구든 죽어버려!

테오, 난 이제 지쳤어. 곰곰이 생각하면 이해될 거야. 아버지나 스트리커 이모부, 테르스티흐 그리고 또 누가 있는지 모르겠지만, 그들은 예의범절을 잘 안다고 자부하면서 난폭하고 위선적이고 불성실하게 나를 다루고 있어. 거기에 내 마음은 증오를 느껴. 후회 따윈 조금도 하지 않으며, '내가 한 이런 일은 나쁜 행동이었다'고 솔직하게 돌이켜 말하는 일도 절대 없어. 그들은 너무 많은 동의를 얻고, 대다수 사람들이 무엇을 원하는지 잘 알고, 세상과 우호적인 관계를 유지하고 있어.

그것을 즐기고 있는 한, 그들은 자신이 옳다고 여기며 마지막 순간까지 탈 없이 조용하게 잘 살겠지. 그렇다면 그들 마음대로 하도록 내버려둬. 난 말릴 능력도 없는걸. 하지만 나는 나 자신의 양심에 따르고, 또 그렇게 해야 해. 누군가가 "너는 잘못된 길을 걸어왔다"고 말한다 해서 내 길이 정말 잘못된 걸까? 코르 숙부도 테르스티흐와 목사님들처럼 올곧은 길을 자주 언급해. 그렇지만 코르 숙부는 드 그루에 대해서도 나쁘게 말하므로 그는 대체 어떤 사람일까 생각하게 돼. 앞으로는 코르 숙부가 제멋대로 떠들도록 내버려둘 생각이야. 내 귀에도 못이 박혀버렸어. 잊으려고 나는 모래땅의 오래된 나무줄기 옆에 누워 그것을 데생하고 있어. 린넨 작업복을 입고 입에 파이프를 물고서 깊고 푸른 하늘과 이끼와 풀을 바라보고 있지.

이러고 있으면 신경이 진정돼. 예를 들면 시엔이나 그녀 어머니를 모델로, 내가 그 비율을 재며 검은 의상의 주름 아래 길고 굴곡있는 몸의 윤곽을 은근히 표현하려 애쓸 때처럼 마음이 안정되는 것을 느껴. 그때 나는 코르 숙부며 스트리커 이모부며 테르스티흐로부터 몇천 리 떨어져 아주 행복해. 하지만——오, 그 다음에는 근심걱정이 파도처럼 밀려와 돈에 대해 이야기하거나 써야 하지. 그러면 다시 문제가 출발점으로 되돌아간단다.

테르스티흐도 코르 숙부도, 나의 '길'에 대해 잔소리하지 말고 내 데생에 힘을 보태주면 얼마나 좋을까 생각해. 너는 말하겠지, 코르 숙부는 그러고 있지 않느냐고. 주문받은 그림이 왜 아직 완성되지 못하고 있는지 그 이유를 들어줘. 마우베는 나에게 말했어—자네의 그 숙부님은 아틀리에를 방문한 김에 이 주문을 했을 뿐 그리 중요한 의미 없고, 이 주문이 처음이자 마지막이며, 앞으로는 아무도 자네에게 관심갖지 않을 것임을 알아야 한다고.

테오, 너만은 알아주기 바라는데, 나는 이런 일들이 견딜 수 없어. 이런 말을 들으면 내 손은 마비된 것처럼 축 늘어져버려. 특히 코르 숙부가 예의범절 어쩌고 할 때와 똑같아.

나는 코르 숙부에게 30굴덴에 12점의 데생을 그려주었어. 1점에 2굴덴 반이지. 어려운 작업이었어. 30굴덴 가치 이상의 노동을 했단 말이야. 나는 그것을 자선이라고 생각할 이유가 없어. 게다가 이미 6점의 작품에도 많은 노력을 들이고 있었거든. 그 작품들을 위해 나는 습작을 했지—그런데 작업이 중지되고 말았어. 나도 새 작품을 위해 노력했단 말이야. 게으름피우지 않았어. 그리고 나는 마비되어버렸단다. 그런 일에 마음쓰지 않겠노라고 다짐하지만, 신경의 예민함이 사라지지 않고, 다시 작업에 손대려 하면 처음으로 되돌아가고 말아. 그러니 이렇게 된 이상 방향을 바꿔 다른 일을 시작하지 않을 수 없게 되지.

나는 마우베를 이해할 수 없어. 그는 차라리 처음부터 참견하지 않는 게 친절했을 거야.

코르 숙부를 위한 데생을 그리는 게 좋을까, 그러지 않는 편이 좋을까? 너라면 어떻게 충고하겠니? 사실 나는 어떻게 해야 할지 모르겠어.

예전에는 화가들 사이에 다른 감정이 작용하고 있었어. 지금 그들은 서로 함께 식사하거나 별장을 갖거나 출세를 꿈꾸는 대단한 양반들이지. 나는 헤스트나 어느 초라하고 질퍽거리는 어두운 잿빛 뒷골목에 있는 게 좋아. 그런 곳은 절대 질리지 않거든. 하지만 대단한 집에 있으면 따분하고 지루해하는 게 나쁜 일처럼 여겨져. 그러므로 그런 집은 내가 있을 곳이 아니며, 그런 곳에 더 이상 가고 싶지 않은 거야.

다행히도 나에게는 일이 있어. 하지만 그 일로 돈을 벌기는커녕, 오히려 일하기 위해 돈이 필요하지. 그래서 힘들어. 1년, 아니면 얼마나 걸릴지 모르지만, 나는 저 헤스트나 어느 다른 거리를 내가 보는 그대로 그릴 수 있게 될 거야.

그러면 테르스티호 등도 친절해지겠지. 그때 나는 그들에게 큰소리치며 말해 주겠어. "내가 어려울 때는 못본 척하더니! 뉘신지 모르지만, 방해되니 그만 돌아가시지."

어째서 내가 벌벌 떨어야 하는 거니? 테르스티호가 '매력없다'느니 '팔리지 않을 것'이라느니 해도 상관없어. 나는 무기력해지면 밀레의《밭가는 사람》이며 드 그루의《빈민석》을 감상해. 그러면 테르스티호는 보잘것없는 사람이 되어 그의 헛소리는 들을 가치 없고 내 기분은 가벼워져 파이프에 불을 붙이고 다시 데생을 시작하지. 하지만 그 순간 어떤 '문명'인이 내 앞길을 가로막는다면, 그 사람은 정신이 번쩍 드는 소리를 듣게 될지도 몰라.

너는 묻겠지, 그것이 너에게도 해당되느냐고. 내 대답은——"테오, 나에게 빵을 주고 도움준 게 누구지? 바로 너야. 그러니 너는 해당되지 않아."

그런데 가끔 이런 생각이 문득 들곤 해. 어째서 테오는 화가가 되지 않는 걸까? 언젠가는 그 문명인가 뭔가도 그를 질리게 만들지 않을까? 나중에 그가 자신이 가치있는 것을 추구하기 위해 문명을 버리지 않았던 것, 기술을 습득하고 익히지 않았던 것, 아내를 맞거나 화가작업복을 입지 않았던 것을 후회하지 않을까? 하지만 그런 것에는 내가 모르는 이유가 있을지도 모르지.

네가 지금까지 사랑의 기술을 배웠는지 나는 모르겠어. 아니꼽게 들리니? 내 말은, 사랑이 무엇인지 인간이 가장 잘 느끼는 건 한 푼 없는 빈털터리로 병상 한구석에 앉아 있을 때라는 거야. 봄에 딸기를 따며 걷는 것과는 차원이 다르지. 딸기는 며칠이면 다 딸 수 있어. 달은 대부분 어두운 잿빛이야. 하지만 그 어둠 속에서 어떤 새로운 것을 배울 수 있지. 나는 네가 그런 것쯤 알리라는 생각이 들 때도 있고, 모른다는 생각이 들 때도 있어.

나는 가정생활의 여러 애환을 겪어보고 싶어. 그것을 나 자신의 체험으로 그려내기 위해서야. 암스테르담에서 돌아왔을 때, 나는 진실하고 그토록 정직하고 강했던 내 사랑이 글자 그대로 사라져버린 것을 느꼈어. 하지만 죽음 뒤에는 부활이 있지. 나, 되살아나리.

그럴 때 나는 시엔을 만났어. 망설이거나 뒤로 미룰 여유 없이 나는 행동에 옮겨야 했어. 그녀와 결혼하지 못할 바에는 혼자 두는 편이 친절했을 거야. 하지만 일단 행동에 옮기면 깊은 단층이 입을 벌리지. 나는 그곳에 몸을 던져야 해. 그건 금지되지 않았어. 세상은 잘못이라고 말하지만, 잘못이 아니야. 나는 한낱 노동자로 살아가는 거란다. 나한테는 그게 어울려. 전에도 그러기를 바랐지만, 그때는 행동으로 옮기지 못했지.

네가 나를 위해, 이 단층 너머로 계속 손을 내밀어주면 좋겠어. 나는 한 달에 150프랑이 들 거라고 했고, 너는 더 필요할 거라고 말했어. 잠깐만! 구필에서 나온 뒤로 여행할 때 말고는 한 달 평균지출이 100프랑 넘은 적은 한 번도 없었어. 구필에서 처음 30굴덴 받았고, 나중에는 월 100프랑이었으니까.

요 몇 달 동안 식구들을 먹여 살리느라 씀씀이가 커진 건 사실이야. 너에게 묻고 싶은데, 이런 지출이 합당하지 못한 것일까? 아니면 분수에 맞지 않는 일일까? 내가 어디에 돈쓰는지 네가 알면 좋을 텐데. 지난 여러 해 동안 10프랑도 안되는 금액밖에 들어오지 않은 때가 얼마나 많았던지! 게다가 가끔 여행으로 지출이 생겼을 때도 나는 외국어를 배워 성장할 수 있었잖니. 그런 것이 다 헛된 돈이었을까?

이제 앞으로 똑바로 나아갈 길을 닦고 싶어. 결혼을 뒤로 미루면, 내 마음가짐 속에서 뭔가가 일그러져 나에게 반발하겠지. 그녀도 나도 결혼하면 허리띠 졸라매고 절약할 거야. 나는 벌써 30살이고, 그녀는 32살이야. 우리는 이제 어린애가 아니지. 그녀 어머니와 아이에 대해 말하면, 아이는 그녀의 모든 주름살을 없애주는 존재란다. 나는 어머니가 된 여성을 존경해. 그리고 나는 그녀의 과거를 묻지 않아. 그녀에게 아이가 있는 건 기쁜 일이지. 그건 그녀에게 더없는 체험을 준단다. 그녀 어머니는 아주 부지런하고, 아이가 여덟이나 되는 가정을 몇 년 동안 먹여 살렸으니 훈장감이지. 그녀는 남에게 의존하기 싫어해 밖으로 나가 일해서 생계를 꾸리고 있어.

지금 밤늦게 편지쓰고 있어. 시엔은 건강이 좋지 않아. 아기를 낳으러 레이던에 곧 가야 해. 횡설수설하는 걸 용서해 다오. 난 너무 피곤하거든. 하지만 네 편지를 받고 바로 답장쓰고 싶었단다.

암스테르담에서 그토록 단호하게 거부와 문전박대를 당했는데 더 이상 매달리는 건 바보짓일 거야. 그렇다 해서 내가 절망하거나 물 속으로 뛰어들었어야 할까? 결코 그렇지 않아——만일 내가 시시한 남자였다면 그럴 수도 있었겠지. 나는 새로운 인생을 시작했지만, 의도한 게 아니라 새로 시작할 기회가 생겼고 내가 거부하지 않았기 때문이야.

하지만 이제 사정이 달라졌어. 시엔도 나도 서로를 더 잘 이해하게 되었어.

남들이 뭐라든 우리는 신경쓰지 않아. 물론 사회적 지위를 유지할 마음도 없어. 세상사람들의 색안경에는 익숙하니까. 내가 해야 할 것은 내가 속한 계급사회를 빠져나오는 일이지──아주 오래 전에 나를 쫓아낸 그 사회에서. 하지만 그들이 할 수 있는 건 거기까지야. 그 이상은 아무것도 할 수 없어. 나의 개인적 자유는 누구도 침범할 수 없고, 아버지가 나를 정신병원에 가두려 했던 그 헤르 사건 때 나는 분명히 말했어.

그녀도 나도 성인이니 반대하더라도 아버지는 법에 따라 거부해야 하고, 판사의 판결도 있어야 해. 그럴 필요 없이 조용히 사태가 해결되기를 바라.

함께 살려면 아마 좀더 기다려야겠지. 주위상황이 너무 좋지 않으니까. 결혼은 아무에게도 알리지 않고 조용히 할 거야. 누가 뭐라고 해도 신경쓰지 않겠어. 그녀는 로마 가톨릭이니 더 간단해. 어쨌든 교회가 이러쿵저러쿵하는 건 문제되지 않으니까. 그녀도 나도 교회와 얽히고 싶지 않아.

너무 단호하다고 너는 말하겠지? 그러면 어때. 나는 오로지 그림그리는 일밖에 몰라. 그녀도 규칙적으로 모델이 되는 일에만 마음써.

어떻게 우리 옆집으로 옮겨갈 수 없을까?[1] 딱 좋은 크기인데. 다락방을 침실로 꾸밀 수 있고, 아틀리에로 쓸 방은 널찍하고 환해. 지금 집보다 훨씬 좋지. 하지만 가능할까? 살 곳이 굴밖에 없다 해도, 그녀와 함께 할 수 있다면 가난하더라도

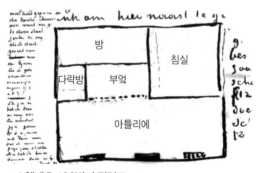

▲스헹베흐 136번지 평면도

내 집에서 빵껍질을 씹는 게 좋아.

그녀는 가난이 어떤지 잘 알고, 나도 그래. 가난에는 유리한 점도 불리한 점도 있지만, 두려워하지 않고 일단 부딪쳐볼 거야. 바다가 위험하고 폭풍우가

---

*1 폭풍우가 휘몰아쳐 아틀리에가 있는 Schenkweg 138번지 집의 창문이 깨어진 뒤, 고흐는 136번지가 비어 있는 사실을 알게 된다. 이 집은 대문이 따로 있고 창문없는 내실과 부엌, 또 다른 방, 다락방, 그리고 북서쪽으로 창문이 셋 있는 아틀리에로 쓸 곳이 있다고 테오에게 평면도를 그려보낸다.

무서워도, 어부들은 자신들이 육지에 있어야 할 만큼 위험하다고는 생각지 않아. 어부들은 원하는 자를 기꺼이 인도해줘. 폭풍우도 일게 두고, 밤의 장막도 내리게 두지. 위험과 위험을 무서워하는 것 가운데 어느 쪽이 나쁠까? 나라면 현실 그대로, 다시 말해 위험 자체를 선택하겠어.

안녕, 테오. 밤이 깊었어. 내 편지를 보고 화내지 말아줘. 피곤해도 쓰고 싶었지. 이 점을 참작해 줘. 내 생각을 더 명석하고 부드럽게 표현해야 했다고도 생각해. 하지만 이 문제로 기분 나빠하지는 마. 그리고 나를 믿어줘.

언제까지나 너의 빈센트

덧붙임 : '내가 거스르면 테오는 도움의 손을 거둘 것이다'라는 생각은 쓸데없는 걱정일지도 모르지. 생각이라기보다 그런 기분이 들어. 하지만 테오, 나는 그런 사례를 자주 보고 들었으므로 너에 대해 방심하지 않을 테고, 네가 그렇게 나와도 화내지 않을 거야. '테오는 아무것도 이해하지 못한다. 모두 똑같이 행동하고 있다. 배려가 부족해서지 악의가 있는 건 아니다'라고 나는 생각하기 때문이야.

만일 네 도움을 잃지 않는다면 전혀 기대 밖의 일이고, 생각지도 못했던 행운이야. 나는 위기 속에서 오래 살아왔고, 시엔도 마찬가지지. 그녀에게 늘 말하곤 해, 아무 대책 없이 쫓겨나는 날이 올까봐 벌벌 떨고 있다고. 그렇지만 정말 그런 순간이 올 때까지 너에게는 말하지 않고 있어. 만일 네 도움이 계속된다면 우리에게 위로며 은총이야. 기대도 희망도 없었던 만큼 기쁨으로 설레는 은총이 되겠지. 지금도 나는 그 문제에 대해 생각지 않으려 애쓰며, 그 생각을 되도록 떨쳐내고 있어. 그동안 그 문제와 관련해 너에게 약한 모습을 보이지 않으려고 차분한 글씨로 편지썼지.

올겨울 마우베를 통해 직접 겪은 경험은 공부가 되었어. 덕분에 나는 최악의 사태……너로부터의 사형선고, 즉 네가 도움을 끊는 사태도 미리 각오할 만큼 마음의 준비가 되었어. 너는 지금까지 그런 적이 언제 있었느냐고 말하겠지. 하지만 언제나 조금씩 늦게 그것을 받으면서 나는 생각했었단다─'테오는 아직 모르지만 언젠가 헤아려 알게 될 거다, 그런 파국을 앞두고 어찌 한가롭게 있을 수 있겠는가, 최악의 경우에 대한 각오는 해두자.'

드디어 그 파국이 닥쳐왔지만, 예측도 낙관도 할수없어. 시엔에게는 이렇게 말했지. "당신이 레이던으로 가기 전까지는 도와줄 수 있을 거야. 하지만 퇴원해 돌아올 때 내가 과연 어떤 상태일지는 알 수 없어. 다만 내가 가진 건 모두 당신과 아이와 함께 나눌 거야." 시엔은 자세한 사정을 모르고, 또 알려고도 하지 않아. 다만 내가 그녀에게 무엇이든 털어놓는 줄 알고 있으며, 결국 어떻게 되든 나와 함께할 생각이야.

너의 이번 편지에 달린 덧붙임을 읽고 생각해 봤어…… 무슨 의미일까…… 지금까지는 네가 모든 사정을 알게 되면 나와 인연끊으리라 생각했었어. 그래서 하루하루 최악의 경우에 대한 어두운 공포 속에 살았고, 그 공포에서 해방된 느낌이 아직 없지. 또 날마다 하는 작업도, 값을 다 치를 수 없을 만큼 많은 그림도구를 주문할 용기도 없고, 물감을 사용하기 시작할 용기도 없어. 마우베며 테르스티흐의 동정에 기댈 수 있었다면 작업을 착착 진행했을 테지만 그러지도 못하는 형편이지. 그들의 친절은 표면적인 것이고 그들의 불친절은 깊은 곳에 뿌리내린 것 같아.

"이제 다 끝이야"라는 마우베의 말을 나는 심각하게 생각했어. 하지만 그건 그가 그 말을 했을 때가 아니었지——그때 나는 아무 감정도 드러내지 않고 의연하게 듣고 있었어, 고문당하면서 '아프지 않다'고 말하는 인도인들처럼. 그런데 내가 석고모형을 석탄상자에 집어던졌다는 이유로 그는 '앞으로 두 달 동안 자네를 보지 않겠네'라는 편지를 보내왔지. 나는 늘 생각하고 있었어. 마우베에게도 테르스티흐에게도 아무것도 기대할 수 없다고. 그러니 내가 시엔을 무사히 레이던으로 보내기 전까지 테오가 필요한 비용을 보내주면 얼마나 좋을까. 그러니 이 일을 테오에게 설명하고, 내가 이러저러한 일을 하고 있으니 조금만 기다려달라고 말하자.

알아주겠니? 마우베가 다음과 같이 말했을 때 내가 그에게 한 말을 너에게도 해줄게. 그는 말했지. 이제 다 끝났다고——최악의 사태에 대비한 듯한 도전적인 말투로 차갑게 빈정거리면서 아주 진지하게. 인정사정없이 혐오하듯, 가볍지 않은 아주 진지한 말투로.

시엔의 끔찍한 긴장감을 경험하고 그녀를 구원한 뒤, 내가 이렇게 말할 것을 이해해 주겠니?——"신사 여러분, 여기 내 목이 있습니다. 나는 여러분에게 사실을 숨기고 돈을 뜯은 죄로 스스로 유죄를 인정합니다. 하지만 구해야 할 사람의 목숨이 있었고, 구원해야만 했습니다. 자, 여러분이 나에게 선고하듯 나는 유죄이고, 항의할 마음은 없습니다. 여러분 돈에 대해 나는 작품을 제공합니다. 하지만 그것이 충분치 못하다면 나는 유죄이고, 달리 갚을 길도 없습니다. 나는 여러분의 무자비함을 받아들일 각오가 되어 있고, 감히 자비를 바라지도 않습니다. 그런 것은 기대하지 않고, 어떻게 해야 받을 수 있을지도 알지 못합니다……" 자, 어때?

"나는 최악의 사태를 각오하고 있으며, 조금이라도 그것이 완화되기를 바라는 희망도 없습니다." 이건 어떠니? 분명히 말해줘.

내가 시엔을 도움으로써 신용을 잃어버렸다는 건 나도 잘 알아. 그리고 내가 신용을 잃은 걸 네가 알면 나를 어떻게 할 것인지는 계산에 넣지 못했고, 지금도 그렇지 않아. 하지만 나는 그녀를 그 운명에 내맡길 수 없었고, 내 목이 날아갈지라도 그녀를 구원하고 싶었어. 내가 지금 사형선고*¹를 받았는지는 아직 모르겠구나. 예스야, 노야? 예스라면 "죽음을 앞둔 자들이 폐하께 인사드립니다."*² 엄지손가락이 움직이는 게 보이는구나. 하지만 위로 움직이는지 아래로 움직이는지는 모르겠어.

너의 빈센트

고흐가 테오에게 198
1882년 5월14일

사랑하는 테오

네가 5월13일에 쓴 편지를 받았는데, 내 편지와 엇갈린 듯하구나. 몇 가지에 대해 너에게 급히 설명할 필요가 있을 것 같아. 네 편지 내용의 여러 점들을 나는 분명 높이 평가해. 예를 들어, '어떤 계급을 다른 계급보다 우위에 두는 건 편협하고 수치심 모르는 이들의 행동'이라는 것 말이야. 하지만 세상은 인간 안의 '인간성'에 대해서가 아니라 그 사람이 이 세상에 있는 동안 지닌 돈과 재산의 많고 적음에만 관심보이고 경의를 표하지. 세상은 무덤 저편에 관심없어. 세상은 자기 발이 닿는 곳의 일밖에 모르는 거야.

그런데 나는 그 사람 자체에 대한 공감이나 반감으로 그들을 대하지, 그들의 환경에는 관심없어. 하지만 어쨌든 어느 정도까지는——사정이 허락한다면

---

*1 Pollice verso, 싸움에 진 검투사를 죽이라는 뜻으로 엄지손가락을 아래로 내리는 신호.
*2 Morituri te salutant.

더 많은 점에서 양보하겠지만——'타인이 너무 많은 관심을 갖지 않도록 보편적인 체재를 유지해 자기 일에 대한 개입을 피하는 사람도 많다'는 너의 말에 따라 행동할게. 즉 타인의 분노를 사지 않기 위해 이런저런 행동도 하지 않도록 다짐하고 모든 걸 순리에 맡기겠다는 거야.

하지만 정말 중요한 문제에서는 여론에 따른 행동도, 혼자 흥분에 취한 행동도 안돼. 모든 도덕의 바탕에 있는 기본, 즉 '네 이웃을 네 몸같이 사랑하라'는 말에 따라야 하지. 하느님께 떳떳한 행동——정의롭고 진실하게 행동하라는 거지. 지금 시엔과 마주앉아 이런 식으로 자문자답하고 있어. 처음에는 나를 도운 사람이 이번에는 죽게 내버려두는데 그것을 좋게 생각할 수 있겠는가? 그럴 바에는 차라리 처음부터 내버려두지, 시작한 일을 마무리 못하는 건 사실 기만행위라고.

시엔의 첫아이 아버지도 네 편지와 똑같은 논법이었어, 테오. 내 생각에 그건 완전히 틀렸어. 그는 아주 친절했지만, 아이와 함께 그의 곁에 있을 때도 그녀와 결혼하지 않았지. 그의 신분이며 집안 때문에 결혼할 수 없다는 거야. 그때 시엔은 어렸어. 그녀 아버지가 세상떠난 뒤 그를 만났지. 지금은 아는 일도 그때는 몰랐어. 그리고 그가 죽자 그녀는 자식 딸린 천애고아, 오갈 데 없는 거지가 되었던 거야. 어쩔 수 없이 길거리로 나서야 했고, 병에 걸려 병원에 수용되었어. 그리고 수많은 비참한 일들⋯⋯

그의 행동은 하느님 앞에 나아가면 단죄받을 짓이었어. 하지만 세상의 눈으로부터는 용서받았지. '남자는 여자에게 돈을 주었으니까.' 하지만 죽음에 직면해 틀림없이 후회나 회한을 느꼈으리라고 생각되지 않니?

그런데 세상에는 가끔 그와 대조적인, 이를테면 나 같은 성격도 있어. 그 남자가 '정의'에 개의치 않았던 것처럼 나도 세상사람들 말에 개의치 않아. 그는 정의로워 보이기만 하면 되었듯, 나도 세상평판 따위는 전혀 신경 쓰지 않아. 여성을 기만하거나 버리지 않는 게 내게는 가장 중요해. 키 보스처럼 그녀가 나와 어떤 관계도 갖기를 거부한다면, 나는 내 사랑이 아무리 강하더라도 강요하지 않을 거야. '그녀 아니면 절대 안된다'고 내가 말했는데 그녀가 '그는 절대 싫다'고 대답한다면, 나는 가슴 속에 차디찬 공허감을 품고 곧바로 물러날거야. 나는 강요하지도 버리지도 않지만, 내가 강요당하고 버림받을 때는 항의할 거야.

내가 결혼한 여성이 다른 남자와 짜고 나를 속인 걸 알게 된다면, 나는 쉽사리 양보하지 않고 그녀가 정상적 생활로 돌아오도록 최대한 노력한 다음 그녀와 헤어질 거야. 이제 결혼에 대한 내 의견과, 내가 얼마나 진지하게 생각하는지 알겠지?

나는 시엔과 만났어. 임신하고 병든 몸으로 추운 길거리에 있었다는 건 너도 아는 그대로야. 나는 혼자였지. 그때 나는 암스테르담에서, 너에게 편지로 알린 경험을 한 바로 뒤였어. 나는 그녀가 좋아졌어. 당장 결혼하고 싶었던 건 아니지만, 그녀를 더 잘 알게 되자, 구원하려면 진지하게 대해야 한다는 걸 분명히 깨달았지. 나는 그녀에게 솔직히 말했어──여러 문제에 대한 내 의견, 그녀 입장과 나의 입장, 가난하지만 호색한은 아닌 나와 함께 살겠는가, 그럴 수 없다면 모든 건 끝이라고. 그러자 그녀는 "당신 곁에 있겠어요. 당신은 아직 가난뱅이지만"이라고 했어.

이것이 지금까지의 일이야. 그녀는 얼마 뒤 레이던으로 갈 거야. 그녀가 돌아오면 결혼하려고 해. 그러지 않으면 그녀와 내 입장이 미묘하게 어긋나버릴 거야. 그것만은 피하고 싶어.

그런 다음 나는 능숙한 그림장인이 되는 거야. 그 수작업을 그녀가 도울 테고, 내 작품은 너에게 갈 거야. 첫해에는 아마 나도 그녀도 도와주는 다른 사람들에 의지해 살아야 하겠지. 적어도 첫해만큼은 내가 최선을 다할 테고, 내 안의 어떤 데생력──물감으로 그려낼 힘도 있다고 생각하지만──이 마침내 모습을 드러낼 거야.

테오, 나는 지금의 내 행동이 가족을 모욕한다고는 생각지 않아. 그리고 우리 가족이 내 바람을 받아들여주기를 기도해. 그렇지 않으면 너와 나도 서로 대립하게 되어, 서로 돕고 존경하는 사이로서 나는 이미 그녀 것이 되었으니 누구 때문에 그녀를 버리는 일은 없을 거라고 내 의견을 말할 거야. 앞으로는 그녀를 버리라는 말이 누구 입에서도 절대 나오지 못하게 할 생각이야. 그리고 그것이 '고집'도 '아집'도 아님을 너는 깨닫게 될 거야.

나는 그녀 과거를 잘 알고, 그녀도 내 과거를 잘 알아. 만일 우리 가족이 내가 그녀를 유혹했다 말하고, 또 실제로 내가 그랬다면, 그래서 의절당한다면 나는 몹시 우울해지겠지. 하지만 결혼을 약속한 여성에게 내가 충실했다는 이유로 의절당한다면 나는 가족들을 경멸할 거야.

화가의 아내는 아무나 될 수 있는 게 아니야. 그녀는 흔쾌히 승낙했어. 그녀는 날마다 열심히 배우고 있지. 그녀에게는 좀 특이한 버릇이 있어 그 때문에 다른 사람들 빈축을 받아온 건 나도 알고 있어. 하지만 테르스티흐 같은 사람은 오히려 나와 그녀를 같은 잣대로 바라보며 "그 여자는 성격이 혐오스럽고 불쾌한 구석이 있다"고 말할걸. 그보다 좋은 평가는 나오지 않겠지.

물론 나도 세상이며 사람들에 대해 알므로, 내 결혼에 반대하는 사람이 한 명도 없었으면 좋겠다는 욕심은 부리지 않아. 그러니 적어도 내가 훌륭한 화가가 되어—또는 한낱 데생가로 끝날지도 모르지만—그런 사람이나마 되려고 최선을 다해 싸우고 있음을 행동으로 보여주는 동안은 일용할 양식이 떨어지지 않았으면 좋겠어.

나 혼자서든 그녀와 함께든 가족을 찾아가거나 그 비슷한 일은 하지 않을 거야. 다만 내 직업에 의해 주어진 영역 안에 머물러 있을 생각이야. 그러면 아무도 화낼 수 없겠지—풍파를 일으키며 걷는 누군가가 내 앞길에 일부러 장애물을 놓으려 꾀하지 않는 한은. 그런 일이 실제로 일어나지는 않을걸.

시엔을 배신하지 않을 수 있다면 사람들 말에 순순히 따를 거야. 예를 들어 내가 앞으로 살게 될 곳 같은 문제에 대해 네 의견을 듣는다면 아주 기쁘겠구나. 헤이그에 머무르는 일에 다른 의견이 있다면, 굳이 여기 남을 의무도 없어. 시골이든 도시든 네가 원하는 데에서 작업할 곳을 찾을게. 눈 앞의 사람이나 풍경은 언제든 나의 관심을 끌 테고, 그것들을 데생하는 데 최선을 다할 테니까, 이 문제에 대한 네 의견을 들려줘. 다만 그게 일종의 후견인으로서라면 곤란해. 그것에 대해서는 헤르 정신병원 문제 때 내 기분을 확실히 말해 두었지. 정말 시대착오적인 일이야.

시엔에 대해 성실해야 하므로 결혼약속을 깨선 안돼. 작년 여름에 키가 내 말에 귀기울여 주었다면 암스테르담에서 쫓겨나는 일 없었고, 상황이 달라졌겠지. 마지막까지 그녀를 쫓아다녔고 암스테르담마저 등졌는데도 그녀는 말한 마디 건네주지 않고 한 줄기 희망도 주지 않았지. 그랬다면 그 희망에라도 매달릴 수 있었을 텐데.

지금 삶의 폭풍우가 정신없이 휘몰아치고 있어. 작업하며 격렬한 싸움에서 우위에 서려면 무슨 일이 있어도 내 것으로 만들어야 할 새로운 대상을 관찰하고 발견해야 하는 문제에 직면해 있지. 수동적으로 기다리기만 하는 건 이미 옛날 일이야. 직업과 천직이 분명해진 지금, 나는 멍하니 있지 않고 행동하며 언제나 눈을 크게 뜨고 있단다.

너의 편지는 틀렸다고 생각하지만, 그건 아마 그 문제에 대해 네가 깊이 생각하지 않은 탓이겠지. 또 나는 네가, 오늘 아침 그 편지 속의 너보다는 낫다고 믿고 있어.

너한테 일어났던 일들에 대해 너는 말했지. 오래 전이라 안갯속처럼 어렴풋하지만, 네가 어떤 천한 여자를 알게 되고⋯⋯그녀가 좋아져⋯⋯지금은 누구인지도 모르지만, 아버지와 상담하고 나에게도 이야기했던 기억이 나. 결혼과 관련해 아버지가 너에게 어떤 약속——무슨 약속인지는 잘 기억나지 않지만——분명 미성년자인 동안은 아버지 동의없이 하지 않겠다는 약속이었다. 그뒤 그녀가 어떻게 되었는지 나는 몰라. 네가 미성년자인 동안에는 아버지가 두 사람 사이에 개입할 권리가 있고, 그 방식도 이해할 수 있어.

너와 나의 경우가 다른 점은, 너와 그녀는 우리보다 훨씬 어렸다는 거야, 이게 첫번째지. 두 번째는 너와 나의 장래가 다르다는 점——나는 손기술을 익히지만, 너는 어느 정도 사회적 지위를 보장받은 입장에 있지. 이는 충분히 명백하고, 너는 미성년자로서 아버지 말에 따라야 했지만 나는 성인으로서 아버지께 말할 자유가 있단다. "이건 아버지가 강요할 수도, 해서도 안되는 문제입니다."

너는 시엔과 나 사이의 일이 어쩔 수 없이 결혼해야만 할 만한 일은 아니라고 말했지. 이 문제에 대한 우리 생각은——우리는 둘 다 가정적인 삶을 바라고, 우리 일에는 날마다 서로가 필요하며, 날마다 함께 지내며 우리 입장이 어긋나지 않기를 바라고, 우리가 금지당한 관계인 채 동거한다는 세상사람들 비난을 막기 위해 결혼이 유일한 해결책이라는 거야. 만일 우리 두 사람이 결혼하지 않는다면 뭔가 말못할 사정이 있다고들 떠들어대겠지. 결혼하면 둘 다 찢어지게 가난해지고, 사회적 지위와 관련된 허세도 체면도 벗어던지게 되겠지만, 우리 둘의 행동은 옳고 정직해. 너도 이건 이해해 주리라 믿어.

지금 너는 말하고 있어. "형님은 힘들어지고, 그 고생이 이루 말할 수 없을 겁니다." 그렇다면 나는 대답하마. "동생아, 나도 그 정도는 알아. 네 말이 옳지. 그렇지만 내면에서 솟구쳐 나오는 감정을 억누를 수 없어. 배신당하고 버림받은 임신한 병든 여자를 겨울에 만났는데, 저 무정한 길거리로 다시 돌려보낼 셈이냐는 말은 듣고 싶지 않아. 이것이 내 '고집'과 '아집'이 아니라, 시엔의 눈을 보고 약속한 결혼의 실현임을 너도 이젠 이해할 거야.

다시 말하지만, 내가 헤이그에 사는 것이 누군가에게 폐되는 일이라면 솔직하게 말해 줘. 주거지와 관련된 모든 의견에 기꺼이 따를게. 아틀리에와 응접실과 침실이 필요하지만, 장소는 어디든 상관없어. 네 말대로 할게. 물론 아버지가 헤르 정신병원 문제 때 내렸던 결론과는 다른 방식이어야 하지. 그땐 너무 심했어.

올해 다달이 150프랑 받는다면—내 작품은 지금 바로 팔리지 않겠지만, 미래의 건축을 위한 기초작업 같은 것이니—큰 의욕과 열의를 가지고 작업을 계속할 거야. 일을 계속하려면 최소한의 필요한 것들—날마다 먹을 빵, 집세, 데생 도구—에 부족함이 없어야 해.

만일 네가 원조를 거두려 한다면 나는 무기력해질 거야. 내 손은 마비되어 버리겠지—그래, 그렇게 되면 정말 비참할걸. 끔찍한 일이야. 너든 다른 누구든, 그렇게 되어 무슨 이득이 있지? 나는 낙담에 빠질 거야. 그리고 시엔도 아이도 곤경에 놓이겠지. 너무 과장스러운 상상이라고 너는 생각하겠지만, 만일 그런 끔찍한 운명이 나를 기다리고 있다면 어쩔 수 없지. 아무리 위험한 상황이 되더라도 나는 말할 수밖에 없어—나와 시엔은 서로 결혼을 약속했다, 그러니 우리가 그 약속을 깨는 일은 없다고.

제기랄, 이게 뭐람! 지금이 어떤 세상인데! 눈을 떠, 테오. 궤변에 압도당하거나 휘둘려선 안돼. 임신한 여자가 길거리로 다시 나서지 않도록 내가 돕고 싶어한다고 나까지 죽게 만들 셈이야? 우리는 서로에게 충성을 맹세했어. 이게 잘못된 일이니? 정말 죽어 마땅한 일이야?

그럼, 안녕. 나를 두들겨 패거나 내 목—그리고 시엔과 아이의 목도—을 치기 전에 하룻밤만 더 생각해 줘. 되풀이하지만, 꼭 필요하다면 내 목을 가져가. 하지만 그렇게 되고 싶지 않아. 데생하는 데 목은 필요하니까.

빈센트

덧붙임 : 시엔과 아이도 목이 없으면 포즈를 취할 수 없어.

◀《목수의
창고와 세
탁장》(1882)
크뢸러-밀
러 미술관,
오텔로

◀《가자미
덕장》(1882)
그로닝거
미술관

◀《꽃묘목
장》(1882)
레이크스
미술관, 암
스테르담

▲《다리와 집들》(1882)
반 고흐 미술관, 암스테르담

▲《폰 뱅크로 가는 입구》(1882)
반 고흐 미술관, 암스테르담

▲《Paddemoes 거리풍경》(1882)
크뢸러–뮐러 미술관, 오텔로

▲《스헹베흐 꽃묘목장과 집들》(1881) 개인 소장

헤이그(1881년 12월~1883년 9월) 313

친애하는 라파르트

암스테르담으로 보낼 데생들을 조금 전에 꾸렸네. 자네 덕분일세. 데생은 모두 7점으로, 도시를 보여주는 2점 가운데 큰 작품은 판지에 붙여 지금 완벽하게 연결되었네. 선들도 좀더 뚜렷해졌지.

《꽃묘목장》은 자네 충고대로 고쳐그렸네. 특히 앞쪽의 물과 둑에 신경썼지. 이처럼 고쳐 그린 상태에서만 성공작이라고 평가받을 수 있을 걸세. 내 생각에 이 작품은 봄과 그 온전한 평화를 잘 표현하고 있어.

아틀리에에서 바라본 《목수의 창고와 세탁장》은, 펜촉으로 고쳐그린 뒤 마지막으로 회색을 더해 주었네. 그렇게 하니 작품이 한층 빛나더군.

오늘은 아침부터 작업에 매달렸어——데생을 1점 더 완성하고 싶어서. 《목수의 창고와 세탁장》처럼 높은 곳에서 내려다본 가자미 덕장[*1]을 그리려고 모래언덕으로 일찍 올라왔지. 지금은 오후 1시이고 데생은 다행히 마무리되었네. 멋진 대지와 한 번 더 정면으로 마주할 수 있었지. 모든 일이 잘될 것 같아.

자네를 다시 만나 매우 기뻤네. 특히 자네 작업 이야기는 흥미로웠지. 기회되면 함께 이 언저리를 산책하고 싶네. 스헤빙언[*2]의 덕장 같은 수많은 볼거리를 분명 발견하게 될 걸세. 물론 자네가 나보다 헤이그와 스헤빙언을 더 잘 알겠지. 자네 혹시 기스트며 슬리케닌데 같은 골목길과 마을, 그리고 헤이그의 화이트채플을 아는가? 모른다면 안내해 주고 싶군.

자네한테 보여줄 목판화 2점을 더 발견했네. 에드워드와 그린의 작품이지. 내 눈에는 그린의 작품이 특히 아름답더군. 루이 16세 시대의 간판화가와 구경하는 사람들. 그리고 내게 로커슨 작품 복사본도 하나 있네.

자네, 프레드워커의 《방랑자들》을 아나. 걸작품 부식동판화지. 겨울저녁, 소년 손에 이끌려 서리덮인 잡목림 사이 자갈길을 따라가는 눈먼 노인의 모습——전형적인 모던 정서가 표현된 이 작품은 확실히 같은 분야에서 가장 뛰어난 걸작 가운데 하나일세. 뒤러의 《기사, 죽음 그리고 악마》보다 힘차지는 못하

[*1] 물고기 등을 말리려고 덕을 매어놓은 곳. 또는 그렇게 맨 덕. 덕은 널이나 막대기 등을 나뭇가지나 기둥 사이에 얹어 만든 시렁 또는 선반.
[*2] Schevingen.

지만, 더 친밀하고 독창적이며 가식이 없지.

네덜란드 예술가들이 영국예술가에 대해 잘 모르는 건 유감스러운 일이네. 대체로 영국미술을 크게 신임하지 않은 채 피상적으로 판단해.

예컨대 《잔인한 10월》이라는 밀레이의 풍경화에 감복한 마우베도 늘 같은 말을 되풀이하지——'영국은 문학의 나라'라고. 하지만 그는 한 가지 사실을 지나치고 있네. 바로 디킨스, J. 엘리엇, 커러벨*¹ 같은 영국 작가들과 발자크 같은 프랑스 작가들은 놀랍게도——이런 표현이 알맞은지 모르겠지만——'조형적'이라네. 게다가 그들의 조형기술은 헤르코머, 필즈, 이스라엘스의 데생보다 힘 있지. 디킨스는 스스로 이런 표현을 자주 쓰곤 했지——'나는 스케치했다'고.

감상주의 못지않게 나는 회의주의도 경멸하네. 지금 우리 예술가들이 회의적이고 파렴치하다고 말하려는 건 아니야. 어떤 모습을 일부러 꾸미려 한다면 모를까. 반면에 영국인들은 자연에 많은 중요성을 부여하고 그대로 믿는 편이지.

나는 내가 저지르는 같은 실수에 스스로 놀라곤 하네. 그리고 내 데생들 속에서 간접적으로 표현되는 것 이상의 감상주의에 빠지곤 하지. 솔직히 나 자신도 감상주의를 경멸한다는 이야기는 할 자격이 없지.

많은 아름다운 것들, 그림이 될 만한 정취있는 모습들이 오늘날 사라져가고 있네. 디킨스의 아들이 쓴 글을 얼마 전 읽었는데 '만일 아버지가 살아오신다면 생전에 묘사했던 많은 것들을 다시 볼 수 없으리라'고 썼더군. 사람들이 장애물을 치우듯 옛 런던을 쓸어버려 '오래된 런던'이 사라지고 있네.

네덜란드에서도 마찬가지야. 아름다운 마을이 자리잡았던 곳에 정취있는 풍경과는 거리가 먼 집들이 줄줄이 들어서고 있네. 그나마 건설 중인 경우는 이야기가 좀 다르지——현장에서 실제로 볼 수 있는 자재더미며 창고며 노동자들 모습이 무척 아름답게 느껴지니까.

여기에서도 싸구려 식당들과 삼류대기실만이 운치있네.*² 빵을 벌려고 도시전망도 따위를 만들어야 하는 상황이 아니므로 요즘 나는 인물화 말고는 다

---

*1 샬롯 브론테의 필명.
*2 "나는 찢어지게 가난한 집에서도, 지저분한 벽촌에서도 그림과 데생의 소재를 발견해낼 수 있어. 아니, 내 마음은 오히려 어떤 저항하기 어려운 힘에 의해 그 방향으로 이끌려간다고 할 수 있지"라고 고흐는 쓰고 있다.

른 아무것도 그리지 않는다네.

지금은 그것도 쉬운 일이 아니지. 도시전망도를 원하는 사람을 아직 못만난 데다, 이따금 조건없이 포즈를 취해주는 이들이 없지는 않지만 모델을 쓰려면 번번이 비용을 치러야 하니 말일세.

요즘 나는 함께 일하는 모델에게 매우 만족하네. 자네가 왔을 때 있던 그 여인 말일세. 그녀는 점점 자기 일에 익숙해지고, 나를 잘 이해해 준다네.

예를 들어 그림이 잘 안 풀리거나 화나면 나는 자리를 털고 일어나 말하지. "모델료가 아깝군." 물론 더 듣기 거북한 소리를 내뱉는 경우도 있네. 하지만 그녀는 내 말을 폭언으로 듣지 않아. 안정을 되찾아 다시 작업에 들어갈 때까지 조용히 기다리네. 게다가 그녀는 자신의 태도와 자세에서 내가 필요한 세부사항을 찾아낼 때까지 말없이 참고 견딜 줄도 안다네. 한 마디로 보물 같은 존재지. 인물의 크기를 외부에서 정해야 하거나 밖에서 작업한 데생 위에 작은 실루엣 자리를 찾아야 할 때——한 예로 해변 위의 인물이 고기잡이배와 햇빛이 드는 곳에 어떻게 윤곽을 드러내는지 보려 할 때——한 마디면 충분하네. "그 시각에 그곳에 있으시오." 그러면 그녀는 그곳에 있지.

늘 함께 있으므로 우리는 회계문제에 대해서도 많이 이야기한다네. 하지만 뭐 걱정할 일은 없어. 나는 이 시들어버린 못생긴(?) 여인만큼 소중한 조력자를 한 번도 가져보지 못했지. 누가 뭐래도 그녀는 나에게 있어서만큼은 아름다운 여인이라네. 삶이 그녀를 시들게 하고 고통과 시련이 상처를 입혔지만, 그녀에게서는 무언가 이끌어낼 것이 있지. 갈아엎지 않은 땅에서는 아무것도 얻을 수 없는 법이네. 그렇듯 상처와 시간의 흔적을 품고 있는 그녀에게서는 아무 흔적 없는 대다수 여인들보다 훨씬 많은 게 발견된다네.

자네 답장을 빨리 받아보고 싶군. 그리고 가능하면 각자의 작업이 허락하는 한, 또한 우리의 '쓸모있는 수다'가 쓸모없어질 경우 서로 통보한다는 조건 아래 정기적으로 편지를 주고받았으면 좋겠네. 물론 그러한 통보로 서로 기분 상하는 일 없다는 전제 아래 말일세.

내일 다시 모래언덕과 생선 덕장에 들를 생각이네. 최근 밀레에 관해 그의 친구 상시에가 쓴 역작을 읽었지. 자네가 아직 읽지 않았다면 꼭 추천하고 싶은 매우 흥미로운 책이야. 밀레에 관해 이전에도 많이 읽었지만, 이번 기회를 통해 또다른 새로운 사실들을 알게 되었지. 그만큼 상시에의 책은 밀레와 절친한 친구인 그만이 알고 있을 여러 가지 자잘한 사실들을 담고 있었네.

이만 마지막 인사를 해야겠군. 악수를 청하며.

고흐가 라파르트에게
1882년 5월 끝무렵

친애하는 라파르트

고맙다는 말과 함께 자네가 빌려준 2.50플로린*1을 동봉하네. 데생들에 관한 답신을 받았지만, 내 기대에 미치지 못했네. 7점에 30플로린쯤 생각했는데, 겨우 20플로린이라니. 게다가 덤으로 질책까지 들어야 했지…… 그 데생들에 최소한의 상업적 가치밖에 없다는 걸 내가 감히 생각이라도 했겠는가?

예술은 참으로 시샘많네. 우리의 모든 시간과 정력을 요구하지. 우리가 몰두해도 줄곧 자기만 바라봐주기를 고집하네——마치 실리에 어두운 신랄한 사람처럼. 결국 우리는 스스로 어려운 문제들을 해결해야만 하지.

나는 그림의 상업적인 가치에 대해서는 잘 모른다고 했었지. 판매업자가 상업적으로 가치없다고 한다 해도, 거기에 반박하거나 이론을 제기할 의사가 없다고. 나로서는 예술적 가치에 더 큰 비중을 두고, 값을 헤아리기보다는 자연에 열중하기를 좋아한다고 말했네. 그런데도 내가 가격을 논하고 이 판매상에게 그림을 주는 것은, 나 또한 이들처럼 인간으로서 먹고 살아야 할 필요가 있기 때문이라고 말했네. 물론 상대적으로 덜 중요할지라도 이 문제해결은 내 의무라고도 덧붙였지.

마지막으로 판매상의 의향을 거스르면서까지 내 작품을 강요하고 싶지는 않다는 점도 분명히 밝혔네. 더불어 그가 원하는 데생들을 줄 수도 있지만, 그만큼 그의 손님들을 잃게 하는 결과를 초래할 수도 있다고 말했었지.

아무튼 이 사건은 후유증을 낳을 테고, 사람들은 배은망덕하고 무례하며 난폭하다고 나를 나무라겠지. 그들은 또 나를 비난할 거야. "암스테르담의 자네 숙부는 호의와 친절을 다해 여러 모로 자네를 도와주었네! 하지만 자네는 뭔가, 거드름과 악의와 실수 등으로 그 은혜를 저버리지 않았는가!"

---

*1 Florin. 1252년 이탈리아 피렌체에서 시작된 서유럽 최초로 주조된 금화. 근대시대에는 네덜란드 또는 플랑드르 지방에서 찍어낸 플랑드르 플로린이 유럽 전체의 기축통화 자리를 차지했다. 1플로린은 1.1길더.

참 모르겠네. 이 일을 두고 울어야 할지 웃어야 할지. 정말 재미있는 사건이지 않은가! 요컨대, 돈많은 상인들은 선량하고 정직하고 솔직하고 공정하며 우아하지. 하지만 우리처럼 이른 아침 아틀리에에서, 때로는 밤늦게 거리에서, 그리고 작열하는 태양과 쏟아지는 눈발 아래 그림이나 그리는 가난한 화가들은 섬세함도 현실감각도 예의범절도 모르는 자들이라네. 뭐, 그렇다 해도 상관없네.

암스테르담의 숙부는 드 그루가 실제로 악의에 찬 사람이라고 다시 한 번 말했네. 자네는 숙부의 이 말이 드 그루에 대한 내 인상을 어느 만큼이나 바꾸어놓았는지 이해할 걸세. 내가 그에게 유일하게 말한, 그리고 아직까지 그가 대답을 찾지 못한 문제가 무엇인지 아나? 바로 돈문제라기보다는 작품에 대한 태도의 문제라네.

자네에게 이렇듯 이야기를 늘어놓는 이유는 엔진이 폭발하기 전에 밸브를 조금 열어두려는 것이나 마찬가지 의미에서네. 이렇게라도 하지 않으면 나는 이 사건을 계기로 원한을 품게 될지도 몰라. 이제 더 이상 아무 생각 않고 모든 걸 그만 잊어버리고 싶네.

그림상인들은 늘 아주 친절하게 시작하고 부드럽게 자신을 드러내지만, 정작 중요한 순간에는 몹시 거칠고 냉정해지지.

그럼, 안녕히. 다시 한 번 고맙다는 말 전하네. 신의를 다하며……

빈센트

고흐가 테오에게 204
1882년 6월 1일~2일

사랑하는 테오

편지와 동봉된 돈을 받고 곧바로 집주인에게 주었어. 이 집은 저당잡혀 있어서 다른 남자가 집세를 받아. 그가 지난달에 몇 사람을 쫓아내고 그 뒷일을 재빨리 처리해버렸단다.

한 달 비용을 삼등분해 내가 1일, 10일, 20일에 1/3씩 받게 해주겠다는 네 제안은 대환영이야. 나도 이제 한시름 놓여.

네 편지가 얼마나 구원이 되었는지는 말할 나위도 없겠지.

《가자미 덕장》이라는 데생은 받았니? 그런 종류를 몇 점 더 그리고 있어서 바빠. 같은 기법으로 그린 것을 너에게 3점쯤 보여주려고. 코르 숙부에게도 같은 기법의 작품을 몇 점 보냈는데 소식이 없어.

네가 두려워하는 일──즉 우리 집에서 나를 후견인 아래 두는 조치를 취할지도 모른다는 일──에 대해 너에게 할 말이 있어. 나에게 내 재산을 관리할 능력이 없다고 증언해 줄 증인 몇 명만 있으면──거짓증인이라도──아버지에게 내 공민권을 축소시켜 후견인 아래 둘 자격이 주어지는 일이 바로 이 시대에 쉽게 이루어진다고 진심으로 믿는다면, 나는 그런 건 의심스럽다고 말할 거야. 후견인 아래 두는 법적 조치는 '성가신' 또는 '까다로운' 사람으로 인정되는 자를 쫓아내기 위해 남용되어왔지만, 오늘날에는 그리 쉽게 되지 않아. 법률이 규정하는 대로 피고인은 상급재판소에 상소할 수 있고, 그밖에도 의지할 길은 여러 가지 있지.

너는 말하겠지──교활한 변호사라면 법률을 악용할지도 모른다고. 그건 그때 가서 생각하자. 나는 단지 지금으로서는 후견인 아래 두는 일이 그리 간단치 않다는 사실을 말하는 거야……쫓아내고 싶은 사람을 후견인 아래 두려다 실패한 책모가의 사례를 나는 알고 있어. 자신은 법적 후견인 아래 놓일 사람이 아니라면서 당사자가 굴복하지 않은 간단한 이유에서야.

또 이런 사례도 있어. 어떤 남자가 자신의 의지와 달리 행동을 감시당하여 자유롭게 어디로도 갈 수 없는 신세가 되었지. 그는 자신을 감시당하게 만든 사람들에게 자신의 자유를 제한할 권리가 없으며 결국은 자신을 놓아줘야 될 거라고 경고했어……몇 번이나 냉정한 태도로 경고했지만 아무도 안들어주었지. 그 뒤 그는 감시인의 머리통을 불쏘시개로 후려치고 순순히 붙잡혔어. 이 사건은 조사되고, 그 결과 무조건 무죄석방되었지. 극단적인 사건의 경우 '정당방위의 권리'라는 게 존재하기 때문이야. 그리고 살인혐의로 재판받을 때 처음의 사건이 재조사되어, 피고인이 처음부터 후견인 아래 놓일 필요가 없었다는 게 밝혀졌단다.

요즘 세상에 누군가를 후견인 아래 두는 일은 당사자가 조용히 남자답게 솔직한 태도로 항의한다면 결코 쉬운 일이 아니야. 솔직히 우리 가족이 그런 짓을 할 거라고 생각하지도 않아.

하지만 너는 말할지도 모르겠구나──헤르 정신병원 사건 때 그들이 이미 그러지 않았느냐고. 유감스럽게도 네 말이 맞아. 아버지는 그러고도 남지. 하지만 아버지가 그런 계획을 세운다면 나는 끝까지 맞서 싸우겠어. 아버지가 공격에 나선다면, 두 번 생각할 기회를 드릴 거야. 두 번 뒤 한 번 더 공격할 용기가 그들에게 있을지 의심스러워. 하지만 만일 그들이 다시 그럴 의지와 용기를 일으킨다면, 나는 "오, 제발 그러지 마세요"라고 말할 생각 없어. 그러기는커녕 그들이 그 일을 그만두도록 무슨 방법을 쓸 필요도 없지. 세상에 대한 불명예는 결국 그들 몫이 되고, 덤으로 소송비용까지 마련해야 할 테니까.

어떤 돈많은 귀족 가문에서 누군가를 후견인 아래 두려고 했던 사례를 아는데, 그들은 변호사와 책모가까지 동원했었지. 하지만 그들은 문제의 인물을 뜻대로 조종하는 데 실패했어——법적인 논점이 둘이나 있었는데도. 첫째는 금전관리의 무능, 둘째는 정신적 결함이었지. 그 남자는 이의를 제기했고, 재판관은 그 가문에 사건을 취하하는 게 좋겠다는 뜻을 비공식적으로 전달했단다. 정식소송까지 가기도 전에 가문은 꼬리를 내려야 했지.

하고 싶은 말이 하나 더 있어. 내가 그런 일에 항의할 것임을 이미 네가 분명히 아는 이상, 뒷날 내가 병에 걸리거나 무력해졌을 때 그들이 그 기회를 틈타 나에 대해 무슨 꿍꿍이를 품는 일은 내 동의없이 불가능하다는 점을 너는 이제 알고 있는 셈이야. 그들이 나의 병이나 무력함을 이용하려고 하면 네가 반대를 외쳐주기 바라. 건강상태가 좋다면 내 문제는 내가 알아서 처리할 테고, 전혀 두렵지 않단다. 게다가 그들이 실제로 그럴 거라고는 도저히 생각되지 않아. 하지만 만일 그런 조치가 취해지는 사실을 언제고 알게 된다면 나에게도 알려줘.

그들이 그 문제에 대해 떠들어대거나 그 비슷한 말을 하는 것까지 문제삼는 건 아니야. 천박한 수다 따위는 무시하겠어. 하지만 행동에 옮기는 단계가 되면 사정은 다르지. 아무튼 무슨 일이 있으면 지체없이 경고해 주렴. 나는 법적인 후견에 대한 법률을 알고 있어. 그들이 뭘 할 수 있을 거라고는 생각지 않아.

벌써 몇 해 전, 네 편지와 똑같은 편지를 받은 적 있어. 테르스티흐에게서였지. 나는 어떤 문제에 관해 그에게 의논했었는데, 그 편지를 받고 나서 그 문제에 대해 그에게 이야기한 것을 후회했단다.

그때 내가 공황상태에 빠져 가족들을 무서워했던 일을 기억하고 있어. 10년, 아니 12년 지나고 보니 이젠 우리 가족에 대한 의무와 관계에 대해 전혀 다른 방식으로 생각하게 되었어. 아버지는 내가 짊어져야 할 '존경과 복종'이라는 문제로 벼락같이 호통치셨지. 부모에 대한 존경과 복종의 의무가 자식에게 없다고 주장하는 건 내 의지가 아니야. 다만 아버지가 몇 차례나 그 권리를 남용했다는 점, 그리고 누가 어떤 문제로 자신과 의견이 일치하지 않으면 무례하다고 금방 생각해 버리는 점 등을 지적하고 싶었을 뿐이야.

아버지가 바라는 대로 살 수 있다면 참으로 멋진 일이겠지. 그렇게 되면 무엇보다도 분명한 건, 그림그리는 일도 끝이라는 거야. 더는 공부할 수 없게 될 테니까. 아버지가 조금이라도 예술을 이해해 주신다면, 나는 아버지의 여러 생각과 같은 점을 찾을 수 있고, 함께 그 문제들을 의논할 수도 있을 거야. 하지만 그런 일은 절대 없겠지. 목사들은 설교에서 '아름다운 것'이라는 말을 자주 하지만, 그건 그들이 만들어내는 밉살스러운 재료이므로 도저히 받아들일 수 없어.

시엔에 대한 너의 생각——즉 그녀가 음모를 꾸미고, 내가 그 꾐에 넘어갔다는 것 등을 솔직하게 말해주어 고마워. 네가 그런 식으로 추측하는 것도 이해돼. 정말 그럴 수도 있으니까. 하지만 전에 어떤 소녀가 그런 못된 계획을 세웠을 때 내가 하루아침에 그녀를 내쳐버린 일을 기억하고 있어. 그러니 과연 내가 그렇듯 쉽사리 평범한 음모의 제물이 되어버렸을지 의문이야.

시엔과의 사정은 이렇단다——나는 사실상 그녀 것이 되었고, 그녀는 나의 것이 되었어. 그녀는 이제 어디든 나를 따라올 충실한 조수가 되었고, 날이 갈수록 무엇과도 바꿀 수 없는 존재가 되고 있지. 그녀에 대한 내 감정은 지난해 키 보스에게 느꼈던 것만큼 뜨겁지 않지만, 그 사랑이 실패로 끝난 뒤에도 사라지지 않은 유일한 것은 바로 시엔에게 내가 품는 그런 사랑*¹이야. 그녀도 나도 불행한 사람이므로 서로 하나로 연결되어 마음의 짐을 함께 짊어지는 거지. 그러면 불행은 기쁨으로 바뀌고, 참을 수 없던 일도 견딜 수 있게 돼. 그녀 어머니는 프레르가 그린 것 같은 자그마한 노파야.

이로써 내가 그녀에게 충실한 동안은 결혼이라는 형식에 집착하리라는 걸 너도 충분히 이해했을 거야. 집에서는 몰라주겠지만. 하지만 아버지가 이 문제를 중요하게 생각한다는 건 분명히 알고 있어. 아버지는 그녀와의 결혼을 인정

---

*1 시엔과의 사랑은 고흐에게 '이웃사랑'이라는 어원적 의미를 지닌다.

하지 않겠지만, 만일 결혼도 않고 그녀와 동거한다면 더 나쁘게 생각하실 거야. 아버지는 그녀를 버리라고 충고하시겠지. 그 충고는 이런 형태일 거야——"기다려!" 하지만 기다리라는 건 아무 의미 없고, 아무 내용도 없는 이야기야. 아버지는 늘 그런 식이거든…… 코 앞에 닥친 급한 문제를 무기한 미루어 사람을 미치도록 화나게 해. 그러니 아버지가 나에게 '기다려'라고 말씀하시지 못하게 해야 해. 그런 말을 들으면 나는 자제심을 잃고 말 테니까.

나는 30살 된 남자야. 이마에 주름이 있고, 얼굴의 힘줄이 불거져 마흔처럼 보이며, 손에 깊은 주름이 패여 있어. 그런데도 아버지는 안경 너머로 마치 어린 소년처럼 나를 보고 계시지——아버지가 편지에 '너는 이제 막 청년기에 들어섰다'고 쓰신 게 겨우 1년 반 전 일이란다. 아버지와 스트리커 이모부가 누구를 닮았다고 내가 생각하는지 아니? 제롬의 《두 점쟁이》야. 나는 역겨운 인간인 셈이지. 뭐, 상관없어.

너는 말하겠지. "형님은 원근법과 《덕장》이나 생각하세요"라고. 이번에는 내가 대답할 차례야. 네 말이 맞아, 테오. 그래서 지금 처음에 그렸던 것과 이어지는 데생을 2점 더 그리려는 참이야. 이것도 곧 너에게 보낼게. 이것이야말로 내가 자연과 예술에 열중하며, 후견인 아래 놓일 만한 바보 같은 문제는 생각하지 않고 있다는 증거야.

안녕, 성실한 원조에 진심으로 감사해.

너의 빈센트

덧붙임 : 나는 이 편지를 계속 갖고 있었어. 편지와 함께 작은 데생을 보내고 싶어서였는데, 아직 완성되지 않았지. 꼭 1점, 새로 그린 《덕장》만 빼고. 시엔도 나도 며칠 동안 아침부터 저녁까지 모래언덕에서 내내 지냈단다, 보헤미안처럼.

우리는 빵과 커피가 든 작은 주머니만 들고 갔고, 뜨거운 물은 스헤베닝언의 한 작은 가게 여자에게서 얻었어. 그 여자와 작은 가게는 아담하고 멋지며 말로 표현할 수 없는 분위기가 감돌았어. 늦어도 새벽 5시에는 그녀의 작은 가게를 찾아갔었지. 그 시각에 거리 청소부들이 커피를 마시러 오거든. 멋진 소재가 될 거야, 테오! 그토록 많은 사람들에게 모두 포즈를 취해 달라고 하려면, 돈 몇 푼으로는 어림없겠지만 해보고 싶다고 마음 속으로 생각하고 있어.

최근에 보낸 이 3점의 데생에 대한 감상을 편지로 곧 알려줘. 그리고 내 의견으로는 후견인 아래 절대 들어갈 수 없으며, 내가 더 걱정해야 한다고 네가 진심으로 생각하는지 아닌지에 대해 알려주기 바라. 그런 조치가 실제로 이루어진다면 나도 가만히 있을 수 없으니까. 지금은 에텐에 갈 여유가 도저히 생기지 않아. 일이 바쁘고, 여비도 없지. 차라리 그 돈을 시엔에게 주는 게 더 값어치있어.

네가 여기 와주리라고 기대하는 건 즐거운 상상이야. 시엔이 너에게 어떤 인상을 줄지 너무 뻔하므로 몹시 신경 쓰여. 그녀에게는 이렇다 할 점이 하나도 없거든. 민중 가운데 그저 평범한 여자에 지나지 않지만, 내가 보기엔 탁월한 면도 있어. 평범한 사람을 사랑하고 또 그녀의 사랑을 받는 사람은 누구나 그 이유만으로 이미 행복해. 먹고살기는 빠듯하지만.

만일 그녀가 올겨울에 도움이 필요없는 상태에 있었다면, 우리 관계는 맺어지지 않았을 거야. 나는 사랑에 실패하여 차갑게 식어 있었으나 지금은 그 시련이 아주 헛된 경험은 아니었다는 마음도 들어. 그것이 나를 정신차리고 다시 태어나게 해주었지. 억지로 그런 기분을 느끼려 했던 게 아니라, 그 기분이 나를 먼저 사로잡았어. 그리고 지금 우리 사이에 뜨거운 사랑이 존재하니, 그녀를 버리면 나는 의무를 저버리는 것이나 마찬가지야.

시엔을 만나지 못했다면 나는 아마 자포자기하여 의심에 가득한 사람이 되었겠지만, 그녀와 그림 덕분에 활발히 작업을 계속하고 있어. 또 한 가지—시엔은 화가의 삶에 뒤따르는 고생과 여러 문제를 모두 참고 늘 기쁘게 포즈를 취해 주므로, 키 보스와 결혼했을 경우보다 더 좋은 예술가가 될 수 있으리라 여겨져. 시엔은 그리 고상하지 않고, 분명 수많은 버릇을 가지고 있지. 하지만 그녀는 흔쾌히 모델이 되어주고 헌신적이므로 나는 그 점에 감동한단다.

하이여달이 《슬픔》을 봐주었어. 앙리 필 같은 데생가가 최근에 그린 이 3점의 데생을 봐준다면 얼마나 좋을까! 앙리 필은 분명 나를 기억 못하겠지. 나는 그에게 다가갔지만 말이야. 그는 아주 별나게 굴어. 어떤 말을 할지 짐작도 할 수 없지. 하지만 이 데생이 그에게 어떤 인상을 줄지, 또 그의 공감을 얻을 수 있을지 알고 싶어. 이런 말을 하는 건, 네가 어쩌다 그를 만나게 될지도 모른다고 생각하기 때문이야. 그러면 너는 우연을 가장해 그 데생들을 그에게 보여줄 게 틀림없으니까.

목판화 수집도 순조롭고, 나는 이걸 네 것이라고 생각하고 있어. 나는 단지

▲《요람 앞의 소녀》(1882) 반 고흐 미술관, 암스테르담 ▲《슬픔》(1882)   윌솔 미술관, 영국

▲《무릎 위에 아이를 안은 여인》(1883) 반 고흐 미술관, 암스테르담 ▲《바느질하는 여인》(1883)   보이만스 반 베닝 겐 미술관, 로테르담

그것들을 활용하고 있을 따름이지. 지금까지 100장쯤 모았어. 영국——특히 스웨인의 작품——미국, 프랑스 작품 등이야. 라파르트도 지금 목판화를 수집하는데, 내 수집품을 아주 칭찬해 주었어. 너는 모르겠지만, 이건 네 소유란다. 최근에는 도레의 《런던》을 사지 못한 게 못내 아쉬워. 유대인이 7굴덴 반을 부르길래 거절해 버렸지. 《베첼 앨범》도 같은 운명이었어. 어쨌든 여기 오면 너에게 보여줄게. 네 마음에 들 거야. 아마 지금까지 거의, 또는 전혀 몰랐던 미술가들과 만나는 기회가 될걸.

빈센트

▲시립병원

고흐가 라파르트에게
병원 6호실   1882년 6월22일
친애하는 라파르트
최근에 받은 자네 편지에 감사의 뜻을 전하려고 이 글을 쓰네. 얼마 전부터 안정을 잃지만 않았어도 더 빨리 답장보냈을 걸세.

자네 편지는 3주 전부터 머문 이 병원에서 받았지. 반가움이 두 배로 컸어. 게다가 코르 숙부의 취향이 전혀 아닌 데생에 관한 자네 말 또한 내게 두 배의 기쁨을 주었네. 누군가 나중에 이야기해 주더군. 그림상인들이 생각만큼 그리 사악하지 않으며, 코르 숙부 역시 악의를 품고 말한 건 아니라고.

어쨌든 그때의 데생들과 비슷한 영감을 보여주는 또 다른 작품들, 이를테면 모래언덕의 가자미 덕장을 묘사한 그림들에 몰두하다가 나는 감기에 걸렸고 열이 나면서 극도의 흥분상태에 빠졌다네. 모든 게 방광으로만 몰리는 듯하면서 더 이상 소변을 볼 수 없었지. 그러다 끝내 숨쉬기조차 어려워져, 극심한 고통에 시달리다 못해 마침내 여기까지 오게 된 거라네.[1]

의사들의 치료를 받은 뒤 건강은 조금씩 정상을 되찾기 시작했네. 기쁜 일이지. 하지만 아직 완쾌된 상태가 아니므로, 언제 집으로 돌아갈지 알 수 없네. 빨

*1 고흐는 성병이 옮아 병원에 3주일 입원했다. 치료과정이 고통스러웠지만 푹 쉬며 그림에 도움될 원근법 책을 읽었다. 부모가 옷과 담배와 돈을 보내주고, 놀랍게도 어느날 아버지가 병문안왔다. 지난날의 끔찍했던 논쟁에 대해 한 마디도 않고 에텐으로 돌아와 요양하라고 권했다. 고흐는 그 권유를 받아들이지 않았지만 아버지를 만나 기뻤다.

리 낫고 싶지만 희망사항일 뿐, 상태를 지켜보는 수밖에.

병원에서는 즐겁게 지내고 있어. 10인실에 묵고 있는데, 얼마 전까지도 움직일 수 없어 여태 작업을 못했다네. 하지만 이제는 날마다 한 시간씩 정원에 내려갈 수 있게 되었지.

어제는 그 정원에서 다시 그림을 그리기 시작했네. 처음 며칠 동안은 너무나 지쳐 아무것도 쳐다볼 수 없었지만, 지금은 사정이 꽤 달라진 셈이지. 퇴원하더라도 건강을 늘 잘 지켜야 할 듯싶네.

많이 좋아졌지만, 움직이거나 좀 걷고 나면 병이 도질 수도 있어 심각하네. 그렇지 않으면 좀더 빨리 나을 수 있을 텐데.

가자미 덕장이나 마을을 묘사한 데생 몇 점이 완성되는 대로 곧 자네에게 보내겠네. 가능하면 팔아주게. 조급하게 마음먹지 않고 한 작품이라도 성공하기를 기다리려 하네. 암스테르담에서 있었던 문제는 새삼 떠올리기 싫고, 그곳보다는 자네한테 작품들을 보내고 싶네.

만일 팔지 못하는 경우에는 반드시 돌려주어야 하네. 내가 낙담하리라고 염려할 필요없네. 처음부터 성공하는 사람은 드문 법이니까. 내 데생에 문제가 있든 구매자의 잘못이든 이미 실패를 경험했으니 서로 불안해 하지는 말기로 하세.

다시 작업을 시작하면 곧바로 소식 전하겠네. 한 번 더 자네 편지에 감사하네. 답장을 기다리며……

빈센트

고흐가 테오에게 210
1882년 7월2일 일요일 오후

사랑하는 테오

어제 너에게 쓴 대로, 레이던에 다녀왔어. 시엔이 어젯밤 아이를 낳았단다. 난산이었지만, 그녀 생명에는 지장없으며 귀엽고 작은 사내아이도 무사해.

그녀 어머니와 어린 여자아이를 데리고 함께 갔어. 병원에서 무슨 이야기를 듣게 될지 모르는 동안 모두들 얼마나 걱정했을지 상상이 가겠지? 그리고 "어젯밤 출산하셨습니다…… 오래 이야기나누면 안됩니다"라는 말을 나는 절대 잊지 못할 거야. 그건 '그녀와 이야기할 수 있다'는 뜻이니까. 때에 따라서는 '이제 그녀와 두 번 다시 이야기할 수 없다'는 말이 될 수도 있었던 거야.

테오, 그녀를 다시 만났을 때 나는 무척 행복했어. 그녀는 햇빛과 초록이 가득한 마당이 내려다보이는 창가에 누워 있었는데, 기운이 없어 비몽사몽 상태였지. 그러다가 눈을 뜨고 우리를 바라보았어. 테오, 그녀는 눈을 들어 우리를 보고 아주 행복해 했단다. 출산하고 정확히 12시간 뒤 도착한 건 운이 좋았어. 방문이 허락되는 건 일주일에 한 시간뿐이었거든. 그녀는 무척 기뻐하며 잠에서 완전히 깨어나 질문을 쏟아냈어.

아기를 보고 나는 놀랐어. 집게로 꺼냈는데도 상처 하나 없었지. 그리고 모든 걸 다 안다는 얼굴로 요람에 잠들어 있었어. 그곳 의사들은 얼마나 솜씨 좋은지! 하지만 기록을 보니 위험한 경우였어. 드디어 출산이 시작되었을 때 교수 다섯 명이 빙 둘러서서 지켜보았대. 그들은 그녀에게 클로로포름 냄새를 맡게 해두었지. 태아가 저녁 9시부터 1시 반까지 내려오지 않은 상태여서 그녀는 무척 괴로워했어. 지금도 그녀는 몹시 아파하고 있단다. 그래도 우리를 보자 그녀는 모든 것을 잊고 "우리 곧 데생을 시작할 수 있겠지요?"라고 말했어. 이 예언대로 된다 해도 전혀 놀랍지 않아. 이런 경우에 있기 쉬운 열상도 없었지.

정말 감사해. 꼭 하나, 아직 어두운 그림자가 위협하고 있긴 해. 거장 뒤러도 그걸 잘 알아서, 너도 아는 저 아름다운 동판화 속 젊은 남녀 뒤에 죽음의 신을 배치한 거야. 그 어두운 그림자가 이제 다 지나가버렸다면 좋겠는데.

테오, 전할 말은 이제 다 끝났어. 너의 도움이 없었다면 시엔은 아마 산 사람들 줄에 서지 못했을 거야. 한 가지 더 말하면, 나는 시엔에게 교수의 진찰을 꼼꼼히 잘 받으라고 당부해 두었어. 그녀는 평소 대하증(帶下症)[*1]으로 고민하고 있었거든. 본디대로 완쾌하려면 어떻게 해야 되는지 의사가 처방해주었어.

의사 말로는, 그녀는 전에 몇 번이나 위험한 지경에 빠졌었대. 처음은 후두염에 걸렸을 때, 그 다음은 유산했을 때, 그리고 올겨울이야. 그리고 여러 해 동안의 정신불안과 고생으로 완전히 쇠약해졌지. 하지만 그런 생활을 더이상 하지 않게 되면 그때부터는 다 잘 될 거야. 푹 쉬고, 기운나는 음식을 먹고, 바

[*1] 여성의 질에서 흰색이나 누런색 또는 붉은색의 점액성 물질이 흘러나오는 병.

깔 공기를 듬뿍 마시고, 부담이 큰 일을 피하면 말이지.

그런 고난을 모두 피하면 그녀 생애에 완전히 새로운 한 시기가 열릴 거야. 그녀의 청춘은 무참하게 끝나 지나가버리고 다시 돌아오지 않겠지만, 그녀의 성 요하네 풀*¹은 그 때문에 더욱 생기를 머금게 될 거야. 한여름 폭염이 지난 뒤 나무들이 생기있게 어린가지를 새로 뻗어내는 것을 알지? 비바람에 시달린 늙은 잎 위를 새로 난 어린 잎이 뒤덮는 거야.

지금 시엔의 어머니가 있는, 안뜰이 내려다보이는 창가에서 이 편지를 쓰고 있어. 이 안뜰을 두 번 데생했단다——한 번은 큰 종이에, 또 한 번은 작은 종이에. 2점 모두 코르 숙부가 가지고 있는데, 큰 것은 특히 라파르트가 좋아하지. 코르 숙부를 만나러 가면 보도록 해. 특히 큰 작품에 대한 네 의견을 알고 싶구나. 언제 올 거니? 정말 보고 싶어.

내가 오늘 이렇듯 행복하고, 그 일에 대해 쓰는 것도 다 네 덕분이야. 하나부터 열까지 모두 고마워. 나를 믿어줘. 악수를.

너의 빈센트

고흐가 테오에게 219
1882년 7월23일 일요일 아침

……전략……

네가 《파리의 배(腹)》를 읽었다니 기쁘구나. 나는 《나나》도 읽고 있어.

졸라는 확실히 제2의 발자크야. 제1의 발자크는 1815년부터 1848년에 걸친 사회를 묘사했지. 졸라는 발자크가 펜을 놓은 무렵부터 쓰기 시작해 오늘날까지 계속 쓰고 있어. 정말 멋진 작업이라고 생각해.

네가 마담 프랑수아를 어떻게 생각하는지 듣고 싶구나. 그녀는 야채 실은 수레가 오가는 도로 한가운데에 인사불성되어 누워 있는 불쌍한 플로랑을 자기 마차에 태워 집까지 데려다주었어. 다른 청과물 상인들이 "그런 주정뱅이는 그냥 놔둬. 시궁창에서 그런 놈이나 건져올릴 만큼 우리는 한가하지 않아"라고 외쳐댔지만. 마담 프랑수아의 인물상은 중앙시장을 배경으로 아주 온화하고 고상하고 우리의 공감을 이끌어내는 모습으로 이 책 전체에 묘사되어 있

---

*1 성 요하네의 날인 6월24일 무렵에 나오는 새싹.

어. 극성맞은 다른 여자들의 이기주의와는 대조적이지.

테오, 나는 마담 프랑수아야말로 진정한 인간다운 따스함을 지녔다고 생각해. 내가 시엔을 위해 해주었고 앞으로도 해줄——그것은 마담 프랑수아 같은 인물이 플로랑에게 해주었을 바로 그런 것이야. 플로랑이 정치보다 그녀를 좋아했더라면! 그 인간애는 생명의 소금이야. 그것 없이는 살고 싶지 않아. 문제는 그뿐이지.

다른 여자들과 청과물 상인들이 "내버려둬! 우리는 시간이 없어"라고 고함쳤을 때, 마담 프랑수아가 온갖 잡음과 비난에 개의치 않았던 것처럼, 나도 테르스티흐의 말 따위 신경쓰지 않아.

그리고 오래지 않아 시엔은 모델 일로 자신이 먹을 빵을 얻게 되리라는 것도 말해둘게. 나의 가장 완성도 높은 데생 《슬픔》——적어도 나 자신은 지금까지 내가 그린 것 가운데 최고라고 생각해——그래, 포즈를 취한 사람은 바로 그녀야. 그리고 1년도 걸리지 않아 나는 규칙적으로 인체 데생을 하게 될 거야. 약속해. 풍경화도 좋아하지만 내가 인체 데생을 더 좋아한다는 걸 잘 알고서 하는 말이야.

인체는 너무 어려워. 그래서 연구와 공부가 더욱 필요하고, 그만큼 시간도 걸리지. 하지만 그녀가 나를 작업에서 멀어지게 하고 있다고 그들이 너에게 말하게 하고 싶지 않아. 아틀리에에 들르면 사정이 어떤지 네가 직접 확인할 수 있을 거야. 그녀 때문에 내 작업이 주춤거리고 있다면, 그래, 너와 그들의 말이 옳겠지. 하지만 사실은 그 반대야. 뭐, 그 점에 대해서는 차츰 우리 의견도 일치되겠지. 말보다 데생 작품을 통해서. 말은 싫어. 그럼, 이만.

······후략······

고흐가 테오에게 228
1882년 9월3일 일요일 아침

사랑하는 테오

아주 고마운 너의 편지를 지금 막 받았어. 오늘은 작업을 쉬고 싶어 지금 바로 답장을 쓰고 있지. 봉투에 들어 있던 것, 그리고 편지에 여러 가지로 써준 것 다 고마워.

몽마르트르의 노동자들이 있는 정경 묘사도 참 기뻤어. 색채까지 적어준 덕분에 눈으로 생생히 보는 기분이 들며 무척 재미있었지. 가바르니에 대한 책을 읽었다니 반가운 이야기로구나. 나도 꽤 재미있는 책이라고 생각했어. 그걸 읽고 나는 그가 몇 배나 더 좋아졌거든.

파리와 그 주변 지역도 아름답겠지만 이곳에도 불만없어. 이번 주에 그린 그림은 우리 둘이서 스헤베닝언을 거닐면서 봤던 인상을 떠올리게 해. 모래와 바다와 하늘을 그린 커다란 습작이지—섬세한 회색과 따뜻한 하양이 있는 드넓은 하늘, 단 한 군데만 작게 빛나는 부드러운 파랑—모래와 바다와 빛—전체적으로 블론드 색조인데, 색채가 유난히 눈에 띄는 몇 사람의 그림자와 고기잡이배가 활기를 불어넣어주지. 다 풍부한 색감이야.

이 스케치의 주제는 닻을 거둔 한 척의 고기잡이배란다. 배를 인양할 때 쓰는 쪽배에 묶여 있는 몇 마리 말이 쪽배를 당장에라도 물 속으로 끌고 들어갈 기세야. 그 작은 스케치를 함께 보낼게. 아주 힘든 작업이었어. 나무판이나 캔버스 천에 그렸으면 좋았을걸, 색깔을 더 넣어서. 그러니까 나는 색의 깊이와 견고한 느낌을 원했던 거야.

너와 내가 종종 같은 생각을 하는 건 참으로 신기한 일이야. 예를 들면 어젯밤 나는 숲에서 습작을 1점 완성하고 돌아왔어. 이번 주일 내내 색의 농도에 대한 생각에 사로잡혀 있었는데, 어젯밤은 더 심했지. 그리고 그 문제에 대해, 특히 내가 그린 이 습작을 보면서 너와 의논하면 좋겠다고 생각했어. 그런데 오늘 아침 받은 편지에서, 몽마르트르의 조화로우면서도 강렬하고 참신한 색채에 감동했다고 네가 말하고 있잖니. 우리 둘의 마음을 감동시킨 게 같은 것이었는지는 모르지만, 내가 감동하는 것을 너도 분명 그렇게 느끼고, 또 아마 같은 눈으로 바라보리라는 걸 확실히 알 수 있어.

이 생각을 소재로 한 작은 스케치를 보내는데, 이걸 보면 문제의 핵심이 분명해질 거야. 숲은 완연한 가을색을 띠고 있어. 다양한 색채효과가 보이지만, 네덜란드 인 그림에서는 이런 점이 거의 드러나 보이지 않지. 어제 저녁 무렵 나는 숲에서 썩은 너도밤나무 잎으로 뒤덮인 비스듬한 땅바닥을 재빨리 그렸어. 땅은 적갈색을 띠고, 밝은 곳과 어두운 곳이 있었지. 나무들이 드리운 시커먼 그림자들이 군데군데 사라져 더욱 그런 느낌을 주었단다. 문제는—엄청나게 어려운 것임을 깨달았는데—그 땅바닥의 어두운 색깔, 그 땅바닥의 거대한 힘과 묵직한 느낌을 표현해내는 것, 그리고—그리면서 맨먼저 깨달은 건 그 어두운 부분도 밝기를 지니고 있다는 것이었는데——그 풍부한 색채가 지닌 밝기와 동시에 그 불타는 듯한 느낌과 어둠을 놓치지 않고 포착해내는 것이었어. 나무들에 의해 부드러워진 가을 석양빛의 갈색도는 어두운 붉은 색에서 멋진 융단이랄까, 아무튼 상상도 못할 그 무엇을 느꼈거든.

그 땅바닥에는 어린 너도밤나무들이 자라고 있는데 빛을 받는 면은 찬란한 녹색이고, 그림자진 나무줄기는 정열적인 어두운 진녹색이야. 이 어린 나무 뒤 갈색 도는 붉은 토양 저편은 섬세하고 푸른빛 띠는 회색이고, 정열적이지만 그리 푸르지 않은 하늘이 빛나고 있어. 이 하늘을 뒤로 한 윤곽이 뚜렷하지 않은 녹색, 그리고 잔가지와 노란 잎들이 만들어내는 그물모양이 보이니? 그리고 땔감 모으는 사람모습이 하나 둘, 신비한 영상으로 변한 어두운 덩어리처럼 돌아다니고 있어. 죽은 가지에 손을 뻗으려 몸을 수그린 한 여자의 흰 모자가 땅바닥의 짙은 적갈색을 배경으로 도드라져 보이지. 치마가 빛을 받아 그림자를 드리우고, 한 남자의 시커먼 실루엣이 잡초 위에 나타나. 하얀 보닛, 모자, 어깨, 여자의 상반신이 하늘을 향해 새겨져 있어. 그들 모습은 크고, 시로 충만해 보이지. 그 짙고 어두운 색조의 어스름 속에 아틀리에에서 제작되는 커다란 테라코타처럼 보였단다.

자연을 보고 느낀 그대로 너에게 써보내고 있어. 이런 효과가 내 스케치 안에 어느 정도 옮겨질지는 나도 모르겠어. 다만 분명한 것은 내가 초록, 빨강, 검정, 노랑, 파랑, 갈색, 회색의 조화에 감동했다는 사실이야. 드 그루의 그림 같은, 예를 들면 전에 팔레 듀칼에서 본 적 있었던 《신병의 출발》 스케치와 같은 효과야.

그리기는 어려웠어. 땅바닥을 그리는 데 물감 튜브 한 개 반——아주 어두웠거든——게다가 빨강, 노랑, 브라운오커, 검정, 시에나, 비스타를 더하면 결과는 적갈색이지만, 비스타블루에서 짙은 와인레드 또는 창백한 블론드 계열의 적색으로 옮겨가는 과정이야.

땅바닥에는 아직 이끼가 있어서 푸른 풀의 윤곽이 빛을 받아 반짝거리므로 표현하기 무척 어려웠지. 그래서 결국 이런 스케치가 되고 말았지만, 누가 뭐래도 이 스케치는 가치있고, 알 수 없는 그 무엇이 표현되어 있다는 점을 너에게 말해주고 싶어.

이것을 그리면서 작품에 가을의 석양 같은 어떤 것, 신비한 어떤 것, 진지한 어떤 것이 나타날 때까지 이 자리를 떠나지 말자고 다짐했어. 다만 이 효과는 시간적으로 영원히 계속되는 게 아니므로 서둘러 그려야 했지. 인물들은 딱딱하게 굳은 붓을 몇 번이나 세게 문질러 단숨에 그렸단다.

이토록 작은 너도밤나무 줄기가 땅에 단단히 뿌리내리고 있는 것에 아주 감동했어. 그 줄기를 붓으로 그리기 시작했는데, 그 표면을 이미 흙이 두껍게 덮고 있어 어떻게 그려야 할지 알 수 없었지——그래서 뿌리도 나무줄기도 튜브에서 물감을 직접 짜서 묻힌 다음 붓으로 조금씩 형태를 만들어갔단다. 그래서 겨우 그 나무줄기들이 땅에 힘차게 뿌리내리고 서 있게 된 거야.

어떤 의미에서는 유화그리는 법을 스스로 터득하게 되어 다행이라고 생각해. 미리 배웠더라면, 지금 글로 표현한 그런 효과는 그냥 지나쳐버렸을지도 모르니까.

지금 와서 생각하면 그건 안되는 일이지. 지금 편지에 쓴 그것이야말로 내가 원하던 일이었어——못하면 못하는 대로 좋아. 어떻게 해야 하는지 모르지만, 일단 해보는 거지.

어떤 식으로 그것을 그려야 하는지 나는 잘 몰라. 다만 내 마음을 사로잡은 장소 앞에 아무것도 그려지지 않은 나무판을 놓고 앉는 거야. 그리고 눈 앞에 있는 것들을 바라보며 스스로 다짐해. 아무것도 그려지지 않은 이 나무판을 작품으로 만들겠다고.

결국은 불만스러운 채로 돌아와 옆으로 치워버리지. 그리고 조금 쉬었다가 다시 나가 머뭇거리면서 그것에 눈길을 줘. 역시 불만스러워. 마음 속에 품었던 그 근사한 광경이 너무도 생생하게 남아 있어서, 내가 그것을 대상으로 보고 그려낸 것은 영 마음에 들지 않아.

그러다가 나를 감동시켰던 풍경의 여운이 마침내 내 작품에서도 발견되지. 그리고 자연이 나에게 알려준 어떤 것, 나에게 말한 것, 그것을 내가 마치 속기술처럼 적어내려간 것을 볼 수 있단다.

나의 속기에는 해독할 수 없는 말이며, 실수나 누락이 있을지도 몰라. 그렇지만 거기에는 숲과 해변과 사람그림자가 나에게 말했던 무언가가 있어. 그것은 공부해서 얻은 기법이나 체계에서 나온 게 아닌, 자연 그 자체가 들려주는 말이야.

모래언덕에서 그린 작은 스케치도 하나 보낼게. 작은 덤불이 몇 개 있는데,

잎이 우거진 쪽은 하얗게, 다른 쪽은 암녹색으로 쉬지 않고 바스락거리며 빛나고 있어. 배경은 검은 나무들이야.

이렇듯 온 힘을 다해 물감으로 그리기에 몰두하고 있어. 색채연구를 하는 셈이지. 지금까지는 자제해 왔지만, 후회하지 않아. 데생을 그토록 많이 그리지 않았다면, 미완성 테라코타를 보는 듯한 인물상의 느낌을 표현하거나 그 모습을 자유자재로 다루지 못할 거야. 지금은 넓은 바다에 있는 듯한 자유로운 기분이야. 할 수 있는 모든 힘을 다해 물감으로 그리는 연습을 해야 해.

나무판과 캔버스에 그리다 보니 다시 지출이 늘고 있어. 하나부터 열까지 너무 비싸. 비싼 물감이 눈 깜짝할 새 없어져버리지. 이 문제로 고민하지 않는 화가는 없어. 우리는 가능한 범위를 정해 놓아야 해. 나에게 색채에 대한 어떤 느낌이 있다는 것, 그 감각이 더욱 발달하리라는 것, 물감으로 그리기가 뼛속까지 스며들고 있다는 것——이것만은 확실해. 네가 성의껏 실질적으로 원조해주는 게 얼마나 값진 일인지 나는 감사하고 또 감사해. 머릿속에 늘 네가 있어. 내 작업을 진지하고 남자답고 알차게 만들고 싶고, 너를 되도록 빨리 만족시키고도 싶어.

네가 해주기 바라는 일이 또 하나 있어. 물감, 나무판, 붓 등을 도매값으로 살 수 없을까? 지금은 소매로 사고 있지. 바이야르나 또는 누군가 그런 일을 하는 사람과 연줄이 안닿을까?

그러면 흰색이며 오커며 시에나 같은 많이 쓰는 물감을 싸게 살 수 있고, 우리는 돈문제를 조정할 수 있을 거야. 물론 훨씬 적게 들겠지. 가능하면 검토해주기 바라.

물감을 많이 쓴다고 해서 반드시 좋은 그림이 그려지는 건 아니지만, 땅을 힘차게 그리고 하늘의 청명함을 표현하려면 물감을 절약하기 힘든 때도 있어. 그림 주제가 섬세한 기법을 필요로 하기도 하고, 대상의 재질이며 본성을 위해 몇 번씩 덧칠해야 하기도 하지.

마우베는 J. 마리스에 비해 아주 단조롭게 그리고, 밀레며 J. 뒤프레와 비교해도 그렇지만, 그의 아틀리에에는 빈 물감 튜브로 가득찬 시가 상자가 구석마다 몇 개씩 쌓여 있어. 졸라가 묘사하는 연회며 야회가 벌어진 뒤 방구석에 쌓인 빈 술병처럼.

이번 달에 얼마쯤 더 보내주면 좋겠어. 안되면 어쩔 수 없지. 작업은 할 수 있는껏 할 거야.

내 건강을 걱정하는데, 너는 어떠니? 요즘 들어 내 치료법이 너에게도 도움되리라 생각해. 야외에서 그림그리는 거야. 나는 건강해. 다만 피곤할 때는 아픈 곳도 있지. 하지만 좋아지고 있으며 더 나빠지지는 않아. 최대한 검소하게 사는 게 좋지만, 그림그리는 건 나만의 특별한 치료법이야.

네가 행복하기를, 그리고 더 큰 행복을 발견하기를 진심으로 기도할게.

마음 속에서 악수를. 나를 믿어줘.

너의 빈센트

덧붙임 : 모래언덕은 블론드의 부드러운 효과를 줘서 스케치했는데, 숲은 더 음울하고 강렬한 색조지? 둘 다 생생하게 표현되어 기분좋아.

고흐가 라파르트에게
1882년 9월15일

친애하는 라파르트

목판화를 몇 점 동봉할 수 있어 기쁘네. 접히는 부분이 조금 손상되겠지만, 쉽게 복구될 거야.

무기창고 층계에서 등불을 손에 들고 번쩍거리는 갑옷을 지켜보는 여자를 그린 맥쿠오이드의 작품이 혹시 있는가? 얼마 전 그것과 함께 나무에 기대선 흰옷을 입은 소녀 판화를 구해놓았네. 아직 구하지 못했다면 다음번 편지에 넣어 보내겠네. 그는 영국의 뛰어난 현대삽화가 가운데 한 사람이지.

자네는 르누아르를 좋아할 듯하니 나중에 그의 작품을 몇 점 구해주겠네. 오래된 정기간행물을 한 무더기 가진 유대인을 얼마 전 알게 되었는데, 그 간행물이 여기 동봉한 판화며 앞서 이야기한 작품들과 같은 종류였지. 그는 심하게 파손된 그 책들을 들고 올 수 없다고 하므로, 내가 시간내어 직접 그 잡동사니를 뒤지러 갈 생각이네. 그리 유쾌한 일은 아니겠지만, 《석탄공의 파업》은 썩 뛰어난 작품 같고 자네도 좋아하리라 믿네.

광부들을 모델로 한 판화와 데생들을 구하려 애쓰는 중이네. 《석탄공의 파업》도, 또 다른 사건을 보여주는 영국판화도 무척 아름답지. 네덜란드에서는 그 같은 주제가 거의 다뤄지지 않았을 거야. 머지않아 이 방면으로 깊숙이 연구해볼 작정이네.

솔직히 대답해보게, 내가 두 달쯤 보리나주 광산지방을 한 번 더 다녀올 예정이라면 함께 갈 생각이 있는가?

보리나주는 거친 지방이지. 그런 곳을 여행하는 일은 유람과 달라. 하지만 사람들의 빠른 움직임을 재빠르게 그려내는데 좀더 익숙해지면, 나는 기꺼이 거기로 떠날 작정이네. 그곳에는 아직까지 다른 화가들이 한 번도 그린 적 없는 아름다운 것들이 많이 있어. 두 사람이 함께 간다면 좋을 걸세. 그런 지방에는 맞서 싸워야 할 갖가지 어려움이 많기 때문이지.

지금 상황으로는 불가능하지만, 보리나주 여행계획은 내 머릿속 깊숙이 뿌리내리고 있네. 지금은 데생과 그림을 통해 파업에 대하여 연구중이지. '바다'도 점점 더 강하게 나를 끌어당기고 있네.

최근 랑송의 작품 몇 점을 찾아냈어.《수프 배급》《넝마주이들의 약속》《눈 치우는 사람들》 등이라네. 밤에 자다 말고 일어나 다시 들여다볼 정도로 이 그림들은 내 안에서 크나큰 감동을 불러일으켰네.

거리광경, 삼등대합실, 병원 같은 데서 영감을 받아 작업하다가 지칠 때면 민중을 묘사하는 위대한 데생화가들을 향한 경외감이 더욱 깊어가지. 특히 르누아르, 랑송, 도레, 모린, 가바르니, 뒤 모리에, Ch. 킨, 하워드 필, 홉킨스, 헤르코머, 프랭크 홀이며 그밖의 다른 많은 작가들이 그들이라네.

어떤 점에서는 자네 역시 크게 다르지 않으리라 생각하네. 자네가 늘 개인적으로 내 감동을 자아내는 주제들을 다루는 사실에 무엇보다 큰 흥미를 느껴왔기 때문이지. 때로 나는 우리가 너무 멀리 떨어져 살아서 거의 만날 수 없는 게 매우 안타까워.

편지쓸 시간이 많지 않네. 그럼, 이만 상상의 악수를 청하며, 믿음을 다하여.

빈센트

고호가 라파르트에게
1882년 9월15일 이후 ①

나의 벗 라파르트
반가운 편지 방금 받았네. 이야기를 좀 하고 싶어서 바로 답장쓰네.
자네는 독일 판화를 많이 갖고 있다고?

지난번 테오에게 편지쓰면서 우연히 보티에와 또 다른 독일 작가들에 대해, 그리고 내 데생 작업에 대해 자네가 한 것과 비슷한 이야기를 했던 게 생각나는군.

그보다 조금 앞서 이탈리아 작가들이 많이 참여한 수채화 전시회를 보았는데, 잘된 또는 썩 잘된 작품들이 많았지만 왠지 공허한 느낌을 지울 수 없었지. 그래서 테오에게 써보냈다네――'알자스 미술가들이 클럽을 발족했을 때는 그래도 미술에 호의적인 시대였다. 보티에, 크나우스, 융트, 게오르그 자르, 반 마이든, 브리옹, 슐러의 데생들은 대부분 다른 예술가들, 특히 샤트리앙이며 바흐 같은 작가들에 의해 설명되고 보강되었어!'라고.

그렇지. 이탈리아 화가들은 확실히 절정기에 있어. 하지만 그들의 '감성', 다시 말해 인간적 감성은 어디에 있는가? 나는 그들의 번쩍이는 공작깃털그림보다 눈발이 날리고 비가 뿌리는 밖에서 수프를 마시는 넝마주이들을 그린 랑송의 잿빛 채색 스케치를 보는 편이 훨씬 좋아. 이탈리아 식 화가들은 나날이 늘지만, 청빈한 화가들은 전보다 드문 게 사실이지.

진지하게 말하건대, 나는 몇몇 이탈리아 화가처럼 수채화 제조자가 되느니 차라리 호텔 심부름꾼이 되겠네. 물론 모든 이탈리아 화가들이 그렇다는 건 아니야. 다만 이탈리아 화가의 경향이며 기풍에 대한 내 생각을 있는 그대로 말했을 뿐이라네.

여전히 인정받을 만한 작업을 하는 화가도 많이 있지. 특히 고야에 이어지는 포르튀니, 타페로, 하일부트, 추에츠 등이 그들이야. 이들 가운데 몇 작품을 처음 보았을 때――10년인가 12년 전, 내가 구필 화랑에서 일할 때였는데――나는 매우 감동했었네. 영국과 독일의 데생화가들 또는 마우베와 로커슨의 완성도 높은 작품들보다 더 아름답다고 생각했었지.

하지만 그 생각도 오래 전에 바뀌었네. 그들은 바이브레이션을 낼 줄 아는 새들과 너무 많이 닮았다고 판단한 거지. 종다리나 나이팅게일은 조그맣게 소리내지만 더 많은 열정을 쏟아 분명한 자기 색깔을 품게 되리라 확신하네.

내게는 독일의 복제화가 그리 많지 않아. 브리옹 시대 걸작들을 얻기란 쉬운 일이 아니거든.

영국 데생 화가들에 대해서는 거의 아는 바 없네. 그들의 삶조차 모를 지경이지. 하지만 영국에서 꼬박 3년 지내는 동안 적지 않은 작품들을 보면서 그곳

화가와 작업에 대해 대략적으로는 배웠다네. 영국에 오래 머물지 않고는 그들을 전체적으로 평가하는 일이 거의 불가능하지.

영국인들은 우리와 다른 방식으로 느끼고 해석하고 표현해. 거기에 적응해야 하며, 진정으로 연구할 만한 가치 있는 부분이기도 하지. 영국인들은 위대한 예술가들이니까.

이스라엘스, 마우베, 로커슨은 가장 영국적인 작가들이네. 그러나 '상(相)'의 측면에서 토머스 패드의 그림은 이스라엘스의 그것과 아주 달라. 그리고 핀웰, 모리스, 스몰의 데생은 마우베의 작품과 또 다르며 지베르와 모리에의 데생도 로커슨의 것과는 다르네.

어떤 면에서 영국 데생 화가들은 문학에서의 디킨스와 닮았다고 생각되네. 그들의 빛나는 점은 바로 우리가 늘 되돌아오게 되는 고귀하며 유익한 '감성'이지.

시간되면 이곳에 들러 내가 가진 수집품들을 편안히 훑어보는 게 어떤가? 총괄적 개념을 얻고 작품에 생명력을 부여하며 영국 데생 학파가 멋진 앙상블을 이루는 사실을 분명히 알려면, 자네도 나도 복제품들을 시리즈로 감상할 필요가 있다네. 디킨스, 발자크, 졸라를 이해하려면 그들의 모든 작품을 읽어야 하는 것과 마찬가지지.

지금 내게는 50점에 이르는 영국 복제화가 있네. 따로따로 보면 별 의미 없지만, 모두 늘어놓고 감상하면 적잖은 감명을 받을 수 있어.

멘첼의 《셰익스피어 초상화》를 아직 못보았네. 한 거장이 다른 거장을 어떻게 이해했는지를 알기 위해서라도 그 작품을 꼭 감상할 생각이야. 치열하게 살아온 점에서 멘첼의 작품은 확실히 셰익스피어의 작품과 닮았지.

바우턴의 《과부의 들판》은 매우 아름다운 작품이네. 나는 그 모두에 완전히 사로잡혀 디킨스가 묘사하고 앞서 말한 데생 화가들이 그려낸 일상의 온갖 측면을 재현하는 목적으로 내 삶을 꾸려가고 있네. 밀레는 '예술은 투쟁이다. 예술에 온 힘을 쏟아부어야 한다'고 말했지.

나는 벌써 투쟁에 가담했고 내가 원하는 바를 잘 아네. '저명함'에 뒤따르는 모함이 나를 일탈시키지는 않을 거야. 이미 여러 관점에서 나는 '편집광'이며 '기이한 심술쟁이'를 거쳤지. 물론 여태 혼자라고 느낄 때도 있다네. 그러나 한편으로 이 고독은 나로 하여금 변치 않는 무엇, 즉 자연의 영원한 아름다움에 주의를 집중하도록 만들어. 오래 전에 읽은 《로빈슨 크루소》에서도 고독은 용기를 잃게 하는 게 아니라, 오히려 자신을 위해 필요한 활동을 창조하게 만드는 힘으로 묘사되고 있지.

칼로버트의 《목탄화》를 되돌려줘야겠네. 그 책을 몇 번이나 읽으며 나름대로 노력했지만 목탄작업은 실패했지. 목탄을 좋아하는 나는 그것으로 그림을 잘 그리고 싶다는 욕구도 몹시 크다네. 그런데 어찌된 일인지 목탄작업만 하면 내 데생은 곧바로 힘을 잃고 말아. 하기야 짐작되는 바가 전혀 없지는 않네. 사람들이 목탄화를 어떻게 그리는지 한 번만이라도 볼 수 있다면 이 어려움이 극복되리라 여기네. 자네에게 설명을 부탁하는 방법도 있겠군.

어쨌든 매우 만족스럽게 그 책을 읽었네. 목탄이 훌륭한 도구라는 작가의 말에도 완전히 동의해. 다만 내가 그것을 좀더 잘 사용할 수 있게 되기를 바랄 뿐이야.

감명깊게 읽은 책 없나? 있으면 나한테도 좀 보내주게. 요즘 출판사정에 대해서는 거의 아는 바 없으니…… 1년 전쯤 문학이라면 좀 알지. 병치레하면서 많은 경외감을 가지고 졸라의 작품들을 읽었다네. 발자크가 혼자라고 생각했는데 알고 보니 후계자들이 없지 않더군.

하지만 우리가 발자크며 디킨스, 그리고 가바르니며 밀레의 시대를 되찾으려면 아주 멀리까지 거슬러올라가야 하네. 그들이 사라진 지 그리 오래되지 않았지만, 데뷔한 것은 아주 오래 전이기 때문이야. 그 뒤로 많은 변화가 있었지. 그러나 진보란 전혀 없었다고 생각하네.

언젠가 J. 엘리엇을 읽은 적 있지―'죽었을지라도 살아 있다고 생각한다.' 내 머릿속에서는 앞서 말한 시대가 바로 그렇다네. 또한 그것은 내가 로커슨을 좋아하는 이유이기도 하지.

전설의 삽화에 대해 자네는 말했지? 로커슨이 독일 전설에서 영감을 얻어 훌륭한 수채화들을 완성한 사실을 알고 있는가? 나는 '감성'이 섬세한 《레노레》 시리즈를 알고 있네. 하지만 로커슨의 중요한 작품들은 시중에 그리 많지 않아. 부유한 미술애호가들 상자 속에 대부분 숨어 있지.

런던을 배경으로 한 도레의 작품을 요즘 보았네. 《걸인들을 위한 밤의 수용소》는 말할 나위 없이 아름답고 고결한 정서를 표현했다고 생각하네. 그 작품을 갖고 있는가? 그렇지 않다면 아직 구해볼 기회 있는데……

지금 고아들을 주제로 수채화작업을 하는 중이네. 그밖에도 많은 주제들에 손대기 시작해 한창 바쁘군.

편지를 부치러 나갔다가 도로 들고 들어왔지. 오래된 네덜란드 삽화를 비롯해 한 뭉치의 새로운 삽화를 구했기 때문일세. 복제화 몇 점을 더해 곧 보내주겠네.

우선 도미에의 아름다운 작품 3점과 자크의 작품 1점을 보내네. 이미 같은 게 있다면 돌려주게. 도미에의 《술꾼의 네 시기》는 그의 걸작 가운데 하나야. 드 그루의 작품처럼 도미에의 작품에는 영혼이 깃들어 있지. 자네한테 이 복제화를 보낼 수 있어 기쁘네. 도미에의 작품은 드물거든.

할스의 멋진 데생들을 전에 본 적 있는데, 새로운 뭉치의 삽화에서 다시 발견했다네. 할스와 렘브란트의 모든 작품을 반드시 보아야만 해! 모린의 걸작들과 도레의 오래된 작품들, 그리고 점점 더 진귀해지는 복제화들도 함께 보내네.

도레와 모린의 '명성'에 대한 험구는 자네도 이미 들었겠지. 그래도 변함없이 이들의 그림을 좋아하리라 믿네. 그러한 험구가 자네한테 물론 영향을 미칠 수도 있어. 때문에 더럽혀진 이 목판화들에서 자네가 가바르니, 발자크, 위고 시대의 향기와, 요즘은 거의 잊혀진 보헤미안 풍의 어떤 것을 발견하리라고 장담할 수는 없네. 이를테면 내게 경외감을 품게 하고, 볼 때마다 작업에 몰두해 최선을 다하도록 자극하는 무언가를 말일세.

도레와 밀레의 데생 차이는 나 역시 잘 아네. 하지만 그들은 서로를 배제하지 않지. 차이가 있다면 공통점도 있는 법이니까.

오늘날 데생을 높이 평가하지 않는 습관이 너무나 보편화되어 있는 건 유감스러워. 자네는 브뤼셀에서 리넨의 데생들을 분명 봤을 테지. 얼마나 영적이고 재미있으며 완성도 높은 작품들인가! 그러나 만일 누군가에게 똑같이 이야기한다면, 그는 어떤 경멸감을 가지고 소리높여 대꾸할 걸세——"그래, 그럭저럭 잘된 작품들이지"라고.

비록 리넨이 정력적이고 생산적으로 작업한다 해도, 또는 그 이상이 된다 해도 그는 늘 청렴한 화가로 남아 있을 게 확실해.

글쎄, 나도 마찬가지일까. 보다 활동적이고 생산성을 더 갖추게 된다 해도 일상의 빵 한 조각만 얻을 수 있다면 한평생 가난한 사람으로 남는 게 그리 불행한 일은 아니라고 생각하네.

목판화가 자네 마음에 들기를, 그리고 곧 소식주게. 안녕.

빈센트

고흐가 라파르트에게
1882년 9월15일 이후 ②

나의 벗 라파르트

방금 자네 편지 받았네. 고마워. 목판화들이 기쁨을 주었다니 반갑군. 복제화들에 대한 자네의 평가방식을 존중하네. 자네가 그만두라고 하지 않는 한, 앞으로도 종종 그것들을 보내주지.

〈삽화〉와 〈그래픽〉 잡지를 정기적으로 받아보고 있나——올해 발간된 것들 말일세. 요즘 열람실에서 나온 몇 권의 잡지를 팔려는 어떤 사람과 협상 중인데, 그 잡지들을 사고 싶어. 하지만 올해 발간된 몇 가지는 이미 있으므로 결국 나는 2벌의 복제품들을 갖게 되네. 그러니 앞서 이야기한 잡지들이 자네한테 있다면 그 복제품들은 다른 수집가에게 기증할 생각이야.

르누아르의 크고 작은 복제품들이 나에게 있는데, 그의 《증권거래소와 장베타의 담론》을 요즘 더 발견했지. 게다가 또 다른 복제품인 《고아원 아이들》도 찾아냈다네. 랑송의 몇 작품은 자네에게도 큰 기쁨을 주리라 믿네. 내가 아는 한 그는 충분히 거장이라고 불릴 만해.

우드윌 역시 매우 뛰어난 화가지. 작품을 볼수록 그가 더욱 좋아진다네.

몽바르를 아는가? 참, 자네한테 그의 풍경화들이 있지. 최근 그가 아일랜드와 저지대에서 작업한 크로키 몇 점을 구했는데 풍부한 감성이 느껴졌어.

아르티에서 자네 그림이 성공을 거두기를 진심으로 기원하네. 전람회는 보러 갈 수 없을 듯해. 요즘 '어른고아'를 데생하느라 무척 바쁘거든. 어른고아란 이곳 양로원 사람들을 흔히 부르는 말이지. '남자고아' '여자고아'라는 표현이 기막히게 어울린다고 여겨지지 않나? 거리 사람들을 데생하는 작업은 쉽지 않네.

수채화는——직업을 소재로 한 작품을 몇 점 완성했지만, 그리 흡족할 정도는 아니야.

여기 '어른고아'에 관한 서투른 그림이 있네. 안녕! 급히 서둘러 편지썼네. 아까 말한 잡지들을 가지고 있는지 되도록 빨리 답해주게. 악수를 청하며.

빈센트

고흐가 라파르트에게
1882년 9월15일 이후 ③

친애하는 라파르트

목판화를 수집하면서부터 작품의 서명을 제대로 알아보지 못해 아쉬운 경우가 종종 있지. 그것은 영국 작가들이 쓰는 이름의 머리글자를 전혀 모르는 탓이라네.

〈하퍼스 위클리〉에 하워드 필, 하퍼 로저, 애비 알렉산더의 아름다운 작품들이 소개됐더군. 우드윌, 내쉬 도드, 그레고리 왓슨, 스템 랜드, 스미스 헤네시, 엠슬리는 자네도 알지? 〈그래픽〉과 〈런던 뉴스〉에서 그들의 훌륭한 데생을 볼 수 있어.

혹시 〈스크리브너스 매거진〉과 〈하퍼스 먼슬리〉 같은 영국 잡지들을 아는가? 뛰어난 작품들을 늘 많이 소개하고 있지. 값이 비싸고, 헌 책을 구하기 어려운 나는 몇 권밖에 못갖고 있다네.

자네 수집품에 대해 좀더 자세히 알면 좋겠어. 그것들이 늘 내 관심을 끌고, 나에게 없는 복제품이 자네한테는 있을지도 모른다고 여겨지기 때문이지. 멘첼의 《셰익스피어 초상화》도 볼 수 있으면 좋겠는데.

수채화작업은 잘 진척되고 있나? 2, 3주일 전부터 나도 그 작업에 몰두하고 있네. 전형적인 대중모습도 데생 중이지.

나는 풍경화가들 가운데 포스터와 리드를 무척 좋아하네――그들이 유행에 뒤처졌다고 사람들은 말하지만. 리드의 작품에서는 무엇보다도 고운 가을정취와 달빛과 눈(雪)의 느낌이 볼 만하지.

영국의 풍경화가는 스타일이 매우 다양해. 에드윈과 에드워즈는 포스터와 매우 다르지만, 그들에게도 나름대로의 '존재이유'가 있다네. 와일라이와 그밖의 다른 작가들은 색채에 능란했다고 할 수 있지. 그들은 색조에 보다 많은 신경을 쓰고 있네.

〈스크리브너스 매거진〉과 〈하퍼스 먼슬리〉에 윌리 풍의 매우 아름다운 작품들이 소개되었네. 예컨대 《작은 선박들》《눈의 정취》《정원》《거리 한모퉁이》 같은.

벨기에에서는 특히 페리시앙 롭스와 드 그루가 예전에 〈윌렌슈피겔〉이라는 출판물에 아름다운 데생을 그렸었지. 전에 갖고 있던 책들을 다시 찾아봤는데, 불행히도 헛수고에 그쳤네. 이스라엘스의 작품만큼이나 아름다운 데생들이 있었는데…… 특히 드 그루의 작품이 그렇지.

다시 작업으로 돌아가야겠네. 답장 빨리 보내주게…… 신의를 다하여.

빈센트

고흐가 라파르트에게
1882년 9월15일 이후 ④

나의 벗 라파르트

답장받았네. 고맙네. 자네 작품이 얼마나 보고 싶은지!

친구들 가운데 누군가가 내 아틀리에를 한 번쯤 돌아봐주기를 바란 적은 있지만, 작품을 전시하고 싶은 마음은 전혀 없네. 친구들이 찾아오는 일조차도 사실 매우 드물지. 그리고 대중들에게도 내 작품들을 보러 와달라고 부탁하고 싶지는 않네——물론 앞으로도.

작품에 대한 사람들 평가를 완전히 무시할 수는 없겠지. 그러나 작업은 역시 조용히 이루어져야 해. 세상에서 가장 부럽지 않은 것, 그건 바로 어떤 형태의 대중적 인기라고 생각하네.

모든 사람들에게 진정으로 따뜻한 연민과 애정을 가져야만 해. 그렇지 않으면 자네 데생은 차갑고 무기력함을 벗어나지 못할 걸세. 늘 자신을 감시하고 환멸을 멀리하도록 주의할 필요가 있다. 그뿐 아니라 화가들 사이에 조성되는 어떤 간계에 휩쓸리는 일은 그다지 이로워 보이지 않아. 그 간계에 대해서는 엄격하게 방어해야만 하네.

예술가 무리와 자주 접촉해야 활기를 얻을 수 있다고 생각하는 이들도 있지. 그러나 아마도 토머스 캠피스가 "인간들 속에 있을 때 나는 늘 내가 덜 인간적임을 느낀다"고 말했을 걸세.

나도 역시 예술가들과 자주 섞여 있을 때 무기력한, 예술가로서 무기력한 자신을 느끼는 일이 있다네. 반대로 한 사람의 능력을 넘어서는 작업을 목적으로 모든 역량을 모으는 일은 훌륭하지. 물론 대부분 생선꼬리처럼 하찮거나 아무 변화도 이끌어내지 못한 채 끝나버리기는 하지만.

자네 작품을 보고 싶은 마음을 억누를 수 없을 때가 나는 종종 있지. 마찬가지로 자네가 내 작품을 보러 와주기를 또한 고대하고 있네. 자네한테서 어떤 유용한 이야기가 나오리라 믿고, 또 차츰 전체를 이루어가기 시작하는 흩어진 내 그림들을 한눈에 볼 수 있게 해주기 때문이라네. 함께 이야기나누면서 우리는 무언가 이끌어낼 수단들을 찾아낼 수도 있을 걸세.

얼마쯤 고통 끝에 드디어 보리나주의 광산에서 일하는 여인들이 어떻게 그들의 짐을 짊어지는지 알아냈네. 예전에 내가 그녀들 몇 명을 그렸던 사실을 기억하나? 그때의 데생은 진정으로 좋은 작품은 못되었지. 같은 주제로 12점을 새로 완성했네. 짐을 짊어진 여인에게 포즈를 취해달라고 여러 차례 부탁했지만 성공하지 못했어.

엠슬리의 《물의 팽창》이라는 매우 아름다운 복제품 하나를 발견했네. 한 아낙네와 어린아이 둘이 홍수로 거의 잠긴 초원에 서 있네. 물이 홍건한 들판에는 꼭대기가 잘린 버드나무도 보이지.

작업에 대한 용기를 잃을 때마다 내가 다시 몰두할 수 있는 힘을 길러내는 원천은 바로 목판화 수집품들이네. 그 모든 예술가들의 열정과 의지, 자유롭고 맑으며 생동감넘치는 그들의 정신이 내게로 전해져오기 때문이지. 비록 누추하고 가난한 사람들을 데생했을지라도 그들의 작품은 위대함과 장중함의 흔적을 품고 있어. 대부분의 삽화가들이 보여주는 엄청난 창작력을 생각할 때, 그들이 지닌 예술에 대한 열정이 믿을 수 없을 만큼 크다는 사실을 인정하지 않을 수 없네.

해리 퍼니스의 《한여름밤의 꿈》을 알고 있는가? 몇 명의 남자들, 한 노파, 방랑아 그리고 취객이 마로니에 나무 아래 놓인 벤치에서 여름밤을 보내는 모습을 담은 그림이지. 한 마디로 도미에의 대표작에 버금가는 아름다운 작품이야.

안데르센 동화들은 어떤가? 매우 아름답다고 생각지 않나? 그도 아마 그 삽화들을 그렸을지도 몰라. 그럼, 이만.

빈센트

◀《가난한 사람
들》(1882) 반
고흐 미술관, 암
스테르담

◀《바닷가 고기잡
이배》(1882) 개
인소장

◀《가지친 버드나
무》(1882)
반 고흐 미술관,
암스테르담

고호가 라파르트에게

1882년 11월1일

나의 벗 라파르트

디킨스는 《마틴 처즐위트》[1]에서 미국인을 비판했지. 하지만 얼마 뒤 그는 사람들이 자신의 이야기에서 미국에 훌륭함이란 전혀 존재하지 않는다는 그릇된 결론을 이끌어낸 사실을 알고 그 후속판 머리글에서 미국에 대한 또 다른 인상을 자신의 두 번째 미국 방문소감과 함께 쓰고 있지.

포스터의 《디킨스의 삶》을 읽어보게. 그 책은 내가 자네에게 이해시키고 싶은 점을 잘 일깨워줄 걸세. 옛격언에도 있듯 '보리를 독보리와 함께 뽑아버리지 않도록' 조심해야 하네.

'플리징 세일러블'[2]은 썩 두려운 표현이네. 잘 팔리는 작품을 좋아하지 않는 그림상인은 아직 한 번도 만나보지 못했어. 흡사 전염병처럼 예술에 있어 그보다 더 두려운 적은 없다네.

큰 미술관 지배인들이 예술가들을 보호해 좋은 평판을 얻고 있지만, 그들도 화가들을 제대로 보호하지는 못하지. 현실적으로 대중이 직접 대하는 사람은 예술가들이 아닌 그림상인과 지배인들이네. 따라서 예술가는 그들의 도움을 받기 위해 비굴해지는 거지. 실제로 그림상인과 지배인들에 대한 억눌린 불평을 가슴에 품고 있지 않은 예술가는 한 사람도 없어. 저들은 대중의 나쁜 기호를 만족시키기에만 급급해. 우리로서는 다만 진실하고 정직한 자세를 잃지 않는 가운데 꾸준히 작업하는 것만이 최선일 따름이라네.

최근의 픽투라 전시회에서 가장 충격적인 일이 뭔지 아나? 이스라엘스, 마리스, 마우베, 뇌휘스, 바이센브루흐 같은 화가들은 자기 자리를 충실히 지키는 데 비해, 그 제자들에게서는 어떤 진보도 실감할 수 없는 채 일종의 퇴폐적 경향만 보인다는 점이네.

세월이 더 흐른 뒤 자네와 나 우리 두 사람은 지금보다 훨씬 아름다운 작품

---

*1 1842년 미국을 여행한 디킨스는 엉뚱한 미국 출판사가 자신의 책을 불법복제해 떼돈을 번 사실을 알고 단단히 화가 나서, 1844년 출간한 소설 《Martin Chuzzlewit》에서 미국을 정의롭지 못한 사회의 상징으로 그렸다. 극중인물의 입을 빌어, 미국에서는 선거에 낙선한 후보 지지자들이 표현의 자유를 빙자해 길거리를 활보하며 폭력을 일삼는다고 주장했다.
*2 pleasing saleable. 쉽게 할 수 있음을 뜻하는 말.

들을 그려내리라고 확신하네. 그렇다 해서 지금의 작품이 나쁘다는 이야기는 물론 아니지.

자신에게 늘 엄격한 가운데 예술적인 강한 힘을 표현해야만 하네. 가정집, 거리, 병원 등에서 받은 감명을 화면에 재현하려 시도하는 우리 작품보다 다른 유파를 더 좋아하는 사람들이 많을 수도 있을 거야. 하지만 그들의 말 때문에 의기소침하거나 실망할 이유는 전혀 없어.

드 그루가 감당해야 했던 비난과 적의를 안다면 자네는 아마 깜짝 놀랄 걸세. 우리는 환상을 품어서는 안돼. 대신 몰이해와 무시와 멸시받을 마음의 준비를 해야만 하네. 그리고 이 모든 어려움에도 불구하고 예술적 힘과 열정을 꿋꿋이 간직해야만 하지.

나는 유행과 유파에 개의치 않고 고집스레 내 길을 갈 걸세. 악수를.

빈센트

고흐가 테오에게 242
1882년 11월5일

사랑하는 테오

일요일만 되면 너에게 편지쓰고 싶어져. 그래서 오늘도 편지를 보낸다.

요 며칠 동안 도데의 《나바브》를 읽었는데, 정말 걸작이야——예를 들면 나바브와 은행가 에멜랑이 해질녘에 페르 라셰즈를 산책하는 장면, 한쪽에서 발자크의 흉상이 하늘을 향해 검은 실루엣이 되어 두 사람을 아이러니컬하게 내려다보는 장면 등, 마치 도미에의 데생 같아.

도미에가 《혁명——드니 드스브》를 그렸다고 네가 알려주었지. 그걸 읽었을 때 나는 그것이 뭔지 몰랐어. 위고의 《범죄사》를 읽어서 이제는 알지. 꽤 고결한 인물이야. 도미에의 데생도 보고 싶어.

책에 파리가 나오면 네 생각이 나고, 나도 모르게 헤이그와 비슷한 점을 찾게 돼. 헤이그는 파리보다 훨씬 작지만, 왕궁과 그에 어울리는 도덕과 예절도 갖추고 있어. 지난번 편지에서 너는 자연은 신비롭다고 말했는데, 무조건 동감이야. 생명이란 추상적 존재로 생각할수록 참으로 수수께끼야. 현실에서 생명은 비밀 속의 수수께끼지. 우리가 어떻게 그 수수께끼를 풀겠니? 우리 자신도 우리가 신기해 하는 이 우주의 한 원자야. 우주는 어디로 갈까? 악마에게, 신에게? '그래도 해는 뜬다'고 위고는 말했단다.

오래 전, 나는 샤트리앙의 《친구 프리츠》에서 늙은 랍비*¹가 '우리는 살아 있는 동안 행복할 수 없다, 그러므로 행복을 얻도록 노력해야 한다'라고 한 말을 읽은 뒤로 한 번도 잊은 적이 없어. 이것만 따로 떼어 해석하면 이 사상에는 학식을 자랑하는 듯한 면도 있지만, 그 말 한 마디 한 마디가 이 늙은 랍비 다비드 세셀이라는 공감가는 인물의 입에서 나왔을 때 그 문맥이 구구절절 내 마음을 깊이 감동시켰지. 나는 그 말을 이따금 곱씹어보곤 해. 데생도 이처럼, 자신의 데생을 파는 일에만 집착하면 안되고, 그럴 만한 가치 있는 진지한 작품으로 완성시키는 게 그리는 사람의 의무이므로, 주위환경이 그를 배신할지라도 함부로 그리거나 대충 그려서는 안돼.

석판화를 계획할 때 특히 이런 생각을 해. 생각으로만 끝나기 일쑤라 그리 진척은 없지만. 생각이라니——대체 무엇을 위한 생각? 그런 이유로 다시 데생을 몇 점 더 그렸지. 조그만 땅바닥을 배경으로 석탄자루를 머리에 인 여자——지붕과 굴뚝의 실루엣, 빨래대야 앞에 앉은 여자. 얼마 동안은 내가 데생 그 자체의 공부를 떠나 샛길로 새지 않을까 걱정하지 않아도 돼. 현금이 얼마쯤 들어올 때까지는 석판화를 더 실험해 볼 수가 없어. 하지만 석판에서는 뭔가 얻을 게 있어 보인단다.

가끔 견딜 수 없이 런던에 다시 가고 싶어져. 판화제작과 목판에 대해 더 공부하고 싶어서야. 나는 내 안에 반드시 키워야 할 하나의 힘이 있는 것을 느껴. 꺼뜨리지 말고 계속 살펴두어야 하는 불이야. 이 힘이 어떤 종말로 나를 이끌지 알 수 없고, 그 종말이 끔찍하다 해도 특별히 놀랄 것 없지만. 이런 시기가 왔을 때, 사람은 무엇을 바라야 할까? 상대적인 행복이란 어떤 것일까? 어떤 정황에서는 정복자보다 피정복자인 편이 좋아——예를 들면 주피터보다 프로메테우스가 낫지. '피할 수 없으면 정황을 지켜보라'는 옛말도 있잖아.

내가 누구 작품에 깊이 감명받았는지 아니? 나는 줄리앙 뒤프레——쥘 뒤프레의 아들인가?——작품의 복제품을 보았어. 하나는 풀베는 사람을 그린 것이고, 또 하나는 《르 몽드 일뤼스트레》에서 가져온 아름답고 커다란 목판화로 황소를 목장에 끌고 가는 농부야. 아주 정력적이고 성실하게 그린 탁월한 작

---

*1 유대교 성직자.

품이라고 생각해. 예를 들면 피에르 비에나 뷔탱의 작품과 비슷해.

다냥부브레가 그린 인물도 많이 보았어. 《거지》《결혼식》《사고》《튈르리 정원》 등. 이 두 사람은 자연과 맨손으로 그리는 화가, 흔들림없이 견고하게 사물을 포착해내는 화가라고 생각해. 언젠가 네가 《사고》에 대해 편지에 썼었지. 지금 보니 훌륭한 작품이라는 생각이 들어. 그들에게 밀레의 숭고한 종교적 정서는 없어. 적어도 밀레와 같을 정도까지는 말이야. 아마 밀레만큼 넘치는 따뜻한 사랑을 느끼고 있지는 않을 거야. 그런데도 이 두 사람은 얼마나 뛰어난 화가인지! 물론 나는 그들 작품을 복제품으로밖에 못보았어. 그렇지만 복제품에 없는 거라면 원작에도 당연히 없을 것 같아.

토머스 패드의 작품이 좋게 여겨지기까지는 상당히 오래 걸렸어. 지금은 아무 망설임 없지. 예를 들면 《캐나다 원시림의 일요일》《집과 집없는 자》《혹사의 끝》《빈민》《가난한 남자의 친구》──요컨대 그레이브스에서 연작으로 간행된 작품들.

오늘은 에텐에서 가져온 오래된 데생을 몇 점 손봤어. 들판에서 잎이 다 떨어진 버드나무를 봤는데, 잎이 다 떨어졌다는 상황이 같아 지난해에 본 정경이 떠올랐거든. 가끔 풍경화를 그리고 싶은 충동에 사로잡히는데, 기분전환을 위해 오래 걷고 싶어져 안절부절못하게 될 때와 마찬가지야. 그리고 예를 들면 나무 등 자연은 무엇을 봐도 표정이 있고 영혼이 있어. 잎이 다 떨어진 버드나무들은 가끔 요양원 시설에 있는 오갈 데 없는 남자들을 연상시켜.

무어라 형용할 수 없이 깨끗하고 부드러운 것을 입은 어린 보리는 잠든 갓난아기의 표정을 볼 때와 같은 정서를 불러일으키지. 길가의 짓밟힌 풀은 빈민가 주민처럼 피곤에 찌들고 먼지를 뒤집어썼어. 며칠 전 눈이 내렸는데, 꽁꽁 언 양배추들이 왠지 이른 아침 얇은 속치마에 낡은 숄을 두르고 뜨거운 물과 숯불파는 가게의 지하실에 우두커니 서 있던 한 무리의 여자들을 떠오르게 했단다.

다양한 인물을 석판화로 만들어보고 싶은데, 가장 어려운 일은 조화롭게 배열해 하나의 전체가 되도록 인물을 30여 점이나 만들어내야 한다는 거야. 그만한 것을 얻으려면 30점보다 훨씬 많은 데생을 그려야 하지. 그 다음 단계로는 석판의 복제를 만들어야 해. 내 생각에는 이 순서로 하는 게 전체적으로 도안이 완성되기 전에 복제에 손대는 것보다 편할 것 같아. 네가 방문할 땐 분명

이 단계까지 아마 이르러 있지 못할 거야. 네가 오면 이 문제에 대해 좀더 의논할 수 있겠지.

이곳에서 초등학교용으로 만들어진 것이 있어. 최근에 보았는데, 슈미트 크란스가 만든 24점의 석판이야. 그 가운데 몇 점은 훌륭해. 하지만 이 작가에 대해 생각하면, 전체적으로 흥미가 없어져. 그래도 학교에서는 그 작품들이 꽤 도움되나봐. 다만 이런 작품들이 교육목적에 맞는 내용뿐이라는 게 유감스러워. 다른 경우도 마찬가지지만, 이것도 그렇다고 할 수 있지.

너도 《나바브》를 꼭 읽어봐. 아주 훌륭한 작품이란다. 이 인물은 선의의 악당이라고 할 수 있겠지. 현실에 이런 사람이 존재할까? 분명 그럴 거라고 생각해. 도데의 책에는 애정이 흘러넘쳐——예를 들면 《망명의 왕자》에 나오는 '짙은 녹색 눈을 한' 여왕의 모습 등. 곧 다시 편지주렴.

우울할 때 황량한 해변으로 걸어가, 하얀 파도가 기다란 실처럼 이어진 회녹색 바다를 바라보면 기분이 좋아지지. 하지만 뭔가 장대한 것, 무한한 것, 신을 일깨워 줄 것처럼 느껴지는 게 필요하다면 그것을 찾아 굳이 멀리 갈 것 없어. 넓은 바다보다 더 깊고 무한하고 영원한 뭔가를, 아침에 잠에서 깨어나 빛나는 햇살에 옹알이하며 웃는 요람 속 조그마한 갓난아기 눈동자에서도 볼 수 있거든. '높은 곳에서 쏟아지는 빛'만 있다면 그것을 충분히 볼 수 있어.

그럼, 안녕. 마음 속으로 악수를.

너의 빈센트

고흐가 라파르트에게
1882년 11월20일 이후 ①

친애하는 라파르트

인쇄소에 들렀다가 우체부를 만나 자네 편지를 건네받았네. 자네 제안을 진심으로 고맙게 생각해. 그 문제는 곧 다시 만나 서로 의논해 보세.

요즘 네 번째 석판화 작업 중이네. 자네가 아직 못본 작품 3점을 이 편지와 함께 보내네. 그 가운데 《삽질하는 사람》《카페의 술꾼》은 한 번 더 수정할 생각이야. 《카페의 술꾼》은 데생 작업을 하는 편이 더 나을 것 같기도 해. 석판화로 만들려고 거기에 필요한 잉크를 썼는데, 종이 위에 인쇄를 잘못하는 바람에 데생이 생명력을 잃어버렸지. 지금 돌 위에 직접 작업하는 기존방식과 종이 위의 데생을 옮기는 새로운 방식을 접목하려 나름대로 시도 중이라네.

자네 《원 아웃(Worn out)》 데생 시리즈를 기억하나? 최근에 서로 다른 두 모델을 대상으로 세 차례나 그것을 다시 작업했지. 하지만 아직 갈길이 멀다네.

내 다섯 번째 석판화 작업의 모델을 발견했어. 늙은 노동자로 팔꿈치를 무릎에 대고 손으로 머리를 감싼 채 생각에 잠긴 모습이네.

내가 왜 석판화 작업에 관해 자네에게 자세히 이야기하는지 아나? 거기에 큰 희망을 품고 있음을 알리기 위해서야. 나에게 특별한 중요성을 지니므로 그 작업을 서두르고 있다네.

만일 좋은 돌 몇 개를 손에 넣어 작업하게 된다면——그 가운데 한두 개의 작업은 실패할 수도 있겠지만——나는 영국까지 작품을 보내볼 생각이라네. 말장난하며 무위도식하기보다는 작품을 만들고 석판화 교정판을 보내는 게 기회를 얻을 확률이 분명 더 많을 테니까. 데생을 보내는 일은 아무래도 좀 꺼림칙하지——잃어버릴 수도 있으니까. 새로운 기법을 사용하면 돌을 보내지 않고도 꽤 멀리 있는 석판화 인쇄소에서 작업할 수 있게 된다네. 그날 바로 새로운 종류의 잉크와 분필을 구했지.

지금 내 주소는 스헹베흐 136번지일세. 동봉하는 석판화 교정판에 대한 자네 의견을 듣고 싶네. 고칠 게 있다면 미흡한 점들을 기꺼이 고치겠네. 이 새로운 《원 아웃》 시리즈가 자네 마음에 들리라고 믿네. 내일 당장 돌 위에 작업을 시작하고 싶군.

편지지가 다 채워졌네. 내 작업이야기만 늘어놓았지만, 자네 건강이 몹시 염려되네. 몸이 안좋다고 했잖은가. 올여름 나도 독감에 걸려 높은 열에 시달렸지. 자네는 그러지 않았으면 좋겠군. 하루 빨리 낫기를 진심으로 기원하네.

악수를 청하며.

빈센트

고흐가 라파르트에게
1882년 11월 20일 이후 ②

나의 벗 라파르트

보내준 편지와 우편환, 정말 고맙네. 이미 말했듯 석판화 비용을 지불할 돈이 든 편지가 도중에 사라져버렸는데, 수사를 시작했지만 되찾을 희망이 없네.

내 석판화에 대한 자네의 지적은 매우 일관성 있군. 이제는 내 눈에도 그 부족한 점들이 보이기 시작했다네.

나도 하고 싶은 말이 있는데, 자네가 다른 작업을 했으면 하는 걸세. 자네는 위험한 길로 들어섰어. 사람들은 시작할 때는 대개 잘 알지만 멈출 때에 대해서는 미처 모르기 쉽지. 지금 누드 화가 아니라 장식용 대작을 그리는 문제에 관해 이야기하고 있는 거라네.

내 말의 요점은, 장식용 작품들을 그리면, 비록 그 작업이 매력적이고 큰 성공을 안겨줄지라도 자네는 결국 예술가적 양심과는 점점 멀어지게 되리라는 것이네. 반대로 진지한 작업, 예컨대 《눈먼 사람들을 위한 구호소》《창유리 장식가》《뜨개질하는 여인》 같은 작업에 몰입하면 자네는 거기에 큰 의미가 있음을 더욱 실감하게 될 걸세. 비록 눈 앞의 성공을 보장받을 수는 없을지라도 말이지.

자네에게 목판화나 그 비슷한 종류의 무언가를 사주려고 주머니에 1.50플로린을 남겨두었네. 대신 자네가 보낸 우편환의 남은 금액은 돌려보내지 않을 생각이야.

우편환은 아주 잘 썼네. 덕택에 돈이 든 편지를 잃어버린 끔찍한 사고를 만회할 수 있었지. 빨리 송금해 준 점, 다시 한 번 진심으로 고맙게 여기네.

내가 장식용 작품에 대해, 그리고 어쩌면 자네의 동의를 얻지 못할 일들에 대해 곧이곧대로 이야기한 것은, 자네의 열망과 작품의 가치 및 중요성을 인정하기 때문임을 믿어주기 바라네.

악수를 청하며, 믿음을 다하여.

빈센트

고흐가 라파르트에게
1883년 2월 8일 이전 ①

친애하는 라파르트

보내준 편지와 자네의 판화 목록을 잘 받았네. 판화 가운데 몇 점, 특히 드그루와 랑송의 작품들이 너무도 보고 싶군.

건강이 회복되었다니 참으로 다행한 일이네. 석판화 작업을 주제로 편지를 주고받다가 자네가 아파서 중단하고 말았지. 그 뒤로 나는 작업을 잘 진행해

나갔네. 돌 위에 직접 작업하는 대신 석판화 초크를 사용했지. 기막히게 훌륭한 도구야, 그 초크는.

내 〈그래픽〉은 놀랄 만큼 흥미진진하네. 10년 전 런던에 머물 때 〈그래픽〉과 〈런던 뉴스〉 인쇄소 진열대를 바라보려고 매주 그곳을 찾아가곤 했었지. 그곳에서 받은 인상이 너무도 강렬해 그즈음 보았던 데생들에 대한 정확하고도 뚜렷한 기억을 아직도 간직하고 있지. 비록 그 뒤로 모든 게 머릿속에서만 진행됐지만 말이야. 그 어느 것도 지나간 먼 나날과 현재를 단절시키지는 않는다는 인상을 때때로 받곤 하네. 어쨌든 그때의 데생들이 내게 불어넣어준 열정은 오늘날까지도 여전하지. 언젠가 그것들을 보게 된다면 자네도 큰 흥미를 느끼리라 믿네.

흑백기법에 대해 자네가 대부분의 네덜란드 사람들과 다른 생각을 가졌음을 대충 짐작하겠네. 자네 그림에 그 기법을 시도할 의도가 있는지 어떤지는 잘 모르지만, 최소한 자네가 어떤 편견을 품고 있지는 않은 듯 싶군.

흑백기법은 대체로 짧은 시간 안에 종이 위에 어떤 채색효과를 나타내지. 다른 기법에 의해 표현하면, 그 효과가 흔히들 말하는 '자연스러움'의 대부분을 잃고 만다네.

헤르코머의 《층 낮은 집, 생 질》과 필즈의 《노숙자 보호소》를 흑백기법으로 그리지 않았다면 그처럼 인상적이고 감동적이지 못하리라고 여기네.

흑백기법에는 마음을 사로잡는 굳건하고 격렬한 무언가가 있지. 자네도 나도 그 기법의 대가는 잘 모르지만 말일세.

몇몇 레르미트 전시회 보고서에, 어부들 삶을 전문적으로 그리는 어느 프랑스 화가 이야기가 나와 있네. 사람들은 끊임없이 그의 이름을 들먹이며 흑백기법의 밀레나 J. 브르통이라고 말하더군.

나는 그의 작품을 꼭 보고 싶네. 최근에 이 화가와 관련된 편지를 테오에게 보냈네. 동생은 늘 매우 좋은 정보를 전해주곤 한다네. 특히 도미에의 그림들에 대해.

바구니 위에 앉아 빵을 자르는 사내를 표현한 석판화는 실패했네. 데생을 돌 위로 옮기면서 윗부분을 망가뜨려버렸지. 하지만 끌칼을 써서 망친 부분을 대강 수선했다네. 어쨌든 자네는 이 새로운 기법이 바구니며 바지며 진흙범벅된 장화 같은 소재의 질감을 살리며 아주 훌륭한 작업을 가능케 해주는 사실을 알게 될 걸세.

자네에게 한 가지 할 이야기가 있네. 지난해 여름 자네가 방문했을 때, 내 모델이라고 소개한 여자를 혹시 기억하나? 그때 나는 자네에게 우리가 처음 만났을 때 내가 그녀의 임신 사실을 어떻게 알아차렸는지에 대해 말했었지. 바로 그 때문에 그녀를 경제적으로 도와주려 애쓰는 중이라고.

그 얼마 뒤 나는 병에 걸리고 말았네. 그때 그녀는 레이던의 한 병원에 이미 입원한 상태였는데, 치료받던 병원에서 나는 그녀로부터 편지 한 통을 받았지. 그녀는 심각한 근심거리가 있다고 고백하더군. 그 여름에 앞선 겨울부터 그녀는 큰 어려움에 놓여 있었지. 나는 그녀를 위해 할 수 있는 모든 일을 했네. 그러고도 무엇을 더 해줄 수 있을지 고민을 거듭했지. 내가 과연 그녀를 경제적으로 도울 수 있을지? 도와야만 하는지?

나 또한 병들고 미래는 불투명했어. 하지만 나는 병상을 떠났지. 좀더 정확히 말하면 의사의 권유를 뿌리치고 그녀를 보러 나섰다네.

어쨌든 그 여름날 7월 1일, 나는 레이던의 병원에 도착했네. 그리고 밤동안 그녀는 사내아기를 세상에 내놓았지. 갓 태어난 아기는 엄마 옆 요람에서 작은 코를 이불 밖으로 내놓은 채 쌕쌕 잠들어 있더군. 세상이 어떻게 돌아가든 자신은 알 바 아니라는 듯이.

나처럼 병들고 가난에 지친 화가는 아기가 모르는 많은 것들을 알고 있지. 무엇을 해야 할 것인지, 깊이 생각할 무언가가 있었네. 그 가난한 여인의 해산은 난산이었어. 인생에서 아무 일도 하지 않은 채 다만 "그것이 나와 상관있는가?"라고 말할 뿐이라면, 그때마다 죄되지 않는 순간이 있을까?

나는 그녀에게 말했네.

"몸이 좀 나으면 찾아와요. 할 수 있는껏 다 해주겠소."

그런데 이 여인한테는 병약하고 버림받은 가여운 아이가 하나 더 있었네. 때문에 보잘것없는 내 경제적 능력으로는 그들을 돕겠다는 생각 자체가 터무니없는 계획이었지. 하지만 달리 무슨 방도가 있겠나? 어떤 상황에서건 쉽게 포기한다면 인생은 살아갈 가치가 없지.

얼마 뒤 그녀는 다시 나를 찾아왔네. 나는 그들 세 식구와 내가 살 집을 새로 구했지. 그즈음에는 아직 다 지어지지 못한 상태라 싼 값에 얻을 수 있었네. 지금까지 나는 그곳에 살고 있는데, 전에 살던 138호보다 더 낮은 두 개의

문이 달린 집이지. 물론 그녀와 아이들 모두 변함없이 함께 지내고 있다네. 한 가지 달라진 점은 병원의 요람 속에서 종일 잠자던 아이가 그때보다 좀 덜 잔다는 정도일까.

아기는 어느덧 7, 8개월 된 매우 건강하고 온순한 꼬마로 자랐네. 나는 녀석을 위해 고물상에서 직접 요람을 골라 어깨에 짊어지고 오기도 했지. 너무도 암담했던 지난 겨울내 그 꼬마는 내게 집 안의 빛과도 같은 존재였네. 아기 엄마는 강한 여자는 아니지만 상점 물건을 배달하는 힘든 일도 마다 않고 해냈네. 그녀는 다시 기력을 되찾았지. 나는 예술과 삶을 동시에 깊이있게 해나가려 노력했네. 그 둘은 서로 짝을 이루어갔지.

이제 더 이상은 나와 상관없는 옛친구들과의 여러 차례 난처한 일도 있었네. 하지만 그 때문에 크게 당황하지는 않았지. 그나마 가장 소중한 친구인 동생 테오와는 다행히도 별일없었어. 그와 나는 형제이기에 앞서 친구이고, 그 역시 불행에 빠진 많은 이들을 도와왔거든. 물론 지금도 돕고 있고.

아기와 엄마를 도운 일이 몇몇 친구를 잃게 했지만, 동시에 그 일은 내 집에 빛을 선물했네. 근심으로 마음이 버거울 때면 솔직히 거친 날씨에 배 가장자리에 매달린 듯한 느낌이 들기도 하지. 하지만 보다 중요한 것은 이제 내 집이 한층 따뜻한 '가정'을 닮아가고 있다는 점이라네. 바다란 많은 위험을 품고 있다는 사실을 모르지 않네. 사람들을 죽음으로 몰고 갈 수도 있지. 그래도 나는 여전히 바다를 사랑하고 미래의 온갖 위험 앞에 어떤 차분함을 지켜나가고 있다네.

친구와 지인들이 더 이상 내 아틀리에를 방문하지 않는 이유가 바로 그 가난한 여인 때문이라고는 생각지 말아주게. 그것도 여러 이유 가운데 하나지만, 좀더 직접적인 이유는 다름아닌 나의 그림그리는 방식에 있다네. 생각할수록 화가들의 상업성이 몹시 실망스러울 따름이야. 과연 나중에는 그러한 경향이 좀 나아질는지……

이곳의 한 화가가 정신병원으로 보내졌네. 벅스타는 풍경화가지. 사람들이 병원에 가두기 전까지—마우베가 보살펴주곤 했지만—그의 상황은 간병인조차 구하기 어려웠다더군. 하기야 지금은 모두들 그에게 호의와 호평을 보내고 있네만. 한 예로 전에 그가 청한 몇 차례의 도움과 그의 습작을 거부했던 어떤 사람은 나중에 그의 그림을 두고 이렇게 말했지. '디아즈보다 더 아름답다'고. 하지만 내 생각에 그건 좀 과장된 표현 같네.

어쨌든 1년 전 그 불쌍한 친구가 나에게 이런 고백을 한 적 있었네. 예전에 영국에서 메달을 하나 받았는데, 그것을 마치 오래된 은처럼 팔아야 했노라고. 그뿐 아니네. 가끔 함께 그림그리러 다녔던 화가 브라이트너는 나와 거의 같은 시기에 함께 입원한 적 있는데, 생계를 위해 초등학교 교사 노릇을 해야 했었다네. 내가 알기로 그는 교직에 거의 취미 없었는데도 말일세. 지금이 과연 화가들에게 호의적인 시대일까?

화가들한테도 물론 문제는 많지. 이 마을에 도착한 뒤 나는 방문할 수 있는 모든 아틀리에를 자주 찾아다녔네. 사람들과 관계를 맺고 친구를 사귀기 위해서였지. 그러나 지금은 그 열정이 많이 식었네.

화가들은 처음에 동료를 환대하는 듯 보이지만, 유감스럽게도 결국은 친구를 밀어내고 그 자리를 대신 차지하려 한다네. 비극이지. 우리는 서로 도우며 믿음을 쌓아가야 하네. 사회 전반에 걸친 증오는 이미 충분하지. 서로에게 피해를 입히지 않아야 우리는 더욱 온전할 수 있을 걸세.

많은 사람들이 남을 질투하고 비방하는 분위기가 조장되고 있네. 서로 도우며 힘을 모을 '화가조합' 같은 귀중한 전체를 이루는 대신 저마다의 세계에 갇혀 혼자 작업하는 거지. 서로를 비방하는 분위기를 조장하는 이들은 바로 그 질투의 힘을 이용해 다른 사람 주위를 사막처럼 적막하게 만드네. 그 때문에 그들 자신 역시 비참해지지 않으리라는 법은 없지.

작품을 통한 투쟁은 어떤 의미에서 매우 강력하고도 합법적이네. 하지만 개인 대 개인으로 서로 적이 되거나 투쟁을 위해 다른 수단을 사용하는 일은 결코 있어선 안돼.

자네 마음을 사로잡는 게 그리 없다면 〈그래픽〉을 보러 오게. 멋진 작품들이 많아. 만나서 우리가 수집할 수 있는 복제품에 대해 의논해 보는 것도 좋겠군. 참으로 다양한 작품들, 무엇보다도 아름다운 헤르코머의 《죽은 거장》과 《할머니들을 위한 양로원》, 프랭크 홀의 《이민자들》과 《기숙학교》, 스몰의 《크락스톤 프린팅》 그리고 워커의 《낡은 문》도 있다네. 이들 가운데 많은 작품이 목판화수집품 걸작이 될 수 있을 걸세.

올겨울 많은 습작을 그렸으므로 자네 방문을 고대하네. 내 작품들을 보며 자네와 이야기나누고 싶어.

습작의 다양한 주제들에 대해 자네에게 미리 편지했어야 했지. 하지만 자네처럼 나도 한동안 내 자신이 매우 낯설게 느껴지고 사람들로부터 받은 불쾌함으로 좀 침울했었다네. 지금 자네에게 편지쓰는 것은, 내가 자네를 편협한 사람으로 보지 않듯 자네 또한 내 일을 이해하기 어렵다고 여기지는 않으리라 기대하기 때문이네. 그리고 무엇보다도 자네에게 목판화를 보러 오지 말라거나 지난번 자네 방문 뒤 많은 변화가 있었음을 알리지 않는다면, 또 그 변화 뒤 사람들이 나를 피하며 찾아오기 꺼려한다는 사실을 말하지 않는다면, 내가 솔직하지 못하다는 생각이 들어서라네.

새 아틀리에는 전보다 훨씬 넓고 좋아. 하지만 사실대로 말하면 집주인이 세를 올리거나 돈 있는 다른 세입자를 찾지 않을까 늘 두려움 속에 있네.

나는 이전의 여인들을 통해 많은 환멸을 배웠지. 하지만 앞서 말한 그 여인한테는 마음을 뒤흔드는 무언가가 있다네. 그녀는 철저히 혼자였고 처절하게 버림받았으므로 나는 주저없이 그녀를 도왔어. 내 행동이 잘못되었다고는 단 한 번도 생각해 본 적 없네. 그것은 지금도 마찬가지일세.

나는 여전히 어머니이며 버려진 여인을 그대로 모른 체할 수는 없다고 생각하네······

빈센트

고흐가 라파르트에게
1883년 2월 8일 이전 ②

친애하는 라파르트

아침에 자네 편지 받았네. 고마워. 내가 말한 모든 사실에 대해 너그럽게 이해해 준 점 정말 기쁘네. 자네한테 기대했던 게 바로 그것이었지.

상황을 분명히 하기 위해 좀더 자세한 이야기를 덧붙이겠네. 그렇더라도 내 행동이 정직하고 양심적이었다는 자네의 생각이 바뀌지 않았으면 좋겠군.

지난번 편지에서 말한 여인을 만났을 때 그녀는 이미 한 발이 수렁에 빠진 상태였네. 레이던의 의사 말로는, 그녀의 정신과 신경체계가 몹시 위태롭고 방향을 잃었다고 했지. 그녀를 구할 유일한 길은 정상적인 가족의 삶 속에 있으며, 완전히 정상을 되찾으려면 몇 해가 걸릴 거라고 했다네.

이 마을에는 내가 말한 여인을 합쳐 모두 네 명의 여성이 남자에게 버림받거나 농락당해 사생아를 키우고 있네. 그녀들 상황은 도울 방법을 찾기 어려울 만큼 몹시 비참하지. 무엇보다 무서운 일은, 그녀들이 재기할 기회가 이론상으로는 존재할지라도 현실적으로는 아예 없어보인다는 점이라네. 어쨌든 넷 가운데 세 여인은 말일세.

거듭 말하지만, 나는 그 여인과의 관계를 결코 일시적인 것으로 생각지 않네. 내가 앞서 말한 여인들에 대한 환멸은 지금은 이야기하고 싶지 않은 과거의 어떤 사건에 뿌리를 둔 것이지. 다만 이것만은 분명히 말해 두겠네. 한 남자가 구겨진 사랑 끝에 느낀 환멸이 너무도 깊어서 그로 말미암아 조금씩 절망과 비탄에 잠긴 그의 정신은 하얗게 달궈진 철처럼 격렬한 흥분상태에 빠지곤 한다네. 그는 돌이킬 수 없는 완전한 절망을 마음 속에 치명적인 상흔으로 담아두고 있지. 하지만 겉으로는 무표정한 얼굴을 보이며 아무렇지 않게 행동한다네. 이러한 상황에 놓인 사람이 구제할 길 없는 불행에 빠진 다른 사람을 만났을 때, 저도 모르게 특별한 연민을 느끼는 게 그토록 이해할 수 없는 일인가?

그 연민인지 사랑인지는, 우연에 의해 연결된 관계임에도 견고하며 계속 굳건하게 유지될 수 있다네. '사랑'이 끝난다 해도 '자비'는 총총히 잠에서 깨어나 메마른 사랑의 자리를 대신하지 않을까?

이제 작업이야기를 좀 해야겠군. 작업은 변함없는 일상이지. 작업에의 몰두는 깊이를 헤아릴 수 없는 심연을 응시하는 일보다 위험하지 않아.

한 여인과 그녀 아이를 내 집에 살게 함으로써 심각한 구설수에 시달렸지만, 그들과의 만남은 내게 차분함과 평온함을 가져다주었네. 덕분에 올겨울 내 내 '진정한 모델들'과 더불어 열심히 작업할 수 있었지.

지금은 그리 많이 작업하지 않네. 몇 달 동안 거의 쉴새없이 작업하며 의지할 데 없이 지낸 터라 내 안에서 어떤 나약함과 이겨내기 힘든 피로감이 자라는 걸 느꼈지. 특히 바라보는 일조차 고통스러울 만큼 눈이 아팠다네. 요즘은 밖으로 나가 많이 다니고 쉬어서 다시 정상으로 돌아왔어.

자네가 아직 보지 못한 습작이 150여 점 있네. 내게 있었던 변화가 작업에 소홀하도록 만들었다고 생각할 수는 없겠지? 오히려 반대였다네. 나는 어떤 광기를 가지고 작업했지. 그 광기는, 이런 표현이 가능하다면 평온한 광기였다네. 지금은 한동안 잊고 지냈던 문학에도 다시 관심을 갖기 시작했지.

내 생각이 맞다면, 자네는 어린아이와 즐겁게 놀아줄 수 있는 사람일 걸세. 여자가 임신했을 때 그녀를 버린 남자들은 자신들이 어떤 죄를 저질렀는지 모를 거야.

아이는 너무도 사랑스러워. '하늘에서 내려온 빛'이라고나 할까. 자네, 가바르니가 한 말을 기억하나? "여성은 감당할 수 없을 만큼 멍청하고 성질 고약한 피조물이지만, 어머니가 된 바로 그 여성은 고귀하고 헌신적인 피조물이다." 가바르니의 말은 모든 젊은 여성들을 비난하려는 게 아니라, 어머니가 되기 전 여성 안의 허영심이 자식을 위해 희생할 때 고귀한 무언가로 바뀌어감을 의미하는 강한 표현일 걸세.

〈그래픽〉에서 위고의 《93》에 쓰인 삽화, 즉 '도로로사' 라고 불리는 피테르슨의 초상화를 보았네. 초상화의 인물이 내가 말한 그 여인과 무척 닮았으므로 놀랐지. 같은 책에서 한 남자 이야기를 읽었는데, 엄격하고 거만한 그 남자는 어느 날 위험에 빠진 두 아이를 발견하네. 타고난 이기심에도 불구하고 그는 자신에게 다가올 위험을 잊은 채 아이들을 구하지. 요컨대 책을 읽다가 이보다 더 정확하게 나 자신을 발견하는 경우란 드물 걸세. 물론 우리는 마음 속의 모호하고 애매한, 그러나 매우 일반적인 본질이 때로 책 속에 표현되어 있음을 잘 아네.

디킨스의 《신들린 남자》에는 많은 진리가 담겨 있지. 읽어보았는가? 하기야 《93》에서도 《신들린 남자》에서도 나와 꼭닮은 인물을 발견하지는 못했네. 그 반대인 경우는 때로 있었지. 하지만 그것들을 읽는 동안 내 안에서는 실로 많은 것들이 지나가며 눈을 뜬다네.

그럼, 악수를 청하며, 안녕히.

빈센트

고흐가 라파르트에게
1883년 2월8일 이전 ③

친애하는 라파르트

건강은 탈없이 회복되고 있는가? 자네 소식을 애타게 기다리고 있네.

요즘 1870년대와 1880년대의 〈그래픽〉 21권을 샀네. 어떻게 생각하나? 이번 주 안에 2권을 더 사들일 예정이지. 아주 싼값에 얻을 수 있었네. 그렇지 않았다면 내 손에 넣을 수 없었겠지.

자네가 병난 뒤, 흑백기법에 따라 데생 작업을 시도했네. 〈그래픽〉을 통해 좀더 많은 걸 배우게 되기를 기대한다네.

자네와 좀더 이야기하고 싶지만 지금 해야 될 일들이 너무 많아. 〈그래픽〉을 대충 훑어보는 대로 곧 긴 편지를 쓰겠네. 분명 많은 복사본을 갖게 될 걸세.

〈그래픽〉을 얻기 위해 따로 작업해야 했지. 내게 그 책들을 판 유대인 부모의 초상화를 2점이나 그려줘야 했다네. 하지만 큰 행운이지 않은가? 책은 이미 내 것이 되었지만, 어처구니없게도 아직 못보고 있네.

얼마 뒤 좀더 자세한 편지를 쓰겠네. 자네가 하루 빨리 건강을 되찾기를 기도하네.

예술도시 헤이그에서 나같은 사람이 책 경매입찰자가 되었다는 사실이 우습지 않나? 사람들은 또 다른 구매자가 나타나주기를 기다렸지만 그런 일은 일어나지 않았지.

〈그래픽〉 잡지들이 내 차지가 되리라고는 정말이지 생각지도 못했네. 책들을 갖게 되어 굉장히 만족스럽지만, 한편으로는 사람들이 관심을 보이지 않은 사실이 슬프기도 해. 이런 보물을 손에 넣은 건 멋진 일이지만, 그래도 많은 사람이 좀더 관심을 가져주었으면 좋았을 텐데. 하기야 그랬다면 형편상 내가 그 책들의 주인이 될 수 없었겠지.

많은 일들이 그런 식이라네. 오늘날 사람들은 고귀한 가치를 지닌 대상들에 전혀 관심을 보이지 않아. 그것들을 마치 잡동사니며 오물이며 폐품인 듯 깔보고 무시하지.

이 시대가 지나치게 무미건조하다고 생각지 않나? 아니면 나한테 문제가 있는 것일까? 열정과 온정과 진심의 부재! 그림상인과 그 무리들은 '어쩔 수 없는 일이다. 바라는 변화는 먼 미래의 어느 날에야 올 것'이라고 주장하지. 그것이 왜 '어쩔 수 없는 일'인지 나로선 결코 이해할 수 없네.

〈그래픽〉을 대충 넘기며 보는 것도 그리 나쁘지 않네. 그러면서 저도 모르게 생각하지, 아주 이기적인 마음으로. "아무려면 어때, 시대가 비록 무미건조할지라도 나는 권태로워지고 싶지 않아."

우리는 날마다 그렇듯 이기적이지는 않네. 그리고 이기적이지 않을 때 후회는 쓰라리지……

빈센트

고흐가 라파르트에게
1883년 2월27일 이전 ①

나의 벗 라파르트

얼마쯤 '특권'을 행사하려고 집주인을 상대로 투쟁을 벌였네. 아틀리에를 조금 바꿔서 채광을 밝게 하고, 내 데생과 미완성 작품 그리고 판화와 책들을 따로 보관할 장을 하나 설치하고 싶어서였지. 집주인과의 싸움은 내 쪽에서 집세의 일부를 내지 않을 만큼 어려운 상황까지 치달았다네. 비교적 싸게 얻은 집이므로 당연히 주인을 설득하기 쉽지 않더군.

조금 전 내 요구를 어느 정도 받아들이겠다는 그의 대답을 얻어내는 데 성공했네. 아틀리에가 꽤 좋아지게 되었으니, 한 걸음 진보한 셈이네.

프리츠 로이터의 《나의 감옥》이라는 작품을 읽으면서 집주인과의 투쟁을 결심하게 되었네. 이 작품은 형벌로 성에 갇힌 프리츠 로이터와 몇몇 사람들이 어떻게 그곳 사령관에게 많은 신임을 얻게 되는지를 재미있는 방식으로 이야기하고 있다네.

빈센트

고흐가 라파르트에게
1883년 2월27일 이전 ②

나의 벗 라파르트

오늘 아침 자프리스티를 보러 갔어. 도로청소부가 쓰레기를 버리는 곳이지. 부크만의 어떤 작품들을 연상시키는 볼 만한 광경이라네.

내일이면 그 쓰레기 더미에서 깨진 가로등 같은 흥미로운 물건들이 내게 날라져올 걸세. 녹슬고 망가진 그 고물들을 감상용으로, 달리 말하면 모델로 쓸 생각이거든. 사람들이 내버린 양동이, 바구니, 냄비, 도시락, 양철통, 철사, 가로등, 프라이팬 등은 안데르센 콩트에서도 훌륭한 소재가 되고 있잖나.

아마 오늘밤 나는 그 쓰레기들 꿈을 꿀 거야. 어쨌든 확실한 것은 이 겨울에 그것들과 더불어 내 작업이 진행되리라는 걸세.

자네가 헤이그에 들른다면, 또 다른 쓰레기 버리는 장소로 안내하고 싶네. 그런 곳은 예술가에게 파라다이스 같은 곳이지.

반드시 작업해야 할 데생 하나가 며칠 전부터 나를 기다리고 있네. 복제품 몇 점을 자네에게 곧 보내겠네. 갖고 있는 복제품이 있으면 자네도 내게 보여 주게.

그럼, 안녕히. 자네 작업에 큰 결실이 있기를. 요즘 날씨가 너무 눈부시지 않나? 몹시도 청명한 2월, 땅과 빛바랜 풀들이 참으로 아름답네!

빈센트

고흐가 라파르트에게
1883년 2월27일 이후

친애하는 라파르트

보내준 편지 고맙게 받았네. 지금 쓰는 편지는 자네의 2월27일 편지에 대한 답장이라네.

우선 석판화 이야기부터 시작하지. 자네는 잉크도 초크도 같은 종이를 사용한다는 점을 확인할 수 있을 걸세. 판화를 찍을 때 잉크가 번지는 정도는 선의 굵기와 직접적으로 관계 있는 게 아니야. 매우 굵은 선도 선명하게 찍히는 걸 분명 봤거든.

어떤 펜촉으로 작업하는가는 자네 친구가 선택할 문제지만, 나로서는 그의 방법이 잘못 되었다고 여겨지네. 그런 식으로 작업하면 원하는 결과를 거의 얻지 못하지.

가는 펜촉으로 작업하면서 생동감을 유지하고 싶다면, 한 가지 방법은 있네. 동판에 에칭하는 방법이지. 육필인쇄용 잉크로 작업할 때는 보통보다 더 가는 펜촉을 쓰면 안된다는 게 내 의견일세.

고상한 사람들이 그렇듯, 가는 펜촉은 믿을 수 없을 만큼 쓸모가 없다네. 그 것에는 여느 펜촉이 가지는 유연함이 모자라.

지난해 모든 종류의 펜촉과 적어도 6개쯤 되는 특수 펜대를 아주 비싼 값에 산 적 있네. 언뜻 보기엔 실용적일 것 같았는데, 실제로는 아무 쓸모 없더군.

어쩌면 양질의 가는 펜촉과 육필인쇄용 잉크를 쓰면 좋은 결과를 얻을 수 있을지도 모르겠네만…… 여느 펜촉의 굵고 힘있는 선이 최고의 결과를 가져온다고 나는 확신하네. 친구의 작업이 성공하면 꼭 알려주게. 상상만 해도 벌써 기쁘군.

몽테뉴 크레용을 아는가?

지난해에 동생 테오가 2개의 커다란 크레용 덩어리를 보내왔더군. 솔직히 그때는 그것을 사용하면서 별다른 기대나 생각이 없었지. 물론 그 뒤로 더 이상은 염두에 두지 않았다네. 그러다 요즘 남아 있던 한 조각을 발견했는데, 너무도 아름다운 검은색인데 그만 놀라고 말았어. 어제 데생 작업하면서 이 크레용을 사용해 봤지. 수프를 파는 싸구려 식당 창문 앞의 몇몇 여인과 아이들 모습을 담은 것인데, 기쁘게도 결과는 기대 이상이었어.

테오에게 곧 편지써서 그 크레용을 좀더 구해달라고 부탁해 놓았네. 받는 대로 자네한테도 나눠주겠네. 이미 이 크레용을 알거나 가지고 있다면 돌려주게. 석판화용 크레용과 함께 꾸준히 그것을 사용해볼 작정이야.

테오가 보내준 크레용에는 마치 영혼과 숨결이 깃들어 있는 듯하네. 여름저녁 갈아엎은 밭색깔을 띠는 그것에 나는 '집시 크레용'이라는 이름을 붙이고 싶네.

드 보크의 소식을 궁금해 했지? 그와 만난 지 꽤 오래되었군. 내가 아픈 뒤로 한 번도 찾아간 적 없으니……

전에 그를 방문하거나 길에서 우연히 만날 때마다 그는 말하곤 했지. "오! 자네 집에 곧 들르겠네." 그런데 내용이야 어떻든 그 말투로 미루어 그는 차라리 "내가 자네를 방문하기 전에는 더 이상 내 집에 오지 말게. 하지만 내 쪽에서 자네를 찾아가는 일은 없을 거야"라고 말하고 싶어하는 것 같더군. 그래서 공연히 더 뻔뻔스러워 보이고 싶지 않아 언젠가부터 그를 찾아가는 일을 그만두었다네.

드 보크는 현재 대형 캔버스 작업을 하고 있는 것으로 아네. 올겨울 그의 소품들을 본 적 있는데 무척 훌륭하더군. 최근에는 거리에서 그와 꼭 두 번 마주쳤지. 털을 댄 외투를 입고 광나는 장갑을 끼고 있는 것으로 미루어 형편이 좋은 모양이더군.

지난해 밀레에 대해 의견을 나누다 내가 드 보크를 거스른 적이 있네. 그는 늘 밀레의 위대함을 강조하곤 했지. 어느 날 우리 둘은 마을을 벗어나 스헤빙언의 작은 숲에서 밀레에 대해 진지하게 접근해 들어갔네. 나는 그에게 말했지. "드 보크, 잘 듣게. 만일 밀레가 지금 이곳에 있다고 가정하면, 나무기둥에 앉아 간식을 먹고 있는 능직포 웃옷 차림의 저 작은 소년을 무시한 채 구름과 풀과 27개의 나무기둥만 바라볼까, 아니면 전경의 한 부분인 소년을 중심점으로 그의 관심을 집중시킬까?"

나는 또 덧붙였지. "내가 자네보다 밀레를 덜 좋아한다고는 생각지 않네. 자네가 밀레를 찬양하는 말을 들을 때마다 무척 기쁘거든. 그러나 내 생각에, 밀레는 자네 주장처럼 사물만 바라보지는 않네. 불쾌하게 여기지 말게나. 밀레는 어느 누구보다도 인본적인 화가야. 그는 분명 풍경을 그렸고, 그것들이 매우 아름답다는 사실에는 의심할 여지가 없네. 그러나 자네가 그렇게 말할 때, 자네 스스로 그 말을 진심으로 믿고 있다고 납득하기는 어려워."

드 보크에게서는 밀레와 라위스달보다 차라리 빌더스를 연상시키는 많은 특징들이 발견되는 편이지. 하기야 내 착각일 수도 있으니 나중에 그를 더 존경하게 될지도 모르겠네.

언제부터인가 드 보크와 냉담한 사이가 되고 말았지만, 그와의 관계는 밀레며 그 비슷한 주제에 관해 논쟁을 벌이는 일 이상으로 심각하지는 않다네. 나로서는 그를 비난할 이유가 없어. 단지 그에게서 아직 밀레며 라위스달과의 유사성을 발견하지 못했다는 것뿐이지. 좀더 나아지기를 기다리며, 지금 나는 그를 빌더스와 비교하고 있네. 이러한 내 견해를 단념할 생각은 아직 없어. 하지만 분명한 것은, 내가 만일 그를 무시한다면 그에 대해 이렇듯 길게 이야기할 까닭이 있겠나?

지난번 말한 대로 아틀리에를 새로 꾸미며 무척 행복해. 특히 다양한 모델들과의 작업은, 그것이 내가 간절히 바라던 일임을 증명해 주지.

내가 석판화 작업을 포기했다고는 생각지 말게. 요즘 돈들어가는 데가 한두 곳 아니었어. 그러고도 이것저것 필요한 물건들을 더 구입해야 할 처지라네. 이래저래 돌에 덤벼들어 작업하는 일이 잠정적으로 불가능한 상태가 된 셈이네. 좀 기다린다고 해서 손해볼 일은 없지.

테오가 보내준 크레용을 이용한 작업을 좀더 자주 하고 싶네.

헤이그는 아름다운 곳이야. 다양성이 넘치지. 올여름 동안 열심히 작업할 생각이네. 작업을 방해하는 금전적인 어려움에 때때로 부딪치지만, 바로 그 때문에라도 오히려 더 열심히 해야 하고 또 하고 싶네. 흑백기법에도 더욱 노력을 기울이려네.

비용 때문에 수채화와 채색작업을 멈추고 있었네. 크레용이나 연필을 사용할 때는 종이값과 모델료만 있으면 되거든. 단언하건대 나는 얼마 안되는 돈을 그림도구 구입보다 모델료로 쓰는 게 훨씬 낫다고 생각하네. 모델료로 쓰고 나서 후회한 적은 한 번도 없으니까.

이번 주에 바르너르드의 삽화가 든 디킨스의 신판 《크리스마스 캐럴》과 《신들린 남자》를 6페니에 구입했네. 디킨스의 작품은 다 좋지만, 이 두 콩트는 특히 마음에 들어. 소년이 되기 전부터 거의 해마다 읽어왔는데, 읽을 때마다 늘 새로움이 발견된다네. 나에게는 작가 자신이 감수한 프랑스 어판 《디킨스 작품 총서》도 있다네.

디킨스의 모든 작품을 원서로 감상하기란 거의 불가능한 일이라고 언젠가 나에게 말한 적 있지? 그 까닭은 그의 영어가 이따금 매우 복잡하기 때문이지. 한 예로 광부들의 사투리가 있는 《어려운 시절》이 그 경우라고 할 수 있어. 만일 프랑스 어로 그의 작품을 읽고 싶다면 자네를 위해 보관해 두겠네. 자네가 바란다면 프랑스 어판 《디킨스 작품 총서》와 다른 물건을 교환하는 건 어떤가? 그럴 수 있다면 나로서는 무척 기쁘겠네. 그의 영어판 작품들을 조금씩 모을 생각이거든.

빈센트

고흐가 테오에게 276
1883년 3월21~28일

사랑하는 테오

그동안 네 편지로 파리를 엿볼 기회가 많았는데, 이번에는 내가 창문을 통해 바라본 눈쌓인 작업장을 보여줄게. 집안 한모퉁이 광경도 1점 보낸다. 둘 다 겨울 어느 같은 날 받은 인상이야.

시(詩)는 우리 언저리 곳곳을 둘러싸고 있지만, 그것을 종이 위로 옮기는 작업은 그냥 바라볼 때처럼 쉽지 않아. 이 스케치는 내 수채화를 보고 그렸는데, 원화에 있는 힘과 생기가 부족한 것 같아. 이 도시에서 발견한 초크를 사용해 그렸어.

몹시 추웠던 지난주의 며칠은 올겨울의 전형적인 날씨였던 것 같아. 눈과 신비로운 분위기의 하늘이 놀랄 만큼 아름다웠어. 하지만 오늘 눈녹은 풍경도 그에 못지않게 아름다웠지. 이렇게 표현해도 좋다면, 전형적인 겨울날씨였어——이런저런 옛기억을 떠올리거나, 어떤 평범한 것에서도 승합마차며 우편마차 시대의 여러 이야기 중 하나를 떠올리지 않을 수 없는 풍경을 보여주는 그런 날씨였지.

이런 몽상적인 기분으로 그린 작은 스케치를 삽화와 함께 동봉했어. 여기에 묘사된 신사는 승합마차를 놓쳐 어쩔 수 없이 마을 여인숙에서 밤을 지내야 했어. 지금 그는 일찍 일어나 추위를 쫓으려 브랜디를 한 잔 주문하면서 여관 안주인——농민 모자를 쓴 여자——에게 값을 치르는 중이야. 아직 새벽이지. '해장술'이라고나 할까. 우편마차를 잡아야만 해. 아직 달이 빛나고 있어. 여인숙 식당 창 너머로 눈이 반짝이며 빛나는 게 보여. 모든 사물이 특별하고 색다른 음영을 드리우고 있어. 이 사소한 이야기는 하나도 중요한 의미를 지니지 않고, 이 사소한 스케치도 마찬가지지만——모든 것이, 그러니까 내가 너에게 말하고 싶은 건 요즘은 모든 게 어떤 정취를 풍기고 있어 그것을 종이에 그리지 않을 수 없다는 거야. 그 눈의 효과가 보이는 동안 자연은 온통, 붓으로 다 표현할 수 없을 만큼 아름다운 '흑백'을 보여줘. 정말이지 그 초크는 신통한 물건이야.

이것저것 작은 스케치를 하는 중이니 1점 더 보낼게. 서둘러 그렸는데, 아기 침대 앞에 있는 어린 소녀야. 여자와 갓난아기라는 주제와 똑같은 방식으로 그렸어.

화물선을 그린 또 다른 작은 스케치는 주로 중성잉크와 세피아로 칠한 데생이야. 최근에 내가 보낸 작품이 너에게 빈약한 성과처럼 보인다 해도 나는 하나도 놀랍지 않아. 사실 그런 식으로밖에 그릴 수 없었거든. '흑백' 작품의 특징을 밝히려면 언제나 전체적 관점에 서야 한다는 건 하나의 숙명적인 문제이며, 게다가 언제나 그것이 가능한 건 아니야.

데생을 10점 그리는 것과 데생이든 스케치든 습작이든 100점 그리는 데는 어떤 차이가 있어. 물론 양의 많고 적음이 아니지. 양의 많고 적음은 문제삼지 않아도 좋아. 다만 내가 말하고 싶은 건——'흑백'의 경우에는 융통성 같은 게 있어서 어떤 게 멋지다고 생각되면 똑같은 인물이라도 다른 포즈를 10가지 남

▲눈쌓인 작업장

▲해장술

▲화물선

▲인물 습작

짓 데생할 수 있지만, 수채화나 유화는 하나의 포즈밖에 그릴 수 없다는 거지.

10점 중 9점을 망쳤다고 상상해봐——사실 좋은 작품과 망친 작품의 비율이 늘 이런 나쁜 숫자가 되지 않기를 바라지만——아무튼 지금은 그렇다고 가정해 봐. 네가 아틀리에에 오면 나는 매주 빼놓지 않고 많은 습작을 보여줄 수 있을 거야. 그리고 이 많은 습작 중에서 그때그때 네 마음에 드는 작품을 몇 점씩 고를 수 없다면 그건 놀랄 일이지. 하지만 고르지 않은 나머지가 모두 망친 작품이라고 할 수는 없어. 어떤 점에서는 실패한 습작도 뒷날의 새로운 작품을 위해 필요하고, 그만한 가치가 있는 결과를 보이기 때문이야.

그러므로 만일 네가 한 번 더 와주면 아마도 어떤 힌트를 줄 만한 작품을 좀더 발견해 내리라고 나는 믿어. 이를테면, 나에게 아주 어려운 것이 있지. 즉 레르미트의 데생을 전혀 몰랐고——그것에 대해 너에게 물은 적 있는 걸 기억하겠지?——시세리의 수채화와 그의 예전 석판 데생은 알지만 현재의 '흑백' 데생은 전혀 몰랐기 때문에——되풀이 말하지만 내게는 좀 어려운 게 있어. 바로 네가 어떤 작은 스케치에 대해 "형님은 지금 예로 든 데생 작품에 조금이라도 버금갈 만한 작품을 그릴 수 없는지요?"라고 하는 경우, 네 말의 의미를 정확히 이해하기 어려웠어. 이 예술가들이 나보다 뛰어난 실력을 지닌 건 틀림없는 사실이지만, 너의 그 생각이 실현될지도 모르지——나도 언젠가는 조금이나마 발전할 거라고 생각하는데, 아닐까? 불가능하지 않은 건 분명해. 그리고 너에게 말하고 싶은 건 내가 일단 그 비슷한 것을 그리기만 하면 '흑백'에 대해 어떤 융통성이 생긴다는 거야. 이 융통성이 생기면 그 방면에서 창작의 날개를 크게 펼칠 수 있어. 물론 끊임없는 노력을 게을리하지 말아야겠지만, 어떻게든 해나가야지.

너에게 보낸 초크로 산을 그린 데생이 네가 기대했던 만큼은 아닐지라도——나는 그것을 그리면서 너에게서 얻은 힌트들을 잊지 않았는데——그것 때문에 실망하지는 말아줘. 그리고 '많을수록 나아진다'는 말을 언제나 떠올려줘. 또 일단 네 뜻을 제대로 이해하면, 내가 기쁘게 방금 말한 것, 예를 들면 좋은 1점을 얻기 위해서라면 10점이라도 데생할 마음가짐이 되어 있다는 것도 알아줘. 아틀리에에 와서 보면, 내게서 어떤 활력을 발견할 거야. 그리고 다음 사실을 내 경우에도 믿게 되리라 기대하는데, 자기 일에 직접적인 목표가 없을 때도 활력을 가진 사람은 일에 몰두할 수 있고, 일에 대한 목표를 발견하면 몇 배나

기운이 생긴다는 사실이야. 목표라면, 삽화 일을 들 수 있지.

최근에 프리츠 로이터의 《건초더미》를 다시 읽었는데 아주 재미있었어. 크나우스며 보티에와 똑같아. 레가메라는 데생 화가를 아니? 그의 작품은 꽤 개성이 있어. 그의 목판 작품을 몇 점 갖고 있는데, 그 가운데 감옥에서 그린 데생과 집시며 일본인을 그린 게 있어. 네가 오면 목판화도 보여주마. 요즘 다시 새로 몇 점 구했거든.

아마 햇빛이 더욱 밝게 느껴지고 만물에 새로운 매력이 있는 듯 느껴질 거야. 적어도 이것은 깊은 사랑의 성과이며 아름답다고 나는 믿어. 또 사랑이 인간의 명확한 사고를 방해한다고 여기는 사람들은 틀렸다고 생각해. 인간은 사랑할 때 아주 명쾌하게 생각하고, 또한 그 이전보다 더 활발해지기 때문이야. 그리고 사랑은 어떤 영구적인 성질을 지녔어——겉모습은 바뀔지라도 본질은 바뀌지 않지. 사랑에 빠지기 전과 뒤는 불꺼진 램프와 불타는 램프만큼의 차이가 있어. 램프는 거기에 있었고, 좋은 램프야. 게다가 지금은 빛까지 내고 있지. 빛을 내는 것이야말로 그 램프가 진정으로 해야 할 일이란다. 그리고 사랑은 여러 모로 사람 마음을 부드럽게 만들고, 그리하여 사람은 자신의 일에 더욱 정진하게 되지.

이곳에서는 그 오래된 자선사업소마저도 아름다워. 그런 모습들을 설명할 단어를 나는 찾을 수 없어. 이스라엘스는 그것을 완벽하게 해냈지만, 이런 것을 보는 눈을 가진 사람이 비교적 적다는 건 아무래도 이상해. 이곳 헤이그에서 날마다 내가 보는 것은, 수많은 사람이 못 보고 지나가는 세계이며 대부분의 화가들이 그리는 것과는 전혀 다른 거란다. 인물화가들조차 실제로 보지 못하고 지나가는 사실을 내가 체험상 깨닫지 못했다면, 또 그들과 함께 걸어가다가 누군가 내 눈에 들어왔을 때 그들이 "맙소사, 정말 더러운 놈들이야!" 라든가 "저런 놈들!"이라고 하는 말을 반드시 듣게 된다는 사실을 떠올리지 않았다면 굳이 이런 말 하지 않아. 요컨대 그런 표현이 화가들 입에서 나온다는 건 생각도 못할 일이지.

나는 이따금 그 점을 의아하게 생각해. 헨케스와 나눴던 대화가 나는 특히 기억에 남아, 그는 예전이나 지금이나 이 점에서 뛰어난 감식안을 지녔음을 보여주지만, 그 대화를 나눴을 때는 놀랐지. 아무래도 사람들은 진지하고 아름다운 문제를 일부러 피하고 있는 듯 보여——그들은 자기 입에 재갈물리고, 자기 날개를 뽑고 있는 것 같아. 나는 어떤 사람들에 대해 시간이 지나면서 더욱 깊은 존경심을 갖게 되지만, 다른 사람들에 대해서는 지금 상태로 계속 나아가면 메마른 인간이 되리라는 생각이 들어. 지난날의 보헤미안들은 특히 의욕적으로 창조하려는 점에서 엄격했지. 어떤 이들은 보헤미안 기질을 좋지 않게 여기지만, '많은 것을 바라다가 모두 망쳐버리는' 사람들이란 대체 어떤 거지? 촛불을 불어서 끌 수 있는데, 처음부터 촛불 끄는 도구를 쓰는 건 어리석은 짓이야.

안녕, 악수를.

너의 빈센트

고흐가 라파르트에게
1883년 3월 끝무렵

친애하는 라파르트

지난 일요일 반 데어 벨레를 방문하여 내가 아는 그의 작품 가운데 가장 아름답다고 여기는 유화 1점을 직접 보았네. 안개낀 운하를 따라 펼쳐진 모래더미를 표현한 작품이지. 구상과 테크닉과 모티브 면에서 그것은 마우베의 작품과 비슷해.

하지만 비슷한 생각에서 구상되었다 할지라도, 반 데어 벨레의 작품은 전적으로 독창적이고 독특하다고 할 만큼 충분한 개성을 지녔네. 크기도 상당하더군.

반 데어 벨레는 '떠오르는 인물' 가운데 한 사람일세. 자네도 그와 개인적 친분을 쌓으면 좋을 거야. 서로 알게 될 기회가 생기면 그에게서 관계를 지속시킬 만한 사람됨을 발견할 테고, 금방 친구가 될 수 있을 걸세.

위트레흐트에 또다시 겨울이 찾아오겠지. 창문을 바라보며 그린 작은 데생 1점을 함께 보내네. 희미한 불빛 아래 난롯가에 앉아, 창문 너머로 눈덮인 경치를 바라보는 일은 늘 행복하다네.

빈센트

나의 벗 라파르트

답장 잘 받았네. 이번 주에는 손수레 끄는 사내들을 표현한 데생 작업에 매달렸네. 석판화 작업은 어떻게 될지 아직 모르겠네. 아무튼 끈기 있게 데생 작업을 계속하고 있다네.

며칠 전 반 데어 벨레가 찾아왔더군. 그때 나는 모델 작업 중이었지. 우리는 〈그래픽〉 잡지를 넘기며 함께 예술에 대해 논했네. 특히 호튼의 데생을 주의깊게 보았어.

내가 그에게 물었네. "자네는 우리에게 모델이 충분하다고 생각하나?" 그는 대답하더군. "이스라엘스가 어느날 내 아틀리에에 들렀지. 모래더미를 표현한 내 유화를 바라보며 '앞으로는 모델작업을 해야 하네' 라고 말하더군."

화가들이 형편만 좋다면 더 많은 모델들을 쓸 테지. 마치 예전의 〈그래픽〉에서처럼, 우리의 노력을 한데 묶어 모델들이 날마다 약속하고 모일 수 있는 장소를 만들어보는 건 어떨까?

어쨌든 모델 작업을 할 수 있도록 우리 서로 격려하세. 그림상인들이나 흔해빠진 미술애호가들의 입맛에 맞게 하는 게 아니라, 굳건한 힘과 진리와 엄밀함과 정직함을 진실로 갈망하면서 작업하도록 서로에게 다짐하세.

나는 이 모든 게 '모델 작업'이라는 표현 속에 들어 있다고 생각하네. 사람들은 모델 작업으로 완성된 모든 작품은 '불쾌하다'고 평가하는 것 같아. 이 '선입견'은 가상이 아닌 엄연한 현실이지. 나는 이 선입견을 다름아닌 화가들의 노력으로 없애야 한다고 믿네. 물론 그들이 서로 돕고 격려하며 그림상인들이 대중에게 떠들어대는 것을 더 이상 참지 말고 진심으로 할 말은 한다는 조건으로 말일세.

화가들이 자기 작품에 대해 하는 말을 대중이 늘 이해할 수는 없으리라는 사실쯤 나도 인정하네. 그러나 화가들은 그림상인과 그 무리들이 사용하는 '관습'이라는 구태의연한 방법보다 훨씬 더 좋은 씨앗으로 여론의 밭에 씨를 뿌릴 수 있지 않겠는가.

이런 생각은 자연스레 전시회 문제로 옮겨가지. 자네는 지금 전시회를 목표로 작업 중이고, 그건 아주 바람직한 일이라고 해야겠지. 하지만 내 개인적으로는 전시회를 그리 중요하게 여기지 않아.

　예전에는 전시회에 지금보다 더 많은 주의를 기울인 적이 있었네. 오늘날과는 다른 시선으로 바라보았지. 지금은 전시회가 무슨 의미가 있는지 도무지 모르겠네. 아마도 그 이면에서 벌어지는 일들을 모두 알아버렸기 때문일까? 아니면 단순한 무관심?

　실제로 일부사람들은 전시회 결과에 속고 있네. 하지만 거기에 대해서는 더 이야기하고 싶지 않아. 다만 짜여진 방식대로 작품을 한자리에 모으는 전시회보다는 화가들 사이의 호의와 공통된 소망과 따뜻한 우정과 성실성에 바탕한 모임을 더 우위에 두고 싶을 뿐이지.

　하나의 방에 나란히 전시된 작품들을 보면서 그것을 그린 화가들이 유익한 일체감으로 결속되었으리라고는 감히 결론지을 수 없네. 나는 정신적 결합에 많은 중요성을 두네. 다른 어느 것도, 개별적으로 아무리 중요하다 해도 그 정신적 결합을 대신할 수는 없지.

　정신적 결합이 없는 세계는 결국 함몰해 버리네. 나는 사람들이 전시회를 외면하기를 바라는 건 결코 아니네. 내가 원하는 것은 다만 화가들끼리의 모임을 재조직하는 일, 좀더 정확히 말해 서로의 결합을 단단하게 쇄신하는 일이지. 그것은 전시회를 유용한 무언가로 만드는 결과를 가져올 걸세.

　암스테르담의 전시회에 보낼 《타일 장식가》를 새로 손본다는 소식은 무척 반가웠네. 어떤 작품이 될지 몹시 궁금하군. 그 그림은 전시회를 목표로 한 자네의 다른 작품만큼이나 내 관심을 끌어. 그 그림들을 볼 수 있다면 얼마나 기쁠지…… 하지만 자네가 전시회에 작품을 보내는 문제는 내 관심사가 아니라네. 되도록 빨리 답장주기를.

빈센트

고흐가 라파르트에게
1883년 4월 무렵 ②

　친애하는 라파르트

　전시회에 보낼 작품을 작업하고 있겠지?

　석판화와 흑백기법에 대해 자네와 계속 편지를 주고받고 싶네. 그리고 자네의 걱정이 사라지는 대로 가능하면 서로 다시 볼 수 있기를 마음모아 기다리겠네.

작업하느라 무척 바쁘리라는 걸 잘 아네. 편지는 되도록 짧게 쓰겠네!

한 가지 묻고 싶은 게 있어. 흑백기법을 이용한 데생 작업을 어떻게 생각하나? 연필이나 목탄으로 데생할 수 있지. 효과가 약하거나 의도와 다른 결과가 나타나리라는 염려 따위 하지 말고 되도록 데생을 완성하게. 그뒤 일반인쇄용 잉크 조금과 유화용 흰색과, 갈색 물감을 팔레트 위에 덜어내게. 천연상태에서 인쇄용 잉크는 송진만큼이나 진하지. 그런 다음 이제 물감과 인쇄용 잉크를 테레빈 기름과 잘 섞어서 조금 전에 완성한 데생 위에 붓으로 칠해보게.

이러한 과정의 작업을 요즘 하고 있네. 주요 성분은 물론 테레빈 기름으로 묽어진 인쇄용 잉크지. 인쇄용 잉크를 묽게 하여 데생을 담채로 채색하는 방법도 있네. 하지만 진한 상태로 두어야 깊은 검은색 뉘앙스를 살릴 수 있을 거야.

이 방식으로 좋은 결과를 얻을 수 있으리라고 믿네. 어쨌든 다음에 좀더 자세히 이야기하기로 하세. 나는 지금 이 방향으로 연구 중이라네. 과정을 좀더 단순화하는 방법도 찾아볼 수 있겠지. 인쇄용 잉크와 테레빈 기름만 사용하는 실험도 해볼 만할 걸세.

복사용 잉크가 아닌 일반 인쇄용 잉크를 사용해야 하네. 만일 없다면 아무 인쇄소에서나 구할 수 있지.

경험에 의하면 인쇄용 잉크는 토르숑*1지라는 표면이 거칠거칠한 종이에 아주 알맞네.

빈센트

고흐가 라파르트에게
1883년 4월 무렵 ③

나의 벗 라파르트

아침에 자네 전보를 받았네. 자네를 만나러 막 나서던 길에 몸이 좋지 않다는 우울한 소식을 들었지. 잠시 생각하다가 계획을 포기했네. 말을 많이 하면 병세가 악화된다는 의사의 진단이 있었을 거라고 판단해서였지. 그렇지만 않

---

*1 torchon. 행주, 걸레라는 뜻.

다면 자네도 내 방문을 불편하게 여기지는 않을 텐데…… 나는 자네한테 폐가 될까봐 염려되었다네.

모든 예술가는 체질상의 몇몇 전형적인 증상을 보이지. 대부분의 경우 일시적인 무기력증, 신경증, 우울함 등은 작업할 때 겪는 정신적 긴장의 결과이네. 물론 어떤 반작용 현상도 있지. 다시 말하면 무기력증 등은 정신을 긴장시킴으로써 오히려 호전될 수도 있다네.

친구들과 토론하는 일조차 피곤하게 느껴질 때, 얼마 동안 혼자 지내면 좋은 효과를 볼 수 있지. 그러나 내가 아는 자네의 경우는 그렇지 않을 터이므로 처음에는 계획대로 자네를 만나러 가려고도 생각했었네. 그러다 마음을 고쳐먹었지. "그의 집에는 아버지, 어머니, 누이, 형제, 하인, 일꾼들—내가 또 누굴 알지?—이 의사의 처방대로 그의 휴식을 돕고 있을 거야. 그런 때 누가 찾아오면 불편하지. 폐만 될 거야"라고 중얼거리면서.

내 이야기를 하면, 나는 내 속에서 두 개의 힘을 아주 분명하게 느낄 때가 있네. 바로 무기력과 완강함인데, 둘 다 작업이 주는 정신적 긴장에 기인하지. 나는 나 자신뿐만 아니라 다른 사람에 대해서도 완강함 쪽에 많은 신뢰를 두네.

지난해 병났을 때, 나는 의사의 진단을 비웃었지. 그의 충고가 틀렸거나, 의사보다 내가 자신을 더 잘 안다고 여겨서도 아니었네. 그건 바로 "나는 육체의 건강을 지키려 사는 게 아니라 그림그리기 위해 살고 있다"라는 생각 때문이었지. "삶을 잃은 자는 다시 삶을 찾는다"라는 애매한 말의 진리는 때로 너무도 옳다네.

생생한 목소리로 자네에게 들려주고 싶은 말이 있네. 힘을 아껴야 해. 자네 목표에 직접적으로 쓸모없는 어떤 것에도 힘을 낭비하지 말게.

자네의 성당 장식작업에 대한 내 견해는 일반 장식작업에 대해 내가 가진 생각과 똑같네. 장식작업은 탄약통에 탄약을 가득 채우고 언제든 그것을 또다시 채울 수 있는 누군가의 비호를 받을 만한 가치가 있지. 하지만 많은 것들을 경계하면서 두 어깨에 무거운 책임감을 짊어진 저격병의 보호를 받을 가치는 없다네. 그런 작업에 소중한 탄약을 없애서는 안돼. 자네는 귀한 저격병이고, 탄약은 꼭 필요한 경우에만 써야 하네.

남에게는 허용되는 일이 자네에게는 비난거리가 될 수도 있지. 그런 경우 지나치게 완벽해지려다 오히려 일을 그르친다네. 더 좋은 일을 위해 자신을 아끼게.

자네의 책임감과 중요성에 대한 내 생각에 동의하나? 나도 확실하게 단정하지는 못하네. 우리들 저마다에게는 생각할 수 있는 두 가지 관점이 늘 존재하지. 즉 현재의 모습과 앞으로 가능한 모습.

첫째 경우, 우리는 집에 들어앉아 지내며 나름대로 '평화로운' 의식을 지닐 수 있네. 그러나 두 번째 경우, 우리는 멋진 현실이 우리 머리 위에서 정지됨을 느껴야만 하네. 우리 모두는 많은 결점을 가진 불완전한 존재야. 때문에 이상이며 무한으로 향하는 마음을 마치 우리와 상관없는 듯 숨길 권리가 전혀 없다네.

빠른 시일 안에 자네를 다시 보고 싶네. 1년 동안 자네 작품을 1점도 못보았지. 아니, 1년이 넘었군. 작년에 자네가 여기 왔을 때도 작품은 볼 수 없었으니까. 게다가 자네 역시 석판화 말고는 내 작품을 전혀 못보았잖나.

내가 모든 장식작업이며 성당 장식미술에 반감품고 있다고는 생각지 말게. 단순히 여러 상황들 가운데 하나, 즉 우리가 지금 네덜란드에 살고 있다는 바로 그 사실 때문에 반대할 따름이라네.

종교시대에 '여분의' 힘을 성당 장식작업에 쏟아붓는 일은 전혀 불합리해 보이지 않았지. 하지만 열정과 '순수한' 에너지가 특히 젊은이들 정신을 지배하지 않는 시대에 장식작업이란 몹시 불합리해 보이네. 쾌활해 보여야 할 시기가 있듯 엄격해 보여야 할 시기도 있지. 그리고 우리한테는 그 엄격함을 공유하지 말아야 할 필요도 있다네. 지금은 관습을 대표하는 많은 것이 유행하는 시기이며, 그것이 변화를 인정하지 못하는 인습의 시대로 우리를 데려갈 수도 있기 때문이니까.

개인적 문제며 어려움에 앞서는 몇몇 걱정거리가 정신을 사로잡고 있네. 자네와 이야기나누고 싶은 마음이 든 것도 실은 개인적 어려움 때문이 아니야. 그래, 자네가 베푼 도움에 감사하기도 전에 질문부터 던진 꼴이 되었군. 도와주어서 고맙네. 하지만 솔직히 말해서 다른 일반적인 문제로 고민할 때, 내 개인적인 문제를 이야기하는 것은 꽤 불쾌하다네.

자네를 만나러 갔더라도 분명 마찬가지였을 거야. 하지만 내가 장밋빛 미래를 꿈꾸고 있지 않다는 사실은 숨기고 싶지 않네. 나는 계획한 일들의 실행

가능성을 강하게 의심하고 있어. 이런 스스로를 깨우치기 위해서라도 자네와 이야기나누고 싶네.

자네는 내 작품들을 존중해 주리라 믿네. 자네 충고는, 서로 다른 내 습작들을 분류하는 데 많은 도움이 되었지. 지금 나는 수많은 습작을 가지고 있네. 그 가운데 가장 비중 있는 두세 작품이 정신 속에 늘 어렴풋이 남아 있지. 하지만 다른 습작들에서도 틀림없이 중요한 요소들이 발견될 거야.

나한테는 자네 의견이 무척 중요하네. 그러므로 자네는 내 생각을 얼마쯤 알고 있을 필요가 있지. 내 관점들을 이해할 만큼 자네 정신이 열려 있다는 믿음은 나를 기쁘게 하네. 비록 자네가 그것을 완전히 받아들이지는 못한다 할지라도.

새로운 경향에 반대하지만, 나는 이스라엘스며 마우베며 마리스의 경향과는 같지 않네. 새로운 경향은 매우 훌륭해 보이더군. 그러나 다른 경향은 그와 흡사한 어떤 기법을 보여주네. 그런 의미에서 새로운 경향과는 완전히 대립된다고 할 수 있지.

반 데어 벨레는 '진지한' 화가이며, 제대로 된 행로를 파악하고 있네. 지난 일요일에는 그의 습작들을 검토했지.

나 역시 이스라엘스며 마우베며 마리스와 같은 최상의 길을 찾고 있는 중이네. 내가 이미 그 방향으로 발전하고 있는지는 잘 모르겠네만. 지금 앞으로 어떤 진보를 하게 될지 물론 더욱 알 수 없는 일이지. 그러나 지금까지 최선을 다했으며 앞으로도 계속 노력할 것이네. 이 말은 자네의 장식작업에 철학적인 태도로 반대하는 일이, 내 의도와는 하늘과 땅만큼 거리가 멀다는 이야기와 통한다네. 늘 진실하고 정직하며 진지한 무언가를 찾으려는 나는 모든 것을 자네에게 숨김없이 이야기하고 있네. 내가 찾으려는 것을 이미 찾았기 때문이 아니라, 나 자신을 찾고 있기 때문에.

엄격하고 집중적인 작업을 목표로 삼을 수 있도록 우리는 장황한 일에 스스로를 낭비하지 말아야 하네. 내가 자네를 찾아가서 하려고 했던 말은 이론이나 철학이 아닌 바로 실천의 문제였지. 월요일 아침만큼이나 실천에 대해 범속해지는 일……

빈센트

나의 벗 라파르트

자네가 찾아오지 않아 무척 섭섭하군. 하지만 자네 잘못은 아니지.

아직도 나는 자네 아틀리에에 갈까 말까 망설이는 중이네. 여전히 많은 사람들이 나를 만나고 싶어하지 않는 만큼, 나도 역시 남을 방문하기 꺼려지기 때문이지. 그것은 내가 한 여인과 그녀의 두 아이를 내 집에 살게 한 사실과 부분적으로 관계가 있다네. 사람들은 체면 때문에 나와 더 이상 친분관계를 유지할 수 없다고 생각하고 있지.

물론 이 문제에 관해 이미 입장을 밝힌 대로 자네는 그들처럼 무조건 나를 피하지 않으리라는 걸 잘 아네. 나도 더 이상 '거리낌'을 느낄 필요가 없겠지.

누군가 같은 이유로 나를 피할 경우에는 나 역시 그와 함께할 기회를 굳이 찾으려 하지 않겠네. 나를 꺼려하는 곳에는 가고 싶지 않아. 사회 관습만 지키려 애쓰는 이들의 선입견을 조금, 정말 아주 조금 이해하는 만큼 나는 그들을 약자로 여기네. 그리고 그들 나름의 가치만큼만 계속 존중해 주기로 하겠네. 그들을 상대로 싸우고 싶지 않아. 어쨌든 공격하고 싶지 않다네. 그런 점에서 나는 에너지를 많이 절약하고 있는 셈이지. 내가 지금 너무 현학적인가?

누가 뭐래도 자네만은 나를 있는 그대로 봐주게. 의사의 충고를 어기지 않는 선에서 내가 방문해도 괜찮은 때를 미리 알려주면 고맙겠어.

화가는 그림그리는 일 외에 다른 것은 할 수 없고 해서도 안된다는 생각을 나는 인정하지 못하겠네. 실제로 많은 사람들이 책을 읽거나 그 비슷한 종류의 무언가 하는 것을 시간낭비로 여기지. 하지만 나는 그 때문에 작업에 방해는커녕 오히려 더 잘 그리고 더 많이 작업할 수 있다고 생각하네. 그림과 직접적으로 관련된 분야의 교양을 쌓으려 노력한다면 말이지. 어쨌든 모든 일에 대해 우리가 갖는 관점과 삶에 대한 견해는 작업에 큰 중요성을 지니며 강한 영향을 미친다네.

나는 사랑하면 할수록 활동력이 발휘된다고 믿네. 사랑이란 감정 그 자체만으로 모두인 게 결코 아니라네.

빈센트

나의 벗 라파르트

돌아오면서 자네 엽서를 받았네. 아침에 내가 집을 나선 지 얼마 안되어 도착했더군. 엽서를 보고서야 자네가 오늘 아침 모델과의 약속 외에 오후에 또 다른 약속이 있었음을 알았네. 미리 알았다면 경우에 따라 자네와 함께 갈수도 있었을 텐데, 아쉬워.

자네 작품을 볼 수 있었던 기쁨이 헛된 일이었다고는 전혀 생각지 않네. 내가 자네 계획을 방해하지 않았던 만큼 자네를 방문할 수 있어 매우 기뻤지.

거듭 말하네만, 자네의 작품은 참으로 훌륭했네. 특히 실잣는 여직공을 그린 스케치는 굉장히 좋더군. 살아 있는 진짜 여직공 모습 같았어!

자네 아틀리에에서 위고며 졸라며 디킨스의 작품들을 볼 수 있었던 점도 매우 좋았네. 말이 나온 김에, 자네에게 샤트리앙의 《농민의 역사》를 권하고 싶군. 프랑스 혁명을 주제로 한 책이라네. 이런 장르의 책을 좋아하지 않으면서 인물화가가 될 수 있다는 걸 나는 이해하기 어려워. 인물화가의 아틀리에에서 현대작가의 작품을 찾아볼 수 없으면 공허하다는 인상까지 받지. 자네는 그렇게 생각하지 않나?

인쇄용 잉크에 관해 몇 가지 덧붙이고 싶은 게 있어. 즐기는 마음으로 그것을 여기저기 뿌리며 펴발라보게. 어떻게 될지 미리 걱정하지 말고 종이 한 귀퉁이나 오래된 습작 위에 그냥 무슨 효과가 나타나는지 보겠다는 마음으로 그렇게 해보게. 테레빈 유도 아끼지 말아야 하네. 이같은 과정을 통해 아마 많은 것을 배울 수 있을 거야.

내가 모델이 된 자네의 습작에서도 좋은 인상을 받았네. 밑그림을 목탄으로 처리했다면 더 좋은 작품이 되었을 거라는 아쉬움이 남지만.

석판화 분필로 잘못 그린 그림은 물과 붓으로 씻어내게. 인쇄용 잉크로 습작하는 수고를 아끼지 않는다면 자네는 나보다 더 훌륭하고 실용적인 발견들을 많이 하게 될 것일세.

빈센트

친애하는 라파르트

자네를 방문한 뒤 매우 감격해 돌아왔다는 말을 다시 한 번 더 전하고 싶네. 나 역시 몇몇 대작을 그려볼 계획이네. 한 작품은 이미 작업 중인데 《모래 언덕의 이탄 채굴자들》로 크기가 가로 약 1m에 세로 0.5m일세.

모래언덕 풍경이 얼마나 아름다운지 내가 이야기했던 걸 기억하나? 그것은 마치 바리케이드 만들기와 비슷해. 자네 집에서 돌아오자 곧 그 풍경을 그리기 시작했지. 머릿속에서 주제가 이미 얼마쯤 충분히 준비된 상태였거든. 마찬가지로 다른 작품들 주제를 구상하느라 머리를 쥐어짜 벌써 습작도 했다네.

자네가 돈을 보내주지 않았다면 작업을 계속할 수 없었을 걸세.

자네 것을 모델삼아 그림판을 바꿔 끼울 수 있는 나무틀을 하나 주문했네. 아직 색을 입히지 않았지만, 곧 자네 것처럼 물에 담가둔 나무색깔을 칠할 생각이야. 그림판이 잘 고정된 상태에서 작업하는 즐거움이 있더군. 자네 데생들을 보고 곧 나무틀을 구입해야겠다고 결정했었지.

〈하퍼스 위클리〉 잡지에서 라인하르트의 삽화를 하나 발견했네. 지금까지 보아온 그의 작품 가운데 가장 아름답다고 할 《익사자》라는 작품이라네.

강가에 시체가 하나 던져져 있네. 그 신원을 파악하려고 한 남자가 무릎꿇은 자세로 옆에 앉아 있고, 몇몇 남자와 여자들이 경관에게 익사자에 관한 정보를 제공하고 있네. 이 작품은 자네가 가진 《표류물》과 얼마쯤 비슷해. 그리고 레가미의 어떤 면을 보여주기도 한다네. 어쨌든 매우 아름다운 복제품이야.

세상에는 아름다운 것들이 참 많네그려. 그렇지 않나?

목탄, 크레용, 원지 석판용 잉크로 《모래언덕의 이탄 채굴자들》을 스케치했어. 아직 인쇄용 잉크의 굉장한 효과를 제대로 활용하고 있지는 못하네. 다시 말해 《모래언덕의 이탄 채굴자들》 데생은 지금 예상했던 만큼 그리 힘찬 모습은 아니라네. 목탄의 단점은 너무 쉽게 지워진다는 거야. 조심하지 않으면 세세한 부분의 표현이 어느새 지워져 있지. 하기야 나는 너무 조심스러운 게 탈이지만.

아마도 자네가 마음에 들어할 대형 데생 작품을 몇 점 계획하고 있네.

《레미제라블》을 읽은 적 있나? 그러면 이야기가 좀더 쉬워질 것 같은데. 내 머릿속에 늘 남아 있는 구절들이 어쩌면 자네한테도 인상적으로 다가갔을지 모르니까. 오래 전부터 알던 그 작품을 다시 읽은 뒤, 그 주제에 대한 생각이 좀처럼 머리를 떠나지 않고 있네.

우리 모두 학교에서 역사를 배웠지. 그것만으로는 충분치 못해. 자네도 같은 생각일걸. 너무 무미건조하고 틀에 박힌 교육이야.

특히 1770년부터 오늘날로 이어지는 시대에 대한 좀더 명확하고 전체적인 시야를 나는 갖고 싶네. 프랑스 혁명은 근대 역사상 가장 중요한 사건이며, 우리시대에서도 여전히 중심축 역할을 하고 있지.

디킨스의 《두 도시 이야기》를 읽으면서 그즈음의 훌륭한 데생 주제를 발견할 수 있으리라는 생각을 자연스레 하게 되었네. 엄밀한 의미의 역사보다 일상 생활의 자잘한 사건과 사물들 모습에서 더 많은 모티브를 발견할 수 있지. 그 즈음을 떠올리고 우리 시대로 거슬러 내려오면 모든 게 변화된 세상이 한눈에 보이지.

많은 프랑스 어와 영어책들은 너무도 인상적이고 전문적인 방식으로 그 시대를 묘사해 쉽고도 명확하게 그때의 일들을 상상할 수 있네.

자신이 살던 시대를 주로 그려낸 디킨스는 《두 도시 이야기》를 쓰고 싶은 욕망을 떨쳐버릴 수 없었지. 그는 작품 속에 가로등이 생기기 전 런던 거리풍경 같은 지나간 시절에 대한 묘사를 늘 끼워넣곤 한다네.

1815년 무렵의 장례식이며 성당의 좌석을 상상해 보게. 또는 그 시대의 이주, 산책, 겨울거리들도.

《레미제라블》은 그 뒤의 시대가 배경이지만 그 속에서도 내가 찾으려는 게 보이네. 거기에 묘사된 지난날의 모습들은 내 할아버지, 좀더 가깝게는 내 아버지 시대를 상상하도록 자극하지.

〈그래픽〉의 모든 데생화가들은 위고 작품 《93》의 삽화작업에 참여했었네. 콜더컷이 최고였지.

《93》과 《레미제라블》에서 자네가 어떤 느낌을 받았는지 궁금하네. 틀림없이 훌륭한 작품들이라고 생각했겠지. 언젠가 옛시대를 묘사한 데생에 관해 서로 이야기해 보세.

약속한 대로 올여름에 한 번 더 내 아틀리에에 들러주게. 파리에 있는 동생 테오가 이곳에 올지도 모르겠네. 자네 작품을 보러 그와 내가 함께 갈 수 있었으면 좋겠군.

상상의 악수를 청하며.

빈센트

친애하는 라파르트

자네 편지가 도착했을 때 나도 자네한테 편지쓰고 있었지. 소식, 반갑게 잘 받았네. 데생 작업이 진척되고 있다니 기쁘네. 자네가 활기차게 작업하므로 그렇게 될 줄 알았지.

영국 데생 화가들에 대한 자네 생각은 정확하고도 적절하네. 자네가 진지하게 말한 바를 자네 작품 속에서 알아볼 수 있었지. 나 또한 과감한 윤곽선에 대해 자네와 같은 의견이야. 밀레의 부식동판화《삽질하는 사람들》과 특히 그의 대형목판화《양치는 소녀》, 그리고 뒤러의 판화만 봐도 윤곽선으로 표현이 가능함을 충분히 알 수 있지.

탄탄하고 활기있는 데생의 예로 대표적인 레이의 작품들, 특히 그의 식당장식 시리즈인《눈 속의 산책》《스케이트 타는 사람들》《리셉션》《테이블》, 그리고《하녀》를 들고 싶네. 드 그루가 같은 기법을 구사하고 있으며, 도미에도 마찬가지지.

이스라엘스 그리고 마우베와 마리스 역시 강렬한 윤곽선을 자주 쓰고 있네. 단지 레이며 헤르코머 식으로 표현하지 않을 따름이지. 그런데 그들은 늘 색조 이야기만 할 뿐 윤곽선에 대해서는 거의 알려고도 하지 않는 듯싶네. 그렇지만 이스라엘스는 그의 목탄화에서 분명 밀레를 떠올리게 하는 선을 사용하고 있다네.

이 대가들, 특히 마우베와 마리스에 대한 존경과 사랑에도 불구하고 나는 그들이 부드럽고 신중하게 데생할 것을 다른 화가에게 조언할 때 윤곽선으로 할 수 있는 많은 표현들을 강조하지 않은 게 유감스럽다고 자네에게 감히 말하겠네.

지금은 수채화가 유행이지. 사람들은 수채화를 가장 표현력 있는 기법으로 알고 있어. 그들은 흑백기법을 거의 사용하지 않고 심지어 반감마저 품고 있네.

지금 4점의 데생을 작업 중이야. 《진흙탕》《모래사장》《쓰레기 하치장》《석탄신기》라네.

테레빈 유와 인쇄용 잉크는 감히 많이 쓰지 못했어. 아직 목탄, 석판화용 크레용, 원지 석판용 잉크만 사용할 뿐이지. 예외적으로 《쓰레기 하치장》의 크로키 작업 때 테레빈 유와 인쇄용 잉크를 썼는데 결과가 나쁘지 않더군.

자네를 방문한 뒤 줄곧 고되게 작업했네. 습작에서 오래 손을 뗀 상태였지만 다시 시작하니 열정이 불타오르더군. 며칠 동안 새벽 4시면 작업을 시작했지. 자네가 그 데생들을 봐준다면 얼마나 좋을까!

이제까지 반 데어 벨레만이 유일하게 그것을 보았는데, 나로서는 그가 하는 말을 전혀 이해하지 못하겠네. 반 데어 벨레의 의견은 대체로 호의적이었지. 그러나 《모래사장》에 관해서는 인물이 너무 많고 구성이 간결하지 못하다고 했다네. 그는 말했지. "차라리 엷은 색 저녁하늘에서 분리해 방파제 꼭대기에 손수레를 끌고 있는 남자만 그렸다면 좋았을걸. 이대로는 너무 복잡해."

나는 그에게 콜더컷의 《브라이턴 하이로드》라는 데생을 보여주며 다시 물었지. "자네는 지금 이 작품에 그만큼의 인물배치가 허용되지 않는다고 말하고 싶은 건가? 그래서 작품이 복잡해졌다고? 그렇다면 내 데생은 제쳐두고 콜더컷의 작품에 대해 이야기해 보게나."

그는 대답했네. "글쎄, 그의 작품 또한 그리 아름답지 않아. 순전히 내 개인적 의견이네만, 그 작품은 아름다움도 관심도 불러일으키지 못해."

반 데어 벨레는 자신의 생각을 썩 잘 표현했어. 하지만 자네는 이해하겠지? 그에게 걸었던 내 기대와 달리 그가 문제를 전혀 파악하지 못하고 있는 사실에 나는 일종의 환멸을 느꼈다네.

그래도 반 데어 벨레가 건실한 사내라는 내 생각은 여전히 변함없네. 나는 그와 함께 기분좋게 산책을 즐겼고, 그는 내게 눈부시게 아름다운 것들을 보여주었지.

실은 그 모래사장도 전에 그와 함께 산책하던 길에 우연히 보았지. 그날 반 데어 벨레는 그쪽을 거의 바라보지 않았어. 다음날 나는 혼자 다시 그곳을 찾아갔네. 그리고 많은 인물들과 더불어 그 모래사장을 데생했지.

거기에서는 실제로 일하는 수많은 사내들 모습을 볼 수 있네. 겨울과 가을에 마을의 실업자들이 찾아들어 일하는 거지. 그때마다 모래사장은 너무도 아름다운 광경을 선사한다네.

최근에는 멋진 모델들과 일할 수 있었어. '아름다운 추수하는 사람'과 젊은 농부는 밀레의 인물들과 놀랄 만큼 닮았지.

언젠가 내가 데생한 손수레 끄는 건장한 남자를 기억하나? 실명한 눈에 붕대를 대어 얼굴이 '부자연스러웠던' 남자 말일세. 이번에는 거의 누더기가 된 평상복 차림의 그를 그렸지. 같은 인물이 다른 두 모습으로 포즈를 취한 걸 사람들은 아마도 쉽사리 알아보지 못할 거야.

작업 중인 4점의 데생 크기는 모두 가로 세로 각각 1m와 0.5m이네. 자네가 그것들을 봐주기 바라는 마음이 정말 간절하네. 나 스스로 훌륭하게 여겨서가 아니네. 아직 만족스럽지 못하지만, 자네 생각을 듣고 싶어서야. 지금은 선명치 못한 인물들에 좀더 강렬하고 순간적인 움직임을 보태고 싶네.

자네가 내게 한 말은 거의 틀림없네. 자네는 지금 자네 길을 가고 있으며, 더 이상 샛길이나 우회로를 만나지 않으리라 느낀다고 했던가? 나 역시 나 자신에 대해 그런 느낌을 갖곤 한다네. 나는 올해 그 어느 해보다 인물 데생에 모든 노력을 기울였지.

내게 감식안이 있다고 여긴다면, 자네 인물들은 진정 '감정'을 지녔으며 생동감있고 건강하다는 내 말을 믿게, 그런 면에서는 자네 자신을 전혀 의심하지 말게. 그리고 흔들리지 않는 손으로 계속 그림을 그려나가게.

자네의 습작《눈먼 사내들의 얼굴》은 무척 훌륭하더군.

내 인물 몇몇이 어떤 시기에 내가 모델 작업한 인물들과 전혀 다르다는 사실에 놀라지 말게. 나는 매우 드물게 모델없이 작업하거든. 그리고 그런 작업은 연습하지 않는다네.

자연을 마주하는 작업에 많이 익숙해지기 시작했어. 처음보다 훨씬 더 개인적 감정을 배제할 수 있게 되었지. 이제는 자연 앞에서 현기증이 덜 느껴지고 좀더 나 자신일 수가 있다네. 낯익은 차분하고 이해심많은 모델과 작업하는 날이면 나는 운좋게도 몇 번이고 거듭 같은 모델을 데생한다네. 그리고 그렇게 그린 모든 습작 가운데 가장 독특하고 느낌 있는 하나를 선택하지. 물론 선택된 작품도 분명 다른 작품들과 똑같은 조건에서 그려진 것이라네.

내 작품《겨울정원》을 떠올려보게. 자네도 느낌이 좋다고 말했지? 좋아, 하지만 그것은 우연히 얻어진 결과가 아니네. 나는 그 작품을 여러 차례 데생했지. 초기 데생들에는 감정이 존재하지 않았네. 마치 철처럼 거칠었지. 그런 초기 데생들을 거친 다음에야 나는 자네가 본 그 작품을 완성했다네.

초기의 《겨울정원》은 다른 사람들에게 이해받지 못했지. 만약 데생들이 무언가를 표현하고 있다면, 그것은 우연히 생긴 게 아니라 내가 완벽하게 동기를 부여한 결과라고 말하고 싶네.

요즘은 자연 한모퉁이의 어지러운 무질서 속에서 여러 다른 대상들을 서로 구별하는 방식과, 전체적인 색조의 명암에 조화를 부여하는 방식에 관심을 기울이고 있네. 전에 대부분의 습작을 그릴 때는 자의적인 방식으로 빛과 갈색 톤을 배치했었지. 이제 그 색조들을 논리적으로 적용하지는 않는다네. 바로 그 때문에 내 습작들은 영혼과 신랄함이 충분히 녹아 있지 않은 듯한 인상을 주었던 것이지.

인물이든 풍경이든 모티브를 느끼고 머릿속에 품게 되면 나는 곧바로 적어도 세 번의 스케치 작업을 되풀이하네. 자연에 대한 관심을 결코 접은 적 없지만, 세부 묘사는 되도록 하지 않으려 애쓰고 있네. 지나친 세부묘사는 몽상을 배제시키거든. 테르스티흐와 동생 테오가 "이것은 풀인가요, 양배추인가요?"라고 물으면 나는 "그것들을 구분할 수 없다니 마음놓인다"고 대답하지.

내 데생들은 자연을 충분히 가까이에서 지켜보고 있네. 그래서 이곳의 친애하는 본토박이들은 내가 전혀 신경 쓰지 않는 세부사항들을 두고 "저건 르네스 부인네 집 울타리야"라느니 "이건 드루브 씨네 과일나무 버팀막대야"라고들 신통하게 알아맞히지.

최근 발견한 파베르 크레용은 목탄보다 부드럽고 질이 좋아서 저 '유명한' 검은색을 만들어낸다네. 좋은 작품을 위해 그 검은색은 필수적이지. 표면이 거친 회색 종이 위에 파베르 크레용으로 여직공을 데생했는데 석판화 분필로 작업할 때와 비슷한 결과를 얻었지.

자네의 목탄화가 무척 보고 싶네. 동생 테오가 오면 혹시 그것을 볼 기회가 생길지도 모르겠군. 하지만 그가 언제 올지 나도 잘 몰라. 동생이 브라반트에 오면 함께 위트레흐트에 들를 수 있을 걸세. 그렇지만 자네 작품이 참을 수 없이 궁금해지면 곧 혼자서라도 가고 싶네.

곧 헤이그에 들러주게. 결혼식이 있어 이곳에 와야 한다고 했잖은가? 지난

번보다 좀더 쉽게 모델을 구할 수 있다면 올여름 대형 데생 작업을 시도해 보려고 하네.

노인요양원에 가서 데생 허가를 요청했으나 또 거절당했네. 이웃마을에 다른 요양원이 있긴 하지! 그곳에는 내 모델이 되어 줄 몇몇 노인분들도 있고.

어느 날 우연히 거기에 갔다가 휘어진 사과나무 옆에 있는 늙은 정원사를 보았네. 너무도 아름다운 광경이었어. 그것을 인연으로 그는 내 모델이 되었다네.

빈센트

고흐가 라파르트에게
1883년 9월 이전 ②

친애하는 라파르트

여행 중인 줄 알면서 다시 편지쓰네. 책을 보내주어서 고마워. 위고에 대해 졸라가 한 말은 아마 그 자신의 '증오'와 관련된 사건에 그대로 적용해 볼 수 있을 거야. 이를테면 "나는 그러한 작가에게 그 주제가 주어진다면, 결과는 다른 책이 아닌 바로 그 책일 수밖에 없음을 증명하고 싶다. 되풀이하건대, 그 책에 대한 비판은 매우 부당하다"라는 그 말.

그런 책을 저술했다고 졸라를 비난하는 이들의 생각에 나는 전혀 동의하지 않네. 그 책은 나에게 졸라를 알게 해주었고, 졸라의 약한 면을 가르쳐주었지. 그는 회화에 대한 정확한 이해 대신 부족한 지식과 편견을 지녔네. 그러나 누구에게서 결점을 발견했다 해서 그에게 화낼 필요가 있을까? 나는 그렇게 생각하지 않아. 솔직히 말하면 오히려 그가 더 좋아질 걸세.

바로 그런 이유로 살롱에 관한 기사들을 읽으면서 무척 이상한 느낌을 받았지. 나는 그 기사들이 매우 사악하며 완전히 틀렸다고 여기네. 마네에 대한 호평에는 나 역시 동의하지만.

미술에 대한 졸라의 의견은 매우 흥미로워, 마치 초상화가가 풍경을 묘사하는 행위만큼. 물론 그의 장르가 아니므로 피상적이고 거짓일 수 있지. 하지만 재미있는 착상임에는 틀림없네! 일관되지도 명확하지도 않지만, 적어도 한 번쯤 문제를 다시 생각하게 만드니까. 삶의 참신하고 반짝이는 순간이지.

회화에 대해 잘 알지 못한다는 점에서 졸라는 발자크와 공통점이 있네. 졸

▲《중절모를 쓴 양로원 노인》(1882)
반 고흐 미술관, 암스테르담

▲《숄을 두른 소녀》(1882~1883)
반 고흐 미술관, 암스테르담

▲《어부의 얼굴》(1882~1883)
반 고흐 미술관, 암스테르담

▲《얼굴을 감싸고 있는 노인》(1882)
반 고흐 미술관, 암스테르담

라의 작품에는 두 종류의 화가만 등장하지.《파리의 미덕》에 나오는 클로드 랑티에와《테레즈 라캥》의 또 다른 화가 마네. 뒷경우는 어떤 인상주의 화가의 우스꽝스러운 분신이지. 그리고 발자크 작품에 등장하는 화가들은 권태롭고 답답해.

이 주제에 대해 계속 자유롭게 떠들어대고 싶지만 나는 비평가가 아니니 그만두기로 하겠네. 다만 한 가지 덧붙인다면 텐에게 퍼부어진 신랄한 비판은 매우 만족스럽다네. 텐의 수학적 비평은 가끔 도발적인 경향이 있거든. 하지만 그 같은 엄밀한 비평으로 그는 이따금 놀라울 만큼 깊이있는 판단을 끌어내기도 하지.

그는 디킨스와 칼라일을 두고 "영국적 기질의 근본은 바로 행복의 부재이다"라고 말했어. 그 정확성이야 어떻든, 이는 주제에 대해 그가 깊이있게 숙고했다는 증거이며, 남들은 보지 못하는 어둠 속에서 무언가를 인식할 때까지 끈기있게 시선을 집중했음을 뜻하네. 텐의 그 문장은 상당히 설득력 있다고 여기네. 같은 주제에 대한 수많은 다른 문장보다 더 많은 것을 이야기하고 있잖은가. 이런 점에서 나는 텐을 무척 존경해.

바우턴과 아베의 작품을 마음껏 감상할 수 있어 기분좋군. 아베의《교회 종치기》와《감자밭》은 무척 아름다워.

졸라가 밀레에 대해 한 마디도 언급하지 않은 사실을 아나? 시골의 무덤과 늙은 농부의 임종, 그리고 장례식에 대한 그의 묘사를 읽었는데, 밀레 작품만큼 아름답더군. 졸라가 밀레를 언급하지 않은 건 그의 작품을 미처 모르고 있음을 뜻하네.

여행 중에도 데생 작업을 계속하고 있는가? 나는 지금《감자캐는 사람들》에 몰두해 있네. 노인의 얼굴과 습작 시리즈는 이미 데생을 마쳤지.《감자캐는 사람들》《잡초를 태우는 사람》《자루를 짊어진 건장한 사내》그리고《손수레 끄는 사람》등. 그밖에《씨뿌리는 사람》데생도 했지. 같은 종류의 습작만 벌써 7, 8번째일세. 이번에는 흙덩이로 덮인 대지를 배경으로 하늘을 등지고 씨뿌리는 사람을 그렸다네.

다른 이들에게 묻고 싶은 질문 하나를 졸라에게도 던지고 싶어. "대구가 놓인 도기 접시와 나무꾼이며 씨뿌리는 사람 모습에 진정 아무 차이가 없다고 생각하십니까? 기술면에서 추종을 불허하는 렘브란트와 반 바이에른 그리고 볼롱과 밀레에게도 과연 차이가 없습니까?"

여행에서 돌아오면 내 작품을 보러오게.

동생 테오가 파리에서 열리는 매우 아름다운 전시회, '100편의 걸작선'에 대해 알려주더군. 즐거운 여행이 되게. 그리고 잊지 말고 나에게 소식전해줘. 악수를 청하며.

빈센트

고흐가 테오에게 320
1883년 9월6일~7일

사랑하는 테오

지난번 편지에서는 내 계획*¹에 대해 좀더 자세히 쓰지 못했지만, 이번에는 어느 정도 쓸 수 있을 것 같구나.

그녀에 대해 이미 어렴풋이 느끼던 일이 사실로 밝혀졌다*²는 점, 내가 헤어지려고 결심하기 전에 그녀가 미래에 대한 여러 결정을 먼저 내려버린 점부터 이야기할게. 지금은 그녀의 계획을 다 알아버린 뒤지만, 그때 그녀와 헤어질 결심을 했던 것도 다름아닌 바로 그 이유에서야.

결심했으니, 지체없이 신속하게 이사하고 싶어. 집주인에게 알리는 일은 이미 다 끝났어. 다음은 내 가구인데, 어디에 안착하게 될지 분명하지 않은 상황에서 짐이 되고 비용만 들 거야. 이 집 다락방에 두고 가려고 집주인과 상의해 정했어.

---

*1 인물화에 관심이 쏠렸던 고흐는 '기분을 바꾸기 위해 산책을 하고 싶듯 가끔 미치도록 풍경을 그리고 싶어질 때가 있다'고 느낀다. 풍경그리기는 그가 그 일원이 되기를 꿈꾸었던 헤이그 파 화가들과 어깨를 나란히 할 방법이기도 했다. 어느덧 30살이 되어 형식적이나마 프로 화가 신분을 갖출 필요를 느낀 그는 위기에 빠진 제작활동을 다시 일으켜세우고 미래를 준비하려는 마음을 품는다. 이 새로운 도약을 위해 자신은 도시에서 격리되어 자연 속에 파묻혀야 한다고 생각한다. 그즈음 히스 우거진 야성적인 땅 드렌터 지방에 매료되어 돌아온 라파르트의 이야기를 듣고 그곳으로 떠날 계획을 세운다.

*2 드렌터 지도를 펼쳐보고 고흐는 그에게 살아 있는 아름다운 모델을 제공해줄 그곳 풍경을 떠올리며 상상의 나래를 펼친다. 흥분으로 몸이 떨리는 그곳으로 가기 위해서는 먼저 한 가지 중대한 결심을 해야 했다. 시엔과 그녀 아이들과 헤어지는 일이었다. 그들을 부양하는 경제적 부담이 날로 커지고, 더욱이 시엔이 다시 매춘부 길로 들어서 고흐는 그녀가 자신의 자비심에 거의 보답해주지 않는다는 절망감에 빠져 결심을 굳힌다.

헤이그로 돌아올 생각이 있느냐고 물었지? 대답은 '아니'야. 하지만 반년이든 1년이든 지나 내 실력이 좋아져서 전원 습작을 많이 그리게 된다면 몇몇 화가들과의 연락을 위해 다시 이곳을 찾겠지. 그때는 이곳 집주인이 포르뷔르흐에 소유한 땅에 있는 방이나 별채를 빌리게 될 거야. 도시에 사는 것보다 비용이 적게 들겠지. 도시생활은 두 번 다시 경솔하게 하고 싶지 않아.

이 쓸모없는 짐으로부터 완전히 해방되고, 잠시 이곳으로 돌아올 때 어디로 가면 좋을지도 정해진 셈이야. 왜냐고? 그때까지는 데생 협회의 회원이 될 수 있을 테니까. 이건 가능성있는 바람 중 하나야.

헤이그가 특색있는 곳임은 틀림없어. 실제로 네덜란드 미술의 중심지이고, 그 환경이 무척 다채롭고 아름다워 언제든 그림을 그릴 수 있지. 그러니 1년 뒤쯤 아마 잠시 이곳에 머물 이유가 생길 거야. 가구를 여기 두고 감으로써 나를 아는 사람, 그리고 부탁하면 나를 도와 집을 구해 줄 사람과의 관계를 유지하는 셈이지.

이제 나는 자유로운 몸이야. 원할 때 언제든 출발할 수 있지. 엄청나게 많은 요구에 시달렸던 지금까지에 비해 앞으로는 네가 주는 150프랑으로 훨씬 많은 작업을 할 수 있어. 게다가 감당할 수 없이 쌓여가던 여러 고민들로부터 벗어나 더욱 희망에 부푼 기분이야. 이런 사정으로 여행경비 내용도 아주 단순해졌어.

한 가지 미련이랄까——그것은 그녀가 드렌터로 함께 가면 좋아지지 않을까 하는 생각에 여러 모로 마음이 괴롭다는 거야. 나를 이렇듯 행동하게 한 건 분명 그녀의 태도야. 만일 뭔가 다른 방법을 발견했다면, 그녀를 구하기 위한 마지막 노력으로 드렌터에 데려갈 거야. 시간이 지날수록 더욱 깊이 미로에 빠져들므로 그녀에게 더 이상 은혜를 베풀지 않고 마음을 굳혀야 했지.

가구를 가져갈 경우 드렌터까지 마차삯으로 25굴덴이 조금 넘는 견적이 나왔어. 짐을 싣고 내리는 인건비와 짐을 넣을 상자도 몇 개 필요하니 다시 여분의 지출이 생길 거야. 내 물건을 갖고 다니기에는 비용이 너무 많이 들어. 더욱이 같은 곳에 오래 머무르지 않는다면.

캇베이크는 반드시 둘러보고 싶어. 바다를 몇 점 그리고 싶고, 또 쉽게 갈 수 있으니까. 비용문제로 드렌터 행을 다음으로 미루게 되더라도.

오, 테오. 요 며칠 동안 내 기분이 어떠했는지, 그녀와 아이들을 생각하면 얼마나 우울했는지 넌 이해해 주겠지? 하지만 다른 방법이 없어. 그래도 내 모든 신경은 그림그리는 데 집중되어 있고, 큰 에너지를 느껴. 예전에는 불가능했던 여러 가지를 이제 할 수 있으니까.

테오—네가 나의 복잡한 감정을 있는 그대로 알 수 있다면, 내가 다른 일은 다 잊고 오직 그녀를 구원하려고 그녀를 위해 내 몫을 어떻게 소비했는지 있는 그대로 알 수 있다면, 내가 삶에서 깨달은 음울한 관점—그렇다 해서 삶에 대해 냉담하지 않고, 잊거나 냉담해질 바에는 차라리 슬픔을 뼈저리게 느끼는 편이 나은—을 고스란히 느낄 수 있다면, 내가 환상이 아닌 '슬픔을 존중함'으로써 침착해져가는 과정을 있는 그대로 체험할 수 있다면, 테오, 아마 너도 내 마음 속 영혼이 모습을 바꾸어 지금의 너로서는 상상도 못할 삶으로부터 벗어나 있음을 똑똑히 알게 될 텐데.

앞으로는 그녀 이야기를 하지 않겠지만, 그녀에 대한 생각은 변함없을 거야. 처음부터 그녀를 돕는 문제는 모험이었어. 그녀에게 그녀 한 사람 몫의 생활비를 줄 수는 없었지. 그녀에게 내가 쓸모있는 인간이 되려면, 내 집으로 데려와야만 했어. 내 생각으로는 그녀와 결혼해 드렌터로 데려가는 게 옳은 일이야. 그렇지만 그녀가 그 일을 불가능하게 만들고 있어. 그녀는 착하지만 예쁘지 않고, 나도 마찬가지지. 많은 일이 있었지만, 어떻든 보이는 그대로 진지한 사랑이었어.

그만 작업해야겠다. 곧 편지주렴. 안녕, 악수를.

너의 빈센트

덧붙임 : 한마디 더—얼마나 필요하냐고 물었지? 그 문제에 대해 생각해 봤는데, 정확히 말할 수는 없어. 적은 액수가 아닐 테니까. 그러니 주는 대로 어떻게든 해볼게. 실생활 면에서 내 계획들을 부분적으로 수행할 수도 있어. 그러니 네가 줄 수 있는 만큼이면 돼.

저쪽은 여기보다 생활비가 적게 들고, 여기에 있을 때보다 절약할 수도 있겠지. 1년 지나면 그 액수만으로도 나를 도운 셈이 될 거야.

그곳에서는 물감을 소포로 받을 수 있어. 그러니 가능하면 미리 보내줘. 하지만 그렇지 않더라도 그 때문에 여행이 늦어지는 일은 없을 거야.

결국 작년이 확실한 해였다는 것은 증명할 수 없는 걸까? 나는 공부를 소홀히 하지 않고, 오히려 수많은 단점을 바로잡았어. 물론 고쳐야 할 점은 아직 많아. 하지만 앞으로 차츰 좋아질 거야.

지난번 편지에서 나는 그녀가 갑자기 몇 가지 약속을 깨뜨렸다고 썼는데, 참으로 지독한 사건이었어. 그녀가 어떤 매춘여관에서 일하려 했던 거야. 어머니가 옆에서 부추겼지. 그녀는 곧 몹시 후회하고 없던 일로 했어. 하지만 그녀가 그렇게 행동했다는 것, 그건 그녀의 나약한 점이야. 그녀는 그런 사람이지 ──적어도 지금은──그런 생각에 단호하게 '싫다'고 대답할 힘이 없는 거야.

그녀는 내가 몇 번이나 미루고 있던 조치를 실행하게 만들었어. 하지만 그때 나는 그녀에게서 어떤 위기를 봤지──그것이 '지금까지는 있었지만 앞으로는 없어질' 것이었으면 좋겠구나. 우리의 이별이 어떤 좋은 결과를 낳을지도 모른다고 그녀가 생각하는 건 사실이야. 그리고 그녀는 자기 어머니와 너무 밀접한 사이여서, 이 두 사람은 좋은 길이든 나쁜 길이든 함께 갈 수밖에 없어.

그녀는 어머니와 함께 살게 될 거야. 그리고 둘이서 번갈아 일하며 정직하게 생계를 꾸리겠지. 이것이 그들의 뜻이고, 며칠 전부터 벌써 일하고 있어. 나도 주위에 알리는 일을 좀 도와주었지. 그들은 날마다 단골을 찾아다니고, 그 일을 좋아해. 필요하다면 나는 선전을 계속해 줄 거야. 그들에게 도움될 만한 일은 뭐든지 할 수 있어.

그리고 출발 전에 그들을 위해 두어 주일치 집세와 하루에 빵 한 개 값을 미리 주어서 그녀들이 그 계획을 잘 실행할 수 있도록 해줄 생각이야. 하지만 아직 그들에게 약속하지는 않았어. 정말로 그럴 수 있을지 알 수 없으니까. 상황이 허락되는 대로 할 거야.

나는 그녀에게 홀아비를 하나 잡아 편의적인 결혼*1을 하라고 권하고 있어. 그때는 나에게 한 것보다 잘해 주라고 당부했지. 그녀도 어떤 점에서 나에게 의무를 다하지 못했는지 잘 알고, 이번 일로 세상사는 법을 깨우쳤으며, 내가 그 문제에 대해 그녀를 조금도 비난하지 않는다는 것도 알 거야──진보나 개혁은 단번에 성취되는 게 아니고 단계를 밟아나가야 한다는 것을 내가 알고 있기 때문이라는 점도. 그러니 만일 그녀가 지금 도달한 지점에 머물러 다시 미끄러지지만 않는다면, 그녀는 나에게 도달하지 못한 것을 걱정하거나 용기

---

*1 marriage de raison.

를 잃을 필요 없어. 다만 누구든지 다른 사람에게 더 잘해 주도록 노력하면 되는 거지.

그런 것들을 지금 그녀는 모두 충분히 이해하고 있어. 나는 그것이 언제까지나 계속되기를 바라. 용기잃거나 인생을 포기하는 건 그녀들의 약점이지만, 다시 시작하는 것에는 끈기가 있지. 특히 그녀는 그런 식으로 살고 있어.

그녀는 결점이 많고, 그것만으로도 골칫거리임을 나도 잘 알지만, 좋은 면도 있고 그 점이 모든 것을 다 덮어주는 것도 알아. 그러므로 나는 미래를 비관하지 않아. 이런 인물에 대한 연민과 자비는 이 세상에 자연스럽게 존재하는 법이니까. 나는 그것을 굳게 믿고 싶어. 나 자신이 이 점을 반신반의하며 힘에 부친다는 이유로 모든 것을 포기하고 내던져버린다면 죄라고 생각해. 나는 있는 힘을 다해 순리대로 하려고 마음먹은 일을 모두 포기하지 않을 거야.

곧 다시 편지주렴.

빈센트

▲《지팡이를 든 노인》(1882)   반 고흐
미술관, 암스테르담

드렌터
1883년 9월~11월

　1883년 9월11일, 드로잉과 채색에 완전히 집중하기 위해 고흐는 네덜란드 동북부 드렌터 지방으로 떠났다. 시엔과 1년 반 함께 지낸 뒤 기차역에서 그녀와 그녀 아이들과 작별한 그는, 정신적으로 지쳐 변방으로 떠난 뒤에도 뇌리에 그녀의 환영이 나타나고 한탄스러운 마음에 그녀에 대한 동정이 더욱 깊어져 갔다. '히스 들판과 광활한 이탄지대, 대지에 곰팡이를 피운 듯한 보리싹, 드넓은 하늘 아래 벼룩처럼 보이는 사람과 말'——그의 문장은 졸라며 미슐레와 비슷해져간다. 즈베일로의 자연은 아름답지만 어딘지 서글픈 분위기가 감돌아 그는 심한 불안감에 시달리고 고독이 그 불안감을 부채질했다. 때로 주민들의 적의에 찬 불신의 눈빛도 만나고, 가끔 부랑자로 오해받았다. 테오가 경영자와 갈등을 일으켜 미국으로 가겠다고 하여 형의 마음을 걱정과 불안으로 뒤흔든다. 어쩔 수 없는 궁지에 몰린 그는 부모님 곁으로 피한다.

고흐가 테오에게 324

드렌터 호헤번 1883년 9월15일 무렵

사랑하는 테오

　이곳에 온 지*1 벌써 며칠 지났구나. 여기저기 쏘다닌 덕에 마침내 이 지방에 대해 더 많은 것을 너에게 전달할 수 있게 되었어.*2 여기 동봉하는 건 이 지방 최초의 유화 습작——황야의 오두막——을 대충 따라 그린 스케치야. 뗏

---

*1 헤이그에서의 긴 기차여행 뒤 고흐는 저녁 9시 무렵 하트쉬커 Albertus Hartsuike의 하숙집에 방을 잡고, 넓은 바에 앉아 테오에게 편지썼다. 그곳에서 한 여인이 감자껍질을 벗기고 있는 모습이 브라반트를 떠올리게 했다.

*2 풍경에 민감한 고흐는 드렌터의 자연 속에서 풍경이 갖는 인상주의적 빛을 발견하고 그 회화적 가치를 나름대로 느꼈다.

장과 딸기나무 가지만으로 지은 오두막이지. 이런 종류 오두막 여섯 채의 내부를 모두 보았어. 앞으로도 이 습작을 더 그리게 될 거야.

새벽과 해질녘의 이 농가 모습은 도저히 표현할 길 없으니, J. 브르통의 그림을 떠올려봐. 메스다흐가 소장한 그림으로, 깊은 색조를 띤 두 농가의 이끼덮인 지붕이 안개낀 흐릿한 저녁하늘을 배경으로 우뚝 서 있지.

여기도 마찬가지야. 이런 농가 안은 동굴처럼 컴컴하며 무척 아름다워. 아일랜드 이탄지대 황야를 그린 영국 화가들 데생이, 여기서 내 눈으로 보는 광경을 가장 사실적으로 나타냈다고 생각해. 알베르트 느하이스도 비슷한 그림을 그렸는데, 눈에 비친 상태보다 좀더 시적인 분위기를 띠지. 그렇지만 그는 근본적으로 진실이 아닌 건 그리지 않아.

나는 들판에서 사람들의 멋진 모습을 보았어——절제하는 표정이 감동적이야. 여자들 가슴은 관능과는 반대로 고생에 허덕이고, 늙거나 병들면 동정과 경외심을 불러일으켜. 이곳 사물에 전반적으로 감도는 우울함은 밀레의 데생에 있는 것과 같은 건전한 종류지. 운좋게도 이곳 사람들은 짧은 바지를 입어 다리 모양이 다 드러나 보이므로 동작을 더욱 풍부하게 표현할 수 있단다.

원정길에 어떤 새로운 것을 보거나 느낀 것들 가운데 하나는, 황야 한가운데 있는 이탄실은 배[*1]야. 남자들, 여자들, 아이들, 하얀 말, 검은 말이 그것들을 끌지——네덜란드 지방 라이스바이크의 예인선처럼.

황야는 참으로 멋지단다. 양 방목지와 양치기들은 브라반트의 그림보다 더 아름다웠어.

T. 루소의 《공용화덕》에 그려진 것과 비슷한 화덕이 마당의 오래된 사과나무 밑이나 셀러리며 양배추 사이에 놓여 있어. 벌통도 사방에 있지. 이곳 사람들은 여기저기 아픈 이가 많은 것 같아——여기는 건강한 곳이라고 할 수 없어. 아마 더러운 물을 마셔서일 거야——나는 17살, 또는 그보다 어린 소녀를 몇 명 봤어. 아름답고 예쁘지만, 벌써 시들어버린 듯 보이지. 하지만 가까이에서 보면 시들면서도 고상하고 멋진 풍모를 지닌 사람이 있는 것도 사실이야.

이 마을에는 메펄, 데덤 운하, 쿠보르던, 홀랜스 펠트로 이어지는 운하가 너

[*1] 호헤번의 주요 수입원은 이탄으로, 주민들은 그 언저리 땅 속에서 엄청난 양의 이탄을 캐올렸다. 가정은 물론 암스테르담의 벽돌공장에서 연료로 사용된 이탄은 수로를 따라 대량 운반되며 수세기 동안 지속되었다.

덧 개 있어. 그런 운하를 따라 걸으면 여기저기 오래된 신기한 풍차, 농장, 조선 작업장, 수문 등이 눈에 들어오지. 그리고 이탄을 운반하느라 바쁜 평저선(平底船)……

이 지방에서만 볼 수 있는 광경을 이야기해 줄게. 내가 그 뗏장 오두막을 그리고 있는데, 양 2마리와 염소 1마리가 오더니 지붕 위에서 풀을 먹기 시작했어. 염소는 지붕 용마루로 기어올라 굴뚝 안을 들여다봤지. 지붕에서 나는 소리를 듣고 안주인이 밖으로 뛰어나와 그 염소를 향해 빗자루를 던졌단다. 그러자 염소는 영양처럼 폴짝 뛰어내려왔어.

내가 갔던, 그리고 이 사건이 있었던 황야의 두 마을 이름은 스타이브산트(흐르는 모래)와 즈바르트스하프(검은 양)야. 나는 다른 곳도 몇 군데 가 보았어. 이곳에는 아직 본디의 소박함이 남아 있다는 걸 너도 이제 알겠지? 호헤번은 이름만 도시일 뿐 양치기며 화덕이며 이탄 뗏장으로 만든 오두막을 바로 옆에서 볼 수 있어.

나는 몹시 우울한 기분으로 시엔과 그녀 아이들을 생각하곤 해. 어떻게든 잘 살아주면 좋겠는데…… 사람들은 모든 게 그녀 책임이라고 말하겠지. 그렇긴 해. 다만 나는 그녀의 불행이 그녀의 책임을 넘어 더 커지는 게 아닐까 걱정돼. 그녀의 성품이 망가져가고 있는 건 나도 처음부터 알았어. 나는 그녀가 다시 일어서기를 바라. 그리고 그녀를 못보게 된 지금, 그녀 안에서 내가 발견한 것들을 돌이켜보니, 그녀는 올바로 일어서기에는 너무 깊은 수렁에 빠져 있다는 생각이 드는구나. 그 때문에 동정심이 더해지고 그녀를 다시 일으킬 힘이 나에게 없다는 생각에 그만 우울해져.

테오, 히스 들판에서 아이를 안거나 젖먹이고 있는 가난한 여자를 보면 내 눈에 눈물이 맺힌단다. 거기에서 나는 시엔을 봐. 그리고 그녀의 나약함과 단정치 못한 행실이 참으로 비슷하다는 느낌을 받지.

그녀가 올바르지 못하다는 건 나도 알아. 그리고 나에게는 지금처럼 행동할 권리가 절대 없다는 것, 그녀 곁에 머물 수도 이곳으로 데려올 수도 없고 내 행동은 옳고 현명했다는 것, 그리고 네가 바라는 모든 것—이런 것쯤은 나도 알아. 그래도 가난한 사람들이며 열병앓는 불쌍한 모습을 보면 그 사실이 내 몸을 꿰뚫어 나는 정에 무너지고 말아.

인생에는 왜 이리 슬픈 일이 많은지! 그러나 우울해져선 안돼. 다른 것에서 시름을 달랠 길을 찾아야만 해. 그건 바로 그림그리는 일이지. 다만 '불행은 나 또한 피해가지 않으리라'는 깨달음 안에서만 평온함을 찾을 수 있는 순간도 있지.

잘 있어, 곧 소식주렴.

너의 빈센트

고흐가 테오에게 326
1883년 9월 22일 무렵

사랑하는 동생아

방금 네 편지를 잘 받았어. 진심으로 고맙다. 나도 내 소식을 이것저것 전할게.

먼저 전할 소식은, 라파르트의 편지를 받았는데, 그는 여기 드렌터의 아쎈 언저리 로르데에 머물다 지금 테르스헬링 섬*¹에서 바쁘게 작업 중이라더구나. 올겨울에 그를 만나러 가서 습작을 몇 점 그리고 싶어. 테르스헬링 섬으로 가는 건 어렵지 않으며, 내가 알아본 바로는 왕복 여비가 3굴덴쯤 들어. 화가들과 다시 어울리는 일은 분명 그만한 가치가 있고, 고독을 떨칠 수도 있지.*²

······ 중략 ······

나의 이런 감정을 너는 알아주리라 생각해. 몇 해쯤 전 코르 숙부와 나 사이에서 일어난 일을 네가 정확히 안다면 말이지. 그때 나는 내 공부계획을 끝까지 밀어주겠다는 약속*³이 솔직하고 철저한 것인지에 대해 몹시 회의적이었어——모두들 성급하게 계획세웠고, 나도 성급하게 승낙해 버렸다고 여겼지. 그때 내가 도중에 그만둔 건 아주 잘한 일이었고, 지금도 그렇게 생각해. 나는

*1 Terschelling. 네덜란드 서프리지아 제도에 자리한 이 섬은 면적 88㎢로 모래언덕과 긴 해변, 파도치는 갯벌 사이에서 휴식하기에 완벽한 때문지 않은 장소이다. 오늘날 유럽 최고 여행지 3위로 꼽히는 유네스코가 선정한 문화유산이다.

*2 그러나 그때 이미 라파르트는 그 섬을 떠난 뒤였다. 호헤번에서 고흐는 유화 물감을 못구해 어려움겪고 모델을 구하는 데도 문제가 있었다. 주민들은 히스 들판에서 포즈를 취하는 모델들과 그를 업신여겼다. 모델들이 일을 꺼려 그림을 제대로 완성시킬 수 없고, 집세도 미리 내야 했다. 날씨조차 호의적이지 않고, 빛과 공간면에서 그가 묵는 하숙집은 작업하기에 이상적인 곳이 못되었다. 그는 예인선을 타고 뉴암스테르담으로 여행하며 그림그릴 알맞은 곳을 찾고 싶었다.

*3 암스테르담에서 신학공부했을 때의 일.

일부러 그렇게 한 거야──중도포기라는 창피는 내가 당하고 다른 사람들에게는 피해가지 않도록. 다른 외국어를 몇 가지 습득한 내가 라틴 어를 정복하지 못할 리 없다는 것쯤은 너도 알 거야. 그런데도 나는 도저히 못하겠다고 공언했지. 그건 핑계였어. 내 보호자들이며 대학 전체, 적어도 신학부가 나에게는 너무 위선적으로 여겨지고, 바리새인들의 사육장 같았기 때문이야. 그리고 내게 근성이 부족한 게 아니라는 걸 나는 보리나주에 감으로써 입증해 보이려 노력했지. 그곳으로 가서 나는 학생이 되는 것보다 훨씬 어려운 생활을 분명 체험했어.

...... 중략 ......

테오, 만일 가족들이 없었다면 시엔도 좀더 나은 행동을 했을 거야. 그녀 같은 여자들은 분명 행실이 좋지 않아. 하지만 첫째로, 나쁘다고만 하기보다는 오히려──감히 말하는데──한없이 동정해야 할 존재지. 둘째로, 그녀들은 일종의 정열과 따스함을 지녔고, 그건 훌륭한 사람들이 본보기로 삼기에 충분할 만한 인간다움이야. 나는 그리스도가 그 시대의 피상적인 교양과 예절을 익힌 사람들에게 했던 '창부들이 너희보다 먼저 하느님 나라로 들어가리라'는 말을 뼈저리게 느끼고 있어. 그녀 같은 여자들은 돌이킬 수 없을 만큼 나빠질 가능성이 있지──혈기왕성하고 호색적인 나나 같은 여자가 아닌, 더 감수성 강하고 이성적인 여자들을 말하는 거야. 그녀들은 '여자는 성실한 남자를 파멸시키는 근원'이라고 한 브르통의 말이 옳음을 완벽하게 입증하고 있어. 그녀들은 우리가 도리라고 말하는 것에 전혀 개의치 않고 직선적으로 행동하며, 도리에 어긋나는 죄를 저지르기도 해. 그건 나도 알아. 하지만 참으로 인간적인 무엇인가도 지녀 사람들은 그녀들 없이 살 수 없고, 그녀들이 가진 좋은 면, 전능(全能)의 아름다움이 있음을 알아보지. 그건 결국 사람들로 하여금 그녀들을 좋아하게 만드는 어떤 무엇이라고밖에 정의할 수 없는 것이야.

'나는 여자와 헤어질 때면 내 안에서 뭔가 죽는 것을 느꼈다'고 한 가바르니의 말은 진심이었던 거야. 여자문제에 관해 내가 아는 가장 아름다운 최상의 말은 너도 아는 "오 여자여, 그럴 수 있다면 반드시, 반드시 사랑했을 텐데"라는 말이란다. 이 말을 들으면, 다른 것들은 아무 문제되지 않고 영원의 세계로 들어가고 싶어져.

개중에는 야심에 지배당하는 어리석은 여자들도 있어. 그녀들은 남자들보다 더 나쁜 짓을 해——맥베스 부인이 그 전형이지——그런 여자는 독과 같은 존재야. 매력있지만, 남자들은 피해야만 하지. 그렇지 않으면 남자는 건달이 되어 곧 자신이 저지른 끔찍한 악에 맞닥뜨려 두 번 다시 재기할 수 없게 돼. 나와 살았던 상대는 그런 면은 없었지만 허영심이 강했지. 누구나 그런 때가 있는 법이지만, 내가 처음에 느낀 유일한 감정은 '가엾고 가엾고 또 가여운 사람'이라는 것이었어. 그 마음은 지금도 남아 있어.

그녀는 나쁜 여자일까? 그럴지도 모르지. 하지만 요즘 세상에 좋은 사람이 어디 있겠니? 스스로 재판관을 맡을 만큼 순수하다고 자부할 만한 사람이 누가 있을까? 당치도 않아. 들라크루아라면 그녀를 이해했을 거라고 생각해. 또 하느님의 자비심은 더욱 잘 이해할 거라고 나는 가끔 생각해.

전에도 말했듯, 그 어린 남자아이는 나를 아주 잘 따랐어. 이별기차에서도 그 아이를 내 무릎에 앉혔었지. 우리는 그렇게 헤어졌지만, 서로 크나큰 슬픔을 느꼈다고 생각해. 하지만 그게 다야.

테오, 너에게 말하는데, 나는 성직자 자질이 없어. 분명히 말하면, 나도 창부를 나쁘게 생각해. 하지만 그녀들에게서 어떤 인간다움을 느끼므로 사귀는 데 아무 거리낌 없고, 그녀들이 특별히 나쁘다고도 생각지 않아. 그리고 지금도 과거에도 그녀들과 사귀었던 일을 전혀 후회하지 않아. 만일 우리 사회가 순수하고 올바르다면, 그래, 그녀들은 유혹자라고 할 수 있겠지. 하지만 지금은 다른 이름보다 애덕회(愛德會) 수녀라는 이름이 어울리는 경우가 종종 있다고 나는 생각해.

또 지금은 다른 문명 쇠퇴기와 마찬가지로 사회부패가 선악관계를 뒤바꿔 버리므로, 사람들은 당연히 '선구자들이 뒤에 서고, 뒤에 선 자가 선두로 나서게 될 것'이라는 옛말로 다시 돌아가게 될 거야.

나도 너처럼 페르 라셰즈[*1]에 간 적 있어. 거기서 나는 존경하는 사람들 무덤을 보았지. 베랑제의 연인이 묻힌 소박한 묘석 앞에서도 나는 똑같은 존경심을 느꼈어. 그 무덤을 일부러 찾아가——내 기억이 옳다면, 베랑제의 무덤 뒤쪽에 있었단다——거기에서 나는 코로의 연인을 떠올렸어. 그녀들은 말없는 뮤즈들이었지. 그리고 그 온후한 거장들의 정감, 그들 시정의 친밀하고 깊은 정취에

---

*1 파리 20구에 있는 묘지.

는 전면적으로 여성의 영향이 있다는 것을 나는 지금도 끊임없이 느껴.

나는 이 편지에서 진지하게 말하는데, 아버지의 감정과 의견이 모조리 다 틀렸다고 생각하는 건 아니야. 전혀 그렇지 않아. 너는 아버지의 이런저런 충고에 따라 잘 해나갈 거야. 너도 기억하지? 네가 나를 찾아왔을 때, 또 떠날 때도 우리는 아버지에 대해 이야기나누었어. 그때는 단지 막연하게 느꼈지만, 이제는 확실히 말할 수 있단다.

아버지와 대화할 때, 이를테면 코로를 함께 생각해 봐. 그러면 너는 자칫 그런 경향에 빠지기 쉬운 극단적인 아버지 생각을 자연스럽게 피할 수 있을 거야. 고집을 조금만 누그러뜨리면 아버지의 조언도 대부분 옳다고 여겨. 나도 몇 번이나 그 조언에 귀기울였었지. 하지만 내가 지적하고 싶은 건 아버지며 다른 사람들은 자신이 주장하는 옳은 삶의 방식——아버지가 사는 방식은 분명 옳으니까——말고도 너그러운 정신의 소유자, 예를 들면 코로와 베랑제 같은 인품에서 나오는, 그들과 다르지만 역시 옳은 삶의 방식이 있음을 모른다는 거야. 너도 나도 이것만큼은 절실히 느끼지.

…… 후략 ……

고흐가 테오에게 330
1883년 10월3일 무렵

사랑하는 테오

이번에는 드렌터 동쪽 끝에서 편지쓰고 있어. 황야를 가로지르는 예인선을 타고 긴 항해 끝에 이곳에 도착했지.[*1]

이 지방을 너에게 생생하게 묘사해 보이기란 나에게는 불가능한 일이야. 표현력이 따라주지 않아. 하지만 미셸, 루소, 반 호이엔, 코닝크 등의 그림에서 몇 마일씩 이어지는 운하의 둑을 상상해 봐.

평탄한 지평선과 기다란 구획의 연속, 빛깔은 각양각색이며, 지평선에 가까

[*1] Verlengde Hoogeveensche Vaart라고 불리는 30km가 넘는 수로를 따라 말과 사람이 예인선을 끌었다. 그 위에서 고흐는 함께 여행가는 사람들을 스케치하며 그 풍경을 즐겼다. 이곳 뉴 암스테르담에서 그는 스콜테 Hendrick Scholter가 운영하는 여인숙에 묵었는데, 평화롭고 아늑한 이곳이 매우 마음에 들었다. 그러나 우체국도 은행도 하나밖에 없어 필요한 것을 구하려면 호헤번까지 가야했다.

위질수록 조금씩 작아지지. 뗏장지붕 오두막과 작은 농장과 빈약한 자작나무 몇 그루와 포플러와 졸참나무 등이 여기저기 점점이 흩어져 풍경을 이루고 있단다. 이탄이 곳곳에 산더미처럼 쌓였고, 그 이탄과 늪지에서 채취한 부(富)를 실은 평저선이 왔다갔다 해. 희한한 색깔을 가진 비쩍 마른 젖소들이 여기저기 있고, 양과 돼지도 흔하지.

평원에 이따금 모습을 드러내는 사람들은 지방색이 아주 짙어. 그들은 때로 엄청난 매력을 보여준단다. 그 가운데 예인선 위의 여자를 나는 데생했는데, 그녀는 상복차림에 금실로 짠 머리띠 달린 두건을 두르고 포도모양 완장을 차고 있었지. 그 다음에 어린아이를 안은 어머니도 그렸어——이 어머니는 머리에 보라색 천을 쓰고 있었어. 오스타데 풍 인물들이 너무도 많아——돼지며 까마귀를 연상시키는 얼굴들. 하지만 가시덤불 속의 백합처럼 청초한 얼굴도 가끔 있어.

나는 이번 여행이 참 즐거워. 내 머릿속은 온통 내가 본 것들로 가득해. 오늘 저녁의 황야는 신비로울 만큼 아름다웠어. 베첼의 화집 가운데 하나에 이런 효과를 정확히 표현한 도비니 그림이 들어 있지. 하늘은 미묘한 라일락 화이트 빛——뭉게구름은 없어. 더 밀집된 구름으로 하늘 전체가 덮여 있었지. 하지만 라일락 그레이 화이트의 풍부한 색감을 가진 구름이 가득하고, 한 줄기 틈새로 보이는 푸른 하늘이 흐릿하게 빛나고 있었어. 지평선에는 붉게 빛나는 선이 한 줄 깔리고, 그 아래로 갈색 황야가 컴컴하게 펼쳐졌으며, 붉게 빛나는 선을 배경으로 작은 초가집의 낮은 지붕들이 수없이 윤곽을 그리고 있단다.

해질녘의 이곳 황야는 영국인들이 'weird'*¹ 라든가 'quaint'*² 라고 표현하는 인상을 주곤 해. 돈키호테 풍의 풍차며 기이한 괴물 도개교며 변화무쌍한 실루엣이 반짝이는 저녁하늘을 배경으로 윤곽을 그리지. 불켜진 작은 창이 물가에, 진흙탕에, 또 늪에 비치는 해질녘의 이러한 마을은 아주 편안한 느낌을 줘.

호헤번을 떠나기 전에 나는 유화를 몇 점 그렸어. 그 가운데 지붕이 이끼로 뒤덮인 큰 농가 그림이 있어. 물감은 퓌르네가 보내주었지. 편지에서 너도 말했지만, 작업에 몰두해 이른바 모든 걸 다 잊어버리면 기분이 바뀔 거라고 나도

---

*1 이 세상 것으로 생각되지 않는.
*2 기이한 정취.

▲드렌터에서 고흐가 본 정경들

생각했어. 그리고 어느덧 훨씬 새로운 기분이 되었단다.

하지만——네가 미국으로 떠나야겠다고 생각하는 순간처럼——나는 동쪽*1에 지원병으로 갈까 하는 생각이 가끔 들어. 여러 문제에 짓눌린 비참하고 암담한 기분이 드는 순간에 그렇지. 나는 지금 여기 창문으로 보이는 이런 조용한 황야를 너에게 보여주고 싶어. 이런 풍경은 마음을 가라앉혀 더 확신이 들도록, 풍부한 감수성으로 조용히 작업할 수 있도록 기분을 바꿔주니까.

나는 평저선에서 데생을 몇 점 그렸고, 여기 계속 머물며*2 조용히 유화를 그릴 거야. 지금 있는 곳은 특히 리베르만이 머물렀던 즈베일로와 아주 가까워. 게다가 여기에는 마구간과 사람들 사는 방 사이에 칸막이조차 없는 크고 낡은 뗏장지붕 농가가 아직 보이는 지역이 있어. 얼마 뒤 그 주변을 둘러보고 올 생각이야.

이곳 자연은 얼마나 편안하고 광대하고 고요한지! 미셸의 그림이 몇 마일이나 이어지며 나와 일상세계를 떼어놓는 듯한 기분이 들어.

······ 후략 ······

고흐가 테오에게 332
1883년 10월12일 무렵

사랑하는 동생아

네 편지를 방금 받았어. 나는 그것을 흥미롭게 읽었고, 다 읽은 다음 또 읽어보았지. 전부터 내가 무엇에 집착하는지 모른 채 여러 모로 생각했던 것들이 이제 분명해졌어.

그건 너도 나도 똑같이 풍차며 다른 무엇들을 몰래 데생했던 시기가 있었다는 거야. 격동하는 생각이며 소망과 기묘한 관계에 놓인 그 데생들은 허무해. 그것에 빛을 비춰줄 수 있는 사람은 누구도 그런 걱정을 않기 때문이지——화가들만이 바른 길을 보여줄 수 있는데, 다른 데 정신팔려 있거든——그건 엄청난 내부 갈등이고, 마침내 낙담으로 끝나거나 실제적이지 않다고 생각되어 내던져버려지지. 20살 무렵의 사람은 그것을 시도하려다 분노가 폭발해.

그때 내가 말한 무언가가 본의아니게 그런 의도의 방치에 공헌했다면, 아마

---

*1 네덜란드 령 동인도.
*2 고흐는 드렌터에 정착하고 싶은 마음마저 들었지만, 떠난 뒤 다시 돌아오지 못했다.

그 시기의 내 생각은 너와 같았을지도 몰라. 나는 그것을 불가능하다고 생각했었지. 하지만 어디에서도 빛을 찾을 수 없는 그 절망적인 갈등을 난 잘 알고 있어. 그것이 얼마나 끔찍한지도——아무리 발버둥쳐도 소용없지. 나 자신이 미친 것처럼 느껴져. 그밖의 모든 것은 하느님만이 아시지.

런던에 있을 때, 저녁 무렵 사우샘프턴 거리에서 집으로 돌아오는 도중 템스 강가에 들러 얼마나 자주 스케치를 했었는지! 차마 눈뜨고 볼 수 없는 그림이었지만. 원근법에 대해 가르쳐주는 사람이 그때 있었다면 그런 끔찍한 고생은 하지 않았을 텐데! 또 지금쯤 얼마나 발전해 있을까! 어쨌든 지난 일이야. 그때는 그리 잘 그리지 못했지——T. 마리스와 가끔 이야기나누었지만, 보텀에게는 차마 말을 건넬 용기가 나지 않았어. 얼굴을 보면 경외감에 압도되고 말았거든. 그곳에서는 초보적인 것을 처음부터 차근차근 가르쳐줄 조력자를 만나지 못했단다.

나는 예술가로서의 너를 믿어. 그리고 아직 네가 예술가가 될 수 있다는 것도.[*1] 그래, 네가 그 기초를 배우고, "예전의 나는 나를 자연의 일부로 여겼었지만 지금은 그렇게 생각지 않는다"고 네 스스로 말한 그 느낌을 다시 되살리기 위해 잠시 밀밭이나 황야를 돌아보며, 자신이 예술가인지 아닌지, 뭔가 만들어낼 수 있을지 없을지 차분히 자문하게 될 거야.

테오, 사실은 나도 네가 말하는 그 일을 뼈저리게, 아주 뼈저리게 체험했어. 나는 신경과민이 된 극도로 긴장된 시기를 겪었지. 그때는 아름다운 시골에 있으면서도 내가 자연의 일부인 줄 느끼지 못한 탓에 그것을 아름답게 보지 못하는 나날이 이어졌지. 그렇게 만든 건 거리의 도로이고 사무실이야——근심 걱정과 신경 탓이지.

이런 말을 해도 기분나쁘지 않았으면 좋겠는데, 지금 네 마음은 병들어 있어——그렇잖니? 사실——자신이 자연의 일부가 아니라고 여기는 건 너에게 좋지 않아——네가 그것을 정상적인 상태로 되돌리는 게 가장 중요한 일이지. 지금의 네 마음상태와 예전 상태가 어떻게 다른지 네 자신이 느끼는 것, 그것이 최선의 방법이라고 생각해. 회복을 위해 그런 노력을 해야 하는 점에서 너는

---

*1 그즈음 파리에서 일하는 데 어려움을 느낀 테오는 자신도 화가가 되어 드렌터에 있는 형과 함께하고 싶어 했다. 하지만 그는 아마도 자신의 건강을 위해 신선한 공기를 필요로 했던 듯, 곧 말을 바꾸어 오지 않았다.

나와 같아. 이건 확실한 일로 생각해 주기 바라.

나는 내 과거를 돌이켜보고, 그 돌멩이 가득한 불모의 정신상태 속에서 왜 몇 해나 보냈는지, 거기서 헤어나려 노력했음에도 좋아지기는커녕 더 나빠져버렸는지, 그 원인이 무엇인지 찾아야 해.

나는 자연에 대한 내 감수성이 돌처럼 딱딱해지는 것을 느꼈어. 그리고 더 최악인 건 사람들에 대해서도 똑같은 상태가 되고 만 거야.

모두들 내가 제정신이 아니라고 했지만, 나 자신은 그렇게 생각지 않았어. 깊숙한 내부에서 나만의 고민을 느끼고, 어떻게든 일어서려 노력했기 때문이야. 나는 갖가지 노력을 했지만, 모두 헛수고로 끝났지. 하지만 다시 한 번 정상적으로 돌아가고 싶다는 고정관념이 있어 나의 광적인 행동, 모색, 악전고투를 내 안의 자신과 혼동하는 일은 결코 없었어.

적어도 나는 늘 느끼고 있었단다――"내가 뭘 하든 내버려둬. 어딘가에 안착하게 해줘. 그러면 다시 일어설 수 있을 거야. 다시 떠오를 수 있어. 재기를 위해 계속 인내심을 갖게 해줘!"

실제로 미쳤다고 밝혀진 보크스 같은 사람이 그런 식으로 생각했었다고 나는 믿지 않아. 나는 그뒤 여러 모로 모색했던 세월을 몇 번이나 곱씹어보았지만, 내가 놓인 그런 상황 속에서 그때와 다르게 살 수 있었을 거라고는 생각지 않아.

그리하여 내 발 밑의 땅이 꺼져버렸지――그렇게 되면 누구든 얼마나 비참해질지 한 번 생각해봐. 나는 구필 상회에서 6년 동안 일했어――그곳에 뿌리내리고 있었지. 그러므로 상회를 떠난 뒤 그 6년 동안의 화려했던 일을 떠올리며, 다른 일자리 면접을 볼 때 내가 과거에 어떤 일을 했었는지 아주 여유롭게 설명할 수 있으리라 생각했었어. 하지만 어림도 없었지. 사태는 정반대로 치달아, 질문과 논의는커녕 아무것도 없었어. 인간은 자의적이고 표면적인 인상에 따라 움직이는 법이야. 일단 떠나고 나니, 구필 상회가 뭔지 아는 사람은 전혀 없었어. 아무 의미도 없었지. 단지 한낱 상회의 이름에 불과했어――나는 다만 '직업없는 누군가'인 존재에 지나지 않고, 느닷없이 불가피하게, 어딜 가나――이제까지 말한 대로였지.

…… 중략 ……

그들은 네가 화낼 만한 가치도 없는 사람들이야. 그들이 어떤 식으로 나오든 발끈해 화내면 안돼. 나는 못참고 곧바로 뛰쳐나와버렸지만.

내 입장은 너와 달랐어. 나는 조무래기였지만, 너는 윗자리에 오른 사람이야. 하지만 네가 거기서 나온다면, 지금 내가 말한 떠돌이 생활을 너도 겪게 되지 않을까 걱정스럽구나. 그러니 냉정하게 현실을 마주보도록 해—그들에게 저항하는 일 말이야. 처음부터 다시 해야 한다는 난처한 상황 속으로 아무 준비 없이 내쫓기면 안돼.

그리고 잘 알아두기 바라는데—비록 아무리 떠돌이일지라도, 다시 떠오를 수 없는 신세일지라도—절대 그렇게 해서는 안돼. 그리고 최악의 경우 미국으로 갈 것 없어. 그곳에 가도 파리와 달라질 건 없을 테니까.

…… 중략 ……

테오, 내 말을 잘 이해해 줘. 아버지, 어머니, 빌레미나, 그리고 특히 내가 지금 네 도움을 받고 있잖니. 우리를 위해 어떻게든 힘내야 한다고 네가 생각하는 게 보여. 믿어줘. 나는 그런 걸 다 느낀단다. 적어도 네 마음 속을 거의 꿰뚫어볼 수 있지. 그러니 다시 잘 생각해 봐. 그 목적이 뭔지, 너의? 그리고 아버지, 어머니, 빌레미나, 또 나의 목적은? 우리 모두가 무엇을 바라는지?

우리는 올바르게 행동하며 어떻게든 더 나은 삶을 살고 싶어해. 우리는 모두 일그러지지 않은 반듯한 지위에 안착하고 싶어, 그렇잖니? 모두들 진심으로 바라고 있지, 서로의 입장 차이가 크건 작건. 우리 모두가 운명에 저항하고 싶어하는 건 무엇 때문일까? 모두들 예외없이 안정되게 일하는 것, 편안함 때문이지. 일반적인 상황을 이런 식으로 보는 게 잘못일까?

좋아, 지금 우리는 무엇에 직면해 있을까? 우리는 어떤 재난과 마주하고 있어. 그게 너와 우리 모두를 엄습하고 있지. 맞아, 폭풍우가 몰려오려고 해. 우리는 그 험악한 구름을 바라보고 있어. 번개가 우리를 덮칠지도 몰라.

좋아, 그런데 우리는 지금 뭘 하고 있지? 우왕좌왕? 우리가 그런 마음으로 있다고는 생각지 않아—우리 몸 구석구석에 신경이 뻗어 있을지라도, 또 신경보다 더 섬세한 심장감각이 충격받거나 고통을 느낄지라도. 오늘의 우리는 어제의 우리와 다르지 않아—벼락이 떨어지든 천둥이 치든. 우리는 만물을 차분하게 직시할 수 있는 인간일까 아닐까? 그건 간단한 물음이야. 그럴 수 없다고 생각할 이유는 하나도 없어. 나는 그렇게 믿어.

…… 후략 ……

사랑하는 동생아

즈베일로*¹로 떠났던 짧은 여행에 대해 잠시 이야기하려고 해. 리베르만이

이 마을에 살며, 지난번 살롱
전에 출품한 과수원에서《빨
래너는 여인들》그림을 위한
습작을 했어. 테르뮐렝과 쥘
바크하이젠도 이곳에 오래
머물렀지.

덮개없는 작은 짐마차를
타고 새벽 3시에 황야를 가
로지르는 여행길을 상상해

▲《빨래너는 여인들》 막스 리베르만 그림

봐—내가 묵는 여인숙 주인이 아쎈으로 장보러 갈 때 동행했단다. 이 길은 이
지방에서 '둑'*²이라고 불리는데, 모래 아닌 찰흙을 날라 높게 쌓았지. 예인선
을 타고 가는 것보다 훨씬 재미있었어.

조금씩 밝아올 무렵, 황야 일대에 드문드문 흩어진 농가 옆에서 수탉들이
여기저기에서 목청을 뽑기 시작했어. 우리가 지나간 작은 집들은 잎이 거의 떨
어진 포플러나무들로 둘러싸여 있었는데, 그 노란 잎이 떨어지는 소리도 들렸
지. 흙담과 너도밤나무로 둘러싸인 작은 교회 묘지에 서 있는 낡고 얕은 탑,
황야와 밀밭의 평탄한 풍경 등——모든 것이 최고로 아름다운 코로 그림이었
어. 그건 오직 코로만이 그려낼 수 있는 한 폭의 고요함이고 신비함이며 평화
로움이야. 즈베일로에 도착한 건 새벽 6시로, 아직 컴컴했지——그 어슴새벽 속
에서 나는 진정한 코로의 작품을 본 거야.

마을로 접어들었을 때는 아주 근사했어. 집들, 가축우리, 양우리, 헛간 등의
이끼로 온통 뒤덮인 지붕, 또 지붕. 이곳에는 멋진 브론즈 빛 갈참나무들 사이
로 대문 넓은 집들이 서 있어. 금빛도는 녹색 이끼, 붉고 푸르고 노란빛을 띤

---

*1 20km 떨어진 이 마을은 독일화가 리베르만이 1870년대 첫무렵부터 대부분의 여름을 이곳
에서 보냈다.

*2 diek는 dijd로, 둑을 뜻한다.

어두운 라일락 그레이 색조의 땅, 표현할 길 없이 순수한 빛깔의 푸른 밀밭, 그리고 알록달록한 가을잎에 대롱대롱 매달려 소용돌이치는 금빛 빗방울과 멋진 대조를 이루는 싱그러운 검은 색 나무줄기. 그 나뭇잎들은 마치 바람에 날려와 걸린 가발처럼 포플러, 자작나무, 보리수, 사과나무들에 딱 달라붙어 있었지. 그 나뭇잎들 사이로 하늘이 반짝반짝 빛나고 있는 게 보여.

하늘은 온통 밝게 빛났으며, 흰색은 아닌 무어라 말할 수 없는 라일락 색이야. 빨강, 파랑, 노랑 등 수많은 빛깔로 가득한 흰색이 모든 색을 반사하고 비추어 어디서든 머리 위에서 그것을 느낄 수 있어. 증기가 많고 아래쪽은 엷은 안개 속에 녹아들어, 모든 게 서로 미묘한 그레이 색조에 통합되어버리지.

즈베일로에서는 화가를 전혀 못보았어. 겨울에는 아무도 오지 않는다고 사람들이 말했지. 나는 오히려 그런 겨울에 머물고 싶어.

화가가 아무도 없는 것을 알았기 때문에, 나는 여인숙 주인이 일마칠 때까지 기다리지 않고 중간중간 데생하며 걸어서 돌아가기로 했어. 그래서 리베르만이 유화로 크게 그렸던 그 작은 사과밭을 스케치하기 시작했지. 그런 다음 새벽에 짐마차를 타고 왔던 길을 되짚어갔어.

이즈음 즈베일로 언저리는 어디를 보나 싹을 틔운 밀밭이 펼쳐져 있지. 지금까지 어디에서도 본 적 없는 싱그러운 초록빛이야.

보리밭 하늘의 미묘한 라일락 화이트가 너무 신비로워 나로서는 도저히 그릴 수 없을 것 같지만, 다른 여러 효과의 기조를 이해하기 위해 반드시 알아야 하는 기본색조란다.

끝없이 평탄하게 펼쳐진 검은 대지, 미묘한 라일락 화이트를 고스란히 드러낸 하늘. 그 대지는 어린 밀싹을 틔우고, 그 밀밭은 푸른 곰팡이를 피운 듯 보여. 기본적으로 그것이 드렌터의 비옥한 땅으로—모든 게 촉촉한 대기에 감싸여 있지. 브리옹의 《천지창조 마지막 날》을 생각해 봐—바로 어제 나는 그 그림의 의미를 이해한 것 같은 기분이 들었단다.

드렌터의 척박한 쪽 토지도 마찬가지지만, 검은 땅은 더욱 검어—그을음처럼. 밭이랑 같은 연보랏빛 도는 검정이 아니지. 영원히 잎이 썩어들어가는 히스 들판과 이탄으로 뒤덮은 우울한 토지.

주위에 보이는 것이 모두 그래—끝없는 배경에 홀연히 나타나는 것, 지붕이 뗏장으로 덮인 이탄지대 오두막, 비옥한 쪽 땅에서는 아주 낮고 작은 벽과 거대한 이끼덮인 지붕의 농가와 양우리가 이루어내는 소박하고 아주 큰 구조. 그 주변의 갈참나무들.

몇 시간에 걸쳐 이 지방을 둘러본 사람이라면 끝없는 대지, 밀의 푸른 곰팡이, 히스 들판, 광활한 하늘 밖에 아무것도 없는 느낌을 받을 거야. 말과 사람은 벼룩처럼 작게 보여. 사람은 나름의 크기를 가졌지만 자신이 티끌처럼 느껴지고, 다만 아는 건 거기에 대지와 하늘이 존재한다는 것뿐이야.

그럼에도 그 티끌 입장에서 다른 티끌들에게 주의를 기울이며——무한의 문제는 제쳐두고——인간은 그 티끌이 저마다 하나의 점인 밀레임을 깨닫지. 나는 오래된 작은 교회 앞을 지나갔는데, 마치 룩셈부르크에 있는 밀레 작품《그레빌 교회》같았어. 어깨에 가래를 걸친 그 그림 속 농부의 작은 모습 대신 여기에서는 양치기가 나무울타리를 따라 양떼를 몰고 내 쪽으로 걸어왔지. 배경은 바다풍경이 아니고 싹이 돋아난 밀밭바다가 있을 뿐이야. 파도치는 바다 대신 이랑바다가 있지. 하지만 그것이 주는 효과는 똑같아. 그 다음 내가 본 것은 바쁘게 쟁기질하는 남자들, 모래를 운반하는 짐마차, 양치기들, 도로인부들, 퇴비를 나르는 짐마차 등이었어.

길가에 자리한 작은 여인숙에서 물레 앞에 앉은 노파를 그렸어. 마법사 이야기에서 튀어나온 듯 작고 검은 실루엣, 그 어두운 그림자는 밝은 창문을 등지고 앉았고, 그 창문을 통해 밝은 하늘, 멋진 초록 사이를 지나가는 오솔길, 풀을 뜯어먹는 거위들이 보였단다.

이윽고 해지기 시작한 이 저녁의 고요함과 평화를 상상해봐. 그즈음의 하늘 높이 뻗은 노란 포플러 가로수길을 상상해봐. 폭넓은 진흙탕길을 상상해 봐. 모든 것이 시커먼 진흙, 오른쪽은 끝없이 펼쳐진 히스 들판, 왼쪽도 끝없이 이어지는 히스 들판, 뗏장지붕 오두막의 검은 삼각형 실루엣들, 그 작은 창문 너머로 붉은 난롯불이 깜빡거리는 것이 보여. 더러운 황토색 물웅덩이에 하늘이 비치고, 물속에서는 초록줄기가 이탄으로 만들어지고 있지. 그 위로는 희끄무레한 저녁어스름이 펼쳐진 진흙땅을 상상해봐. 모든 게 흑과 백의 대조화를 이루고 있어. 그런 진흙땅을 털북숭이 양치기와, 절반은 털이고 절반은 달걀 모양으로 뭉쳐진 진흙덩어리 같은 양떼가 이리저리 서로 부딪치며 다가오지. 너는 이 무리가 다가오는 것을 바라보며 이윽고 그 무리에 둘러싸여버릴 거야. 너는 방향을 바꿔 그 무리를 따라 걸어가게 돼. 양떼는 밀치락달치락하며 느릿느릿 진흙길을 걸어가지. 저 멀리 농가가 보이기 시작해. 이끼 덮인 지붕들, 그리고 포플러나무들 사이로 보릿짚과 쌓아올린 이탄.

양우리도 삼각형 실루엣이야. 입구는 어두워. 컴컴한 동굴처럼 문이 입을 활짝 벌리고 있어. 안쪽 나무판자틈 사이로 건너편 하늘빛이 비쳐들어와. 털과 진흙덩이가 덕지덕지 붙은 대상(隊商)이 우르르 그 동굴 안으로 사라지고 양치기와 랜턴을 든 여자아이가 그 뒤에서 문을 닫지.

이 황혼녘 양떼의 귀환은 어제 내가 들은 교향곡의 피날레였어.

그 날은 꿈처럼 지나갔단다. 나는 하루종일 이 가슴아프도록 마음울리는 음악에 심취해 말 그대로 먹고 마시는 것마저 잊어버렸어. 물레를 데생했던 그 작은 여인숙에서 시골빵 한조각과 커피 한 잔을 먹은 게 다였지. 그 날은 그렇게 끝났어. 새벽 어스름부터 해질녘 황혼까지——아니, 그날 밤부터 다음날 밤까지 나는 이 교향곡에 넋을 잃었어.

여인숙으로 돌아와 불 앞에 앉자 배고픔을 느꼈지. 엄청난 허기를 그제서야 깨달은 거야.

여기는 그런 곳이란다. 이를테면 걸작 100선이라도 보고 있는 듯한 느낌이지. 그런 하루로부터 무엇을 가지고 돌아왔느냐고? 스케치 몇 점이 다야. 하지만 또 가지고 돌아온 게 있어. 고요히 샘솟는 제작의욕이지.

어쨌든 빨리 편지보내줘. 금요일인데 아직 네 편지가 도착하지 않았어. 목이 빠지게 기다려지는구나. 그것을 환전해 손에 쥐려면 시간이 걸려. 호헤번까지 가야 하거든. 우리 사정이 앞으로 어떻게 될지는 알 수 없어.[*1] 하지만 지금은 이렇게 말하고 싶어. 가장 단순한 일은 한 달에 한 번 송금하는 거라고. 아무튼 빨리 편지 부탁한다. 악수를.

너의 빈센트

---

*1 그가 묵는 여인숙은 평화롭고 아늑했지만, 고흐는 바깥세상과 완전히 단절된 듯한 외로움을 느꼈고, 몸도 좋지 않았다. 게다가 11월 첫무렵이 되자 날씨가 추워져 밖에서 그림그릴 수 없게 되어, 강한 비바람에 진눈깨비까지 날리던 오후 어느날 6시간 동안 들판을 가로질러 호헤번 기차역으로 와서 위트레흐트로 가는 기차에 올라 누에넨의 부모집으로 갔다. 이곳에서 그는 5점의 유화를 남겼다.

누에넌

1883년 12월~1885년 11월

　　12월 첫무렵 드렌터 황야에서 부모 집으로 돌아온 고흐의 정신적 고뇌는 엄청났다.[*1] 2년 전 아버지의 저주에 상처받고 집을 나갔던 때의 감정이 그대로 남아 있었고, 아버지 편을 드는 테오에게도 불편한 마음을 내비친다. 크리스마스 무렵 헤이그로 가서 시엔을 만났지만 지난 일들을 다시금 후회한다.

　　1884년 1월 17일, 어머니가 가까운 헬몬트 역에서 기차에서 내리다 대퇴부 골절상을 입어 그는 정성을 다해 간호하며 부모님과 사이가 좋아진다. 어두운 농가 안의 베틀을 그린다.[*2] 5월 끝무렵 라파르트가 찾아와 열흘쯤 머물며 함께 방직공 등을 그렸다.

　　9월, 이웃에 사는 마호트 베헤만[*3]이 그와 산책하다 갑자기 쓰러지는 사건이

---

*1　고흐의 아버지는 21살과 16살이 된 누이동생 빌레미나와 막내 남동생 코르를 데리고 이미 1년 전부터 에텐을 떠나 브라반트의 또 다른 마을 누에넌에서 목회 일을 하고 있었다. 고흐가 이 목사관이 들어섰을 때, 푸른 작업복에 선원이 입는 윗옷을 입고 털모자를 쓴 그의 모습은 마을사람들과 가족들에게 놀라움 그 자체였다. 그의 옷차림은 늘 깨끗하고 단정한 그의 부모를 화나게 했다. 부모의 태도가 조금도 바뀌지 않은 데 그는 큰 상처를 받았다.

*2　몸집작은 직공이 한가운데 앉아 일하는 '그 복잡한 기계'에 고흐는 매료되었다. 열심히 일하면 일주일에 60엘(약 41m)의 천을 생산하는 방직공은 4,5길더쯤 벌기 위해 작은 방에 며칠씩 갇혀 일했다. 그리고 그의 부인은 옆에서 실패를 감아주는 고된 노동이었다. 고흐는 베짜는 일과 자신의 작업이 매우 비슷하다고 느낀다. 화가는 묵묵히 붓을 움직이고, 방직공은 끊임없이 북을 조작한다. 빛과 어둠으로 나뉜 실내에 베틀이 거대한 거미처럼 자리잡고, 그 옆에 먹잇감이 된 불쌍한 방직공이 보인다.

*3　Magot Begermann, 1841~1907. 목사관 옆집에 사는 세 자매 가운데 하나. 이 여성은 고흐보다 12살 위로, 안락한 삶을 예술에 희생시키는 이 특이한 젊은이를 존경하고 사랑했다. 그의 용기와, 위선으로 가득한 성직자들과의 타협을 단호히 거부하는 그의 태도를 높이 샀다. 그러나 정신병이 있는 그녀와 가난한 화가의 결혼을 모두들 반대한다. 그녀는 고흐에게 2년만 기다려 달라고 부탁하지만, 지금 당장이 아니면 절대 안된다는 고흐의 거절에 스트리크닌을 삼키고 자살을 기도한다.

일어났다. 그녀는 위트레흐트의 병원으로 옮겨졌다.

10월 끝무렵, 라파르트가 와서 머물며 인상파에 대해 이야기나누었다. 그는 노란 포플러 가로수와 헨네프의 풍차를 그렸다. 어두운 겨울. 테오가 자신에게 너무 차갑게 대한다고 느낀 고흐는 보호와 종속, 은의와 자존심 사이에 의혹을 품고 그에게 이별을 고한다.

겨우내 농가 방직공들의 얼굴과 농민화《감자먹는 사람들》을 그린다.

1885년 3월26일, 드넓은 히스 들판의 먼 길을 걸어 집으로 돌아온 아버지가 현관에서 쓰러져 숨진다. 아버지 장례 뒤 어머니와 누이동생 빌레미나는 브레다로 이사했다. 부서진 낡은 교회탑과 그 옆의 농민 묘지, 초가집 그림 등을 6월 첫무렵 테오에게 보낸다. 가을, 새둥지 등을 그린다.

1885년 여름이 끝나갈 무렵, 고흐는 가톨릭 신부들로부터 낮은 계급 사람들과 너무 친하게 지내지 말라는 말을 듣는다. 또 그들은 농부들에게 고흐의 모델이 되지 말라고 경고했다. 고흐가 그린 시골처녀가 임신했는데 뱃속 아기 아버지인 그녀의 사촌이 무고한 그에게 죄를 뒤집어씌운 것이었다.[1]

10월 첫무렵, 새로 문을 연 암스테르담 국립미술관을 방문해 특히 렘브란트의《유대인 신부》에 감동한다. 이즈음 그의 정신상태가 잘 드러나 보이는《펼쳐진 성서와 촛대, 소설책 있는 정물》을 그린다.[2]

고흐가 테오에게 346
누에넨 1883년 12월15일 무렵

친애하는 동생아

아버지 어머니가 나를 이성적 판단이 아닌 본능적으로 어떻게 생각하는지 나는 느끼고 있어. 나를 집으로 맞는 일이 커다란 털북숭이 개를 안에 들이는 것처럼 내키지 않으신 거야. 개는 젖은 발로 방 안에 들어오고 또 아주 상스

---

[1] 《감자먹는 사람들》을 완성시키기 위해 고흐는 농부 그로트의 집에서 많은 시간을 보내며 겨울내내 얼굴과 손 등을 그렸는데, 그때 그로트의 딸 고르디나는 임신 중이었다. '사실이 아닌데도 사람들은 그녀가 내 아이를 가졌다고 생각하고 있어'라고 테오에게 써보낸다.

[2] 어린 시절 고흐가 많은 구절을 암송했던 아버지의 성경책이 펼쳐져 있고 아버지가 늘 부도덕하다고 비난한 졸라의 《삶의 기쁨》이 그 옆에 놓인 이 그림은, 아들과 아버지 사이에 생긴 깊은 감정의 골을 드러내 보여준다. 성경과 졸라의 소설책을 대등하게 다루어, 종교적 분위기를 주는 촛대조차 모독을 느끼게 한다.

럽지. 모두에게 거슬리는 존재야. 그리고 사납게 짖어대. 요컨대 더러운 짐승일 뿐이야.

좋아. 하지만 이 짐승은 인간의 역사를 갖고 있어. 한 마리 개일지라도 그는 인간의 영혼을 지녔지. 남들이 자신을 어떻게 생각하는지 느끼는, 여느 개에게는 없는 예민한 능력을 갖추었어.

그리고 나는 자신이 일종의 개일지라도, 다른 사람들의 가치관은 그냥 내버려두지. 이 집은 내게 너무 과분해. 아버지 어머니도 가족들도 아주 고상하거든—하지만 마음 속은 민감하지 못해—게다가 성직자, 성직자 여러분이야.

이 개는 이들이 자기를 길러주며—모두들 그저 참고 있을 뿐이라는 것, '이 집에' 그가 머물도록 놔두고 있을 뿐이라는 것을 깨달아. 그래서 그는 어딘가 다른 개집을 찾으러 갈 거야.

사실 이 개는 전에 아버지의 아들이었지. 그 아버지는 이 개를 오랫동안 길거리로 내쫓은 채 내버려두었으므로 거칠어질 수밖에 없었어. 아버지는 그 일을 오래 전부터 잊고 살았고, 아버지와 아들의 정이 어떤 것인지 깊이 생각하지도 않았단다. 그러니 이 문제에 대해 입을 다물 수밖에.

그리고—머리가 돌아버리면—이 개는 물어뜯을 수도 있어—그러면 마을의 순경이 찾아와 그를 쏘아 죽일지도 몰라. 오, 그래—정말로 그렇게 될 거야.

한편 개들은 파수꾼이기도 해. 하지만 사람들은 여기는 평화로워 위험 따위 없으므로 그런 쓸모는 필요없다고 말해. 그래서 나는 그것에 대해서도 입다물고 있지.

다만 개는 그냥 거기에 있을걸 그랬었다고 후회해. 아무리 친절하게 대해주어도—히스 들판에 있을 때가 이 집보다 훨씬 고독하지 않았거든.

이 짐승이 집에 온 건 나약함 때문이었지. 그 나약함은 사람들도 잊어줄 테고, 나도 두 번 다시 같은 일을 되풀이하지 않을 거야.

네가 두 번이나 송금해 주었지만 이곳에 와서는 돈쓸 일이 없어. 여행경비도 내가 냈고, 내 옷이 너무 후줄근해 아버지가 사주실 때도 내가 치렀지. 친구 라파르트에게서 빌렸던 25굴덴도 갚았단다. 이제 다 끝나 너도 안도의 한숨을 내쉴 거야. 그만큼 한심한 일이었으니까.

친애하는 테오, 이것은 네 편지를 받았을 때 쓴 편지야. 네 편지를 주의깊게 읽고 답장하도록 할게.

무엇보다도 먼저 말하고 싶은 건——아버지를 난처하게 만든다며 아버지 편을 들어 나를 매섭게 혼내다니——너도 엄청 고결한 신사로구나. 이 점에서는 너를 높이 평가할 생각이지만, 다만 너는 아버지의 적도 너의 적도 아닌 한 인간을 상대로 싸우고 있어. 그 상대는 아버지와 너의 생각에 몇 가지 진지한 질문을 던질게. 나는 느낀 그대로 너에게 말하며, 왜냐고 묻는 거야.

내 편지의 다양한 내용에 너는 나와 다르지 않은 견해로 답하고 있어. 너의 이의는 부분적으로 나 자신의 이의이지만, 문제해결은 되지 못해. 그러므로 나는 여기서도 너의 선의를, 화해와 평화를 바라는 너의 마음을 읽고 있어——이 점에서 나는 너를 의심하지 않아.

그런데 테오, 너의 조언에 여러 모로 이의를 제기하기는 쉽지만 그건 문제를 더 복잡하게 만들므로, 더 쉬운 길이 있을 거라고 나는 생각해. 평화와 화해를 바라는 마음——그것은 아버지, 너, 나 모두에게 있어. 그렇지만 평화는 실현될 것 같지 않구나.

분명 내가 방해되는 거겠지. 그러니 앞으로 너와 아버지를 난처하게 하지 않을 방법을 찾도록 노력해야 해. 지금 나는 아버지와 너를 힘들게 하지 않고 최대한 마음 편하게 해주고 싶어.

너는 아버지를 난처하게 하는 비겁한 놈으로 나를 여기고 있어. 그래. 좋아, 앞으로는 절대 아버지와 너에게 폐끼치지 않도록 노력할게. 다시는 아버지에게 의지하지 않을 거야. 그리고 네가 동의한다면, 3월 이후부터 우리의 금전상 약속을 없었던 일로 하자는 내 제안*1을 지키고 싶어——우리 서로의 사상적 자유를 위해, 너를 난처하게 만들지 않기 위해서이며, 무의식적으로 네 의견이 이미 굳어지기 시작한 걸 내가 걱정하기 때문이야. 다만 얼마쯤 시간여유

---

*1 그때까지 고흐는 테오의 경제적 도움으로 아버지에게서 자유로워졌다고 여겼으나, 이제 동생이 자신의 인생은 물론 작품까지 감독하는 함정에 빠졌다고 느껴 자신의 입장을 밝힌다. '앞으로의 일에 대해 한 가지 제안을 할게. 이제부터 내 작품을 모두 네게 보낼 거야. 너는 그 가운데 마음에 드는 것을 골라서 가져. 다만 3월 이후부터는 네가 보내주는 돈을 내가 번 것으로 생각하고 싶어.' 그는 테오에 대한 종속관계를 계약에 의한 거래관계로 바꾸어 서로에 대한 의무로부터 자유로워지고 싶었다. 그리고 그에 앞서 보낸 3점의 판화와 9점의 수채화를 테오가 돌려보내지 않은 것으로 이 계약이 효과를 발휘한다고 생각했다.

가 필요해──체재를 정비해야 하고, 아직 성공 가능성은 적지만 지금 상황에서 뒤로 미루면 불안한 몇 가지 교섭에도 시간이 걸리니까.

이 문제를 냉정하게 받아들여 따뜻한 마음으로 생각해 다오. 테오, 이건 너에게 보내는 최후통첩이 아니야. 다만 우리 감정의 골이 너무 깊어졌다면, 굳이 무리하지 말고 그대로 둬야겠지. 너도 조금은 같은 의견이잖니?

나는 네가 나를 살렸다고 늘 생각하고, 그것을 절대 잊지 않을 거야. 사이가 틀어질지도 모른다고 염려되지만, 만일 그런 일이 생기더라도 나는 네 형이고 친구이며, 손을 내밀어 나를 줄곧 도와주었던 너의 행위에 언제까지나 변함없는 신의를 지켜야 하는 빚을 지고 있단다……

돈은 갚을 수 있어. 하지만 너의 친절에 대해서는 너처럼 할 수 없지. 그러니 내가 바라는 대로 하게 해줘. 다만 이번에 완벽한 화해를 못해서 실망스럽고──나는 아직 그것이 가능하지 않을까 기대하지만──아무도 나를 이해해주지 않고, 앞으로도 절대 이해하지 못할까 염려스러워.

형편된다면 늘 주던 만큼 보내다오. 그러면 나갈 때 아버지에게 아쉬운 소리를 하지 않아도 될 거야. 되도록 빨리 떠나고 싶어. 12월1일에 보내 준 23굴덴 80센트는 아버지에게 다 써버렸어. 14굴덴 갚고, 구두와 바지를 사는 데 9굴덴 썼거든.

12월10일의 25굴덴은 모두 라파르트에게 주고, 지금 내 주머니에 남은 건 25센트 동전과 잔돈뿐이야.

이상이 지출내역이며, 다음 설명을 덧붙이면 너도 납득될 거야. 11월20일의 송금이 12월1일에 도착해 드렌터에 머물 때 쓴 비용을 치렀어. 이건 그때 지장이 생겼기 때문이며, 나중에 정상으로 돌아왔지. 여비 등은──아버지한테 빌렸다가 나중에 갚았지──14굴덴 치렀어. 나는 라파르트를 찾아갈 생각이야. 그런 다음 아마 마우베에게 가겠지.

나는 내 계획을 차근차근 냉정하게 실행하고 싶어.

아버지에게 숨김없이 내 의견을 말했지만, 지금으로서는 되돌릴 수 없는 일이 너무도 많아.

너의 반론은──많은 점에서 해결책이 못돼. 다른 점에 대해서는 나도 생각한 바가 있어. 꼭 필요한 내용은 편지에 적었단다.

내 감정을 격렬하게 털어놓았구나. 물론 많이 자제했으며, 아버지의 수많은 장점을 높이 평가하므로 그나마 많이 억누른 거야.

이 말은 꼭 해야겠는데, 30살이나 된 사람한테 '소년'이라니, 그런 소리는 처음 들어. 특히 30년 동안 누구보다 많은 경험을 해온 사람에게 '소년'이라니! 하지만 원한다면 너도 내 말을 소년이 하는 말로 여겨도 좋아. 네가 어떻게 이해하든 내 책임이 아니니까. 그렇잖니? 그건 네 문제지. 따라서 아버지에 관한 일, 나에 대한 아버지의 생각을 헤어지는 그 순간부터 신경쓰지 않는 것도 내 자유란다.

자신의 느낌을 입 밖에 내지 않는 게 상책일지도 몰라. 하지만 화가에게 성실함은 특히 의무라고 나는 늘 생각해 왔어. 사람들이 내 말을 이해하든 않든, 나에 대한 사람들 판단이 옳건 그르건, 언젠가 너도 말했듯 그런 건 아무래도 상관없어.

테오, 만일 너와 인연끊더라도, 나는 네가 알고 느끼는 것보다 훨씬 너의 친구라는 것―또 아버지의 친구이기도 하다는 것―이 사실을 꼭 알아줘. 악수를.

너의 빈센트

덧붙임 : 어떤 경우에도, 나는 아버지의 적도 너의 적도 아니야. 앞으로도 절대 그렇지 않을 거야.

고흐가 테오에게 347
1883년 12월17일 무렵

친애하는 테오

언젠가 마우베가 나에게 말한 적 있어. "만일 자네가 예술을 계속한다면, 그리고 지금까지보다 깊이 빠져든다면, 자네 자신을 발견할 수 있을 걸세." 2년 전 일이지.

요즘 나는 이 말을 계속 생각하고 있어. 나는 나 자신을 발견했거든―나는 개야. 이 생각은 좀 과장되었는지도 몰라―현실은 그렇듯 뚜렷하게 대비되는 것도, 극적인 것도 아닐 테니까―다만 기본적으로 대충 묘사한 성격 데생으로 적절하다고 생각해.

네가 이해해주기 바라는 마음에서 어제 편지에 썼던 그 털북숭이 양치기

개—그게 내 성격이고 그 짐승의 삶이 내 삶이야. 세세한 건 제쳐두고 본질만 말하면 그렇다는 거지. 이렇게 말하면 너는 과장이라고 여기겠지만 나는 철회할 마음이 없어.

개인비판이 아닌 단순하고 공정한 성격연구로서—너와 내가 아버지에 대해서라기보다 남에 대해 이야기하는 것처럼 분석하기 위해 지난해 여름을 다시 떠올렸으면 좋겠어. 나는 헤이그 거리를 걷고 있는 두 형제를 상상해—너와 나와 아버지를 상상하지 말고 어떤 낯선 사람과 또 다른 사람을 상상해봐. 한 사람이 말하지. "나는 점점 아버지처럼 변하고 있어. 나는 어떤 사회적 지위, 어떤 부유함—너와 아버지는 매우 자제하지만—을 유지해야 해. 나는 장사나 해야지 화가가 될 생각은 못해"라고.

다른 한 사람이 말해. "나는 점점 아버지와 다르게 변하고 있어. 나는 개가 되어가고 있지. 미래는 나를 더 숨막히고 거칠게 만들 거라는 생각이 들어. '가난한 삶'이 내 운명이라는 예감이 들거든—하지만 나는 화가가 될 거야. 그리고 인간이든 개든 모두 감정을 지닌 생물이야."

그러니까 한쪽은 어떤 지위와 부유함—미술품 거래인, 그리고 다른 한쪽은 가난한 삶과 외톨이—화가.

또한 이 두 형제의 과거를 나는 상상해—우리가 회화세계에 막 입문하고 책을 읽기 시작했던 무렵 등을. 라이스바이크의 풍차까지 산책나가고 또 겨울 어느 새벽 눈으로 뒤덮인 히스 들판을 가로질러 함까지 원정 갔던 일 등을. 같은 생각을 하고, 같은 것을 믿었던—그것만으로 나는 스스로에게 물어보지, 이것이 정말 같은 형제일까 하고. 나는 질문해—앞으로 어떤 결말이 될까? 두 사람은 영원히 헤어질까? 아니면 계속 같은 길을 가게 될까?

분명히 말해 두지—나는 지금 말한 개의 길을 선택하고, 계속 개로 살며, 가난뱅이가 되고, 화가가 되고, 계속 인간이고 싶어, 자연의 품에 안겨서. 내가 보기에 자연으로부터 멀어진 사람, 이것저것 가져야 한다는 생각으로 머릿속이 늘 가득한 사람, 그것을 위해 스스로도 인정할 만큼 자연에서 멀어진 사람—오, 그런 사람은 아무것도 구분할 수 없는 지경에까지 쉽사리 가버릴 거야. 그리고, 그리고 그런 사람은 남들이 생각했던, 또는 스스로 생각했던 것과는 정반대 사람이 되고 말지.

지금도 너에게는 나쁜 의미의 평범함에 대한 남자다운 위기의식이 있어. 그러면서 왜 너는 영혼의 가장 좋은 부분을 죽이려 하니? 소멸시키려 하지? 그러면 그때 너의 걱정은 현실이 될지도 몰라. 사람은 어떻게 평범해질까? 오늘은 이것, 어제는 저것 하는 식으로 세상사람들 뜻에 순응하고, 타협하고, 세상에 맞서는 말은 절대 입에 담지 않고 그저 사람들 의견에 따르다 보면 그렇게 된단다.

내 말을 잘 이해하기 바라. 기본적으로 너는 그런 이들보다 훨씬 훌륭한 사람이라고 나는 말하고 있는 거야. 네가 다르게 보이는 건, 이를테면 네가 나에게 아버지를 난처하게 만든다며 아버지 편을 들 때야. 미안하지만 내가 보기에 이 문제에서 너의 반론은 방향이 틀렸어. 그렇지만 내가 높이 평가하는 건 바로 너의 그런 점이지. 덧붙여 말하면, 더 깊게 생각해야 해. 그리고 그 분노를 다른 대상으로 돌려야 하지. 쓸데없이 나에 대해서가 아니라 영향력있는 다른 사람들을 상대로 그 기세로 싸워야 해. 그러면 너도 아마 그리 낭패 당하지는 않을 거야.

아버지에게 나는 아무 불만 없어. 하지만 아버지를 위대한 밀레와 비교하면 불만이 생기지.

밀레의 가르침이 너무 위대해 아버지 견해는 상대적으로 하찮게 여겨져. 이렇게 말하면 너는 나를 무서운 사람이라고 생각하겠지——어쩔 수 없어——내 마음 속 확신이므로 솔직히 말해야 해. 너는 아버지 성격을 코로의 성격과 혼동하므로 그렇게 말하는 거야. 아버지 성격을 나는 어떻게 보고 있을까? 코로의 아버지와 비슷하다고 여기지만, 전혀 닮지 않았어. 코로는 아버지를 사랑했으나 따르지는 않았지. 나도 아버지를 사랑해——의견 차이로 내 앞길을 가로막지 않는다면. 알량한 자존심이 방해해 완전하고 결정적이며 바람직한 화해가 너그럽게 더할 나위 없이 실현되지 않는다면, 나는 아버지를 이제 사랑하지 않을 거야.

내가 대책을 강구하여 이쪽으로 오기 위해 아버지나 너에게 비용을 요구하는 일은 절대 없을 거야. 오히려 반대로 나는 네 돈을 더 쓸모 있게 쓰고 우리가 잃은 만큼 줄여야겠다고, 즉 시간과 돈과 에너지를 절약해야겠다고 생각했지.

내가 라파르트의 집을 예로 든 게 비난받을 행동이었을까? 그 가족은 우리보다 돈이 많지만 더 건전하게 판단해서, 그들로서도 쉬운 일은 아니었겠지만 모두 마음을 모아 좋은 결과를 거두고 있어. 내가 "이젠 한계야"라고 말하면서 가족 사이 불화를 끝내고 싶어하는 게 비난받을 행동이니? 표면적인, 또는 어중간한 화해에 만족하지 않고, 철저하고 결정적인 화해를 바라는 내가 어떤 점에서 잘못된 거지? 태도를 분명히 하지 않는 조건부 화해라니, 그게 뭐람! 그런 건 내키지 않아. 두말없이 받아들이든가 아예 아니든가——그런 간절함이 없으면 안돼. 그렇지 않으면 다 쓸데없는 짓이야. 더 나빠질 수도 있지.

너는 아버지에게 반발하는 나를 비겁하게 여긴다고 했지. 내 경우 말로만의 반발이지 폭력은 전혀 없어. 다른 각도로 생각해볼 수 있을 거야. 즉 나는 지나치게 음울해지고, 환멸을 느끼고, 심각하게 이야기해. 이것은 아버지의 백발에 그런 것들이 드러나 있다고 내가 느끼며, 나에게 남겨진 화해를 위한 시간이 그리 길지 않다고 생각하기 때문이야. 임종자리에서의 화해는 반갑지 않아. 살아 있는 동안 화해하고 싶어.

아버지의 선의는 나도 충분히 인정하며, 마음으로만 그치지 않고 늦게라도, 적어도 언젠가 서로 이해하게 된다면 얼마나 좋을까 생각해. 아니면 그런 날이 오지 않을까 걱정이야. 그걸 알게 될 때 내가 얼마나 슬플지 네가 이해한다면, 또 그때 내가 얼마나 탄식할지 네가 이해해준다면!

아버지는 다른 일들로 머릿속이 복잡하다고 너는 말했지——그럴까? 좋아. 그런 것들이 얼마나 하찮고, 그 때문에 아버지 머리가 해마다 깊이 생각해야 할 일을 얼마나 방해받고 있는지 나는 느껴. 문제는 바로 그거야. 아버지는 화해해야 할 것, 또는 뉘우쳐야 할 것이 있다고 생각하시지 않아. 그것 말고도 아버지는 생각할 게 너무 많다면——좋아——다른 것들이나 생각하시라고 해. 지금 나는 너에게 말하겠어——너도 너의 '다른 문제'만 생각할 셈이니?

아버지는 말씀하시지. "우리는 언제나 너에게 잘해 주었다"고. 나는 대답할 거야. "아, 그러세요? 아버지는 그것으로 만족하실 테지만 전 그렇지 않습니다."

라이스바이크의 풍차 앞을 거닐던 때보다 더 좋은 시기——그 같은 상태가 언제까지나 이어져——가난한 두 형제 예술가가 같은 자연과 예술에 같은 감정으로 마음빼앗기는 그런 시기는 언제 올까? 높은 지위를 얻고, 부유해지는 게 성공일까? 오, 그 성공은 결국 한순간일 뿐, 네가 30살 되기 전에 그런 것들에 환멸을 느끼게 될 거라는 예감이 들어. 그렇지 않다면, 그렇지 않다면, 그러면,

그러면, 그때는 어쩔 수 없지. 악수를.

…… 중략 ……

〔고흐가 테오에게 347에 동봉된 편지〕

편지를 쓰고 나서 다시 네 의견에 대해 생각했고, 아버지와 또 대화를 나눴어. 여기를 떠나려는 내 결론은 거의 확정되었고—모두들이 그것을 어떻게 받아들이든, 그 결과가 어떻든 아무래도 상관없다고 생각했지. 그런데 그때 대화가 다른 쪽으로 흘러가기 시작했단다. 나는 말했어. "여기 온 지 2주일 되었지만, 처음 30분보다 나아졌다는 느낌이 전혀 들지 않습니다. 우리가 서로 더 잘 이해하려 애썼다면, 지금쯤 모든 게 정리되고 궤도에 올랐을 겁니다. 저는 시간을 허비할 수 없으니 이제 결단내려야겠습니다. 문은 열려 있거나 닫혀 있는 둘 중 하나여야 합니다. 중간타협 같은 건 이해할 수 없고, 사실 그런 건 있을 수도 없지요."

그 결과, 다리미가 놓인 작은 방에 내 물건들을 갖다놓고 필요하면 작업실로 자유롭게 쓰기로 결정되었어. 모두들 벌써 그 방을 치우기 시작했단다. 처음에 상황이 어중간했을 때는 이런 일은 생각지도 못했었지.

전에 아버지에 대한 내 생각을 썼을 때보다 더 잘 알게 된 사실을 덧붙이려고 해. 내 의견은 부드러워졌어. 그것은—네 말이 얼마쯤 들어맞은 셈인데— 내가 뭔가 설명하려 할 때 실제로 아버지가 내 말에 전혀 따라오지 못하고 계신다는 걸 확실히 깨달아서야. 내 말의 어느 한 부분이 걸려버려 그것이 전체 문맥에서 떨어져나가 아버지는 정확히 이해하지 못하시는 거야.

여기에는 여러 원인이 있겠지만, 분명 나이탓이 클 테지. 너는 그렇게 생각지 않고 또 내 말을 믿지 않을지도 모르지만, 나이와 그로 인한 쇠퇴를 나는 너만큼이나 중요하게 생각해. 즉 내 말은, 사고능력이 떨어지지 않은 사람을 상대로 하면 화날 일이지만 아버지라면 참겠다는 거야—이유는 위에서 말한 대로란다.

나는 또 '수컷은 매우 야생적이다'라는 미슐레의 말—그는 이 말을 동물학자로부터 배웠어—을 생각해. 나는 지금 인생의 이 시기에 강렬한 열정을 갖고 있으며, 또 가져야 한다는 것을 스스로 잘 알므로, 역시 내가 '매우 야생적'이라는 것을 인정해. 그렇지만 상대가 약한 사람이라면 나의 열정도 가라앉아

▶《누에넨 목사관》(1883) 반 고흐 미술관, 암스테르담

▶목사관 뒤쪽 고흐는 별채에 자신의 작업실을 가졌다.

▼《눈내린 목사관 정원》(1885) 아먼드 해머 미술관, 로스앤젤리스

싸움을 그만두지.

하지만 한편 사회에서 사람들의 정신생활을 지도하는 지위의 사람과 말 또는 원리적인 것에 대한 언쟁은 물론 허용되어야 하며, 비겁하다는 말을 들을 이유는 전혀 없어. 그것은 대등한 싸움이니까. 이 점도 잘 생각해 주기 바라는데, 아버지가 자신의 사고력을 한 곳에 충분히 집중시키지 못하게 된 것을 나는 깨닫고 그밖의 여러 이유도 있어서 언쟁을 그만두었다는 걸 알아줘. 때에 따라 사람의 나이는 어떤 것을 보태주는 힘이 되기도 하지.

문제의 핵심을 이번 기회에 말해 둘게. 네가 너의 본성 이상으로 장사에 마음을 쏟아온 건 다 아버지 영향이라고 나는 생각해. 또 지금 네가 "그림상인의 삶에 만족해야 한다"는 데 얼마나 확신을 갖든, 네 천성 속에 있는 무언가가 계속 작용해 뜻밖의 강한 반동을 일으킬지도 모른다고 나는 생각한단다.

구필 상회에서 함께 일했던 첫무렵 우리의 생각이 일치했던——너도 나도 그즈음 화가가 되고 싶은 생각이 있었지만 겉으로는 서로에게 솔직히 마음을 터놓지 못했던 것을 안 뒤로, 나는 그 몇 해가 지난 지금도 우리는 더 긴밀히 결속할 수 있을지 모른다고 생각해. 우리의 신입시절에 비해 요즘은 거래환경과 상황이 변했고 앞으로도 달라질 터이므로, 이런 동향으로 미루어 더욱 그렇게 믿어져.

그즈음 나는 자신을 억지로 억누르고 있었어. 또 내게는 화가 소질이 없다는 선입견이 나를 강하게 압박했지. 구필 상회를 나올 때도 화가가 되려는 생각은 못했고, 다른 목표를 바라보았어——이건 첫번째 잘못에 이은 두 번째 실수였지. 그즈음 몇몇 화가들에게 쭈뼛거리며 상담하러 갔지만 전혀 인정받지 못해 그 가능성에 대한 희망을 잃었거든.

너에게 이런 말을 하는 건 내 생각을 강요하려는 게 아니야——나는 누구에게도 강요하지 않아——다만 형제로서, 친구로서 너에게 털어놓을 따름이지.

내 견해는 가끔 앞뒤가 맞지 않을지도 몰라. 그렇지만 그 특질과 효과와 방향에는 분명 어떤 진실이 있다고 생각해.

나는 우리 집 문을 다시 열려고 노력하여 작업실까지 확보했지만, 그건 내가 이기심을 내세웠기 때문이 아니야. 많은 점에서 우리는 서로 이해하지 못하지만 너와 아버지와 나 사이에는 영속적으로든 잠시든 협력하려는 선의가 있어. 우리가 서먹해진 지 이미 오래됐지만 반대방향으로 생각을 바꾸려 노력하는 것도 나쁘지 않을 거야. 그러면 남들 눈에 우리 사이가 멀어 보이지 않고, 사태가 최악으로 치닫지도 않을 거야.

라파르트는 나에게 말했어. "인간은 이탄이 아닐세. 인간이 이탄처럼 다락방 창고에 방치된 채 기억에서 잊혀지면 되겠나?" 또 내가 자기 집에서 살지 못하는 건 큰 불행이라고 지적했지. 이런 것들에 대해 부디 잘 생각해보기 바라.

나는 내가 너무 내멋대로 생각없이 행동하는 게 아니냐고 남들이 나를 보고 있다고 여겨. 뭐, 그거야 네가 더 잘 알겠지. 하지만 나는 남들의 견해, 또는 그들이 그렇게 판단하는 이상으로 그렇게 할 수밖에 없는 사정이 있었고, 또 달리 방법이 없었단다.

그리고 내 안에서 비열한 노림수 같은 걸 찾으려는 해석의 편견이야말로 나로 하여금 그런 사람들을 차갑고 무관심하게 대하도록 만들어.

테오, 다시 말하지만, 지금 이 순간 네 인생을 곰곰이 돌이켜봐. 너는 많은 것을 왜곡된 시각으로 바라볼 위험에 노출되어 있어. 나는 네가 너의 미래를 다시 생각지 않을 수 없게 되고, 그 결과 네 인생은 좋아질 거라고 생각해. 내가 아는 이런 일을 너는 전혀 모른다고 지적하는 게 아니야. 누가 옳고 그른지 알기란 무척 어려운 일이고, 그걸 점점 통감하므로 이런 말을 하는 거란다.

고흐가 테오에게 350a

1883년 12월 끝무렵

친애하는 테오

그녀*¹에 대해 이야기해 줄 테니 잘 들어봐.

올여름 네 방문이 나에게 안겨준 환멸들——이건 네가 상상하는 이상이었지——은 나 자신에 한정된다면 앞으로도 나를 계속 괴롭힐 일은 못돼. 하지만 또 다른 감정——이번에 그런 꼴이 된 그녀와 다시 만나 나는 가슴이 찢어지는 듯했는데——은 그녀가 다시 구원받지 못하는 한 아마 너와 나 사이의 넘을 수 없는 뭔가로 남을 거야. 그때 너는 너무도 쉽게 말했지——자신의 말을 다시 생각해 보지 않고, 분명 충분한 이유도 없이. 그것을 내가 어떻게 생각하는지 솔직하게 말할게.

---

*1 시엔.

넌 아버지와 비슷한 데가 있어. 아버지도 곧잘 그런 식으로 행동하시지. 너는 세상 사는 법을 잘 알므로 잔인한 면이 있어. 그래, 잔인해. 그 힘없고 불행한 여자와 그녀 아이에게서 유일한 기댈 곳을 빼앗아버리는 것보다 잔인한 짓은 또 없을 테니까. 그런 일은 아무것도 아니라느니 내 망상에 지나지 않는다는, 자신을 속이는 듯한 생각은 하지 않았으면 해. 문제는 고작 나이든 창부와 사생아에 지나지 않는다고 생각하면 마음이 편해질 거라고도 생각하지마. 내 생각엔 그렇기 때문에 더더욱 진심어린 동정——실제로 내가 보였던 것——이 필요한 거야.

이제야 깨달았는데, 그 무렵 너는 그녀에 대해 한 마디도 편지에 언급하지 않았고, 내가 그녀에게서 들은 말을 너에게 전했을 때도 뭐라고 답장하지 않았어. 그밖에도 이제 와서 깨달은 게 또 있으며, 깨달은 이상 나는 이제 너에게 전과 같은 태도로 이야기할 수 없어.

네가 어느 정도 좋은 마음으로 그랬다는 건 나도 알아. 네가 누구와도 평화롭게 지내려 노력한다는 것도 알지——절대 불가능한 일이라고 생각하지만. 또 이번 일에서 네가 어떤 잘못을 저질렀다는 의식이 없으리라는 것도 알아—— 하지만 테오, 모두와 좋은 관계를 유지하는 일과 자신의 양심에 따르는 일은 양립할 수 없어. 너의 양심은 의무를 다하지 않았단다.

또 그런 상황에서 아무도 감히 너에게 반대의견을 말하지 못했을 거라는 것도 알아. 하지만 아무도 반대하지 않았더라도 나는 너와 의견이 다르며, 너는 '머리쓰는' 일에 주의해야 한다고 말하고 싶어. 나는 네가 지나치게 머리쓰고 있다고 생각해.

네가 지금 옳다고 여기는 것들을 나중에——아마도 아주 뒷날——후회하지 않을까 염려스러워. 내가 왜 그렇게 생각하는지, 지금은 나를 믿지 않을 테니 굳이 이유를 말할 필요 없겠지.

내가 그녀와 헤어져 있는 동안 그녀를 구원하기 위해 기울인 노력은 대부분 실패로 끝났어. 그 때문에 사태가 더욱 어려워졌지. 지금 더 해야 할 일이 있을까?——어떤 식으로?

분명 돈문제만 있는 건 아니야. 그 가엾은 여자는 나를 잃었고, 내가 그녀와 그녀 아이들에게 보여주었던 모든 것을 잃었어. 나는 그들을 사랑했었지. 지금도 그들에 대한 애정은 변함없어. 아니, 그 이상이라고 할 수 있어.

그리고 테오, 너를 두렵게 했던 문제가 사라졌다는 네 소식에 대한 나의 대답은 너도 알다시피 차가웠어. 이 문제에 대해 너한테는 안됐지만 "어쩔 수 없네, 친구여"라고 말할 수밖에 없어. 왜인지는 아마 나중에 너도 알게 될 거야. 그런 일은 아무것도 아니라고 말하려는 건 아니지만⋯⋯

인생에는 세상이 만들어준 지위에 틀어박히기보다는 아무리 강력한 일격이라도 오히려 맞는 편이 더 나은 순간이 있다고 생각해.

나로 말하면, 불운과 실패가 계속되어 화가 치밀 만큼 괴로울 때도 있어. 하지만 늘 행복하고 성공하는 사람들을 부러워하지 않아. 그 뒷면이 어떤지 잘 아니까. 예를 들면 제롬의 《죄수》──족쇄를 차고 누워 있는 이 남자는 분명 지독한 처지에 놓였지만 나리님들에게 종속되어 그를 괴롭히는 인물보다 그의 처지가 낫다고 생각해. 이런 말을 하는 건 처지의 극단적인 예를 지적하기 위해서지, 나 자신의 운명을 이 죄수 같은 극한의 비참함과 혼동하고 있는 건 절대 아니야. 그렇지만 지금 지적한 것과 비슷한 일들을 우리 사회에서도 찾아볼 수 있단다.

네가 높은 양반들과 잘 해나갈 것 같더라도 나는 너를 축복할 마음이 없어. 나는 내 상황을 너에게 설명하는 게 소용없는 짓은 아닐 거라고 생각했어──이 점은 좋을 대로 해석하도록 해.

처음에는 네가 그녀를 동정했던 걸 기억해. 하지만 내가 그녀 잘못을 못 본 척하고 있었던 건 아니고 지금도 그러하며, 그런데도 그녀를 구하려 노력했고 지금도 애쓰고 있으므로, 이런 내 감정을 네가 더 존중하고 더 잘 이해해 줘도 좋지 않았을까 생각해──그러면 너보다 사정을 모르는 사람들에 대해 나를 변호할 수 있었을 테고, 내가 포기할 지경까지 내몰리는 일도 없지 않았을까. 아직은 너무 늦지 않았다고 여기므로 네 주의를 촉구하는 거야. 사태가 더 나빠진 다음에는 무슨 말을 해도 늦지.

너는 내 행동이 그녀며 나 자신을 위해 다 소용없는 짓이라고 언젠가 편지에 쓴 적 있는데, 네가 올여름 그녀와 그 아이들과 나를 도와줬던 일을 다시 생각하고 부디 거두어주기 바라. 사실 그런 말은 하지 않는 편이 낫단다.

또 그 편지에서 너는──올여름 뒤 네가 그녀에 대해 언급한 유일한 표현이 여기에 나오지──네가 '그 사람'이라고 부르는 그녀를 내가 드렌터로 데려가고 싶어한다고 추측했어. 나는 그럴 돈이 없었으니, 하고 싶어도 불가능했지.

돈...... 테오, 그걸 받아도 난 이제 기쁘지 않아. 너도 알 거야. 전에는 그걸 받으면 기뻤어. 그 덕분에 나와 그 가난한 사람들이 편히 살 수 있었으니까.

올해도 다 가려는 이때 슬픈 편지가 되어버렸구나——이 편지를 쓰는 나도, 받는 너도. 이 일을 머릿속에서 지우는 건 네 자유이고, 네 스스로 정할 일이야. 하지만 저 가엾은 여자에겐 불행한 일이지. 잘 있으렴.

너의 빈센트

덧붙임: 그녀 소식을 또 받았어. 나는 그녀를 의사에게 데려가고 싶어했는데, 그 일과 관련해 이것저것 알려온 거야.

고흐가 라파르트에게
1884년 1월19일 이후

친애하는 라파르트

지난 며칠 새 우리 가족에게 슬픈 사건이 있었네. 어머니가 기차에서 내리다 불행한 사고를 당하셨지. 오른쪽 대퇴골이 부러지는 심각한 사고였네.

다행히 수술은 성공적이었어. 어머니 병세가 많이 호전되고 더 이상 고통스러워하시지 않네. 하지만 이 사고로 식구들 모두 심각한 걱정에 사로잡혔다네.

이런 때 내가 집에 있어 얼마나 다행인지! 여러 형편상 일을 돌봐줄 사람이 나 말고는 없으니까. 사실 누이들도 건강이 좋지 않다네. 조에스터베르크에서 이따금 찾아오는 누이가 가장 허약하지. 자네가 우리 집에 왔을 때 본 누이는 그나마 건강한 편이네. 그녀는 매우 용기있고 꿋꿋하지.

어머니에게는 합병증 우려가 있다는군. 의사 말에 따르면, 건강은 회복되겠지만 상황이 순조롭더라도 6개월 이전에는 걸을 수 없다고 했네. 뿐만 아니라 한쪽 다리가 다른쪽 다리보다 짧아질 거라고도. 다행히 어머니는 평온과 안정을 유지하고 계시네. 그런 당신의 모습이 우리에게 힘이 되고 있지.

빠른 답장을 기다리겠네. 지난번 만남 뒤로 새로운 작품을 시작했는지 궁금하군. 나는 여전히 《방직공들》 작업에 힘쓰고 있네.

한동안은 어머니 병환 때문에 작업에 몰두할 수 없을 듯하여 걱정이네.

지난번 편지에 썼던 것처럼, 고무 수채화법으로 자연을 모델로 한 몇몇 습작들을 그리고 있네. 대부분의 시간을 집에서 보내는 처지이므로 그 습작들을 수채화로도 표현해 볼 생각이네.

부모님이 자네에게 안부 전하시네.

어머니는 누에넨에서 헬몬트로 물건사러 가던 길에 기차에서 내리다 발을 헛디디신 모양이네. 자동차에 실려 집으로 오는 도중 상태가 악화되지 않았고 수술도 성공적으로 끝났으니 불행중 다행이지. 이런저런 걱정스러운 일들이 물론 아직 남아 있긴 하지만.

되도록 빠른 시간 안에 자네 소식을 듣고 싶네. 상상의 악수를 청하며.

빈센트

고흐가 라파르트에게
1884년 2월 무렵 ①

친애하는 라파르트

오래도록 소식 한 마디 없는 자네가 야속하군. 자네도 역시 얼마쯤 인정하고 있을 테니 더 이상 그 이야기는 하지 않겠네.

좋은 소식은, 어머니가 빠르게 기력을 회복하고 계시다는 걸세. 의사는 석 달 안에 완전히 건강을 되찾을 거라고 장담하더군.

이미 합의한 대로라면 올겨울 자네에게 수채화 몇 점을 보내야 했겠지. 하지만 자네한테서 아무 소식 없어 그러고 싶은 마음이 전혀 들지 않았네. 내가 수채화 작업을 했으면서도 자네에게 아무것도 보내지 않은 이유를 알겠지?

최근에는 《방직공》 채색작업에 주로 매달렸네. 작업은 훌륭히 마무리됐지. 포근했던 지난 며칠을 틈타 들판의 작은 묘지로 야외작업을 나가기도 했네. 그리고 《방직공》 펜화 작업도 5점이나 했어. 하지만 올겨울 동안 목판화 수집에는 손도 대지 못했네.

혹시 J. 브르통의 시를 알고 있나? 최근에 《소박한 사람들》《산책》《마음 속》 같은 그의 작품을 프랑수아 코페의 프랑스 시와 함께 다시 읽었네. 코페의 시와 마찬가지로 매우 아름다운 작품들이지.

노동자와 화류계 여성들을 소재로 한 습작들에는 너무 많은 '감정'이 묻어 있어. 도미니크 회 수도사를 소재로 삼은 작업은 많이 진척되었나? 왜 내게 편지 한 통 없는 건가? 안녕히.

빈센트

▲방직공들의 집 내부

▼《방직공》(1883~1884) 반 고흐 미술관, 암스테르담

친애하는 라파르트

코페의 시 몇 편을 동봉하네. 늦가을의 정취를 품고 있는 이 시들을 자네 역시 좋아하리라 믿네.

최근에는 주로 야외에서 그린 습작의 채색작업에 몰두했네. 그 크로키 1점을 보내네.

어머니 건강은 계속 좋아지고 있네. 뼈가 굳어서 깁스도 떼어냈지. 하지만 적어도 6주일은 다리를 수평상태로 줄곧 유지해야 한다네. 어제는 어머니를 들것에 실어 거실로 옮겨드렸네. 상태가 더 나아지면 야외로 모시고 나갈 생각이야.

때로 사람들은 작품을 '팔지 않는다'고 나를 비난하며, '왜 팔지 않는지' 그 이유를 묻네. 나는 간단히 대답하지. '나중에 팔고 싶다'고. 그렇네——말 그대로 나중에 작품을 팔기 위해서라도 나는 지금 계속 규칙적으로 작업해야 하네. 현재로서는 내 그림이 팔릴 가능성이 거의 없지. 게다가 내 길을 나아가기 위해 온 힘을 쏟아붓고 있는 나한테 작품을 파는 문제는 솔직히 관심 밖의 일이기도 하다네.

하지만 무언가 팔 기회를 완전히 무시할 수는 없을 것 같군. 사람들의 비난도 문제지만 수입과 지출을 맞추는 어려움이 나를 가끔 매우 난처하게 만드니까. 무모한 일일지 모르지만, 어쨌든 사람들에게 내 작품을 보여주기 시작했네.

잘 지내게. 악수를 청하며.

빈센트

친애하는 테오

편지 고맙다. 어머니는 좋아지셨어. 처음에 의사는 다리가 나으려면 반년 걸릴 거라고 했지만, 지금은 석 달이면 된다는구나. 그는 어머니에게 말했어. "모두 따님 덕분입니다. 따님처럼 지극정성으로 간호하는 일은 드물지요."

빌레미나의 간호는 본받을 만해. 정말 모범적이야. 난 쉽게 잊지 못할 거야. 처음부터 모든 일이 그녀의 두 어깨에 달려 있었고, 그녀 덕분에 어머니는 많은 고생을 하지 않아도 되셨지. 어머니의 욕창이 그렇듯 가볍게 끝난 건 결정적으로 그녀 덕분이야. 처음에는 너무 심해 정말 큰일날 뻔했거든. 그리고 그녀가 해야 했던 건 분명 유쾌한 일만은 아니었어.

데생에 대해 쓴 너의 편지를 읽자마자 나는 방직공을 그린 새로운 수채화 1점과 펜화 5점을 보냈어. 나도 솔직하게 말할게. 내 작품이 더 좋아져야 한다는 네 말은 옳아.*¹ 하지만 거기에 어떻게든 힘을 보태주려는 너의 노력이 좀더 더해지면 좋겠어. 너는 아직 내 작품을 단 1점도 팔지 못했지──많고 적은 문제가 아니라──사실은 아직 그런 시도조차 하지 않았어.

그렇다고 내가 화내는 건 아니야. 다만 여기서 서로 솔직하게 말할 필요가 있어. 계속 이런 식이면 나도 분명 참을 수 없게 될 거야. 그러니 너도 차라리 솔직하게 말해 줘.*²

팔릴 만하다든가 팔리지 못할 그림이라는 건 진부한 말이고, 쓸데없는 말장난할 생각은 없어. 어쨌든 내 대답은 새로운 작품을 너에게 보낼 수만 있다면 ──앞으로도 계속──만족이야.

너도 솔직한 마음을 숨김없이 말해줘──앞으로도 내 작품을 가져갈 마음이 있는지, 아니면 너의 위엄이 그것을 허락하지 않는지.

지난 일은 내버려두자. 나는 미래에 맞서야 하고, 네가 어떻게 생각하든 작품에 온 힘을 쏟기로 결심했으니까.*³

얼마 전 너는 나한테 말했지──"나는 장사꾼이야"라고. 그래, 장사꾼을 상대로 정에 호소하지는 않을 거야. 그리고 말하겠어. "나리, 데생을 맡기면 손님에

───────────

*¹ 테오는 형의 작품이 당장 팔릴 것 같지 않으므로 기법을 수정해 고객들에게 선보여야 한다고 했다. 파리에 정착한 테오는 밝은 색조로 그리라고 충고한다.

*² 눈치빠른 고흐는 자신을 돕는 자금원조를 동생이 친척들로부터 받고 있음을 꿰뚫어본다. 그 목적은 '미풍양속'에 어긋나는 삶을 살거나 헤이그 파의 고상한 미적 기준에 어울리지 않는 작품을 선보여 집안망신이 되지 않도록 테오가 감시하는 것이었다.

*³ 모든 사실을 알고 난 괴로운 심경에도 불구하고, 거기에서 벗어날 아무 수단도 자신에게 없음을 아는 고흐는, 자신이 제안한 '계약'에 의해 테오에게 얽매여 작품의 독자성마저 위협받는 가혹한 조건을 받아들일 수밖에 없었다. '나는 매달 꾸준히 작품을 보낼 거야. 그것들은 네 소유물이 되어 네가 절대적 권리를 가지며, 아무에게도 보이지 않고 찢어버린다 해도 불평하지 않을게.'

게 반드시 보여주실 거라고 믿어도 되겠습니까?" 장사꾼은 그렇다고 할지 아니라고 할지, 아니면 그 중간대답을 할지 스스로 알고 있지 않으면 안돼. 하지만 그 작품이 햇빛을 보기에 적합하지 않다고 장사꾼이 판단하는 줄 알면서도 위탁품으로 보낸다면, 그 화가는 정말 바보일 거야.

테오, 우리는 이런 현실에 살고 있고, 서로 방해하고 싶지 않으니 솔직하게 이야기해 주어야 해.

만일 네가 "나는 절대 그럴 수 없어"라고 말한다 해도, 나는 상관없어. 화내지 않을게. 그렇지만 내가 너를 절대 확실한 신탁을 전하는 사람으로 믿을 이유는 없어, 그렇잖니? 너는 말하지——고객은 아주 작은 얼룩에도 화낸다고. 내 말을 들어줘. 그건 그럴지도 모르지만, 너는 장사꾼으로서 고객 대중들보다 더 심하게 조급해 하는 것 같아. 나는 그런 걸 이미 여러 번 보아왔어. 그리하여 네가 그것을 시작하는 셈이야.

나도 어떻게든 극복해 나가야지. 테오, 너와 함께한 지 벌써 여러 해 지났는데 내 위치는 아직 그대로, 아직 예전 그대로야. 지금 내 작품에 대해 "조금만 더 하면 팔릴 것 같은데……"라는 너의 말은 내가 에텐에서 너에게 브라반트 스케치를 처음 보냈을 때 네가 써보낸 문장 그대로지.

그래서 나는 이야기하는 거야——그건 진부한 말이라고. 그리고 너는 늘 같은 말을 할 게 뻔하다는 것이 내 추론이야. 또 나는 지금까지 얼마쯤 일관되게 그림상인들 앞에 적극적으로 나서기를 자제해 왔지만, 이제 전술을 바꿔 내 작품을 열심히 팔러다닐 생각이야.

내가 어떻게 하든 너는 신경쓰지 않으리라는 걸 잘 알아. 하지만 만일 네가 정말로 신경 쓰지 않는다면, 나로서는 아주 불쾌할 거야. 내가 염려하는 그런 일이 일어날지도 모른다고 생각해. 누가 나한테 묻지. "당신은 동생이 일하는 구필 상회와 아무 거래도 하지 않습니까?" 그러면 나는 대답할 거야. "거래하면 구필 상회——반 고흐 상회 나리의 체면이 상하니까요." 이런 일은 당연히 나에 대한 인상을 나쁘게 할 테지——나는 각오하고 있어. 하지만 너에 대한 내 마음도 점점 차가워질 것 같은 기분이 드는구나.

나는 지금 오래된 작은 교회와 새로운 방직공을 유화로 그렸어. 드렌터에서 가져온 습작이 그토록 별로니? 여기서 그린 유화 습작을 너에게 보낼 엄두가 나지 않아. 그래, 그것들은 그냥 여기에 두마——봄에 와서 보도록 해.

▲마호트 베헤만

◀마호트 베헤만의 집

    네가 마호트에 대해 쓴 이야기는 충분히 이해돼. 그리고 심술궂은 아버지며 신앙심 깊은 자매들*¹ 옆에서 우울하게 살고 싶지 않다는 그녀 마음도 납득돼. 여자에게도 남자에게도 침체를 극복하고 싶은 유혹은 상당히 절실한 것이야——이 침체는 처음에는 아름다운 포기의 심정으로 유지되지만, 시간이 흐르면 얼어죽을지도 모른다는 생각에 유감스럽지만 대부분 후회된단다.

    신앙심깊은 여자들에 대해 쓴 도데의 글을 읽은 적 있어——'두 얼굴이 서로 마주본다——그녀들은 뭔가 숨긴 듯한 심술궂고 차가운 눈빛을 주고받는다—— 어떻게 된 걸까? 늘 그런 식이야, 이 사람은.' 이게 위선에 찬 신앙심깊은 바리새인 여자들 특유의 눈빛이지. 우리도 어떻게 된 걸까?——'늘 그런 식이니.'

    내 작품에 대한 네 말을 어떻게 생각해야 할까? 드렌터에서 가져온 아주 표면적인 습작이 있어. 자신이 본 것만 표현하려 애쓰며 조용하고 차분한 분위기로 단순하게 그린 그림에 대해 나는 어떤 비난을 받아야 될까? "미셸에게 너무 빠져 있는 것 아닙니까?"라는 말을 들은 그 그림은 해질녘 오두막을 그

---

*1 고흐의 아버지가 누에넨에 오기 전, 개신교 베헤만 목사가 은퇴하여 목사관 옆에 Nune Ville을 짓고 11명의 자녀 가운데 미혼인 네 자매와 함께 살고 있었다. 가장 어린 마호트는 빈센트의 작업실에 자주 들러 함께 산책했고 결혼계획까지 세웠다. 그러나 베헤만 가족은, 가난한 그는 훌륭한 배우자가 될 수 없다며 그 결혼을 반대했다.

린 커다란 뗏장지붕을 얹은 집, 푸른 들판이 앞에 있는 습작이야.

너는 오래된 교회묘지 그림에 대해서도 분명 같은 말을 할 거야. 그렇지만 교회묘지도, 뗏장지붕 오두막도 나는 미셸을 떠올리며 그리지 않았어. 눈 앞에 있는 나만의 모티브만 생각했지. 실제로 미셸이 지나가다 봤다면 발을 멈추고 감동했을 만한 모티브라고는 생각해. 나는 나를 거장 미셸과 같은 선상에 두지도 않고, 결코 모방도 하지 않아.

나는 안트베르펜에서 뭔가 팔려는 노력을 하려고 해. 또 드렌터에서 그린 습작 몇 점을 검은 나무액자에 끼울 생각이야──목수에게 이미 부탁했지. 나는 내 작품을 액자에 끼워 감상하고 싶어. 그는 싼값에 만들어줄 거야.

이런 말에 기분나빠하지 말아다오. 테오, 나는 내 작품에 어떤 고요하고 평화로운 느낌을 주고 싶어. 나는 내 작품이 사람들 눈길을 전혀 끌지 못한 채 방치되는 사실을 인정하고 싶지 않으며, 또 세로로 홈이 새겨진 액자에 끼워 일류상점에 걸어두고 싶다는 생각도 하지 않아.

지금은 그 가운뎃길을 가고 싶으니, 내가 너에게 어떤 걸 기대해도 좋은지 분명하게 알아두어야겠어. 너는 아직 이런저런 변명을 늘어놓지만, 사실은 사람들에게 작품을 보여주고 싶은 마음이 없다고 나는 생각해. 네 마음이 곧 바뀔 거라고는 여기지 않아. 이 점에서 네 방식이 옳은지 아닌지 따질 마음도 없어. 너는 말하겠지──"다른 그림상인들도 나와 똑같이 형을 대할걸. 나는 형의 작품을 팔아주지 못하지만 돈을 제공해. 나 아닌 어떤 그림상인이 그런 일을 할까? 돈이 없으면 형은 완전히 곤경에 빠질 거야." 거기에 대한 내 대답은 "현실에서는 모든 일이 그렇듯 분명하게 윤곽을 드러내지 않아. 나는 하루 벌어 하루 먹고 살면서 어떻게든 헤쳐나가려 노력하고 있어"라는 거야.

이번 달 안으로 어떻게든 결판내고 싶다고 전에 말했지? 그것도 마무리지어야 해. 그런데 봄에 네가 여기 올 것 같으니, 지금 바로 결정내리자고 강요하지는 않겠어. 하지만 지금 같은 상태가 나에게 참을 수 없는 일이라는 것만은 알아다오──내가 어디로 가든, 집에 있을 때는 특히──내가 내 작품을 어떻게 할 것인지, 그것으로 돈벌 수 있는지 등 언제나 모든 사람의 감시를 받고 있는 이 상태 말이야. 나를 아는 거의 모든 사람이 언제나 그 일에 주목하고, 거기에 대해 시시콜콜 알고 싶어하니까.

물론 이해는 해. 하지만 복잡한 위치에 놓인 나로서는 아주 불쾌하단다. 언제까지나 이런 상태로 있을 수는 없어. 왜? 그런 일은 있을 수 없으니까.

만일 내가 아버지와 코르 숙부에게 그토록 차갑게 대한다면, 너에게는 어째서 다른 태도를 취할까? 솔직하게 속내를 털어놓지 않는 똑같은 전술을 너에게서 내가 발견한다면, 너는 아버지보다 나를 더 낫게 여기는 걸까? 절대 그렇지 않아. 다만 요즘은 예전보다 좋고 나쁨을 구분지어 생각지 않게 되었다는 건 인정해. 하지만 그런 전술은 화가에게 맞지 않고, 화가란 모름지기 솔직하게 난관을 헤쳐나가야 한다는 것만은 알고 있어. 요컨대 문은 열리든가 닫히든가 둘 중 하나여야 하지.

그림상인이 화가에 대해 모호한 태도를 취하면 안된다는 건 너도 잘 알 거야. 또 네가 속보이는 변명으로 거절하든 직선적으로 거절하든 그 인상은 똑같다는 것, 입에 발린 칭찬을 들은 상대는 불쾌해진다는 것도.

이건 아마 지금보다 더 나중에야 이해되겠지만, 나는 나이먹기 시작한 장사꾼이 불쌍하다고 생각해. 돈은 벌겠지만 그게 만병통치약은 아니야, 적어도 늙었을 때는. 어떤 것에도 대가는 있지. 그때 그들에게 사태는 꽁꽁 얼어붙은 황야가 될 거야.

뭐, 좋아. 너는 아마 다른 식으로 생각하겠지.

이렇게 말할지도 몰라. 요양원에서 객사한 화가가 매춘부들과 함께 공동무덤에—여럿이 함께—묻히는 게 훨씬 비참하지 않느냐고. 특히 죽는 게 살아가는 것보다 낫다고 생각될 때는.

그림상인이 늘 원조금을 주지 않는다고 나무랄 수는 없어. 하지만 어떤 그림상인이 아주 친절하게 대하면서 속으로는 나를 부끄럽게 여겨 내 작품을 방치해 두는 걸 안다면 화가 날 거야.

그러니 네가 솔직히, 내 작품은 아직 별로라고 말하거나 다른 사정이 있어 팔아줄 여유가 없다고 말한다면, 나는 기분나빠하지 않겠어. 하지만 내 작품을 구석에 처박아두고 아무에게도 보여주지 않는다면, 내 작품이 꽤 괜찮다고 보증하면서—사실은 그렇게 생각지 않으면서—만일 그런다면 그건 친절한 방식이 아니야. 나는 그런 말은 믿지 않아. 너도 진심으로 그렇게 말할 마음은 전혀 없겠지. 다른 누구보다 내 작품을 잘 안다고 네가 스스로 말하고 있으니, 만일 내 작품을 취급해 손을 더럽히고 싶지 않다면 아주 형편없는 작품으로 여기는 게 분명하다고 추측해도 되겠지? 내가 너에게 어떻게 강요 같은 걸 할 수 있겠니. 그럼.

너의 빈센트

덧붙임 : 종교사상, 어떤 신비주의 때문에 혼란스러웠던 몇 년 동안은 나도 왜 그랬는지 잘 모르지만, 그 시기 말고는 언제나 열의를 갖고 살아왔어.

그런데 지금 내 주위는 모든 게 전보다 더 가혹하고 차가워졌어.

그게 가능한지는 둘째치고, 이 상태를 나는 더 참으며 살고 싶지 않아. 이건 우리의 협동관계가 시작된 첫무렵 내가 한 말을 근거로 하는 거야.

요 1년 동안 내가 너에게 품었던 불만은, 일종의 차가운 체면치레로 퇴보했지. 그런 건 아무 쓸모없는 빈껍데기로 모든 적극적인 것, 특히 예술적인 모든 것과 정면대립해. 이건 내 생각일 뿐, 너를 불쾌하게 만들려는 의도는 아니야. 다만 가능하다면 뭐가 잘못됐는지, 왜 내가 너를 형제로 친구로 전처럼 기쁜 마음으로 생각할 수 없는지 이해해주기 바라며 하는 말이야.

내 붓이 활발해지려면 내 생활이 열의를 띠어야 해——그냥 견디고만 있으면 진보하지 못하지. 만일 네가 지금 말한 퇴보의 길로 스스로 빠져든 거라면, 너에 대한 내 태도가 첫해와 같지 않다고 불평하지 말아줘.

내 데생——수채화, 방직공을 그린 펜화, 요즘 그리는 펜화 등이 대체로 시시한 작품은 아니라고 생각해. 하지만 만일 이건 아니라는 결론에 나 자신 도달하거나, 아무에게도 보이고 싶지 않다는 네 판단이 옳다고 여겨지면——지금 우리 관계가 틀어져 있다는 내 생각, 성공 여부는 제쳐두고 이 관계를 바꾸기 위해 더 노력하고 싶다는 내 뜻의 정당성이 뒷받침될 증거가 생긴 거야.

만일 네가 나를 아직 미숙하다고 판단해 그 진보를 도우려고, 이를테면 이제 마우베에게는 기대할 수 없게 되었으니 다른 안정적인 화가와 만나게 해준다든가, 네가 참으로 내 진보를 믿으며 잘되기 바라는 마음이 어떤 징후로 나에게 전달된다면…… 그렇지만 그런 건 없겠지——대신 "자, 여기 돈 있소" "작업을 계속해" "그냥 참고 살아"라는 말뿐. 아버지 말씀처럼 차갑고 생기없고 메마른 그런 말은 견디기 어려워. 나는 그 말을 먹고는 살 수 없어. 나에게 너무도 쓸쓸하고 차갑고 공허하고 허무해.

나도 남들과 다르지 않아. 그러므로 남들과 같은 욕구도 소망도 있어. 옴짝달싹할 수 없게 옭아매여 항아리 안에 갇혔다고 느낄 때 내가 반발하는 건 당연한 일이야. 좋지 않은 상태가 악화된다 해도——충분히 그럴 수 있지——그리 대단한 문제는 아니야. 그런 상태에 있다면, 스스로 개선의 기회를 잡으려 과감히 노력하면 되니까.

테오, 우리가 함께 시작했을 때 내가 어떤 상태였는지 생각해봐. 여자문제도 나는 너에게 모두 이야기했어. 로젠달 역으로 너를 데려갔던 첫해의 일을 나는 아직 생생히 기억해. 그때 나는 말했었지. "혼자 있기 싫어. 혼자보다는 못된 매춘부라도 함께 있는 편이 나아." 너도 기억할 거야.

우리 관계가 오래가지 못할 거라는 생각이 처음에는 참을 수 없을 만큼 괴로웠어. 그리고 사태가 달라지기를 얼마나 강렬하게 바랐는지 몰라. 하지만 그런 일이 일어나리라고 억지로 믿는 것 역시 언제나 가능한 일은 아니야.

화가가 되는 게 어떠냐고 드렌터에서 그렇듯 단정적인 말투로 너에게 편지 보낸 것도 앞서 말한 그런 일로 우울해진 기분이 한몫했지.

그 우울함도 직장에 대한 네 불만이 없어지고 구필 상회와 전보다 사이좋아졌음을 안 뒤 곧 사라졌어. 처음에는 반쯤, 나중 그리고 지금은 네가 했던 말을 잘 이해했다고 생각해. 게다가 기쁜 마음으로 네가 나와의 거래를 다시 시작한 건 정세가 재개되기 쉬운 방향으로 호전되고, 참기 어려운 상태로 너를 몰아넣던 책동이 그쳤을 때인데, 그런 상황일 때 '화가가 되라'고 썼던 건 나의 엄청난 착각이었다고 생각해.

그렇지만 틀어진 우리 관계 때문에 내가 의기소침한 건 변함없어. 후원으로 10굴덴 받기보다 작품을 팔아 5굴덴 버는 게 지금 내게는 더 중요해.

사실 너도 편지에 단호하게 되풀이 썼지? 먼저 그림상인으로서——이 점은 제쳐두자, 아무튼 널 나쁘게 생각하지 않아——두 번째 개인으로서——이 점에서는 너에게 좀 화가 나——내 작품을 팔려는 노력을 전혀 하지 않았고, 앞으로도 하지 않을 것이며, 당분간 그럴 마음이 없다고. 이런 상황에서 나는 멍하니 있을 수 없어. 무기력하게 있을 수 없지.

그러니 분명하게 말하마. 네가 내 작품에 대해 아무 일도 하지 않는다면, 나도 네 후원을 바라지 않겠어. 그 이유를 솔직하게 말하지. 설명을 피하고 있을 수만은 없으니 그냥 솔직하게 말할게. 내가 처음부터 지금까지 받아온 네 원조를 무시하거나 가볍게 여겨서 하는 말이 아니야. 지금 문제는, 이제 타락한 후원을 받기보다 아무리 가난하고 무거운 책임이 따르더라도 받지 않는 게 낫다는 거야.

원조없이 처음에는 어렵겠지만, 하늘에 운을 맡기고——하느님만은 아시겠지——우리에게 도움되지 않는 일에 더 이상 말없이 복종하기보다 고생되더라도 헤쳐나가려 노력해야 해.

형제끼리 그래도 되는지 안되는지는 둘째치고, 만일 네가 재정지원 말고는 결코 해줄 수 없다면 그냥 그 돈도 네 몫으로 넣어둬.

지난해에도 올해처럼——이렇게 말해도 된다면——너는 돈 문제만 지원해 주었지. 또 너는 내 자유에 맡긴다면서도, 내가 어떤 여자와 사귈 때 그것을 인정해 주지 않아. 아마 정당한 반대겠지만, 나는 때에 따라 전혀 개의치 않을 거야. 그리고 그때 너는 네 의견에 따르는 것이 '나 자신을 위해 좋다'는 것을 깨우쳐주려고 지갑을 닫아버리겠지.

그녀 문제도 너는 네가 원하는 대로 끝냈어. 그런 도덕에 따라야 한다면 나는 한 푼도 받지 않겠어. 지난해 여름, 밀어붙이려는 나를 네가 인정하지 않았던 것 자체는 잘못되었다고 생각지 않아. 그렇지만 앞으로 내가 사람들이 말하는 하층사회의 누군가와 다시 관계를 갖게 될 수도 있을 때, 나와 너의 관계가 계속 이어지고 있다면, 나는 다시 똑같은 반대에 부딪히게 되겠지. 그때 또 반대하며 정당하다고 끝까지 밀어붙이려면 내가 지금과는 전혀 다른 생활을 할 수 있을 만큼 많은 돈을 지원해야만 가능해. 너는 그만한 원조를 하고 있지 않고, 그럴 수도 없고, 그럴 마음도 없지——너뿐만이 아니야. 아버지도 코르숙부도, 무조건 비난부터 하는 사람들도 모두 똑같아. 나는 너에게 많은 것을 기대하지 않아. 나는 신분이 높고 낮음은 그리 신경 쓰지 않으니까.

전에도 그랬지만, 다시 똑같은 행동을 한다 해도 나로서는 무모한 행동이 아님을 너는 이해할까?

첫째로, 나에게는 너와 다른 사람들의 이른바 신분을 지킨다는 자부심도 사명감도 전혀 없어. 둘째로, 그만한 자금을 아무에게서도 받지 않고, 또 스스로 벌고 있지도 않아——그러니 그렇게 될 운명이라면, 하층민과 사귀는 건 오로지 내 자유라고 생각해.

우리는 앞으로도 계속 같은 문제에 부딪칠 거야. 너도 생각해 봐. 신분을 지켜야 한다는 의무를 전제로 한 후원을 단번에 거절한 사람이 같은 직업을 가진 사람 가운데 나 혼자인지? 충분한 돈을 받지 못해 진보는커녕 빚을 져야 할 판에 말이야. 돈으로 해결될 문제라면 나도 다른 사람들처럼 거절하지 않고 감수할 거야. 하지만 지금 우리는 분명 아직 그런 상태에 있지 않아——내 작품이 조금이나마 상품가치를 얻기까지, 너의 표현에 따르면, 내 앞에는 몇 년이라는 세월이 기다리고 있어.

좋아, 그렇다면 반 고흐 집안 신사들 손아귀로 들어가느니 발버둥치며 '입에 겨우 풀칠하는 삶'을 사는 편이 훨씬 낫지——이미 경험한 일이기도 하고.

아버지와 사이나빴던 그때 일로 내가 후회하는 건, 왜 10년 전에 그런 생각을 못했을까 하는 것뿐이야. 만일 네가 아버지를 계속 따른다면, 자신이 얼마나 따분하고 남에게 성가신 사람이 되어가는지 알게 될 거야. 너는 말하겠지, '괴팍한 사람'이 하는 말은 아무 영향력도 없다고.

잘 생각해봐, 테오——내가 너에게 내 속마음을 어디까지 보여주고 있는가를. 나는 한 쪽뿐만이 아니라 다른 쪽 상황도 헤아리고 있어.

너는 아내도, 자식도, 일도 줄 수 없어. 돈이라면 줄 수 있지——하지만 그게 나에게 무슨 의미니? 다른 것들이 없으면 네 돈도 빈껍데기에 불과해. 언제나 내가 바라는——필요하다면 노동자 가정을 꾸리는——일에는 쓸 수 없으니까. 가정을 꾸리려는 마음이 없으면 예술도 발전할 수 없어.

또 나는 더 젊었을 때 너에게 분명히 말한 적 있는데——만일 좋은 아내를 얻을 수 없다면 나쁜 아내라도 얻을 생각이야. 없는 것보다는 나쁜 아내라도 있는 편이 나으니까.

내가 '무자식'을 걱정하는 만큼이나 '유자식'을 두려워하며 정반대 주장을 하는 사람들이 꽤 많다는 건 나도 알아. 나는 몇 번이나 좌절을 맛보았으므로 원칙을 간단히 내버리지 않아. 또 미래에 대해 걱정하지 않는 건, 지난날 내가 어떻게 행동했으며 왜 그랬는지 알기 때문이야. 내가 느끼는 것과 똑같은 경험을 하는 사람이 많다는 걸 알기 때문이란다.

너는 의심스럽다고 말하지——무엇이, 왜 의심스럽지? 그게 너에게, 또 나에게 무슨 도움되니? 그런 의심을 하면 네가 더 현명해지는 거야? 그 반대인 걸 너는 안다고 믿고 싶어——의심스럽다고 나에게 말함으로써 너는 자신에게 충실한 거야——그 때문에 내가 이렇듯 대답하는 것이며, 그렇지 않다면 대답할 가치도 없지. 그리고 내 대답은 아주 짧아.

너에게도, 아버지에게도, 다른 누구에게도 나는 악의를 갖고 있지 않아. 단지 너를 떠나 새로운 동지를 찾아야겠다고 진지하게 생각해. 바로 미래의 실수를 방지하기 위해서야. 아버지와 나처럼 우리도 언젠가 충돌할지 모르고, 그렇게 되면 나도 절대 굽힐 수 없어. 어쨌든 내 의무는 아버지와 동생을 사랑하는 거야——또 그렇게 하고 있지. 하지만 우리는 쇄신과 개혁의 시기에 살고 있어. 많은 게 옛것이 되었고——그 결과 내 견해, 느낌, 생각은 아버지와 다르고 너와도 다른 게 되었지. 또 나는 선의 추상적인 이상과 나의 불완전한 자아를 구별하려 노력하므로 호들갑스러운 말은 하지 않을 거야. 다만 간단히 말할게. 좋은 친구로 남는 방법——그건 교제를 끊는 것. 이런 말을 하는 게 나도 괴롭지만, 그래도 감내해야지.

내 미래는 밝지 않지만, 내가 걱정하지 않는 걸 너도 알 거야. 오히려 아주 차분한 마음이라는 것도. 그렇지만 내 안에는 이런저런 상념이 있어. 한편으로는 깊은 책무의 감정에서 나오는 것——이것은 계속될 거야. 한편으로는 환멸감에서 오는 것——즉 너의 원조와 지원으로 시작된 그 길에서 내 경력이 좌절되어야 했던 이유가 너무나 말도 안되는 일로 여겨지기 때문이지.

이대로 계속되면 나는 길을 잘못 들고 말 거야. 몇 해 안에 우리는 틀림없이 심하게 싸우고, 마침내 증오로 끝나게 될지도 몰라. 지금은 아직 다른 실마리를 찾을 시간이 있어——그리고 만일 다른 곳에서 거래상 문제로 싸우게 되더라도, 적어도 그때 그 상대가 내 동생이지는 않을 거야. 냉정하게 앞을 잘 내다보며 계산한 생각 같지 않니?

나는 이 정도로 기죽지 않아, 믿어줘. 그리고 함부로 행동하지도 않아. 너와 헤어지려는 결론에 이르렀을 때, 나는 냉정을 되찾았어. 우리가 이대로 계속하면 도움을 주기보다 나중에 서로 방해될 거라는 확신이 있어서야.

어떤 실마리가 잡힌 확증이 있기 전에는 안트베르펜에 가지 말라고 라파르트가 말했어——하지만 그런 확증을 어떻게 미리 알 수 있겠니? 그리고 여기 내 아틀리에를 피난처로 확보해 둔다면, 지금이 바로 출발할 때야. 여기는 앞으로도 그대로 둘 테고, 확실한 것은 내가 이곳을 완전히 떠날 의도가 없다는 것이지.

테오, 내가 먼 길을 오래 걸으며 이런저런 생각을 해온 건 너도 잘 알 거야. 나는 아버지 1세와 벌였던 언쟁의 2탄을 아버지 2세——바로 너야, 그런 건 한 명으로 충분하지만——를 상대로 다시 벌이는 사태를 맞고 싶지 않아. 말투는

퉁명스럽지만, 이게 내 생각의 핵심이지. 너도 너만의 결론을 내려봐. 이것도 알아두었으면 하는데, 나는 아버지를 공격적으로 대한 적 없고 너에게도 공격적일 생각없어. 나는 수없이 자제심을 발휘해 왔지——상대가 남이었다면 전혀 다르게 맹렬히 맞붙었을 거야.

지금 상황에서는 나도 어쩔 도리 없어. 새로운 활동무대가 있다면, 그곳에서 낯선 사람들 사이의 이방인으로 나 좋은 대로 행동할 수 있지. 그곳에서 나는 권리도 의무도 없이 멋대로 행동할 수 있어. 남들에게 해끼치지 않는 선에서 저항하는 확신——이것이 나의 이상이야. 나는 내가 가진 모든 것을 동원해 그렇게 할 거야. 무엇이든 참고 견디기만 하면 나중에 호되게 당하게 돼——그러니 행동을 시작해야겠어. 거기에서 작업하면서 새로운 관계를 찾는 게 전진의 길이 될 거야. 유감스럽게도 돈은 언제나 필요하고, 난관을 헤쳐나갈 가능성은 적어. 그리고 시간은 돈이지——이대로 있으면 나는 전혀 부자가 되지 못할 거야.

내가 무슨 말을 하고 싶은지는 너도 알 거야. 이대로라면 너는 내 인생에서 아버지 2세가 되어버리지. 너의 선의는 잘 알지만, 너는 나를 전혀 이해하고 있지 못해. 그러니 아무것도 잘 되지 않을 거야.

고호가 라파르트에게 42
1883년 3월 중간무렵

나의 벗 라파르트

J. 브르통의 시 몇 편을 동봉하네. 자네한테도 분명 행복한 느낌을 선사하리라 확신하네. 오늘은 채색작업을 했지. 좀더 정확히 말하면, 《방직공》 습작 채색에 벌써 며칠 동안 매달려 있다네.

《겨울정원》의 색채도 찾아보려 했는데, 어느덧 봄이 되었군. 작품은 아주 다른 모습을 띠어가고 있다네. 안녕히.

빈센트

고호가 라파르트에게 43
1884년 3월 끝무렵

친애하는 라파르트

편지 고맙고 반가웠네. 내 데생이 가치있다고 말해주어 참으로 기뻐.

테크닉에 대한 일반론을 따지고 싶은 마음은 없어. 하지만 내가 표현력이라고 부르는 역량을 지금보다 키웠을 때, 나에게 테크닉이 없다고 말하는 사람이 지금보다 줄기는커녕 오히려 늘 거라고 나는 여기네. 그러므로 지금의 작품에서 내가 말하는 바를 더 강조해야 한다는 점에서 나는 자네 의견과 완전히 같아. 나는 그 역량을 더 키우려 노력하고 있네. 하지만 실력이 늘었다 해서 사람들이 더 잘 이해해주느냐 하면――그렇지 않아.

자네 작품을 보고 "이 사람은 돈 때문에 그림그리나?"라고 물었다는 그 정직한 사람의 추론은, 이 지적인 생물이 독창성이란 작품으로 돈버는 데 방해된다는 것을 자명한 이치로 여기는 그런 천치의 추론에 다름없다고 생각하네.

그것을 자명한 이치로 통용시키려는 건――명백한 명제로서 증명할 수 없지만――지금 말한 천치나 게으른 책모가들이 자주 쓰는 방법이지.

자네는 내가 테크닉을 무시하거나 추구하지 않는다고 생각하나? 아니, 나는 노력하고 있다네. 단지 내가 말하고 싶은 것을 표현하려고 할 때만――아직 뜻대로 잘 되지 않을 때――그것을 개선하려 노력하지. 하지만 내 말이 수사가(修辭家)들의 말과 합치하는지 아닌지는 개의치 않네. 자네가 이런 비유를 했던 걸 기억하나?――무언가 유용한 것, 진실한 것, 필요한 것을 말하고 싶은 사람이 잘 이해되지 않는 말로 이야기한다면, 말하는 사람이나 듣는 사람이나 얻는 게 있겠느냐고.

이 문제에 대해 더 말해 보겠네, 나는 역사에서 퍽 흥미로운 현상을 종종 발견해 왔으니까. 듣는 쪽이 하나의 언어밖에 모를 경우 상대는 반드시 그 사람의 모국어로 말해야 하고, 그것을 당연하게 여기지 않는 건 어리석은 일이지.

그리고 이번에는 문제의 제2부일세. 무언가 말하려는 어떤 남자가 청중이 잘 이해하지 못하는 말로 이야기했다고 해보세. 이 경우 진실을 이야기하는 자에게 말주변이 없어 청중에게 인기없으며, '어눌한 남자'로 놀림받는 현상은 흔히 있는 일이지.

단 한 사람이라도, 겨우 두세 명이라도 그의 말에 계발된다면 그는 행운아라고 할 수 있어. 그 소수자는 유창한 장광설이 아닌 그의 진실하고 유용하며 필요한 말에 분명 귀기울인 거니까. 그것이 그들을 계발시키고, 그들의 마음을 열어 자유롭고 더욱 총명하게 만들었으니까.

그런데 화가는 기묘한 물감얼룩이며 변덕스러운 데생 기교를 표현해 내는 것이 궁극적인 목표일까? 그것이 테크닉의 극치라고 불리고는 있지만. 분명 그렇지 않을 걸세. 코로, 도비니, 뒤프레, 밀레, 이스라엘스 같은 사람들——분명 위대한 선구자지——의 작품은 물감을 능가하네. 멋부리는 화가들 작품과는 전혀 다르지. 누마 루메스탕*¹의 유창한 장광설이 기도 말이며 훌륭한 시와는 전혀 다른 것이듯 말일세.

그러니 자신이 느끼는 것을 더 정확하고 깊이있게 표현하려면, 자신의 기량을 더 연마해야 하네. 다만 지루함은 덜어낼수록 좋지. 하지만 그 다음은 실력 때문에 고민할 필요가 없어.

이런 말을 하는 건, 자네 작품 가운데 내가 보기에 꽤 괜찮은 그림도 자네가 마음에 들어하지 않는 일이 종종 있었기 때문이네. 자네 실력은 하페르만 보다 한 수 위야. 자네 작품은 심사숙고해 개성적으로 그린 게 한눈에 보이는데, 하페르만은 언제나 자연이 아닌 아틀리에에서 그린 듯 틀에 박힌 기법이니까. 자네 스케치, 어린 방직공과 테르스헬링 섬 여자들 등을 보면 사물의 핵심을 잘 잡아낸 게 느껴지지. 하페르만 그림에서는 불쾌감과 따분함 말고는 느껴지는 게 없어.

다만 염려되는 건, 주제뿐 아니라 테크닉 면에서…… 결국 모든 면에 대해 같은 비평을 듣게 되지 않을까 하는 점일세. 비록 그런 특성을 갖춘 자네의 붓놀림이 품격까지 갖추게 되더라도 말일세.

그래도 아무튼 감동을 갖고 그린 작품에 흥미를 느끼는 예술애호가들은 있는 법이야. 유감스럽게도 우리는 톨레나 고티에 시대에 살지 않지만.

생각해 보게. 요즘 시대에 테크닉에 대해 이러쿵저러쿵 말하는 게 현명한지 아닌지를. 어쩌면 나 자신이 그렇지 않느냐는 말을 들을까?——아니, 사실 나도 미안하게 생각하고 있네.

하지만 마음 속 결심을 말한다면, 지금보다 훨씬 자유자재로 붓을 놀리게 될 때는 그림을 그리지 않겠다는 것을 그들에게 조리있게 말해 줄 생각이네. 이해하겠나? 지금보다 더 완성되어 더 간결하고 독자적인 기법을 익히게 된 바로 그때가 되면 말하는 거야.

---

*1 도데의 소설 《Numa Roumestan》 주인공.

허코머가 미술학교를 열었을 때, 이미 그림그리는 법을 알고 있던 사람들에게 했던 말은 아주 훌륭했지. 그는 학생들에게 부디 그의 방식으로 그리지 말고 자신만의 기분에 따라 그리라고 부드럽게 요청했네. 또 그는 말했지. "나는 허코머 교리 신봉자들을 확보하고 싶은 게 아니라, 저마다의 독자성이 자유롭게 나래를 펴게 되기 바랍니다." 사자는 서로 흉내내지 않아.

요즘 유화를 많이 그렸네. 방직공들을 위해 앉아서 실패감는 소녀며 어느 방직공의 인물상 등을. 내 유화 습작을 자네에게 보여주고 싶은데, 그건 그 작품들이 만족스러워서가 아니네. 그것을 보면 내 실력이 착실히 늘었다는 것을 자네가 알아주리라 여기기 때문이지. 또 테크닉을 중시하지 않는다는 내 말은 내가 노력하지 않는다든가 어려운 것을 피해 간다는 말이 아니야. 그건 내 방식이 아니라는 것이지. 이 점도 납득해 주리라 믿네.

그리고 자네가 이 브라반트 일대——브레다 근교보다 훨씬 아름다운——를 언젠가 꼭 알게 되기를 나는 간절히 바라네. 요즘 이곳은 아주 매혹적이야. 이곳에 손 엔 브뤼헬이라는 마을이 있는데, 브르통 집안이 사는 크리에와 놀랄 만큼 닮았지——다만 그곳 사람들이 훨씬 아름답지만. 포름*1을 보는 눈이 진보되면, 외국인에게 팔려고 만든 사진 앨범에 실린 '네덜란드 민족의상'은 싫어지게 된다네.

라파르트, 나는 테크닉 일반론에 대해 쓰거나 말하려는 게 아니네——그렇지만 내가 구상한 것들을 실제로 제작하는 방법에 대해 자네든 다른 누구든 의논하고 싶고, 실제로 그런 논의를 얕보지도 않네. 이런 말을 한다고 해서, 요전에 말했던 감정——제대로 전해졌는지 모르지만——이 사라지는 건 아니네.

전에 말한 감정이란——정확히 표현하기 어렵지만——소극적 아닌 무언가 적극적인 것에 바탕하고 있네. 예술은 우리 자신의 화려한 기량이며 습득이며 학식 따위보다 더 위대하고 높은 그 어떤 적극적인 의식에 바탕하고 있지. 예술은 인간 손으로 만들어지지만 단순히 손으로 빚어지는 게 아니라 더 깊은 원천으로부터, 우리 영혼으로부터 솟아나오는 그 무엇이라네. 예술적 재주나 전문적 기술이 나에게 상기시키는 것은 종교에서 독선성이라고 불리는 것이지.

예술이며 문학 분야에서 내가 가장 공감하는 것은 온 영혼의 힘을 쏟아붓

＊1 forme. 조형예술에서 하나의 공간을 구성하는 형태, 부피, 무게 등의 시각적 요소.

는 예술가들이네. 이스라엘스는 기술적으로 최고이며, 볼롱도 마찬가지지——그래도 나는 볼롱보다 이스라엘스가 더 좋다네. 이스라엘스에게는 그 이상의 뭔가가 있기 때문이지. 소재의 훌륭한 재현과는 전혀 다른 것, 밝음과 갈색의 문제와는 전혀 다른 것, 색채문제와도 전혀 다른 것이 있기 때문이야——하지만 이 전혀 다른 것은, 빛의 효과며 소재며 색채 등의 정확한 재현을 통해 성취되기도 하네.

내가 이렇듯 볼롱보다 이스라엘스에게서 훨씬 많이 발견하는 이 다른 무엇, 이것은 J. 엘리엇도 디킨스도 갖고 있지. 주제 선택에 따른 것일까? 아니, 그것 역시 하나의 결과에 지나지 않네.

내가 특히 말하고 싶은 건, J. 엘리엇은 최고의 제작기법은 물론 그것을 뛰어넘는 그만의 천재적 자원을 지녔다는 것이네. 이 점에서 말해두고 싶은데, 그의 책을 읽으면 사람들은 전보다 향상되지. 그 책들에는 사람을 일깨우는 힘이 있어.

나는 별 생각 없이 전람회에 대해 많은 글을 써왔네——실제로는 아주 드물게밖에 생각지 않으면서. 지금 우연히 전람회에 생각이 미쳐 좀 놀라며 내 생각을 되짚어본 참이네. 다음 말을 덧붙이지 않으면, 그 생각을 충분히 말로 표현할 수 없을 거야. 철저한 성실함과 훌륭함을 갖춘 그림들은 어떻게 다루어지든——선한 사람이 손에 넣든 악한 사람이 손에 넣든, 성실한 사람이 손에 넣든 불성실한 사람이 손에 넣든——그림 자체에서 장점이 발산된다는 거지. '너희의 빛을 사람 앞에 빛나게 하라'는 말은 모든 화가의 의무라고 생각하네. 그렇지만 내 생각으로는, 사람 앞에 빛나게 하라는 말이 곧 전람회를 통해 실현되어야 한다는 뜻은 아니네. 내가 말하고 싶은 건, 예술을 민중 손이 닿는 곳에 두기 위해 전람회보다 더 좋고 많은 기회를 내가 바란다는 것이네. 촛불을 촛대에 놓지 않고 침대 아래 감추는 것은 내가 바라는 일이 아니지. 이 정도면 충분하리라 생각하네.

얼마 전 J. 엘리엇의 《급진주의자 펠릭스 홀트》를 읽었네. 이 책은 네덜란드어로 잘 번역되었지. 아직 읽지 않았으면 구해 보게. 거기에는 인생의 고찰이 있는데, 아주 훌륭하다고 생각해——심오한 것이 매우 재미있게 설명되어 있지. 박력있는 책으로 다양한 정경이 프랭크 홀이며 그 비슷한 화가가 그린 것처럼 묘사되어 있다네. 사물에 대한 생각과 견해도 비슷해. J. 엘리엇만큼 철저하고 성실하고 훌륭한 작가는 그리 많지 않네. 이 '급진주의자'는 네덜란드에서 그녀의 《아담 비드》만큼 알려져 있지 않아. 그녀의 《목사생활 정경》도 그리 알려지지 않았지——유감스러운 일이야. 이스라엘스의 작품을 사람들이 모르는 게 매우 안타까운 것처럼.

코로에 관한 소책자를 동봉하네. 아직 몰랐다면 즐겁게 읽을 수 있을 거야. 그의 전기에 대한 정확한 기사도 몇 개 들었네. 전에 갔던 전람회 일람표지.

이 인물이 오랜 세월 실력을 쌓아온 건 주목할 만한 일이야. 인생의 다양한 시기에 그가 무엇을 했는지 눈여겨보면 좋을 걸세. 나는 그의 초기 작품——몇 해 동안 연구해온 성과지——을 본 적 있는데, 그것들은 완벽하게 성실하고 철두철미하게 견실하다네——하지만 사람들은 그 작품들을 얼마나 경멸해 왔는지!

코로의 습작을 봤을 때, 그것들은 나에게 하나의 교훈이었네. 그리고 그때 나는 다른 풍경화가들의 습작과 다른 점을 이미 알아보고 깊은 감동을 받았지. 자네의 소품 《시골 교회묘지》에서 내가 코로의 습작보다 더 많은 테크닉을 발견하지 않았다면, 아주 비슷하다고 말했을 걸세. 감정은 양쪽 다 같으며, 오로지 내밀하고 본질적인 것을 표현하려 노력하고 있지.

이 편지에서 내가 말하는 요점은 바로 이것이네. 사람들이 속아넘어가 우리에게 테크닉이 없다고 맹세코 단언할 정도로, 우리는 테크닉의 비밀을 알아내려 노력해야 하지 않겠는가? 우리의 실력이 조금도 내비쳐지지 않을 만큼 소박하고 조예깊은 작품을 만들어야 해.

그런 경지에 이르기를 바라지만, 나는 아직 손도 닿지 못하는 지점에 있네. 나보다 앞선 자네조차도 그 경지에 이르지 못했다고 생각하니 말일세. 이 편지에서 자네가 단순한 말장난 이상의 것을 읽으리라 믿네.

인간은 자연과 사귈수록, 또 자연 속으로 깊이 들어갈수록, 아틀리에에서 그린 그림에는 매력을 느끼지 못하게 되지. 다만 거기에도 나름의 가치는 있으리라 믿고, 그리는 모습을 보고 싶으며, 또 가끔 남의 아틀리에를 방문하고 싶어지기도 한다네.

자네도 알다시피 드 헤네스테트는 말했네. "책에서는 발견하지 못했다. '학자'들에게서 배운 건 또 얼마나 되는지!" 이 문구는 다음과 같이 바꿀 수 있을 것이네——"아틀리에에서는 발견하지 못했다. 화가며 감정사(鑑定士)들에게서 배운 건 또 얼마나 되는지!" 내가 화가와 감정사를 한통속으로 묶어 자네는 아마 놀랐을 걸세.

이제 화제를 바꾸지. "돈 때문에 그러나?"라는 멍청이의 어이없는 말을 듣고 아무것도 느끼지 못하거나 동요하지 않는 건 참으로 어려운 일이네. 그런 말을 날마다 들으며 신경쓰다 보면 나 자신에게 화나고 말지. 내가 지금 그런 상태라네——자네도 비슷하지 않을까. 되도록 상관하지 않으려 해도 자꾸만 신경쓰이지. 좀 괴상한 노래며 나에게 원한품은 아코디언 소리가 귀에서 맴도는 듯한 기분이 들어.

아코디언 소리에 대해서는 자네도 같은 생각 아닌가? 특히 자네를 목표로 줄곧 연주하는 듯한 기분이 들지 않나? 어디를 가든 늘 똑같은 곡을 들어야 하니까.

난 앞으로 이렇게 행동할 생각이네——그들이 나에게 이러쿵저러쿵 잔소리하면, 불쑥 끼어들어 말을 끝맺는 거지. 내가 아는 어떤 사람을 대할 때 이 방법을 쓴다네. 그 사람은 손을 내밀어 악수하는 대신에 손가락 하나를 내미는 버릇이 있는데, 어제 나는 아버지의 존경하는 동료에게 이 장난을 쳤다네. 나도 악수할 때 얼굴 표정을 바꾸지 않고 손가락을 하나 세워 그가 뭐라고 못할 만큼 조심스럽게 그의 손가락을 툭 쳤는데, 내 복수라는 것쯤 알아차렸겠지.

지난번에도 이런 장난을 했다가 누군가를 몹시 화나게 했지. 하지만 뭐 손해볼 거 있나? 아무것도 없어. 사실 그들은 방해만 되니까.

그리고 자네 말에 대해 내가 이런 편지를 쓰는 것은, 테크닉만 찬양하는 이들의 그 말을 정말 진심이라고 확신하는지 묻고 싶었기 때문이네. 아틀리에의 기교를 피하는 게 자네 노력의 목표라는 걸 알고 있으므로 이런 질문을 하는 거라네.

빈센트

고흐가 라파르트에게 44
1884년 4월 무렵

나의 벗 라파르트
내 데생들에 관한 자네의 편지를 받고 기뻤네. 직조공과 관련된 작업을 위해 현장에서 직접 방적기를 습작으로 그렸지. 매우 고된 작업이었다네.

내 그림은 베틀을 그린 기계 데생이 아니야. 기계설계사가 그린 데생 옆에 나란히 놓고 보면, 떡갈나무 기계에 남겨진 방직공의 땀으로 얼룩진 모양이 내 그림에 표현되어 있음을 느낄 걸세. 비록 내가 거기에 방직공을 사실적으로 자세히 그려넣지 않았더라도, 또는 비례를 무시하고 그 방직공을 그렸더라도, 기계와 더불어 땀흘리는 방직공을 떠올릴 수 있지. 그 기계는 이따금 한숨과 불만을 토해내기도 할 걸세.

기사가 그린 설계 데생은 결코 그런 상상을 불러일으키지 않지. 내 의도는 방직공을 그리는 데 있지 않고, 몇 개의 선이나 점으로 이루어진 일종의 실루엣을 방직공이 앉은 자리에 그려넣어 그의 존재를 은근히 나타내는 것 뿐이야.*1

나는 자네의 기계 데생들을 좋아해. 왜냐고? 자네가 비록 핸들만 그린다 해도 어느 순간 그것을 돌리는 소년의 모습이 나도 모르게 떠오르기 때문이지. 설명할 순 없지만 소년의 존재를 분명 느낄 수 있어. 자네의 기계 데생을 모델화로 보는 이들은 자네 작품을 전혀 이해 못하는 걸세.

기계를 데생할 때 될 수 있는 한 기계설계사도 염두에 두고 작업해야 한다는 자네 생각에 동의하네. 작업이 습작으로서 어떤 가치를 갖게 되기를 바란다면 말일세.

《겨울정원》을 인정해 주니 기쁘네. 그 정원은 나를 꿈꾸게 했지. 그뒤 같은 주제로 또다시 작업했었네. 인간의 몸 구조와는 다른 작고 검은 유령도 그렸지. 그건 단순한 '얼룩'이었어. 그 작품을 자네에게 보내겠네. 다른 작품들, 특히 세피아로 그린 크로키 《늪 속에서》와 펜 데생화인 《우듬지 잘린 자작나무》《포플러 가로수길》《울타리 너머》《어부 마틴》 그리고 《겨울정원》도 함께 넣겠네.

전시회에 대해서는 고민하지 않네. 그저 날마다 쉬지 않고 작업할 뿐이지.

---

*1 이 방법이 매우 유효하게 생각되었는지, 고흐는 《눈내린 목사관 정원》《양떼가 있는 자작나무숲》《누에넨 교회에서 나오는 사람들》 등의 풍경화에도 사용했다. '여기에 작고 검은 유령을 그려넣었어. 그렇지만 인체구조의 데생 표본이 되는 정확한 게 아닌 단순한 대비효과로서야.' 고흐가 의도하는 바는 작은 인물로부터 모든 삽화적, 회화적 의미는 물론 심미적 의미까지도 박탈하고 거기에 더 깊은 의미를 부여함으로써 인물화 개념을 송두리째 뒤엎는 것이었다. 풍경화든 실내화든 모든 회화적 공간 한구석에 고흐는 인물을 배치하려 했으며, 베틀 중앙의 방직공 모습이 기계에 거의 가려져 있는 테마는 이런 그의 생각을 뚜렷이 드러낸다.

습작을 몇 점 그리지 않고 그냥 한 주일 보내는 일은 결코 없네. 1, 2점이 아닌 50점 넘는 내 작품이 원하는 미술애호가를 만나게 되리라는 희망을 포기하지 않았고, 내 고민은 바로 그 문제에 이르러 있다네.

아는 이들에게 내 작품을 보여달라고 자네에게 부탁하는 것은 언젠가 그런 미술애호가를 만날 수 있다는 생각에서야. 그런 일이 없다 해도 상관없네만, 생활이 좀더 어려워지겠지. 어떻게든 기회를 만들고, 작품을 팔 수 있는 이런저런 길을 찾아봐야 해.

기회되는 대로 내 작품을 소개해 주게. 사람들이 내 그림을 경멸한다면 할 수 없지——더 기다릴 수밖에. 기다리는 동안 전시회를 열 생각이 전혀 없다는 건 확실하네.

데생에 관심있는 사람들한테서 평범한 대중애호가들이 지니는 감정, 어느 정도의 신뢰, 심지어는 종교적 신념까지 발견할 때가 있네.

그림상인 같은 경박한 초보자들에게서는 어떤 감정도 신뢰도 신념도 찾아볼 수 없지. 다만 피상적 판단, 일반론, 관습적 비판 같은 영원히 되풀이되는 상투적인 언사만 확인할 뿐이라네. 그들에게 맞서려는 시도는 시간낭비에 지나지 않아.

다시 한 번 부탁하네. 기회되는 대로 내 작품을 사람들에게 보여주게. 너무 애쓰거나 강요할 필요는 없네. 나도 어쩔 수 없군. 형편이 허락된다면 작품을 계속 소유하는 쪽을 분명 선택할 걸세. 그것들을 팔 생각은 하지 않을 거라는 이야기야. 하지만……

잘 지내게. 요즘 다시 채색 작업을 시작했네. 때로는 유화와 펜 데생 작업만 하겠다는 결심도 한다네.

빈센트

고흐가 라파르트에게 45
1884년 5월 무렵

친애하는 라파르트

부모님 이름으로 자네를 초대하네. 빠른 시일 안에 우리집에 들러주게.

어머니는 많이 회복되셨어. 휠체어를 벗어나 거실 의자에 앉을 수도, 조금쯤 걸을 수도 있게 되셨지. 밖에는 꽃이 피었군. 긴 소풍을 떠나기에 아직은 덥지 않은 계절이야.

자네에게 펜 데생 3점을 보내네.《시냇물》《작은 늪의 소나무》그리고 나머지 하나는 《갈대지붕》이네. 주제들이 마음에 드나? 세부적 표현에서 내가 모델을 완전히 무시하지 않은 걸 자네도 인정하리라 믿네. 작품 곳곳에서 빛의 효과를 살리려 매우 애썼지. 어떤 한순간에 드러난 자연의 영혼과 명암효과, 그리고 그 전체적 '모습'을 비교적 짧은 시간 안에 재현해야 했기 때문이야. 저마다의 대상들은 정해진 순간에만 관찰이 가능했거든.

크로키 《직조공》과 《테르스헬링 섬의 여인들》을 다시 보고 싶군.

누군가에게 내 데생을 보여주었나? 어떤 이는 거절하고, 어떤 이는 비웃고, 어떤 이는 좋은 점을 이야기했겠지. 새로운 작품을 계속 보여주면 그 가운데에는 생각이 달라지는 경우도 있을 걸세.

빈센트

고흐가 테오에게 374
1884년 8월 첫무렵

친애하는 테오

네가 런던*¹에 있는 동안 편지를 한 통 쓰고 싶었어. 이번에 보내준 소식과 동봉한 150프랑 고맙구나. 언젠가 꼭 다시 너와 함께 런던 거리를 산책하고 싶어. 기왕이면 그때 런던다운 날씨면 좋겠지. 특히 강에 가까운 오래된 동네가 우울한 분위기를 자아내고 그 특유의 성격을 드러내며 엄청난 감동을 주는 그런 때가 좋아. 지금은 일부 영국인이 프랑스 인들에게 관찰법과 채색법을 배워 그리기 시작한 때이기도 하니까.

하지만 너와 내가 정말로 흥미있어하는 영국의 미술작품을 보는 건 안타깝게도 어렵겠어. 전람회 그림에서는 대부분 공감을 느낄 수 없거든. 그래도 네가 여기저기서 좋은 것을 보고, 내가 밀레이의 《싸늘한 10월》 같은 영국 회화, 그리고 프레드 워커며 핀웰의 데생 등을 왜 아직 잊지 못하는지 이해해 주기를 기대해. 내셔널갤러리에 있는 호베마의 작품*²에 주목해 봐──《보리밭》 등 매우 아름다운 컨스터블의 작품 2, 3점을 감상하는 것도 잊으면 안돼. 사우스

---

*1 테오는 8월4일 런던으로 출발하여 돌아오는 길에 형에게 들르겠다는 편지를 보내왔다.
*2 《미델하르니스의 가로수길》(1689)로 추측된다.

켄싱턴에 있는 농가 그림 《계곡의 농장》도.

네가 그곳에서 어떤 그림에 감동받았는지, 또 어떤 것을 보았는지 나는 무척 궁금해.

지난주에는 보리를 추수하는 밭으로 날마다 나가서 그 구도의 그림을 1점 완성했어.

식당에 그림을 걸고 싶어하는 에인트호번의 어떤 사람을 위해 그린 그림이야. 그는 여러 성인의 그림으로 식당을 장식할 생각이었지. 나는 그런 신비로운 인물상보다 장원(莊園)의 농민생활에서 구상을 얻은, 사계절을 상징하는 6점의 그림을 걸면 그 식당에 오는 소박한 사람들의 식욕을 더 자극하지 않겠냐며 그에게 다시 생각해 보라고 했어. 그는 내 화실을 찾아왔고, 결국 내 이야기에 적극 찬성했지. 자기가 널판벽에 직접 그리고 싶다고 하는데, 과연 생각처럼 될지…… 그래서 축소판 그림을 내가 구상해 유화로 그려주기로 했단다.

그는 가능하면 친구로 사귀고 싶은 남자야. 본디 금은세공사였는데, 엄청나게 비싼 고미술품을 3번이나 수집했다가 되팔았다더구나. 그래서 지금 돈이 많고, 집도 있고, 고미술품을 잔뜩 소유했으며, 아주 훌륭한 떡갈나무 찬장도 몇 개나 갖고 있어. 천정과 벽을 직접 장식했는데, 가끔은 정말 멋지게 해내. 그는 식당 안은 반드시 유화 작품으로 꾸미고 싶다면서, 12장의 널판벽에 꽃을 그리기 시작했지. 가로로 긴 널판벽이 6장 남았는데, 거기에 그리도록 내가 씨뿌리는 사람, 밭가는 사람, 양치기, 보리베기, 감자캐기, 눈 속의 우마차를 밑그림으로 그려주었어.

과연 생각대로 잘 될지 모르겠구나. 그와 정확히 어떻게 하자는 약속은 하지 않았거든. 하지만 그는 첫번째 널판벽을 마음에 들어하고, 다른 주제를 위한 나의 스케치도 만족스러워해.

네가 빨리 왔으면 좋겠어. 나는 여전히 이곳 생활이 좋아――가끔 불편한 일도 있지만, 그림그리다 보면 완전히 몰두하게 돼.

오바하 씨를 만나면, 내가 안부전한다고 해줘.

네가 여기 올 때쯤이면 농가 사람들이 모두 밭을 갈고 있겠구나. 들개미자리씨를 뿌리는 모습을 볼 수 있겠네. 어쩌면 다 뿌리고 난 뒤일지도 모르겠지만. 요즘은 추수가 끝난 밭 너머로 지는 멋진 석양을 볼 수 있단다. 안녕.

너의 빈센트

▲보리를 추수하는 밭 스케치

▼《포플러 가로수길》(1884)　보이만스 반 뵈닝겐 미술관, 로테르담

나의 벗 라파르트

오랫동안 편지 못 썼네. 내가 보낸 마지막 편지에 답신이 없으므로 아마 드렌터로 떠난 모양이라고 짐작했지. 게다가 지난주에는 너무도 바빠 자네에게 편지 쓸 생각도 못하고 지냈다네.

시간내 근황을 전해주게. 자네의 대형 유화 《생선시장》이 어떻게 진행되고 있는지 무척 궁금해.

올여름 에인트호번에 있는 어느 금은세공사 집을 방문했지. 주인은 여러 차례 골동품 수집품 전시회를 한 적 있으며, 그림도 좀 그린다네. 그는 희한한 골동품들로 가득찬 그 저택의 방 하나를 자기 손으로 직접 장식하려는 중이었지.

…… 중략 ……

지금 그 여섯 가지 주제로 유화작업을 하고 있는 중이네. 물감과 모델료는 그가 대지만 작품은 내 소유로 남을 걸세. 복제한 뒤 내게 돌려주는 거지. 이 계약은 나로 하여금 스스로는 비용을 댈 엄두조차 못낼 작품을 할 수 있게 만드네. 즐거운 작업이야. 물론 복제할 때 일일이 설명해줘야 하는 불편은 감수해야겠지.

씨뿌리는 사람, 밭가는 사람, 양치기는 가로 50cm, 세로 150cm 크기로 밑그림을 그렸고, 나머지는 더 작은 크기로 크로키했네. 눈코뜰새없이 바쁘게 작업에 매달려 있다네.

상시에가 쓴 훌륭한 책 《밀레》를 선물받았네. '우리시대의 예술가들'이라는 부분을 읽고 블랑의 《데생 지침서》도 구입했지. 보스마르도 같은 주제를 다루었지만 나로서는 블랑의 작품이 더 마음에 들더군. 원한다면 두 권 다 보내주겠네.

부모님 이름으로 인사하네. 믿음을 다하여.

빈센트

나의 벗 라파르트

블랑과 프로망탱의 책을 돌려보내네. 고마웠어. 지난번 편지에서 말했듯 블랑의 《데생 지침서》는 구입했다네.

지난주에는 마을사람 몇 명과 함께 우연히 위트레흐트에서 하루 머물렀어. 자네 집에 잠시 들렀지만 아무도 없더군. 자네 작품을 보지 못해 안타까웠네. 《생선시장》을 꼭 보고 싶었는데…… 자네가 어디 있는지조차 몰라 아직 드렌터에 있겠거니 짐작만 했지.

자네를 만나 우리집에 올 수 있는지 확인하려 했는데, 어쨌든 그 일은 나중에 다시 편지로 쓰겠네.

어느덧 내 편지 두 통이나 자네 답장을 받지 못했네. 잘 지내게.

지난번에 말한 유화 6점을 즐겁게 그렸지. 밑그림이 완성되었어. 하지만 얼마쯤 속박된 기분도 드네. 정해진 크기대로 그려야 하는 제약 때문이겠지. 게다가 나는 2, 3명이면 충분하다고 여긴 인물을 금은세공사는 5, 6명으로 늘려주기를 바라지 않겠나! 어쨌든 재미있는 작업이며, 여전히 즐겁게 그리고 있네.

빈센트

고호가 라파르트에게 47
1884년 9월 중간무렵

친애하는 라파르트

급히 몇 마디 쓰네. 어제 부모님이 자네가 우리 집에 오기로 했느냐고 물으시더군. 10월쯤에 오겠지만 정확한 날짜는 알 수 없다고 말씀드렸네.

자네 방문은 언제나 환영이네. 하지만 11월보다 10월에 오면 부모님이 더 좋아하실 것 같네. 아마도 10월 이후로 기다리는 손님이 계신 모양이야.

11월에는 나 역시 집이 아닌 다른 곳에 있을 듯싶네. 부모님 말씀으로는 그때 오실 손님이 나를 보지 않았으면 한다지 뭔가. 그래서 12월 중순까지 이곳을 떠나 있어야할 처지가 되고 말았지.

부모님과 함께 자네를 기다리겠네. 오지 않으면 실망이 클 걸세.

11월에는 여행할 계획이라고 말씀드렸지——집을 떠나 있으면 누구에게도 방해되는 일 없을 테니까. 그러니 좀더 오래 함께 지낼 수 있도록 10월에 오게. 자네도 지난 편지에 그때쯤 방문할 예정이라고 썼지. 이곳 날씨는 아주 좋아. 마음을 바꿀 생각일랑 하지 말게.

잘 지내게. 악수를 청하며.

빈센트

덧붙임 : 솔직히 말해 11월에 이곳을 떠날 준비가 전혀 되어 있지 않네. 급한 대로 브라반트 어디쯤 해안지방에 머물 계획을 세웠지.

실은 초겨울부터 크리스마스 즈음까지 이곳에 늘 머문다는 손님이야기를 듣고 내 쪽에서 선수쳤네. 계획에도 없는 여행이야기를 꺼낸 거지. 떠날 필요가 없다면 여행은 생각도 안했을 걸세.

고흐가 테오에게 375
1884년 9월 끝무렵

친애하는 테오

왜 아직 답장이 없느냐는 네 물음은 아주 당연해. 150프랑이 든 너의 편지를 나는 분명 받았어.

나는 너에게 보낼 편지를 쓰기 시작했지. 무엇보다도 네가 내 편지를 이해해 준 데 고맙다는 말을 전하고, 100프랑만 보낼 줄 알았다는 말도 하고 싶었어. 하지만 일이 잘 풀리지 않으면, 사실 그것만으로는 모자라지. 그러나 150프랑이면, 헤이그에서의 생활비로 처음에 정한 액수가 100프랑이었으니 50프랑은 여윳돈이 돼. 그리고 우리가 어중간하게 좋은 친구로 있는 한 여윳돈은 받고 싶지 않아.

그런데 그 편지를 끝까지 쓸 수가 없었어. 그뒤 너에게 편지써야겠다고 생각하면서도 뭐라고 써야 할지 몰랐단다. 어떤 사건이 일어났거든.

테오, 다른 사람들은 거의 모르고, 의심도 하지 않는 사건이야. 어쩌면 끝까지 모를 수도 있으니, 너도 조개처럼 입을 굳게 다물어줘──너무 끔찍한 일이야. 너에게 모든 이야기를 하려면 책 한 권 분량은 써야 할 거야──나에게는 불가능한 일이지.

베헤만 양이 독을 마셨어. 그녀는 가족들과 다투었는데, 가족들이 그녀와 나에 대해 나쁘게 말하자 그만 이성을 잃고 그 절망적인 순간에──생각건대 그 결정적인 착란의 순간에──독을 마셔버린 거야.

테오, 나는 이미 의사로부터 그녀의 확실한 징후에 대한 소견을 들었어. 사홀 전 그녀의 오빠와 둘이 만나 그녀가 중증 장티푸스일지도 모른다는 나의 염려를 전했지. 또 나로서는 유감스럽지만 확실한 입장을 표명해야 하는데, 베헤만 집안사람들이 그녀에 대해 지껄인 그런 말들은 정말 경솔했다는 생각도 밝혔어. 하지만 그런 것도 이제 다 소용없어. 그녀는 나에게 2년만 기다려 달라고 했지만 난 단호하게 거절했었지──결혼문제라면 빨리 해치우든지 아예 없었던 일로 해야 한다고.

그런데 테오, 《보바리 부인》을 읽었니? 신경발작으로 죽은 보바리의 첫부인을 기억하니? 이번 경우도 그와 비슷하지만, 베헤만 양은 독을 마셨으니 더 심각해. 우리가 조용히 산책할 때 그녀는 "지금 이대로 죽으면 좋겠어요"라는 말을 자주 했었어. 그런데 나는 그 말을 심각하게 생각한 적 없었지.

그런데 어느 날 아침, 그녀가 쓰러진 거야. 나는 그저 몸이 좀 약해졌나보다고 여겼지. 하지만 상태는 점점 나빠질 뿐이었어. 경련이 계속되고, 말을 못하며, 뭐라고 중얼거리기는 하는데 절반밖에 알아들을 수 없었어. 그리고 계속 경련을 일으키더니 축 늘어져버렸단다. 상당히 비슷하지만, 신경발작과는 달랐어. 나는 문득 이상한 생각이 들어 물었지. "혹시 이상한 걸 마셨나요?" 그녀는 외쳤어. "그래요!"

나는 재빠르게 움직였어. 그녀는 아무에게도 말하지 말아달라고 나에게 부탁했지. 나는 말했어.

"알겠습니다. 당신이 원하는 대로 뭐든지 맹세하겠습니다. 다만 마신 것을 당장 토해낸다는 조건입니다──손가락을 목구멍 깊숙이 넣어 토하세요. 그러지 않으면 사람을 부르겠습니다."

오, 그 다음은 너도 상상될 거야. 토해낸 것은 절반뿐이었어. 나는 그녀를 데리고 그녀의 오빠 루이*1를 찾아가 자초지종을 설명하고, 그녀에게 구토제를 먹이라고 말한 다음, 에인트호번의 반 델 로 의사에게 급히 달려갔지.

그녀가 마신 것은 스트리크닌이었어. 하지만 아주 조금 마셨던지, 아니면 아마 마취제로 함께 마신 클로로포름이나 아편 팅크가 스트리크닌 해독제가 된 모양이야. 어쨌든 그녀는 의사가 처방한 해독제를 곧 마셨어.

---

*1 다마스크 직물공장을 경영하며 방직공들에게 일거리를 제공해 주었다. 방직공들이 주로 집에서 베틀을 가지고 일하는 가내수공업이었다. 목사관 근처에 이런 집들이 많았으며, 고흐는 그들을 방문해 그림그리는 것을 좋아했다.

이 일은 그녀, 오빠 루이, 너, 반 델 로 의사, 그리고 나 말고는 아무도 몰라. 그녀는 곧장 위트레흐트의 어느 병원으로 옮겨졌어. 그녀는 일자리를 구하러 잠시 떠나 있다고 해두었지. 그녀로 말미암아 대체 어떤 여행이 시작될까? 그녀는 완전히 회복될 수도 있어. 하지만 앞으로 오랜 동안 신경장애가 계속되지 않을까 너무 걱정스러워——중증일지 경증일지, 어떤 식으로 나타날지! 하지만 지금 그녀는 제대로 간호받고 있단다.

이번 사건으로 내가 얼마나 충격받았을지 너는 이해하겠지? 엄청난 공포였어, 테오. 그 일이 벌어졌을 때 우리는 단둘이 들판에 있었단다. 하지만 다행히 적어도 이제 독극물의 영향은 없어.

고상한 사람들이 평생 중요하게 생각하는 사회적 지위란 대체 무엇일까?——그런 종교란 과연 뭘까? 오, 다 소용없는 것이야. 그런 게 사회를 일종의 정신병원으로 만들어버리지. 잘못된, 거꾸로 된 세상으로 만들고 말아——오, 그 신비주의가!

며칠 동안 얼마나 많은 상념이 내 머릿속을 돌아다녔는지, 이 슬픈 이야기에 얼마나 마음 빼앗겼는지 너는 이해하겠지. 이런 일을 벌였다가 한 번 실패했으니 이제 그녀도 겁먹었을 테고, 다시 쉽사리 그런 시도를 하지는 못할 거야. 자살의 실패는 미래의 자살을 방지하는 가장 좋은 약이지. 하지만 그녀가 장티푸스나 뇌염 같은 것에 걸린다면, 그렇다면…… 하지만 처음 며칠 동안 그녀의 몸 상태는 아주 좋았어——다만 나는 어떤 후유증이 남지 않을까 걱정돼.

테오, 나는 이 일로 큰 충격을 받았어.

안녕, 답장바란다. 여기서는 아무에게도 이야기하지 않았단다. 잘 있어.

빈센트

덧붙임 : 너는 보바리의 그 첫부인을 기억하니?

고흐가 테오에게 378
1884년 10월 무렵 ①

친애하는 테오
편지 고맙다, 함께 보내준 것도. 내 말을 들어봐. 네 말은 모두 무조건 옳아. 소문에 대해서는, 나는 전보다 좀더 능숙하게 대처할 준비가 되어 있어.

아버지 어머니가 이곳을 떠날*¹ 걱정은 전혀 없어. 얼마 전에 초청장이 오긴 했지만, 아버지 어머니는 떠나시기는커녕 잘 대처하면 이곳에서 지위를 더 굳건히 할 수 있을 거야.

나에게 "어쩌다 그녀와 사귀게 되었느냐?"고 묻는 사람들이 있어──이것이 하나의 사실이야. 그녀에게 "어쩌다 그와 사귀게 되었느냐?"고 묻는 사람들이 있지──이건 두 번째 사실이야. 그녀도 나도 너무 침통하고 기분좋지 않아. 하지만 우리 둘 다 후회 따위는 안해. 그녀가 나를 사랑하는 건 굳게 믿어. 분명 알고 있지. 내가 그녀를 사랑하는 것도 믿어. 스스로 분명히 알고 있거든. 진심에서 우러나오는 사랑이야. 동시에 어리석은 사랑이기도 하지만.

그럴지도 몰라, 네가 그렇게 생각한다면. 하지만 어리석은 짓을 결코 하지 않는 현명한 사람들은 내가 그들 눈에 그렇게 비치는 이상으로 내 눈에 더 어리석어 보인단다. 이것이 너와 다른 사람들 논법에 대한 내 대답이야. 이렇게 말하는 것도 설명수단으로서지, 적의나 악의는 전혀 없어.

너는 옥타브 무레*² 가 좋다고 했지? 네 자신이 그와 닮았다고도 했어. 나는 지난해부터 제2부를 읽고 있는데, 제1부보다 제2부의 그가 훨씬 마음에 들어. 요즘 나는 누군가가 《여인들의 행복백화점》이 졸라의 진가를 크게 높여주지는 못할 거라고 하는 말을 들었어. 하지만 나는 거기에 아주 위대한 최고의 것이 들어 있다고 생각해.

너는 겨우 1년 반쯤 전 부르동클 쪽으로 옮겨갔지. 너는 그냥 '무레' 쪽에 있는 편이 나으리라는 게 내 의견이었고, 지금도 변함없어. 그 두 경우의 차이는 아주 커──분명 정반대일 만큼 다르지.

그건 그렇고 여성에 대한 신뢰, 그리고 우리에게 그녀들이 필요하고 사랑해야 한다는 생각에는 아마도 네가 생각하는 이상으로 나는 무레 쪽에 기울어 있어. 무레는 말하지. "우리 종업원들은 고객을 사랑합니다." 이 말을 부디 생각해봐──'식어버렸다'는 네 말을 내가 유감스러워했던 걸 떠올려봐.

내가 기조 풍이라고 이름붙인 것의 영향에 대해 했던 엄중한 경고를 전보다 더 강력하게 말하고 싶어. 왜냐고? 그건 결국 진부해질 테니까. 나는 네가 진

---

*1 아버지가 옛부임지인 헤르포르트로 다시 돌아갈 가능성이 있었다.
*2 옥타브 무레는 졸라의 《여인들의 행복백화점》에 나오는 주인공. 노동조건을 개선하면서 사업을 확장하는 백화점 경영자.

부해지는 것을 보고 싶지 않아. 너를 너무 사랑했으니까. 지금도 깊이 사랑하고 있어서, 네가 무감각해지는 걸 차마 볼 수 없지. 물론 쉬운 일은 아니야. 나도 잘 알아. 내가 너에 대해 너무나 모른다는 것도 알아. 어쩌면 내 착각일지 모른다는 것도 알지. 하지만 아무튼 너의 무레를 다시 한 번 읽어봐.

나는 무레와 내 소망의 차이에 대해 말했지만, 경향은 비슷해. 바로 이거야. 무레는 현대의 파리 여성을 숭배해. 그건 좋아. 하지만 밀레와 J. 브르통은 같은 정열을 시골아낙에게 바치지. 이 두 정열은 똑같은 하나야. 여자들이 어두컴컴한 방에 있는 모습을 졸라가 묘사한 것을 읽어봐──대부분 이미 서른을 지나 쉰에 가까운 여자들이 있는 어둡고 신비로운 방. 나는 아주 멋진 장면이라고 생각해. 참으로 장엄하지. 그런데 나에게 똑같이 장엄한 건 밀레의《만종》이야. 이 역시 어두스름함과 무한한 감동──또는 룩셈부르크에 있는 J. 브르통의 그 한 사람 인물상, 또는 그의《샘》 등.

너는 내가 절대 성공하지 못할 거라고 말할지도 몰라. '승리'나 '패배'는 문제되지 않아. 어떤 경우를 불문하고 사람에게는 감동이 있고, 행동이 있지. 그리고 그것은──사람들이 보는 것, 말하는 것 이상으로 같은 하나란다.

문제의 그 여성 일은 어떤 결과로 끝날지 나도 모르겠어.[1] 하지만 그녀도 나도 앞으로 결코 어리석게 행동하지 않을 거야.

내가 걱정하는 건, 그 낡은 종교가 얼음 같은 냉혹함으로 그녀를 꽁꽁 얼려버리지 않을까 하는 점이야. 그 때문에 이미 한 번, 오랜 과거에 그녀는 거의 죽다 살아났었지. 벌써 몇 해 전 일이지만.

오, 창시자는 숭고했지만, 지금의 나는 그리스도교 편이 아니야──나는 그리스도교의 속사정을 지겨울 만큼 봐왔어. 나도 청년기에는 이것 때문에, 이 얼음 같은 차가움 때문에 최면술에 걸렸었지──그 뒤 복수를 해왔어. 어떤 식으로? 그 신학자들이 죄라고 부르는 사랑을 숭상하고, 창녀를 존중하고, 신앙심깊고 존경스러운 숙녀를 자처하는 사람들은 존중하지 않음으로써.

한쪽 당파에서 여자들은 늘 이단이고 악마 같은 존재지. 그렇지만 난 그 반대란다. 안녕.

너의 빈센트

─────────
*1 얼마 뒤, 그들은 결국 친구 사이로 남기로 한다. 5년 뒤 고흐는 '그녀는 내 기억 속에서 여전히 사라지지 않고 있어'라고 테오에게 써보낸다.

[옥타브 무레가 한 말에서 가져온 글.]

무레가 말했다. "자네가 스스로 강한 사람이라고 생각한다면, 그건 자신이 어리석음도 고통도 싫다고 말하는 것과 마찬가지네. 좋아, 그렇다면 자네는 그냥 인심 좋은 사람 말고는 아무것도 아니네."

"자네는 사는 게 즐겁나?"

무레는 무슨 뜻인지 이해되지 않는 표정이었지만, 의미없는 어리석은 행동이며 인생에 도움되지 않는 시련에 대해 전에 두 사람과 대화했던 일을 떠올리고 대답했다.

"물론 그리 대단한 인생을 살지는 않았지…… 오, 비웃지 말게. 사람이 고통받다가 죽는 건 한순간이야."

"나는 그녀를 원해. 나는 그녀를 내 손에 넣을 거야…… 그녀가 나에게서 달아난다면, 그 상처를 치료하기 위해 내가 어떤 묘수를 쓸지 잘 보게. 무슨 말인지 이해되지 않는 모양이군. 그러면 행동 안에 복수가 들어 있다고 말하면 알아듣겠지? 행동하고, 창조하고, 사실에 맞서 싸우고, 그것을 거꾸러뜨리고, 또 거꾸러지는 것, 모든 기쁨, 모든 인간의 건강이 거기에 있다네."

"기분을 달래는 간단한 방법이군." 상대가 중얼거렸다.

"그래. 난 기분을 달래는 게 좋아…… 어차피 죽는다면, 지겨워하며 죽기보다 열정에 불타 죽는 게 낫지."

덧붙임 : 결과가 어떻게 되든, 굳이 이런 이야기를 하는 건 나뿐만이 아니야. 그녀도 마찬가지지, 본능적으로. 처음부터 나는 그녀에게서 그런 자존심을 보았거든.

다만 그녀에게 안된 일이지만, 그녀는 어려서 맛본 절망감 속에 그대로 남겨져버렸어. 케케묵은 신앙심에 빠진 가족들이 그녀의 적극적인, 그 훌륭한 천부적 소질을 가두어야 한다고 여겨 그녀를 한없이 소극적으로 만들어 그녀는 그대로 절망에 빠지고 말았어. 만일 가족들이 어린 그녀를 억압하지 않았다면! 또는 이번처럼 대여섯 또는 그 이상의 여자들이 그녀 한 사람을 상대로 덤벼들어 다시 자포자기하게 만들지 않고 그대로 두었다면 좋았을 텐데! 그런 여자들의 책모가 어떤 것인지 도데의 《전도사》를 읽으면 알 수 있어. 그녀들 경우와는 다르지만, 비슷해.

오, 테오, 어째서 내가 태도를 바꿔야 하지?——예전의 나는 소극적이고 얌전하며 조용하게 살아왔어——지금은 그때의 내가 아니야. 또 나는 어린아이도 아니지——때로 나는 나와 내 몸을 의식해.

마우베를 예로 들면, 어쩌다 그는 그렇듯 툭하면 화내는 성격이 되어버렸을까? 나는 아직 그와 같은 지위에 이르지 못했지만, 지금보다는 나아질 거야.

활동적이고 싶다면 실수를 두려워하면 안돼. 몇 가지 실수를 계속하는 것을 두려워해선 안돼. 더 나아지겠다며 나쁜 경험을 피하고 그걸로 만족하는 사람이 많아——하지만 그건 거짓이야. 그건 거짓이라고 너도 전에 말했었지. 침체로의 길이고 진부한 길이야.

멍하니 이쪽을 응시하는 새하얀 캔버스를 보면 물감을 칠해버려. 텅 빈 캔버스가 쳐다보면 얼마나 옴짝달싹못하게 되는지 너는 몰라. 놈은 화가에게 말하지. '너는 아무것도 못한다.' 그 캔버스에 달린 응시하는 백치의 눈이 화가들에게 최면걸어 이번에는 화가들이 백치가 되어버린단다. 화가들은 대부분 텅 빈 캔버스를 두려워해. 하지만 이 텅 빈 캔버스는 '너는 아무것도 못한다'는 최면에 맞서 그 주술을 깨버리는 열정적인 진정한 화가를 두려워하지.

인생도 텅 빈 캔버스처럼 아무것도 그려지지 않고, 무의미하며, 인간을 무기력하고 절망케 하는 공백을 인간에게 늘 향하고 있어. 하지만 인생이 무의미하고 허무하며 죽은 양상을 보이더라도 신념있는 사람, 활기찬 사람, 열정적인 사람, 그리고 뭔가를 깨우친 사람은 그런 것에 현혹되지 않아. 그 사람은 그 안에 들어가 파악하고, 행동하고, 끝까지 추구해. 요컨대 그 사람은 깨부수고, '모독한다'고 그들은 말하지. 멋대로 지껄이라고 해, 그 냉혹한 신학자들!

테오, 그녀는 가엾은 사람이야. 그녀는 자신의 나이, 그리고 간장과 담낭에 병을 앓고 있다는 사실을 몹시 부담스러워해. 그런데 감정의 동요가 그것을 더 심하게 만들지. 하지만 우리가 무엇을 하고 또 할 수 없는지는 앞으로 분명해질 거야. 나는 아주 훌륭한 의사노릇 말고는 아무것도 하지 않을 거야. 그러니 그녀에게 나쁠 일은 하나도 없지.

우리의 길이 언젠가 같은 지점에서 만나게 되면 상당한 의견 차이가 생길지도 모르므로 말해두고 싶은데, 네가 내 잘못을 비난하는 상황에서 너에게 의

존하는 건 내가 바라는 바 아니야. 앞으로 어떤 시도를 할지 아직 정하지 못했지만, 아무튼 여기에 머무는 일은 없을 거야──어디로 갈지가 문제지만.

파리로 가는 데 네가 찬성하리라고는 생각지 않아. 네가 내 작품을 팔아주기를 거부하는데 내가 뭘할 수 있겠니? 하지만 나는 지금처럼 있을 수 없어. 만일 그런 건 네 체면을 깎아내리는 행동이라는 취지를 네가 편지로 완곡하게 전해 왔다면, 나도 그런 생각은 하지 않았을 거야. 하지만 지금은 네 문제에 매달려 있을 수 없어. 나는 내 힘으로 어떻게든 헤쳐나갈 기회──단지 기회에 불과할지라도──를 확실한 후원──결국은 좀 거북스러운──과 바꾸고 싶지 않아. 너한테 돈을 계속 받음으로써 내가 그림을 팔 기회를 잃고 있다는 걸 안 이상, 우리는 그만 갈라서야 해.

당연한 일이라고 너도 생각지 않니? 앞으로 몇 년 동안 내 작품에 대해 아무것도 할 수 없다는 네 말을 들으면, 나는 이런 생각이 들어. 즉 네가 그토록 강경한 태도를 유지하고 싶다면, 나도──열심히 작업해도 결국 하나도 못 팔고 있으니까──이렇게 말하지 않을 수 없어. "테오, 25굴덴이 더 필요한데 임시로 융통해 주겠니?" 그런데 그건 확실히 불가능하며, 너의 강경한 태도와 모순된다는 느낌이 들어.

이 점에서 너는 상당히 모순적이야. 너에게 작품을 보낸 뒤 나도 조금은 벌수 있도록 신문사에 삽화 일자리를 알아봐줄 수 없느냐고 부탁했지. 그런데 대답이 없어. 너는 손가락 하나 까딱하지 않아. 그러면서 "아무래도 돈을 변통할 수 없어"라고 말하는 건 용서받지 못하지. 지금까지는 그랬어. 아무튼 이대로 계속 있을 수는 없어.

한 가지 더 말하겠는데──앞으로는 내가 뭘 할지, 너에게 찬성인지 아닌지 묻지 않겠어. 이제 서로에게 배려는 없어. 내가 파리로 가고 싶어지면, 너에게 의견을 묻지 않을 거야.

빈센트

고흐가 테오에게 379
1884년 10월 무렵 ②

친애하는 테오

지난번 편지는 그런 식으로 쓸 수밖에 없었어. 하지만 알아주기 바라는데,

너와 나 사이의 다른 점은 우리 자신의 책임이라기보다 숙명이라는 생각이 언제나 든다는 거야. 아버지와의 다른 점도 마찬가지고.

얼마 뒤 들라크루아의 작품전이 열린다고? 반가운 소식이야—너는 거기에서 《바리케이드》*1를 보게 될 테지만, 나는 들라크루아의 전기를 통해서만 알뿐이지.

그 작품이 그려진 건 1848년이었을걸. 드 르뮈였던가 아니면 도미에의 작품 가운데 마찬가지로 바리케이드를 표현한 1848년의 석판화를 너도 알지? 너와 내가 1848년이나 그 비슷한 시기에 살았다고 상상해 봐. 나폴레옹의 쿠데타 때도 그 비슷한 일이 있었으니까. 비꼬려는 게 아니야—그럴 의도는 전혀 없어—다만 우리 사이에 발생한 다른 점이 사회의 전반적 조류와 얼마나 연관되어 있는가를 너에게 분명하게 보여주려는 것이지, 의도적으로 비꼬아 하는 말은 절대 아니야.

저 1848년이라는 시기를 예로 들어볼게. 그즈음 서로 대립했던 사람들 가운데 전형적인 인물은 누구일까?

한편으로는 루이 필리프의 대신 기조가 있고, 다른 한편으로는 미슐레와 키네, 그리고 학생들이 있어. 기조와 루이 필리프부터 볼까—그들은 악인이었을까? 아니면 전제적이었을까? 전혀 그렇지 않아. 내가 보기에 그들은 아버지며 할아버지며 구필 노인 같은 사람들로 지위 차이 말고는 같은 정신, 같은 성격을 가졌어.

이것은 내 착각일까? 이들은 외모도 매우 존경스럽게 생긴 진정으로 성실한 인물이지—하지만 좀더 가까이에서 날카롭게 관찰하면, 그들에게는 기분나쁠 만큼 음울하고 따분하고 무기력한 면이 있어. 지나친 말일까?

키네, 미슐레, 위고 같은 사람들은 동지들과도 또 대립자들과도 상당히 달랐잖니? 그래, 하지만 겉으로만 보는 사람들은 그렇게 말하지 않겠지. 나도 전에는 기조의 책이 미슐레의 책처럼 똑같이 훌륭하다고 생각했었어. 하지만 이해가 깊어갈수록 그 차이점이 눈에 띄고, 더 강한 대립이 발견되었지. 요컨대 한쪽은 시간이 지날수록 흐릿하게 사라져가고, 반대로 다른 한쪽은 무한하게 남아 있어.

---

*1 민중을 이끄는 자유의 여신, 또는 《1830년 7월28일》을 가리킴.

그 뒤로 많은 일들이 일어났지. 만일 너와 내가 그때 살아 있었다면 너는 기조 편, 나는 미슐레 편이었을 거라고 생각해. 그리고 우리 둘 다 우울한 기분으로 한결같은 입장을 지키며 서로 정면에서 대립하는 적으로, 이를테면 바리케이드를 경계로 너는 정부군 선두에, 나는 혁명군 또는 반역의 무리 편에 섰을 거야.

이 1884년——우연히 같은 숫자가 순서만 바뀐——에 우리는 다시 서로 대립하고 있어. 지금 분명 바리케이드는 없어. 그렇지만 의견이 다른 사람들은 여전히 존재하지. '풍차는 이제 없다. 하지만 그곳에 지금도 바람이 분다.'

그리고 생각하는데, 우리는 서로 대립하는 다양한 진영에 속해 있어——어쩔 수 없는 일이야. 그리고 좋든 싫든 너도 나도 앞으로 나아가야 해. 하지만 우리는 형제니까, 이를테면 서로 쏘아죽이는——비유적 의미에서——일은 피해야 하지 않겠니? 다만 우리는 같은 진영에 나란히 선 두 사람처럼 서로 협력하는 일은 불가능해. 안돼. 서로 다가가면 포화가 닿는 범위에 들어가거든. 이런 심술궂은 말은 내 형제인 너를 노린 총알이 아니라, 네가 지금 속한 당파 전체를 겨냥한 말이야. 너의 고약한 말도 의도적으로 나를 노린 거라고는 생각하지 않아. 하지만 너는 바리케이드를 향해 쏘고 있으며, 그 일로 공적을 세우고 있다고 착각해. 그리고 나는 분명 그곳에 있지.

이 점을 잘 생각하기 바라. 너도 여기에는 강하게 반대하지 못할 거라고 여기니까. 나는 있는 그대로의 사실이라고 믿는 것밖에 이야기할 수 없어. 전에는 네가 방향을 바꿔 나와 같은 편에 서기를 기대했지만, 이제는 우리가 결정적으로 서로 대립된 진영에 저마다 들어가버렸다고 느껴져. 아마 너도 내 마음이 바뀌어 네가 있는 편에 안착하기를 기대했을지도 몰라. 그런데 테오, 난 그럴 마음이 없어. 나는 네 진영을 향해 쏘지 않을 수 없단다——그렇지만 너에게 명중하지 않도록 애쓰고 있지. 너도 우리 진영을 향해 쏘지 않을 수 없을 때 나처럼 같은 노력을 해줘.

내가 비유적으로 말한 것을 이해해 주면 좋겠구나. 너도 나도 정치에는 손대지 않았어. 하지만 우리는 세계 안에, 사회 안에 살고 있으며 사람들 계급은 저절로 무리를 이루지. 구름이 제멋대로 이쪽의 뇌우가 되었다가 또 저쪽의 뇌우가 될 수 있겠니? 멋대로 양전기를 띠거나 음전기를 띠거나 할까? 하지만 사람들이 구름이 아닌 것도 사실이야. 개인으로서 인간은 인류가 구성하는 전체의 부분을 이루고 있어. 그런 인류 속에 당파들이 존재해. 인간이 어떤 당파에 속할 때, 또는 그와 대립하는 당파에 속할 때 얼마나 본인 의지에 따를까, 아니면 어느 정도 숙명에 의할까?

어쨌든 그때는 48년이었고, 지금은 84년이야. '풍차는 이제 없지만 거기엔 지금도 바람이 불고 있어.' 너는 네가 실제로 어디에 속하는지 너 자신을 위해 알려고 노력해 줘. 내가 나를 위해 그것을 알려고 노력하는 것처럼. 안녕.

빈센트

덧붙임 : 바로 얼마 전, 20굴덴에 데생이나 유화 스케치를 그려달라는 의뢰를 받은 일 있었어. 주문을 받았지만, 그 뒤에 간접적으로 나에게 돈을 주려는 '마호트 베헤만'의 의도가 있지 않나 짐작했지. 알고 보니 이 추측이 맞았어. 나는 돈을 단호히 거절하고, 데생은 약속대로 보냈단다. 돈이 궁할 때 거절하기란 쉬운 일이 아니지. 하지만 그 정도 돈은 임시방편에 지나지 않으므로 거절한 거야.

임시방편—뭔가 더 좋은 방법은 없을까? 나는 분명 있으리라 믿어—너를 위해, 나 자신을 위해, 다른 많은 사람들을 위해, 나는 더 넓고 새로운 구매층을 만드는 법을 아는 무레 같은 인물을 우리가 미술품 거래세계로 데려왔으면 해. 너는 말하겠지, 테르스티흐가 무레 같은 사람이라고. 그럴지도 모르지만 비록 그렇다 해도 더 많은 사람이 새로운 경력을 쌓아야만 해. 그림구매층을 10배로 늘릴 정당한 이유도 되고, 또 날이 갈수록 필요성이 커지니까.

구태의연한 방식에 따르지 않고 다른 방법으로 사고 파는 무레가 몇 명만 있어도 최고지. 그러면 그림주문이 점점 많이 들어오게 될 거야. 하지만 무레가 하나도 나타나지 않는다면—그때는—상황이 전혀 달라질지도 몰라. 화가들이 오래된 중개자를 거치지 않고 직접 스스로 상설전람회를 열어 거래방식을 새로이 바꾸게 될지도 모르니까. 나는 네가 아직 얼마나 젊은지, 스스로 잘 깨닫고 느꼈으면 해. 젊은이로 과감히 행동하면 돼.

그림그리는 예술가가 아니면, 무레처럼 장사예술가가 되는 거지.

나는—매우 가난한 요즘도, 몇 해만 지나면 물감 등이 훨씬 비싸지더라도 기쁜 마음으로 용감히 맞설 수 있으리라고 생각해. 주문의뢰가 많이 들어왔으면 좋겠어—나를 믿어줘—그림에 싫증나는 일은 결코 없을 테니까—죽을 힘을 다해 하든지 죽든지 둘 중 하나야.

고호가 라파르트에게

1884년 11월

친애하는 라파르트

런던에서 은메달을 수상했다니 진심으로 축하하네. 자네에게 상을 안겨준 유화 《실잣는 여인》에 대해 최근까지 되풀이했던 내 말에 스스로 흐뭇해지는 군. '《실잣는 여인》의 색 배합은 내가 본 자네의 모든 작품 가운데 가장 안정되고 훌륭하다'고 내가 말했잖은가.

어두운 계열 색깔로 작품을 시작해 최대한 그 상태를 유지하는 기법은 독창적이야. 《실잣는 여인》을 작업할 때 자네가 쓴 기법이지. 지난 금요일에 나는 또 한 번 말했어. '이 작품은 놀라운 미덕을 지니고 있다'고.

자네 방문은 내게 좋은 추억으로 남아 있네. 이곳에 자주 올수록 자네는 자연에 더 많은 호감을 갖게 될 걸세.

자네가 떠난 뒤 《물레방아》를 그렸네. 기억할지 모르겠네만, 역 언저리 작은 카페에서 자네에게 조언을 부탁했던 바로 그 주제일세.

모델이 된 물레방아는 우리가 함께 보러 갔던 두 개의 다른 물레방아와 거의 비슷하지. 다른 점이라면 두 개의 빨간 지붕을 이고 포플러나무에 둘러싸여 있다는 정도일까. 가을엔 더 멋있을 걸세.

동생 테오가 성신강림 대축일에 집으로 올 걸세. 잠시 파리를 벗어나 축제 기간에 머물 예정이라더군. 자네 수상소식을 들으면 그도 기뻐할 걸세.

안녕히. 곧 긴 편지를 보내겠네. 믿음을 다하여.

빈센트

고호가 테오에게 400

1885년 4월 13일 무렵

친애하는 테오

어제 받은 등기우편과 동봉된 것, 정말 고맙다. 그래서 바로 답장쓰는 거야. 최신 습작을 대충 스케치해 1점 보내는데, 지난번 그림보다 더 정확히 그려졌어. 이 습작은 예정대로 완성할 수 없었지. 사흘 동안 새벽부터 밤까지 쉬지

▲교회관리인 샤프라트의 집   방 두 개를 빌려 아틀리에로 사용했다.

않고 칠했는데, 물감이 완전히 마르지 않아 토요일 저녁에 더이상 덧칠할 수 없는 상태가 되었단다.

오늘은 작은 석판용 돌을 주문하러 에인트호번에 다녀왔어. 이 그림은 내가 다시 시작하려는 석판화 시리즈의 첫작품이 될 거야. 네가 집에 왔을 때 구필 상회에 인쇄를 맡기면 비용이 얼마나 드느냐고 묻자 100프랑이라고 대답했었지? 그런데 요즘은 잘 하지 않는 평범한 구식 인쇄방식이면——아마 에인트호번에서라면——훨씬 쌀 거야. 나는 석판사용료, 석판연마비, 종이, 50장 인쇄에 드는 비용 등을 3굴덴으로 끝낼 거야. 나는 농민의 삶을 주제로 한 시리즈, 요컨대 '실내의 농민들'을 제작하려고 해.

오늘은 한 지인——그가 작은 수채화 인물상을 처음으로 너에게 보여줬었지 ——과 함께 몇 시간 동안 멋진 산책을 했어. 브르타뉴, 캇베이크, 보리나주 등에서 더 감동적이고 극적인 자연을 볼 수 있다고 말하고 싶지 않아. 이곳의 히스 들판과 마을들도 매우 아름다워. 일단 와 보면, 농민생활의 모티브가 무진장 눈에 들어오지. 문제는 잘 포착해서 그리는 것이야.

나는 수채화와 데생을 그리고 싶은 욕구에 다시 강하게 사로잡혔어——내 아틀리에에서 그 작업으로 밤을 보낼 수 있겠지.

네가 100프랑 보내주어 정말 기뻤어. 전에도 말했듯, 이 돈은 꼭 필요했단다. 외상을 다 갚았지——정말 걱정했었는데. 독촉받은 건 아니지만 그 외상 때문에 그들이 힘들어하는 걸 알고 있었거든. 그 때문에 유산분배 때 싫더라도 내 몫을 주어야 한다고 말하려 편지하는 거야. 어쨌든 이번 일은 잘 해결되었어. 다만 올해가 아주 어려우리라는 건 확실해.

"나는 고통을 없애려는 생각은 하지 않는다. 예술가에게 그 진가를 가장 잘 발휘하게 하는 것은 때로 이 고통이니까." 밀레의 이 말을 나는 자주 떠올려.

5월1일쯤 이사할 생각이야.[*1] 물론 어머니며 여동생들과 잘 지내고 있어. 그러는 게 가장 좋다고 여기고, 또 그런 것 같아——라고 말하는 건 계속 함께 살다간 견딜 수 없어질 것 같아서야. 그것이 가족들 때문이거나 나 자신 때문이라고 말할 생각은 없어. 어떤 사회적 입장을 지키려는 사람들과 그런 걸 개의치 않는 농민화가의 생각이 다르기 때문이지.

농민화가를 자처하는 건 사실이기 때문이야. 너도 곧 분명히 알게 될 테지만, 그렇게 불리면 나는 마음 편안해져. 광부들이며 이탄캐는 농부들이며 방직공들 또는 농민들 집의 불 옆에서 생각에 잠겨——작업 때문에 생각할 여유가 없을 때는 다르지만——보낸 밤들도 헛되지 않았어. 농민의 삶을 하루 종일 관찰하면서 나는 완전히 마음 빼앗겨 다른 생각은 거의 떠오르지 않아.

여느 사람들의 풍조——네가 그 전람회 때 감상할 기회 있었던 밀레 작품에 대한 무관심——는 예술가들에게도, 그 그림들을 팔아야 하는 사람들에게도 도움되지 않는다고 너는 말했지. 나도 동감이야. 하지만 밀레는 알고 있었어. 상시에의 책을 읽을 때, 나는 밀레가 신출내기 시절에 했던 말에 감동받았어. 정확히 기억나지는 않지만, "그것——그런 무관심——은 만일 내가 멋진 구두를 갖고 싶고 신사생활을 원한다면 아주 성가실 것이다. 하지만 '나는 나막신을 신고 행동하니 어떻게든 헤쳐나갈 수 있으리라'"는 것이었어. 그리고 결과는 그대로 되었지.

그러니까 내가 절대 잊고 싶지 않은 건 '나막신을 신고 행동하는 게 중요하다'는 말——즉 먹고 마시고 입고 잠자는 것에서 농민들이 만족하는 그대로 따

[*1] 고흐는 교회관리인 샤프라트 Schafrat네 집의 방 두 개를 빌려 아틀리에를 옮겼다. 가족들과 함께 지내는 시간을 줄이기 위해서였다. 그곳에서 그는 3명의 학생들에게 정물화 그리는 법을 가르쳤다. 그 작업실에는 그림도구와 그림들이 여기저기 뒤죽박죽 놓이고 선반 위에는 새둥지, 구석에는 농기구, 방 한가운데에는 재가 그득 쌓인 난로가 있었다. 이즈음 그는 새둥지에 강박적으로 집착해 계속 모아들였다. 가정이라는 '둥지'가 달래주지 못하는 불안감으로부터 벗어나기 위해서였는지도 모른다.

르며 사는 것이지. 밀레는 그것을 실행했고, 그밖의 다른 건 아무것도 바라지 않았어. 내가 보기에 이스라엘스와 마우베처럼 꽤 여유롭게 사는 사람들이 전혀 보여주지 않았던 길을 밀레가 인간으로서 화가들에게 보여준 거야. 다시 말하지만, 밀레는 밀레 아저씨야. 어떤 일에서든 젊은 화가들의 상담자이고 선도자지. 내가 아는 사람들——그들에 대해 그리 잘 아는 것도 아니지만——은 대부분 이런 생각을 받아들이지 않을 테지. 하지만 나는 밀레와 같은 생각을 하며 그의 말을 절대 신뢰해.

내가 밀레의 이런 말에 대해 자세히 이야기하는 까닭은, 네가 도시화가를 찾아가 그린 농민상은 아무리 훌륭하게 그려져도 파리 교외 농민을 연상시킨다고 편지에 썼기 때문이야.

물론 나도 전에는 같은 인상을 받았어. 다만 르파주의 《감자캐는 사람들》은 분명 예외지만. 하지만 문제는 대부분의 화가들이 인간으로서 농민생활에 깊숙이 들어가 있지 않다는 데 있지 않을까? 밀레는 이런 말도 했어. '예술에 자신의 모든 것을 바쳐야 한다.'

밀레와 같은 자질을 갖춘 드 그루도 농민들을 제대로 그렸어. 그리고 국가는 그에게 역사화를 그리게 했지! 그런 그림도 그는 잘 그려냈지만 그 본연의 모습으로 있는 편이 훨씬 훌륭했어. 드 그루가 아직 제대로 평가받지 못하는 건 벨기에 인들의 손실이며 불명예스러운 일이야. 드 그루는 밀레 풍의 훌륭한 대가란다. 그래도 대중은 그를 인정하지 않았고, 아직도 인정하지 않아. 그는 도미에처럼, 타새르트처럼 음지에 놓여 있지만, 그래도 멜러리처럼 다시 그의 방식대로 그리는 사람들도 있지. 얼마 전 나는 잡지에서 멜러리가 그린, 평저선의 작은 선실에 있는 뱃사공 가족——식탁에 모여앉은 남편과 아내와 아이들——그림을 보았어.

대중의 공감에 관해서는——몇 해 전 르낭의 책에서 읽고 아직 기억하며 앞으로도 믿을 텐데——실제로 좋거나 유용한 것을 성취하려는 자는 일반 대중의 찬성과 이해에 의지하거나 원하지 않으므로, 오히려 극소수의 분별력 있는 사람들——때에 따라 공감하고 함께 행동해 줄——에게 기대야 한다고 했어.

〈르 샤 누아르〉*¹의 누군가를 만나면 이 작은 스케치를 보여줘. 그쪽에서

---

*1 〈Le Chat Noir(검은 고양이)〉라는 카바레에서 펴낸 같은 이름의 잡지.

원하면, 더 좋은 그림을 그릴 생각이야. 그건 맨처음 스케치보다 효과와 구도가 더 명확한 표상을 너에게 보여주기 위해 대충 그린 그림에 불과하니까.

안녕. 고마워, 악수를 보낸다.

너의 빈센트

덧붙임 : 이 주제로 내가 직접 석판화를 만드는 건 〈르 샤 누아르〉 사람들에게 말할 필요 없어. 이것은 개인판이니까. 참고로 말하면, 그쪽이 원하더라도 나는 그럴 마음이 없어──그냥 만들고 싶어 직접 제작하는 거니까.

고흐가 테오에게 404

1885년 4월30일 무렵

친애하는 테오

생일을 맞아 진심으로 네 건강과 안녕을 빌어.

그 전에 《감자먹는 사람들》*1 그림을 꼭 보내고 싶었어──아직 완성되지 않았지만. 이 본격적인 그림을 짧은 기간에 완성시키려는데, 대부분 기억으로 그렸으므로 머리부분을 습작하거나 손을 그리는 데*2 올겨울 내내 힘을 쏟아부었단다.

그렇게 그리느라 요 며칠──정말이지 엄청난 격투였어. 하지만 의욕을 매우 자극하는 싸움이었지. 생각대로 완성되지 못하는 게 아닐까 몇 번이나 걱정에 사로잡혔어. 하지만 그리는 일은 역시 '행동하는 것=창조'야.

---

*1 어느날 저녁, 온종일 모티브를 찾아다니다 돌아오는 길에 알고 지내던 농부 그루트 Groot의 초가집을 지나던 고흐는 잠시 쉬려고 안으로 들어갔다. 실내의 어둠에 익숙해지자 식탁 위에 걸린 흐릿한 석유램프 불빛 아래 모락모락 김나는 감자접시를 둘러싸고 다섯 가족이 앉아 있는 모습이 보였다. 그들은 아주 적은 사례비에도 흔쾌히 모델이 되어주어 어머니와 아들, 그리고 딸 고르디나 Gordina를 물감으로 몇 번 그린 적 있었으나, 이렇듯 어두침침한 꽉 막힌 공간에 옹기종기 모여 있는 것을 보자 그는 테르보르흐 풍의 《밤》 한가운데 서 있는 자신을 발견했다. 그는 렘브란트의 빛 사용법을 적용해 인물들의 얼굴과 손을 어둠으로부터 부각시켰다. 이것은 그가 처음으로 그린 대규모 인물화였다.

*2 고흐는 겨울 내내 머리와 손의 습작에 전념해 50여 개의 머리를 그려낸다. 머리와 손은 인물화에서 가장 표정이 풍부한 부분이므로, 계속 그리다 보면 무엇이든 일을 얻는 데 도움되리라고 생각했다. 그즈음 사진술이 대중들에게 큰 인기를 얻고 있어, 그는 사진배경에 색을 칠하거나 실물 경치를 참고해 물감으로 수정하는 일거리를 얻고 싶어했다.

▲《감자먹는 사람들》(1885) 반 고흐 미술관, 암스테르담

▲《감자먹는 사람들》 석판인쇄물(1885) 반 고흐 미술관, 암스테르담

▲《여인의 머리》(1885) 반 고흐 미술관 암스테르담. 모델은 그루트의 딸 고르디나

▲《세 개의 손 스케치》(1885) 반 고흐 미술관, 암스테르담. 두 손은 포크를 들고 있다.

　분명 체비엇 모직*¹이라고 불리는 옷감, 또는 알록달록한 격자무늬가 든 독특한 스코틀랜드 풍 직물을 방직공들이 짤 때, 너도 알다시피 그들은 체비엇에 색깔을 넣어 경계를 흐리거나 회색조를 띠게 하고——알록달록한 격자무늬는 강렬한 색깔들이 너무 현란해지지 않고 서로 균형잡혀 멀리서 볼 때 무늬의 전체적인 효과가 조화를 이루도록 하지.

　빨강, 파랑, 노랑, 칙칙한 흰색과 검정 등을 마구 섞어서 짠 회색 바탕——초록, 오렌지 색, 빨강 또는 노란 실을 섞은 파랑——은 무늬없는 한 가지 색깔과는 전혀 달라. 더 가득찬 느낌을 주고, 그에 비하면 섞이지 않은 색은 딱딱하고 차갑고 생기없지.

　방직공들 또는 무늬와 색을 조합하는 디자이너들로서는 천을 짜는 실의 수를 계산하고 그 방향을 정확하게 정하는 건 쉬운 일이 아니야——붓질로 전체의 조화를 이루어내는 게 쉽지 않은 것과 마찬가지지.

　내가 누에넨에 온 얼마 뒤 그린 습작과 지금 그리는 그림을 나란히 놓고 비교하면, 색채에 활기가 생긴 점을 너도 인정할 거야.

　몇 가지 색을 섞어 색조가 달라지게 하는 문제는 너도 언젠가 고민하게 될 거야. 미술품을 감정해 평가하는 사람들은 자신의 일에 확신과 설득력을 가져

―――――――――
＊1 영국 잉글랜드의 체비엇 구릉지대Cheviot Hills 주변이 원산지인 블랙페이스 종 양모로 짠 트위드 천. 신사복 등에 쓰인다.

야 한다고 생각하거든. 너 자신의 즐거움은 물론 네 논거를 갖게 되기 위해서
도 그렇게 해야 해. 특히 너 같은 경우 때로 미술품을 더 잘 알고 싶어 의견을
청해오는 사람들에게 짧게 설명할 줄 알아야 하니까.

포르티에*¹에 관해 좀 해둘 말이 있어. 물론 나는 그의 개인적 의견에 전혀
무관심하지 않고, 그가 한 번 내뱉은 말은 결코 철회하지 않는 점을 높이 평가
해. 또 그가 내 최초의 습작들을 전시하지 않은 걸 알고도 나는 전혀 개의치
않아. 하지만 앞으로는 만일 그가 내 그림을 원할 경우 가게에 전시하는 조건
으로만 보낼 테야.

《감자먹는 사람들》──금색 액자에 넣으면 돋보일 그림이야. 무르익은 보리처
럼 짙은 색 벽에 걸어도 마찬가지겠지. 이 그림은 그런 틀 없이 감상하면 안돼.
어두운 배경에 걸면 그림이 죽고, 칙칙한 배경은 특히 좋지 않아. 이 그림은 아
주 짙은 회색 실내를 그렸으니 현실의 광경도 금색 액자에 끼워진 것과 같지.
감상하는 사람 가까이에 난로가 있고, 그 불이 하얀 벽에 희미하게 비치며, 지
금은 그것이 그림 밖으로 비어져 나왔지만, 현실에서는 그 불빛이 모든 것을
뒤쪽에서 비추어준단다.

거듭 말하지만, 이 그림은 깊은 금색으로 두르거나 황동색을 주위에 놓아
야만 돼. 네가 이 그림을 저대로 감상하고 싶으면 이 점에 유의하렴.

금색을 옆에 배치함으로써 네가 상상도 못한 부분에 빛이 주어져 칙칙한 색
이며 검은색 배경에 놓일 때 생길 얼룩덜룩한 그림자를 피할 수도 있지. 그늘
은 파란색으로 그려, 그 때문에 금색이 여기에 생기를 불어넣어준단다.

어제 나는 유화를 그리는 에인트호번의 한 지인에게 이 그림을 가져갔어.
사흘쯤 뒤 다시 가서 달걀 흰자로 그림을 닦아낸 다음 세세한 부분을 완성할
생각이야.

그도 열심히 유화를 공부하며 색을 잘 다루는 법을 연구하고 있는데, 이 그
림을 아주 마음에 들어했어. 내가 석판화로 만든 본디의 습작도 그는 이미 보
았는데, 내가 색채와 디자인에서 이렇듯 향상될 줄 꿈에도 몰랐다고 말했지.
그도 모델을 써서 유화를 그리므로 농민의 머리며 주먹이 어떻게 생겼는지 잘
아는데, 덕분에 다른 방식으로 손 그리는 법을 알게 되었다고 말했단다. 즉 내

---

*1 Alphonse Portier, 1841~1902. 테오와 알고 지내던 그림상인.

가 이 그림에서 강하게 의도했던 건 등불 밑에서 접시에 담긴 감자를 푹 찔러서 먹는 사람들의 손이야. 그들이 직접 땅을 경작했다는 것, 그러니까 이 그림은 손의 노동을 말하고 있어. 또 그들이 정당한 대가로 식량을 얻었음을 사람들이 이해하도록 그리려고 했지. 나는 이 그림이 우리 문명화된 인간들과는 전혀 다른 삶을 떠올릴 수 있도록 의도했어. 나는 모든 사람들이 이 그림을 멋지고 훌륭하다고 생각해 주리라고는 전혀 기대하지 않아.

나는 이번 겨울*[1] 내내 이 직물의 실을 손에 들고 결정적인 무늬를 찾아보았어——지금 이 직물은 거칠거칠한 무늬를 보여주지만, 일정한 법칙에 따라 신중하게 선택된 거야. 이것이 진정한 농민화라는 건 언젠가 분명해질 테지. 이것이 그런 그림임을 나는 알고 있어. 하지만 나른하고 얼빠진 농민을 감상하는 게 더 낫다는 사람은 그러라고 해. 나 개인적으로는 농민을 거친 모습 그대로 그리는 편이 그들에게 틀에 박힌 감미로움을 주는 것보다 긴 안목으로 보아 좋은 결과를 가져다주리라 믿고 있어.

일할 때 입는 누덕누덕 기운 먼지투성이 푸른 치마와 조끼——날씨와 바람과 햇빛으로 실로 미묘한 분위기를 자아내는——를 입은 시골처녀가 내 눈에는 숙녀보다 아름다워. 이 처녀가 숙녀옷을 입는다면 본디의 그녀다움은 사라져버리지. 농민은 일요일에 신사용 코트를 입고 교회에 갈 때보다 능직면 옷을 입고 들판에 있을 때가 더 멋있어.

마찬가지로 농민화를 틀에 박힌 형식으로 그리는 건 잘못이라고 생각해. 농민화에서 베이컨이며 연기며 찐감자 냄새가 난다면 좋을 텐데——결코 불건전하지 않아——가축우리에서 퇴비냄새가 난다면 괜찮지. 가축우리에서는 당연히 그런 냄새가 나니까. 만일 밭에서 무르익은 보리와 감자와 조분석(鳥糞石)과 퇴비냄새가 난다면, 도회인에게 특히 건강한 느낌일걸. 그들도 이런 그림을 보면 뭔가 얻는 게 있을 거야. 농민화에 향수를 뿌려선 안돼. 이 그림에서 네 마음에 드는 점이 있는지 꼭 알고 싶어——마음에 들면 좋겠구나.

---

*[1] 이 무렵부터 고흐는 대형작품 제작을 진지하게 생각하기 시작했다. 그 작품은 크기나 거기에 담길 사상이, 예술가의 '전환기'를 위한 결의에 찬 첫걸음에 어울리는 것이어야 했다. 그리고 머리 습작 시리즈가 직접적으로 그를 그곳으로 이끌었다. '지금 나는 거창하고 정교한 작품 몇 점을 그리려고 구상 중이야. ……이를테면 창을 등지고 역광을 받는 몇몇 인물——빛을 등진 인물, 빛을 받고 있는 인물도 있어. 전신상도 몇 점 그려보았지. 실패를 감고 있거나, 바느질하거나, 감자껍질을 벗기고 있는……'

포르티에가 내 작품을 거래하고 싶다고 말해 온 지금, 단순한 습작이 아닌 좀더 중요한 작품이 완성되어 기뻐. 뒤랑 뤼엘——데생 나부랭이는 팔려고 애쓸 가치도 없다고 여기는 그에게 이 그림을 보여줘. 추악한 그림이라고 생각한다면, 그냥 그렇게 여기도록 내버려둬. 하지만 우리가 온 힘을 기울여 노력하고 있음을 알려주기 위해 이 그림을 그에게 보여주렴.

'정말 형편없는 그림'이라는 말을 들을지도 몰라. 그쯤은 감수해야지. 나도 각오하고 있어. 그래도 우리는 진정한 작업, 정직한 작업을 계속 제공해야 해.

농민 삶을 그리는 건 진지한 일이야. 예술과 인생에 대해 진지하게 생각하는 사람에게 그 내용을 전달하는 그림을 그리려 애쓰지 않는다면, 나는 내 자신을 비난해야 해.

밀레, 드 그루, 그밖의 많은 사람이 마음의 귀감——'더럽다, 불결하다, 진흙 투성이다, 냄새난다'는 비난에 신경쓰지 않고, 만일 그런 말에 현혹된다면 그거야말로 부끄러운 일이라는 마음의 귀감을 보여주고 있지.

농민을 그리려면 자신이 그 가운데 한 사람인 것처럼, 그들과 똑같이 느끼고 생각하면서 그려야 해. 이 세상에 그런 삶밖에 존재하지 않는 것처럼. 나는 이런 생각을 몇 번이나 했단다. 농민들은 어떤 독자적인 세계이며, 여러 시점에서 보아 문명화된 세계보다 훨씬 뛰어나. 물론 모든 점에서 그렇다는 건 아니야. 그들은 예술에 대해, 또는 다른 많은 것에 대해 잘 모르니까.

나는 작은 습작도 몇 점 갖고 있어——하지만 너도 상상되겠지만, 그 대작에 온 힘을 쏟느라 다른 것은 별로 그리지 못했어. 캔버스 천의 물감이 마르는 대로 말아서 작은 상자에 넣어 소품 몇 점과 함께 보낼게. 다음 발송 때까지 너무 오래 걸리면 안되므로 그냥 보내는 거야. 이 그림의 두 번째 석판화는 아마 그 다음으로 미뤄야겠지. 하지만 덕분에 포르티에의 의견은 반영될 거야. 이로써 그가 정말로 우리의 친구가 되면 좋겠어. 그렇게 되기를 진심으로 바라.

이 그림에 너무 열중하여 이사에 대해 거의 잊고 지냈구나. 이사도 잘 해야 될 텐데. 지금보다 덜 고생스럽지는 않겠지. 하지만 이런 장르의 화가들은 모두 어렵게 사니까, 나도 그들보다 편하게 살기를 바라지 않아. 또 그들은 그 어떤 것에도 굽히지 않고 자신들 그림을 그려왔으니, 나도 물질적 결핍이 힘들더라도 두 손 들거나 마음 약해지지는 않겠어. 죽이 되든 밥이 되든.

《감자먹는 사람들》은 잘 마무리될 거야. 너도 알다시피 그림이 완성단계에 이르면 늘 위험에 노출되지. 다 마르지 않았을 때 큰 붓으로 덧칠하면 망칠 위험이 따른단다. 수정은 작은 붓으로 아주 냉정하고 침착하게 해야 해. 그래서 그림을 친구 집으로 가져가 내가 그림을 망치는 일 없도록 잘 감시해 달라고 부탁한 것이며, 그 사소한 작업 때문에 내가 그의 집으로 가는 거란다.

그 그림에 독창성이 있는 건 너도 알아줄 거야. 안녕, 오늘까지 그 그림이 완성되지 않은 건 유감스러워. 거듭 너의 건강과 안녕을 빈다. 악수를.

너의 빈센트

덧붙임 : 오늘은 그때 함께 보낼 습작 몇 점을 아직 그리고 있어. 그 살롱 특집호는 보냈니?

고흐가 라파르트에게
1885년 5월24일

라파르트

방금 자네 편지를 받았네. 놀라움을 억누를 수 없군. 편지를 돌려보내네. 안녕히.

고흐가 라파르트에게 돌려보낸 편지
위트레흐트 1885년 5월24일

나의 벗 빈센트

짧은 소식 반가웠네. 비록 바라던 내용은 아니었지만.

아버님께서 돌아가셨다는 소식[1]은 참으로 뜻밖이었네. 좀더 자세히 사정을 알아보느라 많은 시간이 걸렸고 그만큼 궁금했지. 신문을 대강 읽을 뿐 자

---

[1] 1885년 이른 봄 어느날 저녁 반 고흐 목사는 현관에 쓰러져 의식을 회복하지 못했다. 3월 26일에 그 소식을 들은 고흐는 농부아낙 얼굴 시리즈를 제작중이었다. 그는 동요하지 않았지만 '아버지가 위독하시니 빨리 오렴, 이미 늦긴 했지만'이라고 테오에게 전보를 보냈다. 3월30일, 고흐의 생일에 아버지는 오래된 중세 교회탑 옆 묘지에 안치되었다. 무너져가는 교회탑 복원에 힘쓰던 그에게 알맞은 장소였다. 이 슬픈 일이 있은 뒤 '처음 며칠 동안은 일이 손에 잡히지 않으나' 어쨌든 다시 그림그리는 일로 돌아갔다. 자신이 하고 싶은 대로 행동하며 사람들이 뭐라든 신경쓰지 않는 그의 행동에, 어머니를 돌보기 위해 남아 있던 누이동생 안나가 힘들어하자 그는 집을 떠나 아틀리에에서 생활한다. 얼마 뒤 그의 가족들은 브레다로 이사했다.

누에넨(1883년 12월~1885년 11월) 473

잘한 기사에 주의를 기울이지 않는 터라 〈헷 뉴스 반 덴 닥〉 신문의 알림란도 그냥 지나쳐버렸던 모양이네. 어쨌든 공식적인 부고통지서를 받자마자, 〈쿠랑〉 신문에서 이미 소식을 읽은 친구를 찾아가 자세한 이야기를 전해들었네.

내가 자네 아버지며 가족에게 무관심하다고 여겼나? 그토록 애통한 사연을 알리는 데 어찌 내게 예의갖춘 부고 한 통 보내는 것으로 그치는가? 내가 자네 가족 일에 무관심하다고 생각했다면 완전히 실수한 걸세.

방금 받은 자네 작품*¹에 대해 말하겠네. 이런 작업은 진지하지 못해. 자네에게는 더 훌륭하게 해낼 능력이 있지. 그런데도 왜 모든 것을 이토록 피상적으로 바라보고 처리했나? 왜 움직임을 연구하지 않았지? 지금 상태로는 그저 포즈에 지나지 않네. 뒷배경 여인의 작고 예쁘장한 손에서는 도무지 진실이라곤 찾아볼 수 없구먼! 커피포트와 테이블, 그리고 냄비 손잡이 위의 손은 대체 무슨 관련이 있는가? 냄비도 마찬가지야. 놓여진 것도 들어올려진 것도 아니군. 대체 뭔가? 오른쪽 남자에게는 무릎과 배와 허파를 가지면 안되는 이유라도 있는가? 아니면 그가 등 뒤에 감추기라도 했는지? 그의 팔은 왜 그토록 짧은가? 그는 왜 코를 반쪽만 가져야 하지?

이런 작업을 이야기하려고, 감히 밀레와 J. 브르통의 이름을 들먹이는가? 잘 듣게! 예술은 이 따위로 안일하게 다루어지기에는 너무도 숭고하다네.

안녕히. 여전한 자네의 벗.

라파르트

고흐가 테오에게 411
1885년 6월 첫무렵

친애하는 테오

오늘 그 상자를 보냈어. 《농부들 공동묘지》라는 유화가 1점 더 들어 있지. 세세한 부분은 조금 생략했단다──내가 표현하고 싶었던 건 농민들이 이미 몇 세기 동안 자신들이 살아 있는 동안 끊임없이 일구고 나서 나중에 묻히는

---

*1 《감자먹는 사람들》. 고흐는 이 작품을 석판화로 만들어, 그 아들에게 그림을 가르친 적 있는 한 인쇄업자의 호의로 20장쯤 인쇄했다. 그 가운데 1점을 라파르트에게 보냈다. 자신의 온 마음과 영혼을 쏟아부은 이 작품을 당연히 마음에 들어하리라 믿었기 때문인데, 라파르트는 혹독하게 비평한다. 고흐는 자신의 가장 친한 친구가 미술학교 교사 같은 태도를 보이자 분노와 슬픔을 느낀다.

경작지, 그 폐허가 얼마나 사실적으로 묘사되었는가 하는 것이야. 인간이 죽어서 묻히는 과정이 얼마나 단순하게 진행되는지, 나는 그것을 표현하고 싶었어. 마치 가을에 나뭇잎이 떨어지듯 아주 자연스럽게 진행되지——흙을 얕게 파내고 나무십자가 하나를 세우는 것, 그것이 다야. 주위의 경작지는 교회묘지가 끝나는 지점인 작은 담 너머의 지평선——바다의 수평선처럼——과 맞닿아 그림의 마지막 선을 이루고 있어.

그리고 지금 이 폐허가 나에게 말하는 건 아무리 견고한 반석 위의 신앙이나 종교도 결국은 썩어 없어진다는 것——하지만 농민들의 삶과 죽음은 늘 같은 모습으로 존재한다는 것, 즉 그 교회묘지에 돋아난 풀과 작은 꽃들처럼 싹텄다가 썩어 없어진다는 거야.

'수없이 많은 종교가 생겼다가 사라지지만, 신은 영원히 존재한다.'

이 말을 한 위고도 얼마 전 땅에 묻혔지.

네가 이 2점의 그림을 보고 감명받을지 어떨지! 이끼덮인 지붕의 농가를 봤을 때, 나는 굴뚝새 둥지를 떠올렸어. 아무튼 감상해 봐.

다시 한 번 설명해야겠어——더 확실히 설명할 말을 새로 발견했거든——어째서 지금 너의 견해가 결정적인 신조라는 생각이 들지 않는다고 썼는지, 그리고 왜 또 같은 말을 하는지를.

구필 상회는 그림 이해를 위한 좋은 양성소가 아니야. 화가에 대해서는 더 말할 나위도 없고. 내 생각을 솔직히 말하면——그곳 사람들은 자유롭게 사물을 바라보는 법조차 배우지 못했어.

그들이 누구에게 풍부한 영양분을 주었지? 폴 들라로슈야. 들라로슈가 이미 한물간 인물이라는 건 굳이 말할 필요도 없어——이제 그의 편을 드는 사람은 아무도 없어.

그보다는 낫지만, 몇 번 아주 아름다운 그림을 그렸으나 역시 사라지고 저물어버린 인물은 제롬[1]이야. 그래도 그의 《죄수》와 《시리아의 양치기》는 아주 실감나지. 나도 그 그림들은 아름답다고 생각해. 진심으로 그렇게 여기지. 하지만 대체로 그는 제2의 들라로슈야. 이 두 사람의 가치는 저마다 시대의 틀에서

---

*1 Jean-Leon Gerome(1824~1904)은 그즈음 화단에서 가장 유명했던 화가이자 조각가로 구필 상회 사위였다. 고흐는 초기에 그를 좋아했으나 나중에 비판했다. 그는 동양(東洋)을 주제로 하는 오리엔탈리즘을 화폭에 잘 담아낸 화가였다.

생각하면 똑같단다.

지금 내가 주장하는 것, 맨먼저 가능한 일로 생각되는 것은, 모든 상황이 해가 갈수록 너를 점점 더 싫증나게 만들리라는 거야. 그렇듯 지루한 마음으로 있으면 다른 사람들, 특히 자신에게 나쁜 영향을 주게 되지. 현명한 교훈이 아무리 많아도 악의없이 싫증난 상태, 거기에 좋은 면이나 실제로 도움되는 면이 있다고는 한 번도 생각해 본 적 없어.

30살쯤 되어 다시 자신을 돌아보며 완전히 변하는 사람들이 많아. 이 점을 차분히 생각해 봐──고백하건대 구필 상회에서 내가 미술에 대해 배우고 들은 것에는 어느 하나 진실이 담겨 있지 않았어. 만일 그곳에서 예술평가의 금과옥조로 강조하는 진부한 말, 즉 예전 또는 지금의 들라로슈를 들먹이며 정통파 아닌 화가를 이상하게 보는 태도를 뒤집는다면──다시 말하지만, 만일 그런 논리를 뒤집는다면 사람들은 더 깨끗한 공기 속에서 숨쉬게 될 거야. 요컨대 테오, 어떤 상황에서도, 장사에서도, 그런 흥미진진한 방향전환은 가능하다는 게 세상의 상식이란다.

그런데도 결국 네가 장사꾼으로 계속 살 생각인지 염려하는 건 어리석어. 너는 신경쓸 필요없고 대답하지 않아도 돼. 나는 다만 내 생각을 솔직하게 말할 뿐, 쓸데없는 말싸움을 걸려는 게 아니야.

하지만 거기는──'마법에 걸린 땅'이어서──자유가 없어. 어쨌든 그 작은 상자를 받으면 알려다오. 그림이 마음에 드는지 아닌지도.

내일은 다른 마을로 그림그리러 갈 거야. 역시 농가이지만 크기는 훨씬 작아. 지난 일요일에 어떤 남자아이와 함께 굴뚝새 둥지를 찾으러 갔다가 발견했지. 우리는 새둥지를 6개 찾았어. 그 주변은 분명 보드머가 매우 마음에 들어할 장소야. 그 새둥지는 아기새들이 떠나며 남긴 것들이어서 양심의 가책을 느낄 필요 없었어. 아주 멋졌지. 나는 그밖에도 멋진 새둥지를 몇 개 더 갖고 있단다.

안녕, 곧 편지주렴. 악수를.

너의 빈센트

덧붙임 : 포르티에와 세레에게 보여주기 전에 그림 2점에 모두 바니스를 칠해 주면 고맙겠어. 특히 《농부들 공동묘지》는 지독한 상태가 되어버렸지. 처음에는 전혀 다르게 그렸는데, 그 첫그림이 흔적도 없이 사라져버렸어. 처음 것을

완전히 망쳐버렸으므로 없애고 다시 그렸단다, 다른 각도로 앉아서. 저녁 아닌 아침 일찍 그렸어.

농가를 그린 또 다른 그림은 본디 양치기였어. 지난주 헛간 탁자 위에서 양털을 깎았는데, 나는 그것을 목격했지.

포르티에에게 전혀 다른 그림을 보여줄 수 있게 되어서 기뻐. 머지않아 전신상을 몇 점 보내려고 지금 열심히 데생하고 있어.

이런 시골집——너는 미셸의 모방이라고 말할지도 모르지만, 절대 그렇지 않아——을 그리고 주제를 찾다가 아주 멋진 농가를 몇 채 발견했는데, 굴뚝새 둥지를 연상시키는 이런 '인간둥지'들에서 몇 점 더 건져야겠어. 다시 말해 그것들을 그려야겠어.

오, 의심할 것 없어. 지금 농민을 그리는 일에 흥미있는 사람은 대중——대다수는 아닐지라도, 적어도 질좋은 일부 사람들——을 자기 편으로 만들게 될 거야. 그렇지만, 내가 이달 끝무렵 매우 가난한 상태에 놓일 거라는 사실에는 변함없어. 그런 가난을 겪는 건 농가의 소년도 마찬가지지만 그들은 즐겁게 살고 있지.

지난 일요일에 너도 함께 소풍갔으면 좋았을걸. 나는 완전히 진흙투성이가 되어 돌아왔단다. 30분 동안이나 시냇물을 건너야 했거든. 그림그리는 일은 사냥처럼 자극적이어서 나는 지금 푹 빠져들었어——이건 실제로 모델과 멋진 장소를 찾아다니는 사냥이야.

다시 한 번 안녕. 행운을 빈다. 벌써 시간이 이렇게 되었군. 5시에는 아틀리에에 있어야 해. 그럼, 안녕.

고흐가 라파르트에게

1885년 7월6일

라파르트

좀더 상세하고 명확한 설명을 위해 자네에게 다시 편지쓰네. 다짜고짜 편지를 돌려보낸 이유는 두 가지일세. 둘 중 어느 하나만으로도 내 행동의 동기가 되기에는 충분하지.

첫째, 내 석판화에 대한 자네 지적이 정확하다 해도 다른 작품까지 비난할 권리는 자네한테 없네. 좀더 정확히 말해, 그처럼 모욕적인 방식으로 내 작품들을 몰아부칠 권리는 없지.

둘째, 그동안 나는 물론 내 가족도 자네에게 우정을 표시해 왔네. 자네한테서는 좀처럼 찾아보기 힘든 우정이었지. 따라서 내 아버지의 죽음을 부고 아닌 다른 무엇으로 받아보았어야 한다고 주장할 권리 또한 자네에게는 없네. 더욱이 아버지가 돌아가시기 전에 보낸 내 편지에 자네는 답장도 하지 않았지.

자네가 어머니에게 위로편지를 보내왔을 때, 우리 가족은 모두 의아하게 생각했네. 나로서는 바라지도 않았고 지금도 그렇지만, 편지를 내 앞으로 보내지 않은 이유를 다들 궁금해 했지.

알다시피 지난 몇 해 동안 나는 가족들과 그리 잘 지내지 못했네. 아버지가 돌아가시자 가까운 친척들에게 편지를 써야 했지. 하지만 그들이 찾아왔을 때 나는 모습을 감춰야 했네. 그러므로 경우에 따라 편지를 보내지 못한 책임은 나 아닌 내 가족들에게 있다고 해야 할 걸세. 이야기가 너무 길어졌군.

밀레가 문제였지──좋아, 대답하겠네.

자네는 밀레와 J. 브르통을 내가 '감히' 언급했다고 했네. 내게 트집잡으며 시비걸지 말아주게. 나는 내 길을 갈 뿐이야. 누구한테도 싸움걸고 싶지 않네. 지금 이 순간 자네에게도 마찬가지지. 옳다고 생각하는 바를 말하게. 자네가 그런 식의 또 다른 표현을 쓴다 해도 나로서는 전혀 관심없네.

다만 내가 하고 싶은 말은──자네는 내가 인물의 형태를 고민하지 않으며 그러한 지적에 대해 항변할 자격조차 없다고 말했지만, 그토록 근거 없는 단정을 내릴 자격이 자네한테도 없다는 점이네. 자네는 여러 해 동안 나를 알고 지냈지. 가난한 화가로서는 너무도 부담스러운 돈을 들이며 어렵게 인물화를 그리는 나를 줄곧 지켜봐왔네.

이전과 달리 요즈음 자네 편지에는 '테크닉'에 관한 언급이 전혀 없었네. 그것은 나를 지치게 했고, 자네의 답장없는 편지를 계속 쓰게 한 원인이 되기도 했지. 다시 한 번 말하겠네. 테크닉이라는 단어의 진정한 의미와 점점 더 많은 사람들이 거기에 덧붙이는 관습적 의미를 비교해보게.

사람들은 하버만이 많은 테크닉을 지녔다고 하네. 자네 또한 마찬가지지. 하지만 하버만뿐이 아니네. 테크닉으로는 프랑스 작가 자케 역시 최고 가운데 하나지. 간단히 정리하세. 아카데미 용법에 따라 획일적이고 꾸며진 붓질로 인물을 데생하는 일은 현대회화예술이 요구하는 바에 전혀 맞지 않네.

하버만이 많은 테크닉을 지녔다기보다, 그는 자신의 '직업'을 잘 알고 있다고 말하게. 그 이유를 들으면 더 잘 이해될 걸세. 부인이나 젊은 여자의 아름다운 머리를 그릴 경우 하버만은 누구보다도 잘 해낼 걸세. 하지만 그 앞에 농부를 세워두면 그는 아마 붓도 들지 못할 거야.

내가 알기로 그의 예술은 느낄 필요 없는 주제에 아주 알맞네. 이를테면 그의 주제는 밀레와 레르미트에는 대립되며, 카바넬과 흡사하지. 백 번 양보해 테크닉을 '직업적 지식'으로 여겨보세. 그렇다 해도 하버만과 카바넬은 진보에 유용한 그 어떤 것도 만들어내지 못했어.

우리는 테크닉이라는 단어를 관습적 의미로 너무나 자주 쓰고 있네. 뿐만 아니라 자주 악의적으로 사용하기도 하지.

사람들은 이탈리아와 스페인 화가들의 테크닉을 찬양하네. 하지만 그들이야말로 가장 관습적이며, 누구보다도 '인습'에 얽매여 있어.

나와의 관계를 끝내도록 부추기는 진짜 이유가 무엇인지 자네에게 묻고 싶네.

솔직히 자네에게 편지쓰는 것은, 밀레와 J. 브르통 그리고 농부와 서민의 모습을 담아내는 자네를 포함한 모든 화가들에 대한 나의 애정 때문이네. 자네에게서 좋은 친구의 모습을 보았노라고 말하지는 않겠네. 자네는 친구로서의 가치가 전혀 없는 사람이지.

이렇게 말하는 나를 원망하지 말게. 자네가 보여준 우정만큼 메마른 우정이 세상에 또 있을까! 하지만 지금 그것을 탓하려는 건 아니네. 뿐만 아니라 그런 우정도 보완될 수는 있다고 생각하네.

모델을 구하느라 애태우곤 했던 나는 다른 화가들의 어려움을 외면할 만큼 그리 인색하지 않네. 오히려 이곳을 찾아오는 어떤 화가든 기꺼이 집에 초대해 도와주고 싶어하지.

타지에서 잠시 머물 곳을 구하는 일 또한 준비된 모델을 찾는 것만큼 누구한테나 늘 그리 쉬운 게 아니야. 그러니 그림그리러 이곳에 올 때는 우리의 말다툼 때문에 거리낄 필요는 전혀 없네. 언제든 와서 전처럼 우리 집에 짐을 풀어도 돼. 비록 집을 떠나 아틀리에에 혼자 있는 나로선 이런 말을 할 입장이 못될지도 모르겠네만.

모욕을 참고 견디는 일에 너무도 익숙해져 어지간한 건 이제 더 이상 상처

되지 않네. 자네 편지 앞에서도 담담했듯 나는 아무도 상상할 수 없을 만큼 잘 견디지. 그렇듯 말뚝처럼 둔감하지만 원한은 품지 않네.

한 화가로서 자네 작업에 도움되리라 여겨 다시 한 번 분명히 말하네. 우리 사이에 변한 건 아무것도 없어. 주제를 찾아 이곳에 오고 싶을 때는 언제든 오게. 그리고 예전처럼 우리 집에 머물게. 자네가 편히 있을 만한 다른 곳을 찾는다 해도 상관없네.

이제 작별을 고해야겠네. 작업에 대해 한 마디도 없으니 나 역시 내 작업에 대해 이야기하지 않겠네.

밀레에 대해서는 부디 시비걸지 말아주게. 토론은 인정하지만 논쟁은 거부하네. 안녕히.

빈센트

고흐가 라파르트에게
1885년 7월21일

라파르트

방금 자네 편지 받았네. 딱딱하고 산만하기 짝이 없군. 자네가 좋은 작업을 하고 있는 건 사실이야. 그렇다고 자네가 늘 옳고 자네 방식과 기법만이 훌륭하고 정직한 결과를 가져온다고 말하는 건 아니네. 자네와 많은 이야기를 나누고 싶지만, 충고를 바라는 사람의 태도는 전혀 아닐세.

점점 더 악화되어가는군…… 과연 누가 진정한 자의식을 가지고 있는가? 모든 사람들—아니, 나부터 자신에 대해 더욱 많이 알 필요가 있지, 자신의 좋은 성향과 나쁜 성향에 대해. 스스로가 알고 있는 자기 자신이 결코 틀리지 않다고 믿지 말게. 누군가를 피상적으로 판단해 부당하고 잔인하게 공격한 적이 없다고도 생각지 말게. 모든 사람이 그럴 수 있지. 하지만 서로 이해하려고 노력해야 해.

이런 이야기를 하는 게 안타깝고 두렵지만, 어쨌든 자네에 대한 내 생각을 분명하고 숨김없이 말해보겠네.

자네를 알아온 지 이미 오래되었지. 이전의 자네는 훨씬 덜 메마르고, 진지하고, 정중하고, 도량있고, 곧으며, 정확한 사람이었네. 내가 아는 지금의 자네는 아카데미에 드나드는 엄청나게 현학적인 라파르트지.

자네의 변화가 안타깝네. 그리고 훌륭했던 친구 하나를 잃은 사실이 나로서는 무엇보다도 애석하네.

자네의 작업 역시 전보다 덜 대범하고 덜 진지하며 덜 정교해진 게 아닌가? 자네 작업이 가장 숭고한 어떤 정수를 잃지 않을까 걱정스럽네.

내 결점이 무엇이든 나는 화가로서의 열망을 실현하려는 열의로 가득하네. 그리고 진심으로 선량하게 살아가려 애쓰고 있지. 내가 경솔하게 작업한다고 자네는 비난했지? 그러기에는 나는 너무 많은 열정을 품고 있네. 자네 편지로 고민하지도 않겠네.

내게는 나를 알게 해줄 사람이 필요하다고 했는가? 그럴 수도 있겠지. 하지만 나 스스로 깨우쳐나갈 수도 있을 걸세. 어쨌든 자네처럼 난폭하게 비난하는 사람들 없이도 나는 내 삶을 잘 꾸려나갈 수 있다네.

잘 지내게. 자네 편지에도 타당한 부분이 전혀 없지는 않지만 전체적으로 공정치 못하네.

자네는 자신의 작업에 대해 한 마디도 이야기하지 않더군. 나도 내 작업에 대해 말하지 않겠네.

빈센트

고호가 라파르트에게
1885년 7월21일 이후

라파르트

벤케바흐와 이야기를 나누었는데, 자네에게서 들었는지 우리 사이의 일*1을 어느 정도 알고 있더군. 자세히는 아니지만 나도 한 마디 했네——오해에서 빚어진 일로 생각하고 싶다고.

내가 때로 일을 서툴게 처리한다는 자네의 지적은 기꺼이 받아들이지만, 내 작품에 관한 비난은 전혀 인정할 수 없다고도 덧붙였지. 형태와 안정감을 살리려고 작품인물들에 변화를 주었는데, 전에는 고른 선으로 그린 탓에 입체감이 좀 부족했노라고 말했어. 그런 기법이 점점 더 재미없어 보인다고.

이번 같은 불쾌한 일을 몇 해 전부터 나는 여러 차례 겪어왔네. 내가 경멸받

---

*1 고호와 라파르트 사이의 일을, 뒷날 고호와 고갱 사이에 일어난 일과 비교해 보면 참으로 흥미롭다.

을 까닭이 없다고 항변하면 사람들은 더 심하게 나를 대하며 전혀 귀기울여 들으려 하지 않았지. 부모님과 가족들, 테르스티흐, 구필 화랑에서 일할 때 알았던 많은 사람들이 내 모든 행동을 무섭도록 비난했네. 결국 2, 3년 세월이 흐르는 동안 나는 사람들 설득에 시간을 낭비하는 대신 그들로부터 등을 돌렸네. 그들이 옳다고 여기는 바를 마음대로 말하도록 내버려두었지. 그리고 더 이상 그들 때문에 고민하지 않았어. 하지만 이번만은 내 주장을 끝까지 꺾지 않겠네.

자네와의 다툼을 오래 끌고 싶은 생각없네. 시들한 우정은 원하지 않아. 진심어린 우정이 아니면 차라리 끝내는 편이 낫지!

마지막으로 말하겠네. 내가 돌려보낸 편지부터 최근 것까지 자네 편지 내용을 모두 기탄없이 무조건 취소하게. 그러면 우리 우정은 비온 뒤 굳어진 땅처럼 더 단단하게 다져질 걸세.

아버지 죽음에 즈음한 가족들과의 오해는 오래 이어질 것 같네. 우리가 서로 화합하기에는 사물을 바라보는 방식이며 삶의 태도가 너무 다르다고 간단명료하게 가족들에게 밝혔네. 내 자신의 생각대로, 나 자신을 위해 살고 싶다고도 말했지.

내 몫의 상속분은 포기했네. 최근 여러 해 동안 아버지와 심각한 불화상태에 있었으므로 상속을 받고 싶지도, 그 재산을 이용하고 싶지도 않네. 그 문제에 대한 내 태도가 아마도 가족들과의 또 다른 불화에 종지부를 찍게 하리라는 점을 자네는 이해할 걸세. 그렇게 끝내고 나머지 사람들과는 좋은 관계를 유지할 생각이네.

극단적인 해결책에 호소한다 해서 자네의 비난을 인정하는 것으로 받아들이지는 말게. 자네와의 화해를 진심으로 바라지만, 그 전에 말한 조건을 다시 한 번 강조하고 싶네. 부분적으로는 옳다 할지라도 자네 편지를 무조건 철회하게. 안녕히.

빈센트

고흐가 라파르트에게
1885년 9월 첫무렵

라파르트

애석하게도 아직 자네 답장을 못받았네. 생각할수록 자네와의 관계를 매듭 짓는 일이 그리 힘들 것 같지 않군. 자네의 경솔한 편지를 무조건 철회하지 않는다면 말일세. 되풀이하겠네. 자네가 잘못을 인정한다면 그동안의 일을 오해로 여기고 우리 우정을 이어가고 싶네.

이 문제를 흐지부지한 상태로 결코 남겨두고 싶지 않네. 이번 주 안으로 꼭 답장주기 바라네. 자네 편지에 따라 내 입장을 정하지.

이번 주에도 답장이 없으면 더 이상 기다리지 않겠네. 내 작품과 인품에 대한 자네의 지적에 정당한 이유가 있었는지 또 그것이 진심이었는지는 시간이 말해 주겠지. 안녕히.

빈센트

고흐가 라파르트에게
1885년 9월 중간무렵

나의 벗 라파르트

방금 자네의 크로키와 편지를 받았네. 크로키의 주제가 참으로 아름답군. 작품의 '조화' 면에서 덧붙일 말은 없네.

한 가지 세부적인 부분을 지적해도 되겠나? 완성된 작품이라면 그럴 필요도 없겠지, 수정하기 어려울 테니까. 하지만 지금 상태에서 선과 상관없는 수정은 효과있으리라고 여기네. 화면 한가운데 있는 갈퀴삽을 든 여인은 자리를 아주 잘 잡았네. 그러나 중심인물인 그녀에게 흙을 긁어 고르는 행위는 좀 부차적인 것인 듯싶군. 앞쪽에 그려진 인물에게 돌을 들려주는 건 어떻겠나? 돌을 드는 행위는 매우 표현력 있으며 동시에 전체적 조화면에서도 독특한 특징을 드러내 보여줄 수 있지. 그리고 그녀가 든 갈퀴삽은 차라리 돌을 든, 뒷면의 또 다른 인물 손에 쥐어주는 게 좋을 듯싶네.

작품의 역동성을 존중하면서 수정이 가능하겠는가? 그러고 싶지 않다면 이 생각을 한번 해보게. 인물의 서 있는 자세보다 좀더 흥미로운 움직임을 상상해볼 수는 없을까?

섭섭하게 생각지 말게. 그런 부분으로 자네의 주의를 이끄는 일은 그리 큰 잘못인 것 같지 않아. 어쨌든 아직 밑그림 단계의 작품이니, 내 생각을 강요한다고는 여기지 말게.

누에넨(1883년 12월~1885년 11월) 483

행위가 표현력을 갖는 일은 매우 중요하지. 물론 그것은 많은 노력을 요구하는 부분이네. 한 마디 덧붙이면, 이 경우에는 선과 선들의 조화가 지배적일 수 있다네.

내 유화 《감자먹는 사람들》은 이미 석판화용 습작화로 자네에게 보여준 적 있네. 이 작품을 그리는 내내 작은 램프만 켜진 누추한 초가집의 독특한 조명에 심취해 마음먹은 주제를 표현하려 애썼지. 색 배합이 너무 어두워 흰 종이 위에 옮겨진 밝은 색조들이 마치 잉크 얼룩과도 같았어. 밝은 색조들은 대체로 어두운 색과 균형을 이루어 환하게 보이네. 때문에 나는 실제로는 섞지 않은 감청색을 칠했지.

색채에 주의가 쏠려 몸통 형태를 제대로 표현하지 못했네. 이 부분은 스스로도 반성하고 있지. 하지만 머리와 손은 매우 정성스럽게 그렸다네. 가장 중요한 세부묘사였으며, 나머지는 거의 검은색에 가까웠거든. 어쨌든 결과적으로 유화는 석판화와 완전히 다른 효과를 드러냈네. 게다가 그 데생도 아직 보관중인 최초의 크로키 만큼이나 석판화용 습작과는 다르다네.

자네가 이곳에 머물고 간 뒤 몇 개의 얼굴과 삽질하는 사람, 풀뽑는 여인, 수확하는 여인 그리고 농부들 모습을 그렸네. 그러면서 직접 또는 간접적으로 매우 중요한 문제에 집중했지. 바로 색채, 보다 정확히 말하면 색채의 배합문제였네. 빨강과 초록, 파랑과 오렌지, 노랑과 보라 같은 이른바 보색들의 불변하는 결합과 서로에게 미치는 영향. 자연은 '밝음과 어두움' 만큼이나 보색의 아름다움을 갖추고 있네.

나를 사로잡는 또 다른 문제가 있어. 다름 아닌 형태, 돋을새김, 굵은 선, 덩어리 표현 등이네. 이 경우 최후의 관심거리는 윤곽선이네. 색채를 입힌, 작은 크로키 2점을 동봉하네. 요즘은 이 크기의 작업을 주로 하고 있다네.

농부들에게 줄곧 관심을 기울여왔으므로 날마다 풍경화를 그리네. 벤케바흐가 여기 왔을 때 작은 초가집을 몇 채 그렸지.

레르미트의 대작 4점 말고는 목판화에 관한 새로운 이야깃거리가 없네. 레르미트는 모든 의미에서 제2의 밀레라고 할 수 있지. 밀레만큼 그의 작품에도 열광하고 있네. 내가 보기에 그의 천재성은 밀레와 거의 대등해.

동생 테오가 다녀갔네. 피리에서의 많은 일들을 들려주더군. 들라크루아 전시회가 성공했다는 소식은 특히 기뻤네. 인물화가 라파엘리, 채색 풍경화가 모네에 관한 이야기도 흥미로웠지.

그러나 자네도 알듯 지금은 화가들에게 금이 아닌 철의 시대일세. 어려움에 맞서는 일은 그리 쉽지 않아. 적어도 나는 빈곤에 대해 무방비상태일세. 하지만 어떤 어려움 속에서도 내 용기와 힘은 꺾이지 않고 더욱 굳건해진다네. 완전히 낙담할 지경까지 나를 비판해야 한다고 여기는 사람이 자네만은 아닐세. 비판당하는 일은 거의 내 숙명이나 마찬가지지. 그 많은 비판들에 더 잘 맞서기 위해서라도 나는 내 예술가적 열망이 '존재 이유'에 있다는 신념을 자랑스레 휘두르려네.

나에 대한 비판을 무조건 거두라고 요구한 것은 폭군처럼 자네 의견을 무시하고 지워버리기 위해서가 아니었네. 자네는 그렇게 생각할 수도 있겠지만, 그건 내 의도와 전혀 다른 오해야.

내 석판화며 다른 많은 작품에 결점들이 분명 있겠지. 하지만 그 결점들을 나 스스로도 알고 있다는 것을 작품 속에서 충분히 증명하려 하네. 내 목적과 열망은 '농민의 집에서, 농민과 함께 있는 농민'을 그리는 것이지.

내 작품이 '전체적으로' 무기력하다고 했는가. 모든 면에서 장점보다 결점이 많다고도 했지. 하지만 나는 내 작품과 사고에 대한 자네의 총평을 인정하지 않겠네──전혀.

농부를 그리는 일은 매우 어려운 작업이야. '무기력'한 사람들은 손도 못댈 만큼 힘들지. 그러나 적어도 나는 도전하고 있고, 기초를 세웠네. 기초작업 중의 가장 쉬운 부분을 가리키는 게 아니네. 때로 나는 본질적이며 유용한 세부를 데생하고 채색함으로써 그것들을 잡아냈지. 자네가 생각하는 것보다 훨씬 더 본질적인 부분이라네.

나는 늘 내가 할 줄 모르는 것을 시도해 보네. 배우기 위해서지. 하지만 이 주제를 더 이야기하면 자네도 나도 지겨워질 것 같군. 다만 농부와 대중을 그리는 작업은 힘들다는 것, 그런 작업을 하는 화가들은 되도록 힘을 모아 행동해야 한다는 말만은 꼭 하고 싶네. 단결은 힘을 이루지. 서로 싸워서 좋을 일은 없네. 밀레를 비롯한 앞세대의 선구자들이 지키려 했던 사고의 진보를 방해하는 이들을 거역해야만 하네. 뜻을 함께 하는 화가들끼리의 반목보다 치명적이고 어리석은 일은 없지.

자네와 나의 다툼이 끝나야 했던 것도 실은 우리가 같은 목적을 향해 나아가고 있기 때문이라네. 비록 자네의 예술가적 열망과 내 열망은 서로 다르지만, 완전히 대립되기보다 비슷하다고 할 수 있지.

우리에게는 대중의 마음 속에서 작업의 주제를 찾는 공통점이 있네. 그것이 목적이든 수단이든, 생생한 현실 속에서 습작해야 할 필요 또한 똑같이 느끼고 있지. 테크닉에 대한 견해도 우리가 '근본적'으로 대립된다고는 생각지 않네. 물론 자네가 나보다 박식한 점은 인정해. 그러나 자네는 종종 너무 멀리 나아가버리네.

테크닉에 관한 많은 비법을 찾고 있는 중이네. 이미 몇 가지는 발견했지만, 아직 모르는 숱한 비법들이 더 남아 있겠지. 어쨌든 나는 내 방식대로 작업하고 싶네. 그리고 내 작업은 무엇보다 끊임없는 노력과 탄탄한 기초에 바탕하고 있지.

우리의 데생이며 유화 가운데 자네가 원하고 내가 편하게 추천하는 한 작품을 생각해 보세. 색과 색조만큼이나 데생 면에서도 사실주의자라면 범하지 않을 과오가 발견될 거야. 그것은 다름아닌, 부인할 수 없는 비정확성이라네.

내 작품 속에서 사람들이 계속 잘못된 점을 발견한다 해도, 그리하여 비판의 눈으로 작품을 바라본다 해도 그것에는 그 나름의 고유한 '존재 이유'가 있을 걸세. 작품의 정신과 개성을 평가할 줄 아는 사람이라면 과오보다 거기에 더 가치를 두겠지. 나는 다른 사람 말 때문에 고민하기에는 내가 추구하는 목적을 너무나 뚜렷이 잘 알고 있네. 또한 내가 느낀 바를 그리고 그린 것을 느낄 때, 무엇보다도 '내 길'을 제대로 찾아가고 있음을 확신하지. 나의 많은 결점에도 불구하고 사람들이 상상하는 만큼 그리 쉽게 나를 현혹시키지는 못할 걸세.

사람들의 태도와 말들이 때로 내 삶을 피곤하게 만들기는 하지. 뒷날 어떤 이들은 그 자신의 말과 반감과 무관심으로 나를 괴롭힌 데 대해 후회하게 될 걸세. 그들의 공격에서 벗어나기 위해 지금 나는 고독하게 살고 있지. 작업 때문에 직접적으로 볼 일 있는 농부들 말고는 아무도 만나지 않고 지낸다네.

지금의 생활방식이 나는 만족스러워. '교양있는 사람'임을 자처하는 사람들이 떠벌리는 말을 더 이상 듣고 싶지 않다면 아틀리에를 떠나 농민들의 초가집에 둥지를 트는 것도 좋을 듯하네.

진지하게 말하는데, 우리는 친구로 남을 수 있네. 자네한테는 대중의 영혼

속으로 깊이 파고들며 그것을 쉽사리 단념하지 않는 의지가 있지. 나는 자네의 그러한 점을 높이 평가하네. 우리는 분명 서로에게 이롭고 의지가 될 수 있을 걸세. 관습을 추종하지 않는다면 자네는 보다 꾸밈없는 작품으로 세상에 알려지게 될 테고, 그러한 작품을 통한 투쟁은 대세를 거역하는 꿋꿋하고도 진솔한 경향을 확실하게 보여주기 때문이지. 많은 화가들이 힘을 모아 행동한다면 더 좋을 거야. 서로의 작품을 보며 관점을 주고받는 일은 결코 나쁘지 않으리라 여기네.

잘 지내게. 자네 작품 한가운데 자리잡은 여인의 움직임에 관한 내 지적을 잊지 말게. 작품은 매우 지적이고 전체적인 기획 역시 훌륭해. 벤케바흐를 만나면 내가 한 많은 이야기를 전해주게.

크로키는 내가 인물에게 움직임, 즉 무언가를 하고 있다는 느낌을 불어넣으려 애쓴 흔적을 보여줄 걸세. 자네 작품에선 적어도 인물이 몸을 굽히고 있어 마음에 드네. 많은 수직선의 사용은 작업이 최고수준에 이르러 있다고 말하기 어렵지.

빈센트

고흐가 라파르트에게
1885년 9월 끝무렵

나의 벗 라파르트

오늘 자네 주소로 새둥지가 담긴 바구니를 보냈네. 아틀리에에 아직 많이 있지. 개똥지빠귀, 티티새, 노랑꾀꼬리, 굴뚝새, 방울새 둥지. 그 가운데 두 개씩 있는 것은 자네에게 보내주겠네.

들라크루아에 대해 들었나? 실베스터가 쓴 그에 관한 훌륭한 기사를 읽었네. 기억나는 대로 몇 부분 인용해 볼게——'위대한 화가 들라크루아는 미소띤 얼굴로 세상과 작별했다. 그는 머리에 태양을, 가슴에 폭풍우를 품고 있었다. 그는 전사(戰士)에서 성인(聖人)으로, 성인에서 연인으로, 연인에서 호랑이로 그리고 호랑이에서 꽃으로 거듭났다.'

이 글은 나를 감동시켰네. 기사는 그의 모든 작품 속에서 색감, 색조, 색의 기운이 하나를 이루고 있음을 보여주네. 그의 색채에는 흰색과 검정, 노랑과 보라, 오렌지와 파랑, 빨강과 초록의 대조, 배합 그리고 상호작용이 묻어 있다네.

기사 끝머리에 들라크루아가 한 친구에게 보낸 편지가 소개되었지.

'내가 피에타를 그린 성당은 너무도 어두워서 내 그림이 무언가를 어떻게 보여줄 수 있을지 난감했다네. 그래서 그리스도의 시신에 감청색 어둠과 크롬빛 노랑색을 써야만 했지.' 실베스터는 '이런 대담한 작품은 들라크루아만이 그릴 수 있다'고 덧붙였네.

뿐만 아니라 또 다른 부분에서 그는 '작업할 때 들라크루아는 마치 고깃덩어리를 삼키는 사자 같다'고 말하고 있네. 바로 이것이 기사를 쓴 실베스터가 우리에게 전하려 하는 바라네.

이 천재적인 프랑스의 거장들! 밀레, 들라크루아, 코로, 도비니, T. 루소, 도미에, 자크, J. 뒤프레를 잊어서는 안되네. 소장파에 속하는 레르미트 역시 마찬가지지. 실베스터는 또 이렇게 썼네. '사람들은 들라크루아는 그림을 그리지 않는다고 말한다. 하지만 들라크루아는 다른 화가들처럼 그리지 않는다고 말하는 게 정확하다.'

한 가지 에피소드가 있네. 화가 지루가 고대 청동품을 가지고 들라크루아를 찾아갔네. 그는 들고 간 물건이 진품인지 물었지. 그랬더니 들라크루아는 고대가 아닌 르네상스 시대 작품이라고 대답했네. 그는 그 이유를 설명했지. "잘 보게, 친구. 이것은 매우 아름답지만 선으로 표현되었네. 고대인들은 선이 아닌 덩어리와 중심으로 표현했다네. 자, 잘 보게나."

들라크루아는 말하면서 종이 한귀퉁이에 타원형 몇 개를 그렸네. 그러고는 그것들을 보잘것없는 몇 개의 작은 선으로 연결해 뒷발로 일어서려는 한 마리의 말을 완성했지. 생명력과 역동성으로 꿈틀대는 한 마리의 말을.

제리코와 드 그루는 그리스인들로부터 '윤곽선'으로 달걀모양 덩어리를 표현하는 방법 및 그 타원형의 비율과 포지션에서 움직임을 끌어내는 법을 배웠다고 했네. 들라크루아에게 그리스인들의 이 기법을 알려준 게 바로 제리코였을 거라고 단언하네.

여기에는 굉장한 진실이 있다고 생각지 않나?

미술 아카데미에서나 또는 석고모형을 놓고 데생을 그리면서 그 진실을 배울 수 있으리라고 생각하나? 그렇지 않네. 그와 같은 참된 가르침이 있다면 나 또한 기꺼이 미술 아카데미로 달려갈 걸세. 하지만……

벤케바흐에게 살롱에 관한 폴 만츠의 기사를 보관하라고 했네. 자네를 만나면 건네주라고 부탁했는데, 받았나? 매우 훌륭한 글이야.

자네 역시 새둥지를 즐겁게 바라보리라 생각하네. 굴뚝새, 노랑꾀꼬리 같은 새들은 예술가 무리에 포함시켜도 손색없을 만큼 멋지게 둥지를 짓지. 그것들은 정물화 모델로 썩 괜찮아.

안녕히. 악수를 청하며.

빈센트

고흐가 테오에게 427
1885년 10월 중간무렵

친애하는 테오

오늘 정물화 몇 점을 넣어 V4라고 표시한 소포를——배송료 선불로——보냈어. 암스테르담을 스케치한 2점은 유감스럽게도 많은 부분을 망쳐버렸지. 여행 중 물에 젖었는데, 말릴 때 패널이 뒤틀리고 먼지가 달라붙었단다. 그래도 보낸 이유는, 내가 어딘가에서 본 인상을 한 시간 안에 그리고 싶을 때 다른 화가들이 자신의 인상을 분석하고 스스로 설명하듯 나도 그렇게 되기 시작했음을 너에게 보여주고 싶어서야. 그건 느끼고, 인상을 경험하는 것과는 달라——인상을 경험하는 것과 분석하는 것, 즉 따로 분리했다가 다시 재배치하는 데는 큰 차이가 있어. 하지만 뭔가를 단숨에 그려낸다는 건 즐거운 일이지.

네덜란드의 오래된 회화를 다시 보고 그 대부분이 아주 빠른 시간 안에 그려졌다는 점에 감명받았어. 할스, 렘브란트, 라위스달, 그밖의 많은 거장들은 되도록 처음에 한 번의 붓질로 돌격하고, 그 다음에는 거의 붓을 대지 않아. 또 이 말도 하고 싶은데——이쯤 되었다 싶으면 곧바로 붓을 내려놓지.

나는 특히 렘브란트와 할스가 그린 손에 감탄했어——살아 있는 손이야. 요즘 사람들이 강요하는 식으로 그리지 않았지——《직물조합 간부들》《유대인 신부》의 손도, 할스 작품의 손도 마찬가지야.

머리 부분 역시——눈, 코, 입 등이 처음 한 번의 붓질로 그려진 뒤 가필이나 수정이 전혀 되지 않았어. 웅거, 브라크몽은 원화를 그대로 동판화로 만들었어. 그들의 동판화를 보면, 물감을 어떻게 썼는지 알 수 있단다.

테오, 지금 같은 시기에 네덜란드의 오래된 회화를 보는 게 얼마나 필요한

일인지! 코로, 밀레 같은 프랑스 회화도 마찬가지야. 다른 것들은 굳이 보이지 않아도 상관없어. 공연히 보았다가 뜻하지 않게 화풍이 이상해져버릴 수도 있으니까.

한 번의 붓질로 단숨에 그리는 할스를 보는 건 크나큰 기쁨이야. 똑같은 방식으로 이것저것 매만져 매끄럽게 그린 그림들——이런 그림은 정말 많지——과 비교하면 엄청난 차이가 있어.

네덜란드의 옛 대가들, 특히 브라우웨르, 오스타데, 테르보르흐 등을 본 날 포도르 미술관에서 우연히 메소니에의 그림도 보았어.

메소니에는 그들과 같은 방식으로 그렸지——충분히 생각하고 꼼꼼히 계산한 필치였지만, 되도록 큰 붓질로 단번에 그리려 했어.

몇 번이나 붓을 대어 수정하기보다 이상한 부분을 나이프로 긁어내고 처음부터 다시 그리는 편이 낫다고 나는 생각해.

나는 루벤스와 디아즈의 스케치를 동시에 보았어. 비슷하지는 않았지만, 색채가 조화를 이루며 제자리에 있으면 그것이 곧 형태를 표현해 준다는 신념이 양쪽 모두에 들어 있지. 특히 디아즈는 뼛속까지 화가야——그리고 손가락 끝까지 양심이 있어. 참고로 말하면, 포도르에 있는 디아즈의 그림은 스케치 풍에 지나지 않아. 하지만 아마도 바로 그 때문에, 요 몇 년 동안 못본 나로서는 그런 그림을 다시 보게 되어 정말 기뻤어. 옛 대가들의 기법을 본 바로 뒤였지만, 이 그림은 정말 위풍당당했단다.

이쯤에서 점점 그 수가 늘고 있는 어떤 현대회화로 이야기를 돌려보자. 10년, 15년쯤 전부터 '햇빛의 밝기'가 화두로 떠올랐지. 맞는 말이야. 훌륭한 작품이 그런 방식을 통해 탄생한 건 사실이니까. 하지만 화면 전체의 사방 구석구석까지 모두 똑같은 밝기, 분명 그들이 대낮의 색조며 고유색이라 부르는 똑같은 밝기가 지배하는, 그런 회화의 과잉생산으로 타락할 때——과연 옳을까? 나는 그렇게 생각지 않아.

반 델 호프 미술관*¹의 라위스달, 그 풍차가 있는 그림도 외광을 받고 있잖니? 그 그림에 대기가 없을까? 커다란 공간이 없을까? 화면 전체는 그들이 주장하는 것보다 훨씬 어두운 색조로 그려졌고, 공기와 대지는 하나의 전체를

---

*1 이 미술관의 소장품은 10월 첫무렵, 빈센트가 방문한 신설 국립미술관 2층 서쪽 건물로 옮겨졌다.

이루며 서로 조화를 이루고 있어.

반 호이엔—네덜란드의 코로—나는 뒤펠 컬렉션[1]의 저 훌륭한 캔버스, 폭풍우가 몰아칠 듯한 가을 모래언덕에 서 있는 졸참나무 두 그루를 그린 그림 앞에 넋을 잃고 서 있었어. 그 정취, 그건 J. 브르통 같다고나 할까, 그《딸기나무》같다고나 할까! 하지만 그 그림에는 하얀색보다 평범한 황토색이 칠해져 있어. 그리고 카이프—반 델 호프 미술관의《도르드레흐트 풍경》—전체가 불그스름한 황금색—거기에도 역시 황토색이 있지.

할스의 노란색—원하는 대로 부르면 되지만 부드러운 레몬색이랄까 담황색이랄까, 그건 무슨 재료로 만들어졌을까? 그 색이 그림 안에서 아주 밝아 보여—다만 바로 옆에 흰색을 두어야 해.

네덜란드의 옛 거장들이 주는 커다란 교훈은 데생과 색채를 하나로 보라는 것이라고 생각해—이건 브라크모도 했던 말이지. 이것을 지금은—많은 화가들이 지키고 있지 않아. 그들은 건전한 색채를 뺀 나머지로 데생하지. 오, 테오, 하페르만 같은 사람들이 '기법'에 대해 이러쿵저러쿵 말하는 건 정말 들어줄 수 없어. 끔찍할 정도로 성가셔. 나는 라파르트에 대해 말하는 게 아니야. 그도 그런 말을 하지만, 다행히 그는 말재주보다 그림재주가 더 낫지.

화가모임에서 많은 사람을 사귀고 싶은 마음은 전혀 없어. 다시 기법에 대한 이야기로 돌아가면, 하나부터 열까지 똑같이 매끄럽고 평이하고 함석판처럼 차가운 색깔로 칠하는 그들의 기법에 비하면, 이스라엘스의 작품—훌륭한 명암효과를 낸《잔트포르트의 처녀어부》같은 오래된 그림에는 훨씬 더 건전하고 정통적인 기법이 있어.

《잔트포르트의 처녀어부》를 오래된 들라크루아의 그림《단테의 작은 배》옆에 나란히 놓고 비교해 봐. 이건 동족이란다.

나는 믿는데, 하나부터 열까지 모두 똑같이 밝게 칠해진 그림은 여러 가지 점에서 더욱 싫어. 나에게 테크닉이 없다는 사람들 말은 아주 불쾌해. 나는 아는 화가가 없으니 아마 그런 건 금방 잊혀질 거야. 사실은 테크닉이 어쩌니저쩌니 쓸데없는 이야기하는 사람들 대부분이 더 테크닉이 없다고 나는 생각해. 이건 이미 너에게 보내는 편지에도 썼었지. 하지만 내가 네덜란드에서 작품

---

[1] 뒤펠이 세상떠나며 기증한 컬렉션은 국립미술관 2층 동쪽 건물로 옮겨졌다.

전시한다면 어떤 대우를 받을지, 테크닉 전문가들의 도량이 어떤지 나는 이미 알고 있어.

그래도 나는 옛 네덜란드 인들의 그림을, 그리고 신진화가들이 그리지 않는 이스라엘스며 그와 직접 연관있는 화가들 그림을 최대한 차분한 마음으로 감상할 거야. 신진화가들은 오히려 이스라엘스와 정면으로 대립하고 있어. 이스라엘스도, 마리스도, 마우베도, 느하이스도 지금 여기서 언급한 그런 경향을 못마땅하게 생각하는 것 같아. 예전에는 아주 사실적이었던——너도 기억할 거야——메스닥도 늘그막의 유화와 데생에서는 톤의 농담을 깊게 표현해 결국 신비로운 분위기를 자아내게 되었지.

비트캄프는 아주 훌륭한 점이 많아——J. 브르통이며 르파주와 비슷한 데가 있지——하지만 J. 브르통은 따뜻하고, 그는 너무 차가워. 이건 간단히 고칠 수 없는 결점이야. 따뜻한 작품을 얻기 위해서는 따뜻한 마음을 가져야 해. 그렇지 않으면 차가움으로부터 쉽게 빠져나올 수 없거든.

그들이 밝기라고 부르는 것은 대부분 음울한 거리의 보기흉한 아틀리에 풍색조야. 이른 아침 또는 저녁 어스름을 한 번도 본 적 없는 듯해. 11시부터 3시까지의 대낮밖에 존재하지 않는 것 같아. 참으로 고상한 시각이지! 하지만 무기력한 겁쟁이처럼 아무 특색 없잖니!

테오, 나는 지금 한 푼 없는 빈털터리야. 그림을 많이 그리려면 그만큼 비용이 들어——이러지도 저러지도 못하겠구나. 월말이 되면 비참할 지경이지. '돈은 전쟁의 원동력'이라지만, 유감스럽게도 그림그릴 때도 무시할 수 없는 진리야. 하지만 전쟁은 비참함밖에 낳지 않아. 단지 파괴할 뿐이지. 그렇지만 그림 그리는 일——이것은 종종 씨앗을 뿌려——화가 자신이 그것을 수확하지 않더라도.

몸은 좀 어떠니? 그림가게는 잘 되어가? 내 느낌이 맞는지 아닌지 모르지만——진열창을 보니 암스테르담의 화랑은 분명 번성하고 있는 것 같지 않았어. 오히려 아주 조용하고 고상했지.

사실 무모함도 열중도 오늘날의 결점(?)은 아니야. 거의 아무에게도 이야기하지 않았지만, 간접적으로는 여기저기 묻고 다녔어——결과가 어떻게 될지, 미술품거래가 잘 되고 있는지 너무 궁금했거든. 네 그림가게로 그림이 몰려들고 있을 것 같지는 않은데, 사실은 어떠니?

올겨울에는 옛그림에서 발견한 제작기법에 대해 더 다양하게 추적할 생각이야. 나에게 필요한 것을 많이 발견했어.

하지만 어떻든——이른바 '단숨에 그려내는 붓질'——그래, 바로 이거야, 네덜란드의 옛화가들이 멋지게 해냈던 것. 매우 적은 붓놀림으로 이뤄내는 이 '단숨에 그려내는 붓질'에 요즘 사람들은 도무지 관심없지만, 그 결과는 정말 훌륭해. 그리고 바로 그것을 많은 프랑스 화가가, 그리고 이스라엘스가 멋지게 해내고 있지.

미술관에서 나는 들라크루아에 대해 계속 생각했어. 왜냐고? 그건 할스와 렘브란트와 라위스달 앞에서도, 다른 그림 앞에서도 줄곧 '그림그리는 들라크루아는 고깃덩이를 뜯어먹는 사자 같다'는 말이 떠올랐기 때문이야. 정말 정곡을 찌르지——오, 테오, 자칭 테크닉 클럽이라고 부르는 화가들을 떠올리면 얼마나 지루한 불모의 땅인지! 언젠가 그런 신사들과 알게 되거나 만나게 된다면, 나는 모른 척할 거야. 나중에 꽉 깨물면 비기는 거지.

질질 끌거나 딴 길로 새는 걸 나는 좋아하지 않아. 게다가 그건 치명적인 문제잖니, 억지로 모두 똑같이 마무리하는 방법——그들이 마무리라고 부르는 것은. 밝음과 갈색 대신 어디나 똑같은 저 지루한 회색빛——색깔은 색조 대신 고유색——참으로 통탄스러워, 어떻든 사실이잖니.

이런 건 잘못되었다고 생각해. 나는 이스라엘스를 훌륭한 화가로 생각하고, 또 신진화가들이며 옛화가들 중에도 감복할 만한 사람은 많으니까.

진작 알아차렸어야 했는데, 넌 이런 편지가 분명 성가실 거야. 하지만 나는 거기까지 생각지 못했어. 어쨌든 루브르든 룩셈부르크든 다른 어디든 작품에 대한 네 인상을 편지로 써보내주면 고맙겠어.

가능하면 곧 편지를 다오. 내 월말은 엄청나게 어렵다는 걸 알아줘. 전에 없이 돈이 부족한 시기였지만, 그곳——암스테르담——에 다녀와서 만족해. 그 결과, 새해엔 더 힘들어질 거야. 아무튼 호랑이 굴에 들어가지 않으면 호랑이 새끼를 잡을 수 없지. 그림을 위해 필요하다면 나는 계속되는 어려움도 감수할 거야.

안녕, 내가 보낸 소포가 무사히 도착해야 할 텐데.

샤르댕, 부셰, 와토, 프라고나르에 대해 쓴 드 공쿠르의 책을 나는 읽고 싶어. 너나 네 지인이 갖고 있지 않을까? 없을 것 같기도 하지만, 너도 이 책이 아주 중요하다는 걸 알고 있지 않을까?

안녕.

너의 빈센트

친애하는 테오

검정색에 관한 네 편지를 읽고 무척 기뻤어. 네가 검정색에 편견을 갖고 있지 않은 걸 알았지.

마네의 습작 《투우사의 죽음》에 대한 너의 분석은 아주 훌륭해. 편지 전체도, 네가 전에 그린 파리 스케치를 보고 내가 한 생각과 똑같았지. 즉 너는 마음만 먹으면 언어로 무언가 묘사할 수 있다는 것을 증명했어.

색채의 법칙을 연구함으로써, 인간은 본능적으로 거장들을 믿고 복종하는 상태에서 아름답다고 생각하는 것—그것을 왜 아름답게 여기는지에 대한 설명이 가능한 상태로 전진하게 돼. 독단적이고 표면적인 비평이 이루어지는 오늘날 그건 참으로 필요한 일이야.

오늘날의 미술품거래에 대한 내 비관론은 신경쓰지 말아줘. 그렇다고 기죽는 일은 절대 없을 테니까. 나는 생각해—그림가격에 대한 상식을 벗어난 거래 속에서 튤립 거래*¹와 비슷함을 알아차린 내 생각이 옳다고. 그리고 지난 세기 끝무렵의 튤립 거래처럼 미술품거래가 다른 분야의 투기와 함께 이번 세기 끝무렵에 홀연히 등장했듯 홀연히 사라졌다고.

튤립 알뿌리 거래는 소멸해도 꽃재배는 남지. 결과야 어떻든 나는 자신의 원예에 열의를 지닌 하찮은 정원사인 데 만족해. 지금 내 팔레트는 눈이 녹기 시작하고 있어. 초보시절의 제자리걸음은 자취를 감추었지.

아직 계획대로 되지 않고 자주 실패하지만, 그래도 색채는 저절로 포개지듯 연결돼. 그리고 출발점으로서 한 가지 색을 쓰면, 거기에서 무엇이 이끌려 나올지, 어떻게 생기를 불어넣을지 분명 마음에 뚜렷이 떠오를 수가 있어.

J. 뒤프레는 풍경화에서 들라크루아 같은 존재야. 그는 색채의 심포니 속에

---

*1 17세기 네덜란드에서 튤립 알뿌리가 투기의 대상이 되었다.

서 아주 경이롭고 다양한 분위기를 표현하지.

어떤 때는 바다를 배경으로 더없이 미묘한 청록색, 혼합된 청색, 자개의 알록달록한 무지개빛. 가을풍경에서는 깊은 적포도주색부터 강렬한 초록색까지, 강한 오렌지색부터 짙은 하바나 산 엽궐련색까지 다양한 나뭇잎, 하늘에는 회색, 라일락 색, 파랑, 하양 등 다양한 색깔, 그리고 그것과 대조를 이루는 노란 이파리 등. 그리고 검정과 보라와 빨갛게 불타는 석양.

그리고 더 공상적인 게 있어. 예를 들면 정원 한구석을 그린 그의 그림을 본 적 있는데, 절대 잊히지 않아──햇살의 검정색, 햇빛의 하얀색, 강렬한 초록색, 불타는 빨간색, 그리고 짙은 파란색, 아스팔트 같은 녹갈색, 밝은 황갈색──실제로 그것들은 서로에게 할 말이 있는 듯 보이는 색이었어.

나는 J. 뒤프레를 무척 존경해 왔어. 그는 앞으로 지금보다 더 평가받을 거야. 왜냐하면 진정한 색채의 고수로──언제나 흥미롭고 설득력있는 극적인 것을 지녔으니까. 그래, 분명 그는 들라크루아의 형제야.

앞서도 말했듯 검정색에 대한 네 편지는 아주 좋았어. 고유색을 칠해선 안 된다는 네 말도 옳다고 생각해. 하지만 나는 그걸로 만족할 수 없어. 내 생각에는, 고유색을 칠하지 않는 데는 더 많은 의미가 있어. 르 브룅과 들라크루아도 예전에 '진정한 그림은 고유색을 칠하지 않는 사람들 그림이다'라고 했었지.

그것을 이렇게 해석하면 주제넘을까? 즉 화가는 자연의 색이 아닌 자신의 팔레트에 있는 색에서 출발하는 게 좋다고. 내가 말하는 의미는──머리를 그리고 싶은 경우 그 화가는 자기 눈 앞에 있는 자연의 실제 모습을 자세히 관찰하여 이 머리는 적갈색, 보라, 노랑이 조화롭게 섞여 있으므로 보라와 노랑과 적갈색을 팔레트에 짜놓고 그것들을 섞어 색조를 만드는 거지.

자연에서 나는 색채배치에 대한 순서와 정확도를 확보해. 또 자연을 연구하여 도리에 어긋나는 어리석은 짓은 하지 않으려 애쓰지. 하지만 색깔이 자연 속에 잘 반영되어 있듯 그것들이 내 캔버스 위에 잘 반영되면, 나의 색이 글자 그대로 정확하게 충실한지 아닌지는 그리 개의치 않아.

쿠르베의 초상화는 적갈색, 금빛도는 빛깔, 그늘은 더 차가운 보라로 그렸고, 원근감을 강조하기 위해 검정이 더해졌으며, 눈의 휴식을 위해 옅은 색으로 칠한 하얀 상앗빛이 살짝 더해져 모든 아름답고 깊은 색조 가운데 자유롭고도 남성적인 분위기를 자아내므로, 누구든 상관없이 무서울 만큼 사실적으로 얼굴색을 그린 초상화와 비교하면 훨씬 진실하고 아름답단다.

사람머리를 자세히 관찰하면 거룩할 만큼 아름다워, 그렇잖니? 그러므로 자연 속에서 색조가 서로 어우러져 전체가 아름다워 보이는 이런 느낌은 사실적인 모방에서는 사라져버리지. 그것은 서로 대응하는 색의 변환으로 확보되므로, 모델과 정확히 일치하지 않거나 전혀 다른 것이 돼.

팔레트 위에서 섞을 때 물감이 저절로 만들어내는 아름다운 색조를 잘 사용하는 것—다시 말하면 자신의 팔레트에서 출발하는 것, 여러 가지 물감으로 아름다운 색조를 만들어내는 경험에서 출발하는 것, 이것은 자연에 기계적으로 복종하듯 모방하는 것과는 전혀 달라.

여기 다른 예가 있어—내가 가을풍경, 잎이 노랗게 물든 나무들을 그린다고 상상해봐. 좋아, 내가 그것을 노랑의 심포니라고 이해했을 경우 내 노란색의 원색이 나뭇잎의 노랑과 똑같은가 아닌가 하는 것, 그것이 대체 어떻다는 거야?—그런 건 전혀 중요하지 않아. 많은 것—아니, 모든 것은 같은 계통 색조의 무한한 다양성을 내가 어떻게 느끼느냐에 달렸지.

너는 이것을 낭만주의로의 지나친 치우침, '리얼리즘'에 대한 배신, '하늘에서 그리는' 것과 같다고 생각하니?—자연보다 채색의 명수인 팔레트에 대한 강한 애착이라고 생각하니? 그럴지도 몰라. 들라크루아, 밀레, 코로, 뒤프레, 도비니, J. 브르통, 그밖에 30명쯤 되는 화가들은 이번 세기 회화예술의 핵심을 이루는 사람들이잖아? 그들은 낭만주의를 지나왔으며, 모두 낭만주의에 뿌리를 두고 있잖니?

소설과 낭만주의는 우리 시대이며, 그림그릴 때는 상상력과 정감을 지녀야 해. 다행히 리얼리즘과 자연주의는 그런 관계를 유지하고 있어. 졸라는 창조하지만 사물 앞에 거울을 비추지는 않아. 그는 엄청난 것을 창조해. 창조하고 시를 쓰지. 그래서 그것들은 그토록 아름다운 거야. 자연주의와 리얼리즘도 그만큼이나 낭만주의와 깊이 관련되어 있어. 그리고 나는 다시 같은 표현을 쓰지만 폴 위에, 《잔트포르트의 처녀어부》 같은 이스라엘스의 오래된 그림, 카바, 이자베 같은 1830~1848년도 그림을 보면 너무 감동스러워.

'고유색을 칠해서는 안된다'는 말의 진실을 절실히 느끼는 만큼, 솔직히 말해 나는 자연과 정확히 똑같은 수준으로 표현된 것보다는 자연보다 낮은 톤으로 그려진 그림이 더 좋아. 현실과 똑같이 그려진 그림보다는 그것과 다른 관점에서 좀 흐릿하게 그려진 미완성 수채화가 더 좋아.

'고유색을 칠해서는 안된다'는 말에는 넓은 의미가 있어——그리고 이것은 화가들에게 하나의 전체를 이루어 다른 계열의 색깔과 대비됨으로써 더 돋보이는 색채를 찾을 수 있는 자유를 주지.

어느 훌륭한 시민의 초상이 그 신앙심 깊은 남자——내가 본 적 없는——의 생기없고 푸르스름하며 무표정한 얼굴빛을 정확히 나에게 전달해 준다고 해서 나에게 무슨 의미 있을까? 작은 마을에서는 이처럼 개인이 자신을 칭송받을 만한 사람이라고 여겨 후세에 자신의 모습을 의무적으로 알리려 하여 시민들은 실물과 똑같이 그리는 것을 아주 중요하게 생각해.

색채는 그 자체로 무언가를 표현해내. 이것은 생략할 수 없으며 꼭 이용해야만 하지. 아름답게 만드는 것은 실제로 아름답고, 또 옳기도 해. 베로네제는 《가나의 혼례》에 사교계 사람들 초상을 그려넣으면서 어두운 보라색과 휘황찬란한 금색을 구사해 자신의 팔레트가 얼마나 풍부한지 보여주었어. 그런 다음 그는 옅은 하늘색과 진주빛 도는 흰색을 생각했지. 이 색은 앞쪽에 없어. 그는 그것을 배경에 반영했지——이건 옳았어. 이 색깔은 대리석 궁전 언저리며 하늘로 저절로 변모해 인물들을 특유의 방식으로 보완해 주니까. 이 배경은 색채계산에서 저절로 자발적으로 나왔으므로 아주 아름다워. 이런 생각이 잘못된 걸까?

이 그림은 궁전과 인물들을 동시에 생각하는 사람과는 다른 방식으로 그려진 게 아닐까?——하나의 전체로서. 건물도 하늘도 모두 전통적으로, 인물에 종속되어 그 인물을 아름답게 보이도록 하기 위해 계산되었어.

이것이 진정으로 그림그리는 일이야. 그리고 그 결과는 사물 자체의 정확한 묘사보다 더 아름다워지지. 어떤 것을 생각하고, 주위의 것을 그것에 종속시키고, 결과가 나오도록 만드는 것.

자연에서 배우고, 현실과 싸우는 것——나는 핑계대며 이것을 그만둘 생각 없어. 몇 년 동안이나 나는 거의 아무 소득 없이 온갖 비참한 결과를 경험하면서도 그런 시도를 해왔어. 나는 그런 것, 즉 실수를 피하고 싶지 않았지.

늘 같은 방법을 계속하는 건 어리석고 시시한 짓이라고 말하고 싶지만, 모든 게 허사로 끝났다고 생각하지는 않아.

'처음에는 죽이지만, 마침내 고친다'는 건 의사의 격언이야. 처음에 인간은 자연을 추구하려고 헛수고하지. 그리고 사사건건 순리를 거스르다가 마침내 조용히 자신의 팔레트에서 창조하고, 자연은 거기에 합치하여 그 뒤를 따라오게 돼.

이 대치되는 두 가지는 서로 상대 없이 존립하지 못해. 치열한 공부는 헛되게 보일지라도 자연과 친밀하게 만들어주고, 사물에 대한 더욱 견실한 깨달음을 주지.

도레는 가끔 날카로운 발언을 하는데, 그 가운데 훌륭한 말은 '나는 기억하고 있다'야. 가장 아름다운 그림은 자유롭게 기억으로 그려진 것이라고 그는 생각했는데, 이런 생각과 자연을 연구하며 어떤 고생을 무릅쓰고라도 목표를 향해 힘써야 한다는 생각을 분리하는 건 불가능해. 엄청나게 위대하고 힘찬 상상력은 인간이 넋잃고 바라볼 만한 작품을 현실에서 그대로 만들어냈지.

마네의 습작에 대한 너의 설명에 부응해 정물화 1점*¹을 보낼게. 가죽표지가 펼쳐진——색이 혼합된 흰색의——성서, 배경은 검정, 앞쪽은 황갈색, 그리고 레몬 옐로 색조. 단 하루만에 그린 그림이야.

이 그림을 보내는 이유는 지금도 말했듯, 내가 이제까지 전혀 헛공부한 게 아님을 너에게 보여주기 위해서야. 이제는 주제의 형태며 색깔이 어떤 것이든 망설임없이 곧바로 제법 그릴 수 있게 되었다고 생각하기 때문이야.

얼마 전에는 야외 습작인 가을풍경을 몇 점 그렸어. 얼마 뒤 이 정물화와 가을 습작 1점을 보낼게. 곧바로 또 편지하겠지만, 검정색에 대한 네 의견이 아주 기뻤다는 것을 말하고 싶어서 급히 이 편지를 보내는 거야. 안녕.

너의 빈센트

*1 《펼쳐진 성서와 촛대, 소설책 있는 정물》(1885).

▲《누에넨의 오래된 교회탑》(1884)　크뢸러-뮐러 미술관, 오텔로

▲《농부들의 쉼터》(1885)　누에넨의 오래된 탑 꼭대
기가 무너져 농부들이 일하다 지치면 그곳 들판에
누워 휴식을 취했다. 반 고흐 미술관, 암스테르담.

▲《펼쳐진 성서와 촛대, 소설책 있는 정물》(1885)
소설책은 졸라의 《삶의 기쁨》. 반 고흐 미술관,
암스테르담

안트베르펜
1885년 11월~1886년 2월

모델을 구하기 어렵고, 아틀리에로 쓰던 방도 비워주게 되어[1] 고흐는 네덜란드를 떠나기로 한다.

1885년 11월24일, 고흐는 존경하는 루벤스[2]의 고향 안트베르펜으로 갔다. 그곳 아카데미에 들어가, 지금까지 교본으로만 접해온 해부학 기초를 다지기 위해 여성 누드를 공부하고 싶었다. 하숙방 벽면 가득히 일본풍속판화를 장식한다. 어머니가 편지보내달라고 부탁하지만, 지금은 편지쓸 기분이 아니라는 심정을 테오를 통해 전한다. 네덜란드를 떠날 때, 그는 가족의 여성들로부터 거리를 두려고 마음먹었다. 언제나 쫓겨나는 신세, 남보다 더 남 같은 가족!

렘브란트와 할스로 늘 가득했던 그의 머릿속에 루벤스가 비집고 들어왔다. 1886년 1월 중간무렵, 고흐는 왕립미술 아카데미[3]에 들어가 낮에는 유화를 배우고, 저녁에는 고대 조각상을 데생한다. 아카데미에서는 누드 모델을 쓰지 않으므로 '스케치 클럽'에 들어갔다. 누에넨에서 가족들과 떨어져 살게 된 뒤 따뜻한 식사를 몇 번밖에 하지 못한 그는 이곳에서도 물감과 모델 비용 때문에 아침

---

[1] 가톨릭 신부에게 세뇌당한 마을사람들이 모델을 거부하고, 교회관리인 샤프라트도 그에게 나가달라고 부탁했다.

[2] 누에넨에 있을 때 고흐는 정기적으로 안트베르펜 미술관으로 갔다. '특히 루벤스에게 강렬한 인상을 받았어. 그의 데생은 아주 멋지단다. 원색 빨강으로 얼굴을 단숨에 그리는 기법이며, 같은 선과 필치로 손가락을 묘사하는 테크닉에 매료되었어.' 그리고 루벤스의 색조가 자신보다 훨씬 밝다는 걸 깨닫는다. 그 영향을 받아 그려진 게 《네덜란드 농부아낙의 얼굴》이다.

[3] 고흐는 이즈음에 그린 초상화를 옆구리에 끼고 아카데미를 이끄는 카렐 페를랏 Karel Verlat를 만나러 갔다. 수업료는 무료였다. 다른 화가들 그림기법을 배우고 새로운 기법을 찾아낼 기회가 되었지만, 그는 곧 페를랏의 작품이 어렵고 색도 잘못 사용하고 있다고 테오에게 써보낸다. 그는 동료학생들이 '아무 희망도 없는, 기본적으로 잘못된' 그림을 그리고 있다고 생각했다.

▲반 다이크 동상이 있는 왕립 미술 아카데미

◀왕립 미술 아카데미 입학증명서

카데미 석고실 동그라미 속 《원반던지기 선수》

▲《원반던지기 선수》를 그린 고흐의 데생(1886)
반 고흐 미술관, 암스테르담

안트베르펜(1885년 11월~1886년 2월) 501

은 하숙에서 제공하는 식사를, 저녁은 간이식당에서 커피 한 잔과 빵 또는 가방에서 호밀빵을 꺼내 먹는 생활을 한다. 과로와 전신쇠약 상태였지만, 어머니에게 알리지 말라고 테오에게 부탁한다. 그리고 파리로 가서 테오와 함께 살며 코르몽의 아틀리에에서 공부하고 싶다는 희망을 비친다.

고흐가 테오에게 437

안트베르펜 1885년 11월28일 토요일 저녁

친애하는 테오

안트베르펜의 인상*¹을 너에게 좀더 알려주고 싶구나. 오늘 아침 소나기가 퍼붓는 속에서 여유롭게 산책을 즐겼단다. 세관사무소에서 내 짐을 가져오려고 나갔었지. 부두의 각종 보세창고와 격납고는 정말 엄청나.

전에도 계선거(繫船渠)와 부둣가를 몇 번 거닐었었어. 특히 모래와 히스 들판과 농촌의 고요함 속에서 오랫동안 살아온 사람에게는 정말 흥미로워. 이곳은 말할 수 없이 번잡하단다.

드 공쿠르가 입버릇처럼 하는 말 가운데 하나가 '일본풍, 만세'였어. 그런데 바로 이 계선거들이 엄청난 일본풍, 특이하고 독특한 전대미문의 것이야──적어도 그렇게 볼 수 있어. 너와 함께 그 주변을 한 번 걷고 싶구나. 우리가 같은 의견일지 궁금하거든.

그 언저리의 무엇이든 그릴 수 있어. 거리 풍경, 저마다 다른 개성을 가진 인물들, 가장 중요한 배와 미묘한 잿빛 물과 하늘──모든 게 일본풍이야. 사람들 모습이 늘 움직이고 있어서, 독특한 환경 속의 그들을 관찰하면 기상천외하고 재미있는 대비가 끊임없이 저절로 나타난단다. 방수 시트로 덮인 상품이 산더미처럼 쌓인 구석 진창에 하얀 말 한 마리──배경은 창고의 검게 그을린 낡은 벽. 참으로 단순한 흑과 백의 효과지.

우아한 영국풍 대중술집 창문 너머로 더러운 진창이 내다보이고, 모피며 버팔로 뿔 같은 매력적인 상품들이 별난 모습의 항만노동자며 이국적인 선원들 손으로 배에서 내려지고 있어. 하얗고 섬세한 영국소녀가 창가에서 그 모습을 바라보거나 다른 쪽으로 눈을 돌린단다. 실내와 인물은 모두 명암 속에 있고,

---

*1 고흐는 그곳이 파리와 매우 비슷하다고 생각했다. 분위기가 예술적이고, 사람들은 자유로운 삶을 즐기는 듯 보였다.

그 진창과 버팔로 뿔 위에 은빛 하늘——이 역시 극명한 대비야.

어깨가 떡 벌어진 혈기왕성한 플랑드르 선원들, 완전히 안트베르펜 적인 사람들이 그 술집에 들어와 선 채로 홍합을 먹거나 맥주를 마시지. 그 엄청난 소음이며 격렬한 움직임 속에 대조적으로, 작은 두 손을 몸에 딱 붙인 검은 옷차림의 작은 그림자가 회색 벽을 따라 소리없이 다가와. 칠흑 같은 머리칼이 단정하게 감싼 작은 달걀형 얼굴——갈색인지 오렌지옐로인지 모르겠어——순간 그녀는 눈꺼풀을 들어올려 검은 두 눈동자를 옆으로 돌리지. 그녀는 중국소녀야. 신비롭고, 생쥐처럼 조용하며, 작은 빈대 같은 느낌. 홍합을 먹고 있는 플랑드르 인들과 얼마나 대조적인지!

또 다른 대비——사람들이 높다란 집과 창고와 저장소들 사이의 좁은 골목을 지나가지. 그 아래쪽 길과 맞닿은 곳에는 여러 손님을 맞을 수 있도록 온갖 국적의 남녀 종업원을 고용한 술집과 식품점과 선원복 가게 등이 다양하고 시끌벅적한 분위기를 자아내.

길게 이어진 거리에서는 지나갈 때마다 이채로운 광경을 보게 된단다. 말싸움이 벌어지면 훨씬 소란스러워지지. 그 주변을 구경하며 걸어가노라면 갑자기 비명과 온갖 고함소리가 들려와. 대낮에 한 선원이 매춘굴에서 쫓겨나는 거야. 뒤이어 한 무리의 남녀가 씩씩거리며 나타나지. 선원은 잔뜩 겁먹은 모습이야——아무튼 그가 산더미처럼 쌓인 자루들 위로 기어올라가 창고 창문으로 사라지는 것을 나는 목격했어.

이런 난리법석에 싫증나면 하리치며 르아브르의 증기선이 정박해 있는 부둣가로 가지. 거기는 시가지를 등지고 있어 앞쪽으로는 아무것도 보이지 않아. 정말 아무것도 없어. 반쯤 물에 잠긴 평탄한 목초지가 끝없이 펼쳐져 을씨년스러움만 있을 뿐, 그리고 습기와 바람에 흔들리는 죽은 갈대, 진창——검은 보트 한 척만 떠 있는 강, 앞쪽에 보이는 잿빛 물, 하늘은 뿌옇고 차가운 회색——사막 같은 고요함.

항구며 계선거의 전체모습은, 어떤 때는 가시덤불보다 더 복잡하게 얽히고 설켜 어디를 쳐다봐야 될지 현기증이 난단다——색과 선이 불쑥불쑥 튀어나와 곧 다른 쪽으로 시선을 돌리게 되고, 같은 지점을 오래 바라보아도 하나의 사물과 다른 사물이 구별되지 않는 지경이야. 하지만 전경의 땅이 멀리 펼쳐진 지점으로 옮아가면 다시 아름답고 조용한 선을, 예를 들면 몰스가 자주 그리는 효과를 볼 수 있지.

그리고 건강해 보이는 소녀가 눈에 들어올 거야. 그녀는 정직하고 순진하며 발랄해 보여. 그런가 하면 하이에나처럼 공포감을 주는 교활하고 심술궂은 얼굴이 되기도 하지. 천연두로 망가진 얼굴도 잊으면 안돼. 삶아낸 새우 같은 얼굴빛, 눈썹이 없는 푹 들어간 잿빛 눈, 그리고 기름기 도는 듬성듬성한 얇은 머리칼, 색은 순수한 돼지털빛 또는 좀 노란빛 띠는──스웨덴 인이나 덴마크 인 다운 생김새야.

그곳에서 그림그리면 좋을 듯하지만, 대체 어디서 어떻게? 그리기 시작하자마자 문제가 일어날 것만 같아. 그래도 큰길과 뒷골목들을 그렇듯 오래 걸어다녔어도 위험에 빠진 적은 없었어. 여러 소녀들과 재미있게 수다떨기도 했는데, 모두 나를 뱃사람으로 여기더구나.

좋은 초상화 모델을 얻는 일이 불가능하지 않을 것 같아.

오늘, 애타게 기다리던 내 짐과 그림도구들을 받았어. 이로써 내 아틀리에도 갖추어졌단다. 좋은 모델을 무료로 얻게 된다면 그 다음은 아무 걱정 없어. 돈을 주고 포즈를 강요하는 일에 쓸 돈이 없다는 게 그리 유감스러운 일로 생각되지 않아. 초상화를 그리고, 모델비로 그림을 주는 게 가장 확실한 방법이지. 도시에서는 농민들 경우처럼 할 수 없으니까. 화가들에게 안트베르펜은 흥미롭고 아름다운 곳임이 확실해.

내 아틀리에는 그리 나쁘지 않아. 특히 벽에 핀으로 잔뜩 꽂아놓은 작은 일본판화들이 나를 즐겁게 해줘. 너도 알지? 정원이며 해변에 있는 작은 여성들 모습, 말탄 사람들, 꽃, 마디진 가시나무 가지 등.

이곳에 잘 온 것 같아──올겨울을 헛되이 보내고 싶지 않거든. 날씨가 나빠도 작업할 수 있는 방을 구해 한시름 놓았어. 호화롭게 지낼 수 있는 곳은 아니야.

되도록 1일에 편지를 보내줘. 그때까지는 먹을 빵이 있지만, 그 뒤로는 궁지에 몰리게 될 거야.

내 방은 생각보다 나쁘지 않아. 을씨년스러운 느낌은 분명 아니야.

습작 3점을 그림상인에게 가져가려는데, 그들은 대부분 진열창 없는 개인주택에 살고 있는 것 같아.

공원도 아름다워. 어느 날 아침 그곳에 가서 데생을 했지.

일본 풍속 판화　히로시게의 그림 3점　▲
빈센트와 테오 컬렉션　　　　　　　▶
　　　　　　　　　　　　　　　　▼

▲안트베르펜의 하숙방에서 내다본 풍경　반
고흐 미술관, 암스테르담

지금까지는 불운을 겪지 않았단다. 거처도 이제 안정되었어, 몇 프랑 더 무리해 난로와 램프를 샀거든.

빨리 싫증나지는 않을 거야. 이것만은 약속해.

나는 레르미트의 《10월》도 발견했어. 해질녘 감자밭에 여자들이 있는 그림인데, 참으로 훌륭해. 《11월》은 아직 못보았어. 너는 구하지 않았을까? 라파엘리의 아름다운 데생이 실린 〈피가로 일뤼스트레〉가 나온 것을 보았지.

내 주소는 뤼 드 지마주 거리 194번지야, 여기로 편지보내줘. 드 공쿠르의 제2부를 다 읽고 나면 보내다오. 안녕.

너의 빈센트

덧붙임 : 이 도시에서 그린 내 유화 습작은 시골에서 그린 것보다 이상하게도 어두워 보여. 도시에서는 빛의 밝기가 약하기 때문일까? 잘 모르겠지만, 그 차이가 표면적인 느낌보다 더 클지도 몰라. 나는 깜짝 놀랐지. 너에게 보낸 작품도 시골에서 내가 생각했던 것보다 훨씬 어두워 보이리라 짐작해. 그렇지만 완성도가 떨어진다고는 생각지 않아——풍차방앗간, 노랗게 물든 가로수길, 정물, 그리고 소품 몇 점.

고흐가 테오에게 442
1885년 12월28일

친애하는 테오

벌써 답장보냈어야 하는데, 보내준 50프랑 고맙다. 덕분에 이번 달도 무사히 지내겠어. 오늘부터 다시 비슷한 상태가 시작되겠지만.

습작을 몇 점 더 완성했단다. 점점 발전해 나간다고 생각해. 돈을 받자 곧 아름다운 모델을 구해 실물 크기 머리를 유화로 그렸어.

검은 머리칼 말고는 아주 밝은 그림이야. 반짝이는 금빛으로 표현하려 했던 배경과 뚜렷이 구분되어 얼굴이 도드라져 보이지. 색조는 명암을 준 살빛, 목 주위의 좀더 브론즈 띤 색조, 머리칼은 칠흑——카민과 프러시안블루로 만들었지——재킷은 빛바랜 흰색, 배경은 흰색보다 훨씬 밝은 노란색. 검은 머리칼에 진홍색을 한 가지 섞고, 빛바랜 흰색 속에는 제2의 심홍색 주름장식.

모델은 음악카페에서 온 여자야. 나는 '보라, 이 사람이로다'라는 표현을 얼

▲《노인의 초상화》(1885)　반 고흐 미술관, 암스 ▲《머리에 빨간 리본을 단 여인》(1885)　개인 소장
테르담

▲《안트베르펜의 무도장》(1885)　반 고흐 미술관, 암스테르담

마쯤 노렸지. 그것을 염두에 두었지만, 표현에서는 여전히 진실을 추구하여 이 그림에서 의도한 건 이런 방식이 되었단다.

내 아틀리에에 왔을 때, 그녀는 며칠 밤을 아주 바쁘게 지낸 흔적이 역력했어. 그리고 그녀는 꽤 독특한 말을 했지.—"전 샴페인을 마셔도 마음이 들뜨지 않고 오히려 너무 슬퍼져요." 난 그게 무슨 뜻인지 알아차렸어. 그래서 무언가 관능적이며 비통한 것을 표현하려 했단다. 같은 모델로 지금 두 번째 습작을 그리고 있는데, 이건 옆얼굴이야.

전에 이야기한 약속으로 그리고 있던 그 인물의 초상을 완성했어. 그리고 나 자신을 위한 같은 모델의 얼굴 습작도. 연말에 남자머리를 1점 더 그리고 싶어. 그림그릴 때면 나는 기운이 펄펄 나서, 이렇듯 이곳에 있는 게 나 자신을 위해 도움된다는 생각이 드는구나.

어떤 모습이든 그녀들을 그리는 게 돈을 빨리 회수할 방법이라고 생각해. 또 그녀들이 매우 아름다운 경우도 있으며, 바로 그런 그림을 좋아하는 게 시대풍조임은 부정할 수 없어. 고도의 예술적 관점에서도 이것에 불평할 수는 없을 거야. 인간을 그리는 일—이것이 옛 이탈리아 미술이었고, 밀레가 했으며, J. 브르통이 하고 있는 일이란다.

다만 문제는 그 출발점이 영혼인가 의상인가—또 사람형태를 나비넥타이며 리본을 거는 옷걸이로 보느냐 인상과 감정을 표현하는 수단으로 보느냐—그리고 그것을 아름답게 모델링하느냐 하는 데에 있어. 첫번째 것은 헛된 생각이고, 나머지는 둘 다 높은 예술이지.

포즈를 취해 준 그 소녀가 내가 그린 초상화를 1점 달라고 해서 무척 기뻤어. 지금 그린 것처럼 그려달라고 했지. 기회되는 대로 자기 방에서 댄서 의상 입은 모습을 그리게 해주겠다고도 하더구나. 그녀가 포즈 취하는 것을 카페 주인이 반대하므로 지금 당장은 못해. 하지만 그때 그녀와 함께 사는 친구 초상화도 그려달라고 했단다. 나는 그녀를 다시 그릴 수 있게 되기를 진심으로 바라. 그녀는 독특하게 생겼고 재기발랄해.

나는 실력을 더 쌓아야만 해. 빠르고 솜씨있게 그리는 게 중요하거든—그녀들은 시간적 여유도 참을성도 없어. 빠르게 그리더라도 완성도가 떨어지면 안돼. 모델이 움직여도 그릴 수 있어야 하지. 나는 의욕적으로 작업하고 있어. 그림이 팔려 수입이 조금 더 들어온다면 더욱 열심히 할 텐데.

포르티에 말인데——나는 아직 포기하지 않았어——나는 가난에 시달리고, 그림상인들도 요즘 같은 처지에 놓여 '세계로부터 은퇴한 국가' 같은 느낌이야. 그들은 심한 우울감에 빠져 있어. 어떻게 하면 그런 자포자기와 무감동 속에서 열심히 일하려는 의욕을 불러일으킬 수 있을까?——이 병은 감염되는 것이므로 더욱 그래.

전혀 팔리지 않는 일은 있을 수 없어. 거기에 기죽지 말고 침착하게 열중하여 의욕적으로 일해야지.

다시 포르티에 말인데——그는 인상파 전시를 처음 시작한 사람이고, 뒤랑뤼엘에게 압도당해 버렸다고 편지로 너는 말했지——그렇다면 그는 말보다 실행을 하는 진취적인 성격의 사람일 거야. 그것은 그의 예순 나이 때문일지도 몰라——그리고 그의 경우도 아마 수많은 사례 가운데 하나일지 모르지. 그림이 한창 크게 유행해 거래가 활발했고, 흥분의 소용돌이 속에서 많은 총명한 사람들이 가치없는 무능한 존재인 듯 튕겨져 나갔지——그건 그들이 이런 돌발적인 그림의 유행과 미친 듯한 가격상승이 계속 이어질 거라고 믿기 싫어했기 때문이야.

지금은 거래가 정체되어 몇 년 전쯤, 즉 10년 전쯤에는 매우 진취적이었던 바로 그 그림상인들이 이제 '세계로부터 은퇴한 국가'로 보이는 거야. 게다가 우리는 아직 그 끝까지 가지도 못했어.

자본이 조금밖에 없는, 또는 전혀 없는 개인의 창작의욕이 어쩌면 미래의 새싹이 될 거야.

어제, 그동안 몰랐던 커다란 렘브란트 그림 사진복제를 봤어. 엄청난 감명을 받았지. 어떤 여성의 얼굴로 가슴과 목과 턱과 코끝과 아래턱에 빛이 떨어져 있고, 이마와 눈은 붉그스름한 깃털장식 달린 커다란 모자에 가려졌어. 넓은 옷깃 달린 재킷에도 빨간색인가 노란색이 있었던 것 같아. 어두운 배경. 표정은 사스키아를 무릎에 앉히고 포도주잔을 손에 든 자화상 속 렘브란트처럼 신비로운 미소를 띠었지.

요즘은 온통 렘브란트와 할스 생각뿐이야. 그들의 그림을 많이 보아서가 아니란다. 이곳 사람들 중에서 그 시대를 연상시키는 인물을 많이 봤기 때문이야.

나는 여전히 댄스홀에 자주 가고 있어. 여자들 얼굴, 인부와 군인들 얼굴을 보려고. 모두 20 또는 30상팀의 입장료를 내고 맥주 한 잔을 마신단다. 많이 마시지는 않아. 아주 근사한 하룻밤을 즐길 수 있지. 적어도 나는 그들의 들뜬 모습을 감상할 수 있어.

모델을 보며 많이 그리는 게 내가 할 일이야. 이것이 확실한 전진을 돕는 유일한 방법이란다. 내가 식비를 아끼며 산 지 벌써 오래됐다는 건 알아. 네가 보내준 돈을 받았을 때는 음식을 소화시킬 만한 상태가 아니었어. 하지만 어떻게든 고쳐봐야지. 일을 시작하면 기력과 명석함이 돌아온다는 사실도 변함없어. 하지만 집을 나와 밖에서 작업하려니 힘들고 지치는구나.

그림그리는 일은 기운을 소모시켜. 하지만 여기로 오기 전 반 델 로 의사를 찾아갔을 때 나는 그럭저럭 튼튼하다고 그가 말했어. 생애의 작품을 제작하는 데 필요한 나이까지는 살아 있을 테니 희망을 잃지 말라고 했지. 신경흥분증 같은 걸 앓으면서도 다행히 예순 또는 일흔까지 살고 있는 화가를 몇 명쯤 알므로, 나도 그때까지 살 수 있으면 좋겠다고 그에게 말한단다.

만일 마음편히 살아가는 기쁨을 계속 누린다면 그런 정신상태는 큰 도움이 되리라고 생각해. 그런 점에서는 이곳에 온 뒤 얻는 바가 있었어. 새로 깨달은 바도 있고, 내 생각을 표현할 새로운 수단도 알게 되었지. 더 좋은 붓질이 나를 도와줄 테고, 카민과 코발트라는 두 색깔에 지금 열중해 있어.

코발트——는 천상의 색이야. 사물 주위의 공기를 표현하는 데 이보다 아름다운 색깔은 없어. 카민은 포도주처럼 따뜻하고 생기넘치는 붉은색이며, 에메랄드그린도 마찬가지지. 이 색들을 쓰지 않는 건 잘못된 절약이야. 카드뮴도 같아.

내 체질에 관한 반가운 소식이 있는데, 바로 암스테르담에서 몇 가지 문제로 의사와 상담했을 때 이야기란다. 어쩌면 이제 살 날이 얼마 남지 않은 게 아닐까 하는 생각이 가끔 들어, 낯선 어떤 사람을 보았는데 그 인상이 어떠했는지 설명하면서 내가 어떻게 보이는지 슬그머니 물었어. 그 의사가 나를 평범한 노동자로 보고 "철공일을 하나 보군요"라고 말해서 얼마나 기뻤는지 몰라. 내가 되고 싶었던 바로 그 모습이었으니까. 더 젊었을 때 나는 지적인 면에서 지나치게 긴장한 사람으로 보였지만, 지금은 뱃사람이나 철공일 하는 사람처럼 보이지.

자신의 체질을 바꿔 '건강한 피부'를 갖는 건 여간 어려운 일이 아니야. 하지만 나는 주의를 게을리하지 않으며 체력을 유지하고 더 힘을 기르려고 해.

어쨌든 직업의 싹을 심은 이상 더 용기내야 한다는 생각이 너에게 어리석게 들리는지 어떤지 편지로 알려다오.

지금 하는 작업에 관해서는, 더 좋은 작품을 그릴 수 있을 듯한 기분이 들어. 그렇지만 공기와 공간이 좀더 필요해. 좀더 자유롭게 행동하고 싶다는 의미야. 무엇보다도 아직 모델을 충분히 못쓰고 있어. 더욱 수준 높은 작품을 만들 수 있지만, 지출은 더 늘겠지. 그래도 사람이라면 모름지기 무언가 높은 것, 진실한 것, 뛰어난 것을 추구해야 하지 않을까?

이곳 여성들 모습에서 매우 강한 인상을 받아——그녀들을 손에 넣고 싶다기보다 그리고 싶은 마음이 강하지. 사실 둘 다면 더 좋겠지만.

드 공쿠르의 그 책을 다시 읽어봤어. 정말 훌륭한 책이야.《셰리》——너도 꼭 읽도록 해——의 머리글에 드 공쿠르 형제가 경험한 이야기들이 실려 있어. 또 그들이 생애 마지막에, 그래, 얼마나 암담한 기분이었는지도 씌어 있지. 하지만 그들은 자신들 일에 자신감을 갖고 있었어. 무언가 이루어 업적을 남길 거라고 굳게 믿었으니까.

정말 대단한 사람들이야! 우리가 지금보다 더 마음을 모은다면 우리라고 왜 못하겠니?

이번 연말은 결국 거의 4, 5일 굶게 될 것 같으니 새해 첫날에 편지보내줘. 그보다 더 늦어지지 않게 해다오.

너는 잘 이해하지 못할지도 모르나, 거의 굶으며 지내지만 내가 가장 굶주리는 건 음식이 아니라 그림그리는 일이야. 모델을 찾으러 나가 돈이 다 없어질 때까지 그림을 계속 그리지. 그동안 내가 매달리는 생명줄은, 함께 사는 사람들과의 아침식사와 저녁에 간이식당에서의 커피 한 잔과 빵이야. 여유 있을 때는 커피 두 잔과 빵, 가방에 넣어온 호밀빵을 먹어. 그림그리는 동안에는 그것으로 충분하지만, 모델이 돌아가면 온몸의 기운이 다 빠지는 느낌이야.

나는 이곳 모델들에게 흠뻑 빠져 있어. 시골 모델들과 전혀 다르거든. 특징이 전혀 달라. 특히 피부색의 대비가 나에게 새로운 착상을 안겨줘. 최근에 그린 두상이 아직 만족스럽지는 않지만, 전에 그린 것과 어딘가 달라지고 있어.

내가 진실을 중요시하는 것을 네가 충분히 이해하므로 너에게 솔직하게 말할 수 있어. 같은 동기에서 나는 시골아낙들을 그릴 때면 그 그림이 시골아낙이 되기를 바라고, 창부들일 경우는 창부가 표현되기를 바란단다.

렘브란트가 그린 창부 얼굴이 내 마음을 그토록 강하게 흔드는 것도 같은 이유에서야. 그것은 그가 그 신비로운 미소를, 마술사 중의 마술사인 그만이 지닌 엄숙함으로 한없이 아름답게 표현했기 때문이야. 이건 나에게 새로움 그 자체란다. 난 단연코 그런 것을 원해. 마네도 쿠르베도 그것을 해냈지. 나도 그런 야심이 있어. 졸라, 도데, 드 공쿠르, 발자크 같은 문학 대가들에 의한 여성 분석의 아름다움을 뼛속까지 느껴온 나로서는 더욱 그래.

스테반스는 나를 만족시키지 못해. 그가 그리는 여자들이 내가 개인적으로 아는 여자들과 다르기 때문이야. 그녀들은 내 눈에 흥미로워 보이지 않아.

나는 어떻게든 진보하고 싶어—나는 나 자신이고 싶단다. 내가 고집쟁이라는 것도 잘 알아. 사람들이 나에게 뭐라든, 또 내 직업에 대해 뭐라고 하든 신경쓰지 않아.

여기서는 누드 모델을 구하기 어려워—적어도 내가 구한 그 여자는 싫어했어. 물론 '싫어한다'는 것도 상대적이겠지. 하지만 내버려둔다고 해서 일이 저절로 해결되지는 않아. 그녀는 정말 멋졌을 텐데.

비즈니스라는 관점에서 보면, 우리는 이미 '세기말'이라고 불리는 것 안에 있어. 여성들은 혁명시대처럼 매력적이고 발언권을 가졌지. 만일 여성들을 배제하고 일한다면, 그 사람은 '세상에서 은퇴한' 존재가 될 거야. 이건 시골에서든 도시에서든 마찬가지야. 자기 시대 사람이고 싶으면, 여성들을 생각해야 해.

안녕. 새해의 행운을 빈다, 악수를.

너의 빈센트

고흐가 테오에게 451
1886년 2월 중간무렵

친애하는 테오

다시 편지를 써야 했어.[1] 우리 태도를 분명하게 정하는 게 빠를수록 좋기

---

[1] 2월에 쓴 몇 통의 편지에서, 그는 무언가 얻어내고 싶을 때 사용하는 방법을 쓰고 있다— 절절한 호소를 평범한 이야기 사이사이에 교묘하게 끼워넣어 처음에는 신중하게 이어서 차츰 긴장감을 높이며 상대가 항복하도록 끈질기게 되풀이한 그 참된 목적은 파리로 가서 테오와 함께 살고 싶다는 것이었다.

때문이야. 아틀리에는——만일 우리가 어떤 집에서 알코브[*1]와 다락방과 다락창고가 딸린 방을 발견한다면, 너는 침실과 알코브 딸린 공간을 사용하고, 우리는 그곳을 매우 안락하게 꾸밀 수 있을 거야. 낮에는 그 방을 아틀리에로 쓸 수 있지. 보기 흉한 잡동사니를 보관하거나 지저분한 작업을 할 때는 다락방을 쓰면 돼. 나는 거기에서 자도 상관없어——너는 알코브 아틀리에에서 자도록 해.

이런 세부적인 일들을 정해두면 첫해는 무난히 지낼 수 있을 거야. 문제는 우리가 개인적으로 잘 협조해 나갈 수 있겠느냐는 것이지. 반드시 절망적이라고는 할 수 없어. 너도 일을 마친 뒤 음울한 느낌이 드는 평범한 방보다는 아틀리에로 돌아오는 편이 훨씬 기분좋을 거야. 음울함은 우리의 가장 나쁜 적이란다.

의사가 나에게 몸이 더 튼튼해질 생활을 해야 한다고 말한다면,[*2] 너에게도 그런 대책이 좋지 않을 리 없어. 너도 그리 '건강한' 건 아니지. 사실 너는 신경쓸 게 너무 많고, 그리 행복하지도 않아. 그 요인은 아마 우리의 방식에 있을지도 몰라. 우리는 너무 독립되고 힘과 자원이 분산되어 있어. '단결은 힘을 낳는다'고 하잖니!

우리는 더 활기가 생겨야 한다고 생각해. 모든 의심을 밖으로 던져버려야 하지. 신뢰의 결여도 마찬가지란다. 너라면 이해받지 못하고 혼자 고립되어 물질적 행복도 더 이상 바랄 수 없을 때 마음의 안정을 유지하는 데 의지되는 근거를 갖고 싶겠니?

남은 건 이 일이라고 나는 생각해. 많은 것들이 변하고, 앞으로는 모든 게 변하리라고 사람들은 본능적으로 느끼고 있어. 우리는 한 세기의 마지막 1/4을 살고 있는데, 이 시기는 엄청나게 큰 혁명으로 종말을 고하게 될 거야.

우리가 생애 마지막에 이 혁명의 시작을 목격할 거라고 가정해 보자. 우리는 분명 이 큰 폭풍우 뒤의 맑은 공기를, 그리고 사회 전체가 다시 신선해지는 좋은 시절을 볼 때까지 살아 있지 못할 거야. 그렇지만 자신이 살아가는 시대

---

*1 방 한쪽에 설치된 오목하게 들어간(凹) 장소. 침실, 서재, 서고 등의 반독립적 소공간으로 사용한다.

*2 이가 10개 빠졌느니, 소화가 안되느니 말하면서, 그의 건강을 해친 주요원인인 항구여관에서 옮은 매독에 대해서는 이야기하지 않는다.

의 허위에 기만당하지 않고, 뇌우 직전의 불건전하고 답답하며 우울한 냄새를 거기서 맡을 수 있다면 그것만으로도 대단한 일이지. '우리는 숨막히는 세상에 살고 있지만, 다음 세대는 자유롭게 숨쉴 수 있으리라.'

졸라며 드 공쿠르 형제 같은 이들은 어른이 된 아이의 쾌활함으로 그것을 믿고 있어. 그들은 엄격한 분석가이고, 진단에 가식이 없으며 매우 정확해. 그리고 네가 언급한 투르게네프와 도데——그들은 반대편을 관심있게 살피며 어떤 목표를 향해 일하고 있지.

다만 모두들 당연히 유토피아의 예언을 피하고, 비관적이야. 분석해 보면 금세기 역사에서 처음에는 숭고했던 혁명이 얼마나 많이 '유산되어' 버렸는지 무서울 만큼 보인단다.

의지되는 것, 다른 사람들과 함께 일하고 생각한다면 인간은 자신만의 감정과 생각으로 혼자 계속 걸어갈 필요가 없어. 그럴 때 인간은 그 이상의 것을 할 수 있지. 그리고 행복한 기분이 강해질 거야.

나는 오래 전부터 우리 관계가 그렇게 되기를 바랐어. 만일 네가 계속 혼자 있는다면 우울감에 빠질 거야. 지금 시대에는 자신의 일에서 찾는 자극 말고는 그 어떤 것도 사람을 활기차게 해주지 못한다, 테오.

드 공쿠르의 그 소설을 보낸다. 특히 머리글을 읽어봐, 거기에는 형제의 일과 소망이 담겨 있어. 이 사람들이 결코 행복하지 못한 건 너도 알 거야. 들라크루아가 자신을 일컬어 '나는 내가 일찍이 느끼고 원했던 의미에서 결코 행복하지 못했다'라고 말한 것과 같아.

머지않아 그렇게 되겠지만, 물질적 행복에 대한 생각이 불가피하고 치명적인 오산이었다는 걸 너도 분명히 깨닫게 될 순간이 올 거야. 감히 단언하건대, 그와 동시에 그 보상으로 네 안에서 일하려는 의욕이 솟아남을 느끼게 되리라는 것도 말해 두마.

위대한 현대 사색가들의 훌륭한 평정심은 내 마음을 아프게 해. 예를 들면 너도 읽은 드 공쿠르 형제의 마지막 산책에 대한 글이란다. 늙은 투르게네프의 마지막 나날도 마찬가지였어. 그즈음 그는 도데와 자주 어울렸지. 여자처럼 예민하고 섬세하고 총명하며, 자신들의 고민에 민감하고, 늘 생명과 자신감에 차 있었으며, 무관심한 스토아 주의와 인생경시는 전혀 없었지. 되풀이하지만 이 남자들은 여자들처럼 죽어갔어. 신에 대한, 또는 추상적인 것에 대한 고정관념없이 늘 인생 자체의 탄탄한 바탕 위에 서서 오로지 거기에 밀착해 있었지. 많은 사랑을 경험하고 많은 고뇌를 맛본 여자들처럼, 그리고 '미소짓는 것처럼 죽어갔다'고 실베스트르가 말하는 들라크루아처럼.

우리는 아직 거기까지는 못갔지. 우리는 우선 일하고 살아가야 해——평범한 의미에서의 행복은 오산이라 할지라도.

그러나 장래가 어떻든, 이곳의 아카데미나 다른 아틀리에서 데생하기 위한 더 좋은 기회를 얻을 수 없을 때, 코르몽의 아틀리에*1에서 1년 동안 그림을 배울 수 있다면 분명 기쁠 거야.

고대작품이 사실적인 묘사를 추구하는 우리를 방해하는 일은 없겠지. 오히려 더 자극할 거야. 나는 프랑스 회화도 무척 보고 싶어.

이런 시를 너는 좋다고 생각지 않니?

    모든 악은 여자에게서 나온다

    흐려진 이성, 욕심, 배신

    금잔의 포도주에 앙금이 섞이고

    모든 죄, 모든 교묘한 거짓말,

    모든 광기는 여자들에게서 온다

    ……그러나 여자를 열렬히 사랑하라

    여자를 만든 것은 신들,

    그리고 걸작이니.

작품은 인간에게 제2의 청춘을 느끼게 해주는 비밀을 지녔어.

테오, 칼라일의 글을 읽은 적 있니? 이 인물의 얼굴을 알 뿐이라든가 그 저서가 미슐레와 비슷하다고 말한다면 굳이 읽으라고 하지 않겠어. 휘슬러와 르그로, 두 사람 모두 그의 초상을 그렸지. 용기있게 많은 일을 한 그는 다른 사람들과 전혀 다른 관점으로 사물을 봤어. 이런 사람들 이야기는 늘 같지——빈곤, 나쁜 건강, 장애, 고립——요컨대 처음부터 끝까지 문제투성이야.

---

*1 그즈음 코르몽은 생각이 자유로운 뛰어난 미술교사로 알려졌다. 그러나 고흐의 진짜 목적은 테오가 과연 자신의 그림을 옹호해 줄지 아닌지 직접 가서 확인하는 일이었다. 그의 인상주의 작품전시를 고용주인 부소와 발라동이 못마땅해 하는 이때 괴팍하고 흥분 잘하는 성가신 형이 나타나면 난처하다고 여긴 테오는 형의 말에 귀기울이지 않아, 고흐의 계획은 실패로 끝난다. 그리고 독신생활에 익숙한 테오는 형이 제안하는 공동생활을 그리 좋게 여기지 않았다.

폴 보드리에 관한 만츠의 기사는 정말 좋았단다. 특히 '그는 미소를 되살리는 일을 했다'는 건 독특한 표현이었어. 들라크루아는 '정열을 되살리는 일을 했다'고 말할 수 있지 않을까? 아마 그럴 거야. 아무튼 곧 다시 편지줘. 안녕.

너의 빈센트

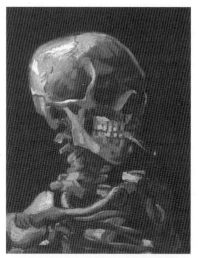

▲《담배를 문 해골(예술적 유머)》(1886)
반 고흐 미술관, 암스테르담

▲관광상품으로 팔려고 시도했던 중세의 성 스케치　반 고흐 미술관, 암스테르담

파리
1886년 3월~1888년 2월

    1886년 3월 첫무렵, 야간열차로 파리에 온 고흐는 테오가 이미 출근했으리라 여겨 몽마르트르 대로 19번지에 있는 상회로 사람보내 루브르 미술관의 살롱 카레에서 기다린다고 전했다.

    그뒤 테오와 함께 라발 거리 25번지 아파트에 살며, 코르몽 아틀리에에 다닌다. 코르몽은 그림그리기 전에 반드시 정확하게 측정해야 한다고 학생들에게 가르쳤다. 그런 방법은 우스꽝스럽다고 고흐는 생각했다. 그는 아틀리에의 반항아들과 자주 어울렸다. 그 리더는 앙케탱이라는 이름의 다부지고 유머러스한 사나이였다. 불구의 천재 로트렉, 베르나르,*¹ 러셀, 앙그랑, 기요맹과도 친해졌다. 그들은 날마다 탕부랭 카페*²에 모여앉아 압생트를 홀짝거리며 시끌벅적하게 떠들어댔다.

    6월, 몽마르트르 르픽 거리 54번지의 넓은 아파트로 이사한다.*³

    석 달만에 코르몽 아틀리에를 나온다. 그 뒤로 고흐는 한동안 정물화와 풍경화만 그리며 색채를 다루는 기술 향상에 힘써 차츰 색조가 밝아진다. 그 무렵 빈센트는 위와 치아수술을 받았다.

---

*1 그때 18살이었던 베르나르는 탕기 영감 화방에서 고흐를 처음 만났다. '오후의 텅빈 아틀리에에서 석고조각 앞에 앉아 고흐는 참을성있게 아름다운 형태를 그렸다. 마음에 안들면 고치고, 열심히 다시 그렸다가 지우개로 문질러 종이에 구멍이 났다'고 뒷날 회상했다.

*2 Le Tambourin은 몽마르트르 클리쉬 거리의 카페. 고흐는 앙케탱, 로트렉, 베르나르 등과 함께 이곳에서 그림전시회를 열었다. 또 그는 카페를 장식할 꽃그림도 몇 점 그렸는데, 나중에 이 그림의 반환을 거부당했다.

*3 아직 채소밭과 풍차가 있어 작은 시골처럼 보이는 몽마르트르 언덕 북부로, 많은 화랑과 화가들의 아틀리에가 있었다. 또 수많은 카페와 유흥시설이 있어 보헤미안 성향의 예술가들이 자연스럽게 오갔다. 이때 테오는 어머니와 누이동생에게 '형님은 지금까지 본 적 없을 만큼 기운이 넘칩니다. 모두에게 호감을 주고, 실력도 많이 발전했습니다. 이대로 계속되면, 형님은 곧 스스로 벌어서 먹고 살 수 있게 될 겁니다'라고 써보내고 있다.

제8회 인상파전에서 쇠라의 《그랑 자트 섬의 일요일 오후》*1가 주목받는다. 테오는 여름에 네덜란드로 돌아가 안드리스 봉허*2와 공동으로 네덜란드에 그림 상점을 열려는 계획을 빈센트 백부와 코르 숙부에게 상담했지만 자금원조를 거절당한다. 안드리스는 파리의 주식중개인으로, 1885년 여름에 누에넨의 집에서 고흐를 만났고, 테오는 암스테르담에서 그의 여동생 요한나*3를 만났다.

1886년 끝무렵부터 테오는 정신이 지쳐 병약해졌다고 안드리스는 쓰고 있다. 이듬해 3월, 형과 성격이 맞지 않아 도저히 함께 못살겠다고 어려움을 털어놓는 테오에게 빌레미나는 원조를 끊든지 적어도 따로 살라고 충고한다. 예술가라는 특수한 직업을 가진 형을 이해하는 테오는 망설인다.

테오가 지배인으로 있는 몽마르트르의 화랑 2층 전시장에서 모네, 드가, 쇠라, 피사로 등의 작품을 열정적으로 연구해 인상파 작품에 익숙해진 고흐는 1887년 봄 쇠라와 시냑 등 점묘파 전시작품을 접하게 되고, 센 강변 아스니에르에서 시냑*4과 함께 풍경을 그린다. 고흐의 작품이 점묘와 짧은 선으로 구성되는 경향을 보인다.

지그프리트 빙의 화랑에서 본 일본풍속판화에 마음을 빼앗긴 고흐는 탕부랭 여주인 세가토리*5와 친밀한 관계가 되어 그곳에서 일본풍속판화전과 그룹전*6을 연다. 이에 자극받은 베르나르와 앙케탱은 점묘에서 전환해 색채에 농담을 주지 않고 일정한 톤의 색면으로 윤곽을 그리는 '클루아조니슴(종합주의)' 기법을 시도하게 된다.

---

*1 쇠라는 서로 다른 색깔의 점들을 캔버스 가득 찍어서 빛의 효과를 빚어내는 점묘화법을 고안해냈다.

*2 Andries Bonger, 1861~1936. 테오는 그의 여동생 요한나와 결혼한다.

*3 Johanna Bonger, 1862~1925. 나중에 테오와 결혼. 고흐와 테오가 죽은 뒤 그들이 주고받은 편지를 읽고 감동해, 편지 출간과 작품 알리는 일에 온 힘을 기울인다.

*4 시냑은 훌륭한 유머 감각의 소유자로 고흐의 그림을 흥미로워했다. 그의 인상파 작품에 존경심을 품고 '고흐는 삶을 정열적으로 사랑했다. 열렬하고 신랄한 사람이었다'라고 말한다.

*5 Agostina Segatori는 탕부랭의 여주인. 이탈리아 출신의 모델로 프랑스 화가 J. 코로의 모델을 한 적 있었고, 고흐도 그녀의 초상화를 그렸다.

*6 이 무렵부터 고흐는 판 호흐(반 고흐)라는 네덜란드 식 이름이 발음하기 어렵다는 이유로 세례명 빈센트로 그림에 서명하기 시작했다. 그러나 사실은 인생의 쓴맛밖에 준 적 없던 집안의 이름을 지워버리고 싶었던 것이다. 빈센트의 어원은 라틴어 빈센티우스로, 승리한다는 뜻.

▲루브르 미술관의 살롱 카레

▲코르몽 아틀리에 이젤 오른쪽 사람이 코르몽, 맨 앞 왼쪽은 로트렉

▲폴 고갱

▲에밀 베르나르

▲툴루즈 로트렉

▲로트렉이 그린 고흐 초상화
반 고흐 미술관, 암스테르담

▼《몽마르트르 언덕》(1886) 크뢸러–뮐러 미술관, 오텔로

1887년 4월, 고갱이 라발을 데리고 파나마로 간다. 도착해 보니 들었던 이야기와 다르고, 운하파는 일에서도 2주일 만에 해고되어 마르티니크 섬에 들렀다가 말라리아와 이질에 걸려 고생한다. 황열병이 낫지 않는 라발을 남겨두고 11월 중간무렵 파리로 돌아온다.

1887년 11월, 고흐는 레스토랑 '샬레'에서 베르나르, 앙케탱, 로트렉, 케닝흐 등이 속한 이른바 '프티 불바르*¹ 전시회를 조직한다. 이 전시를 보러 온 쇠라와 처음으로 만났다. 마르티니크 섬에서 돌아온 고갱도 찾아와 고흐의 작품교환 요구에 응한다.

1888년 첫무렵, 한때 '파리는 나의 구원이다!'라고 외쳤던 고흐에게 파리의 매력은 차츰 그 빛을 잃었다. 자신이 대도시에 죄수처럼 갇혀 있음을 깨닫고, 줄담배와 술에도 싫증나 이런 흥분과 자극에 젖어 있으면 파멸할 수밖에 없다고 여겨 어느 날 훌쩍 떠난다.

고흐가 테오에게 459
파리 1886년 3월 첫무렵

테오

불쑥 찾아올 생각은 아니었는데, 많이 생각해 보았지만, 이렇게 해야 시간을 아낄 수 있을 것 같았어. 정오부터 루브르 미술관에서 기다리고 있을게. 네 형편에 따라 더 일찍 와도 좋아.

'살롱 카레'로 몇 시까지 올 수 있는지 답장줘. 되풀이 말하지만 생활비는 지금까지와 똑같이 주면 돼. 돈은 아직 남아 있어. 그것을 사용하기 전에 너와 의논하고 싶구나. 반드시 잘 될 거야.

부디 빨리 와주렴.*²

빈센트

---

*1 고흐는 모네, 시슬레, 르누아르, 드가 등 테오가 몽마르트르 대로(불바르)에서 그 작품을 전시한 화가들을 '그랑 불바르 화가'라 부르고, 그 자신과 베르나르, 앙케탱, 고갱, 로트렉 등 레스토랑에서 전시했던 화가들은 '프티 불바르 화가'라고 불렀다.
*2 형을 만난 테오는 깜짝 놀랐다. 고흐는 병자처럼 보였다. 이토록 야윈 모습을 본 적이 없을 만큼 얼굴이 쭈글쭈글하고 일그러져 있었다. 충치와 깨어진 이들로 입 속이 가득한 형을 치과에 데려가 틀니를 해넣고 새옷을 사입히자 말끔해졌다.

친애하는 리벤스 씨[1]

여기 파리에 온 뒤 당신과 당신 작품에 대해 여러 차례 생각했습니다. 내가 당신의 색채, 예술과 문학에 대한 생각, 그리고 인품을 좋아했던 건 당신도 아실 겁니다. 내가 어디에서 뭘 하는지 알려드려야겠다는 생각은 전부터 하고 있었습니다. 하지만 파리의 생활비가 안트베르펜보다 훨씬 많이 들므로, 당신 사정도 모르면서 파리로 오라고 감히 권할 수 없었지요. 가난뱅이는 힘든 점이 많거든요.

하지만 파리는 그림을 팔 기회가 많습니다. 다른 화가들과 그림을 교환할 기회도 많고요. 온 힘을 기울여 자연의 색채를 진술하고 개성적인 감정으로 표현한다면,[2] 비록 어려움은 많지만 화가로서 먹고 살 수는 있는 곳이지요. 나는 이곳에 더 오래 머물 생각입니다.

여기는 볼거리가 많습니다——거장의 이름을 하나 예로 들면 들라크루아입니다. 암스테르담에서는 인상파가 어떤 것인지 몰랐지요. 그러나 여기서는 바로 눈 앞에 보이고, 나는 비록 그 그룹에 속하지 못하지만 드가의 누드와 모네의 풍경화 등 몇몇 인상파 그림은 정말 훌륭합니다.

나는 모델비가 모자라지 않는 한 인물화 작업에 전념하고 있습니다. 유화로 색채 습작 시리즈도 그렸지요. 모두 꽃그림으로 빨간 양귀비, 파란 수레국화와 물망초, 하양과 분홍 장미, 노란 국화 등입니다. 파랑과 오렌지, 빨강과 초록, 노랑과 보라의 대비를 꾀하고, 그것들이 섞인 중간 색조를 표현하며 대비색들을 조화시키려 했습니다. 회색의 조화가 아닌 강렬한 색채 효과를 내려고 노력했지요.

이런 연습 뒤 요즘 인물 두상을 2점 그렸는데, 빛과 색채면에서 전보다 나아진 것 같습니다. 지난날 우리가 이야기나누었듯, 생명을 구하는 색채에 있어

---

[1] A.H.Livens는 안트베르펜의 아카데미에서 함께 공부한 영국인 화가.

[2] 들라크루아의 보라와 노랑과 파랑 같은 마술적인 색에 빠져 있던 고호는 파리에 온 뒤 인상파 화가들 그림에 신선한 감동을 받았다. 그들은 이제까지와는 전혀 다른 회화적 사고로 새로운 시도를 하고 있었다. 고호는 그들이 도입한 빛의 효과에 완전히 매료되었다. '빛, 언제나 빛이다!'라고 그는 쓰고 있다.

진정한 데생은 바로 색채로 모델링하는 것입니다. 풍경화도 12점 그렸습니다
——과감한 초록과 파랑. 이렇듯 나는 생활을 위해, 그리고 예술상의 진보를 위
해 고군분투하고 있습니다.

당신이 요즘 뭘하며 지내는지, 언젠가 파리로 올 생각을 하는지 무척 궁금
합니다. 혹시 오게 되면 미리 알려주십시오. 당신만 좋다면, 내가 사용 가능한
방과 아틀리에를 함께 써도 좋습니다.

봄이 되면——2월이나 그 전에라도——나는 남 프랑스로, 저 푸른 색조와 선
명한 색채의 땅*¹으로 갈지 모릅니다. 당신이 바란다면, 함께 갈 수도 있지요.
그곳에 있을 때 나는 당신이 진정한 색채화가임을 확신했습니다. 인상파 그림
을 본 뒤로 분명히 말할 수 있는 건, 당신과 나의 색채도 이대로 나아가면 그
들의 이론과 똑같아지리라는 겁니다. 적어도 친구를 발견할 기회, 더욱이 좋은
기회를 만날 수 있는 건 확실합니다.

당신은 잘 지내리라 생각합니다. 안트베르펜에서 나는 건강이 나빴지만, 이
곳에 와서 좋아졌지요. 편지주십시오. 앨런, 브리엣, 링크, 뒤랑에게도 안부 전
해주세요. 다만 당신만큼 그들을 생각하지는 않습니다. 당신 생각은 거의 날
마다 한답니다.

진심어린 악수를. 현주소는 빈센트 반 고흐 파리 몽마르트르 르픽 거리 54
번지.

당신의 빈센트

덧붙임 : 내 그림이 팔릴 기회는 확실히 많지 않지만, 연줄은 꽉 붙잡고 있습
니다. 현재 내가 찾은 그림상인은 4명으로, 내 습작을 전시해 주었지요. 그리고
나는 많은 화가들과 습작을 교환했습니다. 가격은 현재 50프랑. 솔직히 많지
않지만, 세상에 나가려면 싸게 팔아야지요. 비록 제작비밖에 못건지더라도.

파리는 역시 파리입니다. 파리는 하나밖에 없지요. 이곳에서의 생활이 어렵
고, 지금보다 힘들어지더라도, 프랑스 공기는 머리를 맑게 하고 작업에 도움되
며 아주 좋은 효과를 주지요. 나는 서너 달 동안 코르몽 아틀리에에 다녔는데,

---

*1 봄부터 여름에 걸친 센 강변 아스니에르에서의 작업이 남쪽으로 가고 싶다는 고흐의 바람
을 부채질했다. 남쪽으로 가면 빛이 발견되리라, 많은 신선함이 자신의 색채에 드러날 거라
고 그는 생각했다.

기대에 미치지 못했습니다. 내 잘못일지도 모르지요. 어쨌든 나는 안트베르펜을 떠나왔듯 그곳도 뛰쳐나오고 말았습니다. 그 뒤로 나는 혼자 그림그리며, 더욱 나 자신을 자각하게 된 것 같습니다.

지금 이곳은 불경기입니다. 대형 그림상인들은 밀레, 들라크루아, 코로, 도비니, 뒤프레 및 그밖의 몇몇 대가들 그림을 터무니없이 비싼 값에 팔고 있지요. 젊은 화가들을 위해서는 거의 또는 전혀 아무것도 하지 않습니다. 그에 비해 이류 그림상인들은 값을 아주 싸게 매겨 팔아주지요. 더 높은 가격을 요구한다면 나는 1점도 팔지 못할 겁니다. 그렇지만 나는 색채를 믿습니다. 가격도 중요하지만, 결국은 이런 그림에 돈을 쓰게 될 것입니다.

지금은 사정이 좋지 않습니다. 이곳에 오고 싶어하는 사람은 결코 편한 길이 아님을 명심해야 합니다. 다만 이곳에서는 진보를 얻을 수 있지요. 어딘가에 단단한 지반을 갖는다면 분명 그곳에 머물러야 합니다. 나처럼 모험하는 사람은 위험을 더 무릅써도 잃을 게 없습니다. 특히 내 경우는 좋아서 모험하는 게 아니라 운명이 그렇게 만들었지요, 내 집과 나라만큼 나를 이방인으로 대하는 장소는 또 없을 정도입니다. 당신 집주인 로스말렌 부인에게 안부전해주세요. 그녀에게 만일 작품을 전시할 마음이 있다면 내 소품을 보내겠다는 의향도 전해주십시오.

고흐가 테오에게 461

1887년 여름 ①

사랑하는 테오[1]

동봉한 건 어제 네게 온 편지인데, 문지기가 곧바로 가져다주지 않았어.

탕부랭에 다녀왔단다. 가지 않으면 나한테 용기가 없다고 생각할 테니까.[2] 나는 세가토리에게 말했지. 이번 일로 그녀를 나무랄 생각 없지만, 그녀 자신은 스스로를 단죄해야 한다고. 또한 나는 비록 영수증을 찢어버렸지만 그녀가

---

[1] 테오는 다시 네덜란드로 돌아가 있었다.

[2] 이즈음 술에 취하면 기분이 가라앉지 않고 신경이 곤두선 고흐는 세가토리와도 사이가 벌어져 카페에 걸린 자신의 작품을 도로 가져가려 하자, 그가 내지 않은 술값의 담보라면서 돌려주지 않았다. 그녀를 모욕하는 그의 심한 말을 그녀와 최근에 친해진 남자가 듣고 싸움이 붙어 고흐는 피투성이가 되어 쫓겨났다. 그의 거친 행동과 혐오스러운 용모가 그를 끔찍한 모습으로 만들었다.

먼저 나한테 그림을 모두 돌려줘야 했으며, 이번 일에 어떤 역할을 하지 않았다면 다음 날 나를 만나러왔을 테고, 오지 않은 이상 그들이 나에게 시비걸려던 사실을 미리 알고 있었다고 보며, 다만 그녀가 "나가 주세요"라고 말한 건 나에게 경고하려는 의도로 이해하지만 그때는 무슨 의미인지 몰랐고 알고 싶은 마음도 들지 않았다고.

그녀는 그림과 그밖의 모든 것을 내 뜻에 맡기겠다고 대답했지. 그녀는 오히려 내가 트집잡으려 했다고 주장했어—사실 그런 말도 놀랍지 않아—그녀가 내 편을 들면 그들이 앙갚음하리라는 것쯤 알고 있으니까. 카페에 들어갔을 때 웨이터도 보였으나, 곧 어디론가 사라져버렸지.

나는 곧바로 그림을 가지고 오려는 생각은 하지 않았단다. 다만 네가 돌아오면 이야기하겠다고 말해두었어. 그 그림들은 내 것인 동시에 네 것이니까. 그리고 그때까지 한 번 더 이번 사건에 대해 잘 생각해 보라고 일러두었지.

그녀는 얼굴빛이 밀랍처럼 창백했어. 이건 좋은 징후가 아니야. 그 웨이터가 네 집까지 쳐들어갔다는 사실을 그녀는 모르고 있었어. 그것이 사실이라면, 그녀가 나를 속였다기보다 그들이 나에게 시비걸려는 것을 알려주려 했던 거라고 믿고 싶은 마음이 더 강해져. 그녀는 원하는 대로 할 수 없어. 아무튼 지금은 네가 돌아오기만 기다릴게.

네가 출발한 뒤 나는 그림을 2점 그렸어.

지금 2루이*¹ 남아 있는데, 네가 돌아올 때까지 지낼 수 있을지 불안해. 아스니에르에서 그림그리기 시작했을 때는 캔버스도 많았고, 탕기 영감*² 도 무척 친절했지. 그는 변한 게 없지만, 그의 못된 마누라가 모든 걸 알아차리고 반대하고 나선 거야. 나는 탕기 영감 마누라에게 내가 이제 여기서 아무것도 사지 않게 되면 그건 다 당신 탓이라고 고함질렀어. 탕기 영감은 잠자코 있었

---

*1 1루이는 20프랑 금화.

*2 몽마르트르 언덕 아래 자리한 화방의 주인. 발랄한 작은 성당 같은 느낌을 주는 화방에서 화가들 그림액자를 만들어주고 그림도구와 그림도 팔았다. 그 자신은 그림을 그리지 않았지만, 반항적이고 토론을 좋아하는 화가들에게 존경심을 가졌다. 고흐는 그에게서 자주 돈을 빌리고, 그림을 팔아달라고 맡기기도 했다. 마음씨좋은 그는 유명한 화가가 될 거라고 고흐를 격려하며 진열창에 그림을 걸어주었지만 1점도 팔지는 못했다. 고흐가 여러 점 그린 그의 초상화는 파리 시절 그가 추구했던 다양한 색채의 조화를 점묘법으로 구현한 그림으로 꼽힌다.

지. 그래도 부탁하면 어떻게든 해줄 거야. 하지만 이런 일들이 그림그리는 데 방해되고 있어.

오늘 로트렉을 만났단다.[*1] 그는 포르티에를 통해 그림을 1점 팔았어. 메스다흐 부인이 그린 수채화를 1점 가져왔는데, 정말 아름다워.

그곳에서 즐거운 여행이 되기를 바란다. 모쪼록 어머니와 코르 숙부와 빌레미나에게 안부전해줘.

네가 돌아오기 전까지 내가 빈둥거리는 일 없도록 조금만 더 송금해 주면, 너를 위해 그림을 잘 그릴 기운이 날 것 같아. 그림을 그리면 나는 마음이 아주 편안해지거든.

이번 사건으로 마음에 걸리는 일은 그곳——탕부랭——에 가지 않으면 패기 없는 사람처럼 보이리라는 것이었어. 그래서 찾아갔고, 이제 마음이 편해졌어. 너에게 악수를.

빈센트

고흐가 테오에게 462
파리 1887년 여름 ②

사랑하는 테오

너의 편지, 그리고 동봉한 것 정말 고맙다. 성공해도 그림으로는 그동안 들인 비용을 되찾을 수 없다는 생각을 하면 슬퍼져.

가족들에 대해 '모두 잘 지내지만, 얼굴을 마주하면 슬픕니다'라고 네가 쓴 데에는 나도 마음아팠어. 12년 전이라면 너도 집안이 언제나 번영하고 계속 이어질 거라고 맹세했겠지.

네 결혼문제가 잘 해결되면 어머니도 무척 기뻐하실 거야. 네 건강을 위해서나 사업을 위해 독신은 벗어나는 게 좋아. 나는 결혼하거나 자식을 갖고 싶다는 마음이 점점 사라지고 있어. 35살 나이에 이런 상태임을 생각하면 가끔 너무나 우울해져.[*2] 때로는 이 더러운 그림 일이 원망스러워지기도 하지.

---

*1 로트렉을 만나면 둘이서 건강이 나빠질 만큼 술을 퍼마시곤 했다.
*2 그 여름 어느날, 지쳐서 돌아온 고흐는 구두를 바닥에 벗어던졌다. 그 나둥그러진 구두의 모습이 자못 그 자체의 삶을 갖고 있는 듯 그의 마음을 사로잡았다. 다 헤지고 지저분했지만 그 매력에 마음이 설렌 고흐는 곧바로 붓과 팔레트를 들고 그 구두를 그렸다.

리슈팽은 말했어. '예술에 대한 사랑은 진짜 사랑을 잃게 만든다.' 정말 진리라고 생각해. 반대로 진짜 사랑은 예술에 대한 의욕을 잃게 만들지. 나는 내가 나이들었다고 느낄 때가 있지만, 회화에 대한 열의를 버려도 사랑은 아직 할 수 있다고 생각해. 성공하려면 야심이 필요하지만, 야심은 어리석게 여겨지는구나. 그 결과가 어떻게 될지는 몰라.

나는 무엇보다도 네 부담을 줄여주고 싶어. 앞으로는 그것도 불가능하지 않겠지. 나는 더 실력을 쌓아서, 내 그림을 당당히 전시해도 너에게 피해되지 않을 정도가 되고 싶단다. 그리고 인간적으로 혐오하는 많은 화가들 얼굴을 보고 싶지 않으니 남 프랑스 어딘가로 숨겠어.

이제 나는 탕부랭을 위한 그림은 그리지 않을 테니 안심해. 그 일이 다른 사람에게 넘어갈 것 같지만, 반대할 마음 없어.

세가토리와의 관계는 전혀 다른 문제야. 나는 아직 그녀에게 애착을 느끼고, 그녀도 마찬가지라고 생각해. 지금 그녀는 입장이 곤란하지. 카페에서 자유롭게 행동할 신분도 아니고, 진짜 주인도 아니거든. 게다가 건강도 좋지 않아. 나는 그녀가 중절수술을 받은 게 아닐까——그렇지 않으면 신경성 임신을 했든가——짐작하고 있어.

아무튼 그녀를 비난하고 싶지 않아. 두 달쯤 지나면 그녀도 회복되겠지. 그때는 내가 그녀를 난처하게 하지 않은 데 대해 감사하게 될 거야. 하지만 그녀가 건강해지고 마음도 냉정해졌는데 내 그림을 돌려주지 않는다면 그녀를 절대 동정하지 않을 거야. 뭐, 그런 일은 없겠지. 나는 그녀를 잘 알며, 지금도 믿어. 그리고 그녀가 그 카페를 계속 잘 경영해 나간다면, 상업적 관점에서 그녀가 승리자가 되려 했던 일을 나무라지 않겠어. 그녀가 어쩔 수 없이 내 발을 살짝 밟고 간다면 그건 용서할 수 있어. 그녀를 다시 만났을 때, 내 마음까지 짓밟지는 않았단다. 남들이 말하듯 그녀가 못된 여자였다면 가차없이 짓밟았을 텐데.

어제 탕기 영감을 만났어. 내 그림을 1점 진열창에 걸어주었단다. 네가 간 뒤 나는 그림을 4점 그렸어. 지금은 큰 작품을 1점 그리는 중이야. 길고 큰 그림이 잘 팔리지 않는 건 나도 알아. 하지만 언젠가 알게 되겠지만, 거기에는 야외의 공기와 활기가 있어. 이런 그림은 식당이나 시골 별장의 장식화가 될 거야.

네가 뜨거운 연애를 하고 결혼한다면, 다른 그림상인들처럼 시골에 별장을 사는 일도 불가능하지 않겠지. 호화롭게 살면 지출도 많아져. 하지만 그만큼 넓은 지반을 갖게 되니, 너무 돈에 얽매이지 말고 사는 게 성공하는 길이야. 자살보다는 활기찬 삶이 좋아. 가족들에게 안부전해줘.

언제나 너의 빈센트

고호가 베르나르에게*1 1

르픽 거리 54번지 1887년 여름

친애하는 베르나르

지난번에 자네를 뿌리치고 느닷없이 돌아와*2 미안하네. 이 편지로 먼저 사과해 두네.

톨스토이의《러시아 민화》를 꼭 읽어보게. 요전에 말한 들라크루아 이야기를 바로 찾을 수 있을 거야.

저녁에 나는 기요맹의 집을 또 찾아갔다네. 자네는 아직 그 주소를 모르겠군. 앙주 강가 13번지라네. 그는 다른 동료들보다 생각이 깊은 친구지. 모두 이 친구 같다면 서로 적대하지 않고 시간을 헛되이 쓰지도 않을 테니 틀림없이 좋은 일을 할 수 있을 거야.

나는 한 가지 확신을 품고 있네. 자네를 나무라려는 건 아니지만, 아틀리에에 있으면 그림공부는커녕 생계를 잇기조차 어렵다고 자네는 생각하겠지. 하지만 어떻게든 살아나갈 방법이 찾아지도록 진부하지 않고 꾸밈없는 그림을 그려야만 해.

---

*1 고호보다 15살이나 어렸지만 그는 늘 베르나르의 그림에 경의를 나타내고 주의할 점을 일러주었으며 후원자가 되었다. 그 뒤로 베르나르는 아를에서 보내온 긴 편지를 받는데, 이 편지들 속에는 중년 남성이 젊은이를 대하는 말투가 느껴진다.

*2 르픽 거리 54번지 아파트는 전에 살던 집보다 넓었지만, 그림그리기에는 전혀 실용적이지 못했다. 시골풍경이 그리워진 고호는 파리 근교로 풍경화를 그리러 다녔고, 새로운 친구 베르나르가 자주 동행했다. 베르나르는 아스니에르의 부모님 집 정원에 나무로 지은 작은 아틀리에로 그를 가끔 초대했다. 고호는 거기에서 함께 탕기 영감의 초상화를 그렸고 베르나르의 초상화도 그렸다. 그런데 아들의 미래에 대한 고호의 충고에 아버지가 반대하자 매우 화내며 물감이 채 마르지 않은 2점의 그림을 옆구리에 낀 채 그 자리를 박차고 나가버렸다. 그 뒤로 고호는 두 번 다시 베르나르의 집을 찾지 않았고, 베르나르가 그를 만나러 아파트로 왔다.

▲아스니에르의 다리와 배들이 오가는 부두

▼자화상들

VINS
RESTAURANT

▲《아스니에르의 배》

▲아스니에르의 센 강가에서 고흐와 베르나르

자네 자화상은 자네 얼굴을 닮았지만 그리 훌륭하지 않고 또 최선을 다한 작품도 아닌 것 같네.*¹

지난번 자네에게 설명하려 했던 이야기를 해볼까. 일반론 아닌 실제 예를 들어보세. 자네가 어느 화가와 사이좋지 않아 '만일 그 전시회에 시냑이 작품을 내놓는다면 내 그림을 거두어가겠다'고 트집잡는다면,*² 자네 태도는 훌륭하다고 할 수 없네. 그렇듯 단호하게 결론짓기 전에 잘 살펴보고 깊이 생각해야 하지. 한바탕 분쟁을 일으킨 뒤 생각하면 우리에게도 상대와 같은 실수가 있음을 깨닫게 되고, 또 우리가 원하는 정당한 이유가 상대에게도 있을 수 있으니까.

그러니 만일 시냑이며 다른 점묘화가들이 그 방법으로 좋은 작품을 그렸다면 헐뜯지 말아야 하며, 분쟁이 일어날 때는 특히 상대를 믿고 바람직한 방향으로 이야기나누어야만 한다네. 그러지 않으면 속좁은 인간이 되어 다른 사람 가치를 인정하지 않고 자신만 옳다고 믿게 되고 말 걸세.

아카데미 회원도 마찬가지야. 예를 들어 라투르의 그림을 보면 그가 참으로 반항을 모르는 인간임을 알 수 있지. 바로 그것이 이 조용하고 정확한, 살아 있는 예술가 가운데 가장 뛰어나고 독특한 화풍을 만들어낼 수 있었던 이유라네.

다음은 병역의무를 치러야 하는 자네에게 한 마디 해두고 싶네. 이제부터 잘 조사해 봐──무엇보다도 근무지에서 그림을 계속 그릴 수 있는지 직접 물어보게. 또 스스로 근무지를 고를 수 있는지도⋯⋯그리고 조금이라도 자네 건강에 지장이 생기지는 않을지 넌지시 알아보는 게 좋을 거야. 만일 자네가 지금보다 건강하게 제대할 수만 있다면 입대를 그리 비관하거나 불안을 느낄 필요없지. 군 입대는 꼭 불행하다고만은 할 수 없는 큰 시련이라고 할 수 있네.

---

*1 이즈음 그는 수많은 자화상을 잇따라 그려 무려 22점을 그린다. 마치 자신의 예술적 주체성의 변질을 메우고, 하나의 작품에서 다음 작품에 걸쳐 얼마나 발전했는지 알아내려는 듯이. '내가 강조하고 싶은 건 같은 인물이라도 서로 다른 초상화의 모티브가 될 수 있다는 사실이야. 거울에 비치는 또 다른 나를 그리면서 문득 든 생각이지. 그리고 화가는 사진가의 초상사진보다도 더 닮은 초상화를 그려야 해.'

*2 이즈음 고흐는 파리에 완전히 싫증나버렸다. 모네는 고갱의 그림이 걸린 곳에 자신의 작품을 결코 걸지 않았고, 르누아르와 쇠라와 시냑은 서로 사이가 나빴다. 파리의 화가들이 서로 죽이고 있다고 고흐는 여겼고, 자신도 불안했다.

문제는 그곳에서 위대한 예술가가 되어 나올 수 있느냐 없느냐는 것이지.

이제부터 몸을 튼튼히 하고 정신을 굳건히 다지도록 하게. 그동안 열심히 그린다면 작품이 얼마쯤 모아질 테니, 그것을 팔 수 있도록 애써보겠네. 자네도 모델비가 필요하리라는 것쯤 잘 아니까.

클리쉬 거리의 레스토랑에서 전람회*¹를 여는데, 성공하도록 최선을 다할 생각이네. 성공으로 가는 최고의 비밀은 되도록 작은 질투심에 휘둘리지 말아야 해. 단결만이 힘이지. 공통의 이익은 한 사람 한 사람의 이기주의를 희생할 때 지킬 수 있다네.

자네에게 악수를 청하네.

빈센트

고흐가 빌레미나에게 1
1887년 여름~가을

사랑하는 누이동생에게

편지 고맙다. 나는 요즘 편지쓰기가 귀찮아. 하지만 네 편지에 질문이 있으므로 대답해줘야겠다고 생각했지. 먼저, 올여름 테오가 '무척 비참한' 모습*²이었다는 너의 느낌을 적었는데, 거기에 반론을 해야겠어. 테오는 내 느낌으로는 지난 한 해 동안 오히려 아주 좋아졌다고 생각해. 파리에서 오래 버티고 살려면 강해져야만 하지.

그리고 암스테르담이며 헤이그의 친척과 친구들로부터 테오가 그에게 어울

---

*1 고흐는 주인을 설득해 그림을 걸었으나 얼마 뒤 말다툼 벌여, 수레에 작품을 모두 싣고 르픽 거리의 아파트로 도로 가져가는 결과가 되었다.

*2 쉽게 흥분하는 성격의 고흐는 이따금 테오에게도 느닷없이 화내며, 테오가 지나치게 소심해 자신이 예술적 관점에서 고른 뛰어난 작품을 부소나 발라동 씨에게 적극적으로 판매하는 노력을 충분히 하지 않는다며 비난했다. 두 사람의 말다툼이 잦아지고, 테오는 이 문제를 심각하게 고민하며 참아보려 했으나 자꾸만 신경이 날카로워져 발작을 일으켜 몇 시간 동안 마비상태에 빠지기도 했다. 게다가 함께 사는 아파트는 고흐의 그림으로 발디딜 틈이 없고, 온 바닥과 가구에 물감이 튀어 있었다. 그는 한밤중에도 개의치 않고 동료들을 데려와 밤새도록 술마시며 테오의 식사까지 먹어치웠다. 마침내 테오는 누이동생 빌레미나에게 '도저히 견딜 수 없어. 형이 걸핏하면 싸움을 걸어. 이제 내 친구들은 아무도 찾아오지 않아. 그뿐 아니라 형은 너무 지저분해서 우리 아파트는 아주 불결해지고 말았어. 형이 어디 다른 곳으로 가서 혼자 살았으면 좋겠어'라고 써보낸다.

리는, 또는 받아 마땅한 성의있는 대우와 환영을 받았다고 단언할 수 있을까? 이 일로 그도 상처를 좀 받았겠지만 그리 속상해 하지 않고, 지금은 그림이 잘 팔리지 않는 시기지만 열심히 일하고 있다는 것을 말해두마. 게다가 네덜란드 친구들이 동업자로서 얼마쯤 질투하지 않았을까?

식물과 비에 관한 네 글은 어떻게 말하면 좋을까? 너도 자연 속에서 보고 있듯, 수많은 꽃들이 짓밟히거나 꽁꽁 얼거나 말라서 시들어버리지. 또한 무르익은 모든 보리 낟알이 대지로 돌아가 싹을 틔우고 줄기와 잎을 뻗는 건 아니야──대부분의 낟알은 제대로 자라지 못한 채 풍차방앗간으로 보내지고 있지 ──이것이 사실 아닐까? 인간을 보리 낟알에 비교한다면──자연의 순리에 따르는 건강한 인간은 누구나 보리 낟알과 같은 싹을 틔울 힘을 지녔어. 다시 말해 순리에 따르는 삶이란 싹을 틔우는 것이지. 보리 낟알의 싹을 틔우는 힘이란 곧 우리 안의 사랑이란다.

우리가 자연스러운 발달을 좌절당해 싹을 틔우지 못할 때, 그리고 맷돌 사이에 들어갈 운명인 보리 낟알처럼 자신이 아무 희망 없는 신세인 것을 발견할 때, 우리는 멍하니 서서 할 말을 잃은 채 응시할 수밖에 없지. 우리가 그런 사태를 맞아 순리에 따라 살지 못하고 어쩔 줄 모르며 당황할 때, 개중에는 사실을 그대로 받아들일 마음이 있으면서도 자기 의식을 버리지 못하고, 자신이 어떤 상태에 있으며 실제로 어떤 일이 일어나는지 알려고 하는 사람도 있는 법이야. 그리고 굳세게 일어나 어둠 속의 광명이라고 일컬어지는 책을 뒤적여 보지만, 아무리 최선을 다해도 확실한 것은 아주 조금밖에 보이지 않고, 또 반드시 개인적으로 위로되는 만족을 얻을 수 있는 것도 아니란다.

우리 문명인이 무엇보다 고민하는 병은 우울증과 염세주의지. 이를테면 나처럼 오래 삶에서 웃음의 욕구를 완전히 상실한 사람은 그게 자신의 잘못이든 아니든, 무엇보다도 먼저 호탕하게 웃는 게 필요해. 그것을 나는 모파상에게서 발견했어. 그밖에도 옛작가로는 라블레, 현대작가로는 로슈포르에게서 그런 웃음을 발견했지──볼테르의 《캉디드》도 마찬가지야.

반대로 사실을, 있는 그대로의 인생을 원한다면, 이를테면 공쿠르 형제의 《제르미니 라세르퇴》《창부 엘리자》, 졸라의 《삶의 기쁨》《목로주점》, 그리고 다른 수많은 걸작들이 우리가 살아가는 인생을 그리고 있으며, 진실을 바라는 우리의 욕구를 채워주지. 졸라, 플로베르, 모파상, 공쿠르 형제, 리슈팽, 도데,

위스망스 등 프랑스 자연주의자들 작품은 훌륭해. 그리고 인간은 현대를 모르면 현대에 속한다고 할 수 없어. 모파상의 걸작은 《벨아미》야. 너를 위해 이 책을 구하고 싶어.

우리는 성경으로 충분할까? 이제는 그리스도가 우울증 걸린 사람들에게 "여기가 아니다. 일어나 앞으로 가라. 어찌하여 죽은 자들 속에서 산 자를 찾느냐?"고 말씀하시리라 생각해. 그리스도 말씀이, 또는 성경에 적힌 말씀이 지금도 세상의 빛이라면 그 시절처럼 위대하고 훌륭하고 근원적이며 낡은 사회 전체를 변혁시킬 만큼 강력한 무언가를 발견하기 위해, 확신을 갖고 그리스도교도들이 예전에 일으킨 혁명과 비교해도 좋을, 그런 식으로 쓰이고 이야기되어야 할 시대에 우리가 산다는 것, 그것을 인정하는 게 우리 권리며 의무야.

나는 이 시대 많은 사람들보다 성경을 정독해 왔음을 언제나 행복으로 생각하고 있어. 그 덕분에, 예전에 그런 고귀한 사상이 존재했다는 것을 알고 마음의 평안함을 얻고 있으니까.

과거를 아름답게 여기므로 새로운 것도 아름다워 보여. 우리는 바로 자신들의 시대 안에서 활동하기 때문에 더욱 그렇지. 과거도 미래도 우리와는 간접적인 관련밖에 없기 때문이야.

나는 많은 모험을 해왔지만, 이렇듯 주름지고 뻣뻣한 턱수염을 길렀으며, 의치를 몇 개나 해넣은 늙은이로 급속히 노화해 수명이 정해져 있어. 하지만 그런 건 신경쓰지 않아. 나는 그림그리는 더럽고 힘든 일을 하고 있지. 만일 내가 이런 사람이 아니었다면 그림 따위 그리지 않을 거야. 그렇지만 나는 이런 사람이므로 이 일을 하며 즐겁고, 젊음은 잃었을지언정 젊음과 신선함이 있는 그림을 그린다는 가능성이 눈 앞에 펼쳐져 있지.

테오가 없다면 나도 이 일을 잘 해낼 수 없을 거야. 그가 친구로 있는 이상 계속 진보하고, 더 발전하리라 생각해.*1 이건 내 계획인데, 색채가 더 풍부하

---

*1 파리에서 정신적 위기에 빠진 고흐를 테오가 다시 구해 주었다. 형을 쇠라의 아틀리에로 데려간 것이다. 쇠라는 건전한 사고방식을 가진 성실한 사람으로, 그를 만난 뒤 고흐는 깊은 절망에서 빠져나왔다. '그림은 부자들만의 위안거리가 아닐세. 모든 사람에게 즐거움과 위로를 주기 위해 벽에 걸려야 하지. 화가는 같은 시대 사람들에게 미와 진실을 보여줄 의무가 있어. 만일 공동기금을 만들어 화가들이 그 돈을 함께 쓸 수 있다면 우리를 괴롭히는 가난이 없어질 걸세. 그리하여 화가들은 모든 사람의 삶을 풍요롭게 한다는 공통의 목적으로 그림그리고, 그 기쁨 속에서 영감을 찾을 수 있을 테지'라고 쇠라는 말했다.

고 햇빛이 더 강렬한 남쪽으로 되도록 빨리 가고 싶어.*1 하지만 내가 도달하고 싶은 목표는 좋은 초상화를 그리는 거야.

다시 너의 문학적인 글로 돌아가는데, 우리를 돕거나 위로하기 위해 우리 위에서 사람들 저마다에게 관여하는 힘이 존재한다는 믿음, 나는 그것이 내 자신에게 도움되므로 받아들이거나, 다른 사람들에게 권하는 게 그리 내키지 않아. 섭리란 아주 오묘해서, 그것을 어떻게 생각해야 좋을지 나는 모르겠구나. 그리고 네 소논문에는 아직 어딘가 감상적인 면이 있으며, 특히 그 형식은 지금 말한 섭리, 말하자면 문제의 섭리에 대한 이야기를 연상시킨단다. 그 이야기는 종종 앞뒤가 맞지 않아서 다른 의견을 얼마든지 제기할 수 있지.

글을 쓰기 위해 공부해야 한다는 네 생각은 특히 나한테는 위험한 일로 여겨져.

빌레미나, 그보다는 댄스를 배우거나 공증인 밑에서 일하거나 장교며 가까이 있는 아무하고나 연애하며, 네덜란드 어 연구 따위는 그만두고 인생을 더 즐기도록 해. 공부 같은 건 해봐야 머리만 둔해지고 아무 쓸모 없어. 그러니 나로서는 그런 이야기를 듣고 싶지 않아.

나는 전혀 터무니없는 실로 불온한 연애를 여전히 하고 있지만, 대개 상처받고 수치스럽게 끝나기 일쑤지. 하지만 나 자신의 눈으로 볼 때 이 문제에서 나는 아주 옳았다고 생각해. 더 이전의, 사랑하는 게 당연했던 그 시기에 나는 종교문제며 사회주의적 문제, 그리고 예술에 몰두해 지금보다 더욱 예술을 신성하게 생각했기 때문이야.

종교와 정의와 예술은 왜 그렇듯 신성한 걸까? 사랑 말고는 아무것도 하지 않는 사람들은, 자신의 사랑이며 마음을 어떤 관념을 위해 희생하는 사람들보다 진지하고 신성할지도 몰라. 그건 그렇고, 책을 쓰든 어떤 행위를 하든 그림을 그리든, 그것이 생명 깃든 일이 되려면 자기 자신 생기있는 인간이 되어야만 해. 그러니 전진하기 바란다면, 연구는 그 다음 문제지. 되도록 즐겁게 살고, 오락을 즐기렴. 그리고 현대예술에서 추구하는 것은 색채가 매우 생기 있고 힘

---

*1 그뒤 어느날 밤 아파트로 찾아온 베르나르에게 고흐는 말한다. "아틀리에 정리를 도와주게. 나는 내일 남 프랑스로 출발해. 하지만 동생에게는 내가 아직 여기에 있는 줄 여기게 하고 싶어. 자네도 나중에 그리로 오게." 두 사람은 클리셰 거리까지 함께 내려와 악수하고 헤어졌다. 그것이 영원한 이별로, 죽음이 두 사람을 갈라놓았다.

찬 그림, 강렬하게 그려진 그림이라는 것을 알아두도록 해. 그런 의미에서 네 건강과 활력과 생기를 증진시키렴. 그게 최선의 공부야.

베헤만 양은 어떻게 지내고 있는지, 그로트네 집은 어떤 상태인지, 그 일이 어떻게 되었는지 등을 알려주면 좋겠구나. 고르디나는 그녀의 사촌과 결혼했니? 그녀의 아이는 살아 있니?

내 작업에 대한 내 생각은——《감자먹는 사람들》, 누에넨에서 그린 그 그림이 결국 가장 좋다고 여겨. 그 뒤로는 마음에 드는 모델을 발견할 기회가 없었어. 그 대신 색채문제를 연구할 기회는 많았지. 좀더 나중에 다시 좋은 인물화 모델을 찾으면, 내가 추구하는 것이 초록빛 풍경이며 꽃과는 다른 것임을 보여줄 수 있으리라고 생각해.

지난해에는 회색 이외의 색깔——분홍, 부드럽고 선명한 초록, 밝은 파랑, 보라, 노랑, 오렌지, 아름다운 빨강 등을 쓰는 데 익숙해지기 위해 거의 꽃만 그렸어. 올여름 아스니에르에서 풍경을 그릴 때는 전보다 색깔을 한층 풍부하게 쓰고 있다는 생각이 들었단다. 초상화도 그리려 애쓰고 있어. 초상화도 그리 형편없지 않다는 점을 말해둬야겠구나. 다른 화가들이며 그림에 대해 날카로운 비평을 할 수 있게 되었고, 마찬가지로 장점도 술술 이야기할 수 있게 되었거든……

나는 우울증에 걸리거나 무뚝뚝하고 신랄하며 까다로운 사람과는 친구가 되고 싶지 않아. '모든 것을 이해하는 일은 곧 모든 것을 용서하는 일이다.' 만일 우리가 모든 것을 안다면 어떤 평온한 경지에 이르리라 생각해. 되도록 평온한 마음을 갖는 일은, 확실한 것을 조금 또는 전혀 모른다 하더라도 약국에서 파는 것보다 모든 병에 훨씬 더 잘 드는 약이지. 많은 일들이 저절로 그렇게 돼. 사람도 저절로 성장하고 발전한단다.

그러니 지나치게 공부하거나 너무 애쓰지 마. 그러면 인간은 메말라버려. 즐거움이 적은 것보다는 실컷 즐기는 편이 낫단다. 또 예술이며 사랑을 너무 무겁게 생각지 말아야 해. 그런 건 자기 힘으로 어떻게 할 수 있는 게 아니야. 그것은 무엇보다도 기질의 문제란다. 내가 너와 가까이 산다면 글을 쓰기보다 나와 함께 그림그리는 편이 더 실제적이고, 자신의 감정을 더 빨리 표현할 수 있다는 걸 깨닫게 해주고 싶구나. 그림을 그리겠다면 내가 무언가 도울 수 있어. 하지만 글쓰기 분야는 내 본업이 아니야.

예술가가 되고 싶다는 생각은 너에게 나쁘지 않아. 자기 내부에 불을, 그리고 영혼을 가졌다면 항아리 안에 가둬둘 수 없으니——누구든 꺼뜨리기보다는 활활 태우고 싶겠지. 내부에 있는 것은 어떻게든 밖으로 나오기 마련이야. 이를테면 나에게는 그림그리는 일이 구원이란다. 그것이 없다면 난 지금보다 더 불행할 거야.

어머니께 안부전해주렴.

빈센트

덧붙임 : 무엇보다도 나는 《행복을 찾아서》*¹에 감명을 받았어. 지금 막 모파상의 《몽토리올》*²을 다 읽은 참이야.

예술은 때로 엄청나게 고상해 보이고, 너도 말했듯 신성해 보이기도 해. 그러나 사랑도 마찬가지지. 다만 문제는 누구나 그렇게 생각하지는 않는다는 것이며, 예술에서 뭔가 느끼고 거기에 몸담은 사람들은 힘든 점이 많아. 무엇보다도 이해받지 못하며, 종종 감흥이 불충분하거나 사정에 따라 작업할 수 없게 되기도 한단다. 인간은 동시에 두 가지를, 바라건대 더 많은 것을 할 수 있어야만 해. 우리 화가들도 예술이 뭔가 신성한 것, 또는 좋은 것이라는 확신을 갖지 못할 때가 있지.

예술감정을 가지고 그것을 표현하려 노력할 때, 그것은 선을 위해서라기보다 그런 감정을 갖고 태어나 어쩔 수 없이 자신의 본성에 따를 뿐이라고 말하는 편이 낫지 않을까? 이 점을 잘 생각해 봐——악은 우리 자신의 본성 안에 있으며, 우리가 스스로 만들어낸 건 아니라고 《행복을 찾아서》에도 씌어 있잖니? 나는 현대작가들이 옛사람들만큼 도덕론을 들먹이지 않는 건 훌륭하다고 생각해. '악과 미덕은 설탕과 황산염 같은 화학적 산물이다'라고 말하면 폭언이라고 여겨 분개하는 사람이 많으니까.

---

*1 내용은 톨스토이의 《인간에게 땅은 얼마나 필요한가》.
*2 Mont−Oriol. 온천개발을 둘러싼 이야기로, 돈이 지배하는 전환기 시대를 파헤쳐 진보의 환상을 깨는 자연주의 계보를 잇고 있다.

아를

1888년 2월~1889년 5월

1888년 2월20일 새벽 고흐는 남 프랑스 마르세유로 가는 고속기차에 올랐다. 이 기차는 1시간에 50킬로미터 이상 달리지 못했다. 가는 길에 우연히 눈에 들어온 풍경의 색채에 그는 마음을 빼앗겼다. 맑은 하늘은 이제까지 본 적 없는 눈부심으로 가득했다. 프로방스 지방에 남아 있는 오래된 로마 시대 마을 아를을 거닐던 그는 이곳에 반해 머물기로 결심한다. 라마르틴 광장에서 도시 북부 입구로 들어간 카발리 거리의 카렐 호텔·레스토랑에 짐을 푼다.

▲《유리병에 담긴 아몬드 꽃가지》(1888)
반 고흐 미술관, 암스테르담

드물게 폭설이 내리고 있었다. 마치 일본 판화의 눈으로 덮인 산꼭대기를 바라보는 듯 즐거웠으나, 너무 추워 밖에서 그림그릴 수는 없었다. 그는 따뜻한 호텔 안에서 유리병에 꽂힌 '아몬드 꽃가지' 같은 훌륭한 그림소재를 찾을 수 있었다. 공기가 투명해 밝은 색채효과를 내는 아름다운 이곳에서 고흐는 작업에 열중한다. 3월 중간무렵 도개교를 그리고, 끝무렵부터 살구꽃, 복숭아꽃, 배꽃 등이 피는 과수원 시리즈에 몰두한다. 그때 구사하게 된 갈대 펜 필법으로 그는 새롭게 비약한다.

5월1일, 라마르틴 광장 북쪽의 '노란 집'[1]을 월세 15프랑에 빌린다. 숙박비 문제로 호텔과 다툼이 생겨, 노란 집을 여기저기 손보는 동안 지누 부부가 운영하는 라마르틴 광장 30번지 카페 드 라 가

[1] 최신 자료에 따르면, 이 집은 지누 부인의 부모가 살던 집으로 그들이 세상을 떠난 뒤로 비어 있었다. 그 집이 비어 있다는 것을 고흐에게 알려준 것은 지누 부부였을 수도 있다.

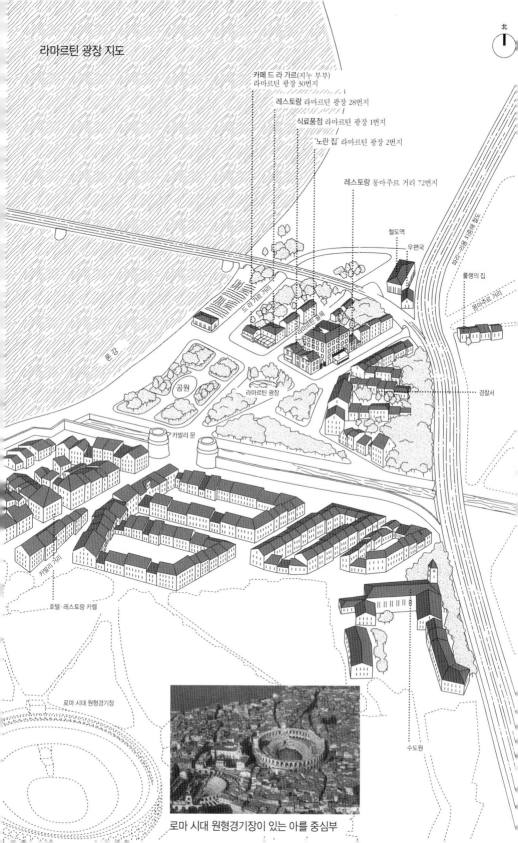

北

라마르틴 광장 지도

카페 드 라 가르(지누 부부)
라마르틴 광장 30번지

레스토랑 라마르틴 광장 28번지

식료품점 라마르틴 광장 1번지

'노란 집' 라마르틴 광장 2번지

레스토랑 몽마주르 거리 72번지

철도역

우편국

파리-리옹 지중해 철도

롤랭의 집

몽마주르 거리

드 라 가르 거리

라마르틴 블록

경찰서

공원

라마르틴 광장

카발리 문

카발리 거리

호텔·레스토랑 카렐

수도원

로마 시대 원형경기장

로마 시대 원형경기장이 있는 아를 중심부

르에 묵는다. 주인 부부와 친해져 9월16일까지 이곳에 머무른다.

5월 끝무렵 아를에서 북쪽으로 5Km 떨어진 몽마주르 언덕 수도원 가까이에서 데생 작업을 한다.

화가협동조합을 결성하자는 뜻을 고갱에게 제안한다.

5월30일부터 6월3일까지 생트 마리 바닷가로 가서 고깃배와 어부의 오두막, 바다풍경을 주제로 한 유화습작과 스케치를 여러 점 그린다. 6월, 아를로 돌아와, 노란 집 1층을 아틀리에로 사용하기 시작한다. 몽마주르를 배경으로 한 크로 평야의 보리추수와 《씨뿌리는 사람》을 그린다. 미국인 화가 맥나이트의 친구인 벨기에 사람 외젠 보쉬를 알게 된다.

7월 첫무렵, 몽마주르에서 데생하며 주아브 병사 밀리에 소위와 수도원 폐허에서 하루를 보낸다. 무화과나무, 갈대버섯, 담쟁이덩굴, 포도, 선명한 오렌지색 석류꽃, 사이프러스 나무, 올리브 밭을 날아다니는 금녹색 가뢰*¹들, 그리고 일본풍속판화첩에서 볼 수 있는 매미 등이 마치 졸라의 파라두*² 같다고 쓴다. 흐드러지게 꽃핀 농가의 꽃밭을 그린다.

7월 끝무렵, 보쉬와 맥나이트가 머물던 밀레의 마을 퐁비에유를 방문한다. 베르나르에게 데생 10점을 보낸다. 로티의 《국화부인》을 읽고 그린 소녀그림에 《무스메》라는 제목을 붙인다.

7월28일, 빈센트 백부 사망, 테오에게 유산을 남긴다. 아를 역에서 우편물을 관리하는 룰랭의 초상화를 그린다. 러셀에게 12점의 스케치를 보낸다.

8월 첫무렵, 벨 일 섬의 러셀에게 데생 12점을 보낸다. 《늙은 농부 파시앙스 에스칼리에》를 그린다. 북 프랑스로 가는 밀리에 소위에게 36점의 습작을 맡겨 파리로 보낸다. 베르나르는 여동생과 어머니를 데리고 퐁타벤의 여관 글로아넥에 머물며 고갱과 교류한다. 끝무렵, 고갱으로부터 남 프랑스에 가겠다는 전갈을 받고 방을 장식할 해바라기 그림 4점을 그린다.

9월, 화가 보쉬의 초상을 그린다. 별이 빛나는 깊은 울트라마린 하늘을 배경으로 한 '시인의 초상'이라는 상징적 의도를 담아 그림이 음악처럼 위로가 되기

---

*1 가뢰과 곤충. 몸길이 1~3cm이며, 광택있는 검은색을 띤다. 날개가 퇴화해 날지 못하고 농작물에 해롭다. 먹가뢰, 황가뢰, 청가뢰 등.

*2 le Paradou. 1878년 《목로주점》으로 베스트셀러 작가가 된 졸라는 저작료 수입으로 파리에서 16km쯤 떨어진 센 강변 시골마을 메당(Medan)에 집을 사고, 마을 앞의 작은 섬도 구입해 별장을 짓고 파라두라고 이름붙였다.

를 바란다.

9월5일부터 《밤의 카페(내부)》를 그리며, '빨강과 초록으로 인간의 무서운 정념을 표현하고자' 이틀 동안 밤낮이 뒤바뀐 생활을 한다. 고갱과 함께 할 생활을 위해 침대 2개와 의자 2개 및 그밖의 가구를 산다. 9월12일 무렵, 고갱과 베르나르에게 그림을 교환하자고 제안한다.

9월 중간무렵, 일본인을 닮은 자화상을 그려, '영원한 부처를 숭상하는 검소한 승려'라고 표현한다. 이 자화상은 10월4일, 고갱과 베르나르 두 사람의 자화상이 도착했을 때 고갱에게 보내졌다. 이 며칠 동안 자화상 말고도 《오래된 풍찻간》, 가스등이 비추는 《밤의 카페 테라스》, 3점의 《시인의 공원》을 그린다.

17일, 노란 집으로 이사해 유화와 수채화로 노란 집을 그리기 시작한다. 19일 또는 20일에 밀리에 소위가 북 프랑스에서 돌아와 일본풍속화, 빙이 쓴 《예술의 일본》 등 테오로부터 받은 물건을 전한다. 끝무렵에 그린 작품은 《경작된 밭》과 《밀리에의 초상》.

10월 첫무렵, 《초록 포도밭》을 그리며 나흘 동안 거의 먹지 못한다. 미스트랄[1]이 강하게 부는데다 돈과 캔버스가 없으니 빨리 송금해 달라고 편지보낸다. 《승합마차》《공원》《타라스콩 철교》《철도 가드》. 몸과 마음이 지쳐 몹시 쇠약해진다. 중간무렵에 《침실》[2]을 그린다. 테오는 10월 첫무렵 고갱의 도자기 판매대금 300프랑을 퐁타벤으로 보낸다.

열심히 작업하며 발전을 느끼는 고흐는 자신의 그림을 사줄 만한 그림상인과의 교섭을 테오에게 의뢰하며 토마, 바그, 트립 등의 이름을 들지만 헛된 희망이었다. 제대로 먹지도 못한 채 그림을 계속 그렸다간 바우터스의 《휘호 판 데르 후스의 광기》에 가까운 상태에서 병에 걸릴지도 모른다고 테오에게 호소한다.

10월23일, 고갱이 아를에 도착. 베르나르의 클루아조니슴 작품 《푸른 초원의 브르타뉴 여인들》을 가지고 온다. 겨울에도 밝게 작업할 수 있도록 아틀리에와 부엌에 가스를 새로 설비했다.

고갱의 도착으로 고흐는 안정을 얻는다. 두 사람은 함께 대화하고, 때로 같은 모티브로 그림을 그린다.

테오는 고갱의 《브르타뉴 여인들》을 판 대금 500프랑을 보내면서, 그림이 팔

---

*1 남 프랑스에서 지중해 쪽으로 부는 차고 건조한 계절풍.
*2 《아를의 고흐 방》

리지 않는 일과 돈문제는 걱정하지 말라고 형에게 쓴다. 테오는 11월 중간무렵 고갱의 그림 3점을 1200프랑에, 이어서 12월4일에 1점을 400프랑에 판다.

10월 끝무렵, 고흐는 《씨뿌리는 사람》《노란 포플러 가로수》 등 2점을 그리고, 고갱은 흑인여자와 아를 풍경을 그린다. 고갱은 고흐에게 '상상'으로 그림그리도록 권유한다. 이것은 나중에 '추상'으로 불리게 된다.

11월 첫무렵, 고흐는 《붉은 포도밭》《지누 부인》을, 고갱은 고흐의 《밤의 카페》를 모사한다. 테오는 13일, 고갱의 퐁타벤 작품 개인전을 연다. 중간무렵, 고흐는 자신의 상상으로 《소설읽는 여자》《에텐 정원의 추억》을 그린다. 끝무렵, 자신의 골풀의자, 촛대를 올려놓은 고갱의 팔걸이의자 등 대조적인 그림 2점을 그린다. 고갱은 운하에서 빨래하는 여자들을 그린다.

두 사람은 《노란 포플러 가로수》《아를 여인(지누 부인)》을 경쟁적으로 그렸다. 12월 첫무렵, 빈센트는 룰랭 가족 초상화를 그린다. 고갱은 브뤼셀의 '20인회' 전시에 초대받는다.

12월 중간무렵, 두 사람의 관계가 악화되어 고갱은 성격차이로 고흐와 함께 살 수 없어 파리로 돌아가겠다고 테오에게 편지쓴다.

12월23일 저녁, 드디어 자신의 귀를 자르는 사건이 일어나 지역신문에 다음과 같은 기사가 실린다——'지난 일요일 저녁 11시반 네덜란드 출신 화가 반 고흐는 사창가 1번지에 나타나 한 여성에게 자신의 귀를 주며 말했다. "이것을 잘 간직하시오." 그리고 그는 곧 사라져버렸다. 경찰은 미친 사람의 짓이라고밖에 볼 수 없는 그의 행동을 전해 듣고 다음날 그의 집을 찾아갔다. 그는 죽은 듯이 꼼짝도 하지 않고 침대에 누워 있었다. 이 불행한 화가는 곧 시립병원으로 옮겨졌다.' 그곳에서 고흐는 레이 의사*¹의 보살핌을 받는다.

12월 어느 날, 테오는 요한나와 다시 만나 결혼을 약속한다. 약혼을 위해 네덜란드로 가려다 고갱의 전보를 받고 남 프랑스로 급히 갔다. 시립병원에 수용된 고흐를 위한 여러 조처를 취한 뒤 25일 야간열차로 아를을 떠나고, 고갱도 함께 파리로 돌아갔다.

암스테르담으로 간 테오는 요한나의 부모 집에서 약혼하고, 이듬해 4월18일로 결혼날이 정해졌다.

---

*1 아를 태생인 레이 의사, 1867~1932는 그때 21살로 그 병원 인턴이었다. 그뒤 고흐는 그에게 많이 의지하며 수시로 조언을 구했다.

1월 7일, 고흐는 퇴원해 집으로 돌아와 다시 맹렬하게 그림그리기 시작한다. 30일, 고갱으로부터 우정어린 편지가 도착한다.

2월 7일 오후, 병원 격리실에 수용된다. 사흘 전부터 누가 독약을 먹이려 한다는 망상에 빠져 있었다*¹는 가정부의 증언으로 경찰이 나선 것이다. 17일에 잠시 귀가. 그를 다시 병원에 수용하라는 청원서가 시민 30명의 이름으로 시장에게 제출된다. 26일, 다시 병원에 수용되었다고 병원에 소속된 사르 목사가 테오에게 알린다.

3월 23일, 테오의 부탁으로 시냑이 고흐를 찾아와 경찰과 대화하여 폐쇄되었던 노란 집에 잠시 들른다. 이튿날 아침, 둘이서 산책. 꽃피는 과수원을 그리기 위한 물감 주문을 테오에게 부탁한다.

4월 첫무렵, 밖으로 나가 과수원을 그린다. 4월 18일, 테오와 요한나는 암스테르담 시청사에서 결혼식을 올린다. 21일, 고흐는 생 레미 정신병원으로 옮기려고려 중이라고 알린다.

고흐가 테오에게 463

아를 1888년 2월 21일

사랑하는 테오

여행 내내, 눈 앞에 펼쳐지는 새로운 땅에 관심가지듯 계속 너를 떠올렸어. 너도 이따금 이곳에 오게 될 것이 틀림없다고 홀로 생각했지.

파리에서는 차분함과 균형을 되찾고 활력을 북돋아주는 은신처를 갖지 않는 한 작업할 수 없어. 그렇지 않으면 바보가 되고 말지.

지금 이 언저리에 눈이 60cm나 쌓였으며, 아직도 계속 내리고 있다고 알리는 말로 시작하마.

아를은 브레다나 몽스보다 큰 도시는 아닌 것 같구나.

타라스콩에 이르기 전, 신기하게 뒤엉킨 당당한 모습의 노란빛 큰 바위로 이루어진 멋진 풍경을 발견했단다. 이 바위가 자리한 골짜기에는 레몬나무인 듯한, 동그랗고 작은 회녹색에 올리브그린색을 띤 나무들이 늘어서 있었어.

아를은 평탄한 곳인 듯싶구나. 나는 포도를 심은 멋진 붉은 땅을 보았어. 뒤

---

*1 이때 경험한 환청과 환각이 뇌전증 발작의 초기단계에서 곧잘 보이는 증상이라고 레이 의사가 한 말을 고흐는 테오에게 전한다.

로 보이는 산은 어렴풋이 연보라빛을 띠고 있지. 눈처럼 밝은 하늘로 우뚝 솟은 봉우리에 하얗게 쌓인 눈풍경은 마치 일본풍속화의 겨울풍경 같았어.

지금 내가 있는 곳 주소는 부슈뒤론 주 아를 시 카발리 거리 30번지 카렐 호텔이야.

어젯밤은 피곤해서 아를을 조금만 둘러보았어.

바로 또 편지보내마. 어제 이 거리의 골동품가게에 가보니 몽티셀리 그림이 있더구나. 굳은 악수를 보낸다.

너의 빈센트

고흐가 테오에게 464
1888년 2월21일 이후 ①

사랑하는 테오

정겨운 편지와 50프랑을 보내줘 고맙구나.

이곳 생활비는 예상보다 싸지 않아. 그래도 습작을 3점 완성했단다.[*1] 아마 이맘때 파리에 있었다면 그리지 못했을 거야.

네덜란드에서 좋은 소식이 와서 기뻤어. 내가 먼저 남 프랑스에 온 것을 레이드[*2]가 불만스럽게 생각한다는 데 좀 놀랐단다. 그와 친해지지 않는 편이 우리에게 이롭다는 생각은 다음과 같은 이유에서 틀렸어. 첫번째, 그는 우리가 사들이려 했던 참으로 훌륭한 그림을 1점 보내주었잖니. 두 번째, 몽티셀리 그림의 가치를 높여, 우리가 5점 가지고 있는 몽티셀리 그림의 값이 오르는 결과가 되었지. 세 번째, 처음 몇 달 동안 그는 매우 친절하고 기분좋은 벗이었단다.

그렇지만 이번에 우리가 몽티셀리보다 더 중요한 일에 끼워주려하는데도 그는 귀담아듣지 않아.

인상파와 관련된 지도적 지위를 유지하려면 레이드가 우리의 선의를 의심하지 않도록 해야 해. 마르세유에 있는 몽티셀리 그림에는 손대지 말고 내버려두

[*1] 고흐는 이 마을의 로마 시대 유적에는 관심없었지만, 그밖의 것들은 모두 흥미로웠다. 특히 주민들이 그의 마음을 잡아끌었다. 그림그리기 시작한 고흐는 쉬지 않고 작업했다. 쌓인 눈에 반사되는 밝은 햇빛으로 눈이 따가웠지만 주위 풍경에 완전히 빠져들었다.

[*2] 구필 상회에서 일할 때 고흐와 한 방에서 지내기도 했던 레이드는 몽티셀리 작품을 1점 선물했고, 고흐는 그의 초상화를 2점 그렸다.

는 편이 낫지 않을까? 우리는 세상을 떠난 화가의 작품에 금전이해관계로만 관심있는 게 아니니까.

그래서 너도 찬성하고 또 만일 그럴 필요가 있다면, 그가 '몽티셀리 그림을 사러 마르세유로 올 생각이면 우리에게 신경쓰지 않아도 되지만, 우리가 이 땅에서 먼저 시작했으니 그의 생각을 물어볼 자격은 있다'고 말해다오.

네가 직접 하지 않더라도, 인상파는 당연히 너를 통해 영국에 소개되어야 한다고 생각해. 만일 레이드가 선수친다면, 마르세유에 있는 몽티셀리 그림을 자유롭게 거래하도록 해주었는데 우리를 배신했다고 여겨도 되겠지.

우리의 친구 케닝흐[1]를 너의 집에서 지내게 해준다면 그에게 분명 도움될 거야. 리베를 찾아갔던 일도, 우리의 주의가 부족해서가 아니라는 걸 인정하게 해야 해. 그가 네 집에 묵는다면 형편이 나아질 거야. 다만 너에게는 간접적 책임도 없다는 점을 아버지께 분명히 설명하도록 해.

베르나르를 만나면, 지금 내가 지내는 비용은 퐁타벤보다 비싸다고 말해줘. 다만 소시민처럼 가구딸린 방에서 지내면 좀더 절약할 수 있을 테니 나도 그렇게 할 생각이야. 자세히 조사하는 대로 내 평균지출을 편지로 알려주겠다고 전해.

이따금 내 몸의 혈액순환이 좋아진 듯한 기분이 들어. 파리에 머물던 마지막 무렵에는 도저히 견딜 수 없었지.

식료품가게나 서점에서 물감과 캔버스를 사야 하지만 원하는 물건이 갖춰져 있지 않아. 마르세유로 가서 상황을 보고 올게. 질좋은 파란색이나 그 비슷한 것이 있으면 좋을 텐데…… 그렇지만 실망하지는 않아. 마르세유에서는 원료를 직접 살 수 있을 거야.

지엠처럼 변색되지 않는 파랑으로 그렸으면 좋겠구나. 상황을 살펴보기로 하자.

걱정하지 않아도 돼. 나 대신 친구와 악수해 주렴.

너의 빈센트

덧붙임: 지금 내게는 늙은 아를 여인, 산책길 모퉁이와 정육점을 그린 그림, 눈내린 풍경을 그린 습작이 있어. 이곳 여인들은 참으로 아름답단다. 결코 거

─────────────
[1] 파리로 공부하러 온 네덜란드 인 화가.

짓말이 아니야. 반대로 아를 미술관은 형편없고 거짓으로 가득차 있어. 타라스콩에 있던 때가 더 나았을 정도야. 그리고 로마시대 고대 유물을 모아놓은 박물관이 있지.

고흐가 테오에게 466
1888년 2월21일 이후 ②

사랑하는 테오

네 편지와 테르스티흐에게 보낼 편지 초안 그리고 50프랑을 기쁘게 받았어. 편지 초안은 아주 훌륭해. 깨끗하게 다시 고쳐쓸 때 중요한 내용이 빠지지 않도록 주의하렴.

그 편지는 마치 내가 쓴 편지를 보충해준 것 같구나. 우체통에 넣고 나서야 내용이 부족했던 게 신경쓰였단다. 너도 눈치챘겠지만, 편지쓰는 동안에 우연히 영국에 인상파를 소개하는 선구자로 테르스티흐를 내세우자는 생각이 들어 나중에 덧붙임으로 간단히 마음을 전했을 뿐이었지. 그런데 네 편지는 그러한 내 생각을 자세하게 설명해주었어. 그에게도 중요한 일이니 분명 알아줄 거야.

고갱의 편지를 받았어. 15일 동안이나 아파서 앓아누웠다더구나. 끈질기게 쫓아다니는 빚쟁이에게 시달려 빈털터리가 된 모양이야. 네가 일하는 곳에서 그림이 1점이라도 팔렸는지 묻고 싶지만 폐끼치고 싶지 않아 편지를 직접 보내지는 않았다고 했어. 고갱은 돈이 급히 필요해 작품값을 더 내리려 생각하고 있단다.

이번에 나는 러셀에게 편지보내는 것 말고는 아무 일도 할 수 없어. 오늘 그 편지를 보낼 생각이야.

테르스티흐에게 그림을 1점 팔고 싶은데 어떻게 하면 좋을까? 그도 무척 곤란해 하는 듯해. 그에게 보낼 짧은 편지를 써보았으니 네가 연락할 때 함께 동봉해. 만일 내 앞으로 편지가 온다면 읽어보렴. 그러면 네가 내용을 빨리 알게 되어 설명하는 수고를 줄일 수 있을 거야.

고갱이 그린 바다풍경을 네가 맡아주겠니? 그럴 수 있다면 그도 얼마 동안 편해지겠지. 네가 젊은 케닝흐를 받아들여줘 다행이야. 아파트에 너 혼자 살지 않아도 된 것만으로도 기쁘구나. 파리에서 늘 마차끄는 말처럼 들볶이고, 더구나 마구간에서 홀로 지내는 것은 견딜 수 없어.

앵데팡당 전*¹은 네 생각대로 해줘. 몽마르트르 언덕을 그린 커다란 풍경화 2점을 출품하면 어떨까? 나는 어느 쪽이든 괜찮아. 오히려 올해 그릴 그림에 조금이나마 기대를 걸고 있지. 이곳은 지금 너무 춥고 밭에 늘 눈이 쌓여 있어. 멀리 마을이 보이는 하얀 들판 풍경화를 완성했단다. 꽃이 핀 아몬드 나뭇가지를 그린 작은 습작도 2점 있지. 오늘은 이 정도야.

케닝흐에게도 짧은 편지를 덧붙여두마.

네가 테르스티흐에게 편지보내줘서 참으로 기뻐. 이 일이 네덜란드에서 너의 친구관계를 회복하는 데 좋은 기회가 되기를 바라.

너와 네가 만나는 친구들에게 악수보낸다.

너의 빈센트

고흐가 테오에게 467
1888년 2월21일 이후 ③

사랑하는 테오

드디어 오늘 아침 날씨가 맑고 따뜻해졌어……미스트랄의 정체가 무엇인지 이제 알겠구나.*² 이 주변을 몇 번이고 둘러보았지만 이토록 거센 바람이 부는 날에는 아무것도 할 수 없어.

하늘은 낯선 파랑에 커다란 태양이 빛나고, 내리쬐는 햇볕은 눈을 완전히 녹였지. 그러나 바람은 차갑고 메말라 소름이 돋았어.

참으로 아름다운 것을 보았단다……호랑가시나무, 소나무, 회색 올리브가 뿌리내린 언덕 위에 있는 수도원 폐허. 언젠가 그 폐허를 제대로 그려보고 싶어.

습작을 하나 완성한 참이야. 내가 피사로에게 준 그림과 비슷한데, 이번에는 오렌지를 그렸지.

이로써 이제까지 완성한 습작은 8점이야. 그렇지만 이런 그림은 숫자에 보태고 싶지 않아. 따뜻한 곳에서 마음껏 그림그릴 수 없으니까.

---

*1 Salon des Artistes Indépendants, 1884년부터 프랑스에서 전통적·관료적 아카데미즘에 도전하는 화가들이 모여 자유로이 전시하는 심사없는 미술전람회.

*2 이 계절풍은 세차고 차갑고 건조하며 한 번 불기 시작하면 쉽사리 멈추지 않았다. 꽤 큰 돌까지 날려버리며 캔버스에 자잘한 모래를 흩뿌려 과로에 지친 그의 마음에 큰 부담을 주었다.

너에게 보낼 생각이던 고갱의 편지를 다른 서류와 함께 태워버린 줄 알았는데 나중에 찾아냈단다. 이 편지에 넣어 보내마. 하지만 내가 이미 답장보내 러셀의 주소를 가르쳐주었어. 그리고 러셀에게도 고갱의 주소를 가르쳐주었으니 두 사람이 원한다면 서로 편지를 주고받을 수 있을 거야.

많은 사람들에게——물론 우리 둘도 포함해서——미래는 험난하겠지. 나는 마지막 승리를 확신해. 그러나 예술가들에게 그 은혜가 주어질까? 좀더 평온한 날이 찾아올까?

윤기없애는 효과를 시도해 보기 위해, 이곳에서 거친 캔버스 천을 사다가 캔버스 틀에 메워보았어. 이제 막 완성했고 가격은 파리와 똑같아.

토요일 밤, 아마추어 화가 둘이 찾아왔어. 한 사람은 건조식품상인으로 그림재료도 함께 팔고 있단다. 또 한 사람은 재판관인데 참 선량하고 똑똑해 보였지.

안타깝지만 이곳은 파리보다 적은 생활비로 지낼 수 없어. 하루에 5프랑 든단다. 아직 소시민이 살 만한 하숙집을 찾지 못했지. 그렇지만 어딘가에 분명 있을 거야.

파리 날씨가 여기만큼 온화하다면 너에게 분명 이롭겠지. 참으로 멋진 겨울이구나! 물감이 전혀 마르지 않아 습작을 아직 말아놓지 못했어. 쉽사리 마르지 않을 만큼 두텁게 칠했거든.

도데의 《알프스의 타르타랭》을 읽었는데 참 재미있었어. 테르스티흐에게서 편지왔니? 걱정하지 않아도 돼. 답장이 없더라도 어차피 우리에 대한 소문이 그의 귀에 들어갈 테니, 우리가 한 행동을 비난받지 않도록 조심하자.

마우베를 추억하는 우리 두 사람의 서명이 든 그림 1점을 그의 부인에게 보내자. 테르스티흐의 답장이 오지 않더라도 그를 나쁘게 말하지 마. 그렇지만 우리가 죽은 사람 취급받을 이유는 없다는 걸 깨닫게 해주자. 그도 마지막에는 우리에게 반대하지 않을 거야.

운나쁜 가엾은 고갱, 앓아누웠던 15일 동안의 요양기간이 더 길어지겠지.

언제쯤이면 예술가들이 건강하게 지낼 시대가 찾아올까? 이따금 자신에게 화가 나. 다른 이들보다 튼튼하거나 병에 걸리지 않는 것만으로도 충분히 감사해. 80살까지 살아갈 이상적인 튼튼한 체질과 깨끗하고 좋은 피를 가질 필요가 있어. 더욱 행복한 예술가들 세대가 앞으로 오리라고 예상할 수 있다면,

아마 서로의 마음에 위로되겠지.

이제 겨울이 가고, 파리도 그러기를 바란다는 말을 전하고 싶구나. 악수.

너의 빈센트

고흐가 테오에게 468
1888년 3월 10일

사랑하는 테오

편지와 함께 든 100프랑 지폐, 고맙구나.

너는 테르스티흐가 파리에 곧 올 거라고 생각하는 듯한데, 나도 진심으로 바라——네 말처럼 모두들 어려운 이런 상황에서는. 네가 편지에 쓴, 랑송이 소장품을 모조리 팔아치운 이야기와 그의 연인 이야기는 정말 재미있었어. 그는 격조높은 작품을 만들었고, 그의 데생은 마우베의 그림을 떠올리게 해. 그의 데생전을 보지 못해 아쉽구나. 빌레트 전시회도 마찬가지야.

빌헬름 황제가 서거했다는 뉴스를 어떻게 생각하니? 그 영향으로 프랑스의 정세가 변화될까? 파리는 평화를 유지할까? 걱정스러운 면도 있어. 그것이 전체적으로 그림판매에 어떤 영향을 끼칠까? 미국에서 그림수입세 폐지가 문제되고 있다는 기사를 읽었는데, 사실일까?

아마 몇몇 그림상인과 애호가들이 인상파 그림을 사들이는 문제로 합의점에 이르는 편이, 팔린 그림대금을 평등하게 나누는 문제로 예술가들이 합의점에 이르는 것보다 더 쉬울지도 몰라. 그렇지만 예술가들이 협동해 그림을 조합에 넘기면 조합이 적어도 회원들 삶을 보장하여 제작을 계속할 수 있도록 판매대금을 분배하는 것보다 좋은 방법은 없을 거야.

드가, 모네, 르누아르, 시슬레, 피사로가 앞장서서 다음과 같이 선언하면 어떨까? '우리 5명은 저마다 10점씩, 또 해마다 일정한 금액의 가치가 있는 그림을 제공할 것을 약속하노니 기요맹, 쇠라, 고갱 등 여러분도 우리에게 가담할 것을 권하며, 여러분이 그린 그림의 평가액은 같은 감정인의 심사에 따른다'고. 이를테면 테르스티흐나 너 같은 사람이 조합의 보좌역이 되고, 감정인이 평가하는 1만 프랑어치 회원의 그림을 자본으로 투입하는 거지.

그러면 그랑 불바르의 인상파 대화가들은 공유재산인 그림을 제공하면서 그들의 위신을 유지하고, 다른 화가들은 대가들이 명성이라는 이익을 자기들끼리만 나눠 가진다고 더 이상 비난하지 않게 될 거야. 이 명성이 처음에는 물론 대가들의 독자적 노력과 개인의 천부적 재능으로 얻어졌지만, 그뒤 아직 가난 속에서 그림그리는 화가집단 전체의 그림에 의해 증대되고, 실제로 앞으로도 확고하게 유지되는 셈이지. 아무튼 이런 식으로 테르스티흐와 네가——아마 포르티에도 함께——조합의 감정인 회원이 되어주면 좋겠어.

나는 풍경화도 2점 그렸지. 작업이 꾸준히 진행되어 한 달 뒤 너에게 보낼 수 있으면 좋겠구나. 한 달 뒤라고 한 것은, 좋은 그림만 골라 완전히 말린 다음, 운송비 관계로 한 번에 적어도 12점은 보내고 싶기 때문이야.

네가 쇠라*¹ 그림을 사들였다니 기뻐. 너에게 보내는 내 작품과 쇠라의 작품을 교환하면 어떠니?

너도 충분히 느끼겠지만, 만약 테르스티흐가 이번 일을 너와 함께 시작한다면 둘이서 부소·발라동 상회를 설득해 필요한 구입비를 미리 받을 수 있을 거야. 이것은 서둘러야 하는 일이란다. 그러지 않으면 다른 그림상인들이 선수칠 테니까.

나는 한 덴마크 인 화가*²를 알게 되었는데, 그는 헤예르달이며 다른 북유럽 사람들, 크뢰이어 등에 대해 이야기했어. 그가 그리는 그림은 정감을 느낄 수는 없지만 아주 정성스러워. 게다가 아직 젊지. 전에 라피트 거리에서 인상파 전람회를 본 적 있대. 아마 그는 살롱전을 위해 파리로 갈 거야. 네덜란드를 일주하며 미술관을 둘러보고 싶다고도 했어. 앵데팡당 전시에 책을 그린 정물도 출품해준다는 너의 생각에 찬성이야——이 습작에는 《파리의 소설》이라는 제목*³을 붙이고 싶어.

네가 테르스티흐를 설득했다고 알려온다면 얼마나 좋을까! 결국은 인내심이지.

네 편지가 도착했을 때, 물품값으로 50프랑 지불해야 했어. 이번 주일에는 4, 5점을 그릴 생각이야.

나는 날마다 예술가조합에 대해 생각해. 구상은 머릿속에서 더욱 발전했으

*1 《카페 샹탕에서 노래하는 여인》. 반 고흐 미술관, 암스테르담.
*2 무리어 페테르센 Christian Vilhelm Mourier Petersen, 1858~1945. 1888년에 프랑스 여행중 아를에서 고흐와 만났다.
*3 이 그림은 화가들 사이에 센세이션을 일으켜 존경과 칭찬을 받았다. 그러나 사려는 사람은 없었다.

며, 테르스티흐의 참가가 꼭 필요해. 거기에 많은 게 달렸어. 화가들은 우리의 설득에 귀기울이겠지만, 테르스티흐의 도움을 얻어내기 전에 이야기를 앞서 진행시킬 수는 없어. 그렇지 않으면 모두들 불평하고, 특히 저마다 끊임없이 설명을 요구하며 뻔한 질문을 해댈 거야.

테르스티흐는 그랑 불바르 화가들이 반드시 참여해야 한다는 의견이고, 이 화가들이 개인소유가 아닌 공유재산이 될 그림을 제공해 조합발기인이 되도록 그들을 설득하라는 제안을 너에게 한다 해도 난 놀라지 않을 거야.

프티 불바르 화가들은 도의상 어쩔 수 없이 참여하겠지. 그랑 불바르 신사들도 '당신들은 모두 제 주머니에 집어넣는다'는 프티 불바르 화가들의 근거있는 비난에 선수쳐야만 현재의 위신을 유지하게 될 거야. 그 비난에 그들은 이렇게 대답할 수 있을 테니까——'그렇지 않다. 우리 그림을 예술가집단의 공유물로 내놓겠다고 말한 건 오히려 우리다.' 드가, 모네, 르누아르, 시슬레, 피사로가 이런 발언을 한다면, 어떻게 실행하느냐에 대한 그들의 생각은 저마다 매우 다를 거야. 험담하거나, 아니면 되어가는 대로 내맡겨두겠지.

그럼, 안녕.

빈센트

고흐가 테오에게 469
1888년 3월 10일 이후 ①

사랑하는 테오

네 편지, 정말 고맙구나. 이토록 빨리 네가 50프랑을 보내주리라고는 생각지 못했어.

테르스티흐에게서 답장이 아직 없는 걸 알았어. 다시 편지보내며 매달릴 필요는 없겠지. 부소·발라동 상회 헤이그 지점과 공적인 연락을 할 때, 편지를 받았다는 답조차 없는 데 놀랐다고 넌지시 이야기해 보면 어떨까?

오늘은 15호 캔버스에 그린 그림을 가지고 돌아왔단다. 작은 마차가 지나가는 도개교 옆면이 파란 하늘에 떠오르고——똑같은 파란 강, 그리고 오렌지색 풀이 자라는 강둑에 캘리코*¹ 옷을 입고 저마다 여러 색깔 모자를 쓴 빨래하는 여인들이 모여 있어. 그리고 또 다른 1점의 풍경화도, 작고 소박한 다리와

*1 가로로 짠 올이 촘촘하고 색깔이 흰 무명베.

빨래하는 여인들 그림이란다.

역 언저리 플라타너스 가로수길 그림도 있어. 이곳에 와서 모두 12점 그렸지.

여기 날씨는 너무 변덕스러워. 하늘이 자주 흐려지며 바람이 불어와. 그래도 아몬드 나무는 모두 꽃피기 시작했어. 내 그림이 앵데팡당 전시에 출품되어 정말 다행이야.

시냑의 집을 찾아가 보렴. 오늘 받은 네 편지로 처음 만났을 때보다 그가 너에게 더욱 호감을 가진 걸 알게 되어 기분좋구나. 네가 오늘부터 그 아파트에서 혼자 지내지 않을 걸 생각하니 기쁘단다. 케닝흐에게 내 안부전해다오. 건강은 어떠니? 나는 많이 좋아졌어. 열 때문에 식욕이 없지만, 잠깐의 현상이며 끈기의 문제라고 생각해.

밤에는 젊은 덴마크 인 화가가 말벗이 되어준단다. 그의 작품은 무미건조하고 소심하며 꼼꼼해. 그렇지만 젊고 똑똑하여 싫지 않아. 전에 의학공부를 하다가 그만두었다더구나. 졸라, 공쿠르, 모파상을 읽었고, 여유롭게 사는 걸 보면 꽤 부자인 듯싶어. 그는 이제까지와 다르게 그려보고 싶다는 진지한 생각을 품고 있지. 그가 귀국을 한 해 미루거나, 고국에 머무는 기간을 줄여 한번 더 와주면 좋겠어.

사랑하는 동생아, 나는 일본에 온 듯한 기분이 들어—하지만 이 익숙한 아름다움 속에서 아무것도 찾아내지 못하고 있지. 요즘 지출이 늘고 그림이 가치없는 게 고민이란다. 그러니 더욱 남 프랑스로의 긴 여행인 이 계획이 성공하리라는 희망을 잃어서는 안돼.

이곳에서 새로운 것을 보고 배우고 신경써 작업한다면 몸에 무리가 생기겠지. 터전을 마련하여 파리의 가엾은 마차끄는 말을 방목하듯, 너와 우리 친구들과 가난한 인상파 화가들이 지쳤을 때 사용한다면 여러 점에서 얼마나 좋을까?

이곳의 유곽 입구에서 살인범을 조사하는 모습을 보았어. 이탈리아 인 두 사람이 알제리 병사 둘을 죽였다더군. 이번 기회에 '레콜레(Récollets)'라 부르는 좁은 골목길에 있는 유곽에 들어가 보았지.

내가 아를 여인과 사랑하기를 삼가는 이유가 거기에 있어. 군중들—타르타랭[*1]을 예로 들면, 남 프랑스 인은 행동보다 의지가 더 뛰어나다고 할 수 있단

[*1] 도데의 모험소설 《타라스콩의 타르타랭》. tartarin은 허풍선이라는 뜻의 프랑스 어.

▲전신주 있는 풍경(철도연변)

다——이제 곧 시청에 수감된 범인들에게 벌을 내리려던 참이었지. 그리고 그 대가로 모든 이탈리아 남녀는 사부아[*1] 지역 목동에 이르기까지 강제로 도시를 떠나야 했어.

이 도시 가로수길에 넘치는, 열광하는 군중들을 보았다는 걸 전하고 싶었어. 그렇지 않으면 일부러 이런 이야기를 쓰지 않았을 거야. 참 아름다웠단다.

요즘 그린 습작 3점은 너도 잘 아는 '원근법적 틀'을 사용해 그렸어. 나는 그 틀의 사용을 중요하게 여기지. 플랑드르 화가들은 말할 필요도 없고, 옛독일과 이탈리아 화가들이 썼던 것처럼 가까운 미래에 많은 예술가들이 이 틀을 사용하리라 생각해.

이 도구의 근대적인 사용법은 옛사람들이 쓰던 방법과 좀 다를지 모르지만, 유화도구로 삼았을 때 이 도구를 발명한 얀과 반 에이크 형제와는 전혀 다른 효과를 얻을 수 있어. 즉 결코 자기 한 사람만을 위해 작용하고 싶지 않다는 뜻이지. 이것이 예술가의 생활——또는 데생과 색채라는 관점에서 새로운 예술

*1 Savoie. 프랑스 남동부, 이탈리아와 잇닿은 지방의 옛이름.

의 절대적인 조건이란다. 만일 우리가 이러한 신념으로 작업한다면 우리 희망이 헛되이 끝나는 일 없이 좋은 기회를 얻을 수 있을 거야.

언제든 네가 필요로 할 때 습작을 보내고 싶지만, 아직 그림이 덜 말랐어. 너의 손을 굳게 잡는다.

일요일에 베르나르와 로트렉에게 약속한 편지를 쓰려고 해. 그 편지를 먼저 너에게로 보내마. 고갱을 무척 안타깝게 생각해. 건강을 해친 그는, 그 몸으로 시련을 견디기 힘들 거야. 앞으로 점점 더 쇠약해져, 작업에 지장이 생기겠지. 그럼, 바로 또 편지 보내마.

너의 빈센트

고흐가 테오에게 470
1888년 3월 10일 이후 ②

사랑하는 테오

베르나르와 로트렉에게 약속한 답장을 이 편지에 함께 넣었어. 기회있으면 네가 전해주렴. 서두르지 않아도 돼. 네게 그럴 마음이 있다면, 그들이 작업하는 그림을 보거나 의견을 물어볼 계기가 될 수 있을 거야.

테르스티호는 어떻게 된 걸까? 아무 연락 없구나. 만일 내가 너라면 답장이 없어 놀랍다는 짧고 냉정한 편지를 보낼 거야. 내가 하고 싶은 말은, 그는 내게 직접은 아니더라도 답장을 주어야 하고, 너는 그걸 요구할 자격이 있다는 거야. 그렇지 않으면 남들보다 뒤처지고 말지. 하지만 반대로 이건 우리에게 잘된 일일지도 몰라. 다시 그 일을 되풀이 설명하는 새로운 편지는 보내지 않아도 돼. 그를 경계할 필요는 있지만, 우리가 죽은 사람이나 무법자 취급받는 건 피해야 해. 말하자면 그뿐인 일이야…… 머지않아 답장이 올지도 모르지.

고갱에게서 편지왔는데, 궂은 날씨를 한탄하더구나. 건강이 아직 좋지 않대. 그는 인생에서 겪는 수많은 고난 가운데 돈이 궁한 것만큼 싫은 일은 없다고 말했어. 가난이 영원히 따라다닐 듯한 기분이 든다는군.

며칠 동안 비바람이 거세어 집에서 습작을 그렸단다. 베르나르에게 보내는 편지에 스케치를 넣어두었어. 나는 이 그림으로 스테인드글라스처럼 색을 칠한 결정적인 데생을 그리고 싶었지.

지금 모파상의 《피에르와 장》을 읽고 있어. 참 훌륭한 작품이야──그 머리 말을 읽어보았니? 예술가는 소설 속에서 자연을 보다 아름답고 단순하고 부드럽게 만들기 위해 과장해 쓸 권리가 있다는 주장을 하고 있지. 아마 플로베르가 말한 '재능은 오랜 노력의 산물'이며, 강한 의지와 날카로운 관찰이 독창성을 가져다준다는 뜻을 덧붙이고 싶은 걸 거야.

이곳에 멋진 고딕식 문이 있는 걸 알았어. 생트로핌 성당문이야. 하지만 중국식 악몽을 닮은 매우 잔인하고 기괴한 그 문을 보니, 이토록 훌륭한 양식의 장대한 건축물도 다른 세상 것인 듯한 느낌이 들더구나. 고대 로마의 네로 황제 통치 아래에 있지 않아 안심했단다.

솔직히 말하면 알제리 병사들과 창녀들, 처음으로 성찬식(聖餐式)하러 교회에 가는 어여쁜 아를 소녀들, 사나운 코뿔소를 닮은 사제, 압생트를 마시는 사람들 모두 다른 세상에 있는 존재들처럼 보여. 예술적 세계만이 평안하다는 뜻이 아니야. 고독을 느끼기보다 쓸데없는 말을 하는 편이 낫다는 뜻이지. 모든 일을 우스갯소리로 받아들이기라도 하지 않으면 우울해지고 말거든.

〈랭트랑지장〉 신문을 보면 파리에 또 눈이 많이 내린 모양이더구나. 블랑제 장군이 비밀경찰 눈을 속이기 위해 분홍색 안경을 쓴다면 분명 그의 수염과 잘 어울릴 거라고 쓴 신문기자의 번뜩임이 마음에 들었어. 어쩌면 오래 전부터 기대해 온 그림판매 경기도 좋아지겠지.

테르스티흐 이야기를 해보자. 그는 친구로서 무언가 대답해야 하며, 우리를 죽은 사람 취급해서는 안돼. 우리만의 문제가 아니야. 우리가 호소하는 인상파 전체의 문제이므로 그의 답장이 꼭 필요하단다. 그의 구체적인 의견을 알지 못하면 앞으로 나아갈 수 없다고 너도 생각할 거야.

런던과 마르세유에서 인상파 상설전람회를 여는 게 바람직하다고 믿는다면 우리는 그 일을 실행할 방법을 찾아야만 해.

만일 반대한다면 테르스티흐는 적대심이 있을까, 없을까? 그가 찬성할지 반대할지가 문제야.

테르스티흐도 우리처럼 인상파 그림의 가치가 오르면 이에 따라 지금 비싸게 팔리는 그림의 가치가 떨어지리라는 결과를 예측하고 있을까?

밀레, 도비니, 그밖의 많은 화가들이 오랜 시간에 걸쳐 끈기있게 가치를 올려왔지. 비싼 그림을 다루는 그림상인들은 새로운 유파가 나타나면 정책적인 이유로 거부하여 시대에 뒤처지고 있어.

테르스티흐에게서 편지가 왔는지 알려다오. 무슨 내용인지도. 이 일에 관한 한 너 없이 나 혼자만의 판단으로는 아무것도 하지 않을 생각이야. 행운을 빌며 악수를 건넨다.

너의 빈센트

덧붙임 : 네가 읽어주기 바라며, 고갱과 다른 사람들에게 보내는 편지를 동봉하마.

고흐가 베르나르에게 2
아를 1888년 3월18일

친애하는 베르나르

자네에게 편지하기로 약속했으므로, 먼저 맑은 공기와 밝은 색채효과 때문에 이 지방이 나에게는 일본처럼 아름다워 보인다는 말로 시작하겠네. 물이 풍경 속에서 아름다운 에메랄드 색과 풍부한 파란색 얼룩을 이루어 마치 일본판화를 보는 듯한 느낌을 주지. 땅바닥 빛깔을 파랗게 보이도록 하는 옅은 오렌지 색 지는 해. 화려한 노란색 태양. 하지만 나는 아직 여느 여름빛 속에서 이 땅을 보지 못했네. 여자들 옷차림은 아름다운데, 특히 일요일 큰길에서 아주 소박하고 독창적인 색의 조합을 볼 수 있다네. 여름이 되면 더욱 활기를 띠겠지.

이곳 생활비가 기대했던 만큼 적지 않은 게 유감스러워. 퐁타벤에서처럼 적은 비용으로 살아갈 방법을 아직 못찾았지. 처음에 하루 5프랑 썼지만, 지금은 4프랑으로 살고 있네. 이 지방 사투리를 쓰고, 부야베스*1와 마늘을 먹게 되면, 앞으로 분명 값싼 하숙집이 찾아질 거야. 몇 명 모이면 더 유리한 조건으로 계약할 수 있겠지. 태양과 색채를 사랑하는 화가들은 남 프랑스로 옮겨오면 실제적인 이득이 있을 걸세. 만일 일본인이 그들 나라에서 진보하지 못한다면, 그들의 예술이 프랑스에서 계속될 게 분명하네.

이 편지에 지금 구상 중인 어떤 작품의 작은 습작 크로키를 그려보내네— 뱃사공들이 애인을 데리고 마을에 돌아오는 그림으로 앞쪽은 거대한 노란 태

---

*1 bouillabaisse. 생선을 비롯한 해산물과 마늘, 양파, 감자 등을 넣고 끓인 지중해식 생선 스튜. 프랑스 마르세유 지방의 전통요리이다.

▲랑글루아 다리 습작 크로키

▲《랑글루아 다리와 빨래하는 여인》(1888)

양, 배경에는 도개교의 독특한 실루엣이 뚜렷한 윤곽을 드러내고 있지. 도개교 습작이 1점 더 있는데, 한 무리의 빨래하는 여자들이 그려진 그림이라네.

자네는 무엇을 하고 있으며, 어디로 갈 생각인지 알려주면 고맙겠네. 자네와 친구들에게 진심어린 악수를.

자네의 빈센트

고흐가 테오에게 472
1888년 3월18일 이후 ①

사랑하는 테오

너의 편지와 50프랑, 고맙게 받았어. 천천히 답장쓰고 싶었지만 서둘러 편지 보내야겠구나.

먼저 또다시 테르스티흐 일인데, 네가 월요일에 짐을 그에게로 보내겠다고 말해줘서 정말 기뻐. 그 안에 내 그림이 포함되어 있기 때문일지도 몰라.

그러나 그런 그림은 문제되지 않아. 이번에 그린 그림이 네 마음에 들기를 바라. 그렇다고 내가 그린 새로운 작품이 네덜란드로 가는 일이 바뀌지는 않겠지.

잘 일구어진 연보라색 땅, 갈대 울타리, 파랗고 하얀 하늘을 배경으로 붉은 복숭아나무 두 그루가 서 있는 과수원을 그린 20호 그림을 밖에서 완성했어. 이제까지 그린 풍경화 가운데 가장 잘 그려졌다고 생각해. 이 그림을 집으로 가지고 돌아왔을 때, 누이 빌레미나가 보내온 마우베의 추억에 바치는 네덜란드 어 수기를 받았단다. 초상화도 함께 들어 있었는데, 제법 잘 그렸더구나. 문장은 서투르고 별다른 의미 없었지만 부식동판화는 아름다웠지. 그 가운데 1점이 왠지 나를 사로잡아, 감동으로 목이 메이는 것 같았어. 그래서 내 그림에 이렇게 서명했단다.

'마우베의 추억(Souvenir de Mauve)

빈센트와 테오(Vincent & Theo)'

너만 괜찮다면 그대로 이 그림을 마우베 부인에게 보내주도록 하자. 이곳에서 완성한 그림들 가운데 가장 잘 그려진 습작을 골랐어. 고향사람들이 어떻게 생각할지 모르겠구나. 하지만 그런 건 아무래도 좋아. 엄격함보다 부드러운 유쾌함이 마우베의 추억과 잘 어울리지.

'죽은 자를 죽었다고 생각지 마라
살아 있는 목숨이 있는 한
죽은 자는 살아나서 살아간다'

'죽은 사람들, 쇼송'

나는 이렇게 느끼고 있어. 이보다 더한 슬픔은 생각할 수 없구나.

그밖에 과수원을 그린 습작이 아직 4점 있는데, 같은 소재를 30호로 그리고 싶다는 생각을 한단다.

내가 지금 쓰는 징크화이트는 너무 더디게 마르는구나. 다 마르면 곧바로 보낼게. 요즘은 나날이 건강상태가 좋아. 날씨는 반대로 하루가 온화하면 바람부는 날이 3일이나 이어진단다. 그림 속 과수원은 꽃이 활짝 피었지만.

바람 때문에 작업하기 어려워 난처해. 그래도 땅에 박은 쇠말뚝에 이젤을 묶고[*1] 작업을 계속한단다. 풍경이 너무도 멋지기 때문이야.

테르스티흐와 성실하게 협력을 이어간다면, 성적에 얽매이지 않고 1년 뒤 그 결과가 나타나리라 생각해.

레이드가 아닌 테르스티흐야말로 영국에서 인상파 전람회를 계획해야 하지 않을까?

우리를 대하는 레이드의 태도가 도무지 마음에 들지 않아. 기요맹과 네가 그 그림을 팔기로 한 결정을 취소하지 않는 게 이상하구나. 내 말을 기요맹에게 솔직하게 전해도 괜찮아. 일반적인 거래라 할지라도 기요맹의 이익면에서 그건 헐값이라고.

나중에 레이드가 확실하게 사들이든지, 예술가들이 그를 따돌리든지 둘 중 하나야. 전부터 이런 생각을 했었는데, 다시 곰곰이 생각해 보아도 역시 똑같아. 300프랑으로 다음 거래를 위태롭게 하는 건 좋지 않아.

우리를 위해 네가 그 그림을 사들일 방법은 없을까? 테르스티흐에게 레이드에 대해 모두 알리고, 영국과의 거래에 경쟁상대가 있으며 우리는 그가 영국을 맡아주기 바란다고 알려야겠어. 하지만 나와 관계없는 일인 건 분명해. 부소·

[*1] 바람이 세차게 불면 물감을 제대로 칠할 수 없어 길이 50cm쯤 되는 쇠말뚝을 땅 속에 박아넣고 거기에 이젤을 고정시켰다. 더 심할 때는 이젤도 치우고 캔버스를 땅바닥에 놓고 무릎으로 누르며 그렸다. 고흐는 이 미스트랄이 자신에게 개인적으로 악의를 품은 듯 느껴져 이를 악물고 맞섰다.

발라동 상회에 고용된 테르스티흐와 너에게 관계있는 일이지. 서둘러 보낸다.

너의 빈센트

덧붙임 : 케닝흐에게 안부전해줘. 내일 편지쓸 여유가 있다면 또 보낼게.

고흐가 테오에게 474
1888년 3월18일 이후 ②

사랑하는 테오

편지와 함께 100프랑 보내줘 고맙구나. 네덜란드로 보낼 그림의 스케치를 너에게 보냈단다. 유화의 색이 더 선명한 건 말할 것까지도 없지. 또 새로운 작업에 매달려 있어. 전에 말한 꽃핀 과수원 그림이야.

이곳 공기는 내 건강에 아주 좋아. 너도 가슴깊이 들이마시게 해주고 싶어. 그 효과는 곧바로 나타나 우습게도 작은 코냑 한 잔에도 취하고 만단다. 혈액순환을 돕는 자극제를 먹을 필요가 없고 몸이 피곤해지지도 않아.

이곳에 온 뒤로 위가 완전히 약해졌어. 하지만 이 문제는 오래 참고 견디는 게 중요하겠지.

올해는 꼭 진보하고 싶어. 이것은 물론 매우 긴급한 문제이기도 해.

또 다른 과수원 그림을 완성했단다. 아주 연한 장밋빛 살구밭 그림으로, 옅은 붉은빛 복숭아밭만큼 잘 그려졌어.

지금 수많은 검은 가지가 달린 노란빛 띤 하얀 매화나무숲을 그리고 있어.

캔버스와 물감을 많이 썼지만, 돈을 헛되이 써버린 셈은 아니야.

4점 가운데 테르스티흐와 마우베 부인에게 보낼 수 있는 완성작은 단 1점뿐이지만, 습작은 교환용으로 사용할 수 있을지도 모르겠구나.

언제 보내면 좋을까?

테르스티흐에게 2점 보내고 싶어. 아스니에르에서 그린 습작보다 훨씬 잘 그려졌으니까.

어제 또 투우를 보았단다. 투우사 5명이 장식용 끈과 꽃모양으로 묶은 리본을 달고 소와 싸웠는데, 한 투우사는 울타리를 뛰어넘으려다 고환을 다쳐버렸어. 회색 눈을 가진 금발 사나이로 매우 용감했지. 그래도 오래 살 수 있을 거라더구나. 하늘색과 금색으로 차려입었으며, 몽티셀리가 그린 숲 속의 세 인물

가운데 키작은 기사를 닮았단다. 투우장은 태양과 군중들로 매우 아름다워. 피사로 만세! 그가 한 말이 맞았어. 언젠가 그와 작품을 교환하고 싶구나.

쇠라와도 그림을 교환할 수 있으면 좋겠어. 그가 그린 유화습작을 가질 수 있다면 무척 도움될 거야. 그들처럼 그릴 수 있게 되기를 바라면서 열심히 작업하고 있어.

이번 달은 서로 고생되겠지. 꽃핀 과수원 그림을 되도록 많이 그리는 게 가장 좋은 방법이야. 지금 작업이 순조롭게 되어나가고 있으니까. 앞으로 10점, 같은 소재로 그리고 싶어.

나는 작업에 변덕스러우니 과수원 열기도 그리 오래 가지 않겠지. 다음은 아마 투우장일 거야. 데생을 잔뜩 그려볼게. 일본판화 같은 데생을 그리고 싶구나. 쇠는 뜨거울 때 두드려야 해. 과수원 그림으로 완전히 지쳐버릴 게 틀림없어. 25호와 30호, 그리고 20호를 또 그리고 있으니까.

그 두 배쯤 해낸다 해도 그리 많다고 할 수 없어. 이렇게 해나간다면 분명 네덜란드에 내린 눈을 녹일 만할 거야. 마우베의 죽음은 나에게 심한 타격을 주었어. 내가 어떤 열정으로 장밋빛 복숭아나무를 그렸는지 너는 분명 알아차리겠지.

사이프러스 나무가 서 있는 별이 빛나는 밤하늘을 그리고 싶어——그리고 잘 익은 밀밭 위에 펼쳐진 하늘을. 이곳 밤은 무척 아름다워. 늘 작업하고 싶어 견딜 수 없지.

1년 뒤 성과가 기대되는구나. 그때는 좀더 편해지고 싶어. 요즘 때로 무척 괴로워질 때가 있단다. 그렇지만 전혀 신경 쓰지 않아. 겨울추위가 심했던 탓이겠지. 게다가 다행히도 다시 기운이 났단다.

이제까지 돈이 많이 들었으니, 내 그림값이 필요한 경비에 보태지거나 웃돌게 하고 싶어. 꼭 그렇게 만들 거야. 하지만 무슨 일이든 한 번에 되지는 않지. 작업은 순조로워. 지금까지 내가 쓰는 비용에 너는 불평한 적 없지만, 이 상태로 작업을 계속하는 건 아무래도 무리일 것 같구나. 그런데도 해야 할 작업은 많아.

만일 네가 한 달이나 반 달쯤 힘들어질 것 같으면 알려다오. 그러면 데생을 그리도록 하마. 데생은 비용이 들지 않으니까. 너무 애쓰지 말라는 말을 해주고 싶어. 이곳에서는 할 일이 산더미처럼 많고, 파리와 달리 내가 좋아하는 장소에 자리잡을 수 있어 여러 가지 공부가 가능하단다. 꽃핀 과수원은 팔거나 교환하기 쉬운 소재이니 한 달 동안 좀더 집중해 그리려고 해. 그래도 집세를 낼 때가 되었으니, 네가 이래저래 힘들어진다면 미리 알려줘.

덴마크 화가와 늘 함께 그렸는데, 이제 곧 귀국한다는구나. 똑똑하고 성실하며 예의바른 청년이지만 그림실력은 아직 부족해. 파리를 지나갈 때 너도 만날 수 있을 거야.

네가 베르나르를 찾아가줘서 기뻐. 알제리에서 군복무한다면 나도 함께 갈 수 있을 텐데.

파리의 겨울도 드디어 끝났을까? 칸[*1]의 말이 맞아. 나는 색값의 의미를 제대로 이해하지 못했어. 그렇지만 칸 같은 사람들은 나중에 다른 해석을 할 게 틀림없다고 생각해.

색채와 색값을 동시에 추구할 수는 없어.

T. 루소는 그것을 누구보다도 가장 잘 해냈지만, 시간이 흐르자 섞인 색이 점점 검어져 이제 그 그림은 알아볼 수 없게 되고 말았지.

북극과 적도에 동시에 존재할 수는 없단다.

내 입장을 정해서 제대로 하고 싶어. 나는 분명 색채를 선택하게 되겠지. 그럼, 바로 또 편지보내마. 너와 케닝호와 친구들에게 악수를 건넨다.

너의 빈센트

고흐가 테오에게 475
1888년 3월 끝무렵

내 동생 테오

물감을 주문해야 하므로 편지보낸다. 타세 화방과 퐁텐 거리의 로트 화방에 주문하면 나를 알고 있으니 잘 해줄 거야. 그러니 적어도 운임만큼은 깎아주도록 흥정해 봐. 운임은 물론 이쪽에서 낼 테니 운임부담이 없는 대신 2할 싸게 달라고 해.

만일 응낙한다면——그럴 거라고 나는 생각하는데——다음 주문 때까지 물감을 제공받는 게 되니 그들에게도 상당한 주문량이 될 거야.

[*1] Gustave Kahn

타세 영감과 로트 영감에게 여느 캔버스 천과 압소르방트*¹ 캔버스 천 10미터의 최저가격을 물어봐줘. 그리고 물품인도에 대해 너와 그들이 타협한 결과를 알려다오. 주문내용은——

징크 화이트	큰 튜브	20개
티타늄화이트	〃	10개
비리디언	중간튜브	15개
레몬옐로	〃	10개
버밀리언	〃	3개
크롬옐로 2번	〃	10개
크롬옐로 3번	〃	3개
랙제라늄	작은 튜브	12개
랙오르디네르	〃	2개
카민*²	〃	2개

　새로 만든 것, 만일 기름이 번져나오면 반품함.

코발트블루	〃	4개
시나브르(아주 밝은)*³	〃	4개
레드오렌지	〃	2개
에메랄드그린	〃	6개

이 주문은 상당한 금액이 될 거야——할인액과 운임을 빼고 계산하더라도——더 이상은 할인이 안되므로, 내가 운임을 치러도 이득일 거라고 생각해. 필요 이상으로 네게 부담되지 않도록, 규모를 좀 줄인 주문을 덧붙여 둘게. 네가 알아서 앞것에서 빼주렴. 앞주문서의 물감은 다음 주문서보다 급하지 않아.

〈급한 물감〉

징크화이트	큰 튜브	10개
비리디언	중간 튜브	6개
레몬옐로	〃	3개
레몬옐로 2번	중간 튜브	3개

＊1 absorbante. 백악질로 만든 캔버스 천. 물감의 기름을 흡수해 그림의 광택을 없애준다.
＊2 carmin. 양홍(洋紅). 암컷 연지벌레에서 얻은 색소로 만든 붉은 빛깔.
＊3 cinabre. 진사(辰沙). 주홍 또는 적갈색.

레몬옐로 3번	〃	1개
버밀리언	〃	1개
랙제라늄	작은 튜브	3개
랙오르디네르	〃	6개
코발트블루	〃	2개
에메랄드그린	〃	4개

그리고 되도록 빨리——압소르방트 캔버스 천 10미터의 가격을 알려줘.

그곳 화방에서도 압소르방트 캔버스 천을 만들지만, 아주 느리므로 참을성 없으면 주문을 포기해야 해. 그러니 파리나 마르세유에서 모두 가져오게 해야 할 거야. 압소르방트 캔버스 천을 기다리는 동안 나는 여느 캔버스 천에 2점 그렸어.

말할 나위도 없이, 그림재료를 네가 사준다면 이곳 지출이 절반 아래로 줄어들지. 지금까지 나는 그림재료며 도구 및 그밖의 것에 내 생활비를 웃도는 지출을 해왔어.

너를 위한 과수원 그림을 이미 1점 완성했단다. 부디 물감을 서둘러 보내줘. 과수원의 꽃은 일시적이고, 그 소재는 모두들 좋아하거든. 상자대금과 운임을 치르는 대로 너에게 습작을 보낼게. 운임은 도착 뒤 파리의 리용 역에서 지불하는 것보다 아를 같은 작은 역에서 발송할 때 내는 편이 더 쌀 거야.

지난번에 말했듯 요즘 돈이 한 푼도 없으니 네가 알아서 해줘. 그래도 만일 더 많은 작업을 하는 게 우리에게 유리하다면, 물감을 할인받아야 하지 않겠니. 타세 영감과 로트 영감 앞으로 직접 보내는 주문서를 동봉할게.

모든 것을 너에게.

10점 넘는 캔버스 천을 포함한 내가 처음 보내는 그림에 대해, 네가 뭐라고 평할지 몹시 궁금하구나.

빈센트

고흐가 테오에게 476
1888년 4월 첫무렵

사랑하는 테오

주문한 물감을 모두 보내주다니 너는 참으로 친절해. 이제 막 받아서 아직 살펴볼 틈은 없었어.

나는 매우 만족해. 게다가 오늘은 날씨가 어찌 이리도 좋은지. 오늘 아침 꽃 핀 매화밭을 그렸어. 얼마쯤 시간을 두고 갑자기 거센 바람이 불어닥쳤단다. 이곳에서만 볼 수 있는 현상이지. 그러면 햇빛을 받으며 작고 하얀 꽃들이 일제히 반짝반짝 빛나는 거야. 정말 아름다웠어!

덴마크 친구도 나중에 찾아왔어. 바람이 불 때마다 마치 지진이라도 일어난 듯 소란떨며 위험을 무릅쓰고 계속 그렸지──이 흰색의 효과 속에는 수많은 노랑, 파랑, 연보라가 있단다.

하늘은 하양과 파랑이야. 그렇지만 밖에서 그린 이러한 그림이 어떤 평가를 받게 될까? 한 번 기다려보자꾸나.

저녁식사 뒤 테르스티흐에게 보낼, 너에게 준 것과 똑같은 빨래하는 여인들이 있는 《랑글루아 다리》*1를 그리기 시작했어. 다른 그림상인에게도 이와 똑같은 복사본을 그려주고 싶구나. 내가 많이 써버려서 쉽게 부족해지는 돈을 되찾을 방법을 잃고 싶지 않으니까.

탕기 영감에게 물감을 부탁하지 않은 걸 나중에 아쉬워했어. 이득될 건 그리 없겠지만──오히려 반대일지도 몰라──그래도 참 색다른 사람이므로 자주 그를 떠올리곤 한단다. 만일 만나면 잊지 말고 내 안부를 전해줘. 진열창에 놓을 그림을 원한다면 내게 아주 좋은 그림이 있다고 말해주렴.

아! 진실한 생활이 없는 영원한 우울 속에 살아간다 해도, 역시 인간이 근본적인 문제라는 생각이 점점 더 드는구나. 그런 의미에서는 색채나 석고로 작업하기보다 몸으로 직접 일해야 하고, 같은 이유로 그림그리거나 장사하기보다 자식을 낳는 편이 좋아. 그러나 친구가 있음을 생각하면 살아가는 보람을 느끼지. 그 친구들 또한 고독하거든.

같은 이유로 사람 마음 속에는 장사꾼 마음을 가진 사람도 있으니 네덜란드 친구를 얻기보다는 우정을 되찾아야만 해. 게다가 인상파를 위해서도 이 기회에 승리하기를 망설여서는 안되지.

---

*1 Réginelle. 호텔 가까이 있던 도개교로, 본디이름은 레지넬 다리였으나 랑글루아라는 사람이 이곳을 관리해 그의 이름을 붙여 친근하게 불렀다. 그는 다리가 들어올려지면 기다리는 사람들에게 독한 술을 권하곤 했다. 이 그림은 그 출렁이는 색채가 빚어내는 빛이 가득한 분위기 때문에 아를 시대 걸작의 하나로 꼽는다.

승리는 거의 확정적이니, 우리 쪽에서도 훌륭하게 행동하며 침착하게 그것을 이루어나가야 해. 전날 네가 말한 다비드의 《마라의 죽음》*¹은 매우 흥미롭고 또 무척 보고 싶구나.

마라는 정신적으로—더 강렬하지만—크산티페*²—비뚤어진 사랑을 하는 여인으로, 역시 감동을 주지—에 버금간다는 생각이 들어. 그래도 모파상의 《메종 텔리에》*³만큼 유쾌하지는 않아.

로트렉은 술집의 작은 테이블에 팔꿈치를 기대고 있는 여인 그림을 완성했을까?

만일 내가 자연에서 직접 그린 그림으로부터 색다른 그림을 그려내게 된다면, 팔기 쉬워져 돈벌이가 될 거야. 이곳에서 그런 그림을 그리고 싶어. 그러기 위해 이번에 네덜란드로 보낼 작품 2점을 통해 시험해 보려고 해. 너에게 똑같은 그림이 있으니, 이 방법이라면 위험은 없어.

네가 타세 영감에게 제라늄레이크를 추가하도록 말해줘서 고맙구나. 그가 물감을 보내주었어. 지금 확인한 참이야. 인상파가 유행시킨 모든 색은 변색이 된단다. 서로 섞지 않고 대담하게 원색을 사용할 필요가 있어. 시간이 알맞게 부드럽혀주니까.

내가 주문한 모든 색—3종류의 크롬(오렌지, 옐로, 레몬), 프러시안블루, 에메랄드그린, 카민, 비리디언, 레드오렌지 등은 마리스며 마우베며 이스라엘스 같은 네덜란드 화가 팔레트에는 없었던 색이지.

그러나 이러한 색들이 들라크루아의 팔레트에는 있었고, 그는 엄격하게 사용금지된 레몬옐로와 프러시안블루 두 색에 뛰어난 지식을 가지고 매우 즐겨 썼지. 들라크루아는 파랑과 노랑으로 멋진 그림을 그렸어. 너와 케닝흐에게 악수를 건넨다. 물감을 보내줘서 정말 고마워.

너의 빈센트

---

*1 1793년 다비드가 신고전주의 양식으로 그린 작품. 그즈음 급진적인 혁명가 마라가 반대파인 지롱드 당의 열렬한 지지자 코르데 Charlothe Corday의 칼에 찔린 채 욕조에서 죽음을 맞는 장면을 그렸다.
*2 소크라테스의 아내. 남편을 전혀 이해하지 못하고 늘 상스러운 말로 욕하는 등 경멸하여 악처의 대명사로 불린다.
*3 매춘부들의 생생한 경험과 그 생업에서의 흥이 유쾌하게 그려져 있다.

친애하는 베르나르

좋은 소식과 동봉된 자네의 장식화 데생, 고맙네. 이 그림은 꽤 색다른 느낌을 주는군. 내가 실내에서 좀더 상상으로 그리고 싶은 생각이 들지 않는 게 가끔 아쉬울 때가 있다네.

상상력은 분명 우리가 키워야 할 능력이며, 단순히 현실을 흘끗 보았을 때 우리 눈에 비치는 것보다 더 마음을 고양시키고, 마음의 위로가 되는 자연을 우리가 창조할 수 있는 것도 상상력 덕분이지. 현실은 변하기 쉽고 번개처럼 빠르게 지나가버린다네. 이를테면 별이 빛나는 밤하늘——내가 꼭 그리고 싶은 것이야. 마찬가지로 낮이라면, 민들레가 별처럼 총총히 박힌 푸른 들판을 그리고 싶네. 그렇지만 어떻게 그려야 할지? 집 안에서 상상으로 그리고 싶다는 생각이 든다면 또 모를까. 이것은 자기비판이고, 자네에게 보내는 찬사라네.

요즘 꽃핀 과일나무를 그리고 있네. 분홍색 복숭아꽃과 황백색 배꽃. 붓놀림에 정해진 방식은 없어. 되는 대로 불규칙하게 캔버스 위에서 붓을 놀리는 거지. 두껍게 칠한 부분, 칠하다 만 부분, 미완성으로 남겨둔 구석, 다시 그리기, 거친 붓놀림. 그 결과는 매우 껄끄럽고 마음 불편하게 만드는 면이 있어서,

▲프로방스의 과수원 입구

기법에 대해 고정관념을 가진 사람이라면 좋아하지 않을 걸세.

여기에 스케치를 1점 넣었네. 프로방스의 과수원 입구야. 노란색 담, 미스트랄에 대비한 검은색 사이프러스 방풍용 나무, 이 지방 특유의 온갖 초록빛 야채, 노란 양상추, 양파, 마늘, 에메랄드그린 대파 등.

늘 현장에서 그리면서 데생을 통해 본질을 이해하려 힘쓰고, 그 다음에는 윤곽으로 구분된 공간——표현되든 않든 느낀 그대로의 공간——들을 단순화된 색조로 칠한다네. 땅바닥 부분은 모두 보랏빛띤 같은 색조를 공유하고, 하늘은 파란 색조를 띠지. 초목의 초록빛은 청록이나 황록이며, 이 경우 노랑 또는 파랑의 질감이 특히 강조돼. 친애하는 친구여, 어떤 경우든 실물인 것처럼 속이는 그림은 안되네.

엑스, 마르세유, 탕제로 여행하는 일에 대해서는 걱정할 것 없네. 더 싼 집을 찾으러 가는 거니까. 그런 집을 찾지 못한다면, 평생 그림그린다 해도 마을의 특징을 절반도 묘사하지 못할 걸세.

원형경기장에서 투우를 봤네. 아니, 거의 모의(模擬) 투우라고나 할까? 소는 많이 있었지만, 아무도 소와 싸우지 않았으니까. 다만 관중은 장관이었다네——층계석 2층과 3층을 꽉 메운 알록달록한 수많은 관중, 햇빛과 그림자의 효과, 그리고 거대한 원형 그늘. 좋은 여행이 되기를 비네. 마음의 악수를.

자네의 벗 빈센트

고흐가 테오에게 477
1888년 4월13일 무렵

사랑하는 테오

압소르방트 캔버스 천 견본을 동봉한 편지 고맙구나. 6프랑짜리가 3미터쯤 있으면 좋겠지만, 그리 급한 건 아니야. 작은 물감 꾸러미에는 화이트 큰 튜브 물감이 4개밖에 없고, 다른 건 모두 중간크기뿐이었어. 만일 보내온 그대로 계산되었다면 괜찮지만 주의하렴. 1프랑짜리 화이트는 4개이고 나머지는 그 반값일 거야. 프러시안블루와 시나브르는 질이 나쁘고, 다른 것들은 괜찮아.

지금 연습목적으로 2점의 그림을 그리고 있단다. 담홍색 복숭아나무 그림에서 가장 애먹었어.

옆에 그려진 4개의 스케치를 보면 3개의 과수원이 서로 얼마쯤 관련이 있음

▲옅은 분홍 살구나무 　　　▲분홍 복숭아나무 ▲흰꽃 핀 과수원 자두나무

▲땅바닥은 보라와 초록

을 알 수 있겠지? 지금 작은 배나무 그림을 그리는데, 같은 크기의 가로 구도로 된 것도 있어. 꽃핀 과수원은 이로써 6점이 되지. 모든 그림들이 통일된 조화를 이루도록 날마다 조금씩 그려서 완성할 생각이야. 이것들에 이어지는 다른 3점을 그리고 싶지만, 이제 막 시작했으므로 어떻게 되어나갈지 알 수 없어.

이 9점의 그림을 잘 완성하고 싶구나.

올해는 9점만 그리지만, 내년 이 계절에는 처음에 생각했던 것처럼 더 큰, 25호와 12호로 이루어진 장식적인 결정판을 똑같은 소재로 그리고 싶어.

다른 3점의 그림 가운데 중심되는 1점은 12호로, 다음과 같은 그림이야. 땅바닥은 보라색이고, 원경은 곧게 서 있는 포플러 나무와 새파란 하늘로 나뉘어졌어. 나무줄기가 보라색인 하얀 꽃핀 작은 배나무가 있고, 큰 노랑나비가 꽃 위에 앉았지. 왼쪽 구석에는 노란 갈대로 둘러싼 초록 떨기나무와 꽃밭이 자리한 작은 뜰이 있어. 그리고 담홍색 오두막. 이것이 네게 보낼 꽃핀 과수원 장식화에 대한 설명이란다.

다만 마지막 3점은 아직 임시로 그린 정도야. 그뒤 사이프러스 나무와 큰 배나무와 사과나무에 둘러싸인 커다란 과수원을 그려야 해. 너의《랑글루아 다리》는 순조롭게 진행되고 있고, 습작보다 잘 그려질 듯싶어.

작업으로 되돌아가야 하니 서두를게. 기요맹의 그림[1]은 되도록 사두는 게

*1《장빌의 농가》. 파스텔화. 반 고흐 미술관, 암스테르담.

좋아. 하지만 파스텔을 정착시키는 새로운 방법이 있다고 했으니, 살 때 그 방법을 들어두는 게 현명할 거야. 너와 케닝흐에게 악수보낸다.

너의 빈센트

덧붙임 : 직접 쓴 4행시가 든 베르나르의 편지를 받았어. 그 가운데 잘 씌어진 시도 있었단다. 좋은 시를 쓸 거야. 부러운 마음이 드는구나.

《랑글루아 다리》와 또 다른 1점의 복사그림, 담홍색 복숭아나무 그림이 마르는 대로 보내마.

고흐가 베르나르에게 4
1888년 4월 중간무렵

나의 벗 베르나르

시를 보내주어 고맙네. 첫구절의 형식과 운이 무척 마음에 들더군.

'잠든 하늘 아래 커다란 나무가 있네.'

하지만 착상과 정서를 생각하면 마지막 구절이 더 좋은 것 같네.

'희망은 우리 마음을 흩뜨리누나.'

그런데 무엇을 느끼게 하고 싶은지 확실히 표현되지 못한 것 같네그려. 도무지 자신감없는 이런 허무함은 아름다움이며 선함과 다르다네. 그런 마음가짐이라면 우리는 전혀 관계 없는 물질생활의 매력에 빠져 주관과 객관을 구별할 수 없을 만큼 영원히 속아버릴지도 몰라. 우리는 어리석지만 희망을 버리지 않는 게 장점이지.

다음 시구도 좋았어.

'돈도 없고, 꽃도 없는, 겨울'

《경멸》도 나쁘지 않았지.

그런데 《교회 모퉁이》와 《뒤러의 데생》은 좀 아리송하더군. 대체 무엇이 뒤러의 데생이란 말인가. 하지만 여기에도 좋은 구절이 있지.

'푸르른 들판이 다가오는구나
기나긴 여정에 지쳐서'

이것은 크라나흐와 반 에이크 작품의 배경처럼 푸른 바위들이 우뚝 솟은 사이로 보이는 구불구불한 산길 풍경을 아주 잘 나타냈네.

'소용돌이치는 십자가 위에 몸을 비틀고'

과장된 야윈 몸의 신비로운 그리스도 상이 아주 잘 드러나 보이네. 마차를 끄는 애처로운 말의 눈동자 같은 고뇌에 찬 순교자의 눈빛을 어째서 더 표현하지 않았는가? 그렇게 했더라면 훨씬 더 파리지앵*1 같은 느낌이 났을 텐데. 가난한 연금생활자, 시인, 예술가들은 그런 눈빛을 지녔지 않은가.

아직 유화만큼은 아니지만 자네는 계속 14행시(소네트)를 쓰고 있군그래. 어느 쪽이든 무언가 될 테지. 많은 사람, 특히 우리 동료들은 언어에 의미가 없다고 생각하는데, 그 반대라네. 그렇잖은가? 무엇을 제대로 이야기한다는 건 무언가를 잘 그리는 것과 마찬가지로 어렵고도 흥미롭지. 선과 색의 예술이 있듯 언어예술 또한 그에 못지않아.

과수원을 단순한 구도로 새롭게 그려보았네. 흰 나무 한 그루, 작은 초록나무, 가지런히 자란 싱싱한 풀, 라일락빛 땅, 오렌지 색 지붕, 드넓은 푸른 하늘. 과수원 그림을 9점 그렸네. 1점은 하얗게, 또 1점은 빨강에 가까운 분홍, 또 1점은 푸른빛 도는 흰색, 또 1점은 어두운 분홍색, 또 1점은 초록과 분홍으로.

▲꽃핀 과수원

어제 하나를 망쳐버렸어. 푸른 하늘을 배경으로 한 벚나무, 금색과 오렌지빛 새싹, 흰 꽃송이. 그것들이 초록빛 도는 푸른 하늘에 대비되어 참으로 볼 만했지. 난처하게도 오늘은 비가 내려 더이상 그릴 수 없었다네.

일요일에는 이곳 유곽을 보았어. 파란색 섞은 회반죽으로 칠한 마을학교처럼 널따란 방. 화사한 황색과 오렌지 색 얼굴——이 얼굴색은 무슨 조화란 말인가——의 붉은색 군인과 검은색 자본가가 거의 50여 명. 여인들은 최대한 원

*1 파리에서 태어나 자란 사람.

색에 가까운 짙은 하늘색과 주황색. 노란빛이 그들을 감싸고 있어 파리의 이러한 곳만큼 음침하지는 않았지.

우울은 이곳 분위기와 어울리지 않아. 지금은 조용히 지내네. 먼저 그 소유주임을 감사하는 위를 치유할 필요가 있어서지. 하지만 나중에 대활약해야만 해. 쾌활한 타르타랭의 불멸의 명예를 나누어갖고 싶으니까.

자네가 알제리에서 병영생활하려는 것은 무척 흥미롭군. 멋진 일이야. 조금도 불행한 일 아니지. 진심으로 축하하네. 어쨌든 마르세유에서 만나세.

이곳의 푸른 하늘과 태양을 보면 자네도 마음에 들 거야. 지금 나는 어느 집 테라스를 아틀리에로 쓰고 있어. 마르세유에 가서 푸른 바다를 그리고 싶은 생각도 들지만, 북해의 잿빛 바다를 떠올리면 마음이 썩 내키지는 않는다네. 고갱을 만나면 자네가 내 안부를 잘 좀 전해주게.

베르나르, 언제나 희망을 품고 우울함에 빠지지 말게. 재능과 알제리에서의 경험을 바탕으로 자네는 분명 훌륭한 예술가가 될 테니까. 자네도 남 프랑스에 곧 익숙해지겠지. 한 가지 충고하면, 부디 건강을 잘 챙기게. 1년 전부터 미리 건강에 좋은 음식을 먹고 준비를 잘 해서 위가 상하거나 괴혈병에 걸려 돌아오는 일이 없도록 하게.

이곳에 온 처음무렵에는 나도 그랬었는데, 낫는 데 시간이 걸려 좀더 조심했더라면 좋았을 거라고 후회했다네. 요즘처럼 추운 겨울에는 도무지 어쩔 수 없지. 몹시 혹독한 겨울 아닌가.

지금부터 조심해야 하네. 변변찮게 식사하면 건강을 되찾기 쉽지 않아. 하지만 일단 좋아지면 파리에서보다 쉽게 지켜나갈 수 있지.

되도록 빨리 답장주게. 언제나 같은 주소 '아를, 카렐 호텔·레스토랑' 앞으로. 악수를 건네네.

빈센트

고흐가 테오에게 480

1888년 5월1일

사랑하는 테오

편지와 동봉된 50프랑, 고마워.

나는 미래가 암울하다고 여기지 않지만, 넘기 힘든 장벽이 앞에 놓여 있는 건 느껴. 그리고 가끔 그것이 너무 굳건하다는 생각도 들지. 특히 몸이 약해졌을 때는 더 그렇단다.

지난주에는 치통이 너무 심해 부득이 시간을 헛되이 보내버렸어. 그래도 작은 펜 데생을 한 묶음 너에게 보내고 오는 길이란다. 분명 12점이야. 그것을 보면, 내가 유화는 중단했어도 작업은 멈추지 않았다는 걸 알 수 있겠지. 그 가운데 노란 종이에 쓱쓱 그린 크로키가 있는데, 그것은 동네 입구 광장의 잔디밭이고 그 뒤의 건물은 대충 이렇게 생겼어.

오늘 나는 이 건물 오른쪽을 빌렸어. 방이 4개라기보다 방 2개에 쪽방 2개가 딸려 있지. 외벽은 노란 페인트, 안은 석회로 하얗게 발라져 있단다. 햇볕이 잘 들며, 한 달 15프랑에 빌렸어. 지금 내 소망은 2층 방에 잠잘 수 있는 가구를 들이는 거야. 이곳은 남 프랑스 원정활동 내내 아틀리에와 창고로 쓰이게 될 거란다.

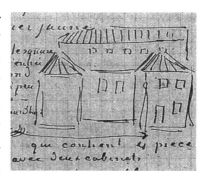

이로써 나는 호텔 녀석들의 트집[*1]에서 해방되었어. 지금까지처럼 지내다간 파산해 비관하게 될 거야.

베르나르가 편지를 보내왔어. 그도 집을 한 채 통째로 구했는데 거의 공짜로 빌렸대. 운도 좋지! 이 집에 대해서는 너를 위해 처음 크로키보다 더 자세하고 새로운 데생을 꼭 그릴 생각이야. 그리고 너에게 미리 말해 두는데, 베르나르며 다른 사람들에게 그림을 보내주도록 권유하여 기회가 되면 여기서 전시하려고 해. 마르세유라면 분명 기회가 있을 거야.

이번에는 운이 좋았어──무슨 말인지 알지? 바깥은 노랗고 안은 하얀 햇살이 가득한 환한 실내에서 내 그림을 볼 수 있는 거야──문은 초록색, 바닥에는 붉은 타일이 무늬를 이루고, 밖은 광장 공원이지. 그곳을 그린 데생 2점을 너에게 보낼게. 장담하건대, 그 데생은 완성도 높은 그림이 될 거야.

───────────────

*1 호텔 주인은 고흐의 캔버스와 그림재료들이 너무 많은 공간을 차지한다고 불평했다. 또 비싼 숙박료도 부담스러웠으며, 음식은 형편없고 와인은 마치 독약 같았다. 고흐는 아무에게도 방해받지 않는 자신만의 공간을 간절히 원했다.

러셀의 편지를 받았는데, 기요맹 그림 1점과 베르나르 그림 2, 3점을 샀다더구나. 무척 기뻐. 나와 습작을 교환하자는 말도 했어.

이 지긋지긋한 건강이 방해만 하지 않는다면 두려울 게 없을 텐데. 하지만 파리에 있을 때보다는 좋아졌지. 위가 몹시 나쁘지만, 그건 아마도 그곳에서 마구 마셔댔던 싸구려 포도주가 일으킨 증상일 거야. 이곳의 포도주도 질이 나쁘지만, 나는 아주 조금밖에 마시지 못해. 별로 먹지도 마시지도 않아 지금 아주 쇠약해진 상태야. 그렇지만 피는 나빠지지 않고 회복되고 있어. 다시 말하지만, 요즘 나에게 필요한 건 참을성과 끈기란다.

지난번에 받은 압소르방트 캔버스 천 30호에 새로운 그림을 그리고 있어. 다른 그림보다 잘될 것 같아.

기억하니?《행복을 찾아서》에 나오는, 하루 종일 원을 그리듯 걸어서 그 안에 든 땅을 모두 소유한 남자 이야기를. 과수원을 그리면서 나는 그 남자 같았어. 12점 가운데 6점을 완성했지만, 나머지 6점은 그리 좋지 않아. 나머지 6점 대신 2점을 그렸더라면 하고 후회하고 있어. 어쨌든 그 10점을 너에게 곧 보낼 생각이야.

나는 구두 두 켤레를 26프랑, 셔츠 3장을 27프랑에 샀어. 100프랑이나 받았지만 이미 주머니 사정이 그리 넉넉지 않게 되어버렸어. 마르세유에서 그림을 팔 생각이므로 되도록 번듯하게 차려입어야 해. 작업도 마찬가지로, 형편없이 그릴 바에는 차라리 1점 덜 그리는 편이 나아.

혹시 그들과 헤어지는 일이 생기더라도 내가 장사를 계속할 가능성을 의심하고 있다고는 여기지 말아줘. 다만 넋놓고 당하는 일은 없어야겠지. 만일 좀 더 미룰 수 있다면 그보다 더 좋은 일은 없어. 몇 달 걸려 마르세유 원정준비가 갖추어지면, 급하게 진행하기보다 더 순조롭게 행동할 수 있을 거야.

맥나이트를 만났지만 그의 그림은 하나도 못보았어.

물감도 붓도 아직 있단다. 다른 재료들도 여유있지만 낭비하지 않도록 조심해야지.

네가 그 나리들과 헤어지는 경우, 나는 한 달에 150프랑 넘지 않게 생활할 거야. 지금은 그럴 수 없지만, 두 달 지나면 어떻게든 가능하겠지. 그때 벌이가 더 있으면 참으로 다행──분명 그렇게 되리라 장담하고 싶구나.

이런 상태이므로 진한 브이용*¹을 먹으면 기운날 텐데. 안타깝게도, 이 집에서 내가 주문하는 건 아무리 간단한 음식도 먹어본 적 없어. 이런 작은 레스토랑에서는 어디나 마찬가지지. 삶은 감자가 어려운 주문은 아닐 텐데 "안돼요"라고 말해. "그럼, 쌀이나 마카로니는?" "이미 끝났어요." 아니면 "기름이 묻어서 못먹어요." 또 그들은 요리할 생각은 않고 변명하지. "그건 내일 메뉴인데요" "남는 화덕이 없네요" 라는 둥 정말 어처구니가 없어. 그런데 모두 사실이란다.

건강이 좋지 않은 것도 그 때문이지. 어떻게 할까 마음을 정할 때는 꽤 고민스러웠어. 헤이그와 누에넨에서 아틀리에를 마련하려다 결국 실패로 끝난 일을 생각하면 말이야. 하지만 그뒤 사정이 많이 바뀌었고, 나도 발 밑이 더 단단해진 느낌이야. 발전한 거지. 우리는 이 지긋지긋한 그림에 이미 많은 돈을 썼으니, 그림으로 그것을 되찾아야 하는 점을 잊으면 안돼.

인상파 그림이 비싸질 거라고 믿는다면—나는 여전히 그렇게 믿는데—그런 그림을 많이 그려서 값을 유지시켜야 해. 작품의 질에 더 신경 쓰고, 시간을 허투루 쓰지 않도록 해야지. 그렇게 몇 해 지나면, 들인 자본은 현금 또는 재고가치로서 수중에 들어올 가능성있다고 나는 보고 있어. 너만 괜찮다면, 빌리든지 사든지, 아무튼 침실 가구를 들이기 위해 오늘이나 내일 아침에 보러 갈 거야.

나는 이곳의 자연이야말로 색채로 그리기에 안성맞춤이라고 여전히 확신하고 있어. 그러니 내가 여기를 떠나는 일은 아마 없을 거야.

라파엘리가 에드몽 드 공쿠르의 초상을 그린 것 같더구나. 분명 멋지게 그렸을 거야. 〈일뤼스트라시옹〉 잡지의 살롱란에서 보았지. J. 브르통의 작품은 아름답니? 5월1일을 기념하여 너를 위해 그린 그림이 곧 도착할 거란다.

새 아틀리에에서 두 사람은 살 수 있을 거야. 되도록 그렇게 하고 싶어. 아마도 고갱*²이 남 프랑스로 올지도 몰라. 아니면 내가 맥나이트와 타협하든지. 그러면 우리는 자취하며 지낼 수 있어.

아틀리에는 사람들 눈에 잘 띄는 곳에 자리하여 여자를 끌어들일 일 없을

---

*1 bouillon. 새, 짐승, 물고기의 고기와 뼈를 끓여 만든 육수. 수프 만들 때 기본되는 국물이다.
*2 고흐는 동료화가들을 모아 화가조합 그룹을 만들려는 꿈을 품고, 언젠가는 고갱도 동참해줄 거라는 희망을 버리지 않았다.

테고, 바람기가 동거로 이어질 가능성도 전혀 없어. 게다가 내가 느끼기에 여기 풍속은 파리만큼 비인간적이지 않고, 자연에 어긋나지도 않아. 나는 체질상 여자놀음과 작업을 절대로 동시에 못하고, 지금 처지로는 그림그리는 일로만 만족해야 해. 행복하지도 정상적인 생활도 아니지만 어쩔 수 없잖니? 예술가의 삶이 정상적이지 않은 줄 알면서도 나에겐 활기차게 느껴지니, 만족하지 못한다면 은혜를 모르는 일이지.

작고 하얀 아틀리에를 발견한 지금, 신경쓰이는 사소한 일이 있어. 나는 집을 많이 보고 다녔지만 다 헛수고였단다. 화장실이 같은 집주인이 소유하는 인접한 호텔 안에 있다면 이상한 일 아니니? 남 프랑스에서는 그런 일로 불평하는 건 잘못인 듯해. 이런 설비가 얼마 없고 더러워서 박테리아 소굴이 저절로 떠오르지. 그렇지만 그 집에 물은 있단다.

일본풍속판화를 벽에 몇 점 걸 생각이야. 네 아파트에 거치적거리는 그림이 있다면 이 집을 언제든 보관장소로 이용해도 돼. 네 집에는 평범한 작품을 두면 안되니 그런 장소가 필요할지도 몰라.

베르나르가 크로키를 동봉한 편지를 보내왔어. 네가 건강한 어머니와 누이동생을 만났다니 기쁘구나.

레이드는 마르세유로 갈까? 아마도 그는 그 여자, 그들의 동거를 찬성하지 않을 줄 미리 알고 우리를 믿지 않았던 그 여자를 사랑하는 거겠지. 그가 되돌아오는 심리적 이유는 그녀라는 생각이 들어. 이런 경우, 당분간 아주 냉정하게 앞으로 그의 행동에 주목해야 한다고 너도 생각하겠지?

여름휴가 때 네덜란드로 돌아갈 거니? 만일 네가 인상파 작품 거래문제로 테르스티흐를 만나고 또 마르세유까지 간다면, 그 두 가지 일 사이에 시간내어 브레다에서 잠시 쉴 수 있으면 좋을 텐데.

쇠라는 다시 만났니? 오늘 이곳 날씨처럼 화창한 한 해가 되기를 너를 위해 기도하면서 굳은 악수를. 케닝흐에게도 안부전해줘.

너의 빈센트

덧붙임 : 다음 달의 100프랑을 미리 보내주면 이번 주부터 새 아틀리에에서 잘 수 있을 텐데. 아무튼 가구값을 알아보고 편지로 알릴게.

어제 가구점을 몇 군데 돌아다니며 침대를 빌릴 수 있는지 물어보았어. 빌릴 방법도, 월부로 살 수도 없더구나. 난처하게 되었어.

그래서 지금 생각났는데, 케닝호가 너희 집 응접실에서 지냈지. 그건 그의 뜻이었어. 그러니 그가 가고 나면 지금 사용하고 있는 침대를 보내줄 수 있겠니? 만일 내가 아틀리에에서 지낸다면 1년 동안의 호텔비 300프랑을 아낄 수 있을 거야. 내가 여기에 얼마나 오래 머물지 지금은 알 수 없지만, 아마도 착실하게 자리잡을 것 같아.

어제 폴트비에이유의 맥나이트네 집을 방문했어. 담홍색 나무를 그린 파스텔화와 막 시작한 수채화 2점이 있었지. 마침 목탄으로 노파의 얼굴을 데생하고 있는 참이었단다. 그는 새로운 색채론에 골머리앓고 있었어. 그 방식으로 성공하기에는 아직 새로운 팔레트를 사용하기 어렵고, 낡은 수법은 꼼짝못하게 그를 얽매고 있었지. 자기 작품을 내게 보여주기 싫어했어.

그럴수록 나는 어떻게든 꼭 보고 싶다고 말해주었지. 그래서 잠시 나와 함께 지내게 될지도 모르겠어. 그러면 우리 둘 다에게 도움될 거야.

여기 온 뒤로 르누아르의 맑고 선명한 데생을 자주 떠올려. 이곳의 밝은 풍경은 그의 그림 그대로란다.

바람이 심하게 부는구나. 요즈음 나흘에 사흘은 늘 해가 내리쬐어 밖에서 작업하기 힘들어.

여기서 멋진 초상화를 그려낼 듯한 기분이 들어. 이곳 사람들은 그림을 잘 모르지만 북 유럽 인보다 훨씬 예술적 특징있는 얼굴과 독자적 생활을 갖고 있지. 나는 고야와 벨라스케스의 그림과 똑같은 아름다운 얼굴을 보았단다. 여자들은 검은 의상 속에 연분홍빛의 대비를 터득하고 있어. 그리고 차려입는 의복의 하양과 노랑과 분홍, 또 파랑과 노랑, 어느 것이나 예술적 가치가 드러나보이지. 쇠라는 분명 남자얼굴에 흥미를 가질 거야, 그 옷차림은 요즘 것일지라도.

이곳 사람들 초상화에 열중하게 될 것 같아. 하지만 그 모험을 나서기 전에 신경을 가라앉히고, 아틀리에로 사람을 모이게 할 설비를 갖추고 싶어. 그런 다음 나의 대략적인 계획을 말하면, 몸이 건강해져 이곳에 익숙해지는 데 1년 걸리고, 안정적으로 자리잡기 위해 100프랑이 필요해. 만일 첫해——올해——에 집을 위해 100프랑, 생활비로 100프랑 사용한다면 그림그리는 데 쓸 돈이 전혀 없어.

하지만 올해 끝무렵에는 벌이가 생겨 집도 건강도 좀더 나아지게 하고 싶구나. 그 동안의 내 일과는 날마다 데생하고, 한 달에 2, 3점 유화를 그리는 거지. 새로운 집에서는 담요도 옷도 구두도 모두 새것으로 바꾸고 싶어.

1년 뒤 나는 몰라보게 달라져 있을 거야. 제 집을 지니고, 안정과 건강을 되찾고 싶어.

게다가 여기서 기력이 다해 쓰러지는 일도 없겠지. 육체적으로 몽티셀리는 나보다 강건해. 만일 나에게 힘이 있다면 날마다 그처럼 살아갈 텐데. 술을 엄청나게 마시는 그가 알콜중독이 아니라 해도, 나는 그와 맞서 싸울 수 없어.

파리를 떠날 때 나는 알콜 중독에 빠져들고 있었지. 그뒤 지독한 꼴을 당했어. 음주흡연을 그만두고 사색 대신 반성을 하니——우울해져 완전히 상심되고 말았지. 멋진 자연 속에서의 작업이 내 정신을 버티어주었지만, 그래도 그 노력이 한계에 이르면 힘이 빠져버렸어. 그런 까닭으로 전날 너에게 편지썼을 때, 구필 상회 일을 그만두면 기분은 시원하겠지만 다시 일어서는 데 고통이 따를 거라고 말했던 거야. 병 그 자체는 실제로 느끼지 못하니까.

가엾은 내 동생, 우리의 우울증은 너무도 예술적인 우리 삶의 방식에서 유래하므로 숙명적인 유산이며, 현대 문명사회에서 인간은 대대로 약해져만 간단다. 누이동생 빌레미나를 예로 들면 그녀는 술을 마시지 않고 다른 재미도 취미도 없는데, 너도 아는 그 초상화의 눈초리는 흡사 광녀(狂女) 같지. 우리 성격의 진실된 모습을 지그시 응시하면 이미 오래 전부터 이어져내려온 우울증에 고통받는 인간의 하나임을 그것은 충분히 증명해 주고 있는 게 아닐까.

맛있는 것을 먹고, 쾌적한 생활을 하며, 여자와 접촉하지 않고, 실제로 갖고 있는 신경병증이야 어떻든 흡사 뇌의 병이며 척수병(脊髓病)이라도 걸린 듯, 한 마디로 말해 바른생활을 절대적으로 지켜나가야 한다——고 그뤼비[*1]가 한 말은 참으로 옳단다.

뿔로 소를 교정하는 것도 나쁜 방법은 아니야.

드가가 이런 방식으로 성공했지.

[*1] 파리의 나이든 의사. 예전에 하이네도 그의 진찰을 받은 적 있었다.

너도 나와 마찬가지로 괴로울 거야. 멋진 낙천가이며 쾌활한 사람들의 현명한 말에 귀기울이기는커녕 결국 자존심의 위안만으로는 아무 도움도 안되잖니.

하지만 우리가 생명을 다 바쳐 일하고 싶다면, 건강한 몸으로 주의깊게 살아나가야만 해. 시원한 물과 공기를 마시고, 맛있는 간소한 요리를 먹으며, 깨끗한 옷을 입고, 깊은 잠을 자며 걱정을 않는 것이지. 그리고 여자에게 빠져선 안돼. 실제생활에서 욕망을 이겨내는 절도를 지녀야 한단다.

나는 오랜 기간 살아갈 방도가 마련되기 전에는 새로운 아틀리에에 머물지 않을 거야.

빈센트

고흐가 테오에게 482
1888년 5월5일

사랑하는 테오

더 할 말이 있어 편지를 쓴다. 잘 생각해 보니, 돗자리와 이불을 구해 아틀리에 바닥에 간단한 잠자리를 만드는 방법이 가장 좋은 것 같아. 여름에는 꽤 더울 테니 그것으로 충분할 거야. 겨울이 되면 침대를 들일 필요가 있을지 알게 되겠지. 네 집의 침대는 네 벗이며 대화상대가 되어줄 화가들이 와서 머물 때에 대비해 계속 갖고 있는 편이 여러 모로 좋을 거야. 케닝흐가 나가면 다른 사람이 오겠지. 그러니 침대를 그냥 두도록 해.

살 집만 구한다면 항구 마을 마르티그*1든 다른 장소든 더 좋은 곳에서 찾을 가능성이 충분히 있어. 다만 이 노란 집의 매력은 앞이 공원이라는 점이야. 하지만 수리하거나 가구를 들이는 일은 보류할게. 그것이 현명해. 여름에 콜레라라도 발생한다면 더욱 그렇지. 시골로 피난갈지도 모르니까. 이곳의 구시가지는 말도 못하게 지저분하거든.

그토록 소문이 자자한 아를 여인에 대해 내가 어떻게 생각하는지 이야기해 볼까? 그녀들은 참으로 매력적이야. 그렇지만 분명 옛날만큼은 아니지. 그리고 만테냐 풍이라기보다는 미냐르 풍에 가까워.*2 그녀들은 지금 쇠퇴기에 있어.

---

*1 Martigues. 아를과 마르세유 사이에 있는 항구.
*2 만테냐 풍은 견고한 조각 같은 몸매의 여인, 미냐르 풍은 통통한 미인상을 말한다.

그렇지만 아름다워, 매우 아름답단다. 지금 나는 로마적 특징의 타입만 이야기하고 있으므로, 얼마쯤 평범하고 진부하지. 하지만 예외도 많아. 프라고나르 그림 같은, 르누아르 그림 같은 여자들도 있어. 그리고 이미 그림으로 그려진 타입에 해당되지 않는 여자들도 있지.

되도록 다양한 관점에서 여자들과 아이들 초상을 그리는 게 으뜸일 거야. 다만 내가 할 일은 아니라는 생각이 들어. 나는 그에 적합한 벨아미[*1]적인 신사가 못되거든. 하지만 만일 이러한 남 프랑스의 벨아미――몽티셀리는 그렇지 않지만 그것을 준비한 사람이고, 나는 그럴 주제가 못된다고 여겨――가 등장하여, 그림세계의 모파상 풍 그 남자가 이곳의 아름다운 사람들과 사물을 왕성하게 그린다면 무척 기쁠 거야.

나는 이 일을 계속하며 후세에 남을 작품들을 그리게 되겠지. 그러나 풍경화의 모네 같은 존재, 과연 인물화가 가운데 누가 그런 경지에 오를 수 있을까? 하지만 너도 나처럼 그런 예감은 느낄 거야. 로랭? 그는 채색을 하지 않지. 그는 아니야. 미래의 화가는 아직까지 없었던 색채화가란다. 마네는 그 준비를 했지만, 너도 알듯 인상파 화가들이 이미 마네보다 더 강렬한 색채로 그렸지. 이 미래의 화가를――작은 호텔·레스토랑에 살고, 틀니를 몇 개나 해넣고 그림 그리며, 주아브 병사들이 다니는 유곽에 드나드는 나 같은 모습으로 상상할 수는 없어. 하지만 더 뒷세대에는 그런 상황도 있을 수 있으며, 우리는 이런 방향에서 동요하지 않고 최선을 다해야 한다고 내가 느끼는 것은 옳은 일 같아.

기요맹에게, 러셀이 그를 집으로 초대하고 싶어하며 그의 그림을 1점 더 살 의향을 갖고 있음을 알려주렴. 오늘 나는 러셀에게 편지쓸 거야.

어제 맥나이트와 덴마크 인에게서 들은 이야기에 의하면, 마르세유 그림가게 진열창에 괜찮은 작품이 하나도 없어서 그들 생각으로는 거기에서 아무것도 하고 있지 않는 것 같다더구나. 그것을 내 눈으로 직접 보고 싶지만, 지금은 흥분하면 안되니 신경이 안정된 다음에 가야겠어.

다른 데로 잘못 보내버린 편지에, 안드리스 봉허에 대한 이야기도 있었어. 어쩌면 그가 그렇게 말한 것도 현재 러시아 인들이 테아트르 리브르[*2] 등에서

---

*1 Bel-Ami. 모파상이 쓴 같은 이름 소설에 나오는 주인공의 별명. 연애를 무기로 사회에서 출세를 꿈꾸는 미남자.

*2 자유극장.

578 고흐 영혼의 편지

많은 성공을 거두고 있기 때문일지도 몰라. 그러나 프랑스 인들을 깎아내리기 위해 이 성공을 이용하려는 건 아니지 않을까?

나는 졸라의 《여인들의 행복백화점》을 다시 읽으며 얼마나 훌륭한 작품인지 새삼 느끼게 되었어.

레이드가 돌아와 있는 줄은 몰랐어. 나는 러셀에게 말했단다——그의 집에서 레이드를 소개한 건 나니까, 우리가 왜 싸웠는지에 대해 이야기해 둬야겠다고. 레이드는 야심가이며, 우리처럼 돈이 궁하므로 돈문제에 아주 민감하다는 것. 그건 신경계통의 지나친 흥분에 의한 무의식적인 행위이므로 이런 행위에 대해 그는 책임이 없고, 충분히 그럴 수 있다고 나는 생각한다는 점도. 그리고 그에게는 고상한 예술가보다 천박한 상인기질이 더 강하다는 점도. 이런 말을 레이드는 고맙게 여길 리 없겠지. 말투가 좀 과격했나? 분명 그 점에서 지금쯤 좀 나아져야 할 텐데 오히려 나빠지고 있구나.

러셀의 친구 맥나이트는 쌀쌀맞으며 인상도 좋지 않아. 이 두 사람이 나에게 반감을 갖는다면 나도 유감이야. 나는 맥나이트를 레이드보다 따뜻한 마음씨의 소유자라고 생각지는 않지만, 그에 대해 아무 말도 하지 않았어. 그가 자기만의 그림을 발견한다면 좋은 결실을 얻을 거야. 그렇게 되지 말라는 법도 없지. 그는 아직 젊으니까. 이제 27살일걸.

네가 원한다면, 아틀리에를 꾸미는 일은 아직 서두르지 않을게. 당분간은 이대로도 충분해. 아까 말한 대로 거기서 지내면 돈이 거의 들지 않아. 매달 절약되는 호텔비 30프랑으로 월세 15프랑을 내니까 엄청난 이득이지.

너와 케닝흐에게 악수를. 데생을 1점 더 완성했어.

너의 빈센트

고흐가 테오에게 483
1888년 5월5일 이후

사랑하는 테오

100프랑 동봉된 편지를 지금 받았어. 고맙구나. 브뤼셀에서 부친 50프랑이든, 앞서 보낸 편지도 틀림없이 받았단다.

그런데 내가 파리로 보낸 편지가 적어도 2통 있고, 네가 마음에 들어한 데생을 말아넣은 작은 꾸러미도 보냈는데, 케닝흐가 네 쪽으로 보내지 않은 모양이구나. 케닝흐가 엽서로, 앵데팡당 전 그림을 5일과 6일 사이에 받아가지 않으면 다른 보관창고로 옮겨진다고 알려왔어. 5월5일과 6일 이틀이라면 그가 받으러 갈 수도 있을 텐데. 좋은 남자인 듯하지만 네가 없어서 갈팡질팡하는 모양이야.

네가 드가의 작품을 1점 팔았다니, 좋은 소식이구나.

……중략……

노란집에서 이제부터 머물 예정이라, 돗자리와 짚이불과 담요를 오늘 살 생각이란다.

호텔 빚 40프랑을 치르면 그리 남는 게 없어. 그래도 비싸고 불편했던 이 호텔로부터 벗어났지. 그리고 내 집을 갖는 거야.

미스트랄이 무척 거세게 불어서 작은 데생을 12점쯤 그렸고, 보냈어. 지금은 멋진 날씨야. 큰 데생 2점, 작은 데생을 벌써 5점 그렸지. 오늘 브뤼셀로 이 작은 데생 5점을 보낼게. 작품넣을 나무상자를 찾아낸다면 큰 데생은 내일 보낼거야.

너는 모네의 아름다운 작품만 보고 있으니 내가 보내는 그림들이 볼품없게 여겨지겠지. 지금 나는 나 자신에게 불만스럽고 작품에도 만족 못하지만, 다음에는 좀더 좋은 그림을 그릴 수 있을 것 같아.

그리하여 미래에, 일본인이 일본에서 했던 것을 이 아름다운 땅에서 할 예술가가 나타날 거야. 그 선구자가 되는 것도 나쁘지 않지.

네가 편지에 쓴 곳은 라파르트와 자주 산책하던 곳이야. 스카르베크 공회당의 둥근 기둥보다 좀더 앞쪽의 마을 변두리와 들판인데, 분명 요사팟 계곡이라고 불렀던 듯한 그 장소가 떠올라. 포플러 나무가 심어져 있으며, 풍경화가블랑제가 훌륭하게 그려놓았지. 가로수길에서 본 식물원의 석양이 떠오르는구나.

나무상자 속에 케닝흐에게 줄 갈대가 잔뜩 들어 있어. 앞으로 내 주소는 라마르틴 광장 2번지야.

아마도——분명——네가 파리로 돌아갈 때는 봄이 되어 있겠지. 참으로 안타까운 이야기야.

호텔 생활을 해서는 작업이 진척되지 않아. 이렇듯 한 해가 지나면 가구며 그밖의 물건들이 갖추어지겠지……내 것으로. 남 프랑스에 몇 달만 머물면 쓸모없겠지만, 기간이 길어지면 문제가 전혀 달라져.

이곳의 자연을 좋아하는 건 앞으로도 바뀌지 않을 거야. 마치 일본화처럼, 한 번 좋아하게 되면 결코 질리지 않지. 악수.

너의 빈센트

고흐가 테오에게 485
1888년 5월10일

사랑하는 테오

모든 지불을 끝냈어. 내 소지품을 돌려받기 위한 지불이라고 영수증에 씌어지고, 지나치게 청구된 계산서는 재판관에게 맡겨진다는구나.

그만한 금액을 치러 돈이 얼마 남지 않았어. 집에서 먹을 커피 조금과 고형수프, 의자 두 개와 책상을 샀을 뿐이야. 겨우 15프랑 남았단다. 부디 돈을 더 보내다오. 파리로 돌아가기 전에 부탁해.

정말 난처했었지——이 복잡한 일들은 작업을 심하게 방해했고, 더욱이 날씨가 무척 좋았거든. 이 아틀리에를 좀더 빨리 빌리지 않았던 게 아쉬워. 그만큼 많이 빼앗긴 돈으로 지금쯤 가구를 갖출 수 있었을 텐데. 그래도 이로써 불행에게 공물을 바친 셈이야. 그러는 편이 여행의 끝에서 빼앗기는 것보다 낫다고 생각해.

머지않아 새로운 캔버스를 몇 점 이젤 위에 올려놓을 생각이야. 내 작품은 포장해 놓았으니 오늘 보내마.

참을성있게 작업하고, 더구나 자신의 이익을 싫은 녀석에게 가로채이면 실망하게 되지. 앞으로는 그런 일이 없도록 하자꾸나.

이곳을 영원히 계속될 아틀리에로 만들고 싶어. 그러기 위해 필요하다면 화가를 한 사람 더 들여도 좋아.

여기에서 외지인은 돈을 착취당해. 이곳 사람들은 무엇이든 빼앗는 것을 의무처럼 생각하고 있어. 맥나이트처럼 시골 한가운데 살면 경비가 그리 들지 않겠지만 지루할 거야. 이제까지 거의 작업을 못하고 있어. 그러니 비용이 들어도 작업을 많이 하고, 어쩔 수 없을 때는 돈을 쏟아부을 수밖에 없지.

보낸 그림들 가운데 좋은 게 있으면 내가 너에게 진 빚에서 빼주렴. 이 방법으로 언젠가 1만 프랑이 되면 나도 얼마쯤 마음이 편해질 거야. 이제까지 쓴 돈은 적어도 똑같은 가치를 지니고 우리 수중으로 되돌아와야 해. 아직 먼 이야기이지만.

이 자연 속에는 좋은 작품을 그리기에 필요한 요소가 갖춰져 있다는 생각이 들어. 만일 성공하지 못한다면 그건 내 책임이야. 마우베는 한 달에 수채화를 6천 프랑어치나 팔았다고 언젠가 말했었지. 그런 행운의 기회도 있으니 지금의 고난으로 성공이 실현될 듯한 기분이 들어.

너에게 보낸 것 가운데 거친 캔버스 천에 그린 붉은 과수원과 가로로 긴 하얀 과수원, 그리고 다리 그림이 있어. 만일 이 그림들을 간직해 둔다면 미래에 값이 나갈 거야. 이만큼 잘 그려진 그림이 50점 있다면, 보답받지 못한 과거의 보충이 될 테지. 이 그림 3점을 팔지 않고 너의 수집품으로 보존해 다오. 미래에는 그 그림 하나하나가 5백 프랑은 될 거야.

만일 이러한 작품이 50점쯤 된다면 나는 좀더 마음놓고 살 수 있겠지. 그럼, 빨리 편지보내주렴.

너의 빈센트

고흐가 테오에게 487
1888년 5월 10일 이후

사랑하는 테오

타르타랭 이야기에서 아랍 유대인이 '재판관님'이라 부르는 신사를 만나고 왔다는 말을 전하고 싶구나. 12프랑만 되찾았어. 내가 숙박비를 그럴 마음도 있었는데도 짐가방을 빼앗은 건 부당하다고, 호텔 주인이 질책받았단다. 만일 그의 주장이 통했다면 내가 숙박비를 치르지 못했고 지불할 마음없어 어쩔 수 없이 짐가방을 빼앗았다는 말을 하고 다녔을 테니, 나로서는 다행스러운 일이야. 그런데 지금 호텔 주인과 함께 그곳을 나왔는데, 도중에 화내기는 했지만 적어도 나를 모욕하려 하지는 않았어.

하지만 분명 그가 생각한 대로였겠지──그의 싸구려 호텔에 질려 내가 더 머물 마음이 없는 걸 알고, 지금 내가 있는 곳에 소문을 뿌린 거야. 돈을 얼마쯤 되돌려받긴 했지만, 어쩌면 손해배상으로 더 요구해야 했을지도 모르겠구나. 이곳에서 처음 만난 남자의 괴롭힘을 내버려둔다면 앞으로 호되게 당하겠지. 1프랑으로 식사할 수 있는 더 나은 음식점을 찾아냈어.

요즘 건강이 점점 좋아지고 있단다.

지금 습작이 2점 있어. 1점은 데생으로 이미 너도 아는 그림── 밀밭 사이 넓은 길 옆의 농가를 그렸지. 다른 1점은 짙은 노란색 미나리아재비가 가득 핀 들판 그림이야. 보라색 꽃에 초록 잎사귀가 달린 붓꽃이 있는 도랑으로, 배경에 마을과 잿빛 버드나무와 푸른 하늘을 그렸단다.

▲밀밭 사이 길 옆 농가

▲노란 미나리아재비 가득 핀 들판

들판의 풀을 아직 베지 않았다면 이 습작을 다시 그리고 싶어. 참으로 아름다워서 구도를 결정하기 어려웠지. 노랑과 보라 꽃이 활짝 핀 들판으로 둘러싸인 작은 마을──일본의 꿈 그대로야.

화물편으로 보낸 짐 운송료를 물어보니, 파리역 보관료가 7프랑이더구나. 돈이 없어 못주었는데, 그 금액보다 더 청구되면 내게 알려다오. 나무상자 번호는 VV&W1042.

어제도 오늘도 미스트랄이 불고 있어. 테르스티흐가 파리로 오기 전에 내 작품이 도착하면 좋겠구나.

악수, 빨리 편지보내주렴.

　　　　　　　　　　　　　　　　너의 빈센트

　　　　　　　　　　　고흐가 테오에게　489
　　　　　　　　　　　1888년 5월20일 무렵

사랑하는 테오

네가 그뤼비 의사를 만나고 왔다는 소식은 충격이었어. 그래도 거기에 다녀왔다니 안심이야. 너는 생각한 적 있니? 무기력──극도의 피로감에서 오는 이 증세는 심장병에서 올 수 있다는 것, 이 경우 아이오딘화칼륨*¹은 이러한 무기력 상태와 무관하다는 것 등을. 기억하니, 올겨울 나는 그림 몇 점 그리는 일 말고는 아무것도 할 수 없는 무기력 상태였었지. 그때 아이오딘화칼륨을 복용하고 있지는 않았어.

내가 너라면 리베 의사와 상담해 볼 거야. 그뤼비 의사가 너에게 그것을 처방하지 않았다면 말이야. 어쨌든 너로서는 두 의사 모두와 사이좋게 지내는 게 좋다고 생각해.

요즘 자주 그뤼비 의사를 생각해. 나는 지금 컨디션이 좋아. 이곳의 맑은 공기와 따뜻한 날씨 덕분에 회복되었지. 리베 의사는 파리의 온갖 번잡함과 나쁜 공기 속에서 사물을 있는 그대로 받아들이며 천국을 창조하려 하지 않고, 우리를 완벽하게 만들려고도 하지 않아. 그는 질병에 대한 저항력을 키우고 우리 기력을 유지시켜 사람들이 병을 겁내지 않도록 해주지.

네가 1년만이라도 시골에서 자연과 더불어 산다면, 그뤼비 의사의 치료효과가 더욱 좋아질 거야. 또 그는 너에게 어쩔 수 없을 때 말고는 여자관계를 되도록 피하라고 권했겠지. 그 점에서 나는 바람직하게 잘 살고 있어. 여기에는 일도 있고 자연도 있기 때문인데, 만일 그것들이 없다면 우울해져버릴 거야. 그곳에서의 네 일이 좀더 매력적이라면, 인상파 작품이 잘 팔린다면 상황이 한결 좋아질 텐데. 고독, 걱정거리, 초조함, 충분히 채워지지 않는 우정과 공감의 결핍──이런 것들은 정말 좋지 않아. 슬픔이나 실망 같은 정신적 충격은 방탕보다 더 우리를, 동요하기 쉬운 마음의 행복한 소유자인 우리를 좀먹으니까.

아이오딘화칼륨은 혈액과 순환계통 전체를 정화해 준다고 생각하는데, 너는 어떠니? 그것없이 괜찮겠어? 그것에 대해 솔직하게 리베 의사와 이야기해봐. 그는 진지하게 상담해줄 거야.

네덜란드 인보다 생기있고 따뜻한 누군가가 네 가까이에 있으면 좋겠구나. 케닝호는 몹시 잘 흥분하지만, 그래도 좋은 방향의 예외야. 누군가가 있다는 건 결국 언제나 좋은 일이란다. 그래도 역시 프랑스 인 친구가 몇 명 있으면 좋겠어.

---

*1 아이오딘과 칼륨의 화합물. 요오드칼리라고도 한다. 상업적으로 중요한 무기화합물이다. 의약품으로서 만성관절염, 만성 류머티즘, 신경통, 만성금속중독, 매독 등에 사용된다.

너에게 부탁할 일이 있어. 화요일에 파리로 떠나는 내 덴마크 인 친구가 작은 그림 2점을 너에게 가지고 갈 텐데, 대단한 건 아니지만 아스니에르의 부아시에르 백작부인*1에게 선물하고 싶구나. 그녀는 볼테르 거리에 살고 있어. 클리쉬 다리 끝에 있는 첫번째 집 2층이야. 1층에는 페뤼쇼 영감의 레스토랑이 있지. 그녀에게 내가 보내는 선물이라는 말과 함께 그 그림을 전해 줄래? 이번 봄에 다시 그녀를 방문할 생각이며, 여기에 와서도 그녀를 잊은 적 없다는 말도 전해줘. 작년에도 그녀와 딸*2에게 작은 그림을 2점 선물했어.

그녀들과 알고 지내서 나쁠 것 없을 거야. 무엇보다도 가문이 좋지. 그녀는 결코 젊지 않지만 백작부인이며 귀부인이야. 딸도 마찬가지지. 그 가족이 올해도 같은 곳에 살고 있는지 확신할 수 없으니 네가 가보는 게 좋겠어. 그녀들은 몇 해 전부터 그곳에 살았고, 페뤼쇼 영감이 시내 저택의 주소를 알 거야. 이건 어쩌면 내 상상일지도 모르지만 그런 생각이 들어. 찾아가면 아마 그녀들은 기뻐할 테고, 너도 그녀들과 알고 지내면 좋을 거야.

테오, 도르드레흐트에서 전시할*3 새로운 데생을 너에게 보낼 수 있도록 최선을 다할게.

이번 주에는 정물을 2점 그렸어.

푸른 에나멜 커피포트, 로얄블루와 금색 찻잔(왼쪽), 연한 하늘색과 흰색 바둑판무늬 밀크포트, 오른쪽의 회색띤 노란 도자기 접시 위에 놓인 파랑과 오렌지 색 무늬 들어간 흰색 찻잔, 빨강과 초록과 갈색 무늬 있는 파란 도자기인지 또는 마욜리카 항아리, 마지막으로 오렌지 2개와 레몬 3개. 테이블에는 푸른 울로 된 커버가 덮여 있고, 배경은 초록빛 도는 노란색. 그러니까 여섯 가지 파랑과 네다섯 가지의 노랑과 오렌지 색이야. 또 다른 정물화는 들꽃을 꽂은 마욜리카 항아리란다.

너의 편지와 50프랑 고맙다. 소포는 곧 도착할 거야. 다음에는 캔버스 틀을 빼고 그림만 말아서 급행열차편으로 보낼게.

너는 그 덴마크 인과 금방 친구가 될 거라고 생각해. 그는 대단한 그림을 그

---

*1 Comtesse de la Boissiere.
*2 카유보트가 1877년에 그린 《뜨개질하는 부아시에르 양》이라는 그림이 있다.
*3 네덜란드 동판화협회 위원회는 제2회 정기전에 테오의 협력을 구해 왔다. 이것은 고흐가 생각하는 도르드레흐트가 아닌 암스테르담에서 개최되었다.

▲정물

리지는 않지만, 머리좋고 친절하단다. 아마 그림그린 지 얼마 되지 않았을 거
야. 일요일에 시간내어 초대하도록 해.

나는 건강이 매우 좋아져서 혈액순환도 소화도 잘돼.

얼마 전에 배불리 먹을 수 있는 좋은 식당을 발견했어. 그 효과가 벌써 나타
나고 있단다.

입술을 엄하게 다물고 "여자는 안돼"라고 말할 때의 그뤼비 얼굴을 봤니?
그런 얼굴은 멋진 드가 그림이 될 거야. 그렇다고 불평할 수는 없어. 하루 종일
계산하고, 생각하고, 거래를 준비하고, 머리쓰며 일해야 한다면 머리가 터져버
릴 지경일 테니까. 지금은 밖으로 나가 상류사회 여성들과 만나는 게 좋아. 너
라면 잘 할 수 있을 거야, 정말로. 예술가나 그런 사람들은 그렇게 성공하리라
는 것을 언젠가 알게 되겠지. 게다가 너는 잃을 것도 많지 않으니까.

가구는 아직 결정하지 못했어. 침대를 하나 보았는데 생각보다 비싸더구나.
그리고 가구에 돈쓰기 전에 작업을 마무리하고 싶어. 숙박비*1는 하룻밤에 1
프랑이야. 그리고 속옷도 사고 물감도 샀어. 속옷은 아주 튼튼한 리넨 제품으
로 골랐지.

---

*1 5월1일에 빌린 '노란 집'에 9월17일부터 지낸다. 그때까지 지누 부부가 경영하는 카페 드 라
가르에 묵었다.

혈액순환이 좋아지면서 성공하고 싶다는 생각이 다시 돌아오고 있어. 네 병이 길게 이어졌던 이 혹독한 겨울에 대한 반응이라면 전혀 뜻밖의 일도 아니야. 내 경우도 마찬가지겠지. 되도록 봄공기를 마시고 일찍 잠자리에 들어야 해. 너는 수면이 필요하거든. 그 다음에는 신선한 야채를 많이 먹어야 하지. 질 나쁜 포도주나 술은 좋지 않아. 인내심을 최대한 발휘하여 여자관계는 자제해야 해.

바로 좋아지지 않더라도 걱정할 것 없어. 그뤼비 의사는 영양가있는 고기를 먹으라고 말하겠지. 나는 여기서 고기를 마음껏 먹을 수 없고, 그럴 필요도 없어. 요즘엔 머리가 멍해지는 증상이 사라져 기분전환 욕구도 느끼지 않고, 정욕이 치솟는 일도 없으며, 차분하게 오래 작업할 수 있어. 따분해 하지 않고 혼자 있을 수 있게 되었지. 좀 나이든 기분이지만, 외롭지는 않아.

다음 편지에서 네가 이제 괜찮다고 말해도 나는 믿지 않을 거야. 그건 어쩌면 더 진행된 다른 양상일지도 모르고, 회복에 시간걸리는 동안 얼마쯤 쇠약해질지도 몰라.

예술에 몰입하는 생활을 하다 보면 진정한 삶——이상적이지만 실현불가능한——에의 향수가 생겨나 그것이 가끔 불쑥불쑥 다시 불타오른단다. 그리고 예술에 완전히 몸을 던져 다시 시작하겠다는 의욕이 사라져버리는 일도 이따금 있지.

우리는 자신이 삯마차 끄는 말과 같은 상태임을 알고, 앞으로도 계속 거기에 묶여 있어야 한다는 것도 알아. 그러니 그런 건 이제 사양하겠어. 그보다는 태양과 개울이 있는 초원에서 자유로운 다른 말들과 함께 생식행위를 하며 사는 게 좋아. 그리고 심장병이 얼마쯤 거기에서 비롯된다 해도 그리 이상하지 않지. 우리는 이제 되돌아갈 수 없고 포기할 수도 없어. 바로 그 때문에 병에 걸렸으며, 이 병은 절대 낫지 않아. 정확한 치료방법도 없지.

누군가가 이것을 '죽음과 불멸의 충격을 받은 상태'라고 불렀단다. 우리가 끌고 있는 삯마차는 우리가 모르는 다른 사람들에게 도움될 거야. 그러니 우리가 새로운 예술과 미래의 예술가를 믿는다면, 우리의 예감은 우리를 기만하지 않을 거란다.

코로가 죽기 며칠 전 "어젯밤 꿈에서 하늘이 온통 장밋빛인 풍경을 보았다"고 말했는데, 인상파 풍경에는 장밋빛 하늘뿐 아니라 노랑과 초록 하늘도 등장했잖니? 무슨 말인가 하면, 우리는 미래에 존재하는 그 무엇을 느끼고 그것이 실현되기도 한다는 거야.

우리는 죽음이 바로 눈 앞에 있는 건 아닌 줄 알면서도, 그것이 우리 존재보다 훨씬 크고 우리 삶보다 훨씬 영속적인 것임을 느끼지. 우리는 자신의 죽음을 알지 못하지만, 자신이 예술가라는 바퀴의 고리 가운데 하나인 보잘것없는 존재이므로, 봄의 행락에 나서는 사람들을 태운 마차 끄는 말처럼 건강과 젊음과 자유라는 혹독한 대가를 치러도 자신은 결코 누리지 못하는 그런 현실을 느낀단다.

너도 나도 어떻게든 건강을 회복해야 해, 반드시. 드 샤반느의 《희망》은 그만큼 진실미가 있어. 미래에 태어날 예술은 분명 아주 아름답고 젊을 거야. 지금 우리가 그것을 위해 젊음을 희생한다 해도, 그로써 얻을 것은 고요한 마음의 경지일 뿐이지.

어리석은 말이겠지만, 나는 그렇게 느꼈어. 너도 나처럼 자신의 젊음이 연기처럼 사라져가는 것을 보고 괴로워하는 것 같구나. 그렇지만 젊음은 자신들이 이룩한 것 안에 다시 싹을 틔우고 모습을 드러내지. 잃는 것은 아무것도 없어. 일하는 힘이 또 다른 젊음이야. 그러니 좀더 진지하게 치료받도록 해. 우리에게는 건강이 꼭 필요하니까.

너에게 악수를, 그리고 케닝흐에게도.

영원한 너의 빈센트

고흐가 테오에게 490
1888년 5월20일 이후 ①

사랑하는 테오

〈랭트랑지장〉 신문을 읽다가 뒤랑 뤼엘 화랑에서 인상파 전람회가 있다는 예고를 보았어. 카유보트의 작품도 나온다던데, 나는 아직 한 번도 본 적 없단다. 그밖에도 뛰어난 작품이 있으면 가르쳐다오.

오늘 또 데생을 여러 점 보냈어. 그리고 2점을 추가했지. 바위많은 언덕 위에서 바라본 풍경이란다. 라 크로 쪽과 아를, 그리고 퐁비에유 쪽이 보여. 전경이 야성적이고 낭만적인 데 비해, 머나먼 원경인 드넓고 고요한 지평선은 알핀 산맥—타르타랭과 알파인 클럽 회원들이 등산했던 높기로 유명한 산—까지

▲몽마주르 언덕

흐릿하게 이어지고 있어. 이 대조가 매우 아름다워. 추가한, 이제 막 그려낸 데생 2점은 바위 위의 폐허 느낌을 너에게 줄 거야.

도르드레흐트에서 열리는 전람회를 위해 액자를 만들 필요가 있을까?—어리석은 짓이야. 출품하지 않아도 상관없단다. 베르나르와 고갱이 데생을 교환해줄 테고, 그 편이 더 낫지. 네덜란드 인에게는 넘기지 않겠어.

무리어 페테르센이라는 덴마크 인을 만났니? 데생을 2점 가져갈 거야. 그는 의학공부를 했지만, 학교생활에 낙담하고 친구들과 교수들에게 실망했나봐. 그는 아무 이야기도 않으려 하지만, '의사는 사람을 죽이니까'라는 말을 한 번 흘린 적 있어.

이곳에 왔을 때 그는 정신적으로 지쳐 있었는데, 시험으로 흥분했기 때문이라더구나. 언제부터 그림그리기 시작했는지 모르지만, 화가로서는 신통치 않아. 그래도 친구로는 좋지. 사람을 잘 분별하여 늘 정확하게 판단하거든.

그를 네 집에 머물게 해주겠니? 왠지 머리좋을 것 같지 않은 라코스테보다 아마도 나을 거라고 생각해. 지위낮은 형편없는 네덜란드 인들이 귀국해 터무니없는 말을 하더라도 너는 신경쓸 필요없어. 유감스럽게도 그림상인들이란 어차피 속물이란다. 하지만 그리 대단한 악(惡)도 아니지.

스웨덴 인*¹은 좋은 집안 출신이야. 그의 생활방식도 인간성도 착실하고 꼼꼼하여 로티의 소설 속 인물을 떠올리게 해. 태도는 냉담하지만 정이 많단다.

아직은 데생을 더 많이 그릴 생각이야.

벌써 제법 더워지고 있어, 참으로.

이 편지로 물감을 더 주문하고 싶구나. 그렇지만 네 사정으로 바로 보내줄 수 없다면 데생을 좀더 그릴 테니 결코 손해는 없어. 급한 것과 급하지 않은 것 두 가지로 주문을 나누어둘게.

언제나 쉬임없이 데생해야 해. 직접 붓으로 그리거나 펜 같은 다른 것으로 그리더라도 결코 충분하다고 할 수 없단다. 요즈음 중요한 부분을 과장하고 흔한 것은 일부러 희미하게 그려보고 있어.

도미에에 대한 책을 산 건 잘했어. 그의 석판화도 사들여 갖추면 완벽하지. 도미에의 작품은 머지않아 구하기 어려워질 거야.

네 건강은 어떠니? 그뤼비 의사를 또 만났어? 신경계통을 바로 치료해야 한다는 건 제쳐두고라도, 심장병을 좀 과장한다는 생각이 드는구나. 그의 처방으로 네가 몸조리하는 동안 그도 분명 눈치채겠지. 그뤼비 의사 곁에 있으면 너는 오래 살겠지만, 나이많은 그의 앞날은 그리 길지 않을걸. 틀림없이 가장 필요해질 때 이 세상에 없겠지.

이 세상만으로 신을 판단해서는 안된다는 생각이 점점 들어. 세상은 신이 실수한 시험작이야. 작가를 사랑한다면 실패한 습작도──비난하지 말고──입을 다물어야지. 그렇잖니? 그래도 좀더 좋은 작품을 요구할 권리는 있어. 같은 작가의 다른 작품도 볼 필요가 있거든. 이 세상은 제작자 스스로 무엇을 하는지 알 수 없어졌거나 또는 냉정함이 결여된 나쁜 시기에 생략해 만들어졌을 거야.

전설에 따르면, 신은 그가 지배하는 세상의 습작을 만드는 데 매우 고생했대. 이 전설은 진실을 이야기한다는 생각이 들어. 그러나 그 습작은 몇 가지 점에서 실패했다. 그래도 이러한 잘못은 거장만이 저지른단다. 아마 이게 가장 좋은 위안일걸. 그때부터 우리에게는 똑같은 창조자의 손으로부터 보답받을 권리가 생겼지. 그래서 그 뒤로 이 생활이 아무리 훌륭한 이유로 어떤 비평

---

*1 고흐는 가끔 덴마크 화가 무리어 페테르센의 국적을 실수로 잘못 말하곤 했다.

을 받더라도, 있는 그대로의 모습 아닌 다른 것으로 받아들일 여지가 없게 된 거야. 그리고 저 세상에서의 더욱 나은 생활을 바라는 일만이 우리에게 남겨졌지.

너와 케닝흐에게 악수를.

너의 빈센트

덧붙임 : 네 편지가 오면 고마울 거야. 그렇지 않으면 꽤 곤란해지겠지. 내일 쓸 만큼만 돈이 남았거든. 드디어 나무상자를 받았니? 그나저나 너무 느리구나. 마치 역에서 다음 역으로 나무상자를 옮기는 것만 같아. 정말 지독해!

고흐가 테오에게 493
1888년 5월20일 이후 ②

사랑하는 테오

테오, 나는 고갱을 생각하고 있어*¹ 그가 이곳에 오고 싶어한다면,*² 여비를 대주고 침대 두 개와 짚이불 두 개를 사야 해. 그는 뱃사람이니 요리를 직접 할 수 있을지도 몰라. 그러면 나 혼자 살던 금액으로 둘이 지낼 수 있겠지.

화가가 따로따로 혼자 살아가는 건 어리석다는 생각이 들어. 고립되어 있으면 언제나 손해보지. 고갱을 지금의 곤경에서 구하고 싶다는 네 희망에 대한 답이야. 브르타뉴의 고갱과 프로방스의 내 생활비를 모두 대기는 어렵지. 분배하는 편이 좋다고 생각한다면, 예를 들어 한 달에 250프랑이라고 네가 정해주면 내 작품 외에 달마다 고갱의 작품도 받으니 그 편이 낫지 않겠니?

다른 사람과 협조하는 건 내가 바라는 바야. 고갱에게 보낼 편지 초안을 써서 함께 넣었어. 네가 찬성한다면 다듬어 편지를 보내도록 하자. 먼저 이런 식

---

*1 자신의 천재성을 늦게 깨달아 파리의 주식중개인이라는 좋은 지위와 처자식을 버리고 그림의 열정에 몸을 내맡긴 고갱은 고흐와 비슷한 처지라고 할 수 있었다. 그러나 두 사람은 참으로 색달랐다. 고흐는 왜소하고 신경질적이며 충동적이고, 고갱은 몸집크고 열대의 햇볕에 그을렸으며 고생 흔적이 역력한 얼굴에 녹색 눈이 강렬한 빛을 내뿜었다.
*2 고갱은 그 무렵 브르타뉴의 퐁타벤에 있었는데, 숙박비가 밀려 테오에게 도움을 청했다. 전부터 고갱과 함께 살게 해달라고 끈질기게 부탁해온 형에게 테오는 이 소식을 전했다. 형의 외로움을 이해한 동생은 고갱에게서 형이 많은 것을 배울 수 있고, 아를의 기후가 그의 병에도 좋을 듯 여겨져 최선을 다해 그를 설득하겠다고 형에게 약속했다. 그 말에 고흐는 일단 고갱에게 편지쓰기로 마음먹는다.

아를(1888년 2월~1889년 5월) 591

으로 써보았어!*1

　아주 평범하고 사무적인 의미로 받아들여주기 바란다. 모두를 위해 가장 좋은 방법이니 거침없이 검토해 보자. 너는 자신의 명의로 장사하고 있는 게 아니니, 내 쪽에서 책임지는 편이 낫다고 생각지 않니? 그리하여 고갱은 내 동료가 되어 함께 지내게 될 거야.

　앞으로 얼마 동안은 바꾸기 힘든 나의 어려운 형편 때문에 마음 괴롭지만, 그에게 도움의 손길을 내밀고 싶다는 너의 간절한 바람을 이루어주고 싶구나. 우리로서 이보다 나은 제안은 할 수 없고, 다른 사람이라면 이만한 일도 불가능하지.

　나는 혼자서 이렇듯 많은 돈을 쓰고 있다는 게 괴로워. 이 상태를 해결하는 길은 돈많은 여인을 찾아내거나, 그림으로 친구와 결합하는 일 말고는 없어. 그런데 여인은 찾을 수 없지만 친구는 있지.

　만일 고갱이 이 제안을 마음에 들어한다면, 너무 기다리게 하며 애태우는 것도 좋지 않아.

　이것이 협동생활의 첫걸음이야. 베르나르도 남 프랑스로 오게 하여 동료로 삼자.

　네가 프랑스에서 인상파의 선두에 서 있는 모습을 떠올려보곤 해. 모두를 단결시키는 데 내가 알맞다면, 그들을 나보다 강하게 만들어 보이마. 다른 이들보다 많은 비용을 내는 게 나에게 얼마나 괴로운 일인지 너도 느끼리라 생각해. 너와 모두에게 좀더 유리한 방법을 찾아볼게. 하지만 잘 생각해 보렴. 좋은 동료들끼리라면 적은 돈으로 살 수 있지 않을까? 자기 집에서 생활하니까.

　앞으로 좀더 편해질 때가 올지도 모르지만, 기대하지는 않아. 우선 고갱을 도울 수 있어 정말 기쁘구나. 나는 요리며 여러 가지 일을 요령좋게 해내지 못하지만, 모두들 군대생활을 했으니 자취에 익숙하겠지.

　악수를 보낸다. 케닝흐에게 안부 전해다오. 케닝흐를 건강하게 만들어 너도 만족스럽지? 만일 네가 그를 받아주지 않았다면 결과는 달랐을 거야. 네가 그토록 추천했는데도 전람회장을 앗아버린 구필 상회 사람들과는 비교할 수 없지.

너의 빈센트

＊1　1888년 5월28일 '고흐가 고갱에게 보낸 편지 초안 494a' 참조.

덧붙임 : 테르스티흐는 파리에 도착했니? 여행하기 전에 잘 생각해 보렴. 너는 되도록 프랑스에 머무는 편이 좋지 않을까?

계획의 전제로서, 이 편지의 보충으로 고갱에게 이야기해 보마. 다만 이 일은 한 마디도 않고, 작업이야기만 해볼게.

고흐가 고갱에게 보낸 편지 초안 494a

1888년 5월28일

친애하는 고갱

그동안 당신 생각을 자주 했으나, 이제야 편지하는 건 내용없는 글을 쓰고 싶지 않아서였습니다.

러셀과의 교섭은 아직 순조롭지 못하지만 그래도 인상파 그림을, 기요맹과 베르나르의 그림을 사주었지요. 당신 시대가 오기를 고대합니다. 그 시절은 곧 오겠지만, 두 번이나 거절당한 나는 더 이상 설득할 수가 없었습니다. 하지만 장래에 대해서는 약속해 주었지요.

나는 이곳 아를에서 얼마 전 방 4개짜리 집을 한 채 빌렸습니다. 남 프랑스를 개척하고 싶은, 나처럼 작업에 몰두하며 보름에 한 번 유곽에 가고, 남는 시간에는 작업하며 시간을 알차게 쓰는 수도승 같은 생활을 감수할 화가를 찾으면 좋겠습니다.

나는 혼자 있는데, 이 고독이 좀 견디기 어렵습니다. 그래서 당신에게 솔직하게 말하려 몇 번이나 생각했습니다. 동생과 나는 당신 그림을 높이 평가하며, 당신 생활이 좀더 안정되기를 간절히 바라고 있습니다. 동생이 브르타뉴의 당신과 프로방스의 나에게 모두 돈을 보내기는 힘듭니다. 이곳에서 나와 공동생활하면 어떨까요? 우리가 함께 살면 둘이서 충분히 잘 해나갈 수 있으리라는 확신을 나는 갖고 있습니다.

일단 남 프랑스에 도전한 이상, 그것을 포기할 이유는 없지요. 이곳에 왔을 때 나는 건강이 나빴지만 지금은 회복되어 거의 1년 내내 야외에서 그림그리며 남 프랑스에 흠뻑 빠져 있습니다. 이곳에서 사는 비용이 많이 들지만, 그림으로 그 돈을 벌 기회도 많지 않겠습니까?

동생이 우리 두 사람 몫으로 한 달에 250프랑 보내준다면 이곳에 올 마음이 있습니까? 우리는 그 돈을 공동으로 사용하며, 되도록 집에서 식사해야겠

아를(1888년 2월~1889년 5월) 593

지요. 하루에 몇 시간 가정부를 고용하면 호텔비를 절약할 수 있습니다. 당신은 내 동생에게 다달이 그림을 1점 보내고 나머지 시간은 마음대로 써도 좋습니다. 우리 둘이서 마르세유에서 빨리 전시회를 열어, 우리뿐 아니라 다른 인상파 화가들에게도 길을 열어주고 싶습니다.

당신의 이사비용과 침대구입비는 그림을 팔아서 충당해야 합니다. 이 문제로 내 동생과 편지로 의견을 주고받는 건 당신 자유지만, 미리 말해두는데, 아마 그 책임은 지지 않을 겁니다. 당신만 원한다면, 실제적으로 당신을 돕기 위해 현재까지 찾은 유일한 방법이 이런 공동생활임을 수긍할 겁니다. 우리도 충분히 생각했습니다.

당신 건강에는 특히 안정이 필요합니다. 내 생각이 잘못되었거나, 남 프랑스의 더위가 너무 혹독하다면 다시 생각해봐야겠지요. 나에게는 이곳 풍토가 매우 쾌적합니다. 아직 할 말이 많지만, 이만 줄입니다. 최대한 빨리 우리 저마다에게 답장주기 바랍니다.

빈센트

고흐가 테오에게 496
1888년 5월28일 이후 ①

사랑하는 테오

월요일 아침 우편환으로 50프랑 받았어. 고마워. 하지만 아직 네 편지가 오지 않아 신경이 좀 쓰이네.

고갱의 편지를 받았는데, 네가 50프랑 동봉한 편지로 전해준 우리 계획에 감동하더구나. 고갱에게 쓴 내 편지는 너에게 먼저 보내두었으니, 고갱이 편지 쓸 때는 아직 분명한 내 제안은 모르고 있었던 셈이지.

그는 그런 일을 이미 경험한 적 있다고 했어. 친구 라발과 마르티니크 섬에 있을 때, 둘이서 사는 게 따로 사는 것보다 유리했다며 그 이점을 인정하고 찬성했지. 창자의 통증이 아직 계속 느껴져 무척 우울하다더구나.

인상파 작품을 다루는 그림상회를 위한 자본금 60만 프랑을 마련할 거라고 그 계획을 설명하며, 너를 사업지도자로 삼겠다는 말도 했어. 비록 그것이 일확천금을 꿈꾸는 망상이거나 곤궁함에서 보인 신기루일지라도, 막다른 골목에 몰리면—특히 병들었다면 더욱—믿고 싶어지겠지.

이러한 계획에 찬성하는 것으로 보아, 나는 그가 기다림에 지친 듯한 기분이 들어. 되도록 빨리 도와주는 게 좋겠지.

고갱의 말로는, 뱃사람들이 무거운 짐을 움직이거나 닻을 올릴 때 최대한의 힘을 내려고 함께 노래하고 서로 격려하며 움직임을 맞춘다는구나. 이것이 바로 예술가들에게 부족한 점이야! 고갱은 올 거라고 생각해. 호텔비며 여비며 치료비 등을 부담하는 일은 힘들고 성가시겠지.

만일 그가 이곳에 온다면 빚 대신 작품을 담보로 주되, 상대가 납득하지 못하면 작품도 두고 오지 않는 편이 좋아. 파리로 올 때 나도 똑같이 했었지. 큰 손해 보았지만, 그런 경우 달리 방법이 없고 의기소침하기보다는 앞으로 나아가는 편이 나아.

생트 마리에는 가지 못했어. 집 페인트칠이 끝나 그 비용을 치러야 했고, 꽤 많은 양의 캔버스 천도 사들였지. 보내준 50프랑 가운데 20프랑 남았고, 아직 화요일 아침이니 여행떠날 때는 아니야. 다음 주도 안될 거야.

무리어가 네 집에 머물고 있다니 기쁘구나.

오늘 혹시 고갱이 다시 일어서게 할 시도를 해볼 생각이라면, 그리고 파리에서 무언가 시작할 가망이 정말 있다면 그렇게 하도록 하렴. 하지만 적어도 1년은 이곳에 와 있는 편이 현명하다고 생각해. 통킹에서 병에 걸려 돌아온 사람이 여기서 깨끗이 나았단다.

데생 2, 3점과 새로운 유화습작 2, 3점을 완성했어.

타라스콩에 하루 가 있었는데, 운나쁘게도 그날 햇빛이 너무 강하고 먼지가 심해 빈손으로 돌아왔단다.

마르세유에 몽티셀리의 그림이 2점 있는데, 꽃그림은 250프랑이야. 그밖에 초상화가 있다는 말을 들었어. 러셀의 친구 맥나이트가 그 그림을 본 모양인데, 나도 보고 싶어.

재미있고 아름다운 그림소재를 나는 계속 찾고 있어. 비용이 늘지만, 남 프랑스에는 행운이 넘친단다.

카마르그 습지대 지방을 네가 본다면, 너무도 라위스달 풍인 모습에 나처럼 깜짝 놀랄 거야.

지금 새로운 소재의 그림을 그리기 시작했어. 끝없이 펼쳐진 초록과 황금빛 들판의 데생을 두 번 그린 다음 유화작업에 들어갔지. 렘브란트의 제자로 드넓은 평야만 그린 살로몬 코닝크의 그림과 꼭 닮은 풍경이야. 또는 미셸이나 J. 뒤프레와도 같지만, 장미정원과는 전혀 비슷하지 않아. 나는 프로방스의 일부분밖에 못보았지만, 모네의 그림 같은 자연도 있어.

고갱이 어떻게 할 생각인지 알고 싶구나. 전에 뒤랑 뤼엘에게 인상파 그림을 3만5천 프랑에 팔았던 모양이고, 너와도 같은 거래를 하고 싶다고 말했어.

그렇지만 건강을 해치면 무엇보다 난감하고, 정신질환을 앓게 될 수도 있지. 그러나 고갱이 가진 것 가운데 지금 가장 믿을 것은 유화이며, 그가 할 수 있는 좋은 돈벌이는 그림그리는 일뿐이야. 머지않아 너에게 편지보내겠지. 지난 주 토요일에 받은 편지에는 이미 답장했단다.

고갱의 빚과 여비를 대주는 건 너무 부담될 것 같구나. 러셀이 그림을 1점 사주면 좋겠지만, 집을 새로 짓는 중이라 어렵겠지. 그래도 편지는 보내볼게. 나도 무언가 주고 싶어서, 만일 고갱이 온다면 큰마음 먹고 우리의 작품교환을 부탁해 봐야겠어. 고갱에게 돈을 주는 대신 그의 그림을 시가로 산다면 손해보지 않을 건 분명해. 마르티니크에서 그린 그의 그림을 네가 모두 넘겨받으면 좋겠구나. 어떻든 최선을 다하자.

악수. 빨리 편지주렴.

너의 빈센트

덧붙임 : 살롱전에 있는, 로댕 부인 반신상은 대체 무엇일까? 작업하고 있던 러셀 부인 반신상이 아니었어.

무리어는 물탄 코냑을 마시면 학교선생님 같은 말투를 쓴단다.

고흐가 테오에게 497
1888년 5월28일 이후 ②

사랑하는 테오

네 편지가 아직 오지 않아 한 번 더 펜을 든다. 너는 분명 내가 생트 마리로 갔다고 생각하겠지.

집세를 내고, 창문과 현관문에 페인트칠하고, 캔버스 천을 사고 나니 빈털터리가 되었어. 며칠 빨리 돈을 보내주면 큰 도움 되겠구나.

밀밭풍경을 그리고 있는데, 하얀 과수원 그림과 비교해도 뒤떨어지지 않는 것 같아. 앵데팡당 전에 출품한 몽마르트르의 언덕풍경 2점과 비슷하지만, 구성이 좀더 치밀하고 정돈되었지. 그것과 다른 소재인 농가며 쌓인 짚더미 그림과 짝을 이루어주면 좋을 것 같아.

고갱의 생각을 알고 싶어. 이곳으로 오면 좋겠는데. 그런 앞일을 생각한들 아무 도움되지 않는다고 너는 말하겠지. 그렇지만 그림그릴 때 작업이 느리게 진행되더라도 미리 계산할 필요가 있단다. 고갱의 그림이 몇 점 팔린다 해도 형편이 나아질지 어떨지. 작업하려면 되도록 규칙적인 생활을 하고, 삶이 보장되는 단단한 기반이 필요해.

만일 그와 내가 여기 오래 머물게 된다면, 이곳 풍물을 깊이 연구해 더 개성적인 그림을 그릴 수 있게 될 거야. 남 프랑스를 그리기 시작했으니 이제 그 방침을 바꿀 수는 없어. 오히려 이곳 풍경에 더욱 깊이 들어가야 해.

작은 그림보다 큰 그림을 그리는 편이 사업면에서 성공할 확률이 크다는 생각이 들어. 그러니 캔버스 천의 길이를 늘려 30호를 그려보고 싶구나. 여기서는 30호 1매에 4프랑이지만 배송비를 생각하면 비싸지 않아.

요즘 그린 1점에 이전의 다른 모든 그림이 죽는 것 같아. 커피포트와 찻잔과 접시가 놓인, 파랑 옆의 노란 색 정물이야. 데생이 중요한 역할을 하고 있지. 언젠가 본 적 있는 세잔 작품이 무의식적으로 떠올랐단다——포르티에에게 있는 《추수》——그는 프로방스 풍광을 늘 강렬하게 표현하고 있어.

봄과는 완전히 다른 느낌이 되었어. 하지만 이제부터 벌써 타오르는 듯한 자연이 앞으로 점점 더 좋아진단다. 지금은 모든 게 고금색(古金色), 청동색, 황동색에 둘러싸인 듯한 느낌이야. 그것이 뜨겁게 달아오른 푸른 하늘의 녹색에 비쳐 아주 멋진 빛깔로 보여. 들라크루아 풍의 일정한 리듬이 깨지고 굉장히 조화롭지.

고갱이 동료가 된다면, 우리는 한 걸음 앞으로 나아가게 되겠지. 우리는 남 프랑스 개척자라는 지위에 있게 돼. 이에 대해 누구도 이의를 제기하지 못할 거야.

다른 그림을 말살해버리는 이 정물이 지니는 결정적인 색채에 이르러야만 해. 이전에 포르티에가 한 이야기가 떠오르는구나. 그가 가진 세잔의 그림은 그 작품 하나만 보면 예사롭지만, 다른 그림과 나란히 놓으면 그 그림의 색을 밀어내버린다고 했었지. 세잔의 작품에서는 황금색이 잘 다루어지고, 여러 단계의 그러데이션이 잘 표현된 모양이야. 그러니 아마도, 아마도 나는 작업이 궤도에 오르고 내 눈이 이곳 자연에 익숙해진 거겠지. 증명될 때까지 기다려보기로 하자.

요즘 그린 이 그림은 아틀리에 바닥의 빨간 벽돌에 둘러싸여도 충분히 떠받쳐진단다. 이 새빨간 벽돌 위에 두어도 그림의 색채가 칙칙하거나 희뿌옇게 보이지 않아.

세잔이 그림그리는 엑상프로방스 언저리 자연은 이곳과 마찬가지로 라 크로 지방이야. 만일 내가 캔버스를 들고 돌아오는 길에 '어라, 세잔과 똑같은 색조가 되었잖아'라는 생각을 하더라도, 그것은 세잔이 졸라와 마찬가지로 이곳 토박이여서 모조리 파악하고 있기 때문에 똑같은 색조를 잡아내기까지 내면적으로 똑같은 측정이 필요했기 때문이란다. 전혀 닮지 않았는데도 전체적으로 서로 통하는 게 있는 것도 마땅하지.

악수를 건넨다. 되도록 빨리 편지줘.

너의 빈센트

▲아를 언저리 지도

사랑하는 테오

가까스로 지중해 연안 생트 마리까지 와서 이 편지를 쓰고 있어. 지중해는 고등어 같은 빛깔로 끊임없이 변해 초록인지 보라인지, 늘 푸른지 어떤지 도무지 정하기 어렵고, 한순간 지나면 장밋빛이나 회색빛으로 반사되어버리지.

가족이란 묘한 존재야. 이곳에서 뱃사람인 요하네스 백부가 무의식적으로 자주 떠올랐단다. 분명 이곳 바다에서 이 언저리를 몇 번이고 보았겠지.

가져온 캔버스 천에 그림그렸어——바다풍경 2점과 마을풍경 1점, 그리고 내일 아를로 돌아가 너에게 우편으로 보낼 데생을. 날마다 4프랑으로 숙소에 머물고 식사하는데, 처음에는 6프랑 달라더구나.

습작을 몇 점 더 그리러 되도록 빨리 다시 오고 싶어. 이곳 바닷가는 모래밭으로 절벽도 바위도 없어——네덜란드와 비슷하지만, 더 파랗고 모래언덕은 더 작단다.

여기서 센 강가보다 더 맛있는 생선튀김을 먹었어. 하지만 어부들이 마르세유로 팔러 가기 때문에 생선이 늘 있는 건 아니야. 그래도 있을 때는 참 맛있지. 생선이 없는 날에는——제롬이 그린 이집트 인 정육점처럼 식욕을 자극하지 않으므로——이곳에서 먹을 것을 찾기 어려워.

이 마을의 집은 100채 남짓이야.

오래된 교회로 이어지는 주요건물인 고대 성채는 병영이 되어 있어. 그리고 집은 뭐라고

▲생트 마리 어촌

하면 좋을까, 마치 네덜란드 드렌터의 황무지며 이탄지대에 있을 법한 그런 집이야. 데생으로 그렸으니 봐줘. 5시간 동안 마차에 흔들려도 괜찮을 만큼 마르지 않아, 여기서 그린 습작 3점을 남기고 가야 해.

다시 이곳에 올 생각이란다.

다음 주는 타라스콩으로 가서 습작 2, 3점을 그리고 싶어.

만일 네가 아직 편지보내지 않았다면 아를로 부쳐주렴. 참으로 멋진 헌병이 심문하러 왔었단다. 그리고 사제도. 이곳 사람들은 그리 나쁘지 않은 듯싶구나. 사제도 솔직한 사나이 같았으니까.

다음 달은 해수욕 시기야. 20~50명쯤 되는 사람들이 해수욕하러 온단다.

▲《생트 마리 바다 풍경》(1888) 크릴러–밀러 미술관,
오텔로

▶작품에 모래알들이 보인다. 지중해의 모래바람이 심하게 불었거나, 모래 위에 붓을 떨어뜨렸기 때문인지도 모른다.

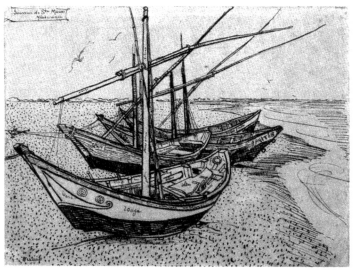

▲《생트 마리 바닷가 어선들》(1888)　개인 소장

▲《생트 마리 드 라 메르 풍경》(1888)　크뢸러−뮐러 미술관, 오텔로

내일 오후까지 이곳에 있을 거야. 아직 데생을 더 그리고 싶거든.

　밤에 아득히 넓은 바닷가 모래사장을 거닐었어. 즐겁지도 외롭지도 않았지만, 아름다웠단다. 짙고 푸른 하늘에 기본적인 코발트블루 빛 강렬한 파랑보다 더욱 짙은 파란 구름이 흩날리고 있었어. 그리고 좀더 밝은 푸르스름한 은하수 같은 것도 있었지. 파랑을 배경으로 별이 밝게 빛나며 초록빛을 띠다가 노란색으로, 희고, 어슴푸레 붉게, 우리 고향이며 파리보다 훨씬 보석처럼 빛나고 있었어. 마치 묘안석(猫眼石), 에메랄드, 유리, 루비, 사파이어 같았지.

　바다는 매우 깊은 울트라마린이고, 바닷가는 보랏빛띤 옅은 갈색 같았단다. 5m 높이 모래언덕 위 잡목숲은 프러시안블루였지. 2절지(二折紙) 크기의 데생, 그것과 짝을 이룰 커다란 데생을 완성했어.

　악수를 보낸다. 그럼, 가까운 시일 안에.

너의 빈센트

고흐가 베르나르에게　5
1888년 5월 끝무렵

친애하는 베르나르

　편지 고맙네. 자네 말대로 흑인 여인들은 부끄러움이 아주 많더군. 과연 뜬소문은 아닌가봐.

　나는 지금 책 한 권을 다 읽었다네. 마르키즈 제도에 관한 내용인데 재미있지도 썩 잘 쓴 글도 아니었어. 그렇지만 원주민 마을사람들을 모조리 죽인 이야기에는 몹시 가슴 아팠다네. 식인종이 한 달에 한 번, 한 사람씩 잡아먹었기 때문이라는데, 그게 어떻단 말인가!

　독실한 그리스도교 신자인 백인종이 이 야만행위——실제로는 그리 사나운 일도 아닌데——를 끝내기 위해 식인종에게 싸움걸어 적과 자기편 모두를 죽음으로 몰고 간 것은 지나치게 잔혹하지 않은가?

　그뒤 이 두 섬은 하나로 합쳐졌고, 섬 전체가 그들의 장례를 함께 치렀다고 하네.

　문신한 인종, 흑인과 인디언들은 잇따라 멸망하거나 타락해버렸지. 술병과 지갑과 매독을 가진 끔찍한 백인종들은 대체 언제쯤 만족한단 말인가. 위선과 욕망에 찬 비생산적이고 소름끼치는 백인종.

그와 달리 미개인들은 다정하고 애정이 넘쳐흘렀지.

아! 자네가 고갱을 생각해내주어 참으로 기쁘네. 그의 작품은 아름답고, 그 흑인여인들은 훌륭한 시이며, 비통하고 불가사의해. 참으로 잘 이해되지 않는 일이지만, 진정한 시인들처럼 그림이 팔리지 않아 곤란겪고 있겠지.

자네에게 더 빨리 소식을 전할 수 있었지만, 해야 할 일이 많아 무척 바빴어. 동생에게 습작을 보낸 일이 그 첫째 이유일세. 그리고 건강이 좋지 못했던 게 둘째. 셋째는 바깥은 노랑, 안은 하얀 회반죽으로 칠한 햇볕 잘 드는 방 4개 짜리 집을 빌렸기 때문이라네.

이렇듯 바쁜데 새로운 작품까지 시작했지 뭔가. 그러니 밤이 되면 완전히 지쳐 편지쓸 수 없었지. 그래서 답장이 늦어졌다네.

거리 여인들을 주제로 한 14행시는 좋은 부분도 있지만 마지막 부분이 좀 재미없더군. '숭고한 여인……'이란 대체 뭘 말하는 거지? 어쩌면 자네도 잘 모르는 게 아닌가? 그리고 이 부분에서 와닿는 느낌이 없어.

집합소에는 늙고 젊은 약탈품,
밤도 깊어 여인들은 그들을 집으로 데려가네.
우리 마을 여인들은 홀로 자는 습관을 지켰다오
낮부터 밤늦게까지 대여섯번이나……
이 육식 귀부인들 남편은
부인이 마중나와 집으로 나란히 돌아가지만
함께 잠자리에 들지는 않는다오.
지친 그녀들은 늘 혼자 잠들어 곯아떨어지오.

하지만 2~3행 고치면 괜찮을 것 같네.

자네는 지금 뭘 그리고 있는가? 나는 정물화를 2점 그렸네

……중략……

멀리 보이는 아를 풍경도 그렸지. 마을은 2, 3개의 지붕과 탑밖에 보이지 않아. 나머지는 무화과나무 그늘에 숨었어. 그 안쪽 위로는 푸른 하늘이 좁은 띠를 이루고 있어. 마을은 미나리아재비꽃이 온통 흐드러지게 피어 마치 노란 바다처럼 큰 초원을 이루었고, 이 초원은 바로 앞 보랏빛 붓꽃이 가득한 도랑으로 나뉘어져 있네. 그런데 내가 그리는 도중 풀이 베어져버렸어. 그래서 완성하지 못하고 습작으로 끝나고 말았다네. 그렇지만 참으로 멋진 소재 아닌

가? 보랏빛 붓꽃이 아롱진 노란 바다와 저 멀리 아름다운 여인이 살고 있는 멋진 마을.

답장을 서두르지 않았다면 데생을 1점 더 보낼 수 있었을 텐데. 몸조심하며 작품에 힘쓰게. 오늘 밤은 몹시 피곤하니 이만 쓰고 곧 다시 연락하겠네.

빈센트

덧붙임 : 지난번 자네의 마지막 편지 바로 전에 보내온 여인 초상화는 무척 아름다웠네. 내 주소는 아를, 라마르틴 광장 2번지일세.

고흐가 테오에게 500
1888년 6월5일 무렵

사랑하는 테오

친절한 편지와 동봉한 50프랑 고맙구나.

아무래도 고갱한테 편지써야겠어. 여행은 성가시고 귀찮아. 그에게 여행을 권했는데 나중에 그의 마음에 들지 않는다면 기분나쁘게 생각할지도 몰라. 오늘 그에게 편지쓴 다음, 그것을 너에게 보낼게.

이곳 바다를 본 지금, 남 프랑스에 머무는 일이 정말 중요하다고 통감해. 색채를 좀더 강렬하게 사용한다면 아프리카도 멀지 않은 듯 느껴져.

생트 마리 바닷가 데생을 함께 보내마. 출발하는 날 아침 일찍 배를 데생했지. 지금 그것을 30호 유화로 그리고 있는데, 오른편의 바다와 하늘을 더 늘렸단다.

배가 바다로 나가기 전이었어. 아침마다 보았지만 배가 너무 일찍 바다로 나가버려 그릴 시간이 없었지. 초가집 데생도 3점 있는데, 이건 아직 필요하니 나중에 보낼게. 초가집들은 좀 딱딱하지만 정성껏 그렸어. 바다그림이 마르는 대로 그 유화들을 말아서 보내마.

도르드레흐트의 그 뻔뻔스러운 바보들을 봤니? 그 거만함을 봤어? 아직 만난 적도 없는 드가와 피사로의 작품까지 탐내다니. 하지만 젊은이들이 열광하는 건 좋은 징조야. 아마 그 작품을 칭찬한 연장자들이 있었던 거겠지.

다른 곳보다 물가가 비싸도 남 프랑스에 머무는 이유는——모든 인상파 화가들이 일본그림을 좋아하고 그 영향을 받아——일본과 비슷한 남 프랑스에

가려고 하는 게 아닐까? 그러므로 미래의 예술은 결국 남 프랑스에 있다고 나는 생각해. 다만 두세 사람이 함께 살면 적은 비용으로 생활할 수 있으니 혼자 지내는 건 좋은 방법이 아니야.

네가 이곳을 잠시 다녀가면 좋을 텐데. 그러면 무슨 말인지 이해될 거야. 얼마 뒤 보는 눈이 바뀌어 더 일본적인 눈으로 보게 되고, 색채도 다르게 느껴지지. 여기에 오래 머물면 내 개성이 더 드러날 거라고 나는 확신해.

일본인들은 빠르게, 아주 빠르게 데생해. 그들의 신경이 섬세하고 감정이 소박하기 때문이야. 나는 여기 온 지 얼마 안되지만, 파리에 있었다면 한 시간 만에 배를 데생할 수 있었을까? 투시틀을 쓰지 않고 길이도 재지 않고 펜이 가는 대로 그렸지. 그러니 지출은 작품값으로 차츰 충당될 거라고 생각해.

프티 불바르의 진창에서 일년내내 우울해 하는 뛰어난 예술가들을 이곳으로 데려오기 위해 돈을 많이 벌고 싶구나. 알맞은 그림을 알맞은 곳에서 알맞은 사람에게 파는 건 다행히 아주 쉬운 일이야. 저 유명한 알베르[1]가 우리에게 비결을 전수해 준 뒤로 모든 문제는 거짓말처럼 사라졌어. 라 페 거리로 가기만 하면 돼――그 일을 위해 애호가들이 얼쩡거리는 곳이니까.

고갱이 여기 온다면, 베르나르가 병역으로 아프리카에 갈 때 둘이서 함께 따라갈 수 있을지도 몰라.

두 누이동생을 위해 어떻게 할지 결정했니?

앙케탱과 로트렉은 내 그림을 마음에 들어하지 않는 것 같아. 〈르뷔 앵데팡당〉 잡지에 앙케탱에 대한 글이 실렸다지? 일본취미가 두드러지기 시작한 새로운 경향의 인물로 그의 이름이 언급되었다더구나. 나는 읽지 않았어. 하지만 프티 불바르의 기수는 물론 쇠라이고, 일본양식에서는 앙케탱보다 베르나르가 훨씬 앞서 있단다. 내 배그림과 《랑글루아 다리》가 앙케탱의 마음에 들지도 모른다는 것을 그들에게 알려줘.

피사로의 말은 사실이야――색채의 조화와 부조화에 의한 효과를 대담하게 과장해야 해. 데생할 때도 마찬가지지――정확한 데생과 정확한 색채는 추구해야 할 본질이 아니야. 거울에 비치는 모습을 색채나 다른 어떤 것에 의해 그대로 정착시킨다 해도 그림과는 전혀 다르며 사진 이상의 것도 아니기 때문이

---

[1] 구필 상회 창립자 아돌프 구필의 아들. 매형인 화가 제롬과 북아프리카를 여행하다가 1884년 사망.

란다.

그럼, 또. 악수를.

너의 빈센트

고흐가 베르나르에게 6
1888년 6월6~11일

친애하는 벗 베르나르

전부터 해오던 내 생각이 점점 더 강해졌네. 현대회화는 고립된 개인의 힘을 뛰어넘어 그리스 조각가, 독일 음악가, 프랑스 소설가들이 도달한 수준에까지 이르러야만 한다는 것을. 그러려면 공통된 이상의 실현을 위해 모인 사람들에 의해 수행되어야 가능하네.

어떤 것은 훌륭한 색채구성력을 지녔지만 창의성이 없어. 어떤 그림은 호소하는 힘과 매력풍부한 참신한 착상을 충분히 갖추었으나 한정된 팔레트를 사용하는 소심함 때문에 색채가 마음껏 노래부르는 표현을 못하네.

그러한 불행의 큰 원인은 예술가들의 단결심이 부족해 서로 인정하지 않으며 비난하고 괴롭혀 어떻게든 끌어내리려 하기 때문이야.

이런 논의는 진부하다고 자네는 말하겠지―그렇다 해도 상관없어. 하지만 새로운 르네상스의 실현은 모두 이 사실에 달려 있으므로 당연히 진부하지 않다네.

다음으로 테크닉 문제인데, 다음 편지에서 자네 의견을 좀 들려주게.

화방에서 파는 그대로의 검정과 하양을 대담하게 팔레트에 짜서 그린다고 해보세. 일본풍의 단순화된 채색의 경우, 장밋빛 오솔길 있는 초록빛 공원에서 검은 옷 입은 신사―그의 직업은 치안판사로 〈랑트랭지장〉 신문을 읽고 있어―를 봤을 때 이 인물과 공원 위의 하늘이 단순한 코발트블루라면 이 치안판사를 평범하게 그냥 검게, 〈랑트랭지장〉 신문을 그냥 희게 그리네. 그러면 왜 안되는 건가?

일본인들은 재현의 추상화를 꾀하여 평면적인 색채를 나열해 형태를 독특한 선으로 표현하거든. 다른 종류의 예를 들면, 노을지는 노란 저녁하늘을 나타내는 색채의 모티브를 구성할 때 흰 벽의 하양과 하늘을 대조시켜 신비롭게 표현하지. 하늘 그 자체가 미묘한 라일락 빛 톤으로 벽을 채색하기 때문일세.

그리고 이 소박한 풍경 속에서 지붕까지 석회로 하얗게 칠해진 오두막이 오렌지 색 땅 위에 서 있는 모습을 상상해 봐. 남 프랑스의 하늘과 푸른 지중해는 그 파란색의 채도가 높아질수록 그만큼 강렬한 오렌지 색을 필요로 하기 때문이네. 문과 창의 검은색, 지붕 꼭대기의 작은 십자가——그 흑과 백의 대조는, 파랑과 오렌지의 대조와 마찬가지로 기분좋은 느낌을 주지.

더 즐거운 모티브로, 역시 파란 하늘과 오렌지 색 땅의 소박한 풍경 속에 검정과 하양 바둑판무늬 원피스를 입은 여성을 놓아보세. 상상해 보면 꽤 재미있는 광경이지. 아를 사람들은 이런 검정과 하양 바둑판무늬를 자주 입네. 검정과 하양도 색채라고 생각하면 되네. 많은 경우 검정과 하양은 색채로 인정해야 하고, 그 두 조합은 초록과 빨강의 대조처럼 자극적이지.

일본인들도 이 색채들을 사용하네. 그들은 어린 소녀의 생기없고 창백한 얼굴빛과 검은 머리칼의 날카로운 대조를 하얀 종이에 붓으로 그린 4개의 선묘로 놀랄 만큼 멋지게 표현해내지. 무수히 많은 하얀 꽃을 별처럼 총총히 박은 검은 가시떨기나무를 그린 그림도 있네.

드디어 나도 지중해를 보았네. 이 바다를 건너는 건 아마도 자네가 나보다 먼저겠지만.

생트 마리에서 일주일 지냈네. 승합마차를 타고 포도밭과 황야와 네덜란드

▲생트 마리 바닷가

같은 평지가 이어지는 카마르그 습지대*¹를 가로질렀지. 생트 마리에는 치마 부에와 지오토를 연상시키는 소녀들이 있다네——날씬하고 꼿꼿하며 어딘지 슬퍼보이는 신비로운 분위기를 지녔지. 평탄한 모래사장에는 초록, 빨강, 파랑 쪽배들이 있는데, 모양이며 색깔이 어찌나 예쁜지 꽃을 보는 듯했어. 한 사람씩 타는 그 배들은 바다에 잘 나가지 않아. 잔잔할 때 나가서 바람이 조금만 심해져도 그냥 돌아온다네.

고갱은 아직 건강이 좋지 않은 것 같네.

자네는 요즘 무슨 일을 하는지 궁금해. 나는 여전히 풍경화만 그리고 있네. 동봉한 배그림 스케치를 보게. 나도 아프리카에 가보고 싶어. 그러나 확실한 장래계획은 세울 수 없지. 사정에 따라 얼마든지 바뀌니까.

내가 알고 싶은 건 하늘의, 아주 강렬한 파랑의 효과일세. 프로망탱과 제롬은 남 프랑스 땅을 무채색으로 보고 있지——많은 사람이 그렇듯. 암, 그렇고말고, 건조한 모래를 집어들고 가까이에서 보면 말일세. 그런 식으로 관찰하면 물도 공기도 무채색이지. 노랑 또는 오렌지가 섞이지 않은 파랑은 없어. 그러니 파랑을 칠하려면 노랑도 오렌지도 칠해야 하네. 그렇잖은가? 진부한 말만 늘어놓는다고 자네가 생각할 것 같군.

마음 속에서 악수를.

빈센트

고흐가 테오에게 501
1888년 6월 중간무렵

사랑하는 테오.

지금 제프루아가 쓴 모네에 관한 기사를 읽었어. 참으로 좋은 내용이야. 이 전람회를 보러가고 싶구나! 만일 갈 수 없다 해도, 이곳 자연을 보고 있노라면 마침 수확시기라 다른 생각할 여유없이 충분히 위로받지.

베르나르의 편지를 받았어. 외로운 모양이지만 그림을 계속 그리고, 자신에 대한 새로운 시를 써서 얼마쯤 감동주는 농담을 하더구나. 스스로에게 '무엇을 위해 그리는가'라고 묻는다더군. 그림을 그리면서 자신에게 묻는 거야. 그림

---

*1 습지, 반염수호수, 론 강이 갈라질 때 생긴 미세한 진흙으로 만들어진 염원 등으로 이루어진 습지대. 프랑스 프로방스 알프코트다뤼르 주에 있다.

그리는 일이 가치없다는 말을 '그리면서' 하고 있지. 그리지 않으면서 말하는 것과는 전혀 의미가 달라. 그가 그린 그림을 꼭 보고 싶구나.

베르나르가 퐁타벤으로 가지 않았다면 고갱은 어떻게 했을지 궁금해. 서로 필요하리라 여겨 두 사람 주소를 양쪽에 미리 알려주었지.

뜨거운 햇볕 아래 밀밭에서 1주일 동안 긴장하며 바쁘게 작업했어. 그 결과 밀밭습작과 풍경과 씨뿌리는 농부 에스키스*¹가 완성되었어. 보라색 흙덩이를 갈아엎은 넓은 밭에서, 파랑과 하양이 섞인 농부가 지평선을 등지고 씨를 뿌리며 나아가고 있어. 지평선에 잘 익은 밀밭이 살짝 보인단다. 그 위에 노란 태양과 노란 하늘이 있지.

색조가 단순화되었다고 생각하니? 이 구도에서는 색의 역할이 중요해. 그런 까닭에 이 20호 에스키스는 무척 신경 쓰여. 딱딱한 느낌의 형편없는 그림으로 만들고 싶지 않지만, 이 소재는 꼭 그리고 싶어. 과연 내게 이 그림을 그려낼 힘이 있을지!

에스키스를 그대로 두고, 더 이상 생각지 말아야지. 씨뿌리는 사람을 그리는 작업은 전부터 내게 주어진 숙제였어. 그렇지만 오랜 동안 품어온 희망이 반드시 이루어진다고는 할 수 없어. 왠지 두렵구나. 밀레와 로트렉 이후에도 그림소재는 분명 있어. 그것은……커다란 캔버스에 색채로 그려지는 씨뿌리는 사람이란다.

이야기를 바꾸자. 겨우 모델을 찾았어. 알제리 병사로, 얼굴이 작고 소 같은 목과 호랑이 눈을 가진 청년이야. 애교있는 갈색 얼굴에 빨간 터키 모자를 쓰고 있단다. 초록색 문과 주황색 벽돌 벽에 붙여 앉혔지. 먼저 얼굴을 그린 다음 다른 부분을 시작했어. 뒤죽박죽된 거친 조합을 이루어 그리기 쉽지 않아 초상화는 매우 딱딱해지고 말았어. 파

*¹ 초벌 그림.

란 에나멜 냄비 같은 푸른 군복에 빛바랜 주홍색 장식끈이 달렸고, 가슴에 별이 2개 있단다. 흔해빠진 파랑은 그리기 힘들었어.

그렇지만 이런 통속적이고 억척스러운 초상화를 늘 그리고 싶구나. 공부가 되고, 그것이야말로 내가 바라는 일이거든. 두 번째 초상화는 하얀 벽 앞에 앉은 전신상이야.

요즘 〈피가로〉 신문에 실린 라파엘리가 그린 《거리》라는 데생을 보았니? 북적이는 클리쉬 광장을 그린 듯 활기넘치지. 〈피가로〉 신문은 카랑 다쉬가 그린 데생을 실은 적도 있었던 걸로 기억해.

지난번 편지에 쓰는 걸 잊었는데, '타세 영감이 보내온 물감을 받은 지 그럭저럭 15일쯤 되었어. 밀밭 습작과 《알제리 병사》에 적잖이 써버려 다시 보내줘야겠구나. 주문한 것의 절반이나 3분의 1만이라도 서둘러 보내다오.

밀밭습작 가운데 그 첫구상을 너에게 알려주었던, 30호에 그린 짚더미 그림이 있어.

이틀 동안 비가 엄청나게 내렸단다. 하루종일 계속 내려 밭모양이 바뀔 정도였어. 그 큰비는 마을사람들이 한창 밀을 수확하고 있을 때 느닷없이 쏟아졌지. 하지만 수확은 그대로 계속되어 대부분 끝났다는구나.

다음 주 금요일에 어느 수의사와 카마르그 습지대를 둘러볼 생각이야. 황소와 야생 흰말과 홍학이 있거든. 멋지리라 기대해.

캔버스 천은 전혀 급하지 않아.

고갱이 어쩔 생각인지 알고 싶구나. 그런데도 여기 오라고 권유하는 건—그만두자—그가 마음에 들어할지 어떨지 알 수 없으니까. 자신의 대가족을 생각해 용기내어 죽이 되든 밥이 되든 위험을 무릅쓰고 가장으로서 노력해보는 게 그의 의무 아닐까?

어쨌든 나는 예술가연합 때문에 한 인물을 망치고 싶지는 않아. 만일 그가 용기내어 그것을 할 생각이라면 당연한 일이고, 그곳에서 움직이지 않는다면 그의 생각을 바꾸게 하고 싶지도 않아. 아직 잘 모르지만 답장이 온다면 상황을 알 수 있겠지.

그럼, 바로 또 편지보내마. 악수를 건넨다. 신문 보내줘서 고마워. 너의 모네 전시회가 성공하기를.

빈센트

▲《추수하는 사람들》(1888)

덧붙임 : 탕기 영감은 어떻게 지내는지——요즘 만난 적 있니? 품질이 좀 나쁘더라도 너무 비싸지 않다면 그 화방에서 물감을 사보내주렴.

고흐가 베르나르에게 7
1888년 6월18일 무렵

친애하는 베르나르
휘갈겨쓴 글씨를 용서하게. 알아볼 수 없을까 걱정이지만, 빨리 답장보내고 싶었다네.
고갱과 자네와 내가 처음부터 같은 곳으로 가지 않았던 건 참으로 바보짓이었어. 그렇지만 고갱이 떠날 때 나는 출발할 수 있을지 확실치 못했고, 자네가 출발할 때는 그 무서운 돈문제가 있었지. 내가 이곳 생활비에 대해 쓴 나쁜 소식이 자네가 오는 것을 방해했네그려. 우리가 같은 시기에 아를에 함께 왔다면 좋았을 텐데. 셋이 모여 살며, 이곳 사정에 밝아져 얻는 바가 많았을 걸세.*¹

---

*1 고흐가 아를로 가기 얼마 전인 2월에 고갱은 브르타뉴 퐁타벤으로 떠났다. 그 뒤 베르나르는 브르타뉴로 가서 생 브리악에 머물다 고흐의 권유로 8월에 퐁타벤으로 떠난다.

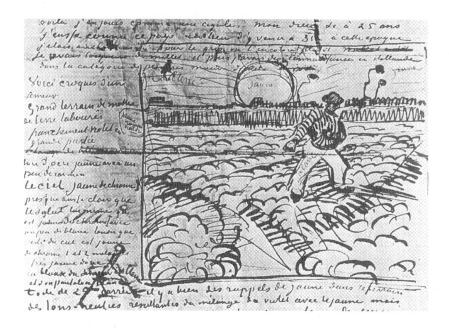

나는 북쪽에 있던 때보다 건강이 매우 좋아졌네. 한낮에 햇볕을 듬뿍 쬐며 그늘 하나 없는 보리밭에서 작업하며 매미처럼 즐기고 있어. 35살이 아닌 25살에 이곳을 알았더라면 좋았을 텐데! 그즈음 나는 회색이며 무채색에 빠져 늘 밀레를 꿈꾸고 있었지. 네덜란드에서는 마우베, 이스라엘스 같은 화가들과 알고 지냈다네.

여기에 씨뿌리는 사람 스케치가 있네. 갈아엎은 흙덩어리뿐인 넓은 경작지는 대부분 보라색이야. 열매맺힌 보리밭은 심홍색이 좀 섞인 황토색이지. 하늘은 태양만큼이나 밝은 크롬옐로이고, 태양은 흰색을 좀 섞은 크롬옐로 1번이네. 나머지 하늘부분은 크롬옐로 1번과 2번을 섞었어. 그래서 샛노랗지. 씨뿌리는 사람의 겉옷은 푸른색이고, 바지는 흰색이네. 25호 정사각형 캔버스에 그렸는데, 땅을 노란색으로 여러 번 되풀이 칠해 보라색과 노란색이 섞인 중간색이 되었지.

하지만 나는 색채가 실물과 똑같은지 아닌지는 그리 신경 쓰지 않네. 그보다는 옛달력에 있는 소박한 그림을 원하지. 우박, 눈, 비, 맑은 하늘이 아주 소박하게 표현된 시골의 옛달력 말일세, 그런 식으로 앙케탱은 그의 《수확》이라는 매우 멋진 작품을 완성했지. 나도 시골에서 자라 그곳이 싫지 않네——문득

and donc ferai je le ciel étoilé ce tableau
urs me préoccupe - hélas hélas c'est bien
it l'excellent copain Cyprien dans « en ménage » de
mans : les plus beaux tableaux sont ceux que l'on rêve
des pipes dans son lit mais qu'on ne fait pas. S'agit
de les attaquer quelqu'incompétent qu'on se sente vis à vis
perfections des splendeurs glorieuses de la nature.
me je voudrais voir l'étude que tu as fait au bordel
de reproches à n'en plus finir de ne pas encore avoir fait
oile de 30 carrée
en plein mistral. mon chevalet était fixé en terre avec
de fer procédé que je te recommande
ont les pieds du chevalet et puis on enfonce
piquet de fer long de 50 centimètres
on attache le tout avec des cordes
ainsi travailler dans le vent
ce que j'ai voulu dire pour le blanc et le noi
ns le Semeur le tableau est coupé en deux
itié est jaune, le haut, le bas est violet.
n le pantalon blanc repose l'oeil
e distrait au moment où le contraste simultané
if de jaune et de violet l'agacerait. Voilà
que j'ai voulu dire

떠오르는 옛기억, 이 무한함에의 동경은 이전과 마찬가지로 지금도 나를 매료시키는데, 그 상징이 바로 씨뿌리는 사람이며 보릿다발이라네.

그런데 나는 대체 언제 밤하늘을 그릴 수 있을려나? 늘 내 마음을 사로잡고 있는 그 그림! 위스망스의 소설 《결혼생활》에서 뛰어난 화가 시프리앙이 말하듯, 가장 아름다운 그림은 침대에서 파이프 담배를 피우며 '꿈에서나 그릴 뿐 실제로는 그리지 않는 그림'이라네. 그래도 역시 그런 그림에 도전해야만 하지. 자연의 완벽함, 눈부신 장려함을 눈 앞에 두고 무력감을 느낄지라도.

자네가 유곽에서 그린 습작을 꼭 보고 싶네. 이곳에서 아직 초상화를 못그리고 있는 나를 한심하게 생각해.

여기 다른 풍경화가 있네——일몰? 월출? 아무튼 여름날 저녁태양이지. 보랏빛 마을, 노란 별, 초록빛어린 파란 하늘. 보리는 빛바랜 금색, 은색, 초록빛 띤 금색 또는 빨간빛 띤 금색, 노란빛 띤 금색, 노란빛 띤 청동색, 빨간빛 띤 초록색 등 온갖 색조를 품고 있어. 30호 정사각형 캔버스야. 나는 이 그림을 미스트랄이 한창 불 때 그렸다네. 이젤을 쇠기둥으로 땅에 고정시켰는데, 자네도 이 방법을 써보게. ……중략……

하양과 검정에 대해 내가 말하고 싶었던 건——《씨뿌리는 사람》을 예로 들면 그림 위쪽의 노랑과 아래쪽의 보라 두 부분으로 나뉘어지며, 흰 바지가 노랑과 보라의 강렬한 대조로 눈이 피로해지는 것을 예방하며 쉬게 해주는——바로 그걸세.

이곳에서 주아브 연대의*¹ 밀리에 소위와 알게 되었네. 그에게 데생을 가르쳐주고 있지. 나의 원근법 범위 안에서. 그는 이제 막 시작했으며, 나는 이보다 형편없는 그림을 많이 보았네. 그는 배우려는 열의가 있어. 그는 통킹에도 다녀왔고, 10월에는 아프리카로 떠날 예정이야. 자네가 주아브 연대에 들어간다면, 자유롭게 그림그릴 수 있도록 그가 배려해 줄 걸세. 다만 그의 예술적 음모를 도와줄 마음이 자네에게 있다면 말이지. 이것이 자네에게 도움되는 제안일까? 되도록 빨리 의견을 말해주게.

열심히 작업하는 이유 중 하나는 그림이 돈이 되기 때문이네. 이런 이유를 자네는 산문적이라고 말하겠지. 사실로 인정하지 않으니까. 그렇지만 사실이야. 작업하지 않는 이유 중 하나는 캔버스와 물감이 비싸기 때문이네. 하지만

---

*1 프랑스의 알제리아 식민지군 보병연대.

데생은 값싸게 그릴 수 있지.

고갱도 퐁타벤에 싫증나 자네처럼 외로움을 한탄하고 있네. 만나러 가주지 않겠나! 다만 그가 거기에 계속 머물지는 모르겠네. 그는 파리로 갈 것 같아. 자네가 퐁타벤으로 오리라 기대했었다고 그는 말했지.

오, 우리 세 사람이 이곳에 함께 와 있었어야 했는데. 너무 멀다고 자네는 말하지만, 이곳에서는 겨울에도 작업할 수 있지. 그 때문에 나는 이곳이 좋아. 추위를 두려워하지 않아도 되거든. 추위는 혈액순환을 방해하며 생각이건 뭐건 사사건건 방해한다네. 자네도 군인이 되면 이 말을 이해하게 될 걸세.

자네의 우울증도 날아가버릴 거야. 우울증은 빈혈일 때도 피가 탁할 때도 자주 일어나지만, 자네 경우는 파리의 그 형편없는 저질 포도주와 비프스테이크의 질 나쁜 지방 때문이야.

나는 피가 전혀 순환되지 않는 지경까지 갔었어. 글자 그대로 피가 멈춰버린 듯했지. 이곳에 온 지 4주일 뒤 피가 다시 돌기 시작하더군. 친애하는 친구여, 바로 그 시기에 나는 자네와 똑같은 우울증 발작을 겪었다네. 그것을 곧 회복할 징조로서 기쁘게 받아들이지 않았다면 자네처럼 괴로워했겠지. 지금은 완전히 나았네.

그러니 파리로 돌아가지 말고 시골에서 계속 지내게. 자네에게는 아프리카로 가서 그 시련을 완전히 끝내버릴 만한 힘이 필요하니까. 그 전에 좋은 피를 늘려두는 게 좋아. 아프리카에서는 폭염 때문에 모든 일이 어려울 테니까.

그림 작업과 연애는 양립할 수 없는 성가신 일이라네. 화가의 수호신, 성 루카의 상징은 자네도 알다시피 소이지. 그러니 예술이라는 밭에서 일하는 자는 소처럼 끈기있어야 되네. 그렇지만 소는 지저분한 물감 속에서 일하지 않아도 되니 행운이지.

내가 말하고 싶은 건, 우울한 시기가 지나면 전보다 강해지고 건강도 되찾아 주위 자연이 참으로 아름다워 보이며 그림그리는 일 말고는 그 어떤 욕망도 느끼지 않게 된다는 걸세. 자네의 시도 그림과 같은 방향으로 바뀌어가겠지. 자네는 기발한 어부이니 이집트의 정적과 단순화도 낚게 되리라 여기네.

오, 사랑으로 보내는 나날은

얼마나 짧은가!

찰나보다 짧고,

꿈보다 조금 길 뿐.

시간은 두 사람에게서

사랑의 도취를 앗아가네.[1]

이것은 보들레르의 시가 아니네. 누구의 시인지 모르지만, 도데의 《나바브》에 나오는 상송 가사에서 발췌한 것이지. 진짜 귀부인이 어깨를 으쓱할 만하지 않은가?

얼마 전 로티의 《국화부인》을 읽었네. 이 책은 일본에 대한 흥미로운 지식을 알려주지. 내 동생은 지금 모네 전람회를 열고 있네. 나도 보러 가고 싶어. 모파상이 왔었는데, 앞으로 자주 몽마르트르 거리를 찾겠다고 말했다더군.

그럼그리러 가야 하니 이만 줄이겠네. 곧 다시 편지하겠네. 지난번 편지의 우편요금이 부족했던 일을 거듭 사과하네. 우체국에서 우표를 제대로 붙였는데, 이런 일이 일어난 건 이곳에 와서 처음이 아니라네. 잘 모를 때는 우체국에 요금을 묻지만 정확하게 가르쳐주지 않아. 자네는 이곳 사람들이 얼마나 덜렁대며 대충 일하는지 짐작도 못 할 걸세. 자네도 곧 아프리카에서 직접 모든 걸 확인하게 될 거야.

편지 고맙네. 더 여유 있을 때 곧 다시 편지하겠네.

빈센트

고흐가 테오에게 503
1888년 6월18일 이후 ①

사랑하는 테오.

나는 구제할 길 없는 멍청한 인간이라고 뼈저리게 느껴. 남 프랑스 인들의 칠칠치 못함을 비난할 자격이 없지. '르픽 거리 54번지'를 '라발 거리 54번지'라고 또 잘못 쓰고 말았단다. 반송된 편지는 봉투가 열려 있었으니 베르나르가 그린 유곽그림을 보고 우편배달부 눈이 호강했을 게 틀림없어. 편지를 그대로 다시 너에게 서둘러 보내마.

오늘 아침 탕기 영감에게서 주문한 물감 일부를 받았어. 코발트블루는 질이 너무 나쁘니 더 이상 필요없어. 그 화방에서 파는 크롬은 비교적 질 좋으니 앞

---

[1] Que l'heure est donc brève, Qu'on passe en aimant!, C'est moins qu'un instant, Un peu plus qu'un rêve. Le temps nous enlève Notre enchantement.

으로도 계속 주문하자. 카민 대신 어두운 꼭두서니색*¹이 왔어. 큰 문제는 아니지만, 그 가난한 화방에 카민이 없다니 난처하구나. 그의 탓이 아니야. 다음에는 탕기 영감이 갖고 있는 색을 주문하기로 하마.

어제와 오늘은 《씨뿌리는 사람》에 매달려 완전히 고쳐 그렸단다. 하늘은 노랑과 초록이고, 땅바닥은 보라와 주황으로 칠했어. 그 멋진 소재로 분명 이런 풍의 그림을 그려낼 수 있을 거야. 내가 하든 누군가 다른 사람이 하든, 언젠가 이루어지겠지.

다음이 문제야──들라크루아가 그린 《폭풍 속 그리스도》*²와 밀레가 그린 《씨뿌리는 사람》은 전혀 다른 요소로 이루어져 있어. 《폭풍 속 그리스도》는 파랑, 초록, 보라의 점묘와 후광에 빨강과 레몬옐로가 아주 조금 있는 습작을 가리키는데, 그 그림은 색 자체가 상징적인 말로 이야기를 건네온단다.

밀레의 《씨뿌리는 사람》은 회색으로 색채가 없어. 그리고 두 그림 다 유대교스럽지.

씨뿌리는 농부를 색채로 그릴 수는 없을까? 노랑과 보라의 대조로, 예를 들어 '들라크루아가 그린 아폴로 천장화*³의 노랑과 보라'처럼. 할 수 있을까, 없을까? 물론 할 수 있지. 그럼, 하자──음, 하고 마르탱 영감*⁴이 말했듯 '걸작을 만들어야만 해'.

자, 해보자. 몽티셀리의 추상적인 색채 속에 빠져버리면 몽티셀리 숭배로부터 헤어나오는 일이 매우 성가시고 어려워져. 몽유병자 같은 추상파가 되어도 좋은 그림을 그릴 수 있을까?

그래도 용기내자. 희망을 잃지 말자. 가까운 시일 안에 이 습작을 다른 그림과 함께 보낼 수 있을 거야. 론 강 풍경도 있어──《트랭크타유 다리》를 그렸는데 하늘과 강은 압생트 술빛깔, 강기슭은 라일락 빛이지. 검은 난간에 기댄 인물들이 있고 다리는 강렬한 파랑, 파란 배경 속에 생기있는 주황과 강렬한 비리디언 색조가 있단다. 아직 미완성 습작이지만, 가슴 아프더라도 무언가 그것에 어울리는 비통함을 표현하려 했어.

---

*1 꼭두서니 뿌리를 끓여 우려내 만든 물감. 보랏빛 띤 적황색.
*2 《게네사렛 호수 위의 그리스도》.
*3 루브르 박물관 소장.
*4 파리 그림상인.

▲론 강 철교

고갱에게서 아무 소식 없구나. 내일 네 편지가 오면 좋겠어. 편지쓰기 성가
실 텐데 미안해. 악수를 보낸다.

보내준 물감, 고마워. 그럼, 또 편지하마.

너의 빈센트

고흐가 테오에게 504
1888년 6월18일 이후 ②

사랑하는 테오

캔버스 천 두루마리 하나의 가격을 우연히 알게 되었어. 중간 정도로 거친
노란색 일반 캔버스 천 2m 너비의 0호——10m 길이 두루마리가 40프랑. 할인
가는 25퍼센트지만, 생산자에게서 사는 도맷값은 아마 33퍼센트 3분의 1쯤 될
거야.

이 기회에 타세 화방에서는 얼마에 파는지 알아보렴. 내가 지난번에 주문한
5m는 두루마리째 사는 편이 낫겠어. 요즘 캔버스 천을 사들였고 캔버스 틀도

준비해야 했으니, 만만치 않은 차액이야.

캔버스 틀은 집에 있으니 제쳐두고, 30호 캔버스 천——앞에 쓴 가격이라면
——이 1프랑50상팀도 안돼. 틀에 메워 완성된 캔버스는 4프랑이지. 틀은 1프랑
도 안되지만 1프랑이라 해도, 30호 캔버스에서 1프랑50상팀이나 그보다 많은
차액이 생겨나. 게다가 완성된 캔버스에 운송비가 더해지니 5프랑이나 되는
거야.

가능하면 타세 영감에게 완성된 캔버스 하나의 가격을 물어봐줘. 단가는
앞에 쓴 대로이니 비교할 수 있을 거야.

작은 데생들 가운데, 나무다리와 빨래터가 있고 맞은편에 마을이 보이는 그
림이 있던 걸 기억하니? 그것을 유화로 크게 그렸어. 너무 빨리 그린다고 모두
들 분명 생각하겠지. 걱정하지 않아도 돼. 자연으로부터 받는 감각적 진실이라
는 충동이 우리를 이끌어 그 충동의 세기가 그림그리고 있음을 느낄 수 없을
만큼 강렬하여 때로 붓끝이 서로 이어지며 마치 연설이나 편지글처럼 된다 해
도, 늘 그렇듯 빠르게 그
릴 수는 없으니까. 미래에
는 창작욕이 일지 않는 답
답한 날도 있을 거야. 쇠는
뜨거울 때 두드려야 하고,
단련된 쇠몽둥이는 옆으로
치워두면 돼.

전시할 만한 그림이 50
점의 절반에도 아직 이르
지 못했어. 올해 안에 모두
그려내고 싶구나. 서둘러
그려낸 그림이라는 혹평을
받으리라는 각오는 이미
되어 있단다.

이번 겨울 동안 이야기
했던 예술가조합에 대해서
는 의논을 삼가고 싶어. 그

▲빨래하는 여인들

것을 실현할 희망과 의지를 그만두려는 게 아니라, 진지하게 검토해야 하고 또한 이 문제로 돌아오기 위한 권리와 진지함을 남겨두어야 하니까.

만일 고갱이 함께 그림그리러 이곳에 올 마음 없다면, 그 지출을 메우기 위해 내 작업에 기댈 수밖에 없어. 이러한 예상은 조금도 놀랍지 않아. 건강이 허락되는 한 열심히 그릴 테고, 좋은 작품도 나오겠지.

틀에 메우지 않은 과수원 그림과 그 짝이 되는 점묘화는 제법 잘 어울려. 그밖의 다른 그림들 중에도 어울리는 그림이 있을 거야.

봄보다 한창 더울 때 비교적 편하게 작업할 수 있어. 며칠 안에 그림을 몇 점 말아서 보내마. 다른 그림도 되는 대로 보낼게.

징크화이트 주문을 2배로 늘리고 싶어. 마르는 데 시간이 걸리지만, 색을 섞기에 안성맞춤이거든.

이번 겨울 기요맹의 집에 갔을 때, 아틀리에는 물론 층계로부터 그 위 층계참까지 캔버스로 가득한 모습을 보고 기뻤단다. 그걸 본 뒤로 나는 야심을 품었지. 내가 그리는 모든 작품이 너와 내 고생의 결정을 나타내 보여주기를 바라.

밀밭은 꽃핀 과수원 경우처럼 좋은 기회를 주었어. 새로운 작업장은 수확하는 포도밭이야. 그 준비를 열심히 하고 있단다. 그 사이에 바다풍경을 2점 더 그리고 싶어. 과수원은 빨강과 하양을, 밀밭은 노랑을, 바다는 파랑을 표현해. 이제부터 초록을 좀 연구해 볼지도 모르겠어. 더구나 가을은 칠현금의 모든 음계를 연주하지.

고갱이 어쩔 생각인지 알고 싶어. 요컨대 그를 실망시키지 말아야 해. 그의 모든 계획이 틀어졌다는 생각밖에 들지 않아.

내 희망을 너에게 되풀이 말하면, 나 개인은 수많은 이들의 이익을 먼저 바라고, 혼자서 쓰는 비용을 누군가와 함께 이용하면 좋겠다고 생각해. 비뇽이든 고갱이든 베르나르든 누구라도 좋아. 그 협동생활로 옮아갈 준비는 되어 있단다. 뜻맞는 두 사람 또는 세 사람이라도 한 사람보다 더 많은 비용이 들지는 않아. 물감값도 마찬가지지.

완성된 작품이 그만큼 충분히 그려지는 건 셈에 넣지 않더라도, 너에게는 한 사람 대신 둘 또는 세 사람을 돌보는 기쁨이 있는 셈이야.

그것이 가까운 앞날일지 먼 미래일지 모르지만 그때까지 나도 건강하고 싶구나. 그림그리느라 모두 고생하고 있으니, 쉽사리 받아들이지 못하리라는 걸 마음에 새겨두기 바라. 그 노고는 나도 알고 있단다. 그래서 앞날의 일도 예측할 수 있지. 모두들 완전한 권리와 동시에 그림을 되도록 발전시킬 의무를 가지는 셈이야. 이것이 반드시 해야만 하는 일이란다.

나 혼자서는 대단한 일을 할 수 없어. 내 마음대로 작업할 때는 동료의 필요성을 느끼지 못하지. 그래서 물감을 많이 주문했고, 열심히 작업할 때만 삶의 보람을 느낀단다.

동료가 있으면 그 정도까지 할 필요는 없을지도 모르겠구나. 그보다 더 복잡한 일에 손대겠지.

고독하면 일시적 흥분을 추구하여 무모하게 행동해 버린단다. 그런 이유로 지난번에 산 캔버스 천은, 바로 며칠 전 거의 다 그려버렸어. 그림을 말아서 너에게 보낼 텐데, 틀에 메우지 못할 작품이 제법 많을지도 몰라.

이런 방식으로 올해 끝무렵까지, 피사로와 다른 이들에게 보여줄 작품이 50점 완성될 거야. 그리고 나머지 습작들은 참고자료가 되겠지. 잘 말려서 서랍이나 벽장에 넣어두면 자리를 차지하지 않아.

너와 네가 만나는 동료들에게 악수를 보낸다.

너의 빈센트

고흐가 베르나르에게 8
1888년 6월23일

친애하는 베르나르

자네가 성경을 읽는다니 기쁜 일이네. 처음부터 이 말을 꺼내는 건, 그동안 여러 번 권했지만 자네가 듣지 않았기 때문이라네. 모세며 성 루카 등의 인용들을 읽다보면 이런 생각이 들지──'그에게 부족한 건 오직 이것뿐이었는데, 이로써 그의 예술적 신경도 완벽해졌도다!' 그리스도를 연구하노라면 거기에 빠져버리네. 나는 수없이 피워대는 파이프 담배연기 때문에 가까스로 헤어나오지만.

성서, 그것은 바로 그리스도라네. 구약성서는 그 정점을 바라보고 있지.

성 바오로와 복음서의 네 저자는 이 거룩한 산의 다른 경사면을 차지하고 있어. 아! 얼마나 편협한 이야기인가! 자신들 말고는 모두 불순하다고 선언하는 이 유대인들만이 세상에 존재하는 셈이니. 저 강렬한 태양 아래 있는 다른 민족——이집트 인, 인도인, 에티오피아 인, 바빌로니아와 니네베 등의 종족은 왜 그토록 꼼꼼하게 기록된 연대기가 없을까? 어쨌든 그 연구는 훌륭하네. 그리고 결국 모든 것을 인정하는 건 하나도 인정하지 않는 것과 다름없지.

그러나 이 성서는 너무도 비통해서 비탄과 분노를 불러일으킨다네. 그 편협함과 전염성 짙은 광기에 화가 치밀어 마음의 고통마저 느껴지지. 하지만 그 성서가 딱딱한 껍질과 씁쓸한 과육 속에 핵처럼 품고 있는 위로——그것은 바로 그리스도라네.

내가 느끼는 그리스도의 모습을 그려낸 건 들라크루아와 렘브란트뿐일세. 밀레는 그리스도의 가르침을 그렸지. 다른 종교화는 실소를 자아내게 해——그림 아닌 종교적 관점에서 말이네. 이탈리아 르네상스 이전의 작품——보티첼리와 초기 플랑드르 파인 반 에이크, 독일의 크라나흐 등은 그리스 인들이며 벨라스케스 등 많은 자연주의자와 같은 이유로 내 흥미를 끌지 못하는 이교도들이네.

오직 그리스도만이——모든 철학자와 마법사 중에서——영원한 생명의 확실성을 긍정했네. 시간의 무한함을 인정하고, 죽음을 부정했으며, 마음의 평안과 헌신의 필요성과 존재가치를 근본적으로 이해시켰지. 모든 예술가를 뛰어넘는 이 위대한 예술가는, 우리 근대인의 신경질적이고 어리석은 두뇌에서 나온 무딘 악기며 조각이며 그림이며 책을 만들지 않고 감연히 살아 있는 인간들, 불멸의 인간들을 창조했다네. 이것은 중대한 일일세——진실이기 때문에.

이 위대한 예술가가 저술을 하지 않은 건, 그리스도교 문학 전체가 실로 분개해야만 할 일이네. 루카의 복음서와 바오로의 편지——딱딱하고 전투적인 표현형식으로 아주 솔직하게 씌어진——말고는 품격있는 작품이 그리 많지 않지. 이 위대한 예술가——그리스도——는 관념(감각)으로 책쓰는 일을 좋아하지 않았지만, 그 말씀들——특히 비유로 말씀하신 씨뿌리는 사람, 수확, 무화과나무 등——은 분명 마음에 들어.

또 그가 로마 건축물의 붕괴를 모욕적으로 예언한 '천지는 없어질지언정 내 말은 없어지지 아니하리라'고 단언한 그 말을 과연 누가 거짓이라고 할 수 있겠는가? 이 말씀들, 위대한 예언자가 종이에 남기지 않으신 그 말씀은 예술에 의해 도달할 수 있는 신의 힘 같은 것이지. 조물주의 위력 그 자체라네.

베르나르, 이러한 고찰은 우리를 아득히 먼, 예술의 한계를 뛰어넘는 높은 곳으로 우리를 이끌어올리네. 그리하여 생명을 창조하는 예술, 불멸의 생명이 될 예술을 엿보게 해주지. 이런 탐구는 회화와 관계있네. 화가의 수호성인——의사이고 화가이며 복음서 저자인 성 루카——은 상징으로서, 우리에게 희망을 품게 하는 황소밖에 갖고 있지 않네. 우리 자신의 실생활은 너무도 보잘것 없지. 우리 화가들은 '예술에 대한 사랑이 참된 사랑을 잃게 하는' 이 무자비한 행성에서 사실상 돈벌이가 거의 안되는 작업 때문에 미쳐버릴 듯한 멍에를 쓰고 근근이 살아가고 있네.

그러나 다른 수많은 혹성과 태양에도 그런 선과 형태와 색채가 있다고 생각하면 그것에 반대할 이유는 하나도 없으니 더 낫게 달라질 생활조건——애벌레에서 나비로, 땅벌레에서 딱정벌레로의 탈바꿈보다 어렵지도 신비롭지도 않은 어떤 현상에 의해 바뀌는 생활——속에서 그림그릴 가능성에 대해 어느 정도 안심감을 가질 자유는 남아 있는 셈이네. 이 화가=나비라는 존재는 수많은 별들 가운데 하나를 활동장소로 삼는데, 죽은 뒤 우리도 그 별에 이르지 못하리라는 법은 없지. 이 지상의 생활에서 도시와 마을을 나타내는 지도 위의 검은 점에 이르지 못하는 일은 없는 것처럼 말일세.

과학——과학적 추론——은 그것을 추구함으로써 훨씬 멀리까지 다다를 수 있는 수단처럼 생각되네. 이를테면 인간은 지구가 평탄하다고 생각했었지. 그건 확실해, 지금도 파리에서 아스니에르까지는 평탄하니까. 하지만 그것이 지구가 둥글다는 과학의 증명을 방해하지는 않네. 오늘날 거기에 이의를 제기하는 사람은 아무도 없지.

그런데도 사람들은 인생이란 평탄하게 탄생으로부터 죽음에 이르는 것이라고 믿는 경향이 있네. 그렇지만 인생 또한 둥글고, 현재 우리가 알고 있는 지구의 절반보다 그 면적과 포용력이 훨씬 클지도 모르지. 참으로 흥미로운 이 문제를 미래세대 사람들은 해명해 줄 걸세. 외람되지만 그때는 과학 자체도 생존 뒤의 절반에 관한 그리스도의 말씀과 얼마쯤 통하는 결론에 이를지 모르네. 어쨌든 우리는 현실생활에서의 화가이니, 숨쉬는 한 노력을 다할 수밖에.

오, 들라크루아의 《게네사렛 호수 위 그리스도의 배》는 참으로 아름다운 그림일세! 그리스도는——옅은 레몬 빛 후광을 등지고——깜짝 놀라는 제자들의 극적인 보라, 어두운 파랑, 혈홍색 반점 속에 빛을 발하며——액자 상단까지 치

솟아올라간 무시무시한 에메랄드그린 물결 위에 잠들어 있네. 얼마나 천재적인지!

자네를 위해 스케치 몇 점을 그려주고 싶네만, 요 며칠 어느 모델——주아브 병사——의 데생과 유화를 그리느라 바빠서 그럴 시간이 없네. 대신 편지쓰는 일은 휴식과 기분전환이 되지.

이번에 그린 건 참으로 형편없네. 걸터앉은 주아브 병사의 데생 1점, 흰 벽을 등진 주아브 병사의 유화 에스키스 1점, 마지막으로 초록색 문과 벽 일부를 이루는 오렌지 색 벽돌을 배경으로 한 그의 초상화라네. 너무 강렬해서 차마 봐줄 수 없어. 말하자면 너무 지나쳤지. 하지만 이로써 진짜 난관에 공격을 가했으니 앞으로의 길은 편해질지도 모르겠군.

내 인물화는 내 마음에도 들지 않네. 다른 사람 눈에는 더하겠지. 인물공부는 무엇보다도 어려워——벵자맹 콩스탕 씨에게서 배우는 것과는 다른 방법으로 그린다면 말일세.

자네 편지, 무척 반가웠네. 그 크로키[*1]는 아주 흥미로워. 정말 고맙네. 나도 곧 데생을 1점 보내겠네. 오늘 저녁은 너무 피곤해. 머리보다 눈이 지쳐버렸어.

드 샤반느의 《세례자 요한》을 기억하나? 참으로 훌륭한 작품이지. 그도 들라크루아처럼 마술사라고 생각하네. 자네가 복음서에서 찾아낸 세례자 요한에 관한 한 구절이 바로 자네가 그 그림에서 본 것이라네…… 사람들이 한 남자를 빙 둘러싸고 묻네. "당신은 그리스도입니까, 엘리야입니까?" 오늘날로 치면 인상파나 또는 탐구심 왕성한 그 대표자 한 사람에게 '발견했느냐'고 묻는 바로 그런 것이지.

내 동생은 지금 모네 전람회를 열고 있네. 2월부터 5월까지 앙티브에서 그린 유화 10점을 볼 수 있는데, 참으로 아름답다더군.

자네는 루터의 전기를 읽은 적 있나? 크라나흐도 뒤러도 홀바인도 그의 영향을 받았지. 그 인격은 중세의 환한 빛이네.

나도 자네처럼 태양왕은 좋아하지 않네——오히려 빛을 꺼버리는 듯한[*2] 이 루이 14세는——오, 이 메서디스트 교도 같은 솔로몬 왕 무리들은 정말 지긋지

---

*1 《유곽 풍경》. 암스테르담. 반 고흐 미술관 소장.
*2 "나는 고흐의 친구이지만 루터는 중세의 환한 빛, 루이 14세는 빛을 꺼버린다는 의견에는 찬성하기 어렵다"고 베르나르는 말했다.

굿해! 나는 그들을 좋아하지 않네. 솔로몬 왕은 위선자 이교도 같고, 다른 양식을 모방한 그 건축은 전혀 존경심이 들지 않아. 그가 쓴 책들도 형편없어, 이교도들이 더 나은 책을 남겼지.

군대생활에 대한 자네 생각이 어떤지 알려주기 바라네. 그 주아브 연대 소위에게 말해야 할지, 아프리카에 갈 건지? 무엇보다도 일단 좋은 피를 만들도록 노력하게. 빈혈이 있으면 건강하게 생활할 수 없고, 그림발전도 더딜 거야. 장수할 튼튼한 체질을 만들도록 노력해야 하네. 보름에 한 번 ○○을 발산시키는 정도로──나도 그렇게 하고 있지. 그리 시적이지 못하지만, 요컨대 생활을 그림작업에 종속시키는 게 의무라고 나는 생각한다네.

자네와 루브르에 가게 되면 르네상스 이전 시기 그림을 꼭 함께 보고 싶네. 렘브란트를 비롯한 네덜란드 파 그림에 대한 열정은 변함없네. 전에 열심히 연구했던 렘브란트──그리고 4호인가 6호 나무판에 포테르가 그린 들판의 한 마리 흰 종마, 발정하여 울부짖는 종마──는 폭풍우를 품은 하늘 아래 겁에 잔뜩 질린 채, 축축한 들판의 부드럽고 광활한 초록 속에서 비탄에 잠겨 있지. 요컨대 이 옛 네덜란드 인들 중에는 참으로 훌륭한 화가들이 많다네.

악수를. 자네의 편지와 크로키에 다시 한 번 감사하네.

빈센트

덧붙임 : 자네의 14행시는 아주 훌륭하네. 색채는 아름답지만 데생의 힘이 부족해. 확신이 없고, 망설임이 있군──뭐랄까──의도가 분명하지 않아.

고흐가 베르나르에게 9
1888년 6월 끝무렵

친애하는 베르나르

어제 우체통에 넣은 봉투에 자네의 14행시에 대한 비평을 쓴 편지 대신 무엇을 넣었는지 모르겠네. 낮에 그림그리고 몸이 지쳐도 밤에 편지쓰면 마음이 안정되는데, 찌는 듯한 더위에 정신없이 움직이다 보니 마치 고장난 기계처럼 다른 종이를 편지로 착각해 잘못 넣어버린 것 같네.

어제 보내려던 편지를 다시 읽어보니 그리 나쁘지 않은 것 같아 함께 넣어 보내네.

오늘도 참 고된 하루였어. 자네가 내 그림을 보면 뭐라고 할까? 내 붓놀림은 세잔처럼 조심스럽지 못하니까. 그렇지만 세잔처럼 지금 라 크로의 전원풍경을 그리고 있다네. 장소는 다르지만 색채에 얼마쯤 공통점이 있다고 생각하네. 어찌된 일인지 때로 세잔이 떠오르곤 해. 그리고 그의 습작이 서툰 까닭은——서투르다는 표현을 허락해 주게——아마도 미스트랄이 불어대는 속에서 그리기 때문일 걸세. 그리는 동안 많은 어려움에 부딪쳤을 거야. 붓놀림이 왜 어떤 때는 뚜렷하고 어떤 때는 어설픈지, 그 이유를 알 수 있지. 그의 삼각대가 흔들렸던 거야.

때로 나는 아주 빠르게 그려내. 이것이 바로 나의 단점이지. 달리 방법이 없다네.

예를 들면 30호 《여름밤》은 단숨에 그렸지. 다시 그린다는 건 불가능해, 그만둬야 할까, 어째서? 미스트랄이 부는 속으로 애써 나왔는데.

우리가 바라는 건 안정된 붓놀림보다 강인한 사상이야. 혹독한 야외 스케치 현장에서 작업할 때, 언제나 반듯하고 안정된 붓놀림으로 그려낼 수 있을까? 이것은 펜싱 공격과도 같다네.

자네 데생을 동생에게 보내 사라고 권했으니 가능하다면 그렇게 해줄 걸세. 내가 자네 그림을 팔고 싶어하는 걸 잘 아니까.

이것은 자네의 《유곽》 그림에 대한 보답이라네. 만일 우리가 함께 그곳을 그린다면 그 습작에 알제리 병사를 꼭 그려넣을 생각이야. 아! 걸작을 위해 몇몇 화가가 힘을 모은다면 어떨까?

미래의 예술은 어떤 규범을 드러내게 될 거야. 지금 그 '바람직한 회화'를 위해 다 함께 물질적 어려움을 극복해 내야만 하네.

유감스럽게도 우리는 그 단계까지 이르지 못했어. 회화예술은 문학처럼 빠르게 진보하지 않아.

오늘도 어제처럼 서둘러 작업했더니 무척 피곤하군. 지금은 도저히 데생을 할 수 없어. 오전 내내 평원에서 무척 고생했거든.

이곳 태양은 사람을 몹시 지치게 만든다네. 작품에 대한 판단조차 내려지지 않을 정도야. 좋은지 나쁜지도 알 수 없어. 보리밭 습작을 7점 완성했는데, 기대와 달리 온통 풍경뿐인 그림이 되고 말았지. 화려한 노란색으로, 마치 추수 때 농부가 내리쬐는 태양 아래에서 묵묵히 보리를 베어넘기느라 열중하듯 아주 빠르게 그려나갔다네.

내가 성서에 전혀 관심 없다고 말한다면 자네는 깜짝 놀랄까? 한때 깊이 공부한 적 있으니 더 그럴 테지. 예술 관점에서 보면 그리스도의 핵심은 고대 그리스, 인도, 이집트, 페르시아 및 그밖의 어떤 것보다도 훨씬 뛰어난 것 같네. 또 말하지만 그리스도는 누구보다도 훌륭한 예술가라네. 그는 정신과 살아 있는 육체로 해야 할 일에 힘썼어. 조각상 대신 인간을 만들어냈지. 그래서⋯⋯ 나는 화가이므로──마치 소라도 된 듯──황소며 독수리에게 감탄해 버리는 거야. 그리고 신앙심은 내 야심을 버리게 해.

악수.

빈센트

덧붙임 : 지난번 14행시에 대한 설명에서 '데생의 힘이 부족하다'고 썼던 의미를 보충하면──'마지막 부분에서 설교하고 말았다'는 게 될 걸세.

사회란 경멸해야 할 대상이며 매춘부는 시장에서 파는 고기를 떠오르게 한다고 자네는 말했지. 그렇게 생각한다면 그로써 좋아. 매춘부는 고깃집 고기라 여기고──나는 어리석지만 잘 깨닫고 또 나름대로 느끼는 자신과 자신의 생활 감정을 불러일으키기도 하지. 나는 그 시가 훌륭하게 잘 씌어졌다고 인정하네. 여운을 남기는 음운과 잘 꾸며진 언어가 엄청난 힘으로 작은 방의 잔혹한 현실을 떠올리게 해. 그렇지만 마지막의 사회부분이 마음에 들지 않아. 어리석은 나는 '하느님'이라고 부르는 듯한 불완전한 언어에서 어떤 느낌도 받지 못한다네.

이야기가 또 다른 곳으로 빠져버렸군. 다시 머리가 멍해져 오네. 시는 잊고 기분을 바꿔보세.

그것은 대체 사실일까?──결과부터 말하면 자네는 처음에, 마치 해부학 강의 때 외과 수술칼로 푹 찌르듯 시작했네. 나는 귀기울여 흥미롭게 집중하며 지켜보았지. 그렇지만 그뒤 해부학 외과의사가 어떤 교훈을 준다면, 마지막 장황한 글귀에는 아까 한 행동만큼 효과가 없어.

사회를 연구분석하는 일은 도덕설명보다 낫다고 여겨지네.

다음과 같은 것도 그리 신기한 일은 아니야. 시장의 고기는 그 정도를 알 수 없을 만큼, 즉 그녀는 갑작스러운 교묘한 애정자극에 순간적으로 민감해져 먹

는 데 싫증나 배불리 먹은 송충이가 양배추 잎 대신 벽 위를 기어다니듯 포만
감 느낀 그녀는 아무리 사랑하려 해도 사랑할 수 없다네. 그녀는 간절히 바라
지만 무엇을 바라는지 자신도 알지 못해. 그녀는 양심적이고, 생기넘치며, 다
정다감하고, 곧바로 시시덕거리며, 일시적으로 발랄해지지만 감각을 느끼지
못하지.

하지만 그녀는 이 세상의 야수생활로 숨이 끊어질 듯해도 아직 여전히 사
랑하고 그러기 위해 살고 있어. 이 송충이는 어디에서 부화하는 것일까? 나비
가 될 배불리 먹은 송충이와 풍뎅이의 유충은.

이것이 늙은 매춘부를 조사한 나의 결론이며 생각이네. 그러면 나 자신은
과연 무엇일까? 나도 어쩌면 유충이 아닐까? 그걸 알고 싶군그래.

빈센트

고흐가 테오에게 506
1888년 7월 첫무렵 ①

사랑하는 테오
몽마주르에 다녀온 참이야. 친구인 밀리에 소위도 함께 갔어. 오래된 정원을
둘이서 탐색하고 먹음직스러운 무화과를 훔쳤단다.

▼《몽마주르에서 바라본 라 크로 풍경》(1888)

좀더 넓었다면 졸라의 천국을 떠올렸을 거야. 큰 갈대, 포도, 담장나무, 무화과, 올리브, 윤기있는 강렬한 오렌지 색 꽃핀 석류나무, 100년을 살아온 사이프러스, 물푸레나무와 버드나무, 바위땅의 떡갈나무, 반쯤 무너진 층계, 망가진 고딕풍 창문, 이끼로 뒤덮인 하얀 바위덩어리, 푸른 풀숲 속으로 무너진 벽 일부가 여기저기 흩어져 있었어. 정원그림은 아니지만, 큰 데생을 또 하나 완성해 돌아왔단다. 이로써 데생이 3점 되었어. 6점 되면 너에게 보내마.

어제 퐁비에유로 보쉬와 맥나이트를 찾아갔지만, 둘 다 스위스로 8일 동안 여행떠나고 없었어. 모기와 파리가 있어도 더위는 내 건강에 알맞은 것 같구나.

매미——네덜란드에서 보는 게 아닌, 일본그림첩에 나오는 것과 비슷해——와 금색과 초록색을 띤 길앞잡이 무리가 올리브 나무 위에 있어. 매미들——분명 사슴다리매미라고 부르는 종류——은 개구리처럼 큰소리로 운단다.

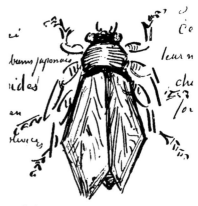

▲매미

너는 내가 탕기 영감 초상화 그린 일을 기억할 거야. 탕기 할멈 초상화——그들이 팔아버려 그림값으로 분명 20프랑 받았어——와 그들 친구의 초상화도 그렸지. 그리고 탕기 영감 화방에서 물감을 250프랑어치 샀어. 그는 그렇게 돈벌고 있으니, 내가 그보다 더 친구 도리를 다하고 있는 거란다. 내게 돈을 갚으라고 독촉할 수 없는 이유는 또 있어. 아직 그가 갖고 있는 내 습작으로 충분히 보상되고, 무언가 급한 사정이 생긴다면 그림을 팔면 되니까.

크산티페 같은 탕기 할멈이며 그 부인들은 타고난 별난 변덕쟁이들로, 대포 부싯돌과 규석(硅石) 같은 머리를 가졌어. 그녀들이 오가는 문명사회에서 이러한 부인네들은 파스퇴르 연구소에서 기르는 미친개에게 물린 시민들보다 더 해롭단다. 따라서 탕기 영감은 아내를 죽일 충분한 이유가 있지……그런데도 그는 소크라테스보다 더 아내를 죽이려 하지 않아……이러한 점에서 탕기 영감은 오늘날 파리 건달들보다——초기 그리스도교도, 순례자, 노예와 닮았으며——체념과 강한 인내심을 지녔어.

그렇다고 80프랑을 지불할 이유도 없지. 상대가 화내더라도 너는 결코 성내지 말아야 해. 마음대로 하라며 쫓아내도 어쩔 수 없어.

러셀에게도 편지보내마. 영국인과 미국인은 아마도 자비심 면에서 우리 네덜란드 인과 그리스도교적으로 매우 비슷한 공통점을 가진 게 아닐까? 우리가 그리 좋은 그리스도교도는 못될지라도…… 편지쓰다 보니 그런 생각이 드는구나. 보쉬는 플라망 귀족시대 귀족이거나, 타시튀른이며 마르닉스 시대 같은 머리를 지닌 사람이야. 그래서 당연히 선량하지.

러셀이 파리에 있다면 교환할 그림을 말아서 직접 보내려고 편지를 부쳤어. 며칠 안에 답장주겠지. 머지않아 또 캔버스 천과 물감이 필요해질 거야. 그런데 20미터에 40프랑인 캔버스 천을 파는 화방주소를 아직 모르겠어.

이제는 데생을 주로 그리며 고갱이 올 때까지 물감과 캔버스 천을 남겨두려고 해. 펜과 종이처럼 물감이 늘 부족하지 않게 되면 얼마나 좋을까? 유화 습작을 그리다 실패해 물감을 낭비하고 싶지 않아.

종이라면, 편지가 아니라 데생이라도 전혀 실패하지 않지. 와트만*¹지 수량만큼 데생할 수 있어. 만일 내가 부자라면 지금보다 절약할 수 있을 거야. 부자가 되어야만 한다는 마르탱 영감의 말이 옳아. 걸작을 손에 넣기 위해서라도.

모파상의 소설에서, 주인공이 토끼와 다른 사냥감을 10년 동안이나 정신없이 쫓아다니다 사냥에 지쳐 결혼하고 싶은 생각이 들지만 이미 사내구실을 못하는 신세라 좌절한다는 이야기를 기억하니? 결혼해야 하거나 결혼하고 싶은 점에서는 이 신사와 다를지라도, 육체적으로 나는 슬슬 그를 닮아가는 듯싶구나.

뛰어난 지엠 선생의 말에 따르면, 남자는 사내구실을 못하게 되었을 때 처음으로 야심가가 된다고 해. 내가 사내구실을 하든 못하든 상관없지만, 숙명적으로 야심가가 되는 일에는 저항하고 싶어.

그 시절 조국, 바꿔 말해 모든 나라와 시대를 통틀어 뛰어난 팡글로스*² 박사만큼 위대한 철학자는 없단다. 만일 그가 이곳에 있다면 분명 영혼을 진정시키고 가르침을 주었을 거야.

---

*1 whatman. 도화용지의 하나. 순백색의 두꺼운 종이로 주성분은 마섬유. 삼종이. 수채화를 그리는 데 쓰인다.

*2 볼테르 소설 《캉디드(1759)》에 나오는 인물. 순진한 청년 캉디드를 교육시키는 팡글로스 박사는 엄청난 낙천가로, '모든 것은 최선의 상태에 있다'고 주장한다. 볼테르는 팡글로스를 통해 그즈음 유럽 세계에 퍼져 있던 낙천적 세계관을 비웃었다.

러셀에게 보내는 편지를 동봉하마. 생각한 대로 써보았어. 레이드의 소식을 아는지 물어보았지. 너에게도 똑같은 질문을 하고 싶어.

처음과 나중에 보낸 그림들 가운데 마음에 드는 걸 자유롭게 가지라고 러셀에게 말했어. 그 확실한 답장을 기다리고 있단다, 그의 집에서 작품을 고를지 너의 집에서 고를지.

만일 그의 집에서 고른다면 과수원 그림 몇 점도 보여주고, 선택이 끝나면 도로 가져오렴. 그에게 불만은 없을 거야. 만일 고갱을 맡지 않는다면 그에게 재력이 없는 증거이고, 맡는다면 있다고 봐도 될 거야.

이렇듯 내가 이 그림 매입에 집착하는 이유는 그가 아니면 일이 순조롭게 진행되지 않기 때문이야——고갱은 병들고 몸져누워 보살펴줘야 하며, 의사에게 돈도 치러야 하는데, 우리만으로는 부담이 너무 무겁지. 우리도 마찬가지로 그림을 사줄 애호가를 찾고 있다고 그에게 말해줬어.

고갱에 대해 자주 생각해——주로 그가 하는 작업과 그림에 많은 생각을 갖고 있단다.

1주일에 2번 세탁과 청소를 해주고 1프랑 받는 가정부를 고용했어. 고갱과 둘이 이곳에서 지내게 되면 아침에 침대정돈을 해주리라 기대해. 그밖에 내가 지금 세든 곳 사람들과도 잘 지낼 거야. 가정부 고용이 헛된 지출이 아닌, 살림을 잘 꾸리는 일이 되게 하고 싶어.

네 건강은 어떠니? 그뤼비 의사를 또 만났어? 누벨 아테네에서 있었던 네 이야기는 참 재미있구나. 분명 포르티에가 갖고 있는 《데부탱 초상》*1을 너는 알 거야.

모든 예술가, 시인, 음악가, 화가들이 물질적으로 불행한 건 분명 이상한 현상이야——만일 행복하다 해도——네가 요즘 모파상에 대해 한 이야기는 그 점을 더욱 뒷받침하지. 이건 영원한 수수께끼를 건드리는 일이야. 우리에게 생명의 모든 게 보이는 건지, 아니면 죽음 이전의 절반만 알고 있는 건지.

많은 화가들은——감히 그들에 대해 이야기한다면——죽어 땅에 묻혀도 작품을 통해 다음 대부터 그 몇 대 뒤까지 이야깃거리가 된단다. 그것만이 모두인지, 아니면 그밖에 또 무언가 있는 건지. 화가의 생애에서 죽음은 아마도 그들이 만나는 가장 큰 고난은 아닐 거야.

---

*1 마네가 그린 화가 데부탱의 초상화. 상 파울루 미술관 소장. 캔버스 유채, 130×193cm.

그게 무엇인지 나는 알고 싶은 생각없지만, 별을 바라보면 언제나 꿈꾸는 듯한 기분을 느끼게 돼. 지도에서 도시와 마을을 나타내는 검은 점이 꿈을 주는 것처럼. 그렇게 생각하면 왜 안되는 걸까? 맑고 푸른 하늘에 떠 있는 빛나는 점이 왜 프랑스 지도 위 검은 점보다 못한 걸까?

기차를 타고 타라스콩이나 루앙으로 가듯, 우리는 별로 가기 위해 죽음을 선택하는 것일지도 몰라. 살아 있는 동안은 별의 세계로 갈 수 없고, 죽으면 기차를 탈 수 없다는 추리는 분명 사실이야. 즉 증기선과 승합마차와 기차가 이 세상 교통기관이듯이, 콜레라와 모래알 모양 결석과 폐병과 암이 천국의 교통기관이라고 생각할 수 있겠지.

늙어서 조용히 죽음을 맞는 것은 걸어서 가는 방법이야.

밤이 깊어졌으니 이만 잠자리에 들기로 하자. 잘 자렴. 행운을 빌어. 악수.

너의 빈센트

고흐가 테오에게 507
1888년 7월 첫무렵 ②

사랑하는 테오

너의 편지와 50프랑, 그리고 타세 화방에서 구한 물감과 캔버스 천을 보내줘 고맙구나. 청구서가 있는데, 금액이 50프랑85상팀이었어. 에두아르 화방에서 파는 물감가격과 비교해 차액을 확인했단다. 에두아르 화방보다 훨씬 싸고 20퍼센트 할인도 되었으니 불만없어. 타세 화방의 4프랑50상팀짜리 캔버스 천도 물감처럼 도맷값을 알고 싶구나.

고갱이 그 제안을 받아들였다*¹니 굉장한 소식이야. 우물쭈물하지 말고 곧바로 여기 오는 게 좋지 않을까? 파리에 들르면 다시 일이 복잡해질 거야.

가져오는 그림으로 어쩌면 많은 돈을 벌 수 있을지도 몰라. 그렇게 되면 좋을 텐데. 답장을 동봉하마.

─────────────

*1 고갱 자신도 이미 베르나르, 라발과 함께 마르티니크 섬에 '열대 아틀리에'를 열고 60만 프랑을 모아 테오에게 인상주의 전용 갤러리로 만들어달라고 할 계획을 품고 있었다. 허영심에서 자신을 가까이하기 어려운 존재로 보이고 싶은 고갱은 테오의 끈질긴 설득에 마지못한 듯 동의하며, 여비가 없어 곧 출발할 수는 없다고 말했다. 그즈음 그는 자주 굶주렸고, 그림재료를 위해 부끄러움을 무릅쓰고 머리숙여야 하는 일도 있었다. 불행한 상황에 놓인 고갱은 모든 걸 운명에 맡기고 아를에 가기로 했지만, 10월23일에야 나타난다.

이 말만은 반드시 해두고 싶구나. 남 프랑스를 그리는 데 내가 열중해 있으며──그건 북쪽에서도 마찬가지였지만──이곳에 머문 6달 동안 건강이 매우 좋아졌다고.

만일 하숙비가 매우 싼 브르타뉴로 가는 편이 안전하다면, 절약하기 위해 북쪽으로 떠날 각오도 되어 있어. 하지만 남쪽으로 오는 게 고갱에게 도움되리라고 생각해. 특히 북쪽은 앞으로 4달 뒤면 겨울이지만, 여기서는 일년 내내 작업할 수 있지. 같은 작업을 하는 두 사람에게 불필요한 지출이 허락되지 않을 때, 빵과 포도주와 다른 무언가 원하는 것을 더하여 자기 집에서 지내는 게 좋은 일인 건 확실하단다. 집에서 혼자 식사하는 일은 괴로워. 이곳은 누구나 자기 집에서 식사하므로 음식값이 비싸거든.

다빈치의 그림이 아름답다는 말을 듣는 이유는 작품수가 적기 때문이야. 하지만 리카르, 몽티셸리, 도미에, 코로, 도비니, 밀레는 매우 빨리 그렸고 그 수도 비교적 많으나 결코 나쁘지 않아.

어떤 풍경화는 아주 빠른 속도로 그렸는데도 내 그림 가운데 가장 좋은 걸 깨달았어. 너에게 보낸 데생과 같은 구도로 그린 수확과 짚더미 유화도 예외는 아니야. 붓놀림을 조화시켜 그림을 가다듬기 위해 전체적으로 손보았지만, 주요작업은 한 번의 스케치로 그려냈단다. 그리고 되도록 덧칠을 피하고 있어.

이런 스케치를 하고 돌아오면 머리가 완전히 지쳐버려. 마침 수확시기였는데, 이런 일이 자주 되풀이된다면 나는 완전히 멍청해져 자질구레한 일은 할

▲짚더미

수 없게 되고 말 거야.

이럴 때 혼자 있지 않아도 될 가능성이 생겨 기쁘구나. 뛰어난 화가 몽티셀리를 요즈음 늘 생각해. 지독한 술꾼으로 행패부렸다고 알려졌지만──빨강, 파랑, 노랑. 주황, 보라. 초록 등 주요한 6색의 균형을 추구하는 두뇌노동으로부터 돌아오는 나 자신을 보여주는 듯 느껴져서야.

작업과 따분한 돈계산으로 늘 마음이 긴장되어 있어. 마치 무대 위에서 어려운 역할을 연기하는 배우처럼 30분 동안에 여러 가지 일들을 한꺼번에 생각해야만 하지.

다른 사람도 마찬가지겠지만, 술을 한 잔 마셔 거나하게 취하거나 독한 담배를 피울 때 마음이 누그러지고 유쾌해진단다. 이런 일은 도덕에 어긋날지도 모르지만, 몽티셀리에게로 돌아가는 데는 도움되지. 캔버스를 마주하거나 무대에 선 술고래를 한 번 보고 싶구나.

몽티셀리에 대한 악의에 찬 위선적인 이야기는 물론 새빨간 거짓말이야. 몽티셀리는 이론적인 색채화가로, 균형잡힌 색의 단계를 분해하고 계산하고 탐구했단다. 물론 이 작업은 그의 머리를 혹사시켰지──들라크루아와 바그너처럼.

만일 몽티셀리가 술을 마셨다면──용킨트도 마찬가지지만──들라크루아보다 몸이 튼튼하고 실제로 고생했기 때문이야. 들라크루아가 더 부자였어. 만일 그들이 술을 마시지 않았다면 그 흥분된 신경이 좀더 다르게 보답했을 거라는 믿을 만한 증거를 나는 가지고 있어. 공쿠르 형제는 "우리가 독한 담배를 피우는 건 바보가 되기 위해서이다"라고 사상의 도가니 속에서 말했지.

그렇지만 내가 일부러 열병에 걸리고 싶어하는 줄 오해하지는 말아다오. 나는 성가신 계산으로 벅차단다. 오랜 시간에 걸쳐 미리 계산한 결과는 잇따라 그림으로 곧바로 완성되지. 너무 빨리 그린다고 말하는 사람들이 있다면 그들에게, 당신들은 너무 간단하게 본다고 대답해 주렴.

너에게 보내기 전에 모든 그림을 조금씩 손보고 있어. 수확기간 동안 내 작업은 농부들보다 더 힘들었지. 예술적 삶을 나는 전혀 후회하지 않아. 나는 진실된 이상적인 삶 속에 있는 것처럼 기쁘단다.

만일 모든 일이 잘 풀려 고갱이 우리 동료가 되어 만족스러워한다면, 좀더 진지하게 일을 진행시켜 그와 나의 모든 작품을 공유해 이득과 손실을 함께 나누자고 권유해 보자. 그건 고갱이 내 그림을 어떻게 보느냐에 따라 정해질 일이고, 또한 여러 가지 일에 서로 협력할 수 있는지에 달렸어. 이루어지지 않을지도, 자연스럽게 이루어질지도 몰라. 이제부터 곧 러셀에게 편지써 작품교환을 서두르기로 하자.

지출한 돈을 메우기 위해 나도 무언가 팔 수 있는 작품을 그리도록 노력할게. 어떤 고난을 만나더라도 예술가 삶의 보장을 위해 뼛속까지 타오르는 열의로 그림그리기에 힘쓰자.

악수. 며칠 뒤 또 편지보내마. 데생하러 2, 3일 카마르그 습지대에 갈 거야. 누이동생을 불러오는 건 좋은 생각이야.

너의 빈센트

덧붙임 : 머지않아 무리어에게 편지보낼 테니 너도 읽어다오. 내가 어떤 식으로 이야기하는지 알 수 있을 거야. 그의 데생이 눈에 선하구나! 들라로슈 수준의 머리야.

무리어와 좀더 참고 견뎌주렴. 어쩌면 위기를 이겨낼 수 있을지도 몰라.

고흐가 테오에게 508
1888년 7월5일 이후

사랑하는 테오

그림그리기에 몰두해 좀처럼 편지쓸 틈이 없구나.

고갱에게 한 번 더 편지보내고 싶었어. 본인 말보다 병세가 심한 듯해. 연필로 쓴 마지막 편지에서는 몹시 나빠 보였지. 그럴 경우 어떻게 하면 좋을까? 러셀은 아직 답장이 없어.

어제 해질녘, 작은 떡갈나무들이 구부러져 자라는 돌많은 황무지에 있었단다. 멀리 비탈진 밀밭이 보이고 언덕 위에 폐허가 있었지. 더 바랄 나위 없이 낭만적인 몽티셀리 풍이었어. 태양이 떨기나무와 땅바닥에 짙은 노란색 빛을 쏟아내 마치 황금비 같았단다.

모든 선이 아름답고 그림 전체가 매력적인 기품을 지니고 있었어. 매사냥에서 돌아오는 기사와 귀부인을 갑자기 마주쳐도, 또는 나이든 남 프랑스 음유시인의 노랫소리가 들려와도 이상하게 느껴지지 않을 정도였단다. 땅바닥은

보라색으로 보이고, 먼 곳은 파란색이었지. 습작[*1]을 가지고 돌아왔는데, 생각보다 훨씬 변변치 못해.

지난번에 타세 영감이 징크화이트를 충분히 보내주지 않았어. 써보니 질이 참 좋아. 그렇지만 너무 더디게 말라 불편하구나. 생트 마리에서 그린 습작이 아직 마르지 않을 만큼 오래 걸린단다. 카마르그 습지대로 갈 생각이었는데, 나를 함께 데려가 주기로 했던 수의사가 약속을 지키지 않았어. 아무래도 좋아. 야생 황소는 그리 좋아하지 않으니까.

벌써 지갑이 텅 빈 걸 깨닫고 깜짝 놀랐어. 그러고 보니 이번 달은 이미 집세를 지불했군. 식비와 집세를 내고 나면 남은 돈은 모두 캔버스 천을 사느라 없어져버린단다. 캔버스 천은 참 비싼 물건이야. 그 때문에 고생하는 건 제쳐두고라도. 지출한 돈이 언젠가 조금이라도 되돌아오면 좋겠구나. 좀더 여유 있다면 더 풍부한 색 조합을 만드는 데 많은 돈을 쓰고 싶어.

▲정원 한모퉁이

이곳에 새로운 그림소재가 있단다——정원 한 모퉁이로 동그란 모양의 떨기나무와 가지 늘어진 나무가 있고, 안쪽에 우거진 협죽도가 있어. 깎은 지 얼마 안된 잔디밭에는 베어낸 길쭉한 풀이 햇볕에 마르고 있지. 위쪽에 청록색 하늘이 조금 보여.

지금 발자크의 《세자르 비로토》[*2]를 읽고 있

---

*1 《해질녘 몽마주르에서》. 이 그림은 서명이 없어 위작으로 알려져 반 고흐 미술관에 보관되다가 2013년에 진품으로 알려졌다. 테오에게 보낸 이 편지 내용이 그림과 거의 흡사한 것으로 밝혀졌기 때문이다.

*2 《César Birotteau》, 1834년에 베토벤의 운명교향곡을 처음 듣고 깊은 감동을 받은 발자크는 이 음악에 대한 이해와 존경을 자본주의 태동기 상인의 성공과 실패를 다룬 작품 속에 고스란히 녹여낸다.

단다. 다 읽고 나면 보내주마. 발자크의 책을 모두 다시 읽고 싶어.

여기 왔을 때 이곳에서 애호가를 찾고 싶다는 생각을 했었는데, 지금 아직 사람들 마음 속으로 단 1센티미터도 파고들지 못했어. 마르세유에서라면 어떨까? 잘 모르겠지만, 그저 헛된 꿈에 지나지 않는 것 같구나. 아무튼 기대는 그만두기로 했어. 식사며 커피를 주문할 때 말고는 하루종일 어느 누구와도 말하지 않고 지낸단다. 처음부터 그랬지.

이제까지 외로움에 신경쓰지 않을 만큼, 강렬한 태양이 자연에게 주는 효과에 흥미를 가졌어. 형편이 된다면, 이번 주말은 좀 빠듯하니 하루나 이틀 빨리 편지를 보내다오. 악수.

너의 빈센트

고흐가 테오에게 509
1888년 7월10일 이후 ①

사랑하는 테오

커다란 펜화를 5점 넣은 그림통을 우편으로 지금 보냈어. 그 안에 몽마주르 시리즈 가운데 6번째 작품이 들어 있단다——어두운 소나무 한 무리와 저멀리 아를이 보이는 그림[*1]인데, 다음에는 폐허도 그려넣고 싶구나. 작은 데생 가운데 서둘러 그린 그 스케치가 있어.

고갱과 앞으로 함께 하게 될 텐데, 지금은 금전적으로 도울 수 없으니, 적어도 진심으로 그것을 열망하는 마음을 그림을 통해 나타내려는 생각에 온 힘을 기울였단다.[*2]

내 생각에는 크로 풍경 2점과 론 강가 들판 그림이 가장 잘 된 것 같아. 그 그림들을 만일 토마[*3] 화랑에서 원하더라도 1점에 100프랑 아래로 넘겨선 안 돼. 우리는 돈이 급하게 필요하니 다른 그림 3점은 먼저 건네도 좋아. 그렇지만 그 가격 아래로는 주지마.

그 작품들은 그만한 가치가 있단다. 모기에 물리고 휘몰아치는 폭풍의 끈질

---

*1 《해질녘 몽마주르에서》
*2 고갱을 기다리며 기대와 두려움에서 오는 모순된 감정으로, 고흐는 가능하면 그를 따라잡고 또 뛰어넘고 싶다고 생각한다. 그러기 위해서는 그의 충고에 적극적으로 귀기울이면서 자신이 실험적으로 시도한 작품을 그에게 보여주는 게 가장 좋은 방법이라고 생각했다.
*3 파리의 그림상인 Georges Thomas.

▲라 크로에서

긴 방해와 싸우는 일은 누구나 참고 견딜 수 있는 게 아니야. 더욱이 마을로 돌아가기에는 너무 멀어 얼마 안되는 빵과 우유로 며칠이나 버티는 일은 계산에 넣지 않더라도 말이지.

카마르그 습지대와 크로 지방은, 색채가 다르고 공기가 맑은 점 말고는 라위스달 시절의 옛 네덜란드를 떠올리게 한다고 예전에 몇 번 말한 적 있지. 두 곳 모두 평탄하고 포도와 수확이 끝난 밀밭으로 뒤덮여 있단다. 위에서 내려다 본 구도가 너의 상상을 도와줄 거야.

데생 때문에 완전히 지쳐버렸어. 유화도 그리기 시작했지만, 이렇듯 미스트랄이 불어대면 도저히 그림을 그릴 수 없지.

타세 화방에 새로 들어온 4프랑50상팀짜리 캔버스 천과 부르주아 화방에 있는 똑같은 품질의 캔버스 천을 비교해 보았어. 부르주아 화방 가격표에서 여느 캔버스 20m 두루마리가 40프랑인 것을 찾아냈지. 이번에도 타세 화방은 결코 비싸지 않았고, 정확히 지난 번 가격 그대로였어. 타세 화방에는 1m에 2프랑인 캔버스 천도 있을 테니, 다음에는 그걸 사는 게 좋아. 습작그릴 때 쓸 수 있어 큰 도움 된단다.

데생이 무사히 도착했는지 알려다오. 너무 크다고 우체국에서 불평하더구

▲라 크로에서

나. 파리에서 혹시 일이 번거로워지지 않을지 걱정스러워. 그래도 접수되어 다행이었지. 7월14일 국경일에 늦어졌다면, 이 크로 지방의 드넓은 풍경으로 눈을 호강시켜 너를 기쁘게 해줄 수 없었을 테니까.

드넓은 들판의 매력에 강하게 끌렸단다. 그래서 폭풍과 모기 때문에 무척 고생하면서도 전혀 신경 쓰이지 않았지. 풍경이 사소한 고통을 잊게 해주니, 거기에 무언가 있는 셈이야.

하지만 모든 게 효과있지는 않아. 첫인상은 마치 고심하며 그린 작전지도 같았어. 어떤 화가와 함께 그곳을 처음 산책할 때 그린 그림으로, 그는 그리기 까다로운 곳이라고 말했지. 그는 이 평탄한 풍경을 보러 벌써 50번이나 몽마주르를 오갔다더구나—내가 잘못 알고 있는 걸까?

······중략······

이 지긋지긋한 계절풍만 없다면, 유화를 그릴 텐데. 어딘가에 이젤을 세우려면 곤욕을 치러야 하지. 그래서 유화습작을 그만두고 데생만 그리고 있단다. 캔버스가 마구 흔들리거든. 데생을 그리는 데는 방해되지 않아.

《국화부인》을 읽어본 적 있니? 그 책에 따르면 일본인들은 벽에 아무것도 걸어두지 않는다더구나. 암자며 사당에 글씨가 있을 뿐 아무것도 없어. '데생과 골동품은 서랍 속에 숨겨두지.' 아! 이런 방식으로 일본풍속화를 감상해야해. 아무것도 없는 전망좋은 밝은 방에서.

일본풍속화처럼 보이지는 않지만, 다른 그림들보다 그것에 가까운 크로 지방과 론 강가를 그린 데생 2점으로 시험해볼 생각없니? 밝은 파란색의 카페나, 그림이 전혀 걸려 있지 않은 곳이나, 집 밖에서 감상해 보렴. 어쩌면 젓가락 같은 갈대 틀이 있는 편이 좋을지도 모르겠구나. 그곳은 사방이 하얀 벽인 아무 장식 없는 방으로, 바닥에 붉은 타일이 깔려 있어. 데생 2점을 감상하는 데 왜 이렇듯 고집하는가 하면, 네가 소박한 이곳 자연을 실감나게 느끼기를 바라기 때문이야.

고갱을 위해 데생과, 《추수》와 《알제리 병사》를 토마에게 보여주는 게 어떨까? 악수를 건네마. 타세가 보내준 징크화이트 12개, 고마워. 무리어 페테르센이 아직 장소를 기억하고 있는지 어떤지 알고 싶어.

너의 빈센트

고흐가 테오에게 510
1888년 7월10일 이후 ②

사랑하는 테오

너의 편지와 동봉된 100프랑, 정말 고맙구나.

빙*¹ 화랑과의 계산을 한 번 깨끗이 정리하자는 네 생각에 찬성이야. 그러기 위해 50프랑을 되돌려보내마. 그러나 그것으로 빙 영감과의 '관계를 끊어서는' 안된다고 생각해. 그럴 때가 아니야. 고갱도 나처럼 이러한 판화를 원할지 몰라. 그러니 네 말에도 일리는 있지만, 위탁받은 그림값 90프랑을 모두 지불한 다음 100프랑어치 더 가져오렴.

아니면 빙 영감은 동봉한 50프랑만큼만 새로운 그림과 바꿔줄지도 몰라. 그렇지만 가능하다면, 그곳의 판화는 모두 멋진 작품이니 그대로 맡아두는 편이 좋아. 그토록 싸게 손에 넣어 그 그림들로 많은 예술가들을 기쁘게 해줄 수 있잖니. 빙 영감의 호의는 잃지 않는 게 좋단다. 나는 새해에 3번쯤 셈을 치르러 그에게 갔었는데, 재고정리를 하는지 화랑문이 닫혀 있었어. 한 달 뒤 떠나야 할 때는 내게 이미 돈이 없었지. 게다가 베르나르와 작품교환하면서 일본풍속

*1 고흐가 좋아한 일본풍속 판화 판매상인.

판화를 많이 건네주고 말았단다.

그러니 호쿠사이의 후지산 300경(景)*¹과 풍속화를 골라다오.

빙 화랑에는 다락방이 있는데, 그 안에 수많은 풍경과 인물판화가 가득해. 훨씬 오래된 작품도 말이지. 일요일이라면 네 마음대로 고를 수 있도록 해줄 거야. 오래된 판화도 많이 얻어오면 좋겠구나. 살펴볼 때 몇 점을 네게서 거두어가기도 하겠지만 다시 건네줄 거야. 화랑지배인도 내가 보기에 좋은 사나이로, 진정한 애호가들에게는 친절하단다.

네가 몽마르트르 거리의 그림상회에 왜 아름다운 일본풍속화를 두지 않는지 잘 모르겠어. 그가 너에게 가장 아름다운 그림을 맡겨줄 게 분명한데.

하지만 그런 건 나와 상관없어. 문제는 우리가 개인적으로 맡은 그림이야. 우리 쪽에 아무 이익 없으면서 일은 힘들다는 점, 그리고 때로 그에게 손님을 보내주는 점도 지적해 다오.

파리에 있을 때 나는 어느 카페에서 직접 전시해 보고 싶다는 생각을 했었는데, 너도 알다시피 실패했지. 탕부랭에서 열었던 판화전람회는 앙케탱과 베르나르에게 큰 영향을 주었지만, 그런 재앙을 만나고 말았어. 클리쉬 거리에서 연 두 번째 전람회는 애쓴 보람이 있었지. 그곳에서 베르나르는 그가 맨 처음 그린 그림을 팔았고, 앙케탱도 습작을 1점 팔았으며, 나는 고갱과 그림을 교환해 우리 모두 저마다 얻은 게 있었어.

고갱에게 혹시 그럴 마음이 있다면, 마르세유에서 전람회를 열어보기로 하자. 그렇지만 마르세유 사람들에게는 파리에서만큼 기대할 수 없어.

아무튼 부탁이니 빙 영감의 판화 위탁판매는 계속해주기 바란다. 매우 큰 수확이 있을 거야. 물론 돈을 벌기보다 사들이는 게 더 많았지만, 덕분에 나는 차분하게 느긋이 수많은 일본판화를 감상할 수 있었지. 네 집도 언제까지나 지금처럼 일본판화없이 지낼 수는 없을 거야.

지금 판화는 1점에 3수*²면 손에 넣을 수 있어. 그러니 90프랑을 지불해 두면, 지금 있는 그림 말고도 100프랑어치 650점 판화 비축분이 새로이 생기게

---

*1 富士三百景. 富嶽三十六景 또는 富嶽百景이라고도 한다.
*2 Sou. 옛 프랑스 화폐단위. 1프랑은 100상팀, 5상팀은 1수. 그러므로 1프랑은 20수. 오늘날 프랑스는, 유럽연합이 1999년 1월1일자로 각국의 현재통화를 대신하기 위해 도입한 단일화폐 유로를 사용한다.

된단다. 동봉한 50프랑이면 그 절반이야.

고갱의 일과 누이동생의 방문도 있었으므로 이번 달은 100프랑을 기대하지 않았어. 그러니 이 돈으로 어떻게든 이번 달을 지내볼게.

나는 지금 베르나르와 교환하기 위한 데생을 그리고 있단다. 탕기 영감이 꽃 그림은 안된다고 한다면, 새로운 습작과 교환해도 좋아. 마침 꽃그림이 없어져 버렸거든. 그건 그렇고 탕기 영감의 계산은 엉망이어서, 내가 다시 써보았어.

탕기 영감 초상화	50프랑
부인 초상화	50프랑
친구 초상화	50프랑
탕기 영감이 물감을 팔아서 번 돈	50프랑
서비스 및 기타	50프랑
합계	250프랑

이 돈의 청산은 급하지 않아. 선불로 조금이라도 들어온다면 고맙겠구나. 그 것으로 충분해.

악수.

너의 빈센트

덧붙임 : 카사뉴의 책에 대한 일, 출판사를 찾는 게 어려울지 모르지만 다음 사항을 알면 금방 해결될 거야. 즉 A. 카사뉴의 '데생 A · B · C · D'란 카사뉴가 쓴 《무엇이든 그릴 수 있다》의 본문이며, 분명 1권에 5프랑씩 낱권으로 팔고 있어. 100권으로 이루어졌으니, 너도 알고 있을 게 틀림없어. 그래서 나는 그 책도 낱권으로 파는 책들과 같은 출판사에서 발행되었을 거라고 생각해.

데생을 몇 점 말아서 보냈단다. 너한테 있는 같은 크기의 데생——4점 있을 걸——과 함께 그 그림을 가지고 네가 만일 토마 영감을 만나러 가준다면, 그리고 지금 나의 특별한 사정을 설명한다면 얼마쯤 돈을 융통할 수 있을 거야. 또한 우리와 고갱의 관계를 알면 그의 그림도 사줄지 몰라.

맨처음 위탁한 몫을 네가 현금으로 지불한다면 적어도 200프랑의 수수료를 청구하는 게 어떨까.

어쨌든 결코 위탁판매를 그만두어서는 안돼. 내 그림은 모두 조금씩은 일본 풍속화가 그 바탕을 이루고 있어. 빙 영감에게 그 점을 말하지 않은 건 남 프랑스 여행 뒤 좀더 진지하게 일본풍속화를 다루게 되리라 생각했기 때문이야.

그들 나라에서는 쇠퇴한 이 일본예술이 프랑스 인상파 예술가들 사이에 그 뿌리를 내리고 있단다.

일본풍속화들은 사고파는 것 이상으로 예술면에서 나에게 흥미롭고 필요해. 물론 장사하기에도 재미있지. 하물며 프랑스 예술이 나아갈 방향을 생각하면 더욱 그렇단다.

데생이 탈없이 잘 도착하면 알려다오.

고흐가 테오에게 511
1888년 7월 중간무렵 ①

사랑하는 테오

빙 화랑에 보낼 50프랑 동봉한 내 편지를 오늘 아침에 이미 받았으리라 생각해. 한 번 더 빙 영감 일로 편지를 쓰고 싶었어.

우리는 일본풍속화를 잘 몰라. 다행히 프랑스의 '일본인'——인상파 화가들은 꽤 잘 알고 있지. 이건 분명 중요한 일이야. 그러니 이미 여러 사람들의 수집품이 되고, 일본에서는 이제 볼 수 없게 된 진짜 일본풍속화 그 자체는 부수적인 흥밋거리밖에 안되지.

그러나 나는 하루 빨리 다시 파리로 갈 기회가 생기면 빙 화랑에 들러 호쿠사이며 그밖의 좋은 시대에 그려진 데생을 볼 생각이야. 내가 평범한 판화를 매우 감탄하며 보고 있었더니, 빙 영감이 언젠가 나중에 좀더 다른 것을 보여주겠다고 했거든.

로티가 쓴《국화부인》을 읽고 알게 되었는데, 일본 주택은 장식도 아무것도 없이 비어 있어. 이 사실이 극단적으로 단순화된 다른 시대의 데생에 대한 나의 호기심을 불러일으켰지. 아마 이 시대 데생과 우리가 말하는 판화의 관계는 수수한 밀레와 몽티셀리의 관계와도 같을 거야. 너도 알다시피 나는 몽티셀리의 그림을 싫어하지 않아.

다색 판화도, 다른 사람들로부터 '너무 빠지지 않도록' 주의하라는 말을 들어도 나는 역시 그럴 수 없어. 지금 우리 입장에서는 색없는 밀레 그림에 버금가는 꾸밈없는 그림을 알 필요가 있다는 생각이 드는구나. 어쨌든 이건 위탁받은 그림과는 관계없는 이야기니까, 그대로 두어도 좋아.

나는 그 인물화와 풍경화에 싫증나지 않아. 그런 그림이 잔뜩 있지. 내가 이렇듯 그림작업에 몰두하고 있지 않다면, 그 그림들을 팔아보고 싶을 정도야. 대단한 벌이는 되지 않겠지만.

지금은 아무도 하려고 들지 않지만, 몇 해 뒤 희귀해져 비싸게 팔릴 거야. 그러니 지금 우리가 몇천 점 가운데에서 찾아 골라내는 것을, 큰 이익이 되지 않는다며 업신여겨서는 안돼.

만일 네가 일요일 하루 꼬박 걸려 새로 100프랑어치 위탁품을 골라낸다면, 그 그림들은 네가 직접 고른 만큼 마음에 들지 않을 리 없고, 팔리지 않더라도 돈을 지불할 수는 있을 거야. 물건을 교환하며 조금씩 지불하면 되니 네 몫을 편하게 치를 수 있고, 그만큼의 몫을 언제나 다시 손에 넣어 맡을 수 있게 된단다. 그 결과 수많은 작품들 가운데에서 골라낸 가장 마음에 드는 작품만 우리에게 남게 되지.

이런 방법으로 해왔기 때문에 지금 네가 가진 것들 가운데 어느덧 1점에 1프랑이나 하는 오래된 판화가 많이 있는 거야. 그러니 위탁판매라는 좋은 방법을 계속 유지하며, 아름다운 판화를 손에서 놓지 않도록 해주렴. 오히려 늘려서 이득을 보자꾸나.

네게 있는 그림들 중에도 이미 1점에 5프랑이나 하는 작품이 분명 몇 점 있어. 토레가 판매하는 네덜란드 그림에도 재미있는 작품이 많아, 산더미처럼 쌓인 1만 여점 그림을 뒤적여보느라 나는 완전히 흥분하여 안타깝게도 내 뜻대로 할 수가 없었단다. 지금은 지금대로 작업에 얽매여 어쩔 도리가 없지. 그 때문에 너에게 빙 화랑의 다락방을 추천하는 거야.

나는 그곳에서 여러 가지를 배웠어. 앙케탱과 베르나르도 함께 배웠지. 빙 화랑에는 아직 배울 것이 많아. 그래서 너에게 빙 영감으로부터 계속 위탁받도록, 그리고 다락방과 지하실에 들어가 보도록 권유하는 거란다. 그러면 내가 투기매입을 생각하는 게 아님을 너도 알 수 있을 거야. 비용이 들지만——나는 손해라고 생각지 않아——그리고 대단한 금액도 아니지.

레이드는 무엇을 하고 있을까? 자기 목적을 위해 아마도 이미 빙 화랑에 갔겠지. 러셀도 마찬가지야. 빙 화랑에 있다는 걸 나는 숨기지 않았으니까. 다만 나는 빙 영감이며 지배인이 내게 말한 대로, 1점에 5수라고 말해두었어. 만일 네가 위탁판매를 계속한다면 우리가 때로 손님을 그의 화랑에 직접 보내고 있다는 것과, 그 경우 판화 1점에 5수의 값을 반드시 지켜 그보다 낮추지 않도록 한 번 더 다짐두는 게 좋아.

네게 꼭 말하고 싶은 건 수많은 그림들 가운데에서 4, 5번씩 되풀이 골라내고, 내가 가진 작품을 몇 번이고 새롭게 교환하면서 이루어낸 성과라는 거야. 이 방법을 계속 쓰기로 하자. 나는 판화를 쌓아두는 방법을 잘 알므로, 새해에 내가 직접 돈을 지불하러 가서 새로운 비축분을 고르지 못한 게 안타까워. 너무 많아서 눈이 어지러워질 정도란다.

그런데 다른 가게에서는 전혀 달라. 빙 화랑은 비싸다고 손님들이 겁내며 가지 않지. 내가 아직 뒤적여보지 못한 곳은 서고(書庫)야. 그곳에는 책이 몇천 권이나 있단다.

지배인을 찾아가보렴. 분명 네 마음에 들 거야. 이름은 여전히 떠오르지 않지만, 내가 셈을 치르러 새해에 3번이나 찾아갔으나 결국 남 프랑스로 그냥 갔다는 말을 전하고 대신 사과해 다오.

게다가 너는 모네나 그밖의 다른 화가들 그림을 얻게 될지도 몰라. 네가 좋은 판화를 찾아내는 수고를 아끼지 않는다면, 그 판화로 화가들과 그림을 교환할 수 있을 테니까.

아무튼 빙 화랑과의 관계를 결코 끊어서는 안돼. 일본예술은 초기회화며 그리스와 비슷하고 옛 네덜란드 화가들을 닮아 렘브란트, 포테르, 할스, 베르메르, 오스타데, 라위스달과 같단다.

만일 내가 빙 화랑 지배인을 만난다면, 그는 판화판매를 위해 힘들게 애호가를 찾느라 시간을 허비하고 팔리든 팔리지 않든 결국은 손해볼 뿐이라는 말을 해줄 생각이야.

너도 그 일로 손해보고 싶지 않다면 잘 아는 화가들과 작품교환하라고 권하고 싶어. 사실 베르나르는 아직 습작 1점을 내게 건네줄 의무가 있지.

매우 당연한 일이지만, 파리에서 일하는 건 참으로 어려워.

나는 오늘 유화로 그린 데생 6점을 베르나르에게 보냈어. 나중에 6점 더 보내기로 약속했고, 그가 유화습작으로 그린 스케치와 교환하기로 했단다.

불랑제 장군이 또다시 어리석은 짓을 시작했구나. 타협하지 못해 싸울 수밖에 없는지도 몰라. 그런 식으로는 멈출 수 없으니 끝내 양쪽 모두 손해볼 수밖에 없어. 불랑제 장군은 말재주가 없다고 생각지 않니? 그의 말은 전혀 감동을 주지 못해. 진심인 줄은 알겠지만, 자기 나름의 설득력으로 대중들에게 왜 감동을 주지 못하는 걸까?

파리는 묘한 도시야. 녹초가 되도록 일해도 무엇 하나 이룰 수 없어. 그런데도 부족하지! 위고가 쓴 《무시무시한 해》*¹를 지금 읽었어. 그 시에는 희망이 있지……그 희망은 별 속에 있어. 나는 그 말이 옳다고 생각해. 명언이고 멋진 말이야. 나도 그것을 믿어.

하지만 지구 또한 하나의 행성이야. 하늘에 떠 있는 하나의 별이라는 사실을 잊을 수 없지. 게다가 다른 모든 별들도 똑같다면……그다지 유쾌한 일은 아니야. 어디까지나 끝없는 이야기지.

예술에는 시간이 필요해. 인간 삶보다 오래 살아남는다면 나쁘지 않겠지. 그리스 인, 옛 네덜란드 거장들, 일본인이 다른 별에서 그 빛나는 유파의 그림을 계속 이어가고 있다는 생각은 참 매력적이야. 오늘은 여기까지 해두자.

너와 베르나르에게 편지보내면서 또 일요일 하루를 넘겼어. 그렇지만 나는 오늘 하루가 길게 느껴지지 않았단다. 악수.

너의 빈센트

덧붙임 : 누이동생들이 목판화와 가바르니의 석판화 《인간의 가면》*² 100점과, 200점쯤 있는 샤를 킨의 그림을 가져와주면 고맙겠구나. 그리고 《예술해부학》이라는 아름다운 책도 있어.

고흐가 테오에게 512
1888년 7월 중간무렵 ②

사랑하는 테오.

편지 고맙구나. 마침 뜨거운 햇볕을 오래 쬐고 꽤 큰 그림을 그리던 긴장감으로 힘들던 때라 무척 기뻤단다.

꽃이 가득 핀 정원의 데생을 완성했어. 그리고 유화습작도 2점 그렸지.

---

*1 《L'année terrible, 1872》. 1851년 나폴레옹 3세의 쿠데타에 항거하다 브뤼셀로 피신해 영국에서 19년 동안 망명생활한 뒤 나폴레옹의 몰락으로 파리에 돌아온 위고는 이 시집으로 그 잔혹했던 시대를 애도했다.

*2 《La masquerade humaine》.

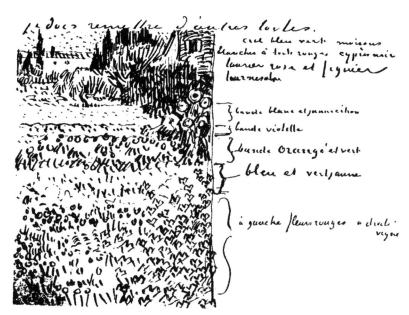
▲꽃핀 정원

 꽤 많은 양의 캔버스 천과 물감을 너에게 부탁해야겠어. 하지만 급한 주문은 아니야. 사실 서둘러 필요한 것은 캔버스 천이지. 습작을 빼낸 액자가 많이 있어 그림을 바꿔넣고 싶구나.

 이 스케치를 보면 새로운 습작소재가 뭔지 알 수 있겠지? 같은 모티브로, 하나는 가로, 하나는 세로로 된 30호란다. 물론 나의 다른 습작처럼 완성된 작품이 될 모티브지. 나는 언제쯤 조용히 침착하게 완성된 작품을 그릴 수 있게 될까. 시간이 아무리 흘러도 어중간한 것밖에 만들지 못할 것 같기도 해.

 고갱에게서 새로운 소식 있었니? 그의 건강과 작업진행상태를 알고 싶어 지난주에 또 편지를 썼단다.

 러셀은 답장이 없구나. 보쉬와 함께 온 맥나이트는 그가 파리에 없다고 했어. 그 두 사람이 찾아와도 그림이야기는 전혀 하지 않아.

 프린센하헤 백부에 대한 너의 말은 옳아. 또 같은 이야기의 되풀이지. 하지만 그가 이 세상을 떠나면 그의 친구들은 공허하고 슬퍼질 거야. 우리도 마찬가지지. 어릴 때 자주 만나 그 영향을 받기도 했으니 왠지 마음 아프구나. 활동적이었던 내가 아는 사람이 이제 그 성품이 비뚤어지고 무력해져 고뇌하는 모습을 보면, 분명 인생이 즐겁다는 생각은 할 수 없고 살아갈 희망을 얻지도 못하겠지.

브레다에 계신 어머니도 완전히 나이드셨겠구나. 라위스달의 작품 같은 이곳 자연 때문인지 네덜란드가 자주 생각나. 게다가 그 거리와 긴 세월이라는 이중적인 간격 때문에 더욱 가슴이 에이는 듯해.

레이드에 대한 일도 그 또한 즐거운 소식은 아니구나. 그는 화가가 되어 시골에서 지내고 싶다고 말하곤 했으니, 지금 그 말을 실행에 옮긴 걸지도 몰라. 마리아는 어떻게 지내니? 그녀의 행방도 알 수 없겠구나.

끊임없이 불어오는 이곳 바람이 유화 습작에 거친 느낌을 주는 것 같아. 세잔의 작품에서도 같은 느낌을 받게 되니 말이지.

일본사람들은 예술품을 족자로 만들어 말아놓아 서랍이나 벽장 속에 보관하기 쉬워. 우리가 그리는 유화는 그렇게 할 수 없지. 그런 짓을 하면 물감이 벗겨져버릴 테니까. 유화보관은 장식품으로 걸어놓는 게 가장 좋은 방법이야. 지난날 네덜란드에서 그랬듯이.

이곳 남 프랑스에서 하얀 벽면에 걸린 그림을 본다면 분명 아주 근사할 거야. 그런데 직접 와서 보면, 놀랄 만한 색상의 커다란 율리우스 훈장이 여기저기 걸려 있단다. 유감스럽게도 이런 상태는 쉽사리 변하지 않겠지. 그래도 어쩌면 머지않아 카페 등에서 장식으로 그림을 걸어두게 될지도 몰라.

가까운 시일에 다시 연락하마.

악수를 보낸다.

너의 빈센트

고흐가 베르나르에게 10
1888년 7월 중간무렵

친애하는 베르나르

자네 편지에 바로 답장하지 못한 것을 이해해주게. 스케치를 몇 점 함께 넣어보내네.

《정원》에는 다음과 같은 글이 씌어 있을 걸세.

'털이 수북한 융단처럼
무성하게 자라난 싱싱한 풀.'

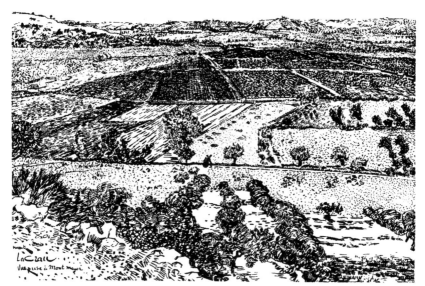

▲라 크로 스케치(조감도)

　그런데 자네가 인용한 예에 대해서는 글 아닌 그림으로 답하려 하네. 오늘도 나는 토론할 기분이 아니야. 머릿속이 온통 그림생각들로 가득하거든.

　펜으로 큰 데생을 2점 그려보았네. 드넓은 평야——높은 언덕에서 바라본 조감도일세——에 포도밭과 추수가 끝난 보리밭이 라 크로 언덕을 경계로 삼는 지평선까지 바다처럼 넓게 펼쳐져 있지.

　일본적 느낌은 그리 나지 않을 거야. 하지만 실제로 이제까지 그린 그림 가운데 가장 일본스럽다고 할 수 있어. 눈에 보이지 않을 만큼 조그마한 농부와 보리밭 사이를 달리는 작은 기차——그곳에 모든 생활이 있지.

　이곳 몽마주르에 도착한 첫날, 동료화가는 '그림으로 그려내기 어려운 풍경'이라고 말했었지. 나는 대답하지 않았어. 매우 멋진 풍경에 감탄하느라 그 멍청이를 나무랄 마음도 들지 않았지. 나는 그곳에 몇 번이나 갔다네. 그리고 이 평면으로 펼쳐진 풍경……무한과 영원뿐인 소요를 2점 그렸어.

　내가 그림그리고 있을 때 누군가 갑자기 나타났네. 그 이상한 녀석은 화가가 아닌 병사였어. "정말 멋지잖습니까? 바다처럼 아주 멋지군요"라고 말을 건네자, 그는 바다를 알고 있는 듯 중얼거렸어. "아니, 그렇지 않습니다. 바다처럼 멋지다니. 난 이곳이 넓은 바다보다 훨씬 아름답다고 생각합니다. 사람이 사는 느낌이 있으니까요."*1

우리 두 사람의 화가와 병사 가운데 누가 더 예술가일까? 병사의 눈을 선택하겠네. 그렇지 않은가?

이번에는 내가 물을 테니 곧바로 대답해주기 바라네. 브르타뉴 습작 스케치를 그려줄 수 있겠는가? 그곳으로 오가는 사람이 있을 테니, 그때까지 적어도 6점쯤 새로운 그림소재가 될 펜 스케치를 그려주면 좋겠네.

자네도 자신의 몫을 그리리라 믿고, 자네가 할 마음이 있든 없든 나는 작업에 몰두하고 있다네. 이 스케치는 동생에게 보내, 그 가운데 하나를 우리 수집품을 위해 남겨놓으라고 부탁할 참이네.

벌써 그렇게 연락해 두었지. 하지만 이건 우리를 완전히 가난뱅이로 만드는 사업이야.

고갱은 중병에 걸려 이곳 남 프랑스로 와서 함께 겨울을 보내게 될지 모르겠네. 여행이 성가시겠지만, 일단 오면 한 사람보다 두 사람 비용이 덜 들지. 고갱이 오면 둘이서 함께 마르세유에서 전람회를 열 테니, 자네 작품이 필요하네. 파리에서 자네 그림을 팔 기회를 놓치지 않을 정도의 작품이. 유화 스케치를 교환하더라도 자네에게 결코 손해 없을 걸세. 어쨌든 여유가 생기는 대로 다른 작업을 시작할 거야. 그렇지만 지금으로서는 달리 방법이 없군.

마르세유에서 전람회를 열게 되면 자네와 함께 하는 데 고갱도 찬성할 것이네.

토마는 결국 앙케탱의 《농부》 습작을 사들였다더군.

자네 손을 굳게 쥐면서, 곧 다시 연락하겠네.

빈센트

고흐가 베르나르에게 11
1888년 7월17일 무렵

나의 벗 베르나르

오늘 유화습작에 바탕한 크로키 9점을 자네에게 보냈네. 세잔이 착상을 얻

---

*1 이 말에 고흐는 충격을 받는다. '사람이 사는 느낌이 있다'는 것은 단순히 '사람이 살고 있다'는 것과 다르다. 인물이 존재함을 느끼게 하기 위해 풍경 속에 실제로 그 인물을 그릴 필요가 없고, 주제에 따라 결정된 색채를 쓰기만 해도 충분한 것이다. 풍경에 활기를 주는 것은 그림에 표현된 작은 인물들 모습이 아니라 알맞게 배치된 색채, 그 색채들이 만들어내는 대비효과면 충분하다.

▲프로방스의 농가

은 이곳 자연의 모티브를 자네도 이제 볼 수 있을 걸세. 엑스 지방에 가까운 크로 평야는 타라스콩 근교 또는 이곳 크로 평야와 거의 똑같거든. 카마르그 습지대는 더 단순하지. 타마리스크*¹ 덤불과 질긴 풀들이 이 메마른 방목지에 자라는 것은 사막에 아프리카수염새가 자라는 것과 마찬가지라네.

자네가 세잔을 좋아하니 이 프로방스의 크로키를 받으면 기뻐하리라 생각했네. 나와 세잔의 데생이 비슷하다는 건 아니네. 오, 몽티셀리와 나의 경우도 그렇지. 하지만 그들이 색채와 논리적 데생이라는 면에서 그토록 사랑했던 이 땅을 나도 무척 좋아한다네.

나의 벗 베르나르, 협력이라는 단어는 둘 또는 몇 명의 화가가 똑같은 그림을 그려야 한다는 게 아니네. 내가 말하는 의미는 오히려 저마다 다르지만 관련성있어 서로를 보충해 주는 작품이라네. 그렇지 않은가? 이탈리아와 독일의 르네상스 초기 화가들도, 네덜란드 화파와 이탈리아 파도, 요컨대 모든 그림이 그렇잖은가? 따로 의도하지 않아도 작품은 '그룹'과 '계열'을 만들지.

실제로 인상파도, 더 훌륭한 목표와 궁극적인 목적에 쏟아야 할 열정으로 서로 물고 뜯어 심한 내분을 겪으면서도 그룹을 이루고 있네. 우리 북방화파에서는 렘브란트가 그 우두머리야. 그에게 다가가면 누구나 그 영향을 받으니

＊1 tamarisk. 위성류(渭城柳)에 속하는 떨기나무. 지중해 연안 원산으로 관상용.

까. 포테르는 발정기의 흥분한 동물을 역시 흥분상태의 풍경 속, 심한 비바람 속, 햇빛 아래, 가을의 우수 속에 그려넣지만—렘브란트를 알기 전에는 꽤 무미건조하고 좀스러웠지. 렘브란트와 포테르는 형제라 해도 좋을 사이가 되었네. 렘브란트가 포테르의 그림에 전혀 붓을 대지 않았다 해도, 역시 포테르와 라위스달은 그들이 가진 최상의 것인 개성을 통해 옛 네덜란드에서 무언가 비통함을 느끼게 하는 것을 렘브란트로부터 배웠다네.

성 루카 시대의 화가 길드처럼, 우리가 물질적 어려움을 해결하려면 서로의 협력과 조합이 필요하네. 물질적 삶을 보호하면서 서로 싸우지 않고 동료로 사이좋게 지내면 더 행복해질 텐데. 이렇듯 우스꽝스럽고 어리석고 화나는 사태는 일어나지 않겠지.

불평은 그만두겠네. 우리는 너무 일찍 생활전선으로 떠밀려나와, 논의하고 실행할 여유가 없으니까. 조합이 현재 매우 불완전하게 존재하여, 우리가 금방 부서질 것 같은 쪽배를 타고 바다로 나가 현대라는 큰 파도 위를 멀리 항해하고 있는 이유도 바로 거기에 있네.

이건 르네상스일까, 쇠퇴일까? 우리는 그것을 판단할 수 없네. 너무 가까이 있어 전체가 왜곡되어 보이기 때문이지. 같은 시대에 일어난 사건은 우리의 불행이든 장점이든 자신들 눈에는 그 균형이 과장되어 보이는 법일세.

굳은 악수를. 자네의 편지를 다시 간절하게 기다리며.

빈센트

고흐가 베르나르에게 12
1888년 7월 23일 무렵

친애하는 베르나르

소묘를 보내주어 정말 고맙네. 전경의 수다떠는 두 여자, 그리고 사람들이 산책하는 해변의 플라타너스 가로수길이 무척 마음에 드네. 사과나무 아래 있는 여자, 양산을 든 여자도. 그리고 누드—모델을 그린 4점의 소묘, 특히 몸을 씻는 여자 누드—검정, 하양, 노랑, 갈색으로 흥을 더한 회색 효과—참 매력적이야.[1]

---

*1 암스테르담 반 고흐 미술관 소장.

오, 렘브란트!······보들레르를 찬미하는 마음은 제쳐두고 특히 이 시구들*¹로 감히 추측하건대, 그는 렘브란트를 전혀 몰랐네. 얼마 전 나는 이곳에서 렘브란트의 사실적이고 단순한 남자누드 습작을 묘사한 작은 동판화를 발견하여 샀다네. 남자는 어두운 실내의 문인가 기둥에 기대어 섰고, 그 수그린 얼굴과 붉고 덥수룩한 머리칼을 햇빛이 위쪽에서 스치며 비쳐들고 있네. 그 박진감과 육체의 실감넘치는 동물성 때문에 마치 드가 그림을 보는 듯하다네.

루브르에 있는 《소》 또는 《정육점 내부》라는 그림을 자세히 관찰한 적 있나? 자네는 그것을 자세히 못보았어. 보들레르는 전혀 본 적 없지. 자네와 네덜란드 화파 전시실에서 반나절 함께 보낼 수 있다면 얼마나 즐거울까! 이런 건 말로 설명할 수 없네. 그림 앞에서라면 훌륭함과 놀라움을 얼마든지 지적해줄 수 있지.

이러한 작품에 비하면 프리미티프 미술*²에 대한 나의 찬미는 결코 우위에 서지 못하고, 직접적인 감동을 주지도 못하네. 어쩔 수 없지 않은가? 나는 편협하지 않은걸. 그리스 조각상, 밀레의 농부, 네덜란드 초상화, 쿠르베며 드가의 누드화 같은 안정감있고 따사로운 완벽한 작품에 비하면 르네상스 초기 작품이며 일본작품은 보잘것없지. 나는 여기에 대단히 흥미를 느끼네. 완전한 것, 완벽한 것은 우리에게 무한을 느끼게 해주지. 아름다움을 즐기는 일은 쾌락의 절정에서 느끼는 황홀감과도 같은 것이라네.

매우 아름다운 임신한 네덜란드 부인을 그린 베르메르라는 화가를 아나? 이 독특한 화가의 팔레트는 파랑, 레몬옐로, 펄그레이, 검정, 하양이라네. 얼마 안되는 그의 그림 중에는 완벽한 팔레트의 다양한 풍부함이 있네. 레몬옐로, 옅은 파랑, 펄그레이의 배색이 그의 특징이지. 검정, 하양, 회색, 분홍이 벨라스케스의 특징인 것처럼.

요컨대 렘브란트며 네덜란드 인 작품은 미술관과 컬렉션에 분산되어 있어 루브르밖에 모르는 이들은 그 작품들에 견식을 갖는 일이 쉽지 않네. 이런 미술에 대해 네덜란드 인보다 훌륭한 글을 쓴 사람이 바로 샤를 블랑, 토레, 프로망탱 같은 프랑스 인들이야.

네덜란드 화가들은 상상력이 풍부하지 않지만 미적 감각과 구도에 대한 지

---

*1 베르나르의 편지에 보들레르의 시 《등대》가 인용되어 있었다.
*2 primitif. 미개민족의 예술. 14~15세기 또는 중세적 요소를 지닌 화가와 그 작품.

▲《협죽도를 든 소녀(무스메)》(1888)

식은 상당했네. 그들은 그리스도와 하느님을 그리지 않았지. 성서를 주제로 한 작품도 적은 편이야. 그런데 렘브란트는 그렸어. 렘브란트만이 예외적으로 그리스도를 그렸다네. 그리고 그의 경우, 다른 어떤 종교화가의 작품과도 비슷하지 않아. 실로 형이상학적 마력이 있지.

이렇듯 렘브란트는 천사를 그렸네. 자화상도 그렸네. 늙어서 이 빠지고, 주름지고, 무명두건을 쓴 거울 속의 자신을. 그는 몽상하고 또 몽상하네. 그리고 그의 화필은 다시 자신의 초상을 그리기 시작하지만, 상상으로 그리지. 그 표현은 더욱 슬픔을 참고 더욱 애끓는 것이 된다네. 그는 몽상하고, 또 몽상하네. 왜 그런지 모르지만, 소크라테스며 마호메트에게 그들만의 정령이 있었듯 렘브란트는 자신을 닮은 이 노인 뒤에 다빈치 풍 미소를 띤 이 세상 존재가 아닌 천사를 그리네.

나는 몽상하며 상상으로 그리는 화가를 자네에게 보여주었네. 처음에 나는 창조할 줄 모르고 상상력도 없는 것이 네덜란드 인의 특징이라고 주장했네. 이건 모순일까? 아닐세. 렘브란트는 그 어느 것도 창작하지 않았네. 이 천사도, 이 독특한 그리스도도, 그가 실제로 알고 있으며 느낀 그대로의 것이지.

들라크루아는 뜻밖에도 밝은 레몬색 톤으로 그리스도를 그렸네. 이 눈부신 색조는 그림 속 하늘 한구석에 자리한 별의 형용할 수 없는 신비로움과 매력에 버금가는 것이네. 렘브란트는 색값*1으로 그리는데, 그건 들드라크루아가 색채로 그리는 것과 똑같은 방식이라네. 그런데 들라크루아며 렘브란트의 기

---

*1 Valeu. 색가(色價). 색채의 시각적인 강도. 주로 회화에서 화면에 그려진 색채 상호관계에서 한 색을 다른 색과 비교했을 때, 그 색의 시각적 강도.

법과 다른 종교화가들의 기법 사이에는 엄청난 차이가 있지.

곧 다시 편지하겠네. 자네의 데생이 너무 반가워 감사의 말을 하려고 이 편지를 쓴 것이네. 얼마 전 12살 소녀 초상화를 완성했지. 갈색 눈, 검은 머리칼과 눈썹, 회색빛 어린 노란 피부, 초록빛을 강하게 띤 하얀 배경, 보라색 줄무늬 있는 빨간 윗옷, 오렌지색 큰 얼룩점 있는 파란 치마, 작고 귀여운 손에 든 협죽도 꽃 한 송이.

너무 피곤해서 도저히 편지쓸 상태가 아니야. 다시 편지하겠네. 다시 한 번 고맙네.

자네의 빈센트

고흐가 테오에게 514
1888년 7월25일 무렵

사랑하는 테오

좋은 소식 고마워. 너도 기억하듯 내 편지 끝부분은 이랬지. "우리는 나이들었어. 이게 현실이야. 나머지는 공상이며 실재하지 않아." 이 말은 나를 뜻한 것이지 너를 향한 게 아니었어. 나이에 어울리게 행동할 것, 지금보다 더 많은 일을 하지 말고 더 중요한 구상을 하는 것이 나에게 필요하다고 여겨 그렇게 말한 거야.

지금 너는 문득문득 느껴지는 공허함에 대해 이야기하는데, 나도 똑같은 것을 느낀단다. 우리가 사는 시대를 위대한 예술의 르네상스라고 생각할 때, 썩어빠진 공인된 전통은 아직 쓰러지지 않았지만 사실 무력하고 태만하지. 새로운 화가들은 고립되고 가난하며 미치광이 취급받고 있어. 그 탓에 그들의 사회생활은 실제로 그대로 되어가고 있지.

너도 마찬가지로 이런 프리미티프 화가들과 똑같은 노역을 하고 있어. 네가 그들의 그림을 팔아 돈을 마련해 주면 그들은 다시 새로운 그림을 그려내니까. 어떤 화가가 맹렬하게 그림그리다 성격이 파탄나서 가정생활이며 그밖의 모든 다른 면에서 엉망인 사람이 된다면, 그 결과 체념과 자기희생과 무기력해진 마음으로 그림그리고 물감을 사용하게 된다면, 네 일도 보상받지 못하며 그 화가와 마찬가지로 반은 자유의지에 의하나 반은 생각지도 못한 개성의 말살이라는 희생을 강요받게 되지.

무슨 말인가 하면, 너는 간접적으로 그림그리고 있으니 나보다 더 생산적이라는 거야. 완전한 장사꾼이 될수록, 너는 더욱 예술가가 되는 거란다. 나도 그러고 싶어……내가 방탕하고 병에 걸리고 몸을 갉아먹힐수록, 그만큼 더 이 위대한 예술의 르네상스 속에서 예술가가 되고 창조자가 되는 거지. 사태는 분명 지금 말한 대로지만—이 영원히 존재하는 예술, 이 르네상스, 오래 전 잘려진 그루터기에서 나오는 초록빛 새싹은 너무도 정신적인 것이어서, 예술제작 대신 더 적은 비용으로 생명을 낳을 수 있다는 걸 생각하면 왠지 쓸쓸한 생각이 들어. 너는 나보다 더 예술을 사랑하니, 예술이 지금도 살아 있음을 내가 느끼도록 해주어야 하지 않겠니?

이건 예술보다 내 개인적인 문제로, 안정과 평정을 되찾을 유일한 수단은 더욱 좋은 작품을 그리는 것이라고 생각해. 지난번 편지 마지막 부분으로 돌아가면—나도 이제 나이들었지만, 예술이 시대착오적이라고 생각하는 건 다만 상상에 불과해.

'무스메(娘)'가 뭔지 아니? 로티의 《국화부인》을 읽으면 알 수 있지. 나는 그것을 1점 그렸어. 완성하는 데 꼬박 일주일 걸렸단다. 아직 몸이 회복되지 않아 다른 일은 할 수 없어. 정말 지긋지긋해. 건강만 좋다면 풍경화를 몇 점 더 그렸을 텐데. 그래도 나의 《무스메》를 잘 마무리하기 위해 두뇌의 힘을 남겨두어야 했지. 무스메란 12살에서 14살의 일본—이번 경우에는 프로방스지만—소녀를 말해. 이제 내가 갖고 있는 인물화는 주아브 병사와 그녀 2점이 되었어.

건강에 신경써서, 그뤼비가 권한다면 입욕하도록 해. 4년 뒤 내 나이가 되면 너도 건강해야 일할 수 있다는 걸 깨닫게 될 거야. 우리는 머리로 일하므로, 너무 빨리 망가져버리지 않도록 최대한 근대적인 건강법을 잘 지켜 의도적으로 연장해나가야 해. 나는 해야 할 일이 아직 너무 많아. 조금이라도 밝은 기분으로 있는 게 어떤 약보다 효과좋단다.

러셀의 편지를 받았어. 벨 일로 이사하는 문제로 바쁘지 않았다면 더 빨리 답장보냈을 거라더구나. 지금 그는 그곳에 있으며, 내가 찾아와 당분간 머물면 기쁘겠대. 그는 또 내 초상화를 그리고 싶은 모양이야. "이사문제만 없었다면 고갱의 《수다떠는 흑인여자들》[1]을 보러 부소 화랑에 다녀왔을 겁니다"라고도 말했단다. 요컨대 그는 사지 않을 건 아니지만, 우리가 소장하는 그림보다 질

*1 반 고흐 미술관, 암스테르담.

이 떨어지는 것은 원치 않는다는 뜻을 내비치고 있어. 어쨌든 1점도 사지 않겠다는 것보다야 낫지.

고갱에게 이 소식을 알려 그의 유화 작품 스케치를 부탁할 생각이야. 당장 서두를 필요는 없지만 러셀을 단념해서도 안돼. 언젠가 성사될 진행 중인 거래라고 생각해야 해.

기요맹도 마찬가지야. 나는 러셀이 기요맹의 인물화를 1점 사주리라고 생각해. 그는 로댕으로부터 자기 아내 흉상을 받았는데, 그 기회에 모네와 점심을 함께하며 앙티브 풍경화 10점을 봤대. 그에게 제프루아의 논문을 보내야지. 그는 모네 작품을 아주 공정하게 비평하고 있어. 모네가 어려운 작업에 도전하고 있으며, 빛깔띤 대기에 둘러싸인 느낌과 색채 등이 매우 좋다는 것 등을. 그런 다음 단점을 꼬집어내는데, 나무는 굵은 줄기에 비해 잎이 너무 많고, 전체적으로 사물이 사실적이며, 또 자연의 수많은 법칙면에서 퍽 실망스러운 점이 있다고 했지. 마지막으로 이런 어려운 작업에 도전하는 자질은 화가라면 모두들 지녀야 한다고 말하고 있단다.

베르나르로부터 유곽풍경을 그린 크로키 10점을 받았어. 그 가운데 3점은 르동 풍으로 그렸으며, 나는 동감할 수 없어. 그러나 상당히 렘브란트적이고 고야적인, 목욕하는 여인 인물이 있는 매우 독특한 풍경도 있어. 이것들은 너에게 보내지 말라고 그는 단호하게 거절의 뜻을 밝혔지만, 이번에 보낼 거야. 러셀은 베르나르의 작품을 또 살 것 같아.

보쉬의 작품을 봤어. 틀림없는 인상파지만, 그저 그래. 최신 기법에 집착한 나머지 자신을 잘 드러내지 못했어. 곧 강해지고 개성도 드러나리라 생각해. 맥나이트는 예전에 우리가 알던 그 비겁한 네덜란드 인 데스트레의 작품과 똑같은 수채화를 그리고 있어. 그는 이미 작은 정물을 수채화로 몇 점 그렸단다. 보라색 전경에 노란 항아리, 초록을 전경으로 한 빨간 항아리, 파랑을 전경으로 한 오렌지색 항아리——이것은 좀 낫지만 그래도 내용은 빈약해.

그들이 머무는 마을은 밀레가 말하는 이른바 소농민들 말고는 아무것도 없는 소박하고 친근한 곳이야. 이 특질을 두 사람은 전혀 깨닫지 못하고 있어.

맥나이트는 여관주인에게 예의범절을 가르치고 그리스도교로 개종해 문명적으로 개화시킨 것 같아. 어쨌든 이 시골양반과 그의 아내는 우리가 가면 악수도 청해 오고, 카페에서 마실 것을 주문할 때 돈을 거절하는 척하며 SS 발음을 강조해 "예술가님에게 돈을 받을 수는 없습니다"라고 말하더구나. 이런 역겨운 행동도 결국 이 두 사람의 죄인데, 맥나이트와 함께 있으면 보쉬도 상당히 멍청해질 게 분명해.

맥나이트는 돈을 좀 가진 것 같아. 그것으로 둘이서 마을에 독을 퍼뜨리고 있지. 안 그랬으면 나도 가끔 그곳으로 그림그리러 갈 텐데. 그곳에서는 문명개화된 자들과 말을 섞지 않도록 조심해야 해. 그들은 역장이며 20명쯤의 시끌벅적한 이들과 친한데, 그 덕분에 대부분 무위도식하며 지내지. 이건 전에 무리어에게도 말했었는데, 그는 맥나이트가 '촌사람들'을 잘 이해한다고 생각하고 있었단다.

그곳의 단순하고 소박한 시골사람들은 물론 그들을 우습게 여기고 경멸해. 탈착식 옷깃을 단 마을의 한량들과 어울리지 않고 그림그리려면 몇 수쯤 쥐어주고 농민 집으로 들어가는 게 좋아. 그러면 두 사람에게 짜증나는 이 퐁비에유 마을도 보물산이 될 텐데…… 그곳 사람들은 우리가 아는 저 순박한 졸라의 소농민들이야. 맥나이트는 머지않아 캔디 박스 장식용으로 양이 있는 작은 풍경화를 그릴 것 같아.

요즘 내 그림뿐 아니라 나 자신도 에밀 바우터스의 그림에 등장하는 휘호 판 데르 후스처럼 무시무시한 모습이 되고 있어. 그렇지만 깔끔하게 면도하면 나도 훌륭하게 표현된 이 미치광이 화가뿐 아니라, 같은 그림 속의 저 차분한 대수도원장과도 비슷할 거야. 이 둘 사이에 자리하는 것도 나쁘지 않다고 생각해.

나는 살아가야 하고, 특히 부소 화랑에서 네 지위에 변화라도 생기면 언제 위기가 올지 모르니 우물쭈물하고 있을 수 없어. 그래서 더욱 너도 나도 예술가들과 지속적인 관계를 맺을 필요가 있지. 나는 지금까지 사실을 말해 왔으며, 만일 내가 쓴 돈을 그만한 가치 있는 것으로 되찾을 수 있다 해도 그건 단지 내 의무를 다했기 때문일 뿐이야. 그리고 사실상 내가 그리고 싶은 건 초상화란다.

과음…… 난 그게 나쁜지 어떤지 모르겠어. 비스마르크는, 어떤 경우에도 현실적이고 총명한 그에게 주치의가 "술을 너무 많이 마시는군요. 당신은 평생 위장과 머리를 혹사시켜 왔습니다"라고 말하자 술을 딱 끊어버렸지. 그 뒤로 그는 기력이 없고 멍해졌어. 그는 분명 마음 속으로 그 주치의를 나무랐을 거야——더 빨리 진찰받지 않았던 게 천만다행이라고.

그럼, 굳은 악수를.

너의 빈센트

덧붙임 : 소녀 초상의 배경은 초록빛 톤을 강하게 띤 하얀색이고, 윗옷은 빨강과 보라 줄무늬야. 치마는 큰 오렌지옐로 얼룩점이 들어간 로열블루. 까칠한 피부는 황회색, 보랏빛 도는 머리칼, 까만 눈썹과 속눈썹, 오렌지색과 프러시안블루의 눈. 손가락 사이에 협죽도 가지 하나. 두 손을 다 그려넣었어.

고갱에 대해서인데, 만일 제안이 받아들여진다면 그를 도와야겠지만, 우리는 그를 필요로 하지 않는다는 게 유의할 점이야. 그러니 내가 혼자 그림그린다 해서 어떤 지장이 있을 거라고는 생각지 말아줘. 나 때문에 급히 서두를 건없어. 그 점을 반드시 알고 있도록 해.

고갱이 고흐에게 30
퐁타벤 1888년 7월25일 무렵

친애하는 빈센트

당신의 흥미로운 편지를 막 읽었소. 예술에서는 정확함이 기여하는 바가 그리 중요하지 않다는 당신 의견에 나도 동감이오. 예술은 추상이지요. 안타깝게도 우리는 사람들에게 점점 더 이해받지 못하오.

우리의 목적, 나의 프로방스 여행이 실현되기를 바라오. 나는 투우를 나만의 방식으로 해석하고 싶다는 열망을 늘 갖고 있었소. 나는 다시 내 능력을 자유로이 구사할 수 있게 되었지요. 병에 걸려 쇠약해졌지만, 최근 습작은 지금까지 그린 것들을 능가한다고 여기오. 물론 이곳의 역겨운 무리들은 내가 완전히 돌아버렸다고 생각하지만, 나는 그걸로 만족하오. 바로 그것이 내가 그렇지 않다는 증거이기 때문이오. 《레슬링하는 브르타뉴 소년들》*¹를 완성했는데, 분명 당신 마음에 들 거요.

푸른 바지와 붉은 바지를 입은 두 소년을 그렸소. 오른쪽 위에는 물에서 올라오는 사람 하나. 초록색 잔디밭은 순수한 에메랄드그린으로, 색이 옅은 부분은 크롬옐로까지 사용했으며, 마치 단순소박한 일본판화 같다오. 위쪽에는

---

*1 개인 소장, 스위스.

▲《레슬링하는 브르타뉴 소년들》

분홍빛 도는 하얀 폭포가 거품을 일으키며 떨어지고, 테두리 부분에 무지개가 있지요. 아래쪽에는 흰 붓질, 검은 모자와 푸른 윗옷.

그랑쉬의 말로는 러셀과 두 달 전 파리에서 만났는데, 러셀이 나를 무척 칭찬하며 다시 벨 일에 갈 거라고 했다 하오. 돈도 많으면서 그토록 칭찬한 작품을 사지 않다니 도저히 이해되지 않소. 그래도 희망을 걸어보는 수밖에.

당신이 말한 토마가 대체 누구요? 혹시 토마 데 보야노? 아니면 뱅돔 광장 근처에 사는 그림상인?

내 친구 라발이 마르티니크에서 돌아왔소. 그는 매우 진기한 수채화를 몇 점 갖고 왔지요. 당신에게도 보여줄 생각인데, 분명 마음에 들 거요. 역시 예술이라오.

이미 당신과 공동생활하고 있는 듯 말하고 말았군요. 일단 결정내린 뒤 나는 빨리 실현하고 싶었소. 이 지긋지긋한 돈문제만 아니라면 당장 짐을 꾸렸을 텐데.

왠지 모르지만, 이 열흘 동안 내 머릿속은 남 프랑스에서 그리고 싶은 그림에 대한 망상으로 가득했소. 이 또한 원기왕성해진 내 건강 덕분이겠지요. 결정타를 날리고 싶은 어떤 욕구 같은 것을 느끼고 있답니다. 여러 모로 탐구를 계속하면 나중에는 쉽게 앞으로 나아갈 수 있으리라 생각하오. 우리가 함께 살게 되기를 기대하면서, 악수를.

고갱

친애하는 베르나르

벨라스케스와 고야라는 화가에 대해 자네도 나도 잘 모르는 듯하네. 우리 둘 다 그들의 고국인 스페인에 가보지 못했고, 남유럽에는 아름다운 것들이 많으니까. 그래도 남 프랑스를 아는 것만으로도 대단한 일이지.

북유럽 사람들에게는 렘브란트가 대표적인 화가라네. 그러니 곳곳에 흩어져 있는 작품들과 옛국가의 각 시대며 그 풍습까지 깊이 파고들어 여러 화가를 잘 비교해봐야 하지.

거듭 말하지만, 보들레르도 자네도 렘브란트에 대해 정확한 견해를 갖고 있지 못한 것 같네.

어떤 의견을 가질 만큼 네덜란드 각 화파의 그림을 관찰하는 편이 좋다고 자네는 생각하지. 그것은 다만 보석을 찾는 게 아니라 훌륭한 가운데 더 멋진 것을 골라내는 것과 같네. 다이아몬드에도 가짜가 많으니까.

이미 20년도 더 전부터 자기 나라 각 화파를 공부한다지만, 북방 화가에 대한 논의를 들으면 너무도 의견이 갈라지고 질문에 거의 만족스러운 대답을 못하지. 그런 까닭으로 자네가 할 수 있는 대답은, 더 잘 살펴보는 게 좋겠다는 말뿐이었어.

예를 들어 루브르 미술관에 있는 오스타데의 《화가 가족》──남자와 여자와 아이가 10명쯤 그려진──확실히 연구하고 살펴볼 만한 작품이지. 테르보르흐의 《뮌스터 조약비준》도 마찬가지야. 만일 루브르에서 내가 좋아하는 그림을 찾는다면, 놀랍게도 그것은 네덜란드 파 그림만 보러 가는 사람까지 포함해 예술가들이 완전히 잊고 있는 작품일 걸세. 하지만 당연하다는 생각이 드는군. 왜냐하면 내가 고르는 건 프랑스 인이 대부분 알지 못하는 지식을 바탕으로 하고 있으니까.

만일 자네가 다른 의견을 가졌다 해도 나중에 반드시 이해해주리라 생각하네.

루브르에서 훼손된 렘브란트 작품을 보는 건 유감스러운 일이네. 멍청한 관리들이 수많은 좋은 작품을 쓸모없게 만들고 말았지. 렘브란트의 몇 작품이 노란빛을 띠는 것은 안타깝게도 습기와 다른 원인으로 손상되었기 때문이네.

그것을 하나하나 지적할 수 있지.

벨라스케스의 회색에 이름붙이기 힘들듯 렘브란트의 색을 말하기도 무척 어려워. 알맞은 단어가 없어 렘브란트의 금색이라고 흔히 이야기하며 정확히 무슨 색이라고는 말할 수 없지.

프랑스에 와서 이곳 사람들보다 더 들라크루아와 졸라의 작품에 감동하고 마음을 송두리째 빼앗겼네.

나의 사고방식은 렘브란트의 영향을 받았지만, 들라크루아와 렘브란트의 색채방법은 공존한다고 생각하네.

졸라와 발자크는 작품 속에서 마치 화가처럼 시대의 사회와 자연을 묘사하고 신비로운 예술활동을 일으켜 독자에게 말을 건네네. 그리하여 그 시대를 느끼게 해주지.

만일 들라크루아가 역사 대신 인류의 평범한 생활을 묘사했다면 틀림없이 세계적인 천재 범주에 들어갔을 거야.

실베스트르가 쓴 훌륭한 논문의 맺음말, 그게 좋겠군.

'무사(武士)에서 성인으로, 성인에서 연인으로, 연인에서 호랑이로, 호랑이에서 꽃으로 붓질을 옮아간, 머리에 태양을, 가슴에 폭풍우를 안은 위대한 혈통의 화가 들라크루아는 희미하게 미소띤 듯 죽음을 맞았다.[1]

도미에도 마찬가지로 대단한 천재였지.

밀레 또한 그가 속한 계급을 대표하는 화가라네.

이 천재들은 광기가 있었다고 여겨지기도 해. 그들을 무조건 좋아하고 감탄하려면 우리도 얼마쯤 미칠 필요가 있지.

어떻든 비판보다는 나처럼 열중하는 편이 낫다네. 간접적으로 렘브란트에게 도달하는 게 어쩌면 가장 빠른 지름길일지도 몰라.

할스에 대해 이야기해 볼까? 그는 그리스도, 양치기에 대한 계시, 천사, 십자가의 성자, 부활을 결코 그리지 않았을 뿐더러 음란하고 거친 발가벗은 여자 모습도 그리지 않았지.

그는 초상화만 그렸어, 오로지 초상화만을. 군인 초상화, 장교들의 집회, 공화국 공무를 위해 모인 장관들 초상화, 하얀 헝겊모자를 쓴 분홍색과 황색 피부에 검은 공단이며 모직물을 걸치고 고아원과 양로원 예산을 논의하는 귀부

---

[1] 테오필 실베스트르 저서 《프랑스 예술가들》.

인들 초상화. 가정의 유력한 시민들, 남자와 여자, 아이들 초상화를 그렸지. 술 취한 술꾼, 마법사처럼 크게 입벌리고 웃는 생선가게 노파, 아름다운 집시의 매음(賣淫), 배냇저고리 입은 아기, 멋진 수염 기른 건강한 신사가 박차달린 장화를 신은 모습. 또한 그는 결혼 첫날밤을 치른 다음날 아침, 신부와 자신의 모습을 그렸어. 두 사람 모두 젊고 서로 사랑하며 정원 잔디밭에 앉아 있지. 또 부랑아, 웃는 장난꾸러기, 음악가들, 통통하게 살찐 여요리사도 그렸어.

그는 그 이상의 것은 그리지 않았지. 하지만 그것만으로도 단테의 천국이며 미켈란젤로며 라파엘로며 그리스에 버금간다네. 졸라처럼 아름답고 밝고 건강하며 생기가 넘쳐나지. 그 시대가 건전하고 어둡지 않았던 거야.

렘브란트는 어떨까? 그도 같은 초상화가야.

본질을 살피기 전에, 이런 건전한 사상과 너그럽고 명랑하며 서로 상대되는 정점이 있음을 먼저 받아들여야만 해. 많은 작품을 그린 이 두 초상화가로 공화국의 명예가 대표되고 있음을 잘 이해한다면 우리는 실내풍경, 동물, 철학자를 소재로 한 그림이며 풍경화 등 매우 넓은 범위의 윤곽을 그려낼 수 있지.

내가 가장 간단한 방법으로 정론(正論)을 펼치려는 것을 이해해주게.

할스, 이 대가를 자네 머릿속에 넣어두게. 그리고 공화국의 용감하고 영원히 살아 있는 온갖 초상화가들. 할스에게 뒤지지 않는 네덜란드 공화국의 위대하고 세계적인 초상화 대가 렘브란트를 꼭 기억하게. 대범한 자연주의자이며 웅장함에서 할스와 비슷하지. 그리고 렘브란트를 이은 직계 제자 베르메르, 파브리티우스, 마에스, 호호, 볼 등이 있네. 렘브란트에게 영향받은 인물로는 포테르, 라위스달, 오스타데, 테르보르흐 등이 있지. 파브리티우스의 작품은 2점밖에 알려지지 않았네.

그밖에도 훌륭한 화가들이 많지만, 이런 위조 다이아몬드들은 언급할 필요도 없어. 그렇잖아도 위조는 용감한 프랑스 속물들을 통해 소개되고 있으니까.

베르나르, 내 말이 어려운가? 간단하고 중요한 것만 설명했는데. 공화국의 인간적 회화라기보다 오히려 초상화라는 단순한 방법을 쓰는 화가——그것이 무엇보다 중요하다네. 그뒤 렘브란트의 얼마쯤 마술적인 소재며 그리스도며 여성누드가 이어져 어느 것이나 흥미롭네. 하지만 중요한 것은 아니지. 보들레르는

이러한 것만 공허하고 과장된 말로 표현하는 일을 그만두는 게 좋을 거야.[1]

보들레르를 있는 그대로의 모습으로 보면 뮈세 같은 근대시인이지. 그래도 우리 화가들에게 쓸데없는 참견은 하지 않는 게 좋아.

자네의 《음란과 방탕》은 다른 그림만큼 좋지 않지만 《나무》는 매우 멋지군. 악수. 모든 것을 자네에게.

고흐가 빌레미나에게 5

1888년 7월31일

사랑하는 누이동생

오늘 아침 네 편지를 받고 곧바로 답장쓰고 싶었어. 아마 내일 아침이면 파리로부터 편지가 와서 테오가 어떻게 할 건지, 출발할 수 있는지 어떤지 알 수 있을 거야. 테오는 그쪽으로 갈 게 틀림없어. 우리가 그 존재를 추측할 수밖에 없는 인생의 또 다른 반구로 우리가 아는 누군가가 대여행[2]을 떠나려 할 때는 마음이 싱숭생숭하지. 그러나 나는 현세 여행자의 행운도 당연히 빌어준단다.

요즘 나는 맹렬하게 그림그리고 있어. 이곳 여름은 나에게 정말 근사해. 북쪽에서 경험한 그 어떤 여름보다 멋지게 여겨지지만, 이곳 사람들은 예년 같지 않다며 불평하고 있어. 비는 오전이나 오후에 가끔 내리는데, 우리 고향보다는 훨씬 적지. 수확은 벌써 끝났어. 바람이 많이 불어와. 오랫동안 미친 듯이 휘몰아치는 미스트랄이라는 바람으로, 그 속에서 그림을 그려야 하는데 도저히 버틸 수 없을 정도야. 그럴 때는 캔버스를 땅바닥에 내려놓거나 무릎에 올려놓고 그리지. 이젤이 흔들거려서 말이야.

정원의 습작을 그렸어. 폭이 약 1m이고, 전경은 초록 속에 양귀비와 빨간 꽃들, 파란 종모양 꽃, 오렌지 색과 노란 메리골드, 흰색과 노란 꽃, 마지막으로 후경에는 분홍과 라일락 색과 짙은 보라 솔체꽃, 빨간 제라늄과 해바라기, 무화과와 협죽도와 포도. 저 멀리에는 오렌지 색 지붕의 낮고 하얀 집들을 등지

---

[1] 베르나르가 보들레르의 4행시 '등대'를 칭찬한 데 대한 답장이다. 《악의 꽃》 '등대' 제3절. 소란스러운 병실의 가련한 렘브란트/ 장식이라고는 커다란 십자가 뿐/ 떠도는 악취와 비슷한 눈물젖은 기도/ 갑자기 비쳐드는 겨울햇살.

[2] 빈센트 백부는 7월28일에 세상떠났다.

▲《밀짚모자를 쓴 자화상》(1888)

고 검은 노송나무──그리고 초록과 파랑이 교차하는 오묘한 하늘. 나 스스로
도 잘 알고 있듯이, 꽃 하나하나가 선묘되어 있는 게 아니라 빨강, 노랑, 오렌지
색, 초록, 파랑, 보라를 점점이 찍어서 칠한 것뿐이야. 그렇지만 이런 색들이 모
두 늘어놓여진 인상은 자연에서와 똑같이 그림 속에도 분명하게 드러나 있어.
그런데 네가 이 그림을 본다면 실망해서 하나도 아름답지 않다고 생각하지 않
을까. 이 모티브가 여름이라는 건 알겠지?

코르 숙부는 벌써 여러 번 내 작품을 보셨지만, 형편없다고 생각하셔.

지금 나는 노란색을 더한 짙은 파란색 제복을 입은 우편부*¹의 초상화와 씨
름하고 있어. 마치 소크라테스 같은 얼굴로 코는 거의 없는 듯하고, 넓은 이마,
벗겨진 정수리, 작은 잿빛 눈, 불그레하고 살진 볼, 희끗희끗한 커다란 수염, 커
다란 귀. 이 남자는 열렬한 공화주의자이며 사회주의자로 말을 잘하고 박식해.
그의 아내가 오늘 출산했단다. 그래서 그는 기쁨과 만족감에 차 있지. 사실 나
는 꽃보다 이런 초상을 그리는 게 훨씬 좋아. 그러나 하나를 하면 다른 것도
해야 하니, 기회되는 대로 모두 그리려 노력하고 있어.

12살 소녀의 초상화도 있단다.

······중략······

나는 늘 같은 것을 추구하고 있어──초상화, 풍경화, 풍경화와 초상화. 나는
오늘 태어난 갓난아기의 초상화도 그리게 되리라 기대해.

꽃없는 정원그림도 있어. 깎은 지 얼마 안되는 선명한 초록빛 풀밭으로, 잿
빛 건초들이 길게 열지어 놓이고 축 늘어진 물푸레나무, 개잎갈나무 몇 그루
와 노송나무가 있지. 개잎갈나무는 누르스름한 둥근 모양이고, 노송나무는 청
록색으로 높이 뻗어 있어. 뒤쪽에는 협죽도가 초록과 파란 하늘 한구석에 있
단다. 풀밭 위에는 떨기나무의 푸른 그림자.

주아브 병사의 반신상도 있어.

······중략······

내가 누군가와 함께 살게 된 것이 사실이냐는 너의 질문은, 그렇게 될 가능
성이 커. 상대는 역량있는 화가*²로, 다른 인상과 화가들처럼 어렵게 생활하
며 간장병을 앓고 있어. 테오는 전에 그에게서 커다란 그림을 샀는데, 멀리 바

─────────────
*1 아를 역에서 우편분류업무를 했던 룰랭.
*2 폴 고갱.

다가 보이는 타마린드와 야자나무와 바나나나무 아래 분홍, 파랑, 오렌지 색, 노란 무명옷을 입은 흑인여자들*¹을 그린 거야. 《로티의 결혼》*²에 묘사된 그 오타히티처럼 말이지. 그는 마르티니크의 열대자연 속에서 그림을 그린 적 있어. 내 습작 한 점과 교환한 그의 또 다른 그림*³을 우리는 갖고 있어. 보라색 진창, 그리고 하늘의 맑은 코발트블루가 비치는 물웅덩이 있는 바싹 마른 강, 초록빛 풀밭. 흰색과 붉은색 암소를 몰고 가는 흑인소년, 푸른 옷 입은 흑인여자, 초록빛 숲 일부. 그는 무언가에 홀린 듯 그리고, 또 뭐든지 그려. 지금은 브르타뉴에 있지.

우리는 절약을 위해, 또 같은 화가들과 어울려 함께 살게 될 거야. 이제 곧 그 또는 내가 무언가 팔게 되면 여행할 수 있고, 이곳으로 올 거란다. 물론 계획대로 되지 않을 수도 있지만, 올 가능성이 매우 커. 이 계획이 실현되지 못하고 내가 계속 혼자 그림그리더라도, 다른 화가들과 같은 방향으로 작업하다 보면 저마다 자기만의 기법을 확보하면서 교제도, 흥미로운 교류도 하게 되겠지.

몸은 어떠니? 건강하면 좋겠구나. 무엇보다도 야외로 자주 나가야 해. 이전의 너와 비슷하게, 나도 이곳에서 가끔 식욕부진에 시달릴 때가 있어. 그래도 어떻게든 암초 사이를 헤쳐나가고 있단다. 너나 나 같은 체질을 가진 사람은 이 '몸이 튼튼하지 않으면 관리를 잘 해야 한다'는 말을 명심해야 해. 게다가 일이 좀 잘 풀리면 큰 도움이 되지.

이곳의 여름은 정말 멋져. 초록은 아주 짙고, 풍부하며, 대기는 엷고, 놀랄 만큼 맑아. 색깔이 이렇듯 다르지 않다면, 이 넓은 평야는 네덜란드를 여러 모로 연상시킬 텐데——이곳에도 산과 바위가 거의 없거든. 나를 아주 즐겁게 해주는 것은 수수한 싸구려 옷감이지만 초록, 빨강, 분홍, 노랑, 엷은 갈색, 보라, 파랑, 물방울무늬, 줄무늬 등 다채로운 옷을 입은 여자와 소녀들이야. 검은 숄과 빨강, 초록, 노랑 양산. 그 위에서 빛나는 유황처럼 강렬한 태양, 드넓은 푸른 하늘——이것들이 때로는 네덜란드가 음울한 것만이나 화창해. 안타깝게

---

*1 《흑인여자들》 반 고흐미술관, 암스테르담.
*2 프랑스 소설가·해군장교인 Pierre Loti가 1880년에 쓴 소설. 남태평양의 폴리네시아를 시작으로 이스탄불·중국·일본·팔레스타인 등지를 두루 돌아다니며, 각지의 인상을 바탕으로 관능적이고 이국적인 작품을 썼다. 그의 정신 밑바닥에 깔린 것은 페시미즘이다.
*3 폴 고갱 《연못가》. 반 고흐미술관, 암스테르담.

도 이 극단적인 두 가지를 다 가질 수 있는 사람은 아무도 없지.

이만 펜을 놓아야겠다. 빈센트 백부의 죽음은 어머니와 너, 특히 백모님에게 큰 충격일 거야. 나는 좀 이상한 기분이었어. 아주 오랜 세월을 거친 먼 옛날의 기억으로 나는 빈센트 백부를 회상하게 되는데, 그토록 가깝게 지냈던 사람이 저세상으로 가버린 사실이 너무나 이상해. 너도 내 기분을 헤아려주리라 여겨. 인생은 꿈과 같아서, 인생이 다시 단순화되고 병에 걸린 사람이 긴 여정을 떠나기 시작한 순간부터 인간은 인생을 새로이 이해하게 돼. 너도 분명 똑같이 느낄 거라고 생각해. 테오도 크게 상심했을 거야. 그는 나보다 빈센트 백부와 더 친했으니까.

요즘 어머니는 건강하시니? 나는 너와 어머니를 자주 생각해. 진심으로 행운을 빈다.

빈센트

덧붙임 : 그림 생각으로 머리가 가득차 다른 일은 생각할 겨를이 없어. 내 주소는 부슈뒤론 아를 라마르틴 광장 2번지야.

가능하면 내 책이나 판화들을 잃어버리지 않도록 잘 보관해 줘.

고흐가 테오에게 516
1888년 8월 첫무렵

사랑하는 테오

빈센트 백부에게 이제 더 이상 고통은 없겠지. 오늘 아침 누이 빌레미나의 편지를 받았어. 네가 장례식에 오기를 기다리는 듯했는데, 아마 너는 참석하겠지.

인생은 어찌 이리 짧고 덧없을까. 그렇다 해서 생명을 업신여길 이유가 되지는 않고, 오히려 그 반대지. 그러니 우리들이 작품보다 화가에게 더 애착을 갖는 것도 당연한 일이야.

나는 러셀을 위해 열심히 일했어. 유화습작으로 데생 시리즈를 그려주었지. 그는 진지하게 내 그림을 보아주리라 확신하고, 적어도 내 그림을 살 마음이 들 거라는 기대도 있어.

어제 맥나이트가 다시 나를 찾아와 소녀 초상화에 감탄하며, 그것과 《정원》

이 마음에 든다고 말했지. 그는 돈 있는 사람인지 아닌지 전혀 모르겠어.

나는 지금 또 다른 모델과 작업하고 있어. 파란 제복에 금몰이 장식된, 수염 기른 큰 얼굴이 소크라테스를 닮은 '우편부'야. 탕기 영감처럼 열광적인 공화주의자로 아주 재미있는 사람이지.

만일 러셀에게 강력하게 추천한다면, 네가 산 고갱의 그림을 받아줄지도 몰라. 달리 고갱을 도울 방법이 없다면 어쩔 도리 없겠지.

그에게 데생을 보낼 때 편지도 함께 보낼게. 물론 그의 결심을 굳히기 위한 편지를. 나는 이렇게 말하려고 해.

"당신은 우리 그림을 사랑해 주지만, 우리들이라면 그 예술가를 좀더 깊이 생각해 볼 겁니다. 어째서 당신도 우리처럼 그 사람을 있는 그대로 믿어주고, 그가 하는 일을 모두 받아들이려 하지 않으십니까?"

그리고 덧붙이고 싶구나.

"물론 그 커다란 그림을 우리에게 주셔도 전혀 지장 없습니다. 그러나 앞으로도 조금씩 돈이 필요할 때가 오겠지요. 저희는 그를 위해 그림가격이 3~4배로 오를 때까지 그 작품을 가지고 있을 것이며, 앞으로 가격이 오르리라 확신합니다."

그 결과 만일 러셀이 결정적인 확실한 가격을 붙일 마음이 든다면, 너는 고갱이 친구로서 나에게 판 가격이니 다른 그림애호가에게 똑같은 가격으로 줄수는 없으며, 절대 그렇게 하고 싶지 않다고 말해야 할 거야.

나는 이제 데생을 마무리해야겠어. 아직 8점밖에 그리지 않았지만 조금 더 늘려 12점 그리려고 해. 그리고 러셀이 어떻게 대답할지 기다려보자.

나는 네가 네덜란드에 갔는지 궁금해 견딜 수 없지만, 지금 그 이야기는 하지 않을게.

나는 인물화를 좀더 그려보려고 해. 인물화야말로 그림 속에서 나를 진심으로 감동시키고, 다른 것들보다 무한함을 느끼게 해주는 유일한 것이니까.

이번 달 17일에 내 친구 알제리 보병소위가 파리로 갈 거야. 그가 가는 길에 내 짐을 너에게 전해준다고 하여 부탁하려고 해. 그러니 따로 비용을 들이지 않고 18일에 내 그림을 받아볼 수 있을 거야.

오늘 누이 빌레미나에게 편지쓰려고 해. 슬픔에 잠겨 있어도 모두 건강하리라 믿어.

베르나르가 보낸 스케치는 잘 받았니?

빌레미나의 말대로, 누군가 세상떠나면 그 사람과 보낸 좋은 시간과 좋은 점들밖에 떠오르지 않는 것 같아. 그러니 살아 있는 동안 만날 기회를 되도록 많이 만들어야 해. 지금 우리들을 이렇듯 놀라고 슬프게 하는 인생의 잔혹함을 생각하면, 다른 일은 아무것도 아니잖니. 만일 인생에 또 다른 세계가 있다면, 눈에는 보이지 않지만 숨을 거둘 때 그곳에 이를 수 있다면, 흥미롭고도 엄숙한 그 여행길을 떠나는 사람에게 마음속 깊이 기도와 동정을 바치자꾸나. 네가 네덜란드에 가게 되면, 어머니와 빌레미나에게 안부와 악수를 전해 주렴.

너의 빈센트

덧붙임 : 집세를 치렀고 모델도 불렀으니 이번 주는 훨씬 형편이 어려울 거야. 유화습작 스케치를 그리고 싶어.

일본스럽다고 너도 생각하겠지?

어제 보내준 50프랑에 대한 감사인사와, 네 편지의 답장도 써야 해. 물감과 캔버스를 보내준 건 매우 고마웠어. 가지고 있던 것들을 모두 사용해버렸거든.

빙 화랑 일은 서두르지 마. 인연을 끊는 건 당치도 않아. 결제가 끝나면 곧 다시 위탁품을 맡도록 해야 해.

나는 오늘 저녁, 드물게도 멋진 회화효과를 보았어. 르와르 강변에 매어져 있는 큰 석탄배였지. 위에서 내려다보니 그 배는 소나기에 젖어 반짝반짝 빛났고, 물빛은 노란기 도는 흰색과 진주색이 섞였으며, 라일락 색 하늘에 저녁놀진 오렌지 색 띠, 마을은 보라색. 배 위에서는 더러워진 파란색과 흰 옷을 입은 노동자들이 오가며 육지로 화물을 나르고 있었어. 그야말로 호쿠사이의 작품 그 자체였지. 그림그리기에는 너무 늦은 시각이었어. 그 석탄배가 돌아오면 꼭 그릴 거야. 나는 철도자재 보관소에서 그 배를 봤어. 처음 발견한 장소였지. 그곳에 또 다른 그림소재도 있으리라 생각해.

작별인사로 악수를 보낸다. 네덜란드 집에도 편지보내려면 서둘러야 하거든.

이번 주는 이래저래 힘들 거야.

하지만 인물화 시리즈를 궤도에 올려놓고 싶어.

고갱이 아직 퐁타벤에 있는지 자네가 물어왔는데, 대답해주는 걸 깜빡 잊고 있었네. 그는 여전히 그곳에 있을 거야. 편지를 써보는 건 어떤가? 분명 기뻐할 걸세. 우리가 어떻게든 여비를 마련한다면 머지않아 이곳으로 올 거야.

요전에 이야기한 네덜란드 화가는 흥미롭지 않은가? 왕성한 활동력, 독창성, 어떤 종류의 자연주의에 크게 배울 점이 있지. 먼저 자네와 관련된 이야기부터 시작해 볼까? 자네가 그린 정물 2점과 자네 할머니 초상화 2점에 대해서. 여태까지 자네가 이토록 잘 그리고 또 이렇듯 자신감 넘치고 훌륭했던 작품은 없지 않았는가? 창조를 위해서는 어떤 인물이든 어떤 재료든 정성껏 습작을 그려내는 일로 충분하지. 이 3~4점의 습작이 이토록 내 마음에 든 이유가 무엇 때문이라고 생각하나? 어떤 자유로움과 절제, 결정적인 정확함과 자신감 때문이라네. 이토록 자네가 렘브란트에 가까이 다가간 적은 없을 거야. 그건 사실이지.

렘브란트 공방에서는 감히 비교할 수 없는 델프트의 스핑크스 베르메르가 누구보다도 뛰어난 기법을 발견해내어, 현재 그것을 찾으려고 사람들은 기를 쓰고 있네. 따라서 우리는 그들처럼 색 대비와 명암의 정도를 연구하지.

중요한 차이는 결국 강하게 표현할 수 있는가 없는가에 달려 있어.

지금 자네는 이탈리아와 독일초기의 그림방법을 연구한다고 하는데, 이탈리아 인의 신비롭고 추상적인 데생에 스며들어 있는 상징적 의미를 조사해보면 도움될 거야.

나는 지오토에 얽힌 다음 일화를 좋아한다네. 어느 날 성모마리아 상인지 무언지를 그리는 현상모집이 있었어. 그때 수많은 그림이 미술국으로 들어왔는데, 그 가운데 알 같은 타원형만 덩그러니 하나 그려진 지오토라고 서명된 작품이 있었지. 당국은 처음에 당황했지만, 결국 그를 믿고 지오토에게 성모마리아 제작을 의뢰했다더군. 사실이든 아니든 참으로 유쾌한 이야기야.

도미에와 자네 할머니 이야기로 돌아가세.

이런 착실한 습작을 다시 보여주도록 기대하겠네. 대조되는 움직임의 선에 대한 연구를 게을리 말고 계속하게. 베르나르, 자네도 알다시피 지오토, 치마부에, 홀바인, 반 에이크는 안타깝게도 모두 피라미드 같은 계급사회에서 살았어. 건축에 비유하면 그 피라미드의 돌 하나하나는 서로 힘을 모은 한 사람 한 사람을 상징하는 게 틀림없네. 우리가 사는 사회를 사회주의자들이 새롭게 쌓아올릴 때면——실제로 그들은 아주 멀리 있지만——이론대로 인간화해서 반드시 구축할 테지. 그렇지만 사실 우리가 사는 사회는 자유방임적이고 또 혼돈 상태야.

질서와 어울리는 연인인 우리 예술가들은 어떤 하나를 정의할 때조차 서로 고립되어 일하고 있어.

드 샤반느는 그걸 잘 알고 있었지. 그만큼 지혜롭고 공평했으니까. 샹젤리제 관전(官展)을 떠나 현대의 본질을 찾아 서서히 다가갔지. 그는 훌륭한 초상화를 하나 그렸어. 온화한 노인이 밝고 파란 벽의 방에서 노란색 표지의 책을 읽고 있는 모습이야. 옆에 놓인 물 담긴 컵에는 장미 한 송이와 수채화 붓이 아무렇게나 꽂혀 있어. 또 마치 공쿠르 형제가 묘사한 듯한 사교계 부인 초상화도 있다네.

확실히 네덜란드 인은 사물을 있는 그대로 그려냈어. 있는 그대로 논리화하지 않고, 쿠르베가 아름다운 누드 여인을 그렸듯 그들은 초상화며 풍경화며 정물을 그렸지. 하지만 어리석은 이들도 있어서 터무니없는 그림을 그려내기도 하지.

베르나르, 어떻게 나아가야 할지 망설여진다면 네덜란드 인처럼 할 수밖에 없네. 그렇잖아도 한정된 우리 두뇌의 지혜를 헛되이 쓰며 형이상학적이고 비생산적인 명상에 끝없이 빠져도 혼란을 잠재울 수 없고, 그 혼란을 받아들일 수도 없지.

우리도——방식주의자들에게 질릴 만큼 빈틈없었던 네덜란드 인처럼——사회 한귀퉁이 모습을 비롯해 말이며 초상화며 자네 할머니며 사과며 풍경을 그려 보세.

왜 자네는, 드가가 정력적이지 못하고 빈약한 공증인 같은 생활을 하며 여자를 싫어하는 표정을 짓는다고 그를 헐뜯지? 만일 여자를 좋아하고 교류가 많다면 신경이 예민해져 그림을 그릴 수 없을 거야.

드가의 그림이 정력적이고 개성없는 까닭은 그가 결혼을 싫어하고 비인간적인 공증인이 되기를 받아들였기 때문이네. 자기보다 강한 야수 같은 인간의 성행동을 관찰하고 그것을 잘 묘사해낼 수 있는 건 확실히 그에게 동물적인 욕망이 없어서야.

루벤스, 그는 확실히 멋지고 남자다웠어. 쿠르베도 마찬가지야. 그들은 건강해서 음식과 술을 실컷 먹고 마시며 성욕을 추구했지.

가엾은 우리 베르나르, 이 봄에 내가 주의준 대로 잘 먹고 군사훈련을 받도록 하게. 지나친 성행위를 삼가지 않으면 자네 그림도 쓸모없게 될 걸세. 위대하고 힘찬 예술가 발자크는, 근대예술가들에게 성행위 절제와 작품제작은 서로 관련있다고 말했네. 네덜란드 인들은 결혼해 귀여운 아이를 낳고 좋은 직업을 가지고 자연에 따르는 생활을 했다네.

한 마리의 제비는 봄을 가져다주지 못하지. 최근 브르타뉴 지방에서 그린 자네의 새로운 작품을 아직 못보아 역동성이 없으니 뭐니 할 수 없네만, 할머니 초상화와 정물에 드러난 역동성이 요즘 자네의 데생과 습작에서는 느껴지지 않는 것 같네.

그 이전 습작은 자네의 예술적 청춘에 맨처음 날아든 제비라고 할 수 있지. 만일 우리가 작품에 온 힘을 기울이고 싶다면 병사나 스님처럼 우리의 체질에 따라 알맞게, 때로는 다른 사람들보다 더 절제하지 않으면 안돼. 네덜란드 인은 규칙바르고 평온하며 안정된 생활풍습을 지녔어.

들라크루아는 '이가 빠져서 기운이 쇠약해지고 나서야 비로소 그림을 알았다'고 말하는데, 이 유명한 예술가의 작품제작 모습을 본 사람들은 '들라크루아가 그림그리는 모습은 마치 사자가 고깃덩이에 달겨드는 장면 같다'고 말했지. 그는 여자와 잠자리를 삼가고 자신의 작품에 정진하기 위한 시간을 빼앗기는 깊은 연애 또한 하지 않았다네.

만일 이 편지에 무언가 탐탁지 않은 점이 있다면 그건 내가 뜻하는 바 아니네만, 자네가 지난번에 보낸 편지와 관계있을 걸세. 나에게서 무언가 침착지 못한——어떤 불안감 같은——걸 느꼈다면 그건 자네 건강을 걱정해서라네. 바다를 건너가 병역의무를 마쳐야만 하는 괴로운 시련을 미리 헤아렸기 때문이지. 그러니 부디 이해해주게. 네덜란드의 활동적이고 건강하고 강렬한 작품을 연구하는 일은 자네에게 도움될 걸세. 나 자신 또한 절제하려 애쓰고 있네. 우리의 회화창조에 원동력을 불어넣어줄 감성이 예민한 예술가의 여린 뇌에는 이로써 충분하지. 무엇을 곰곰이 생각하거나 계산하느라 몹시 지치면 뇌 활동력은 바닥나니까.

어째서 우리 창조물은 계속 팔리지 않는 것일까? 유곽주인이며 매춘부의 정부조차도 사치스러워져 더욱 열심히 일하며 여자들을 즐기고 있지. 그리고 우리는 그들에게 지배당하고 있어.

그들에게 지배당하는 매춘부에게 나는 동정보다는 공감을 한다네. 망명적 존재, 사회의 무용지물, 나와 자네와 그리고 다른 예술가들처럼 그들도 우리의 친구이며 누이동생이야.

우리와 마찬가지로 그녀들 또한 무용지물 처지에서 온전히 독립하려 해도 전혀 이익이 되지 않는다는 걸 알고 있다네. 하지만 우리는 사회명예회복에 도움된다고 여겨 생각을 그르치지 않도록 하세. 도움되지 않을 뿐더러 그녀들에게는 오히려 재난이니까.

지금 우편부의 초상화를 2점, 그려낸 참이네. 그는 금욕적인 유형으로, 알코올중독이 좀 있지만 품격을 잃지 않고 얼굴색도 좋아. 아내가 임신했을 때는 매우 기뻐했지. 탕기 영감처럼 어마어마한 공화국 후원자일세. 이런 젠장! 아주 멋진 도미에다운 소재가 아닌가!

▲《우편부 룰랭의 초상》(1888)

자세가 지나치게 딱딱해 두 번 그려야 했는데, 두 번째에는 단번에 완성했지. 흰 캔버스에 거의 흰색에 가까운 푸른 배경, 얼굴은 노랑, 초록, 보라, 다홍, 빨강 등 여러 색깔로 나누어 그렸어, 프러시안블루 옷에는 노란 금몰 장식이 달려 있어.

마음내키면 편지보내 주게. 너무 바빠서 초상화 스케치를 그릴 틈도 없다네.

빈센트

덧붙임 : 세잔은 옛 네덜란드 인처럼 평범하게 결혼한 사

나이야. 그의 작품이 긴장감을 잃지 않는 이유는 결혼생활의 즐거움에 그리
빠져 있지 않기 때문이라네.

고흐가 베르나르에게 15
1888년 8월 첫무렵 ②

친애하는 베르나르

나는 인물을 그리고 싶어, 인물을, 더욱 더 많이 그리고 싶어! 인간이라는
두 발 달린 짐승 시리즈를, 아기부터 소크라테스까지, 흰 피부에 검은 머리칼
을 가진 여인부터 햇볕에 그을린 적갈색 얼굴에 노란 머리칼을 한 여인까지,
마구 그리고 싶은 충동에 사로잡혀.

그렇지만 지금은 다른 소재를 그리고 있다네.

편지 고맙네. 오늘은 몹시 피곤해 서둘러 쓰려 하네.

자네가 고갱과 함께 있게 되었다니 참으로 기쁘군.

아! 나는 네덜란드에서 그린 초상화를 잇는 새로운 인물화를 그렸어. 언젠
가 자네에게 그즈음 그린 《감자먹는 사람들》과 함께 그 그림을 보여줬었는데,
이번에도 꼭 보여주고 싶네. 여느 때와 다름없는 습작이지만 흑백 데생으로는
도저히 표현해낼 수 없는 색채가 큰 역할을 하고 있어.

정성껏 그린 큰 데생을 자네에게 보내고 싶었는데, 다 그리고 보니 전혀 다
른 게 되어버렸지 뭔가. 다시 말해 땅의 기운이 한창인 절기의 대낮에 농작물
을 수확할 때 이글이글 타오르는 대기를 암시하는 색채가 제대로 표현되지 않
아 전혀 달라져 버렸다네.

자네와 고갱은 이 그림을 이해해주리라 생각하지만 다른 사람들은 모두 볼
품없다고 할 게 틀림없어. 자네들은 농부에 대해 알고 있는가? 그 핏속에 무언
가 야수 같은 성질이 흐르고 있지.

또 《부두에 묶인 모래실은 배》가 1점 있네. 그 그림에는 베로네즈 초록빛—
푸른 빛 어린 짙은 녹색—물 위에 보랏빛 띤 옅은 적갈색 배 2척, 회색 자갈
이 가득 쌓였으며, 손수레와 육지로 이어지는 발판이 있고, 푸른빛과 노란빛
작은 사나이가 그려진 그림이야. 강기슭 위에서 내려다보며 그려서 전체적으
로 조감도처럼 비스듬히 기울어져 있네. 하늘은 그리지 않았어. 북풍이 불고
있을 때 그린 습작 스케치와도 같지.

아를(1888년 2월~1889년 5월) 675

▲《부두에 묶인 모래 실은 배》(1888)

다음으로 나는 먼지투성이 엉겅퀴 위를 나비떼가 날아다니는 그림을 그리려고 하네.

아, 이 한여름 태양의 아름다움이여! 머리 위로 내리쬐는 뜨거운 태양 때문에 기분이 이상해지는 것도 무리는 아니야. 벌써 이상해졌는지도 몰라. 나는 그저 기분이 좋을 뿐이라네.

아틀리에를 《해바라기》 그림 6점으로 꾸미고 싶어. 가장 연한 푸른색에서 짙은 청색까지의 여러 가지 배경을 깨부수고 폭발하는 선명한 크롬 황색 장식화로, 가는 테두리는 오렌지 색으로 칠하는 거지. 마치 고딕 양식 사원의 스테인드글라스 효과처럼.

아, 베르나르! 머리가 이상해진 나는 눈으로나마 즐거움을 느끼고 있다네. 그렇지 않은가?

자연은 동물에게 가혹해. 우리 몸은 때로 책임감의 무게를 견디지 못하지. 고뇌하는 지오토 이래 이것은 변함없어.

아, 그래도 어쩌면 이토록 눈을 즐겁게 해줄까! 그리고 이건 어떤 미소일까? 머리에 삼베를 두르고 손에 팔레트를 든 이빠진 늙은 사자 렘브란트의 미소는!

퐁타벤에 며칠쯤 갈 수 있으면 좋을 텐데. 하지만 나는 해바라기를 바라보며 스스로 위로한다네.

굳은 악수를 보내네. 그럼, 머지않아 다시.

빈센트

사랑하는 테오

어머니가 그토록 너를 보고 싶어하셨으니, 빈센트 백부 장례식*¹에 네가 가 길 잘했다고 생각해. 이별하는 가장 좋은 방법은 이 명예로운 고인을 늘 모든 일이 잘 되는, 생각할 수 있는 최선의 세계에 사는 최선의 사람이라고 그대로 받아들이는 거야. 엄연한 사실이므로, 끝난 다음에는 우리도 저마다의 일로 자연스럽게 돌아가게 될 거야. 우리의 동생 코르가 우리보다 몸집도 크고 건 장하게 성장했다는 건 기쁜 일이야. 그런데 결혼하지 않는다는 건 이상한 일이 지. 그런 건강한 몸과 자기만의 기술을 갖고 있는데. 그런 몸과 자기만의 기술, 자기만의 기술과 그런 몸이랄까——게다가 기계에 대한 지식까지 있다면, 나 같으면 다른 사람이 되고 싶은 생각이 들 때 그가 되고 싶을 거야. 나는 내 몸 안에 틀어박혀 있고, 이 몸은 맷돌에 갈리는 곡식처럼 미술의 톱니바퀴에 박 혀 있어.

친구 러셀에게 데생을 보냈다고 너에게 말했나? 지금 너를 위해 거의 똑같 은 것을 그리고 있는데, 역시 12점이 될 거야. 그것으로 유화습작을 데생하면 더 자세히 볼 수 있을 거야. 전에도 말했지만, 나는 늘 이 지역으로 불어오는 매서운 바람과 싸워야 하는데, 이 녀석이 훼방놓아 도무지 내 맘대로 붓을 놀 릴 수가 없어. 습작의 '무시무시함'은 그 때문이야. 그런 그림을 데생하는 대신, 그것들을 집 안에서 다른 화폭에 다시 그려야 하는 게 아니냐고 너는 말할지 도 몰라. 나도 가끔 그런 생각을 해. 그런 상태에서 생기 부족한 그림이 되어버 린 건 내 탓이 아니니까. 고갱이 이곳에 오면 뭐라고 할까? 최대한 바람이 없 는 곳을 찾아야 한다고 생각할까?

다시 돈문제로 너에게 아쉬운 소리를 해야겠어. 이번 주는 도저히 버틸 수 있을 것 같지 않아. 오늘 25프랑을 써야 해서 남은 돈이 5일치는 되지만 7일까

---

*1 빈센트 백부는 세상떠나며 테오에게 상당한 유산을 남겼다. 백부는 한때 형 고흐를 상속 인으로 여겼었지만, 유서에 고흐의 이름은 없었다. 테오는 이 사실을 형에게 알리고 유산 을 받는 대로 형에게 돈을 보내주겠다고 했다. 그 정도 돈이면 고흐가 원하는 집을 빌리고, 가구도 마련할 수 있으리라. 동시에 테오는 '아를로 가겠다는 고갱의 말을 너무 기대하지 마십시오. 그는 가지 않을지도 모릅니다. 고갱이라는 사람은 형님이 생각하는 것보다 함께 살기에 매우 까다로운 사람입니다'라는 주의를 주기도 했다.

지는 안돼. 오늘이 월요일이니, 만일 토요일 아침에 다음 편지를 받는다면 액수를 늘려서 보낼 필요는 없지.

지난주에는 우리 우편부의 초상화를 1점도 아니고 2점이나 그렸어. 두 손을 놓은 반신상과 등신대의 머리인데, 모델료를 받지 않아 식사를 대접하여 오히려 돈이 더 들었어. 게다가 그는 로슈포르의 '랑탱'*¹마저 마셨지. 하지만 포즈를 잘 취해 주니, 이런 것쯤 별일 아니야. 나는 갓 태어난 그의 아기도 얼마 뒤 그리려고 해. 그의 아내가 얼마 전에 출산했거든.

지금 그리는 데생과 함께 드 르뮤의 석판화 2점과 《포도주》와 《카페》를 보낼게. 《포도주》에는 메피스토*² 같은 인물이 등장하는데, 어딘지 더 젊은 시절의 코르 숙부를 연상시키는 데가 있어. 그리고 《카페》는…… 이건 영락없는 라울이야—작년에 알게 된 옛 보헤미안 풍 학생 같은 남자 말이야. 르뮤는 호프만 또는 에드가 같다고 할까, 아무튼 정말 재능 있는 화가지! 그런데 그가 사람들 입에 오르내리는 일은 별로 없어. 처음 보면 이 석판화들이 썩 마음에 안들지도 몰라. 하지만 계속 보면 차츰 좋아지게 될 거야.

캔버스도 물감도 거의 바닥났어. 그래서 여기서 좀 사야 했어. 아직도 더 필요해. 그러니 부디 토요일 아침에는 받을 수 있도록 편지를 해줘.

오늘부터는 내가 지내고 있는 카페 실내를 밤의 가스등에 의지해 그릴 거야. 이곳 사람들이 '밤의 카페'라고 부르는 곳으로, 이곳에는 흔하며, 밤새도록 문을 열어놓지. '밤의 방랑자들'이 여관비가 없거나 곤드레만드레 취해 여관에서 숙박을 거절당하면 이곳에서 안식처를 발견할 수 있어.

가족과 조국은—조국도 가족도 없이 사는 우리 같은 사람들의 상상력 속에서는 실제 이상으로 매력적일지도 몰라. 나는 늘 어딘가, 어떤 목적지로 향하고 있는 나그네 같아.

그런 목적지 따위는 존재하지 않는다고 나 자신에게 말하면 오히려 더 그럴듯하게, 진짜 있는 듯 느껴져. 사람을 내쫓는 갈봇집 주인도 같은 논리로 언변 유창하게 조목조목 맞는 말만 하지. 그건 나도 알아. 삶의 끝에서는 나도 틀렸

---

*1 벨기에 로슈포르의 생 레미 수도원에서 만든 맥주. 수도원에서 만든 맥주를 트라피스트 맥주라고 부르는데, 로슈포르는 1595년에 양조설비가 마련된 가장 오래된 트라피스트 맥주이다.
*2 파우스트에 등장하는 악마.

다는 결론에 이르게 될 거야. 그것도 좋아. 그때는 그림은 물론 다른 모든 게 한여름밤의 꿈에 지나지 않고, 나 자신도 무(無)였음을 깨닫게 될 거야. 우리가 그렇듯 미미한 존재라면 오히려 잘된 일이지. 앞으로 계속될 삶의 무한한 가능성을 그 무엇도 방해할 수 없을 테니까.

이번에 돌아가신 백부의 얼굴이 평화롭고 근심없고 엄숙해 보였던 건 어째서일까? 생전에는 젊을 때도 만년에도 전혀 그렇지 않았는데. 나는 죽은 사람의 얼굴을 추구하듯 관찰하다가 그런 인상을 받은 적이 지금까지 몇 번이나 있어. 그리고 그것은 나에게 무덤 저편의 삶──아주 확실한 증거는 아닐지라도──을 보여주는 하나의 증거야.

요람 속의 아이도 마찬가지로, 찬찬히 들여다보면 눈 속에 무한한 무언가가 있어. 나는 그런 것들에 대해 아무것도 몰라. 하지만 전혀 모른다는 마음이 있기 때문에, 우리가 실제로 사는 현실의 삶을 철도 편도여행에 비유하고 싶어지기도 하지. 그 여행은 너무 빨라서 가까이 있는 것들을 제대로 볼 수가 없어. 특히 기관차는 보이지 않지.

빈센트 백부가 아버지처럼 미래의 삶을 믿으셨다는 건 아주 흥미로운 일이야. 아버지는 물론이고 백부가 그런 말씀을 하셨다는 걸 나는 몇 번인가 들었어. 그들은 우리보다 확신이 있었기 때문에, 더 깊이 논의하려 들면 화내며 단연코 그렇다고 주장했었지. 자신의 작품을 통한 예술가들의 미래에 대해서는 그리 할 말이 없어. 예술가들은 분명 횃불을 이어받으면서 존속하고 있지. 들라크루아에서 인상파 등으로. 하지만 그게 모두일까?

그리스도교 속에서 제약받으며 늘 양심의 가책을 안고 사는 한 가정의 선량한 노모가 그녀가 믿는 대로 영원한 생명을 지니게 된다면──진지하게 믿고 있는 일이므로, 나도 전혀 이의 없어──그렇다면 왜 넓은 사상을 가진 들라크루아며 드 공쿠르 같은 폐병환자, 그리고 삯마차를 끄는 신경질적인 말은 불사(不死)가 될 수 없는 것일까? 아무리 머리가 텅 빈 자들이라도 말로 표현할 길 없는 간절한 소망이 생겨나는 것을 느끼는데 말이야.

그만두자, 고민한다고 해결되는 일도 아니니. 그런데 문명의 한복판 파리의, 그리고 미술의 한복판에서 살면서 사람들은 어떻게 이 노모의 자아를 갖지 못하는 것일까? 이런 여자들도 '이 정도면 됐다' 는 그녀들의 본능적 믿음 없이는 창조력과 행동력을 발견하지 못하는 마당에. 의사들은 말하겠지. 모세, 마호메트, 그리스도, 루터, 번연 같은 사람들만 미치광이였던 게 아니라 할스, 렘브란트, 들라크루아, 또 우리 어머니처럼 좁은 생각을 가진 늙고 선량한 여자들도 다 그렇다고. 오, 이건 중요한 문제야. 그렇다면 생각있는 사람들은 어디에 있느냐고 의사들에게 물어보렴. 늘 맞는 말만 하는 갈봇집 주인들인가? 그럴지도 몰라. 그렇다면 무엇을 선택할까? 다행히 선택의 여지는 없어.

악수를.

너의 빈센트

고흐가 테오에게 519
1888년 8월6일 이후

사랑하는 테오

큰 데생 3점과 작은 것 몇 점, 그리고 드 레머드의 석판화 2점을 지금 막 보냈어.

세로로 농가의 작은 정원을 그렸는데, 내가 그린 3점의 큰 데생 가운데 가장 잘 그렸다고 생각해. 해바라기가 있는 그림은 대중목욕탕의 작은 정원이고, 가로로 그린 세 번째 정원그림은 유화습작을 몇 점 그려본 거야.

파란 하늘 아래 오렌지와 노랑과 빨강 꽃의 얼룩점이 놀라울 만큼 빛나고, 맑은 공기 속에는 북쪽 지방보다 더욱 행복하고 황홀하게 만드는 무언가가 있어. 네가 가진 몽티셀리의 꽃다발 그림처럼 그 느낌이 전해져 오지.

나는 여기 머물면서 꽃

▲정원

을 그리지 않는 나 자신에게 화가 나. 이곳에서 이미 데생과 유화습작을 50점쯤 그렸지만, 아무 일도 하지 않은 것 같은 기분이야. 남 프랑스로 작업하러 올 미래의 화가들을 위해 만반의 준비를 해두는 선구자로서 나는 충분히 만족한단다.

《추수》《정원》《씨뿌리는 사람》과 2점의 《바다그림》은 유화습작으로 그린 스케치야. 구상은 모두 좋은 것 같으나, 유화 쪽은 알맞은 붓놀림이 결여되어 있어. 스케치를 그리고 싶다고 생각한 이유는 거기에도 있지. 나는 어느 늙고 가난한 농부를 그려보고 싶은 생각이 들었어. 생김새가 우리 아버지와 매우 닮았지. 다만 이 농부는 통속적이어서 잘못 그리면 만화처럼 보일 수도 있겠더구나.

어떻든 나는 가난한 농부의 모습을 있는 그대로 꼭 그리고 싶었어.

그 남자는 내 모델이 되어주겠다고 약속했지만, 대신 자신에게 그림을 달라며 그에게 줄 그림과 내가 가질 그림 2점을 그리면 되잖느냐고 했어. 나는 그럴 수 없다고 대답했지. 하지만 언젠가 다시 찾아와주리라고 생각해. 그보다는 네가 드 레머드의 그림을 알고 있는지 궁금해.

지금도 손에 넣고 싶은 아름다운 석판화들이 많아. 도미에, 들라크루아, 드캉, 디아즈, 루소, 뒤프레의 복제품들이야. 그 작품들도 언젠가는 사라지겠지만, 이런 예술이 모습을 감춰간다는 건 참으로 큰 손실 아닐까.

어째서 우리들은 의사나 기술자처럼 자신이 얻은 것을 지켜나가려 하지 않는 걸까? 그들은 발명하거나 발견한 지식을 잃지 않도록 지키는데, 이 두렵고 냉혹한 미술세계에서는 모두 잊어버리고 단 하나도 지켜내려 하지 않아. 밀레는 농부의 전체적 모습을 그렸어. 그래서 지금까지도 레르미트가 있고, 그 밖에 뫼니에처럼 비범한 인물도 있지. 그런데 지금 일반적으로 우리들은 농부를 보는 관점을 배웠을까? 아니, 거의 아무도 그런 걸 알지 못해.

이는 바다처럼 변하기 쉽고 불성실한 파리와 그곳 사람들에게도 어느 정도 책임이 있는 게 아닐까? 요컨대 우리들을 위해 일하면서 조용히 자신들의 길을 나아가자는 너의 말은 참으로 옳아. 인상주의가 무엇이든, 나는 맹세컨대 들라크루아와 밀레, 루소, 디아즈, 몽티셀리, 이사베이, 드캉, 뒤플레, 용킨트, 지엠, 이스라엘스, 뫼니에, 코로, 샤를 자크 등 인상파보다 이전 세대 화가들처럼 작업하고 싶어.

그렇지, 마네와 쿠르베도 형태와 색채를 연결시키려 하며 이미 얼마 전부터 그리고 있었어. 나는 습작만 하면서 10년 동안 침묵한 뒤 1~2점의 인물화를 완성하고 싶어. 그렇게 그림그리라고 추천받은 오래된 그 계획도, 전혀 실행하지 못하고 있지.

너에게 보낸 데생은 좀 딱딱할지도 모르지만, 나중에도 네게 남아 있다면 그것을 참고삼아 유화로 다시 그려보고 싶구나.

세로로 그린 농가의 작은 정원은 실제로 그 색채가 아주 멋져. 다알리아는 짙고 풍부한 진홍색으로, 두 줄로 늘어선 풀꽃의 한 줄은 장미색, 다른 한 줄의 바깥쪽은 녹색이고 반대쪽은 녹색이 거의 없는 완전한 오렌지 색이야. 중앙에 한 송이 키작은 흰 다알리아, 그리고 황록색 열매와 특히 빛나는 주황빛 빨간 꽃을 피운 작은 석류나무가 한 그루 있어. 회색빛 땅바닥, 키큰 청록색 갈대, 에메랄드 색 무화과, 파란 하늘, 녹색 창문 있는 하얀 집, 빨간 지붕. 그리하여 아침에는 햇빛이 가득 비쳐들고, 저녁이 되면 무화과와 갈대가 늘어뜨리는 그림자 속에 해가 저물지. 그걸 보면 쿠스트나 제닌이 곁에 있었더라면 참 좋았으리라는 생각이 들어. 그 풍경을 제대로 그려내려면, 달리 방법이 없어. 옛 네덜란드 사람들이 그랬듯 초상화가, 풍속화가, 풍경화가, 동물화가, 정물화가들 같은 한 유파의 모든 사람들을 한곳에 모아 서로 도우며 작업하게 해야 해.

이 지방을 잘 아는 사람과 함께 농가를 돌아다녔는데 매우 재미있었어. 참된 프로방스라고 할 만한 밀레 풍의 가난한 농촌풍경이었지.

맥나이트와 보쉬는 아무것도——아니, 전혀 몰라. 나도 이제야 조금씩 깨닫기 시작했지만 완전히 이해하려면 오랫 동안 이곳에 머물러야겠지.

그런데 만일 고갱이 지금의 곤경에서 벗어나지 못하고, 우리가 그 계획을 실행하고 싶어한다면, 내 쪽에서 먼저 움직여야 할지도 모른다고 생각될 때가 있어. 그렇게 된다 해도 나는 지금처럼 농부들과 함께 생활할 테니 상관없어. 그에게 갈 준비를 해두려고 마음먹은 것은, 그의 하숙집 주인이 더 이상 그를 믿고 돈을 빌려줄 수 없다며 내쫓으면, 그가 또다시 비참한 상황에 놓이게 되리라는 생각이 들었기 때문이야. 그러니 고갱과의 공동생활을 서둘러 시작해야 할지도 몰라. 내가 그에게 간다면 가벼운 여행이 될 테고, 그쪽 물가는 여기보다 싸다더군.

너의 답장이 토요일 아침에는 오리라 믿어. 캔버스 천을 두 장 또 사들여 지금──수요일 밤인데──내게는 5프랑밖에 없거든.

이곳에 있으면 돈없는 날도 맑은 하늘을 볼 수 있다는, 북쪽지방보다 좋은 점이 있어. 미스트랄이 불 때조차 날씨는 맑단다. 이곳에는 볼테르가 커피를 마시는 동안에도 목이 마르다고 할 만큼 눈부신 태양이 있어. 어디를 가든 저도 모르게 졸라를 느끼고, 볼테르를 느끼지. 저도 모르게 참으로 생기넘치는, 얀 스테인 풍이며 오스타데 풍이야. 분명 여기에는 회화의 한 유파가 생겨날 가능성이 있는 것 같아. 그렇지만 너는 자연 깊숙이 잠기면 어디든 아름답다고 말하겠지.

《국화부인》을 읽어봤니? 그 '놀라울 만큼 친절한' 안내인 캥거루 씨가 누군지 이제 알았겠지. 그리고 달콤한 고추와 기름에 튀긴 얼음과자, 짭잘한 봉봉과자에 대해서도.

나는 건강하고 요즈음 무척 기운이 넘쳐. 머지않아 완전히 이곳 토박이가 될 것 같아.

농가 정원에서 나무조각상 여인 얼굴을 봤는데, 스페인 배의 뱃머리였던 물건이야. 사이프러스 나무 우거진 곳에 있어 마치 몽티셀리의 그림 같았지.

빨갛고 크고 아름다운 프로방스의 장미와 국화와 무화과가 있는 농가 정원은 매우 시적이었어. 그리고 영원히 강렬한 태양, 그 빛에 지지 않는 싱싱한 풀들은 초록빛으로 물들었지. 저수지에서는 깨끗한 물이 흘러나와 밭두렁을 따라 농지를 비옥하게 만들며 작은 운하처럼 흐르고 있어. 말 한 마리와 카마르그 인[1] 노인이 기계를 작동하고 있지. 이곳에는 소가 없단다.

옆집 부부는 식료품을 파는데, 그 모습이 뷰트 부부[2]와 매우 닮았어. 하지만 이곳 농가와 술집은 북쪽지방만큼 음침하지도 비극적이지도 않아. 무더운 더위며 그밖의 것들이 빈곤함을 그리 괴롭지도 슬프지도 않게 만들어버리기 때문이야.

네가 이 지방을 보러 온다면 좋을 텐데. 지금은 먼저 고갱 일이 어떻게 될지 지켜 보자꾸나.

케닝흐의 편지를 받은 것을 아직 말하지 않았지. 8일쯤 전에 내가 편지보냈었거든. 그가 다시 여기로 돌아올 것 같아. 무리어는 변함없이 지내니?

---

*1 프랑스 남부 습지대에 사는 사람.
*2 졸라의 소설 《대지》에 나오는 부부.

카사뉴의 책을 이제 어디에서도 팔지 않는다는 것을 믿을 수 없구나. 라투쉬나 쇼세 당탱의 미술용품 상점에 가면 그 책이 어디에 있는지 알 수 있을 거야.

내가 다른 이에게 데생을 가르치거나, 그림그리기와 기술론을 설명해야 할 때 그 책이 필요해. 내가 알기로 그건 하나밖에 없는 실용서이고, 경험상 그 책이 얼마나 큰 도움 되는지 잘 알거든.

무리어와 맥 나이트와 보쉬──아니, 그들 말고 다른 이들에게도 그 책이 필요할 거야. 맥나이트는 여전히 찾아오곤 해. 나는 흰 벽을 등지고 의자에 앉은 알제리 병사의 초상화를 또 그렸어. 이로써 내 인물화는 5점이 되었단다.

나는 오늘 아침 빨래터에 다녀왔어. 그곳에는 고갱의 '흑인여성'처럼 넓은 코르셋을 한 여성들이 있었지. 특히 그 가운데 한 사람은 하양과 검정과 장미색, 다른 또 한 사람은 진한 노란색 옷을 입고 있었지. 그런 여자들이 나이를 아울러 30명쯤 있었단다.

유화습작 스케치들을 다른 곳에도 더 많이 보내고 싶구나.

가까운 시일 안에 너의 답장이 오기를 기대하며 악수를 보낸다.

너의 빈센트

고흐가 테오에게 520
1888년 8월11일

사랑하는 테오

파시앙스 에스칼리에라는 노인을 머지 않아 알게 될 거야. 곡괭이를 든 노인인데, 옛날에 카마르그 습지대에서 소를 쳤고 지금은 크로의 오래된 농가에서 원예일을 하고 있지.

이 유화를 모사한 데생과 우편부 룰랭의 초상화 데생을 오늘 너에게 보낼게.

이 농부의 초상화는 누에넨의 《감자먹는 사람들》만큼 색감이 어둡지 않아. 하지만 그 문명화된 파리지앵 포르티에*1──아마 문 앞에서 그림을 내쫓아 이런 이름이 붙었을 거야──는 다시 골치아프게 군다고 생각하겠지.

---

*1 파리의 그림상인 Portier──보통명사로는 문지기라는 뜻이다. 포르티에는 《감자먹는 사람들》을 사지 않았다.

그 뒤로 너는 변했지만 그는 변하지 않았어, 너도 알잖니? 파리에 나막신 그림이 많지 않다는 건 아주 유감스러운 일이야. 나는 내 농부그림이 이를테면 네가 갖고 있는 로트렉 그림[1]을 방해한다고 생각지 않아. 오히려 나란히 놓으면 대비효과로 로트렉 그림이 더 돋보일 테고, 내 그림은 독특한 조합으로 효과가 배가될 거라고 생각해. 세련되게 화장한 사람 옆에 두면 강렬한 태양과 바깥공기에 까맣게 그을린 특징이 한층 두드러

▲농부 초상화-파시앙스 에스칼리에

져 보일 테니까. 파리 사람들이 거친 것, 몽티셀리의 그림, 점토상태의 것을 별로 좋아하지 않았다는 건 큰 착각일 거야.

그렇지만 유토피아가 실현되지 않는다고 낙담해서는 안된다는 것쯤 나도 알고 있어. 다만 내가 파리에서 배운 것은 사라지고, 인상파를 알기 전 시골에서 깨우친 사상으로 돌아와 있다는 자각은 하고 있지. 그러니 인상파들이 내 그림을 트집잡더라도 나는 놀라지 않을 거야. 그들보다는 들라크루아의 사상에 의해 내 그림이 풍부해졌으니까. 나는 눈 앞의 것을 정확하게 그리려고 노력하는 대신, 내 기분을 강하게 표현하기 위해 색채를 더 자유롭게 구사하고 있기 때문이야. 어쨌든 이론은 이쯤 하고, 말하고 싶은 것을 예를 들어 설명해 볼게.

나는 한 예술가 친구를 그리고 싶어. 그는 머릿속 커다란 꿈을 휘파람새가 노래하듯 그리지. 천성이 그런 사람이거든. 이 남자는 금발이야. 나는 이 그림에 그에 대해 갖고 있는 나의 이해를, 나의 애정을 쏟아붓고 싶어. 그러므로 처

[1] 《테이블의 젊은 여자》 반 고흐미술관, 암스테르담.

음에는 있는 그대로 최대한 충실하게 그릴 거야. 하지만 그대로 마무리할 수는 없어. 마무리 단계에 들어가면, 나는 자유로운 색채화가가 돼. 나는 금발을 과장해 오렌지 색 톤으로, 크롬으로, 심지어 옅은 레몬 색으로 만들어버릴걸. 머리 뒤에는 허름한 아파트의 평범한 벽 대신 무한(無限)을 그릴 거야. 내가 만들어낼 수 있는 가장 풍부하고 강렬한 파란색의 단순한 배경을 그릴 테야. 이 단순한 조합으로, 풍부한 이 파란 배경 위의 밝은 금발은 깊은 창공의 별처럼 신비로운 효과를 낼 수 있단다.

농부의 초상화도 나는 이런 식으로 그렸어. 물론 이 그림에서는 끝없는 파란 배경에 옅은 별이라는 신비로운 빛을 표현하려 하지는 않았어. 한낮의 폭염 속에서 보리를 수확하는 억센 남자를 상상하면서 그렸지. 거기서 나온 게 시뻘겋게 달궈진 쇠처럼 강렬한 오렌지 색이고, 어둠 속에서 빛나는 탁한 금색 톤도 그 때문이야. 오, 테오…… 훌륭한 사람들은 이 과장된 표현을 캐리커처라고밖에 생각지 않을 거야. 하지만 그러면 어때? 우리는 졸라의 소설 《대지》와 《제르미날》을 읽었어. 우리가 농부를 그린다면, 이 책들이 우리의 피와 살이 되어 있음을 보여주고 싶어.

과연 내가 느낀 그대로 우편부를 그릴 수 있을지 모르겠어. 이 남자는 혁명주의자라는 점에서는 탕기 영감과 같지만, 그는 선량한 공화주의자라고 해도 좋을 거야. 우리가 사는 공화국을 진심으로 증오하고, 공화제라는 사상 자체에 얼마쯤 의구심과 환멸을 느끼기 때문이야. 그런데 어느 날 나는 그가 라 마르세예즈*¹를 노래하고 있는 것을 보았어. 그러자 내년이 1889년이 아닌 99년 전인 1789년인 듯한 기분이 들었어. 그야말로 한 폭의 들라크루아이고, 도미에이며, 정통 네덜란드 파였지. 유감스럽지만 그런 포즈는 문제가 되지 않아. 하지만 작품을 완성하려면 지적인 모델이 필요할 거야.

이 말을 꼭 해야겠는데, 요 며칠 아주 힘들었어. 아무리 애써도, 이곳 생활비는 거의 파리만큼 많이 들어가. 하루 5~6프랑은 우습게 나가지. 모델을 쓰면 그만큼 더 괴로워져. 하지만 그런 건 괜찮아. 나는 계속 이렇게 할 생각이야.

---

*1 프랑스 국가. 혁명 중이던 1792년 오스트리아에 대한 전쟁선언 뒤 스트라스부르에서 근무 중이던 장교 루제 드 릴이 '라인강의 군대를 위한 진군가'를 작곡했다. 이 노래는 8월10일 튈르리 봉기에 참여한 마르세유 연합군에 의해 다시 불려지고, 1795년 7월14일 그 대중적 성공으로 국민의 노래로 지정되었다.

네가 가끔 남은 돈이라도 보내준다면, 나에게가 아니라 작품을 완성하는 데 무척 도움될 거야. 내게는 좋은 화가냐 나쁜 화가냐 하는 선택밖에 없어. 나는 좋은 화가를 선택할 거야. 그림에 드는 비용은 돈을 잡아먹는 정부(情婦)처럼 돈이 없으면 아무것도 할 수 없고, 아무리 많아도 충분치 못해. 그러니까 그림은 사회비용으로 그려져야지, 예술가가 지나치게 부담해서는 안돼. 하지만 역시 불평해서는 안되겠지. 누가 강요한 건 아니니까. 회화에 대한 무관심은 우리가 어찌할 수 없는 힘으로 일반적이고 영속적이 되어버렸어.

다행히 이번 달에는 딱딱한 빵과 우유와 달걀로 3주일 버틸 만큼 위가 회복되었어. 쾌적한 더위는 체력을 회복시켜주지. 병이 깊어지기 전에 남부로 내려온 건 분명 틀린 선택이 아니었어. 실제로 지금은 다른 사람들만큼 건강해. 이런 일은 누에넨에서 한 번 있었어. 이 또한 나쁜 의미가 아니지. '다른 사람들'이란 파업 중인 미장이, 탕기 영감, 밀레 영감, 농부 등을 말하는 거야.

건강이 좋다면 하루 종일 일해도 빵 한 조각으로 버틸 수 있어야 해. 거기다 담배를 피우고, 술 한잔쯤 마실 체력도 있어야 하지. 이런 조건에서도 그건 필요하니까. 그리고 높은 하늘의 별과 무한함도 분명 느껴야 해. 그럴 때 인생은 참으로 매력적이지. 오, 태양을 믿지 않는 이곳 사람들은 꽤나 큰 불신을 품고 있어. 유감스럽게도 이 태양의 한쪽에서는 한 달의 4분의 3은 빌어먹을 악마의 미스트랄이 불어대.

이런, 토요일의 우편배달부가 그냥 지나가버렸어. 네 편지를 받을 수 있을 줄 알았는데. 하지만 애태우는 건 아니야. 악수를.

너의 빈센트

고흐가 테오에게 521
1888년 8월11일 이후 ①

사랑하는 테오

캔버스와 물감을 보내줘서 진심으로 고마워. 지금 막 받았어.

이번에는 운송비로 9프랑80상팀을 내야 하니, 너의 편지를 받은 뒤 받으러 가려고 해. 지금 마침 돈이 없거든. 하지만 타세 화방에서 운송비를 미리 지불하고 운송장에 기록해 주는데, 이번에는 왜 그러지 않았는지 알아봐야겠어. 이 전전번에도 5프랑60상팀을 주었는데, 만일 그 운송장에 이미 계산되었다는

아를(1888년 2월~1889년 5월) 687

표시가 있다면 여분의 돈이 되지. 이번 운송품이 두 묶음으로 나뉘어져 있다면——운송비는 늘 3프랑쯤이니——5프랑60상팀으로 끝날 거야.

만일 내가 10m 캔버스 천에 1.5m 너비의 걸작을 그린 뒤, 그것을 라 페 거리 언저리의 훌륭한 그림애호가들에게 어마어마한 값으로 현금을 받고 팔 수 있다면, 운송비로 돈버는 것보다 더 쉬운 일은 없을 거야.

6주일 내내 바람이 불었으니 이제 슬슬 바람없는 더운 날이 찾아올 거야. 그 생각을 하면 물감과 캔버스가 준비된 것은 매우 잘된 일이야. 왜냐하면 나는 이제 6가지 모티브를 그리고 싶거든. 어제 너에게 그려보낸 그 농가의 작은 정원 등은 가장 그리고 싶은 거란다.

나는 고갱에 대해 많이 생각해. 어느 쪽이든——그가 오든 내가 가든——우리 두 사람은 대체로 비슷한 소재를 좋아하니 내가 퐁타벤에서 작업하는 일도 가능하고 그가 이곳 자연에 푹 빠지게 될 것도 틀림없어. 그가 한 달에 그림을 1점씩 너에게 보낸다면 1년에 12점이니 그는 돈을 벌 수 있고, 그 1년 동안 빚지지 않고 작업할 수 있으니 손해볼 건 없는 셈이야. 그리고 그에게 주어지는 돈은, 카페에 드나들지 않고 둘이서 아틀리에서 살면 절약되어 대부분 남겨질 거야. 그리고 우리가 싸우지 않고 사이좋게 지낸다면 제대로 된 평판도 얻을 수 있겠지.

혼자서 따로 살다 보면 미치광이며 건달 같은 생활을 하게 돼, 적어도 겉보기에는. 아니, 실제로도 어느 정도 그렇다고 해야겠지.

나는 바라던 건강을 되찾아 매우 행복해. 이건 거의 다 지금 내가 식사하는 레스토랑 덕분이야. 이곳 사람들은 매우 정겨워. 물론 돈을 내야 하지만, 지불한 만큼 먹을 수 있다는 건 역시 파리에서는 있을 수 없는 일이지. 그러므로 오래도록 고갱을 이곳에 두고 싶어.

여자관계를 끊고 영양을 챙기라는 그뤼비 의사의 말은 참으로 옳아. 효과가 있거든. 머리를 쓰는 일로 뇌와 골수를 소모한다면, 필요 이상의 정사로 그 몸을 소모해서는 안된다는 매우 일리 있는 말이야. 게다가 그걸 실천하려면 파리보다 시골이 좋지. 파리에서 반한 여자에게로 향하는 욕정은, 들끓는 정력이라기보다 그뤼비의 천적인 신경소모가 작용하는 건 아닐까? 그러니 체력이 회복되면 동시에 욕정도 사라지지.

병의 근원은 체질 속에, 숙명적인 부모자식 사이에 대대로 이어지는 쇠퇴

속에, 또 좋지 않은 직업과 파리의 우울한 생활 속에 있어. 그곳에 분명 병의 근원이 있으니 나을 수 없는 거지.

네가 구필 상회에서 바보 같은 장부기입이나 쓸데없이 귀찮은 경영일을 하지 않아도 되는 날이 오면, 그림애호가들에게 미치는 영향력 면에서 크게 이득을 보게 될 거라고 생각해. 그 복잡한 경리일은 저주받았어. 그런 일을 하고 있으면 어떤 두뇌와 성격을 가졌더라도 50퍼센트쯤 못쓰게 되어버리는 게 마땅해. '일은 많고 고용인은 적은 편이 좋다. 그러니 일은 적고 고용인이 많아서는 안된다'고 빈센트 백부가 말씀하셨어. 그것도 도리라면 도리지만, 불행하게도 빈센트 백부 또한 그 수레바퀴 속에 휘말려버렸지. 대중에게 물건을 파는 일은 냉철한 관찰력이 필요한 직업이야. 하지만 장부를 너무 믿으면 균형을 잃게 되지.

네 형편이 어떤지 확실하게 알고 싶구나. 인상파가 훌륭한 작품을 그리고, 그것을 사줄 그림애호가들을 찾아낼 수 있다면 앞으로 네가 좀더 독립된 지위를 얻을 기회는 언젠가 올 거야. 다만 지금 당장 실현할 수 없는 게 아쉬울 뿐이지.

러셀에게서는 아직 답장이 오지 않았어. 내 그림을 받은 게 틀림없으니 답장을 해줘야 할 텐데.

내가 지금 있는 레스토랑은 아주 신기한 곳이야. 온통 회색이거든. 바닥은 길거리처럼 회색 아스팔트이고, 벽지도 회색이야. 녹색 해가리개가 늘 드리워지고, 언제나 열어놓는 입구에서는 커다란 초록색 커튼이 먼지가 들어오는 것을 막아주지. 이 회색은 이미 벨라스케스가 사용했던 것으로——《직녀(織女)들》에서 보이는 것과 같은——해가리개를 통해서 아주 섬세하고 격렬한 햇빛이 벨라스케스의 그림처럼 분명하게 쏟아져 들어오고 있어. 흰 천을 덮은 작은 테이블도 물론 있단다.

이 벨라스케스 풍 회색 방 뒤쪽에 네덜란드처럼 청결하고 고풍스러운 부엌이 있지. 빨간 벽돌 바닥이며 녹색 야채며 오크 나무 찬장이며, 파란색과 흰색 타일이며, 번쩍이는 조리용 구리난로, 밝은 주황색으로 타오르는 불꽃이 보여. 지금 두 웨이트리스가 음식을 나르고 있는데, 그것 또한 여러 가지로 네 집에 있는 프레보의 그림과 매우 비슷한 회색이야.

부엌에는 노파와 뚱뚱하고 키작은 하녀가 있으며, 그들도 검은색과 흰색과 회색이야. 내 느낌을 확실하게 설명했는지 알 수 없지만, 내가 본 것은 그야말로 이곳의 벨라스케스였어.

레스토랑 앞에는 정원이 있는데, 빨간 벽돌을 깔았으며 벽에 무성한 포도와 메꽃과 덩굴들이 서로 엉켜 있어. 이 또한 예로부터 전해지는 진정한 프로방스 스타일이지. 다른 레스토랑들은 완전히 파리식으로 바뀌어, 문지기의 기척도 없는 문지기 오두막이 있고, 거기에 '문지기에게 연락주세요'라고 씌어 있단다.

그러므로 모든 게 다 밝지는 않아. 나는 밀크커피색 암소 4마리와 같은 색 송아지가 1마리 있는 외양간을 보았어. 외양간 벽은 푸르스름한 거미무늬 벽지가 발라져 있고, 암소는 매우 깨끗하고 아름다웠지. 입구 쪽에는 먼지와 파리를 막기 위해 커다란 녹색 장막이 쳐져 있었어.

또 회색이었지, 벨라스케스의 회색.

그것은 어떤 고요함——이 밀크커피색과 잎담배색 암소들, 푸르스름하고 부드러운 회백색 벽, 녹색 장막, 그리고 그것들과 선명하게 대조되는 햇빛에 비춰진 문 밖의 반짝이는 황록색. 내가 그린 것 말고도 아직 그려야 할 것들이 많다는 걸 알겠지?

나는 작업하러 나가야 해. 며칠 전에 매우 차분한 느낌의 아름다운 것을 또 발견했거든. 밀크커피색 피부를 한 젊은 아가씨로——내 기억이 옳다면——회색 머리칼에 눈도 회색, 인도풍 짧은 겉옷은 연한 장밋빛이고, 그 아래로 단단한 꽃봉오리 같은 작은 유방이 보였어. 무화과의 에메랄드 색 푸른 잎과 대조적이었지. 그야말로 생생하고 덩치좋은 시골아가씨였어. 그녀가 자기 어머니와 함께 문 밖에서 포즈를 취해주는 일도 아주 불가능하지는 않을 것 같아. 어머니는 정원사로, 흙빛을 띤 수수한 노란색과 빛바랜 파란색이었어.

젊은 아가씨의 밀크커피색 얼굴은 짧은 윗옷의 장밋빛보다 진했지. 어머니의 수수한 노란색과 빛바랜 창백한 얼굴이 햇빛을 받은 하양과 레몬 색의 밝은 사각 화단을 배경으로 아주 멋졌어. 그야말로 베르메르의 그림 그대로였단다. 남 프랑스는 정말 아름다워.

악수를 보내며.

너의 빈센트

사랑하는 테오

상냥한 편지와 함께 보내준 100프랑, 진심으로 고마워.

그리고 고갱과 내가 함께 공동생활 계획을 할 수 있도록 약속해준 너는 참으로 친절해.

베르나르의 편지를 지금 막 받았는데, 그는 며칠 전부터 고갱과 라발과 또 다른 누군가와 퐁타벤에서 만나고 있는 것 같아. 매우 공손한 편지였지만, 고갱이 여기로 오려는 의지가 담긴 말은 한 마디도 없었고, 내가 와주기 바란다는 말도 씌어 있지 않았어. 하지만 편지 그 자체는 우정이 넘쳤지. 고갱에게는 한 달 가까이 아무 소식 없어. 그는 힘들더라도 북 프랑스 친구들과 함께 해나가고 싶은 게 아닐까? 그러니 운좋게 그림이 몇 점 팔린다면, 나와 함께 하기보다 다른 계획을 세울지도 모르지.

힘든 파리 생활을 하고 싶다는 마음이 고갱만큼 없는 나에게는 내 생각을 실행할 권리가 없는 걸까? 네 형편이 좋을 때 300프랑을 나에게——그냥 달라는 건 아니야——1년만 빌려줄 수 있을까?

지금 네가 나에게 한 달에 250프랑 보내주고 있다고 한다면, 내가 말한 300프랑을 갚을 때까지 200프랑씩 보내줘도 돼. 그러면 나는 100프랑짜리 제대로 된 침대 두 개와, 남은 100프랑어치 가구를 살 거야. 그렇게 하면 나는 내 방에서 잠자고, 고갱이든 누구든 다른 한 사람을 집에서 재울 수 있겠지. 나는 날마다 하숙집에 1프랑씩 내고 있어 그것만으로도 1년에 300프랑 넘으니, 더 안정된 생활을 할 수 있고 실제로 작업하기에도 좋은 조건이지. 1년 동안 지출을 늘리지 않고, 가구도 사들이는 두 가지 목적을 이룰 수 있어.

고갱이 이곳에 올지 어떨지는 그의 마음에 달렸지만, 그의 침대와 주거와 그를 맞을 준비를 하는 건 우리의 약속을 지키는 일이기도 해. 고갱이 오든 안 오든 이 계획만은 확실하게 실행하고 싶은 게 내 고집이야. 나와 또 다른 한 사람이 작업을 방해하는 암처럼 돋드는 호텔 생활에서 해방된다는 우리들의 목적이 바뀌지 않는 한 말이지. 그런 일은 정말 아무 이득이 되지 않아. 참으로 바보스럽지.

언젠가 가난에서 벗어나 아무 걱정 없이 살게 되리라고 기대하는 건 완전한 공상이야! 나는 한평생 내 아틀리에서 작업하는 데 충분한 돈과 안정을 얻을 수 있다면 그것만으로 행복하다고 여길 거야.

한 번 더 되풀이하지만, 퐁타벤이든 아를이든 상관없이 제대로 된 아틀리에를 가지고 호텔 아닌 곳에서 지내고 싶다는 것만은 양보할 수 없어.

네가 친절하게도 고갱과 내가 함께 살 수 있도록 도와줬는데, 만일 이 기회에 숙박시설 생활에서 탈출하지 못하면 애써 마련해준 네 돈을 헛되이 버리고 해결책없는 곤궁함에서 벗어날 가능성이 사라지는 꼴이 되겠지.

그 문제에 대해 나는 확실히 마음을 결정하고 양보할 생각 없어. 지금 상황에서는 돈을 쓸모없이 써버릴 뿐, 실제로 필요한 것도 얻지 못하며, 이대로 오래 생활할 자신도 없어.

고갱이 퐁타벤에서 그런 좋은 기회를 얻을 수 있다면 다행스러운 일이지. 내 경우, 그만한 비용을 들인 날 새벽에는 멋진 작품을 많이 그려낼 거야.

이곳 태양은 여전히 매우 뜨거워. 이런 식이면 내 체력이 소모되어 피로해질 거야. 아무튼 숙박시설에서 생활하며 그 영국인들이며 미술학교 사람들과 함께 밤마다 논쟁해야 한다면 나는 퐁타벤에 갈 수 없어. 그런 건 우물 안 개구리들의 싸움이야.

악수를 보내.

너의 빈센트

고흐가 테오에게 524
1888년 8월 중간무렵

사랑하는 테오.

어젯밤은 전에 말한 그 소위와 함께 보냈어. 그는 금요일에 이곳을 떠나 클레몽트에서 하루 머문 뒤, 몇 시쯤 도착할지 너에게 전보로 알릴 거야. 아마도 일요일 아침쯤 되겠지.

그가 가져가는 꾸러미에 습작이 35점 들어 있어. 그중에는 실망스러울 정도로 불만족스러운 게 많겠지만, 그래도 실제 모티브의 아름다움은 전해지리라 여겨 보낸다. 예를 들면 내가 화구 박스와 지팡이와 캔버스를 들고 햇볕 내리쬐는 타라스콩 거리를 걷는 모습을 그린 스케치도 있단다. 론 강 풍경도 있는데, 하늘도 물도 압생트 색(녹색)이고 파란 다리와 검은 악동들 모습이 그려져 있지. 《씨뿌리는 사람》이며 《빨래터》며 그밖에 커다란 덤불 있는 풍경 등 그리 신통치 않거나 완성되지 않은 것들도 있어.

마우베의 《추억》은 어떻게 되었니? 그 뒤로 전혀 소식이 없

▲론 강변 모래실은 배

구나. 나는 테르스티흐가 거절할 구실로 무언가 불쾌한 말이라도 해서 네 마음이 상한 건 아닐까 생각했어. 물론 그런 일로 화내지는 않아.

지금 나는 강가에서 내려다본 배의 습작을 그리고 있어. 2척의 배는 보라색 어린 장미색이고, 강물은 진한 녹색, 하늘은 보이지 않으며 돛대에 삼색기가 걸려 있어. 인부들이 손수레로 모래를 나르는데, 그 모습을 데생으로 1점 그렸지. 3점의 정원그림 데생은 받았니? 너무 커서 우편으로는 접수해 주지 않을 것 같아.

아름다운 여성 모델이 포즈를 취해 주지 않을까봐 걱정이야. 그녀는 모델을 서주겠다고 약속했지만, 술마시고 놀러다니며 돈벌이하고, 더 좋은 제안도 있었던 모양이야.

그녀는 보기드문 여인이었어. 눈빛은 들라크루아의 그림 같은 느낌이고, 묘하게 원시적인 몸매였지. 나에게는 인내하는 것 말고는 다른 방법이 없어 무조건 참지만, 모델 때문에 고생하는 건 견딜 수 없어. 얼마 뒤 협죽도 습작을 그리고 싶구나. 만일 부게로처럼 잘 그린다면, 사람들은 자신이 그려지는 것을 부끄러워하지 않겠지. 내가 모델을 얻지 못하는 건 '엉망으로 그려졌다'고 모델이 생각하기 때문인 것 같아. 내가 그리는 건 '물감을 잔뜩 바른 그림일 뿐'이기 때문이지. 매춘부들도 나와 교류하기를 꺼리고, 자신들 초상이 비웃음거리가 되지 않을까 걱정한단다. 그렇다 해도 사람들이 조금만 더 호의적이면 작

업을 많이 할 수 있을 텐데 생각하면 역시 실망하지 않을 수 없어. '저 포도는 아직 덜 익어 신맛이 날 거야'라고 하며 물러날 수만은 없어. 모델이 없다고 포기할 수 없지. 아무튼 참을성있게 다른 모델을 찾아야해.

누이동생 빌레미나가 곧 너에게로 간다던데, 그녀는 분명 즐겁게 지내고 있겠지?

내 그림값이 언제까지고 오르지 않으리라 여기는 것은 매우 우울한 미래야. 적어도 그리는 데 든 비용을 되찾을 수 있다면 돈에 대해 생각지 않겠다고 큰소리칠 수는 있겠지. 지금 상태에서는 돈을 벌기는커녕 쏟아부을 뿐이니. 그런데도 더 좋은 작업을 이어갈 수 있도록 계속 공부하지 않으면 안돼.

고갱에게 오라고 권하는 것보다 내가 가는 편이 현명하지 않을까 자주 생각해. 결국 그는 계획이 틀어졌다고 불평하겠지. 여기에서 우리가 함께 생활할 수 있을까? 새로운 시도인데 잘 타협할 수 있을까? 브르타뉴라면 어느 정도 비용이 들지 예산을 세울 수 있을 텐데, 이곳에서는 전혀 모르겠어. 이곳 생활비는 아무래도 꽤 많이 드는 듯하고, 이웃들과 무난히 지내기도 어려워. 침대와 가구도 사야 하고 그의 여행경비며 빚도 있지.

브르타뉴에서 베르나르와 고갱의 생활비가 많이 들지 않는다면 아무래도 위험한 느낌이 들어. 결국은 곧 결정해야겠지만, 나는 어느 쪽이든 좋아. 어디에서 지내는 편이 비용이 덜 들지 정하는 것뿐이니 문제는 쉬워.

오늘 고갱에게 편지보내, 모델 비용으로 얼마 쓰며 또 모델이 있는지 물어봐야겠어. 이렇듯 나이들면 공상은 사라지고 무슨 일이든 미리 계획을 세우게 된단다.

좀더 젊다면 열심히 일해 요구받은 만큼 충족시킬 수 있지만, 지금은 점점 자신이 없어져. 나는 지난번 편지에서 고갱에게 말했어. 대중은 결코 변하지 않으며 잘 그려진 달콤한 그림만 좋아한다고. 좀더 엄격한 재능을 가진 사람은 자신이 하는 일로 이익을 얻지 못해. 인상파 그림을 이해하고 사랑할 줄 아는 지식인은 언제나 그림을 사지 못할 만큼 가난하지. 그래서 고갱도 나도 그리 열심히 작업하지 않게 되는 걸까——아니야——하지만 우리는 가난과 사회적 고립을 피할 수 없을 거야. 그러니 우선 생활비가 가장 싼 곳에 정착해야해. 만일 성공하면 다행이고, 언젠가 좀더 풍족해진다면 그보다 더 좋을 수 없겠지.

졸라의 《작품》을 읽고 가장 감동한 것은 그 봉그랑 융트야. 그는 이렇게 말했는데, 정말 그 말이 맞아.

"불행한 사람들이여, 그대들은 예술가가 그 재능으로 명성을 얻으면 그로써 안전하다고 생각하는가? 말도 안돼, 그렇게 되면 앞으로 불완전한 작품을 만들어내는 일은 용서받을 수 없게 되오. 아주 작은 약점만 보여도 곧바로 질투심 깊은 무리들이 몰려들어 명성과 신용을 부숴버리지. 그 명성과 신용 또한 변덕스럽고 불성실한 대중이 잠시 부여해준 것에 지나지 않소."

이 말보다 더욱 핵심을 찌른 사람은 칼라일이야.

"브라질 반딧불은 아주 밝게 빛나 밤이 되면 부인들이 그것을 핀으로 고정해 머리장식으로 쓴다는 이야기를 그대들은 알고 있겠지. 영광이란 참으로 아름다운 것이야. 그러나 예술가의 영광이란 머리핀의 반딧불 같은 것. 여러분은 성공하여 영광의 빛을 받기 바라지만, 여러분이 진정 바라는 게 무엇인지 아는가?"

그러므로 나는 성공에 대한 두려움을 품고 있어. 인상파가 성공한 그 다음 날을 두려워하지. 지금의 힘든 나날도 나중에는 '좋은 시절'이었다고 생각할 수 있을지도 몰라.

고갱도 나도 앞날에 대해 생각해 두어야 해. 비와 이슬을 피할 지붕과 침대, 평생 이어질지도 모를 성공하지 못한 삶을 견디기 위한 필수품을 얻기 위해 우리들은 작업해야만 되지. 그러니 가장 비용이 적은 곳을 찾아 정착해야 해. 그러면 그림이 전혀 팔리지 않는다 해도 많은 작품을 그리는 데 필요한 평화를 확보할 수 있지 않겠니?

그러나 지출이 수입을 웃도는 경우, 그림만 팔리면 모든 일이 해결되리라고 지나치게 기대하는 것은 잘못된 일이야. 그러기는커녕 운이 없으면 가격과 상관없이 포기가 최선인 경우에 빠질지도 몰라. 결론은, 안락한 생활을 포기하고 정열이 이끄는 대로 그저 작업만 하면서 수도승이며 은둔자처럼 살아가야 한다는 뜻이지.

이곳의 자연과 좋은 날씨는 참으로 남 프랑스의 특권이야. 하지만 고갱은 파리에서의 힘든 생활을 결코 포기할 수 없겠지. 그것은 그의 마음을 속속들이 지배하여 그는 나보다 훨씬 영속적인 성공을 믿어. 그러나 나에게는 아무 피해도 없지. 오히려 나는 지나치게 절망하고 있는 건지도 몰라. 그는 그 꿈을 계속 꾸도록 두자꾸나. 이것이 그의 약점이며, 지금 빚에 허덕이니 이대로는 앞으로 아무것도 할 수 없게 될 거야.

우리가 그를 도우면 파리에서 그가 승리할 수도 있어. 만일 내가 그와 같은 야심을 가졌더라도 우리 의견은 아마 일치하지 않을 거야. 게다가 나는 내 성공도 행복도 신경쓰지 않아. 내가 바라는 것은 인상파 사람들의 힘찬 계획이 이어져 그들이 일용할 양식과 주거를 얻게 되기 바랄 뿐이야. 그러니 내가 둘이 생활할 비용으로 혼자 사는 것은, 죄악을 저지르는 일이기도 해.

화가는 미치광이거나 부자인 것처럼 여겨져. 우유 한 잔이 1프랑, 빵 한 조각이 2프랑이 되는 세상에서 그림은 팔리지 않아. 그러니 더욱 그 네덜란드의 거친 들판에서 공동생활하는 수도승처럼 우리도 단결해야 해.

나는 고갱이 성공을 기대하고 있음을 알아. 그는 파리를 떠나지 못하겠지. 가난에 의한 괴로움이 무한하리라고 예상하지 못하는 거야. 이런 상황에서 내가 이곳에 머물든 다른 곳에 가든 상관없는 걸 너는 잘 알겠지. 그가 그 싸움을 이어갈 수 있도록 해줘야 해. 그는 분명 이길 거야. 파리에서 멀어지면 그는 활동력이 떨어지는 느낌인 듯하지만, 우리는 성공이든 실패든 상관없다는 태도로 나가자꾸나.

나는 캔버스에 서명하기 시작했어. 그런데 너무 바보 같은 생각이 들어 금방 그만둬버렸지.

바다그림에는 아주 크고 빨간 서명을 넣었어. 초록 안에 빨강을 더하고 싶었거든. 너도 곧 볼 수 있을 거야. 주말은 좀 힘들어질 것 같아. 그러니 늦기보다는 하루 일찍 네 편지가 오기를 기대해.

악수를 보내.

너의 빈센트

고흐가 테오에게 526
1888년 8월 중간무렵 이후

사랑하는 테오.

서둘러 편지보낸다. 방금 고갱의 편지가 온 것을 알려주고 싶었거든. 내용은 별로 없지만, 기회되면 바로 남 프랑스에 올 생각이래. 영국신사들과 그림그리고, 토론하고, 싸우면서 재미있게 지내는 것 같아. 그는 베르나르의 작업을 꽤 칭찬하고, 베르나르 또한 고갱의 작업을 매우 좋게 평가해.

나는 지금 마르세유 사람들이 부야베스*¹를 먹을 때처럼 열심히 작업하고 있어. 내가 그리는 게 커다란 《해바라기》라고 말해도 너는 그리 놀라지 않겠지.

지금 3개의 캔버스에 그림그리고 있어. 첫 번째는 녹색 꽃병에 꽂은 큰 꽃 3송이를 그린 밝은 배경의 15호, 두 번째는 짙은 감색 배경에 씨 있는 꽃과 잎사귀 달린 꽃과 아직 봉오리인 꽃 3송이가 그려진 25호, 세 번째는 노란 꽃병에 꽂은 12송이 꽃과 봉오리를 그린 30호야. 마지막 그림은 밝은 색이 또 다른 밝은 색 위에 겹쳐져 있는데, 이걸 가장 좋은 작품으로 만들고 싶어. 좀더 많이 그려야 되겠지.

고갱이 내 아틀리에에서 함께 살기를 기대하며 방을 꾸미고 싶어. 커다란 《해바라기》만으로. 너의 그림상회 옆 레스토랑에 훌륭한 꽃장식이 있었지. 나는 그 창문 안쪽에 있던 커다란 해바라기를 늘 떠올리곤 해.

이 계획을 실행하면 12점의 장식화가 생기지. 전체적으로 파랑과 노랑이 하나의 심포니를 이룰 거야. 나는 아침에 해뜨면 곧 일을 시작해. 꽃은 금방 시들므로 그 전체를 단번에 그려내야 하니까.

전에 지불하지 않았던 두 소포의 운송비 15프랑만큼 물감을 보내달라고 타세 영감에게 말해준 것은 고마웠어. 이 해바라기를 완성하면 노랑과 파랑이 부족해질 것 같아 물감을 좀더 주문하려 했거든. 타세 화방의 일반 캔버스 천은 부르주아 화방 것보다 50상팀 정도 더 비싸지만 내 마음에 들고 그림도 아주 잘 그려진단다.

고갱이 건강하다니 나도 기쁘구나.

나는 점점 남 프랑스가 좋아지고 있어. 또 하나, 흰나비와 노랑

▲《해바라기》(1888) 내셔널 갤러리, 런던

*1 프랑스 남부 전통 해산물 수프.

나비가 무수히 날아다니는 엉겅퀴 습작도 그리는 중이야.

모델을 또 찾지 못했어. 최근에 구할 수도 있었는데. 케닝흐는 헤이그로 간 뒤 그곳에서 살 거라고 말해왔어. 그는 너에게 습작을 보낼 거야. 나는 새로운 캔버스를 위한 산더미처럼 많은 구상을 갖고 있어. 언젠가 너에게 말했던 그 석탄배와 화물을 내리는 인부들을 오늘도 보았어. 너에게 데생을 보낸 모래싣는 배와 같은 곳에서 발견했지. 그것도 멋진 모티브가 될 것 같아. 다만 나는, 아마도 인상파와는 다른 단순한 기법을 차츰 추구해 나가고 있어. 엄밀히 말하면 누구든 분명히 알 만한 방법으로 그려나가고 싶구나. 급하게 서둘러 썼는데, 빌레미나에게도 한 통 보내고 싶어.

악수를 보내마. 이제 작업해야 돼.

빈센트

덧붙임 : 베르나르가 내 스케치를 앨범으로 만들어 보여주었다고 고갱이 말했어.

고흐가 테오에게 527
1888년 8월 끝무렵

사랑하는 테오.

다음 일에 대한 의견을 타세 영감에게 물어봐주겠니. 내 생각에는 물감을 얇게 펴바를수록 기름에 잘 녹아드는 것 같아. 우리가 기름을 전혀 좋아하지 않는 건 물론 말할 필요도 없겠지.

만일 제롬이나 그밖의 사진처럼 그리는 화가라면, 우리도 아마 매우 꼼꼼하게 펴바르는 물감이 필요할 거야. 하지만 우리는 캔버스가 거칠게 보이는 것을 꺼리지 않잖니? 그래서 몇 시간 걸려 오랫동안 물감을 펴바르는 대신, 입자 크기는 생각지 않고 쓸 수 있는 만큼 짜내어 사용하다 보니 전처럼 거무스름해지지 않고 좀더 선명한 빛깔을 얻을 수 있었어. 세 종류의 크롬, 에메랄드그린, 버밀리언, 오렌지, 코발트블루, 울트라마린 등이라도 시험적으로 만들어주면, 훨씬 싼 비용으로 좀더 신선하고 영속적인 물감을 얻을 수 있다고 생각해. 그러면 가격은 어떻게 될까. 나는 분명 가능하다고 여겨. 아마도 투명한 꼭두서니색이나 에메랄드도 똑같이 할 수 있을 거야.

급한 주문을 여기에 동봉할게.

나는 지금 해바라기를 4점째 그리고 있어. 이 네 번째 그림은 14송이 꽃다발로, 배경은 전에 그렸던 마르멜로*¹며 레몬 정물과 같은 노란색이야. 다만 이 그림은 훨씬 커서 매우 다른 효과를 내보이고 있지. 이번 그림은 마르멜로며 레몬보다 훨씬 단순하게 그렸어.

언젠가 파리 경매장에서 너와 보았던, 밝은 배경에 붉고 커다란 모란꽃과 초록색 잎사귀를 그린 멋진 마네 그림을 기억하니? 공간도 꽃도 특별할 것 없었지만, 물감이 두텁게 칠해져 제닌의 그림과는 달랐지.

나는 이것을 '기법의 단순화'라고 부르고 싶어. 나는 요즘 붓놀림에 점묘법이며 그밖의 다른 방법들을 사용하지 않고 그저 붓질의 변화만으로 표현하려 노력한다는 걸, 너에게 말해야겠어. 머지않아 너도 알게 될 거야.

그림그리는 데 이토록 많은 돈이 드는 것은 정말 난처한 일이야. 이번 주는 다른 때만큼 돈 때문에 고생하지 않아 나도 모르게 마음 느긋해져 일주일 만에 100프랑이나 써버릴 뻔했지만, 주말에 그림을 4점 완성할 수 있으니 사용한 물감값을 더한다 해도 이번 주는 괜찮을 거야.

나는 날마다 일찍 일어나 제대로 식사하고 피로를 느끼지 않으면서 낮에도 밤에도 끊임없이 작업해 왔어. 그런데 우리가 살아가는 지금 세상은 우리가 그린 그림에 가격이 붙지도 않고 팔리지도 않는 것은 물론, 고갱을 보면 알 수 있듯 그림을 담보로 내놓아도 아무도 돈을 빌려주지 않아. 그것이 비록 적은 돈이고 그 담보가 훌륭한 그림이어도 말이지. 그러니 정처없이 떠도는 생활에 빠지게 돼. 우리가 살아 있는 동안 이 상태는 변함없지 않을까? 하지만 뒤에 올 화가들을 위해 좀더 풍족한 생활을 준비할 수 있다면, 그 또한 의미있는 일이겠지.

게다가 인생은 짧고, 무엇에든 도전할 만한 기력이 있는 시기는 더욱 짧아. 그리고 더욱 두려운 것은 새로운 그림이 가치를 인정받게 됨과 동시에 화가들의 정신이 흐려져버리는 일이지.

확실한 것은 우리는 지금 퇴폐 속에 있지 않다는 거야. 고갱과 베르나르는 지금 '어린아이 그림'처럼 그리는 기법에 대해 말하고 있어. 나도 퇴폐한 그림보다는 그 쪽을 좋아하지. 사람들이 인상파 작품에서 무언가 퇴폐적인 느낌을

*1 장미과 낙엽 교목

받는 것은 왜일까? 사실은 완전히 그 반대인데.

타세 영감에게 전할 편지를 함께 보낼게. 가격 차이가 매우 크기도 하고, 내가 얇게 펴바르는 물감을 차츰 쓰고 싶어하지 않다는 건 말하지 않아도 알겠지.

악수를 보내. 해바라기 그림 가운데 배경이 짙은 감색인 그림에 '둥근 빛 띠'가 있어. 저마다의 물체가 배경 선으로 그라데이션되어 두드러져 보이지. 머지 않아 다시 편지를.

고흐가 테오에게 528

1888년 9월 첫무렵

사랑하는 테오.

네 편지, 그리고 함께 보낸 50프랑 고마워. 물론 누이동생이 와서 우리와 함께 사는 것은 가능해. 그녀가 조각을 좋아하는 것은 좋은 취미이고, 나는 그 사실이 기뻐. 지금의 회화는 점점 미묘해져서——음악에 가까워지고 조각으로부터는 멀어져——말하자면 색채를 약속해 준다. 이것을 그녀가 해낸다면 말이지.

해바라기 그림은 잘 진행되고 있어. 황록색 배경에 14송이 꽃다발을 그린 1점은 지난 번보다 큰 30호에 그렸고, 이미 너에게 보낸 마르멜로며 레몬 정물과 완전히 똑같은 효과를 가지면서도 이 해바라기 쪽이 훨씬 단순해.

언젠가 경매장에서 본 마네의 모란꽃 그림을 기억하니? 붉은 꽃과 매우 짙은 초록색 잎사귀가, 제닌의 그림처럼 얇은 글라시[*1]를 한 게 아니라 물감을 두텁게 발라 그려 분명 희고 단순한 배경에서 뚜렷하게 두드러져 보였어. 그 그림이야말로 건강 그 자체였지.

점묘법이며 경계선을 뭉개는 기법은 분명 좋은 발견이야. 그러나 이 기법도 앞으로 널리 쓰이게 되리라는 건 지금부터 예상할 수 있지. 그러니 시간이 지나면 쇠라의 《그랑 자트 섬의 일요일 오후》며 시냑의 큰 점들로 그려진 점묘 풍경이며 앙케탱의 배그림들은 더욱 개성적이며 독창적인 작품이 되어가겠지.

내 옷들은 분명 심하게 낡았지만, 사실 지난주에 꽤 질좋은 20프랑짜리 검은 벨벳 상의와 새로운 모자를 샀으니 그리 급할 것 없어. 그런데 내가 그린 우편부는 이사 때마다 가구를 새로 바꾸거나 팔아치우는 사나이여서, 그에게

[*1] 유화 물감의 투명한 효과를 살리기 위해 얇게 칠하는 묘사법.

필요한 가구의 대략적인 가격을 물어보니 여기에서 튼튼하고 오래가는 좋은 침대를 사려면 적어도 150프랑은 내야 한다더라.

하지만 그렇다고 내 계산이 틀어지지는 않았어. 주거 경비를 아긴다면 연간 비용을 늘리지 않아도 1년 뒤면 가구를 마련할 수 있겠지. 그러니 가능하다면 마음먹고 계획을 실행하려고 해. 만일 이렇듯 한 곳에 머물러 편안하게 살 기회를 놓치면 고갱과 나는 좁은 곳에서 몇 년이고 구차하게 살며 바보가 되어버리고 말 거야. 지금도 나는 이미 상당히 멍청해지고 있어. 꽤 오래 전부터야. 지금은 그게 고통으로 느껴지지도 않게 되었지. 그러니 처음에는 오히려 자신의 집이 아닌 것 같은 기분이 들지도 몰라. 하지만 해보자꾸나.

아무튼 부바르와 페퀴셰[1]를 잊지 말자. 참으로 지당한 이야기니까. 《여인들의 행복 백화점》과 《벨아미》도 사실이며, 그것은 사물을 보는 방법에 대한 문제야. 앞 경우처럼 생각하면 돈키호테 같은 꼴이 될 위험은 없지만, 뒷경우에 따르면 그럴 위험이 충분히 있지.

그래, 맥나이트는 드디어 포기하고 돌아갔어. 나는 조금도 아쉽게 생각지 않아. 벨기에 인 친구[2]가 지난밤에 와서 알려줬는데, 그 또한 그리 슬퍼하지 않는 것 같았어. 그와 함께 밤늦게까지 이야기를 나눴지. 이 남자의 사고방식은 매우 올바르고, 적어도 자신이 하고 싶은 일을 잘 알더군. 지금의 인상파에는 소극적이지만, 규칙을 따르는 타당한 사람이었어. 그래서 나는 그에게 말했지. 아마도 2년쯤은 독자적인 일에서 뒤떨어지겠지만, 그가 한 일은 최선의 방법이었다고. 그리고 또 이전이었다면 파리의 어느 아틀리에에 들어갔듯 지금은 인상파를 제대로 갈고닦아야 한다고도 말했어. 그는 내 말을 충분히 납득했단다. 이 일로 누군가에게 상처입힐 일도 없고, 나중에 건방지다고 비난받을 걱정도 없겠지. 그는 보리나주 탄광에 가서 광부들을 그리고 싶다고 진지하게 생각하고 있어. 고갱이 왔을 때 그가 아직 이곳에 있다면, 그가 혼자 사는 것보다 적은 비용으로 생활할 수 있도록 우리가 도와준 것처럼, 이번에는 그가 북쪽 지방에서 우리를 위해 그렇게 해주도록 부탁하는 것도 괜찮겠지. 다시 연락할게.

빈센트

---

[1] 플로베르 소설의 두 주인공.
[2] 화가 외젠 보쉬(Boch, Eugène, 1855~1941).

사랑하는 테오

어제는 다시 그 벨기에 인과 함께 보냈어. 그의 누이도 '20인회'에 속해 있어. 날씨는 좋지 않았지만, 수다떨기에 좋은 날이었지.

우리는 투우경기장과 마을 밖까지 걸어가 아름다운 것들을 보았어. 내가 남 프랑스에 묵을 곳을 마련하고 그는 탄광지대에 머물 곳을 찾는 계획에 대해서도 진지하게 이야기했지. 그러면 고갱도 나도 그도, 그림작업을 위해 여행하게 될 경우 어떤 때는 북쪽으로, 친구가 있는 친숙한 고장으로, 또 어떤 때는 남쪽으로 장소를 바꿀 수가 있을 거야. 그는 파리로 갈 계획이니 단테처럼 생긴 이 청년과 너도 곧 만나게 될 테고, 만일 빈 방에서 재워준다면 아주 고마워할 거야.

그는 기품있는 외모를 가졌으므로, 그림도 그렇게 되리라고 생각해. 그도 들라크루아를 좋아해서 우리는 어제 들라크루아에 대해 많은 이야기를 나누었지. 그도 그 강렬한 《그리스도의 배》의 스케치를 보아 알고 있었어. 그 덕분에 나는 오래 전부터 꿈꿔 왔던 《시인》이라는 작품의 첫번째 밑그림을 마침내 그려냈지. 그는 포즈를 취해 주었어. 초록색 눈빛을 가진 그의 날씬한 얼굴이 내 초상화에서는 깊은 울트라마린의 밤하늘을 배경으로 도드라져 보이고, 작은 노란색 웃옷에 거친 삼베 깃, 알록달록한 차림을 하고 있어. 그는 하루에 두 번이나 모델이 되어주었단다.

어제 누이동생의 편지를 받았어. 많은 것을 봤다더구나. 오, 그녀가 예술가와 결혼한다면 나쁘지 않을 텐데. 아무튼 그녀에게는 앞으로도 계속 예술적 능력보다 자신의 개성을 찾도록 충고해줘야 해.

나는 도데의 《아카데미 회원》을 다 읽었어——조각가 베드린의 말이 무척 마음에 들었어. 영광에 이른다는 것, 그것은 잎담배의 불붙은 쪽을 입에 넣고 피우는 것과 같다고 그는 말했어. 이제 분명히 알겠는데, 나는 《아카데미 회원》을 좋아하지 않아. 《타르타랭》만큼 좋지 않아. 《아카데미 회원》은 색채적으로 《타르타랭》만큼 아름답지 않은 듯해. 섬세하고 정밀한 관찰이 많아서 너무 무미건조하고 차가운 장 베렝의 슬픈 그림을 연상시키기 때문이야. 《타르타랭》은 위대하고, 《캉디드》처럼 걸작의 위대함을 지녔어.

이곳에서 그린 습작은 완전히 다 마른 게 아니니, 되도록 바깥바람을 맞도록 해줘. 어디에 처박거나 어두운 곳에 내버려두면 색깔이 변할 거야.《소녀》 초상화,《추수》,[1]《바닷가 작은 풍경》, 수양버들과 가지치기한 침엽수가 있는 《공원》 등은 되도록 캔버스 틀에 메워 보관하는 게 좋을 거야. 이 그림들에 나는 애착을 느낀단다.《바닷가 작은 풍경》의 데생을 보면 알겠지만, 이 그림은 그중에서도 심오한 작품이야. 나는《늙은 농부의 얼굴》과《시인》의 습작을 위해 갈참나무 액자 두 개를 주문했어.

오, 사랑하는 테오, 가끔 내가 뭘 원하는지 나도 잘 모를 때가 있어. 나는 인생이든 회화든 하느님없이 잘 해나갈 수 있지만, 고뇌하는 이로서는 나보다 더 위대한 무엇, 내 생명이며 창조력인 무엇, 그것이 없으면 안돼. 그리고 육체적 능력으로 실망시키는 일이 있을지라도, 어린아이 대신 사상을 창조해내려고 애쓰며, 그로써 어엿한 인류의 한 사람이 되지.

또 나는 그림 속에서 음악처럼 인간을 위로해 주는 뭔가를 말하고 싶어. 영원한 어떤 것—전에는 후광이 그 상징이었지만, 우리는 빛나는 그 자체, 우리 채색의 진동에 의해 그것을 구하지—으로 남자들 또는 여자들을 그리고 싶어. 이렇게 구상된 초상화는 셰페르의 초상화처럼은 되지 않아. 성 아우구스티누스 상에 있는 것처럼 배후에 푸른 하늘이 있기 때문이지. 셰페르는 색채가로서는 너무 부족하거든. 이런 그림은 오히려 들라크루아가 진짜 인간을 표현한《옥중의 타소》같은 많은 그림 안에서 탐구되고 발견된 것과 어울릴 거야. 오, 초상화, 사상을 담고 모델의 영혼을 담은 초상화, 그런 게 반드시 나타나야 한다고 생각해.

우리—그 벨기에 인과 나는 어제 이 고장의 장점과 단점에 대해 이야기를 나누었어. 이 두 가지 면에서 우리 의견은 같았지. 때로는 북쪽에서, 때로는 남프랑스에서 지내는 생활이 우리에게 엄청난 이익일 거라는 점에 대해서도 마찬가지였어. 생활비가 적게 든다는 이유에서 그는 맥나이트와 계속 살고 싶어 해. 하지만 그건 그에게 도움될 게 없어. 게으름뱅이랑 살면 게으름뱅이가 되니까. 너도 그를 만나면 즐거울 거야. 그는 아직 젊지. 그는 일본풍속화와 도미에의 석판화를 사기 위해 너에게 의견을 구할 거야. 도미에 작품은 앞으로 점점

---

[1] 배경에 폐허와 알프스 산맥이 있는 광활한 풍경.

구하기 어려워질 테니 지금 손에 넣어두는 게 좋아.

벨기에 인은 맥나이트와 둘이서 하숙비로 80프랑을 쓰고 있대. 함께 사는 생활이란 엄청나게 이롭지. 나는 방값으로만 45프랑 내야 하니까. 다시 같은 계산인데, 고갱과 함께 살더라도 혼자 살 때보다 지출이 많지는 않을 거야. 그 문제로 속썩이지 않아도 돼. 그리고 그들은 매우 형편없는 집에서 살고 있다는 점도 고려해야 해. 잠만 자는 곳이 아니라 그림을 그릴 수 있느냐 없느냐의 문제야.

이렇듯 나는 끊임없이 두 가지 문제에 부대끼고 있어. 하나는 물질적 어려움, 어떻게 먹고살까 하는 고민. 다른 하나는 색채연구야. 이 문제에 대해서는 뭔가 찾을 수 있으리라는 희망을 언제나 갖고 있어. 두 연인의 사랑을 두 보색의 결혼으로, 그것들의 혼합과 대립, 가까워지는 색조 사이의 신비한 흔들림에 의해 표현하는 것. 어두운 배경에 밝은 색조를 두어 어떤 틀 안의 사상을 표현하는 것. 어떤 별로 희망을 표현하는 것. 저녁빛으로 한 인간의 열기를 표현하는 것. 이건 분명 착시그림의 진실은 아니지만, 실제로 존재하는 것 아니겠니?

그럼 또 편지하마. 내일 벨기에 인을 만나니까, 그가 언제 그곳에 들를지 다시 알려줄게. 악수를.

너의 빈센트

덧붙임 : 벨기에 인 말로는, 집에 드 그루의 그림 11점, 브뤼셀 미술관의 《식사 전 기도》 스케치를 갖고 있대. 벨기에 인의 초상화 마무리 방식은, 네가 갖고 있는 리드의 초상화와 어딘가 비슷한 구석이 있어.

고흐가 테오에게 533
1888년 9월8일

사랑하는 테오

너의 친절한 편지, 그리고 동봉한 300프랑 정말 고맙다. 몇 주간의 고생 끝에, 나는 최고의 일주일을 보냈어. 고생 끝에 낙이 온다더니!

사정은 이래. 늘 제때 월세를 내지 못해 하숙집 주인에게 면목없었는데, 이제부터는 유쾌하게 대처해 보기로 결심했지. 이번 주인은 나쁜 사람이 아니지만, 나는 그에게 말도 안되는 비용을 청구했다고 트집잡으며 환불의 의미로 그의 누추한 집 전경을 그리겠다고 당당하게 말했어.*¹ 결국 주인은 무척 기뻐했고, 전에 그린 우편부며 밤손님인 부랑자들이며 나까지 잔뜩 흥분해 사흘 동안 밤에는 그림그리고 낮에는 자는 생활을 한 거야. 나는 낮보다 밤에 더 생기있고 풍부한 색감을 볼 때가 자주 있어.

하숙집 주인에게 지불한 돈을 그림으로 돌려받으려는 생각을 고집하는 건 아니야. 이 그림은 내가 그린 가운데 가장 못 그린 것 중 하나이기 때문이지. 다르긴 하지만,《감자먹는 사람들》에 견줄 만한 그림이야.

나는 빨강과 초록으로 인간의 무서운 정념을 표현하려고 했어. 방은 핏빛 빨강과 칙칙한 노랑, 중앙의 초록색 당구대, 오렌지 색과 초록빛을 내뿜는 레몬옐로 램프 네 개. 곳곳에서 실로 다양하게 다른 초록과 빨강이 대조와 충돌을 이루지. 천장높은 휑뎅그렁한 방 안에서 잠에 빠진 젊은 부랑자들의 인물상에는 보라와 파랑 사이의 그것이 있어. 당구대의 핏빛 빨강과 노란기 도는 초록은 이를테면 분홍 꽃다발이 있는 카운터의 작고 부드러운 초록과 대조를 이룬단다. 이 뜨거운 곳 한구석에서 불침번을 서고 있는 주인의 흰 옷은 레몬옐로가 되고, 빛나는 연초록색이 돼. 이 그림의 구상을 상상할 수 있도록 데생하고 수채물감을 칠해 내일 보낼게.

이번주에 고갱과 베르나르에게 편지썼지만, 그림이야기만 하고 다른 말은 하지 않았어. 별것도 아닌 일로 다투기 싫어서야. 하지만 고갱이 오든 안오든, 가구를 사는 바로 그 순간부터 나는 좋고 나쁘고를 떠나 내 집이 생기고, 길거리에 나앉은 듯한 우울함이 날아갈 거야. 20살의 모험가라면 아무것도 아닐 일도 35살에게는 너무 괴로워.

오늘 〈랭트랑지장〉 신문에서 빙 레비 씨의 자살기사를 봤어. 설마 빙 화랑의 지배인인 그 레비는 아니겠지? 틀림없이 다른 사람일 거라고 여기지만.

피사로가《소녀》를 꽤 괜찮은 작품이라고 해주었다니 정말 기쁘구나. 피사로는《씨뿌리는 사람》에 대해 아무 말도 없었니? 앞으로도 이런 탐구를 계속해간다면,《씨뿌리는 사람》은 이 장르에서 최고의 시도가 될 거야.《밤의 카페》는《늙은 농부의 얼굴》이며《시인의 얼굴》──이 그림이 완성된다면──과 마찬

---

*1 《밤의 카페》.

가지로 《씨뿌리는 사람》을 잇는 작품이야. 그러니까 사실적인 입장에서 보면 어떤 부분은 자연에 충실하지 않은 색이지만, 개성의 열기 같은 어떤 감동을 암시하는 색채란다.

샹젤리제에서 우리가 본 그 전람회에서 폴 만츠는 들라크루아의 거칠고 고양된 스케치, 《그리스도의 배》를 보고 '파랑과 초록으로 이토록 훌륭한 그림을 그릴 수 있을 줄 몰랐다'고 외치며 돌아갔다고 평론에서 썼어. 호쿠사이도 네 입에서 그런 외침이 나오게 하지. 너는 편지에서 '이 파도는 날카로운 발톱——배가 꼼짝없이 잡혀 있는 느낌이야'라고 말했었지. 그건 그의 선, 그의 데생 때문이야. 아무리 정확한 색채와 데생으로 그린다 해도 그런 감동을 줄 수는 없어.

그럼 또——내일이나 모레——이 문제에 대해 다시 쓰도록 할게. 네 편지에 답장도 쓰고, 《밤의 카페》 크로키도 보낼 거야. 타세 영감이 보낸 짐이 도착했어. 이 거친 입자의 물감에 대해서는 내일 소식 전할게. 얼마 뒤 밀리에가 너에게 인사하러 갈 거야. 곧 돌아오겠다고 편지를 보내왔어. 보내준 돈, 다시 한번 고맙다. 무엇보다도, 다른 장소를 찾으러 간다면 적어도 이사비용에 버금가는 새로운 지출이 필요하지 않겠니? 마음에 드는 곳을 금방 찾을 수 있는 것도 아니고. 가구를 들여놓을 수 있게 되어 정말 기뻐. 큰 도움 되었어. 정말 고마워. 마음으로 악수를. 그럼, 내일 다시 보자.

너의 빈센트

고흐가 테오에게 534
1888년 9월9일

사랑하는 테오

조금 전에 《밤의 카페》 크로키와 전에 그린 다른 1점을 부쳤어. 머지않아 일본판화도 만들 거야.

어제 집에 가구를 들여놓았어. 튼튼한 침대 두 개를 들이려면 한 개당 150프랑 들 거라고 우편부와 그의 아내가 한 말은 사실이었어. 그래서 작전을 바꾸었지. 하나는 호두나무로 만든 것, 또 하나는 내가 쓸 여느 나무로 된 것을 샀는데, 나중에 그려볼 생각이야. 그런 다음 1인용 침구를 사고, 이불은 두 채 샀어. 고갱이나 다른 누가 와도 그 잠자리를 금방 마련할 수 있어. 처음부터

▲《밤의 카페》(1888)

나는 이 집을, 나를 위해서가 아닌 다른 누군가가 잘 수 있는 방으로 만들고 싶었어. 그러느라 돈을 거의 다 써버렸어. 남은 돈으로는 의자 12개와 거울 한 개, 그리고 자잘한 필수품들을 샀어. 이제 다음 주면 그곳에서 지낼 수 있을 거야.

누가 왔을 때는 깨끗한 2층 방을 쓰면 돼. 그곳은 여자방처럼 되도록 예술적으로 꾸미고 싶어. 내 침실은 아주 간소하게 꾸밀 거야. 네모진 방으로 침대, 의자, 테이블, 모두 여느 나무야. 1층에 아틀리에와 방이 하나 더 있는데, 그곳도 작업실이지만 부엌 겸용이란다. 머지않아 이 작은 집이 햇빛을 듬뿍 받고 있는, 또는 환하게 불켜진 창과 밤하늘이 있는 그런 그림을 보게 될 거야. 너는 이제부터 여기 아를에 별장이 생겼다고 생각해도 좋아. 나는 이곳이 네 마음에 들도록, 그리고 내가 상상한 그대로의 아틀리에가 되도록 꾸미려는 구상에 열중해 있으니까. 1년 뒤 네가 여름휴가를 마르세유에서 보내겠다면 그때는 준비가 다 끝나 있을 테고, 내 계획대로 집은 위에서 아래까지 그림으로 빼곡하게 채워져 있을 거야. 그때 네가 머물—고갱이 온다면 고갱이 쓰게 될—침실 하얀 벽면에는 커다란 노란색 해바라기 장식화가 걸려 있을 거야. 아침에 창문을 열면 공원의 초록과 일출과 마을 어귀가 보여. 그리고 너는 이 작은 침실에서 깔끔한 침대와 다른 고상한 물건들과 함께 이 12송이 또는 14송이짜리 커다란 해바라기 꽃다발 그림이 빽빽이 놓여 있는 것을 보게 될 거야. 흔한 광경은 아니지. 그리고 아틀리에 바닥에 붉은 타일을 깔고 벽과 흰 천장, 농가에서 쓸 법한 의자, 칠하지 않은 테이블, 그리고 초상화를 걸 거야. 도미에 풍이 느껴지게 해야지. 미리 말해 두지만, 평범한 방은 아닐 거야.

부탁이 있는데, 이 아틀리에에 장식할 도미에의 석판화를 몇 장 찾아주지 않을래? 일본작품도 몇 장쯤. 전혀 급할 건 없어. 적당한 게 있을 때 보내주면 돼. 들라크루아의 그림과 현대예술가의 평범한 석판화도 부탁해. 급한 일은 전혀 아니야. 나에게는 나만의 구상이 있어. 나는 사실 이곳을 예술가의 집으로 만들고 싶어. 값비싼 것은 하나도 없지만 의자부터 그림까지 모든 게 품격있는 그런 집 말이야. 침대는 철제가 아닌 이 지방에서 생산된 넓은 2인용을 샀어. 튼튼하고 내구성있고 안정된 느낌을 주지. 가구사는 데 돈이 꽤 들었지만 어쩔 수 없어. 품격이 있어야 되니까. 운좋게도 충실한 가정부를 찾았어. 그녀가 없었다면 자택생활을 용기있게 시작할 수 없었을 거야. 그녀는 꽤 나이들었으며 자식도 많아. 바닥 타일을 아주 빨갛고 예쁘게 닦아준단다.

이렇듯 중대하고 진지한 일을 하게 되어 얼마나 기쁜지 몰라. 이제부터 그릴 그림을 진정한 장식화로 만들어내리라 굳게 결심했거든. 전에도 말했듯 먼저 내 침대를 그릴 생각이야. 주제는 세 가지가 될 거야. 아마 여성 누드나 아직 정한 건 아니지만 아기가 있는 요람 같은 것. 잘은 모르겠지만, 충분히 시간을 들일 생각이란다.

지금은 이쯤에서 그치는 데, 아무 망설임도 느끼지 않아. 그림에 대한 구상이 펑펑 샘솟고 있으니까. 지금은 늘 집을 꾸밀 뭔가를 살 생각을 하고 있어. 꾸준히 해나가면 가구며 장식화로 이 집도 상당히 가치있게 변할 거야.

미리 말해두는데, 가을을 대비해 물감을 많이 주문해야 해. 다가올 가을은 근사하겠지. 곰곰이 생각한 뒤, 이 편지에 주문서를 넣기로 했어.

《밤의 카페》 그림에서 나는 카페란 신세망친 인간이 미치광이가 되거나 범죄자가 되기 쉬운 곳임을 표현하려고 했어. 부드러운 분홍과 핏빛 빨강, 포도주 침전물색, 부드러운 루이 15세 풍의 부드러운 녹색과 비리디언, 그것들과 대조를 이루는 황록색과 강렬한 청록색——이 모든 것이 지옥의 맹렬한 불 같은 옅은 유황색 속에 있고, 이것들의 대조를 통해 술집의 어둠이 가진 지배력을 나타내려고 했어. 그렇지만 그것을 일본풍의 밝은 분위기와 타르타랭의 푸근한 인상으로 표현해냈지.

이 그림을 보고 테르스티흐는 뭐라고 할까? 인상파 중에서도 가장 절제되고 부드러운 시슬레의 그림 앞에서 '이 그림을 그린 예술가는 술에 절은 상태에서 그렸다고밖에 생각할 수 없군'이라고 말한 그가 말이야. 내 그림을 본다면 '환상 속에 빠져 있군'이라고 말할지도 모르겠어.

레뷔 앵데팡당 전에 출품해 보지 않겠느냐는 네 의견에는 이의가 없어. 늘 출품하고 있는 다른 사람들에게 방해되지 않는다면 말이야. 처음에는 습작밖에 출품하지 못하지만, 2회 때부터는 예약해 두고 싶다는 뜻을 알려야겠어.

내년에는 이 집의 장식화가 하나의 시리즈로 완성되어 전시회에 출품될 거야. 집착하는 건 아니지만, 이것도 다 사람들이 습작을 콤포지션*¹과 혼동하지 않도록 최초의 출품이 습작이라는 점을 미리 말해두고 싶은 거야. 구성된 그림의 시도라고 할 만한 건 아직 《씨뿌리는 사람》과 《밤의 카페》 말고는 없으니까.

이 편지를 쓰는 동안 우리 아버지를 캐리커처로 그린 것처럼 생긴 작은 농부가 카페에 들어왔어. 정말 똑같이 생겼어. 특징없는 얼굴, 피곤한 느낌, 야무지지 못한 입매가 특히 닮았어. 그를 그리지 않은 게 아직도 유감스럽구나.

이 편지에 물감주문서를 첨부했지만, 특별히 급한 건 아니야. 다만 계획이 잔뜩 있고, 가을은 근사한 모티브를 잔뜩 안겨줄 테지. 이제부터 5점을 그리게 될지 10점을 그리게 될지 나도 모르겠어. 과수원에 꽃이 피던 봄과 비슷해, 모티브는 수없이 많아. 네가 탕기 영감에게 입자가 거친 물감을 주면 그가 알아서 잘 만들어줄 거야. 그가 만든 고운 물감은 사실 질이 떨어져. 특히 파란색 계통은 못쓸 정도란다.

다음에 보낼 작품들은 질적으로 나아지고 싶어. 숫자를 줄이고 시간을 더 들이고 있지. 이번 주에 쓸 몫으로 50프랑 떼어두었는데, 이로써 가구에 들인 돈이 이미 250프랑이나 되었어. 어쨌든 나는 이런 식으로 돈을 되찾을 생각이야. 오늘부터 너는 별장을 가졌다고 생각해도 좋아. 안타깝게도 좀 멀지만. 하

---

*1 예술적인 부분을 배치하여 통일감있는 형태로 만드는 것.

지만 마르세유에서 상설전시를 하게 된다면 너무 멀다고 할 수도 없지. 1년만 있으면 아마 그렇게 될 거야. 악수를.

너의 빈센트

고흐가 빌레미나에게 7
1888년 9월9일과 16일

사랑하는 누이동생

너의 편지, 정말 반가웠어. 오늘은 차분하게 편지쓸 여유가 있단다. 파리 방문이 그토록 성공적이었다니, 내년에는 이쪽에도 꼭 와주면 좋겠구나.

지금 나는 누구나 언제든 묵을 수 있도록 아틀리에에 가구를 들여놓고 있어. 2층에 작은 방이 둘 있는데, 아름다운 공원이 내다보이고, 아침에는 해뜨는 모습을 감상할 수 있어. 그 방 가운데 하나를 친구가 묵을 수 있게 정리하고, 다른 하나는 내 방이 될 거야. 여기에는 골풀의자와 아무것도 칠하지 않은 테이블, 침대 말고는 그 무엇도 놓고 싶지 않아. 하얀 회반죽 벽에 붉은 바닥 타일.

하지만 초상화와 인물유화습작은 많이 장식하고 싶으며, 천천히 그릴 생각이야. 먼저 1점 그린 게 있는데, 젊은 벨기에 인 인상파화가의 초상화란다. 나는 그를 시인처럼 그렸어. 별이 빛나는 깊은 울트라마린 밤하늘을 배경으로 섬세하고 신경질적인 얼굴이 도드라져 보이지.

또 다른 방은 호두나무 침대와 푸른 침대커버로 우아하게 꾸몄어. 그리고 광택없는 호두나무 세면대와 정리서랍을 두었지. 이 작은 방 안에는 적어도 6점의 커다란 그림, 특히 어마어마하게 큰 해바라기 꽃다발 그림을 일본풍으로 걸고 싶어. 너도 알겠지만, 일본인은 본능적으로 대비효과를 발휘해. 그리고 달콤한 고추, 짭짤한 캔디, 튀긴 얼음과자와 차가운 튀김 등을 먹지. 같은 방식으로라면 큰 침실에 작은 그림만 두어야 하고, 반대로 작은 방에는 큰 그림을 잔뜩 놓게 돼. 너에게 이 아름다운 땅을 보여줄 날이 오기를 고대해.

지금 막 램프가 환하게 비추는 밤의 카페 내부를 표현한 그림을 완성한 참이야. 처량한 밤의 방랑자들이 구석에 잠들어 있지. 방은 빨간 페인트로 칠해지고, 가스등 아래 초록색 당구대가 바닥에 커다란 그림자를 드리우고 있어. 이 그림에는 피처럼 붉은색에서 부드러운 핑크에 이르기까지 예닐곱 가지 빨

강이 있으며, 그것들이 똑같은 수의 옅거나 또는 짙은 초록과 대조를 이뤄. 오늘 이 그림을 일본판화처럼 데생해 테오에게 보냈어.

테오가 너에게 일본판화를 주었다더구나. 화려하고 밝은 회화가 어떤 방향으로 나아가는지 분명하게 이해할 수 있는 실제적인 방법이라고 할 수 있지. 나는 이곳에서 일본작품이 필요치 않아. 이곳이 바로 일본이라고 늘 생각하거든. 나는 눈을 들어 나에게 감명주는 눈 앞의 것들을 직접 그리면 되는 거야. 우리 집에서 미소짓는 뚱뚱한 일본여자의 작은 얼굴을 봤지? 정말 놀라운 표정 아니니? 그 작은 얼굴은!

네가 간직할 내 그림을 1점 가져가는 일에 대해서 생각해 봤니? 어떤 것을 골랐을지 무척 궁금해. 지중해 연안 생트 마리에서 내가 그린 초원의 푸른 하늘 밑 하얀 오두막을 고르지 않았을까 생각하고 있어.

생트 마리는 진작에 다녀왔어. 지금쯤은 그 해안도 사람들로 북적거리겠지. 하지만 여기도 그릴 것은 많아. 지금 꼭 그리고 싶은 것은 밤하늘이야. 밤은 가장 강렬한 보라, 파랑, 초록으로 물들어 낮보다 더 풍부한 색감을 지닌 듯 느껴질 때가 자주 있거든. 주의해 보면 어떤 별들은 레몬 색이고, 다른 별들은 분홍, 초록, 파랑, 물망초의 파랑 등을 띠고 있어. 더 길게 쓰지 않겠지만, 밤하늘을 그리는 데 흑청색 위에 하얀 점을 찍는 것만으로는 충분치 못하다는 건 분명해.

여기 내 집은 외벽이 신선한 버터 같은 노란색 페인트로 칠해지고, 강렬한 초록색 덧문이 달려 있어. 플라타너스와 협죽도, 아카시아 등의 식물이 가득한 초록 공원이 있는 광장을 바라보고 있어서 볕이 아주 잘 들어. 집 안은 석회로 하얗게 칠해지고, 바닥에 붉은 타일이 깔렸어. 그리고 위에는 강렬한 푸른 하늘. 나는 이 집에서 잘 지낼 거야. 편히 쉬고, 깊이 생각하며, 그림을 그릴 수 있지. 내 피가 정상적으로 돌기 위해서는 무더위가 꼭 필요하므로, 북쪽으로 돌아가기보다 오히려 남쪽으로 더 나아갈 것 같아.

여기에서는 파리에 있을 때보다 몸이 훨씬 건강해. 너도 남 프랑스가 무척 마음에 들 거야. 그건 태양 때문이란다. 햇빛이 우리 북쪽나라 사람들 몸에 이렇듯 듬뿍 스며드는 일은 없었으니까.

이 편지를 쓰기 시작한 지 며칠 지나 다시 펜을 든다. 일 때문에 중단되었는데, 며칠 동안의 작업 결과 밤의 카페 외부를 그린 새로운 그림을 완성했어. 테라스에는 술마시는 사람들의 작은 그림자가 있어. 크고 노란 각등이 테라스와 가게 앞과 보도를 비추고, 거리 포석 위까지 빛을 던져서 거리는 분홍색 섞인 보라색을 띠고 있지. 별들이 총총 박힌 푸른 하늘 아래 쭉 뻗은 거리 위 집들의 박공벽은 짙은 파랑 또는 보라이고, 초록나무가 한 그루 서 있어. 이건 아름다운 파랑과 보라와 초록만으로 이루어진, 검정이 없는 밤의 그림이야. 이 주변의 불켜진 광장은 옅은 유황색과 초록이 섞인 레몬옐로로 물들어 있어.

야경을 바라보며 그리는 건 아주 재미있는 작업이야. 전에는 데생해 두고, 그 데생을 바탕으로 낮에 그림을 그렸지. 그런데 나라는 인간은 그것을 바로 그리지 않고는 배기지 못해. 분명 어둠 속에서는 색조의 질을 잘 분간할 수 없어 파랑과 초록을, 푸른 라일락 색과 붉은 라일락 색과 헷갈리기도 해. 이것은 이제까지 계속 이어져 오던 흐리고 창백하며 초라한 빛의 검은 밤에서 벗어날 유일한 방법이야. 단 한 자루의 촛불만으로도 아주 풍부한 노랑과 오렌지를 볼 수 있으니까.

나는 또 습작으로 새로운 자화상을 그렸는데, 이 그림에서는 내가 일본인처럼 보인단다. 너는 모파상의 《벨아미》를 읽었니? 그의 재능을 어떻게 생각하는지, 그런 것들을 아직 나한테 이야기한 적 없지? 큰길에 옹기종기 모여 있는 카페들이 불빛에 비춰지는 파리 밤풍경을 묘사한 글이 《벨아미》의 첫머리이고, 그것이 바로 이번에 내가 그린 작품과 거의 같은 주제야. 모파상의 작품들은 모두 훌륭해. 다 읽어보도록 꼭 권하고 싶어. 졸라, 모파상, 공쿠르 등의 작품은 현대소설을 확실히 이해하기 위해 되도록 다 읽어볼 필요가 있지. 발자크는 읽었니? 나는 이곳에서 다시 읽고 있어.

사랑하는 빌레미나, 지금은 자연의 풍부하고 장려한 광경을 그려야 한다고 생각해. 우리에게는 활기와 행복, 희망과 사랑이 필요해. 내가 추해지고 늙고 심술궂고 병약해지고 가난해질수록 그만큼 더 잘 배치된 찬란한 색채로 복수하고 싶어. 보석상점도 완벽한 배치가 가능해지기 전에는 지저분해 보이는 법이지. 그림 안에서 다양한 색깔을 움직여 대비로 돋보이게 배치하는 것은 보석을 진열하고 의상을 고안하는 것과 어딘지 닮은 데가 있어.

너도 이미 일본작품을 보았으니 꽃다발을 만들거나 꽃을 만지는 일이 더욱 즐거워지는 것을 스스로 깨닫게 될 거야. 이 편지도 오늘 부치려면 이제 그만

써야 해.

네가 말한 어머니 초상화를 보내주면 정말 기쁘겠구나. 잊지 말고 꼭 보내줘. 어머니께 안부전해주렴. 나는 너와 어머니를 늘 생각해. 우리가 어떻게 사는지 네가 조금이나마 알게 되어 무척 기뻐.

테오가 몹시 외로워하지 않을까 걱정되지만, 아까 말한 벨기에 인 인상파화가가 파리에서 지낼 예정으로 출발하여 곧 방문할 거야. 그리고 다른 화가들 중에도 이 좋은 계절에 그린 습작을 가지고 파리로 돌아가는 사람들이 많단다. 너와 어머니에게 포옹의 인사를.

너의 빈센트

고흐가 테오에게 535
1888년 9월10일

사랑하는 테오.

고갱이 나와 함께 지내며 자신의 그림에 좀더 열정을 쏟는다면, 그때는 너 없이 아무것도 못하는 두 예술가에게 너도 할 일을 주겠지. 네게 금전적 이익이 되지 못하더라도, 모네의 개성을 누구보다 먼저 인정하고 그 그림을 사들인 뒤랑 뤼엘 같은 일을 하는 거야. 돈벌이가 되지 않고, 그 그림을 잔뜩 끌어안은 채 팔지 못할 때도 있었지만 결국 뒤랑 뤼엘은 옳았고 이제 그 보상도 받았지. 물론 금전상의 불리함이 확실하다면 나도 이런 이야기를 하지 않을 거야. 하지만 고갱에게는 성실함을 요구해야겠지. 라발이 찾아와 일시적으로 새로운 수입을 얻을 길이 뚫린다면, 그는 라발을 선택할지 우리를 선택할지 고민할 거라고 생각해.

나는 그 일로 고갱을 비난하지 않아. 다만 그가 자신의 이익에서 눈을 돌리지 않는다면, 너도 그림으로 돌려받을 경우를 생각하고 네 이익을 챙겨야 해. 만일 라발이 조금이라도 돈을 가지고 있다면 고갱은 우리를 버렸을 거야. 고갱이 곧 너에게 편지쓰겠지만, 그가 너에게 뭐라고 할지 무척 흥미롭구나. 다만 그가 여기로 오든 안오든 우리의 우정은 지속되겠지만, 우리는 더욱 확고한 태도를 취해야 해. 네가 그를 위해 하려던 일을 납득하지 않는 한, 그는 고맙게 여기지 않을 거야.

하지만 그가 오지 않는다 해도 나는 전혀 애태우지 않고 거리낌없이 내 작업을 해나갈 거란다. 만일 그가 온다면 물론 환영하지만, 그에게 너무 의지하면 이쪽이 험한 꼴을 당할지도 몰라. 충실하게 행동하는 게 이익이라면 그는 그렇게 행동하겠지. 이곳에 오지 않을 경우 무언가 다른 일을 찾겠지만 잘 되지 않을 거야. 약삭빠르게 돌아다니지 않아도 그리 손해 보지 않고 끝낼 수 있을 텐데.

2프랑50상팀 하는 저렴한 캔버스 천이 5m쯤 더 있으면 좋겠어. 물론 운송비가 2배가 되지 않도록, 소포 무게를 가늠해 타세 영감이 1m 길이를 늘이든지 줄여도 돼.

고갱이 너에게 편지보내면 너는 그 답장으로 '이곳에 올지 안올지, 아직 정하지 못했다면 우리는 계획을 파기할지도 모른다'고 확실히 말할 좋은 기회가 될 거야.

좀더 진지한 협력이 실현되지 않는다면——그건 그대로 좋을지 모르지만——대신 저마다 행동에 자유를 얻게 되겠지. 나는 고갱에게 보낸 편지에서 괜찮다면 작품을 교환해 달라고 부탁했어. 고갱이 그린 베르나르의 초상과 베르나르가 그린 고갱의 초상을 가지고 싶거든.

네가 흥미로워할 만한 기사를 동봉하마. 한 번 보러 가보면 좋을 거야.

작업 구상이 잇따라 떠올라. 혼자 있는데도 생각할 틈도 무언가를 느낄 틈도 없을 정도야. 마치 그림그리는 기관차같이 움직이고 있어.

앞으로 두 번 다시 멈출 일은 없겠지. 내 생각으로는, 활기찬 아틀리에는 결코 기성공간에서 찾을 수 없고 한 곳에 머물러 참을성있게 작업하면서 날마다 만들어지는 거야. 나에게는 오래된 수차(水車) 습작이 있어. 이건 네가 《씨뿌리는 사람》과 함께 액자에 넣었다는 그 《나무와 바위》처럼 강한 붓질로 그렸지.

《씨뿌리는 사람》 구상은 여전히 내 머릿속에 늘 붙어다니며 떨어지지 않아. 《씨뿌리는 사람》과 이번에 그린 《밤의 카페》처럼 지나치게 습작을 많이 그리는 것은 나의 나쁜 버릇인데, 예를 들면 여기 있는 도스토옙스키에 대한 소논문처럼 무언가에 감동받은 경우, 나는 그것만이 중요한 의미를 가지는 듯 생각해버리곤 해. 나는 지금 세 번째 공장풍경습작을 그리고 있어. 빨간 지붕 위 붉은 하늘에 거대한 태양이 있고, 그것은 미스트랄에게 분노하는 사납고 거친 자연이야.

▲공장

집을 마련하고 꾸미는 일은, 내 마음을 크게 진정시키고, 나의 습관이 되어 가리라 생각해. 같은 곳에 머물러 계절이 같은 그림소재 위를 스쳐지나가는 것을 되풀이 바라본다 해서 내 그림이 더 나빠질까? 봄에는 같은 봄의 과수원을 바라보고, 여름에는 같은 보리밭을 봄으로써 내 작업의 전망이 절로 내다보여 더 좋은 계획을 세우게 될 거야.

서로 관련있는 하나의 정돈된 작품을 만들기 위해 많은 습작을 확보해 놓고 그려나가면, 어느 시기에 문득 더 차분한 제작이 이루어지겠지. 이 점에 대해서도, 우리 방식이 잘못되지 않았다는 느낌이 들어. 다만 네가 좀더 가까이 있어줬으면 좋겠다고 생각해.

북쪽과 남쪽을 가깝게 하는 일은 나에게 불가능한 의논인데, 어떻게 하면 좋을까. 나 혼자서는 너를 1년에 2, 3번 남 프랑스로 여행시킬 만큼 중요한 그림을 그릴 수 없다는 결론이야. 하지만 만일 고갱이 오고, 우리가 이곳에서 서로 도우며 예술가의 생활과 작업을 해나가고 있음을 사람들이 알게 되면 이 남 프랑스가 나처럼 너에게도 제2의 고향이 되는 게 전혀 불가능하지 않아.

라발에게 갈지 나에게 올지 망설이는 사실에 내가 당혹스러워하는 걸 숨긴 채 고갱에게 편지보내 마음놓였어. 그가 하고 싶은 대로 선택하게 해주어야 해. 여행이 힘들어 이곳에 오지 않는다 해도, 더 이상 호텔에 오래 머물러서는 안된다고 그에게 써보냈어. 그렇게 되면 작업할 아틀리에가 하나가 아닌 두 개가 되는 셈이라고도 말했지.

그 점에 대해서는——늘 되풀이하는 이야기지만——정해진 아틀리에가 있으면 차분하게 작업할 수 있고, 언제든 다른 사람도 도와줄 수 있어. 베르나르는 고갱이 물질적 문제, 물감과 캔버스 등을 위해 자신의 할 일도 못하는 것을 보면 괴롭다고 써보내왔어. 하지만 그 생활도 오래 가지 않을 거야.

가장 걱정인 것은, 빚 때문에 집주인에게 그림을 담보로 잡힌 채 빈털터리가 되어 너에게나 나에게 도망쳐오게 될지도 모른다는 거야. 그럴 경우 만일 그림을 잃기 싫다면 집주인을 정식으로 고소하면 돼. 물품가치가 빚보다 많을 경우, 집주인이 권리도 없으면서 그림들을 모두 챙기려 주장한다면 지방 민사재판소에서 가처분결정을 내릴 테니까.

고흐가 테오에게 537
1888년 9월17일

사랑하는 테오

내일 아침 네 편지가 오리라 여기지만 오늘 밤 시간이 남아 편지쓰고 있어. 이 일주일 동안 꽤 많은 일이 있었단다.

내일부터 그 집에서 살 예정인데, 이것저것 물건을 사들이고 이제부터 살 물건들도 더 있으니——물론 꼭 필요한 것들만——50프랑 말고 100프랑을 다시 한 번 보내주면 좋겠구나.

지난주 내가 쓴 돈이 50프랑이라 치고, 이번에 여분 50프랑을 더해 네가 보내준 300프랑에서 빼면 침대 두 개를 살 돈밖에 남지 않아. 그런데 침구 딸린 침대 말고도 이것저것 사야 했으므로 그 대부분을 일주일 생활비인 50프랑으로 메우고, 일부는 침대 하나를 좀 간단한 것으로 바꾸었지.

아틀리에에 가구를 마련하고 나니 결국 좋은 선택이었다는 확신이 들었어. 나는 지금까지처럼 불필요한 고생을 하지 않고 좀더 자유롭게 작업할 수 있을 듯한 기분이 벌써 드는구나.

만일 내가 내 작업형식과 질에 좀더 주의를 기울이게 되면 작업에 더 많은 시간이 걸릴 것 같아. 그림을 더 오랫동안 내가 가지고 있게 될 거야. 그 그림을 서로 관련시키며 보충하기 위해서. 또한 뼈처럼 딱딱하게 물감이 마를 때까지는 너에게 보내고 싶지 않은 그림도 생기게 될 테지.

그런 종류의 그림 가운데 30호가 있어. 버드나무와 푸른 풀잎, 둥글게 손질된 서양 삼나무, 협죽도 덤불을 그린 것으로 지난번 편지에서 네게 보낸 습작과 같은 그 정원 한모퉁이를 그린 그림이란다. 하지만 이번 그림이 더 크고, 전체적으로 레몬색 하늘이 뒤덮여 있으며, 색채는 가을의 풍부함과 강렬함을 지녔어. 더구나 이 그림이 훨씬 단순하고 두껍게 칠해졌지.

이것이 이번 주에 그린 첫그림이야.

두 번째 그림은 카페 바깥을 그렸는데, 푸른 밤의 커다란 가스등에 비춰진 테라스로, 별이 빛나는 파란 밤하늘이 한구석에 있어.

세 번째 그림은 내 자화상으로 거의 색이 없어. 옅은 푸른기 어린 녹색 배경에 회색 색조야.

모델이 없는 경우 자화상을 그리려고 일부러 좋은 거울을 샀단다. 내 얼굴의 색채를 잡아내는 것은 쉬운 일이 아니니, 만일 제대로 내 얼굴을 그리게 된다면 여러 사람 얼굴을 그릴 수 있겠지.

야경과 밤의 효과를 실제로 현장에서 그리는 것은 매우 흥미로운 일이야. 이번 주는 그림그리고 잠자고 식사하는 일 말고는 전혀 아무것도 하지 않았어. 6시간씩, 즉 12시간 내내 그림그리고, 12시간을 몰아서 잤지.

토요일(9월15일) 〈피가로〉신문 문예부록에서 인상파 주택의 설명 기사를 읽었어. 그 집은 부풀어오른 보라색 유리벽돌로, 마치 유리병 밑바닥처럼 만들어졌단다. 햇빛이 그 안에서 반사되고, 그 노란색 반사빛이 굴절해 신기한 효과를 빚어내고 있었지.

보라색 달걀모양 유리벽돌로 된 벽을 지탱하기 위해 기묘한 포도넝쿨과 다른 덩굴풀들을 본뜬 검은색과 노란색 철사가 고안되었단다. 이 보라색 집은 정원 한가운데에 자리하며, 정원에 난 작은 길은 모두 매우 노란 모래로 만들어져 있었어. 장식용 꽃밭도 물론 아주 기묘한 색채였지. 내 기억이 확실하다면 그 집은 오퇴이유에 있을 거야. 나 역시 이 집을 지금도 앞으로도 장식품들까지 모두 이대로 보존해 예술가의 주거로 삼고 싶다고 생각해.

머지않아 그렇게 될 거야. 악수를 보낸다. 오늘은 혼자서 포도밭에서 멋진 산책을 했어.

너의 빈센트

사랑하는 테오

너의 편지와 동봉해 준 50프랑 정말 고마워.

모랭의 데생도 잘 받았어. 훌륭한 작품이야. 정말이지 그는 대예술가야. 어젯밤 나는 새로운 집에서 잤어. 아직 할 일이 남았지만 그래도 무척 기뻤단다. 나는 이 집을 다른 사람들도 이용할 수 있는 영속적인 것으로 만들 수 있을 듯해. 여기 사용한 돈은 낭비된 돈과 달라. 이 차이를 너도 곧 알게 될 거야. 그것이 지금 나에게 보스봄의 실내 그림을 떠오르게 해. 빨간 돌바닥과 하얀 벽, 백목(白木)이며 호두나무 재목으로 된 가구가 있고, 창문으로 강렬한 파란 하늘 한 조각과 푸른 잎사귀가 보이지. 그런데 공원이 있고, 밤의 카페가 있고, 식료품점이 있는 이 집 언저리는 밀레는 아니더라도 도미에며 졸라와 아주 똑같아. 그것만도 이 집에서 좋은 구상을 짜내기에 충분하지 않겠니?

어제 너에게 써보낸 대로, 침대 두 개를 사는 데 300프랑 들었지만 역시 가격을 깎을 수는 없었어. 그런데 나는 이미 그 이상의 물건을 사버렸지. 다시 말해 이미 지난주의 돈 절반을 거기에 쏟아부었고, 어제는 집주인에게 10프랑을 주고 이불 사는 데 50프랑 지불해 지금 5프랑밖에 남아 있지 않아. 그래서 부탁인데 이번 주일을 버티기 위해 20프랑, 괜찮다면 50프랑 더 보내주었으면 해.

어제 편지에서도 부탁했듯 이번 달 안에 다시 한 번 50프랑 대신 100프랑 보내주면 좋겠구나. 이번 달 내 생활비에서 50프랑 아끼고, 거기에 50프랑을 더하면 가구사는 데 모두 400프랑 쓰는 거야.

테오, 결국 우리는 틀리지 않았어. 젊을 때라면 난롯불과 집이 없어도, 여행자처럼 어디에서나 잠들고 술집에서 사는 것쯤 아무렇지 않지만, 지금의 나는 그런 생활을 견딜 수 없게 되어버렸어. 그리고 깊은 생각에 잠겨 작업하기에 좋지 않은 환경이기도 하지. 그래서 나는 제대로 된 계획을 세우고 있단다. 먼저 네가 달마다 보내주는 돈 만큼의 그림을 그린 뒤, 이번에는 집 마련을 위한 그림을 그리려고 해. 집을 사기 위해 그린 그림으로 지금까지 받은 돈을 너에게 돌려줄 수 있게 될 거야.

나는 분명 아직 얼마쯤 장사치인 것 같아. 내가 진 빚을 갚을 능력이 있음을 증명하고 싶고, 사람들이 싫어하는 가난한 화가라는 직업이 나에게 그리도록 강요하는 상품을 어떻게 만들면 좋을지 알고 있다는 뜻에서.

나는 머지않아 1만 프랑에 이르는 장식화를 그리게 될 거야. 이건 확실하다는 기분이 들어.

먼저 내 생각을 들어주렴. 만일 우리들이 곤경에 빠진 친구의 은신처가 될 아틀리에를 여기에 만든다면, 어느 누구도 우리 두 사람만의 생활을 위해 돈 쓰고 있다며 너나 나를 탓하지 않겠지. 그런데 이런 아틀리에를 세우기 위해서는 자금이 필요해. 그 자금을 내가 비생산적으로 몇 해 동안 놀고 먹으며 탕진해버렸어. 그래서 나는 지금이야말로 생산적인 일을 시작해 그 돈을 갚으려고 해.

너도 나도 늘 루이 금화 몇 닢과 우리가 움직일 상품자본을 어느 정도 지닐 필요가 있으며, 또한 그것이 우리의 권리이기도 하지. 나는 궁극적으로 아틀리에를 세워 다음 세대에 남겨주어 후계자가 이곳에 살 수 있도록 하려는 생각을 갖고 있어. 말로 잘 표현할 수는 없지만, 우리가 예술과 사업을 하는 것은 다만 우리들 시대를 위해서뿐만 아니라 우리가 죽은 뒤 누군가의 손으로 그것이 계속되도록 하기 위해 일하는 거야.

너는 장사하면서 그 일을 하고 있어. 지금은 많은 고난에 부닥쳐 있지만 얼마 뒤 성공하게 될 거란다. 나는 다른 예술가들이 좀더 강한 태양 아래에서, 더욱이 일본적인 투명함 속에서 색채를 보고 싶어할 것을 알고 있어.

그러니 내가 이 남 프랑스 입구에 은신처인 아틀리에를 만드는 것은 그리 바보 같은 일이 아니야. 그로 말미암아 우리들은 활발하게 작업할 수 있을 게 틀림없어. 그래, 만일 다른 이들이 파리에서 너무 멀다느니 또는 다른 불평을 한다 해도, 불쌍한 것은 그들이니 말하고 싶은 대로 내버려두면 돼. 최고의 색채화가 들라크루아가 어째서 반드시 남부지방이나 아프리카로 가야 한다고 생각했을까? 그것은 아프리카뿐만이 아니라 이곳 아를 남쪽에 오면 빨강과 초록, 파랑과 오렌지, 유황색과 연보라색의 아름다운 대조를 볼 수 있기 때문이었어.

참된 색채화가라면 누구든 남쪽으로 와서 북쪽과는 다른 색채가 있음을 인정해야 할 거야. 이곳에 오면 고갱도 분명 좋아하게 될걸. 만일 고갱이 오지 않는다 해도, 그것은 그가 더욱 색채 풍부한 땅에서 이미 그러한 경험을 가졌기 때문일 거야. 그래도 역시 그는 언제까지나 우리 친구이며 같은 사상을 가진 동료이기도 해. 그를 대신해 또 다른 누군가가 오겠지.

자신이 하는 일이 무한으로 이어지고, 그 일의 존재가치가 계속된다는 것을 알게 되면, 사람은 더 침착하게 일하게 된단다. 너의 일은 이중의 의미를 가지고 있지.

너는 화가들에게 친절해. 그러니 알아주기 바라는데, 나는 생각하면 할수록 사람들을 사랑하는 것 이상으로 참된 예술은 없다고 느껴. 예술이나 예술가가 없어도 사람은 살아갈 수 있다고 너는 말할지도 몰라. 그 말은 분명 옳지만, 그리스 인도 프랑스 인도 옛 네덜란드 인도 예술을 인정했으며, 예술은 언제나 피하기 힘든 폐허 위에 부활하고 있단다. 그러니 나는 예술가와 예술을 싫어하는 사람은 덕있는 신사라고 생각지 않아.

지금 나는 아직 너에게서 받은 이익에 부합될 만한 그림을 그리지 못했어. 하지만 네 호의에 버금갈 좋은 그림이 그려지면, 그것은 너와 내가 함께 만들어낸 것이란다. 우리는 둘이서 그림을 만들어내고 있기 때문이지.

하지만 그것을 고집할 마음은 없어. 내가 좀더 진지하게 작업할 수 있게 되면 그것은 자연스레 분명해지겠지. 지금 나는 30호를 1점 더 그리고 있어. 이것도 정원, 아니 정원이라기보다 플라타너스가 있는 산책길로, 초록색 잔디와 전나무가 우거진 검은 숲이 있어.

네가 물감과 캔버스를 주문해줘서 매우 고마웠어. 날씨가 아주 좋거든. 미스트랄은 변함없이 불고 있지만 바람이 조용할 때는 그 풍경이 참으로 근사해. 미스트랄이 조금만 더 적게 불어온다면 이곳은 일본과 비슷할 정도로 아름답고 예술에 적합한 곳이 될 거야.

이 편지를 쓰는 도중 베르나르로부터 기쁜 소식을 받았어. 이번 겨울, 아를에 오고 싶다는구나. 변덕스러워. 어쩌면 고갱이 그를 대신 보내고 그 자신은 북 프랑스에 머물고 싶은 걸지도 몰라. 곧 알게 되겠지. 어떻게든 그가 편지로 너에게 알려줄 테니까.

베르나르가 존경과 공감을 담아 고갱에 대해 이야기하는 걸 보면 두 사람은 서로를 이해하고 있다고 생각해. 분명 고갱은 베르나르를 위해 많은 노력을 했을 거야.

고갱이 이곳에 오든 안오든, 그는 우리의 친구야. 지금 오지 않는다 해도 언젠가는 오겠지.

나는 본능적으로 고갱이 타산적인 사나이라고 생각해. 그는 자신이 사회적으로 낮은 위치에 있음을 알고 있고, 성실하지만 정치적 전략을 수단으로 지위를 얻고 싶어하지. 내가 이런 것까지 알리라고는 고갱도 알지 못할 거야. 또한 그에게는 어떻게든 시간을 벌 필요가 있다는 점, 그리고 우리와 함께하면 다른 것은 몰라도 시간만은 얻을 수 있다는 점도 모르고 있겠지.

머지않아 고갱이 빚을 다 갚지 못한 채 라발이나 모랭과 함께 퐁타벤을 떠난다 해도, 쫓기는 짐승 같은 처지가 될 테니 내가 보기에는 역시 이곳에 올 이유는 있어. 고갱에게처럼, 베르나르에게 달마다 그림 1점에 150프랑을 주는 건 현명하지 못해. 베르나르는 이에 대해 분명 고갱과 오랫동안 의견을 나누었을 거야. 베르나르는 조금이나마 고갱을 대신하려는 걸까? 이에 대해서는 명확하고 단호한 태도를 취해야 해. 이유는 말하지 않더라도 분명히 이야기해야 할 거야.

나는 고갱을 비난할 마음이 없지만, 장사로 손해보고 싶다면 주식이라도 하면 되겠지.*¹ 하지만 나는 달라. 나는 네가 구필 상회에 있든 다른 곳에 있든, 너와 함께 일을 계속해 나가는 게 좋아. 너도 알다시피 새로운 상인도 예전 상인과 다를 바 없단다.

원칙적, 이론적으로 서로의 생활과 일을 지키는 예술가조합에 찬성해. 하지만 똑같이 원칙적, 이론적으로 예부터 이어져온 제대로 성립된 그림판매상회를 무너뜨려야 한다는 주장에는 반대해. 그것은 그 나름대로 조용히 쇠퇴하여 아름다운 죽음을 맞게 두어야 해. 상회를 다시 되살려 쇄신하려는 것은 분수에 맞지 않는 생각이야. 그런 일은 그만두고, 자신들 생활을 지키며 형제와 친구들과 한 집에 모여사는 게 좋다고 생각해. 그 일이 때로 성공하지 못한다 해도 그렇게 해나가고 싶구나. 그리고 다른 상인들에게 무언가 음모를 꾸미는 일은 안돼. 힘찬 악수를 보낸다.

너에게 부탁할 일이 생겼는데, 그 때문에 네가 귀찮아지지 않았으면 좋겠구나. 나는 내 집에서 잘 수 있는 기회를 언제까지나 늦추고 싶지 않았단다. 만일 네 형편이 어렵다면 20프랑만 더 있으면 이번 주를 버틸 수 있을 거야. 하지

---

*1 고갱은 예전에 주식중매인이었다.

만 서둘러주면 좋겠어.

빈센트

덧붙임 : 나는 베르나르의 편지를 모두 보존하고 있어. 때로 매우 재미있는 편지도 있지. 언젠가 너에게도 읽게 해주고 싶구나. 벌써 한 봉투 가득 쌓였단다.

고갱에게도 내가 말한 단호한 태도를 취해야 할 때가 오겠지. 그가 파리에서 계획을 이야기했을 때 나는 이미 마음을 정해두었으니까. 그에게 말려들지 말고, 그의 자존심이 상하지도 않게 네가 대답을 잘 해주어 다행이야. 그때와 같은 일이 또 필요해지겠지.

나는 오늘 밀리에를 만날 거야. 일본판화에 대해 고맙다는 인사를 전할게.

고흐가 테오에게 538a
1888년 9월18일 ②

사랑하는 테오

고갱이 너에게 보낸 편지로 이야기가 분명해졌다고 생각해. 자신에게는 돈이 없으니 오기 바란다면 자신이 진 빚과 여행비를 달라는 말이나 하는 예술가를 나는 신용하지 않아.

그러나 한편, 그런 입장에서라면 자신의 그림에 대해 관대하겠지. 그리고 또 돈이 필요해지겠지만, 그림그리기에는 오히려 잘된 일이라고 생각해. 이런 그림도 언젠가는 팔리겠지. 그때까지 몇 년 동안은 높은 이자를 묶어두지 않으면 안돼. 즉 오늘 400프랑에 산 그림을 10년 뒤 1,000프랑에 판다 해도 그 시간 동안 보관해 두었으니 시가에 팔았다고 할 수 있지. 아니, 이런 이야기는 나보다 네가 더 잘 알겠구나.

네가 장사에 대한 애착을 차츰 되찾거나, 네 일을 발전시킬 방법을 생각해도 눈에 띄는 큰 개혁은 어렵게 느껴져 지금 지위에 타협한다 해도 나는 놀라지 않을 거야. 너는 예술가들에게 친절하고 그 업계 한가운데에 있으니 네가 원하는 대로 하면 그게 올바른 길일 테지. 다만 되도록 건강에 조심하며 쓸데없는 일에 너무 신경 쓰지 않도록 하렴. 일어날 일은 내버려두어도 일어난다고 여기면 돼.

그래도 이것만은 말해두고 싶구나──만일 고갱이 자신의 그림을 너에게만 독점적으로 위탁하고, 이곳에서 나와 함께 작업하면서 조용히 때가 오기를 기다리며 자신의 작품으로 우리에게 빌린 돈을 갚는다면, 비록 그의 정치전략이라 해도 그가 다른 수단을 취하는 것보다는 그를 존경해야 할 거야.

베르나르는 이곳에 오고 싶더라도, 고갱과 같은 조건으로는 안되지──그런 기분이 들어.

만일 함께 사는 편이 이롭다면, 때로 네가 그에게서 무언가 사들여도 전혀 지장은 없을 거야. 하지만 그와 어떤 계약도 해서는 안돼. 변덕이 심한 사나이니까.

고갱은 이곳에 오지 않더라도 성공할 거야. 하지만 계획적인 성공이 아니라 그가 그린 그림의 참된 가치에 의해서지. 그 가치를 만들어내는 데 필요한 시간과 돈과 자유가 있을 때의 이야기야. 지금 내가 너보다 더 뛰어난 상인이 되지 못하는 건 너도 잘 아는 그 이유 때문이란다. 그러니 나는 그저 너에게 좋은 그림들을 보내고 싶다고 바랄 뿐이야. 그러기를 바라고, 앞으로도 계속 노력할 생각이란다.

머지않아 다시 정원그림을 그리려 해. 캔버스와 물감이 없어 곤란할 일이 없다는 건 매우 든든하고, 긴장하며 작업에 몰두하는 것 또한 내 의무지. 만일 고갱이 이곳에 온다면, 물감을 직접 만들어볼 생각이야. 곧바로 성공하지 못할 경우 실망할까봐 나 혼자서는 시도해볼 마음이 들지 않아. 탕기 영감이 물감 튜브를 얼마에 팔고 있는지 궁금하구나.

네가 보내준 〈르 꾸리에 프랑세〉*¹'에 실린 '푸른 발자취'라는 기사를 읽었니? 내용이 매우 좋고, 세가토리를 떠오르게 했지. 너도 읽어보면 좋을 거야.

고흐가 테오에게 539
1888년 9월18일 이후 ①

사랑하는 테오
오늘 아침 일찍 너에게 편지썼는데, 그뒤 볕드는 공원그림을 계속 그리다가

---

*1 프랑스 문화잡지.

가지고 돌아와 흰 캔버스를 들고 또 나가 이것도 그렸어. 그리고 지금 다시 너에게 편지를 쓰고 있어.

지금까지 이런 기회를 만난 적 없었던 탓인지, 이곳의 자연은 이상할 정도로 아름다워. 무엇을 봐도, 어디를 가도. 하늘은 근사한 파란색, 태양은 옅은 유황색 빛을 내뿜어, 그것이 베르메르 그림의 하늘색과 노란색 조합처럼 부드럽고 매력적이야.

나는 그렇게까지 아름답게 그리지 못하지만, 완전히 마음을 빼앗겨 규칙 따위는 전혀 개의치 않고 무아지경으로 그리고 있단다. 덕분에 집 앞 공원을 3점이나 그렸지. 여기에 카페 2점, 해바라기 그림, 보쉬의 초상화와 내 자화상, 그리고 공장 위 붉은 태양, 모래나르는 인부들, 오래된 풍차방앗간. 다른 습작이 또 있으니 얼마나 열심히 그렸는지 알겠지?

하지만 내 물감, 내 캔버스 천, 내 지갑은 오늘로서 완전히 바닥나버렸어. 마지막 캔버스 천에 마지막 물감 튜브로 그린 마지막 그림은 초록 공원인데, 순수한 초록이 아닌 프러시안블루와 크롬옐로만으로 그린 거야.

요즘 나는 내가 이곳에 왔을 때와는 전혀 다른 존재라는 느낌이 들어. 이제 나는 뭔가를 하는 데 의심이나 망설임이 없어. 이런 경향은 더욱 강해질 거야.

자연은 또 얼마나 근사한지! 지금 있는 곳은 공원인데, 바로 옆은 예쁜 여자들이 있는 홍등가야. 무리어는 그곳에 한 번도 간 적 없었지만, 그와 함께 거의 날마다 이 정원들을 산책했었는데, 그것은 반대편이었어. 입구가 세 군데 있단다.

이 부근은 왠지 보카치오 풍 정취가 있어. 공원 맞은편은 순결이며 도덕적 이유로 협죽도 같은 꽃은 심어져 있지 않아. 평범한 플라타너스, 질긴 잎사귀를 가진 떨기나무 덤불, 수양버들 한 그루, 그리고 잡초들이 있지. 그것만으로도 이곳은 왠지 친숙하게 느껴져. 마네의 그림 가운데 이런 풍의 정원이 있단다.

꼭 필요한 물감, 캔버스 천, 생활비로부터 비롯되는 부담을 네가 견딜 수 있는 한, 그것들을 계속 보내주었으면 해. 나는 지난번에 보낸 것보다 지금 준비하고 있는 그림이 더 나을 것이고, 돈을 벌 수 있으리라고 생각해. 다만 그건 서로 관련된 하나의 시리즈가 완성되었을 때의 일이야. 바로 그게 내가 힘쓰고 있는 일이지.

그런데 토마가 내 습작을 담보로 200프랑에서 300프랑 빌려주는 건 절대 생각할 수 없는 일일까? 그러면 나는 100프랑 이상 벌 수 있을 텐데. 무엇보다도 나는 말로 다 표현할 수 없을 만큼 보는 것마다 엄청난 기쁨, 기쁨, 기쁨을 느끼고 있어. 그리고 그것이 가을에의 동경과 열광을 자극하고, 시간이 가는 것을 잊게 만들어. 축제의 내일을, 겨울의 매서운 바람을 마음에 새길 지어다!

오늘 그림그리면서 베르나르에 대해 여러 생각을 했어. 그의 편지에는 고갱의 재능에 대한 경외심이 담겨 있었어──그는 고갱을 위대한 예술가라고 극찬하며, 고갱에 비하면 자신의 그림은 형편없다고 썼어. 너도 알지? 올 겨울까지만 해도 고갱에게 시비를 걸었었잖니. 아무튼 무슨 일이 일어나든 이 예술가들이 우리의 친구라는 사실은 커다란 마음의 위로이고, 이번 일이 어떻게 되든 이 관계는 영원하리라 믿어. 집문제도 그림문제도 잘 해결되어 행복한데, 이런 행운이 나에게만 머물지 않고 너에게도 가서 행복을 함께 나눌 수 있게 되기를 바라.

얼마 전에 단테, 페트라르카, 보카치오, 지오토, 보티첼리에 대한 논문을 읽었어. 오, 이들의 편지를 읽으면서 얼마나 감명 받았는지! 페트라르카는 아비뇽에 있었는데, 여기서 아주 가까워. 나는 그가 본 것과 같은 사이프러스 나무와 협죽도를 보고 있는 거야. 나는 레몬옐로와 레몬그린을 두껍게 칠한 공원그림에 그런 분위기를 내보려고 시도했어. 특히 지오토에게 감동했지. 그는 고통 속에서도 언제나 선의와 열정으로 가득했고, 마치 이 세상 아닌 다른 세상에서 살고 있는 듯했어. 지오토는 비범한 사람이야. 나는 단테, 페트라르카, 보카치오 같은 시인들보다 그를 더 잘 이해할 수 있어.

시는 늘 회화보다 대단하게 느껴지지. 그에 비해 그림그리는 일은 지저분하고 더 지긋지긋해. 그리고 화가는 결국 아무 말 없이 입을 다물고 있지. 나는 역시 그편이 좋아.

사랑하는 테오, 네가 이곳의 사이프러스 나무, 협죽도, 태양을 봤다면──그 날이 올 테니 안심해──너는 더 아름다운 드 샤반느의 작품 《아름다운 나라》와 그밖의 많은 그림을 떠올리게 될 거야. 선량한 사람들이 너도 알고 있는 그 사투리로 말하는, 이 이상한 나라의 타르타랭적인 면과 도미에적인 면을 봐도 이미 그곳에는 많은 그리스가 있어. 레스보스의 비너스처럼 아를의 비너스도 있지. 그리고 이곳에서는 역시 아직 젊음이 느껴져.

언젠가 너도 남 프랑스를 알게 될 날이 오리라고 나는 믿어 의심치 않아. 모네가 앙티브에 머무는 동안 만나러 갈지도 모르고, 아무튼 기회는 있을 거야. 그런데 미스트랄이 불어오면 이곳은 아름다운 나라와는 정반대가 되어버려. 그 세찬 계절풍은 사람을 짜증나게 하지. 하지만 바람이 없는 날은, 오, 얼마나 큰 보상인가! 색채의 강렬함, 맑은 공기, 조용하고 맑은 떨림.

내일은 물감이 올 때까지 데생할 생각이야. 하지만 이제 목탄으로는 유화 밑그림을 소묘하지 않기로 했어. 그건 아무 도움이 안돼. 좋은 데생을 하려면 물감 자체를 활용한 데생에 도전해야 해.

오, '레뷔 앵데팡당' 전람회──좋아, 하지만 이번만이야. 우리는 상당한 흡연가니까 시가의 불붙은 쪽을 입에 무는 일도 없어. 우리는 팔린 그림과 똑같은 것을 더 잘 그리기 위해 팔려는 노력을 하지 않을 수 없을 거야. 그것도 우리가 가진 어쩔 수 없는 직업 탓이지. 하지만 거리의 즐거움, 집에서의 탄식과는 다른 것을 추구해야 해.

오늘 오후에 엄선된 관객이 찾아왔어……매춘부 애인 4, 5명과 악동(惡童) 10명 남짓인데, 특히 튜브에서 물감이 나오는 것을 보고 재미있어했지. 이런 관객들이 오는 것도 명성이야. 아니, 이렇게 말하겠어──나는 이런 악동들이며 론 강변 또는 르 드 부 다를*¹의 건달들을 경멸하듯 야심이며 명성 따위는 경멸하는 굳은 의지를 지니고 있다고.

오늘 나는 밀리에를 만나러 갔었어. 그는 일정이 나흘 더 미뤄져 내일 올 거야. 나는 베르나르가 아프리카에서 병역에 복무하면 좋겠어. 그곳에서라면 아름다운 그림을 그릴 수 있을 테니까. 그에게 어떻게 말해야 좋을지는 아직 모르겠어.

그는 자신의 자화상을 내 습작과 교환하고 싶다고 했지. 하지만 내가 부탁한 대로 고갱을 그리지는 못하겠대. 고갱 앞에 나서면 너무 위축된다나. 베르나르는 그런 성격이야. 그는 가끔 갑자기 심술부리곤 해. 하지만 그런 일로 그를 비난할 권리는 없지. 나도 내가 같은 신경증이라는 걸 너무나 잘 알고 있으니까. 그가 나를 비난하지 않으리라는 것도 알아. 그가 아프리카에 가서 밀리에를 찾아가면 분명 환대해 줄 거야. 그는 친구로서는 아주 충실한 사나이야. 여자에게 금방 반해버리지만 연애를 우습게 생각해.

＊1 Rue de bout d'Arles. 이날 아침에 그린 라마르틴 광장의 공원에서 가까운 유곽거리.

쇠라는 어떻게 지내니? 그쪽으로 보낸 습작은 내키지 않지만, 해바라기와 술집과 공원습작은 그에게 보여주고 싶어. 몇 번이나 그의 이론을 곰곰이 생각해 봤지만, 그를 모방할 마음은 전혀 없어. 하지만 그는 독창적인 색채가이고, 시냑도 정도는 다르지만 그 점에 있어 마찬가지지. 점묘파는 새로운 것을 발견했고, 나 역시 그들이 좋아.

하지만 솔직히 말해 나는 지금 오히려 파리로 오기 전에 추구했던 것으로 돌아가 있어. 나 이전에 암시적 색채에 대해 말한 사람이 있는지 모르겠지만, 들라크루아와 몽티셀리는 말이 아니라 행동으로 그렇게 했지. 나는 음악을 배우겠다고 헛된 노력을 했던 누에넨 시절과 지금 똑같은 상태에 있어. 그때 이미 나는 우리의 색채와 바그너 음악의 관련성을 강하게 느끼고 있었단다. 지금 나는 인상주의 속에서 들라크루아의 부활을 보고 있는 거야. 하지만 그 해석이 다양하고, 아마 서로 양립되지 않는 부분도 있어서, 아직 근본 취지를 분명히 말할 수 있는 인상주의는 아닐 거야. 때문에 나는 더욱더 인상주의자들 사이에 머물러 있지.

인상주의는 아무것도 설득하지 않고, 아무것도 구속하지 않아. 나는 그들 사이에 있어도 내 생각을 말할 필요가 없어. 오, 인생에서는 어리석은 일도 해야 해. 나는 공부할 시간이 필요해. 너는 달리 원하는 게 있니? 하지만 너도 나처럼 편견없이 공부하는 데 필요한 안정을 얻었으리라는 건 알고 있어.

내가 돈문제에 둔감하여 너한테서 그것을 빼앗고 있는 건 아닐까 걱정스럽구나. 그래도 나는 다 계산하며 지내고 있어. 오늘도 10m짜리 캔버스 천에 대해 기본색인 노란색 하나만 빼고는 모든 물감이 정확히 계산되어 있음을 알 수 있었어. 내 물감이 모두 동시에 없어진다는 건 내가 꿈꾸는 상태에서도 서로의 비율을 계산하고 있다는 증명이 아닐까? 이건 내가 거의 계산하지 않는 데생에서도 마찬가지인데, 이 점에서는 계산되지 않은 데생은 돼지가 그린 그림이나 마찬가지라고 말한 코르몽의 입장과 정반대라고 할 수 있지.

네가 캔버스 틀을 잔뜩 사주어서 정말 다행이야. 캔버스 천이 잘 마르게 하려면, 그리고 그것들을 잘 보존하려면 엄청나게 많은 틀이 필요하니까. 나도 많이 갖고 있어. 하지만 모두 틀에 매우면 공간을 너무 차지하니, 틀에 매우지 않는 걸 꺼릴 필요는 없어. 목수에게 주문하면 30호, 25호, 20호 틀은 4프랑 반——15호, 12호, 10호는 1프랑 정도가 들 거야. 여기 목공소는 너무 비싸. 이 가격이면 탕기 영감도 만들어줄 거야.

나는 가벼운 호두나무로 만든 5프랑짜리 30호 정방형 액자를 찾고 있는데, 구할 수 있을 것 같아. 10호짜리 초상화용 무거운 떡갈나무 액자도 5프랑이야. 새 그림을 위해 30호 캔버스 틀을 5개 주문했는데, 이미 다 완성되어 사지 않을 수 없어. 자, 이런 때이니 내가 돈 없이 아무것도 그릴 수 없다는 걸 너도 이제 알겠지?

우리가 늘 원재료를 상대로 하고, 투기하지 않고, 생산만 한다는 게 그나마 다행이야. 그러니 상황이 나빠지는 일은 없을 거야. 그러기를 바라고, 내가 물감과 캔버스 천은 물론 남은 돈까지 다 써버릴 수밖에 없는 숙명에 있다 해도 그 때문에 우리가 파멸하지는 않아. 네 지갑까지 털리게 되더라도──물론 그래서는 안되지만──차분하게 나한테 말해주면 돼, 이젠 줄 게 없다고. 내가 그 돈으로 그림그려 조금은 보탬될 수 있을 거야. 그렇지만 너는 당연한 듯 말하겠지──그때까지는 어떻게 사느냐고. 그때까지 나는 데생을 할 거야. 데생만 하는 건 유화보다 간단하니까.

너에게 굳은 악수를. 오, 요즘은 정말 멋진 나날들이야! 어떤 일을 말하는 게 아니야. 그게 아니라, 너도 나도 아직 한물간 인간도 아니고 끝장난 것도 아니라는 것을, 앞으로도 그렇게 되지 않으리라는 것을 지금 강하게 느끼고 있는 거야. 하지만 비평가들이 내 그림을 보고 미완성이라 하더라도 나는 반대하지 않을 거야.

악수를. 또 보자.

너의 빈센트

덧붙임 : 나는 리슈팽의 《세자린》도 읽었어. 이 여성이 미친 여자에 대해 한 말이 아주 마음에 들어
"인생이란 잘 만들어진 방정식이다."

고흐가 테오에게 540
9월18일 이후 ②

사랑하는 테오
편지와 함께 보내준 100프랑 진심으로 고마워. 밀리에가 오늘 아침 가져다준

일본판화 꾸러미와 다른 물건들도 감사해. 그 가운데 밝은 노란색 벽을 배경으로 보라색 악기 연주자들이 줄지어 있는 2점이 이어진 식당그림이 매우 마음에 들었어. 처음 보는 그림인데, 이것 말고도 내가 몰랐던 그림들이 몇 점 있더구나. 여자 상반신 그림이 1점 있는데, 제대로 된 유파의 그림이 틀림없을 거야.

지금 마침 화장대와 다른 필수품들을 모두 사들여 내 방이 완전히 정리되었어. 고갱이나 다른 사람이 머무를 또 다른 방에는 아직 화장대와 옷장이 필요하고, 아래층에 커다란 난로와 찬장이 필요해. 하지만 그것들은 모두 급한 게 아니니, 안심하고 오랫동안 쓸 수 있는 물건들을 마련한다는 의미로 보면 이미 목적을 이루었다고 할 수 있지.

내가 이로써 얼마나 안정을 찾았는지 너는 상상도 못 할 거야. 나는 예술가의 집을 만들고 싶어. 쓸데없는 장식품들로 가득한 일반 아틀리에가 아닌, 실용적인 작업실로. 나는 협죽도를 2그루 통 안에 심어 출입구 앞에 두려고 해.

이 아틀리에를 위해 우리는 러셀처럼 몇천 프랑씩 들이지 않고, 단 몇백 프랑을 몇 번 들여야 할지도 몰라. 어느 쪽인지 골라야 한다면, 나는 몇백 프랑드는 쪽을 택하겠어. 어느 가구든 네모지고 크면 되거든.

이곳에 들르는 사람들이 잠자고 갈 방은 여성스러운 침실처럼 되겠지만, 모두 완성되면 그것도 우연이 아닌 계획대로의 일이었다는 걸 알게 될 거야.

빙이 쓴 《일본》의 본문은 좀 무미건조해. 아니, 그렇다기보다 부족한 게 있지. 전형적인 위대한 예술이 있다고 하면서 그 단편을 몇 개 나타낼 뿐, 그 예술의 성격을 충분히 느끼게 해주지 않아. 《국화부인》은 읽었니?

이 집이 주는 안정감 덕분에 무엇보다도 앞으로의 미래에 대비해 일하고 있는 듯한 기분이 들어. 그 뒤로는 누군가 다른 화가가 와서 완성되지 않은 일을 이어받아 해주겠지. 나에게는 시간이 필요하고, 이 집을 위해 아무것도 생산하지 않았던 지난 몇 해 동안 사용한 비용과 맞먹는 장식화를 그리고 싶다는 굳은 결의를 갖고 있어.

어머니 초상화는 무척 기뻤어. 매우 생기 넘치는 표정에 건강해 보였거든. 하지만 실물과 비슷하게 그린 점이 마음에 안드는구나.

나도 비슷한 회색 색조로 자화상을 그려본 참인데, 색채에 대한 것 말고는 아무 생각도 전할 수 없어. 회색 톤과 옅은 쥐색이 섞인 장미색 조합을 찾기 위해 매우 애썼지. 나는 흑백만으로 이루어진 유사성은 즐길 수 없구나. 라세르뙤는 색채를 사용하지 않아도 라세르뙤일까? 물론 그럴 리 없겠지. 그건 그렇고 가족들 초상화를 그려두고 싶구나.

이제까지 올리브 정원의 그리스도와 천사 습작을 두 번 조각했어. 이곳에서는 올리브를 실제로 보고 조각할 수 있었지. 나는 모델이 없으면 그릴 수 없다——기보다 그릴 마음이 생기지 않는다고 할 수 있어. 그렇지만 내 머릿속에는 별이 빛나는 밤하늘과 아주 강렬한 파랑 그리스도 얼굴과 레몬옐로 천사가 그려져 있단다. 그리고 풍경은 피처럼 붉은색에서 회색에 이르기까지 모두 보라색 계통이지.

30호 캔버스 틀 5개를 받으러 다녀왔어. 아직 여러 계획들이 있어. 이곳에 남아 있는 그림들을 떡갈나무와 호두나무 액자에 넣었단다.

시간이 걸리겠지만 지켜봐줘. 네가 모랭을 찾아간 일을 자세히 이야기해주면 기쁠 것 같아. 자동차 안의 두 여성을 그린 데생을 나는 매우 좋아하거든.

누군가 이곳에 와서 나와 함께 살게 되기까지 아직 시간이 걸린다 해도 그때를 위한 내 생각은 변하지 않아. 이 준비는 서둘러야 했고, 나중에라도 도움될 거야. 우리가 하고 있는 예술은 아직 앞날이 길고, 그러므로 더욱 데카당*1 같은 생활이 아닌 안정된 생활을 해야만 하는 거란다. 나는 이곳 자연 속에서 소시민 같은 생활을 하면서 차츰 일본화가들처럼 지낼 수 있게 될 거야. 그것이 데카당 파 사람들처럼 음산하지 않다는 것쯤 너도 알겠지. 내가 나이들 때까지 살아있는다면 탕기 영감처럼 될지도 몰라.

우리의 개인적인 미래는 아무도 알 수 없지만 인상주의가 계속 이어지리라는 것은 알 수 있어. 다시 한 번 너의 호의에 진심으로 고마워. 일본판화는 아래층 아틀리에에 걸어둘 거야. 악수를 보낸다.

너의 빈센트

고흐가 테오에게 541
9월 18일 이후 ③

사랑하는 테오

어제 너에게 편지보냈지만, 오늘도 날씨가 좋구나. 이곳에서 내가 보는 것을

---

*1 퇴폐와 타락

네가 볼 수 없는 게 너무 아쉬워.

아침 7시부터——그리 특별할 건 없지만——푸른 풀잎들 속에 서 있는 삼나무인지 사이프러스 나무인지 알 수 없는 둥근 덤불을 앞에 두고 앉아 있어. 정원을 그린 습작을 이미 너에게 보냈으니 이 둥근 덤불에 대해 알고 있겠지. 늘 그리는 30호 크기 그림인데, 그 크로키를 동봉해 둘게. 나무덤불은 초록빛으로 다채로운 청동색이야. 푸른 풀들은 레몬빛 섞인 비리디언, 하늘은 짙은 파랑이란다.

안쪽에 줄지어 있는 떨기나무들은 모두 협죽도로, 이 미쳐 날뛰는 듯한 나무는 마치 운동기능장애를 가진 듯한 형태로 꽃을 피우고 있어. 그 식물은 신선한 꽃을 피우지만 그 위에 시든 꽃들이 잔뜩 남아 있고, 무성하게 달린 잎사귀들은 뿜어나오듯 자라는 어린 잎사귀들로 끊임없이 되살아난단다. 시커멓고 음산한 사이프러스 나무가 그 위에 1그루 서 있고, 장미색 좁은 길에는 여러 빛깔의 인물들이 어슬렁거리지.

이것은 위와 같은 장소를 그린 또 다른 30호 그림과 한 쌍을 이루며, 그 그림은 전혀 다른 관점에서 그렸단다. 옅은 레몬색 하늘 아래 정원은 여러 종류의 다른 초록빛을 띠고 있어.

이 기묘한 풍경의 공원은 분명 르네상스 시대의 시인 단테, 페트라르카, 보카치오가 꽃핀 풀들 위와 덤불 속을 산책하는 모습을 여러 모로 상상하게 하지 않니? 사실 나무들 몇 그루는 그림에서 생략했지만, 구도 속에 남은 것들은 모두 실제 모습 그대로 그렸단다. 다만 덤불은 일부러 몇 개 더 그려넣었어. 이 정원의 좀더 본질적인 성격을 잡아내기 위해 같은 장소를 세 번째 그리고 있지.

정원은 우리 집 바로 앞에 있어. 이곳 풍물의 성격을 잡아내기 위해서는 매우 긴 시간 지켜보며 그려야 한다고 너에게 말한 적 있는데, 이 정원 한모퉁이가 그 좋은 예란다. 아마도 너는 이 크로키에서 단순한 선 아닌 다른 것에 대해서는 잘 알지 못하겠지.

이 그림과 한 쌍을 이루는 노란 하늘그림처럼 이것도 물감을 듬뿍 사용해 두껍게 칠했어.

내일은 또 다시 밀리에를 상대로 작업하고 싶구나.

오늘은 아침 7시부터 저녁 6시까지 빵을 먹으며 조금 움직였을 뿐 꿈쩍도

하지 않고 계속 그렸어. 작업은 점점 원활해지고 있단다.

그렇지만 이 일을 너는 뭐라고 말할까? 시간이 지나면, 나 자신은 이 작업을 어떻게 생각할까? 지금 나는 연인의 투시력과 맹목적 관점으로 내 작업을 보고 있다고 할 수 있어. 이 주변 색채는 완전히 새롭고, 나를 이상하리만치 흥분시킨단다.

피곤함 따윈 문제가 아니야. 오늘 밤에도 또 1점 그리려 하는데, 어떻게든 완성할 수 있겠지.

아래 적은 물건들을 서둘러 구하고 싶구나.

레몬크롬옐로(시트론 1개)	큰 튜브	6개
비리디언	〃	6개
프러시안블루	〃	3개
징크화이트	〃	10개
티타늄과 징크화이트를 섞은 듯한	〃	

이상은 어제 주문에서 빠진 거야. 그리고 캔버스 천 5m도 부탁한다.

나는 가만히 있기 힘들어. 89년에 열릴 전람회에서 다른 사람들이 성공할 때 어떻게든 그들에게 지지 않을 그림을 완성해 두고 싶거든. 쇠라는 큰 그림을 2, 3점 가지고 있으니 그것을 출품하면 되고, 시냑도 자주 그림그리니 출품작이 있겠지. 고갱도 기요맹도 마찬가지야. 그러니 나도 출품할지 안할지는 제쳐두고라도, 장식화 습작시리즈를 그때까지 완성하고 싶구나.

그렇게 하면 우리 그림은 완전히 독창적인 작품이 되겠지. 다른 사람들도 우리를 건방지다고는 생각지 않을 거야. 괜찮으니 안심해. 나는 그곳에서 하나의 '양식'을 발표해 보일 테니까.

밀리에도 오늘은 내 그림에 만족해 주었어. 《갈아엎은 밭》 그림이야. 다른 때는 내 그림을 좋아하지 않는데, 흙덩이가 나막신처럼 부드러운 색이고 하얀 뭉게구름 뜬 하늘이 물망초 같으므로 그의 신경을 건드리지 않은 듯해. 그가 더 좋은 포즈를 취해주면 나도 기쁘고, 지금 그리는 초상화보다 더욱 깔끔한 것을 그도 얻게 될 거야.

물론 지금도 에메랄드 색 배경에 빨간 군모, 창백하고 윤기없는 얼굴을 한 그는 매우 멋진 주제란다.

이 며칠 동안 내가 보는 것을 너에게도 그대로 보여주고 싶구나. 이렇듯 아름다운 것을 눈 앞에 두고 나는 오로지 그림만 그릴 뿐이야. 지난번에 보낸 것보다는 좀더 괜찮은 작품이 나올 것 같아. 지난 습작은 바람이 불지 않는 이 며칠 동안 기세좋게 작업하기 위한 준비였던 게지.

그 친절한 토마 영감이 내 습작을 담보로 돈을 빌려주지 않는 것은 왜일까? 그것은 영감 손해지만, 나는 그가 돈을 빌려주면 좋겠구나.

너에게 부담될까 걱정스럽지만, 물감과 캔버스

▲주아브 병사

천과 붓을 200프랑어치 주문하고 싶어. 가을은 분명 근사할 테니 2~3일 만에 30호 캔버스를 1점씩 그려나간다면 몇 천 프랑 벌 수 있을 거야. 나에게는 아직 그림그리기에만 몰두할 집중력이 있어. 그러니 물감이 산처럼 쌓여 있어도 틀림없이 부족할 테고 내겐 토마 영감이 필요하다는 뜻이지.

만약 이 며칠 동안처럼 작업해 나간다면, 내 아틀리에도 기요맹의 아틀리에처럼 건전한 습작으로 가득해질 거야. 기요맹도 분명 새롭고 아름다운 작품들을 그리고 있겠지. 그것을 보고 싶구나.

가장 최근의 습작은 두텁게 칠하며 단번에 그려냈어. 붓놀림이 그리 눈에 띄지 않고 부드러운 느낌이 나지. 그리하여 끝내 나도 모르게 몽티셀리 풍으로 두텁게 칠해버리곤 한단다. 때로는 정말로 몽티셀리의 후계자가 된 듯한 기분이 들 때도 있어. 그렇지만 아직 나는 그가 그린 것과 같은 연인들을 그리지는 않았지.

나는 진지하게 자연과 마주한 습작을 더 그려낼 때까지 그런 그림은 그리지 않으려고 해. 그리 서두를 일도 아니야. 내가 극복할 때까지 끈기있게 작업하려고 결심했거든. 이 편지를 빨리 보내고 싶으니 서둘러야겠다.

고갱의 편지는 받았니? 나는 베르나르의 편지를 애타게 기다리고 있어. 크로키를 보내준 뒤 분명 편지가 오리라 생각했거든.

고갱은 분명 누군가와 함께 살려고 생각 중일 거야. 나는 몇 주일 전부터 그것을 느끼고 있었어. 물론 그건 그의 마음대로지. 고독은 나를 조금도 곤란하게 만들지 않을 테고, 이윽고 내 쪽에서 바라는 이상으로 많은 친구들을 사귀게 될 거야.

고갱이 생각을 바꾼다 해도 그것을 좋은 뜻으로 받아들여 불쾌한 말은 결코 하지 않아야 한다고 생각해. 그가 라발과 함께한다 해도, 라발은 그의 제자이며 이제까지도 함께 생활한 적 있으니 당연한 일이지. 필요하다면 이곳에 두 사람이 함께 와도 상관없어. 제대로 묵을 방법만 찾는다면 말이지.

가구에 대해서는, 고갱이 오지 않더라도 누군가를 재워야 할 만일의 경우를 위해 두 사람이 사용할 수 있는 침대를 갖고 싶었어. 그러니 고갱은 자기 마음내키는 대로 하면 좋겠구나. 남 프랑스를 보러 오고 싶은 사람은 언제든지 있을 테니까.

비농은 어떻게 지내니? 무슨 일이든 잘 이루어나가면 누구나 모두 큰 발전을 하게 마련이란다. 나도 마찬가지지. 이를테면 네가 이곳의 아름다움을 직접 보지 못하더라도, 그림으로 늘 볼 수 있잖니? 나는 다른 어느 누구보다도 그것을 잘 표현하려 애쓰고 있어. 악수를 보낸다.

너의 빈센트

고흐가 테오에게 542
1888년 9월24일

사랑하는 테오

화창했던 날들도 가고 세찬 비가 내려 진흙탕이 되어버렸어. 하지만 겨울이 오기 전에 분명 다시 화창해질 거야. 다만 문제는 그 날씨를 잘 이용해야 한다는 거지. 화창한 날씨는 금방 지나가니까. 그림그릴 때는 특히 그렇단다. 올겨울에는 데생을 많이 할 생각이야. 상상으로 인물을 데생할 수 있다면 언제든 그릴 수 있겠지. 하지만 호쿠사이와 도미에 같은 실물로 스케치하는 화가들의

▲수초

절묘한 인물화를 보면, 그 데생이 다른 거장들이며 또는 초상화 대가들이 모델을 써서 유화로 그린 인물화와 같다는 생각은 절대 들지 않아. 어쨌든 모델을, 특히 센스 있는 모델을 1년 내내 구하지 못하는 비참한 운명에 놓이더라도 그 때문에 절망하거나 싸움에 질려버려서는 안돼.

나는 아틀리에에 온갖 일본풍속화, 도미에와 들라크루아의 작품들, 제리코의 그림 1점을 걸었어. 혹시 들라크루아의 피에타나 제리코 그림을 다시 발견하게 되면 최대한 많이 사두기를 바라. 그밖에 아틀리에로 꼭 들여놓고 싶은 작품은 밀레의 《시골생활》과 《씨뿌리는 사람》인데, 그건 뒤랑 뤼엘이 1프랑25상팀에 팔고 있는 룰러 판 동판화야. 그리고 마지막으로 메소니에의 원화를 지크마르가 작은 동판화로 제작한 《책읽는 남자》──이 메소니에는 언제 봐도 훌륭하다고 생각해온 그림이야. 나는 메소니에가 너무 좋아.

〈르뷔 데 드 몽드〉[*1]에 실린 톨스토이에 대한 논문을 읽었어. 영국의 J. 엘리

*1 두 세계 평론.

엇처럼 톨스토이는 자기 나라 민중종교에 매우 큰 관심을 가졌던 것 같아. 톨스토이는 종교론 책을 갖고 있었어. 분명 《우리 종교》라는 제목으로, 아주 훌륭한 책이었을 거야. 이 논문으로 추측하건대, 그는 그 책으로 그리스도교에서 영원한 진리로 남은 것, 또 모든 종교가 공통적으로 갖고 있는 것을 탐구했어. 그는 육체의 부활도, 영혼의 부활도 믿지 않고, 허무주의자처럼 죽음 뒤에는 아무것도 없다고 말해.

인간은 죽지. 깨끗이 죽어버리지만 끊임없이 인류는 존속해. 그 책을 읽지 않아 그가 그 문제를 어떻게 생각했는지 정확하게 말할 수는 없어. 하지만 그의 종교는 분명 잔혹하거나 우리의 고통을 더해 주는 게 아니라 마음을 크게 위로해 주고 평정심, 활동력, 살아갈 용기, 그밖의 많은 것을 북돋아줄 거야.

지크프리트 빙의 복제도판 중에서 나는 《한 줄기 풀》과 《패랭이꽃》 데생, 그리고 호쿠사이가 훌륭하다고 생각해. 하지만 누가 뭐라 해도 밋밋한 색조로 채색된 아주 평범한 일본풍속화가 나에게는 루벤스며 베로네제 같은 이유에서 최고야. 그의 작품이 초기예술에 속하지 않는다는 것쯤은 나도 알아. 하지만 초기파가 훌륭하다고 해서 그것이 "루브르에 가면 프리미티프보다 앞설 수 없다"는 말의 이유는 될 수 없어. 성실한 일본미술품 애호가 레뷔에게 '나에겐 5수짜리 일본풍속화가 너무 훌륭해 보입니다'라고 말한다면 상대는 아마, 아니 분명 발끈해서 나의 무지와 악취미를 딱하게 여길 거야. 옛날에는 루벤스, 요르단스, 베로네제를 좋아하는 게 악취미였던 것처럼 말이야.

나는 이 집에 있으면 외톨이라는 기분을 느끼지 않게 될 거야. 잔뜩 찌푸린 겨울이나 긴 밤에도 그릴 것을 찾아 완전히 몰두하게 될 거거든. 방직공이며 바구니 만드는 장인은 자기 일을 유일한 오락거리로 삼아 혼자서, 또는 거의 혼자서 여러 계절을 훌쩍 보내고는 해. 이들이 그 자리에 있을 수 있는 것은 바로 자기 집에 있다는 느낌, 사물이 안정감을 주고 친근감을 느끼게 해주기 때문이지.

나도 친구가 있는 편이 좋다고는 생각해. 하지만 친구가 없어도 불행하지는 않아. 그리고 언젠가 누군가를 이곳으로 초대할 날도 올 거야. 그 점은 의심하지 않아. 잘 곳을 마련해주려고 들면 지낼 곳이 없어 어려움을 겪는 예술가들을 네 주위에서도 꽤 많이 발견할 수 있을 거야.

나는 일해서 돈벌 노력을 하는 게 중요한 내 의무라 생각해. 그래서 눈 앞의 내 일을 충분히 명확하게 헤아려보고 있어. 오, 모든 예술가가 살기 위해, 작업하기 위해 필요한 것들을 모두 얻을 수 있다면 얼마나 좋을까! 하지만 그럴 수 없으니 나는 많이 만들어내고 싶어. 맹렬히 생산해내고 싶어. 그리고 우리가 사업을 확장해 다른 사람들에게 힘이 되어줄 날이 올 거야. 하지만 그건 먼 미래의 일이고, 그 전엔 정리해야 할 일이 아주 많지.

전쟁시대에 살고 있다면 싸워야 하는 것을 안타까워하며 평화시대에 살지 못하는 것을 한탄할 거야. 하지만 결국 필요하다면 싸우겠지. 그처럼, 살아가는 데 돈을 필요로 하지 않는 상태를 바랄 권리는 분명 누구에게나 있어. 하지만 지금은 모든 게 돈으로 움직이니, 돈을 쓰는 이상 돈벌 방법도 궁리해야 해. 나한테는 데생보다 유화로 버는 게 더 많은 기회가 주어질 거야. 요컨대 유화를 자유롭게 그리고 자연을 색채로 표현할 줄 아는 사람보다 스케치를 잘 하는 사람이 더 많지. 전자는 앞으로도 그 수가 적어질 거야. 유화는 그 가치를 인정받을 때까지 시간이 걸리지만, 언젠가는 애호가들이 생겨.

좀 두껍게 칠한 그림은 여기서 더 오랜 시간을 들여 말릴 필요가 있어. 스페인에 있는 루벤스의 작품이 북쪽 나라에 있는 그림보다 색깔이 훨씬 풍부한 채로 남아 있다는 글을 읽은 적 있어. 폐허는 이쪽에서 비바람을 맞아도 하얀 채로 남아 있지만, 북쪽나라에서는 회색이 되고 더러워지고 시커매져. 몽티셀리의 그림이 파리에서 말려졌다면 지금쯤 훨씬 칙칙해졌을 거야.

요즘 들어 이곳 여자들의 아름다움이 한결 더 잘 보이기 시작해. 그래서 몽티셀리에 대해 다시금 생각하곤 한단다. 이곳 여자들의 아름다움에는 색채가 아주 큰 역할을 하고 있어. 그녀들 모습이 아름답지 않다는 게 아니라, 이 지역 특유의 매력은 아니라는 거야. 그 매력은 멋지게 차려입은 선명한 색깔의 의상이 드러내는 굵직한 선과 형태보다 피부 톤에서 발휘되지. 하지만 그렇게 느끼기 시작한 그대로의 그녀들을 그릴 수 있게 되기까지 꽤나 고생할 거야. 다만 분명한 건, 이곳에 있으면 발전하리라는 거지. 또 진정으로 남쪽 그림이라고 할 수 있는 것을 그리려면 좋은 솜씨만으로는 부족해. 오랜 시간을 들여 사물을 관찰해야 하지. 그러면 눈도 성숙해서 더 깊이 파악하게 될 거야.

파리를 떠나올 때는 몽티셀리와 들라크루아의 그림이 이토록 진실하다는 걸 깨닫게 될 줄 꿈에도 몰랐어. 몇 달 지난 지금에야 겨우, 그들이 상상으로 그린 게 아니라는 걸 알아보기 시작하고 있어. 내년에 너는 다시 과수원이며 수확 같은 모티브를 보게 될 테지만——색채가 달라지고, 특히 기법이 바뀌어 있을 거야. 그리고 이런 변화와 변주는 계속되겠지.

나는 그림그리는 데 조급해서는 안된다는 걸 느껴. '인물을 제대로 그리려면 10년은 습작해야 한다'는 옛말을 실천하면 어떻게 될까? 몽티셀리는 그렇게 했지. 그의 그림 중 몇백 점은 습작이라고 해도 좋아. 《노란색 여자》도, 네가 가진 소품 《양산을 든 여자》[*1]와 리드가 가진 《연인들》도 그렇지. 이 인물화들은 데생에 있어서 감탄밖에 나오지 않는 완벽한 인물화야. 그런 그림으로 몽티셀리는 도미에며 들라크루아 같은 깊이있고 웅장하고도 화려한 데생에 이르렀어. 지금 가격에 그의 그림을 산다면 분명 훌륭한 투자가 될 거야. 그의 손으로 데생된 아름다운 인물상은 아주 위대한 예술로 평가될 날이 올걸.

여성들과 의상의 아름다움으로 보면 옛날의 아를은 지금과 비교도 할 수 없을 만큼 화려했을 거야. 지금은 모든 것이 병들어 특색이 다 사라져버린 듯해. 하지만 오랫동안 보고 있으면 예전 매력이 되살아나지. 그렇기 때문에 나는 거미가 거미줄에서 파리를 기다리듯 이곳에서 사물이 지나가는 것을 바라보는 데 만족하더라도 손해볼 것 없다고 생각해. 억지로 그럴 수는 없지만, 지금은 집에서 사니까 모든 화창한 날, 모든 기회를 이용해 그때마다 진실한 그림을 그릴 수가 있어.

밀리에는 운이 좋아. 그는 원하는 만큼 아를의 여자들을 손 안에 넣을 수 있거든. 하지만 그녀들을 그릴 수는 없지. 그가 화가였다면 여자들을 갖지 못할 거야. 지금은 조급해 하지 말고 내 시절을 기다려야 해.

나는 바그너에 대한 논문, 《음악 속의 사랑》도 읽었어. 바그너에 대한 책을 쓴 사람과 같은 저자야. 회화를 그리면서도 그런 작품들이 우리에게 얼마나 필요한지!

《우리 종교》라는 책에서 톨스토이는 폭력혁명이 될지도 모르지만 사람들 사이에서는 은밀한 혁명도 일어나니, 거기에서 새로운 종교——아니, 새로운 뭔가가 다시 태동하게 될 거라고 했어. 그 이름은 아직 없지만 일찍이 그리스도교가 가졌던 것과 같은 효과, 즉 사람을 위로하고 사람을 살아가게 하는 효과를 가질 것임을 암시하는 듯해. 이 책은 매우 흥미로워! 우리는 결국 빈정거림

[*1] 반 고흐 미술관, 암스테르담.

과 회의주의와 농담에 질려 더 음악적으로 살고 싶다는 생각을 하게 될 거야. 어떻게? 우리는 무엇을 발견할까? 그것을 예언할 수 있다면 흥미롭겠지. 하지만 그런 것을 예감하는 것이, 미래의 혁명, 전쟁, 썩어빠진 국가의 파산 따위에 의해 무시무시한 천둥을 맞은 듯 근대세계와 문명 속으로 곤두박질치는 파국만 보고 있는 것보다는 나아.

일본예술을 연구하다 보면 어김없이 현명하고 지성이 풍부하며 식견높은 인물과 만나게 돼. 그는 어떤 식으로 시간을 보낼까? 지구와 달의 거리를 연구할까? 아니야. 비스마르크의 정책을 연구할까? 아니야. 그가 연구하는 것은 오직 한 줄기 풀이야. 하지만 이 한 줄기 풀이 이윽고는 그에게 온갖 식물을, 그리고 네 계절을, 풍경의 커다란 경관을, 마지막으로 동물을, 그리고 인물상을 데생하게 해주지. 그는 그렇게 인생을 보내지만, 모든 것을 그리기에 인생은 너무도 짧아. 그래, 마치 스스로가 꽃인 듯 자연 속에서 단순하게 살아가는 이 일본인들이 우리에게 가르쳐주는 것이야말로 새로운 종교라고 할 수 있지 않을까? 더 활발해지고, 더 행복해지고, 인습의 세계에서 우리 교육이나 일에 거슬러 자신들을 자연으로 되돌려보내지 않고 일본예술을 연구하기란 불가능한 것 같아.

이제까지 몽티셀리의 작품이 좋은 석판화나 감동적인 동판화로 복제되지 않았다는 건 슬픈 일이야. 벨라스케스 작품을 조판한 판화가가 그의 그림으로 아름다운 동판화를 만든다면 예술가들이 뭐라고 말할지 궁금해. 그건 아무래도 좋아. 그런 작품을 다른 사람들에게 가르치기보다는 자신들을 위해 감탄하고 더 잘 알려고 노력하는 것이 오히려 우리 의무라고 생각해. 이 둘은 양립이 가능하지.

나는 일본인이 집 안에서 모든 일을 잘 처리하는 것이 부러워. 결코 따분해 보이지도, 조급해 보이지도 않아. 그들의 그림은 호흡처럼 단순하고, 마치 조끼의 단추라도 끼우듯 아주 간단히 몇 개의 정확한 선으로 인물을 그려내. 오, 나도 몇 개의 선으로 인물을 그릴 수 있게 되어야 해. 이것이 겨울 동안 내가 할 일이 될 거야. 그것만 습득하면 큰길의 산천이나 마을의 거리 등 새로운 소재를 마음껏 그릴 수 있지. 이 편지를 쓰는 동안에도 나는 그런 데생을 한 다스나 그렸어. 이제 겨우 알 듯 말 듯 하지만, 너무나 어려워. 내가 원하는 건 남자나 여자나 어린아이나 말이나 개 같은 것을 최소한의 선으로 그리면서도 머리, 몸통, 다리, 팔이 제대로 연결된 그림이기 때문이야.

곧 다시 편지하마. 굳은 악수를.

너의 빈센트

고갱이 고흐에게 32
퐁타벤 1888년 9월28일 무렵

친애하는 빈센트

답장이 너무 늦어버렸소. 어쩔 수 없었지요. 나는 몸이 허약하고 근심이 많아 툭하면 허탈감에 빠져 멍하니 시간을 보내곤 하오. 당신이 내 생활을 본다면, 온갖 격투 끝에 겨우 한숨을 돌리고 깜빡 졸고 있는 상태라는 걸 알 거요.

아직 하지 않았지만, 그림을 교환하자는 제안은 마음에 드오. 당신이 원하는 초상화를 줄 생각이지만, 아직 완성하지는 못했소. 당신이 원하는 식이 아닌 내가 이해한 대로 그린 것인데, 나는 아직 그것을 그릴 만한 상태가 아니라오. 베르나르를 관찰하고 있지만, 아직 어떻게 그려야 할지 모르겠소. 아마 그를 기억으로 그리게 될 것 같소. 어쨌든 그건 추상화가 될 거요. 내일이 될지도 모르지만, 잘 모르겠소. 갑자기 감흥이 오르겠지요. 요즘 화창한 날씨가 이어져 우리는 함께 여러 가지를 시도해 보고 있소.

얼마 전에 종교화를 1점 그렸소.*1 형편없지만, 흥미가 솟구쳐 그린 것이라 아주 내 마음에 드오. 이것을 퐁타벤 교회에 기증할 생각이었소. 물론 그쪽에서는 원하지 않았지요. 기도하는 브르타뉴 여자들, 시커먼 복장. 아주 밝은 황백색 두건. 오른쪽의 두건 두 개는 괴이한 투구 같다오. 사과나무 한 그루가 캔버스를 가로지르고 있소. 어두운 보라색. 무성한 나뭇잎은 에메랄드그린의 구름처럼 뭉텅이로 데생했고, 잎들 사이로 들어오는 햇빛에 황록색이 된 틈이 있소. 땅바닥은 순수한 버밀리언. 교회 쪽 땅은 한 톤 떨어져 적갈색이오. 천사는 강렬한 울트라마린 옷을 입었고, 야곱은 진녹색 옷을 입고 있소. 천사의 날개는 순수한 크롬옐로1번. 천사의 머리칼은 크롬2번. 발은 살색의 오렌지. 나는 이 인물들에 시골의 신앙심과 순박함을 잘 표현해냈다고 생각하오. 전체적으로는 아주 엄숙하오. 나무 밑의 황소는 실제 비율에 비하면 터무니없이 작

---

*1 《설교 뒤의 환상》, 스코틀랜드 국립미술관, 에든버러.

▲《설교 뒤의 환상》 스케치

고, 뒷다리로 서 있소. 내 생각엔 이 그림에서 풍경과 격투는 설교가 끝난 뒤 기도하는 사람들의 상상 속에 존재할 뿐이오. 자연스러운 사람들과 자연스럽지 않은 불균형적인 풍경 속의 격투가 대조적인 것은 그 때문이오.

당신 편지에서는 우리가 초상화를 그리는 데 게으르다며 화내고 있는 것 같은데, 나는 서글픈 생각이 드오. 친구는 서로 화내지 않는 법이오. 떨어져 있으면 말의 의미가 제대로 전달되지 않는 경우도 있지요……

화제를 돌리면, 당장 그쪽으로 갈 수 없어 괴로워하고 있는 터에, 당신이 나에게 남 프랑스로 와야 한다는 것을 증명하려 애쓰는 것은 고뇌를 더욱 부추기는 일이오. 당신이 그쪽으로 오라는 뜻을 은근히 내비쳤을 때, 나는 당신 동생의 제안이 기뻐서 지난번 편지에 분명 긍정의 뜻을 밝혔소. 나는 북부에는 아틀리에를 갖고 싶지 않소. 그림이 팔려서 여기에서 탈출할 날을 날마다 기대하고 있으니 말이오.

여기서 나에게 식사를 제공해 주는 사람들도 치료해 준 의사도 모두 외상으로 해주었고, 1점의 그림도 한 벌의 옷도 대신 가지려 하지 않을 것이오. 나에게는 과분한 사람들이오. 그런 사람들을 버리고 간다면 범죄라도 저지른 듯 몹시 마음 괴로울 거요. 그들이 부자나 도둑이라면 그렇지 않겠지.

나는 때를 기다릴 것이오. 만일 당신 마음이 변하는 그 날이 와서 '이젠 늦었다'고 나에게 말하지 않을 수 없게 된다면 나로서는 되도록 빨리 그 말을 해주는 편이 좋소. 내 재능을 좋아해 주는 당신 동생이 나를 지나치게 높이 평가하는 건 아닌가 하는 염려가 드오.[1] 혹시 그가 낮은 가격에 끌리는 애호가나 투자가를 발견했다면 그래도 상관없소. 난 희생양이오. 당신 동생이 하는 일이면 뭐든 최선이었다고 여기고, 이 마음을 그가 알아주기 바라오.

베르나르가 내 그림 몇 점을 곧 파리로 가져가오. 라발은 2월쯤 나를 만나러 올 거요. 그는 1년 동안 매달 150프랑 지원해 줄 사람을 찾았다고 하오.

친애하는 빈센트, 당신은 잘못 계산한 것 같은데……나는 남 프랑스의 물가를 알고 있소. 레스토랑은 그렇다 치고, 나라면 세 사람 분 식비를 포함해 한 달에 200프랑이면 충분히 살 수 있다고 장담하오……나는 집안일을 스스로 해왔고, 요령도 알고 있소……네 명이라면 더 말할 것도 없소. 라발과 베르나르의 숙소는 당신 집이 아닌 근처의 가구딸린 작은 방을 찾으면 되오.

당신이 꿈꾸는 집의 배치는 아주 좋다고 생각하오. 꼭 보고 싶은 생각이 드오……오, 이젠 가능하면 약속된 열매만 생각하고 싶소……더 좋은 날이 오기를 기다리겠소. 작업은 그렇다 치고, 이토록 무겁게 나를 짓누르는 이 지독한 인생으로부터 벗어날 수 없는 한은…… 마음을 담아.

P. 고갱

고흐가 테오에게 543
1888년 9월 29일 무렵

사랑하는 테오

너의 편지, 그리고 동봉한 50프랑 지폐, 정말 고맙다.

다리가 다시 아프기 시작했다니 마음이 안좋구나. 가능하면 너도 여기 남부에서 지내면 좋을 텐데. 늘 생각하지만, 우리에게는 아주 견실한 치료약으로 태양과 화창한 날씨와 푸른 대기가 필요하니까.

---

[1] 그러나 동료들 사이에서 체면을 잃지 않기 위해 고갱은 자신의 충실한 친구인 쉬프네케르에게 '걱정말게, 테오 반 고흐가 아무리 나를 높이 사더라도 대가없이 나를 남 프랑스로 보내 생활을 돌봐주지는 않을 테니까. 그는 냉철한 네덜란드 사람이네. 상황을 정확히 계산해 나를 최대한 부릴 생각일 거야. 그것도 독점적으로'라고 써보내고 있다.

▲《갈대 습작》(1888)

▲별이 빛나는 밤 데생

▲노란 집 데생(1888)

이곳은 맑은 날씨가 이어지고 있어. 늘 이런 날씨라면 화가들 낙원이며, 그야말로 일본 같을 거야. 언제 어디에 있든 나는 너와 고갱과 베르나르를 생각한단다. 이토록 아름다운 곳에 모두 함께 있다면 얼마나 좋을까!

여기 동봉한 건 30호 정사각형 유화의 작은 스케치야. 드디어 가스등 불빛 아래에서 실제로 밤에 그린 하늘풍경이지. 하늘은 초록과 파랑, 물은 로얄블루, 땅바닥은 연한 보라. 마을은 파랑과 보라, 가스등은 노랑, 그 반사광은 적갈색 도는 금색에서 초록빛 도는 브론즈 색으로 약해져. 드넓은 초록과 파란 하늘에 큰곰자리가 초록과 장미색으로 빛나고 그 뿌연 청백색은 가스등의 촌스러운 금색과 대조를 이뤄. 앞에는 채색한 작은 두 연인의 모습.

마찬가지로 또 30호 정사각형 유화의 스케치가 있는데, 유황색 태양과 순수한 코발트색 하늘 아래 펼쳐진 이곳 집들과 주변이야. 이 모티브는 정말 어려워! 그래서 극복하고 싶지. 무엇보다도 햇빛 속 노란 집과 말할 수 없이 선명한 파랑은 정말 굉장해! 땅바닥도 온통 노란색이야. 이 스케치보다 더 좋은 데생을 1점 더 그려서 보낼게. 왼쪽의 집은 핑크 색 벽에 초록색 덧문이 달려 있어. 나무 뒤에 있는 집으로, 내가 날마다 저녁먹으러 가는 레스토랑이지. 친구인 우편부는 오른쪽 골목 끝, 철도를 가로지르는 육교 건너편에 살아. 내가 그린 밤의 카페는 그림 속에 없어. 그건 레스토랑 왼편에 있단다.

밀리에는 이 그림을 싫어해. 하지만 그가 왜 이 흔해빠진 식료품점이며 밋밋한 집들만 그리는지 모르겠다고 말할 때——졸라는 《선술집》 첫부분에서 어떤 큰길을, 플로베르는 《부바르와 페퀴셰》 앞머리에서 폭염 속 빌레트 강변을 아주 뛰어나게 묘사한 것을 나는 떠올려.

그리고 어려운 작업은 나에게 도움이 돼. 나는 종교——이 말이 어울릴지 모르지만——가 필요하다고 절실히 느껴. 그래서 밤에 별을 그리러 밖으로 나가, 동료들의 생생한 인물상도 있는 그런 그림을 늘 꿈꾼단다.

고갱의 편지를 받았는데, 그는 고민하는 것 같아. 그림만 팔리면 오겠다지만, 여비를 스스로 충당한다 해도 그곳을 깨끗이 정리하고 오는 건지 여전히 분명하게 말하지 않아. 그의 하숙집 사람들이 무척 잘해주므로, 그들과 그런 식으로 헤어지는 건 범죄라고 그는 말해. 하지만 그가 당장 오지 않는다고 내가 여기는 일도 그의 마음을 괴롭게 한다고 했지. 그리고 네가 그림을 싼 값에라도 사준다면 만족한대. 그 편지를 보내줄게.

그가 오면 남 프랑스에서 그림그리는 기획의 중요성이 분명 두 배로 커질 거야. 일단 오면 다시 가버리는 일 없겠지. 그는 여기에 뿌리내릴걸. 또 그의 협력이 더해지면 내 그림만 다룰 때보다 네 사업이 확장될 거야. 너는 추가지출 없이 더 큰 만족을 얻게 되지. 언젠가는 독립적으로 인상과 그림을 다루며 키워가면 돼.

라발은 한 달에 150프랑을 적어도 1년 동안 지원해 줄 사람을 찾았고, 아마 2월에 올 거야. 나는 베르나르에게 남 프랑스에서는 숙박비와 식비만 하루에 3프랑 반이나 4프랑 넘게 들 거라고 편지에 썼는데, 고갱은 한 달에 200프랑으로 세 사람의 식비와 숙박비를 모두 충당할 수 있을 거라고 썼어. 아틀리에에서 잠자고 식사를 직접 만들면 못할 것도 없지.

그 베네딕트 파 신부는 흥미로운 인물이었을 거야. 그가 생각하는 미래 종교는 어떤 것일까? 과거와 똑같다고 그는 말했지. 위고는 말했어, 신은 일식 때 빛나는 등대라고. 그렇다면 지금 우리는 이 일식 속을 지나고 있는 거야.

나는 누군가가 우리 마음을 가라앉히고 위로해 줄 어떤 증거를 보여주면 좋겠어——그것을 통해 우리가 자신들을 죄지은 자, 불행한 자라고 느끼지 않게 될, 또 있는 그대로의 우리가 고독 또는 허무 속에서 방황하지 않고 한 발자국 걸을 때마다 악을 두려워하거나 뜻하지 않게 타인에게 끼칠지도 모르는 해로움을 신경질적으로 예측할 필요 없이 걸어갈 수 있는 그런 증거를.

저 괴짜 지오토는 끊임없이 괴로워하면서도 끊임없이 열의와 창의력이 넘쳤다고 해. 그래, 어떤 경우든 사람을 행복하고 활발하고 생기있게 만들어주는 이 확신의 경지에 나는 도달하고 싶어. 그러려면 저 파리라는 백열의 도가니보다 시골이나 소도시에 있는 편이 훨씬 가능성 크지.

네가 《별이 빛나는 밤》과 《경작된 밭》을 좋아한다 해도 이상하지 않아. 다른 그림보다 안정감있어. 늘 이런 식이면 내 경제적 불안도 줄어들 거야. 기술이 조화로워지면 사람들이 다가오기 쉬워질 테니까. 감동이 넘치는 음악 연주처럼 감정과 조화로운 붓질을 만들어내고 싶지만 이 지긋지긋한 미스트랄이 훼방놓는구나. 이렇게 조용한 날씨라면 나도 마음껏 그리며 어려운 문제와 싸울 일 없지.

탕기 영감이 소포를 보내왔어. 너에게 정말 감사해. 다음 전람회를 위해 가을 동안 그릴 수 있어. 당장 급한 건 캔버스 천 5m야. 아니, 10m도 괜찮아. 너에게 편지 한 통 더 써서 고갱의 편지와 함께 보낼게.

네가 한 모랭 이야기는 아주 흥미로워. 그의 데생 몇 점이 40프랑이라니, 분명 비싼 가격은 아니야. 나는 점점 더 그런 생각이 강해지는데, 진짜 올바른 그림거래는 자기 취향대로, 거장들 그림 앞에서 자신이 받아온 교육대로, 요컨대 자신의 신념대로 하는 거라고 여겨. 좋은 그림을 그리는 건 다이아몬드나 진주를 찾아내는 것만큼이나 쉬운 일이 아니야. 거기에는 인내가 필요하고, 장사꾼 또는 예술가로서 자신의 인생을 걸어야 하지. 그리고 일단 좋은 돌을 손에 넣으면 스스로 의심하지 말고 대담하게 그 가치를 지켜내야 해.

하지만 그때까지는…… 그래도 이런 생각에 용기얻어 나는 그림그리고 있어——물론 돈이 많이 드는 건 괴로운 일이지만. 그런 고충 속에서 이 진주 생각이 떠올랐지. 분명 너도 의기소침할 때 이 생각이 도움되리라고 생각해. 다이아몬드도 좋은 그림도 그리 흔하지 않아.

나는 해바라기를 더 그리고 싶은데 꽃이 져버렸어. 가을 동안 30호 정사각형 캔버스 12점을 그리고 싶은데, 충분히 달성되겠지.

요즘처럼 자연이 너무도 아름다울 때, 나는 가끔 아주 맑은 상태가 돼. 그럴 때면 무아지경이 되고, 그림이 꿈결처럼 내게 다가오지. 날씨가 나쁜 계절이 오면 그 반동으로 우울증이 생기지 않을까 좀 걱정스럽지만, 상상으로 인물을 데생한다는 그 문제를 연구해 극복하려고 노력할 거야.

모델이 없어서 언제나 내 능력을 다 발휘하지 못한다고 여기지만 나는 개의치 않고 풍경화를 그리거나 색채와 씨름하며 그 끝이 어떻게 될 것인지는 걱정하지 않아. 내가 아는 건, 나를 위해 포즈를 취해 달라고 모델에게 애원한다면 졸라의 《작품》에 나오는 선량한 화가와 다를 바 없다는 거야. 마네는 분명 그런 짓을 하지 않았어. 그리고 졸라는 자신의 책에서 그림 속에서 초자연적인 것을 보지 못하는 자들이 어떻게 행동했는지 이야기하지 않았지. 하지만 졸라의 책을 비평하는 건 그만두겠어.

요전과 같은 장르의 베르나르 데생을 5점 보낼게. 그가 편지에 고갱이 오는지 안오는지 분명히 밝히지 않아서 나는 그를 공짜로, 유화나 데생으로 대신 값을 치르더라도 재워줄 수 없을 것 같다고 썼어. 식비도 지금 그가 있는 곳의 식비와 숙박비를 합친 것보다 비쌀 거라고. 고갱이 함께 살든 아니든 아틀리에에서 자취하며 절약하면 상황이 달라지겠지만, 어쨌든 나는 그에게 꼭 오라고 하지는 않을 거라고 썼어. 이곳에서 겨울을 보낼 나는 그와 함께 지내는 편이 좋지만, 무엇보다도 그는 계산을 잘 해야 한다고 썼지.

머지않아 고갱이 너에게 확실한 말을 해오면 너도 나도 베르나르에 대해 다시 생각해볼 수 있을 거야. 베르나르는 분명 이곳에서 자신이 하고 싶은 것을 찾을 터이므로, 그의 아버지는 아들에게 좀더 너그러워야 한다고 여겨. 베르나르는 지금 힘드니까. 그런데 베르나르의 이번 데생은 이전 것만큼 좋지 않아.

다음달 첫무렵에 이 집 장식을 위해 주문한 액자와 캔버스 틀 대금, 그리고 월세와 가정부 고용비 등 한꺼번에 많은 돈이 나가게 돼. 액자와 캔버스 틀은 거래를 좀 늦출 수 있으니 잘 넘어갈 수 있을 거야.

지금 유일한 희망은 부지런히 작업하여, 나한테 그럴 마음이 생기거나 네가 그것을 바란다면 1년 뒤 열릴 전람회 때 전시할 충분히 많은 양의 그림을 그려 두는 것이야. 여기에 집착하지는 않아. 물론 내 간절한 소망은 그리 나쁘지 않은 작품을 너에게 보여주는 거란다. 출품하지 않더라도, 이 집에서 내가 할 일을 잘 하고 있는 게 내가 무기력한 인간도 게으름뱅이도 아니라는 증거이니 나도 안심할 수 있어. 다만 중요한 건, 전람회를 의식하며 그림그리는 화가들보다 노력이 부족해서는 안된다는 거야. 출품하든 않든 생산적이어야 해. 그래야만 마음편히 파이프를 입에 물 권리가 생기지.

올해는 우리에게 생산적인 해가 될 거야. 이번 연작은 처음에 보낸 두 그림보다 좋아지도록 힘쓰고 있어. 또 수많은 습작 가운데 타블로*¹라고 부를 만한 것도 있을 거라고 생각해. 즉……

별이 빛나는 밤은 언제라도 그리고 싶어. 아마 머지않아 별이 잘 보이는 밤에 그 가래질한 밭으로 나갈지도 몰라.

톨스토이의 책《나의 종교》는 이미 1885년에 프랑스 어로 출판되었지만, 나는 어떤 목록에서도 본 적 없어. 그는 육체도 영혼도 그 부활을 믿는 것 같지 않아. 특히 천국을 믿지 않지. 그는 허무주의자처럼 사물을 논해. 하지만 어떤 의미에서는 허무주의자와 달리 인간이 자신의 삶을 훌륭히 다하는 것을 매우 중시해. 인간에게는 아마도 그것밖에 없으니까.

비록 부활은 믿지 않지만, 그는 그와 같은──생명의 지속──인류의 영원한 발걸음──인간과 그들의 업적이 다음 세대 인류에 의해 틀림없이 이어지리라는 건 믿는 것 같아. 요컨대 그가 우리에게 주는 것은 찰나의 위로와는 다르지. 그는 귀족이면서도 노동자가 되어 장화를 만들고, 난로를 수리하고, 쟁기로 땅을 일구었어. 나는 그런 건 못해. 하지만 그런 식으로 자신을 변화시키는 강한 인간정신의 소유자를 존경한단다.

오, 천국 그 자체를 굳게 믿지 않는 불쌍한 인간, 이런 게으름뱅이들의 시대에 살아도 우리는 그 게으름뱅이밖에 없는 시대에 산다는 사실을 탄식해서는 안돼. 전에도 편지로 썼던 것 같은데, 그는 비폭력적 혁명──회의론에 대한, 또는 절망에 빠져 절망을 낳는 고뇌에 대한 반동으로 사람들 사이에 나타나는 게 분명한 사랑과 종교적 감정의 욕구에 의한 혁명──을 믿고 있어.

그럼, 또 편지하마. 너의 지난번 편지가 금요일에 왔으니 다음 편지도 금요일까지 도착하면 좋겠어. 하지만 서두를 건 없어. 언제 도착하든 상관없어. 악수를.

너의 빈센트

덧붙임 : 언젠가 라르베 라로케트 부인이 나에게 말했었지. "몽티셀리, 몽티

---

*1 회화적인 작품.

셀리! 그는 남 프랑스의 커다란 아틀리에를 주관할 만한 사람이었어요."

기억하니? 전에도 너와 빌레미나한테 썼지만, 나는 이곳에서 몽티셀리의 뒤를 쫓고 있다는 생각이 가끔 들어. 그래, 그리고 우리는 보다시피 문제의 그 아틀리에를 설립했어. 앞으로 고갱이 그리고, 내가 그리는 것은 저 몽티셀리의 아름다운 작품에 이어지는 그림이 될 거야. 몽티셀리가 칸비에르의 카페 테이블에 풀썩 쓰러져 그대로 죽어버린 게 아니라, 이 마음씨 좋은 영감이 아직 살아 있음을 양식있는 사람들에게 우리는 증명할 거야. 끝났다고 우리 입으로 말하는 일도 없을 거야. 우리는 충분히 견고한 기초 위에서 그 일을 시작하려고 해.

고흐가 테오에게 544
1888년 9월29일 이후

사랑하는 테오

고갱이 보내온 멋진 편지를 동봉할게. 무척 소중한 내용이니 따로 보관해두면 좋겠구나. 편지에서 그는 자신에 대해 이야기했는데, 나는 그 글에 깊은 감명을 받았단다.

베르나르의 편지도 함께 받았어. 고갱도 분명 그것을 읽고 찬성했으리라 생각하는데, 베르나르는 이곳에 오고 싶다고 또 말하고 있어. 그리고 라발과 모레, 그리고 다른 한 명의 신인(샤마이야르)과 그 4명의 이름으로 나와 작품교환하고 싶다고 알려왔지.

그의 말에 따르면 라발도 이곳에 올 생각이며 다른 두 사람도 오고 싶어한다는구나. 그렇게 되면 더 바랄 나위 없지만, 화가들이 공동생활하게 되면 무엇보다 먼저 그 전체를 관리할 수도원장이 필요해질 거야. 그리고 그건 물론 고갱이 되겠지. 그래서 다른 사람들보다 먼저 고갱이 이곳에 와주기를 바라는 거란다. 베르나르와 라발은 2월이 되기 전에는 못올 거야. 베르나르는 파리에서 징병검사를 받아야 하니까.

내가 바라는 것은 두 가지야. 지금까지 사용한 돈을 벌어서 너에게 돌려주는 것, 그리고 고갱이 평화와 안정 속에 예술가로서 자유롭게 숨쉬며 작품을 그려낼 수 있도록 하는 것이지. 몇 년 동안 네게서 빌려 쓴 돈을 갚게 된다면, 우리는 계획규모를 넓혀 데카당스가 아닌 르네상스를 위한 공방을 건설하자

꾸나.

고갱이 언제까지나 우리와 함께 해주리라 기대하며, 어느 쪽도 손해보지 않으리라 믿어. 이렇듯 서로 도우며 우리는 저마다 독자적인 기법을 가지게 될 테고, 여럿이 단결하면 힘이 생겨나게 되지.

굳이 말할 필요도 없지만, 나는 고갱과 자화상을 교환하지 않을 생각이야. 그의 작품은 분명 아주 훌륭할 테니까. 하지만 처음 한 달치 비용이나 여행비에 대한 상환금으로서 그것을 받을 수 있을지 부탁해 보려고 해.

만일 내가 편지로 두 사람에게 강하게 말하지 않았다면 그가 그린 자화상은 존재하지 않을 거야. 베르나르도 그 덕분에 그림을 그렸지. 화냈던 것은 내 잘못일지라도, 결국 고갱은 작품을 그렸고 베르나르도 마찬가지야.

아, 내 포도밭 습작—땀흘리며 열심히 애써서 겨우 완성했단다. 늘 그리는 30호 캔버스로, 역시 이 집을 장식하기 위한 그림이었지. 이것을 마지막으로 내가 가진 캔버스 천은 모두 써버렸어.

고갱이 오면 우리에게 새로운 시대를 열어줄, 매우 중대한 일이 두 사람을 기다리고 있을 거야.

남쪽으로 오며 너와 헤어졌을 때, 나는 너무 슬프고 흥분해 마치 반쯤 아픈 사람이나 알코올 중독자 같은 상태였단다.

이 겨울 동안 재미있는 사람들과 예술가들을 많이 만나 함께 토론하는 데 심혈을 기울였지만, 왠지 늘 희망을 가지지는 못했어. 너도 노력해 주고, 나도 이제까지 힘써온 결과 이제 겨우 '희망'이 지평선 위에 모습을 드러내기 시작하는 것 같아.

네가 구필 상회에 머물든 않든, 고갱을 비롯한 그 집단과는 꼭 좋은 관계를 이어가야 해. 그러면 너는 일류, 아니 최초의 전도자 같은 그림상인이 될 거야. 나는 예술가의 일원으로서 내가 할 일들이 보이기 시작하는 것 같아. 만일 우리가 돈벌게 네가 도와준다면, 나는 내가 할 수 있는껏 그림을 그려내 나 자신을 본보기로 내세워보일 거야.

이런 식으로 열심히 해나가면 우리 이상으로 영속하게 될 무언가를 만들어내는 데 도움되겠지.

나는 오늘 오후 고갱과 베르나르에게 답장쓰려고 해. 우리는 서로 굳게 손을 잡았다는 의식을 가지기 시작했고, 나 개인으로서는 이 단결력이야말로 돈과 건강에 대한 불운과 싸울 힘이 되리라 확신한다고 편지로 전할 거란다.

부탁인데, 아무래도 네가 토마 영감 집에 다녀와주지 않을래? 고갱이 오기 전에 아래 물건들을 사고 싶거든.

서랍달린 화장대	40프랑
시트 4장	40프랑
데생용 테이블 3개	12프랑
부엌용 난로	60프랑
물감과 캔버스 천	200프랑
액자와 캔버스 틀	50프랑

꽤 많은 금액이지만, 꼭 필요한 물건인 걸 생각하면 그리 큰돈이 아니란다. 물론 없어도 생활할 수 있지만, 내가 바라는 좀더 풍부하고 굳건한 느낌을 내기 위해서는 필요한 것들이야. 시트는 이미 4장 있지만, 앞으로 4장쯤 더 있으면 돈을 받지 않고도 베르나르를 재워줄 수 있어. 그 또는 내가 짚이불을 바닥에 깔고 잘 수도 있지. 부엌용 난로는 아틀리에를 따뜻하게 해줄 거야. 하지만 물감은 어쩔 거냐고 너는 묻겠지.

그래, 네 말대로야. 스스로도 양심이 찔리지만 사실은 나도 내 작업으로 고갱의 인상에 남고 싶다는 자부심이 있고, 그러기 위해 그가 오기 전에 나 혼자 할 수 있는 일들을 모두 해두고 싶다는 생각으로 머릿속이 가득해. 그가 오면 내 기법도 변하게 될 테고, 그 일은 나름대로 성공적이리라 생각해. 하지만 역시 나는 내 장식화를 꼭 완성하고 싶어. 점토공예 같은 일도 말이지. 무엇보다 요즘 날씨가 참으로 근사하거든.

지금 30호를 10점째 그리고 있어.

고갱의 여비문제도 있는데, 토마 영감이 조금 더 융통해 주지 않으면 너와 내 주머니에서 빠져나가게 될 거야. 그 무엇보다도 먼저 말이지.

위에 나열한 경비는 모두 그가 이곳에 왔을 때 좋은 인상을 주기 위한 것들이야. 그리고 나는 그가 그 인상을 계속 지니고 있어주기를 바란단다. 우리 두 사람이, 너는 비용을 내고 나는 집안에 물건을 갖추거나 웅대함으로써 아틀리에를 완성해 이윽고 그 우두머리가 될 예술가 고갱이 살기 좋은 곳으로 여기게끔 준비해 두고 싶은 거야.

예전에 코로는 궁지에 몰린 도미에가 자신의 뜻대로 모든 일을 할 수 있도록 그의 생활을 보증해 주었단다. 그와 마찬가지로 우리도 분명 잘 해내리라 믿어.

문제는 여행경비야. 내 물감을 사는 일은 좀더 미룰 수 있어. 나는 언젠가 내가 사용한 비용 이상을 되찾을 자신이 있으니까.

고갱이 자기 작품의 전매권을 너에게 주고, 너는 그 가격을 점점 올려 500프랑 아래로는 팔지 않을 것에 나는 찬성해. 그가 너를 믿어주면 좋겠는데, 머지 않아 신뢰를 얻을 날이 오겠지. 우리는 옛 상법과는 전혀 다른 크고 멋진 기업을 운영하는 거야.

물감문제는 고갱이 온 뒤 둘이서 함께 안료가루를 갈아 사용하려고 해. 포도밭은 모두 탕기 영감네 물감으로 그렸으며, 잘 만들어졌단다. 가루가 좀더 거칠더라도 그리 곤란할 일은 없어.

우리가 사물의 좋은 면을 보며 나아가면——즉 물질적 면뿐 아니라 인간관계를 보는 일인데——물질적 곤란은 자연스럽게 사라질 거야. 사람은 태풍 속에서 성장하지. 나는 습작들을 차례로 액자에 넣어 보관하려고 해. 실내장식으로도 쓸 수 있고, 방에 멋진 정취를 더해주니까.

예를 들어 고갱이 구필 상회에는 공식적으로, 너에게는 친구이며 채무자로서 개인적으로 그 그림을 건네준다고 하자. 그것과 바꾸어 고갱은 이 아틀리에의 중심이 되어 마음대로 비용을 쓰고, 가능하면 베르나르며 라발과 그림을 교환해 도움줄 수도 있겠지. 나는 나대로 100프랑과 나의 캔버스와 물감비용과 맞바꾸어 습작을 보낼게. 고갱이 우리와 함께 생활하며 이 아틀리에의 주재자라는 자각을 가지면 그는 빠르게 건강을 되찾고, 점점 열심히 그림그리게 되겠지. 더구나 이 아틀리에가 완성되고 정비되어 이곳에 들르는 사람들이 자유롭게 이용할 수 있게 되면 그만큼 그에게 좋은 아이디어가 떠오르고 그것을 활발하게 표현할 야심도 끓어오를 거야.

퐁타벤에서는 지금 모두들 이 이야기로 떠들썩하니 파리에도 소문이 났겠지? 되풀이 말하지만, 아틀리에가 제대로 정비되면 그만큼 평판이 좋아지고 행운도 따라올 거야. 결국 물흐르듯 흘러가게 되는 거지. 다만 나는 앞으로 다툼이 일어나지 않도록 지금부터 말해두는데, 라발과 베르나르가 이곳으로 정말 올 경우, 이 아틀리에의 주재자는 내가 아닌 고갱이 될 거란다.

실내 정돈에 대해서는 분명 의견이 잘 맞을 게 틀림없어.

너의 다음 편지를 금요일에 받을 수 있으면 기쁠 거야. 이번에 받은 베르나르의 편지도, 고갱은 그야말로 거장이며 성격적으로도 두뇌적으로도 훌륭한 인물이라는 확신에 가득차 있어.

그러면 가까운 시일 안에 다시. 악수를 보낸다.

빈센트

덧붙임 : 다 그린 《포도밭》은 초록과 진한 빨강과 노랑이고, 포도송이는 보라, 덩굴은 검정과 오렌지야. 지평선에 청회색 버드나무가 몇 그루 있고, 저쪽에 빨간 지붕의 인쇄소, 그리고 멀리 연보라색 마을그림자가 보인단다. 포도밭 안에는 빨간 양산을 쓴 여자와 짐수레를 밀며 수확하는 일꾼 모습이 그려져 있어. 위쪽에는 푸른 하늘, 앞 풍경은 회색 모래밭이야. 이것은 둥글게 다듬은 덤불과 협죽도 있는 정원그림과 쌍을 이루지.

이번에 보내는 10점의 그림이 지난번 것보다 더욱 네 마음에 들리라 생각해. 나는 가을 내내 2배로 그림을 그릴 생각이야.

날이 갈수록 가을이 풍요로워지는구나. 낙엽 떨어질 때가 되면 우리 고향에서의 11월 첫무렵처럼 변할지 어떨지 알 수 없지만, 나뭇잎이 완전히 노란색을 띠면 파랑과 대조되어 분명 멋진 광경을 보여줄 거야. 지엠은 이런 아름다움을 이미 몇 번이나 그리고 있어. 그리고 짧은 겨울이 지나가면 다시 '꽃피는 과수원'이야.

고갱이 《페르시아인》에 대해 한 말은 사실이란다. 미술관에 전시해도 거슬리지 않고 지장이 생기지도 않을 거야.

그러나 나의 세계는 전혀 달라……나는 페르시아인이며 이집트 인보다 그리스 인이며 일본인을 좋아해. 고갱이 페르시아 인을 공부하는 게 잘못이라고는 말하지 않을 거야. 나도 그를 따라해 보려고 해.

고흐가 베르나르에게 16
1888년 9월 끝무렵 ①

친애하는 베르나르

편지 고맙네. 자네가 '고갱의 초상화는 그릴 수 없다'고 해서 좀 놀랐어. 어째서 안된다는 건가? 참으로 어리석군. 하지만 나도 더는 권할 마음이 없네.

이로써 작품교환에 대해 나눌 이야기도 없어졌지. 고갱도 자네 초상화를 그리고 싶다고 생각한 적은 전혀 없다고 하네. 초상화가란 그런 것인가? 그토록 오랜 동안 가까이 지내면서 번갈아 모델이 되어주지도, 서로의 초상화를 그려보지도 않고 헤어진단 말인가! 좋아, 더 이야기하지 않겠네. 되풀이 말하지만 작품교환은 없네.

언젠가 나는 내 손으로 자네와 고갱의 초상화를 그릴 걸세. 우리가 처음 합류할 때 그런 일이 없으리라고는 말할 수 없지.

전에도 말했던 알제리 보병소위가 드디어 아프리카로 떠나게 되어 곧 그의 초상화를 그릴 생각이야.

어째서 자네 병역계획에 대해 아무것도 써보내지 않는가?

그러면 자네가 아를에서 겨울을 보내고 싶다고 했던 이야기를 해보세. 나는 필요할 때 누군가 묵을 수 있도록 이곳을 마련해 두었네. 고갱이 온다니, 그게 사실인가? 아직 확실히는 모를 테지. 만일 자네가 와서 묵는다면 하루에 3프랑 아래로는 만족스러운 식사를 할 수 없을 걸세. 하루에 4프랑쯤 든다고 생각하는 편이 안전해.

물론——어쩔 수 없는 경우——아틀리에서 적은 비용으로 식사할 수도 있으니, 어쨌든 이런 방법으로 절약할 수 있을 거야. 다시 말하지만 이곳 생활비는 퐁타벤보다 많이 들어. 자네는 집세까지 포함해 하루에 2프랑50상팀밖에 들지 않는다고 하니까.

자네가 가장 그리고 싶은 건 유곽풍경이라고 했는데, 물론 괜찮은 생각이긴 하지만 추파를 던질 수는 없지. 유곽을 그리려면 군복을 입을 때까지 기다리는 게 좋아, 군인도 안에 들어갈 수 있으니까. 여기든 어디든 크게 환영 받을 걸세.

예를 들면 나는 《밤의 카페》를 이제 막 완성했는데, 이곳은 카페라서 때로 매춘부가 남자를 데려와 앉아 있곤 해. 그렇지만 진짜 유곽은 아직 그리지 않았어. 좀더 나은 진지한 작품을 그리려면 돈이 필요하기 때문이라네. 그림을 더 잘 그리게 되고 주머니 사정이 넉넉해질 때까지 그 시작을 미루고 있지. 지금도 맥주를 마시러 그 카페에 가지 않는다고는 말할 수 없네. 그곳에서 서로 알게 되어 절반은 상상으로, 나머지 절반은 모델을 세워 그림을 그리고 있네. 할 마음만 있다면 못할 것도 없지. 그러나 조바심내며 할 생각은 없네.

멋지게 계획을 세워봤자 거의 빗나가고 말아. 하지만 그날그날의 우연을 붙잡아 마음을 비우고 작업하면 예기치 못한 수확이 생기지.

유곽을 그리기 위해——그것이 좋은 그림이 되리라 확신하더라도——이곳에 오는 것을 나는 권하지 않네. 한 번 더 말하지만 군인이 되면 유곽을 그릴 알맞은 기회가 생기니 군복을 입을 때까지 기다리는 게 좋지 않겠는가? 확실히 해두고 싶어 분명히 말하네만, 가벼운 마음으로 아프리카에서 지내보

▲《밤의 카페 테라스》

게. 남쪽 지역은 자네 마음에 들 테고, 자네를 훌륭한 예술가로 키워줄 걸세. 고갱의 뛰어난 부분도 남쪽에서 영향받은 것이라네. 나도 이곳에서 강렬한 태양을 몇 달 바라보고 나니, 이제 그 경험으로 미루어 특히 돋보이는 화가는 색채부분에서 들라크루아와 몽티셀리라네. 이 두 사람을 순수 낭만파니 과장된 공상가니 하는 건 잘못됐어. 요컨대 자네도 알다시피 남방은 제롬과 프로망탱에 의해 무미건조해졌지만 앞으로는 색에 의해 이 땅의 참된 매력이 드러날 거야.

머지않아 또 편지보내주게.

내가 책임지면서까지——그게 누구든——이곳으로 부를 생각은 없네. 자신의 의지로 온다면 내 알 바 아니지. 간곡한 부탁은 절대 사양이네. 나는 이곳에 줄곧 머무를 걸세. 물론 자네가 여기 와서 함께 겨울을 보낼 수 있다면 참으로 기쁘겠네.

악수를.

빈센트

자네가 보내준 데생에 대한 답례를 전하고 싶어 펜을 들었네. 좀 서둘러 그린 듯하지만 매춘부 그림 2점이 좋았네. 둘 다 창의성이 엿보이더군. 쾌청한 날씨가 이어져 날마다 그림그리기에 쫓기고 있다네. 흔치 않은 맑은 날씨를 잘 활용해야 하니까.

전에 알려준 금액을 조정할 수는 없네. 하루 식비만 3프랑 들고, 또 다른 지출도 있으니까……고갱이 자네에게 말한 그곳 물가 사정은 아마 사실이겠지. 자네는 곧 입대할 테니 아버지께 자네 건강을 지킬 수 있을 만큼의 생활비를 보내달라고 부탁해 보게. 적어도 작품활동만이라도 즐겁게 할 수 있도록. 아버지께서는 입대 전까지만이라도 부자유스럽지 않을 만큼의 생활비를 보내주실 마음이 없으실까?

내가 그동안 몇 번이나 말했듯, 자네가 아프리카로 간다면 그림을 마음껏 그리고 진정한 자연을 볼 수도 있네. 화가로서 또 색채적 재능을 쌓기 위해 넓은 시야에서 바라볼 필요가 있어. 하지만 아프리카에서 훈련받기 전에 영양을 충분히 섭취해 빈혈이나 쇠약함으로 이질에 걸리지 않도록 아버지가 도와주지 않으신다면 자네의 약한 몸은 지쳐버리고 말 거야.

그곳에서 힘을 기를 수는 없어. 날씨가 더운 곳으로 가려면 그 전에 먼저 식사에 신경써 살을 찌워야 해. 이런 말을 하는 건 내 분수에 맞지 않지만, 여기에서 건강관리로 몸이 좋아져 확신이 생겼기 때문일세. 아프리카 더위는 아를과 다르겠지만, 군대훈련을 거쳐 예술 가업(家業)을 견뎌낼 만큼 강해지든가 아니면 항복하든가──라네.

어쨌든 자네가 와주면 더없이 기쁠 것이네. 그리고 만일 고갱이 온다면, 마침 겨울이라 좋지 않은 계절에 머무르는 게 난감하군. 나는 왠지 요리가 정신력과 그림제작에 영향을 미치는 게 아닌가 차츰 생각한다네. 그 증거로 위 상태가 좋지 않으면 작품을 완성하는 데 방해되거든. 만일 자네 아버지께서 자네 작품을 그대로 간직하고 조금만 더 선심을 베풀어 가불해주신다면 다른 어떤 방법보다 결국 이득이 될 거야. 남 프랑스에서는 감각이 예민해져 손이 경쾌해지고, 눈은 초롱초롱 빛나고, 두뇌는 맑아질 걸세. 다만 조건이 하나 있지. 이질이나 다른 병을 조심하지 않으면 몹시 약해질 거야.

이런 까닭에 나는 예술을 사랑하는 사람이라면 남 프랑스에서 그 능력을 마음껏 펼칠 수 있으리라 확신하게 되었지. 그러나 생명이며 다른 것들에도 주의해야 하네.

이런 말들만 해서 성가시게 여겨질지 모르네만 자네는 대체 갈 생각인가, 아니면 어찌되든 상관없다고 여기는 건가? 물론 그것이 먼저 해결할 문제이며, 그밖에 내가 할 수 있는 말은 없네. 예술은 길고 인생은 짧다──우리 생명을 효율적으로 쓰도록 노력하세. 내가 자네 나이였다면 아프리카에서 군대생활을 하고 싶을 거야. 그리고 지금보다 건장하게 신체를 단련할 것이네.

예정대로 만일 고갱과 내가 이곳에 함께 있게 된다면, 물론 할 수 있는 껏 자네의 지출을 줄이도록 해주겠네. 그러니 아버지께서도 우리를 믿고 가능한 도움을 주시면 좋겠군. 그리고 우리가 필요 이상의 돈을 받을 수 있으리라는 생각은 말아야 하네. 훌륭한 그림을 그리기 위해서는 잘 먹고 안정된 생활을 하며 때로 여자와 잠자리하고 담배피우며 조용히 커피를 마실 필요가 있지.

그 밖의 일들이 무익하다고는 말할 수 없네. 나머지는 저마다 좋을 대로 자유롭게 하면 되니, 다른 무엇보다 이 방법이 가장 낫다는 생각이 드는군.

굳은 악수를.

빈센트

고흐가 베르나르에게 18
1888년 9월 끝무렵 ③

이번에 자네 편지에 동봉된 브르타뉴의 두 여인을 그린 작은 데생과 다른 6점의 데생 중에서, 특히 작은 스케치는 풍격이 당당하며 가장 좋은 찬사를 들을 만하더군. 내가 보낼 스케치는, 요 며칠 날씨가 화창해 늦어지고 말았네. 30호 정사각형 캔버스 몇 점을 그리는 데 완전히 몰두하여 몹시 지쳐버렸는데, 이 그림은 내 방에 장식할 생각이라네.

자네 아버지를 설득해 지원받도록 권한 중요한 용건이 담긴 편지를 받았으리라 생각하네. 아를에서 쓸 여비를 아버지께서 만일 주신다면 경제적으로 그리 속박당하지 않아도 되지.

자네는 그 돈을 작품활동으로 갚으면 되네. 고갱과 함께 오래 있을 수 있고, 입대 또한 예술적 전쟁터로 가는 게 되지. 만일 자네 아버지가 포장도로며 자갈 속에서 금덩이를 발견할 아들을 두었다면 분명 그 재능을 무시하지 않으실 것이네. 자네는 틀림없이 그에 걸맞은 재능을 지녔어.

아버지는 그 발굴품이 반짝이는 새로운 루이 금화가 아닌 걸 섭섭하게 여기실지도 모르지만, 자네의 발견물을 수집하고 싶다며 알맞은 가격이 아니면 팔지 않으실 걸세. 자네의 그림과 소묘를 수집하면 되네. 상업적으로 보석이며 금속과 똑같이 가치있는 진귀한 것이니까. 완전히 그 말대로지. 그림그리는 건 크고 작은 다이아몬드를 발견하는 것처럼 어려운 일이라네.

오늘날 사람들은 루이 금화며 고급 진주의 가치는 알지만, 불행하게도 그림의 가치를 알고 믿어주는 사람은 그리 많지 않네. 하지만 그런 사람도 반드시 나타날 거야. 지금은 없다 해도 참고 기다려야 해. 아무리 오래 걸리더라도.

자네가 아를로 와서 고갱이며 나와 함께 지내기를 간절히 바란다면 내가 말한 생활비를 좀 생각해 보게. 아버지께 아주 적은 돈으로 좋은 그림을 그릴 수 있다고 잘 말씀드려보면 어떨까?

화가들의 프리메이슨식 비밀결사 결성에는 나도 찬성할 수 없네. 나는 규칙과 제도를 몹시 경멸하며, 규약과는 다른 걸 바라지. 그런 것으로는 질서를 바로잡을 수 없으며 끝없는 논쟁을 불러일으킬 뿐이야. 그것은 퇴폐의 징후라네. 화가조합은 아직 실현되지 않았어. 폭넓고 막연한 초안 정도이며, 앞으로 그렇게 될 테니 조용히 기다리기로 하세.

그것이 자연스럽게 결성되면 좋겠지만, 그런 말을 하지 않아야 이루어질 가능성이 크네. 만일 자네가 이런 조합제도에 찬성한다면 자네는 고갱과 나와 함께 지내는 것만으로도 충분해. 그것이 계속되어 나가면, 만들어지는 거지. 만일 가능한 일이면 크게 타협하지 않아도 깊은 생각과 안정된 행동으로 이루어질 거라네.

작품교환으로 좋은 점은——라파르트, 모레 및 그밖의 젊은이들 이름을 편지에서 자주 봤는데, 꼭 그들 모두와 알며 지내고 싶네. 그렇다 해도 아직 내게는 완성된 그림이 5점도 없지. 적어도 2점은 더욱 장중하게 수정해야만 해. 자화상과 미스트랄이 거세게 불어대는 풍경을.

그밖에 여러 색깔 꽃이 핀 작은 정원 습작, 먼지투성이된 잿빛 엉겅퀴 습작, 농부의 낡은 구두 정물이 있네. 그리고 시야좁은 별것아닌 풍경 1점. 만일 이 가운데 탐탁치 않은 게 있으면 마음에 드는 그림만 고르고 나머지는 교환할 작품과 함께 돌려보내주게. 절대 서두를 필요는 없네. 작품을 교환하는 이상, 서로 좋은 그림을 주어야 한다고 생각하니까.

내일 햇볕을 쬐어 말 수 있을 정도로 그

▲《엉겅퀴》

림이 마르면 《부두에 묶인 모래실은 배》 풍경도 함께 보내겠네. 이곳에서 더욱 생각을 다듬어 같은 구도의 그림을 그려보고 싶네.

아직 《밤의 카페》 복사그림을 보내지 않았네. 미처 그리지 못했지. 그러나 자네를 위해서라면 기꺼이 그리려 하네.

거듭 말하지만 서두르지 말고 좋은 작품을 주고받도록 하세.

편지 속에 있던 나와 닮은 예술가로 보이는 신사[*1]는 나인가, 아니면 다른 사람인가? 얼굴을 보면 나라는 생각이 드네만, 나는 언제나 담배를 물고 있고, 해안으로 튀어나온 낭떠러지 위에 앉는 건 현기증이 나서 기분좋지 않지. 만일 그것이 내 초상화라면, 이런 점에서 사실과 다르므로 항의하네.

집을 꾸미느라 완전히 몰두하고 있네. 자네가 그린 것과는 전혀 다르네만 자네 취향에 맞지 않을까 여기는데, 이전에 《꽃》《나무》《밭》 그림을 내게 이야기했었는데——여기에 《시인의 정원》 2점이 있지. 스케치 속에 습작으로 그린 최초의 구상이 들어 있는 작은 그림은 이미 동생에게 도착했을 것이네. 다음으로 《별이 빛나는 밤》《포도밭》《밭고랑》 그리고 길거리라고도 부를 수 있는 집들이 늘어선 풍경, 모두 무의식적으로 어떤 관련을 맺고 있지.

자네의 퐁타벤 작품을 무척 보고 싶네. 하지만 좀더 공들인 작품을 보내주

[*1] 고흐가 바위 끝에 앉아 태양을 그리고 있는 고갱의 만화에 대한 빈정거림.

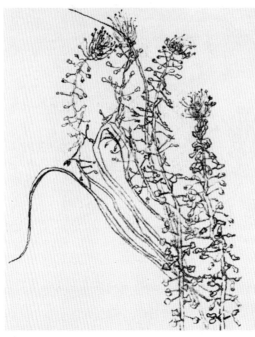
▲풀 습작

지 않겠는가? 무엇으로든 채울 수 있을 테니까. 자네 재능을 좋아하므로 작품을 조금씩 모으고 싶네.

일본예술가들이 서로 작품을 교환하는 것에 나는 이전부터 감탄하고 있었네. 그건 서로 사랑하며 돕는다는 증거지. 그들 사이에는 어떤 화합이 있는 게 틀림없어. 분명 두터운 정을 나누며 생활하고, 음모도 없을 거야. 이런 점을 배우면 우리는 한결 나아질 걸세.

일본인들은 아주 적은 돈을 벌며 평범한 직공 같은 생활을 했다고 하네. 나는 《풀 한 포기》를 베껴 그린 그림*1을 갖고 있다네. 어쩌면 이리도 전형적인 양심이란 말인가? 언젠가 자네에게 보여주겠네.

고갱이 고호에게 33
퐁타벤 1888년 10월2일 무렵

친애하는 빈센트

우리는 당신의 소망을 이루어냈소. 다른 방식이긴 하지만, 결과가 같으니 아무래도 좋지요. 우리의 자화상 2점 말이오.*2

실버화이트가 없어서 징크화이트를 썼소. 색깔이 약해지거나 탁해질지도

＊1 빙 콜렉션.
＊2 고갱 《베르나르의 초상이 있는 자화상, 레미제라블》, 베르나르 《고갱의 초상이 있는 자화상》. 모두 반 고흐 미술관, 암스테르담.

모르겠소. 그리고 이건 색채만 신경써서 제작한 것이 아니지요. 내 제작의도를 설명할 필요가 있다고 여기는데, 그건 당신이 스스로 헤아리기 어려울 거라고 생각해서가 아니라 만족스럽지 못한 작품이기 때문이오.

내면에 품격과 상냥함을 갖춘 장 발장처럼 수수한 옷을 입은 강렬한 악한의 면모. 얼굴에 욕정의 피가 넘치고, 눈을 감싸는 대장간 불의 색은 우리 화가들 영혼을 태우는 불의 용암을 나타내오. 페르시아 융단 꽃무늬를 닮은 눈과 코의 데생은 추상적이고 상징적인 예술을 요약했소. 유치한 꽃무늬 있는 사랑스러운 소녀풍 배경은 우리의 예술적 순결을 증명하기 위해 거기에 놓았소. 사회로부터 버림받아 자신의 사랑과 힘을 안고 법의 보호 밖에 놓인 이 장 발장은 오늘날의 인상주의자 이미지와 비슷하잖소? 그런 그를 내 얼굴생김새에 그려넣어 내 개인의 이미지뿐 아니라, 사회의 가련한 희생자가 되어 정직한 행위로 그것에 복수하는 우리 모두의 초상을 당신은 보고 있는 것이오.

오, 친애하는 빈센트, 식초에 절인 피클처럼 자신들의 평범함에 절여져 있는 이곳 화가들은 당신에게 재미난 구경거리가 될 거요. 그들이 뚱보인 것도 키다리인 것도 울퉁불퉁 사마귀가 난 것도 다 어쩔 수 없는 일, 그들은 늘 피클이었고 앞으로도 그럴 것이오.

외젠——그렇지, 외젠 아베르야. 당신도 알겠지만, 아베르는 뒤퓌를 죽인 남자지요*1——그의 아름다운 아내와 늙은 어머니와 그밖의 모든 것이 어떻게 됐는지! 그 뒤로도 외젠은 그림그리고, 신문에 기사쓰고, 공짜로 일등석을 타고 여행 다니다니. 눈물나올 만큼 웃기는 이야기지요. 그의 예술을 제외하면 얼마나 혐오스러운 인생인지! 이런 불쾌한 꼭두각시 인형들을 위해 예수가 죽을 만한 가치가 진실로 있었을까요? 예술가로서는 인정하지만, 개혁가로서는 나는 그렇게 생각지 않소.

친구 베르나르는 작업하고 있소. 그리고 마찬가지로 아를로 갈 계획을 세우고 있지요. 라발은 당신과 만난 적 없지만, 당신 편지와 우리 이야기를 통해 당신을 알고 있으니, 우리 다함께 당신에게 악수를 보내오.

당신의 폴 고갱

---

*1 Eugène Habert, 1846~1916와 Felix Dupuis, 1834~1888. 이 두 화가는 친한 사이였지만, 익명의 편지로 말미암은 오해로 외젠이 신문에 쓴 글이 원인되어 결투(4월29일)를 벌여 뒤퓌가 숨졌다.

덧붙임 : 서투른 시를 한 편 보내오.

저무는 뜨거운 태양은 너의 음탕한 준마를 멈춘다.

나는 기교부리지 않으며 그리고 싶다.

너의 얼굴을, 오, 크롬 2번으로!

고흐가 고갱에게 544a[553a][1]

1888년 10월 8일

친애하는 고갱

오늘 아침 당신의 멋진 편지를 받았습니다. 그것을 다시 동생에게 보냈지요.

당신의 초상화와 그것이 상징하는 인상파 전반에 대한 당신 생각은 충격적입니다. 그것을 몹시 보고 싶지만, 내 작품과 교환하기에는 너무나 중요한 작품인 것 같습니다. 하지만 당신이 우리를 위해 그것을 보관해 둔다면, 내 동생이 보자마자 그것을 살 것입니다. 내가 서둘러 부탁해 두었으니, 어서 그렇게 되기를 바랍니다.

당신이 빨리 올 수 있도록 우리는 다시 노력하고 있습니다. 나는 그림그리는 동안에도 끊임없이 이 아틀리에 마련계획을 생각하고 있습니다. 그곳에서 살 사람은 당신과 나지만, 우리 두 사람은 그곳을 동료들이 다툼에서 구석으로 몰릴 때 이용할 피난처, 도피처로 만들어야 한다는 겁니다.

당신이 떠난 뒤 동생과 나는 파리에서 한참 더 함께 지냈는데, 그때 일을 죽어도 잊지 못할 것입니다. 기요맹, 피사로 부자, 쇠라——그와는 아는 사이가 아니었지만, 아를로 오기 전에 그의 아틀리에를 몇 시간 동안 방문했었지요——등과 많은 이야기를 나누었습니다. 그런 논의 속에서 이야기는 자꾸만 동생과 나의 진심에 강하게 연결되는 문제로 돌아갔습니다. 즉 화가들의 물질생활을 보호하고, 생산수단(물감과 캔버스)을 보증하고, 현재로서는 그림이 예술가 손을 떠난 지 한참 뒤에야 손에 넣을 수 있는 판매대금을 직접 그들에게 보증하기 위해 어떤 방책을 써야 한다는 것이었습니다. 당신이 이곳에 온다면 우리는 이런 논의들을 다시 살펴보게 되겠지요.

파리를 떠날 무렵 나는 고통과 걱정과 우울감으로 병든 무기력한 상태에서

---

[1] 고갱이 슈페네케르에게 다음 말을 덧붙여 보낸 편지. "내가 그와 어떤 상태이고 이번 계획이 어떤 것이었는지 자네에게 모두 알리기 위해 빈센트의 편지를 동봉해 보내네."

억지로 기운차리려 마신 술로 알코올중독에 가까워 희망을 가질 기운조차 없었습니다. 그런데 지금은 지평선의 아득한 저편으로부터 희망이, 고독한 삶 속에서 위로가 되어준 저 점멸하는 희망의 빛이 찾아왔습니다.

우리가 영속적인 사업을 설립하는 데 성공할 것 같다는 이 신념을 당신도 공유해 주었으면 좋겠습니다. 빈약한 아틀리에나 프티 불바르의 카페에서 논의했던 저 기묘한 날들에 대해 언젠가 이야기할 날이 온다면, 당신도 우리의, 그러니까 내 동생과 나의 생각을 충분히 알게 될 것입니다. 회사 설립은 실현되지 않았지만, 최근의 끔찍한 상태를 개선하기 위해 우리가 앞으로 해야 할 논의임을 당신도 알 겁니다. 충분한 설명을 들으면 당신도 우리가 탄탄한 기초 위에서 일을 진행시켰다는 것을 알게 되겠지요. 또 이 계획에 대해 당신에게 이미 말한 내용에서 우리가 많이 전진한 것도 알게 될 겁니다.

우리가 여기까지 온 건 바로 미술품거래상으로서의 의무 때문입니다. 당신도 잘 알듯, 나는 미술품거래 경험이 몇 년 있고, 전에 내가 먹을 빵을 벌었던 그 직업을 경멸해서는 안되지요. 당신은 파리에서 멀리 떨어져 있는 듯 보이지만, 나는 당신이 파리와 직접적인 관계가 있다는 강한 신념을 버릴 거라고 생각지 않습니다. 이렇게 이야기하면 충분할 겁니다.

나는 요즘 이상하리만큼 뜨거운 제작열의에 불타고 있습니다. 지금 풍경화를 그리는데, 검정과 오렌지 색 줄기 있는 초록색, 적자색, 노란색의 드넓은 포도밭으로 위는 푸른 하늘입니다. 빨간 양산을 쓴 부인들과 포도따는 사람들의 작은 그림자, 짐수레 등이 이 그림을 더욱 활기 있게 만들어줍니다. 앞쪽은 회색 모래땅. 이 또한 30호짜리 정사각형 캔버스로, 이 집을 장식할 그림입니다.

나는 전체가 회백색인 자화상을 그렸습니다. 이 회백색은 비리디언과 레드오렌지를 섞어 만든 것으로, 옅은 비리디언을 배경으로 적갈색 옷과 완벽한 조화를 이루고 있습니다. 그리고 초상화로 내 개성을 강조하는 일이 나에게 허락된다면 내 초상화에 나 자신뿐 아니라 전반적으로 인상주의자를 나타낸다는 의미에서 영원한 붓다의 소박한 숭배자인 승려의 특징을 표현하려고 했지요. 매우 힘들었지만, 그런 표현을 제대로 하고 싶으면 처음부터 다시 그릴 필요가 있을 것입니다. 더 좋은 그림을 위한 더 좋은 모델을 구하려면 우리는 우리의 이른바 문명상태의 관습인 백치화로부터 더 회복할 필요도 있겠지요.

기쁜 일이 하나 있습니다. 어제 보쉬——그의 누이는 벨기에의 '20인회' 회원입니다——의 편지를 받았는데, 그는 탄광부와 탄광을 그리기 위해 보리나주에 정착했다고 합니다. 그렇지만 인상을 다채롭게 하기 위해 남 프랑스로 돌아올 생각이며, 그때는 분명 아를에 올 겁니다.

나는 내 예술관이 당신 생각에 비해 너무 일반적인 것 같다는 마음이 듭니다. 나는 늘 짐승 같은 거친 탐욕을 갖고 있지요. 나는 사물의 외적 아름다움에 모든 것을 잊어버리지만, 그것을 표현할 수가 없습니다. 자연은 완벽해 보이는데 내 그림은 그것을 추하고 거칠게 표현해 버리기 때문입니다. 그렇지만 지금은 내 앙상한 육체의 약동이 목표를 향해 똑바로 돌진하는 느낌입니다. 거기에서 내가 느끼는 것들 가운데 가끔씩 독창성있는 진실이 결실을 맺습니다. 그것도 모티브가 나의 거칠고 서툰 제작에 힘을 빌려줄 때 이야기지만.

만일 당신이 이 아틀리에의 우두머리가 되어준다면, 우리는 이곳을 많은 화가들의 도피처로 만들려 노력하게 될 겁니다. 우리가 부지런히 작업해야 이사업을 완벽하게 만들 수단을 얻을 수 있으며——조금씩 천천히 해야겠지만——당신이 돕는다면 우리는 아마 오래도록 이어질 세대의 화가들을 위해 우리 생애를 바친다는 생각을 마음에 간직할 것이고, 당신도 곤궁과 질병이라는 현재의 불행을 덜 수 있지 않을까 나는 생각합니다.

이 지방은 일찍이 비너스——그리스에서는 본디 예술적인 것——숭배를 보았고, 그뒤 르네상스의 시인과 예술가들을 보았습니다. 그런 것들이 있었던 곳이니 인상주의도 번영할 수 있습니다.

당신이 묵을 방을 위해 나는 특별히 장식화——시인의 공원을 그렸습니다. 베르나르가 가진 크로키 중에 그 최초의 구상이 있는데, 나중에 단순화했지요. 평범한 공원 안에 식물과 떨기나무가 있으며, 그것들이 자못 거기에 보티첼리, 지오토, 페트라르카, 단테, 보카치오의 모습을 떠올리고 싶은 풍경을 몽상하게 해줍니다. 그 장식화에 나는 이 지방의 변함없는 특징을 이루는 내용으로부터 본질적인 것을 끌어내려 했습니다. 또 사람들이 이곳의——아니, 이곳이라기보다 아비뇽의——옛시인 페트라르카와 신진시인 폴 고갱을 동시에 떠올리도록 이 공원을 그리고 싶었지요. 비록 어설픈 시도지만, 내가 당신의 아틀리에를 준비하면서 얼마나 큰 정열을 담아 당신을 생각했는지 이걸 보면 알 것입니다.

우리의 계획이 성공하도록 서로 힘을 냅시다. 당신이 이곳을 자기 집처럼 여겼으면 좋겠습니다. 그것이 오래가기를 나는 무척 바랍니다.

당신의 빈센트

덧붙임 : 다만 당신이 브르타뉴를 더 아름답다고 생각하지 않을까 걱정됩니다——당신이 이곳에서 도미에적인 것보다 아름다운 것을 전혀 발견하지 못한다 하더라도. 이곳의 인물은 가끔 아주 도미에적이니까요. 하지만 당신이라면 모든 근대성 속에 잠들어 있는 고대며 르네상스를 발견하는 데 그리 많은 시간이 걸리지 않을 겁니다. 그러니 그것들을 되살리는 건 당신 자유겠지요.

베르나르의 말로는, 그와 모레와 라발과 또 한 사람이 나와 그림을 교환하고 싶어한다는군요. 나는 사실 예술가들 사이의 교환방식을 원칙상 크게 지지하는 입장입니다. 이것이 일본화가들의 생활에서 중요한 위치를 차지한다는 걸 알기 때문입니다. 얼마 뒤 다 마른 습작들을 보낼 테니 당신이 먼저 그 가운데 마음에 드는 것을 고르십시오. 하지만 당신의 자화상은 너무나 아름다울 테고, 당신이 그런 중요한 작품을 대가로 내놓아야 한다면, 나는 당신과 그림을 교환하지 않겠습니다. 어찌 그럴 수 있겠습니까? 한 달 치 비용으로 가능하다면 내 동생이 기꺼이 그것을 구입해 줄 겁니다.

고흐가 베르나르에게 19
1888년 10월 첫무렵

친애하는 베르나르

내 습작을 보낸 것과 거의 동시에 고갱과 자네 그림을 받았네. 이제 안심이야. 두 사람 얼굴을 보니 마음이 따뜻해지는 듯하네. 자네 자화상이 무척 마음에 들더군. 자네 그림은 다 좋아. 여러 번 말할 것도 없네만, 나만큼 자네 그림을 좋아하는 사람은 아마 없을 걸세.

초상화 공부를 열심히 하도록 권하네. 많이 그릴수록 좋아. 그리고 도중에 포기해서는 안돼. 내 생각에 뒷날 우리는 초상화로 사람들 마음을 사로잡게 될 거야. 그렇지만 지금 가정된 논의는 접어두기로 하세.

감사인사를 하는 김에 스케치 《유곽에서》도 고맙네. 아주 멋져! 몸을 씻고 있는 그림과 《이만큼 남자를 꼼짝못하게 하는 것은 나뿐》이라는 여자그림이

그중에서도 가장 뛰어나네. 다른 그림은 의도가 너무 드러나 모호해. 육체적 느낌이 없어 데생이 잘 파악되지 않지만 상관없네. 어쨌든 다른 그림들도 하나같이 신선하고 흥미로워. 유곽에서는 과연 이런 그림을 그려야지. 군복을 입고 그곳에 갈 엄청난 기회는 좀 부럽군그래. 어여쁜 여자들은 군복에 반하니까.

시는 끝부분이 아주 아름다웠네. 다른 부분보다 기초가 단단해. 자네의 의도와 말하려는 게 무엇인지 알 수 있었지. 표현도 음운도 좋았어.

파리에 도착하면 바로 알리게. 자네에게 몇 번이나 말했지만 《밤의 카페》는 유곽과 다르다네. 밤을 서성이던 사람이 테이블에 기대 밤새 축 늘어져 있는 카페야. 때로는 매춘부가 남자를 데려오지. 어느 날 밤은 매춘부와 그녀의 정부가 한바탕 싸운 뒤 화해하는 모습을 우연히 보았어. 여자는 아무렇지 않게 도도한 태도를 보이고, 남자는 그 비위를 맞추려 했다네. 나는 자네를 위해 그 광경을 떠올리며 4호인가 6호의 작은 캔버스에 유화로 그렸어. 만일 자네가 곧바로 떠난다면 파리로 보내겠네. 아직 그곳에 있다면 알려주게, 퐁타벤으로 보낼 테니. 그림이 아직 마르지 않아 함께 보내지 못했네. 상상으로 그린 그림이니 이 습작에는 서명하지 않을 걸세. 색채가 자네 마음에 들 거야. 자네를 위해 한 번 더 같은 그림을 그려보겠네. 나로서는 그다지 그리고 싶지 않은 종류의 그림이지만.

《겟세마네 동산[*1]의 그리스도와 천사》라는 중요한 그림과 또 1점, 《밤하늘의 시인》이라는 그림이 있네. 색채는 잘못되지 않았으나 가차없이 구겨버렸어. 그에 필요한 형태를 미리 실물로 연구하지 않았기 때문이라네.

교환하려고 자네에게 보낸 습작이 마음에 들지 않는다면 조금만 더 찬찬히 살펴봐주게. 마음을 초조하게 만드는 미스트랄 탓에 작업하느라 무척 힘들었거든. 《낡은 풍차》만큼 잘 그리지는 못했지만——빨강과 초록 습작도 그렇지만——더욱 섬세하고 친숙해진 것 같네. 모두 전혀 인상파가 아니지만 어쩔 수 없지 않은가. 나는 자연을 떠나 망설임없이 마음껏 그려보려고 하네. 자네에게 보낸 그림 가운데 《부두에 묶인 모래실은 배》 말고 좋은 게 있으면 자네가 가지고, 《부두에 묶인 모래실은 배》는 증정사를 지운 뒤 원하는 사람에게 주게. 하지만 그 그림을 오래 보다 보면 틀림없이 좋아질 걸세.

[*1] Gethsemane. 그리스도교 예루살렘 동쪽 감람산 기슭에 있는 동산. 예수가 처형되기 전날 최후의 기도를 한 곳으로 유명하다.

만일 라발이며 모레며 그밖의 녀석*¹이 나와 작품교환할 생각이 있다면 그렇게 하겠네. 그들이 자화상을 그려준다면 내게는 가장 좋은 일이지.

베르나르, 자네도 알다시피 나는 늘 유곽을 소재로 습작을 그리려 생각한다네. 그러려면 돈이 필요한데 내게는 없어. 이미 젊지도 않지. 무료로 포즈를 취해줄 만큼 가까운 여자도 없고. 또 모델 없이 그리고 싶지도 않아. 색을 가다듬고 과장하고 단순화해, 작품을 완전히 바꿔버릴 만큼 자연을 등질 마음은 없네. 정확한 형태에서 벗어나는 것을 난 몹시 염려하고 있어.

더 나중에, 앞으로 10년 경험을 쌓은 뒤라고는 말할 수 없지만 사실 나는 현실과 능력의 한계에 무척 호기심 많아 상상을 요구하는 용기도 필요도 거의 느끼지 않는다네. 나보다 훨씬 더 추상적인 작품*²을 잘 그려낼 재능을 가진 자네와 고갱 같은 사람이 있으니…… 나 또한 더 나이들면 바뀔지도 모르지.

그러나 지금은 자연을 욕심내고 있네. 과장하거나 때로는 대상을 일부러 바꾸기도 하지. 하지만 그림 전체를 만들어내려 하지는 않아. 반대로 자연에는 모든 게 있는 듯한 느낌이고, 그것을 식별하면 된다고 생각해.

아마 자네는 내 습작을 볼품없다고 여길 테지. 나는 이해할 수 없지만, 자네든 나든 또 누구든 진심을 외면하면서까지 작품교환하는 건 그만두세. 앙케탱이 파리로 돌아왔다는 소식을 동생에게 들었네. 그의 작품이 궁금해. 그를 만나면 내 대신 안부 전해주게.

초상화를 바라보고 있으니 왠지 온 집안이 활기찬 느낌이 드네. 여비는 확실히 비싸지만 이 겨울에 자네와 여기서 만날 수 있다면 기쁘겠네. 그 비용을 작품으로 갚는 모험에 도전해 보지 않겠나? 북쪽지방에서는 겨울에 그림그리기 어려운데, 이곳도 마찬가지일지 모르네. 직접 겪은 일이 아니니 상황을 지켜봐야지. 그렇지만 남 프랑스를 둘러보는 건 아주 유익한 일이라네. 여기에서는 주로 집 밖에서 생활하므로 일본인의 기분을 잘 이해할 수 있게 돼.

이곳의 신비롭고 엄숙하며 고귀한 풍경은 자네 취향에 맞을 걸세.

《붉은 석양》에서 태양은 화면 위쪽, 그림에서 밀려나와 액자 높이에 있다고

---

*1 에르네스트 샤마이야르.
*2 고흐는 공상적인 것의 유혹에 결코 이끌리지 않고 자연에 깊은 애착을 품었다. 그리고 자연을 '물체의 표면이나 부피는 현실에서 그것들을 인지할 때 붙인 이름과는 무관한 존재이다'라고 여긴 것이 추상에 대한 그의 생각이었다.

▲《붉은 석양(론 강의 해질녘)》(1888)

가정하고 봐주게. 땅 위는 아직 색채를 유지하고 있는 해지기 전 1시간 또는 1시간 반 전. 그리고 조금 지나면 수평선에 가까운 태양광선의 파랑과 보라 부분이 한결 검은 빛을 띠지.

　기분이 따뜻해지는 자네가 보내준 그림에 정말 감사해. 마음으로 굳은 악수를 건네네. 파리에 언제 도착하는지 출발예정일에 알려주게. 주소는 언제나처럼 볼리 애비뉴 5번지야.

빈센트

고흐가 테오에게 545
1888년 10월4일

사랑하는 테오
　편지 고맙다. 고갱의 소식[1]을 듣고 얼마나 기뻤던지, 너에게 뭐라고 고마움

---

[1] 고갱의 도자기작품 몇 점을 300프랑에 팔았다고 테오가 편지로 알려왔다.

을 전해야 할지 모르겠구나.

고갱의 자화상과 베르나르의 자화상을 지금 막 받았어. 고갱의 자화상 배경에는 베르나르의 자화상이 벽에 걸렸고, 베르나르의 자화상에는 그 반대로 되어 있지.

고갱의 그림에 주목해야 해. 하지만 나는 베르나르의 그림이 마음에 들어. 완전한 화가의 착상이고, 몇 가지 간결한 색조와 검은 선이 있을 뿐이며 마네 그림처럼 순수해. 고갱의 그림은 더 탐구되었고, 멀리 나가 있어. 그가 편지에 쓴 그대로, 이 그림은 죄인을 표현했다는 인상을 줘. 활기라고는 찾아볼 수 없지. 그야말로 살아 있는 사람이 아니야. 그건 우울함을 그리려는 그의 의도 때문이라고 단언할 수 있어. 그늘진 부분의 피부는 음울하게 푸른빛을 띠고 있지.

이로써 나도 내 그림을 다른 화가들 그림과 비교할 기회를 얻었어. 작품교환으로 고갱에게 보낼 내 자화상은 그것에 견줄 만하다는 자신이 있어. 나는 고갱에게 보내는 답장에 '자화상으로 내 개성을 강조하는 일이 나에게 허락된다면, 나 자신뿐 아니라 전반적으로 인상주의자를 나타내는 의미에서 영원한 붓다의 소박한 숭배자인 승려의 특징을 표현하려 했다'고 썼지.

또 고갱의 구상과 내 구상을 비교해 보면, 내 것은 엄숙하지만 절망적이지 않아. 고갱의 초상은, 그는 계속 이런 식이면 안되며 우울함을 떨치고 《흑인여자들》 그림 같은 여유로운 고갱으로 돌아가야 한다고 느끼게 해.

이 두 자화상을 갖게 되어 무척 기뻐. 이것에 현재의 내 동료들이 충실히 표현되었을지라도, 그들이 계속 이런 상태로 있지는 않을 거야. 더 마음편한 생활로 돌아가야 해.

그리고 그들의 빈곤을 덜어주기 위해 온힘을 기울일 의무가 나에게 있음을 분명하게 느껴. 가난은 그림그리는 데 아무 도움 안돼. 그는 나보다 밀레에 가깝고, 나는 그보다 디킨스에 가까운 것 같아. 나도 디킨스처럼 공동생활을 위한 돈이 들어오도록, 대중에게 사랑받도록 노력할 생각이야.

나는 그들보다 돈을 많이 쓰지만, 그들의 그림을 보자 그런 건 아무래도 좋다는 생각이 들었어. 그들은 좋은 성과를 내기엔 너무나 지독한 가난 속에서 그림을 그려왔어. 그냥 기다려줘. 전에 보낸 것보다 더 멋진, 더 팔릴 만한 그림을 완성했고, 앞으로도 그릴 수 있다는 생각이 드니까. 가까스로 그런 자신감이 생겼어.《밤하늘》《포도가지와 잎》《밭이랑》《시인의 공원》등 시적인 주제를 재발견하면 어떤 사람들은 마음의 위로를 받을 거라고 생각해.

그러니 어느 정도 대가를 바라는 건 우리의 의무이기도 해. 무엇보다 우리는 대예술가들을 잔뜩 부양해야 하니까. 하지만 이제 고갱을 손에 넣으면 너도 상시에처럼, 적어도 그 비슷한 의미에서 행운아지. 그도 진심으로 참가해줄 거라고 나는 기대해. 서두를 필요는 없어. 그는 이 집의 아틀리에를, 언젠가 스스로 그 주최자를 자처할 만큼 좋아하게 될 거라고 생각해. 반년만 더 기다리자. 그리고 어떤 결과가 될지 지켜보자.

베르나르가 또 위세좋은 시를 첨부한 10점의 데생을 보내왔어—제목은《유곽에서》[1]야. 너도 곧 보게 될 테지만, 두 자화상은 내가 한동안 감상한 다음 너에게 보낼게.

네 편지를 곧 받게 되기를 기대해. 캔버스 틀과 액자를 주문해서 사정이 안 좋아.

네가 말한 프레르 이야기는 기쁘게 생각해. 나는 그의 마음에도 네 마음에도 드는 작품을 그리고 싶어. 어제는 해지는 풍경을 그렸단다.

자화상 속의 고갱은 병자처럼 무척 고통스러워 보여! 조용히 기다려야지. 오래가지는 않을 거야. 이 자화상과 반년 뒤 그가 다시 그릴 자화상을 비교하면 어떨지 정말 흥미진진해.

고갱에게 보내는 내 자화상은 너도 언젠가 보게 될 거야. 그가 그것을 잘 보관해둘 테니까. 배경은 연한 비리디언—노란색이 아니야—이고, 전체적으로 회백색이지. 푸른 테두리 달린 갈색 윗옷을 입었는데, 갈색을 적자색으로 과장하고 푸른색 테두리는 너비를 늘렸지. 그늘이 거의 없는 밝은 배경에 밝은 물감을 두껍게 칠해 머리가 두드려져 보여. 일본풍으로 눈을 조금 치켜올라가게 그렸어.

곧 편지바란다. 행운을 빌어. 고갱이 얼마나 기뻐할까! 굳은 악수를.

프레르가 와줘서 정말 기뻤어. 머지않아 또 보자.

너의 빈센트

---

*1 반 고흐 미술관, 암스테르담.

사랑하는 테오

편지 고맙구나. 요즘 무척 조바심이 났어. 목요일에 빈털터리가 되어 월요일까지의 시간이 매우 길었지. 그 나흘 동안 먹은 23잔의 커피와 빵값을 치러주어야 해.

네 잘못은 결코 아니야. 그림넣을 액자를 너무 많이 사버린 내 잘못이지. 집세를 내고 가정부 월급도 주어야 했단다. 캔버스 천을 사고 그 틀을 만들어야 하니 오늘도 돈이 없겠지.

타세 영감이 보낸 건 아직 도착하지 않았어. 그가 정말로 보냈는지 서둘러 확인해주면 좋겠구나. 1m에 2프랑50상팀쯤 하는 일반 캔버스 천 10m, 아니면 적어도 5m쯤 필요하거든.

테오야, 지금 하는 일이 주는 압력에 네가 얼마나 힘들어하는지 나는 잘 모르더라도 결국 마찬가지겠지. 만일 네가 내 습작을 본다면, 날씨좋을 때 내가 작업하기를 분명 바라리라 믿고 싶어.

요 며칠 동안 날씨가 무척 나빴어. 무자비한 미스트랄이 낙엽들을 마구 흔들어댔지. 그렇지만 계절풍과 겨울 사이에도 멋진 날은 올 거야. 그러면 다시 열심히 그림그려야지. 너무 걱정하지 않아도 돼. 나쁜 날씨는 나를 쉬게 할 테니까. 오늘도 어제도 그제도 마찬가지였어. 이번 주일은 나흘 동안이나 제대로 식사하지 못했는데 지금 6프랑밖에 남지 않았단다.

오늘은 월요일, 편지오는 날이야. 점심식사를 했지만 저녁은 빵 한 조각으로 때워야겠지. 남은 돈도 집세와 그림을 위해 쓰일 거야. 적어도 3주일 전부터 3프랑쯤 써야 하는 여성을 만나러 가지도 못했어.

그나저나 바그의 이야기는 정말 멋지네. 그 녀석이 마우베의 작품을 코로의 르푸스와르[1]라고 말하며 사용했을지도 모르지만, 정말일 수도 있고 또 있을 법한 일이야. 코로에 비하면 마우베, 메스다흐, 마리스의 작품은 촌스럽지. 그런데도 녀석은 그런 화가의 작품들을 잔뜩, 마우베의 수채화까지 사들인 게 분명해. 녀석이 사들인 작품들을 레이드가 몽티셀리 그림을 맡긴 액자가게로

---

*1 repoussoir. 밀어내다. 물리치다는 뜻의 동사 repousser에서 유래한 회화기법용어. 명암대비가 확실한 그림.

가져가는 걸 우리는 지켜보았거든.

바그는 분명 내 커다란 습작 《별이 빛나는 밤》이나 《밭》 등을 좋아해줄 거야. 마지막에 보낸 작품은 그의 마음에 들기에 부족하지. 바그가 내게 호감을 갖는 이유는 그가 끈적끈적하니 두텁게 바른 그림을 좋아하기 때문이야. 예전에 그가 그런 말을 하는 걸 들은 적 있거든. 나는 그들이 사리라고 생각지 않지만 네가 바그에게 말해도 상관없어—내가 가을 느낌을 그린 새로운 큰 습작을 갖고 있다고. 그렇게 그의 마음을 떠보는 거지. 바그와 토마에게 《하얀 과수원》과 《추수(30호)》를 다른 사람에게도 보여주라고 부탁하고 싶어. 그밖의 작품들은 그리 대단치 않아.

지나치게 공들여 완성된 작품은, 꿈처럼 고통없이 그려진 작품만큼 사람들 마음에 들지 않을 테니 너무 힘주어 말하지 않는 게 좋아. 나는 2점의 《시인의 정원》을 호두나무 액자에 넣었어. 아주 잘 어울려. 그래서 지금 노란빛 도는 밤나무 액자를 찾고 있어. 석판 테두리처럼 단단하고 간단하면서도 나무상태가 좋지. 전나무 액자도 《밭》이며 《포도밭》 작품에 잘 어울릴 거야.

만일 네 형편이 괜찮다면 이 편지의 답장 때 1루이*¹를 넣어 보내주렴. 일주일 동안 쓸 비용이니 이번 달 첫무렵부터 계속되는 '흔들림'으로부터 벗어날 수 있을 거야. 그게 안되면 너무 지쳐서, 미스트랄이 그치게 된 화창한 주말쯤 쓰려고 비축해둔 힘을 완전히 잃어버릴 테니까.

얼마 전 고갱의 자화상에 대해 쓴 편지도 함께 보낼게. 다시 쓸 시간이 없어 그대로 보내지만, 중요한 것은 나는 이 안타까운 작품을 좋아하지 않고 그에게 우리만의 길을 보여주어야 한다는 거야. 우리의 길이란, 우리를 위해 남을 괴롭히는 일도 다른 사람에게 참을성을 강요하는 일도 아닌, 오히려 그 반대되는 것이란다.

내가 고갱의 자화상에 대해 과장하고 있다고는 생각지 말아줘. 고갱 자신에 대해서도 마찬가지야. 그는 살아가면서 아름다운 자연 속을 나와 산책해야 해. 몇 번쯤 성욕을 발산하고는 어떤 집인지 바라보며 우리가 그 집을 어떤 느낌으로 꾸며내는지 봐야 하지. 요컨대 진심으로 즐기는 거야.

그는 가난하게 살았어, 그건 분명해. 그리고 즐거운지 슬픈지조차 알 수 없

---

*1 20프랑 금화.

을 만큼 힘든 병에 걸려버렸어. 결국 어쩔 수 없는 일이지.

지금이야말로 그가 출발하는 중요한 순간이니, 앞으로 나아가야 해——곧바로 치유될 테니까. 그동안 내가 예산을 웃돌게 쓴 것을 이해해줘. 맹세코 더 많이 일할게.

메리용 풍의 그 지독한 우울증을 두려워하고 있어!

고갱과 베르나르의 초상화 2점을 너도 언젠가 그의 흑인그림과 비교해봐. 그러면 지금 그의 기운을 북돋아줘야 한다는 것을 알게 될 거야. 만일 할 수 있다면——그럴 수 있다면, 그 또한 기운을 되찾으리라고 생각해. 분명 중요한 때야.

너에게 보낼 이 글을 나는 서둘러 쓰고 있어. 초상화를 그리는 중이거든. 흑백사진을 보고만 있을 수 없어 나 자신을 위해 어머니 초상화를 그리고 있어. 기억을 더듬어 조화로운 색들로 그려보고 있지.

형편이 어렵지 않다면 루이 금화를 늦지 않게 보내줘. 캔버스 천도 함께. 목요일부터 월요일까지 식사를 두 끼밖에 먹지 못해 외상으로 빵과 커피를 마셨으니 오늘 그 값을 치러주어야 하거든. 부디 늦지 않게 부탁해.

빈센트

고흐가 테오에게 547
1888년 10월4일 이후 ②

사랑하는 테오

나도 지금 너처럼 고갱에게 관심많아. 나 또한 그가 오기를 바라고 있지.

바그의 이야기는 굉장해! 그냥 놀라운 정도가 아니야. 바그 때문에 너무 기뻐. 나는 늘 잘못을 저지르고 후회하는 사람인걸. 그러니 만일 그와 만나면, 아직 못만났다면 어서 나가서 내가 《별이 빛나는 밤》《논두렁길》《시인의 정원》《포도밭》을 갖고 있다고 전해줘. 얼마나 시적인 풍경인지!

고생고생하며 그렸는데도 팔리지 않는 습작에는 너무 마음 얽매이지 않는 게 좋아. 만일 200프랑 보내주었다면 생트 마리 섬 해안에서 바다그림을 그리고 있을 텐데. 지금 이곳은 거센 미스트랄이 불어와 작업하기 너무 힘들어. 하지만 진짜 겨울이 오기 전까지는 날씨가 괜찮겠지. 그래서 어쨌든 중단해둔

부분을 지금 보충하고 싶어.

네가 보내준 돈이 지금 얼마 남았는지 짐작하니? 6프랑쯤밖에 안돼. 금요일에 받기를 기대했지만 4일이나 늦은 월요일 점심때 편지받았지.

이렇듯 돈이 없는 이유는 액자 때문이야. 너무 갖고 싶어 한꺼번에 사버린 거지. 액자에 넣지 않으면 그림이 마무리되지 않아. 그리고 그것들이 있으면 마르세유에서 전시할 수도 있지. 액자에는 세 가지 나무가 쓰여—호두나무, 밤나무, 전나무.

만일 바그를 만나면 잘 부탁한다는 내 말을 전해줘. 그리고 《포도밭》과 《별이 빛나는 밤》을 권한다고도 전해줘—트립에게도. 그들은 마우베의 작품을 많이 샀겠지. 마우베의 커다란 마지막 수채화도 비싸게 샀다더군. 나는 전혀 몰라. 꽤 오랜 시간 연락을 주고받지 못했으니까.

나는 트립과도 바그와도 다툰 기억이 없어. 두 번에 걸쳐 처음 보낸 그림에 별다른 말없이 그가 그 습작을 사준 게 너무 기쁘고, 가을날씨가 좋으면 지금 그리는 중이니 고갱의 작품과 함께 보낼 때 보러 와달라고 바그에게 꼭 전해줘. 토마한테는 네가 찾아가보는 게 좋을 것 같아.

돈을 모두 써버리고 이제 6프랑 남았구나. 일주일 버틸 수 있을까, 안되겠지. 그러니 꼭 좀 보내주렴. 이 편지 답장을 보낼 때 1루이를 부탁해. 그러면 1주일에 26프랑 쓸 수 있으니 이 어려움에서 벗어날 거야. 늦지 않도록 보내주기 바라.

날씨가 좋아지면 바로 그림그리러 나가려 기다리고 있어. 도저히 감당할 수 없는 미스트랄이야. 하지만 늘 준비해두고 바람이 짧게 불어오는 틈틈이 그려야 해. 완벽하게 갖추어 전투에 나서는 거야.

타세 영감은 캔버스 천을 아직 보내주지 않았어. 서둘러 그려야 하니 10m, 적어도 5m 캔버스 천을 어서 보내달라고 전해주겠니? 아주 급해. 내일이나 모레까지는 준비를 해두어야 돼. 미스트랄이 멈춘 사이를 활용하려면 준비하고 기다려야지.

테오, 오늘 받은 편지와 그림도구는 참 기뻤어. 그림이 나를 꼭 붙잡고 있으니 실패할 리 없다는 마음으로 나아가면 큰 그림이 모두 성공적으로 완성될 거야. 창작이란 참으로 힘든 일이지. 어제 쓴 편지도 그대로 함께 보낼게.

고갱의 초상화에 대한 내 생각을 알겠지? 너무 어둡고 슬퍼. 그대로는 좋아할 수 없어. 하지만 그는 바뀔 것이고 또 바뀌어야 해. 그래, 그들은 분명 나보다 비용이 덜 들겠지. 하지만 만일 내가 그들처럼 셋이라면 비용이 조금 더 들 뿐이니, 그 편이 더 나으리라 여겨.

한 번 더 말하지만, 밝은 부분은 프러시안블루로 밑칠하면 안돼! 전혀 밝아지지 않거든. 나무처럼 단단해질 뿐이야.

고갱에게 가장 좋은 출발은 이곳으로 오는 거야. 그래도 브르타뉴의 다른 작품은 그가 보내준 이 초상화보다 채색면에서 뛰어나. 그러니 그는 어서 이곳으로 와야 해. 내가 그 습작을 비판하기에는 너무 멀리 있어.

너는 네 스스로 판단할 수 있겠지. 만일 가능하다면 일주일 동안 나를 곤경에 빠뜨리지 말아줘. 한 번 더 루이 금화를 보내주렴. 그게 없으면 어떻게 해야 할지 모르겠어.

빈센트

고흐가 테오에게 548
1888년 10월4일 이후 ③

사랑하는 테오

너에게 20프랑을 재촉하는 속달우편을 어제 또 보냈지. 일주일 동안의 식사를 위해서였는데, 마침내 액자와 캔버스 틀이 내 손에 들어왔어. 다음 편지는 일요일이 지나야 올 텐데, 포위공격이 더 거세지고 상황은 한층 잔혹해졌어. 그래도 꿋꿋이 견뎌낼 거야. 우리가 뚫고 나아가야 할 이 흔들림 속에서 나는 아주 침착하단다.

내가 너에게 이 글을 쓰는 지금, 타세 영감으로부터 캔버스 천이 왔다는 소식이 있었어. 참 다행이야. 호두나무 액자는 습작에 잘 어울려. 다음에는 분명 팔릴 그림을 보낼 수 있을 것 같아. 조심 또 조심하며 눈 앞의 일에만 움직이지 않도록, 우리를 위해서만이 아니라 이 아틀리에를 성공시키기 위해, 생산적이지 않았던 긴 시간 동안 쓴 비용을 되찾아야 해.

우리 둘 다 침착하게 그 일을 해결하도록 하자. 그것이 우리의 권리이고, 그 때문에 우리는 깊이 고민했지. 부디 바그들과 화해해 주렴. 실제로 운영되고 있는 그림가게와 맞서기에 우리는 나이가 너무 많고, 가장 좋은 방법은 조용히 한 걸음 한 걸음 나아가는 거야. 새 그림가게를 열기에는 너무 많은 돈이 들어. 지금 있는 가게에 힘을 쏟으면 비용이 안 들지. 그러니 만일 바그를 만나면 내 눈 앞에 완전히 새로운 자연이 펼쳐졌다고 그에게 꼭 설명해줘. 나는 여기저기서 습작을 그려내기 시작했어. 네게 보낸 두 꾸러미 가운데 만일 습작이 있다면 그것은 하얀 과수원, 커다란 분홍 과수원, 안에 폐허가 있는 집 등 적어도 2, 3점일 거야.

지금 나는 한창 힘을 모으고 있어. 이번에는 새로운 그림에 매달리고 있지. 어찌 이토록 힘들까, 그리고 왜 이토록 팔리지 않는 걸까? 적어도 온 힘을 다 기울인 작품만이라도 팔려야 할 텐데.

우리가 가난에 시달린다고는 생각지 말자. 좀더 비싸도 끝내 팔릴 테고, 참을성있게 기다리노라면 마우베와 메스다흐처럼 될지도 몰라. 우리는 가진 것들을 모두 활용해 풍부한 색채효과를 내야 해. 이익을 얻으려는 생각은 우리를 위한 일임과 동시에 친구들에게 안정을 되찾아주는 일이라고 여겨. 장사할 때 정해진 계획이 없으면, 우리가 아는 고생하는 예술가들이 놓인 부당한 환경과 거기서 벗어나고 싶다는 마음 속 감정에 의해 하는 모든 일이 비판받게 될 거야. 그런 마음으로 우리는 의욕을 갖고 침착하게 일하면 되지. 누구도 두려워할 필요없어.

나는 지금 어머니 초상화를 그리고 있어. 흑백사진은 도저히 두고 볼 수 없거든. 만일 사진이나 그림 대신 내 눈으로 직접 보며 초상화를 그릴 수 있다면 어떨까? 나는 역시 초상화로 멋진 혁명을 일으키리라는 희망을 갖고 있어. 아버지 사진을 보내달라고 집에 편지써야지. 흑백사진은 내게 맞지 않아. 아무래도 초상화 1점이 필요해. 어머니 초상화는 8호로, 녹색 배경에 회색 색조이며 옷은 진홍색이야. 꼭 닮게 잘 그려졌는지 알 수 없지만 금발의 인상을 잘 살리고 싶어.

너에게도 곧 보여줄게. 원한다면 네 초상화도 그려주마. 역시 물감을 두텁게 바를 것 같아. 테오, 다음 편지는 일요일에 받을 수 있도록 해주렴.

어떻게든 꼭 팔고 싶어. 그리고 나는 가능하리라고 생각해. 이제 곧 전람회 계절이 다가오니 무언가 보여줄 준비를 하고 있어. 1년 동안 고생한 작품이야. 하지만 우리에게는 그 뒤에도, 그 사이에도 행복한 시기가 있지.

나는 베르나르를 위해 유곽습작을 상상으로 그렸어. 너에게 보낸 베르나르의 데생 안에 넣어둔 나의 그 스케치를 보았니? 그것으로 너는 색을 상상할 수 있겠지. 그 데생과 같은 30호 유화가 내 손에 있어.

악수를 보내마. 캔버스 천, 고마워. 이로써 전투태세가 갖추어졌어. 잘 해볼게. 이 장식화를 완성하면 1만 프랑 값어치는 돼. 성과가 좋든 나쁘든 내 확고한 목적은 정해져 있어. 우리는 많은 비용을 썼으니 반드시 되찾아야만 해.

빈센트

고흐가 테오에게 549
1888년 10월4일 이후 ④

사랑하는 테오

고갱의 편지에는 나에 대한 과분한 인사가 잔뜩 씌어지고, 이번 달 끝무렵까지는 올 수 없다고 덧붙여져 있었어. 병에 걸려 여행이 두려운 모양이야. 내가 무슨 일을 할 수 있다는 걸까—대체 이 여행이 그토록 괴로운 걸까? 중태의 폐병환자도 여행하는데.

그가 온다면 물론 환영할 거야. 오지 않는 것도 그의 마음이지. 하지만 건강을 회복하려면 여기로 와야 하잖니. 그런데도 건강을 회복하려면 그쪽에 그대로 있어야 한다고 말하고 있어. 이 얼마나 어리석은 이야기인지!

20프랑 고맙구나. 사야 할 필요한 물건을 적어둔 목록 가운데 35프랑 하는 화장대용 옷장을 14프랑에 가질 수 있었어. 물론 값을 치렀지. 그 14프랑을 좀 보내주렴. 부탁해.

고갱이 빨리 올 때에 대비해 준비해두고 싶어 가구사는 데 조금도 주저하지 않았어. 겉치레말이 가득한 그의 편지에 내가 뭐라고 답장했는지 그대로 적어서 보내줄게. 고갱은 곧 오지 않을 테니, 그만큼 나는 모든 일을 확실하게 정리해 그의 방문을 준비해두고 싶어.[1]

새로운 30호 그림을 마무리했어. 오늘밤 가스등이 켜지면 또 새것을 그릴 생각이야. 역시 정원을 그렸지.

나는 요즘 늘 돈을 낭비하는 것 같은데, 날마다 집에 돈이 있는 걸 보며 놀라곤 해. 그리고 내 집으로 돌아가는 게 기뻐. 그래서 작품구상도 잘 되어가.

---

[1] 고갱을 기다리며 기대와 두려움에서 오는 모순된 감정으로 고흐는 가능하면 고갱을 따라잡고, 그리고 '뛰어넘고 싶다'고 생각한다. 그러려면 그의 충고에 적극 귀기울이는 동시에 자신이 실험적으로 시도한 작품을 그에게 보여주는 게 가장 좋은 방법이라고 여겼다.

고갱의 편지는 정중하지만 왜 바로 오지 않는가에 대해서는 이야기하지 않아. 병 때문이라지만 병을 고치려고 이곳에 오는 거잖아. 우리가 그렇게 해줄 생각인데. 뭐, 그들이 원하는 대로 하도록 둬야겠지.

빈센트

고갱의 편지에 대한 답장

친애하는 고갱

편지 고맙습니다. 사실을 말하면, 내게는 과분한 인사치레여서 몸둘 바를 몰랐지요. 요컨대 이달 끝무렵까지는 오지 못한다는 거군요. 뭐, 됐습니다. 여기보다 브르타뉴에 있어야 당신 병이 더 빨리 낫는 모양입니다. 강요하지는 않겠지만, 만일 브르타뉴에서 회복이 더디면 이곳에 올 경우 병이 빨리 나을 거라는 우리 말을 잊지 말아주기 바랍니다. 이 세상에서 가장 멋진 땅에서는 무슨 일이든 잘 되고——팡글로스 선생 명언대로——우리도 무척 신비로운 행복을 누릴 수 있으니까요. 병은 물론 빠르게 나을 겁니다. 하지만 당신 말처럼, 아를로 오는 여행이 그토록 힘들단 말입니까? 심한 폐병환자도 여행은 할 수 있지요. P. L. M 철도[*1]도 있잖습니까.

아니면 당신 병이 그토록 심각합니까? 그게 더 걱정이군요. 어느 정도인지 확실하게 말해서 나를 안심시켜 주십시오. 상태가 안좋으면 나쁘다고 사양말고 알려주세요.

그림판매 이야기 때 당신은 석판화를 거론했는데 내 의견은 이렇습니다. 당신과 나와 베르나르와 라발이 밤에 석판화를 그린다는 것——좋습니다, 나는 찬성하지요. 하지만 정기적으로 출판하는 일은, 내게 그만한 자금이 없지요. 나는 그림만 갖고 있습니다. 석판화를 만들려면 석판을 사지 않더라도 자기돈을 들여야 합니다. 그리 큰 비용은 아니라지만——나는 그렇게 생각지 않지만——결국 출판하려면 4명이 어림잡아 한 사람당 50프랑은 들어갈 겁니다. 그리고 또……

틀리면 틀렸다고 말해 주십시오. 나는 고집부리는 게 아닙니다. 내가 이렇게 말하는 건 얼마쯤 경험해본 적 있어서이고 '그리고 또……'라는 말을 덧붙

[*1] 파리에서 리옹을 거쳐 마르세유까지 연결된다.

인 것은, 좀처럼 일이 잘 진행되기 힘들고 특히 대중들을 사로잡는 일이 어렵기 때문입니다. 시간이 아무리 흘러도 손해볼 겁니다.

아무리 손해보더라도 필요하다면 나는 그 석판화를 그려도 좋지요. 그리고 드는 돈이 없다면 그 출판에도 찬성합니다. 우리가 쓰는 돈이 우리를 즐겁게 해준다면, 거듭 말하지만 나는 찬성합니다. 그밖에 달리 바랄 것 있겠습니까. 나에게는 없지요. 출판하는 데 돈이 조금 든다는 말은 하지 말아주십시오.

아무튼 되도록 빨리 여기로 와주기 바랍니다.

빈센트

고갱에게 덧붙임 : 병이 그리 심하지 않다면 곧바로 와주십시오, 부탁합니다. 심하다면 전보와 자세한 편지로 알려주십시오.

테오에게 덧붙임 : 고갱에게 덧붙여 보낸 글에 대해, 너무 강요한다고 너는 분명 생각하겠지. 그가 병에 걸려 있는지 아닌지라도 알려주면 좋을 텐데. 이곳으로 오면 그는 분명 건강해질 테니까. 내 캔버스 천을 받아다주겠니?

고흐가 테오에게 551
1888년 10월4일 이후 ⑤

사랑하는 테오

30호 캔버스를 또 1점 그렸어. 《가을정원》에는 병모양의 녹색 사이프러스 나무 2그루와 엷은 갈색과 오렌지 색 잎달린 마로니에가 3그루 있지. 그리고 연한 레몬 색 잎과 보라색 줄기의 작은 주목(朱木) 1그루, 그리고 새빨간색과 주홍색 잎이 달린 2그루의 작은 떨기나무도 있어. 모래땅과 잔디밭, 그리고 푸른 하늘이 조금씩 보이지.

사실 나는 작업하지 않으려 마음먹었는데, 지나가는 길에 아름다운 것들이 반드시 눈에 띄어 도저히 그리지 않을 수 없게 되고 말아.

너한테 늘 받는 돈, 지금도 내가 너에게 요구하고 있는 그 돈은, 지금 받거나 과거에 받은 것 모두 이렇게 그림그려 갚아나갈 생각이야. 가능하면 이 일을 계속할 수 있게 해주렴. 내가 모처럼의 기회를 이용하지 못한다면 그 또한 더욱 안좋은 일이니까.

내 동생 테오야, 내가 그럴 수 있다면, 나와 고갱 둘이 그럴 수 있다면, 쇠라도 우리와 함께 해주면 좋을 텐데. 그의 대작《포즈를 취한 여인들》《그랑 자트 섬의 일요일 오후》는 아무리 낮게 값을 매겨도 저마다 5천 프랑쯤은 받아야 된다고 나는 생각해.

고갱과 내가 함께 생활한다면 저마다 1만 프랑의 수익을 볼 수 있을 거야. 요전번에 내가 1만 프랑 가치 있는 그림을 그리고 싶다고 말했던 것과 완전히 일치하는 이야기지. 나는 숫자가 아닌 기분으로 계산하는데, 전혀 다른 점에서 출발해도 대부분 같은 결과에 이르는 게 생각해보면 참 이상한 일이지.

쇠라와의 협동생활은 생각지 못할 일이고 입에 올릴 수도 없어. 무엇보다 나는 고갱을 좀더 잘 알 필요가 있어. 그와 함께라면 나쁠 게 전혀 없지. 그보다도 가능하다면 이것들이 필요한데……

2프랑50상팀짜리	캔버스 천	10m
티타늄화이트	큰 튜브	20개
징크화이트	〃	10개
크롬 황색 1번	〃	10개
크롬 황색 2번	〃	5개
프러시안블루	〃	5개
랙제라늄	중간 튜브	10개
비리디언	큰 튜브	10개

생산적인 일을 하면서 겪는 어려움을 우리가 무엇 하나 극복할 수 없다는 게 나에게는 참 이상해. 지금 눈 앞에 놓인 어려움 말이지. 만일 불편한 일이 있으면 고갱이 왔을 때 곧바로 상담해 봐야겠어. 고갱도 곧 오리라고 여겨.

89년 전람회 때가 가장 지독했지. 만일 그렇지 않다면, 아마도 그것이 가장 나은 방법이었겠지만——뭐, 모든 일은 일어난 다음에 생각하면 돼.

공쿠르 형제의《장가노 형제》를 읽어보았니? 아직 못보았다면 읽어봐. 그걸 읽지 않았다면 나는 좀더 담대하게 행동했겠지. 읽고 난 지금, 내 유일한 걱정은 너에게 돈을 너무 많이 요구했다는 거야. 나 자신이 노력해서 실패한다 해도 내게는 아무것도 아닌 일인데. 그래도 내겐 아직 방법이 있어. 장사도, 무언가 쓸 수도 있을 거야. 하지만 그림그리는 한, 나는 어떤 조합과 협동생활밖에 생각할 수 없어.

나뭇잎이 떨어지면서 눈에 띄게 노란색으로 변해가고, 그 색 또한 점점 짙어 져가고 있어. 마치 꽃들이 만발한 과수원처럼 아름답지. 우리는 일하면서 잃는 것보다 얻는 게 더 많다고 나는 생각하고 싶어.

그런데 어떠니? 다시 되풀이하지만——가능하다면 50프랑——서둘러 보내줄 수 있겠니? 어려우면 더 적어도 괜찮아. 편지쓸 시간이 없으면 전신환으로 부탁해. 많든 적든 상관없으니 가능한 만큼 얼마든 괜찮아.

악수를 보낼게.

빈센트

고흐가 테오에게 552
1888년 10월13일

사랑하는 테오

네가 새로 50프랑 어음을 이렇듯 빨리 보내줄 줄은 꿈에도 생각 못했어. 정 말 고맙다.

아무래도 이것저것 지출이 많구나. 그 때문에 나도 가끔 정말 힘들단다. 그 림에는 돈이 너무 많이 들어서 이 직업에 종사하는 사람들은 찢어지게 가난하 다는 사실을 절절히 통감하고 있는 참이야.

하지만 가을은 여전히 변함없이 아름다워. 이 타르타랭의 조국은 얼마나 기 묘한 곳인지! 분명 나는 내 행운에 만족해. 이곳은 기막히게 아름답거나 숭고 하지는 않아. 이곳은 그야말로 살아 있는 도미에 그림이야. 《타르타랭》 이야기 를 다시 읽어 봤니? 오, 잊지 말아줘. 《타르타랭》에 나오는 타라스콩의 옛승합 마차의 탄식, 그 훌륭한 페이지를 기억하니? 얼마 전 여인숙 안뜰에 있던 빨강 과 초록의 그런 마차를 그렸지. 언젠가 너도 보게 될 테지.

이 대충 그린 스케치를 보면 그림의 구도를 알 수 있을 거야. 회색 모래가 있 는 단순한 앞쪽, 배경도 아주 단순하여 분홍과 노랑의 벽과 초록 덧문이 있는 창문, 파란 하늘. 마차 두 대는 아주 선명해서 초록, 빨강, 노랑바퀴, 검정과 파 랑과 오렌지야. 이것도 30호 캔버스지.

마차는 몽티셸리 식으로 두껍게 칠했어. 전에 바닷가에 떠 있는 선명한 색채 의 조각배 네 척을 그린 아주 아름다운 모네 그림을 갖고 있었지? 그것이 이 그림에서는 마차이며, 구도는 비슷해.

이번에는 선명한 초록잔디 위에 수평으로 가지를 늘어뜨린 커다란 초록과 파랑 단풍나무 한 그루, 그리고 빛과 그림자가 어지럽게 교차하는 모래땅을 상상해 봐.

이 지극히 단순한 공원 한구석에는 검은 가지 아래 뒤쪽으로 보이는 레드오렌지 제라늄 화단에 밝은 색깔을 더해 놓았어. 두 연인의 모습이 커다란 나무 그늘에 있지. 30호 캔버스야.

30호 캔버스에 그린 작품이 2점 더 있어. 트랭크타유 다리, 그리고 길 위를 가로지르는 철도가 다니는 또 다른 다리란다.

이 캔버스들은 채색면에서 얼마쯤 보스봄의 그림과 닮았어.

층계가 있는 이 트랭크타유 다리는 흐린 오전에 그린 그림으로, 돌층계와 아스팔트와 포석은 회색이고, 엷은 파란 하늘, 각양각색의 인물들, 노란 잎 달린 비실비실한 한 그루 나무. 그러니까 색조가 엷은 회색그림 2점과 화려한 채

색그림 2점이야.

  스케치가 형편없는 건 용서해 줘. 이 타라스콩 승합마차를 그린 뒤 녹초가되어 데생할 만한 머리상태가 아니야. 지금 저녁먹으러 나갔다가 밤에 다시 편지쓸게.

  하지만 이 장식화는 꽤 발전했는데, 이로써 나의 관찰력과 그림의 기교가넓혀질 거라고 생각해. 비판받을 점은 많을 거야. 좋아, 다만 나는 생생한 느낌이 제대로 났으면 좋겠어.

  그런데 사람좋은 타르타랭의 나라는 정말 좋구나. 나는 이 고장을 점점 더즐기고 있어. 이곳은 우리에게 새로운 조국이 될 거야. 그렇다고 네덜란드를 잊은 건 아니란다. 대조적이어서 더 생각나게 돼. 나중에 다시 쓸게.

  지금 다시 이어서 쓰고 있어. 지금 그리는 것을 너에게 보여주면 얼마나 좋을까 생각하지만, 너무 피곤해 펜조차 마음대로 움직여지지 않는 느낌이야. 다음번에는 더 좋은 편지를 쓸 수 있을 거야. 지금 이 장식화 구상이 구체적 형태를 이루기 시작했으니까.

  엊그제 다시 고갱에게 편지써서, 여기서라면 병이 더 빨리 나을 거라고 다시 한 번 말했어. 이곳에 오면 그는 정말 아름다운 그림을 그릴 수 있을 거야. 그가 회복하는 데는 시간이 필요하겠지. 나에게는 지금 작업구상이 뚜렷이 넘치듯 샘솟는데, 그건 맛있는 요리를 먹는 것과 크게 관계있고, 이건 그림그리는 사람에게 누구에게나 필요한 일 아닐까?

  바뀌지 않으면 안될 일이 아직 얼마나 많은지! 화가라면 누구나 노동자처럼살아야 한다는 게 당연하지 않니? 한 사람의 목수나 대장장이가 화가들보다훨씬 많은 것을 생산하지. 그림그리는 일도 큰 공방에서 저마다 규칙적으로 일하게 되어야 해.

  사실 지금 너무 졸려. 아무것도 보이지 않을 정도로 내 눈은 지쳐 있어. 그럼 곧 다시 쓸게. 아직 할 말이 여러 가지로 많고, 너를 위해 더 좋은 스케치를그려야 하니까. 아마 내일 그렇게 할 거야.

  어음은 정말 고맙다. 굳은 악수를.

너의 빈센트

  덧붙임 : 이번 주에 그리기 시작한 그림이 5점이므로, 이렇게 장식할 30호 캔

버스 수가 15점 될 것 같아.

해바라기	2점
시인의 공원	3점
다른 공원	2점
밤의 카페	1점
트랭크타유 다리	1점
철도 다리	1점
노란 집	1점
타라스콩의 승합마차	1점
별이 빛나는 밤	1점
밭이랑	1점
포도밭	1점

고흐가 테오에게 554
1888년 10월16일

사랑하는 테오

그림 진척상황을 알 수 있도록 스케치를 1점 보낸다. 오늘 다시 붓을 들었어. 눈이 피곤하지만, 새로운 구상이 떠올라 그 스케치를 그렸어. 역시 30호. 간단히 내 《침실》*1을 그렸지. 색채가 모든 것을 이야기해줘. 색채를 단순화해 사물에 풍격을 주면서 휴식과 수면이 암시되도록 했어. 이 그림을 보며 머리와 상상력이 쉴 수 있어야 하지.

벽은 옅은 보라. 바닥은 붉은 바둑판무늬 깔개. 침대의 나무와 의자는 신선한 버터 같은 노란색, 이불과 베개는 밝은 초록 섞인 레몬 색. 담요는 심홍색, 창은 초록색. 오렌지 색 화장대, 파란 세면기. 라일락 색 문. 이것이 모두야——덧문 닫힌 이 침실에 그밖의 다른 건 없어. 가구의 튼튼한 형태가 안정된 휴식을 표현해 줄 거야. 벽에 걸린 초상화, 거울과 수건과 옷 두어 벌. 액자는——그림에 흰색이 없으니——흰색이 될 거야.

이 작업은 내가 어쩔 수 없이 부여받았던 부득이한 휴식에 대한 보답이야.

_____

*1 《아를의 고흐 방》. 반 고흐 미술관, 암스테르담.

▶《외젠 보쉬의 초상 (시인)》(1888) 오르세 미술관, 파리

▶▶《밀리에 소위의 초상》(1888) 크릴러−뮐러 미술관, 오텔로

▼《침실》(1888) 반 고흐 미술관, 암스테르담

내일도 하루 종일 이 그림에 매달릴 테지만, 보다시피 구상은 아주 단순해. 음영도 투영도 없이 일본판화처럼 밋밋하고, 순수한 색깔로 채색할 거야. 이건 이를테면 《타라스콩의 승합마차》《밤의 카페》와 대조를 이루게 될 거야.

내일 아침 일찍부터 상쾌한 아침햇살 속에서 그리기 시작해 마무리할 생각이라 긴 편지를 쓸 수 없어. 통증은 좀 어떠니? 잊지 말고 꼭 이야기해 줘. 며칠 안에 답장주면 좋겠구나. 다른 작품 스케치도 다시 보낼게. 악수를 보낸다.

너의 빈센트

고흐가 테오에게 555
1888년 10월16일 이후 ①

새로운 두 친구[*1] 이야기는 나를 무척 기쁘게 해주었지만, 그 둘의 일과 액자이야기──내 기억이 맞다면 2천 프랑──뿐 액자 속 그림이며 두 사람이 어떤 그림을 그리는지 전혀 씌어져 있지 않은 건 어떻게 된 거니? 너는 내가 그 일을 잘 아는 듯 여기지만, 나는 두 사람에 대해 처음 들어.

액자는 그렇다 치고, 그 안의 그림과 두 사람이 지금 뭘 하는지 알고 싶어. 그 둘이 무슨 일을 하는지 내가 알게 되면 그들이 너와 피사로와 어떤 이야기를 나누었는지 그 내용을 짐작해볼 수 있겠지.

어쨌든 네덜란드 예술가들은 너를 인상파미술품 거래인으로 부르고 있는 게 분명해. 그것을 결코 잊어선 안돼. 그들이 네덜란드 예술, 즉 브레이트너와 라파르트에 대해 뭐라고 이야기했는지 알고 있니? 그리고 또 테르스티호에 대해서는?

고갱은 이미 커다란 여행가방을 보냈고, 이번 달 21일쯤 온다는 약속편지도 와닿았어. 이제 4, 5일쯤 지나면 도착할 거야. 무척 기쁜 일이지. 서로를 위해 여러 일을 해낼 수 있을 테니까.

새 친구들 그림에 대해 자세하게 좀 알려줘. 그리고 만일 그들이 정말로 새로운 지역에서 발전하려 시도를 거듭하는 화가라면 과감히 이 남 프랑스를 권해주렴.

나는 이 남 프랑스에 새로운 색채파가 뿌리내리리라 믿어. 북 프랑스 화가들

[*1] 화가 마이어 드 한과 이삭손.

은 색채 그 자체를 표현하려는 욕구보다 오히려 붓끝의 기술이며 이른바 회화적 효과를 그림의 바탕에 두려는 경향이 점차 보이기 시작하고 있지.

네 편지는 물론 나를 기쁘게 했지만 액자 안 그림을 알려주지 않은 게 너무도 이상하구나.

이 강렬한 태양 아래에서는——피사로가 말했고 고갱도 편지에 썼던 '태양의 위대한 효과가 가진 단순함과 장중함'이라는 말을 나 또한 사실이라고 느껴. 북 프랑스에서는 상상조차 할 수 없지. 그러므로 놀랄 만한 액자예술가라는 그들이 진심으로 새로운 것을 보고 싶어한다면 먼저 빙의 가게로 갔다가 여기 남 프랑스로 와야 한단다. 나는 겨우 5프랑짜리 전나무 액자를 주문하고도 가슴이 두근두근거리니 말이야.

이것은 러셀이 자기 집에 쏟아부은 천 프랑 지폐의 몇 분의 1쯤 되는 몇백 프랑밖에 내 집에 들이지 않았는데도 우리는 러셀 없이 고갱을 위해 일하지 않느냐고 말하는 것과 같은 의미지. 그 액자의 신사분들은 쇠라를 보았을까? 나는 쇠라의 액자 방식이 그들보다 뛰어나다고 생각해.

그렇지, 쇠라——그 뒤 그를 만난 적 있니? 그림파는 일에 있어 굳이 무리하지 않아도 된다는 네 의견에는 동의해. 나 또한 형편이 좋으면 분명 팔고 싶지 않아.

그렇지만 꼭 팔아야 하는 경우——이제까지의 일도 있어 생각할 여지조차 없지만——언젠가 그런 날이 오더라도 그때까지는 무리하게 서두르지 않는 게 상책이라고 생각해.

온 마음을 다해 악수를 보낸다. 액자 안에 든 게 무엇이었는지 꼭 알려주렴. 그리고 우리의 새 친구들에게 잘 지내라고 말하며 행운을 빌어주겠다고 전해줘.

만일 그들이 새로운 것을 보고 싶다면 여기 남 프랑스로 와야 하고, 겨울이면 아프리카나 시칠리아로 가야 돼. 독창력을 갖춘 화가에게 네덜란드와 다른 것을 보여주는 땅은, 이 소박한 남 프랑스 말고 어디에도 없지.

머지않아 또 너의 편지가 오기를 기대하며, 악수를 보낼게

빈센트

덧붙임 : 《국화부인》은 이미 읽었겠지. 네게 알려주고 싶은데, 오늘 오후 나

는 《침실》을 완성했어.

어찌 되었든 네가 그 네덜란드 인들을 만난 것은 무척 기쁜 일이야. 그 커다란 그림은 나도 들어본 적 있을지 모르지만 액자에 대해서는 전혀 알지 못해. 언젠가 라파르트가 나에게 그림과 화가를 칭찬하며 들려준 이야기가 있는데, 이번에 네가 그들에 대해 알려준다면 그것이 그 그림과 같은 건지 나도 알 수 있을 거야.

내 동생 테오야, 너는 멋진 것을 탄생시킬 머리가 없다고 불평하지만 그 말을 들으면 나도 같은 우울함을 느낄 수밖에 없어. 네가 없으면 나는 아무 일도 해낼 수 없단다. 그러니 우리 둘이서 만들어낼 것을 위해 목조르듯 숨막히는 생각은 하지 않도록 하자. 그보다 우리 서로 헤어지지 않고 더 즐겁게 일하며 우울한 기분으로 스스로를 괴롭히지 말도록 여유롭게 파이프라도 피우는 게 어떨까. 나도 때로는 이 상황을 바꾸기 위해 장사라도 좀 해서 돈을 벌고 싶다는 생각을 하곤 해.

하지만 지금 상황을 당장 바꾸지 못하는 한, 이 운명을 받아들여야 하지 않겠니. 너는 너대로 쉴 틈 없이 장사를 계속할 운명이고, 나는 나대로 마땅히 쉴틈없이 머리쓰는 일을 계속할 운명인 거야. 1년 뒤면 우리 둘이서 하나의 예술적 일을 해냈음을 너도 느끼리라 생각해.

너도 기억하겠지만, 이번 《고흐의 방》은 그 노란색과 장미색과 녹색 표지의 파리 소설책을 그린 정물화와 어딘지 닮은 데가 있어. 그렇지만 완성하면 보다 힘차고 간소해지리라 생각해. 점묘도 선 그림자도 없이 그저 평평하게 물감을 발랐지만 색의 조화가 이루어졌어.

다음에는 어떤 일을 하게 될지 나는 몰라. 여전히 눈이 지쳐 있으니까. 게다가 요즘처럼 힘든 일을 하고 난 뒤에는 머릿속이 텅 비어버린 듯해.

만일 내가 내 기분대로 행동한다면, 지금 그린 지 얼마 안된 작품이 마음에 들지 않아 세잔 영감처럼 발로 밟아 부수어버리는 것도 간단한 일이겠지. 하지만 그러면 어떻게 되겠니. 습작은 그대로 두도록 하자. 좋은 점이 전혀 없든, 좋은 그림이라는 생각이 들든, 어느 쪽도 내게는 상관없어.

요컨대 선이든 악이든 늘 상대적인 것이니, 깊이 생각지 말도록 하자. 어떤 것을 선이나 절대적 악으로 여기는 것은 네덜란드 인들의 나쁜 버릇이야. 그보다 나쁜 것은 없지. 나는 리슈팽의 《세자린》을 읽었는데 그 안에 꽤 좋은 글이 있었어. 패배해 도망치는 보병들 이야기로 읽는 이에게도 그들의 피로가 느껴질 정도였는데, 보병이 아닌 우리들도 때로는 이 인생에서 그렇게 걸어가고 있는 게 아닐까?

아들과 아버지의 다툼은 참으로 가슴 아프지만 그 또한 리슈팽의 '유혹' 같으며 나는 거기에서 어떤 희망도 느낄 수 없어. 그런데 모파상은 분명 가슴 아픈 이야기를 많이 썼는데도 훨씬 인간적이고 따뜻하게 이야기를 마무리하지. 《무슈 파랭》도《피에르와 장》도 물론 행복한 결말은 아니지만 등장인물이 끝내 운명을 받아들이며 앞으로의 인생을 살아가잖니. 피를 보고 끝나는 일도 없고 결말도 잔인하지 않아. 나는 모파상의 작품이 위안이 된다는 점에서 리슈팽보다 더 좋단다. 나는 지금 발자크의 《외제니 그랑데》를 읽고 난 참이야. 이건 구두쇠 이야기지.

머지않아 다시 편지보낼게.

너의 빈센트

덧붙임 : 그 네덜란드 인간들처럼 액자에 넣는 화려한 그림은 아닐지라도, 일본판화 같은 소박한 그림을 그리며 그밖의 것들은 생각지 않도록 하자.

고흐가 테오에게 556
1888년 10월16일 이후 ②

사랑하는 테오

네 편지와 50프랑 지폐, 정말 고마워. 그 네덜란드 예술가들 그림에 대해 알려준 것도 감사하구나.

아틀리에와 부엌에 가스를 끌어들였는데*¹ 설치비로 25프랑 들었어. 고갱과 내가 2주일 동안 밤마다 작업하면 그 정도 비용은 메울 수 있지 않을까? 하지만 고갱이 오늘 내일 올지 몰라 적어도 50프랑은 필요해.

지금 내 몸상태가 나쁜 건 아니지만, 제대로 식사하고 작업도 며칠쯤 쉬지 않으면 병에 걸리고 말 거야. 볼테르의 그림 속 판 데르 후스의 광기에 또 이르는 거지. 만일 내게 수도사 같기도 하고 화가 같기도 한 이중인격 요소가 얼

---

*1 겨울에 충분한 빛을 얻기 위해서였다. 가스등.

마쯤 없었다면, 나는 훨씬 전부터 지금 말한 것 같은 상태에 완전히 빠져버렸을 거야. 그런 경우에도 내 광기가 피해망상은 아니라고 생각해. 즉 흥분상태에 빠진 내 감정은, 오히려 영원과 영원한 생명을 생각하는 쪽으로 향하니까. 그렇다 해도 역시 나는 내 신경에 마음쓸 수밖에 없어.

다만 앞서 이야기한 그 두 네덜란드 인 화가를 내가 조금도 신뢰하지 않는다고 생각한다면 착각이므로 말해두는데, 사실 너의 다음 편지가 없었다면 그 두 사람이 어떤 작업을 하는지 나는 짐작도 할 수 없지. 나는 그들의 데생을 너무 보고 싶구나. 미래와 현재를 위해 내가 왜 남 프랑스를 좋다고 믿는지 한 번 더 설명하고, 특히 그들이 읽을 편지를 너에게 쓰고 싶어. 또 인상파운동에는 위대함으로 나아가는 경향이 있다고 봐야 하며, 단순히 광학적 실험만으로 한정하는 하나의 유파라는 것은 잘못된 평가야. 내가 그렇게 믿고 있다는 사실도 전하고 싶어.

현재 역사화를 그리는 사람들, 적어도 예전에 그렸던 사람들 가운데에는 물론 들라로슈며 들로르 같은 서투른 역사화가들도 있지만 들라크루아, 메소니에 같은 훌륭한 화가도 있잖니? 나는 적어도 3일 동안은 작업하지 않을 생각이므로, 아마 너와 그들에게 편지쓰면서 쉴 수 있을 거야. 너도 알다시피 인상주의가 네덜란드 화가며 애호가들에게 어떤 영향을 주는지 나는 큰 흥미를 느끼니까.

이 스케치는 막연하게 그려진 최근 작품으로, 희미한 레몬색 초승달이 떠 있는 장밋빛 하늘을 배경으로 녹색 사이프러스 나무가 죽 늘어서 있지. 앞

▲《시인의 정원》제4작

쪽은 텅 빈 모래사장 위로 엉겅퀴 몇 개가 피어 있어. 한 쌍의 연인도 있는데, 엷은 푸른색 남자는 노란 모자를 썼고 여자는 붉은 블라우스에 까만 치마를 입었단다. 이는《시인의 정원》제4작으로 고갱의 방을 장식하게 될 거야.

사실은 너에게 또 돈을 재촉하는 게 너무 싫어 견딜 수 없지만, 어쩔 도리가 없고 또 매우 지쳐 있어. 그렇지만 좀더 돈들여 일한다면 이제까지보다 더 비싼 값에 팔릴 그림을 그려낼 거야. 전에도 말했듯, 토마와의 거래가 잘 되면 고갱이 오기 전에 200프랑 쓰고 싶어. 그 일은 잘 되지 못했지만 그래도 될 수 있는 한 진행시켰지. 고갱에게 새로운 것을 보여주고, 그리고 나의 독창적인 것을 확실하게 보여줄 때까지는 그의 영향을 받고 싶지 않아.

그래도 앞서 말한 장식화는 지금 그대로 네가 봐줄 수 있겠지. 부탁이니, 만일 형편된다면 50프랑을 바로 보내주렴. 그 돈이 없으면 이 어려움에서 어떻게 벗어나야 할지 모르겠어.《타르타랭》을 다시 읽었다니, 나도 기쁘구나. 가능하면 곧바로 답장주면 고맙겠어.

악수를 보내마.

빈센트

고흐가 테오에게 557
1888년 10월24일

사랑하는 테오
편지와 50프랑 지폐 고맙다.
전보로 알렸다시피 고갱은 무사히 도착[1]했어. 나보다 건강이 좋아 보여. 네가 그림을 사줘서 그는 물론 무척 기뻐하고 있어. 나도 가구설비를 위해 비용이 좀더 필요하지만, 이로써 기다릴 필요가 없어졌고 너에게만 부담지우지 않

---

[1] 고갱은 전날 밤 늦게 아를에 도착해 바로 고흐를 찾아가지 않고 카페 드 라 가르에서 밤을 지낸 뒤 날이 밝자 노란 집으로 갔다. 아직 잠이 덜 깬 상태로 문을 연 고흐는 새벽의 방문자가 고갱임을 알자 눈이 번쩍 뜨였다. 흥분과 행복과 불안이 뒤섞인 마음으로 고흐는 둘이서 함께 그림그리게 될 집을 고갱에게 안내했다. 고흐는 고갱의 방을 정성껏 꾸며놓았지만, 아틀리에는 물감과 붓과 캔버스로 마구 어질러져 있었다. 결벽증 있는 현실적인 사람인 고갱은 겉옷을 벗어던지고 열심히 치우기 시작했다. 지저분한 부엌도 청결한 요리와 식사가 가능하도록 눈깜짝할 새 깨끗하게 정리했다. 이런 일에 서투른 고흐를 대신해 고갱은 곧바로 엄격한 생활계획을 세우고, 식비와 월세를 넣어두는 상자를 2개 마련했다.

아도 되므로 그에 못지않게 기뻐.

고갱은 오늘 너에게 편지쓸 거야. 그는 인간적으로 정말이지 너무 재미있어. 그와 함께라면 우리는 많은 그림을 그릴 수 있으리라는 확신이 들어. 그는 많이 생산할 테고, 나도 그럴 거라고 기대해. 그러면 네 어깨의 짐이 조금은 가벼워질 거야──아니, 매우 가벼워질 거라고 생각해. 나로서는 정신이 닳아 없어지고 몸이 녹초가 될 때까지 그려야 한다고 여겨. 우리의 지출을 조금이라도 회수하기 위해서는 달리 아무 방법도 없으니까.

내 그림이 팔리지 않는 데에는 나도 어쩔 도리가 없어. 그렇지만 이 그림들이 우리가 거기에 쏟아부은 물감값이며 내 생활비 같은 사사로운 비용보다 가치있는 것임을 사람들이 알아줄 날이 언젠가 올 거야. 돈이며 재정적인 면에 대해서는 일단 빚지지 말아야겠다는 소망과 생각밖에 없어. 하지만 사랑하는 테오, 지금까지 진 빚이 너무 커서, 그것을 다 갚고 나면──어떻게든 청산할 수 있을 거라고 생각해──그림을 탄생시키는 산고가 내 생명을 완전히 앗아가 살아 있다는 느낌이 들지 않을지도 몰라. 그림제작이 더 어려워지고 그 수도 그리 많지 않을 테지.

내 그림이 팔리지 않아 너를 힘들게 하는 건 나도 고통스럽고, 네가 나의 무수입 때문에 어려움겪지 않게 된다면 나도 마음편할 거야. 1년에 2000프랑 쓰는 사람은 50년 동안 살면서 10만 프랑을 쓰는 셈이니 자금적으로 역시 10만 프랑은 회수해야 한다는 사실을 나는 충분히 알고 있어. 예술가로서 한평생 100프랑짜리 그림을 1000점 그리는 건 아주, 아주, 아주 어려운 일이야. 그 그림이 100프랑이라면──더욱 더──우리 일이 아주 어려워질 거야. 그렇지만 어쩔 수 없는 일이지.

고갱도 나도 대부분 더 값싼 물감을 쓸 생각이므로, 아마 타세 화방과는 거래를 끊게 될 거야. 우리는 캔버스도 직접 만들 생각이지.

한동안 이러다 병나겠다 싶은 순간이 있었는데, 고갱이 와서 기분전환이 된 덕에 좋아질 것 같아. 얼마 동안은 식사에 신경써야겠어. 그뿐이야. 정말 그뿐이야. 이제 조금만 있으면 네 손에 작품이 도착할 거야.

고갱이 훌륭한 그림[1]을 한 점 갖고 왔는데, 그가 작품교환한 베르나르의

---

*1 베르나르 《브르타뉴 여인들과 아이들》, 개인 소장.

그림으로 푸른 초원에 브르타뉴 여인들이 있어. 하양, 검정, 초록, 그리고 빨간 톤 하나, 그리고 피부색은 불투명해. 아무튼 모두 힘내자.

내 그림도 언젠가 팔릴 날이 올 거야. 하지만 너에게는 돈값을 시기가 늦어지며 이렇게 쓰기만 하고 벌어들일 기미는 보이지 않는구나. 이 생각을 하면 가끔 슬퍼져.

어떤 네덜란드 인[1]이 네 집에 머물게 되어 너도 이제 혼자가 아니게 되었다는 소식을 듣고 무척 기뻤어. 정말 잘됐구나. 무엇보다도 이제 곧 겨울이 다가오니까.

지금은 빨리 나가 30호 그림을 1점 더 그려야 해. 나중에 고갱이 너에게 편지쓸 때, 그의 편지와 함께 보낼게. 고갱이 이곳에 대해, 그리고 우리 생활에 대해 뭐라고 말할지 물론 미리 알 길 없지만, 아무튼 네 노력으로 작품이 잘 팔린 것을 그는 무척 기뻐하고 있어.

또 쓸게. 굳은 악수를.

너의 빈센트

고흐가 베르나르에게 19a[2]
1888년 10월 끝무렵

요 며칠 동안 우리는 아주 열심히 그렸네. 그 틈틈이 졸라의 《꿈》을 읽느라 편지쓸 여유가 없었지. 고갱은 재미있는 사람이야, 무척.

화가 같은 볼품없는 직업에는 노동자의 손과 위(胃)를 가진 사람이 가장 알맞다고 이전부터 느꼈네. 파멸한 퇴폐적인 파리 볼바르의 단골손님보다 더 야생적 취향과 애정넘치는 따뜻한 성격이 필요하지.

이곳에서는 야만인 본능을 가진 원시인을 만나도 조금도 이상한 일이 아니라네. 고갱은 혈기와 성욕이 야심보다 강하지. 자네는 나보다 오래 그와 함께 지냈으니 이만큼만 말해도 충분히 이해할 거야. 다만 내가 느낀 고갱의 첫인상을 전하고 싶었을 뿐이네.

화가조합을 만드는 엄청난 문제를 논의하고 있다고 알려도 자네는 그리 놀라지 않겠지. 이 조합이 상업적 성격을 가지는지 어떤지는 전혀 알 수 없네. 우

[1] 화가 마이어 드 한.
[2] 이 편지는 베르나르가 편집한 1911년판에는 실려 있지 않다.

리는 아직 결론내지 못했고, 새로운 단계에 이르지도 않았어. 하지만 나는 홀륭한 예술이 부활하는 새로운 세계의 가능성을 믿고, 또 그런 예감도 드네. 이 새로운 예술의 조국이 열대지방이라니, 누구도 생각지 못할 거야.

우리도 단순히 중개역할을 할 뿐인지도 모르지. 그러니 다음 세대가 되지 않으면 평온하게 살아갈 수 없잖겠는가? 어찌 됐든 그 일에 온 힘을 기울이는 게 우리 의무이며, 우리의 경험으로써 처음 밝혀지는 사항이지. 내 작품과 교환하기로 약속한 자네의 습작을 아직 받지 못해 좀 놀랐네.

자네가 흥미를 느낄 만한 이야기는, 둘이서 유곽에 몇 번 원정나가 보아서 앞으로 종종 그림그리러 가게 될 듯하다는 것이네. 내가 그린 밤의 술집을, 유곽에서 본 인물을 넣어 고갱이 지금 그리고 있어. 좋은 그림이 될 것 같네.

포플러 가로수길 낙엽을 그린 습작이 2점 완성되었네. 이 가로수길 전체를 그린 세 번째 습작은 온통 노란색으로 칠했지.

순수하고 뛰어난 새로운 초상화가들이 대중이 이해할 만한 작품을 그리지 않는다면, 미래의 회화를 예상하기란 몹시 어려운 일이야. 그런데도 어째서 인물화를 그리려 하지 않는지 모르겠네.

머지않아 유곽을 그리게 될지도 몰라. 여기 비워둔 한 페이지에 고갱도 함께 소식을 전하리라 여기네. 마음을 담아 굳은 악수를 보내네.

빈센트

덧붙임 : 알제리의 밀리에 소위는 아프리카로 떠났네. 자네가 편지보내면 기뻐할 거야.

(이 편지 끝머리에 고갱도 펜을 들었다. 그는 고흐 말대로, 열대지방에서 화가의 새로운 시대가 열리리라는 데 찬성하고 기회가 오면 서둘러 활약하고 싶다고 말한다. 그리고 그의 침실에 걸려 있는 낙엽그림을 보면 베르나르도 반드시 감탄하게 될 거라고 썼다.)

고흐가 테오에게 559
1888년 11월6일 무렵

사랑하는 테오

보내준 100프랑, 그리고 편지에 고갱과 나는 아주 감사하고 있어. 고갱은 브

르타뉴에서 그가 보낸 그림이 네 마음에 들었다는 것, 그리고 그것을 본 다른 사람들도 호감을 가졌다는 소식에 무척 기뻐했지.

지금 그는 상상으로 포도밭의 여자들[1]을 그리고 있는데, 그림을 망치거나 도중에 그만두지 않는다면 아주 아름답고 독특한 그림이 될 거야. 그는 내가 그린 것과 똑같은 밤의 카페도 그리고 있어. 나는 낙엽그림을 2점 그렸는데, 고갱 마음에 들지 않는 것 같아. 지금 심홍색과 노란색만 있는 포도밭을 그리고 있어. 그리고 드디어 아를 여인을 그린 30호 인물화[2]를 1시간 만에 완성했지. 배경은 옅은 레몬옐로, 회색 얼굴, 옷은 검정, 검정, 검정, 그리고 순수한 프러시안블루야. 그녀는 녹색 테이블에 몸을 기댄 채 오렌지 색 나무의자에 앉아 있단다.

고갱은 이 집을 위해 서랍장과 여러 가지 세간살이를 샀어. 그리고 튼튼한 캔버스 천 20m도 샀지. 우리에게 정말 필요하고 중요한 물건들이야. 그가 얼마를 냈는지 다 기록해 두었는데, 거의 100프랑쯤 돼. 이 금액을 새해나 3월쯤 그에게 돌려주면 어떨까? 그러면 서랍장과 그밖의 것들도 우리 것이 돼. 결국 그렇게 하는 게 좋으리라고 생각해. 그는 뭔가 팔리면 마르티니크로 두 번째 여행을 떠날 때까지——이를테면 1년 뒤——돈을 모아둘 생각이거든.

우리는 열심히 그리고 있어. 공동생활도 잘 해나가고 있지. 네가 아파트에서 혼자 지내지 않는다는 소식을 듣고 무척 기뻤어.

드 한의 소묘는 무척 아름다워. 정말 내 마음에 들어. 흑백 명암법을 쓰지 않고 색채만으로 그만한 표현을 해내다니, 정말 보통 일이 아니야. 그가 만일 자신의 새로운 색채시도를 깊이있게 연구하며 인상주의를 하나의 학교로서 수료하려는 자신의 계획을 실행한다면, 다른 종류의 데생에 도달할 수 있을지도 몰라. 내가 보기에 그가 그렇게 하는 것은 여러 의미에서 옳은 일이야. 인물화 기초지식이 없는 자칭 인상파 화가가 적지 않은데, 이 기초지식이야말로 앞으로 반드시 익혀야 될 것이고, 그는 이것을 익히고 있어서 좋았다고 늘 느

---

*1 고갱 《포도따는 여인들(인간의 불행)》, 코펜하겐.

*2 카페 드 라 가르의 여주인 지누 부인은 40살 된 전형적인 아를 여인이었다. 그녀는 아를의 전통의상을 입고 노란 집으로 와서 모델이 되어주었다. 이때 고갱은 연필로 크게 스케치했다. 그리고 비슷한 시기에 카페 실내를 모티브로 한 습작 《밤의 카페》에 그녀를 매력적인 요부로 그려넣었다.

▲《아를 여인 지누 부인》(1888)

끼게 될 거야.

언젠가 반드시 드 한과 이삭손을 만나고 싶어. 그들이 이곳에 온다면, 고갱은 그들에게 분명 이렇게 말할 거야. 인상주의를 하고 싶으면 자바에 가라고. 고갱은 이곳에서 열심히 그림그리면서도 늘 열대의 나라를 그리워하거든. 색채로 그리겠다는 뜻을 가지고 자바에 가면 분명 새로운 것을 많이 보게 될 거야. 더 강렬한 태양 아래 더 눈부시게 빛나는 그런 나라에서는 고유한 음영도 사물이며 인간의 그림자도 전혀 다른 모습을 보여서, 차라리 없애버리고 싶어질 정도의 색깔을 띠게 되지. 그런 현상은 이곳에서도 일어나고 있어.

어쨌든 열대회화라는 문제의 중요성에 대해 더는 말하지 않겠어. 드 한과 이삭손이 그 중요성을 깨닫게 되리라는 걸 난 이미 알고 있어. 그들이 언젠가 이곳에 오는 건 어떤 경우에도 결코 손해되지 않고, 분명 흥미로운 것을 발견하게 될 거야.

고갱과 나는 오늘 집에서 저녁을 먹기로 했어.[1] 이건 좋은 생각이야. 비용이 더 적게 든다는 걸 알게 되면 그만큼 생활도 나아지겠지, 틀림없이.

이 편지 발송이 늦어지지 않도록 오늘은 이만 펜을 놓는다. 곧 다시 편지할게. 너의 금전적 지원을 정말 고맙게 생각해.

내가 그린 낙엽이 네 마음에 들 거라고 여겨. 라일락 색 포플러 나무줄기가 잎이 우거지기 시작하는 부분에서 액자에 잘려 있어. 기둥 같은 이 나무줄기는 산책로 양쪽으로 나란히 서 있는데, 길의 좌우에 푸른빛 도는 오래된 로마 시대 라일락 색 석관이 나란히 놓여 있지. 한편 땅에는 융단처럼 오렌지 색과 노란색 낙엽이 두텁게 쌓여 있단다. 나뭇잎은 아직 함박눈처럼 떨어지고 있어. 그리고 산책로를 거니는 연인들의 검고 작은 그림자. 화면 위쪽은 짙은 초록색 목초지이고, 하늘은 있는 듯 마는 듯해. 다른 그림도 산책로인데, 할아버지와 털실처럼 둥글게 살찐 여자가 있어.

일요일에 너도 함께 있었으면 좋았을걸. 우리는 적포도주처럼 붉은, 새빨간

---

[1] 고갱이 노란 집에 가져온 평화와 질서는 고흐에게 놀랄 만큼 좋은 영향을 주었다. 처음 며칠이 순식간에 지나가고, 규칙적인 식사와 무리없는 작업이 고흐에게 기적 같은 변화를 가져와 건강해졌다. 이제 화가들 집단생활이라는 꿈의 실현이 눈 앞에 다가왔다고 믿으며, 그 그룹의 리더가 될 사람이 실제로 이 노란 집에 살며 그림그리고 있다는 사실에 고흐는 태어나 처음으로 크게 만족감을 느꼈다. 두 사람 모두 일상생활에서는 서로 호의를 보였지만, 예술가로서 견해 차이는 차츰 커져갔다.

포도밭을 봤어. 멀어질수록 노란색이 되었으며, 태양이 있는 초록빛 하늘, 비온 뒤의 땅은 보라, 저녁해를 받아 여기저기 노란색으로 빛나고 있었지.

우리 두 사람으로부터 마음의 악수를. 그럼, 또 다시 쓰마. 되도록 빨리 편지할게. 우리 네덜란드 인들에게도.

너의 빈센트

고흐가 테오에게 560
1888년 11월6일 이후 ①

사랑하는 테오

기분이 나아져 마침 너에게 편지보내려던 참이었어. 무엇보다도 먼저, 편지 고맙구나. 그리고 함께 들어 있던 100프랑 지폐도. 우리의 하루하루는 그림 그리고 또 그리며 지나가버려. 저녁에는 완전히 지쳐 카페로 나가거나 돌아와 일찍 잠들지. 이게 우리 생활이야.

때로 좋은 날씨가 계속되지만, 물론 이곳도 이미 겨울이야. 상상으로 그림을 그려보는 게 싫은 건 아니야. 나가지 않고 그릴 수 있으니까. 한증막 같은 더위 속에서 작업하는 건 괜찮지만, 너도 알듯 추위는 정말 질색이지. 누에넨에서 정원을 그릴 때도 그 때문에 실패했었어. 그리고 나는 상상으로 그리는 그림에도 연습이 필요하다고 느껴.

전에 내가 그렸던 우편부 가족 초상화를 그렸어. 남편과 아내, 아기, 작은 남자아이와 16살 아들인데, 모두 전형적인 프랑스 풍이야. 러시아 인 같은 점도 있긴 하지만.

15호에 그렸어. 너도 알겠지만, 이것이야말로 내가 할 일이며, 의사가 되지 않아 다행이라는 마음까지 들 정도야. 나는 어떻게든 무리하게 말해서라도 초상화 그릴 때 모델료를 치르며 보다 진지하게 포즈를 취해 주기를 바라. 만일 내가 이 가족 모두를 더 잘 그릴 수 있게 되면 적어도 나는 내 취향에 맞는 개성적인 일을 한 게 되겠지. 지금 나는 오로지 그림만 그리는 상태이며, 앞으로도 계속될 거야. 참으로 무질서한 상태로, 나로서도 슬픈 일이지만 그 때문에 40살에 이르면 얼마쯤 재산을 갖게 될지도 모르지.

때로는 그 《씨뿌리는 사람》 그림에도 손대고 있어. 처음 그렸던 때보다 나아졌다고 생각해. 이렇듯 차분히 하나하나 해나가다 보면 언젠가 우리에게도 승

▲《조제프 룰랭》(1889)　크릴러-뮐러 미술
관, 오텔로

▲룰랭 부인 《라 베르쇠즈》(1889)　크릴
러-뮐러 미술관, 오텔로

▲《아르망 룰랭》(1888)　폴크방 미술관, 에
센

▲《마르셀 룰랭》(1888)　반 고흐 미
술관, 암스테르담

▲《카미유 룰랭》(1888)　반 고흐 미
암스테르담

리의 날이 올 거야. 남들 입에 오르내리지도 말아야지. '안으로 괴로움있으면 밖으로 기쁨있으라'라는 속담이 떠오르는구나.

어쩔 수 없지, 아직 계속 싸워나가야 한다면 여기서 차분히 때가 오기를 기다리는 거야. 너는 나에게 늘 양보다 질을 추구하라고 말하지. 하지만 나는 여전히 습작을 잔뜩 그리고, 그 결과 팔리지 않는 그림을 산더미처럼 끌어안고 있게 되겠지. 그러나 언젠가 팔리는 때가 오면 진정하게 연구된 점에서 수준이 좀더 높아 보이는 작품은 더 비싸게 팔아야 해.

나는 어쩔 수 없이 머지않아——그래도 한 달은 지나야겠지만——몇 점의 유화를 너에게 보내게 되리라고 생각해. 어쩔 수 없다고 말하는 이유는, 이 남프랑스에 두면 두텁게 칠한 물감까지 완전히 굳어질 만큼 그림이 말라버리는 장점을 내가 믿기 때문이야. 하지만 그러려면 1년이라는 긴 시간이 걸리지. 나도 보내지 않고 그냥 두면 더 좋겠다고 생각해, 당장 그것을 보여줄 필요는 없으니까.

고갱은 아주 열심히 그리고 있어. 배경도 전경도 노란 정물이 있는데, 나는 그게 무척 마음에 들어. 게다가 그는 내 초상화를 그리고 있으며, 여느 때처럼 계획만으로 그치지 않을 거야. 지금 그는 몇 장의 풍경화를 그리고 있고 빨래하는 여인을 그린 아름다운 그림도 있어. 내가 보기에 참으로 훌륭한 그림이야.

고갱은 너에게 데생을 2점쯤 보낼 거야. 네가 브르타뉴로 보내준 50프랑 대신이란다. 사실 그 돈은 베르나르의 어머니께서 다 가져가셨지. 이런저런 심한 이야기가 있는데, 이것도 그 가운데 하나야. 하지만 나는 그녀가 결국 돈을 돌려주리라고 생각해. 내 생각에 베르나르의 작품은 아주 훌륭하고 그는 파리에서 꽤 큰 성공을 거둘 테니까.

네가 샤트리앙을 만났다니 참으로 재미있구나. 그의 머리칼은 금발이니 흑발이니? 나는 그의 초상화를 2점쯤 본 적 있으므로 확실하게 알고 싶어.

그의 작품들 가운데 내가 특히 좋아하는 건 《테레즈 부인》과 《친구 프리츠》야. 《보조교사 이야기》는 좀 불만스럽지. 일찍이 그에게도 제대로 된 가치가 있는 듯 보였었는데.

이제 우리는 밤에도 그림그리거나 편지 쓰면서 시간을 보낼 것 같아. 도저히 해내지 못할듯 여겨질 만큼 할일이 많거든. 너도 알겠지만 고갱은 '20인회*¹에 초대되었어. 그는 이미 브뤼셀에 정착하기로 마음굳혔지. 그러면 덴마크 인인 그의 아내와 재회할 가능성이 높아질 거야. 그동안에도 그는 아를 여성들 속에서 줄곧 성공을 거두고 있어서*² 매우 중대한 결과 없이 끝나리라고는 생각되지 않지만.

그는 결혼했지만 그렇게 보이지 않아. 결국 그와 아내 사이에 완전한 성격의 불화가 일어난 것은 아닐까 나는 걱정되지만, 아이들에게는 물론 마음쓰고 있는 듯해. 초상화로 보니 무척 어여쁜 아이들이야. 아무래도 그런 점에서 우리는 사람이 좋지.

머지않아 다시. 너에게도, 그 네덜란드 인에게도 악수를 보낼게.

빈센트

덧붙임 : 고갱은 내일 너에게 편지쓸 거야. 그는 편지의 답장을 기다리고 있으며, 너에게 잘 부탁한다는 말을 전해달라고 했어.

고흐가 테오에게 562
1888년 11월6일 이후 ②

사랑하는 테오

100프랑과 편지, 정말 고맙구나.

네가 기뻐할 소식이 있어. 마우베 부인으로부터 그림을 보내줘 감사하다는 내용의 편지를 받았단다. 무척 기분좋은 편지로, 그녀는 예전에 있었던 여러 일들을 써보내주었어. 이제 답장을 쓸 텐데, 스케치 몇 점도 함께 넣어 보낼 생각이야.

아, 또 기쁜 소식은 우리가 수집하는 예술가들의 초상화가 더 늘었다는 거야. 라발의 자화상으로, 훌륭한 작품이지. 그림교환한 베르나르의 바다풍경도 1점 있어. 큰 기운이 서려 있는 라발의 자화상은 무척 훌륭하단다. 네가 말하는 그——화가가 아직 그 재능을 인정받지 못했을 때 손에 들어온 그림들 가운데 하나가 되겠지.

---

*1 브뤼셀의 아방가르드 회원모임.
*2 여자들에게는 덩치크고 구릿빛 피부를 가진 고갱의 모습이, 붉은 머리칼의 깡마른 고흐보다 매력적이었다.

뤼스의 그림이 네 손에 들어왔다니 굉장하구나. 어쩌면 그는 초상화를 갖고 있지 않을까? 마음에 드는 게 너무 없을 것 같은 때는 초상화가 반드시 좋아.

고갱은 돼지와 함께 마른 풀 안에 있는 무척 독창적인 여인의 누드를 그렸어. 참으로 아름답고 훌륭한 작품이 될 것 같아. 그는 파리에서 두 마리의 쥐 얼굴이 새겨진 멋진 병을 돌려받았지. 고갱은 위대

▲라발의 《자화상》

한 예술가이며 훌륭한 친구야. 만일 네가 베르나르의 그림 1점을 받을 수 있다면, 나는 강력히 권할 텐데. 고갱도 그의 멋진 작품 하나를 기다리고 있어.

나는 2점의 그림을 마무리했어. 양배추와 사이프러스 나무와 인물이 들어간 에텐의 집 정원 추억을 그린 1점과 서재에서 소설을 읽는 여자인데 그녀는 온몸이 녹색으로 칠해졌어. 고갱은 내게 상상으로 그림을 그려낼 용기*¹를 주지. 상상으로 탄생시킨 건 분명 훨씬 신비로운 성격을 띠더구나.

타세 영감이 보낸 물건이 그제께 도착했단다. 우리 둘 다 아주 만족했어. 빠르지만 주홍색 물감 큰 튜브 1개――징크화이트 큰 튜브와 같은 형태의 것――와 프러시안블루 3개――이 또한 큰 튜브――를 더 받을 수 있을까? 그렇게 된

---

*¹ 집 안이 정리되자 고갱은 다음으로 고흐의 생각을 정리해 주려고 했다. 그동안 함께 그림 그리고, 대화하고, 생활하며 고흐의 정신을 마주하는 동안 고갱은 문득문득 섬뜩함을 느꼈다. 지식의 단편, 저마다 다른 가치관, 예술과 예술가에 대한 혼란스러운 의견이 마구 뒤섞인 듯 보였기 때문이었다. 고갱은 말했다――'상상력을 더 자유롭게 해방시켜야 하오. 당신은 추상적인 것을 생각하는 재능을 지녔소. 그러니 기억을 바탕으로 그려보오. 당신은 스스로가 생각하는 것 만큼 모델이 필요하지 않소. 의미없이 모델을 사진처럼 그리는 일을 그만두어야 하오. 해야 할 일은 아이처럼 편견없고 맑은 눈으로 사물을 보는 것이오.' 거친 반항아 고흐는 이런 새로운 생각을 송두리째 받아들이며, 이즈음 순종적으로 안전하고 조용하고 평온한 마음으로 집 안의 모든 것을 아름답고 안정감있게 그렸다.

다면 참 고마울 거야.

마우베 부인이 내게 편지보내준 게 너무 기뻐. 역시 모두들 차츰 인상파에 가까워지고 있다는 생각이 드는구나. 마음 속 깊이 너에게 악수를 보낼게. 드 한과 이삭손에게 안부 전해줘.

고흐가 빌레미나에게 9
1888년 11월16일 무렵

사랑하는 누이동생

정말 기쁜 일이 있었어. 마우베 부인에게서 드디어 답장이 왔지. 그녀에게 곧 편지쓸 생각이니, 그녀가 지금 어디에 살고 있는지 답장에 주소를 꼭 써주기 바라. 편지에 헤이그 소인이 찍혀 있었지만, 그곳에 머물고 있는지 이야기하지 않았어. 나는 그녀가 라렌에 있는 줄 알았단다. 그녀는 너에게서 좋은 편지를 받았다고 했어.

미델하르니스 소인이 찍힌 너의 편지를 받았지. 정말 고맙다. 네가 드디어 《여인들의 행복백화점》등의 책을 읽기 시작했다는 건 좋은 일이야. 모파상 작품도 마찬가지지만, 거기에는 많은 것들이 담겨 있어.

전의 답장에도 썼듯, 나는 어머니 초상사진이 마음에 들지 않아. 지금 내 침실에 걸어둘 《에텐 정원의 추억》을 그리고 있어. 여기 그 스케치를 그려서 보낸다. 이건 꽤 커다란 그림이야.

다음은 색채에 대해서. 산책하는 두 여성 가운데 젊은 쪽은 초록과 오렌지색 바둑판무늬 있는 스코틀랜드 식 숄을 걸치고 빨간 양산을 쓰고 있어. 나이든 여성은 검은색에 가까운 청자색 숄을 걸쳤지. 하지만 다알리아 꽃은 레몬옐로, 핑크, 흰색 등 여러 가지로 그 색들이 이 거무스름한 인물의 배경에서 작열하고 있단다. 그녀들 뒤에는 에메랄드그린 향나무 또는 사이프러스나무 몇 그루가 있어. 이 사이프러스나무 배경에는 작고 하얀 꽃으로 둘러진 옅은 초록과 빨간색 양배추밭. 모래깔린 오솔길은 순수한 오렌지 색. 언지색 세라늄 두 화단의 잎은 진한 초록색이야. 마지막으로 가운데에는 푸른 옷 입은 하녀가 흰색, 분홍색, 노란색, 버밀리언 등의 꽃을 손질하고 있지.

이런 그림인데, 나도 이 그림이 실제와 비슷하지 않다는 건 알아. 정원의 시적인 특성과 양식을 내가 느끼는 그대로 표현한 그림이지. 마찬가지로, 이 산

▲《에텐 정원의 추억》

책하는 여성들을 너와 어머니라고 여기면 이런 생각이 들어——진부하고 고지식한 유사성은 전혀 아무것도 없지만, 짙은 보라색 숄에 다알리아의 강렬한 레몬옐로 얼룩무늬를 두는 색채의 의도적인 선택은 나에게 어머니 인품을 암시하게 한다고. 오렌지와 초록 바둑판무늬 스코틀랜드 숄을 걸친 인물은 사이프러스 나무의 짙은 초록을 배경으로 두드러져 보이는데, 이 대비는 빨간 양산으로 더욱 강조되어 나에게 디킨스 소설에 나오는 어떤 인물 같은 네 모습을 막연히 연상하게 만든단다.

네가 이해할지 모르겠지만, 인간은 음악으로 마음의 위안되는 내용을 말하듯 색채의 배치로도 시정을 말할 수 있어. 마찬가지로 탐구된 독특한 선이 화면 전체를 반복해 꾸불꾸불 이어지는데, 이건 정원을 진부한 유사성으로 표현하지 않고 꿈 속에서처럼 그 특성에 시점을 두면서도 현실보다 더 신비하게 우리로 하여금 정원을 상상하게 해줄 거야.

나는 지금 《소설읽는 여인》이라는 그림도 그렸어. 새까맣고 풍성한 머리, 초록 블라우스, 포도주 침전물 색깔 소매, 검은 치마, 배경은 모두 노랑, 책이 꽂힌 서재의 책장. 그녀는 노란 책을 들고 있어.

▲《소설 읽는 여인》

　오늘은 이만 쓸게. 너한테 미처 못한 말이 생각났는데, 나는 지금 내 친구 고갱이라는 인상파 화가와 함께 즐겁게 살고 있어. 그는 가끔 상상력만으로 그리는 것도 좋다며 적극적으로 추천하고 있지.

　어머니에게 안부전해줘. 답장에 마우베 부인의 주소를 꼭 알려주기 바라. 마음 속으로 어머니와 너에게 입맞춤을.

너의 빈센트

고흐가 테오에게　563
1888년 12월 첫무렵

　사랑하는 테오

　고갱의 《브르타뉴 아이들》이 도착했어. 그는 참으로 잘 고쳐 그렸더구나. 다만——나는 이 그림이 좋지만——팔리는 것보다 더 좋은 일은 없지. 앞으로 그가 여기서 보낼 2점의 그림은 그보다 몇 배 훌륭할 거야. 《포도따는 여인들》과 《돼지와 소녀》가 바로 그것이야. 고갱은 이 무렵 간인지 위인지의 병으로 계속 괴로워하다가 이제 겨우 나아가고 있어.

　그런데 내가 너에게 답장쓰는 이유는, 내 작은 장미색 복숭아나무 그림을 네가 액자에 넣으라고 했기 때문이야. 그건 분명 부소·발라동 상회로 가저가기 위해서겠지. 그에 대한 내 생각을 확실히 해두고 싶어.

　우선 첫째로 나에게 좋든 나쁘든 네가 그곳으로 가고 싶다면, 그리하여 네가 행복해질 수 있다면 지금 당장이든 앞으로 언제든 너에게 백지위임장을 써줄게. 그러나 만일 그것이 내 기쁨이나 이익을 위해서라면 결코 그럴 필요 없어. 어떻게 해야 내가 기쁠지, 그 답은 간단해. 내 그림들 가운데 네가 좋아하는 그림을 너의 집에 두는 것, 지금은 팔지 않고 두는 거야.

그 밖의 것들은 방해될 뿐이니 내게 돌려주면 돼. 내가 실물로 그려낸 것들은 모두, 불 속의 밤을 줍듯 고통스러운 마음으로 그렸기 때문이야. 고갱은 내가 작업방식을 좀 바꾸어 기억으로 그림그리기를 시작해야 될 때라고 내게 알려주었어. 그런 작업에는 내 모든 습작, 예전에 보았던 것들을 떠올리게 하는 것들이면 모두 도움된다는 것도. 그러므로 돈이 필요한 경우가 아니면 판매 따위는 전혀 문제되지 않아. 물론 나는, 너도 이제 그걸 알아주리라 믿고 있지만.

너는 구필 상회 사람이지만 나는 이제 아니지. 그곳에서 6년 동안 일하며 나는 그들에게, 그들은 나에게 강한 불만을 품었어. 꽤 오래 전 이야기지만 사실은 사실이지. 너는 너의 길을 나아가야 하겠지. 하지만 나로서는, 장사를 위해 그 작은 복숭아나무 같은 아무 죄 없는 캔버스를 꼭 끌어안고 그곳으로 돌아간다는 것은, 내 과거의 행위와 결코 함께 할 수 없는 일이야.

1, 2년쯤 지나 만일 30점 정도의 그림을 탄생시켜 개인전이라도 연다면——그때 그들에게 "개인전을 맡아주겠습니까?"라고 말한다면——부소는 분명 나를 냉정하게 거부하겠지. 나는 그들에 대해 속속들이 너무 잘 아니까 그들에게로는 가지 않을 거야. 하지만 나는 구필 상회를 부술 생각은 전혀 없어. 오히려 다른 화가들에게 열심히 추천해 주고 있다는 걸 너도 인정할 거야. 다만 나는, 나만은 그곳에 오래된 원망이 남아 있다는 거지.

나는 너를 인상파 그림상인으로, 구필 상회와는 별개의 인간으로 생각하고 있어. 그래서 예술가들을 너 있는 곳으로 추천하고 있음을, 앞으로도 네게 기대하고 있음을 너도 믿고 안심해주렴.

그렇지만 나는 "이 작은 그림을 그 젊은 초심자가 그렸다니 그리 나쁘지 않구먼"이라고 부소가 말하도록 두지는 않을 거야. 오히려 나는 그들이 있는 곳에 두 번 다시 발도 들여놓지 않을 작정이야. 당당하게 정식으로 들어가는 게 아니면 그림 따위 절대로 팔리지 않는 게 나한테는 좋은 거지. 그래봤자 당당하게 상대할 인간들도 아니니, 다시는 구필 상회에 갈 필요 없어. 우리가 분명한 태도를 보일수록 그들 쪽에서 너한테로 그림을 보러 오게 되리라는 건 확신해도 좋아. 네가 직접 파는 게 아니니, 네가 그림을 보여준다 해도 부소·발라동 상회 밖에서 네가 판매하고 있는 건 아니야. 너는 올바른 행동을 하고 있으므로 오히려 훌륭한 거지.

어느 그림상인이 사고 싶다는 생각을 한다면 그건 그대로 좋은 일이며, 내게 직접 그 이야기를 들고 오면 되지. 뭐, 안심하렴. 계속 침착하게 있다 보면 언젠가 내가 나설 날이 올 테니까. 지금 나는, 그림작업 말고 다른 일은 아무 것도 할 수 없고 할 때도 아니란다. 악수를 보낼게. 그림재료가 좀더 필요해질 거야.

아, 이것도 말해줘야겠구나. 한 달 생활비는 나 혼자서 250프랑 쓰기보다 한 사람당 150프랑으로 둘이서 생활하는 게 더 나아. 1년쯤 지나면, 상황이 더 좋아질걸 너도 알겠지. 그 이상의 것은 나도 지금 말할 수 없어.

방 안은 캔버스로 가득한데, 고갱은 그림을 보내지만 나는 보낼 그림이 없다는 게 안타깝네. 두텁게 칠한 그림을 때때로 씻어서 기름을 걷어내는 방법을 고갱에게서 배웠어. 게다가 그 작업이 끝나면 다시 붓을 대어 고쳐 그려야 하지. 지금 보내면 좀더 나중에 보내는 것보다 색이 칙칙해질 거야.

이제까지 보낸 그림들은 누가 보아도 너무 서둘러 그렸다는 느낌을 받을 테지. 그것을 부정하지 않아. 나도 얼마쯤 바꿔나갈 생각이야. 고갱처럼 머리좋은 동료를 얻고 그가 일하는 모습을 보다니, 참으로 행복한 일이야.[1]

고갱의 그림은 이미 인상주의가 아니라고 비난하는 사람도 있다고 너는 생각할지 모르겠구나. 너도 보았을 그의 최근 두 작품은 물감을 아주 두텁게 칠하고 나이프까지 사용한 부분이 있어. 그건 브르타뉴 시대 그의 그림—모두는 아니더라도 그 가운데 어떤 것—을 능가할 만한 작품이야.

편지쓸 시간이 거의 없어. 시간이 있었으면 그 네덜란드 인들한테 이미 편지 보냈겠지.

보쉬에게서 또 편지가 왔어. 브뤼셀의 '20인회'에 소속된 누나가 있는 그 벨기에 인을 너도 알 거야. 그는 보리나주에서 즐겁게 작업하고 있어.

고갱과 언제까지나 변함없이 우정을 지켜나가고 싶어. 그가 열대지방에 아

---

*1 고흐는 두 사람이 함께 그림그리고, 대화를 나누고, 고갱으로부터 많은 것을 배울 수 있는 데 만족했다. 고갱은 고흐의 회화적 발전에 감탄하며, 고흐의 박력있는 생각과 독창성을 인정했고, 자신의 그런 감상을 고흐에게 전했다. 자신이 존경하고 사랑하는 사람에게 칭찬받은 고흐는 무척 기뻤다.

틀리에를 여는 데 성공한다면 무척 멋지겠지! 하지만 내 생각에 그가 계산한 것보다 더 많은 돈이 필요할 거야.

기요맹이 고갱에게 편지를 보내왔어. 이번에 그의 자식이 태어나는데, 출산에 완전히 겁먹어 어떤 붉은 환영이 눈 앞에서 끊임없이 깜빡거린다더군. 고갱은 참으로 멋진 답장을 했어. 자신은 그 환영을 6번이나 보았다고.

마우베 부인은 건강이 많이 좋아졌어. 너도 알겠지만, 8월 이래 헤이그의 유대인 묘지 근처 시골 같은 곳에서 지내고 있지.

네가 내 작업을 좀더 기다려주어도 손해는 없을 거야. 사랑하는 친구들이 지금의 작품을 경멸하는 일은 내버려두도록 하자. 나에게 행복이란, 내가 무엇을 추구하는지 스스로 잘 알면서도 일을 서두른다는 비난에 전혀 무관심할 수 있다는 거야.*¹ 그 대답 대신 나는 요즘 한층 더 서둘러 그림그리고 있어. 언젠가 고갱이 말했지, 크고 아름다운 일본꽃병에 새겨진 모네 그림을 본 적 있는데 그보다 내 《해바라기》 그림이 더 좋다고. 그의 이 말에 찬성할 수는 없지만, 내 솜씨가 지금 쇠퇴하고 있다고는 생각지 않아.

너도 알듯 그림모델이 여전히 적고 그 어려움을 극복하기에 장애물이 너무 많은 것을 나는 한탄하고 있어. 만일 내가 완전히 다른 사람이고 돈이 많다면 억지가 통할 텐데, 현실은 원하는 말도 입 밖으로 내지 못하는 채 가만히 어려움을 겪고 있을 뿐이지. 40살에 이르러, 고갱이 말하는 꽃그림 같은 인물화를 그리면 어떤 예술가와도 어깨를 나란히 할 지위를 얻을 텐데——뭐, 그때까지 꿋꿋이 참는 거지.

지금 말할 수 있는 건, 최근 2점의 습작은 아직 이상하다는 거야. 둘 다 30호에 그렸지. 1점은 벽을 배경으로 한 붉은 깔개 위에 놓인, 노란색 짚방석이 놓인 나무의자 하나(낮). 다른 하나는 고갱의 팔걸이의자로 빨강과 초록으로 밤의 효과를 냈으며 벽도 바닥도 빨강과 초록이야. 그 의자 위에 소설책 2권과 양초 하나가 놓여 있어. 범포*² 캔버스 천에 물감을 두텁게 칠해 그렸지.*³

습작을 돌려보내 달라고 했지만, 급한 건 아니야. 잘 그려진 그림이 아니어

---

*1 이즈음 고흐는 자신감에 넘쳐 보인다.
*2 돛·텐트 등을 만드는 두꺼운 천.
*3 고흐는 자신의 의자와 고갱의 의자를 그렸는데, 아무도 앉아 있지 않은 빈 의자인데도 신기하게 의자 주인들의 개성이 뚜렷이 드러나보인다.

서 기록으로 내게 쓸모있거나 네 집을 어지럽힐 뿐이지. 그리고 습작들에 대해 이런 말을 해주고 싶어. 입장을 분명히 해둘 것, 나를 위해 그림상회 밖에서 거래하지 않을 것, 나는 구필 상회에 두 번 다시 돌아가지 않거나——분명 그럴 거야——당당하게 돌아가거나——있을 수 없는 일이지——둘 중 하나이리라는 것.

다시 한 번 악수를 보낼게.

네가 나를 위해 해주는 모든 것들에 감사해.

빈센트

고흐가 테오에게 564
1888년 12월 중간무렵 이후

사랑하는 테오

고갱과 나는 어제 몽펠리에 미술관, 특히 브뤼야스*1의 방을 보러 갔었단다. 거기에는 들라크루아, 리카르, 쿠르베, 카바넬, 쿠튀르, 베르디에, 타새르트 등의 화가들이 그린 브뤼야스의 초상화가 있어. 그리고 들라크루아, 쿠르베, 지오토, 파울루스 포테르, 보티첼리, T. 루소 등의 참으로 아름다운 그림도 있지. 브뤼야스는 예술가들의 후원자였어.

이 말을 꼭 하고 싶구나. 들라크루아의 초상화에서 그는 붉은 턱수염과 머리칼을 한 신사인데, 그게 너와 나를 꼭 닮아 뮈세의 시를 연상시켰어.

내가 가는 어디에서든
우리에게 다가와 옆에 앉아
형제처럼 우리를 지켜보는
검은 옷 입은 불행한 사람.

너도 보면 틀림없이 같은 인상을 받을 거라고 생각해. 부탁이 있는데, 고금의 예술가들 석판화를 파는 그 서점에 가서 들라크루아의 《정신병원의 타소》를 원화로 한 석판을 너무 비싸지 않은 가격에 살 수 있을지 한 번 보고 오지 않을래? 이 인물상은 저 브뤼야스의 훌륭한 초상화와 어딘가 공통점이 있는 것처럼 생각되거든.

---

*1 Alfred Bruyas.

거기에는 들라크루아의 작품 말고도 《혼혈여인》 습작 1점─전에 고갱이 모사한 적 있는─《오달리스크》《사자굴 속의 다니엘》 등이 있지. 쿠르베 작품으로 《마을처녀들》─풍경 속의 한 사람은 등돌린 누드 여인이고 또 다른 여자는 땅바닥에 있는 훌륭한 작품─《실잣는 여인》─걸작이지─그밖에도 많아. 요컨대 너는 이 컬렉션이 존재한다는 사실을 알고 있어야 하고, 이걸 본 사람들과 친해져 대화를 나눌 수 있게 되어야 해. 그러니 이 미술관에 대해서는 더 길게 말하지 않을게─파리의 데생과 청동조각은 별개로 치고.

고갱과 나는 들라크루아와 렘브란트에 대해 활발히 토론하고 있어. 논의는 아주 날카로워.[1] 가끔은 논의의 끝에 머리가 지쳐 마치 방전된 배터리처럼 돼. 우리는 완전히 마법에 걸린 거야. 프로망탱이 아주 잘 말했는데, 렘브란트는 무엇보다도 마법사이고 들라크루아는 신앙가라는 결론으로 제발 화해했으면 좋겠어. 너에게 이런 말을 하는 건, 렘브란트를 연구하고 사랑해 온 우리와 연관이 있고 또 네덜란드 친구인 드 한과 이삭손도 그 연구를 발전시켜 나갔으면 하기 때문이야. 이런 문제로 의욕을 잃어선 안돼.

라카즈의 갤러리에 있는 렘브란트가 그린 독특하고 훌륭한 남자초상을 너도 알지? 나는 그 그림을 보면 들라크루아 또는 그, 고갱과 어딘가 통하는 가족적 내지 종족적인 특징이 보인다고 고갱에게 말했어. 왠지 모르지만 나는 언제나 이 초상을 '나그네'라든가 '멀리서 온 사람'이라고 부르고 있단다. 이건 너에게 전에 말했던 것과 대응하는 비슷한 상념이야─《늙은 식스의 초상》, 장갑을 낀 그 훌륭한 초상을 볼 때면 너의 미래를 생각하고, 렘브란트의 동판

---

[1] 누가 가장 위대한 화가인가, 하는 문제로 두 사람은 첨예하게 대립했다. 더없이 충실한 행복감 속에서 두 사람이 함께 지낸 처음의 몇 주일이 지난 뒤 황금빛 꿈이 빛바래기 시작했다. 오랜 세월에 걸쳐 만들어진 쉽게 바뀌지 않는 또 한 사람의 고흐─투쟁적이고 까다로우며 불쾌한 고흐가 이제 막 손에 넣은 행복을 파괴하려 얼굴을 내밀었다. 한 인간에 지나지 않는 고갱도, 고흐가 자신의 생각을 차츰 강하게 주장함에 따라 신경질적으로 변해갔다. 아를에서 베르나르에게 보낸 편지에서 고갱은 '그와 나는 대부분의 일, 특히 그림에 대해 전혀 맞지 않네. 고흐는 도데, 도비니, 지엠, T. 루소 등 내 마음에 들지 않는 사람이라면 누구든 좋아하고 내가 존중하는 앵그르, 라파엘로, 드가 같은 이들을 모두 싫어한다네. 내 그림을 매우 좋아하는 듯하지만, 다 그리고 나면 늘 이것저것 깎아내리고 싶어하지'라고 불평을 늘어놓는다. 6주일이 지날 무렵에는 고흐가 즐겨 그렸던 뜨거운 노란 태양 대신 검은 색이 등장하며 지금까지 고흐를 괴롭혀온 그 어떤 것보다 더 어두운 감정이 모습을 드러내기 시작했다. 두 사람은 곧잘 격렬하게 말다툼을 벌이게 된다.

화 《볕드는 창가에서 책읽는 식스》를 볼 때면 너의 과거와 현재를 생각하는 것과 마찬가지. 이게 우리의 상황이야.

오늘 아침 고갱에게 기분이 어떠냐고 물었더니 그는 '예전의 내 본성이 돌아온 느낌이다'라고 말했어. 이 말을 듣고 나는 무척 기뻤단다. 지난겨울, 너무 지쳐 의식조차 몽롱한 상태로 이곳에 와서 회복할 기미도 보이지 않는 동안에는 마음 속으로 얼마쯤 괴로웠는지.

네가 몽펠리에의 그 미술관을 꼭 가보았으면 좋겠어. 정말 멋진 작품들이 있으니까. 고갱과 내가 몽펠리에에 가서 들라크루아가 그린 브뤼야스의 초상을 봤다고 드가에게 전해줘. 실제로 존재하는 것은 존재하고, 들라크루아가 그린 브뤼야스의 초상이 새로운 형제처럼 너와 나를 꼭 닮았다는 건 순순히 믿어야만 하니까.

화가들의 공동생활터를 마련한다는 건 참으로 이상한 이야기처럼 들리겠지만, 펜을 놓으면서 너의 입버릇을 따라 이렇게 말하겠어. "그건 시간이 지나면 알게 될 거야."

이제까지 말한 것을 모두 우리 친구 이삭손과 드 한에게 이야기해도 좋아. 이 편지를 그들에게 읽어줘도 상관없어. 편지를 쓸 기력이 남아 있다면 그들에게도 진작 편지를 썼을 텐데.

고갱으로부터, 그리고 나도 너와 그들 모두에게 힘찬 악수를.

너의 빈센트

덧붙임 : 고갱과 내가 아무 힘들이지 않고 작업한다고 네가 생각할까봐 말하는데, 모든 일이 술술 풀리는 건 아니야. 네덜란드 친구들도 우리처럼 어려움에 꺾이지 않기를, 그들을 위해 또 너를 위해 기도해.

고흐가 테오에게 565
1888년 12월 23일

사랑하는 테오
너의 편지, 동봉한 100프랑 지폐, 그리고 50프랑 우편환, 고맙다.
고갱은 이 멋진 마을 아를에, 우리의 일터인 이 작고 노란 집에, 특히 나에게 좀 실망한 것 같아. 분명 그에게도 나에게도, 이곳에는 아직 극복해야 할 중대한 문제들이 있어. 그렇지만 이런 문제들은 다른 곳 아닌 오히려 우리 자신 안에 있단다.*¹ 결국 그는 박차고 나가든가*² 그냥 있든가 둘 중 하나가 될 거야. 나는 행동으로 옮기기 전에 다시 신중히 생각하고 많이 고민해 보라고 그에게 말했어.

고갱은 매우 능력있고 창조적이지만, 바로 그렇기 때문에 그에게는 안정이 필요해. 이곳에서 그것을 찾지 못하면 다른 곳에서 발견할 수 있을까? 그가 냉정한 마음으로 결단내리기를 기다리고 있어. 굳은 악수를.

빈센트

어느 날 고호는 고갱이 완성한 자신의 초상화를 유심히 바라보았다. 자신과 매우 닮았지만, 그 얼굴이 고갱의 눈에 비친 자신의 모습이라는 데 집착했다. '틀림없는 나지만, 미친 나로구나!' 그뒤 두 사람은 레스토랑으로 갔는데 테이블에 술이 놓이자 고호는 그 술을 고갱에게 끼얹었으나 빗나갔다.*³ 고갱은 말없이 벌떡 일어나 고호의 팔을 붙잡고 집으로 끌고 가 침대에 눕혔다. 고호는 죽은 사람처럼 침대에 누워 있다가, 이튿날 아침 두통을 호소하며 사과했다.

"죄송합니다. 내가 무슨 짓을 했는지 나도 모르겠습니다."

---

*1 고갱은 고호가 남 프랑스의 좋은 점을 지나치게 과장하고 칭찬하며 자신을 유혹했다고 비난했다. 또 자신은 그들 형제에게 이용당했다는 불편한 심기도 드러냈다. 그러나 고갱에게도 책임은 있었다. 고갱은 고호가 소중히 여기는 이상을 인정사정없이 참혹하게 짓밟았다. 고갱은 고호가 오랜 동안 존경해온 사람들을 공격했고, 고호의 작품까지 신랄하게 비판했다. 실제로 들은 비판이건 망상에 따른 있지도 않은 비판이건 나쁜 말을 들으면 금방 발끈하는 고호는 분노로 부글부글 끓어올랐다. 그 결과 서로 상대를 심하게 모욕하는 토론이 벌어지곤 했다. 고갱은 전보다 심한 두통에 시달리고 신경증도 악화되었다.

*2 고갱은 최대한 집을 나가 있게 되었다. 돌아오면 고호가 기다리고 있다가 다시 토론을 시작했다. 고호는 고갱과 토론하면서 악마적인 기쁨을 느꼈고, 그러다가 갑자기 돌변해 입을 꾹 다물고는 하루종일 한 마디도 하지 않았다. 고갱이 한밤중에 문득 눈을 뜨면 고호가 섬뜩한 모습으로 침대를 향해 살금살금 다가오고 있기도 했다. 이게 무슨 짓이냐고 물으면 넋나간 사람처럼 다시 자신의 방으로 돌아갔다. 서로 격렬하게 다투면서도 고갱이 떠나는 것을 두려워한 고호는 그가 아직 있는지 수시로 확인하고 싶어했던 것이다. '우리는 성격이 너무 달라서 여기서 평화롭게 산다는 건 불가능해. 우리 둘은 서로 전혀 맞지 않아'라고 고갱은 테오에게 편지써 파리로 돌아갈 여비를 보내달라고 부탁했다. 그 사실을 안 고호는 태도가 돌변해 아를에 있어달라고 끈질기게 졸랐다.

*3 그 장면을 목격한 카페 여주인 지누 부인은, 그날 고호는 높은 열에 시달리고 있는 듯 보였으며, 마을 주민들도 미스트랄이 불 때면 곧잘 그런 괴로움을 호소했다고 증언했다.

고갱은 당장 나갈 기세로 자신의 짐을 챙겼다. 고흐는 혼란스러운 마음으로 눈을 부릅뜨고 고갱을 지켜보았다. 고흐는 완전히 이성을 잃었다.

저녁 무렵, 고흐를 피해 밖으로 나갔던 고갱이 집 앞 거리를 건너는데 뒤에서 발소리가 들려 돌아보니, 고흐가 면도칼을 들고 다가왔다. 무슨 짓이냐고 고갱이 격노하자 고흐는 말없이 발길을 돌려 집 안으로 들어갔다.

고흐는 거울 앞에 서서 한참 동안 자신의 모습을 지켜보았다. 그의 머릿속에 어떤 고뇌가 소용돌이치고 있었던 것일까! 그는 갑자기 한 손을 쳐들어 재빠르게 오른쪽 귓불을 도려냈다. 흐르는 피를 멈추게 하려고 얼굴에 스카프를 감고 그 위에 둥근 털모자를 썼다.

잘라낸 귓불을 봉투에 넣어 들고 그는 집을 나서 늘 다니던 유곽으로 갔다. 문지기의 손에 그 봉투를 건네주며 자신과 친하게 지내는 여자에게 전해 달라고 말했다.

피투성이가 된 소름끼치는 모습의 고흐를 길에서 발편한 우편부 룰랭이 집으로 데려가 침대에 눕혀주었다. 생명의 위협을 느낀 고갱은 밤새 돌아오지 않았다.

다음 날 아침, 파리로 떠나기 위해 짐을 가지러 노란 집으로 돌아온 고갱은 사람들이 집 앞에 모여 있는 것을 보았다. 집 안은 온통 피투성이고, 고흐는 의식없이 침대에 누워 있었다. 고갱은 테오에게 급히 전보를 보냈다.

12월24일, 빈센트는 시립병원에 수용되어 인턴인 레이 의사의 진료를 받는다.

12월 어느날 오빠 안드리스의 집에 머물던 요한나를 다시 만나 결혼을 약속하게 된 테오는 부모님 허락을 받기 위해 네덜란드로 떠나려 막 나서던 참에 고갱의 전보를 받았다. 테오는 요한나만 먼저 출발시키고, 자신은 남 프랑스로 급히 달려갔다.

아를 역에서 고갱이 기다리고 있었다. "지금 병원에 있는데 상태가 몹시 좋지 않네. 나는 가지 않는 게 좋겠지. 내 얼굴을 보면 상태가 악화될 테니까."

테오는 곧바로 형의 병상으로 달려갔다. 테오를 본 고흐는 그제야 마음놓이는 듯 병원에 온 뒤로 줄곧 부릅뜨고 있던 눈을 스르르 감았다.

형의 처참한 모습에 테오는 가슴이 찢어지는 듯했다. 요한나에게 보내는 편지에 '형은 정상인 듯싶다가도 갑자기 철학적·신학적 상념에 빠져버리오. 그 모습을 보면 너무 슬프오. 가끔 그의 내부에서 슬픔이 한꺼번에 터져나와 소리내어 울려고 하지만, 그마저도 안되는 것 같소. 오, 가엾은 투사, 불쌍하고 가엾은 수

난자——그를 고통에서 건져주고 싶지만 지금은 아무것도 해줄 수 있는 게 없소'라고 써보낸다

그러나 테오는 파리로 돌아가야만 했다. 형을 진료하는 인턴 레이 의사가 좋은 사람이라 용태를 잘 알려줄 것 같아 그나마 마음놓였다.

고갱도 테오와 함께 파리행 기차에 올랐다. 뜻밖에도 테오는 고갱을 탓하지 않았다. 이 사건은 터질 일이 터진 것이고, 고갱은 오히려 형에게 고마운 존재였다고 테오는 생각하고 있었다. 고흐 역시 비참한 상태에서도 고갱에게 많은 은혜를 입었다고 강조했다.

26일, 룰랭이 병문안 왔을 때 고흐는 몹시 쇠약해져 우울감에 빠진 상태였다. 다음 날 룰랭 부인이 찾아왔을 때는 입을 열어 갓난아기의 안부를 물었다. 부인이 돌아간 뒤 심한 발작을 일으켜 격리실로 옮겨졌다. 28일, 룰랭은 면회를 거절당했다. 식사도 못하고 대화도 불가능한 상태. 31일, 룰랭이 면회했을 때 고흐는 차분하게 논리적으로 이야기했다. 병원은 그를 마르세유나 엑스의 정신병원으로 옮기려 했으나, 고흐는 자유를 빼앗긴 채 구속당하는 데 분개했다.

▲《귀에 붕대를 감은 자화상》(1889) 개인 소장

▲《레 잘리스캉(석관의 길)》 크뢸러–뮐러 미술관, 오텔로

사랑하는 테오

고갱이 너를 완전히 안심시켜 주리라고 생각해. 그림판매에서도 어느 정도 말이지.

곧 다시 그림을 그리기 시작하고 싶어. 가정부와 친구 룰랭이 집안을 정리해 주어 깨끗하게 정돈되었단다.[*1] 외출하여 내가 좋아하는 오솔길을 거닐고, 머지않아 좋은 계절이 오면 꽃이 활짝 핀 과수원을 그리고 싶어.

네가 일부러 와준 일은 매우 유감스러워. 널 끌어들이고 싶지 않았는데, 결국 대수롭지 않게 지나갔고, 너를 번거롭게 할 만한 일은 아무것도 없었지. 네가 마음의 평화를 되찾아 봉허 집안 사람들과 유쾌하게 지낸다는 이야기를 듣고 얼마나 기뻤는지 말로 표현할 수 없을 정도야.

안드리스에게도 그렇게 전해주렴. 그리고 나 대신 굳은 악수를 해주겠니? 나는 너에게 화창한 날씨의 아를만 보여주었었는데, 이번에는 어두운 아를을 보여준 셈이야.

기운내렴. 편지는 라마르틴 광장 2번지, 내 앞으로 직접 보내줘. 만일 고갱이 원한다면 집에 남겨놓고 간 작품을 바로 보내줄게. 그가 치른 가구값 빚이 있지.

너에게 악수를 보낸다. 다시 입원해야 하지만 얼마 뒤 퇴원할 수 있을 것 같아.

나 대신 어머니께 편지보내 아무 걱정 마시도록 잘 말해주렴.

빈센트

(이 편지지 뒷면에 연필로 다음과 같이 씌어 있다.)

고갱, 비로소 병원을 나와 진심어린 우정을 담아 한 마디 적습니다.

병원에서 열이 나고 몸이 쇠약해졌을 때도 당신 생각을 많이 했습니다. 동생 테오가 일부러 여기까지 올 필요 있었다고 생각하십니까, 당신은?

이제 와서는 적어도 동생을 안심시켜주고, 아무쪼록 자신감을 가지고 이 세상 모든 일을 잘 풀어나가기 바랍니다.

[*1] 1889년 새해가 되자 의사는 고비를 넘겼으며, 몇 시간 정도는 집으로 돌아가도 좋다고 말했다.

친절한 쉬프네케르에게 부디 안부전해주십시오. 그리고 또 우리가 주고받았던 의견이며 저 가엾은 작고 노란 집에 대한 나쁜 말은 하지 말아주십시오. 또 나와 알고 지내는 파리 화가들을 만나면 대신 안부전해주기를.

파리에서 발전하기를 희망하며 굳은 악수를 보냅니다.

덧붙임 : 룰랭은 참으로 친절하게 대해주었어. 다른 사람들이 알기 전에 집으로 돌아올 수 있도록 힘써주었지.

답장보내줘.

고흐가 테오에게 567
1889년 1월2일

사랑하는 내 동생

네가 병원비 걱정을 하면 안되므로 너도 만나보았던 병원 인턴 레이 의사 방에서 짧게 편지쓰고 있어.

이곳에 2, 3일쯤 더 머문 뒤 천천히 집으로 돌아가게 될 거야. 그러니 걱정하지 말아. 그렇지 않으면 고민의 씨앗이 하나 더 늘어나니까.

그런데 우리 두 사람의 친구 고갱 말인데, 몹시 놀라버린 걸까? 어째서 소식을 보내오지 않지? 너와 함께 출발했을 텐데. 파리로 돌아가고 싶어했으니 그곳에 있는 게 여기보다 마음 편할지도 몰라. 편지를 보내달라고, 그리고 내가 걱정하고 있다고 전해주렴.

굳은 악수를 보낸다. 봉허를 만났다는 너의 편지를 몇 번이나 다시 읽어보았어. 훌륭해. 나는 지금 이대로 있고 싶구나. 한 번 더 너와 고갱에게 악수를 보낸다.

빈센트

덧붙임 : 편지보낼 곳은 언제나처럼, 라마르틴 광장 2번지야.

이 편지 뒷면에 레이 의사 편지가 있어.

형님 병세에 대해 이 편지에 한 마디 덧붙입니다.

제가 말씀드린 대로 일시적 흥분상태였음을 기쁘게 여깁니다. 며칠 지나면 완쾌되리라 생각합니다. 본인의 상태를 분명하게 전하기 위해 직접 편지쓰도록 내게 권했지요. 제 방으로 모셔 이야기를 좀 나누었습니다. 저에게도 위로되고 본인에게도 도움될까 해서. 그럼, 안녕히 계십시오.

레이

고흐가 테오에게 570
1889년 1월 9일

사랑하는 테오

너의 따뜻한 편지를 받기에 앞서 오늘 아침 네 약혼녀로부터 [약혼] 소식을 들었어. 그녀에게 이미 답장써서 진심어린 축하인사를 했지. 너에게도 이 편지로 축하한다.

나의 걱정──필요한 일이고 나 역시 그토록 오래 간절히 바랐던 네 여행을 내가 망친 게 아닐까 하는──도 사라지고 이제 완전히 정상으로 돌아왔다는 생각이 들어.

오늘 아침 붕대를 교환하러 병원에 갔단다. 그리고 그 인턴과 한 시간 반쯤 산책하면서 박물학에 이르기까지 이런저런 대화를 나누었지.

네가 고갱 소식을 들려주어 무척 기뻤어. 그가 다시 열대로 가는 계획을 포기하지 않았다는 소식 말이야. 당연히 그래야지. 그의 계획에 빛이 보이는 것 같아. 진심으로 찬성이야. 물론 나로서는 유감스럽지. 하지만 그에게 좋다면 바로 내가 바라는 일임을 너도 알 거야.

코르 숙부에게 고갱의 장래에 대해 네가 말을 좀 해두면 어떨까? 코르 숙부가 네 말에 귀기울여 자기 아들과 너를 협력관계에 두는 방침에 따라 최선의 노력을 하면 아들도 아버지 사업을 물려받을 거라고 말해 봐. 코르 숙부는 자신이 세운 그림상점을 꼭 존속시키고 싶어할 거야. 그는 구필 상회와 관계없는 화가들을 네덜란드로 데려간 사람이잖아.

그리고 테르스티호는 분명 인상파를 받아들일 거야. 적어도 들라크루아는 틀림없이 신용하겠지. 테르스티호와 네가 손잡는다면 큰 힘이 될 거고, 부소도 가볍게 여기지 못할 거야.

1889년에 열릴 만국박람회는 어떤 식일까? 레이 의사를 위한 《해부학강의》를 잊지 마. 오늘 아침이 아니라 훨씬 전에 말했는데, 그는 그림을 좋아한대.

아무것도 모르며 공부하고 싶다고 했지. 나는 그에게 말했어——반드시 직접 그림을 그리지 않아도 된다, 애호가가 되라고. 이로써 우리는 이곳에서 의사 친구를 두 명 갖게 되었어. 레이 의사와, 전에 이야기했던 파리 출신 의사.

그들에게 나는 말했지. 몽펠리에의 브뤼야스는 우리와 어딘지 가족적으로 닮은 데가 있으며 우리는 프랑스 남부에서 몽티셀리가, 그리고 브뤼야스가 한 일을 계속하려는 것뿐이라고.

병원을 나오며 치러야 할 돈이 많았어. 급하지 않지만, 며칠 안으로 50프랑 쯤 보내주면 고맙겠구나.

친구 고갱의 계산이 잘못된 건, 내가 보기에 집세며 가정부며 그밖의 여러 세속적인 일들에 드는 비용까지 생각이 미치지 못했기 때문이야. 이런 여러 가지 비용은 모두 우리의 어깨에 무겁게 얹혀 있지. 그러나 우리가 한 번 그 비용들을 부담해 버리면 다른 화가들은 아무 걱정 없이 나와 함께 작업할 수 있게 돼.

지금 알게 된 일인데, 내가 없는 동안 집주인이 담뱃가게 주인과 계약해 나를 내보내고 이 집을 주기로 했대.

그렇지만 나는 그리 걱정하지 않아. 나도 창피하게 이 집에서 쫓겨나는 걸 감수할 마음은 없으니까. 집 안과 밖을 다시 칠하고 가스를 끌어들여 폐쇄된 채 오래도록 아무도 살지 않던 이 집, 차마 눈뜨고 못볼 상태였던 이 집을 빌려 사람이 지낼 수 있는 상태로 만든 건 바로 나니까! 너에게 미리 알려두고 싶은데, 집주인이 강압적으로 나온다면 아마 부활제쯤 이 문제로 너의 조언을 구하게 될 거야. 이 문제 전반에 걸쳐 나는 우리 화가들의 이익을 지키는 관리인에 지나지 않는다고 생각하고 있으니까. 그리고 분명 그때까지는 시간적 여유도 있겠지.

그리고 중요한 건 걱정하지 않는 거야. 베르나르가 실베스트르의 책을 돌려줬니? 그 의사들에게 이 책을 보여주기 위해 정확한 제목을 알고 싶어.

내 건강은 좋아. 상처는 잘 아물고, 잘 먹고 소화가 잘되어 대량으로 잃었던 피도 정상으로 돌아왔어. 가장 무서운 건 불면증이야. 그것에 대해서는 의사로부터 들은 말 없고, 나도 아직 이야기하지 않았어. 나는 스스로 이것과 싸우고 있지.

이 불면증에 베개와 매트리스 속에 강렬한 장뇌를 집어넣는 방법으로 맞서고 있어. 잠이 안올 때면 너도 이 방법을 써봐. 나는 집에서 혼자 잠자는 게 너무 무서웠어. 잠이 안올까봐 불안했거든. 하지만 그것도 다 사라졌단다. 이젠 재발하지 않으리라 굳게 믿고 있어.

병원에서도 그 때문에 정말 힘들었지. 그런데 이상하게도, 그 실신보다 더한 의식상태 속에서 줄곧 드가를 생각했어. 그전에 고갱과 드가에 대해 대화한 적 있는데, 나는 고갱에게 드가가 '나는 아를 여인들을 위해 힘을 비축하고 있다'고 한 이야기를 들려주었지.

너는 드가가 얼마나 섬세한지 잘 알고 있으니, 파리로 돌아가면 그에게 이제까지 아를 여인들을, 순진무구한 여인들을 그릴 힘이 없었다는 나의 고백을 꼭 전해줘. 고갱이 내 그림을 좋다고 말하더라도 섣불리 믿지 말라고, 병적으로밖에 그리지 못한다고도 말해 주고.

회복되면 처음부터 다시 새로 해야 하지만, 병에 걸려 불충분한 형태로 도달했던 그런 정상에 다시 이르는 일은 없을 거야.

레이 의사를 리베 의사에게 소개하면 어떻겠느냐는 네 의견에 찬성이야. 기꺼이 다시 한 번 리베 의사에게 그림을 1점 바치고 싶어. 그러나 레이 의사에게 그가 지금 취득하고 싶어하는 박사학위증을 들려서 이곳 병원으로 돌려보내면 좋겠다고 네가 리베 의사에게 대신 말해주지 않을래? 그는 이곳에서 정말 유용한 사람이야. 아를은 마르세유 언저리에 콜레라며 페스트 같은 위협이 여전히 남아 있는 만큼 아직 의사가 절실히 필요해. 레이 의사는 이곳 태생이고, 파리나 다른 지방에서는 전혀 필요하지 않을 거야. 그런데 파리 최고의 권위있는 의학상을 취득하고 온다면 그는 재앙의 시기에 이곳에서 진짜 기적을 낳게 될 테지.

의학의 내부적 문제에 우리가 이러쿵저러쿵할 권리는 없어. 리베 의사도 아를 태생은 파리 태생이 아니고 파리 태생은 아를 태생이 아니라고 느끼는 점에서는 같은 의견일 거야.

브레다에 들러서 왔니? 당연히 그랬으리라고 생각해. 나에 대해서는 특히 어머니를 안심시켜줘.

고갱이 갖고 있는 내 초상화[1]를 봤니? 최근 고갱이 그린 자화상[2]은?

---

[1] 고갱 《해바라기를 그리는 반 고흐》, 반 고흐 미술관, 암스테르담.
[2] 고갱 《자화상》, 모스크바, 푸시킨 미술관.

이 고갱의 자화상과, 그가 내 자화상과 교환하여 브르타뉴에서 보내준 그의 자화상[*1]을 비교해 보면, 그가 이곳에 와서 안정을 찾았음을 알 수 있을 거야.

드 한과 이삭손은 어떻게 지내니? 고갱이 더 오래 나와 함께 지냈다면 언젠가 그들을 이곳으로 부르게 될 거라고 나는 막연히 생각했었어. 그럴 생각으로 작은 침실 두 개를 빌려두었는데, 계속 빈 방으로 있어서 지금은 다 내가 쓰고 있어. 방세는 한 달에 21프랑50상팀이야. 고갱도 떠났고, 남 프랑스로 오는 여비가 상당한 것을 생각하면 나도 이제 그 일에 연연할 생각이 없어. 아무튼 그들을 만나면 안부전해줘.

룰랭이 안부전해달라는구나. 네가 오늘 편지에서 그에 대해 쓴 글——분명 그는 충분히 그럴 만한 사람이야——을 보고 그는 매우 만족했어.

그럼, 악수를. 너도 알겠지? 너와 약혼녀의 행복을 내가 얼마나 비는지!

언제나 너의 빈센트

덧붙임 : 안드리스에게도 안부전해줘, 그쪽에 있다면.

빈센트

고흐가 테오에게 571
1889년 1월17일

사랑하는 테오

정성어린 편지와 함께 보내준 50프랑 고맙구나. 지금 너의 모든 물음에 답할 수 있을 거라고 생각하니? 나에게는 무리란다. 잘 생각한 다음 해결책을 마련하고 싶은데, 그러려면 한 번 더 편지를 꼼꼼이 다시 읽어봐야 해.

문제에 들어가기 전에 먼저 1년 동안 얼마나 지출될지 알아야 하는데, 최근 한 달 동안의 형편을 살펴보면 아마 제대로 조사할 방법을 찾을 수 있을 거야.

어쨌든 한심스러운 결과야. 오랜 동안 어떤 상태였는지 조금이나마 주의를 기울였더라면 좋았을 텐데. 하지만 안타깝게도 여러 가지 이유로 곤란한 상황이 되고 말았어. 지출할 일은 자주 생기는데 내 그림은 전혀 값어치 없고, 때

[*1] 베르나르의 초상이 벽에 있는 자화상.

아를(1888년 2월~1889년 5월) 821

로는 피와 머리로 막대한 희생을 치러야만 하지. 나는 도무지 어쩔 도리가 없어. 대체 어떻게 변명해야 좋을까.

이번 달 비용문제를 다시 이야기해보자. 12월23일에는 아직 1루이 3수[1]가 상자에 들어 있었어. 그날 너로부터 100프랑 지폐를 받았지.

12월분 가정부 급여 20프랑을 룰랭에게 주었어. 그리고 1월15일까지의 가정부 급여 10프랑도 주어서 모두 30프랑이야. 또 입원비 21프랑, 간병인 수당 10프랑, 집에 돌아와 책상과 가스와 조리용 난로 대여료 20프랑, 침구와 피묻은 침대 시트 세탁비 12프랑50상팀, 일용품인 칫솔 1다스와 모자 등에 약 10프랑──합계 103프랑50상팀이야. 퇴원날과 그 다음날 꼭 지불해야 했던 금액이지.

퇴원날은 새로운 발작에 대해 전혀 두렵지 않아 완전히 마음놓고 룰랭과 기분좋게 저녁식사했어. 그 결과 8일이 되자 빈털터리가 되고 말았지. 그리고 하루인가 이틀 뒤 5프랑을 빌렸어. 그래도 아직 10일 무렵이었단다. 그즈음 네 편지를 받을 예정이었는데, 그것이 가까스로 오늘(17일)에야 도착했어. 그동안 몹시 굶주렸으니 이런 식이라면 건강을 회복할 수 있을지 모르겠구나.

이미 작업을 시작해 아틀리에에서 습작을 3점 다듬었어. 그리고 레이 의사 초상화를 그려 기념선물로 보냈단다.[2]

괴로움과 걱정이 조금 늘어난 것 말고는 이번에도 그리 비참한 결과에 이르지는 않았어. 그래서 아직 희망을 가지고 있지. 그래도 몸이 쇠약해져 좀 걱정스럽고 마음에 걸리는구나. 기력만 되찾으면 별일없이 끝나리라 생각해.

레이 의사 말로는 감수성이 어지간히 풍부하지 않으면 그런 발작이 일어나지 않는다더구나. 지금은 그저 빈혈증만 남아 있어 균형잡힌 식사를 해야 한다고 해. 지금 내게 기력회복이 가장 중요한지 어떤지, 또 전혀 예상치 못한 우연이나 착각 때문에 다시 일주일이나 식사 못하는 일이 있어도 차분하게 그림 그릴 수 있는 미치광이가 많은지, 적어도 내가 일시적으로 발광했던 건지 어떤지에 대해 짚이는 바가 없는지──레이 의사에게 과감하게 물어보았단다.

이번 지출은 그 소동으로 집안이 어질러지고 침대 시트, 옷, 신발 등이 더러

──────────

[1] 20프랑15상팀.

[2] 병원에 입원해 있는 동안 고흐의 회복 경과와 정신상태에 대해 테오에게 자세히 알려주고 자신을 잘 돌봐준 데 대한 감사의 표시였다.

워져버렸기 때문이야. 그러니 어찌 터무니없이 지나친 부당한 지출이라고 할 수 있겠니? 퇴원 뒤 곧바로 마땅히 내야 할 돈을 나처럼 가난한 사람에게 지급했을 뿐인데, 내가 잘못한 걸까? 아니면 더 절약할 수 있었을까?

오늘은 17일이고, 나는 50프랑 받았어. 그 돈으로 우선 커피숍 주인에게 빌린 5프랑과 지난주 외상으로 마신 커피 10잔 값을 합쳐 7프랑50상팀 갚았어. 그리고 병원에서 가지고 돌아온 더러워진 옷의 세탁비와 지난주에 맡긴 신발과 바지 수선비 5프랑. 12월에 쓴 땔나무와 석탄, 그리고 다시 더 주문할 연료비가 적어도 4프랑. 1월15일 이후의 가정부 급여 10프랑. 합계 26프랑50상팀을 내고 나면 내일 아침에 남는 돈은 23프랑50상팀.

오늘이 17일이니 아직 13일이나 남았어. 하루에 얼마로 지내야 하는지 헤아려 봐주렴. 그리고 네가 룰랭에게 보낸 30프랑 중에서 12월 집세 21프랑50상팀을 그가 냈지.

나의 사랑하는 동생아, 이것이 이번 달 지출내역이란다. 아직 더 남았지. 허둥대지 말라고 내가 그토록 미리 말해두었는데도 고갱이 전보로 너를 괴롭힌 지출액에 다가왔다. 지금까지 헛되이 쓴 돈이 200프랑보다 적을까?

그때 고갱은 자신이 선배답게 행동했다고 주장하는데, 그렇다면 더는 그 엉뚱한 사건에 고집부릴 마음없어. 내가 모두들 말하는 그런 사람이라 하더라도 어째서 그 유명한 동료는 좀더 침착하게 행동하지 못한 걸까? 이 점에 대해 더이상 고집피우고 싶지 않단다. 그동안 고갱을 분수에 넘칠 만큼 보살펴준 너에게 너무나 고맙구나. 정상적이라기보다 무리한 지출이었던 것 같아. 어찌 됐든 나는 한 가지 희망을 품고 있어. 우리가 고갱을 이용한 게 아니라 오히려 그의 생활을 보장하고 그림그리게 해주기 위해서였다는 걸……그리고 그가 성실하기를 바랐던 걸 어찌 모른단 말이냐.

만일 그것이 너도 알다시피 그가 평소에 말한 예술가조합의 웅대한 취지에 맞지 않는다면, 그가 그리는 공상에 맞지 않는다면……어째서 고갱은 자기의 그릇된 신념 때문에 너와 내가 받은 고통과 손해에 대해 책임감을 느끼지 않지?

이 가설이 너무 지나치다면, 나는 여기에 얽매이지 않을 거야. 어쨌든 상황을 지켜보자꾸나. '파리에서의 은행가 생활'이라고 스스로 말하는 과거 경력이 있고, 사정을 잘 알고 있는 듯하지만, 너도나도 그 방면에는 전혀 관심이 없지.

그래도 이전에 써보냈던 것과 그리 모순되지는 않을 거야.

만일 고갱이 더 공부하기 위해서라든가, 전문의에게 진단받기 위해 파리로 간 것이라면 어떤 결과가 될지 알 수 없어. 양심의 차이에서 오는, 너와 나였다면 하지 못할 일을 몇 번이나 되풀이하는 걸 본 적 있어. 그에 대해 이와 비슷한 소문을 두세 번 들은 적도 있는데, 가까이에서 그를 관찰해 보면 아마도 상상력과 자존심 때문에 분노를 일으키는 것 같아……아주 무책임하다고 생각해.

이 결론과는 별개로, 어떤 경우라도 그가 하는 말을 지나치게 믿지 말아야 해. 그동안의 정산(精算)에서는 네가 더 훌륭한 신념을 바탕으로 행동했다고 여겨. '파리 은행가'의 틀린 계산에 말려들 걱정은 없지.

그런데 고갱은……무엇이든 자신이 하고 싶은 대로 하고, 독립적으로 혼자 앞서가는 걸까? 그는 독립이라는 말을 어떤 뜻으로 생각하고 있는 거지? 자신의 생각이 우리보다 더 많은 경험에서 나온 거라고 믿는다면 제멋대로 행동하라지.

여기에 남겨두고 간 습작과 나의 《해바라기》를 맞바꾸자는 요구는 참으로 기막히더구나. 그의 습작은 이곳에 선물로 남겨두고 간 게 아니었던가? 그 습작을 되돌려보내야겠어. 내가 가지고 있어봐야 아무 도움 되지 않고 그에게는 분명 아직 필요할 테니.

지금 나는 내 작품을 보존해 둘 생각이므로 당연히 그 《해바라기》도 내 곁에 남겨두려고 해. 그는 이미 《해바라기》를 2점 가지고 있으니 그걸로 충분할 거야.

만일 그가 나와의 작품교환에 만족하지 못한다면, 마르티니크 섬에서 그린 소품과 브르타뉴에서 보내온 자화상과 맞바꿔 파리에서 손에 넣은 나의 자화상과 《해바라기》 2점을 돌려받아야겠구나. 이 문제를 그가 한 번 더 꺼내면 똑똑히 그렇게 말해줄 거야. 내 옆에 있으면 방해될 거라고 고갱은 진정으로 조심스러워했던 걸까? 아주 잠시라도 얼마나 만나고 싶어했는지 거듭 이야기한 걸 알면서 그렇게 말한 것도 물론 부정할 수 없을 거야. 서로 그대로 잘 지내며 너를 괴롭히지 않으려 했는데, 그는 듣지 않았어.

이런 일로 같은 숫자를 계산하거나 다시 되풀이하는 건 이제 지긋지긋해. 이 편지로, 나 자신을 위해 필요했던 경비와 내가 그만큼 책임지지는 못했지만 어쩔 수 없이 지출한 부분이 있다는 것의 차이를 네가 알아줬으면 해. 이런 때 누구에게도 이익되지 않는 지출부담을 너에게 안겨준 것을 무척 후회하고 있단다.

만일 버텨낸다면 기력이 회복됨에 따라 앞으로 차츰 전망이 좋아지리라 생각해. 필요이상의 비용이 드는 생활변화나 이사가 몹시 두렵구나. 벌써 꽤 오랫동안 조금도 마음이 진정되지 않아. 그림그리는 일을 게을리하지 않도록 노력하고 있어. 때로는 잘 그려지기도 해서, 지금까지의 비용을 유화로 갚는 결과에 도달할 수 있지 않을까 믿으며 견디고 있지.

룰랭은 근무지가 바뀌어 21일에 이곳을 떠난단다. 마르세유로 간다는구나. 급여가 아주 조금 올라 부인이며 아이들과 잠시 떨어져 지내야 해. 함께 살 수 있는 건 한참 뒤의 일이겠지. 마르세유의 물가가 비싸 지출이 많아지므로 가족과 함께 떠날 수 없어.

룰랭으로서는 더 좋은 자리로 옮기는 거지만 오래 근무한 사원에게 주는 국가의 보상이 너무도 보잘 것 없구나. 그도 부인도 분명 마음 속 깊이 무척 실망하고 있을 거야. 지난주에 룰랭은 몇 번이나 나와 함께 있어주었어.

우리와 상관없는 의사문제에 개입해서는 안된다는 네 생각에 나도 적극 찬성이야. 마치 네가 레이 의사에게 편지써 파리의 리베 의사라는 사람에게 소개하라고 말한 것처럼 이해했는데, 리베 의사에게 그림 1점을 증정하며 레이 의사에게 가져가주면 매우 감사하겠다고 간청하는 실수는 하지 않을 거야. 물론 나는 다른 이야기는 한 적 없고, 어쨌든 내가 의사가 아니어서 유감이며 그림을 아름답게 여기는 사람들에게는 사실적인 습작만 보여줘도 좋지 않겠느냐는 등의 말은 했지.

고갱과 함께 시작한 '렘브란트와 빛의 문제연구'를 너무 빨리 포기한 건 참으로 안타까워. 드 한과 이삭손이 아직 있다면 실망하지 않기를. 병에 걸린 뒤로 내 시각은 아주 예민해졌어. 드 한의 《장의사》를 사진으로 받아보았지. 이 얼굴에는 렘브란트의 참된 정신이 깃든 것 같고, 장의사라는 이름의 몽유병자가 있는 정면의 무덤으로부터 휘황하게 반사된 빛을 받고 있는 듯해.

그 표현은 아주 교묘해. 나는 목탄으로 그리는 방법을 연구할 생각은 없어. 그런데 드 한은 이 무색의 목탄을 이용해 표현했지.

드 한에게 내 습작을 보여주고 싶어. 그건 불켜진 촛대와 소설책 2권——한 권은 노란색이고, 다른 한 권은 분홍색——이 놓인 팔걸이의자——고갱의 의자였어——를 그린 30호 크기로 빨강과 초록이야. 오늘도 그것과 한 쌍인 내 빈 의자를 계속 그렸는데, 그 위에 담뱃대와 담뱃갑이 놓여 있어. 이 2점의 습작에서 나는 다른 때와 마찬가지로 밝은색에 의한 빛 효과를 추구했지. 이 소재에 대해 내가 써보낸 내용을 읽는다면 드 한은 아마 내가 추구하는 것을 이해해주리라 생각해.

이 편지가 얼마쯤 길어지더라도 나는 이 한 달 동안의 일을 분석하려고 했어. 그리고 그 기괴한 사건을 얼마쯤 원망하고 있단다. 고갱은 물러나 나와 다시 이야기하기를 피했지. 나에게는 그 판정을 내릴 몇 마디 말이 남아 있어.

그의 장점은 그날그날의 지출을 잘 조절한다는 거야. 내가 자주 집을 비우고 작품을 다듬느라 열중하고 있을 때도 그는 나보다 훨씬 그날의 예산균형을 잘 맞추었지. 하지만 가지런히 정리된 물건을 무엇이든 발로 차거나 짐승처럼 폭발하는 건 그의 단점이야.

한 번 맡은 부서에 머무를 것인가, 아니면 포기할 것인가. 이와 관련해 남에 대해 이러쿵저러쿵 말할 생각은 없어. 나 자신은 힘이 다하더라도 이런 처지에 몰리지 않기를 원해. 하지만 만일 고갱에게 그만큼 실제적인 용기와 친절한 마음이 있다면 그것을 어떻게 이용할까? 내게는 그의 행위를 더이상 추구할 마음이 없어. 하지만 어느 한 점에 의문을 남기면서 조용히 물러나려고 해.

고갱과 나는 때로 프랑스 예술과 인상파에 대해 의견을 나눈 적도 있었는데……인상파가 창설되어 안정될지 어떨지는 매우 어려운 일인 것 같아. 불가능에 가깝다는 기분이 들어. 영국에서 라파엘 전파(前派)가 성공하지 못했을 때와 똑같지 않니? 단체가 해산하고 말았지.

어쩌면 내가 이런 사건에 크게 마음 다쳐 지나치게 비관하는 건지도 몰라. 고갱은 《알프스의 타르타랭》을 읽은 적 있을까, 이 타라스콩의 유명한 친구 타르타랭을 떠올릴 수 있을까? 멋진 상상력의 소유자였던 그는 가공의 스위스를 상상으로 금방 그려냈어.

벼랑에서 떨어진 뒤 알프스 산 위에서 발견한 밧줄 매듭을 그는 기억하고 있을까?

너는 그게 어떤 건지 알고 싶겠지만…… 너는 타르타랭의 소설을 끝까지 다 읽어본 적은 있니? 그것으로 고갱이 어떤 인물인지 조금은 알 수 있을 거야.

진지하게 이야기하건대, 도데의 책에서 발췌한 이 부분을 한 번 더 읽어주었으면 해.

네가 이곳에 왔을 때 《타르타랭의 사자사냥》에 나오는 타라스콩의 승합마차 습작이 있는 걸 알아차렸니? 그리고 《누마 루메스탕》 속의 봉파르와 그 행운의 공상을 기억하니?

그러니까 고갱은 다른 유형에 속하는 사람이야. 그는 아름답고 순수한 공상에 의한 남 프랑스를 마음에 품으면서, 같은 상상력으로 이번에는 북 유럽에서 활약하려 하고 있지! 앞으로 어떤 별난 일을 할지 알 수 없어.

그의 대담함을 어떻게 해석하면 좋을지 결론을 서두를 필요는 없어. 인상파보나파르트 유형의 작은 호랑이인 이상——그것을 어떤 식으로 말하면 좋을지 모르겠지만——아를에서 물러난 건 마치 이집트에서 파리로 돌아간 작은 하사 나폴레옹이나 또는 그 비슷한 경우처럼, 곤란한 처지에 놓인 자신이 지휘하는 병사를 포기한 것과 마찬가지야.

다행스럽게도 고갱, 나, 다른 화가들이 기관총이며 그밖의 해로운 군사무기로 무장하고 있지는 않지. 나는 언제나 연필과 펜 아닌 다른 것으로는 무장하지 않기로 마음먹었단다.

고갱은 마지막 편지에서 나의 아담한 노란 집 작은 방에 둔 '무장용 펜싱 마스크와 장갑'을 돌려보내 달라고 강하게 요구했어. 이런 어린애 같은 장난감은 소형우편물로 당장 보내줄 거야. 물론 더 심한 것을 사용하지 않겠다는 조건을 붙여서.

고갱은 우리보다 체력이 좋고 감정도 늘 흔들림 없을 게 분명해. 그리고 아이들을 몇 명 둔 아버지로 덴마크에 아내와 자식이 있고, 동시에 지구 끝 마르티니크 섬으로 떠나려 하고 있지. 우연히 일어나는 모순된 요구, 다시 말해 욕망에서 일어나는 다양한 나쁜 버릇은 참 두려운 것이야. 아무 비용 없이 이 아를에서 우리와 함께 머물며 작품을 제작하고, 네가 그의 그림을 파는 수고를 해주어 돈을 모으면 부인의 편지가 와도 차분하게 돈을 보내줄 수 있을 거라고 말해준 적도 있어. 게다가 심한 병에 시달려 고통의 원인을 찾아 치료를 받아야 했지. 그런데 이곳에 온 뒤 그의 고통이 사라져버렸어.

오늘은 이쯤 해두자. 너는 고갱의 친구 라발의 주소를 아니? 내가 고갱에게 선물로 주려고 했던 나의 자화상이 전달되지 않아 놀랐다고 전해줘. 그 그림을 네 앞으로 보낼 테니 그에게 건네주렴. 너에게는 새로운 다른 그림을 보내주마.

네 편지를 받고 기뻤어. 생각해 봐주지 않겠니? 현실적으로 지금 남아 있는 23프랑50상팀으로 13일 동안 살아가는 게 얼마나 힘들지. 다음주에 20프랑 보내주면 어떻게든 버틸 수 있을 거야.

악수를 보낸다. 네 편지를 한 번 더 읽어보고 다른 물음에도 곧 답장하마.

빈센트

고호가 고갱에게
1889년 1월 22일 무렵

친애하는 고갱

편지 고맙습니다. 내 작은 노란 집에 혼자 남겨져——마지막으로 이곳에 남는 게 내 의무이긴 하지만——친구들이 떠나고 나니 허전한 마음도 없지 않습니다.

룰랭은 마르세유로 전근되어 얼마 전에 떠났습니다. 그가 어린 마르셀과 마지막 나날을 보내며 그 애를 웃게 하고 자기 무릎 위에서 높이 들어올리던 모습은 감동적인 광경이었습니다. 그는 전근으로 가족들과 생이별 중입니다. 어느 날 밤 당신과 내가 동시에 '지나가는 사람'이라고 별명붙였던 그도 무척 가슴 아파했다고 하면 당신도 그렇게 여겨질 겁니다. 그런 가슴아픈 장면들을 보니 나도 그런 기분이었습니다. 아이를 위해 부르는 그의 노래는 독특한 느낌을 주었는데, 슬픔에 잠긴 보모 또는 유모의 목소리, 또는 프랑스의 나팔 같은 청동 음색이었지요.

지금 나는 후회하고 있습니다——당신에게 여기 남아 정세를 지켜보자고 그토록 애원하며 온갖 이유를 갖다붙인 나지만, 지금은 혹시 내가 당신의 출발을 결정지어버린 게 아닐까 후회하고 있습니다——이 출발이 그 전에 숙고된 것이 아니라면 말이지요. 그렇다면 역시 나는 사정을 솔직하게 알 권리가 있다고 말했어야 하지 않았나 후회하고 있습니다.

어쨌든 우리는 서로 좋아하니, 안타깝게도 여전히 저축 없는 우리 빈털터리 예술가들이 살아갈 수단이 필요해질 경우 여차하면 다시 한 번 해볼 수 있지 않을까 생각합니다. 내가 그린 노란 해바라기를 1점 갖고 싶다고 편지에 썼지요? 당신 선택이 잘못된 것이라고 생각지 않습니다——자넹에게 모란이 있고, 코스에게 접시꽃이 있으며, 나는 해바라기를 선택했습니다.

먼저 당신 물건을 보내고, 그 작품에 대한 당신의 권리에 확실히 이의를 제기할 생각임을 지적해 두고 싶습니다. 하지만 그 그림을 선택한 당신의 안목을 높이 사서 똑같은 것을 2점 그리도록 노력하겠습니다. 그러면 결국 그것이 당신의 소장품이 되어 잘 마무리되지 않겠습니까?

오늘 룰랭 부인을 그린, 내 사고 때문에 손부분이 대강 그려졌던 그 그림을 다시 시작했습니다.*¹ 색 배치는, 붉은 계열이 순수한 오렌지까지 이르러 피부 부분에서 장미색을 거쳐 크롬옐로가 되었다가 다시 올리브 그린이며 비리디언과 섞입니다.

인상주의 색채배치로는 만족스러운 것을 아직 하나도 만들어내지 못했습니다.

이 그림이 고기잡이배, 아이슬란드로 떠나는 원양어선 같은 배의 선실에 걸린다면 거기에서 자장가를 느낄 사람들도 있으리라 생각합니다.

오, 친애하는 벗, 그림그리는 일은 우리 이전에 이미 베를리오즈며 바그너의 음악이 그랬듯……슬픔에 상처입은 마음을 달래주는 예술을 만드는 것입니다! 당신과 나처럼 아직 그것을 느끼는 사람이 몇몇은 있을 겁니다!!!

내 동생은 당신을 잘 이해하고 있습니다. 나와 마찬가지로 역경의 사람이라고 하는데, 이것은 동생이 우리를 이해하고 있다는 증거입니다.

당신 물건을 최대한 빨리 되돌려보낼 예정이지만, 가끔씩 아직 허탈감에 빠져 정리하고 포장하는 일에 손조차 댈 수 없습니다. 며칠 지나면 용기가 생기겠지요. 펜싱 마스크와 장갑——어린애 같지 않은 싸움도구는 최소한으로 사용하기를 바라며——이 무시무시한 전투도구는 그때까지 기다려주십시오. 지금 아주 차분한 마음으로 편지쓰고 있지만, 다른 물건들의 정돈은 아직 손댈 엄두도 못내는 상태입니다.

뇌 또는 신경의 발작과 착란 속에서, 그것을 어떻게 말하는지, 뭐라고 부르는지 모르겠지만, 내 상념은 바다 위를 항해하고 있었습니다. 나는 네덜란드의

---

*1 한 달 전 귀절단사건 때 그리기 시작한 룰랭 부인의 초상화 《라 베르쇠즈(유모·자장가라는 뜻으로, 룰랭 부인이 요람의 줄을 잡고 있는 모습)》. 28일에 그 그림을 모사한 제2작, 30일에 제3작, 2월3일에 제4작, 29일에 제5작을 그린다.

유령선*¹도 꿈에서 봤고, 오를라*²도 봤습니다. 평소에는 노래부를 줄 모르던 내가 그때는 오래된 자장가를 부르고 있었던 것 같습니다——요람을 흔드는 여자가 부르는 그 노래가 뱃사람들 마음을 위로해 준다는, 내가 병에 걸리기 전 색채배치로 표현하려 했던 그 마음을 떠올리면서.

베를리오즈의 음악을 모르니까요.

진심어린 악수를.

당신의 빈센트

덧붙임 : 빠른 시일 내에 답장받을 수 있으면 좋겠습니다. 타르타랭은 다 읽으셨는지요? 남 프랑스의 공상은 친구를 만들지요. 자, 자, 우리도 변치 않는 우정을.

당신은 전에 스토우의 《톰 아저씨 오두막》을 읽었는데, 그것을 다시 읽은 겁니까? 이건 문학적으로 아주 잘 씌어진 작품이라고 할 수는 없을지도 모릅니다. 《제르미니 라세르퇴》는 읽으셨는지요?

고호가 테오에게 573
1889년 1월 23일

사랑하는 테오

편지와 함께 보내준 50프랑 고맙구나. 물론 1일부터 네 편지가 도착할 때까지지만 이제 겨우 한시름 놓았어.

그 돈 문제는 모두 우연히 일어난 일이고 오해였으니 너와 나에게는 책임이 없어. 너는 전보를 보냈으면 좋았을 거라고 말하지만 우연히 일어난 일이라 그럴 수 없었단다. 네가 아직 암스테르담에 있는지 파리로 돌아갔는지 몰랐거든. 어떻든 지금에 와서는 이미 지나간 일이고 '불행은 혼자 찾아오지 않는다'는 속담대로야.

어제의 내 전보는 오늘 아침 도착한 네 편지보다 물론 먼저 보낸 거야.

＊1 악마의 저주로 세계의 바다를 영원히 떠돌게 된 네덜란드 인 선장이 노르웨이 선장의 딸 젠타의 사랑으로 저주가 풀린다는 이야기. 바그너가 오페라로 만들었다. 《방황하는 네덜란드 인》.

＊2 환각을 주제로 한 모파상의 소설.

마지막 날, 아이들과 함께 있는 그의 모습이 너무도 애처로워 보였단다. 특히 막내딸을 웃게 하며 무릎 위에 앉혀 노래를 들려주는 모습이.

룰랭의 목소리는 신기로울 만큼 맑아서 감동받았어. 그것은 내 귀에 유모 같은 다정함과 가슴에이는 노랫소리로 들리고, 프랑스 혁명 때 멀리서 메아리치던 나팔소리 같기도 했지.

그는 슬퍼하지 않았어. 아니 반대로, 떠나는 날 지급된 새 유니폼을 입고 모두에게 축하인사를 받았단다.

레몬과 오렌지가 든 버드나무 바구니를 좀 세련된 스타일로 그린 새로운 그림을 이제 막 다듬었어. 사이프러스 나뭇가지와 한 컬레의 파란 장갑이 있는 그림, 레몬과 오렌지가 담긴 과일바구니가 그려진 그림을 너는 이미 보았을 거야.

그래, 내가 바라는 건 화가가 되기 위해 쓴 미술교육비를 벌어들이는 것이지, 그 이상도 그 이하도 아니야. 일상생활비와 함께 그건 나의 권리지. 우리 둘이 함께 해냈고, 돈 때문에 이토록 고생했으니, 돌아오는 돈은 마땅히 너만의 것은 아니라고 생각해. 그건 우리와 함께 예술가동료로서 틀림없이 협력해줄 너의 아내 손에도 들어가야 하지 않겠니?

내가 아직 작품판매에 직접 손대지 않는 건 운이 따르지 않아서야. 하지만 제작은 순조롭게 진행되고, 굳은 의지로 다시 그림그리기 시작했어. 나의 작품 제작에는 행운과 불행이 있지, 불행만 있는 건 아니야. 만일 우리가 가진 몽티셀리의 《꽃다발》이 애호가에게 500프랑 가치가 있다면, 나의 《해바라기》도 스코틀랜드 인이며 미국인에게 그만큼의 가치로 팔릴 거야. 그런데 그토록 많은 돈을 들여 꽃그림을 파악하려면 경험없이 불가능해. 열정을 쏟아붓고, 한 가지에 온 마음을 집중해야만 하지.

병에 걸리고 나서 처음 내 그림을 봤을 때 《침실》이 가장 좋아보였어.

우리가 제작에 들이는 돈은 어마어마한 금액이야. 그래도 점점 다 써가고 있고, 해마다 돈이 바닥나지 않도록, 그물코에서 빠져나가지 않도록 조심해야 하지. 시간이 지남에 따라 조금이나마 생산과 판매의 예산균형이 잘 이루어지기를 바라고 있어.

이런 문제로 마음이 좀 불안하고 겁쟁이가 되어 있지만 아직 절망에 빠지지는 않았어. 반드시 주의해야 할 점은, 작품을 팔기 위한 노력은 계속하더라도 제작비가 늘지 않게 조심해야 작품이 팔리는 날이 와도 위험하지 않다는 거야. 많은 예술가의 생애에서 그런 비극을 목격했듯 같은 일을 당하게 될지도 몰라.

병에 걸리기 전부터 그리기 시작한 룰랭 부인의 초상화에 몰두하고 있단다. 그 그림에는 빨강이 장밋빛에서 오렌지 색까지 있고, 노랑은 레몬색처럼 밝으며, 연한 초록에서 짙은 초록까지 있어. 완성하고 싶은데, 남편이 없을 때는 모델이 되어주지 않을 것 같아.

고갱이 떠난 게 얼마나 잔인한 일이었는지 너도 잘 이해하리라 생각해. 가난한 친구들이 묵을 수 있게 이 집을 마련하고 가구도 갖추었는데 구렁텅이에 빠지고 만 거야.

가구들은 아직 그대로 남아 있어. 이웃사람들이 지금 나를 두려워하지만 시간이 지나면 나아질 테지. 우리는 모두 언젠가 죽을 운명이고 어떤 병이든 걸릴 수 있어. 기분좋은 일은 아니지만 우리가 무엇을 할 수 있겠니. 병을 치료하는 게 우선이야.

본심은 아니었을지라도 내가 고갱에게 고통을 주었다고 생각하면 후회스러워. 지금까지는 고갱이 자신의 계획실행을 위해 파리에 가고 싶어하고, 아를에서의 생활을 망설이며 그림그리고 있다고 생각했어. 그 결과 그에게 얼마나 도움되었을까?

네 월급이 아무리 넉넉해도 우리에게는 자금이 늘 부족하다는 걸 너도 느끼겠지? 파는 작품도 그렇고, 우리가 아는 예술가들의 비참한 지위를 정말로 바꾸려 한다면 더욱 강해져야 해.

그곳에 모여서 예술가들이 서로 조심하는 나머지 무언가 흉계를 꾸미지 않을까 경계한다면 결과는 늘 '헛수고'야. 5, 6명이 퐁타벤에서 새 그룹을 만든 적도 있다지만 이미 해체되었겠지. 그들에게 악의가 있는 건 아니지만 무의미하고, 터무니없이 버릇없는 아이의 결점 가운데 하나와도 같지.

지금 가장 중요한 건 네 결혼식을 늦추지 않는 거란다. 네가 결혼하면 어머니는 마음놓고 행복해지실 테고, 생활과 직장 지위에 도움되며, 네가 소속된 사회에서 존중도 받을 거야. 하지만 예술가들은 내가 공동체를 위해 일하며 괴로워하고 있다는 것조차 의심할 정도이니 네 추종자들에게 존중받을지 어떨지는 모르겠구나…… 나는 형으로서 너에게 흔한 겉치레말을 하거나, 앞으로 네가 곧바로 천국에 간 것이나 마찬가지라는 증명도 바라지 않아. 앞으로는 아내와 함께 고독하지 않기를──요한나도 그러기를 바란다.

네가 결혼하면 아마 집안의 다른 사람들도 너를 보고 배우겠지. 어쨌든 네가 나아갈 길은 밝고 이제 집은 텅 비어 있지 않아.

다른 의견이 있을지도 모르지만, 우리 부모님은 모범적인 부부였다는 생각이 들어. 아버지가 돌아가시고 어머니는 거의 말씀을 하지 않으셨는데, 그때의 어머니를 결코 잊을 수 없구나. 그 뒤로 나는 나이든 어머니가 더욱 좋아졌단다. 부부로서 우리 부모님은 모범을 보여주셨고, 룰랭 부부는 그 다른 본보기라 할 수 있지.

그럼, 더 나아가 보자──병을 앓는 동안 준데르트의 집에 있던 여러 방, 오솔길, 정원의 나무들, 밭풍경, 이웃사람들, 묘지와 교회, 집 뒤뜰의 채소밭, 묘지에 있던 높은 아카시아 나무의 까치둥지까지도 떠오르더구나. 나는 아직 그 나날들과 모두들의 가장 오래된 추억을 간직하고 있어. 그것을 회상할 수 있는 건 이제 어머니와 나뿐이지. 과거의 추억을 찾아 하나하나 파헤치고 싶지는 않으니 굳이 집착하지 않을 거야.

다만 네 결혼을 내가 무척 행복하게 여긴다는 것만 전하고 싶구나. 그리고 네 아내의 입장을 생각해서 때로 구필 화랑에 내 작품을 내놓게 된다면 다음 방법으로 그곳에 대한 옛원한을 모두 잊어버리마.

나로서는 그리 천진난만한 그림을 가지고 돌아가고 싶지 않단다. 하지만 네가 찬성한다면 《해바라기》그림 2점을 진열해도 좋아. 고갱도 갖고 싶어하니, 고갱에게 그것을 그려줄 생각을 하면 기뻐. 구필 화랑에 줄 2점 중에서 어느 쪽이든 마음에 드는 걸 그려줄게.

이 그림들은 분명 사람들 시선을 끌 거야. 하지만 너를 위해 보관해 두도록 권하고 싶구나. 너희 부부에 대한 사랑의 증표로.

조금 다르게 보이는 그림이지만 한참 보고 있으면 풍요로운 느낌이 들어. 고갱도 무척 마음에 들어하며 '이것이야말로……그래……꽃이야'라고 말한 건 네가 아는 대로지.

자넹에게는 《모란》, 코스트에게는 《접시꽃》이 있고, 나에게는 《해바라기》가 있어.

고갱과 작품교환을 계속하는 건 때로 비용이 많이 들지만 즐거운 일이야.

네가 급하게 찾아왔을 때 검정과 노랑으로 그린 지누 부인 초상화[*1]를 본 적 있니? 45분쯤 걸려 그린 초상화야. 오늘은 그만 펜을 놓으마.

송금이 늦어진 건 우연이지 누구의 잘못도 아니야. 악수.

빈센트

고흐가 테오에게 579
1889년 3월19일

사랑하는 동생

네 친절한 편지에 형제애의 고뇌가 강하게 스며들어 있는 듯 느껴져서,[*2] 내 침묵을 깨는 것이 내 의무라는 생각이 드는구나. 나는 지금 정신의 평정을 온전히 유지한 채, 미치광이가 아닌 네 형으로서 편지쓰고 있어.

실상은 이렇단다. 이곳의 몇몇 사람들이 시장——타르디외라는 이름이었던 것 같아——에게 청원서——30명 넘는 사람들의 서명이 있었어——를 제출해 나를 자유롭게 생활하기에 적합하지 않은 사람, 또는 그 비슷한 사람이라고 지명한 거야. 그래서 경찰서장인지 경찰부장인지 하는 사람이 나를 다시 구금하라는 명령을 내렸어.

그곳에서 내 죄상이 증명된 것도 증명할 수 있는 것도 아닌데 이렇듯 내가 자물쇠와 빗장과 간수를 달고 벌써 며칠이나 감금실에 갇혀 있는 거지.

내 마음 속은 온통 이 모든 것에 시비를 걸고 싶은 심정이란다. 물론 화낼 수도 없고, 이런 경우 변명은 꺼림칙한 증거가 될 것 같은 생각이 들어.

다만 나의 석방에 대해 할 말은 있단다——먼저 나는 그런 것을 부탁할 마음이 없어. 그런 고소와 비난을 아무리 한다 해도 헛수고로 끝나리라 생각하니까. 다만 말해두고 싶은데, 나를 석방한다 해도 그게 쉽지 않으리라는 건 너도 잘 알지 않니? 분노를 참지 않으면 나는 금방 위험한 미치광이로 판단되고 말 거야. 꾹 참으면서 희망을 가져야지. 감정을 고조시켜봤자 내 상태만 더 악화될 뿐이야. 그러므로 나는 이 문제에 너를 끌어들이고 싶지 않고, 그냥 일이

---

*1 고갱에게 자신의 가능성을 보여주고 싶었던 고흐는 밤의 카페로 그를 데려가 그곳 여주인 지누 부인의 초상을 그리자고 했다. 고갱이 아직 밑그림 단계에 있을 때 고흐는 벌써 자신의 그림을 완성했다. 기억에 의한 추상에 익숙한 고갱은 현장에서 그리는 데 서툴렀다.

*2 2월26일에 정신병원에 이미 수용된 소식을 듣고 보내온 테오의 편지.

흘러가는 대로 내맡기자고 너에게 말하는 거란다.

너를 끌어들이면 일이 복잡해질 거야. 이 점을 경계해 주지 않으련? 지금 나는 완전히 평정을 유지하고 있지만, 새로 정신적 동요가 생기면 금방 다시 지나친 흥분상태에 빠져버리게 될 테니 더 조심해야 해. 이건 너도 알아주리라 여겨.

생각해 봐——단 한 사람, 그것도 병에 걸린 사람에게 다수로 대항하는 비겁한 놈들이 이곳에 그토록 많이 있다는 걸 알았을 때, 가슴의 급소를 몽둥이로 얻어맞은 그 충격이 나에게 어떠했겠는지를!

그만하자. 이 이야기는 그냥 참고하도록 해. 내 정신상태에 관한 한 큰 충격을 받았지만, 그래도 화내지 않도록 어느 정도 평정을 되찾았어. 그리고 발작을 되풀이 경험하고 나자 겸허한 마음이 생겼어.

그러니 나는 참을 거야.

아무리 말해도 지나치지 않지만, 중요한 건 너도 평정심을 유지하며 사업에 피해가지 않도록 하는 거란다. 네 결혼식이 끝난 뒤 우리는 모든 것을 깨끗이 마무리할 수 있어. 그때까지는 나를 이곳에 조용히 있게 해줘. 나는 시장이며 경찰서장과 친구니까 그들이 이 모든 일에 최대한 노력해 주리라 확신해. 자유라든가 또 이런 상태가 아니라면 바라는 게 많이 있겠지만, 그것 말고는 이곳도 그리 나쁘지 않아.

다만 나는 그들에게 우리는 비용을 부담할 처지가 못된다고 말해두었어. 돈이 없으면 이사할 수 없다——그런데 요 석 달 동안 작업을 하지 못했다——그들이 나를 격앙시키거나 방해하지 않았다면 일할 수 있었을 것이라고.

어머니와 빌레미나는 건강하니?

다른 병자들에게는 허락되는데 나는 담배도 금지당하고 있어서, 달리 할 일이 없어 낮이고 밤이고 내가 아는 사람들에 대해 생각하고 있단다.

정말 한심한 일이지. 그래봤자 아무 소용 없는 일인데. 솔직히 말해, 수많은 문제를 일으키거나 인내하는 것보다 죽어버리는 편이 나아.

어쩔 수 없잖니? 푸념하지 않고 고통받는 것, 그것이 이 인생에서 배워야 할 유일한 과업이야.

이런 상황에서 다시 그림에 열중하려면 물론 아틀리에와 물감이 필요해. 그것을 잃는다면 우리에게는 분명 그것들을 새로 구할 만한 자금이 없어. 다시 호텔을 전전하며 살게 되는 것, 이건 너도 알다시피 내 작업이 허락하지 않아. 나한테는 정해진 주거지가 필요해.

이곳 사람들이 나에게 항의한다면, 나는 나대로 그들에게 항의하겠어. 그들은 손해배상에 합의해 주기만 하면 돼. 요컨대 그들의 잘못과 무지로 내가 잃은 만큼 돌려주면 되는 거야.

내가 진짜 정신이상자가 된다고 가정하더라도——그런 일은 결코 없다고 장담하지 못하겠지만——어떤 경우든 나를 다른 방법으로 대하고, 나에게 공기를 돌려주고, 내가 작업할 수 있도록 해주어야 해.

그렇다면——물론——나도 참을 거야. 하지만 사실은 정반대란다. 만일 훨씬 전부터 방해받지 않고 지냈다면 나도 다 나았겠지. 그들은 나의 흡연과 음주를 물고 늘어져. 뭐, 상관없어. 그런데 대체 어쩌라는 거야? 그들은 하나부터 열까지 나에게 절제를 강요해 결국 나에게 새로운 고통을 주고 있을 뿐이잖니?

사랑하는 테오, 아마 가장 좋은 방법은 역시 우리의 작은 고난을, 그리고 인간생활의 얼마쯤 큰 고난을 웃어넘겨버리는 걸 거야. 인간이 피할 수 없는 일로 받아들이고, 내 목표를 향해 직진해야 해. 우리 예술가들은 오늘날 사회에서 금이 간 주전자에 지나지 않아.

너에게 내 그림을 보내고 싶은 마음이 굴뚝 같지만 모든 것이 자물쇠, 빗장, 경찰, 금지규제 아래 놓여 있어. 다음 편지를 쓸 때까지는 석방되려고 노력하지 않을 거야. 사태는 알아서 진정될 거란다. 시냑*¹에게도 이 문제에는 절대 개입하지 말라고 이야기해 줘. 말벌집에 손을 집어넣는 거나 마찬가지니까.

마음으로 악수를. 너의 약혼녀, 어머니와 빌레미나에게 안부전해주렴.

빈센트

덧붙임 : 이 편지를 있는 그대로 레이 의사에게 읽게 할 거야. 병을 앓고 있으므로 아무 책임 없을걸. 그는 너에게 분명 편지를 보내겠지. 내 집은 경찰에 의해 폐쇄되었어.

앞으로 한 달 뒤에도 나로부터 직접 편지가 없으면 그때는 행동에 나서줘.

---

*1 테오는 남 프랑스로 가는 시냑에게 아를에 들러달라고 부탁했다. 이 사실을 알고 고흐는 시냑을 만나고 싶어했다.

그렇지만 나로부터 편지가 있으면 기다려주기 바라. 나는 네가 보낸 가격표시 등기편지를 어렴풋이 기억하고 있어. 우편배달부는 그 편지를 나에게 주면서 서명하라고 했지. 서명으로 그렇듯 거들먹거린다면 나는 편지를 받고 싶지 않다고 말했단다. 그 뒤로 그 편지에 대해서는 들은 바가 없어.

베르나르에게 내가 답장쓰지 못한 이유를 설명해 줄래? 편지쓰려면 일이 복잡해져. 적어도 지금은 감옥에 있는 것만큼이나 많은 절차가 필요해. 고갱에게 조언을 구하라고 그에게 말해줘. 그리고 내가 안부전한다고도.

다시 한 번 너의 약혼녀와 그녀의 오빠 안드리스에게 안부전해줘.

너를 끌어들이게 될까봐, 무엇보다도 중대사를 앞두고 있는 너에게 방해될까봐 되도록 너에게 아직 편지쓰고 싶지 않았어. 사태는 언젠가 수습될 거야. 이런 일이 시간을 끈다면 너무 바보 같은 일이지.

이사하면 주소를 알려줘.

덧붙임 : [테오가 고흐에게 보낸 우편봉투의 빈 부분에 씌어 있음.]

이 편지를 보내기 전에 나와 다시 한 번 대화하기 위해 레이 의사가 만나러 와줄 거라고 기대하고 있었어. 그러나 내가 그를 기다리고 있다는 말을 전했는데도 아무도 오지 않았지. 다시 한 번 말하는데, 부디 신중하기 바라. 시 당국자들에게 호소하러 가는 일이 어떤 것인지 너도 잘 알 거야.

적어도 네가 네덜란드로 떠날 때까지 기다려줘. 만일 내가 자유롭게 풀려난다 해도 누가 나를 도발하거나 모욕한다면 과연 자제할 수 있을지 자신없고, 그러면 그들은 그것을 이용할지도 몰라. 나도 이것이 좀 걱정이야. 모두들 시장에게 청원서를 제출했다는 사실이 엄연히 존재하니까.

나는 거침없이 대답했어——그런 일로 그 유덕한 양반들을 행복하게 할 수 있다면 나는 물 속에라도 뛰어들 각오가 되어 있다, 그렇지만 나는 나 자신을 상처입혔을뿐 그들에게는 아무 짓도 하지 않았잖느냐고.

그러니까 가끔 내가 풀죽어 있더라도 용기내도록 해. 네가 온다 해도 지금은 사태를 더 악화시킬 따름이야. 무슨 방도가 생기면 나도 물론 이사할 거야.

이 편지가 온전한 상태로 그쪽에 도착하기를 바라. 지금은 나도 많이 안정을 되찾았으니 하나도 걱정할 것 없어. 그들은 그냥 내버려두면 돼. 아마도 너는 다시 한 번 편지를 주겠지만, 당분간은 그것이면 충분해.

내가 참으면 그만큼 나도 강해질 테고, 다시 발작을 일으킬 위험도 줄어들 거야. 사람들과 사이좋게 지내려 최선을 다해 온 나로서는 상상도 못했던 일이라 너무 충격적이었어.

그럼, 또 편지쓸게, 사랑하는 테오, 제발 걱정하지 마. 어쩌면 나는 일종의 검역격리기간을 보내는 걸지도 몰라. 그렇지?

고흐가 테오에게 581
1889년 3월 24일 ①

사랑하는 테오

시냑을 만나 매우 기뻤던 일을 알려주려고 펜을 들었어. 경찰이 폐쇄한 집의 자물쇠를 부수고 문을 억지로 열어야 할지 말지 문제가 되었는데, 시냑은 아주 용감하고 의협심강하며 솔직한 성격이라 강제로 열어버렸어. 처음에는 절대 허락하지 않으려 했으나 결국 들어가게 되었지.

기념으로 정물화를 1점 주었어. 훈제 청어 2마리를 그린 그림인데, 너도 알 듯 그 지역의 사람좋은 헌병들을 부르는 별명이기도 해서 전에 무척 화나게 한 적 있었지. 파리에 있을 때 이런 정물을 두세 번 그린 걸 알지? 그리고 그 그림을 융단과 교환했던 것도. 이것만으로도 사람들이 어떤 생각을 하며 얼마나 어리석은지 알 수 있어.

성품이 거칠다고 들었는데, 시냑은 평온하고 내가 보기에 침착하며 균형잡힌 인물 같아. 인상파 사람들과 이야기나누면 늘 서로 불쾌하고 짜증났었는데, 시냑은 쥘 뒤프레도 만났으며 존경한대. 너는 내가 마음을 굳건히 바로잡기 바라며 시냑에게 만나러 가달라고 부탁했을 게 틀림없으니, 고마워.

외출한 길에 르모니에의 《영지(領地) 사람들》이라는 책을 샀어. 제2장까지 정신없이 읽었는데……무게와 깊이가 있었지. 곧 보내줄 테니 기다려. 책을 읽은 게 몇 달만인지 몰라. 정말 유익하고 위로받은 기분이야.

시냑도 눈치챘듯 네게 보낼 그림이 몇 점 있어. 그는 내 그림을 보고 놀라지 않았어. 시냑은 나를 매우 건강하게 여기는 것 같은데, 정말 그래.

이렇듯 나는 작업에 의욕과 흥미를 가졌어. 헌병이며 부패한 게으름뱅이뿐인 이 아를의 유권자가 직접 뽑은 시장투표에 문제가 있다고 탄원하면 어떨까도 생각해 보았어. 시냑도 분명 같은 뜻을 네게 전했겠지.

내 의견을 솔직히 말하면 우리 집 가재도구가 손상되는 일은 어떻게든 막아야 해. 게다가 마땅히……그림그릴 자유도 줬으면 좋겠어.

날마다 규칙적으로 충분한 식사를 못하면서 커피와 술로 잘도 건강을 유지했다고 레이 의사는 말했지. 그 말도 맞아. 지난해 여름 열의를 다해 구하여 잠시 그 정수를 찾아냈던 노란색을 다시 만들 수 있을까? 어쨌든 예술가는 자신의 일에 심취한 사람이며, 처음 마음에 든 일을 철저하게 해내는 것만이 목적은 아냐.

어째서 감옥에 갇히거나 독방에 들어가는 괴로움을 겪어야 하는 걸까? 로슈포르는 위고, 키네와 함께 망명생활을 견디는 영원한 모범을 보여주는 강제노동의 일인자이기도 했지. 그러나 그가 하고 싶었던 말은, 이 일이 병이나 건강문제를 초월한다는 거야.

물론 그런 환경에 놓이면 자제심을 잃겠지…… 같은 상황이라고는 할 수 없지만, 훨씬 낮은 가치없는 위치이니 비슷한 경우라고 해두고 싶어.

다음 말은 내 변덕의 원인이 되었어. 한 네덜란드 시인의 이 구절을 들은 적 있니?

'나는 자연과의 유대보다 강하게 대지와 이어져 있다.'

수많은 고통…… 특히 먼저 정신병으로 경험했지. 불행하게도 나는 내가 원하는 만큼 표현하기에는 내 직업을 잘 몰라.

또 다시 병에 걸리면 안되니 다른 이야기로 넘어가자. 네가 떠나기 전에 이걸 좀 보내줘

징크화이트	큰 튜브	3개
코발트블루	〃	1개
울트라마린	〃	1개
비리디언	〃	1개
에메랄드그린	〃	4개
레드오렌지	〃	1개

만일 다시 그림그릴 수 있다면……과수원에서 바로 작업할 거야.

아! 방해받지 않으면 좋겠는데.

다른 곳으로 옮기기 전에 잘 생각해볼게. 남 프랑스에서는 북쪽에 있을 때처럼 좋은 운을 만날 수 없다는 걸 깨달았어. 어디든 마찬가지야.

아를(1888년 2월~1889년 5월) 839

드가가 공증인처럼 행동했듯 미친 사람 역할을 당당하게 받아들일 생각이야. 그렇지만 그 역할을 수행하기에는 체력이 부족해.

네가 나에게 말해준 '진정한 남 프랑스'라는 곳에는 앞서 말한 이유로 절대 안갈 거야. 나보다 좋은 조건을 갖춘 완전한 사람을 보내자. 나는 그저 어중간한 제2인자로 그림자 속 사람이 어울려.

내 감정이 아무리 강인해도, 그리고 내 표현력은 물욕이 많이 줄어든 나이도 되었지만, 이제 와서 좀먹고 상처입은 과거를 바탕으로 건설적인 뛰어난 일에는 몰두할 수 없을 거야.

앞으로 어떤 일이 일어날지 나는 거의——아니, 전혀 관심 없어…… 비록 여기에 머물더라도…… 언젠가 내 운명도 조용해지리라고 생각해. 정신발작은 금물이야…… 너는 결혼하고 나는 늙어가지…… 이것만이 우리가 긍정할 수 있는 일이란다.

그럼, 가까운 시일에, 되도록 늦지 않게 답장보내줘. 어머니와 누이동생, 네 약혼녀에게 안부전해다오. 너를 사랑하는 형으로부터.

빈센트

덧붙임 : 되도록 빨리 르모니에의 책을 보내줄게.

고흐가 테오에게 581a : 시냑이 테오에게 보낸 편지
아를 1889년 3월24일 일요일 ②

테오 반 고흐님

육체적 정신적으로 매우 건강해 보이는 당신 형님을 만났습니다. 어제 오후와 오늘 아침 우리는 함께 외출했지요. 그는 자신의 작품을 보여주려고 저를 데려갔습니다. 몇 점은 참으로 완성도 뛰어난 보기드문 작품입니다.

친절하신 병원소속 레이 의사선생님은 질서를 지키며 정해진 시간에 규칙적인 식사를 하면 무서운 발작을 일으킬 일은 없을 거라고 생각하십니다. 필요한 기간 동안 언제까지나 돌봐주겠다고 했지요. 비용은 시청관리국 지시로 이곳 구호소가 부담합니다.

파리에는 가지 않는 게 좋을 거라고 레이 의사선생님이 말씀하셨습니다. 형님이 사는 집 이웃사람들이 적의를 품고 있으니 이사해야 합니다. 그리고 이 불쾌한 구호소의 늘 감시받는 생활에서 빨리 벗어나는 것이 당신 형님의 소망입니다.

간단히 말해 저는 당신 형님을 만나 정신도 몸도 완전히 건강해진 모습을 봤다고 단언합니다. 당신 형님이 바라는 유일한 소망은 안정된 작업을 하는 것뿐입니다. 그 기쁨을 안겨주십시오. 지금 생활이 얼마나 우울한지 모릅니다.

사랑하는 테오 반 고흐님, 진심을 담아 당신에게 정성스런 악수를.

폴 시냑
카시스 우체국

고흐가 테오에게 582
1889년 3월29일

사랑하는 테오

네가 출발하기 전에 한 마디 해두고 싶어. 나는 요 며칠 동안 내내 상태가 좋아. 그저께와 어제는 그림그릴 장소를 보러 한 시간쯤 외출했지. 집에 돌아올 때 이웃사람들은 그 서명운동에 참여하지 않았다고 분명히 말했어. 그런 꼴을 당했는데도 아직 친구가 남아 있다는 사실을 알았단다.

사르 목사가 며칠 안에 다른 구역 아파트를 찾아주려고 노력 중이야. 머릿속에 제대로 된 생각을 하고 싶어 책을 여러 권 구했어. 노예제도를 다룬 스토우의 《톰 아저씨 오두막》과 디킨스의 《크리스마스 캐럴》을 다시 읽고, 사르 목사에게 《제르미니 라세르퇴》를 줬지.

롤랭 부인의 얼굴을 다섯 번 수정했단다. 네가 보면 시장에서 파는 착색석판화라고 생각할지도 몰라. 어쨌든 매우 바르게 균형잡힌 묘사라고는 할 수 없어. 선원이 바다 위에서 육지 여인을 상상하는 모습을 그리려 했지. 병원에서는 요즘 나한테 아주 친절해. 이제까지와 전혀 달라 좀 당황스러워.

너는 분명 격식차리지 않는 검소한 결혼식을 올릴 거라고 나는 생각해. 화려한 결혼식은 되도록 피하리라는 예감이 들어.

케닝흐, 마우베 부인, 르콘트와 두 사촌누이동생을 만나면 잊지 말고 내가 안부전한다고 말해줘.

요 석달 동안 이상한 일이 정말 많았어. 때로 이유없이 정신적 고통을 느끼고, 갑자기 덮쳐온 피할 수 없는 운명의 베일이 때로 벗겨지기도 했지.

어쨌든 네 말이 맞아, 그대로야, 아무리 희망을 가져도 슬픈 현실은 참아내야만 해. 뒤처진 그림작업을 따라잡기 위해 그 속으로 뛰어들고 싶구나.

내가 늘 생각하는 것을 잊기 전에 너에게 말해둘게. 우연히 옛날신문에서 이 근처의 카르팡트라 고대묘지 기사를 읽었어.

아득히 먼 옛시대 묘비명, 플로베르의 《살람보》 시대라고나 할까.

'결코 불평을 입에 담지 않았던 오시리스의 수녀 텔비의 딸 테베'.

만일 네가 고갱을 만나면 이 이야기를 해줘. 그때 나는 빛바랜 여인을 떠올렸어. 그 이상한 눈의 여인 습작은 네 집에 있어. 나는 우연한 기회에 그녀를 만났었단다.

'결코 불평을 입에 담지 않았다'는 게 뭐란 말이냐. 완전한 영원을 어째서 상상할 수 없다는 거지? 그렇지만 옛시대에는 결코 우는 소리를 입에 담지 않았다는 역사적 사실을 잊으면 안돼.

어느 일요일에 선량한 토마가 우리를 찾아와 한 말이 있어. 아니, 그런 여자를 두고 경쟁한 겁니까?

언제나 경쟁했던 건 아냐. 그러나 때로는 깜짝 놀라게 해주고 싶은 일도 있었지.

넌 '진정한 남 프랑스'라고 했는데 그곳은 아무래도 나보다 더 제대로 된 사람만 갈 수 있는 곳 같아. '진정한 남 프랑스'는 지적이고 참을성 강하고 명랑하며 텔비의 딸 테베, 오시리스의 수녀처럼 결코 불평을 말하지 않지.

여기에 비하면 나는 부끄러움을 모르는 추한 존재야.

네 결혼을 계기로 너와 네 아내, 두 사람의 행복과 평안을 기도할게. 이 진정한 남 프랑스에 너희 영혼이 깃들기를 바란다.

오늘 안으로 편지를 부칠 수 있도록 여기서 펜을 놓겠어. 악수를 보낸다. 여행지에서 무사하도록 빌게. 어머니와 누이동생에게 안부전해줘.

빈센트

고흐가 테오에게 583
1889년 4월 첫무렵 ①

내 동생 테오

2, 3일 안으로 다가온 너와 약혼자의 행복을 축하하며 한마디 전하고 싶구

나. 이렇듯 경사스러운 날인데 나는 마치 틱 장애*¹를 가진 사람처럼 내 버릇대로 축사를 하기 힘들어. 그렇지만 네 행복을 바라지 않는다고 성급하게 판단하지는 말아줘.

요전에 네 편지와 함께 타세 화방의 그림도구와 포랭의 데생화가 실린 잡지를 여러 권 보내줘서 고마워. 특히 포랭의 그림을 보고 내 작품이 얼마나 감상적인지 알았어.

답장을 며칠 미뤘어. 네가 언제 암스테르담으로 떠날지 모르고, 네가 결혼식 올리는 곳이 브레다인지 암스테르담인지 알지 못해서야. 만일 암스테르담에서 한다면 분명 일요일쯤 이 편지를 받겠지.

오늘 룰랭이 찾아왔어. 축하한다고 너에게 전해달래. 룰랭을 만나 정말 기뻤지.

그는 늘 무거운 부담을 짊어지고 있는데도 강인한 서민기질을 잃지 않아. 언제나 건강하고 즐거워 보여. 난 룰랭과 함께 있으면, 예를 들어 미래의 일을 이야기하며 나이들어도 지금보다 생활이 편해지지 않으리라는 그런 말을 하는 중에도 무언가 배울 점이 있지.

아틀리에를 어떻게 하면 좋을지 룰랭에게 의견을 물어봤어. 사르 목사도 레이 씨도 부활절까지 옮기는 편이 좋겠다고 했거든.

처음 빌렸을 때보다 이 집을 괜찮은 상태로 만들었고, 특히 가스를 설치한 건 잘한 일 같다고 룰랭에게 말해뒀어. 퇴거하라고 요구한다면 어쩔 수 없지만, 가스를 철거하거나 손해배상 등으로 다툴 필요가 있더라도 나는 그러기 싫어. 이럴 때 한 가지 할 수 있는 일은 누군지 모를 다음 주인을 위해 살기좋게 만들어두는 것뿐이야. 그래서 룰랭을 만나기 전에 가스회사에 갔었지. 룰랭도 찬성했어. 룰랭은 마르세유에 머물 생각이래.

요즘 몸상태가 좋아졌어. 이루 말할 수 없는 깊은 슬픔이 있지만 가까스로 체력에 영향을 주지 않고 회복하며 그림을 그리지.

마침 지금 이젤 위에 멀리 알프스 산맥이 보이는 길가 복숭아밭 그림이 있어. 〈피가로〉 신문에는 모네를 다룬 훌륭한 기사가 실렸더군. 룰랭은 그 기사를 읽고 감명을 받았어.

---

*1 안면근육마비.

새로운 아파트를 찾아서 빌리기는 어려워, 특히 월세로는. 월세 20프랑인 좋은 집이 있다고 사르 목사가 말하는데 과연 빌릴 수 있을지 모르겠어.

부활절에는 3개월치 월세와 이사비용 등을 지불해야 해. 유쾌한 이야기도 쉬운 일도 아니야. 게다가 지금보다 좋은 운을 만날 기회는 결코 없을 테지.

룰랭은 올 겨울 아를에서 일어난 그 불안한 사건들이 기분나쁜 일이며 내게 닥친 재난이라고 말했어. 말했다기보다는 입 속으로 중얼거렸지. 어쨌든 어디나 그래. 사업은 잘 안풀리고 더 이상 동원할 수단도 없어서 사람들은 절망해…… 네가 말했듯, 방관하면 만족하지 않고 아무 일도 않는 게 그들을 심술궂게 만들며, 만일 누군가 웃거나 일을 빨리 끝내면 때려부수지.

동생아, 아무튼 가까운 시일 안에 갇혀 있지 않아도 될 만큼 좋아질 것 같아. 비록 완전히 낫지는 않아도 이제 익숙해졌고, 만일 병원에 오래 있어야 한다면 그렇게 할 터이며, 그림소재도 찾을 수 있으리라고 생각해. 시간이 나면 가까운 시일 안에 편지보내줘.

룰랭 가족은 여전히 아를에 살아. 월급이 좀 늘어도 따로 사니까 지출이 늘어 실질적으로는 한 푼도 여유가 없어 무척 고생해.

다행히 날씨가 맑아서 햇빛이 빛나고, 이곳 사람들은 고통을 잠시나마 금방 잊는 덕분에 활기가 생기고 환상이 떠올라.

며칠 전 디킨스의 《크리스마스 캐럴》을 다시 읽었어. 매우 깊은 뜻이 담겨 있으니, 때때로 다시 읽어야 해. 칼라일과도 매우 깊은 관계가 있어.

룰랭은 나의 아버지라 할 만큼 나이들지 않았는데도 마치 늙은 병사가 신출내기 병사를 위로하듯 과묵하고 엄격한 배려를 해줘. 늘——말없이——무슨 의미의 말을 하고 싶어하는 건지 모르겠지만. 우리는 내일의 운명조차 알 수 없지만, 무슨 일이 있어도 나 자신을 잊지 않아. 화내지 않고 슬퍼하지 말며, 완벽하지도 행복하지도 않은 언제나 완전무결하지 못한 인간의 언어로 보면 기쁜 거지. 그만큼 순수하고 현명하고 쉽게 감동하며 믿음이 깊어.

들어줘——아를에서의 일에 나는 무엇 하나 불평을 말할 권리가 없으며, 내가 여기서 보고 들은 일은 결코 잊지 못하리라고 생각해.

밤이 깊었어. 너와 요한나에게 행운이 있기를 다시 한 번 빌게. 그리고 너희들을 생각하며 악수를 보낸다.

빈센트

내 사랑하는 친구에게

바닷가를 거닌 뒤 카시스에 머물렀습니다. 당신의 좋은 편지를 받을 수 있도록 제 주소를 보냅니다. 당신 동생에게 편지보냈는데 아직 답장이 없군요. 마음담아 당신 손을 쥐어봅니다.

시냑

카시스 라 레퓨브릭 광장 2번지

사랑하는 테오

요 며칠 동안 편지가 한 번도 오지 않아서 좀 놀랐어. 요전에 네가 네덜란드에 갔을 때도 그랬었는데, 그때와 똑같아.

이제까지 네 일은 모두 잘 풀렸다고 생각해. 그동안 타세 화방에 캔버스 천 10m와 튜브 물감 여러 개를 주문했어.

징크화이트	큰 튜브	12개
에메랄드그린	〃	1개
코발트블루	〃	2개
울트라마린	〃	2개
버밀리언		1개
비리디언		4개
크롬 1번		3개
크롬 2번		1개
제라늄 레이크	중간 튜브	2개

봄을 그린 습작이 6점 있어. 그 가운데 2점은 《과수원》을 크게 그린 거야. 그 효과가 일시적이므로 서둘러 그려야 해.

답장보내줘. 레이 의사의 작은 방 2개를 빌렸어.[1] 집세는 수도요금을 포함

---

[1] 병원에서 숙식하는 레이 의사가 자신의 방을 내주었다.

▲《꽃핀 과수원과 아를 풍경 습작》(1889)

해 한 달에 6~8프랑이야. 저렴하지만 노란 집 아틀리에보다 훨씬 살기 불편해. 그래도 이사해서 네게 그림을 보내려면 저쪽 집 주인에게 집세를 지불해야해. 네 답장이 없으니, 너무 걱정되는구나. 하지만 어쩔 수 없지.

네 결혼이 무사히 진행되기를 바라며, 너와 네 아내를 진심으로 축복해.

빈센트

덧붙임 : 시냑이 카시스에 오라고 하지만, 그렇잖아도 비용이 너무 많이 들어 너도 나도 형편이 어려우니 그런 일은 할 수 없어. 징크화이트와 티타늄화이트 대형 튜브 같은 거친 입자의 물감이 필요해.

코발트블루	큰 튜브	6개
울트라마린	〃	6개
비리디언	〃	6개
에메랄드그린	〃	6개
버밀리언	〃	2개
크롬 황색 1번	〃	6개
크롬 황색 2번	〃	6개
크롬 황색 3번	〃	6개
레드오렌지	〃	2개
옐로오커	〃	1개
징크화이트	〃	6개
티타늄화이트	〃	6개
프러시안블루	〃	6개
제라늄레이크	〃	6개
카르멘레드	〃	6개
레이키오르디넬	〃	6개

고흐가 테오에게 584a : 시냑이 고흐에게 보낸 편지
카시스 금요일 1889년 4월 첫무렵 ④

사랑하는 친구여

당신에게서 좋은 소식을 듣고 게다가 벌써 작업을 시작했다는 걸 알게 되어

정말 기쁩니다.

　서둘러 쓴 엽서에서 말했듯 나는 마르세유에서 1시간쯤 떨어진 예쁜 항구 카시스에 머물기로 했습니다. 율동적 곡선으로 이루어진 산에 둘러싸여, 하양과 파랑과 주황이 아름다운 땅모양의 움직임에 따라 조화롭게 흩뿌려져 있습니다.

　저는 매우 고생하고 있습니다. 제가 본 풍경을 10번 만에 겨우 잘 표현할 수 있게 되어 가까스로 마음놓았지요. 우리가 사용하는 에메랄드그린이나 코발트블루는——탕기 영감 것은 빼고——지중해 파도에 비하면 쓰레기나 마찬가지입니다.

　저는 요즘 날마다 날씨의 방해를 받습니다, 비와 계절풍에. 저는 이 악천후를, 앙리 씨와 함께 저술하고 있는 책쓰는 일에 사용했지요. 예술서점에서 출판하는 앵데팡당 잡지에서 제 협력자의 평론을 읽어본 적 있습니까?

　그 책은 형태미를 다룬 내용으로 그 수단, 그러니까 각도며 양(量)을 연구하는 데 도움되기 바라는 앙리 씨의 심미적 보고를 통해 형태가 조화로운지 아닌지를 설명합니다. 특히 공업미술분야에서 사회적으로 많은 사람들이 읽으리라 생각합니다. 우리는 수습공이며 노동자들에게 올바름과 아름다움을 보는 방법을 가르쳐야 합니다. 이제까지 미학은 경험으로 얻은 틀에 박힌 성실하고 모호한 조언으로만 가르쳤습니다. 이 책이 발행되면 보내드리지요.

　어째서 당신은 한두 점의 그림을 그리러 이 아름다운 땅에 오시지 않는 겁니까? 자주 편지보내주면 좋겠습니다.

　진심으로 악수를.

시냑
카시스 라 레퓨브릭 광장 2번지

고흐가 테오에게　585
1889년 4월21일 ①

　사랑하는 테오

　이 편지가 도착할 무렵 너는 아마 파리로 돌아왔겠지? 너와 네 아내에게 행운이 있기를 바란다. 네 친절한 편지와 함께 100프랑 보내줘서 고마워.

　집주인의 65프랑 빚 가운데 25프랑만 갚았어. 앞으로 살 형편없는 집에 3개월치 집세를 먼저 내야 했거든. 가구는 정리했어. 그리고 이사비용 등으로 10프랑 썼지.

게다가 내 옷이 너무 볼품없어 새 옷을 장만해야 했어. 35프랑인 정장 한 벌과 4프랑으로 양말 6켤레를 샀단다. 그래서 이제 얼마 안 남았어. 아직 며칠 더 버틸 수 있지만 이 달 끝무렵에는 집주인에게 또 돈을 지불해야 해.

병원은 오늘까지 비용을 계산해도 이 달 끝무렵까지는 아직 맡겨둔 돈이 남아 있어. 그때가 되면 사르 목사에게서 들은 생 레미 요양소나 또는 그 비슷한 시설에 한번 가보고 싶어. 이렇듯 이해득실을 따지는 교섭이야기까지 네게 해서 미안해. 이런 이야기를 하는 것만으로도 머리가 혼란스럽구나.

여기나 다른 곳에서 새롭게 아틀리에를 빌려 혼자 살 힘이 내게는 없어. 시작해보려 해도 현재는 불가능하고, 같은 결과가 나올 건 불보듯 뻔해. 아틀리에를 빌리면 내 책임이고 여러 부담이 생겨 겨우 회복된 작업의 능률이 떨어질까봐 걱정이야. 그래서 잠시나마 나도 다른 사람도 안정된 생활을 할 수 있다면 갇혀 있는 게 안전하다고 생각해.

정신이상도 다른 병과 마찬가지라고 여기면 운명을 감수할 마음이 생긴다는 사실이 나를 얼마쯤 위로해주지. 그렇지만 발작이 일어날 때는 상상한 모든 게 현실 같은 느낌이 들어. 그래서 생각하고 싶지도 말하고 싶지도 않으니 자세하게 설명해 달라고 하지 마. 너와 사르 목사와 레이 의사에게, 이 달 끝무렵이나 5월 첫무렵부터 요양소에 가서 감금생활을 할 수 있도록 부탁할게.

아틀리에에서 외로이 지내며 이웃의 이야깃거리가 되고 카페와 레스토랑을 오가는 것 말고는 즐거운 일도 없는 지금까지의 화가생활을 되풀이할 용기는 이제 없어. 누군가 다른, 예를 들어 예술가와 함께 살 용기도 없지. 어려워, 너무 어려운 일이야. 내게는 너무 무거운 책임감이 느껴져. 이런 일은 생각조차 하기 싫어.

우선 3개월 동안 요양소에 들어가 볼게. 그 다음은 어떻게 될지 그 뒤에 정하자. 비용은 80프랑쯤 될 거야. 그리하여 지난해처럼 열중하지 말고 조금씩 유화와 데생을 좀 그리고 싶어.

너는 이런 일로 비관하면 안돼. 요 며칠 동안 이사하고, 가구를 옮기고, 네게 보낼 그림을 포장했어. 그 일은 슬펐지. 그렇지만 이 슬픔은 네가 준 매우 깊은 애정의 산물이야. 오랜 세월 너만이 나를 돕고 지지해 주었잖니. 따라서

이 슬픈 과거이야기를 너에게 모두 말할 의무가 있다고 생각해. 하지만 내가 느끼는 슬픔을 완벽하게 표현하기란 어려워. 나에게 준 네 애정은 쓸모없는 게 아니었지. 작품을 받아 가지고 있는 이상 실질적인 이득이 거의 없다고는 할 수 없지만 내가 느끼는 걸 그대로 말로 표현할 수 없구나.

만일 술이 내 발작의 큰 원인이라면, 천천히 진행되었듯 느리게 떠날 거야, 만일 정말로 떠난다면. 흡연이 발작의 원인이라면 이 또한 마찬가지. 그 회복이*¹…… 그러나 나는 금주나 금연만으로 낫는다고 생각하는 술에 대한 일부 사람들의 믿음은 어리석은 미신이라고 생각해. 본디 사람은 물건을 훔치거나 거짓말하거나 크고 작은 죄를 저질러서는 안된다고 가르치잖니? 좋은 사회든 나쁜 사회든 우리가 굳게 뿌리내린 사회에 아름답고 선한 풍속만 존재해야 한다면 너무 성가신 일이지.

요즘 머리가 혼란스러워서 세상이 이상하게 보여. 그렇지만 팡글로스 영감을 원망하지는 않아. 네가 직접 사르 목사나 레이 의사와 이 문제를 해결해주면 좋겠어.

달마다 75프랑 보내주는 것만으로도 입원비용은 충분하다고 생각해. 그리고 가능하면 낮에 외출해 데생이나 유화를 그리게 되기를 즐겁게 기대하고 있어. 요즘은 날마다 외출하니 그렇게 될 거야.

돈을 더 많이 보내주면 나는 오히려 마음이 괴로워. 다른 환자들과 지내는 생활은 조금도 불편하지 않아. 오히려 기분전환되지.

식사는 무척 마음에 들어. 여기와 마찬가지로 거기에 가도 늘 포도주를 잔뜩 준단다. 4분의 1 리터짜리 병 대신 0.5리터를 준다면 더할 나위 없지.

그런데 1인실에 산다면 병원 규칙은 어떻게 되는 걸까? 레이 의사는 일이 너무 바빠. 레이 의사나 사르 목사가 네게 연락하리라고 생각하는데, 그 사람들 말대로 순순히 실행에 옮기는 편이 좋을 거야.

우리는 현대적 병에 걸릴 각오를 할 수밖에 없어. 너는 오랜 세월 비교적 건강하게 살아왔으니 이제 곧 네 차례가 된다 해도 당연한 거야. 만일 병을 고를 수 있다면 분명 정신이상은 피하겠지? 그렇지만 한 번 걸리고 나면 더 이상 병에 걸릴까 걱정하지 않아도 돼. 그런데도 아직 그림그릴 수 있다는 것만으로

---

*1 여기에 한 단어가 빠졌으리라 생각된다.

도 위로돼.

네 아내에게 파리며 그밖의 다른 일들에 대해 너무 과장하거나 좋지도 나쁘지도 않게 행동하는 게 어떨까? 어떤 경우에나 적절한 판단을 내릴 자신 있니?

너를 생각하며 굳은 악수를 보낸다. 자주 편지쓸 수 있을지 모르겠어. 좀더 앞뒤가 맞는 말을 할 만큼 머리가 맑지 않아.

요즘처럼 네 친절에 깊이 감동한 적은 이제껏 없었어. 내가 느끼는 걸 완벽하게 표현할 수 없지만, 확실히 넌 최고의 친절을 베풀었어. 사랑하는 동생아, 네게 그 효과가 비록 보이지 않더라도 슬퍼하지 마. 네 친절한 마음은 네 자신 속에 있으니까.

그 애정을 되도록 네 아내에게 쏟아줘. 우리가 주고받는 편지가 예전보다 줄어들더라도 내가 믿는 사람이면 분명 너를 위로해줄 테고, 그게 내 바람이야.

레이 의사는 훌륭한 사람이며 참으로 부지런해서 늘 일에 쫓겨. 정말 대단해, 요즘 의사들은.

만일 고갱을 만나거나 편지쓸 기회가 있으면 내 안부도 전해줘. 어머니와 누이동생 이야기도 듣고 싶어. 두 사람 모두 탈없이 지낸다면 부디 내 일로 지나치게 마음쓰지 말라고 전해줘. 비교적 불행하지만 여느 사람들과 마찬가지로 앞날이 창창하고, 이 병도 다른 병이랑 다를 바 없어. 지금 우리 친구나 아는 사람들은 거의 모두 무언가 병을 앓고 있지. 이런 말을 굳이 할 필요가 있을까?

사르 목사, 레이 의사, 그리고 특히 너에게 폐를 끼쳐 미안해. 그렇지만 예전처럼 생활하기에는 머릿속이 혼란스러워. 이제 사람들 앞에서 더 이상 문제를 일으키기 싫고, 물론 지금은 좀 안정됐지만 정신적 육체적으로 건강하지 못한 상태라는 걸 통감해. 그리고 사람들은 내게 친절했어. 기억나는 사람에게도 그렇지 않은 사람들에게도 그런 걱정을 끼치다니, 만일 정신이 온전했다면 결코 그런 일을 저지르지 않았을 텐데.

잘 있어. 시간날 때 답장보내줘.

빈센트

사랑하는 테오

사르 목사가 네게 편지보냈다고 했어. 그밖에 달리 방법이 없지.

사고력이 서서히 회복되고 있어. 예전에 비하면 아직 멀었지만 생활은 할 수 있지. 지금 머리가 멍하니 흐려져 어떻게 하면 생각을 정리할 수 있을지 모르겠구나. 이런 일은 되도록 이야기하지 말자.

너는 어때? 파리로 돌아왔니? 르픽 거리로 사르 목사의 편지가 갔을 거야. 가족들은 어떠니? 어머니가 기뻐하셨지? 네게 평생의 반려자가 생겼다니 정말 안심이야. 내가 특별히 불행하다고는 생각지 말아줘.

꽤 오래 전부터 병이 점점 심해져오는 걸 느꼈어. 머리가 혼란스러워지는 징후를 다른 사람들은 파악하고, 실제로는 그렇지 않지만 내가 당연하다고 생각한 것보다 근거가 확실한 이해를 가지고 있었지. 선의를 가진 사람들에게 자주 여러 추측을 했던 많은 판단이 지금은 무척 부드러워졌어. '이런 감정'이 좀 늦게 생겨나는 것은 유감스러운 일이야. 그렇지만 물론 나는 과거로 거슬러올라가 무엇 하나 바꿀 수 없어.

부디 너도 그걸 잘 이해해 줘. 사르 목사에게 요양소에 들어가는 수속을 상담했는데, 절차가 간단해. 어차피 되풀이되는 흥분상태는 상당히 심각하므로 입소를 망설일 필요없다고 생각해.

이미 36살이 넘었으니 내 앞날은 20살 무렵과 달라. 만일 내가 요양소를 나오더라도 일하거나 자립할 능력은 없을 거야. 따라서 남에게도 나에게도 고생되겠지. 그때가 되면 알게 되겠지만.

너에게서 네덜란드에 대해 많이 듣고, 요즘 근황도 알고 싶어. 가엾은 이기주의자인 나는 지금도 마찬가지로 이미 너에게 두세 번 거듭 설명했던 사고방식에서 벗어나지 못했어. 요양소로 곧장 가는 게 현명하다고 생각해. 시간이 흐르면 회복될지 모르고, 게다가 내 빈약한 변명일지 모르지만 유화는 다른 일을 생각할 여유를 없애줘. 아마 그림그리는 작업과 다른 일을 동시에 생각할 수 없을 거야. 유화작업은 꽤 무정하며, 그 효력 또한 논의의 여지가 있지.

화가조합에 대한 생각이 없어진 건 아냐. 여럿이 함께 생활하는 계획을 실현하지 못해 안타까워. 비참한 실패였지만 이 구상은 다른 일과 마찬가지로 타당하며 진실해. 그렇지만 다시 시도할 생각은 없어.

입원료가 가장 저렴한 곳은 80프랑이면 충분하니 어떻게든 될 거라고 사르 목사가 말했어. 생 레미에 입원한 환자들 가운데 어느 정도 살림이 넉넉한 사람이 있어 돈을 많이 쓰기도 한다는 걸 고려하는 편이 좋다고 레이 의사가 충고해줬지. 그런 이들은 해로우며 이롭지 못해. 나도 그렇게 생각하고 싶어.

내게는 치료보다 자연을 만끽하는 게 효과있으리라고 생각해. 여기서는 아무것도 얻을 게 없어. 집세로 아마 11프랑87상팀 더 지불해야 할 거야. 집주인에게 낼 집세 잔액청구서 말고도 통지서를 한 통 더 보냈어. 생 레미로 가기 전에 캔버스를 부쳐야 해. 나무상자 하나는 이미 싸두었어.

다른 일도 쓰고 싶지만, 이 일이 해결될 때까지는 바빠서 여유가 없어. 한 번에 많은 이야기를 하고 싶어도 생각이 정리되지 않아.

그럼, 곧 다시 연락할게. 너와 네 아내의 여행은 즐거웠으리라 믿어. 모든 것을 너에게.

빈센트

고흐가 테오에게 587
1889년 4월 29일

사랑하는 테오

마음따뜻해지는 편지 고마워. 좋은 소식이어서 기쁘고, 100프랑 지폐도 감사해. 네가 결혼해 안정된 생활을 한다니 마음놓이는구나. 그리고 어머니가 기운을 되찾으셨다는 이야기도 정말 기뻐. 얼마 뒤 어머니는 손자들을 보시게 될 테지. 벌써 준비하고 계실지 몰라, 틀림없어.

너와 네 아내가 빌 다브레*1 아닌 파리에 있는 게 유감스러워. 하지만 언젠가 그렇게 되겠지. 중요한 건 네가 활기를 되찾는 거야.

네 편지를 가지고 생 레미 요양소장 일로 사르 목사를 찾아갔어. 오늘 만나러 온다니 주말까지 해결될 테고, 또 그러기를 바라. 분명 40살까지 지낼 수 있을 거야——5년 안에 외인부대를 지원할 수 있다면 불행하지 않고 불만도 없어. 육체적으로 내 건강은 전보다 좋으니 군대에 가면 다른 어떤 일을 하는 것

---

*1 파리 교외로, 화가 코로가 살며 그곳 풍경을 즐겨 그렸다.

보다 좋을 거야. 의사 의견을 신중히 들을 필요도 없이 다른 일——실행해야 한다든가 가능하다고도 생각지 않지만——을 하는 것보다 낫겠지.

유화나 데생을 그릴 수만 있다면 조금도 불만 없어. 파리나 퐁타벤에 갈 자신은 없지. 특별히 이렇다할 바람도 후회도 없어.

때로는 절망적으로 보일 만큼 소리없는 절벽을 파도가 때려. 아무나 매춘부라도 안아보고 싶다는 폭풍 같은 욕구는 올바른 현실적 환상이라기보다 심하게 흥분된 신경작용이라고 봐야겠지.

몇 차례 농담을 주고받을 때 레이 의사는 연애도 세균이라고 주장했는데, 그런 말을 들어도 그리 놀랍지 않고 아무도 곤란해 하지 않아. 신교나 구교 교회, ○○교회라 불리는 듀발이 건설한 수많은 종이그리스도보다 르낭의 그리스도 쪽이 천 배는 더 위안을 줘. 애정도 마찬가지야. 르낭의 《반(反) 그리스도》를 되도록 빨리 읽고 싶어. 어떤 내용일지 전혀 가늠되지 않지만 분명 한두 가지 신기한 걸 발견할 수 있으리라는 예감이 들어.

아, 사랑하는 테오여, 요즈음의 이곳 올리브 농장을 너에게 보여주고 싶어…… 잎은 그을린 은빛과 푸른빛 어린 은녹색으로 보이지. 그리고 잘 갈아엎은 주황빛띤 밭이 있어. 북쪽에서 상상하는 밭과 다르게 섬세하고 고상해.

조국 네덜란드 목장의 가지드리운 버드나무며 언덕 위 떡갈나무숲처럼 올리브 농장은 어딘가 매우 친근하면서도 고통스러운 느낌이 들어. 그림으로 그리거나 말로 표현하기에는 너무 아름답지. 협죽도……아……그것은 사랑의 표시. 바닷가에 여성이 있는 드 샤반느의 '레스보스 섬'처럼 아름다워. 그리고 올리브 나무는 아주 특별해서 들라크루아 작품에 비교할 수 있을 것 같아.

지금 갑자기 펜을 놓아야 하는 일이 생겼어. 아직 하고 싶은 말이 많지만, 전에도 말했듯 내 머릿속이 정리되지 않아.

빠른 시일 안에 화물열차로 그림이 든 나무상자 2개를 보낼 텐데, 졸작은 사양말고 처분해줘.

뒤켄 부인 집으로 돌아갔다는 빌레미나의 편지를 받았어. 정말 반가운 편지야. 그렇지만 암이라니…… 괴롭고 낫기 힘들겠지. 아를에서 휘말린 이상하고 설명하기 어려운 사건들 속에서 나도 계속 암에 대해 걱정했었어. 미래예언이 가능한 도덕적인 토착민들의 신앙에 따르면, 분명 그 병을 공경하는 척하면서 멀리할 수 있으리라고 나는 생각해. 물론 나 자신은 아무것도 알 수 없지만 전혀 설명할 수 없는 나에 대한 예언이야. 그 무렵 일이 거의 기억나지 않게 되어 무엇 하나 떠올릴 수 없어. 그래서 아마 인간에게 이런 병은 떡갈나무를 휘감은 덩굴 같은 게 아닐까 여기며 스스로를 위로하지.

굳게 손을 잡으며, 언제나 고마워. 그럼, 또 편지할게.

빈센트

고흐가 테오에게 588
1889년 4월 30일

사랑하는 테오

5월 1일*¹에 즈음하여 앞으로 1년이 무탈하고, 특히 네가 건강하기를 기도해. 할 수 있다면 너에게 나눠주고 싶을 만큼 지금 나는 체력이 넘친단다. 그렇지만 머리는 아직 본디대로 돌아오지 못했어.

들라크루아는 정말 옳았어! 빵과 포도주만 먹고 살면서 그림그리는 일과 조화를 이루는 생활방식을 발견하는 데 성공했으니까. 늘 고질적인 금전문제가 따르는데, 들라크루아는 금리수입이 있었어. 코로도 마찬가지고.

밀레는 어떨까? 밀레는 농민이었어. 농민의 아들이었지. 내가 마르세유의 신문에서 오려낸 기사를 너는 아마 흥미 있게 읽을 거야. 거기에 몽티셀리가 나오는데, 묘지 한구석을 그린 그림에 대한 서술이 무척 흥미로워. 그렇지만 이 역시 가슴아픈 슬픈 이야기야.

한 화가가 성공해. 그나마 아주 작은 성공인데, 그보다 가난한 하찮은 예술가들을 반 다스나 이끌고 들어간다고 생각하면 슬퍼져.

그렇지만 팡글로스를 생각해 보렴. 《부바르와 페퀴셰》를 생각해봐. 나는 알수 있어. 모든 게 다 밝혀져도 아마 이들은 팡글로스를 모를 것이고, 현실의 절망이나 커다란 고뇌에 의한 파멸적인 상처 때문에 아는 것도 잊고 말 거야. 게다가 우리는 옵티미즘*²이라는 이름 아래 다시 불교의 말세관 같은 종교에 빠져 있어. 딱히 나쁘다는 건 아니야. 아니, 오히려 그 반대라고 할 수 있지.

〈피가로〉에 실린 모네에 대한 논문은 마음에 안들어. 〈19세기〉에 실렸던 논문은 정말 괜찮고 그림이 보였었는데, 이번 내용은 평범하기 그지없고 우울한

_____

*1 테오의 생일.
*2 낙천주의.

느낌이 들어.

오늘 작품과 습작을 상자 하나에 정리했단다. 습작 1점은 손상되어 신문지로 풀을 먹였어. 가장 잘된 습작 중 하나인데, 이 그림을 보면 너도 이제 물에 잠겨버린 내 화실에 어떤 일이 있었는지 더 확실히 알게 될 거야. 이 습작과 다른 몇 점이 내가 병을 앓는 동안 습기로 상해버렸지.

홍수로 집에서 몇 발자국 안되는 곳까지 물이 차올랐고, 내가 집을 비운 동안 불기운이 없어 습기와 질산염이 벽에 스며나왔더구나. 그 일이 나에게는 충격이었어. 아틀리에만 난파한 게 아니라, 그곳 추억의 물건들인 습작까지 피해를 입었으니까. 이건 너무도 결정적인 일이었지. 단순하지만, 무언가 지속될 만한 것을 설립하고 싶다는 내 충동은 간절했는데!

그건 불가항력적인 싸움이었어. 아니, 내 성격의 나약함이었지. 그 일로 나는 깊은 회한에 잠겼단다. 아무래도 그게 원인이 아니었을까——발작 때 그토록 소리지른 것도, 저항하려 했지만 뜻대로 되지 않았던 것도. 무엇보다도 이 아틀리에는 나를 위해서가 아니라 불행한 화가들을 위해 만든 것이었으니까.

우리의 선례가 되는 사람들이 있어. 몽펠리에의 브뤼야스는 전 재산과 생애를 바쳤지만, 눈에 띄는 성과는 없었지. 아, 그래——시립미술관의 차가운 방, 그곳에 슬픔에 잠긴 한 사람의 얼굴, 수많은 아름다운 그림, 가슴을 울리는 작품도 분명 있었어. 그러나 슬프게도 묘지에서는 가슴이 미어지는 느낌이야. 그렇지만 드 샤반느가 그린 《희망》의 존재를 그보다 더 확실히 보여주는 묘지를 걷기란 어려울 거란다.

그림은 꽃처럼 빛바래. 들라크루아의 작품도 이렇듯 손상되지. 훌륭한 《다니엘》《오달리스크》——루브르에 있는 그 작품들과는 전혀 다른 그림으로, 보라색 계열의 색깔만 있었던 작품——등. 그곳에서 빛바래기 시작한 이 그림들은 쿠르베, 카바넬, 지로 등을 감상하는 관람객들로부터는 분명 이해받지 못했지만, 나에게는 아주 인상 깊은 그림들이었어! 우리는 대체 무슨 존재일까? 우리 화가라는 존재들은! 그래, 리슈팽의 말이 옳아. 그는 《폭언집》 속에서, 용서없이 쳐들어와 아주 간단하게 화가들을 정신병원 감금실로 보내버리지.

그런데 그림재료 비용은 내가 부담하고 내 작품을 모두 병원에 넘긴다는 조건으로도 무료로 나를 받아줄 병원이 있다는 소리는 들은 적이 없어. 그리고 이건 큰 문제는 아니지만, 작은 부정이야. 이런 곳이 있다면 나는 거기에서 조용히 있겠어.

나에게 너의 우정이 없다면 사람들은 양심의 가책 없이 나를 자살로 내몰 것이고, 내가 겁쟁이라면 결국 그 길을 가게 되겠지. 너도 알겠지만, 바로 그때가 우리에게 사회에 대한 반항과 자기방어가 허락되는 절호의 기회야. 너도 사정을 잘 알겠지만, 자살한 저 마르세유의 화가는 결코 압생트를 마셨기 때문에 자살한 게 아니란다. 아무도 그것을 그에게 제공하려 하지 않았고, 그에게는 그것을 살 방도가 없었다는 단순한 이유에서지. 그리고 그가 압생트를 마셨다 해도, 그건 단지 자신의 쾌락을 위해서가 아니었어. 그는 이미 병에 걸려 음주로 버티고 있었던 거야.

사르 목사가 생 레미에 다녀왔어. 그곳에서는 내가 시설 밖에서 그림그리는 게 허락되지 않고, 100프랑 이하로는 나를 받아주지 못한대. 그러니 이 문의 내용은 그리 좋지 않아. 만일 외인부대에 5년 임기로 지원한다면 어떻게든 살아갈 수 있을 거야. 차라리 그게 낫지.

한쪽은 그림도 못그리고 갇혀만 있으니 회복이 어렵고, 다른 한쪽은 미치광이 생활을 계속하는 동안에도 한 달에 100프랑을 주니까.

정말 골치 아파. 어떻게 할까? 그런데 나를 병사로 채용해 줄까? 나는 사르 목사와 너무 많은 이야기를 해서 무척 피곤해. 어떻게 해야 좋을지 모르겠구나.

나는 베르나르에게도 군대에 가라고 권유했어. 그런 내가 군인으로 아라비아에 갈 생각을 하다니, 정말 놀라운 일 아니니? 혹시 내가 간다 해도 네가 심하게 비난하지는 않을 거라고 여겨질 경우의 이야기야.

다른 건 너무 막연하고도 기묘해. 또 그림그리는 데 든 비용을 언젠가 회수할 수 있을지 어떨지, 그것이 얼마나 미심쩍은 일인지 너도 알고 있을 거야. 건강은 좋아.

만일 감시 아래에서만 그림그릴 수 있다면! 그것도 시설 안에서만! 그런데도 돈을 낼 가치가 있을까? 병영에서도 그 정도는——아니, 그보다 더 자유롭게 그릴 수 있을 거야.

아무튼 나도 잘 생각해 볼게. 너도 그렇게 해줘. '모든 일은 최선의 세계에서 늘 최선의 길을 가고 있다'는 것을 명심해. 이건 불가능한 일이 아니야. 굳은 악수를.

너의 빈센트

사랑하는 누이동생

너의 친절한 편지에 감동받았어. 특히 뒤켄 부인의 시중을 들러 다시 갔다니!

확실히 암은 무서운 병이야. 나도 그런 장면을 볼 때면 몸서리쳐져. 남 프랑스에서는 암이 드물지 않아. 그런데 그건 때로 목숨을 위태롭게 하는 불치의 암이 아니라 암과 비슷한 궤양이라 흔히 낫기도 해. 빌레미나, 그런 고통스러운 장면을 보고도 도망가지 않다니 넌 참 용기있구나. 그런 상황에서는 자신이 변변찮고 둔하고 아무 짝에도 쓸모없는 사람처럼 느껴지기 마련인데.

내 기억이 확실하다면, 네덜란드에 "말벌이 먹는 과일 중에 맛없는 것은 없다……"는 속담이 있어. 내가 하고 싶은 말도 바로 이거야. 담쟁이덩굴은 가지치기한 오래된 버드나무를 좋아해. 해마다 봄이 되면 담쟁이덩굴은 오래된 갈참나무의 기둥을 좋아하지. 마찬가지로 암이라는 이 신비로운 식물은 생애가 정열적인 사랑과 헌신 그 자체였던 인간들에게 기생한단다. 그러니 이 아픈 고통의 신비가 아무리 끔찍할지라도 거기에 뒤따르는 공포는 신성해서, 마치 오래된 초가지붕에 푸른 이끼가 수북하듯 거기에는 사실 달콤하고 비통한 뭔가가 있을 거야. 그렇지만 거기에 대해 전혀 모르니 아무것도 단언할 권리는 없어.

여기서 그리 멀지 않은 곳에 아주, 아주, 아주 오래된, 그리스도 시대보다 더 오래된 무덤이 있는데, 거기에 "델포이의 딸이며 오시리스의 여사제, 여태껏 한 번도 사람들 불평을 들은 적 없는 테베를 찬양하라"라고 명기되어 있어. 지난번 편지에서 네가 돌보는 환자가 탄식 한마디 하지 않는다고 했을 때, 나도 모르게 이 말이 떠올랐었지.

테오의 결혼을 어머니가 얼마나 기뻐하실까! 어머니가 다시 젊어지신 것 같다고 테오가 편지에 썼더구나. 그 말을 듣고 나는 무척 기뻤어. 지금 그는 결혼생활에 무척 만족하고 있어. 좋다 나쁘다 불평하지 않고 모든 일을 있는 그대로 받아들이는 성격이니 결혼에 환상을 품는 일도 없을 거야. 이 점에서 그는 전적으로 옳아. 우리는 자신의 행동에 대해 아는 게 아무것도 없어.

얼마 뒤 나는 적어도 석 달 동안 이곳에서 멀지 않은 생 레미 정신병원에가 있을 거야. 모두 네 차례 심한 발작을 일으켰는데——그때 뭐라고 말했는지, 무엇을 원했는지, 무엇을 했는지 전혀 기억나지 않아. 그 전에도 세 번쯤 별다른 이유 없이 기절한 적 있는데, 그때 어떤 느낌이었는지 조금도 기억나지 않는단다.

이건 상당히 중병이야. 하지만 그 뒤에는 훨씬 안정을 되찾아 몸이 아주 건강해. 아틀리에에서 새롭게 그림그릴 수 있을 것 같지는 않아. 그래도 나는 병원그림을 2점 그렸어.

하나는 병실이야. 여러 사람이 사용하는 긴 방으로, 흰 커튼 달린 침대가 죽 늘어 놓이고 그 사이로 환자들이 움직이고 있어. 벽과 커다란 들보가 보이는 천장 등 모든 것은 흰색, 즉 라일락 빛 도는 흰색과 초록빛 도는 흰색이야. 여기저기에 분홍 또는 밝은 초록색 커튼이 달린 창. 빨간 바둑판무늬 바닥타일. 방 끝에 문이 있고, 그 위에 십자가상이 걸렸어. 정말 간소한 그림이지.

이 그림과 쌍을 이루는 것으로 안뜰 그림이 있어. 석회로 하얗게 칠한 아랍풍 건축 안에 있는 것 같은 아케이드 회랑이야. 이 회랑 앞 중앙에 분수가 딸린 고풍스러운 정원이 있지. 8개의 화단에 물망초, 크리스마스로즈, 아네모네, 라눙쿨루스, 꽃무, 마거리트 등의 꽃이 피어 있어. 또 회랑 바닥에는 오렌지와 협죽도가 늘어서 있지. 말하자면 꽃과 봄의 초록이 가득한 그림이야. 다만 시커멓고 음침한 나무줄기 세 개가 뱀처럼 화면을 가로지르고, 앞쪽에는 처량하게 가지치기된 시커먼 회양목 네 그루가 우뚝 서 있어. 이곳 사람들은 아마 이런 그림에 관심없겠지만, 그림의 예술적 측면을 모르는 사람들을 위해 그리고 싶다는 게 언제나 나의 간절한 소망이었어.

뭐라고 해야 좋을까? 너는 볼테르의 《캉디드》에 나오는 팡글로스 박사의 논리도 모르고, 또 플로베르의 《부바르와 페퀴셰》도 모를 거야. 이것들은 남성 독자를 겨냥해 남자가 쓴 책이라 여성들이 이런 책을 과연 이해할 수 있을지 나는 잘 모르겠어. 하지만 그런 책의 기억은 기분좋지 않거나 모든 게 귀찮을 때면 밤이고 낮이고 나에게 힘을 줘.

나는 스토우의 《톰 아저씨 오두막》을 아주 주의깊게 다시 읽어봤어. 이건 그야말로 여성들을 위한 책으로, 그녀는 아이들에게 먹일 수프를 만들면서 이 책을 썼다고 하지. 그리고 디킨스의 《크리스마스 캐럴》도 아주 주의깊게 읽었어.

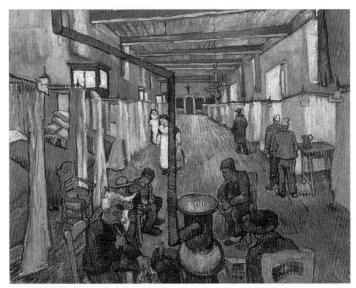

▲《아를 시립병원》(1889)   오스카 레인하르트 컬렉션

▲《아를 요양원 정원》(1889)

나는 되도록 많이 읽지 않으려 하고 있어. 읽은 것을 더 깊게 생각하기 위해 서야. 앞으로도 나는 많은 고난을 겪을 가능성이 커. 솔직히 말해, 그런 일은 별로 반갑지 않아. 어떤 경우든 순교자의 생애는 바라지 않으니까. 나는 늘 영웅주의와는 다른 뭔가를 추구해 왔고, 영웅주의는 나와 맞지 않아. 분명 다른 사람이 그렇다면 탄복하겠지만, 다시 말하는데 그것이 내 의무라든가 내 이상이라고는 생각지 않아.

르낭의 그 훌륭한 책들을 다 읽은 건 아니지만, 이곳의 올리브나무며 다른 특징적인 식물들, 그리고 푸른 하늘은 그 책들을 떠오르게 하지. 오, 르낭은 정말 옳아! 다른 아무도 말하지 않는 프랑스 어로 우리에게 이야기하는 그의 일은 얼마나 아름다운지! 그 프랑스 어, 그 말의 울림 속에 푸른 하늘과 올리브나무의 부드러운 속삭임이 있고, 그 이야기로 부활이 일어나는 진실과 해명을 주는 수많은 것을 담고 있는 프랑스 어야.

내가 가장 슬프게 생각하는 것 가운데 하나는, 우리 시대에 창조된 수없이 많은 아름다운 작품을 선입견 때문에 무턱대고 반대하는 사람들의 편견이야. 오, 영원한 '무지', 영원한 '오해'. 그런 가운데에서 진정 마음이 맑아지는 글귀를 만나면 얼마나 기쁜지……"델포이의 딸이며 오시리스의 여사제, 여태껏 한 번도 사람들의 불평을 들은 적 없는 테베를 찬양하라."

나는 내 인생이 그다지 순탄치 않은 사실에 불안해질 때가 있어. 그 환멸, 난관, 변화 등 모든 것이 겹쳐서 나는 내 예술가로서의 생애에서 자연스럽게 충분히 발전할 수가 없었지.

"구르는 돌에는 이끼가 끼지 않는다"는 속담도 있잖니?

하지만 그런 건 아무래도 좋아. 아까 말한 팡글로스 박사의 '모든 일은 최선의 세계에서 늘 최선의 길을 간다'는 명언이 맞다면 말이야.

지난해에는 꽃피는 과수원을 10~12점 그렸는데, 올해는 4점밖에 그리지 못했어. 다시 말해 작업이 순조롭지 못해.

네가 말한 돌론의 책을 혹시 갖고 있다면 나도 기꺼이 읽어보겠지만, 나 때문에 일부러 사지는 마. 이곳에서 흥미로운 수녀들을 알게 되었는데, 사제들은 대부분 비참한 상태에 있는 것 같아. 벌써 몇 해 전부터 나는 종교에 상당히 두려움을 느끼고 있어.

너도 이미 알겠지만, 사랑이란 반드시 사람들이 상상하듯 존재하지 않는 건지도 몰라. 이곳 레지던트 중에 더이상 상상할 수 없을 만큼 정직하고 헌신적으로 열심히 일하는 따뜻하고 남자다운 마음을 가진 사람이 있는데, 그는 가끔 선량한 여성들에게 "사랑도 세균입니다"라고 말하여 어리둥절하게 만들고는 즐거워해. 그럴 때마다 선량한 여자들뿐 아니라 남자들도 강하게 반론하지만, 그는 귓등으로 흘려들으며 전혀 흔들림이 없어. 입맞춤도, 거기에 따르는 쾌락들도 모두 한 잔의 물을 마시거나 빵 한 조각을 먹는 것과 똑같은 자연의 이치에 따른 행위라는 거야. 서로 입맞춤하는 건 분명 불가결한 행위로, 그렇지 않으면 커다란 혼란이 닥쳐올 거야. 정신적 공감도 그에 앞선 뭔가가 있고 없고에 달린 게 틀림없어. 어째서 그런 것들을 규제하는 거지? 그래서 뭐가 된다는 거지?

사랑이 세균이라는 말에 나는 반대하지 않아. 그렇지만 암의 고통 앞에서는 경외심을 느끼지 않을 수 없어.

너는 때때로 의사란 대단한 존재가 아니라고 말하지. 네 판단이 옳다면, 나는 참견하지 않겠어. 좋아, 하지만 그들도 할 수 있는 게 있어. 너도 알까? 그들은 다른 사람들보다 진심담긴 따뜻한 손을 내밀어주고, 의사가 곁에 있으면 호감이 느껴지며 안심될 때가 자주 있어.

나는 종종 이렇듯 멋대로 계속 떠들어대는 때가 있지만, 그러면서 두 줄도 못쓸 때도 있어. 그래서 이번에도 내 생각이 쓸데없고 두서없는 게 아닐까 걱정스러워.

다만 어쨌든 네가 그곳에 있는 동안 편지보내고 싶었어. 내 생각을 정확히 표현하지 못하겠구나. 그건 가끔 분명한 이유 없이 일어나는 무서운 불안감의 고통이고, 때로는 머릿속의 공허한 감정이며 피로감이기도 해.

나는 모든 것을 단순한 사고로 보고 있어. 물론 내 잘못이 크지. 가끔 나는 우울해지거나 심한 후회감에 시달려. 하지만 어떨까? 그 때문에 의기소침하거나 우울해질 때, 후회나 잘못일지라도 그건 사랑과 마찬가지로 세균 때문일지 모른다고 나는 자신있게 말할 거야.

나는 저 독보적인 디킨스가 자살에 대한 대처로 제시한 약을 날마다 복용하고 있어. 그 약이란 포도주 한 잔, 빵 한 조각, 치즈, 그리고 파이프 담배 한 모금이야. 그토록 간단하냐고 너는 말할지도 몰라. 너는 믿지 않겠지만, 가끔 우울상태가 그런 지경까지 이르러 있어. 오, 하지만……

늘 기분이 이상한 건 아니야. 하지만 농담을 완전히 잊는 일 없도록 애쓰고, 영웅주의며 순교에 관련된 건 모두 피하고 있어. 요컨대 음울한 것을 음울하게 받아들이지 않으려 힘쓰고 있단다.

그럼, 잘 있어. 만난 적 없지만, 그곳 환자들에게도 안부전해줘.

너의 빈센트

덧붙임 : 리스가 지금 수스테르베르흐에 있는지 어떤지 모르지만, 만일 그쪽에 있다면 내가 안부 전한다고 해줘.

고흐가 테오에게 589
1889년 5월2일

사랑하는 테오

며칠 전에 그림을 넣은 D58, 59번 나무상자 두 개를 화물편으로 보냈어. 네가 받으려면 8일쯤 걸리겠지. 그 안에는 졸렬한 것들도 많이 섞여 있으니, 버릴 건 버리고 네 마음에 드는 작품들만 잘 갖고 있으렴. 고갱의 펜싱 마스크와 습작, 르모니에의 책도 함께 넣어 보냈어.

회계과에 확실하게 다짐두기 위해 30프랑을 먼저 냈단다. 물론 아직 여기 있지만, 무기한 있을 수 없으니 곧 결심해야 해. 나를 요양원에 넣으면 오랫동안 비용이 들어갈 거야. 그래도 집을 빌리는 것보다는 덜 들고, 다시 혼자 고독하게 사는 건 두려워서 할 수 없어.

나는 입대하고 싶어. 내가 두려운 이유는, 그 사건이 온 동네에 알려져 오해받고 경계심을 불러일으켜 언젠가 배척당할 수 있다는 가능성이 나를 겁쟁이로 만들어서야. 만일 외인부대에 5년 동안 지원할 방법이 있다면 종군할 생각이지. 그래도 내게 새로운 발작이 일어나는 건 싫으니, 너와 사르 목사에게 상담하고 침착하게 깊이 생각한 다음 가고 싶구나.

잘 생각해보렴. 생활이 어려운 상태에서 유화에 돈을 쏟아붓는 것은 견디기 힘든 일이고, 성공을 거둘 기회는 너도 알듯 드물지. 게다가 나로서는 감당할 수 없는 어떤 힘이 나를 때려눕히고 거부해. 그리고 앞으로 누이동생들을 보살펴주어야 할지도 몰라.

어떻든 입대라도 허락된다면 외인부대에 들어갈 작정이야. 나는 두려워 머뭇

아를(1888년 2월~1889년 5월) 863

거리게 되고부터 기계적으로 지내고 있어. 그래도 몸상태는 아주 좋고 그림도 조금씩 그리고 있지. 분홍색 꽃이 핀 마로니에 가로수 길에 만개한 작은 벚나무 한 그루와 등나무가 있는 공원길은, 햇빛과 그늘이 줄무늬를 이루고 있어. 호두나무 액자에 든 정원그림과 한 쌍이야.

5년 동안의 병역지원 이야기를, 내가 희생하거나 선행을 베풀려는 마음에서 하는 말로 잘못 받아들이지 않았으면 좋겠어. 세상의 '행운'을 타고나지 못한 내 머릿속은 그저 멍할 뿐, 늘 그런 상태로 나를 위해 어떤 일을 해주어도 생활균형 유지를 위한 심사숙고를 할 수가 없어.

이 병원에서처럼 규칙을 따라야 하는 데는 어디 가든 안심할 수 있지. 군대 생활도 똑같아. 나는 불치의 정신병자거나 간질환자[1]이므로, 입대를 허락받지 못해 드타유나 카랑다쉬처럼 파리로 가면 곧 죽고 말 거야. 하지만 그건 발작의 정도에 따른 일이니, 어떻게 실행해야 할지 잘 생각해보자. 지금은 할 수 있는 일을 하며 유화를 포함한 어떤 작업이든 할 의지를 지녔어.

유화에 드는 비용으로 빚과 비열함에 짓눌릴 듯하니 이 상태가 어떻게든 끝나야 할 텐데. 일단 내 입장을 확실히 밝혔으니, 이젠 너와 사르 목사가 결정할 차례야. 처음에 생각했던 것보다 입원비가 너무 비싸고, 그림그리러 외출할 수 없는 난처한 점이 있더라도 생 레미에 가는 것을 전혀 반대하지 않는다는 걸 알아주렴.

어쨌든 결심해야만 해, 이곳을 나가야 하니까. 지난 번에 만일 이곳에 눌러살 수 있다면 나는 45프랑 아닌 60프랑을 흔쾌히 내겠다고 회계과 사람에게 이야기한 적 있어. 하지만 입원비는 규칙에 따라 정해진 모양이야.

이제까지는 네게 말하지 않았지만, 이곳을 떠나는 게 현명하다고 생각해. 가구를 맡긴 '밤의 카페'에 또 묵어도 되겠지만…… 아틀리에와 가까워 이제까지 알던 이웃사람들과 날마다 맞닥뜨릴 수밖에 없어.

이제 거리에서는 내 이야기를 전혀 하지 않게 되었지. 공원에서 유화를 그리는데, 호기심많은 사람들 말고는 조금도 방해되지 않아. 〈피가로〉 신문의 모네 기사를 다시 읽어봤는데, 처음 읽었을 때보다 훨씬 좋은 내용 같아.

돈문제로 절망하지 말자. 그 일만이라도 요령있게 해나가자. 부득이한 경우

---

[1] 프랑스에 간질환자가 5만 명이나 있고, 그 가운데 4천 명밖에 수용되지 못한다니 가능한 이야기리라.

'밤의 카페'에서 허드렛일 도우며 지낼 수 있을지도 몰라. 그들은 내 친구이기도 하고……그들 입장에서는 물론 손님이니까.

오늘은 무척 더워서 기분좋았어, 이제까지보다 훨씬 더 열심히 작업할 수 있었단다. 너와 네 아내의 손을 굳게 잡을게.

너의 빈센트

덧붙임 : 보낸 작품 가운데 다음 것들은 캔버스 틀에 메워야 돼——

《밤의 카페》《녹색 포도밭》《붉은 포도밭》《침실》《밭두렁》《보쉬의 초상화》《라발 자화상》《고갱 자화상》《베르나르 자화상》《레 잘리스캉(석관의 길)》《협죽도 있는 큰 딸기나무 정원》《서양 삼나무와 제라늄 있는 정원》《해바라기》《별과 금잔화》

나무상자에 고갱 소유인 그의 습작이 있어. 그리고 펜싱 마스크 2개와 장갑이 있지. 나무상자에 공간이 남으면 캔버스 틀을 더 넣어둘게.

테오가 고흐에게 6
파리 1889년 5월2일

사랑하는 빈센트

체력이 남아돌 만큼 좋은 상태라고 편지로 알려주어 고맙습니다. 하지만 스스로 그렇게 느끼더라도 그게 정말 체력이 좋다는 증거는 되지 않으니 조심하십시오. 하지만 정말로 그렇다면 참 잘된 일입니다.

형님 편지에 전혀 찬성할 수 없는 부분이 있습니다. 그것을 지금부터 말할 테니, 그 다음에는 마음대로 하십시오.

바로 외인부대에 들어가겠다는 형님 계획입니다. 그건 어쩔 수 없이 선택한 것 아닙니까? 군인이라는 직업을 형님이 자발적으로 좋아하게 되었으리라고는 생각할 수 없습니다. 지금 그림그릴 수 없고, 투병 후 요양기간이라 이제 작업하지 못하게 되었다고 멋대로 생각해, 병원에 있는 석 달 동안 작업도 못하는데 입원비는 계속 들고 들어올 돈은 없으니 생각한 일 아닙니까?

생 레미 병원의 감시가 그토록 걱정된다면서 군대의 엄격한 규칙은 더 걱정해야 한다는 것을 잊고 계시지 않은지요? 만일 군인이 되어 그림그릴 수 있다 해도, 기숙학교 학생처럼 수용되는 건 아니지요. 그런 생각을 하게 된 건 저에게 비용부담과 걱정을 끼칠까 몹시 두려워 고생을 사서 하려는 겁니다.

작년은 금전적으로 나쁘지 않았습니다. 저에게 폐끼치는 일은 없을 테니, 걱정말고 이전처럼 송금을 받으세요. 다만 생 레미에 가기 싫다면, 전문의 진찰을 받고 그들의 조언에 따르는 일도 가능합니다.

생 레미의 병원장이 저에게 보낸 편지에 형님이 외출을 원해도 진찰 전에는 허락할 수 없다고 하지만, 형님을 보면 분명 작업을 위해 자유롭게 외출시켜줄 거라고 생각합니다. 제가 보기에 형님의 병은 대부분 물질적 생활에 너무 무관심한 탓입니다. 생 레미 같은 시설에서는 식사시간 등이 정해져 있어, 이 규칙성은 형님에게 악영향을 끼치기는커녕 오히려 그 반대일 겁니다. 아무튼 형님이 원한다면, 엑상프로방스나 마르세유의 요양원은 어떤 조건으로 운영되는지 문의해 볼 수 있습니다.

겉으로는 그렇게 보이지 않더라도, 어찌 보면 형님은 행복한 사람이란 걸 아십니까? 형님 같은 일을 하고 싶어하는 사람이 얼마나 많은지 모릅니까? 그 이상 뭘 더 바랍니까? 뭔가 창조하는 것이 형님이 바라던 일 아니었습니까? 이만큼 작업할 기회가 주어지고 있는데, 왜 아직도 좋은 작업을 할 수 있는 때가 오지 않을 거라고 절망합니까?

지금 사회가 아무리 나쁘더라도 거기에서 살아갈 방법은 있습니다. 드 샤반느, 드가와 같은 사람들이 그 증인입니다. 마음만 먹으면 형님은 곧 다시 작업할 수 있을 거라고 저는 믿습니다. 그렇지만 형님이 아틀리에로 돌아가 눅눅하고 곰팡이핀 광경을 봤을 때 어떤 환멸을 느꼈을지 제가 공감하지 못한다고 생각지는 말아주십시오. 더 용기내기 바랍니다. 형님의 재앙은 이제 분명 끝날 것입니다.

아내는 이 집에서 잘 지내고 있습니다. 굳은 악수를.

테오

고흐가 테오에게 590
1889년 5월3일

사랑하는 테오

오늘 너의 친절한 편지를 받고 기뻤어. 그래—그렇다면 생 레미에 가야지. 하지만 의사와 상담해 입대가 유익하고 똑똑한 선택이라는 말을 듣는다면 반대의 선입견 없이 다시 생각해봐주지 않겠니?

말하고 싶은 건 여기까지야. 이런 말을 하는 것은, 이런 일에서 희생을 찾는 생각을 버려주기 바라서야. 지난번에 빌레미나에게도 말했지만, 나는 지금까지 살면서 줄곧——아니, 적어도 대부분 내 성격과 맞지 않는 순교자 생애와는 다른 삶을 추구해 왔어. 만일 반대에 부딪히거나 장애가 생긴다면 나는 망연자실할 거야. 나는 순교자들을 존경하고 진심으로 감탄해 마지않지만, 예를 들어 《부바르와 페퀴셰》에는 아주 단순하고 우리의 하찮은 생존과 더 어울리는 다른 무언가가 있다는 걸 너도 알 거야.

아무튼 나는 출발준비를 하고 있어. 아마 사르 목사가 형편되는 대로 나와 함께 가줄 거야.

오, 드 샤반느와 들라크루아에 대한 네 의견은 아주 옳아. 그들은 회화가 어떤 것일 수 있는지를 보여주었어. 하지만 너무도 괴리가 크니 우리는 혼동하지 않도록 조심해야 해.

나는 화가로서 결코 중요한 의미를 갖게 되지 못할 거야. 진심으로 그렇게 생각해.

성격, 교육, 환경 등 모든 것이 바뀌어도 역시 나는 나, 너는 너 하는 식으로 저마다 그 나름의 존재가 되었잖니.

하지만 우리도 실증적이니 혼동하는 일은 없겠지. 나는 가끔 왜 한결같이 회색 톤의 네덜란드 식 팔레트를 지키지 않았는지, 어째서 고집하지 않고 몽마르트르의 풍경을 그렸는지 후회하곤 해.

갈대 펜으로 더 많은 데생을 그리려 생각하고 있어. 이건 지난해에 그린 몽마주르 풍경처럼 비용도 들지 않고 재미있어.

오늘 그런 데생을 1점 그렸는데, 색깔이 너무 어두워져 봄그림치고는 너무 우울해져버렸지. 하지만 어쨌든 내 신변에 무슨 일이 일어나든, 어떤 처지가 되든 이건 내 일로 오래 계속할 수 있고, 이른바 생계수단이라고까지 할 수 있을지도 몰라.

우리 서로에게 어떤 고난이 있더라도 그건 아무것도 아니야.

너는 나보다 어릴 때 구필 상회에 들어갔고, 거기서 몇 번이나 힘든 시기를 보냈지만 늘 충분한 보수를 받은 것도 아니었어. 그리고 그 무렵 아버지는 대가족을 떠안은 채 얼마쯤 궁지에 내몰려 있어서, 온갖 문제를 해결해 나가기 위해 네가 모든 짐을 지고 그곳에 몸을 던질 필요가 있었지. 너는 열심히 헌신적으로 일했어. 나는 투병하는 동안 이런 옛일들을 떠올리고 무척 감동받았단다.

중요한 건 서로 끈끈한 정으로 묶여 있다는 마음을 지니는 거야. 그런 마음은 아직 흔들림 없어.

결국 나는 내 예술에 대한 경험에 비추어, 정신병원 안에서라도 그림그릴 수 있는 시기는 반드시 올 거라는 희망을 갖고 있어. 파리 예술가들의 한결 부자연스러운 생활이 나에게 무슨 도움되겠니?——나는 결국 그런 생활에 사로잡히는 일 없을 테고, 거기에 몸을 내던지는 데 반드시 필요한 순수한 열의도 없어.

몸은 아주 건강해. 하지만 그것을 근거로 정신도 마찬가지라고 생각할 만큼 충분한 상태는 아니야.

언젠가 그곳 생활이 좀 익숙해지면 나는 기꺼이 간호사가 되도록 천천히 노력할 거야. 무엇이든 닥치는 대로 작업해서 직업을 되찾도록 노력할 거야.

자연스럽게 다시 애욕이 돌아오게 되면, 나는 팡글로스가 절실히 필요해질 테지. 알코올과 담배에는 결국 좋은 면도 나쁜 면도 있어——상대적인 것이지만——이런 것들은 성욕억제제라고 불러야 한다고 생각해. 늘 그런 건 아니지만, 그림제작에 종사하고 있으면 가볍게 생각할 수 없는 문제야.

이번 일은 시련이 되겠지만, 그곳에서도 유머를 잃지 않도록 노력할게. 덕행이나 절제가 또 다시 나를 머리가 이상해져버리는 한계로 끌고 가지 않을까 걱정스럽기 때문이야. 그런 점에서 이번에는 나도 정욕을 줄이고, 더 선량하게 생활하려는 마음가짐을 가져야 해.

앞으로 함께 지낼 사람들과 정을 나눌 힘은 남아 있다고 나 스스로 생각하지만, 정념이 어디로 향하는지는 내게 중요한 문제가 아니야. 탕기 영감은 건강하시니? 내가 안부 전하더라고 꼭 말해줘.

신문을 보니, 살롱에 꽤 좋은 작품이 있는 것 같더구나. 인상파에만 치우치지 않도록, 다시 말해 어딘가에 좋은 작품이 있으면 반드시 놓치지 마. 인상파가 혼돈스러운 건 맞지만, 색채는 인상파를 통해 발전하고 있어. 하지만 들라크루아는 이미 우리보다 훨씬 완벽했지. 그리고 오, 색채가 거의 없다고 할 수 있는 밀레, 그의 작품은 또 얼마나 훌륭하니!

그런 점에서 광기는 유익해. 너무 배타적이 되지는 않는 것 같으니까.

나는 이 색채이론 문제를 기법적으로 해명하려 애써온 걸 후회하지 않아.

예술가로서의 우리는 쇠사슬의 한부분에 지나지 않아. 발견하느냐 아니냐는 제쳐두고, 거기서 위로를 찾을 수 있지.

살롱전에서 호평받았다는 초록옷 입은 여자가 있는 온통 초록으로 이루어진 실내그림, 마테의 초상화, 베르나르의 다른 그림 《인어》 등을 신문에서 보았어. 소른이라는 사람의 걸작도 전시되었다던데, 어떤 그림인지 언급은 없었지. 그리고 듀란의 《바커스의 승리》라는 작품도 있었는데 별로래. 하지만 그가 그린 룩셈부르크에 있는 장갑을 낀 부인 그림은 지금도 좋다고 생각해.

이른바 그리 진지하지는 않지만 《벨아미》 같은 이런 작품들이 나는 무척 마음에 들어. 듀란의 작품이 그런 느낌을 주지. 우리 시대가 그런 풍이고, 바댕게*¹ 시대도 전체적으로 마찬가지야. 그리고 자신이 보는 대로 그리는 화가는 아직 존재가치가 있단다.

오, 모네가 풍경을 그리듯 인물을 그리고 싶어! 이것이야말로 반드시 해내야 할 일이야. 그렇지 않으면 인상파 중에서 주목받을 사람은 모네 한 사람뿐이 되고 말 거야. 결국 인물에서는 들라크루아, 밀레, 그밖의 몇몇 조각가들이 인상파 화가들이며 J. 브르통보다 더 훌륭한 그림을 다른 양식으로 그리고 있으니까.

사랑하는 테오, 공평한 마음으로 사물을 바라봐. 마지막으로 너에게 말하는데, 젊은 사람들과 나란히 가기에 나는 너무 나이들었으며, 한때 우리는 밀레, J. 브르통, 이스라엘스, 휘슬러, 들라크루아, 레이 등을 좋아했다는 것을 명심해야 해.

그리고 나는 앞으로 거기까지 비약하거나 그것을 희망하는 일은 없으리라고 충분히 납득하고 있는 게 확실해.

지금 이 세상에서 우리의 개별적인 요구에 사회가 문제없이 적응해 주기를 바라는 건 무리한 이야기야. 생 레미에는 기꺼이 가겠지만, 나 같은 사람은 실제로 외인부대에 들어가는 게 더 옳을지도 몰라. 이 문제는 우리 힘으로는 어쩔 수 없어. 적어도 내 사건이 너무 알려지고, 부풀려져 사람들 입에 오르내리

---

*1 Badinguet. 나폴레옹 3세의 별명.

는 이곳에서는 아마 입대를 거절당할 거야. 진지하게 말하고 있어. 육체적으로는 최근 몇 해 이래 이보다 좋을 수 없으니 군복무할 수 있을 거야. 그러니 생레미에 가더라도 다시 잘 생각해 주지 않겠니?

너와 너의 아내에게 굳은 악수를.

빈센트

덧붙임 : 인상파 아닌 사람들 작품 중에도 좋은 것이 있으면 가치를 인정해 줘야 한다고 썼을 때, 살롱전을 과도하게 칭찬하라는 뜻으로 말한 게 아니야. 아비뇽에서 세상떠난 주르당, 앙티냐, 페이앵 페랭 같은 수많은 사람들——일찍이 우리가 더 젊었을 때 그토록 잘 알던 사람들을 왜 모두 잊어버렸으며, 현재 그들과 비슷한 사람들을 왜 중시하지 않는가 말하고 싶었던 거야. 예를 들면 도비니, 코스트, 자넹 등이 왜 색채화가가 아닌 거지?

인상주의 안에서의 다양한 차이, 그것은 사람들이 생각하는 것만큼 중요하지 않아.

옛날의 크리놀린*¹도 아름다웠지만, 결국 그 유행은 일시적이었어. 그래도 두세 경우의 예외는 있어. 그 때문에 우리는 인상주의에 대해 줄곧 어떤 정열을 품지만, 나는 파리로 나오기 전의 생각으로 되돌아가고 있는 것 같아.

네가 결혼했으니 우리도 이제 사상이니 뭐니를 위해서 살 필요 없어. 사소한 것들을 위해 살면 돼. 믿어줘, 그것만으로도 멋지지. 그러면 마음이 편해질 테고, 나로서는 아무 불평 없어.

내 방에 너도 아는 유명한 목판화——빙의 수집품에 들어 있는 대형판화——인 멋진 남자 얼굴 《모노르우*²의 관리》, 그리고 같은 수집품의 《한 줄기 풀》, 들라크루아의 《피에타》와 《선한 사마리아 인》, 메소니에의 《책읽는 남자》가 있어. 그리고 갈대 펜으로 그린 커다란 데생이 2점 있지.

요즘 발자크의 《시골의사》를 읽고 있는데, 훌륭한 작품이야. 등장인물 중 한

---

*1 crinoline. 스커트를 부풀게 하기 위해 입었던 말총 등으로 만든 딱딱한 페티코트, 또는 버팀살을 넣은 스커트. 1840~1860년대까지 유행. 라틴어의 말총을 뜻하는 crinis와 마(麻)를 뜻하는 limum의 합성어이다.

*2 모노르우는 모로노부(帥宣)를 잘못 쓴 것 같으며, 아마도 일본 무사의 초상을 가리키는 듯하다.

여성은 미치광이지만 감수성이 풍부하고 매력적이지. 다 읽으면 보내줄게. 빌레미나가 언제나처럼 야무지고 든든한 편지를 보내주었어.

여기 병원은 아주 넓어서 화가 30명쯤이 아틀리에로 써도 좋을 만한 공간이 충분히 될 것 같아.

마음을 단단히 먹어야겠어. 많은 화가가 실제로 미치광이가 되는데, 극단적인 괴로운 생활이 그렇게 만드는 듯해. 사실이야. 그림그리는 일을 다시 시작해 몰두한다면 그야말로 좋은 일이지만, 그럴 수 없다면 나는 줄곧 머리가 돌아버린 채로 있게 될 거야.

5년 동안 군복무할 수 있게 되면 병도 많이 낫고, 나는 더 합리적으로 자신을 통제할 수 있게 될 것 같아.

하지만 어느 쪽이라도 나는 좋아.

너에게 보낸 그림 가운데 네 마음에 드는 게 있으면 좋겠구나……앞으로도 내가 화가라면 언젠가 다시 파리로 돌아가 그때 오래된 작품들을 몇 점 반드시 손봐줄게.

고갱은 어떻게 지내고 있을까? 나는 완전히 정상이 되기 전에는 그에게 편지보내지 않을 생각이지만, 그를 계속 생각하고 있어. 일이 잘 풀리고 있는지 궁금해.

내가 이렇게 바쁘지 않고, 또 아틀리에가 확보되어 있다면, 너에게 보낸 그림들을 모두 이번 여름에 손볼 수도 있을 텐데. 두텁게 칠한 부분이 완전히 마르기 전에는 물론 손댈 수 없어.

너도 보면 알 거야——내가 그린 여성들의 표정이 파리에서 볼 수 있는 표정과 다르다는 것을.

시냑은 파리에 도착했을까?

생 레미

1889년 5월~1890년 5월

1889년 5월8일, 고흐는 사르 목사를 따라 생 레미의 정신병원[1]으로 옮긴다. 페이롱 원장의 소견서에 '환각, 환청을 동반한 심각한 신경발작으로 자신의 귀를 자르는 행동을 했으나 차츰 정상으로 돌아오고 있다. 그러나 자립해 생활할 자신감이 없어보인다. 발작은 간질성'이라고 씌어 있다. 5월 중간무렵, 정원의 보라색 붓꽃과 라일락 덤불을 그린다. 26일, 페이롱 원장은 고흐의 괴로운 악몽이 차츰 줄어들고 있음을 테오에게 알린다.

6월 첫무렵, 쇠창살 창으로 내다본 담장 안의 보리밭, 알필 산맥, 구불구불한 커다란 흰 구름 등을 그린다. 새벽녘 밤하늘을 바라보며 인상파보다 들라크루아, 밀레, 루소, 뒤프레, 도비니 등의 밤하늘이 느끼게 해주는 깊은 친밀감과 위대한 평안과 장엄함을 표현, 깊은 슬픔과 자신만의 감정을 담았다. 아를의 해바라기에 버금가는 이즈음의 모티브는 사이프러스 나무와 올리브 나무이다.

7월5일, 요한나가 그녀의 임신 사실을 알려왔다. 7일, 테오에게 보내기 위해 아를에 맡겨둔 그림을 찾으러 간다. 사르 목사는 휴가 중이고 레이 의사도 부재 중이어서 다른 아는 이들과 반나절을 지내고 돌아온다. 16일, 다음해 7월에 열리는 브뤼셀 '20인회'에 세잔과 함께 참가해 달라는 모스의 요청이 있었다는 테오의 편지를 보고 고흐는 뛸 듯이 기뻐한다. 이 무렵, 빈센트는 채석장 입구에서 그림그리다가 발작을 일으킨다.

8월 첫무렵, 형에게서 편지가 없어 테오는 페이롱 원장에게 전보로 문의해, 형이 아팠으나 좋아졌다는 답장을 받았다. 16일, 막내 코르가 남아프리카 트란스발로 가던 중 파리에 들렀다고 요한나가 편지보낸다. 12일에 고흐는 편지쓰기가 어려우며, 하는 일 없이 지내는 게 견딜 수 없으니 건강회복을 위해서도 그림그

---

[1] 아를에서 35km쯤 떨어진 아름다운 농촌마을 생 레미의 밀밭이 바라보이는 언덕 위에 17세기 첫무렵 지어진 건물이었다. 그 뒤편으로 높은 산들이 병풍처럼 에워싸고 있는 공기좋고 조용한 곳이었다.

리는 일을 허락하도록 페이롱 원장에게 말해 달라고 부탁한다.

9월 첫무렵, 그림그리기 시작한다──창 밖으로 바라보이는 밀밭, 《자화상》 《추수하는 사람》. 5일, 테오가 '앵데팡당 전에 《붓꽃》과 《별이 빛나는 밤》이 전시되었다'고 알려왔다. 19일, 고흐는 밀레의 《시골생활》*¹ 10점 중 이미 7점을 '색채로 모사했다'고 쓴다. 9월 끝무렵, 페이롱 원장이 파리로 여행가 테오를 만난다. 고흐는 북 프랑스로 돌아가고 싶어한다. 피사로와 함께 지내기를 바라지만,*² 그의 아내가 반대하여 피사로는 오베르에 사는 가셰 의사를 추천한다.*³

10월에 야외 제작──《채석장 입구》《좁은 골짜기 샛길》《골짜기의 계류》. 테오가 보내준 밀레의 복제판화를 보고 색채모사를 시작한다.

11월, 고갱의 《올리브 동산 그리스도》, 베르나르의 《박사들 예배》를 비판한다. 고갱은 나무조각 《사랑하는 여자가 되어라》를 테오에게 보낸다. 이즈음 고흐의 모티브는 소나무. 병원 마당의 소나무, 벼락맞아 줄기가 부러진 커다란 소나무, 올리브 열매 수확 등을 그린다.

12월, 거대한 플라타너스 가로수 길에서 도로보수공사하는 광경을 그린다. 《계곡의 산길》《올리브 수확》. 크리스마스 무렵 심한 발작. 물감을 삼키려 했다고 페이롱 원장이 테오에게 알린다.

1890년 1월 첫무렵, 병원의 급사가 어머니에게 보내고 싶다고 하여 작은 초상화를 그려준다. 중간무렵, 라비에유의 목판화에 의한 밀레 작품 《하루의 마무리》《아침》《낮잠》을 색채로 모사한다.

1월20일 무렵, 보관해 둔 가구 일로 아를에 가서 지누 부인을 만난다. 지난해 12월 자신이 발작을 일으켰던 그날 지누 부인도 병으로 쓰러졌었다는 말을 듣고 충격받는다. 자신과 비슷한 증세의 이 아를 여인에게 동병상련의 정을 느낀다. 그 이틀 뒤 일으킨 발작이 일주일 동안 계속된다.

25일쯤, 테오가 밀레 작품 복제, 고흐가 출품한 브뤼셀의 '20인회' 비평기사,

────────────

*1 라비에유의 목판화.
*2 그즈음 피사로가 부모의 죽음으로 정신적 고통을 받고 눈도 잘 보이지 않아 심한 우울증에 빠졌다는 소식을 듣고 고흐는 그 가엾은 벗과 함께 지내고 싶다고 생각했다.
*3 피사로는 아내의 반대를 유감스러워하며, 가셰 의사라는 인물에게 문의해 보라고 일러준다. 가셰 의사는 오베르 쉬르 우아즈에 사는 동종(同種)요법 전문의로, 폴 반 리셀이라는 필명으로 그림그리는 일요화가이기도 했다. 그는 이미 마네, 모네, 르누아르, 시슬레 등을 후원하고 있으므로 그를 받아줄 가능성이 있다고 했다.

생 레미(1889년 5월~1890년 5월) 873

《메르퀴르 드 프랑스》에 발표된 오리에의 《빈센트 반 고호 론》, 도미에와 도레의 복제 등을 보내왔다. 31일, 테오의 아들 빈센트 빌렘 반 고호 탄생. 축하선물로 《꽃피는 아몬드나무》*1를 그린다.

2월 첫무렵, 도미에의 《술마시는 사람들》, 도레의 《감옥》을 모사한다. 얼마 전 만나고 온, 심신이 약해져 있던 지누 부인에게 깊은 동정의 마음을 품고, 고갱의 데생 《아를 여인》*2을 5점 모사한다. 이 마음은 그뒤 몇 달 동안 생 레미에서의 창작활동에 강한 영향을 미쳤다.

중간무렵, '20인회'에 낸 《붉은 포도밭》을 보쉬의 누나 안나가 400프랑에 구입.

2월22일 무렵, 《아를 여인》 중 1점을 지누 부인에게 선물하러 아를에 간다. 고흐가 좋아하는 올리브를 보내주어 맛있게 먹은 그는 '부인의 병이 빨리 낫기를 바라며, 올리브 상자는 반드시 돌려드리겠습니다'라고 편지보내고, 그 감사의 표시로 그녀의 초상화를 준비했던 것이다. 그 《아를 여인》은 얼마쯤 변형시켜 그린 색다른 작품이었다. 그러나 아를에 도착한 뒤 다시 발작을 일으켜 초상화의 행방이 묘연해진다. 그 자신은 아를의 어딘가에서 이틀 지낸 뒤, 페이롱 원장이 보낸 두 남자를 따라 마차를 타고 돌아온다. 그뒤 두 달 동안 그림그리지 못했다.

3월19일, 앵데팡당 전에 출품한 10점의 작품이 사람들 주목을 받았다. 《좁은 골짜기 샛길》을 자신의 작품과 교환하고 싶다고 고갱이 테오에게 말했다.

4월 끝무렵, 어머니와 빌레미나에게 편지쓴다. 기억으로 그리는 그림들은 왜곡과 경련으로 애처롭다. 밭일하는 사람들, 농민들 식사광경 등 데생과 스케치를 남겼다. 정신이 온전치 못한 상태에서 이 데생들은 재활치료의 하나이고, 고향의 추억을 떠올리게 했으며, 기억에 의지한 그림그리기의 시도였다. 몸이 회복되자 북 프랑스로 빨리 돌아가고 싶은 마음이 커진다.

---

*1 고흐는 아기에게 자신의 이름이 붙여진 게 탐탁지 않았다. '너희 부부는 자진해서 내 이름을 아이에게 붙였어. 나로서는 그 아이가 나처럼 불안하고 파멸에 맞닥뜨린 영혼을 갖지 않기를 바랄 따름이야.' 그리고 '테오의 아들은 아버지 이름을 따르는 게 좋았을 겁니다. 요즘 아버지 생각이 자주 나는군요. 하지만 이미 정해진 일이므로 그 아기를 위한 그림을 곧 그리기 시작했습니다'라고 어머니에게 써보낸다. 이 그림은 추상적인 파랑을 배경으로, 가지들이 대지로 연결되는 줄기가 없고, 실내에서 내다보며 그린 듯 직사각형 창틀에 의해 잘려진 가지들이 완전한 무중력 상태에 떠 있다. 이 그림을 그리는 도중 긴 발작을 일으켰지만, 끈기있게 냉정한 기분으로 큰 터치로 확실성을 갖고 그린 잘 그려진 그림이라고 그는 나중에 말한다.
*2 지누 부인.

고흐가 테오에게 591

1889년 5월8일 이후

사랑하는 테오

편지 고마워. 네 말대로 사르 목사가 많이 힘써주어*¹ 나도 감사히 생각해.

여기로 와서 다행이라는 말을 너에게 하고 싶어. 이런 동물원 같은 곳에서, 온갖 미친 사람이며 머리가 이상한 사람들을 보고 있으면 이유를 알 수 없는 걱정이나 발광에 대한 두려움을 느끼지 않게 돼.

광기도 차츰 일종의 병으로 느끼게 되었지. 환경변화가 내게 좋은 영향을 주었다고 생각해. 여기 의사들은 내가 간질성 발작을 일으키는 것으로 생각하는 듯해. 직접 물어본 건 아니야.

그림넣은 상자는 받았니? 도중에 부서지지는 않았는지 알고 싶어. 보랏빛 제비붓꽃과 라일락이 가득 핀 정원에서 골라낸 두 가지 소재의 그림 2점을 그리고 있단다. 그림을 그려야 한다는 의무감이 몸을 회복되게 하고 제작능력도 돌아오기를 기원하고 있어.

하지만 작업에 너무 많은 체력을 쓰므로 늘 실제생활방식이 서툴러지고 방심상태가 이어지는 거야. 긴 편지는 쓰지 않을게. 누이동생이 보내온 새로운 편지에 완전히 감동해 답장하고 싶은데, 끝까지 쓸 수 있을지 모르겠어.

빈센트

고흐가 테오에게 592

1889년 5월22일

사랑하는 테오

방금 네 편지를 받고 무척 기뻤어. J. H. 바이센부르흐가 전람회에 그림 2점*² 을 출품했다고? 나는 그가 죽은 줄로만 알았어. 내가 잘못 알았나? 분명 그는 대단한 예술가이고, 고상한 마음을 가진 성실한 사람이지.

---

*1 사르 목사는 고흐에 대한 마을사람들 태도를 강하게 비난하고, 그들의 태도를 고칠 수는 없었지만 꾹 다문 고흐의 입을 여는 데는 성공했다──"그들이 내 집에 몰려와 창문으로 훔쳐 보았지요. 나는 참다못해 문을 열어젖히고 나를 내버려두라고 소리친 겁니다." 이 일로 고흐는 다시 병원에 갇혔고, 사르 목사는 그가 생 레미로 옮겨가도록 도왔다.
*2 테오가 알려온 건 수채화 2점(만국박람회 출품작).

《라 베르쇠즈》에 대한 네 의견을 알고 기뻤어. 채색판화를 열심히 사 모으고 손풍금 소리에 귀기울이는 서민은 반듯한 사람이며, 살롱전을 보러 가는 그랑 불바르의 신사들보다 더 솔직하다는 의견은 전적으로 옳아.

고갱 말인데, 그가 갖고 싶어하면 캔버스 틀에 메우지 않은 《라 베르쇠즈》 복제 1점을 보내주고, 베르나르에게도 우정의 표시로 1점 줘. 하지만 그가 해바라기 그림을 원한다면, 그도 네가 바라는 그림과 교환해줘야 공정해. 함께 지낼 때 해바라기 그림을 보고 고갱은 그것이 특히 좋아진 게지.

그리고 알아두기 바라는데, 배치할 때 《라 베르쇠즈》를 가운데 놓고 해바라기 2점을 좌우에 놓으면 세 그림이 한 쌍을 이루게 될 거야. 그렇게 하면 머리부분의 노란색과 오렌지 색조가 노란색 두 어깨 언저리에서 한층 더 밝아지지. 그러면 전에도 말했듯, 내가 배의 선실 벽에 걸어둘 장식화 같은 용도로 구상하고 그렸음을 너도 알게 될 거야. 그러면 그림의 크기가 확대되어 간결한 기법을 쓴 이유가 살아나지. 이때 가운데 액자는 빨간색으로 해줘. 해바라기 2점은 좁은 테두리의 액자가 좋아.

너도 알겠지만, 이런 단순한 좁은 액자는 서로 잘 어울리고, 비용도 조금밖에 들지 않지. 초록색 《포도밭》과 붉은 《포도밭》 《씨뿌리는 사람》 《경작지》 《침실》도 이 틀에 끼우면 잘 어울릴 거야.

여기에 그린 건 새로운 30호 그림으로 역시 싸구려 채색판화처럼 평범하지만, 연인들을 위한 풀숲의 영원한 보금자리를 표현했어.

담쟁이덩굴로 뒤덮인 나무들의 두꺼운 기둥, 역시 담쟁이덩굴과 일일초로 뒤덮인 땅, 돌벤치, 서늘한 나무그늘의 엷은 색 장미덤불. 전경에는 흰 꽃받침을 가진 식물들이 있어. 이 그림은 초록과 보라와 분홍이야.

다만 문제는——유감스럽게도 값싼 채색판화나 손풍금에 결여된 것——양식을 담는 것이지.

이곳에 오고부터 나는 커다란 소나무 아래 손질되지 않은 무성하게 높이

▲《생 레미 요양원의 뜰》(1889)

자란 각종 독보리류 풀들이 있는 이 황폐한 정원을 그리는 것만으로 충분해 아직 한 번도 밖으로 나가지 않았어.

하지만 생 레미 풍경은 참으로 아름다워. 아마 조금씩 멀리 나갈 수 있게 될 거야. 이곳에 머물며 의사가 지금까지의 상태를 더 잘 관찰할 수 있었으니 마음놓고 자유롭게 그림그리게 해줄 거라고 기대해.

나는 정말 잘 지내고 있으며, 지금으로서는 파리나 그 주변 하숙집으로 옮길 이유가 하나도 없어. 나는 회녹색 벽지를 바른 작은 방에 사는데, 두 장의 초록빛 물색 커튼에 있는 빛바랜 장미무늬는 선명하고 가느다란 빨간색 선으로 테두리가 둘러져 있어.

이런 커튼은 아마 파산해서 죽은 어느 부자의 유품이 아닐까 싶으며 디자인이 아주 좋아. 출처가 같아보이는 낡은 팔걸이의자는 갈색, 빨강, 분홍, 하양, 크림색, 검정, 물망초 파랑, 병의 초록 등이 디아즈 풍 또는 몽티셀리 풍의 얼룩무늬를 이루는 태피스트리[1]로 덮여 있지. 쇠창살 달린 창 너머로 울타리가 둘러진 네모난 보리밭──반 호이엔 풍의 전망이 내다보이고, 아침에는 그 위

---

*1 여러 가지 색실로 그림을 짜넣은 직물.

로 태양이 눈부시게 떠오른단다.

빈방이 30개도 넘게 있어서, 나는 작업용 방을 하나 얻었어. 식사는 그저 그래. 물론 바퀴벌레가 나오는 파리의 식당이며 하숙집처럼 곰팡이 냄새도 좀 나지.

이곳의 불행한 사람들은 아무것도 하지 않고──책 한 권 없고 오락거리라고는 공놀이와 체커밖에 없어──이집트 콩, 강낭콩, 그밖의 보존식품이며 식민지산 식품 일정량을 일정시간에 뱃속에 집어넣는 것 말고는 하루의 즐거움이 없어. 이런 것들을 소화해내기란 여간 어려운 일이 아니어서, 그들은 값싸고 그리 해롭지 않은 방식으로 날마다 시간을 때우지.

농담은 이쯤 하고, 미친 사람들을 가까이에서 보고 있으면 나도 언젠가 저렇게 되어버릴지 모르므로 광기에 대한 공포가 상당히 사라진단다.[1]

전에는 이런 사람들에 대한 혐오감이 있었어. 그리고 나 같은 직업을 가진 트루아용, 마르샬, 메리용, 융투, M. 마리스, 몽티셀리 등 많은 사람이 그런 최후를 맞은 일을 깊이 생각해 봐야 한다는 게 너무 싫었지. 그들을 그런 상태로 상상하는 것조차 할 수 없었어.

그런데 이제는 공포심없이 그런 생각을 하게 되었어. 이 사람들이 다른 병, 예를 들면 폐결핵이나 매독으로 죽었다는 것보다 비참한 최후라고는 생각지 않아.

이 예술가들──마침내 평정한 상태를 되찾은 그들을 나는 보고 있어. 같은 직업을 가진 선인들을 추억하는 게 쓸데없는 일이라고 생각하니? 나는 농담이 아닌 진심으로 감사하고 있어.

왜냐하면 울부짖거나 내내 헛소리를 지껄이는 사람들이 있긴 하지만, 이곳에는 서로 사이에 진정한 우정이 있기 때문이야. 그들은 말해. 다른 사람들이 나에 대해 참아주기 바란다면 내가 먼저 상대를 참아줘야 한다고. 이것 말고도 참으로 올바른 생각을 말하며, 실제로 그렇게 행동하지. 그리고 우리는 서로를 잘 이해해. 예를 들면 나는 동문서답하는 사람과 수다떨곤 하는데, 그건 그가 나를 무서워하지 않기 때문이란다.

누군가 발작을 일으키면 그가 다치지 않도록 다른 사람들이 얼른 달려와

---

[1] 광인들과 함께 지내며 고흐는 광기도 단지 다른 병들과 똑같은 병에 지나지 않는다고 이해했다.

보살펴줘. 걸핏하면 화내는 암환자들에게도 마찬가지야. 어디서 몸싸움이 벌어지면 이 동물원의 고참들이 달려와 다친 사람들을 뜯어말리지.

물론 더 지저분하고 위험한 중증환자들도 있어. 그런 사람들은 다른 병동에 있지. 요즘 나는 일주일에 두 번 목욕하는데, 입욕시간은 두 시간이야. 1년 전에 비하면 위는 아주 좋아졌어. 그러니 내 생각에 지금처럼만 지내면 좋을 것 같아. 이곳은 다른 곳보다 지출이 적지. 이곳의 자연이 아름다워 앞으로 그릴 게 많다는 점을 고려하더라도.

내가 바라는 건 1년 뒤 내가 할 수 있는 일, 하고 싶은 일을 지금보다 잘 파악하는 거야. 그러면 적어도 다시 시작할 의지가 생길 테지. 파리든 어디로든 다시 돌아가는 건 지금 내키지 않아. 여기가 내가 있을 곳이라고 생각해.

극심한 무기력 상태——바로 그것이 이곳에 오래 있는 사람들을 가장 괴롭히는 것이지. 하지만 나는 그림그릴 수 있을 정도로 그 상태에서 벗어날 수 있을 거야.

비오는 날 모두들 모여 있는 홀은 마치 어느 침체된 마을의 삼등대합실 같아. 해수욕장에 있는 것처럼 늘 모자쓰고, 안경쓰고, 지팡이 들고, 여행차림을 한 훌륭한 미치광이들이 실제 승객처럼 보여서 더 그런 느낌이 들어.

너에게 물감과 특히 캔버스를 또 부탁해야겠어. 지금 그리는 4점의 정원그림을 받았을 때, 내 생활이 주로 정원에서 이루어진다는 걸 상상하면 이곳 생활이 그리 우울하지 않다는 걸 너도 이해할 거야. 어제 정원에서 진기한 커다란 개미를 데생했어. 검정색, 회색, 미묘한 톤의 흰색으로 뚜렷하게 구분되고, 연지색 광택을 내는가 하면 은은한 올리브그린 빛깔도 띠는 해골개미야. 정말 엄청나게 크지.

유화로 그리려면 죽여야 했을지도 모르지만, 그러면 불쌍하잖니. 그 정도로 그 개미는 아름다웠어. 다른 식물 데생 몇 점과 함께 이 데생을 보낼게.

탕기 영감 화방이나 네가 가진 것 가운데 충분히 마른 그림은 캔버스 틀에서 빼내고, 다른 알맞은 새 그림을 메워도 좋아. 《침실》의 캔버스 천 보강작업을 해줄 사람 주소는 고갱이 알려줄 거야. 비싸지는 않아. 그래, 내 생각에 비용은 5프랑쯤일 거야. 그 이상이면 부탁하지 마. 고갱은 자신의 그림이며 세잔과 피사로의 캔버스 천 보강작업을 꽤 많이 의뢰했는데, 그보다 비싸지 않았던 것 같아.

내 증상에 대해 말하면, 감사해야 할 일이 있어. 다른 사람들과 만나면서 깨달은 건데, 그들도 발작할 때 나처럼 기묘한 소리와 사람목소리가 들리거나, 눈 앞의 사물이 이런저런 것들로 바뀌어 보인다고 했어. 그 사실을 알고 나니까 처음 발작 때부터의 공포심, 갑작스레 발작이 일어날 때 두려움 말고는 아무것도 할 수 없게 만드는 공포심이 어느 정도 사라졌어. 발작은 그런 것임을 알고 나니까 다르게 생각돼. 다른 미치광이들을 가까이에서 못보았다면, 나는 그로 말미암은 고뇌를 떨쳐버릴 수 없었을 거야.

발작이 일어날 때의 그 불안과 고통은 정말 어마어마해. 대부분 간질환자는 혀를 깨물거나 자해를 하지. 레이 의사는 나처럼 귀를 자른 사람을 본 적 있대. 그리고 페이롱 원장과 함께 나를 보러 왔던 이곳 의사도 전에 그런 예를 봤다고 했어. 일단 그것이 무엇인지 알고 자신의 상태가 발작을 일으키기 쉽다는 자각을 하게 되면, 그토록 심한 고통과 공포에 사로잡히지 않도록 스스로 대처할 방법이 생기겠지.

요즘 다섯 달은 그런 일도 줄었으니 곧 회복되지 않을까, 적어도 그토록 심각한 발작은 이제 일어나지 않으리라는 희망을 갖고 있어.

이곳에 벌써 2주일 동안 나처럼 소리지르거나 쉴새없이 떠드는 사람이 있는데, 아마 병 때문에 청각신경이 예민해져 복도에서 사람목소리나 말이 들리는 것 같은 착각에 빠져서일 거야. 내 경우는 시각과 청각이 동시에 그랬는데, 간질 초기의 흔한 증상이라고 레이 의사가 말했어. 하지만 그 충격이 너무도 커서 몸을 움직이기조차 싫고, 두 번 다시 눈을 뜨지 않는다면 얼마나 편할까 생각했지.

이제는 이 삶에 대한 공포감도 많이 사라졌고, 우울증도 심하지 않아. 하지만 아직 의욕이 생기지 않고, 욕망이 전혀 없어. 일상생활의 어떤 욕구, 예를 들면 친구 생각은 하지만 만나러 가고 싶다는 욕구는 거의 없어. 그러니 나는 곧 이곳을 나갈 시점까지는 아직 오지 않았어. 아직 돌발적으로 우울해질 때가 있거든.

삶에 대한 혐오감이 얼마쯤 사라진 것도 아주 최근 일이야. 의욕으로, 활동으로 가는 길은 아직 멀었어.

네가 파리에 계속 있어야 해서 아직 파리 근교 시골밖에 못보았다니 유감이야. 내가 이 사람들과 함께 있는 사실이, 너에게 아직도 구필 상회가 숙명이라는 사실보다 더 불행한 건 아니라는 생각이 들어. 이런 관점에서 보면, 우리는 꽤 비슷해. 너도 네 생각대로 할 수 있는 건 일부분뿐이니까. 이런 일은 한번 습관이 되면 제2의 천성이 되고 말지.

유화작업에는 캔버스와 물감과 그밖의 비용이 들지만, 그래도 월말이 되면 그림그리는 일을 포기하기보다 비용이 좀 들더라도 결국 내가 습득한 그림을 그리는 편이 훨씬 이익이라는 생각이 들어. 어쨌든 식비 등 입원비는 내야 하니까. 이런 이유로 나는 그림그리고 있어. 그리하여 이번 달에 30호 그림 4점과 데생 2, 3점을 그렸지.

하지만 뭘 하든 군대 앞의 적처럼 돈문제는 늘 거기에 있어서 무시할 수도 잊어버릴 수도 없어. 이 문제에 대해서는 남에게 미루지 않고 내 채무를 지킬 거야. 내가 쓴 돈은 모두 앞으로 갚아나갈 수 있을 테지. 내가 쓴 돈은 너에게서, 아니면 적어도 가족들에게서 빌린 돈이라고 생각하니까. 그 때문에 지금까지 그림을 그려왔고, 앞으로도 그릴 거야. 네가 지금 아직 버티고 있듯이 나도 하는 데까지 할 거야. 내가 부자라면 아마 더 자유롭게 예술을 위한 예술을 하겠지만, 지금의 나는 열심히 그림으로써 저절로 조금씩 발전할 거라고 믿으며 만족해.

내게 필요한 물감은 다음과 같아.

에메랄드그린		3개
코발트블루		2개
울트라마린	대형 튜브	1개
레드오렌지		1개
징크화이트		1개
캔버스 천 5m		

너의 친절한 편지에 감사하며, 너와 네 아내에게 악수보낸다.

빈센트

고흐가 테오에게 593
1889년 5월22일 이후

사랑하는 테오
유화붓 몇 자루를 서둘러 보내줘. 여기에 대충 크기를 그려놨어. 여섯 자루

생 레미(1889년 5월~1890년 5월) 881

씩 보내주면 좋겠어.

　너도 네 아내도 건강하기를, 그리고 잠시라도 맑은 하늘을 즐겁게 바라보기를 기도해. 여기는 햇살만은 정말 훌륭해.
　건강상태는 좋아. 머리도 그렇게 되면 좋겠어. 시간과 참을성에 달렸겠지.
　페이롱 원장은 네 편지를 받고 답장도 보냈다고 간단히 말했어. 원장은 나에게 아무것도 묻지 않고 나도 아무 말 하지 않으니까 아주 간단하지. 몇 해 전에 아내를 잃고 혼자 사는 신경통걸린 몸집작은 남자로 검은 안경을 쓰고 있어. 요양소는 분위기가 침체되어 있고, 원장은 자신의 지위를 그리 기뻐하지 않는 것 같으며 그럴 만한 이유도 충분해.
　새로운 환자가 들어왔어. 매우 난폭해서 모든 걸 부수고 밤낮으로 소란피워. 온 힘을 다해 거친 천으로 지은 셔츠를 찢고, 요즘은 하루 종일 목욕탕에 넣어두지 않으면 진정을 못해. 침대며 방에 있는 가구를 모두 부수고 밥상도 엎어버려. 그 모습을 보면 참으로 슬프지만 그래도 이 병원사람들은 참을성이 강해서 곧 모두 정돈하지.
　새로운 사건도 여기서는 금방 옛소문이 되어버려…… 지금 같은 정신상태로 내가 파리에 간다면 어두운 그림과 밝은 인상파 그림, 니스 칠한 번들거리는 그림과 휘발유로 그려 광택을 없앤 그림을 구별하지 못할 거야.
　곰곰이 생각해 보면 나는 이제까지보다 점점 더 들라크루아, 밀레, T. 루소, 뒤프레, 도비니 등 영원한 청춘을, 그리고 지금의 젊은 사람이며 앞으로 나타날 예술가들을 이토록 믿은 적이 없는 것 같아. 이를테면 인상파가 낭만파 이상의 일을 하리라고는 생각할 수 없어. 그래서 글레이즈며 페로 같은 사람들을 존경하면서도 여유가 있는 거야.
　오늘 아침 해뜨기 훨씬 전부터 창문으로 오랫동안 밭과 산을 바라보았어. 아주 크게 보인 새벽녘 샛별 말고는 아무것도 없었지. 도비니와 T. 루소는 이것을 그렸어. 여기에 친밀감과 위대한 평화와 위엄을 표현하고 뼈아픈 개인적 감정까지 보탰지. 이 정서는 나쁘지 않아.

▲《짚더미와 떠오르는 태양》(1889) 5월

　내가 바라는 것보다 아주 조금밖에 조화를 얻을 수 없다는 생각을 하면 나는 늘 양심의 가책을 강하게 느껴. 나중에 더 좋은 걸 실현할 수 있을 테지만, 아직 그 단계에는 이르지 못했지.

　잘 마른 그림을 물과 아주 적은 양의 알코올로 씻어 기름과 두꺼운 물감의 석유를 제거하려고 해.《밤의 카페》《푸른 포도밭》, 그리고 특히 호두나무 액자에 들어 있는《풍경》도.《밤》도 마찬가지야──최근에 수정한 곳이 있어서 알코올에 지워질 위험이 있지.

　여기 온 지 어느덧 한 달이 지났는데 다른 곳으로 가고 싶다는 기분이 한 번도 들지 않았어. 다시 그림그리고 싶다는 의욕만 아주 조금 생겼지. 다른 환자들에게는 밖에 나가고 싶다든가 하는 이렇다 할 확실한 욕망이 없어보이는데, 사회생활에서 너무 큰 벽에 부딪히면 그렇게 되는 건지도 모르겠어.

　그들이 전혀 아무 일도 하지 않는 이유를 알 수 없어. 남 프랑스의 큰 결함과 파멸이야. 그렇지만 참으로 아름다운 땅, 멋진 푸른 하늘, 눈부신 태양을 볼 수 있지! 아직 정원과 창 밖으로 보이는 경치밖에 모르지만 그런 기분이 들어. 모파상의《죽음처럼 강하다》라는 새로운 작품을 읽어봤니? 주제가 대체 뭘까?

전에 비슷한 소설인 졸라의 《꿈》 마지막 부분을 읽은 적 있어. 나는 여자 얼굴이 참으로 아름답다고 생각했었지. 수놓는 여자, 황금자수에 대한 서술. 이것은 마침 다른 종류의 황금색 문제와 관련있어, 완전한 것과 분해된 것과의. 남자들은 생생하게 묘사되지 않았지만, 큰 수도원도 우울함을 날려주었어. 다만 이 조연일 뿐인 라일락 빛과 진한 청회색이 금발 얼굴을 더 선명하게 떠올려 보여주지. 라마르틴의 작품에도 비슷한 게 있어.

내가 보낸 많은 작품들 가운데 지나치게 심각한 건 모두 버리고 괜찮은 것만 사람들에게 보여줘. 앵데팡당 전은 내게 전혀 문제되지 않아. 내가 없으면 똑같이 처리해줘. 너무 냉담하게 여겨지지 않도록, 그리고 이상한 작품을 내지 않도록 해. 호두나무 액자에 든 《별이 빛나는 밤》과 《노란 풀 풍경》을 출품하는 게 좋다고 생각해. 서로 반대색이고, 누군가가 밤의 효과를 나보다 잘 그리고 싶다는 의욕을 느낀다면 기쁘겠어.

지금 나에 대해서는 안심해도 돼. 새로운 캔버스 천과 물감을 받으면 바깥 풍경을 그리러 나갈게. 마침 지금 꽃이 많이 피는 계절이니, 색채효과를 높이기 위해 캔버스 천을 5m 더 보내주는 게 좋을지도 몰라.

꽃은 잠시 노란 보리와 자리를 바꾸지. 이것을 아를 시대보다 잘 표현하고 싶어. 여기에는 산이 좀 있어서 아를처럼 미스트랄이 심하지 않은 듯하니 언제든 무언가 할 수 있어. 정원에서 그린 그림을 네가 받으면 여기서 내가 그리 우울하지 않다는 사실을 알게 될 거야.

그럼, 또 편지할게. 너와 요한나를 생각하며 악수보낸다.

빈센트

고흐가 테오에게 594
1889년 6월9일

사랑하는 테오

캔버스천, 물감, 붓, 담배와 초콜릿을 보내줘 고마워. 잘 받았어. 작업한 뒤 지루하던 참이라 기뻤어. 요 며칠 동안 나는 가까운 데 나가서 그림그렸어.

네가 지난번에 보낸 편지는 분명 5월21일에 쓴 것이었지. 그 뒤 편지가 없었는데 페이롱 원장이 네 편지를 받았다고 말해줬어. 너도 네 아내도 아무 일 없으면 좋겠는데. 페이롱 원장은 파리로 박람회를 보러 가는 길에 널 찾아갈 거라고 하더구나.

너한테 전할 새로운 일이 그리 없어. 지금 풍경화를 2점(30호) 그리는 중이야. 언덕에서 본 풍경과 내 침실에서 본 풍경이지. 태풍에 휩쓸려 쓰러진 보리밭이 앞쪽에 있어. 담이 둘러지고 그 너머로 녹회색 올리브나무 몇 그루와 오두막과 언덕이 있지. 또 그림 윗부분에는 큰 하얀 구름과 회색 구름이 푸르른 하늘에 녹아들어 있어.

아주 간결한 풍경…… 색채도 마찬가지야. 파손된 《침실》 습작과 한 쌍이 될 거야. 표현된 양식이 완전히 일치되어 있으니 이거야말로 예술작품의 안정된 모습이 아닐까?

집에서 먹는 빵도 샤르댕이 그리면 좋은 작품이 돼. 이집트 예술이 훌륭한 것은, 조용하고 현명하며 친절하고 인내심강하고 선량하며 거룩한 왕자들이 태양을 우러러보는 영원한 농민이었기 때문이 아닐까?

건축가 가르니에가 박람회에 내놓은 이집트 집이 너무 보고 싶어……빨강, 노랑, 파랑으로 칠하고 벽돌로 단정하게 구분한 정원——사람이 사는 집을. 우리는 미라와 피라미드밖에 모르지. 다시 본론으로 돌아가면 이집트 예술가들도 신앙을 가졌고, 감정과 본능에 따라 일하며, 포착할 수 없는 것을 표현하고, 자애로움과 꺾이지 않는 인내, 현명함과 맑음을 가지고 몇 가지 절묘한 곡선과 놀랄 만한 규모로 표현해내려 하고 있어. 다시 말해 표현하는 대상과 표현방법이 일치하면 거기에 양식과 안정이 갖춰지지.

레이스 대벽화의 하녀도 블랙몬드에 새겨지면 새로운 예술작품이 되고…… 또 메소니에의 책읽는 사람 소품도 자크마르가 조각하면…… 조각방법과 표현이 일치할 때 비로소 안정된 작품이 되는 게 아닐까?

《침실》 습작을 간직하고 싶으니, 새로운 캔버스 천을 감아서 보내주면 서둘러 다시 그리고 싶어. 한 번 더 그걸 고쳐 그리게 되리라고는 생각지 못했으므로 처음에는 캔버스 천을 뒤집으려고 했었지. 그 사이 머릿속이 정리되어 지금은 다시 잘 고칠 수 있을 거야.

많이 그린 그림들 중에는 특히 강하게 느낀 것이나 꼭 간직하고 싶은 게 있단다. 마음에 들게 그려지면 나도 모르게 그 그림을 '어느 집, 어느 방, 어느 모퉁이의, 누구에게 어울릴까' 생각하곤 해. 그래서 할스, 렘브란트, 반 델 메르의 그림은 옛 네덜란드 풍 집이 아니면 어울리지 않아.

그런데 인상파 사람들은…… 또한 마찬가지로 만일 실내가 예술작품이 없어 완전해지지 않으면, 그 작품이 만들어진 시대의 결과라 할 독특한 주위와 하나가 되지 않으면 회화는 존재하지 못해. 인상파 사람들이 그들을 낳은 시대보다 가치있는지 없는지 나는 모르겠어. 한 마디로 말해……그들 즉 화가들이 표현한 것보다 중요한 실내인지, 정신이 있는지 없는지 모르겠다는 뜻이야.

고갱, 베르나르, 앙케탱 등 여러 인상파 화가들 전시회가 곧 열린다는 소식을 광고에서 봤어. 기존의 다른 화파처럼 확실하고 새로운 하나의 화파가 생겼다고 생각해. 네가 말한 게 이 전시회였어? 컵 속에서 잘도 그런 태풍이 일어나는군.

건강은 그럭저럭 괜찮아. 그려야 할 그림이 있으면 밖에 나가는 것보다 여기서 작업하며 있는 게 행복해. 이곳에 꽤 오래 머물러 규칙적 생활을 할 수 있고, 길게 보면 생활에 질서가 잡혀 쉽게 영향받지 않게 돼.

그것만으로도 이롭지. 게다가 밖으로 나가 다시 재기할 마음은 없어. 언젠가 한 번 담당자와 함께 마을에 가봤는데, 사람들과 사물을 보는 것만으로도 기절할 것 같은 기분이 들었고, 속이 정말 안 좋았어. 자연 앞에서 그림그리고 싶은 의지만 붙잡고 있어.

내 마음 속에는 아주 강한 충동을 받는 무언가가 있는 듯하고, 그것이 나를 이렇게 만들었지. 무엇이 그런 계기가 되었는지는 모르겠어.

그림그리고 난 뒤 가끔 매우 따분해질 때가 있어. 그러면 더이상 아무 일도 하기 싫지. 방금 의사가 지나가면서 아직 몇 주일은 파리에 못간다고 하니 그가 올 거라고 기대하지 마.

가까운 시일에 또 편지해줘.

이번 달 안으로 다음 물감이 필요해

티타늄 화이트	8개
옐로오커	2개
비리디언	6개
루즈	1개
울트라마린	2개
텔시엔네추럴	1개
코발트블루	2개
아이보리블랙	1개

어째서 여기 왔는지 스스로 물어도, 아무리 생각해도 이상해. 결국 그것이 단순한 작은 사고였음을 알면서도 심한 두려움과 혐오감에 싸여 아무 생각할 수 없게 되는 게 정말 신기해. 희미하게 점점 멀어졌는데 어째서 내 머리가 혼란스러운지 지금 증명할 수 있을 것 같은 기분이 들어. 하지만 아무것도 떠올리지 못하고 전혀 두려움이 없는 게 참으로 놀라운 일이긴 해. 그렇지만 활동적으로 바뀌기 위해 할 수 있는 일을 하고, 적어도 그런 의미에서 전보다 좋은 그림을 그리기 위해서도 유익하니 너도 믿어줘.

여기 풍경은 라위스달을 떠오르게 하지만 농부들 모습은 보이지 않아. 고향 네덜란드에서는 1년 내내 남자든 여자든 아이든 동물이 어디서든 밭일을 하는데, 여기에서는 그 3분의 1도 안보여. 게다가 북방지역처럼 소박한 일꾼이 아니야. 힘없이 왼손으로 귀찮은 듯 밭을 경작하는 느낌이지. 나는 이 지역 사람이 아니므로 그렇게 보는 게 잘못인지도 모르지만, 잘못이라면 그걸로 됐어. 그런데 그 때문에 《타르타랭》을 읽었을 때보다 사물이 냉담하게 보이고, 어쩌면 타르타랭도 꽤 오래 전에 그 집안 모두 추방된 건 아닐까?

되도록 가까운 시일 안에 편지보내줘. 편지가 너무 늦게 와. 건강하기를 빌게. 네가 이제 혼자 살지 않아도 된다니 매우 기쁘구나.

만일 물감과 캔버스 천 등을 보내는 게 힘든 달이 있으면 보내지 않아도 좋

아. 추상적인 예술보다는 사는 일이 더 중요해.

무엇보다도 집은 슬프거나 죽은 것 같으면 안돼. 그런 다음 다른 일을 하고, 그림은 나중이지.

가장 단순한 색으로 그리는 그림을 또 시험해 보고 싶어, 예를 들면 황토색으로. 아주 조금의 중간색으로 기름을 많이 써서 그린 고이엔과 미쉘을 추하다고 할 수 있을까?

담쟁이덩굴 있는 나무그늘 그림을 완성했어. 말 수 있을 만큼 마르면 바로 보내줄게. 너와 네 아내의 손을 굳게 잡는다.

빈센트

테오가 고흐에게 10

1889년 6월16일

사랑하는 빈센트

형님에게 편지보내야 한다고 한참 전부터 생각했지만, 제 생각을 어떻게 전해야 좋을지 몰랐습니다. 느낌으로 알고, 생각으로 구체성을 띠어도, 아직 막연한 상태의 것을 확실하게 이해하기 어려운 그런 때가 있지요. 오늘도 과연 생각대로 잘 써질지 모르겠지만, 그래도 편지쓰도록 하겠습니다. 우리가 한순간도 빠짐없이 형님을 생각한다든가, 형님의 최근 작품들이 형님의 정신상태가 어떤지 짐작케 해주는 단서가 된다는 내용을 전달하는 데 그치더라도 말입니다.

형님의 그림들에는 지금까지 도달하지 못했던 색채의 힘이 있습니다. 이것만으로도 보기드문 특징이지만, 형님은 거기서 더 멀리까지 나아가셨습니다. 형태를 왜곡해 상징을 탐구하려는 사람들이 있다면, 그런 상징을 나는 형님 그림들에서 발견*1했습니다. 형님이 강하게 애착을 느끼는 자연이며 살아 있는 존재에 대한 형님 사상을 요약한 표현에서 그런 상징이 보입니다. 하지만 형님의 머리는 얼마나 괴로웠을까요? 형님은 현기증이 위험을 초래할 한계까지 이

＊1 태양은 망막에 의한 색채의 지각을 자극하고, 빛의 세기는 대조효과를 높여주며, '넘치는 생명력'이라는 인상은 역동적 터치가 풍경을 이루는 중요한 요소가 된다고 여긴 고흐는 풍경을 과장, 변형함으로써 지나치게 예민한 그의 신경을 해방시켰다. 결과적으로 그에 대응하는 감성적 역동감이 화면에 표현되고, 그의 망막에 비친 리얼리티도 훼손되지 않았다.

르렀던 겁니다.

사랑하는 형님, 형님이 다시 그림그리겠다고 하신 일을 나는 한편으로 기쁘게 생각합니다. 형님이 계신 병원에서 간호받는 불행한 사람들이 빠져버리는 상태를 그림 덕분에 피할 수 있다면 말이지요. 하지만 한편 좀 불안해집니다. 완전히 낫기 전에 이런 신비로운 영역에서 몸을 위험에 노출시켜서는 안되기 때문입니다. 가벼운 마음으로 그리는 건 괜찮겠지만, 깊이 들어가면 반드시 대가를 치러야 할 것 같은 생각이 듭니다.

필요 이상 애쓰지 마십시오. 본 것을 단순히 말해도, 형님 그림에는 길이 남기에 충분한 특질이 있으니까요. 들라크루아가 시골 조르주 상드의 집에 갔을 때 그린 정물화와 꽃을 생각해 보십시오. 그 뒤 그에게는 《성처녀 교육》을 그리는 반동이 있었지만…… 게다가 내 말대로 한다 해서 형님이 나중에 걸작을 그리지 못하리라는 법도 없습니다. 과로하지 않도록 조절해 그리십시오.

형님도 아시겠지만, 만국박람회장 카페[*1]에서 열린 전람회에 고갱과 쉬프네케르 등의 그림이 전시되어 있습니다. 나는 처음에는 형님도 출품할 거라고 말했지만, 분위기가 당파싸움처럼 흘러가 참가하기가 곤란해져버렸지요. 쉬프네케르는 이번 거병이 다른 화가들을 모두 쓰러뜨릴 거라고 주장하고 있습니다.

그를 내버려둔다면, 자신이 위대한 정복자임을 증명하기 위해 온갖 색깔의 깃발을 앞세워 파리 시내를 활보할 겁니다. 종업원이 다니는 뒷계단으로 만국박람회장에 숨어들어간 겁니다. 예외없이 제외된 사람들도 있었지요. 로트렉은 어떤 서클에 출품 중이어서 참가하지 않았다는 둥……

지난번에 렘브란트의 밑그림이 공매로 팔렸습니다. 형님에게 보여드리고 싶었지요. 천사 가브리엘의 서 있는 모습으로, 그의 동판화 《양치기들에게 보내는 예언》의 하늘에 있는 것과 같은 그림입니다.

정말 걸작이지요. 색깔이 아직까지도 매우 선명합니다. 아마 처음에는 완전

[*1] 만국박람회 예술백년제에 모네, 마네, 피사로 같은 꽤 알려진 화가들도 비평가 마르쿠스가 힘써 겨우 출품이 허락될 정도였다. 고갱의 충실한 친구 쉬프네케르가 그 전시회장과 가까운 곳에 큰 카페를 운영하는 보르피라는 남자를 설득해 카페 벽에 고갱 등의 그림을 걸게 해주었다. 고갱·쉬프네케르, 베르나르 등의 그림은 10점 전시되는데 고흐의 작품은 6점밖에 안된다는 사실을 알고 테오는 이 전시를 거부했다. '그들의 뻔뻔함과 오만스러움은 구역질날 정도였습니다.'

한 노란색이었을 것입니다. 그림자 부분은 평상시 그의 작품보다 다양한 색으로 칠해져 있습니다. 아주 강렬한 파랑, 초록, 보라였던 것으로 기억하는데, 대단히 조화가 잘 이루어져 있지요. 대전람회[*1]에서 가장 볼 만한 것은 코로, 마네, 들라크루아, 밀레, 리카르, 그리고 특히 도미에입니다. 드가의 작품도 전시되었지만, 그가 철거시켰답니다.

고갱은 2주일 전에 퐁타벤으로 떠나 형님 그림을 못보았습니다. 이삭손은 형님이 얼마 전에 보내주신 작품을 무척 마음에 들어했지요.

《침실》은 다시 보내겠지만, 가필하지 않는 편이 좋겠습니다. 복원할 수 있겠지요. 이 그림을 모사해 다시 보내주면 제가 보강작업을 맡기겠습니다.

《붉은 포도밭》은 무척 아름답습니다. 이 그림은 우리 방 중 하나에 걸어두었지요. 세로로 긴 캔버스의 여성상도 아주 마음에 듭니다. 스페인과 그쪽 그림에 대해 잘 아는 폴락이라는 사람이 왔었는데, 이 그림이 스페인 어떤 거장의 작품처럼 아름답다고 말하더군요.

그럼, 건강을 빕니다. 요한나와 함께 굳은 악수를.

테오

고흐가 테오에게 595
1889년 6월17~18일

사랑하는 테오

어제 편지 고맙구나. 나도 생각처럼 자주 편지쓰지 못하는데, 결국 우리는 격동하는 시대에 살고 있으니 사물을 판단할 때 충분히 확고한 의견을 갖는 건 그리 문제되지 않을 거야.

네가 지금도 둘이 함께 레스토랑에서 식사하는지, 집에서 더 많은 시간을 보내는지 무척 궁금하구나. 그러기를 나는 바란다. 얼마 동안은 그게 최선임이 틀림없으니까. 그 점에서 나는 상태가 아주 좋아. 앞으로 반년쯤 음식과 담배를 철저히 절제하고, 요즘처럼 일주일에 두 번씩 두 시간 동안 목욕하면 분명 병세가 많이 좋아질 거야. 건강이 아주 좋고, 그림에 몰두하며 기분전환도 할

[*1] Exposition Centennale(Palais du Champs de Mars, Galerie des Beaux-Arts), 만국박람회. 코로는 44점, 마네는 14점, 들라크루아는 21점, 밀레는 13점, 리카드는 7점, 도미에는 5점, 세잔은 《목맨 사람의 집》만 출품.

수 있지. 나에겐 정말 필요한 일이고 그 때문에 피곤한 건 하나도 없어.

내가 보낸 그림 가운데 이삭손의 마음에 드는 게 있었다니 정말 기뻐. 그도 드 한도 무척 성실하다던데, 요즘 세상에 보기드문 일이니 당연히 평가받아야 해. 또 네 말에 따르면, 노랑과 검정 여성상도 볼 만했다고 하는 사람이 있었던 것 같은데, 뜻밖이라는 생각은 그리 안들어. 하지만 그 공은 내 그림이 아닌 모델에게 있다고 생각해.

이제 모델은 구할 수 없으리라 단념하고 있어. 오, 그런 모델이나 《라 베르쇠즈》같은 포즈를 취해 준 여성을 제때 찾을 수 있다면 전혀 다른 그림들도 그릴 수 있을 텐데.

고갱 등이 출품한 전람회에 내 그림을 내지 않은 건 잘한 일이야. 나도 병이 낫지 않은 이상, 그들의 기분을 상하지 않도록 자제하는 게 옳다고 생각해.

고갱과 베르나르가 사실 큰 장점을 지닌 점에는 의심할 여지가 없어.

그들처럼 활력넘치고, 젊고, 생활하며 자신의 길을 개척하려 노력해야 하는 사람들에게 있어, 감상자들이 그들의 그림을 좋아하여 관제(官製) 초절임이 될 때까지 그림을 벽에 뒤집어 걸어둘 수 없다는 건 나도 잘 알아. 카페에 전시하면 소동을 일으키게 될 거야. 그런 행동이 고상하지 못하다고 말하지는 않겠어. 탕부랭과 클뤼시 거리에서 두 번이나 그런 죄를 지어 양심이 찔리니까. 아를의 그 선량한 30명의 덕있는 식인종과 탁월한 시장님에 대해 일으킨 혼란은 별개로 치더라도, 이런 문제에 있어 무의식적으로라도 소동을 일으키는 점에서는 내가 그들보다 나쁘고 더 비난받아야 할 존재지.

베르나르는——내가 보기에——이미 아주 놀라운 그림을 몇 점 그렸는데, 거기엔 온화함과 좀처럼 보기드물고 본질적으로 프랑스 풍인 순진한 뭔가가 있어.

요컨대 그도 고갱도 종업원 계단으로 만국박람회에 숨어들 것 같은 인상을 주는 예술가는 아니야. 이 점은 안심해도 좋아. 그들이 가만히 있을 수 없었던 건 이해돼. 인상파 운동이 질서없다는 것——은 들라크루아며 쿠르베 같은 다른 예술가들만큼 잘 싸울 줄 모른다는 실상을 보여준 거야.

드디어 나는 올리브 나무 있는 풍경화 1점과 밤하늘의 새로운 습작 1점을 그렸어.

나는 고갱과 베르나르의 최근 작품을 못보았지만, 그것들과 지금 내가 말한 이 2점의 습작은 같은 감성을 지녔을 거라는 강한 확신이 들어.

이 2점의 습작과 담쟁이덩굴 습작을 한참 감상하면 고갱과 베르나르와 내가 이따금 토론했던 것, 그리고 우리 머릿속을 채우고 있던 생각을 말로 표현하는 것보다 더 잘 이해될 거야. 이것은 낭만파며 종교적 관념으로 돌아가는 게 절대 아니야. 그렇지만 들라크루아 노선을 표면적인 것 이상으로 전진시키고, 실물과 똑같은 정확함이 아닌 더 자발적인 데생과 색채로 파리 교외며 카바레보다 더 순수한 시골 자연을 표현한 게 될 거야.

마찬가지로 도미에가 눈 앞에 본 것보다 더 마음 고요하고 순수한 인간을, 물론 그 데생에 있어서는 도미에를 따라 그리도록 노력할 거야.

그것이 있는지 없는지는 제쳐두고, 우리는 자연이 생투앵*1 저편에 펼쳐져 있다고 믿고 있어.

졸라의 독자이면서도 우리는 르낭의 순수한 프랑스 어 울림에 감동받을 거야.

또 요컨대 〈검은 고양이〉가 그런 식으로 여성을 데생해 보여주고, 특히 포랭이 훌륭하게 하고 있지. 한편 그리 파리 사람답지 않더라도 파리와 그 우아함이 좋아서 자신들 나름의 기법으로 표현하는 사람도 있으므로, 우리는 전혀 다른 것이 있음을 보여주려 노력하고 있어.

고갱, 베르나르, 나──우리는 모두 계속 이런 입장에 있으며, 승리하는 일도 없겠지만 정복당하는 일도 없을 거야. 우리의 방식은 어느 한쪽을 위해서가 아니라 위로하기 위해, 또는 큰 위로가 되어주는 회화를 준비하기 위한 것이니까.

이삭손과 드 한도 아마 성공은 어렵겠지. 하지만 네덜란드에서 그들은 렘브란트가 위대한 회화를 그렸으며, 그것이 실물과 똑같은 그림은 아니었다는 것을 강하게 주장할 필요성을 느낀 거야. 그들도 뭔가 다른 것을 깨달은 거지.

네가 《침실》캔버스 보강작업을 맡길 생각이라면, 나한테 보내기 전에 해주면 좋겠어. 흰색은 벌써 다 써버렸어.

곧 다시 편지를 받으면 좋겠구나. 몇 번이나 생각하는데, 이제 곧 너도 결혼생활 속에서 기운차려 1년쯤 지나면 건강해질 거라고 생각해.

여기서 가끔 읽을 책으로 셰익스피어가 좋겠어. 1실링 하는 《딕스 실링 : 셰

---

*1 Saint-Quen. 일드프랑스 센생드니 주에 자리한 도시로 파리에서 6.6km 떨어져 있다.

익스피어》라는 책이 있는데, 전집이야. 이 판은 빠진 작품이 없어. 그리고 염가 판이 고가판보다 변경이 적을 거야. 어쨌든 3프랑 이상 하는 거라면 필요없어.

내가 보낸 그림 가운데 못쓰겠다고 여겨지는 건 과감히 치워버려. 갖고 있어 봤자 쓸모없지. 나중에 회상하는 데는 도움될지 모르지만. 쓸 만한 작품도 수가 적어지면 더 좋아 보일 거야. 나머지는 습작들 사이에 헌신문지를 끼우고 다시 두꺼운 종이 2장 사이에 끼워 구석에 눕혀둬. 딱 그 정도의 그림들이야. 데생 몇 장을 말아서 보낼게.

너와 요한나, 그리고 친구들에게 악수를.

너의 빈센트

덧붙임 : 데생 《아를의 병원》《초원의 수양버들》《밭과 올리브나무》는 전에 그린 몽마주르 데생의 연속이고, 나머지는 정원에서 빠르게 그린 습작들이야.

셰익스피어는 급할 것 없어. 만일 그런 판이 없으면 주문해도 시간이 많이 걸리지는 않을 테지.

내가 내 의지로 아득한 높이에서 위험을 무릅쓰는 건 아닐까 하는 걱정은 말아. 우리는 안타깝게도 싫든 좋든 현대의 상황과 병폐를 피할 수 없어. 하지만 지금처럼 조심하고 또 조심하면 나도 쉽게 악화되지 않을 테고, 발작이 재발하는 일도 없을 거야.

고흐가 테오에게 596
1889년 6월 25일

사랑하는 테오

지난번 주문을 취소하고, 이 편지에 물감주문표를 다시 넣었어.

좋은 날씨가 이어져 다른 그림도 그렸지. 지금 30호로 모두 12점을 그리는 중이야. 어려워, 유리병 같은 초록으로 사이프러스 나무를 그렸단다. 앞쪽에 징크화이트를 두텁게 짓눌러 발라 땅바닥의 단단함이 잘 표현됐어.[1] 몽티셀리의 그림은 주로 이런 방법으로 그려졌지. 그 위를 다른 색채로 덧칠하는 거

---

[1] 날카로운 감성을 지니기 위해서는 '똑똑히 봐야 한다'고 주장한 고흐는, 끊임없이 자신을 비틀고 뒤흔드는 바람에 맞서 사이프러스 나무가 대지에 '똑바로' 서도록 화이트를 두텁게 칠해 대지의 단단함을 표현했다.

▲《올리브 따는 네 사람》(1889) 6월 중간무렵

▼《다섯 그루의 사이프러스 나무》(1889) 6월 중간무렵

야. 그렇지만 이런 작업을 할 만큼 캔버스 천이 튼튼한지 모르겠어.

고갱과 베르나르가 좀더 위안되는 그림을 그리는 일에 대해——이미 고갱에게 직접 말했듯——수많은 사람들이 과거에 한 일을 잊지 말라고 주의준 적이 있어. 아무튼 파리에서 벗어나면 잊고 전원에서 마음도 변하는데, 바르비종의 훌륭한 그림만은 아무래도 잊을 수 없어. 그 그림보다 잘 그릴 수 있을지 모르겠고, 또 그럴 필요도 없지만.

안드리스는 어떻게 지내고 있니? 네가 보낸 최근 2, 3통의 편지에서 전혀 소식을 알려주지 않았잖아.

내 건강은 양호하고 그림작업은 기분전환이 돼. 누이동생이 로드가 쓴 듯한 책을 보내왔어. 좋은 책이지만 《인생의 의의》라는 제목은 내용에 비해 주제넘은 느낌이야. 그리고 아무 재미 없어. 심한 폐병환자인 저자는 뭐든 나쁘게 보이나봐. 요컨대 아내와 함께 있으면 위로받을 수 있다고 결론내렸지. 맞는 말일 수도 있지만, 내게는 그 인생의 의의가 전혀 참고되지 않아. 내 입장에서는 그에게 좀 질렸어. 지금 시대에 이런 책을 인쇄해 3프랑50상팀이나 받고 팔다니.

알퐁스 카, 수베스트르, 드로즈가 더 낫지. 이 작가보다 좀더 생기가 있어. 물론 나는 꽤 무뚝뚝한 건지도 모르겠어. 선량한 카르노 대통령의 느긋한 통치 아래 빛을 보았던 콘스탄틴 신부며 그밖의 다른 문학서를 이해하려 들지 않으니까.

이 책은 선량한 여성들에게 큰 감명을 주는 것 같아. 적어도 빌레미나는 그렇게 말했는데, 선량한 여성과 책은 늘 붙어다니지.

볼테르의 《자디그 또는 운명》을 즐겁게 다시 읽었어. 마치 《캉디드》 같아. 적어도 이 권위있는 작가 볼테르는 '세상 일이 현자 마음대로 되지 않는다는 말에 동의한다'는 말로 결론내리면서도 아직 살아갈 의의가 있다는 암시를 남겼지.

나는 과연 어떻게 해야 좋을까? 여기서 그림그리든 다른 곳으로 가든 어차피 비슷할 테니 가만히 있는 게 가장 간단해. 그러나 날마다 같은 일이 되풀이되므로 편지에 쓸 화제가 없어. 보리밭이며 사이프러스 나무를 옆에서 볼 가치가 있는지 어떤지 생각하는 것 말고는 할 일이 없지.

짙은 노란색으로 밝게 보리밭을 그렸어. 이제까지 그린 그림들 가운데 가장 밝을지도 모르겠어.

사이프러스 나무에 늘 마음이 끌려. 해바라기처럼 그려보고 싶어. 아직 내가 느끼는 것처럼 그린 그림을 본 적 없거든. 선이 훌륭하고 마치 이집트 오벨리스크처럼 균형잡혔어. 게다가 그 초록이 매우 고급스럽지. 햇빛 밝은 곳에서는 검은 반점이 되는데, 그 검정이 가장 흥미로우며 정확하게 포착하기 어려워.

그러나 여기에서는 파랑에 대비돼, 더 구체적으로 말하면 파랑 속에서 봐야 하지. 그 지역의 자연을 정확히 파악하려면 어디든 오래 머무를 필요가 있어. 이곳 빛은 신비롭고, 몽티셀리와 들라크루아는 이를 느꼈지만 몽테나르 그림에서는 진정 깊이있는 분위기가 나오지 않아. 피사로는 전에 이것을 자주 거론했으나, 어떻게 하면 좋을지 그가 말한 경지에 이르려면 아직 멀었지.

물감을 빨리 보내주면 정말 기쁘겠어. 하지만 너무 무리하지는 마. 네가 할 수 있는 범위에서 해줘. 상황에 따라 두 번 나눠서 보내도 상관없어.

사이프러스 나무를 그린 2점 가운데 스케치 쪽이 완성도 높아. 울창한 큰 나무가 되었지. 앞쪽의 낮은 곳에는 나무딸기와 덤불이 있어. 보랏빛 언덕 뒤의 초록과 장밋빛 하늘에는 초승달이 떠있지. 앞면은 특히 화려해서 울창한 나무딸기가 노랑, 보라, 초록을 반사해.

먼저 그린 데생과 함께 또 다른 데생 2점을 보낼게.

이로써 며칠 지낼 수 있었지. 온종일 할 일을 찾는 게 여기서는 큰 문제야.

여기 건물을 옮길 수 없는 게 아쉬워. 방은 모두 비었고 복도가 넓으니 전시회하면 좋을 텐데. 네가 전에 편지로 말한 렘브란트 그림이 보고 싶구나.

언젠가 꽤 오래 전 브라운 상점 진열장에 마지막 좋은 시대——아마도 에르미타주 콜렉션에 속하는——의 그림 복제사진이 있었어. 중요한 천사 얼굴이 있는 아브라함의 식사였지. 다섯 인물이 있었던 것으로 기억해. 정말 훌륭했어. 예를 들면 《에모스 순례》처럼 감명받았단다.

여러 수고에 보답하기 위해…… 만일 사르 목사에게 무언가 줄 필요가 있다면…… 언젠가 렘브란트의 《순례》를 주자.

네 건강은 어떠니? 너와 네 아내에게 악수보낸다. 다음 주에는 새로운 데생을 보내려고 구상 중이야.

빈센트

사랑하는 테오

어머니 편지를 동봉하는데, 물론 내용은 다 알고 있을 거야. 코르*1는 당연히 가야 한다고 생각해. 유럽에 머무는 것과 다르게, 그곳에 가면 망령나 모두들 헛소리를 지껄이고 비틀거리는 이 낡은 대도시의 영향을 받지 않아도 되니까. 자신의 생명력과 타고난 자연 에너지를 끝없는 수다로 써버리는 일 없이 우리 사회로부터 멀리 벗어나 더 행복해질 수도 있어. 그렇지 않더라도 그건 역시 정직하게 행동하는 일이고, 그가 그 상황을 주저없이 받아들이는 건 자신이 받은 교육과 합치되는 일이라 할 수 있지.

어머니 편지를 너에게 보내는 건 네가 이미 아는 소식을 다시 전하기 위해서가 아니야. 어머니 말씀처럼 벌써 '일흔이 다 된 어머니'의 글씨가 얼마나 또박또박하고 바른지 너에게 보여주고 싶어서야. 어머니가 다시 젊어지신 것 같다고 너도 편지에 썼고 빌레미나도 같은 말을 했었는데, 이 또박또박한 필체며 내용의 치밀한 논리며 어떤 것을 평가할 때의 간결함 등에서 나도 그것을 느꼈단다.

내 생각에는 네가 결혼해서 행복한 게 어머니를 이렇듯 젊어지시게 한 것 같아. 그건 어머니가 정말 간절히 바라던 일이었어. 그래서 너에게 축하뜻을 전하고 싶어——네 결혼 덕분에 너도 요한나도 다시 젊어진 어머니를 보는 귀한 기쁨을 맛볼 수 있으니까. 이 편지를 함께 보내는 것도 그 때문이야. 사랑하는 테오, 나중이 되면 가끔 추억할 필요도 생길 테니까. 게다가 앞으로 코르와 헤어지면 어머니는 무척 허전해지실 거야. 정말 쓸쓸하실 테지. 그런 때인 만큼 네 결혼소식에 더 위로를 얻으신 게지. 가능하다면 네덜란드로 돌아가는 걸 1년이나 기다릴 필요는 없을 거야. 어머니는 너와 네 아내를 목빠지게 기다리실 테니까.

네덜란드 여성과 결혼했으니, 늦든 빠르든 몇 해 뒤면 암스테르담이나 헤이그와의 거래가 활기를 되찾게 될 거야.

다시 말하지만, 나는 이번 편지만큼 기쁜 마음과 평온한 만족감이 드러난

---

*1 막내동생 코르넬리스는 8월16일에 파리에 들러 테오와 요한나를 만나고 남 아프리카의 새로운 직장으로 가게 되어 있었다.

어머니 편지를 본 적 없어——몇 년 동안 없었던 일이지. 이건 분명 네 결혼 덕분이야. 부모를 기쁘게 하는 사람은 장수한다고 하잖아?

물감을 보내줘서 정말 고마워. 그 뒤에 보낸 주문서에서 그만큼 빼줘. 가능하면 흰색은 빼지 말아줘.

셰익스피어를 보내준 것도 진심으로 고마워. 내가 알고 있는 변변치 않은 영어를 잊지 않는 데 도움될 거야. 이건 정말 훌륭한 책이란다. 가장 인연 없었던 시리즈를 나는 읽기 시작했어. 그동안 다른 일에 정신뺏기거나 시간이 없어서 읽지 못했던 왕 시리즈야. 《리처드 2세》와 《헨리 4세》는 다 읽었고, 《헨리 5세》는 반쯤 읽었지. 그 시절 사람들 생각이 우리와 똑같다든가, 그들을 공화파며 사회주의자 등 신조와 대비하면 어떨까 하는 생각없이 읽고 있어. 내가 이런 책에서 감동하는 건, 현대 일부 소설가의 경우와 마찬가지로 등장인물들 목소리——셰익스피어 경우에는 몇 세기 전인데도——가 우리에게 낯설게 여겨지지 않는다는 점이야. 마치 아는 사람들이 말하는 것을 눈 앞에 보고 있는 것처럼 생생해.

화가들 가운데 오직 한 사람, 또는 단 한 사람이라고 말해도 좋을 렘브란트만이 가진 것, 《엠마우스의 순례자들》이며 《유대인 신부》에서 네가 볼 수 있었던 그 그림의 신비로운 천사 모습에서 보이는 그 다정한 눈빛, 깊은 슬픔을 지닌 상냥함, 거기서 엿보이는 초인간적인——거기서는 너무도 자연스러워 보이는——무한성, 그런 것들을 셰익스피어에서도 만나게 돼. 그리고 특히 《늙은 식스》 같은, 또 《나그네》 같은, 《사스키아》와 같은 엄숙하고도 유쾌한 초상, 그런 것이 특히 거기에는 많이 있지.

모두들 이해할 수 있도록 이 모든 것을 프랑스 어로 번역하려고 생각한 위고의 아들은 참으로 훌륭해! 인상파며 현대예술의 온갖 문제를 생각하면, 거기에 우리에게 주는 교훈이 얼마나 많은지!

지금 읽은 책으로부터 떠오른 생각인데, 인상파는 아무리 정당한 논리를 갖더라도, 바로 그 때문에 거기에서 자신들을 심판할 당연한 권리 또는 의무가 생기는 게 아닌가 하는 점을 오랫동안 늘 반성해야 해.

또 만일 그들이 감히 원시성을 자칭한다면, 어떤 것을 해도 좋은 권리를 주는 명분으로서 이 원시성이라는 단어를 입에 올리기 전에 인간으로서도 조금은 소박함을 갖추는 게 좋을 거야. 하지만 인상파 불행의 원인인 그들이 계속 그것을 무시한다면 그들에게도 정말 심각한 문제가 아닐 수 없어.

게다가 일주일에 일곱 번이나 싸운다면 그리 오래가지 못할 거야.

그것을 생각하면, 《주아르의 여수도원장》[1]이 셰익스피어와 나란히 그 지위를 지키고 있는 게 얼마나 대단한 일인지! 르낭은 아름다운 언어들 한가운데서 마음껏 이야기하고 싶다는 생각으로 이 책을 집필하면서 즐거워했을 거야. 너무나 아름다운 말들이니까.

지금 내가 어떤 걸 그리는지 알려주기 위해 오늘 데생을 10점쯤 보낼 텐데, 모두 제작 중인 유화를 바탕으로 한 데생이야.

마지막 그림은 밀밭, 추수하는 남자의 작은 모습과 커다란 태양이 있어. 이 그림은 울타리와 보랏빛 언덕의 배경을 빼면 온통 노랑이야. 이와 비슷한 모티브의 그림이 있는데, 채색은 다른 색깔을 써서 회색도는 녹색, 그리고 하늘은 하양과 파랑이야.

셰익스피어를 읽으면서 레이드 생각이 어찌나 나던지, 그리고 지금보다 병세가 나빴을 때 얼마나 많이 그를 생각했던지! 작품보다 화가들을 더 사랑하라고 주장하며 그에게 너무 심하게 대했고, 아마도 그를 실망시킨 건 아닐까 깨달았기 때문이야. 나에게는 그런 말을 할 자격이 없었어. 살아 있는 화가들이 먹고살기 위한, 그리고 물감을 사기 위한 돈이 없어 고통받는데, 죽은 화가들 그림에 고액의 돈이 지불되는 문제가 눈 앞에 있다고 해도 말이지. 그리스 회화애호가가 친구에게 보낸 편지를 신문에서 읽었는데, 거기에 이런 말이 있었어——"자네는 자연을 사랑하고 나는 사람의 손으로 만들어진 것을 사랑하지만, 우리의 이런 취향 차이도 근본적으로는 똑같다네." 내 분별보다 이 말이 한 수 위지.

약간의 보리이삭, 개양귀비꽃, 해바라기밭, 알록달록한 스코틀랜드 옷감 같은 푸른 하늘이 있는 사이프러스 나무 그림이 나에게 있어. 이것들은 몽티셀리의 작품처럼 두텁게 칠했지. 태양이 있는 보리밭 그림은 불볕더위를 표현하고 있는데, 이것도 두텁게 칠했어. 이런 그림으로 그에게 우리와의 우정으로 많은 것을 잃은 건 아님을 조금이나마 보여줄 수 있지 않을까 생각해. 하지만 이건 우리에게도 마찬가지로, 우리가 그의 말을 비난한 건 사실이니 우리가

---

[1] 파리 동쪽으로 65km 떨어진 마르타 강변의 주아르 수도원장을 제목으로 한 르낭의 철학적 소설(1886년).

▲《해바라기 밭》(1889) 8~9월

먼저 화해의 실마리를 찾아야 할 거야.

지금은 너무 경솔한 말을 하게 될까봐 쓰지 않겠지만, 내 펜에 더 자신감이 생기면 언젠가 꼭 그에게 편지쓰고 싶어.

다른 친구들에 대해서도 마찬가지야. 좀더 자신있는 상태에 이르기 전에는 되도록 꾹 참으며 기다려야 한다고 생각해.

아를을 출발하기 전에 아직 마르지 않았던 그림이 그곳에 몇 점 있어. 너에게 보내기 위해 꼭 가지러 가야겠다고 생각하고 있어. 6점 정도야. 이번 데생은 색을 적게 쓰려고 해. 종이가 너무 미끌거리거든.

《수양버들》과《아를 병원 안뜰》은 색채가 더 있어. 이 그림을 보면 내가 지금 무엇을 그리는지 짐작할 수 있을 거야. 보리베는 남자 그림은 지난해에 그린 씨뿌리는 사람 같은 작업이 될 거야.

졸라의 작품은 생기가 넘치므로 오래도록 걸작으로 남았지.

생기가 넘친다는 말에 어머니가 네 결혼을 기뻐하는 모습이 떠오르는데, 이건 너와 요한나에게도 당연히 기쁜 일일 거야. 하지만 코르와의 이별은 어머니에게 상상할 수 없는 고통이겠지. 푸념하지 않고 고통을 견디고, 혐오감 없이 고통을 숙고하는 법을 배우는 것, 거기에는 현기증을 일으키게 할 위험이 있어. 하지만 그럴 수도 있겠지. 우리는 인생 저편에서 고통의 훌륭한 존재이유를 발견할 가능성도 얼마쯤 엿볼 수 있을지 몰라. 그 건너편에서 보면 그런 고통도 때로는 대지를 뒤덮어 절망적인 대홍수의 규모로 커지는 게 보이지만 말이야. 그런 것, 그런 규모에 대해 우리가 아는 것은 얼마나 적은지! 차라리 그림일지라도 보리밭을 감상하는 편이 나아.

너희 두 사람에게 악수보낸다. 곧 답장을 기대하고, 두 사람의 건강을 빌게.

너의 빈센트

고흐가 테오에게 600
1889년 7월2일 이후

사랑하는 테오

내일은 완성된 그림을 말아서 소포로 보낼게.《아를의 꽃핀 과수원》《담쟁이덩굴》《레 리라》《아를 식물원의 장밋빛 마로니에》 4점이야.

먼저 보낸《붉은 포도밭》과《초록 포도밭》《정원》《수확》《별이 빛나는 밤》같은 작품과 어울릴 거야.

다 마른 습작을 몇 점 더 보낼게. 앞으로 그릴 소재라기보다는 직접 사생한 습작이야.

늘 그렇지만 전체가 제대로 정리된 그림을 완성할 때까지 많이 그려야 해. 그 습작 7점은《붓꽃》《생 레미 요양소에서 바라본 풍경》(30호),《꽃핀 복숭아나무》(아를),《들판》(아를),《올리브 나무》(생 레미),《늙은 버드나무》(아를),《꽃핀 과수원》이야. 가까운 시일 안에 보낼 그림은 주로 '보리밭'과 '올리브 밭'으로 이루어져 있어.

너도 알겠지만 이 그림들을 가지러 아를에 갔었는데, 여기 간호사가 함께 따라갔어. 사르 목사를 방문했더니 2개월 휴가를 떠나 없었고, 병원에 들러 레이 의사를 만나려 했는데 그도 없었지. 그래서 맞은편 이웃과 전의 가정부와 다른 몇 사람들을 만나 하루를 보냈단다.

병에 걸리면 사람들에게 애착이 느껴져. 전에 친절하고 너그러웠던 사람들을 다시 만났지. 레이 의사는 시험치르러 파리에 갔다고 들었는데, 병원 문지기는 모른다더구나. 너를 만났는지 궁금해. 박람회를 보고 너도 찾아가겠다고 전부터 계획했으니까. 여기 원장은 통풍으로 무척 괴로워하니 파리에 가지 않을지도 몰라.

캔버스 천과 물감이 든 두 번째 소포를 받았어. 정말 고맙게 생각해.

내가 그린 마지막 그림은 산을 바라본 풍경이야. 검은 오두막이 아래쪽 올리브 밭 한가운데에 있어.

너는 태어날 아기 일로 바쁘겠지. 만일 그렇다면 정말 기쁘구나. 시간이 너에게도 마음의 평화를 가져다줄 거야.

파리에서는 제2의 천성처럼, 장사와 예술에 대한 염려 외에 농부보다 체력이 약한데도 아내와 자식이 생기면 때로 꿈꾸듯 우리를 사로잡는 간소하고 진실한 자연과 이어지는 일을 방해하지 않아.

세클탱 경매는 굉장해! 밀레 작품이 그 가격을 유지하다니 기뻐. 일반인들을 위한 뛰어난 밀레 작품 복제품이 좀더 있으면 좋겠어.

전체적으로 봐야 작품이 소중하므로, 그림이 흩어져버리면 정돈된 구상을 가지기 힘들어지지.

이번에 보내는 소포에 《추수하는 농부가 있는 보리밭》을 넣지 못해 유감이야.

한 마디라도 좋으니 빨리 편지보내줘. 너와 요한나에게 악수를.

빈센트

고흐가 테오에게 603
1889년 9월 첫무렵

내 동생 테오

마침 고갱에게 쓴 편지를 동봉하며 오늘 다시 한 번 소식 전한다.

요 며칠 동안 기분이 안정되었고 내 편지가 너무 바보스러워 보이지 않도록 충분히 신경쓰고 있어. 게다가 존경과 감정을 꾸며보여도 좋은 감각이나 경의를 받을 수 있는 것도 아니니까.

비록 멀리 떨어져 있어도 친구와 대화를 나누는 건 즐거운 일이야. 그런데 너는, 내 친절한 동생아…… 어떻게 지내고 있니? 간단히 근황이라도 알려주렴…… 이제부터 한 가정의 아버지가 될 사람을 뒤흔드는 충동은, 우리 아버지가 즐겨 말씀하셨던 충동도 저마다 크고 좋은 성질의 것이었지만, 파리의 사사로운 생활고로 종잡을 수 없는 혼란 속에 있으면 당분간은 의미가 없을지도 몰라.

이런 실상은 마치 강렬한 미스트랄이 불어온 뒤처럼 참으로 신선해. 나는 그게 무척 기쁘고 분명 내 정신의 피로와 불운에서 빠져나오는 데 도움주리라 생각해.

게다가 네 아내가 낳을 남자아이의 백부가 된다고 생각하니 얼마쯤 사는 보람을 느껴. 아기가 무사히 태어나도록 그녀가 건강해야 한다는 말은 좀 이상하게 여겨지겠지만 여하튼 결과를 기다리기로 하자. 그동안 나는 그림을 좀 만지작거리는 것 말고는 할 일이 없고, 고갱에게 보내는 편지의 스케치 같은 달이 떠오르는 밭을 그리는 중이야. 다만 보리 대신 쌓아놓은 짚더미가 있고 묵직한 황토색과 보라색이야. 언젠가 너도 가까운 시일 안에 볼 수 있을 거야.

새로이 담쟁이덩굴을 그리고 있어. 부디 너는 내 일로 신경쓰고 걱정하고 우울해지지 않았으면 좋겠다고 부탁해. 네가 40대가 된다는 생각은, 대단한 근거도 그럴 만한 이유도 의미있게 여겨지지 않지만, 우리에게는 인내심강한 회복이 필요해. 우리가 그것을 파악한다면 이번 겨울에 힘을 절약할 수 있지. 여기 겨울은 매우 음산한데도 뭔가 해야만 해. 이번 겨울은 지난해 아를에서 그린 많은 습작을 손볼 생각이야.

요 며칠 동안 매우 어려운 큰 과수원 습작에 몰두했어──보낸 작품 가운데 있는 비슷한 과수원 풍경을 변형한 것인데 참으로 애매모호해. 실물을 보지 않고 다시 그려보니 색채조화를 잘 표현할 수 있었어. 내 데생은 받았니? 우편으로 6점 보내고, 나중에 6점 더 보냈지. 만일 받지 못했으면 며칠 또는 몇 주일 역에 있을 거야.

의사는 몽티셸리를 늘 특이한 사람으로 생각했었는데, 늘그막에 미치고 말았다는구나. 무거운 부담을 짊어지고 온갖 고생을 한 나이든 몽티셸리가 좌절한 것도 무리는 아니야. 예술면에서도 작품을 망쳤다고 추측하는 게 옳을까? 나는 그렇게 생각지 않아. 그는 면밀한 계획과 화가로서의 독창성을 지녔는데, 완전한 열매를 맺기 위해 누군가의 도움을 받지 못한 게 유감스러워.

여기에 매미그림을 동봉할게. 무더운 더위 속 매미 울음소리는 네덜란드 농가에서 듣는 귀뚜라미 울음소리만큼 매력 있어.

동생아…… 작은 감동도 우리 인생을 크게 지배하는 요인이 되며, 모르는 사이에 우리는 그것에 따르고 있다는 사실을 느낀단다. 과거의 실수나 앞으로 저지를 잘못에서 용기를 되찾는다면 내가 완전히 회복된 것이겠지만, 아직은 어려워. 우울한 기분에서 빠져나올 수 없어. 비록 소박한 감정과 양식이 있다 해도, 우리를 이끌어주는 유일한 요인이 아니며 우리를 결정적으로 지켜주지도 않아. 젊은 시절 예술가 생활개념에서 이렇듯 멀어진 상태로 사는 사정에는 우연도 있으니, 너도 무거운 책임을 굳이 짊어져야 한다면 어느 쪽이든 그리 깊이 관여하지 않는 편이 좋아. 우리는 같은 운명을 가진 친구이며 동료야.

여기에서는 모든 게 이런 식이므로 파리에 있던 때처럼 먹는 일에도 질리고 말아. 반대로 너는 파리에 있으니 때로 전원이 그리워지겠지. 그런 거란다.

그리운 네덜란드 히스 덤불 속의 소박한 농부처럼 너도 부성애를 가지면 어떨까? 우리가 사는 거리의 소음과 웅성거림, 안개와 고뇌가 존재하는 한…… 우리 애정이 아무리 겁먹는다 해도…… 말할 수 없을 만큼 친밀함이 있지. 네 부성애가 머무를 곳을 망명자며 외국인이며 가난한 사람에게서 구하고, 비록 우리가 여느때 잊고 있더라도 최소한 기억해낼 만한 진정한 존재──진정한 조국의 존재 가능성을 가난한 자의 재능에서 미래의 기초를 구해야 해. 늦든 빠르든 우리의 운명은 다하겠지만, 유쾌한 기분을 잊고 이제 우리와 인연먼 파리로 가서 걱정의 씨앗을 뿌리며 가엾은 사람들을 배신하는 건 서로에게 좀 위선적이지 않을까?

비록 이곳 식사가 싫어져도, 네 집에 아내와 자식이 있다고 생각하면 이보다 더 기쁜 일은 없어.

그리고 볼테르는 우리가 상상하는 일을 그대로 믿지 않아도 좋을 자유를 주었으니 안심해도 돼. 그래서 네 아내와 더불어 네 건강을 신경쓰면서, 잠시라도 나에 대한 걱정이 너의 비교적 긴 침묵의 원인이라고는 생각지 않고 임산부를 위해 얼마나 바쁠지 상상하고 있어. 누구나 살기 위해 걸어가는 길이니 좋은 일이지.

그럼, 머지않아 또 연락할게. 너와 요한나에게 악수를 보낸다.

빈센트

덧붙임 : 고갱에게 전할 편지가 늦어지면 안되므로 서둘러 보낸다. 주소는 알고 있지?

사랑하는 테오

편지를 이미 보냈지만, 네 말들 가운데 아직 답장하지 않은 것이 있어. 네가 탕기 영감 집에 방 한 칸을 빌려 내 그림을 보관한다는 건 비용이 너무 들지 않는다면 꽤 솔깃한 이야기지만, 방세는 계속 드는데 거기에 둘 내 그림이 자꾸만 늦어질까봐 좀 겁나.

아무튼 그건 꽤 좋은 조치라고 생각해. 다른 일들도 합쳐서 너에게 감사해. 모스[1]가 '20인회'의 다음 전람회에 베르나르와 나를 초대하려 한다니, 진기한 일이구나. 재능있는 벨기에인들과 어깨를 나란히 하려니 조심스럽지만 기쁜 마음으로 출품하고 싶어. 예를 들면 저 멜러리[2]는 위대한 예술가야. 그는 몇 년 전부터 그런 풍격이 있지. 나도 이번 가을에는 좋은 작품을 그리도록 최선의 노력을 다할 거야.

나는 내 방에서 그림그리기에 열중하고 있는데, 이건 나에게 좋은 작용을 해서 내가 상상하는 그 이상한 상념을 쫓아내준단다.

저 침실 그림을 한 장 더 그렸어. 그 습작은 분명 최상의 작품 가운데 하나야—빨리 보강작업을 해야 해. ……(중략)……

자기 자신을 아는 건 어려운 일이라고들 하지—나도 진심으로 그렇게 생각해—하지만 나 자신을 그리는 것도 쉬운 일은 아니야.

지금—달리 모델도 없어서—자화상을 2점 그리고 있어. 인물화 그리기에 딱 좋은 시기니까. 첫번째는 회복해서 일어난 첫날에 그리기 시작하여 야위고 창백해. 이 그림은 짙은 청자색, 그리고 노란 머리칼에 창백한 얼굴, 다시 말하면 색채의 효과를 잘 보여줘. 그 다음에는 밝은 배경에 비스듬히 앞을 바라보는 자화상을 그리기 시작했지.

그리고 올여름에 그린 습작들을 다시 손보고 있어—아침부터 밤까지 그림 그리는 거야.

너는 좀 어떠니? 너를 위해 간절히 바라는데, 너도 2년쯤 뒤에는 좋아질 거야. 그때는 신혼시절도 지나간 다음이겠지. 결혼생활은 특히 세월이 흐르면

*1 Octave Maus. '20인회' 사무 책임자.
*2 Xavier Mellery, 1845~1921. 브뤼셀의 상징파 화가. 모스의 친구.

서 좋아지는 법이니, 그 무렵이면 너도 본디 체질을 되찾을 거라고 나는 굳게 믿어.

그러니까 북 유럽 식으로 만사를 냉정하게 생각해 두 사람 모두 몸을 소중히 돌보도록 해. 아무래도 이 미술계의 지긋지긋한 생활은 사람을 지치게 만드는 것만 같아.

나는 날이 갈수록 체력이 회복되어 이젠 힘이 남아돈다는 기분이 들 정도야. 아무리 지치지 않고 꾸준히 이젤 앞에 앉아 있어야 한다 해도, 남아돌 만큼의 힘은 필요하지 않지.

모스가 내 그림을 보러 와줬다고 네가 알려준 뒤로 며칠 동안, 그리고 병을 앓는 동안에도 줄곧 벨기에 화가들에 대해 많은 생각을 했어. 그때 추억이 눈사태처럼 밀려와 근대 플랑드르 화가들 유파를 모조리 생각해 보려고 애썼더니, 마침내 스위스 용병들처럼 향수병에 걸리고 말았어.

이래선 안돼. 우리의 길은 앞으로 나아가는 거야. 왔던 길을 되돌아가는 건 금지되고, 그럴 수도 없어. 너무나 우울한 향수로부터 과거에 빠져들지 않고도 과거를 돌이켜볼 수는 있으니까.

아무튼 콘시언스는 결코 완벽한 작가는 아니지만 이곳저곳에서 얼마나 훌륭한 화가인지! 그리고 그의 글과 소망에는 얼마나 훌륭한 생각이 담겨 있는지! 내 머릿속에는 그의 어떤 책 《신병(新兵)》의 머리글이 계속 남아 있어. 그는 심한 병을 앓은 적 있는데, 그때 아무리 노력해도 사람들에 대한 애정이 사라지는 것을 느꼈지만, 시골 한복판을 오래 산책했더니 사랑의 감정이 돌아왔다고 했어.

이런 고통과 절망을 피할 수 없는 운명—그래, 나도 그럭저럭 이렇게 회복했잖아, 얼마 동안은—감사한 일이야.

나는 그림그리다 지쳤을 때마다 이 편지를 틈틈이 쓰고 있어. 그림그리는 일은 순조롭게 진행돼. 나는 발작을 일으키기 며칠 전에 시작한 그림, 《추수하는 사람》과 씨름하고 있어. 이 습작은 온통 노랑으로 두껍게 칠해져 있으며, 모티브는 아름답고 단순해. 그때 내가 이 보리 추수하는 사람에게서 본 것은—자신의 일을 마무리하기 위해 폭염 속에서 고군분투하는 흐릿한 그림자—인류는 추수되는 보리일지도 모른다는 의미에서 죽음의 이미지였어. 말하자면 전에 내가 시도했던 씨뿌리는 사람과 정반대되는 그림이야. 하지만 이 죽음에 슬픔은 전혀 없어. 작업은 만물을 황금빛으로 물들이는 태양 아래에서 공공연히 진행돼.

좋아, 다시 그때의 나를 되찾았어. 하지만 한 번 붙잡은 걸 놓칠 생각은 없어. 새 캔버스에 다시 한 번 도전할 거야.

오, 내 눈 앞에 새로운 밝은 시대가 기다리고 있다는 생각도 들어.

하지만 어떻게 할지——앞으로 몇 달 동안 이곳에서 계속 그림그릴지, 다른 곳으로 갈지——잘 모르겠어——발작이 일어나면 스스로 제어할 수 없고, 그런 발작이 너나 다른 사람들 앞에서 일어날지도 모른다면 중대한 일이니까.

사랑하는 테오, 여전히 그림그리는 틈틈이 너에게 편지쓰고, 또 마치 무엇에 홀린 사람처럼 열심히 작업하고 있어. 그리고 전에 없던 작업에 대한 울적한 흥분이 고조되어 있어. 그것이 회복에도 도움되지 않을까 생각해.

"나는 치아도 빠지고 마지막 숨을 헐떡일 때 회화를 발견했다"고 들라크루아는 말했는데, 나에게도 그런 일이 일어날지 모르겠어. 내 비참한 병이 울적한 흥분을 고조시켜 내가 그림그리게 만들고 있기 때문이야——아주 천천히, 아침부터 밤까지 꾸준히——또 거기에 아마 비밀이 있겠지만——오래도록 천천히 작업하게 만들어주고 있기 때문이야. 잘 모르겠어. 하지만 지금 그리고 있는 1, 2점은 나쁘지 않을 것 같아. 노란 보리밭에서 보리베는 사람, 그것과 밝은 배경의 초상화, 이건 '20인회' 전시회에 내게 될 거야. 물론 그들이 그 시기에 나를 잊지 않아 주었을 때이고, 나를 잊어버린다면——바람직하진 않지만——그래도 상관없어. 나한테는 그것이 벨기에 사람들에 대해 자유롭게 생각할 자극제가 되고, 잊히지 않을 테니까. 이것이 실질적인 이점이고, 나머지는 그야말로 다른 생각이야.

벌써 9월이구나. 곧 가을이 지나고, 겨울이 올 테지.

나는 지금처럼 계속 부지런히 그림그릴 거야. 그 뒤 크리스마스 무렵에 발작이 또 일어날지는 곧 알게 되겠지. 그것이 지나가면 이제 이 병원생활을 집어치우고 북쪽으로 돌아가 있는 데 그 어떤 지장도 없을 거야. 겨울——즉 석 달 뒤 새로 발작이 일어날지도 모른다고 판단하는 지금, 이곳을 떠나는 건 너무 경솔한 일이야.

6주 전부터 정원에조차 한 발짝도 나가지 않았어. 하지만 다음 주에 지금 그리는 그림이 완성되면 시도해볼 생각이야.

생 레미(1889년 5월~1890년 5월) 907

앞으로 몇 달 뒤에는 나도 상당히 무기력해지고 멍해져서 아마 거처를 옮기는 게 좋은 해결책이 될지도 몰라. 그냥 가정해 본 일일 뿐, 꼭 그래야겠다고 생각하는 건 아니야.

다만 나로서는 호텔 경영자들에 대해서와 같은 이유로 이곳 병원사람들을 멀리할 필요는 없다고 생각해. 우리는 그들로부터 일정기간 방을 빌리고, 그들은 제공한 만큼의 값을 받아가지. 그저 그뿐이야. 그들로서는 내 상태가 만성이 되면 그보다 좋을 일이 없을지도 모르지만, 그런 데 빠져든다면 용서할 수 없는 어리석은 짓이 될 거야.

그들은 나에 대해서만 아니라 네 벌이가 얼마나 되는지 등, 내가 보기에 지나칠 만큼 여러 가지로 조사해.

그때 골탕을 먹이는 거야——사이는 틀어지지 않도록.

나는 틈틈이 이 편지를 쓰고 있어. 어제 주임간호사의 초상화를 그리기 시작했는데, 아마 그의 아내도 그리게 될 거야. 그의 아내가 병원 바로 옆 작은 농가에 살거든.

아주 흥미로운 인물상이야. 스페인의 늙은 귀족을 그린 르그로의 훌륭한 동판화를 기억한다면 어떤 타입인지 짐작될 거야. 그는 두 번의 콜레라 유행기에 마르세유의 양호시설에 있었으며, 아주 많은 사람의 죽음과 고통을 보아왔어. 그의 얼굴에는 어떤 깊은 사색 같은 게 있어서, 기조의 모습이——좀 다르지만 그에게도 그런 면이 있어서——나도 모르게 내 기억 속에서 떠올라. 하지만 그는 서민이고 더 단순하지. 아무튼 이 그림을 완성하고 그 복사본까지 그리고 나면 너에게도 보여줄게.

나는 온 힘을 쏟아 내 그림을 지배하려 맞붙어 싸우고 있는데, 그것이 성공하면 병에 대한 최선의 피뢰침이 되리라고 나 자신을 달래지. 나는 조심스럽게 틀어박혀 나 자신을 돌보고 있어. 말하자면 이곳의 불행한 동료들과 어울리지도 만나지도 않는 건 내 이기적 생각일지도 몰라. 하지만 나쁘다고는 생각지 않아. 그림은 발전하고 있고, 우리에게는 그것이 필요하며, 나는 부족했던 이전 작품들보다 더 좋은 그림을 그려내야 하니까.

얼마 뒤 이곳에서 나간다면, 왔을 때보다는 어떤 풍격을 갖춘 초상화를 그릴 수 있게 된 다음 돌아가는 게 더 낫지 않을까? 애매한 말이 되어버렸구나. '나는 초상화를 그릴 수 있다'고 해도 그건 한정없는 이야기라, 거짓말 아닌 이상 입 밖에 낼 수 없다는 걸 잘 알고 있으니까. 다만 전보다 좋은 작품을 만들어야만 한다는 내 기분은 너도 이해할 거야.

▲《모자쓴 남자의 초상》(1889) 9월

요즘 머리는 탈없이 돌아가고, 나도 정상이라고 느껴져. 발작과 발작 사이의 기간에 품는 기대를 담아 내 상태를 추리하면—유감스럽게도 여전히 발작이 가끔 재발할 염려는 있지만—틈틈이 맑은 머리로 그림그릴 수 있는 기간이 있으리라는 기대를 담아 내 상태를 추리하면, 분명 나는 내가 환자라는 고정관념을 가져서는 안된다고 생각해. 화가로서의 내 변변찮은 길을 단호하게 계속 걸어가야만 해. 그러니 앞으로 계속 정신병원에 머무는 건 너무 지나친 일이야.

며칠 전《피가로》신문에서 러시아 작가[1] 이야기를 다시 읽었어. 그도 신경병을 앓았고, 불쌍하게도 그 때문에 죽었으며, 가끔 무서운 발작을 일으켰다더구나.

하지만 뭘 어쩌겠니? 약이 없는데. 있는 거라고는 열의를 갖고 일하는 것뿐이야. 쓸데없는 이야기를 했구나.

파리에서처럼 병이 잠복해 있던 상태보다 이렇게 드러난 게 차라리 다행인 것 같아.

얼마 전 완성한 밝은 배경의 자화상을 파리에서 그린 내 자화상과 나란히 놓고 보면 이 말이 이해될 테고, 그 무렵보다 지금의 내가 훨씬 건강해 보이는

---

[1] 도스토옙스키에 대한 기사.

걸 알 수 있을 거야.

편지보다 이 초상화가 내 건강상태를 더 잘 말해주고, 너도 안심될 거라고 말하고 싶어―나도 아주 고심해서 그린 작품이야.

《추수하는 사람》도 순조롭게 진행되고 있지만, 이건 아주 단순해.

월말에 30호 그림이 12점쯤 완성될 거라고 봐도 좋아. 그것들은 대부분 같은 것을 두 번 그린, 즉 습작과 완성된 작품이 될 거야. 더 나중에는 아마 나의 남 프랑스 여행도 성과를 내겠지. 한층 강한 빛과 푸른 하늘 등의 차이는 사물을 보는 법을 가르쳐주는 셈이고, 더욱이 특히 오랫동안 바라볼 경우만의 일이니까.

북쪽 지방은 분명 내 눈에 완전히 새롭게 보일 테지만, 여러 가지 것을 이토록 오래 감상하고 강한 애착을 느낀 만큼 서운한 마음이 오래 남을 거야.

나는 묘한 생각을 하고 있어. 《마네트 살로몬》*¹에 현대예술을 논의하는 장면이 나오는데, '앞으로 남을 것'에 대해 이야기하는 어떤 예술가가 "앞으로 남을 것, 그것은 풍경화가다"라고 말해―이건 어느 정도 사실이었어. 코로, 도비니, 뒤프레, T. 루소, 밀레도 풍경화가로서 오래 남고 있으니까. 또 코로가 임종 자리에서 "꿈에서 하늘이 온통 장밋빛으로 물든 풍경을 봤다"고 말했다는 이야기에 마음이 끌렸어.

그런데 모네, 피사로, 르누아르에게서 온통 장밋빛인 이런 하늘을 볼 수 있지. 이렇게 풍경화가는 남아. 그 말 그대로, 정말로 그건 사실이었어. 들라크루아며 밀레 등의 인물화는 옆으로 치워둬.

지금 우리가 조심스럽게 예견하기 시작한 독창적이고 지속적인 것이란 무엇일까―바로 초상화야. 고루하다고 할지도 모르지만, 아직 대단히 신선해. 이에 대해서는 다시 이야기하자―다만 초상화, 특히 기요맹 같은 예술가들의 자화상, 기요맹의 어린 소녀 초상화 같은 것은 앞으로도 추구해야 하지 않을까? 내가 애착을 갖는 러셀이 그린 내 초상화를 반드시 잘 보관해 둬. 라발의 자화상은 액자에 넣어줄래? 그 그림을 네가 어떻게 생각하는지 듣지 못한 것 같아. 나는 코안경 너머의 눈빛, 그 솔직한 눈빛이 아주 마음에 들어.*²

────────────────
*1 공쿠르 형제의 소설(1867).
*2 기요맹의 《자화상》과 《어린 소녀 초상》, 러셀의 《반 고흐의 초상》, 라발의 《자화상》 모두 반 고흐 미술관 소장.

요 며칠 나는 초상화를 그리려는 의욕이 넘쳐나. 고갱과 나는 이 일에 대해, 또 다른 비슷한 문제에 대해 생명의 열기가 다 타버릴 만큼 긴장된 신경으로 대화를 나누었어.

하지만 바로 그런 데서 좋은 그림이 탄생할 것이라 여기고, 또 우리는 그것을 추구하고 있어.

상상해 보건대, 그들도 브르타뉴에서 좋은 그림을 그릴 게 틀림없어. 전에 말한 것 같은데, 나는 고갱의 편지를 받았어. 그들이 어떤 그림을 그리고 있는지 언젠가 꼭 보고 싶어.

아래의 재료를 부탁할게.

캔버스 천		10m
징크화이트	큰 튜브	6개
에메랄드그린	〃	2개
코발트블루	〃	2개
카민	작은 튜브	2개
버밀리언	〃	1개
레이크	큰 튜브	1개
검은 족제비털 붓		6개

이곳 주임간호사에게 주간지 〈르 몽드 일뤼스트레〉 통권 1684호와 1889년 7월6일호를 주기로 약속했어. 드몽 브르통을 원화로 한 아름다운 조판화(彫版畵)[1]가 실린 호야.

오, 《보리베는 사람》이 완성되었어. 이건 네 집에 걸어둬도 좋을 거야. 자연이라는 위대한 책이 우리에게 말하는 죽음의 이미지란다. 하지만 내가 추구하려고 한 건 '금방이라도 미소지을 듯한' 모습이야. 언덕의 보랏빛 선을 빼면 전체가 노랑, 옅은 황금빛 노랑이야. 독방의 철창살을 통해 그렇게 보였는데, 나에게도 기묘하게 여겨져.

이렇듯 희망적인 시기에 내가 뭘 바라는지 아니? 바로 너의 가족에 해당하는 것이 나에게는 자연, 흙, 풀, 누런 밀, 농부라는 거야. 너는 사람들을 사랑하는 마음으로 그저 일하는 보람만 찾을 게 아니라, 필요한 때 너를 위로하고 회

---

*1 나무판자에 조각한 그림.

복시켜 줄 것을 발견해야 해.

부디 일 때문에 너무 지치지 않도록 두 사람 모두 조심해——아마 그리 멀지 않은 미래에 또 좋은 일이 생길 거야.

어머니를 위해 《보리베는 사람》을 새로 또 그리고 싶어. 아니면 어머니 생신 선물로 다른 그림을 그려야지. 보내는 건 좀더 늦어지겠지. 다른 것도 함께 보내려고 하니까.

이런 것이라면 어머니도 이해해 주시리라는 확신이 있어. 사실 이건 시골 달력에서 볼 수 있는 투박한 목판화처럼 단순하니까.

형편되는 대로 캔버스 천을 보내줘. 누이동생들을 위해 다른 복사그림도 그리고 싶고, 새로운 가을의 효과를 그리기 시작하면 이번 달 내내 시간날 때마다 그림그릴 수 있으니까.

요즘 배불리 먹고 마시며 지내. 의사가 나에게 매우 호의적이라는 말을 해야겠어.

그래——네덜란드를 위해, 어머니와 두 누이동생을 위해 그림그리고 싶다는 건 좋은 생각이야. 모두 3점이야. 《보리베는 사람》《침실》《올리브 밭 풍경》《사이프러스 나무 있는 밀밭》——모두 4점이군. 그러면 다른 한 사람을 위해 1점 더 그리는 거지. 이건 '20인회' 전시에 출품하는 것처럼 기쁜 마음으로, 더 차분하게 그릴 거야.

나도 내 힘을 느끼고 있으니, 너도 이 작업에 대해 안심해줘. 나는 12개의 모티브 중에서 가장 나은 것을 선택할 터이므로, 그들은 어떤 경우든 얼마쯤 깊이 음미되고 정성껏 선택된 작품을 손에 넣게 될 거야. 그리고 그림을 잘 모르는 사람들을 위해 제작하는 데는 좋은 면이 있어.

너와 요한나에게 악수를.

너의 빈센트

덧붙임 : 엿새쯤 만나지 못했던 페이롱 원장을 만난 일을 알리려고 이 편지를 다시 펼쳤단다.

그는 이번 달에 파리에 갈 생각이며, 그때 너와 만날 거라더구나. 잘됐어. 그는 많은 경험을 쌓은 사람이니 자신의 의견을 꽤 솔직하게 말해줄 거라고 생각해.

그는 나에게—"재발은 없을 것으로 기대합시다"라고 말했지만, 나는 꽤 오랫동안, 적어도 몇 년 안에 재발하리라 보고 있어. 하지만 그동안 그림을 못그리기는커녕 순조롭게 그릴 수 있으며, 그림작업이 내 약이라는 생각까지 하고 있어.

그래서 다시 말하는데—페이롱 원장은 이 일과 아무 관계 없고—이곳 병원 간부에게 결례를 범해서는 안될지도 모르지만, 그 이상은 들어가지 말고 아무것도 약속하면 안돼.

정말 성가신 일인데, 여기에 좀 오래 살다 보면 이 주변 일대 민간에 퍼져 있는 편견—그런 편견이 어떤 건지조차 모르지만—에 대처하지 않으면 안 되고, 그런 것 때문에 그들과의 공동생활을 못견딜 때도 있어.

아무튼 페이롱 원장이 너에게 무슨 이야기를 할지 기다려보자. 페이롱 원장의 의견이 어떤 것인지 난 짐작도 가지 않아. 오늘 오후에 주임간호사의 초상화를 그렸는데, 점점 나아지고 있어. 현명한 눈빛과 온화한 표정으로 꽤—아니, 완전히—완화되었지만, 그렇지 않았다면 정말이지 사나운 짐승같이 되었을 거야. 그야말로 전형적인 남 프랑스 인이란다.

페이롱 원장의 이번 여행계획이 실현될지 아닐지 궁금하고, 그 결과가 어떻게 될지는 더 궁금해.

1년만 더 그리면 예술적 면에서 자유자재로 그릴 수 있게 되리라는 확신을 얻을 것 같아.

그것이 내가 추구하는 가치라는 점에도 변함없어.

하지만 그만한 운도 따라줘야 하지.

가장 괜찮은 순간에 내가 몽상하는 것은 선명한 색채효과가 아니라 또다시 하프 톤이야.

몽펠리에 미술관을 방문했던 일이 이런 생각에 한 몫 한 건 분명해. 그곳에서 쿠르베 작품의 정수라고 할 《마을처녀들》과 《실잣다 잠든 여인》 같은 그의 걸작보다 내 마음을 더 울린 들라크루아와 리카르가 그린 브뤼야스의 초상[1]과 들라크루아의 《사자굴 속의 다니엘》《오달리스크》 등이 모두 하프 톤의 작품이니까. 《오달리스크》 등은 루브르의 같은 종류 작품들과 전혀 다르게, 특히

---

[1] 들라크루아는 팔걸이의자에 앉은 브뤼야스, 리카르는 정면을 바라보는 흉상을 그렸다.

보랏빛이 돌고 있어.

이 하프 톤에서 보이는 선택이 얼마나 훌륭한지! 그 질은 또 얼마나 좋은지!

드디어 이 편지를 부칠 시간이 왔어──두 쪽이나 써서, 덧붙일 내용도, 새로운 내용도 이제 없어. 맙소사, 다시 고쳐쓸 시간도 없어.

다시 한 번 악수를. 너무 폐 되는 게 아니라면 되도록 빨리 캔버스 천을 받게 해줘.

고흐가 테오에게 607

1889년 9월19일

사랑하는 테오

편지 고맙다. 무엇보다도 너 역시 전부터 피사로를 생각하고 있었다[*1]고 말해주어 정말 기뻤어. 그게 안되면, 또 다른 기회가 있겠지.

자, 용건은 용건. 이번 겨울을 나기 위해 거처를 옮긴다면, 내가 파리의 사립 요양원에 들어가는 데 동의하는지──너는 잘해주고 있어──분명하게 대답해달라고 했지?

그 질문에 여기 입원했을 때처럼 냉정하고 똑같은 동기에서 '그렇다'고 대답하겠어. 그 파리의 요양원이 최악의 곳일 가능성이 있을지라도 그림그릴 기회는 많을 것이며, 그림은 내 유일한 기분전환거리니까.

그건 그렇고, 이동을 원하는 중요한 이유가 있음을 너에게 말하고 싶어.

되풀이 말하지만 나는 근대적 사상을 가진 사람으로서 졸라와 공쿠르를 열렬히 찬미하고 예술작품에 민감하면서도 미신가나 일으킬 법한 발작을 일으키고, 북쪽에서는 결코 염두에 없었던 배배 꼬인 무자비한 종교적 상념에 빠져 있다는 게 스스로도 놀라워.

주위 사람들 이해를 도우려면, 아를의 병원과 이 요양원 같은 수도원 담장 안에서 벌써 오랫동안 입원생활을 계속하고 있다는 것만으로도 그런 발작을 설명하기에 충분하지.

그러니 잠시일지라도 이제 와서 그런 세속적인 요양원에 들어갈 필요가 있

[*1] 9월 이후 생 레미를 떠나 북 프랑스로 돌아가고 싶다는 뜻을 테오에게 여러 차례 밝힌 고흐는, 피사로라면 지조르에 가까운 에라니 쉬르 엡트의 자택에 그를 살게 해줄 거라고 생각했다. 그러나 피사로의 아내가 반대하여 이 일은 이루어지지 못한다.

지 않을까?

적어도 경솔한 행동이거나 무모하다는 오해를 피하기 위해, 나는 어떤 시점에 내가 어쩌면 이동을 원할지도 모른다고 예고한 다음에 말하는데, 올겨울에 새로 발작이 일어날지 지켜보기 위해 일정기간 기다릴 만한 여유와 자신감은 충분히 있다고 나는 생각해.

만일 그뒤 내가 이곳에서 나가고 싶다고 편지한다면, 이미 이야기한 일이니 너도 망설이지 말아줘. 그럴 때 수녀들——아무리 훌륭한 사람들일지라도——이 관리하는 이런 곳과는 다른 곳에 가고 싶다는 다양한 이유가 나에게 있음을 너는 알 거야.

아무튼 어떤 동기에서 늦든 빠르든 이동하게 된다면, 그땐 아무 일도 없었던 듯이 새롭게 시작하자. 이미 충분히 조심하고 있으며, 어떤 사소한 일에도 리베 의사의 의견을 듣고 있지만, 마치 소송에서 진 것처럼 성급하게 틀에 박힌 조치를 취하지는 말자꾸나.

나는 되도록 많이 먹고 있어——만일 내 주치의라면 그러지 못하게 할 테지만. 엄청난 힘이 솟는대도 나한테는 아무 쓸모없어. 내가 좋은 그림을 그리는 예술가가 되고 싶은 것 말고는 아무것도 필요없다는 생각에 빠져 있는 이상, 이보다 논리적인 이야기는 없지.

코르가 떠난 뒤 어머니와 빌레미나가 저마다 주소를 옮겼다는 건, 그들 입장에서는 당연한 일이었어. 침통함이 늪지의 물처럼 마음 속에 쌓여 있으면 안되지. 하지만 이사는 때로 비용이 들어 불가능할 때도 있어.

빌레미나는 매우 잘 씌어진 편지를 보내왔어. 코르가 떠나 무척 가슴 아프다더구나.

기묘하게도 내가 들라크루아의 《피에타》를 모사하던 바로 그때, 이 그림이 누구의 손에 넘어갔는지 알았어. 이 그림은 헝가리인지 그 주변 어느 나라 공주가 갖고 있으며, 그녀는 카르멘 실바라는 필명으로 시를 쓰고 있었대. 로티가 그녀와 이 그림에 대한 기사를 썼는데, 그것을 보면 그녀는 가사에 씌어진 것보다 인품이 훨씬 더 매력적인 것 같아. 그녀는 이렇게 썼어. '자식없는 여자는 울리지 않는 종과 같다. 청동소리가 아무리 아름다울지라도, 사람 귀에는 들리지 않는다.'

지금까지 밀레의 밭일 그림 10점 중 7점을 모사했어.

모사는 아주 흥미로운 작업이야. 게다가 지금은 모델을 구할 수 없으니 모사를 함으로써 인물에 대한 흥미를 잃지 않을 수 있지.

그뿐 아니라, 나를 위해서도 다른 사람을 위해서도 이 그림은 아틀리에의 장식품이 될 거야.

나는 《씨뿌리는 사람》과 《쟁기질하는 남자들》도 모사하고 싶어. 《쟁기질하는 남자들》은 데생 사진*¹이 있어. 《씨뿌리는 사람》에 대해서는 뒤랑 뤼엘 화랑에서 만든 룰라가 모사한 부식동판화가 있지.

이 동판화 시리즈에 《눈덮인 감자밭》*²이 있어.

다음으로 《하루의 네 시기》,*³ 이것은 목판화 수집에 몇 점 들어 있단다.

이것들을 모두 갖고 싶지만, 특히 부식동판화와 목판화가 갖고 싶어.

이것은 나에게 필요한 연습이야. 나는 배우고 싶어. 모사는 낡은 방법일지도 모르지만 상관없어. 나는 들라크루아의 《착한 사마리아 인》도 모사할 생각이야.

나는 여인 초상화를 그렸어——주임간호사의 아내인데——네 마음에도 들 거야. 이 그림을 복사했지만, 처음에 모델을 보고 그린 것만큼 좋지 못해. 부부가 자신들을 그린 그림을 가져갈까봐 걱정이야. 너한테 줄 생각이었는데. 이건 분홍과 검정이야.

오늘 자화상을 보낼게, 어느 정도 시간들여 감상할 필요가 있어——너도 보면 알겠지만, 내 생각에 눈빛은 전보다 멍해 보여도 표정은 꽤 침착한 것 같아. 또 다른 자화상이 있는데, 이건 병을 앓을 때 연습삼아 그린 거야. 하지만 너는 이것이 더 마음에 들 거라고 생각해. 나는 단순하게 그리려고 노력했어. 피사로를 만나면 보여줘.

《밭일》이 색채를 가져서 어떤 효과를 얻었는지, 보면 깜짝 놀랄 거야. 이건 그의 내면에 깊이 관련된 연작이야.

그런 작품 안에서 내가 탐구하는 게 무엇인지, 그것을 모사하는 일을 왜 좋아하는지 설명해 줄게——우리 화가들에게는 늘 스스로 작곡하는 일, 한결같

---

*1 밀레의 파스텔 데생 사진.
*2 뒤랑 뤼엘을 위해, 겨울밭에 서리내린 광경을 그린 밀레의 유화를 알프레도 들로네가 모사한 부식동판화. 고흐는 서리를 눈으로 본 것 같다.
*3 이전에 수집품 가운데 밀레의 원화를 모사한 라비에유의 목판화가 있었다.

이 작곡가로 있는 일이 요구돼.

그것은 좋아. 하지만 음악은 그렇지 않아. 어떤 사람이 베토벤을 연주하면, 그는 거기에 자신만의 해석을 붙이지. 음악의 경우, 특히 가곡에 대해──작곡가를 해석하는 것은 나름대로 가치있는 일이고, 반드시 작곡가만이 자신의 곡을 연주하는 것도 아니야.

그건 그렇고, 나는 특히 지금 병중이라 무언가 나에게 위로되어줄 것을 나 자신의 즐거움을 위해 그리려 하고 있어.

나는 들라크루아며 밀레의 흑백작품 또는 그들 그림의 모사를 모티브로 앞에 두고 포즈를 부탁하는 거야. 그런 다음 그것들을 색채로 제작하지. 하지만 물론 모든 게 내 작품은 아니고, 그들의 유화에 대한 기억을 더듬어 찾아간단다. 그 기억이란 정확하지는 않지만 감정 안에 있는 색채의 막연한 조화로──이것이야말로 나만의 해석이지.

모사하지 않는 사람도 많지만, 모사하는 사람도 많아. 나는 어쩌다 모사하는 쪽이 되었지만, 공부가 되고, 무엇보다도 위로되는 점이 많아. 또 모사할 때 내 붓은 바이올린 활처럼 손가락 사이를 달려 최고의 기분전환이 돼. 오늘은 《양털깎는 사람》을 라일락 색에서 노랑에 이르는 색조로 그려보았어. 5호쯤 되는 작은 캔버스야.

캔버스 천과 물감을 보내줘서 고마워. 그 보답으로 초상화와 함께 다음 그림들을 보낼게.──《떠오르는 달(보릿단)》《밭 습작》《올리브 밭 습작》《밤의 습작》《산》《푸른 보리밭》《올리브 밭》《꽃피는 과수원》《채석장 입구》.

처음의 4점은 습작으로, 나머지 작품들과 같은 통일된 효과는 없어.

나는 이번 발작이 시작됨을 느꼈을 때 그린 《채석장 입구》가 마음에 들어. 내 취향에는 검푸른 황토색 계열 색조가 잘 맞거든. 거기에는 건전하지만 구슬픈 뭔가가 있고, 그 때문에 나는 이 그림이 싫증나지 않아. 《산》의 경우도 마찬가지야. 손가락 굵기 만한 검은 윤곽선이 있을 뿐이지. 하지만 나는 이 그림이 로드의 책 어떤 부분을 표현하는 것처럼 느껴졌어. 그의 문장 가운데 내가 좋아하는 몇 안 되는 부분인데──그곳은 시커먼 산들이 있는 인적없는 땅으로, 주변에 양치기들의 거무칙칙한 오두막이 보이고, 해바라기 꽃들이 피어 있어.

배경에 흰 구름과 산이 있는 《올리브 밭》과 《월출》과 밤의 효과를 그린 그림 등은 구도면에서 과장되었고, 그 선들은 오래된 목판화처럼 선이 구불구불해. 이 《올리브 밭》은 또 다른 습작인 올리브 밭과 똑같으며, 그 특징이 더 잘 표현되었어. 초록색 꽃무지와 매미들이 무더위 속을 날아다니는 그런 시간을 표현하려고 했지.

다른 그림 《보리베는 사람》 등은 아직 마르지 않았어.

지금은 날씨가 고르지 못한 시기므로 모사를 많이 하려고 해. 사실 인물화를 더 연습할 필요가 있으니까. 인물연구는 본질적인 것을 포착하고 단순화시키는 법을 가르쳐준단다.

너는 내가 오로지 그림만 그리며 살았다고 편지에 쓰지만, 그렇지 않아. 나는 내 그림에 많은 불만을 느끼고, 나를 위로해 주는 유일한 말은 10년 동안은 한결같이 그려야 한다는 경험있는 사람들의 충고야. 내가 해온 일, 그것은 불운 때문에 10년 동안 형편없는 습작을 그려온 것이야. 이젠 더 좋은 날이 올지도 몰라. 하지만 인물화를 더 발전시켜야 하고, 들라크루아와 밀레를 치밀하게 연구하여 기억을 새롭게 해야 해. 그런 다음 데생의 엉클어진 실타래를 깔끔하게 푸는 노력을 할 거야. 그래, 불행에도 좋은 점은 있지. 연구를 위한 시간을 벌 수 있으니까.

꽃 습작을 더하여 그림을 말아서 보낼게. 대단한 건 아니지만, 찢어버리고 싶지도 않아.

결국 그 가운데 내가 얼마쯤 좋다고 여기는 건 《보리밭》《산》《과수원》《푸른 언덕 있는 올리브 밭》《초상》《채석장 입구》뿐이고, 나머지는 아무 흥미 없어. 거기에 개성있는 의욕이나 실감담긴 선이 없기 때문이야. 의도했던 확고한 선이 나올 때, 비록 그것이 과장되었더라도 거기에서 그림이 시작돼. 베르나르와 고갱도 얼마쯤 그런 것을 느끼고 있으며, 그들은 나무의 정확한 모양 따위는 전혀 추구하지 않아. 오히려 그들이 오로지 추구하는 건 그 모양이 둥근지 네모난지를 확실히 말하는 것이야. 일부 화가들의 사진 같은, 실물과 똑같은 완벽함에 그들이 화내는 것도 이해돼. 그들은 산의 정확한 색조는 추구하지 않고, 이렇게 말할 거야. 오, 산이 푸르르다고? 그럼, 모조리 파랗게 칠해버려! 얼마쯤 푸르다는 말은 하지 말게. 모두 파랗지 않은가? 좋아, 그럼, 파랗게 그리는 거야. 젠장!

이런 식으로 설명할 때의 고갱은 종종 천재적이야. 하지만 고갱은 자신의 천재성을 드러내는 데 무척 소극적이지. 그리고 그는 젊은 사람들에게 유익한 말을 하기 좋아하는데, 눈시울이 뜨거워질 정도란다. 정말 기묘한 사람이야.

요한나가 건강하다니 기뻐. 그녀의 임신을 생각하면 물론 독신시절에는 없었던 가정에 대한 걱정이 있겠지만, 한편으론 한층 안정감이 생겼을 듯싶구나. 무엇보다도 자신이 더 자연스러운 상태에 있는 감정을 느끼게 될 테니까.

밀레와 들라크루아는 얼마나 대조적인지! 들라크루아는 아내도 자식도 없었어. 밀레는 많은 대가족에 둘러싸여 있었지.

그런데도 그들 그림에는 닮은 점이 얼마나 많은지!

주브는 여전히 넓은 아틀리에에서 장식화를 그리고 있지?

그도 조금만 더 버티었으면 뛰어난 화가가 되었을 텐데. 그는 너무 가난해서, 먹고살기 위해 그림그리는 것 말고도 다른 많은 일을 해야 했지. 아름다운 그림을 그리려면 수익보다 비용이 더 많이 들게 돼.

게다가 그는 평필로 데생하는 법을 진작 잊어버렸어. 아마도 낡은 교육 탓일 것이며, 아틀리에 안 상황도 마찬가지야——그들은 윤곽 안을 메워가지. 도미에는 데생을 배우기 위해 늘 거울 속 자신의 얼굴을 그렸어.

내가 일년내내 무슨 생각을 하는지 아니? 전에도 말했듯, 내가 성공하지 못한다 해도 내가 해온 일은 계속될 거라고 믿어. 직접은 아닐지도 몰라. 하지만 진실을 혼자만 믿는 일은 없지. 그렇다면 개인문제와 무엇이 다르겠니? 나는 인간의 역사는 밀의 역사와 같다는 강한 믿음을 갖고 있어. 대지에 뿌려지지 않아 싹을 틔우지 못했더라도 그게 어떻다는 거지? 결국에는 가루로 빻아져 빵이 되는데.

행운과 불행의 차이. 둘 다 필요하고 유용해. 또 죽음 또는 소멸……그건 상대적이야. 그리고 삶도 마찬가지지.

몸을 망치고 불안하게 하는 병에 맞닥뜨려도 이 신념에는 조금도 흔들림 없어.

그 뫼니에의 작품들*¹은 꼭 보고 싶었어.

---

*1 파리 만국 박람회 샹 드 마르스 예술관 벨기에 관에 탄광을 주제로 한 회화 3점, 조각 2점을 출품했다. 조각은 연철공, 또 다른 한 점은 가스폭발 때 죽은 사람들 중에서 아들을 찾는 어머니.

만일 내가 파리에 가고 싶다는 짧막한 속달우편을 다시 보낸다면, 위에서 설명한 그런 이유 때문이라고 이해해줘. 그때까지는 전혀 급할 것 없어. 너한 테 모든 걸 알렸으니, 나도 마음놓고 겨울을 기다릴 수 있겠구나. 그 무렵 발작이 다시 일어날지도 모르지만. 그러나 만일 다시 종교적인 흥분이 일어난 다면, 그때는 가차없이 곧바로 출발하고 싶어. 다만 수녀들의 관리에 참견하 거나 그녀들을 비판하는 것조차 우리에게는 허락되지 않고 무례한 짓이 될 거야. 그녀들에게는 나름의 신앙이 있고, 다른 사람들에게 착한 일도 하겠지. 때로 그건 아주 좋은 일이야. 하지만 나는 경솔하게 이런 예고를 하는 건 아 니야.

내가 손에 넣지 못한 자유나 다른 것들을 회복하기 위해서 하는 말도 아니 야. 그러니 기회가 찾아와 안정될 때까지 마음놓고 기다리지 않을래?

뜻밖에도 위의 상태가 좋은데, 이대로라면 추위를 그리 타지 않을 거라고 생각해. 날씨가 나쁠 때는 내가 좋아하는 것들을 모사할 계획이니, 할 일도 분명하지.

나는 밀레의 복제그림이 학교에 걸려 있는 모습을 꼭 보고 싶어. 아이들이 좋은 그림을 볼 수 있다면, 화가가 될 아이들이 나올 거야.

요한나에게 안부전해줘. 악수를. 곧 다시 편지보낼게.

너의 빈센트

고흐가 테오에게 608
1889년 9월19일 이후

사랑하는 테오

네가 이미 받았을 소포에서 습작 3점을 빼고 보냈다는 것을 알리기 위해 편 지보낸다. 그것들을 빼니 배송비가 3프랑50상팀 싸더구나. 그 그림들은 다음 기 회에 보낼게. 아니, 정확히는 다음 그림들과 함께 오늘 보내려고 해.—《밀밭》 《사이프러스 나무》 습작, 《밀밭과 사이프러스》 나무 2점, 《수확하는 농부》 2점, 《담쟁이덩굴》 《올리브 나무》 《양귀비》 《야경》 《떠오르는 달》.

어머니와 누이동생에게 보내기 위한 4, 5점의 습작과 함께 더 작은 그림들 을 머지않아 보낼 거야. 이 습작들은 이제 물감이 마르기 시작했어. 10호와 12 호 캔버스 천에 그린 그림으로, 축소한 《밀밭과 사이프러스 나무》 《올리브 나무》《추수》, 그리고 《침실》《작은 자화상》이 있단다.

이 그림들은 훌륭한 수집품들의 시작이 될 텐데, 누이동생이 작은 그림 컬렉션을 갖게 된다면 너도 나도 분명 기쁠 거야. 그때를 위해 가장 잘 그려진 작품의 축소판을 만들어주려고 해. 빨강과 초록 포도밭, 장미빛 마로니에, 네가 전시한 야경 그림도 어머니와 동생에게 주고 싶구나.

나는 병을 앓은 뒤 전보다 인내심이 늘고 끈기있어졌단다. 여러 잡다한 일에서 해방된 듯한 기분이 들어. 시간날 때 내가 그린 5점의 그림을 보고, 그 축소할 그림들을 위해 붉은 포도밭 그림과 다른 그림들을 보내주면 좋겠구나. 지금 추수하는 농부를 그리고 있단다. 너에게 보낸 큰 그림을 복사한 것도 그리 평판 나쁘지 않았겠지? 그래도 미스트랄이 불거나 비내리는 날이면 이제까지 좀 이상하게 여겨졌던 사실적인 묘사가 좀더 좋아 보여. 아니, 그렇지 않아, 춥고 슬픈 맑은 날이야말로 작열하는 태양빛이 보리를 내리비추는 여름더위를 떠올리게 해서 그리 과장되었다고 느끼지 않아.

페이롱 원장이 와서 너와 만난 일에 대해 말씀해 주셨는데, 너와 편지로 나눴던 자세한 이야기까지 알고 계시더구나. 그의 결론은 여기에서 얌전히 기다리는 편이 현명하다는 거야. 물론 그것이 내 의견이기도 해.

다만 만일 내가 다시 발작을 일으키게 된다면 기후가 다른 곳으로 옮겨가야겠다고 간절히 바라고 있어. 최악의 경우 북쪽으로 돌아가도 좋다고 생각한단다.

페이롱 원장 말로는 네가 건강한 것 같아 다행이야. 흰색 튜브 10개를 받았지만, 될 수 있다면 징크화이트도 12개쯤 갖고 싶구나.

코발트블루	큰 튜브	2개
에메랄드그린	〃	1개
크롬옐로 1번	〃	1개
카민레드	작은 튜브	1개

가을의 아름다움을 꼭 그리고 싶어.

지금은 몸상태가 완전히 정상으로 돌아왔고, 최악이었던 나날의 기억도 전혀 떠오르지 않아. 그림그리기와 규칙적인 식사로 이런 상태가 꽤 오래 이어지리라 생각하며, 이제 병이 재발하지 않고 작업을 이어나갈 수 있게 되었단다. 이번 달 끝무렵에는 또 12점쯤 되는 습작을 너에게 보낼 수 있을 거야.

내 오해일지도 모르지만 이번 편지는 다른 때보다 늦어진 것 같구나.

아쉽게도 여기에는 포도밭이 없어. 사실 이번 겨울에는 그것만 계속 그리려 했었거든. 포도밭을 그리려면 다른 마을까지 가야 해.

올리브 나무는 꽤 특색이 있어 그것을 표현해내려 열심히 그리고 있지. 노랑, 장미색, 보라, 주황 등 밝은 색이야. 붉은 황토색으로까지 보이는 칙칙한 땅바닥에 비해 올리브 나무는 어떤 때는 푸른빛을 띠고, 어떤 때는 초록빛, 또 어떤 때는 청동색 또는 하얀빛을 띤 은색으로 빛난단다.

그것을 표현하는 게 아주 어렵지만 내 성격과 잘 맞고, 황금색이며 은색에 몰두해 작업하는 일은 내 흥미를 끌기도 해. 이전에 노랑으로《해바라기》를 그렸듯 올리브 색도 내가 생각한 그대로 그려보고 싶구나. 이번 가을에 할 수 있으면 좋겠지만, 이 애매한 자유 때문에 무엇 하나 마음대로 할 수 없어. 너는 참고 견디라고 말하겠지만, 참으로 옳은 말이야.

요한나에게 안부전해주럼. 부디 건강하기를. 그리고 되도록 빨리 답장보내주면 좋겠구나. 악수보내마.

너의 빈센트

고흐가 테오에게 610
1889년 10월 첫무렵

사랑하는 테오

얼마 전부터 해오던 보리베는 농부그림을 그리고 왔어. 지금은 흙덩이와 속이 메마른 토지, 알프스의 바위, 초록빛 어린 푸른 하늘 일부와 흰색과 보라색 작은 구름, 그리고 그 앞쪽에 엉겅퀴와 마른 풀들이 자라는 풍경을 그리고 있단다.

그림 한가운데에 한 농부가 짚다발을 바닥에 끌며 걸어가고 있어. 이것 또한 매우 공들인 습작인데, 전체적으로 노란색 대신 보라색으로 칠한 그림이 되었지. 익숙한 여러 가지 중간 보라색. 이것을 너에게 알리는 것은, 이 그림이 추수하는 농부그림을 보충해 더 두드러지게 해준다고 생각해서란다.《추수하는 농부》는 되는 대로 그린 듯하지만, 이 그림과 함께 두면 균형이 이루어질 거야.

물감이 마르면 바로《침실》복사본과 함께 너에게 보낼게. 다른 사람들에게

보여줄 때는 되도록 그 두 그림을 함께 보여주면 좋겠구나. 하나하나 따로 보면 습작으로 보이지만 전체적으로 대조적인 보색관계를 이루니 꼭 함께 보여줘야 해.

이번 주는 채석장 입구를 그렸는데, 일본 느낌이 난단다. 작은 나무와 풀과 바위가 교차하는 모습이 자주 보이는 일본 데생을 기억하지? 때로 자연은 위대하고, 가을풍경은 빛나는 색을 띠고 있어. 초록하늘은 노랑, 오렌지색, 초록, 온갖 보랏빛 땅과 대조를 이루고 빗방울은 시든 풀잎에 마지막 활기를 불어넣어 보라, 장미색, 파랑, 노랑 작은 꽃들을 피워내지. 다시 돌아올 수 없는 그것들은 사람을 우울하게 만들어.

게다가 하늘은……북쪽하늘인 듯한데, 해질녘과 새벽이 더 다채롭고 신선하단다. 마치 쥘 뒤프레와 지엠의 그림 같아.

그 뒤로 나는 공원과 요양원 풍경 2점을 그렸어. 기분좋은 곳이었단다. 실물이 거기 있는 듯한 입체적 느낌을 내기 위해 고생했어. 뽐내는 듯한 성격을 강조하고 단순화한 변함없는 소나무와 삼나무 수풀이 푸르게 대조를 이루고 있어.

나는 그리 상관하지 않지만, 만일 그들이 나를 아직 기억하고 있다면 다채로운 색채로 그린 그림을 '20인회' 전시에 보낼지도 모르겠구나. 하지만 나는 아무래도 좋아. 문제는 나보다 훨씬 실력이 뛰어난 무니에가 보리나주 석탄채굴장의 울퉁불퉁한 '경화층'에 걸린 인부들을 그렸다는 거야. 수직으로 파내려간 탄갱의 엘리베이터, 공장건물, 부드러운 회색하늘을 배경으로 한 그 빨간 지붕과 검은 굴뚝. 그것들은 아직 아무도 손대지 않았지만 꼭 한 번 그려보아야 할 풍경이라고 예전부터 마음먹고 있었어. 예술가들이 그릴 모티브는 수없이 많고, 그 가운데 한 명은 땅 속 깊은 곳까지 내려가 빛의 효과를 그려야만 한다고 생각했지.

만일 네가 캔버스 천과 물감을 아직 보내지 않았다면, 지금 내가 가진 캔버스 천이 하나도 남지 않았다는 것을 알려주고 싶구나. 또한 지금 바로 페이롱 원장에게 드려야 하니 괜찮다면 우편환으로 15프랑 보내줄 수 있겠니? 가까운 시일에 아를로 가려고 해.

고갱의 편지를 읽으면 늘 건강이 좋지 않은 것 같으니, 그가 이곳에서 지낸 날들이 그에게 결코 해롭지는 않았다고 생각해. 무엇이 그를 이곳에 머물

▲《생 레미 요양원 정원의 소나무》(1) (1889)

▼《생 레미 요양원 정원의 소나무》(2) (1889)

지 못하게 했는지 그 이유를 알 수 있을 것 같아. 모델을 찾기 어렵고, 그가 처음 생각했던 만큼 싼 비용으로 지낼 수 없어 이곳에 오래 있지 못한 거야. 하지만 고갱의 독특한 인내심을 생각해 보면 내년에는 분명 근사한 일이 있으리라 여겨져. 베르나르가 병역을 치르면 고갱은 그와 함께 작업하지 못하겠지.

J. 브르통과 빌렛의 초상화가 후세에 어느 정도 남을지 너는 알 수 있니? 그들은 모델을 구하기 힘든 상황을 극복했고, 그것만 해도 대단한 일이란다. 그와 비슷한 좋은 시대――영국은 아니야――에 살던 O. 베버의 그림도 지지를 얻겠지. 한 마리 참새는 봄을 나를 수 없고, 새로운 사고방식은 이미 기존에 완성된 작품을 부정하는 것이 아니란다. 인상파가 잘 되어나가지 못하는 이유는 이 때문이야. 즉 재정난이라는 장애물이 늘고, 선배화가들이 극복한 모델 문제에 부딪친 거야. 그래서 J. 브르통과 빌렛 등은 그것을 경멸하며 "농부와 그 아낙은 언제 그립니까"라고 놀라며 말하는 것이겠지. 나는 왠지 부끄러워 마땅한 귀찮은 존재가 된 듯한 기분이야.

거의 보라색인 드몽 브르통 부인의 난롯가에 앉아 아이를 품에 안은 여인을 묘사해 보았어. 앞으로도 다른 작품 묘사는 계속할 거야. 이로써 나만의 수집품이 생길 테고, 그것들이 많이 모여 귀중해지면 모두 어느 학교에 기부하려 생각하고 있어.

이번에 보낼 작품을 보면 이제까지 네가 알아온 것 이상으로 알프스 산에 사는 선량한 타르타렝들에 대해 잘 알게 될 거라 생각하니 미리 말해두고 싶구나. 높고 험준한 산들 그림을 빼면 너는 그림배경에 펼쳐진 알프스 봉우리들을 아직 보지 못했을 거야.

앞서 말한 산의 습작보다 거친 습작이 있어. 매우 야성적인 암벽인데, 바위 틈새를 누비며 좁은 시냇물이 흐르고 있지.

전체적으로 보랏빛이야. 알프스 산만 시리즈로 그릴 수 있으리라 생각해. 이제까지 오랜 동안 봐왔으므로 조금씩 그려보았단다. 너는 들라르베렛네 집에서 나와 함께 본 몽티셀리의 멋진 풍경화를 기억하지? 노을진 태양을 마주보고 선 바위 위의 나무였어. 요즘은 흔한 효과지만, 나는 결코 해질녘에 밖으로 나가지 못한단다. 그렇지 않다면 나도 그런 그림을 그려보았겠지.

요한나는 변함없이 건강하니? 결국 올해는 이제까지 중 어느 해보다 너에게 행운이 따랐구나.

요즘 내 건강은 순조롭단다. 나는 매우 정상적으로 생각하고 머리도 맑은 상태야. 게다가 전보다 훨씬 좋아져 페이롱 원장이 나를 정신이상자가 아니라고 말한 것도 당연해. 하지만 완전히 의식을 잃어버리는 발작은 무시무시해. 그래도 위험에 늘 노출된 탄광인부가 서둘러 일하는 것처럼 발작은 나를 이젤 앞으로 끌어당겨 진지하게 그림그리게 해주지. 어머니와 동생은 이사할 준비를 하고 있겠구나.

이삭손, 베르나르, 고갱에게 보낼 짧은 편지를 동봉하마. 물론 서둘러 전하지 않아도 돼. 그들이 너를 찾아오는 일 있으면 그때 줘도 괜찮아. 밤은 죽을 만큼 지루하구나. 이번 겨울 전망은 그리 밝지 않아.

열흘쯤 전에 보낸 그림은 만족스럽게 받았으리라 생각해.

경치좋은 곳을 찾으러 이제부터 산 속을 이리저리 돌아다녀볼 거야.

그럼, 곧 다시 연락할게. ……그리고 물감과 캔버스 천을 아직 보내지 않았다면 서둘러줘. 캔버스 천도 징크화이트도 다 써버렸거든.

요한나에게 안부전해주렴.

너의 빈센트

고흐가 베르나르에게 20
생 레미 1889년 10월 첫무렵

친애하는 베르나르

자네가 내 그림을 보러 왔다는 말을 어제 동생에게 들었네. 그래서 파리로 돌아온 사실을 알게 되었지. 내 그림을 보러 와주었다니 더없이 기쁘네. 나는 자네가 퐁타벤에서 어떤 그림을 가져왔는지 무척 궁금해.

편지쓸 기분이 전혀 아니야. 자네와 고갱, 또 다른 사람들이 지금 어떤 그림을 그리는지 전혀 알지 못해 내 마음은 텅 빈 것 같다네.

아직 이곳에 12점의 습작이 있어. 이것들이 올여름 동생이 보여준 그림보다 자네 취향에 맞으리라 생각하네. 그 가운데 채석장 입구를 그린 게 있어. 일본 그림에서 볼 만한 붉은 흙으로 둘러싸인 연한 라일락 빛깔 바위가 있지. 데생으로 보나 큰 면으로 나눈 색채로 보나, 퐁타벤에서 자네가 그린 그림과 아주 비슷할 걸세.

이 습작들을 그린 무렵에는 건강도 되찾아 전보다 마음이 안정되었다네. 갈 아엎은 라일락 빛깔 경작지와 화면 위쪽에 높이 솟은 산들을 배경으로 한 30 호도 1점 있네. 이 그림에는 황무지와 바위와 구석쪽의 엉겅퀴와 마른풀밖에 없으며, 보라와 노랑으로 칠한 작은 한 사나이가 있을 뿐이야.

이로써 내가 아직 의기소침해지지 않다는 걸 잘 알았겠지?

여기는 아주 좁은 곳이야. 막연한 사실이 아닌, 진정한 프로방스 지방의 풍 토에 스며 있는 성격을 분별해 내기란 무척 어려워. 이 점을 이해하려면 끈기 있게 그림을 그릴 필요가 있지. 그러기 위해 얼마쯤 추상적이 되기도 해. 태양 과 푸른 하늘에 그 역동성과 빛의 효과를 주고, 타는 듯한 땅에는——때로 우 울한——백리향의 신비로운 향기가 풍겨야 한다네.

이 올리브 나무는 자네에게 좋은 소재가 될 것 같네. 올해는 성공하지 못 했지만 언젠가 다시 도전하려고 하네. 희고 큰 태양 아래 오렌지며 보랏빛을 띤 땅 위에서 은빛으로 빛나지. 내가 본 어떤 화가며 내 그림에서도 이런 느낌 이 전혀 풍기지 않아. 그 은녹색은 코로의 색깔에 가장 가까워. 그러나 누구도

▲올리브 나무

아직 그려낸 적 없지. 몇몇 예술가들이 사과나 버드나무를 그리는 데는 성공했어.

마찬가지로 포도밭 그림도 그리 많지 않고, 이만큼 다채로이 변하는 아름다움을 지닌 것도 드물걸. 그러므로 내가 이곳에서 그리고 싶은 건 아직 너무도 많아.

만국박람회에서 여러 나라의 주거 모습을 볼 수 없었던 건 몹시 유감이네. 틀림없이 가르니에나 비올레 르 뒥이 계획했을 거야. 자네는 보고 왔을 듯한데, 초기 이집트의 집 스케치에 색을 입혀 어떤 것인지 알려주지 않겠나? 아주 간소하고 토대(土臺) 위에 분명 정사각형 덩어리가 있을 뿐인 그림이겠지만, 그 색을 알고 싶네.

신문기사에는 파랑, 빨강, 노랑이라고 나와 있던데, 자네도 그렇게 생각하는가? 잊지 말고 가르쳐주게. 페르시아며 모로코의 그림과 착각하지는 말게. 아주 비슷하지만 다르니까.

건축 가운데 내가 가장 훌륭하다고 느낀 것은 거무스름한 난로가 있는 이끼낀 초가집이었네. 나는 까다로운 사람이지.

고대 멕시코 인의 주거 스케치를 책 삽화에서 봤는데, 생각했던 대로 원시적이며 아름다웠네. 아! 만일 그 시절을 이해하고, 그때 그 속에서 생활하는 사람을 그릴 수 있다면 밀레처럼 멋질 테지. 색채가 아니라 성격적으로 확신을 갖고 그 모습을 똑똑히 그려낼 수 있다면.

그건 그렇고 입대하러 언제 떠나는가? 가을에 완성한 작품을 11월에 또 보낼 테니 보러 가주지 않겠나? 그리고 가능하다면 브르타뉴에서 자네가 가지고 돌아온 그림을 보여주게. 자네 스스로 가장 자신 있는 그림이 무엇인지 궁금하네.

머지않아 다시 편지하겠네.

나는 요즘 큰 캔버스에 골짜기를 그리는 일에 매달려 있다네. 그건 자네가 준 노란 나무 습작과 소재가 아주 비슷해. 커다란 두 개의 바위 아래로 물줄기가 가늘게 흐르고, 세 번째 산은 골짜기를 메우고 있지.

이러한 소재에는 서글픈 아름다움이 있고, 이런 야생적인 장소에서 그림그리는 것은 유쾌한 일이야. 다만 불어오는 바람에 이젤이 쓰러지지 않도록 돌로 단단히 고정시켜야만 했다네.

악수를 보내네. 모든 것을 자네에게.

빈센트

사랑하는 테오에게

되도록 빠르게 받고 싶은 물감목록을 동봉해. 밀레 복사본을 보내줘서 무척 기뻤어.

나는 열심히 그림그리고 있어. 예술적인 것을 보지 않으면 나는 늘어져버리는데, 덕분에 기력을 되찾았지.

《야간작업》을 마무리하고 그린 《땅파는 사람》과 《윗옷입는 남자》는 30호이고, 《씨뿌리는 사람》은 더 작아. 《야간작업》은 보라색과 부드러운 연보라색 색조를 사용했고, 연한 레몬 색 램프 불빛과 오렌지 색 불꽃과 적갈색 남자가 있어. 너에게도 보여주고 싶구나. 밀레의 데생을 유화로 그리는 일은 모사한다기보다 다른 나라 언어로 번역하는 것 같아. 그것 말고는 내리는 비 효과와 커다란 소나무의 밤 효과가 있지. 그리고 《낙엽》도 있어.

나는 매우 건강하게 지내. 때로 우울해지는 일도 자주 있지만 기분이 좋고 이번 여름보다, 이곳에 처음 왔을 때보다, 파리에 살던 시절보다도 훨씬 더 좋단다.

작품구상도 끊임없이 떠오르고, 전보다 더 확실해져 오는 것 같아. 하지만 지금 내가 하는 일을 네가 마음에 들어할지는 모르겠구나. 지난번 편지에서 너는 스타일을 추구하려 하면 다른 장점을 단점으로 바꿔버린다고 말했지만, 나는 스타일을 탐구하고 싶은 의욕에 자극받고 있단다. 나는 좀더 남성적인 데생과 의지적인 것을 그리고 싶어. 만일 그 때문에 베르나르며 고갱의 작품과 더 비슷해지더라도 어쩔 수 없지. 그래도 너는 마침내 이해해 주리라 믿는단다.

그래, 그 지방 전체의 느낌을 느껴야만 해. 그것이 세잔과 다른 화가들의 차이가 아닐까? 네가 거론했던 기요맹의 작품은 근사한 스타일과 데생에 그만의 성격이 드러나잖니.

되도록 많이 그리려고 해. 지금은 나뭇잎들도 거의 다 떨어져 풍경이 더욱

생 레미(1889년 5월~1890년 5월) 929

북쪽지방처럼 변했어. 만일 북쪽지방으로 돌아간다면 이전보다 뚜렷하게 사물을 바라볼 수 있을 것 같아.

건강은 매우 중요해서 작업에 많은 영향이 미친단다. 다행히 전처럼 무서운 악몽은 꾸지 않게 되었어. 며칠 뒤 아를에 가보려고 해.

요한나가 《야간작업》을 봐준다면 기쁠 거야. 곧 소포로 보낼게. 아틀리에가 습해서 물감이 잘 마르지 않는구나. 이곳의 집들은 지하실도 토대도 없어서인지 북쪽지방보다 습도가 높아.

가족들도 이제 이사를 마쳤을 테니 다음 소포에 그들을 위한 그림을 6점 더 넣어보낼게. 액자에 넣을지 말지 고민이지만, 아마 그럴 필요 없겠지. 특히 너에게 보낸 습작들은 액자에 넣지 말려무나. 나중에도 얼마든지 할 수 있고, 공간을 너무 차지해 쓸모없을 거야.

페이롱 원장에게도 그림을 선물했어. 커다란 소나무가 있는 집 풍경이지.

너와 요한나는 여전히 건강하리라 믿어. 너는 이제 혼자가 아니며 예전보다 더욱 모든 일들이 순조롭게 풀리고 있다고 생각해.

고갱은 돌아갔니? 베르나르는 어떻게 지내고 있어?

그럼, 또 연락할게. 진심으로 너와 요한나와 다른 친구들에게 악수를 보낸다.

너의 빈센트

덧붙임 : 색상표를 간단히 만들려고 해——그리하여 이전처럼 황토색을 잘 사용할 수 있도록. 지난번에 보낸 뒤엉킨 굵은 선을 사용한 데생 습작은 생각했던 결과물을 만들지 못했지만, 나는 일부러 풍경 속에 사물을 계속 추구하며 데생에서 뒤엉킨 덩어리를 표현하려 했음을 믿어주렴. 《천사와 싸우는 야곱》이라는 들라크루아의 작품을 기억하니? 그것 말고도 그의 그림이 아직 많고 많아! 예를 들어 《절망》이나 네가 자주 언급하는 꽃그림이 있지. 베르나르는 그것에 대한 무척 재미있는 발견을 했어. 하지만 너무 대놓고 그 의견에 반대하면 안되겠지.

넓은 풍경 속 소나무의 적갈색 줄기가 검은 선으로 그려진 그림을 봐주렴. 지난번 작품들보다 성격이 잘 드러난 것 같지 않니?

사랑하는 빈센트

동봉한 것은, 페이롱 원장의 몫과 형님이 아를로 갈 여비 150프랑입니다.

페이롱 원장에게 편지로 초과된 경비가 있다면 꼭 알려달라고 몇 번인가 말했지만, 그는 한 번도 그것에 대해 언급하지 않았습니다. 그러니 만일 그에게 빚이 있다면, 저에게서 매달 비용이 든 편지를 받았다고 알릴 때마다 그것을 분명히 말해 달라고 부탁해 주십시오. 그러면 금액이 커지지 않을 것입니다.

형님은 여전히 건강하고, 그림 일도 순조로울 거라고 생각합니다. 몇 명을 초대해 형님 그림을 보여주었습니다. 잠시 파리에 살고 있는 이스라엘스, 초상화 그리는 네덜란드 인 페트. 그는 《니유웨 히즈》*¹에 집필하고 있습니다. 이 잡지에 대해서는 형님도 들으셨겠지만, 많은 사람의 분개를 사는 한편 종종 좋은 작품을 내놓습니다. 브뤼셀 '20인회'의 한 사람인 반 리셀베르흐──이 사람은 탕기 화랑에 있는 작품도 모두 보았는데, 형님의 그림에 큰 흥미를 느끼는 것 같습니다.

벨기에 사람들은 이미 색채 풍부한 그림에 익숙해지기 시작했습니다. '20인회' 전람회는 그런 점에서 공헌하고 있지만, 팔리는 작품은 하나도 없습니다. 앵데팡당 전이 끝나고 형님의 《붓꽃》 그림이 되돌아왔습니다. 이건 형님의 뛰어난 작품 가운데 하나입니다.

형님은 이 그림, 또는 타라스콩의 승합마차, 아이 얼굴, 긴 담쟁이덩굴 있는 나무 사이 같은 실제 사물을 그릴 때 가장 훌륭합니다. 형태가 분명하고, 전체가 색채로 충만하지요. 달빛 속 마을이며 산 같은 새로운 그림을 보면 형님의 관심사가 어떤 것인지 잘 알 수 있지만, 제 생각에는 양식 탐구가 사물에 대한 실제 느낌을 훼손해버리는 것 같습니다.

고갱이 요즘 보내온 그림에서도 형님과 같은 관심사가 보이지만, 그의 경우는 일본과 이집트의 기억이 더 많이 있습니다. 저는 일본여성 같은 포즈를 취한 브르타뉴 여자보다 실제 브르타뉴 여자를 보는 게 더 좋습니다. 하지만 예술에는 한계가 없고, 그렇기 때문에 사람들은 자기가 하고 싶은 것을 할 수

─────────

*1 Nieuwe Gids. 1880년대 네덜란드에서 영향력을 가졌던 문학운동 월간잡지.

있지요.

기요맹은 이번 여름을 오베르뉴에서 지내고 좋은 그림을 몇 점 가지고 돌아 왔습니다. 그는 채색면에서 새로운 것을 별로 추구하지 않습니다. 그는 자신이 발견한 것에 만족하고, 그림에 핑크, 오렌지, 파랑, 보라의 필촉이 보입니다. 그의 필촉은 힘차고 넓은 도량으로 자연을 바라보지요.

피사로는 떠났습니다. 오베르의 그분*1에게 형님이야기를 해줄 것입니다. 이야기가 잘 되어, 당장은 어렵더라도 이번 봄에 형님이 오셔서 우리와 만나게 되기를 기대합니다.

요한나는 건강하고, 배가 불룩 나와 벌써 아이의 생명을 느끼고 있습니다. 그 때문에 특별히 힘들지는 않은 것 같습니다.

어머니가 저에게 코르의 편지를 보내주셨습니다. 그는 요하네스버그에 도착했습니다. 그곳은 미지의 땅으로, 밖에 나갈 때 하루 종일 권총을 지니고 다녀야 한답니다. 오아시스 같은 장소 말고는 모래뿐이고 식물도 없지요.

이제 편지를 부쳐야겠습니다. 요한나가 안부전합니다. 굳은 악수를 보냅니다.

테오

고갱이 고흐에게 37
1889년 11월8일 무렵

친애하는 빈센트

지난번에 보낸 편지 잘 받았소. 재발이 없었던 건 아니지만 적어도 그렇게 장기간에 걸쳐 회복하고, 그동안 그림그릴 수 있었다니 참으로 기쁘오.

브르타뉴에 와 있은 지 오래되어 당신의 최근 작품을 볼 기회가 없었지만, 나와 함께 있는 네덜란드 인 드 한이 한 친구로부터 편지받았는데, 거기에 당신의 최근 작품이 정말 엄청나게 예술적이고, 다른 작품들보다 상상력이 더 풍부하다고 씌어 있었다 하오. 데생을 주제로 우리 둘이 나눈 대화를 당신이 잊지 않았다는 것, 그리고 같은 문제로 내 의견에 귀기울인 드 한이 여기서 실제로 발전한 모습을 보여주니 나에게는 정말 기쁜 일이오.

---

*1 가세 의사.

좀 멀리 떨어져 살고 있는 나는 당신에게 전해줄 친구들 소식이 그리 없소. 라발은 파리에, 베르나르는 생 브리악에 있소. 그의 아버지는 아들이 나와 함께 퐁타벤에 있는 것을 전면적으로 금지하고 있소. 당신도 분노에 찬 그 영감의 부르주아 적인 편지를 기억할 것이오.

베르나르는 가끔 편지를 보내오오. 그도 완전히 바뀌어 여전히 예술가로서 호기심을 자극하는 아름다운 작품을 열심히 만들고 있소.

나는 그렇지 못하오. 나는 새로운 것을 갈망하는 불행한 성격이라, 아무래도 새로운 탐구를 하고픈 마음을 억누를 수 없소. 올해는 지난해와 전혀 다른 그림을 그렸지요. 내가 중요하다고 막연히 느끼는 것을 준비한 것이오. 아를의 당신 집에서 나는 얼마쯤 그런 취지에 따른 그림을 그렸었지요──《포도 수확》──이 그림을 당신이 데생한 것이 있소. 걸터앉은 여인, 붉은 삼각형 포도밭. 드가는 그런 그림을 이해하지 못하오. 나는 이런 추상적인 상념의 차원 속에서 종합적인 형체와 색채를 탐구해야 하는 상황에 놓였소.

최대한 기교를 줄이고, 군데군데 부차적인 부분은 되도록 꼼꼼한 마무리를 피하며, 인물의 형상에 그 모든 힘을 맡기오. 그러면서 조잡하고 유치해지지 않도록 조심하지요. 내 눈앞에는 렘브란트의 동판화 몇 점과 유화복제 등이 있는데, 거기에서 나는 지금 말한 것들을 많이 발견하오.

당신도 그 그림*¹을 알고 있소──완성한 천사의 얼굴과 나머지 미완성부분──《토비아스》에서는, 단 이것이 토비아스일 경우의 이야기인데, 사자는 당당하며 힘차고, 풍경도 마찬가지지만, 전경은 어디를 봐도 구석구석 꼼꼼하게 마무리하지 않았고, 남자도 마찬가지지요. 나는 그게 의도적이라고 생각했소. 그리고 왜 그랬는지 그 이유를 찾고 싶었소. 이건 이유를 말할 수 있는 것이 아니오. 나는 대가도 아니고, 그래서──다른 실천을 거듭하고 있는──그분과 같은 대가의 사상영역에는 들어가지 않을 것이오. 친애하는 빈센트, 파리에서는 나에 대해 시끄럽게 지껄여대오. 하지만 나는 그들이 틀렸다고 생각하오. 나는 올해 그림이든 고찰이든 엄청난 노력을 했소. 그래서 지금 이렇게 휴양을 한다고나 할까.

---

*1 그즈음 렘브란트의 작품으로 알려졌던 천사 라파엘 상이 1889년 6월6일 파리의 경매에서 팔렸다. 그 카탈로그의 동판화 복제를 언급한 것인데, 이 복제판화를 테오로부터 손에 넣은 고흐는 9월 중간무렵 이것을 유화로 모사했다.

verdâtres - Car malgré l'inscription les personnes ont l'air très
en contradiction avec le titre. Su
ciré il y a des reflets que donne
sur les parties bosses qui donnent
richesse -
Je vais l'envoyer à Paris dans
Peut être cela plaira plus que
de Haan vous dit bien des
Cordialement à vous
P. Gauguin
P.S. Je sais que vous fatiguez quand
aussi je ne demande pas de lettre
le plaisir que j'ai à vous lire
Le service militaire de Bern...
remis à un an pour (Santé)

au Pouldu près Quimper (finistère)

보내지 않은 작품이 이 집에 하나 있는데, 이건 당신의 취향에 맞을 거라고 생각하오.

바로 《올리브 동산의 그리스도》라오. 해질 무렵 청록색 하늘, 자홍색 덩어리가 되어 나란히 기울어져 있는 나무, 보라색 지면, 칙칙한 황토색 옷을 입은 짙은 분홍빛 머리칼의 그리스도. 사람들의 이해를 바라며 그린 그림이 아니니 오랫동안 내가 보관할 것이오. 동봉한 데생을 보면 이 그림의 구상을 막연하게나마 알 수 있을 거요.

드 한과 나는 이곳에서 그림과 평안을 누리는 나무랄 데 없는 생활을 하고 있소.

바닷가에서 커다란 집을 한 채 발견했는데, 해수욕 즐기는 사람에게 두 달만 빌려주는 집이어서——그 덕분에 겨울 동안 아주 싼값에 빌릴 수 있었소.

위층은 15m×12m의 널찍한 테라스로 높이 5m——두 벽에는 유리창——한쪽으로 바다의 드넓은 수평선이 내려다 보이지요. 폭풍우 때면 참으로 장관이라오. 우리는 시커먼 바위를 때리는 무시무시한 파도를 온 몸으로 느끼며 아틀리에에서 직접 그것을 그리오.

다른 한쪽은 붉은 모래사장, 밭, 나무로 둘러싸인 여러 농가가 보이오. 모델은 날마다 돼지치러 오거나 비료로 쓸 해조를 따러 바닷가에 오는 여자들과 남자들. 그들은 1프랑에 우리가 원하는 포즈를 취해 주오. 이렇듯 그림에 필요한 것은 뭐든 다 있소.

집 옆에 작은 여관이 있어 우리는 꽤 맛있고 비싸지 않은 식사를 하오. 물질적인 측면은 이상과 같소.

드 한은 우리의 생각에 따라 전면적으로 그림에 착수했는데, 자신의 개성을 잃지 않고 아주 순조롭게 전진하고 있소. 당신에게 보증하건대, 지금 그는 렘브란트를, 또 네덜란드의 거장들을 전보다 더 잘 이해하고 있소. 옛 거장들 사이에는 그들을 모두 연결해 주는 지적관계가 있었소. 그들처럼 하다 보면 뭔가 다른 것을 이룰 수 있겠지요. 역설이지만——나는 잘 알고 있소.

요 두 달 동안 나는 커다란 채색 나무조각을 만들었소. 기탄없이 말하면, 지금까지 내가 만든 것 가운데 박력과 조화면에서 가장 완성도 높은 것 같소——하지만 이것의 문학적인 면은 많은 사람에게 비상식적으로 보일 거요. 나와 닮은 괴물 하나가 벌거벗은 여자 손을 잡고 있는 게 주요 테마지요. 그 사이사이에 더 작은 상들이 몇 개 있소——. 위쪽에는 어떤 도시——바빌론이든 어디든 좋소——아래쪽은 상상의 꽃이 피어 있는 시골——비탄에 빠진 한 노파——과 여우——인디오 사이에서 도덕을 어기는 숙명을 가진 동물——이 있소. 그런 감각을 데생으로 당신에게 전달하기란 어렵겠지요. 초록, 옐로오커로 칠한 다른 부분, 노란색 꽃, 금빛 머리, 초록빛 도는 상들과 잘 어울리는 나무의 색을 볼 필요가 있소. 글*1도 새겨져 있는데 그 제목과 반대로 인물들은 슬픈 모습이오. 왁스로 광낸 나무 표면에는 풍부한 느낌을 내는 볼록한 부분에 빛이 닿아 여러 반사가 생겨나오.

며칠 뒤 이것을 파리로 보내겠소.

아마 내 그림보다 마음에 들어할 거요.

드 한이 안부전하오.

폴 고갱

덧붙임 : 당신이 편지쓸 때 지치리라는 걸 아오. 그러니 답장을 바란다고는 하지 않겠소. 그래도 편지를 보내주면 기쁘게 읽겠소.

베르나르의 병역은——건강상의 이유로——1년 연기되었소.

고흐가 테오에게 614
1889년 11월 중간무렵

사랑하는 테오

편지 고맙다. 요한나가 건강하고 순조롭다니 마음이 놓이는구나. 이제부터가 중요한 시기야. 너희들을 늘 걱정하고 있어.

너는 내가 보낸 유화들을 한 번에 보는 게 한동안 불가능하다고 말하는데, 그건 네 일이 지나치게 고되기 때문일 거야. 그리고——그래, 삶에는 그림 말고 다른 것들도 있으며 등한시되기 쉽지. 자연은 우리를 초조하게 만들고 우리에게 저항하며 복수하려는 것만 같아. 필요한 의무를 끝내기 위해 일하더라도 지나치게 무리하지는 말아야 해. '20인회' 전시에는 아래 작품들을 내고 싶구나.

1&2, 해바라기 1쌍.

---

*1 'Soyez amoureuses vous serez heureuses(사랑에 빠지면 행복해질 것입니다)'. 이 나무조각의 제목. 보스턴 미술관 소장.

3, 위로 뻗어올라가는 담쟁이덩굴.

4, 꽃핀 과수원(지금 탕기 영감 화방에 진열해둔 것)의 포플러가 화면을 가로지르고 있는 그림.

5, 붉은 포도밭.

6, 해뜨는 밀밭. 지금 제작중.

고갱이 매우 흥미로운 편지를 보내와 드 한과 바닷가에서 힘든 생활을 보내고 있다고 활기차게 전해왔단다.

베르나르도 편지보냈어. 여러 불만을 토로하고 있지만, 결국 선량한 청년답게 포기한 것 같아. 자신의 재능, 그림작업, 검소한 생활에 대해 말하고 있지. 그의 집은 때로 지옥같이 여겨지나봐.

이삭손의 편지를 받아 무척 기뻤어. 이곳에 내 답장을 동봉할 테니 너도 읽어보렴. 생각이 좀 안정되었지만 너도 알다시피 유화를 계속 그려야 할지 말지 잘 모르겠어.

만일 유화를 계속 그린다면 추상적인 것을 추구하기보다 사물을 단순화해 그리는 편이, 네가 생각하기에도 더 좋지 않겠니? 예를 들어 고갱의 《올리브밭의 그리스도》는, 그가 보내준 스케치에 그리 감탄되지 않아. 베르나르의 작품도 그랬지. 그는 자신의 작품사진을 보내주기로 약속했지만, 나는 성경을 주제로 한 작품보다 다른 것을 그리는 게 낫다고 말하고 싶어. 요 며칠 동안 여인들이 올리브 열매를 따거나 땅에 떨어진 것들을 줍는 모습을 보았는데, 그녀들이 모델이 되어주지 않아 아무것도 그릴 수 없었지. 아마 한 그루의 올리브 나무도 본 적 없을 내 친구 베르나르와 고갱이 그 비슷한 구도라도 찾아내리라는 건 말도 안돼.

베르나르는 현실적이거나 가능성이 낮은 일들을 피하려고 해. 그런 식으로는 그것들을 종합할 방법조차 알 수 없지. 그들의 성경 해석에 나는 한 번도 관여한 적 없어. 렘브란트와 들라크루아는 그 주제로 걸작을 남겼고 르네상스 초기작품보다 좋다는 말은 했지만, 그뿐이야. 이 문제를 이제 와서 되풀이하고 싶지 않아. 게다가 나는 이곳에서 올리브 밭의 그리스도를 그릴 마음이 없어. 다만 올리브 채집이 계속되고 있으니 인간과의 조화를 표현해낼 수는 있겠지. 그것을 그리는 일을 상상해 보자꾸나. 이제까지보다 더 진지한 습작을 완성할 때까지 내게는 끼어들 권리가 없어.

하지만 라파엘 전파*¹ 화가들은 이런 생각에 전혀 이르지 못했어. 밀레이가 《세상의 빛》을 그렸을 때는 다른 의미로 진지했지. 그에 견줄 것이 없었어. 헌트와 다른 화가들은 문제도 안돼──핀웰과 로세티도. 하지만 드 샤반느가 있지.

아를에서 사르 목사를 만나 네가 보내준 금액에서 남은 돈과 내가 맡겨둔 금액에서 남은 돈을 합친 72프랑을 받아왔어. 그런데 페이롱 원장 계산으로는 남은 돈이 20프랑밖에 되지 않았지. 아를에서 부족했던 물감을 더 사고, 가구 맡긴 곳의 방값 등을 지불한 탓인데, 나는 어떻게 해야 좋을지 모르는 채 그곳에 이틀 머물러 있었어. 그곳에 이따금 들르는 것은 좋은 일이야. 그러지 않았다면 같은 이야기가 되풀이되었겠지.

내가 느끼기에 이제 그곳 사람들이 나를 비난하지 않는 것은 물론, 오히려 친절하고 성대하게 맞아주었어. 만일 내가 그곳에 오래 머물렀다면 그런 환경에 차츰 순응했을지도 몰라. 외국인 화가를 그토록 싫어하던 사람들이었는데. 아무튼 이 여행이 새로운 발작을 일으킬지 어떨지 우선 상태를 지켜보자꾸나. 그런 일이 일어나지 않기를 바라면서.

이곳도 매우 춥구나. 그래도 산이 미스트랄을 조금은 막아준단다. 물론 그림은 늘 그리고 있어. '20인회' 전시 출품작과 함께 너에게 보내고 싶은 그림이 잔뜩 있어. 물감이 마르기를 기다리고 있단다. 여기에서 파리까지의 기차삯이 25프랑인 것을 미리 알았더라면 파리로 갔겠지. 아를에 가서 처음 알게 되었고, 비용을 고려해 이제까지 못했을 뿐이야. 지금 생각해 보니, 어차피 봄이 되면 파리로 가서 북쪽지방 사람들과 사물들을 직접 보는 게 좋을지도 모르겠다고 여겨져. 이곳 생활은 매우 단조로워서 마침내 기력마저 잃어버릴 것 같아. 지금처럼 건강해지리라고는 생각지도 못했단다.

하지만 모든 일은 네 사정에 따라 다르니 그리 서두를 필요 없겠지. 좀더 기다리면 오베르의 의사와 피사로를 비롯한 다른 화가들 도움을 받지 않아도 되리라 생각해.

건강한 상태가 계속된다면, 그림그리며 작품을 팔거나 전람회에 나가거나

---

*1 19세기 중간무렵 영국에서 일어난 예술운동. 라파엘로 이전처럼 자연에서 겸허하게 배우는 예술을 표방한 유파. 헌트, 밀레이, 로세티 등 왕립 아카데미에 다니던 젊은 화가들이 1848년에 결성.

작품을 교환하면서 조금이라도 네 부담이 가벼워지도록 얼마쯤 의욕이 날지도 모르겠어. 이곳 생활은 지루하고 피곤해. 아무것도 하지 않으며 사는 불행한 환자와 함께 지내는 게 무척 짜증나. 게다가 내 경우는 크게 자부심을 느껴서는 안된다고 생각해. 안그래도 자부심이 지나치게 넘치니까.

고갱은 모델을 쉽게 찾을 수 있다지만, 이곳에서는 모델을 찾는 일이 가장 어려워.

작품교환에 대한 베르나르 이야기는 너 좋을 대로 하려무나. 원한다면 베르나르가 먼저 이야기를 꺼내겠지. 그의 할머니 초상화 말고 무언가 걸작이 있으면 좋겠는데. 베르나르는 《요람》을 가지고 싶어하는 것 같아.

'20인회' 출품작 6점은 잘 마련될 것 같아. 《밀밭》은 《과수원》과 매우 좋은 대조를 이루고 있단다.

모스 씨에게 경의를 나타내는 편지를 동봉한다. 그쪽에서 보내준 편지를 읽고 나니 어떻게든 의리를 지켜야 했어.

요한나에게 안부전하고 악수보낸다. 이삭손에게 보내는 편지를 읽어보렴, 그것도 넣어둘게.

그럼, 곧 다시.

너의 빈센트

고흐가 베르나르에게*1   21
1889년 11월20일 무렵

친애하는 베르나르

편지 고맙네. 특히 보내준 사진, 고마워. 이로써 당신 작품을 대충 알게 되었어. 테오가 지난번 편지에서 그 작품을 언급하면서, 색채의 조화와 몇몇 인물상의 고귀한 느낌이 무척 좋았다고 말했지.

《세 동방박사 예배》 풍경이 너무 황홀해 비판할 마음조차 들지 않네. 그렇지만 길 한복판에서 어머니가 젖먹이는 대신 기도를 시작하는 그런 불합리한 상상을 하다니, 너무 억지스럽네. 뇌전증 발작이 일어난 사람처럼 무릎꿇은 살진 개구리 같은 성직자들이 거기에 있지. 그건 하느님만이 아시네. 왜인가? 하

---

*1 병에 의한 오랜 침묵 끝에 베르나르에게 보낸 마지막 편지. '자네(ru)'와 '당신(vous)'이 뒤섞인 문장.

지만 내 눈에는 건전해 보이지 않네. 나는 진실한 것, 있을 법한 일을 좋아하기 때문이라네. 그렇지만 나도 정신이 고양되면 저 밀레의 몸서리쳐질 정도로 힘찬 습작, 시골에서 태어난 송아지를 농가로 데리고 들어가는 농부들 그림[1]을 보면 머리가 숙여지네.

그런데 친구, 이건 프랑스에서 미국에 이르기까지 모든 사람이 느끼는 것이네. 그런데 그 다음에 자네는 중세의 태피스트리를 우리를 위해 부활시키려는 것인가? 정말로 그것이 솔직한 신조인가? 아니, 당신은 그보다 더 나은 그림을 그릴 수 있고, 있을 법한 것, 마땅한 것, 진실한 것을 추구해야 한다는 사실을 알고 있네. 만일 그 때문에 보들레르 식의 파리 풍물을 얼마쯤 잊어버려야 한다 하더라도. 나는 이 신사보다 도미에가 훨씬 더 좋네.

'계시'—대체 무슨 계시란 말인가? 천사들 모습이 눈에 띄네. 확실히 우아해. 내가 좋아하는 사이프러스 나무 두 그루가 있는 테라스. 거기에는 충분한 공기도, 밝기도 있네……하지만 결국 이런 최초의 인상이 지나가면 이건 인간을 속이는 것이 아닌가 스스로에게 물어보네. 그러면 이 단역들은 이제 나에게 아무것도 말하지 않지.

자네가 고갱에게 준 그림, 실로 훌륭한 배치와 소박하게 차이를 강조한 색채, 저 풀밭을 산책하는 브르타뉴 여인들을 그린 그림, 그런 자네의 작품을 내가 얼마나 보고 싶어하는지 이제 자네도 알았을 걸세. 그런 작품을 자네가—이건 분명히 말해야겠지—작위적인 것, 억지스러운 것과 바꿔버릴 줄이야!

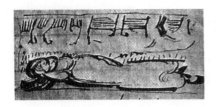

지난해에 자네는—고갱에게 들은 이야기에 따르면—거의 이런 식으로 내가 상상하는 그림[2]을 그렸다지? 앞에는 풀 위에 파랑인가 하얀 원피스를 입은 어린 소녀가 길게 드러눕고, 가운데에는 너도밤나무 숲 가장자리, 땅바닥은 빨간 낙엽으로 덮이고, 그 땅바닥에 녹청색 줄기가 수직으로 서 있네.

머리칼은 내가 추측하건대—하얀 원피스의 보색을 맞추기 위해 필요한 조

---

[1] 《세 동방박사의 예배》와 연결지어 비판받은 이 그림은 고향으로 돌아간 밀레가 실제로 본 광경을 그린 것이었다.
[2] 퐁타벤에서 누이동생을 그린 《사랑의 숲 속의 마들렌》(1888. 여름).

합으로—옷이 희면 검은색, 옷이 파랑이면 오렌지 색이 어울린다고 생각하네. 어쨌든 나는 그렇게 생각했네. 이 얼마나 단순한 모티브인가! 아무것도 아닌 것에서 얼마나 아름다운 것을 만들어내는지 감탄했네!

고갱은 다른 모티브도 말해 주었네. 나무 세 그루밖에 없는 푸른 하늘에 대비되는 오렌지 색 나뭇잎의 효과네. 그것도 아주 뚜렷한 윤곽선이 순수한 반대색을 뚜렷이 분할하고 있는……정말 훌륭해!

그것을 이 《올리브 동산의 그리스도》 악몽과 비교하면 정말이지 슬퍼지네. 이 땅바닥에서 다시 한 번 소리높여 자네에게 부탁하고 싶네. 있는 힘껏 목청높여 소리치고 싶네. 그만 본디 자신으로 돌아가라고.

《십자가를 진 그리스도》는 끔찍하네. 이 그림 속의 색깔이 조화로운가? 틀에 박힌 구도—그래, 틀에 박힌!—는 차마 못봐줄 정도네.

고갱이 아를에 있을 때, 자네도 알다시피 추상화를 몇 번 따라 그린 적이 있네. 《라 베르쇠즈》며 노란 서재 안에서 검은 옷을 입은 《소설읽는 여인》 등. 그때는 추상화가 매력적인 길처럼 보였네. 하지만 이건 마법에 걸린 땅이라 곧 벽에 부딪쳐버리지.

탐구를 거듭하고 자연과 싸우는 용감한 생애를 거친 뒤에야 비로소 추상화를 그릴 수 있다고 말할 생각은 없네. 다만 나는 그런 것 때문에 머리를 쥐어짜고 싶지 않아. 일년내내 인상파니 이런저런 것들은 생각지 않고 자연에 발을 딛고 간신히 버텨왔을 뿐이지.

그럼에도 다시 한 번 너무나 거대한 별무리를 그리고 싶다는 욕망에 휘둘렸고—새로운 실패—도 많이 했네.

그래서 지금은 올리브 나무 사이에서 나뭇잎의 진녹색에 더해 노란 땅바닥과 대비되는 회색 하늘의 변화무쌍한 효과를 탐구하며 그림그리고 있지. 또 어떤 때는 노란 하늘과 대비되는 땅바닥과 나뭇잎이 모두 보랏빛이네. 거기에 붉은 황토색 땅바닥과 분홍과 초록이 섞인 하늘. 정말이지 이런 그림이 아까 말한 추상작품보다 훨씬 흥미롭지.

오래 편지하지 못한 건 병마와 싸우고 머리를 안정시켜야 해서, 토론을 그리벌이고 싶지 않았고 이런 추상에 위험을 느꼈기 때문이네. 편한 마음으로 그림

그리다 보면 아름다운 주제가 저절로 찾아오지. 무엇보다도 중요한 건 미리 생각한 계획 없이, 파리풍의 선입견도 버리고, 현실 속에서 자신을 다시 단련시키는 것이네.

올해는 아주 불만족스럽네. 하지만 이것이 내년을 위한 튼튼한 기초가 되어 주겠지. 나는 작은 산들의, 그리고 과수원 공기를 마음껏 들이마셔왔네. 앞으로 어떻게 될지는 언젠가 알게 되겠지. 내 야심은 대지의 조그만 흙덩이, 싹을 틔운 보리, 올리브 과수원, 사이프러스 나무 등에 한정되어 있네—예를 들면 이 마지막 주제를 그리기란 여간 어려운 일이 아니네.

르네상스 전을 좋아하고 그들을 연구하는 자네가 지오토를 모르는 건 무슨 이유인지 듣고 싶네. 고갱과 나는 몽펠리에서 어느 훌륭한 성녀의 죽음을 그린 지오토의 작은 제단화를 보았다네.

그 그림의 고통과 망아(忘我)의 표현은 참으로 인간적이며 이것이 바로 19세기를 살면서—마치 그 자리에 있는 듯한 착각을 불러일으키는—그토록 강한 감동을 공유한다는 느낌을 주네.

자네 그림 그 자체를 보면, 그래도 색채는 나를 감동시킬지도 모르네. 하지만 면밀하게 연구해 그렸다는 그 초상화가 더 좋을 것이고, 자네가 본디 자신이 되었을 때 그릴 작품일 것이네.

지금 내 눈 앞에 있는 그림을 묘사해 보겠네. 내가 있는 요양소 정원을 그렸는데, 오른쪽에 회색 테라스와 병원의 벽면이 보이지. 꽃핀 장미덤불이 몇 개 있고, 왼쪽에는 정원 땅바닥—붉은 황토색—햇볕에 탄 땅바닥은 떨어진 솔잎으로 뒤덮였네. 정원 가장자리에는 줄기도 가지도 모두 붉은 황토색인 커다란 소나무가 몇 그루 심어져 있고, 초록색 잎이 검정색과 섞여 음울한 분위기를 자아내네. 이 높다란 나무는 노란 땅에, 보라색 줄무늬가 들어간 저녁하늘에 뚜렷이 도드라져 보이네. 하늘의 노랑은 높아질수록 분홍으로 바뀌고, 초록으로 바뀌네. 담장—이 또한 붉은 황토색—이 시야를 가로막는데, 담장 너머로 보이는 것은 보라색과 황토색 언덕뿐이네.

바로 앞의 거대한 아름드리나무는 벼락을 맞아 도끼로 잘렸지. 하지만 곁가지 하나가 하늘 높이 뻗었고, 암녹색 잔가지가 폭포처럼 늘어져 있네. 이 음침한 거인—초췌하고 오만한 인간 같은—은 인간의 성격으로 치면 그 맞은편의 시들어가는 덤불에 마지막으로 남은 한 송이 장미의 힘없는 미소와 좋은 대조를 이루네. 나무 밑에는 아무도 없는 돌벤치 몇 개와 시커먼 회양목 덤불. 비온 뒤의 물웅덩이에 하늘이 노랗게 비쳐보이네. 한 줄기 햇빛, 마지막 빛이 어두운 황토색을 오렌지색으로 만들지. 검고 작은 사람그림자 몇 개가 나무줄기들 사이에서 여기저기 서성이고 있네.

자네도 알겠지만 이런 붉은 황토색, 회색으로 슬픔띤 초록, 윤곽을 형성하는 검은 선 등의 조합, 이것이 내 불행한 병원동료들도 가끔 시달리는 고뇌의 감각, 모두가 '검고 빨갛다'고 부르는 그 감각을 보여주네. 여기에 번개를 맞아 쪼개진 거대한 나무라는 모티브와 마지막 가을 꽃의 분홍과 초록의 병적인 미소가 더해져 이러한 상념을 고조시키지.

다른 그림은 어린 밀밭의 아침해를 표현했네. 멀어져가는 몇 개의 선, 이랑은 화면 위쪽으로 높아져가며 담장과 라일락 빛 언덕 쪽으로 향하네. 밭은 보라색과 옐로그린. 하얀 태양은 커다란 노랑 테로 둘러싸여 있네. 이 그림에서는 앞의 그림과 대조적으로 평온을, 커다란 평화를 표현하려고 노력했네.

이 2점의 그림, 특히 앞의 그림을 이야기한 이유는 고뇌하는 인상을 표현하고 싶으면 반드시 역사에 나오는 겟세마네 동산을 표현하지 않더라도 할 수 있다는 것, 그리고 마음을 위로해 주는 온화한 모티브를 표현하고 싶다고 꼭 산상수훈 인물을 그릴 필요는 없다는 것, 이것을 자네에게 상기시키기 위해서이네.

오, 물론 성서에 감동받는 건 현명하고 옳은 일이네. 하지만 현대의 현실은 우리를 너무 옭아매고 있어서, 아무리 우리가 고심하며 고대의 날들을 추상적으로 재건하려고 해봤자 우리의 자질구레한 일상이 지금 이 순간에도 그런 명상으로부터 우리를 획 잡아끌지. 또 우리 자신의 뜻밖의 사건이 억지로 우리를 기쁨, 걱정, 고통, 분노, 또는 미소 등의 개인적인 감정으로 도로 끌고 오네.

성서! 성서! 밀레는 어릴 때부터 그 안에서 교육받고, 오직 그 책밖에 읽지 않았네. 그래도 그는 결코, 또는 거의라고 해도 좋을 정도로 성서를 바탕으로 한 그림을 그리지 않았네. 코로는《올리브 동산》을 그렸지. 그리스도와 새벽 샛별을 배치한 숭고한 그림이네. 그의 작품에서는 호메로스, 아이스킬로스, 소포클레스가 느껴지고, 때로는 복음서도 느낄 수 있네. 하지만 얼마나 소극적이고, 우리 모두에게 공통되는 현실미 있는 현대감각이 늘 우위를 차지하는지!

자네는 말하겠지. 들라크루아는 어떠냐고──그래, 들라크루아가 있지. 하지만 자네는 사물을 그런 식으로 규정해 버리기 전에 전혀 다른 방식으로 더 연구름, 그래, 역사를 연구해야 하지 않을까? 그러니까 이건, 이 성서에서 나온 그림들은 실패란 말일세. 하지만 그렇게 착각하는 사람도 얼마 없지. 이건 잘못이네. 하지만 거기서 다시 돌아온다면 훌륭한 화가가 될 걸세. 나는 그렇게 생각하네.

사람들은 종종 실수를 통해 길을 발견하네. 자, 있는 그대로의 자네 동산을 그려서, 또는 뭐든 좋아하는 것을 그려서 그것을 설욕하게. 어쨌든 인물화에서 고상함이나 고귀함을 찾는 것은 좋네. 또 그 습작들에는 노력의 흔적이 보이네. 그러니 시간낭비는 아니었던 거지. 화면을 이렇게 공들인 커다란 면으로 분할하거나 대조를 이루는 선과 형태를 발견할 수 있다는 것, 이것이 바로 기법이고 요리비법이라고 해도 좋을 것이네. 이건 자네가 자기 직업의 비밀을 찾고 있다는 증거네. 그건 그것대로 좋지.

그림그리는 일이 아무리 미워도, 우리가 살아가는 시대에서 그것이 얼마쯤 어렵더라도, 이 직업을 선택하여 열심히 종사한다면 그는 의무감이 강하고 뚝심있고 성실한 사람이 될 걸세.

사회는 때로 우리의 삶을 몹시 괴롭게 만드네. 우리의 무력감과 그림의 불완전함 또한 거기서 나오지. 고갱도 그 때문에 무척 괴로워했고, 가능성이 내재되어 있으면서도 발휘하지 못하고 있는 거라네.

나는 모델을 구하지 못해 걱정이네. 그 대신 이곳에는 아름다운 풍경이 있지. 최근에 올리브 나무를 30호로 5점 그렸네. 내가 이곳에 더 머문다면, 그건 내 건강이 많이 회복되었다는 뜻이네. 내가 그리는 것은 딱딱하고 인정미없네. 하지만 그것은 얼마쯤 힘든 작업으로 자신을 단련시키기 위해서이네. 추상화를 그려 자신이 유약해지는 것을 두려워하는 것이지.

작은 《추수하는 농부》, 누런 보리밭과 노란 태양을 그린 내 습작을 보았나? 잘 그리지는 못했네. 하지만 그 그림으로 나는 저 골칫거리였던 노란색 문제에 다시 도전한 것이네. 내가 말하는 건 현장에서 그린 두텁게 칠한 습작으로, 선영(線影)*1으로 그렸지만, 효과가 그리 약한 그림은 아니네. 나는 이것을 유황색으로 그리고 싶었지.

자네에게 할 말은 아직 많네. 오늘 이렇게 편지하는 것도 내 머리가 좀 맑

---

*1 미술 데생에서 간격을 좁힌 선을 나란히 긋거나 교차시켜 나타낸 그늘.

아졌기 때문인데, 이전에는 병이 다 낫기 전에 머리를 흥분시키게 되지나 않을까 걱정스러웠다네.

마음을 담은 악수를 보내네. 앙케탱과 다른 친구들을 만나면 안부전해주게.

빈센트

덧붙임 : 자네가 고갱과 함께 한 계절 보내는 것에 자네 아버지가 반대하는 것은 유감스러운 일이네. 건강상 이유로 자네의 병역이 1년 연기되었다는 편지를 고갱에게서 받았네.

이집트 가옥[*1] 묘사, 고맙네. 그 집이 초가지붕을 얹은 이곳 농가보다 큰지 작은지, 요컨대 인체와 비교한 규모가 무척 궁금했었지. 내가 알고 싶은 건 특히 그 색깔이었다네.

고흐가 테오에게 615
1889년 11월 끝무렵

사랑하는 테오

물감과 함께 털실로 짠 멋진 옷을 보내주어 무척 기쁘구나. 너는 어찌 이리도 친절하니. 좋은 작품을 그려 조금이라도 네 은혜에 보답하고 싶다고 생각해. 물감은 마침 필요할 때 받았어. 아를에서 들고 온 물감을 거의 다 사용한 참이었거든.

베르나르와 고갱에게 편지보내 우리에게 주어진 의무는 생각하는 것이며 꿈꾸는 게 아니라고 말했어. 그들이 꿈꾸는 그대로 그려낸 작품을 보고 놀랐다는 말도 덧붙였지. 주의깊게 생각해 보지도 않고 올리브 밭의 그리스도를 그린 것을 본 나는 매우 화가 났고, 그 때문에 이번 달에는 올리브 밭을 그렸단다. 물론 나는 성경 주제를 그리려 한 게 아냐. 이렇게 말하는 건 베르나르가 자신의 그림사진을 보내주었기 때문이란다. 그 그림은 공상이며 악몽 같은 것으로, 박식해 보이기도 했지. 르네상스 초기 작풍에 매우 몰두해 있음을 알 수 있는데, 솔직히 말하면 영국 라파엘 전파 사람들이 훨씬 낫더구나. 드 샤반느도 들라크루아도 그들보다는 건전했지.

[*1] 만국박람회장의 이집트 가옥.

그러므로 나는 무관심하지는 않았지만, 진보 대신 퇴폐적인 큰 충격을 받았어. 이런 기분을 떨쳐내기 위해, 날씨가 맑아 더욱 선명하고 아름다운 태양이 비추고는 있지만 차가운 며칠 동안 아침부터 밤까지 과수원을 30호 크기로 5점 그려냈지. 네가 가진 3점의 올리브 나무 습작까지 합해서 보면 내가 어려움에 맞서 열심히 작업했음을 잘 알 수 있을 거야.

올리브 나무는 네덜란드의 버드나무와 북쪽지방의 떨기나무처럼 많은 변화가 있어. 버드나무는 단조로워 보이지만, 그 토지에 성격을 부여해 멋을 더하지. 이곳에서는 올리브와 사이프러스가 네덜란드의 버드나무 같은 역할을 하고 있어.

내가 그린 것은 고갱과 베르나르의 추상적 그림에 비해 좀 딱딱하고 거친 사실주의적 그림이지만, 시골풍경의 기록이며 그 토지를 느끼게 한단다. 고갱과 베르나르가 사실적으로 그린 습작이 보고 싶구나. 베르나르는 초상화에 대해 말했는데, 그 그림이 내 마음에 더 들지도 모르겠어.

추운 곳에서 그림그리는 데 익숙해지고 싶구나. 아침에 하얀 서리와 안개가 끼어 무척 흥미로운 풍경이 되거든. 그리고 올리브 나무를 그려온 것처럼 산과 사이프러스 나무를 그릴 수 있도록 더욱 노력해야 해.

올리브와 사이프러스는 지금까지 거의 그리지 못했던 그림인데, 팔려면 당연히 영국으로 보내야겠지. 영국에서 어떤 작품을 원하는지는 충분히 잘 알고 있단다. 아무튼 꽤 좋은 그림들을 그릴 수 있다는 자신감이 때때로 생겨.

자연 속에서 부지런히 일하고, 이삭손에게도 말했듯 이것을 그리고 싶다거나 저것을 그리고 싶다고 말하지 않고 구두 만들듯 아무 예술적 배려 없이 작업해야 한다고 점점 믿어 의심치 않게 되었어. 늘 좋은 작품을 그려낼 수는 없더라도, 그런 신경을 쓰지 않을 때야말로 선배들이 이미 이루어낸 것에 버금가는 소재를 발견할 수 있지. 그리하여 초기 인상파*1와 전혀 다르게 자연을 관찰할 방법을 알게 될 거야.

그보다는 이렇게 말해야겠지——더 많은 그림을 그리고, 더 심혈을 기울여 완성해내고 싶다고. 힘든 시기에 일어나는 이런 여러 생각과 격렬하게 변하는 효과는 끝내 실행되지 못하고, 경험과 나날의 끈질긴 작업만이 길게 보아 더

---

*1 모네·드가·르누아르 등을 초기 인상파, 세잔·고갱·고흐를 후기 인상파로 본다.

욱 완전하고 정확하게 원숙함을 이루어주겠지. 따라서 길고 느린 작업만이 유일한 길이며, 좋은 작품을 만들어내려는 그 어떤 야심도 모두 허구야. 아침마다 작업에 매달려 실패하는 경우가 있지. 성공한다는 보장은 없어. 그림그리기 위해서는 안정되고 규칙적인 생활이 꼭 필요해. 그런데 지금 시대에, 특히 베르나르처럼 부모의 압박이 쉴새없이 죄어온다면 어떻게 될까? 그밖에도 그런 사람들은 엄청나게 많아.

　이제 유화는 그리지 않겠다고 선언한다면, 앞으로 어떻게 해야 좋을까? 손이 덜 가고 유화보다 비용이 덜 들며 오래 가는 물감제조법을 발견해야만 될 거야. 그림이란 그 끝에 이르면 설교처럼 평범하고 속된 것이 되고, 화가는 한 세기나 뒤떨어진 사람 같아. 하지만 실제로 그렇다면 안타깝겠지. 만일 화가들이 밀레처럼 인간의 가치를 좀더 잘 이해했다면, 그리고 레르미트와 롤처럼 그 가치를 파악했다면 이렇게 되지는 않았을 거야. 오래 남는 그림을 그리고 싶으면 농부보다 더 열심히, 아무 불평하지 말고 작업에 몰두해야 해.

　대규모 전람회를 개최하기보다 사람들을 감동시켜 저마다의 집에 도움되는 밀레 작품이며 그 복사본 같은 것들이라도 가질 수 있게 노력해야 되지.

　캔버스 천을 거의 다 사용했으니 네 형편 좋을 때 10m쯤 보내주면 좋겠구나. 그러면 사이프러스 나무와 산을 그릴 테니까. 이것이 프로방스 지방에서 완성하는 작품의 중심이 되리라 생각하는데, 만일 잘된다면 이것으로 이곳 생활을 끝마치려고 해. 결코 서두를 필요는 없어. 어차피 파리는 기분전환을 위한 곳일 뿐이니까.

　왜 그런지 모르지만——그리고 늘 염세적이지도 않은데——마음 속에서 늘 노란색과 장미색 책꽂이가 있는 서점을 그리고 싶다고 생각해. 밤이니 길을 오가는 사람들은 검겠지. 이건 매우 근대적인 그림소재야. 더구나 이것은 가정에 빛을 불러들이겠지. 그 그림을 올리브 정원과 밀밭과 씨뿌리기와 책이며 판화 사이에 두면 무척 좋은 소재가 될 거야. 어둠 속의 빛 같은 그림을 그리고 싶다고 늘 마음에 새기고 있어. 아름다운 파리를 볼 기회가 있다 해도, 서점은 산토끼처럼 도망가지 않으니 서두를 필요 없겠지. 나는 아직 1년 동안 이곳에서 그림그리려 결심했고, 그러는 편이 현명하다고 생각해.

　15일쯤 전부터 어머니는 레이던에 계실 거야. 어머니께 보낼 그림을 너에게 보내기 위해 좀 수고했는데, '20인회' 전시에 출품할 밀밭 그림과 함께 보낼게.

생 레미(1889년 5월~1890년 5월) 947

요한나에게 안부전해주렴. 건강하게 지내는 듯하니 감탄스럽구나. 물감과 털실로 짠 옷에 대해 고맙다는 인사를 다시 보낸다. 너희들을 생각하며 악수 보내마.

너의 빈센트

고흐가 테오에게 618
1889년 12월 첫무렵

사랑하는 테오

어제 습작을 넣은 소포를 3개 보냈어. 멀쩡한 상태로 도착해야 할 텐데. 캔버스 천을 10m 보내주어 참으로 고맙구나. 지금 막 받았어.

보낸 습작들 중에 어머니와 누이동생에게 보내는 것들이 있어. 《올리브 나무》《침실》《추수하는 농부》《경작지와 쟁기》《사이프러스 나무와 보리밭》《꽃 핀 과수원》《초상화》 등이야. 그밖에는 대부분 가을날의 습작들이고, 짙은 하늘의 푸르름과 대비되는 노란 뽕나무를 그린 게 가장 훌륭해. 그리고 공원과 집을 그린, 서로 다른 효과를 내는 2점의 습작이 들어 있단다.

30호 습작들은 모두 아직 마르지 않았으니 나중에 보낼게. 그 그림들은 나를 무척 괴롭혔어. 완성된 작품이 때로는 졸작으로 여겨지고 때로는 훌륭하게도 보이더구나. 너도 그걸 보며 같은 인상을 받을 거야. 한 다스쯤 있으니 이번에 보낸 것만큼 중요해.

극심한 추위에도 밖에서 작업하는데, 나를 위해서도 그림을 위해서도 좋은 결과를 안겨주리라 생각해. 내가 그린 마지막 작업은 마을풍경이야. 거대한 플라타너스 나무 아래에서 보도를 수리하고 있지. 수북이 쌓인 모래와 돌, 두툼한 줄기에 노래진 잎들 사이로 여기저기 출입문이며 작은 인물들이 보여.

너와 요한나를 자주 생각해—여기서 파리까지는 너무 멀고 몇 해 동안이나 너를 만나지 못하고 있으니. 너희는 건강하게 잘 지내니? 나에 대해 불만 없어? 아주 정상적이지만 앞날에 대해서는 아무 생각 없고 어떻게 될지도 모르겠구나. 도무지 어쩔 도리가 없음을 느끼므로 그 문제에 깊이 파고들기를 피하고 있는지도 몰라.

《가래로 흙을 뒤엎는 사람들》 모사를 거의 끝냈어. 큰 습작에는 이제 물감을 두텁게 바르지 않아. 휘발유로 담채처럼 밑그림을 그리거나 아니면 색으로 선묘를 구사하고 그 사이는 비워놓지. 이 방법은 공간을 확보하고 물감을 절약할 수도 있어.

서두르지 않으면 오늘 부치지 못할지도 모르겠구나. 마음을 가득 담아 악수 보낼게, 요한나에게도 안부전해줘.

빈센트

고흐가 테오에게 621
1889년 12월 중간무렵

사랑하는 테오

어제 사르 목사가 갑자기 찾아와주어 기뻤단다. 그는 분명 네 편지를 받고 왔을 거라고 생각했지. 그때 몸상태가 좋아서 차분히 이야기나눌 수 있었어. 내 일로 폐를 끼쳐 어찌할 바를 몰랐지. 이 일로 내 정신에 잠시 활기를 되찾을 수 있었다고 느끼니 더욱 그래.

얼마 동안 이곳에 더 머무는 게 좋을 것 같아. 페이롱 원장이 뭐라고 할지──그를 만나 이야기할 기회가 있어. 분명 아무것도 확신할 수는 없다고 말할 테지만, 그게 맞지 않을까?

오늘 그림 몇 점을 보낼게.

배경에 산이 보이는 《경작된 밭》……올여름에 그린 《추수하는 농부》와 같은 밭으로, 그것과 짝을 이루어 서로 다른 점을 돋보이게 해주리라 생각해. 《계곡》……미스트랄이 부는 날 그린 습작이야……나는 큰 돌로 이젤을 단단히 고정했지. 아직 마르지 않았지만, 데생이 탄탄하고 열정이 듬뿍 담겼으며, 색채적이기도 해. 그 그림은 산의 다른 습작으로, 앞풍경의 길과 검은 오두막집이 있는 여름풍경과 잘 어울릴 것 같아.

《올리브 따는 여인들》──이 그림은 어머니와 누이동생에게 보냈어. 좀더 공들인 그림을 그려보고 싶어서.

그밖에 널 위해 그린 복사본 1점과 자연에서 직접 사생──더욱 색채적이고 엄격한 스타일──한 그림이 있어.

《밭고랑》──아직 덜 익은 보리밭으로, 안쪽에 라일락 빛 산과 노란빛을 띤 하늘이 있지.

《올리브 밭》──해질녘 오렌지 색 하늘과 초록. 이 그림은 인물이 있어 달라

보인단다.

《올리브 밭》──중간 색 효과

《올리브 밭》

《큰 플라타너스》──생 레미의 번화가 또는 가로수길. 직접 사생한 그림. 그리고 복사본이 1점 또 있어. 어쩌면 그게 더 잘 다듬어졌는지도 몰라.

밀레 그림 모사──《땅을 갈아엎는 사람들》

밀레 그림 모사──《낮잠》

아직 《비》는 잊고 있어.

캔버스 틀에 메워 흰 액자에 넣기 전에는 보지말아줘. 다시 말해 다른 그림의 캔버스 틀을 떼어내 이번 그림을 하나하나 메우면──만일 너에게 그럴 마음이 있다면──효과를 알게 될 거야. 색채를 돋보이게 하고 전체를 파악하려면 흰 액자가 좋아. 그 《비》와 《회색 올리브 밭》도 액자가 없으면 볼품없지. '20인회' 전시에 출품한 그림이 내 손을 떠났으니 그 빈자리를 이것으로 메우려고 해. 다른 그림을 캔버스 틀에서 떼어내고 이번 그림을 새로 메우도록 탕기 영감에게 부탁해보렴.

지난번 편지에서 너는 위고의 데생 이야기를 했는데, 이번에 쉴레의 프랑스사──삽화있는──1권을 읽었단다. 그 속에 비에르주가 그린 훌륭한 데생이 있었어. 위고와 꼭 닮아 깜짝 놀랐지. 너도 알고 있니?

로제 씨를 만난다면 그것을 아는지 물어보렴. 에르비에의 재능을 닮았지만 인물이 더욱 잘 다듬어졌고, 표현이 극적이더구나──멘젤이 그린 《프리드리히 대왕》 그림과 비슷해.

참 신기해. 비에르주도 샤랑통의 정신병원에 들어갔다고 생각했는데 이런 그림을 그리고 있었다니. 〈일러스트레이션〉 잡지에 실린 그의 멋진 목판화를 이전에 보쉬가 분명 가지고 있었어. 남녀 군중을 다룬──그의 해수욕 그림은──도레 풍 데생이었지. 또 언젠가 〈일러스트레이션〉 잡지에 같은 소재의 삽화가 실린 적 있었단다. 비에르주는 확실히 도미에 같은 생기있는 끈질긴 기법을 지녔어.

요한나도 너도 건강하리라 생각해. 내 걱정은 더 이상 하지 마.

가능하면──그림을 받는 대로──되도록 빨리 편지주렴.

너와 네 아내를 떠올리며 굳은 악수를 보낸다.

빈센트

사랑하는 테오

마지막 편지 고맙구나. 누이동생 빌레미나의 건강상태가 좋아져서 네가 말한 정도는 아니었기를 바란다.

지금 받은 캔버스 천과 물감을 보내줘서 진심으로 고마워. 날씨가 좋아져 밖에서 작업할 때 그리고 싶은 주제가 머릿속에 가득 들어 있단다.

밀레 작품 모사《낮잠》에 대해 네가 이야기해 줘서 무척 기뻤어. 밀레 작품 모사는 깊이 생각할수록 더욱 이치에 맞는다고 여겨져. 밀레는 유화를 그릴 기회가 적었으니, 그의 데생과 목판을 유화로 모사하면 단순한 모사라고 할 수 없지.

마치 다른 나라 말로 번역하는 것이나 마찬가지야──명암으로 나타낸 흑백그림을──색채로 표현하는 것이니까. 라비에유의 목판을 바탕으로 다른 3점의《하루의 변화》를 막 마무리한 참이야. 긴 시간과 엄청난 노력이 들었지. 게다가 올 여름에는《밭일》을 이미 그렸단다.

분명 언젠가──너에게도 이 모사 그림을 보여줄 수 있겠지?──모사하면서 그린 그림보다 이것이 더 잘 그려져서 보내지 않았는데, 이번《하루의 변화》는 무척 도움되었어. 어쩌면 앞으로 석판화를 만들게 될지도 몰라.

로제 씨가 뭐라고 말할지 궁금하구나.

마지막 3점이 다 마를 때까지 아직 한 달은 걸릴 것 같은데, 너에게 도착하면 밀레에 대한 깊은 존경의 뜻과 성의를 담아 그렸다는 게 이해될 거야. 언젠가 이 그림을 평가받을 때가 오면 모사로 경멸당할지도 모르지만, 밀레 작품을 일반대중들이 친숙하게 받아들일 수 있도록 하는 데 한몫 했다는 것에는 변함없을 거야.

앞으로 우리가 어떻게 해나가면 좋을지 다시 이야기나누고 싶구나──결국은 지출을 줄여야겠지. 예전에 몽트베르뉴 요양원 간부였던 남자 말에 의하면──고용인은 하루 수당 22수를 받고, 환자는 시설에서 의복까지 지급받는다더구나. 요양원 소유 땅에서 일을 시키며 대장간, 목공소 등도 있대. 일단 친숙해지면 유화를 그리는 것도 막지 않을 거야. 우선 부담이 줄고, 또 하나는 무언가 쓸모있는 사람이 된다는 거야. 마음먹기에 따라 불행해지지도 그리 슬플 일도 없을 거야. 몽트베르뉘가 아니더라도 네덜란드로 돌아가면 그림그릴 수 있고, 돈도 많이 들지 않아. 어딘가 이용할 만한 요양원이 있겠지. 몽트베르뉘에서는 외국인 환자 치료비가 더 비쌀지도 모르고, 특히 입원절차가 까다로우니 피하는 게 좋아.

필요하다면 더 간소하게 지내는 방법으로 절약할 의지가 있음을 너에게 전하는 것만으로도 마음편해지는구나. 지금으로서는 비용이 너무 많이 들고 유화 말고는 지출을 줄일 방법이 없으니, 파리로 가서 거기에서 시골로 들어가면 값비싼 그림을 그리게 될 거야.

언젠가 코르 숙부를 만나면 내가 가장 좋은 방법을 열심히 찾고 있으며 내쪽에서 좋고 싫고는 말하지 않겠다고 똑똑히 말씀드려주렴.

오늘 아침에 페이롱 원장을 만났단다. 자유롭게 지내며 기분을 달래고, 우울한 기분에 되도록 저항하지 말라고 조언하더구나. 나도 유쾌하게 지내려고 해. 조용히 생각하는 일은 좋은 조짐이고 의무이기도 하지. 너도 알다시피, 환자가 밭일하는 요양원에서는 유화와 데생 소재를 얼마든지 찾을 수 있고, 난 조금도 불행하지 않아. 생각할 여유 있을 때 생각해 두어야만 해.

만일 내가 파리로 간다면 처음에는 다시 그리스 석고 데생만 그릴 작정이야. 아직 더 많이 공부해야 하거든.

지금은 기분이 상쾌하여 언제나 이랬으면 하는 바람이야. 북쪽으로 돌아가면 훨씬 기분전환이 될 듯해.

잊지 말아야 할 것은, 망가진 물주전자는 이미 망가졌으니 어떤 경우에도 내게는 자기주장을 내세울 권리가 없다는 거야.

고국 네덜란드에서는 조금이나마 유화에 관심을 가지고 요양원에서 그림 그리는 걸 방해하지 않을 거야. 유화 말고도 다른 그림을 그릴 수 있다면 좋을 테고, 경비도 덜 들겠지. 너도 나도 대도시 생활에는 전혀 관심 없었던 게 아닐까? 때로는 아무 하는 일 없이 지내기에는 너무 건강한 게 아닌가 싶어 견딜 수 없어. 그리고 파리에서는 좋은 그림을 그릴 수 있을 것 같지 않아 걱정이야.

코르 숙부가 2월 무렵 네가 애타게 기다리는 아기를 보러 잠깐 들를 게 틀림없으니 그때 확실한 방법을 생각하기로 하자.

유화로 조금이나마 돈벌 수 있으면 좋을 텐데. 내 지출이 그 수입을 넘지 않아야 하고, 조금씩이라도 지출한 돈을 되찾고 싶어.

화제를 바꿔보자. 선량한 이탈리아 인들처럼 남 프랑스를 볼 수 없어. 그보다는 북쪽지방 사람들 눈으로 바라보고 싶단다.

나를 믿어주겠니? 이제 이전처럼 건강에 신경쓰지 않고는 살아갈 수 없게 되었어. 그런 일이 한 번은 있었을지라도, 봄 같은 때 두 번 다시 되풀이하고 싶지 않아. 만일 그런 일이 또 일어난다면 그때야말로 끝이지.

오늘 페이롱 원장에게서 10프랑 받아왔어. 이번에 아를로 갔을 때 가구 맡겨둔 집의 석 달치 월세를 내야 했지. 가구는 분명, 내가 아니더라도 시골에 자리잡으려는 다른 화가들에게 도움될 거야.

만일 이곳을 떠난다면 브르타뉴에 머무는 고갱에게 보내는 게 너에게 보내는 것보다 낫지 않겠니? 그것도 서둘러 정해두는 게 좋겠구나. 누군가에게 이 낡고 무거운 옷장 2개를 판다면 다음 방값, 또 경우에 따라서는 포장비가 들지도 몰라. 살 때는 30프랑쯤 들었는데.

고갱과 드 한에게 편지써서 브르타뉴에 머무를 생각인지, 가구를 보내주기 바라는지, 그리고 내가 가도 되는지 물어보고 싶어. 아무것도 약속할 수 없지만 여기에는 아마 없을 거라고 말해둬야겠지.

이번 주는 밀레의 《눈덮인 밭》과 《걸음마》를 전에 그린 것과 같은 크기로 모사해 보고 싶어. 6점이 한 쌍이니 아주 열심히 그린 셈이지. 《하루의 변화》 마지막 3장은 색채에 심혈을 기울였어.

요즘은 대중을 위한 게 아니라고 의식하는 사람이 너무 많아. 그렇다면 대체 누가 다른 사람이 그린 그림을 지지하고 인정한다는 거지? 이를테면 책을 번역하는 사람, 목판화가, 석판화가, 베르니에며 룰라 같은 인물이 많지 않아.

한 마디로 모사에 망설임이 없다고 말하기 위해서였는데, 여행할 여유가 생긴다면 지오토 작품을 모사하고 싶어. 지오토는 고전파답지 않고, 그 작품 특성이 초기의 다른 사람들과 전혀 다르며, 들라크루아처럼 근대적이지. 지금까지 많은 작품을 보지 못했지만 적어도 나를 북돋아주는 예술가란다.

내가 유화로 그리고 싶은 것 중에 도미에의 《술마시는 사람들》과 루가메이의 《도형수(徒刑囚)》가 있어. 목판화를 살펴보면 찾을 수 있을 거야.

지금은 밀레 작품에 매달려 있어. 그릴 소재에는 모자람이 없다고 말하고 싶어서야. 절반쯤 감금되어 있더라도 이 일로 얼마 동안 바쁘게 지낼 것 같구나.

인상파 사람들이 색채를 발견한 것처럼 나아가 그 이상의 일이 일어날 거야. 하지만 과거 결속과의 관계를 많은 사람이 잊고 있고, 인상파와 다른 파 사이에 엄밀한 구별이 없음을 어떻게든 입증하고 싶구나. 지금 세기에 밀레, 들라크루아, 메소니에 같은 훌륭한 화가가 수없이 배출된 것은 참으로 행운이라고 생각해. 다른 화가에 비해 우리는 메소니에를 그리 좋아하지 않지만 《독서하는 사람들》《휴식》및 그밖의 많은 작품들에는 무언가가 있어, 분명. 그리고 그의 가장 뛰어난 면을 보려 하지 않아. 왜냐하면 우리는 전원풍경처럼 전쟁화를 좋아하지 않기 때문이지.

그래도 공평한 관점에서 보면 메소니에가 그린 작품을 앞지를 수도 새롭게 고칠 수도 없어.

한 번 더 빌레미나가 건강을 되찾기 바라며. 모두에게 안부전해주렴.

빈센트

덧붙임 : [이 덧붙임의 처음 부분은 없어졌다]

……작품을 과장하고 있어. 유화를 전혀 모르는 부모라도 다른 이들과 달리 아이들을 사랑할 수 없게 되는 일도 있을 테고——물론 엄청난 오해임이 틀림없어——만일 그들이 유화를 이해한다면 돈과 군인으로 성립된 이런 사회를 그리 비난하지 않는 게 좋아. 그래서 그가 병역에 임하는 것은 본인에게 그리 불행한 일이 아니며, 불운을 제대로 극복하지 못했다고 고백한 게 되지. 비농은 어떻게 되었을까. 미래에 대해 자부심을 가지거나 큰 희망을 품을 만큼은 아니라고 생각해.

두려운 현실을 있는 그대로 받아들이자. 만일 내가 유화를 포기해야 한다면 반드시 그렇게 하겠지. 어쨌든 2년 전보다 건강이 좋아지면 한 번 더 무언가 일을 찾아보고 싶어. 2년 전에 자주 말했듯, 만일 네가 쇠라처럼 좀더 차분한 성격이었다면 어떻게든 저항할 수 있었을지도 모르겠구나.

[이 뒷면에 영국 시가 씌어 있다. '고흐가 직접 썼으며' 누이동생 앞으로 보낸 편지글에 인용되어 있다.]

사랑하는 테오

오늘 너의 기쁜 소식을 들었어. 드디어 아버지가 되었으며, 요한나에게 가장 위험한 순간도 지나갔고 남자아기도 건강하다는 것. 얼마나 다행인지, 얼마나 기쁜지 말로 표현할 수 없을 정도야. 브라보!——어머니가 얼마나 기뻐하실까! 어머니는 엊그제 아주 길고 푸근한 편지를 보내주셨어.

오랫동안 그토록 고대하던 일이 드디어 실현된 거야. 요 며칠 동안 수없이 너희 생각을 했지. 요한나가 그 전날 밤 친절하게도 나에게 편지를 주다니 무척 감동했어. 위험한 가운데 그렇듯 용기있고 침착할 수 있다니, 나는 엄청 감동했단다. 그것이 큰 위로가 되어 요 며칠 동안의 투병마저 잊을 수 있었지. 그때 나는 내가 어떤 상태인지도 모를 만큼 머리가 혼란스러웠거든.*1

네가 보내 준 내 그림을 감상한 논문*2을 보고 정말 놀랐어. 말할 것도 없이, 난 그런 식으로 그리지 않아. 오히려 거기에서는 내가 어떻게 그려야 할지를 볼 수 있었고, 나는 앞으로도 그렇게 생각하고 싶어. 그 논문은 보충해야 할 결함을 꼬집었다는 의미에서 옳기 때문이야. 결국 그 필자는 나 한 사람뿐만 아니라 다른 인상파 화가들에게도 지침을 주기 위해, 돌파구를 찾아주기 위해 그 논문을 쓴 거라고 생각해. 그러니 그는 나뿐 아니라 다른 사람들에게도 똑같이 이상적인 집단의 나를 제시한 거야.

그가 나에게 말하는 건 단순히, 아주 불완전한 내 그림에도, 이렇게 말해도 좋다면 이런저런 장점이 있다는 것이지. 그 점에서 위로받는 부분도 있어 고맙게 생각하며, 감사하고 싶어. 다만——이건 알아두어야 하는데——그런 그림을 그려야 하는 의무는 나에게 너무 무겁고, 기사가 나에게 집중되어 내가 그의 장단에 놀아나고 있는 것 같은 생각이 들어.

이 기사는 내가 보기에 과장되어 있어. 너에 대해 쓴 이삭손의 기사, 거기에

---

*1 첫 뇌전증 발작이 있은 지 꼭 1년 뒤인 1889년 12월23일 무렵 일어난 발작은 일주일 만에 사라졌다. 이듬해 1월20일 무렵, 아를의 지누 부부를 방문한 이틀 뒤에 갑자기 뇌전증 발작이 일어나 역시 일주일 만에 회복했다.

*2 1890년 1월호 〈메르퀴르 드 프랑스〉에 실린 알베르 오리에의 《Les Isolés》라는 제목의 반 고흐에 관한 논문.

도 현재 예술가들은 서로 논의하기를 그만두었으며, 진지한 운동은 불바르 몽마르트의 이 작은 그림가게에서 조용히 행해지고 있다고 씌어 있었는데, 그것과 비슷해.

다른 방식으로 자신의 생각을 표현하기가 어렵다는 건 나도 잘 알아——본 것을 그대로 그릴 수 없는 것과 마찬가지지. 그러니까 이건 이삭손의, 또는 어느 한 비평가의 과감함을 비판하기 위해 말하는 게 아니야. 다만 우리는 잠시나마 모델로 포즈를 취하는 거나 마찬가지며, 다른 일과 마찬가지로 서 있는 게 의무라는 거야. 그러니 비록 너나 나에게 명성이 갑자기 날아든다 해도 냉정함을 유지하도록 노력하고, 되도록 태연히 행동하는 게 중요해.

그는 내 해바라기에 대해 이야기하면서 왜 코스트의 아름답고 완벽한 접시꽃이며 그의 노랑창포꽃, 자넹의 멋진 작약은 말하지 않는 걸까? 나도 너도 예측할 수 있지만, 칭찬받으면 그 반대의 면도 갖게 돼. 상패의 뒷면을 말이지. 하지만 나는 그 논문에 진심으로 감사해. 그 잡지 속 노래가사처럼 '가슴이 두근두근'이랄까. 사실 인간에게 상패가 필요하듯, 그런 기사도 필요하지. 게다가 그런 논문은 평론예술작품으로서 특유의 가치를 지니고, 그런 것으로서 존중되어야 한다고 봐. 모름지기 문필가라면 어조를 고조키거나 자신의 결론을 종합해야 하지.

하지만 너의 어린 가족은 처음부터 너무 예술적 환경에 놓이지 않도록 조심할 필요가 있어. 구필 노인은 파리라는 가시덤불 속에서 가정을 잘 이끌어왔지. 너는 앞으로 그를 종종 떠올리게 될 거라고 생각해. 환경도 많이 바뀌었어. 요즘 같은 세상에 그 같은 차가운 거만함은 불쾌하겠지만, 수많은 난국을 헤쳐나가는 그의 힘, 그것은 대단했지.

고갱이 막연하지만, 자기 이름으로 그와 드 한과 나의 아틀리에를 마련하자고 제안해 왔어. 하지만 그는 먼저 통킹에 가려는 계획을 끝까지 밀어붙일 거라고 말했지. 어떤 동기에서인지는 잘 모르지만, 그림을 계속 그리려는 열기가 상당히 식은 것 같아 보여.

분명 그는 통킹으로 도피할 만한 사람이고, 발전하려는 욕구를 가졌고, 예술가의 삶은——마땅히——찢어지게 가난하다고 생각해. 그토록 여행경험이 많은 사람한테 이제 와서 무슨 말을 할 수 있겠어?

그러니 그가 우리에게 그리 의지하지 않고——실제로 그렇지 않지만——앞으로 다만 친구라고 생각해주면 좋겠어. 그는 아주 신중하게 썼지만, 지난해보다 상황이 더 심각해. 나는 고갱을 조금이라도 생각해 달라는 뜻에서 다시 러셀에게 몇 자 적었어. 러셀이 성실하고 유능하다는 걸 알기 때문이야. 그리고 만일 내가 고갱과 다시 함께하게 된다면 우리한테는 러셀이 필요하지. 고갱과 러셀은 근본이 시골사람이야. 촌스러움과는 달라. 멀리 떨어진 시골의 평화로움 같은 것을 아마 너나 나보다 훨씬 많이 갖고 태어났을 거야. 나는 두 사람을 그렇게 보고 있어.

사실 그렇게 보기 위해서는 때로 그렇게 믿을 필요가 있지. 내 경우 밀레의 몇 페이지를 번역——그렇게 부르도록 하자——하려니, 사람들이 나를 비판하는 건 아무렇지 않지만 모사작품 제조를 구실로 나를 괴롭히고 방해하지 못하도록 하기 위해, 또 이 일을 성공적으로 해내어 진지한 작품으로 만들기 위해 예술가 중에서 특히 러셀이나 고갱 같은 사람들이 필요해.

네가 보내준 밀레 작품은 내 취향에 맞춰 아주 꼼꼼히 고른 느낌이 드는데, 그런 그림을 번역하려니 양심의 가책이 느껴져. 그래서 사진을 잔뜩 찍어 주저 없이 러셀에게 보냈지. 그것들을 보고 깊이 생각해 주기를 바라면서.

네가 곧 받게 될 작품에 대해 먼저 네 의견을 듣고, 또 다른 사람들 의견도 들은 다음이 아니면 하고 싶지 않아.

그렇지 않으면 이것은 표절이 아닐까 하는 자격지심, 양심의 가책을 느끼게 될 거야. 지금 당장이 아닌 몇 달쯤 지난 뒤의 그 유용성에 대해 솔직한 러셀의 의견을 듣고 싶어. 그라면 감정을 드러내고 화내며 진실을 말할 거야. 바로 그런 일이 나에게는 가끔 필요해. 게다가 '성모'가 너무나 눈부셔서 나는 감히 오래 바라보지 못했어. 그것은 바로 '아직 멀었다'는 뜻이라고 느꼈어. 지금 병 때문에 몹시 과민해져 있어, 특히 그런 걸작은 당분간 '번역'을 계속할 수 없을 것 같아.

생각만큼 잘 그려지지 않은 미완성의 《씨뿌리는 사람》은 '그리다 포기'했어!

투병 중에도 그림은 계속 그리려 줄곧 생각해 왔고, 그 그림은 나도 차분하게 그렸지. 완성된 5, 6점의 그림을 보낼 테니 곧 너도 알게 될 거야.

나는 로제 씨[1]가 오리라 기대하고 있어. 꼭 만나고 싶구나. 이거야말로 프

---

[1] Auguste Lauzet. 남 프랑스 출신으로, 몽티셀리 작품 석판을 복제했다. 빈센트의 그림에 공감했지만, 생 레미에는 들르지 않았다.

로방스라고 말했던 때의 그의 의견을 나는 믿어. 그때 그는 어려움을 언급하며, 또 다른 사람과 마찬가지로, 이제까지 그린 그림보다 앞으로 그릴 그림을 시사했지──사이프러스 나무가 있는 풍경! 오, 이건 여간 어렵지 않을 거야. 오리에 씨가 검정도 색깔이라고 말하면서 사이프러스 나무의 불꽃 같은 모습을 이야기했을 때 그것을 느꼈지. 나도 그것을 곰곰이 생각하지만, 적극적이지는 않아. 신중한 이삭손처럼, 우리가 거기까지의 느낌은 아직 없다는 걸 말해두겠어.

아름다운 것을 그리기 위해 우리에게는 없는 영감, 높은 곳에서 비추는 광명이 얼마쯤 필요해. 나는 그 해바라기 그림들을 완성했을 때, 그에 어울리는 대등한 것을 찾았어. 그것은 사이프러스 나무다, 라고 나는 말했지.

이쯤하자──나는 여전히 병을 앓고 있는 어떤 여자친구가 좀 걱정스럽고, 찾아가보고 싶어. 내가 노랑과 검정으로 초상화를 그렸던 여성인데, 그녀는 전혀 몰라보게 변했지. 신경성 발작에 조기 갱년기 장애합병증으로 무척 고통받나봐. 요전에는 늙은 할아버지처럼 보였단다. 나는 보름 뒤 다시 찾아가겠다고 약속했지만, 정작 내 병이 재발하고 말았지.

아무튼 나에 대해 네가 좋은 소식을 알려주었고, 이 평론과 그밖의 다른 것들 덕분에 오늘은 정말 기분 좋아.

사르 목사가 너와 만나지 못했다니 정말 유감이야. 다시 한 번 빌레미나의 친절한 편지에 감사해. 오늘 답장쓰고 싶었지만, 며칠 더 미뤄야겠어. 어머니가 암스테르담에서 다시 긴 편지를 보내오셨다고 빌레미나에게 전해줘. 어머니도 얼마나 기쁘실까! 빌도 그렇겠지.

그만 편지를 마치겠지만, 마음 속에서는 너와 함께 있는 느낌이야. 요한나가 우리 모두에게 언제까지나 지금과 같은 요한나로 있기를!

그런데 아기에게 왜 우리 아버지를 기념하며 테오라는 이름을 붙이지 않는 거니? 그러면 나로서는 무척 기쁠 텐데. 악수를.

너의 빈센트

덧붙임 : 오리에 씨를 만나면, 그의 평론에 진심으로 감사한다고 전해줘. 물론 그에게 편지썼으니, 그것과 습작 1점을 너에게 보낼게.

친애하는 오리에 씨

메르퀴르 드 프랑스에 실린 당신의 평론에 진심으로 감사드립니다. 그것을 보고 정말 놀랐습니다. 그 자체로 예술작품이며, 무척 마음에 듭니다.

당신은 말로 채색하는 사람 같습니다. 당신의 기사 안에서 저는 제 그림과 다시 만났으며, 실제 작품 이상으로 더 풍부하고 의미심장합니다. 당신 글은 저보다 다른 사람들에게 더 어울리는 게 아닌가, 생각하면 불안한 마음이 듭니다. 특히 그 예로 몽티셀리가 있습니다.

'내가 아는 한 이만한 강도와 금속적, 보석적 특질로 사물의 색조를 지각하는 화가는 반 고흐 그 사람뿐이다'라고 쓰셨는데, 부디 제 동생을 찾아가 몽티셀리의 꽃다발 그림*¹——흰색, 물망초 빛깔 파란색, 오렌지 색 꽃다발——을 보면 제 말뜻을 이해하실 겁니다. 하지만 몽티셀리의 감탄할 만한 걸작은 오래 전 스코틀랜드며 잉글랜드로 갔지요. 북 프랑스 어느 미술관——릴 미술관인 듯한——거기에 아직 그의 훌륭한 1점, 와토의 《시테로의 출발》과는 다른 식으로 풍부하면서도 분명 그에 뒤처지지 않는 프랑스적인 그림이 있습니다. 현재 로제 씨는 몽티셀리의 작품을 30점쯤 복제했습니다.

제가 아는 한, 들라크루아의 흐름을 이렇듯 제대로 받아들인 채색의 달인은 없습니다. 다만 제 의견으로는 몽티셀리는 들라크루아의 색채이론을 간접적으로 계승했을 뿐이지요. 즉 그는 그것을 디아즈와 지엠으로부터 물려받았습니다.

몽티셀리의 그 예술가적 기질——그것은 《데카메론》의 저자 보카치오, 즉 우울한 사람, 상류사회의 혼례며 그즈음 지나가는 연인들 모습을 그리고, 분석하며 자신은 외부인으로서 참고 인내한 불행한 사람과 같다고 생각됩니다. 아니, 그는 보카치오를 흉내낸 게 아닙니다. 앙리 레이스*²가 [독일] 프리미티프를 흉내낸 것이 아니듯 말입니다.

이것도 다, 제가 많은 영향을 받고 있는 몽티셀리에 대해 당신이 쓴 좋은 기사에 엉뚱하게 제 이름이 달린 게 아닐까 여겨진다는 말을 하고 싶어서입니다.

---

*1 《꽃을 꽂은 화병》, 반 고흐 미술관, 암스테르담.
*2 Henri Leys(1815~1869). 벨기에 안트베르펜의 화가.

저는 고갱에게 많은 빚을 지고 있습니다. 고갱과 아를에서 두세 달 함께 지 냈지요. 처음 알게 된 건 파리에서입니다. 고갱, 이 흥미로운 예술가, 태도며 눈 빛이 라카즈 진열실에 있는 렘브란트의 《남자 초상》을 어딘가 연상시키는 이 에트랑제*1——그는 좋은 그림은 좋은 행동과 같아야 한다는 것을 사람들에게 느끼게 만드는 것이 꿈입니다. 무언가 도의적 책임을 의식하지 않으면 그와 가 깝게 지내기 어렵습니다. 제가 병으로 입원하게 되어 우리는 헤어졌는데, 그 며 칠 전에 저는 '그가 없는 자리'를 그려보았었지요. 그의 짙은 적갈색 팔걸이의 자를 그린 습작으로, 좌석은 초록빛 등심초로 짜여졌으며, 그가 없는 빈 자리 에 불켜진 촛대 하나와 현대소설 두어 권이 놓여 있습니다.

기회가 있으면, 그를 추억할 소재로 전체가 다양한 초록과 빨강으로 어우러 진 이 습작을 봐주셨으면 합니다. 그러면 당신도 깨닫게 될 텐데, '열대의 회화' 와 색조를 논할 때 저를 말하기 전에 고갱과 몽티셀리의 진가를 인정한다면 더욱 정당하고 힘찬 평론이 되지 않을까 생각합니다. 그런 면에서의 저의 기여 는 앞으로도 2차적인 데 머무를 거라고 단언해도 좋습니다.

그밖에 당신에게 묻고 싶은 것이 있습니다. 지금 '20인회' 전시에 출품된 해 바라기 그림 2점이 어떤 색채적 특질을 지니고, 또 그것이 '감사'를 상징하는 어떤 사상을 표현하고 있다고 가정해 보지요. 이것과 코스트 씨의 《접시꽃》 《노랑 꽃창포》 등 더 완성도 높고 아직 충분히 평가받지 못한 많은 꽃그림들 과 무엇이 다릅니까? 자넹이 공들여 그린 저 훌륭한 모란 꽃다발은 어떻습니 까? 저는 인상파와 다른 화가들을 분리하기가 무척 어렵습니다. 요즘 우리가 보아온 수많은 당파적 정신의 효용을 저는 인정하지 않습니다. 오히려 웃음거 리가 될까 걱정스럽습니다.

마지막으로, 제가 이해할 수 없는 것은 당신이 메소니에를 나쁘게 말하신 것입니다. 메소니에에 대한 한없는 찬미의 마음을, 저는 아마도 저 훌륭한 마 우베로부터 물려받은 것 같습니다. 마우베는 트루아용과 메소니에——기묘한 조합입니다만——를 입에 침이 마르도록 칭찬하곤 했지요.

이런 말을 하는 것은, 프랑스 예술가들이 불행하게도 구분되어버리는 일이 많음에도 외국에서는 개의치 않고 그들을 얼마나 찬미하는가에 대해 당신 주

---

*1 etranger. 이방인.

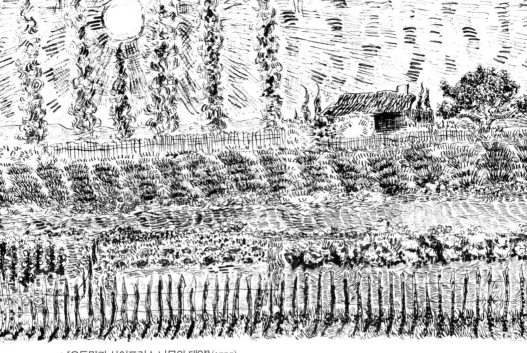

▲《오두막과 사이프러스 나무와 태양》(1890)

의를 끌고 싶기 때문입니다. 마우베는 자주 다음과 같이 말했습니다——"색깔을 쓰고 싶다면 난로며 실내 한구석을 메소니에처럼 데생할 줄 알아야 한다."

제 동생에게 보낼 다음 소포에 당신을 위한 사이프러스 나무 습작을 1점 보낼 생각입니다. 당신 평론에 보내는 기념표시로 받아주면 좋겠습니다. 지금 그 그림에 작은 인물상을 추가하고 싶어 그 작업을 하는 중입니다.

사이프러스 나무는 프로방스 풍경에서 특히 특징적인 것입니다. 당신은 '검정도'라고 말했을 때 그것을 느낀 것입니다. 저는 아직 그것들을 느끼는 그대로 그리지 못합니다. 자연을 마주할 때 저를 사로잡는 감동은 내부에서 고조되어 마침내 실신을 일으킵니다. 그러면 결국 보름쯤은 그림그릴 수 없게 되지요.

하지만 이곳을 나가기 전에 사이프러스 나무에 다시 도전해 볼 생각입니다. 당신에게 선물할 습작은 여름날 미스트랄이 부는 한낮의 보리밭 한쪽에 있는 이 나무들을 표현한 것입니다. 순환하는 대기에 흔들리는 파란색으로 둘러싸인 일종의 검정 톤입니다. 그리고 개양귀비의 버밀리언이 이 검정 톤과 대비를 이루고 있지요. 나중에 보시겠지만, 이건 초록, 파랑, 빨강, 노랑, 검정을 바탕으로 한 줄무늬 있는 예쁜 스코틀랜드 옷감의 색 조합과 어느 정도 가깝게 구성

▲《거친 하늘 아래 오두막과 사이프러스 나무 ①》(1890)

▼《거친 하늘 아래 오두막과 사이프러스 나무 ②》(1890)

▲《길과 태양이 있는 풍경》(1890)

▼《바람부는 하늘 아래 오두막》(1890)

했습니다. 예전에 아주 매력적으로 보였던 그 직물을 지금은 안타깝게도 거의 찾아볼 수 없지요.

당신 평론에 보내는 제 감사의 말을 받아주십시오. 봄에 파리에 가면 꼭 찾아뵙고 감사인사 드리겠습니다.

빈센트 반 고흐

덧붙임 : 당신에게 보낼 습작의 두텁게 덧칠한 부분까지 완전히 마르려면 1년은 걸리겠지만, 니스를 충분히 칠해 두면 괜찮을 거라고 생각합니다.

그동안에는 물로 몇 번 깨끗이 씻어 완전히 기름기를 제거해야 합니다. 이 습작은 프러시안블루를 마음껏 사용해 그렸지요. 이 물감을 나쁘게 말하는 사람들도 있지만, 들라크루아는 이것을 많이 사용했습니다. 프러시안블루의 각 톤이 충분히 마른 다음 니스를 칠하면, 짙은 다양한 초록색을 돋보이게 하는 데 필요한 검은, 아주 검은 톤이 나올 겁니다.

이 습작을 어떤 액자에 넣어야 좋을지 모르겠지만, 이 그림이 스코틀랜드의 값비싼 직물을 연상시키는 점에서 선명한 레드오렌지 색의 단순하고 밋밋한 액자가 배경의 파랑이나 나무들의 검정과 초록과 잘 대비되지 않을까 하는 생각이 듭니다. 그렇지 않으면 아마 그림에 빨강이 부족해 윗부분이 좀 차갑게 보일 것입니다.

고흐가 테오에게 629
1890년 4월 29일

사랑하는 테오

한동안 편지쓰지 못했는데, 요 며칠 기분이 좀 좋아졌어. 네 축하도 겸해서, 너와 네 아내와 아기를 위해 좋은 해가 되기를 바라며 축복할게.

그리고 네가 나를 위해 애써준 친절에 보답하고 싶은 마음으로 여러 그림들을 보내니, 받아주렴. 네가 없다면 나는 무척 불행할 거야. 먼저 밀레 그림 모사가 있어. 공표하지 않은 것들이니 언젠가 누이동생들에게라도 주렴. 너에게 가장 좋게 여겨지는 것만 빼고 모두 네 것이니 원하는 만큼 가져가. 머지않아 만일 눈에 띄면, 모사를 위한 고대와 근대예술작품을 무언가 받고 싶구나.

캔버스 천도 얼마 남지 않았어. 두 달 동안 작업을 못했으니 많이 늦어졌지.

장밋빛 하늘의 올리브 나무가 산과 어울려 가장 훌륭할 거야. 올리브 나무 그림은 노란 하늘그림과 아주 잘 어울리겠지.《아를 여인》초상화 1점을 고갱에게 약속했으니, 네가 좀 전해주렴.

　그리고 사이프러스 나무는 오리에 씨에게 전해줘. 그림물감을 두껍게 칠한 부분을 좀더 적게 해서 다시 고쳐그리고 싶었지만 시간이 부족했어. 게다가 아직 몇 번이나 찬물로 씻어내야만 하고, 물감을 두껍게 칠한 곳 안쪽 부분까지 말랐을 때 강력한 니스를 바르면 기름이 증발해도 검은 부분이 더러워지지 않아. 그래서 물감이 꼭 필요한데, 일부분은 탕기 영감의 기분에 관계없이 그 화방에서 사고 싶지만, 다른 가게보다 비싸면 안돼. 다음 물감이 필요해.

징크화이트	큰 튜브	12개
코발트블루		3개
비리디언		5개
락오디네어	큰 튜브	1개
크롬옐로 2번		2개
에메랄드그린	큰 튜브	2개
크롬옐로 1번		4개
레드오렌지	큰 튜브	1개
울트라마린		2개

　그리고 타세 화방에서 제라늄 붉은색 중간튜브 2개가 필요하니, 이 가운데 절반이라도 얼른 보내주면 좋겠어. 많은 시간을 낭비해버렸거든.

　아, 그리고 끝이 넓적한 붓 6개와 둥근 붓 6개에 캔버스 천 7m──가능하면 10m 필요해.

　이번 두 달 동안의 상태는 그리 좋지 않아. 내가 표현할 수 있는 이상으로 슬프고 괴로우며, 내가 어떤 상태인지 나조차 알 수 없게 되어버렸어. 내가 주문한 것들이 부담되면 절반쯤은, 돈이 마련될 때까지 기다려도 괜찮단다. 아픈 동안에도 여러 작은 그림을 마무리했어. 언젠가 너도 볼 기회 있겠지만, 북쪽나라 추억을 담아 지금 마무리한 그림은 꽤 정성들인 작품이야. 태양이 비치는 초원 한모퉁이를 막 그린 참이지. 머지않아 꼭 보여주고 싶구나.

　페이롱 원장은 지금 여기에 없고, 아직 편지를 읽지는 못했지만 도착한 게 확실해. 지금 상태를 알려줄 만큼 친절했는데, 어떻게 해야 할지 모르겠지만 나는 이 요양원을 나가고 싶어 견딜 수 없어. 너도 놀라지는 않겠지만, 더 이상 할 말이 정말 없어.

네덜란드 집에서 편지가 왔는데 너무 우울해 아직 읽어볼 기운이 없구나. 오리에 씨를 만나 내 그림과 관련된 기사를 더는 쓰지 말아달라고 부탁하고 싶어. 우선 나에 대해 기술한 내용이 틀렸고, 광고를 마주하기에는 너무 고통에 시달리고 있어. 그림그리면 마음이 편안해지지만, 내 그림이 사람들 입에 오르내리면 오리에 씨가 상상하는 것 이상으로 괴롭단다.

베르나르는 어떻게 지내니? 중복해 가진 그림들이 있으니, 괜찮다면 작품을 교환해 주렴. 베르나르가 완성해낸 훌륭한 그림이 네 컬렉션에 있으면 좋을 것 같구나.

감복숭아꽃을 그리던 무렵, 발병해 버렸어. 만일 더 오래 그렸다면 다른 꽃 핀 초목을 그릴 수 있었을 텐데, 너도 상상할 수 있겠지? 꽃이 만발했던 나무가 지금 거의 시들었으니, 참 운도 안좋아.

여기서 나가고 싶은데, 어디로 가야 할까? 샤랑통이나 몽테베르흐처럼, 자유롭게 해줄 의도가 전혀 없는 시설에 있어도 이렇듯 갇혀 감시까지 받지는 않을 거야.

네덜란드 집에 편지보낼 기회가 있으면 내 안부인사와 늘 편안히 지내고 있다는 말을 전해주렴. 너와 요한나에게 악수보낼게.

빈센트

덧붙임 : 내 오래된 데생에서 인물화를 찾아보내줘. 램프 불빛 아래에서 농부들이 저녁식사하는 그림을 고쳐그리고 싶구나. 그 그림은 이제 시커멓게 되었을 테니 머리를 모두 다시 그려야 될지도 몰라. 아직 있다면 특히 《이삭줍는 여인들》과 《땅을 갈아엎는 사람들》을 보내주렴. 네가 원한다면 누에넨의 낡은 탑과 초가지붕집을 고쳐그리고 싶어. 아직 네가 갖고 있다면 추억으로 더 좋은 작품을 그릴 수 있으리라 생각해.

고흐가 테오에게 631
1890년 5월4일

사랑하는 동생

네 친절한 편지와 요한나의 초상사진, 고맙다. 아주 예쁘고, 포즈도 훌륭해.

이하, 답장은 간단하게, 그리고 되도록 진실하게 쓸 거야. 먼저, 나와 동행할 사람이 필요하다는 네 제안은 단호하게 거절하겠어.

▲테오

▶요한나와 아기

일단 기차에 오르면 위험한 일은 하나도 없어. 나는 위험한 사람이 아니야—발작이 일어난다 해도, 기차 안에 다른 승객들이 있으니 어떤 역에서든 그런 경우의 대처가 불가능하지 않을 거야.

네가 그런 걱정을 하면 나도 그만큼 마음이 무거워지고, 순식간에 의욕이 사라져.

얼마 전 페이롱 원장에게 같은 말을 했어. 지난번과 같은 발작은 지금까지 늘 완전히 평화로운 기간이 서너 달 이어진 뒤 일어났다는 점을 그에게 지적해 주었지. 거처를 옮길 때는 이 기간을 이용하려고 해—어떤 경우든 거처는 꼭 옮기고 싶어. 지금 절대적으로 이곳을 떠나고 싶어.

이곳에서 환자 다루는 방식이 옳은지 아닌지를 판정할 자격이 나에게 있다고는 생각지 않고, 자세한 것까지 말하고 싶지도 않아—하지만 생각해 봐. 벌써 여섯 달쯤 전에 만일 다시 한 번 같은 성질의 발작이 일어나면 병원을 바꾸고 싶다고 너에게 예고했었지. 게다가 요전에 이미 발작이 일어났으니, 지금 다시 말하는 건 너무 늦을 정도야.

그동안 미완성의 그림을 몇 점 완성하고 싶어 열심히 그림만 그렸어. 그렇지 않았으면 나는 벌써 여기에 없을 거야. 거처를 옮기는 데 필요한 조치를 마련하는 데 최대 보름—일주일 만에 끝나면 더 좋겠지만—이면 충분하겠지. 타라스콩까지는 동행을 허락할게—꼭 원한다면 한두 정거장 더 가도 좋아. 파리에 도착할 때는—이곳을 출발할 때 전보칠 테니—가르 드 리옹까지 마중

나와줘.

　나는 최대한 빨리 그 시골의사를 만나러 가는 게 좋을 것 같아. 짐은 역에 두고 가면 되지 않을까? 네 집에 2, 3일만 머물고 곧바로 그 마을로 떠나 처음에는 여관에서 머물도록 하겠어.

　앞으로 우리의 친구가 될 그 의사에게 다음과 같은 편지를 네가 늦지 않게 보내주면 좋겠어——'형님은 파리에 오래 머물지 않고 곧바로 당신과 만나 진찰을 부탁하는 게 좋겠다고 하니, 그가 당신 마을로 가서 습작을 그리며 몇 주일 지내는 데 찬성해 주셨으면 합니다. 형님은 남 프랑스에 더 오래 머물면 증상이 심해질 우려가 있고 북쪽으로 오면 병이 가벼워질 거라고 믿고 있는 만큼, 당신의 이해를 구하는 데 전폭적인 신뢰를 두고 있습니다.'

　네가 이런 편지를 써주고, 내가 파리에 도착한 다음날이나 그 다음날에 그에게 전보치면 그는 역에서 나를 기다려줄 거야.

　이곳 환경은 말로 표현할 수 없을 만큼 무겁게 나를 짓누르고 있어. 나는 1년도 넘게 참아왔지. 나에겐 공기가 필요해. 진저리나고 서러워.

　게다가 그림그리는 일이 절박해. 여기서는 시간낭비가 될 거야. 왜 그렇듯 사고를 걱정하는 거니? 네가 걱정해야 할 일은 그런 것이 아니야. 이곳에 와서 나는 쓰러지거나 길을 헤매는 사람들을 날마다 봤어. 더 중요한 것은 불행한 사정을 헤아리는 마음이야.

　감시——아무리 선의에서 나온 것일지라도——를 받으며 지내는 것은 참으로 힘든 일이야. 자신의 자유를 희생하고, 사회 밖에 놓인 채, 자신의 일 말고는 기분전환거리도 없어.

　덕분에 쉽게 펴질 것 같지 않은 주름이 생겨버렸지. 이곳에서 이 문제가 나를 무겁게 짓누르기 시작한 이상, 지금 당장 멈추는 게 옳아.

　그러니까 부디 페이롱 원장에게 늦어도 15일에는 내가 이곳을 나갈 거라고 편지써줘. 더 기다리면 발작과 발작 사이의 좋은 기회를 놓치게 될 거야. 지금 나가면 그 의사와 만나기에 필요한 시간적 여유가 있어. 그리고 얼마 뒤 병이 재발하더라도 그것을 예견할 수 있고, 증상의 경중에 따라 자유롭게 이대로 지낼지 요양소에 입원할지 판단할 수 있을 거야. 이 마지막 경우——지난번 편지에서 말했듯——환자가 시골이나 공장에서 그림그릴 수 있는 병원으로 가고 싶어. 그곳이라면 여기보다 모티브를 더 많이 발견할 수 있을 거야.

그러니 잘 생각해 줘. 여비도 늘고, 그런 건[동행] 필요없어. 나에게는 내가 가고 싶은 곳으로 옮길 권리가 있어. 내가 바라는 건 나의 절대적인 자유가 아니야.

나는 지금까지 인내심을 가지려 노력해 왔고, 누구에게도 피해를 끼치지 않았어. 위험한 동물처럼 나에게 감시를 붙이는 게 옳은 일일까? 고맙지만 나는 반대해. 발작이 일어나면 어디서든 그 대처방법을 알고 있어. 그때는 완전히 맡길게.

내가 평정을 잃는 일은 없을 거야. 그런 식으로 이곳을 떠나는 게 나로서도 무척 괴로워. 그 괴로움은 광기를 능가할지도 몰라. 그러니 분명 필요한 만큼의 평정을 유지할 수 있을 거라고 생각해.

페이롱 원장은 책임지지 않아──그도 그렇게 말했는데──책임을 피하기 위해 막연하게만 말하지. 이런 식이면 절대 결론나지 않아. 질질 끌뿐, 결국은 서로 화내며 끝나게 될 거야.

테오, 내 인내심도 한계에 이르렀어. 이제 더는 못해. 잠시라도 거처를 옮겨야겠어. 거처를 옮기는 일이 나에게 좋은 자극을 줄 거야──그림 일은 순조로워서 공원에 새로 돋은 풀 그림을 2점 그렸어. 그중 1점은 아주 단순한데, 여기에 대충 스케치해 넣을게. 보라와 분홍 소나무 기둥, 그리고 흰 꽃들이 달린 풀과 민들레, 그림 위쪽 배경에는 작은 장미 덤불 하나와 다른 나무줄기.

밖으로 나가면 분명 작업의욕이 솟구치고, 유쾌해지며, 다른 일에는 완전히 무관심해질 거야. 그리고 그 흐름에 몸을 맡기는 거지. 생각은 깊이 하겠지만, 후회로 마음이 무거워지는 일은 없을 거란다.

회화에 무언가 바라거나 기대하지 말고, 좋은 그림이란 즐거운 대화와 맛있는 식사 같은 것으로 더할나위없는 최고의 행복이라고 사람들은 말하지. 그것은 사실임에 틀림없고, 그렇게 하면 병을 떨쳐버릴 수도 있는데, 어째서 할 수 있는 일을 못하도록 거부하는지?

너와 요한나에게 굳은 악수를. 초상사진을 보고 나를 위한 그림을 그리려고 해. 비슷하지는 않겠지만, 어쨌든 해보겠어.

머지않아 만날 수 있으면 좋을 텐데. 여행동반자를 강요하는 그 일은 부디 참아줘.

너의 빈센트

사랑하는 테오

페이롱 원장과 마지막으로 이야기나눈 결과 짐싸도 좋다는 허락을 받아 화물편으로 보냈어. 30킬로그램까지는 기차 안에 가져가도 된다니*¹ 액자, 이젤, 캔버스 틀 등을 함께 가져가야지.

네가 페이롱 원장에게 편지보내면 이곳을 떠날 생각이야. 기분이 대체로 안정적이어서 지금은 발작이 일어나지 않을 것 같아.

어차피 일요일까지는 파리로 가서 네가 한가하면 너희 가족과 조용히 하루 지내고 싶어. 그리고 안드리스도 만나고 싶구나.

초록 꽃병에 황록색 배경의 장미꽃 그림을 또 완성했어. 요 며칠 동안 그린 그림으로 여비는 충당될 거야. 오늘 아침 트렁크를 꺼내러 갔을 때 다시 밭과 산을 봤어. 비온 뒤라 싱싱한 꽃이 활짝 피어 있었지. 아직 더 많이 그릴 수 있을 터인데.

침대 2개와 침대장식을 화물편으로 보내달라고 아를에 부탁해뒀어. 운송비는 10프랑쯤밖에 안되고 이것만은 혼란에서 구해냈지. 시골에 살면 분명 필요한 날이 올 거야. 페이롱 원장 편지에 아직 답장쓰지 않았다면 전보보내줘. 그러면 나는 금요일이나 늦어도 토요일에 출발해 일요일에 너와 지낼 수 있어. 그림그리지 못하는 시간을 최소한으로 줄일 수 있지. 여기서 할 일은 일단 다 끝났어.

파리에 가서 만일 건강이 괜찮으면 바로 노란*² 책방을 그리고 싶어. 꽤 오래 전부터 그 그림을 구상했지. 내가 도착한 다음날부터 시작할 생각이야. 규칙적으로 붓놀림이 좋고 더욱이 지속적이야.

그럼, 늦어도 일요일에는 악수하자. 만날 날을 즐겁게 기대해. 요한나에게 안부전해줘.

빈센트

---

*1 고흐는 이즈음 찾아온 레이 의사에게 기차에 갖고 탈 수화물 무게를 넘는 물품들을, 지누 부인에게 전해 주도록 맡겼다.
*2 가스등 불빛으로 그렇게 보인다.

덧붙임 : 페이롱 원장에게 이미 답장보냈을 거라고 생각해. 며칠 늦어져 시간을 낭비한 게 좀 불만스러워. 나는 여기서 새로운 일을 찾거나 아니면 앞으로의 여행을 즐길 거야.

여기서든 또 어디에 있든 아무 일 하지 않고 지내면 난 정말 슬플 거야.

그리고 페이롱 원장은 반대하지 않아. 여기를 떠나면 이 요양소 다른 사람들과의 입장이 좀 난처해지겠지. 뭐, 그런 건 아무래도 좋아. 헤어질 때는 깔끔하게 해야 하니까.

▲《나사로의 부활》 렘브란트 그림 모사

오베르 쉬르 우아즈*1
1890년 5월~7월

1890년 5월16일, 생 레미를 떠나 고흐는 다음날 아침 파리에 도착했다. 시테 피가르 8 아파트 4층에서 그를 맞이한 요한나는 남편보다 훨씬 건강해 보이는 인상을 받았다고 기록했다. 파리에서 사흘을 지내고 소음과 정신적 피로를 피해 오베르 쉬르 우아즈로 갔다. 가셰 의사가 소개해 준 여관이 하루에 6프랑을 청구하자, 직접 찾은 라부*2 여관(하루 3프랑50상팀)에 투숙한다.

▲라부 여관

이끼낀 초가지붕 농가가 마음에 들어 그리기 시작한다. 테오가 전처럼 한 달에 150프랑을 세 번에 나눠 보내줄 것인지 알 수 없고, 재촉할 수도 없어 애타는 심정을 토로한다. 5월 끝무렵, 《가셰 의사의 집 정원》, 6월 첫무렵 《가셰 의사의 초상》 2점과 《오베르 교회》를 그린다.

6월8일, 가셰 의사의 초대로 테오와 요한나가 아기를 데리고 찾아와 즐거운 하루를 지낸다. 6

---

*1 Auvers-sur-Oise. 파리에서 북서쪽으로 약 27.2km 떨어진 아름다운 마을. 19세기에 고흐, 세잔, 도비니, 피사로 등 화가들이 정착해 예술활동한 곳으로 이름높다.

*2 Arthur Gustave Ravoux. 고흐는 언제든 싫증나면 거처를 옮기려 했지만, 곧 라부 가족과 함께 지내는 시간을 즐기게 되었다. 고흐가 초상화를 그려준 그녀의 맏딸 Adeline은 몇 년 뒤, 그는 술을 한 방울도 마시지 않았다고 회상했다.

월14일, 고갱은 드 한과 브르타뉴의 르 풀뒤로 간다. 20일 즈음 라부 여관 주인 초상을 그리고, 가로 1m 세로 50cm 캔버스에 보리밭 연작을 그리기 시작한다. 6월 끝무렵, 가셰 의사의 딸 마르그리트의 초상을 그린다.

6월30일, 테오는 아기가 아프며 회복되면 오베르로 가서 잠시 요양할지[1] 네덜란드로 돌아갈지 고민 중이라고 알려온다. 테오는 경영자에게 처우개선을 요구했으며, 받아들여지지 않을 경우 자신의 그림가게를 차리겠다고 했다. 6월 끝무렵 같은 아파트의 더 넓은 2층으로 이사하고, 요한나의 오빠 안드리스 부부도 1층으로 이사와 둘이 손잡고 그림가게를 열기로 한다. 고흐는 '내가 뭐라고 말할 수 있겠니. 그래도 시골에서 좀 쉬는 게 어떨까'라고 답장보낸다. 보리밭을 배경으로 한 노란 모자 쓴 농부, 가로로 긴 밭풍경, 포플러 숲 등을 그린다.

7월5일, 테오가 탕기 화방에서 형님 작품을 본 사람을 만나 함께 골동품점에서 일본 불상을 보고 새 아파트 배치도 의논하고 싶으니 이튿날 첫기차로 와달라고 써보낸다. 6일, 테오의 집에서 오리에와 로트렉 등을 만났지만, 테오의 개업 논의는 내부적으로 의견이 갈려 고흐를 불안하게 했다.

자신이 테오의 짐이 되는 끔찍한 존재가 아닌가 하는 걱정과 슬픔에 빠져 돌아온 뒤 붓도 손에 잡히지 않는다. 그들을 위협하는 폭풍우가 그에게도 닥쳐오는 것을 느끼고 3점의 대작을 그려, 그 불안한 하늘 아래 펼쳐진 보리밭 그림에 극도의 슬픔과 고독을 표현하려 했다. 그러나 요한나가 보내온 편지가 그 무거운 마음을 깨끗이 날려준다.

혁명기념일 장식이 있는 관청을 그린다. 14일, 형님이 생각하는 만큼 위험은 절박하지 않다고 안심시키는 테오의 편지를 받는다. 하지만 자신의 마음을 부소에게 솔직히 털어놓은 지 1주일 지났지만 아무 대답이 없고, 도리어 안드리스가 아내에게 설득되어 마음을 돌리고 말았다고 알려온다.

테오와 요한나는 15일에 아기를 데리고 네덜란드로 어머니를 찾아간다. 손주를 보고 어머니는 기뻐한다. 테오는 19일에 파리로 돌아오고, 요한나는 암스테르담의 부모에게 손주를 보여드리러 간다.

21일, 테오는 암스테르담의 요한나에게 이날 오후 11시30분쯤 부소 부자를 만나 가족을 위해 모험하기 싫어 월급이 적은 대로 절약하며 살 생각이라 말했고,

---

[1] 얼마 전부터 고흐는 테오와 그의 가족이 자신들의 건강한 삶을 위해 오베르로 와서 신선한 공기를 마시며 자신과 함께 살도록 설득해 오고 있었다.

오베르 쉬르 우아즈(1890년 5월~7월) 973

▲《오베르 시청》(1890)　개인 소장

잘 해보자는 대답을 들었다는 내용의 편지를 쓴다.

7월 중간무렵, 고흐 생명의 종언을 암시하는 두 작품《폭풍이 다가오는 하늘과 밭》《까마귀 나는 보리밭》이 그려졌다. 긴 가로 화면으로, 이제까지 이렇듯 단순한 기법으로 이토록 강렬하게 표현된 작품은 없었다. 《폭풍이 다가오는 하늘과 밭》에서는 특히 간결함이 강조되어 화면이 하늘과 땅으로 나뉘고 색채는 파랑과 노랑 두 개의 주요한 색과, 그 결과로 생긴 초록으로 한정되었다. 짧고 예리한 터치가 그 방향과 놓인 위치에 따라 화면에 생기와 압력을 준다. 《까마귀 나는 보리밭》에서는 그동안 미미하게 남아 있던 공간원근법이 제외되고, 화면이 완전히 정면관조법에 따라 처리되었으며, 농밀하게 교차하는 억제된 강한 터치가 그려내는 보리이삭이 짙은 덩어리를 이룬다. 만물에 생기를 주는 바람이 그 보리이삭들을 왼쪽에서 오른쪽으로 기울게 하고, 넓은 초록색 테두리로 강조된 짙고 붉은 흙탕길이 '커다란 노란 색면'을 필사적으로 끌어안고 있다. 흙탕길은 '노란 색면'을 뚫고 나가지 못하고, 화면은 단색의 밋밋한 부분으로 엄밀하게 나누어졌으며, 그것들을 잇는 유일한 고리는 비스듬히 날고 있는 까마귀의 불길한 모습뿐이다. 이 2점의 작품은 고흐가 그즈음 심각한 고뇌에 빠져 있음을 여실히 보여준다.

《까마귀 나는 보리밭》을 그린 뒤 그의 그림주제는 보리밭이 되었다. 그림을 그리고 있어도 그는 마음의 평정을 찾을 수 없었다. 며칠 동안 아직 거친 스케치 단계의 그림을 완성하지 못하는 상태가 이어졌다. 발작이 다가오면 이런 상태가 되는 것을 고흐는 알고 있었다. 그는 공포에 사로잡혔다.

1870년 7월25일, 테오는 요한나에게——'이해하기 어려운 형의 편지*¹가 다시 왔소. 형과의 사이도, 우리 사이도 틀어지지 않았는데! 형은 안드리스가 공동사업을 거절한 일도 모르고 있었소. 편지에 제작중인 그림 스케치가 3, 4점 들어 있었는데 참으로 아름다웠소. 그의 그림을 사줄 사람이 있으면 좋겠지만, 아직 오랜 시간이 걸릴 것 같소. 열심히 그림그리고 있는 이때 형을 포기할 수도 없고. 언제쯤 되어야 형에게 행복한 날이 찾아올지……'라는 편지를 보낸다.

26일, 암스테르담에서 요한나가 테오에게 답장보낸다——'왜 그럴까요? 아주버님이 왔던 날(7월6일), 우리가 무슨 잘못을 한 것일까요? 나는 당신과 다시는 말다툼하지 않기로 결심했습니다.'

27일, 라부 여관 딸 애들린의 기억에 따르면, 고흐는 점심먹고 나간 뒤 밤 9시 무렵 배를 움켜잡고 몸을 잔뜩 웅크린 채 돌아왔다. 어머니가 어디 아프냐고 묻자 "아니오……"라고만 하며 층계를 올라갔다. 이상해서 아버지가 따라올라가니 신음소리가 들렸다. 방에 들어가 고흐는 침대에 웅크리고 신음했다. 병이냐고 묻자 그는 가슴 언저리의 작은 상처를 보여주었다. "맙소사, 무슨 일입니까?" "목숨을 끊으려 했습니다."

고흐는 그날 오후 집에서 0.5km 넘게 떨어진 보리밭으로 가서 그림그리다 가슴에 권총을 대고 방아쇠를 당겼다—— 기절해 있다가 차가운 밤공기에 정신이 들어, 총을 찾아보았지만 아무

▲《애들린의 초상》(1890) 개인 소장

---

*1 '고흐가 테오에게 651'.

데도 없으므로 그냥 돌아왔다──는 것이 라부가 고흐에게서 들은 이야기였다. 먼저 마즐리 의사, 그리고 고흐의 요청으로 가셰 의사를 불렀다. 총알은 심장 밑을 지나 척추 언저리에 박혀 있었으며, 수술은 어려운 것으로 판단되었다. 이튿날 아침, 테오에게 소식이 전해졌다.

28일, 오베르에서 테오가 요한나에게 편지보낸다──'나를 보고 형은 반가워했소. 우리는 줄곧 함께 있었소……가엾게도 형은 자신의 행복을 갖지 못했소. 형의 모든 환상은 이제 사라졌소. 형은 때로 가혹한 고독감을 안고 있었소. …… 형은 당신과 아기의 안부를 물었소. 또 인생에는 상상도 못할 비애가 있다고 말했지요. 형에게 살아갈 용기를 주면 좋을 텐데. 너무 걱정하지 마오……'

테오는 죽어가는 형에게 말했다. "반드시 나을 겁니다. 이제 발작을 일으키는 일도 없을 거예요." "……슬픔은 끝이 없어." 테오는 형이 무슨 말을 하고 싶어하는지 깨달았다. 잠시 뒤 다시 경련이 오고, 고흐는 7월29일 오전 1시30분에 숨을 거두었다.

테오는 형의 품 안에서 자신에게 쓴 편지 한 통을 발견했다. 거기에 유언 같은 문구가 씌어 있었다.[1]

고흐가 테오와 요한나에게 635
1890년 5월21일

사랑하는 테오와 요한나에게

요한나와 친해져 테오에게만 편지쓸 수 없구나. 요한나도 허락해 주리라 여기고 프랑스 어로 쓸게. 남 프랑스에 2년이나 머물렀더니 그편이 내 생각을 더 잘 표현할 수 있게 되었어. 오베르는 정말 아름답단다. 특히 요즘 보기 힘들어진 새로 이은 초가지붕이 많아.

이런 그림을 진지하게 그리면 이곳에 머물며 쓰는 비용을 되찾을 수 있을 거야. 실제로 보면 정말 아름다워. 한가롭고 전형적인 시골이야.

가셰 의사를 만났는데 특이한 분이었어. 오랜 의사생활로 신경질적인 성향을 억누르고 정상적으로 생활하지만 적어도 나보다 더 심한 신경증환자처럼 보였지.

---

[1] '고흐가 테오에게 652'.

어떤 여관으로 안내해 줬는데 하루에 6프랑이래. 나는 하루에 3프랑50상팀인 곳을 혼자서 찾아냈어.

새로운 상황이 일어날 때까지 여기 있어야겠지. 습작을 조금씩 그리며 다른 곳으로 옮기는 편이 좋을지 그대로 머무를지 좀 지켜보고 싶어. 다른 노동자들과 같은 비용을 지불하며 일할 의지가 있는데, 그림을 그린다는 것만으로 두 배에 가까운 돈을 내야 한다는 건 부당한 일이야. 그래서 우선 3프랑50상팀을 받겠다는 여관에 머무르기로 했어.

너는 이번 주일에 가셰 의사를 만나겠지? 눈 속에 붉은 집이 있는 피사로의 훌륭한 겨울경치와 세잔의 아름다운 꽃다발 그림 2점이 그 집에 있어. 또 세잔의 마을풍경도 1점 있단다. 나도 기꺼이, 정말로 기쁘게 여기서 그림을 그려보고 싶어.

하루에 4프랑이면 그 여관비로 알맞은데, 6프랑이나 하면 내가 쓸 수 있는 돈보다 2프랑 비싸다고 가셰 의사에게 말해뒀어. 그곳이 더 편하리라고 하셨지만 그걸로 됐어. 가셰 의사 집은 앞서 말한 인상파 그림 말고는 시커먼, 시커먼 골동품이 가득해. 가셰 의사의 인상은 그리 나쁘지 않아. 벨기에와 예전 화가생활 이야기를 했더니 슬픔으로 다가가기 힘들었던 표정이 밝아졌지. 틀림없이 좋은 친구가 되고 초상화도 그릴 수 있을 거야. 용기내어 그림을 많이 그리고 이제까지 일어난 일에는 집착하지 말라는 말씀도 해주셨지.

파리에 가보니 그곳 소음은 나에게 어울리지 않아.

요한나와 아기와 네가 사는 아파트를 볼 수 있어 기뻤어. 분명 지난번보다 좋은 집이야. 너희들 행복과 건강을 기원하며 가까운 시일 안에 또 만날 수 있기를 바란다. 악수.

고흐가 테오와 요한나에게 636
1890년 5월21일 이후

사랑하는 테오와 요한나에게

지난번 편지로 여기 주소를 알려주는 걸 잊었어. 여기 주소는 '마을사무소 앞 광장 라브 방면'이야.

전에 편지보냈을 때는 아직 아무 일도 시작하지 못했었지. 지금 지은 지 오

고흐의 그림도구 상자
오베르 쉬르 우아즈에서 사용한 팔레트와
제라늄레이크 물감

래된 새로 이은 초가지붕집 습작*1을 그렸어. 앞쪽에 꽃핀 콩밭과 보리밭이
보이고 배경에 언덕이 있지. 분명 네 마음에 들 거야.

이미 눈치챘겠지만 남 프랑스에서 지낸 덕분에 북쪽을 더 잘 이해하게 되었
어. 내가 상상한 대로 보라색이 눈에 들어와. 오베르는 참으로 훌륭한 곳이야.
그림그리며 여러 가지 안좋은 일을 겪게 되겠지만 그래도 작업하는 편이 하지
않는 것보다 낫다고 생각해.

여기는 색채가 아주 풍부해. 내 취향에 맞는 빌 다브레보다 더 아름다운 상
류에 별장이 있어. 일본풍 그림을 그린 데물랭이 여기에 있었다는데, 지금은
없지.

만일 주말에 송금해 준다면 그때까지 어떻게든 버티겠지만 그 이상은 무리
야. 네게 폐되지 않는다면 캔버스 천도 10m 보내줘. 월말이라 힘들면 앵글 목
탄지를 20장 보내줘.

---

*1 《코르드빌의 초가집》.

시간을 낭비하고 싶지 않으니 그것만이라도 있었으면 좋겠어. 여기서는 많이 그릴 수 있거든. 잘 생각해 보니 내 작품이 좋다고는 말하지 않겠지만, 이게 내가 할 수 있는 가장 제대로 된 일이야. 다른 사람들에 비해 다른 일은 너무 서툴러. 나에게 재능이 없어서인지 그 점만은 나도 어쩔 수 없단다.

작업하지 않거나 줄이면 비용이 곱절은 더 들지. 그것만 신경쓰여. 마땅히 걸어가야 할 길 말고 다른 길을 찾다보면 결국 아무것도 할 수 없게 돼. 내가 그림그리고 있으면 여기 사람들은 내가 일부러 찾아가지 않아도, 또 굳이 힘들게 친해지려 노력하지 않아도 나를 찾아오곤 해. 그림그리면 여러 사람들을 만나. 너도 요한나도 그렇게 생각되겠지?

내 병은 어쩔 수 없어. 요 며칠 고통이 좀 느껴져. 오랜 칩거생활 뒤 하루하루가 몇 주일처럼 길게 느껴진단다.

파리에서든 여기에서든, 작업의 능률이 오르면 안정이 되찾아질 거야. 어쨌든 이곳에 온 걸 후회하지 않아. 여기서 차츰 좋아질 거라고 생각해. 가까운 시일 안에 가족을 데리고 일요일에라도 한 번 놀러오렴.

자연과 문화를 알려면 그 지역을 직접 가보는 게 좋아.

근대식 건물도, 상류계급 별장도, 폐허로 변한 낡은 초가집도 모두 아름다

▲《농가》(1890) 반 고흐 미술관, 암스테르담

▶《오베르의 집들》(1890) 보스턴 미술관

오베르 쉬르 우아즈(1890년 5월~7월) 979

워. 도비니 부인과 도미에 부인이 여기에 아직 산다고 들었는데, 적어도 도비니 부인은 확실히 여기에 있는 것 같아.[*1]

네 상황이 괜찮아지면 베르그의 《목탄화 연습》을 잠시 빌려줘. 꼭 필요해. 있는 그대로 따라 그리는 모사를 하고 싶어.

마음으로부터 악수를 보낸다.

빈센트

고흐가 테오에게 638
1890년 6월4일

사랑하는 테오

머리가 진정되면 편지쓰려고 며칠 전부터 생각했지만 일이 너무 바빴어. 오늘 아침 네 편지가 도착했는데, 함께 보내준 50프랑 지폐 고마워.

여러 가지 이유로 네 휴가가 정해질 때, 만일 더 이상의 날짜가 여의치 않다면 8일쯤 모두 함께 오면 좋겠구나. 너와 요한나와 아기를 늘 걱정하고 있어.

여기 아이들은 신선한 공기를 마시며 자라서 아주 건강해. 요즘은 아이 기르기가 무척 힘든데, 파리의 아파트에서 탈없이 길러내기란 더 어렵겠지? 그러나 세상일에 순응하며 대처하는 것 말고는 방법이 없어.

가셰 의사는 부모님에게 자연 속에 살며, 하루에 맥주를 2리터 마시는 처방을 권하고 있다더구나. 너도 분명 가셰 의사와 친하게 지낼 수 있을 거야. 너희가 찾아올 날만 손꼽아 기다린다고 나를 볼 때마다 말해.

너와 나처럼 환자 같은 얼떨떨한 표정에 나이는 더 많아. 몇해 전 아내를 잃었고, 뛰어난 의사이며 자신의 천직과 신앙으로 버티는 분이지. 이제 완전히 친해졌어. 뜻밖에도 우리 둘 다 몽펠리에의 브리아를 알더구나. 그가 근대미술사의 중요한 인물이라는 데 의견이 같았어.

지금 가셰 의사의 초상을 그리는 중이야. 매우 밝은 적갈색 머리칼에 하얀 사냥모자를 쓰고 손도 창백하여 푸른 예복을 입었어. 배경은 푸른 하늘색이고 붉은 책상에 기대 있지. 책상 위에는 노란 책과 붉은 디기탈리스 꽃을 놓아뒀어. 내가 여기로 올 때 그린 자화상과 분위기가 비슷해.

[*1] 풍경화가 도비니는 고흐가 이 마을로 오기 전에 이미 세상을 떠났고, 그의 부인은 아직 이곳에 살고 있어서 도비니의 열렬한 팬인 고흐가 그녀 정원에서 그림그리도록 허락해 주었다.

▲가셰 의사

▲《가셰 의사 초상화》(1890) 개인 소장

가셰 의사는 이 초상화를 아주 좋아해. 만일 가능하다면 자신이 간직하도록 1점 더 그려달라고 부탁해서 기뻤어. 그리고 네가 1점 가지고 있는 마지막 장밋빛 《아를 여인》 초상화 의미를 드디어 이해하게 되어, 습작을 보러 오면 언제나 이 2점의 초상화 이야기를 하지. 가셰 의사는 있는 그대로 완벽하게 그 작품을 받아들였어.

그의 초상화를 곧 보낼게. 그뒤 가셰 의사 집에서 습작을 2점 그렸어. 지난 주에는 금잔화, 사이프러스 나무와 함께 용설란이 1그루 있는 그림을, 그리고 지난 주 일요일에는 흰 장미와 포도밭과 하얀 인물을 그렸지.

앞으로 19살 된 가셰 의사의 딸을 그리게 될 거야. 이 소녀가 요한나와 친구 되면 좋겠는데.

마음에 드는 아틀리에를 아직 찾지 못했어. 어쨌든 네 집과 탕기 화방에 있는 그림을 보관할 방이 필요해. 그리고 아직 많은 그림을 수정해야 되지. 어떻든 하루하루 살아가고 있어. 날씨도 좋고 건강도 순조로워. 밤 9시에 잠들어 아침 5시면 일어나. 오랜 인내 끝에 회복된다면 정말 좋겠어. 이 상태가 이어지면 아를에 가기 전보다 붓에 자신감이 생길 것으로 여겨져.[1] 가셰 의사는 재

---

[1] 이즈음의 확실하고 힘찬 붓 자국과 색채는 바로 그가 남 프랑스에서 익힌 기법이었다. 한동안 그의 표현에서 역동감 넘치는 풍성함이 사라졌었는데, 이곳에 온 뒤 되살아나고 비할 데 없는 고요함도 더해졌다.

발하지 않을 거라고 말했으며 모든 일이 순조로워.

가셰 의사도 완전히 이방인으로서 여기에 왔고, 마을상황을 매우 걱정했었대. 물가도 비쌌지. 내가 묵는 여관이 그 가격으로 숙박과 식사를 제공해준다는 데 그는 놀랐어. 이제까지 이 마을에 와서 알게 된 사람들에 비해 내 운이 좋다고도 하셨지.

너와 요한나와 아기가 함께 온다면 나와 같은 여관에 머무는 게 좋을 거야. 지금 와서 보면 여기에 머무를 수 있었던 것도 가셰 의사 덕분이야. 가셰 의사는 분명 좋은 친구가 되어줄 거야. 그의 집을 방문할 때마다 좋은 그림을 완성할 수 있을 것 같고, 월요일마다 꼭 불러주거든.

이제까지 그 집에서 그림그리는 일은 즐거웠지만, 점심이나 저녁을 먹으러 가는 건 좀 꺼려졌었어. 네 다섯 접시나 되는 식사를 준비하느라 가셰 의사가 많이 고생하거든. 나는 위가 약하니 서로 견디기 힘들지. 하지만 가셰 의사는 지난날 집에서 먹던 저녁식사를 떠올리는 듯하고, 나는 그런 기분을 잘 알므로 그리 불만을 말하지 않기로 했어.

한 접시―또는 많으면 두 접시―먹는 건 근대적 사고방식으로, 한편으로는 진보이고 다른 한편으로는 진정한 먼 고대로 돌아간 게 되지.

가셰 의사는 너와 나, 우리와 정말 비슷해.

페이롱 원장이 편지보내 내 소식을 물었다는 네 편지를 읽고 정말 기뻤어. 오늘 밤 편지써서 몸상태가 좋다고 알려줘야겠구나. 페이롱 원장은 나에게 친절하게 대해 준 결코 잊을 수 없는 분이야.

일본화를 가지고 있는 데물랭이 샹 드 마르스에서 여기로 돌아왔으므로 만나볼까 생각 중이야.

고갱의 데생을 바탕으로 내가 그린 《아를 여인》의 마지막 초상화에 대해 고갱은 뭐라고 했니? 이제 너도 보았을 텐데, 이제까지 내가 그린 그림 가운데 가장 괜찮다고 생각해. 가셰 의사는 기요맹이 그린 침대에 드러누운 여인 누드를 가지고 있는데, 정말 아름다워. 기요맹의 오래된 자화상도 있지. 우리가 그린 그림과 전혀 다르게 검지만 재미있어.

가셰 의사 집은 골동품점처럼 허접한 다양한 물건이 가득해. 꽃으로 꾸미거나 정물로 늘어놓기에 적당한 물건들이 모여 있어서 좋아. 가셰 의사를 위해 습작을 그려 현금은 아니지만 이 신세를 갚겠다는 의지를 표현하고 싶어.

블랙몬드 동판화로 된 어느 백작 초상화를 아니? 정말 걸작이었지.

타세 화방의 징크화이트 튜브 12개와 제라늄레이크 중간튜브 2개가 급히 필요해.

네가 책을 보내주는 대로 베르그의 습작을 모두——누드 화였는데——한 번 더 모사하고 싶어. 나는 그리는 속도가 빠르니 한 달이면 60매 모두 그릴 수 있을 거야. 수수료 대신 그것을 1점 주렴. 책에 얼룩을 묻히거나 더럽히지 않도록 조심할게. 지금 조화로움과 누드를 공부해 두지 않으면 나중에 곤란해질 거야. 네가 보기에는 바보스럽겠지만.

가셰 의사는 들라크루아의 《자비》를 바탕으로 그린 모사를 한참 본 뒤 같은 그림을 자신에게도 그려주지 않겠느냐고 부탁했어. 앞으로 모델 일로 도움을 많이 받게 될지도 몰라. 나를 잘 이해하고, 전혀 검은 속내 없이 예술을 위하고 사랑하며 자신의 모든 지성을 쏟아 내 작업을 도와준단다.

다른 초상화도 그리게 될 거야. 초상화 손님을 잡으려면 이제까지 그린 그림들을 보여줘야 해. 이로써 투자계획이 잡혔어. 몇몇 그림은 앞으로 애호가도 생기겠지.

최근 밀레 작품 등이 엄청나게 올랐다는 소문으로 사태가 악화되었어. 이로써 내가 그린 유화비용을 다시 벌 기회가 사라져버렸지.

현기증이 나는구나. 이런 일을 생각하면 정신이 아찔해. 그보다는 우정을 찾아 하루하루 살아가는 편이 나아.

아기는 건강하지? 너희 둘도 그러기 바라며, 곧 다시 만날 때까지. 악수.

빈센트

고흐가 빌레미나에게 22
1890년 6월5일 무렵

사랑하는 누이동생

내가 아직 생 레미에 있을 때 받은 2통의 네 편지에 진작 답장주어야 했는데 여행, 그림, 새로운 감동으로 하루하루 미루다 오늘이 되고 말았어. 네가 왈롱 병원에서 환자들을 돌본다니 정말 흥미로운 이야기구나. 배울 수 있는 가장 좋은 것, 가장 필요한 것들을 사람은 그렇게 배워가는 거겠지. 나는 유감스럽게도 그런 면에서 무지하여 아는 게 그리 없어.

테오와 재회하고 요한나와 아기를 처음 만날 수 있었던 건 내게 정말 기쁜 일이었어. 테오는 2년쯤 전 헤어졌을 때보다 기침이 심해졌지만, 가까이에서 이야기나누고 여러 모로 미루어볼 때 좋아 보였지. 요한나는 똑똑하고 착해. 갓난아기는 허약하지도 튼튼하지도 않아. 대도시에 산다면, 아내는 시골에서 출산하고 몇 달 동안 아기와 함께 그곳에서 지내는 게 좋을 거야. 하지만 초산은 특히 위험하므로 그들도 어쩔 수 없었겠지. 나는 그들이 이 오베르에 며칠 와서 지내면 좋을 거라고 생각해.

나는 여행과 다른 일들을 지금까지 탈없이 해왔고, 북쪽으로 돌아오니 기운이 넘쳐. 그리고 가셰 의사에게서 완전한 친구, 새로운 형제애 같은 뭔가를 발견했지. 그만큼 우리는 신체적 정신적으로 비슷해. 그는 신경질적이고 대단한 괴짜야. 그는 새로운 유파의 예술가들에게 자신이 줄 수 있는 모든 우정을 쏟으며 도움되어줘. 지난번에 그의 초상화를 그렸으며, 19살 된 그의 딸 초상화도 그릴 생각이야.

그는 몇 년쯤 전 아내를 잃고, 그 때문에 무척 풀죽었어. 우리는 곧바로 친구가 되어 한 주에 하루 이틀은 그의 집에서 지낸단다. 그 집 정원에서 이미 습작 2점을 그렸지. 1점은 알로에, 사이프러스 나무,*¹ 금잔화 등 남 프랑스 식물이 있는 그림이고, 다른 1점에는 백장미, 포도, 인물, 그리고 래넌큘러스 꽃이 있어.

지금은 커다란 마을교회 그림*²을 그리고 있어——단순하고 깊은 파랑과 순수한 코발트블루 하늘을 배경으로 건물이 보랏빛으로 보이고, 스테인드글라스 창이 푸른 울트라마린 얼룩점 같은 느낌이야. 지붕은 보라색인데 부분적으로 오렌지 색을 칠했지. 앞에는 꽃핀 풀들이 햇빛을 받는 핑크 빛 모래땅. 내가 누에넌에서 오래된 탑과 무덤을 그린 몇 점의 습작과 비슷하지만, 이쪽의 색채가 더 풍부하고 화려해.

생 레미에서 마지막 무렵 맹렬한 기세로 그림그릴 때, 특히 장미와 보라색 붓꽃 다발을 그렸었지. 그리고 테오의 아기와 요한나를 위해 그린 커다란 그림을 그들은 피아노 위에 걸어놓았어——하얀 아몬드 꽃이 피어 있는 그림으로,

---

*1 실제로는 알로에가 아닌 유카, 사이프러스 나무가 아닌 측백나무 종류이다
*2 《오베르 교회》.

푸른 하늘을 배경으로
한 커다란 꽃가지란다.
그들의 아파트에는 새로
운 《아를 여인》 초상화
도 있어.

내 친구 가셰 의사는
이 마지막 《아를 여인》
──이 그림을 모사한 1
점을 나를 위해 갖고 있
는데──과 내 자화상을
극찬했어. 나는 무척 기
뻤지. 그가 흥미로운 모
델을 찾아내 내 초상화
작업을 후원해 줄 거라
고 생각하기 때문이야.
내 열정을 자극하는 것
은 무엇보다도 초상화,
현대적 초상화란다.

▲《오베르 교회》

나는 현대적 초상화를 색채로 탐구하는데, 나만 이런 방법으로 탐구하는
건 아니겠지. 그러기를 바라. 제대로 그리려면 엄청나게 어렵지만, 나는 해내고
싶어. 1세기 뒤 사람들 눈에 살아 있는 것처럼 보이는 초상화를 그려내고 싶단
다. 나는 오늘을 살아가는 사람들을 사진처럼 똑같이 그리는 게 아니라 그 감
정적 표정을 통해 성격적 특성을 표현하는 수단으로서, 또 그런 효과를 고조
시키는 수단으로서 색채에 대한 우리의 근대적 식견과 센스를 이용해 초상화
를 그리려고 노력해.

가셰 의사의 초상화가 보여주는 얼굴은 과열된 벽돌색, 햇볕에 그을린 얼굴
에 적갈색 머리칼, 하얀 챙 달린 모자가 뒤에 보이는 푸른 언덕 있는 풍경으로
둘러싸였어. 그의 옷은 울트라마린──그 때문에 벽돌색 얼굴이 도드라져 보이
고 더 핼쑥한 느낌을 주지. 두 손──산부인과 의사의 손──은 얼굴보다 훨씬
창백해.

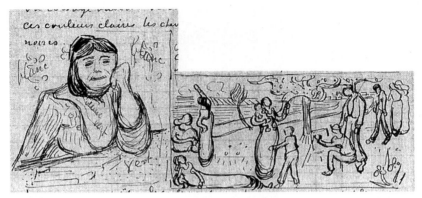

▲아를 여인　　　　　　　▲드 샤반느 그림 《예술과 자연 사이에서》 스케치

　그의 앞에 놓인 빨간 정원용 테이블 위에는 노란 소설책과 어두운 적자색 디기탈리스 꽃. 내 자화상도 거의 이런 식인데, 파랑은 남 프랑스의 미묘한 파란색이고, 옷은 옅은 라일락 색이야.

　《아를 여인》 초상화는 탁하고 윤기없는 피부색에 침착하고 소박한 눈, 검은 옷, 배경은 핑크 색, 초록색 책이 놓인 초록색 테이블에 팔꿈치를 괴고 있어. 하지만 테오가 갖고 있는 똑같은 주제의 그림은 핑크 색 옷에 노란빛 도는 흰색 배경이며, 풀어헤친 웃옷 앞부분은 하얀 모슬린이지만 차츰 초록색으로 변해가지. 이 밝은 색들 가운데에서 머리칼과 속눈썹과 눈만 검은 얼룩점을 이루고 있어. 스케치를 그렸는데 별로 신통치 않아.

　전람회에 드 샤반느의 훌륭한 그림 1점[1]이 전시되어 있어. 인물들은 옅은 색 옷을 입었으며, 현대 복장인지 고대 복장인지 알 수 없어. 한쪽에서는 그 흔한 길고 단순한 원피스를 입은 두 여인이 수다떨고, 다른 한쪽의 남자 화가들 가운데에서 한 여자가 가슴에 아이를 안은 채 꽃핀 사과나무에서 꽃 한 송이를 따고 있지. 한 인물은 물망초 파란색, 다른 하나는 옅은 레몬색, 또 다른 사람은 부드러운 핑크, 또 다른 사람은 흰색, 나머지 한 사람은 보라색이야. 땅바닥은 흰색과 노란 작은 꽃이 드문드문 핀 풀밭이란다. 저 멀리는 파란색이고, 하얀 마을과 강이 있어. 인류와 자연이 모두 단순하게 처리되어 있지. 이미 실현되어 있지 않다면 아마도 그런 모습이었을 것처럼.

＊1 파리 샹 드 마르스의 살롱전에서 본 《예술과 자연 사이에서》. 룰랭 미술관 소장.

이런 설명으로는 아무것도 말하지 않은 거나 마찬가지지──하지만 이 그림을 보면, 오래도록 바라보면, 우리가 믿고 바란 것들의 필연적이고도 호의적인 재생, 즉 아득히 먼 고대와 생기넘치는 현대의 기묘하고 다행스러운 만남을 보는 듯한 기분이 들 거야.

나는 안드리스와도 만나 기뻤어. 그는 건강하고 안정되어 보였으며, 예술적인 사항에 실로 올바른 판단을 내렸지. 내가 파리에 있는 동안 그가 와주어서 정말 기뻤어.

다시 너의 편지에 감사한다. 곧 또 편지하마. 마음 속에서 포옹을.

너의 빈센트

고흐가 테오에게 644
1890년 6월5일 이후

사랑하는 테오

네 편지와 그 안에 함께 넣어 보내준 50프랑, 고맙다.

보쉬와 작품교환한 건 정말 다행이었고, 지금쯤 무엇을 그리고 있을지 알고 싶구나.

요한나가 아프다는 소식을 들었는데 좀 괜찮아졌니? 그래, 최대한 빨리 와 주렴. 이곳 자연은 아름답고 아주 멋져. 그리고 나도 너희들을 무척 만나고 싶어.

이틀 전에 페이롱 원장 편지를 받았어. 여기에 그 편지를 함께 넣을게. 급사들에게는 10프랑쯤 주면 충분하다고 말해두었어.

지금 캔버스 천이 도착했지. 《붓꽃》은 잘 말랐고, 너도 무언가 느낌을 받으리라고 생각해. 그리고 장미, 보리밭, 산을 그린 작은 그림, 별이 빛나는 밤의 사이프러스 나무가 있지.

이번 주에는 16살 소녀의 초상화를 그렸어. 파란색 인물에 배경도 파란색이야. 내가 묵고 있는 곳 주인의 딸이지. 그녀에게 그 초상화를 주었으므로 너를 위해 그것을 대신할 15호 그림을 완성시켰어.

그리고 길이 50cm에 너비 1m인 긴 그림이 1점 있어. 보리밭인데, 그와 짝을 이루는 또 다른 1점은 숲을 그린 거야. 포플러의 라일락 색 줄기와 몇 종류의 푸른 풀에 장미색, 노란색, 흰색 등의 꽃이 달려 있지. 그리고 밤의 효과를 표현한 노란빛 하늘과 대조되는 새까만 배나무 2그루와 보리, 자주색을 띤 안쪽에 어두운 테두리로 감싸인 건물 그림이 있단다.

그 네덜란드 인*¹은 꽤 열심히 작업하고 있으며, 자신의 견해가 아주 개성적이라고 과신하고 있어. 대체로 케닝흐가 했던 것과 같은 습작을 그린단다——조금의 회색, 그리고 초록과 빨간 지붕, 하얀 길이 있는. 뭐라고 하면 좋을까?——돈이 있으면 물론 유화를 그리는 것도 좋지만, 그림을 팔기 위해 방법을 찾을 때 다른 사람들이 비교적 높은 가격에 그림을 팔므로 그가 유화를 그리기 시작한 것에 동정해. 다만 여기서 날마다 열심히 작업을 계속하면 언젠가 목적을 이룰 수도 있겠지. 혼자 있거나 작업을 거의 하지 않는 화가와 함께 있으면 분명 대단한 일은 해내지 못하리라고 생각해.

다음 주에는 가셰 양의 초상화를 그릴 예정인데, 어쩌면 시골아가씨가 한 명 더 와서 포즈를 취해줄지도 몰라.

보쉬가 작품교환해준 일은 무척 기뻐. 친구 사이였으니 저쪽은 그 그림에 전보다 꽤 많은 비용을 들였으리라고 생각해.

얼마 뒤 파리에 며칠 가 있고 싶어. 분명하게 말하면 쿼스트, 자넹, 그리고 또 다른 한두 사람을 만나기 위해서야. 너에게 쿼스트 작품이 1점 있으면 좋을 테니 분명 교환할 방법이 있겠지.

오늘 가셰 의사가 남 프랑스에서 그린 그림을 보러 오기로 했어.

아기의 미래를 축복하고 너와 요한나를 생각하며 악수보낼게.

[이 편지는 페이지 중간에서 끊겨 있다.]

고흐가 어머니에게 641a

1890년 6월12일 무렵

사랑하는 어머니

누에넨에 가셨을 때 많은 걸 다시 만나 그것들이 '전에 내 것이었던 데 감사하는' 듯 보였고, 이제는 그것들을 마음놓고 다른 사람에게 맡길 수 있을 것 같다고 쓰신 편지를 보고 감동했습니다.

마치 거울을 통해 보는 것처럼, 까닭은 알 수 없지만 모든 사물이 그런 느낌에 머물러 있습니다. 인생, 작별인사, 떠나는 이유, 뒤에 남는 걱정, 사람들은 이

---

*1 고흐와 함께 라부 여관에 묵고 있는 화가 히르시히.

런 것들을 잘 이해하지 못하지요.

저에게 인생은 앞으로도 고독할지 모릅니다. 제가 무엇보다도 애착느꼈던 사람들에 대해 그 그림자를, 저는 이유도 모르면서 거울을 통해 구분할 수밖에 없습니다.

그런데도 요즘 들어 종종 제 그림이 훨씬 조화로워진 데는 그럴 만한 이유가 있습니다. 그림은 그 자체로 한 사람의 몫을 합니다. 지난해 어딘가에서 읽었는데, 책을 쓰거나 그림그리는 일은 자식을 갖는 것과 비슷하다고 합니다. 하지만 그것을 제 상황에 빗대어 말할 생각은 없습니다. 그 마지막 세 번째가 가장 자연스러우며 좋다고 저는 늘 생각해 왔습니다——세 가지가 똑같다고 흔히들 말할지라도.

바로 그 때문에 제 그림을 아무도 이해하지 못한다 하더라도 저는 온 힘을 다해 노력하렵니다. 또 그것은 저에게 제 과거와 현재를 이어주는 유일한 연결고리지요.

이곳에는 화가가 많습니다. 이웃에 사는 미국인 가족은 밤낮없이 그림을 그립니다. 아직 그들의 그림을 못보았지만, 대개 아주 시시하지요.

테오와 요한나와 아기가 일요일에 이곳에 왔습니다. 우리는 가셰 의사 집에서 점심을 먹었습니다. 그때 저와 이름이 같은 아기는 처음으로 동물나라 친구들과 친구가 되었습니다. 그 집에는 고양이 8마리, 개 3마리, 그리고 암탉, 토끼, 거위, 비둘기 등이 우글우글합니다. 물론 아직 뭐가 뭔지 모르는 것 같습니다. 하지만 아기는 건강해 보였고, 테오와 요한나도 건강합니다. 전보다 훨씬 그들 가까이에 살고 있다는 걸 느끼고 저는 마음이 참으로 편안해졌습니다. 어머니도 곧 그들을 만나게 되시겠지요.

편지에 다시 감사드립니다. 어머니와 빌레미나의 건강을 빌며, 마음 속에서 포옹을.

사랑하는 빈센트 드림

고흐가 빌레미나에게 23
1890년 6월12일 무렵

사랑하는 누이동생

어머니께 보내는 편지에 너에게 할 말을 덧붙여둔다. 지난 일요일에 테오 가

족이 방문해 주었어. 그들과 멀지 않은 곳에 살아 정말 기쁜 마음이야. 요 며칠 빠르게 많은 그림을 그렸지. 현대의 삶에서 모든 것이 너무도 빨리 지나가버리는 모습을 표현하려고 했어.

어제는 빗속에서 커다란 풍경을 그렸는데, 높은 곳에서 내려다보는 드넓은 밭, 다양한 초록잎, 칙칙한 초록 감자밭, 규칙적으로 심어진 작물들 사이는 기름진 보라색 흙, 그 옆은 꽃들이 하얗게 핀 완두콩밭, 풀베는 남자의 작은 모습이 있는 분홍꽃핀 개자리*¹밭, 황갈색으로 무르익은 키큰 목초밭, 그리고 밀밭, 포플러나무들, 지평선에는 푸른 언덕이 이어지는 마지막 선, 그 밑을 초록 초목속에 가늘고 흰 연기꼬리를 끝없이 남기며 기차가 지나가지. 하얀 길 하나가 화면을 가로지르고 있어. 그 길 위에 작은 마차, 그리고 길가에는 새빨간 지붕을인 하얀 집들. 안개비가 전체를 파란색 선과 회색 선으로 경계짓고 있단다.

다른 풍경화도 있는데, 앞에 포도밭과 목초지가 자리하고 그 뒤에는 마을 집들의 지붕이 있어.

또 1점 있는데, 여기엔 푸른 밀밭밖에 없지. 이 밭의 끝은 나무가 한 그루밖에 없는 흰 담장으로 둘러싸인 하얀 별장이야.

나는 우울한 표정을 지은 가셰 의사를 그렸는데, 이 표정은 그림을 감상하는 사람들 눈에 어쩌면 찡그린 얼굴처럼 보일지도 몰라. 그래도 이런 그림을 그려야 해. 이렇게 그렸을 때, 사람들 눈에 옛날의 차분한 초상과 비교하여 지금의 우리 초상화에 표정이 얼마나 잘 표현되고, 거기에 얼마만큼의 정념과 기대와 외침 같은 것이 있는지 보이기 때문이야. 슬프지만 다정하며, 밝고 지적인 초상을 많이 그려나가야 해.

현대의 초상화 중에 앞으로 오래도록 볼 수 있을, 또 백년 뒤에는 아마 그립게 생각될 것들이 있어. 만일 내가 지금과 같은 식견을 지니고 지금보다 10년쯤 젊다면, 그런 것들을 그리고 싶은 야심에 얼마나 불탔을까! 지금 상태에서 대단한 건 할 수 없어. 내가 사귀고 싶은 사람들과는 교제가 없고, 어떻게 접근해야 할지도 모르지. 네 초상을 언젠가 꼭 그리고 싶구나.

너의 새로운 편지를 기다린다. 그럼, 곧 다시…… 마음 속에서 포옹을.

너의 빈센트

---

*1 콩과 두해살이풀. 높이 30~60cm로, 잎은 어긋나고 겹잎. 봄에 노란 잔꽃이 피고 열매는 용수철 모양의 협과(莢果)를 맺으며 거름, 목초로 쓰인다.

▲《오베르 풍경》(1890) 반 고흐
미술관, 암스테르담

▶《마차와 기차가 함께 있는 풍
경》(1890) 푸시킨 미술관, 모스
크바

오베르 쉬르 우아즈(1890년 5월~7월) 991

친애하는 고갱

다시 편지주셔서 고맙습니다. 사실 여기 온 뒤로 날마다 당신을 생각합니다. 파리에는 사흘 있었습니다. 파리의 소음이 너무 나쁜 인상을 주어 시골로 달아나는 게 내 머리를 위해 좋겠다고 판단했지요. 그렇지 않았다면 당신에게 달려갔을 겁니다.

당신 데생에 바탕해 그린 《아를 여인》이 마음에 들었다니 정말 기쁩니다. 당신 데생에 경의를 담아 충실히 그리려 했지만, 그 데생의 간소한 특성이며 양식 안에서 색채 해석은 자유롭게 했습니다.

이렇게 말해도 괜찮다면, 이 그림은 아를 여인의 종합입니다. 아를 여인의 종합적 그림은 흔치 않으니, 이 그림은 당신과 내 작품—즉 우리가 함께 그림 그렸던 모든 세월이라고 생각해주면 좋겠습니다. 이것을 그리느라 투병 중에 한 달이 걸렸지만, 나는 이 그림이 당신과 나만이 아닌 우리가 바라는 몇몇 사람들로부터도 이해받으리라는 것을 압니다. 이곳의 친구 가셰 의사는 몇 번 망설인 끝에 완전히 이해하고 "단순하다는 건 정말 어려운 일이군"이라고 말했습니다.

나는 이 작품을 부식동판으로 만들어 더욱 돋보이게 할 생각입니다. 그런 다음에는 원하는 사람이 가져가면 좋겠지요.

《올리브 밭》도 보았는지요? 지금 나에게는 우리 시대의 슬픈 표정을 한 가셰 의사 초상화가 있습니다. 이렇게 말해도 괜찮다면, 《올리브 동산의 그리스도》가 사람들 이해를 받기 위한 작품이 아니라고 당신이 말했던 것과 어딘지 비슷합니다. 아무튼 거기까지는 나도 당신을 따라갈 것이고, 내 동생도 이런 뜻을 잘 이해하고 있습니다.

내가 저쪽에서 했던 마지막 시도로 사이프러스 나무 한 그루와 별이 하나 있는 그림도 있습니다—밤하늘에 빛나지 않는 달, 지상에 드리운 어두운 그림자 안에서 겨우 얼굴을 내밀고 있는 가느다란 초승달—별은 과장된 빛을 내고 있다고도 말할 수 있고, 울트라마린 하늘에 부드러운 핑크와 초록색 빛을 발하며 구름이 지나고 있습니다. 아래쪽 길가에 키큰 노란 갈대가 있고, 그 뒤에 야트막한 푸른 알핀 산맥, 창문에 오렌지 색 등불을 켠 오래된 여관 하나, 그리고 높이 곧게 뻗은 시커 먼 사이프러스 나무 한 그루.

길에는 흰 말이 끄는 노란색 마차 한 대와 귀가길이 늦어진 산책하는 두 사람. 로맨틱하다고 말할 수도 있겠지만, 이 또한 프로방스의 풍경이라고 나는 생각합니다. 나는 이 그림과 다른 풍경과 모티브 등 프로방스의 추억이 될 만한 것을 부식동판으로 만들 생각인데, 그때는 좀 의도적이고 정성들인 총체적인 것을 당신에게 선물하고 싶습니다. 동생 말로는, 몽티셀리 작품에 기초한 석판화집을 만들고 있는 로제가 그《아를 여인》초상화를 보고 좋은 그림이라고 말했답니다.

파리에 도착했을 때 정신이 없어 아직 당신 그림을 보지 못했습니다. 하지만 얼마 뒤 파리로 돌아가서 볼 생각입니다. 당신이 드 한과 함께 브르타뉴로 돌아갔다니 무척 기쁩니다. 당신이 허락한다면 바닷가 풍경을 몇 점 그리기 위해——아니, 당신과 재회하고 드 한과 친구가 되기 위해 그쪽으로 찾아가 한 달쯤 함께 지낼 수도 있습니다. 그렇게 되면, 우리가 줄곧 그렇게 했더라면 아마도 그런 결과가 되었을 어떤 표현의도를 담은 장중한 작품이 나오도록 함께 노력하고 싶습니다.

이것은 당신 마음에도 들 착상이겠지요.

나는 이런 식으로 밀밭 습작을 몇 점 그리고 있는 중입니다. 그런데 스케치가 잘 되지 않는군요. 있는 것이라곤 청록색 밀알과 줄기, 반사광으로 핑크와 초록색 리본처럼 보이는 기다란 이파리뿐, 씨앗은 가루처럼 핀 꽃 때문에 옅은 핑크로 둘러싸여 살짝 노랗게 변했습니다——아래쪽에는 줄기를 칭칭 감은 분홍색 메꽃.

이런 생생하고도 조용한 배경 위에 초상화를 그리고 싶습니다. 다양한 질감의 초록색이지만 색값은 같아서 그 결과 전체가 하나의 초록색이 될 것이고,

그런 초록색의 출렁임은 산들바람에 흔들리는 기분좋은 밀알의 속삭임을 상상하게 해줄 겁니다. 이런 색감을 내기는 쉬운 일이 아니지요.

빈센트

고흐가 테오에게 645
1890년 6월 중간무렵

사랑하는 테오

적어보내는 필요한 물감들은 다음달 첫무렵에 보내주렴. 아니면 다른 편한 때라도 괜찮아. 며칠 빠르든 늦든 지장없으니까요.

어제와 그저께 가셰 양의 초상화[*1]를 그렸어. 머지않아 너에게 꼭 보여주고 싶구나. 드레스는 붉은색, 막다른 벽은 초록색에 오렌지 색 점들이 찍혀 있어. 붉은색 융단에도 초록색 점이 찍혔고, 피아노는 진한 보라색이며, 화면은 높이 1m에 너비 50cm야.

내가 유쾌하게 그려낸 초상화이지만, 꽤 어려웠어. 다음 번에는 작은 오르간을 바라보는 포즈를 취해 준다고 그녀는 약속했지. 너를 위해 1점 그리도록 할게.

이 그림은 가로로 긴 화면의 보리밭 그림과 대조해 보면 좋을 거야. 한 그림은 세로로 긴 분홍색, 또 하나의 가로로 긴 그림은 짙은 초록과 노랑을 사용하여 분홍과 반대색을 나타내지.

하지만 서로를 끌어당기는 그림——자연의 단편적인 모습과 다른 하나 사이에 신비로운 관계가 형성되고 있음을 사람들이 이해하기까지는 아직 멀었어. 만일 누군가 이를 느낀다면 그것만으로도 엄청난 일이지. 다음과 같은 이익들을 누릴 수 있는 거야——화장에도 밝고 아름다운 색의 조화가 이루어져, 예를 들어 지나가는 사람 초상화를 그린다면 과거 어느 시대보다 아름다울 것이며, 현재에도 자연 속에는 자연과 예술 사이에 드 샤반느 작품의 아름다움이 깃들어 있다는 것을.

---

*1 고흐는 이 그림에서 '단색 공간'의 미학을 전개, 발전시키고 있다. 그 완성도는 비야르의 '나비파' 화풍의 초상화와 대등하며, 뒷날 마티스가 '장식적 배경 앞의 장식적 인물'이라고 이름붙인다. 다시 말해 인물이 마치 오브제(상징적 대상)처럼 그려지고, 변형이 가능한 존재로서 조형공간에 도입된 것이다.

어제는 두 모델을 만났어. 어머니는 짙은 양홍색 드레스를 입고, 그 딸은 엷은 분홍 옷에 아무 장식 없는 노란 모자를 쓴 건강해 보이는 시골풍 인물로 내리쬐는 햇볕에 그을린 모습이었지. 어머니 얼굴은 특히 빨개진 상태로, 머리칼은 까맣고 귀에 다이아몬드 두 개가 달려 있었어. 들라크루아의 《성모의 교육》이라는 작품을 떠올리게 해. 얼굴 표정은 상드가 하던 생각이 드러나고 있는 듯하지. 들라크루아의 《조르주 상드의 반신상》이라는 그림을

▲피아노 치는 가셰 양과 오베르의 밭 스케치

아니? 〈일러스트레이션〉 잡지에 머리짧은 목판화가 실리기도 했었지.

너와 요한나에게 온 마음을 담아 악수보낼게. 아가의 행운을 빌어.

빈센트

테오가 고흐에게 39
1890년 6월30일~7월1일

사랑하는 형님

우리는 무척 걱정했습니다. 아기 상태가 몹시 좋지 않지만, 다행히 스스로도 불안해하던 의사가 어제 요한나에게 "당신들이 아기를 잃는 일은 없을

겁니다"라고 말했다고 합니다.

파리에서 구할 수 있는 가장 좋은 우유도 그야말로 독입니다. 지금 아기에게 좋은 당나귀젖을 먹이고 있습니다. 하지만 벌써 며칠 동안 밤낮없이 괴롭게 울어대어 어찌할 바 모르겠고, 무엇을 해주어도 병이 악화될 것만 같습니다. 이런 괴로운 이야기를 형님은 들은 적도 없을 겁니다. 이것은 우유가 신선하지 않아서가 아니라, 사료와 젖소의 사육방법 때문입니다. 정말 무섭습니다. 점점 나아가고 있어 우리가 얼마나 기쁜지 형님도 짐작되겠지요.

형님도 잘 아시겠지만, 요한나는 훌륭했습니다. 진정한 어머니입니다. 하지만 그녀는 무척 지쳐 보입니다. 그녀가 체력을 회복하고 새로운 시련을 만나지 않도록 해야 할 텐데……

다행히 지금은 잠들었지만, 잠결에도 신음하는데 저는 해줄 게 없습니다. 아기도 잠들어, 만일 아기가 그녀를 몇 시간쯤 자게 내버려둔다면 둘 다 방긋 웃으며 눈뜰 텐데 하는 생각이 듭니다. 요즘 그녀에게 인생은 너무 가혹합니다. 우리는 뭘 해야 할지 알 수 없습니다. 문제는 많습니다. 같은 아파트의 2층으로 이사해야 할까? 오베르나 네덜란드로 가야 할까?

나는 내일을 꿋꿋하게 살 수 있을까?——내가 하루 종일 일한다 해서 다정한 요한나에게 돈걱정을 시키지 않을 수도 없는데…… 모두 저 구두쇠 부소와 발라동이 나를 신입사원처럼 부려먹어 이렇게 쪼들린다고……

나는 이해득실없이 부업도 하지 않아 돈이 없는데, 이런 상황을 그들에게 말해야 할까? 그들이 거부한다 해도 결국 그들에게 말해야 할까? 이제 결심해야겠습니다——내 그림가게를 차리겠다고. 형님에게 편지쓰는 동안, 이것이 나의 할 일이라는 결론에 이른 것 같습니다.

어머니, 요한나, 형님, 나——우리 모두가 좀더 절약하며 산다 해도 큰 도움은 되지 않을 것입니다. 그러기는커녕 형님도 나도 먹고살기 바쁜 불쌍한 처지가 되겠지요. 그보다는 용기를 내는 편이 출세할 수 있고, 한 입 먹을 때마다 빵의 무게를 신경쓰는 상태보다 훨씬 안전하게 우리의 의무와 해야 할 일을 할 수 있을 것입니다.

형님은 어떻게 생각하십니까? 나를 위해, 또는 우리를 위해 고민은 하지 말아주십시오. 나를 가장 기쁘게 하는 일은 형님이 건강하게 훌륭한 그림을 그리는 것임을 알아주시기 바랍니다. 형님은 지나치게 격렬한 열정을 불태우고 있습니다. 우리는 앞으로 긴 싸움에 임해야 합니다. 명문가의 늙은 말들에게 던져주는 메꿔리 따위 먹지 않고 우리는 평생 싸우게 될 것입니다. 이러지도 저러지도 못할 때까지 쟁기끄는 괴로운 생활을 하게 될 것입니다. 그렇지만 시간에 따라 태양이나 달을 즐길 수도 있겠지요. 나는 저 오베르의 늙은 상인처럼 팔걸이의자에 다리를 맞대고 앉아 있기보다는 그편이 좋습니다.

형님, 건강에 최선을 다해 주십시오. 나도 한껏 신경쓰겠습니다. 우리의 머릿속에 가득하여 잊을 수 없는──데이지, 갈아엎은 새 흙덩이, 봄에 싹틔우는 딸기나무가지들, 겨울추위에 떠는 벌거숭이 나뭇가지들, 맑고 청명한 푸른 하늘, 구름 많은 가을하늘, 단조로운 겨울 잿빛하늘, 백모님 정원 위에 떠오르던 태양, 스헤베닝언 바다로 잠기는 붉은 태양, 아름다운 여름밤 또는 겨울밤의 달과 별──무슨 일이 있어도 그것이 우리의 직업입니다.

그것으로 충분할까요? 아니, 나에게는 아내가 있습니다. 그리고 진심으로 언젠가 형님도 이런 이야기를 주고받을 아내를 갖게 되기 바랍니다. 나는 이따금 말이 없어지고 머릿속이 하얘지는데, 분명 먼 옛날에서 유래한, 모두로부터 사랑받던 우리 아버지와 어머니가 발견해내신 싹──그것이 성장해 가는 것을 아내를 통해서 느낍니다. 그 결과 나는 적어도 어엿한 성인이 되어──내 아들이 살아갈 수 있도록, 내가 그를 돕도록, 그가 어엿한 한 사람으로 성장하도록 할 수 있을 것입니다.

형님은 자신의 길을 발견했습니다. 사랑하는 형님, 형님의 마차는 이미 단단히 고정되고 튼튼합니다. 나는 사랑하는 아내 덕분에 내 길이 보이기 시작했습니다. 형님은 마음 편히 계십시오. 사고가 일어나지 않도록 자신의 말을 잘 잡고 계십시오. 가끔 얻어맞는 채찍쯤 나한테는 아무것도 아닙니다.

형님이 그린 가셰 양 초상화는 분명 훌륭할 겁니다. 빨리 보고 싶군요. 배경의 작은 오렌지 색 얼룩점도!

풍경 스케치를 보면 매우 아름다운 작품이 상상됩니다. 빨리 보고 싶습니다. 페이롱 원장 편지는 좋았습니다. 그들은 역시 친절한 사람들입니다. 얼마 뒤 요한나의 상태가 좀더 좋아지고 아기도 회복하면 우리 집에 오셔서 며칠쯤, 적어도 일요일*1을 합하여 며칠 동안 지내면 좋겠는데, 어떻게 생각하는지요?

---

*1 테오는 7월5일 토요일에 갑자기 '일요일 첫기차로 와 달라'고 형에게 편지한다.

살롱전은 끝났지만, 못봐서 아쉬울 것 없습니다. 우리는 함께 코스트의 그림을 보러 갈 테니까요. 정말 아름다운 그림입니다. 너무 크지만 않다면, 그 그림을 불바르의 가게 진열창에 걸어도 될지, 함께 가서 부탁해 봅시다. 나는 꼭 그렇게 하고 싶으며, 형님 작품도 정말이지 반드시 필요합니다. 두 사람의 작품이 같이 있어야만 합니다. 코스트의 그 아름다운 그림을 나에게 알려준 것은 형님이니까요. 기억하시는지요?

전에도 말했듯 나는 코로의 그림을 샀는데, 멍청한 부소와 발라동이 그런 그림을 대체 누가 사겠느냐고 했지요. 그것을 테르스티흐가 메스다흐에게 5000의 이익을 남기고 팔았습니다. 메스다흐는 무척 기뻐하며, 그와 비슷한 다른 그림도 사고 싶으니 찾아달라고 아르노르트&트립에 편지보냈답니다. 나에게는 기쁜 소식이었지만, 부소와 발라동은 내일도 바뀌지 않겠지요.

사랑하는 형님, 물감을 보냈습니다. 형님에게 악수를 보냅니다. 아기와 엄마가 조용히 자고 있어서 기쁩니다.

테오

덧붙임 : 오늘 아침 잠에서 깨어나서도 내 생각은 변함없습니다. 굳게 마음 먹었지요. 무엇보다도 먼저 넓은 아파트를 빌릴 생각입니다. 아기는 푹 자고 나서 오늘 아침 건강합니다. 그럼, 안녕히.

고흐가 테오에게 647
1890년 7월7일

사랑하는 테오[1]

모두 어찌할 바 모르고 힘들어하는 것 같으니, 우리가 놓인 상황에 충분히 명확한 결론을 내리려 고집부리는 건 그리 중요한 일이 아닌 것 같구나.

의견이 부딪치는데도 네가 무리하게 일을 밀어붙이려는 듯 보여 꽤 놀랐어. 이런 때 내가 뭘 할 수 있겠니——아마 없겠지——그런데 내가 무슨 잘못이라도 한 걸까? 나는 너희가 바라는 대로 할 수 있을까?

---

[1] 7월6일 일요일에 파리의 테오 집을 방문한 고흐는 로트렉과 오리에 등을 만났다. 그때 테오가 구필 상회를 그만두고 요한나의 오빠 안드리스와 동업하겠다는 계획에 두 사람의 아내가 모두 반대하여 의견이 갈렸다.

마음 속에서 다시 한 번 굳은 악수를. 너희를 만나 정말 반가웠어. 이 점은 안심하기를……

빈센트

고흐가 테오와 요한나에게 649
1890년 7월10일 무렵

사랑하는 테오와 요한나에게

요한나의 편지[*1]는 나에게 복음서처럼, 내가 파리에서 너희들과 함께했던 우리 모두에게 힘들고 괴로웠던 시간, 그로 말미암은 고뇌[*2]로부터 나를 구원해 주었어.

우리 모두 나날의 빵조차 구하지 못할지도 모른다고 느끼는 시기이니만큼, 이건 사소한 일이 아니야. 또 이와 다른 몇 가지 이유에서 우리 삶이 위태롭다고 느끼는 점에서도 사소한 일은 아니지.

여기로 돌아온 뒤 나는 무척 슬픈 마음이 들었고, 너희를 위협하는 폭풍우가 나에게도 닥쳐오려는 것을 줄곧 느꼈단다.

어떻게 해야 좋을까? 나는 늘 쾌활하게 지내려고 노력해. 하지만 내 인생은 위협받고, 다리도 후들거리지. 내가 너희의 짐이 되고 두려운 존재가 되지 않을까 하는 두려움을——얼마쯤——느끼고 있어. 하지만 요한나의 편지를 읽으니, 나도 너희와 똑같이 육체적 정신적 고통을 견디고 있음을 너희가 잘 이해해 주는 걸 분명 느낄 수 있었단다.

이곳으로 돌아온 뒤 다시 그림그리기 시작했어——손에서 거의 붓을 놓기 직전이었지만——내가 뭘 바라는지 잘 알므로 3점의 커다란 캔버스를 완성했지. 그 그림으로, 나는 흐린 하늘 아래 끝없이 넓은 보리밭에서 극도의 슬픔과 고독을 거침없이 표현하려고 했어. 얼마 뒤 너희도 볼 수 있을 거야. 최대한 빨리 파리의 너희에게 가져갈 생각이거든. 이 그림이 내가 말로 표현할 수 없는 것——내가 시골에서 보는 건강에 좋은 것, 활력을 주는 것들을 너희에게

[*1] 요한나는 자신과 아기의 존재도 형제 사이를 결코 갈라놓을 수 없으니 힘내라고 격려의 편지를 보냈다.

[*2] 자신은 동생에게 늘 짐이었고, 그것을 덜어주려 노력해도 끝내 헛수고였다고 생각한 고흐는 다시금 극도의 불안감에 사로잡혀 있었다.

오베르 쉬르 우아즈(1890년 5월~7월) 999

말해주리라는 생각이 들어.

세 번째 것은 도비니의 정원에서 그린——이곳에 온 뒤로 내내 생각했던 그림이야.

예정된 여행이 조금이나마 너희의 위로가 되어주기를 진심으로 바란다.

나는 가끔 아기 생각을 해. 온 신경의 힘을 쏟아 그림그리기보다는 아이들을 키우는 편이 좋을 것 같지만, 어쩔 수 없잖니? 되돌리거나 뭔가 다른 것을 바라기에는 이제 내 나이가 많은 게 아닌가 싶어. 그런 욕망은 사라졌지만, 그런 것에 대한 정신적 고뇌는 아직 내 안에 남아 있지.

기요맹을 만나지 못한 건 유감스럽지만, 그가 내 그림을 봐준 일은 기뻐. 만일 내가 그를 기다렸다면 그와의 대화에 빠져 기차를 놓쳤을 거야.

너희에게 행운과 건투를, 그리고 더 많은 번영을 기원하고, 아울러 어머니와 빌레미나에게 내가 늘 두 사람을 생각한다는 말을 전해주기 바란다. 그리고 오늘 아침 두 사람의 편지를 받았으며, 곧 답장하겠다는 것도.

마음 속에서 악수를.

빈센트

덧붙임 : 이곳으로 돌아와 아를에서 보내온 짐 운송비[1]를 내는 바람에 돈이 곧 바닥날 것 같아. 이번 파리 방문은 좋은 기억으로 남았어. 몇 달 전에는 친구들을 다시 만날 수 있으리라는 기대조차 못했었지. 그 네덜란드 여성[2]은 무척 재능이 있다고 생각했어. 로트렉의 그 그림, 여성음악가의 초상이 놀랍도록 훌륭해서 나는 감동하며 감상했단다.

고흐가 어머니와 빌레미나에게 650
1890년 7월10~14일 무렵

---

[1] 1889년 4월 끝무렵부터 카페의 빈 방에 보관돼 있던 가구 가운데 침대와 린넨류와 거울을 파리로 보내주도록 부탁했으나, 건강상 이유로 지누 부부가 카페 운영을 지배인에게 맡겨 차일피일 미루었다. 그 사실을 안 고흐의 독촉편지를 받고 지누 부인이 지배인에게 지시해 7월 첫무렵 오베르의 고흐에게로 발송되었다. 그가 숨지기 22일 전의 일이었다. 그 답례로 노란 집의 아틀리에에서 모델 작업할 때 쓰였던 고갱의 팔걸이 의자를 지누 부인에게 주었고, 그녀가 죽은 뒤 조카딸 마르그리트에게 남겨졌다.
[2] 조각가 사르 드 스와르트.

사랑하는 어머니와 빌레미나에게

친절한 편지, 진심으로 감사합니다. 정말이지 너무나 반가웠습니다. 현재 저는 지난해보다 더 안정적인 상태라고 느낍니다. 실제로 머릿속의 불안과 동요도 많이 진정되었지요. 사실을 말하면, 정든 옛집을 다시 한 번 볼 수 있다면 이런 효과가 있을 거라고 언제나 생각했답니다.

가끔 어머니와 빌레미나를 생각합니다. 다시 한 번 꼭 보고 싶습니다.

빌레미나가 병원으로 일하러 다닌다는 것, 수술도 생각만큼 나쁘지 않다니 다행입니다. 고통을 줄이는 수단을 그녀는 높이 평가하는 셈이고, 많은 의사들이 솔직하고 현명하게 선의를 가지고 일하는 목표도 바로 거기에 있기 때문입니다. 제가 사물을 주의깊게 관찰하고 신뢰하는 것 또한 그런 이유에서지요.

어머니 말씀처럼, 정원에서 일하고 꽃이 자라는 것을 지켜보는 것은 건강을 위해 참으로 필요한 일입니다.

저는 언덕을 배경으로 한 드넓은 밀밭에 완전히 마음을 빼앗기고 있습니다. 바다처럼 광활하고 미묘한 노란색, 오묘한 연초록색, 갈아엎어 김을 맨 땅의 신비한 보라색, 거기에 꽃핀 감자의 초록색이 규칙적으로 얼룩무늬가 되어 찍힌 이 모든 것이 미묘한 파랑, 하양, 분홍, 제비꽃색 하늘 아래 있습니다. 저는 너무도 큰 고요한 기분, 그런 것을 그리기에 어울리는 기분에 잠겨 있습니다. 어머니와 빌레미나가——테오와 요한나가 더불어 즐거운 나날을 보내며 건강한 아기를 부지런히 돌보는 모습을 나처럼 지켜볼 수 있게 되기를 진심으로 바랍니다.

안나의 아이들도 많이 컸겠지요.

오늘은 이만 줄이겠습니다. 그럼그러러 가야 합니다. 마음 속으로 모두에게 포옹을.

빈센트

고흐가 테오에게 651
1890년 7월24일

사랑하는 테오

오늘 너의 편지, 그리고 동봉한 50프랑, 정말 고맙다.

너에게 할 말은 많지만, 아무 의욕도 없고 모두 소용없다는 생각이 들어.

오베르 쉬르 우아즈(1890년 5월~7월) 1001

네가 그 나리들*1과 다시 만날 때, 그들이 너에게 호의적이기를 기대해.*2

네 가정의 평화에 대해 나는 평화가 유지될 가능성도, 그것을 위협하는 폭풍우도 함께 느낄 수 있어.

나는 내가 아는 얼마 안되는 프랑스 어를 잊지 않도록 노력해야 해. 나로서는 양쪽의 확정적이지 못한 논의 속에서 그 시시비비에 관여해 본들 아무 도움되지 못할 거라고 여겨. 아무튼 내가 관여할 일은 아닌 것 같아.

이곳에서는 모든 것이 빨리 진행돼──안드리스와 너와 나는 그 점을 아직 잘 모르는 게 아닐까? 그것을 부인들*3보다 잘 깨닫지 못하고 있는 게 아닐까? 그녀들이 바라는 것──결국 냉정한 머리로 대화하는 것, 그것을 생각도 하려 하지 않아.

나는 지금 모든 주의를 집중해 그림에 몰두하고 있어.*4

나는 내가 좋아하고 감탄하는 몇몇 화가들과 마찬가지로 좋은 그림을 그리려 노력하고 있어.

이곳으로 돌아와 내가 느낀 것, 그것은 화가들이 점점 더 궁지에 빠지고 있다는 사실이야.

뭐, 좋아──하지만 화가조합이 유용하다고 그들을 이해시키려 노력할 시기는 이미 지나버린 게 아닐까? 한편 비록 화가조합이 생기더라도, 다른 조합이 도산한다면 이 조합도 무너지고 말 거야.

너는 인상파를 위해 그림상인들이 힘을 합치리라고 말할지도 모르지만, 일시적일 거야. 개인이 의견을 제시해도 헛수고로 끝날 테고, 그런 경험을 한 사람이 과연 다시 그 일을 시작하려고 할까?

고갱의 브르타뉴 작품이 아름다운 것을 확인할 수 있어서 정말 기뻐. 그가

---

*1 부소와 그의 아들 에티엔.
*2 고흐가 네덜란드의 테오에게 보낸 편지(현재 남아 있지 않음)를 요한나가 파리로 보내주어 테오는 19일에 받는다. 21일, 테오는 부소 부자를 만나, 전에 한 말을 거두고 가게에 남겠다는 결심을 전한다. 테오는 그날 아내에게, 다음 날에는 어머니와 빌레미나에게 그 사실을 전했는데, 그 소식을 아직 듣지 못했음을 고흐의 이 말은 나타내고 있다. 그러나 테오는 안드리스가 사업문제에서 손뗐다고 알린 14일 편지로 형이 사정을 다 알았으리라 생각하고 있었던 것 같다.
*3 요한나와 안드리스의 아내 안나.
*4 오베르에서의 그의 제작 속도는 놀라울 만큼 광적이어서 죽기 전 마지막 71일 동안에 무려 80여점의 그림을 그렸다.

오베르 쉬르 우아즈(1890년 5월~7월) 1003

▲《도비니의 정원》 스케치

거기에서 그린 다른 그림들도 역시 아름다울 거라고 생각해.

여기에 동봉할 도비니의 정원 스케치를 보면, 이건 특히 내 의도를 꼼꼼히 표현한 그림 가운데 하나야. 그리고 오래된 초가지붕집 스케치 1점과 비내리는 드넓은 밀밭을 그린 30호 스케치 2점을 함께 보낼게.

히르시히가 부탁한 물감목록은, 네가 나에게 보내준 같은 물감가게의 것으로 보내달라는구나. 타세 화방에서 그에게 물감을 직접 보낼 경우 20퍼센트 깎아줘야 해. 이건 간단한 일이야. 아니면 나에게 오는 소포에 함께 넣고 청구서를 보내 금액이 얼마인지 내게 말하면, 그가 너에게 돈을 보낼 거야.

이곳에서는 좋은 물감을 구할 수 없어. 나는 주문을 최소화했어. 히르시히도 이제 사정을 좀 알기 시작한 것 같아. 그는 나이든 초등학교 선생님 초상화를 그려 본인에게 주었지. 또 그는 풍경습작을 몇 점 그렸어. 그것들은 네 그림가게에 있는 케닝흐의 작품과 비슷하며, 특히 색채가 매우 흡사해. 곧 그것과 똑같은 게 되든지, 우리가 함께 본 푸르만의 작품처럼 될 거야.

그럼, 또 다음에…… 건강하기를, 그리고 일에서도 행운을 빈다. 요한나에게 안부전하고, 마음 속에서 악수를.

너의 빈센트

덧붙임 : 《도비니의 정원》——앞쪽은 초록과 핑크 풀밭, 왼쪽에 초록과 라일락 색 떨기나무 덤불과 벌채로 잎이 하얗게 바랜 섶나무 가지들. 중앙은 장미 꽃밭. 오른쪽에는 울타리와 흙담, 그 담 위쪽에 보라색 잎달린 개암나무 한 그루.

그리고 라일락 울타리, 한 줄로 심어진 동그란 모양의 노란 보리수. 뒤쪽에 있는 집은 핑크이고, 지붕은 푸르스름한 기와. 벤치 하나와 의자 3개, 노란 모자에 검은 옷 입은 인물 하나, 그리고 앞쪽에 검은고양이 한 마리. 옅은 초록색 하늘.

고호가 테오에게 652[1]

1890년 7월24일

사랑하는 테오

너의 친절한 편지와 동봉된 50프랑, 정말 고맙다.

여러 가지로 너에게 쓰고 싶지만, 모두 소용없다는 생각이 드는구나.

네가 그 나리들과 다시 만날 때 그들이 너에게 호의적이기를 기대해.

네 가정이 평화롭다며 나를 안심시키려 했지만, 그럴 필요 없어. 나는 좋은 면도 봤지만, 동시에 다른 면도 봤지——게다가 아파트에서 아이를 기르는 게 너에게도 요한나에게도 무척 힘든 일이라는 데 전적으로 동감해. 중요한 일이 잘 되어가고 있는데, 중요하지 않은 일에 내가 구애받을 리 있겠니?

물론 모두들 더 냉정한 머리로 문제를 논의할 기회를 갖기까지는 시간이 걸릴 거야. 지금 내가 할 수 있는 말은 이 정도밖에 없어. 나는 어떤 공포를 느끼며 이것을 인정했단다. 나는 그것을 이미 숨기지 않고 전했지. 하지만 실제로 그것이 모두야.

다른 화가들은 그것에 대해 어떻게 생각하는가 하면, 지금의 거래에 대한 논의로부터 떨어져 있으려는 태도를 본능적으로 취하고 있지. 그래서 사실상 우리는 그림으로밖에 말하지 못하는 거야.

사랑하는 테오, 이런 건 있지. 너에게 늘 말했듯——가능한 최선을 다하여 온 정신을 담아 해온 노력이 모든 것을 말해 주는 진지한 이야기로서 다시 한 번 말하면——너는 코로의 작품[2]을 사고파는 단순한 그림상인이 아니야. 또

---

[1] 첫머리 여백에 '형의 품 속에서 나온 편지, 7월29일'이라고 테오가 연필로 기록해 놓았다. 이것을 고쳐써서 보냈던 '고호가 테오에게 651'이 고호의 마지막 편지가 된다.

[2] 7월14일, 테오는 형에게 편지로 급료인상요구가 관철되지 않으면 독립하겠다고 선언한 지 일주일 지났지만 아무 대답 못들었다고 전하고, 그동안 그토록 믿었던 안드리스가 아내의 설득으로 결정적 순간에 비겁하게 발을 뺐다고 알렸다. 그리고 다음 날 아내와 아기를 데리고 어머니를 찾아뵙고, 16일에 메스다호와 코로의 그림을 거래한 뒤 디아즈의 그림을 가지고 안트베르펜으로 갈 예정이라고 썼다. 테오는 19일에 파리로 돌아왔다. 요한나와 아기는 암스테르담의 친정집에서 지내다 8월3일 파리로 돌아온다.

오베르 쉬르 우아즈(1890년 5월~7월) 1005

너는 나를 통해, 파국을 맞을 때조차 평정을 유지하는 그림제작에 참여한다
는 생각을 내가 늘 하고 있음을 거듭 말해두마.

우리의 사정이 그러하고, 많든 적든 위기를 맞은 순간 내가 너에게 말할 수
있는 가장 중요한 점은 모두 거기에 있으니까. 작고화가와 생존화가에 대한 그
림상인들 사이의 사태가 몹시 긴박한 요즘은 더욱 그렇지.

나 자신의 일이지만, 나는 거기에 내 목숨을 걸었고, 내 이성은 그 일로 거
의 무너졌어. 그건 괜찮아. 하지만 너는 내가 아는 한 세상에 흔한 그림상인이
아니란다. 또 너는 참으로 인간미를 갖고 행동하며 자신의 입장을 선택할 수
있지. 난 널 그렇게 보고 있어. 하지만 어떻게 하면 좋을까?

고흐가 숨진 뒤 테오는 쉬임없이 흐느껴 울었다.

다음 날 고흐는 마을 공동묘지에 묻혔다. 고흐의 그림도구도 하얀 천으로 덮
여 그의 관 옆에 나란히 놓였다. 안드리스, 탕기 영감, 베르나르 등 친구들이 작
별인사하러 왔다. 가셰 의사는 해바라기 꽃다발을 가져왔다. 테오는 '형이 너무
나 그립소. 모든 것이 형을 생각나게 하오'라고 아내에게 써보낸다.

고흐가 숨진 한 달 반 뒤 테오는 파리의 같은 구역 안에서 이사하여 베르나
르의 도움을 받아 형의 그림전시회를 열었다──'뒤랑 뤼엘은 전람회 개최를 강
하게 거부했고, 지금으로서는 우리 집 벽에 되도록 많이 걸어놓는 것 말고는 형
의 작품을 보고 싶어하는 사람들 바람을 이루어줄 방법이 없습니다.'

작품진열준비는 순조로웠다. 작품을 다 늘어놓자 집 안은 마치 박물관 진열
실 같았다., 고흐가 생전에 편지에서 이야기했던 구상에 따라 하나의 그림과 그
옆 그림의 색이 노래부르듯 늘어섰다. 노란색이 조화로운 그림을 파란색 옆에 두
고, 초록그림은 빨강그림과 나란히 두는 식으로…… 초록색 《룰랭 부인 초상》은
노랑 해바라기와 오렌지 색 태양 사이에 끼어, 마치 시골교회의 황금색 촛대 사
이에서 빛나는 성모상 같았다.

모든 준비가 끝나자 베르나르는 창 밖의 집들이 보이지 않도록, 또 친구에게
바치는 이 공간에 친밀감을 더하기 위해 창문에 《씨뿌리는 사람》《양치기》《짚더
미》를 휘발유로 그린 다음 인두로 지져 그림그려진 유리처럼 꾸몄다. 이 목가적
인 그림들로 고흐가 시골에 품은 애정을 요약해 본 것이었다.

전시그림에 대한 반응은 상당히 긍정적이었다. '나의 그림들이 팔리지 않아도

▲고흐 작품전시회 포스터 암스테르담 시립미술관, 암스테르담(1905)

▲고흐의 죽음을 알리는 부고장

어쩔 수 없어. 하지만 언젠가 지금보다 훨씬 크게 인정받는 날이 오게 될 거야'라고 했던 고흐의 말은 옳았다. 그는 죽기 얼마 전에 평론가와 다른 미술가들로부터 찬사를 받기도 했다. 피가르 거리에 있는 테오의 아파트로 안내된 친구와 예술가들은 모두 고흐의 색채감과 창조력, 열정과 화가로서의 개성적인 성격을 인정했다. 베르나르는 작품을 사진으로 찍어 예약제로 배포했다.

전시회가 끝난 뒤 테오는 사직서를 내고 가족과 함께 네덜란드로 떠나[1] 파리의 아파트는 방치되었다.

얼마 뒤 형의 죽음으로 마음에 상처입은 테오는 실성하여 쇠약해지고 온몸이 마비되었다. 진단은 매독의 뇌 침범에 의한 마비성 치매와 극심한 망상을 일으키는 정신착란증 및 우울증이었다. 그는 곧 아내인 요한나마저 알아보지 못할 지경이 되었다. 정신병원에 입원한 테오는 1891년에 뇌졸중으로 쓰러졌고, 구토와 고열을 보이다 코마 상태에 빠져 1월25일 밤 11시30분에 숨지고 말았다. 그는 위트레흐트의 소에스트베르헨 묘지에 묻혔다.

이윽고 요한나는 그림들을 네덜란드로 보내달라고 베르나르에게 부탁했다. 잔혹한 비극이 일어난 파리를 꺼려해 프랑스로 돌아올 마음이 없음을 헤아려 베르나르는 그림들을 직접 챙겨 보내주었다.

----

*1 그즈음 피사로가 아들 루시앵에게 '테오는 미쳐버리기 전에 몸이 병든 것 같아. 일주일 내내 화장실에도 못가더구나……'라고 편지쓰고 있다.

▲암스테르담 요한나의 집

암스테르담에 가까운 뷔심에서 요한나는 게스트하우스를 열었다. '아름다운 집입니다. 제 생애 가장 행복한 시간을 보낸 파리의 아파트보다 훨씬 넓어 아기와 그림들과 제가 편안히 살 수 있게 되었습니다. 다락방과 어두운 빈 방에 캔버스가 방치되었던 파리에서와 달리 집 안이 온통 그림들로 아름답게 꾸며졌지요. 시간되면 네덜란드에 오셔서 제가 그 그림들을 관리하는 모습을 봐주세요'라고 베르나르에게 써보낸다.

요한나는 남편이 이루지 못한 뜻을 실현하기 위해 매우 열심이었다. 베르나르에게 600프랑을 보내 고흐의 전시회를 열어달라고 부탁했다. 그러나 그때는 화랑도 적고 비용도 많이 들어 그 돈으로는 아무것도 할 수 없었다. 베르나르는 친구가 운영하는 부트빌 화랑에서 무료전시회를 열기로 했다. 작품이 모두 네덜란드로 보내졌으므로 탕기 영감이 가진 그림들을 빌려 14점의 카탈로그를 만들어 한 달 동안 전시했다.

이때 고갱의 태도가 이상했다. 베르나르의 전시계획을 듣자 그는 자신의 제자이며 하인과도 같았던 네덜란드 화가 드 한을 서둘러 파리로 보내 이 전시회 준비를 막으려 했다. 고갱은 미치광이의 작품을 세상에 전시하는 일에는 전혀 관심없으며 베르나르와 종합파 사람들이 경솔한 움직임에 휘말리고 있다고 주장했다. 중상을 목적으로 하는 이런 견해에 귀기울일 필요없다고 판단한 베르나르는 자신의 계획을 실행에 옮겼지만, 큰 반향은 얻지 못했다. 전에 고흐를 소개한 적 있는 오리에는 드 한에게 말려들어, 〈메르퀴르 드 프랑스〉 잡지에 전시에 대해 한 글자도 쓰지 않았다.

한 달 뒤 베르나르는 전시작품을 내렸다. 친구로서의 의무를 다했다고 그는 생각했다.

그 전시회 뒤 베르나르는 《노란 책》《몽마르트 언덕 정원》과 몇 가지 습작 소품을 앵데팡당 전에 출품했다. 조금씩 반향이 나타나기 시작했다.

오리에는 〈메르퀴르 드 프랑스〉 잡지에 눈길가는 기사를 썼고, 친구와 동료들을 이 일에 끌어들였다. 열정과 색채와 서정으로 기사를 편집하고 시심(詩心)으로 아름답게 꾸몄다.

얼마쯤 학문적이며 회화에 대한 지식이 부족함에도 잠재성있는 비평가였던 오리에는 고흐의 데생에 반하고 문장에 마음빼앗겨 '사파이어와 터키석을 닮은 눈부시게 선명한 하늘은 눈을 멀게 하는 독기가 오르는 뜨거운 나락의 유황 속에서 빚어졌다. 마치 녹은 금속 같은 이 하늘은 빛을 내며 타오르는 태양을 땅에 내던진다. 가능한 모든 빛의 세찬 흐름, 상상도 할 수 없는 화로에서 발산된 불타는 답답한 공기…… 사이프러스 나무에 불길이 이는 불길한 모습, 열정적으로 비틀어져 웅크린 집들, 사람들은 루비, 마노, 오닉스, 벽옥, 다이아몬드, 금록석, 자수정, 옥수(玉髓)의 섬광에 취한다'라고 기고만장하게 썼지만, 불행하게도 죽음이 그를 앗아가버렸다.

19세기 끝무렵, 29살 싱글맘 요한나의 삶은 그리 쉽지 않았다. 그래도 그녀는 어린 아들 빈센트 빌렘을 위해 열심히 일하고 미술품을 모으고 거래했다. 그리고 고흐의 작품과 드로잉 전시회를 열었다. 수입을 얻고, 고흐의 그림을 널리 알리기 위해 그녀는 정기적으로 작품을 팔았다. 그 가운데 《별이 빛나는 밤》은 전세계적으로 널리 알려졌다.

1901년 요한나는 화가 코헨 고스호크와 재혼했다. 그리고 가족과 함께 고흐의 수많은 그림과 민그림을 가지고 암스테르담으로 이사했다.

요한나 덕분에 고흐의 작품은 점차 널리 알려지게 되었다. 1905년 암스테르담 시립미술관에서 고흐 작품 472점을 전시했다. 〈뉴스 반 데 와흐〉 신문은 다음과 같이 썼다——'빈센트와 테오 반 고흐 형제의 삶과 그들이 기울인 노력을 안다면, 그리고 인상파 화가들의 특성을 안다면……또 미술계의 다른 병증들을 이해한다면, 이 전시회는 매우 특별한 게 될 것이다'

고흐가 세상떠난 뒤 형의 훌륭한 편지들을 책으로 엮어 세상에 알리고 싶어했던 테오의 소망도 요한나는 수행했다. 그녀는 테오에게 더 가까이 다가가고 싶어서 그 일을 했다고 나중에 말했다——'그것들 속에서 내가 찾던 것은 빈센트가 아닌 테오였다'고.

편지 출간은 매우 수고로운 작업이었다. 편지로 가득찬 서랍장이 파리에서 암스테르담으로 옮겨졌다. 그 안에는 몇백 통의 편지가 들어 있었다. 고흐는 편지에 날짜를 거의 쓰지 않아, 맨먼저 날짜순서로 편지를 분류해야 했다.

그런 다음 기록들 사이의 사사로운 논쟁이며 가족이야기 등 민감한 문제들은 생략하고 모두 타이핑해 옮겼다. 그리고 고흐에 대하여 가능한 많은 것들을 찾아내기 위해 친지며 친척들에게 끈질기게 물어보았다. 그녀가 고흐를 알고 지낸 시기는 얼마 안되었기 때문이었다.

그리하여 마침내 1914년에 《빈센트 반 고흐 : 동생 테오에게 쓴 편지》가 책으로 나왔다. 그뒤 베르나르와 라파르트가 자신들이 받은 편지를 저마다 따로 간행했다.

같은 해에 요한나는 테오를 오베르 쉬르 우아즈에 있는 고흐 옆에 나란히 묻어주었다. 이로써 두 형제는 마침내 다시 만나게 되었다.

고흐는 자연주의자였다. 그는 태양과 공기와 매미와 천국을 좋아했다. 자신의 이젤을 어디에든——미스트랄이 휘몰아치는 길 위며 밭 한가운데 세웠다. 그는 가수가 음계를 차례로 노래부르듯 색채를 탐했다. 시시각각 느끼는 기쁨을 노랑, 오렌지, 초록, 파랑, 빨강, 보라로 노래했다. 그는 조용한 시골에 갑자기 나타나 마음내키는 대로 물감 튜브를 만지작거리고 눌러서 새로운 캔버스 위에 짜내는 일에 열중했다. 네덜란드를 갈색으로 그리고, 몇 년 뒤 분광파(分光派) 화가로서 몽마르트르와 그 정원을 그렸으며, 마지막에 맹렬한 기세로 남 프랑스와 오베르 쉬르 우아즈의 아름다운 풍경과 인물을 임파스토 기법으로 그렸다. 그의 데생은 유화의 붓질 아래 숨거나 변형되었지만, 새로운 색채조합에 의해 희귀한 조화를 찾아내어 저마다 생생하고 훌륭하게 그 성격을 부여해 재현했다.

고흐가 죽은 20년 뒤 그의 작품은 너무나 유명해져서, 수집가들은 그 작품에 거액의 돈을 지불했다. 위작들도 많이 나돌았다.

1925년 요한나가 죽은 뒤, 아버지가 세상떠날 때보다 더 나이많은 엔지니어가 된 테오의 아들 빈센트 빌렘이 고흐의 모든 작품을 상속했다. 1930년에 그는 암스테르담 시립미술관에 많은 그림들을 빌려주고, 열정적으로 고흐의 작품을 모으기 시작했다. 그는 그 그림들을 오랜 대여기간으로 네덜란드 정부에 빌려주었다.

네덜란드 건축가 헤리트 리트펠트가 디자인한 암스테르담 국립미술관의 빈센트 반 고흐 전시관이 1969년 지어지기 시작하여 1973년에 문을 열고, 1999년에는 또다른 전시관이 그 옆에 새로 문을 열었다.

가족 다음으로 고흐의 그림을 가장 많이 소장한 곳은 크뢸러-밀러 미술관*1이다.

이로써 살아생전 가난에 허덕이던 고흐의 그림은 뒷날 무한한 가치를 지닌 것으로 세상사람들에게 인정받아 네덜란드 브라반트의 준데르트에서 출발해 영국, 벨기에, 프랑스를 거쳐──오늘날 유럽 뿐 아니라 온 세계로 쉬임없이 여행하고 있다.

---

*1 독일인 헬렌 크뢸러-밀러는 네덜란드 인 남편의 지원 아래 1908년부터 1929년에 걸쳐 19~20세기 작가들 작품을 수집해 그 소장품이 하나의 미술관을 이룰 만하다고 판단되자 네덜란드 정부에 소유권을 기증했다. 정부는 데 호혜 벨뤼베(De Hoge Veluwe 국립공원 안에 부지를 마련하고 헨리 반 데 벨데(Henry Clemens van de Velde)에게 설계를 의뢰해 미술관을 건립해 1938년에 개관했다. 쿠르베, 밀레, 도미에 등의 1860년대 작품으로부터 인상파와 신인상파를 거쳐 입체파에 이르는 작품들을 소장하고 있다. 고흐 작품은 유화 91점과 종이에 그려진 180여 점이 소장되어 있다.

고흐 연보

김유경 엮음

빈센트 반 고흐의 그림을 올바로 이해하기 위해서는 무엇보다 그의 삶을 살펴 보는 것이 중요하다. 특히 그가 언제 어디에서 머물러 지냈는지에 따라 화풍이 달라져갔다. 그 연보를 정리해 적는다.

1851년 테오도루스 반 고흐 목사, 벨기에 국경과 가까운 브라반트 지방 준데 르트 마을에서 왕실 소속 제본사의 딸 안나 코르넬리아 카벤투스와 결혼하다.

1852년 3월30일, 첫아들 빈센트 빌렘 태어난 얼마 뒤 숨지다.

1853년 3월30일, '두 번째 빈센트', 빈센트 빌렘 반 고흐 태어나다.

1857년 5월1일, 둘째아들 테오도루스(테오) 태어나다.

1861년 준데르트에 있는 공립학교에 입학하다. 4년 동안 공부한 뒤 제벤베르 헨에 있는 사립 기숙학교로 옮겨 영어, 프랑스 어, 독일어를 배우다.

1866년 틸뷔르흐(Tilburg) 중등학교에 입학.

1868년 중학교를 그만두고 준데르트로 돌아오다.

1869년 빈센트 백부가 아돌프 구필과 함께 만든 구필 화랑 헤이그 지점에서 8월1일부터 수습사원으로 일하다. 이곳에서 자신의 재능과 열정을 높이 사준 테르스티흐를 만나다.

1871년 아버지 테오도루스 목사, 헤르포르트 교구로 옮겨가다.

1872년 8월, 동생 테오와 편지를 주고받기 시작하다. 테오는 이때 헤르포르트
에서 8km 떨어진 오이스터베이크에 있는 학교에 다니고 있었다.

1873년 테오, 1월1일부터 구필 화랑 브뤼셀 지점에서 일하다.
8월, 고흐는 런던 지점으로 옮기다. 하숙집 딸 외제니 로이어에게 사
랑을 고백하지만 거절당하다.
11월, 형의 후임으로 테오가 헤이그 지점에 오다.

1874년 10월, 첫사랑의 실패로 우울해하는 고흐를 빈센트 백부가 파리 지점
으로 옮겨주어 12월까지 지내다 런던으로 돌아오다.

1875년 5월, 파리 본점으로 다시 가지만 이미 일에 흥미를 잃고 성경 연구와
미술관 견학에 열중하다.
10월, 아버지 테오도루스 목사, 브레다에 가까운 에텐 교구로 옮겨
가다.

1876년 4월1일, 파리 본점장 부소가 허락없이 네덜란드로 돌아가 크리스마스
휴가를 지내고 고객들에게 친절하지 않다는 이유로 일을 그만두도록
통보한다.
4월17일, 런던에 가까운 램스게이트의 스톡스 기숙학교에서 교사로
일하다.
7월, 성직에의 꿈을 품고 런던에서 존스 목사의 전도사로 일하지만,
여러 가지 좌절을 겪고 12월에 부모님 곁으로 돌아가다.

1877년 1월, 빈센트 백부의 추천으로 도르드레흐트의 브라트 씨 서점에서 일
한다. 서점의 사무책상에 앉아 성서를 여러 언어로 옮기며, 아버지와

같은 목사가 되어야겠다고 결심한다.

5월9일, 신학 공부를 하도록 아버지께 허락받고, 신학대학 입시준비를 위해 암스테르담으로 가다. 얀 백부집에 머물며 열심히 공부하지만 마침내 포기하고 만다.

1878년 7월, 목사의 길을 단념하고 복음전도사가 되기 위해 벨기에 북쪽 플랑드르 지방 라켄의 브뤼셀 전도사 양성소에 들어가다. 석 달의 수습기간 뒤 벨기에 남부 탄광지대 보리나주로 떠나다.

1879년 1월 중간무렵, 6개월 임시전도 허가서를 받고, 보리나주의 몽스에 가까운 밤므로 가다. 광부들을 위해 열정적으로 헌신하며, 틈틈이 그들을 데생한다.

7월, 그의 지나친 열정적 헌신이 그리 바람직하지 못하다는 판정을 받아 임시전도 허가가 연장되지 못하다. 그뒤 고흐의 관심이 화가의 길로 기울어진다.

8월, 퀴엠으로 옮겨가, 그림을 그리는 데 몰두한다.

11월, 테오가 파리 본점으로 옮겨가 능력을 인정받고 급여가 오른다.

1880년 7월, 동생 테오가 처음으로 50프랑을 송금해 준다. 그에 대한 감사편지로 한동안 중단되었던 편지왕래가 다시 시작된다. 프랑스 북쪽 쿠리에르로 도보여행한 뒤 부모님 집으로 돌아간다.

10월, 되도록 빨리 팔리는 작품을 그리기 위해 브뤼셀 미술학교에서 공부하다. 여기서 화가 안톤 반 라파르트와 친구가 되다. 교사들이 테크닉을 너무 강조하고 석고 모형을 그대로 그리도록 시키는 데 싫증을 느낀다.

1881년 4월, 에텐의 집으로 돌아온다. 반 라파르트와 편지를 주고받고 서로 방문하며 함께 그림에 대해 토론하다.

이해 여름, 남편을 잃고 아들과 친정으로 돌아온 외사촌누이 키 보스에게 사랑을 느끼지만, 그녀는 그 마음을 받아주지 않는다.

11월28일, 키 보스를 만나러 암스테르담으로 가서 헤이그 파 화가인 사촌 매형 안톤 마우베 집에 크리스마스 때까지 머물다. 마우베의 조언에 따라 처음으로 유채 습작과 수채 초상화를 그리다.

12월25일, 키 보스를 향한 사랑을 포기하지 못하여 아버지와 충돌하고, 에텐을 떠나 헤이그로 와서 자리잡다.

1882년　1월, 테오의 원조와 마우베의 가르침 덕분에 그림이 나날이 좋아지다. 그러나 석고 모형 그리기를 거부하며, 존경하던 마우베와의 사이가 나빠지다. 가난한 사람들을 많이 그리며 인물공부를 하다. 키 보스에 대한 사랑의 좌절로 임신한 거리의 여인 시엔을 만나 연인관계가 되다. 시엔을 모델로《슬픔》등의 걸작을 여러 점 그린다.

6월, 매독으로 헤이그 시립병원에 입원하다.

8월4일, 아버지가 누에넨 교구로 옮겨가다. 고흐는 유화에 관심이 많아지고, 누에넨 교회를 그리다. 또 처음으로 석판화를 그리며, 영국잡지《그래픽》잡지에 실린 판화들에 열중하다.

1883년　9월, 삶의 방식 차이로 시엔과 헤어져 네덜란드 북서부 드렌터로 가다. 그곳 풍광이 마음에 들어 자리잡고 싶으나 고독을 견디지 못해 12월 첫무렵 누에넨의 집으로 돌아오다.

1884년　1월17일, 빈센트는 요양 중인 기차에서 내리다 넘어져 대퇴부 골절상을 입은 어머니를 정성껏 보살피다.

5월 끝무렵, 라파르트가 찾아와 열흘쯤 머물며 함께 방직공 등을 그리다.

여름, 이웃에 사는 마호트 베헤만이 고흐를 사랑하게 되지만, 두 집안이 반대하자 그녀는 자살을 시도. 이 사건에 당혹하지만 상처입지는 않다.

이해, 에인트호번의 금은세공사 헤르만스의 집 식당을 꾸밀 장식 패널을 그리다. 방직공과 농민을 소재로 한 습작을 여러 점 그리다.

10월, 라파르트가 다시 찾아오다.

1885년   1~2월, 모티브를 찾아헤매다 잠시 들른 농부 그루트의 집에서 가족들이 옹기종기 모여 식사하는 모습을 보고 《감자먹는 사람들》의 데생이 시작된다.

3월26일, 아버지가 세상떠나다. 사이좋지 않았지만 매우 슬퍼하다.

4~5월, 가족들과의 불화로 교회 관리인 샤프라트네 집의 방 두 개를 빌려 아틀리에로 꾸미고 첫 유화 인물 대작 《감자먹는 사람들》에 전념하다.

9월, 그의 모델이었던 농부 그로트의 딸 고르디나가 아기를 낳자 그 아기 아버지가 고흐라며 가톨릭 사제가 그를 비난하다. 그뒤 모델을 구하지 못해 주로 정물이나 새둥지 등을 그리다.

10월, 암스테르담 국립미술관에서 렘브란트, 할스, 루벤스에게 감명받다.

11월, 마을사람들의 배척으로 아틀리에를 비워주게 되어 존경하는 루벤스의 고향 안트베르펜으로 떠나다. 안트베르펜 거리의 다채로움에 취하다. 항구 상점에서 일본풍속판화를 보고 수집을 시작하다. 루벤스 그림에 심취하고 그 영향을 받아 암적색과 코발트 블루 등을 쓰게 되다. 또한 지난날 들라크루아를 열중시킨 색채법칙을 연구하다.

1886년   1월18일, 지금까지 교본으로만 접해온 해부학 기초를 다지기 위해 아카데미에 입학하고, 그의 초상화를 그린 미국인 리벤스와 알게 되다.

3월, 아카데미의 교육방식에 실망해 안트베르펜을 떠나 동생이 사는 파리의 몽마르트르 코르몽 아틀리에로 가서 배우기를 결심하다.

4~5월, 코르몽 아틀리에에서 베르나르, 러셀, 앙케탱, 로트렉, 기요맹과 사귀다. 또 피사로, 시냑, 고갱과도 교류하다. 석 달만에 코르몽 아틀리에를 나온다. 그뒤 한동안 정물화와 풍경화만 그리며 색채를 다루는 기술 향상에 힘써 차츰 색조가 밝아진다.

여름, 테오는 파리의 주식중개인 안드리스 봉허와 독립된 그림상점을 열려고 했지만 자금조달 실패로 계획을 접는다.

1887년   봄, 몽마르트르 언덕 아래 탕기 영감 화방에 작품을 전시하게 되다.

쇠라와 시냑 등 점묘화 전시작품을 접하고, 고흐의 작품이 차츰 점묘와 짧은 선으로 구성되는 경향을 보인다.

빙 화랑에서 본 일본풍속판화에 마음 빼앗겨 클리쉬 거리의 탕부랭카페에서 일본풍속판화전을 연다. 이에 자극받은 베르나르와 앙케탱이 점묘에서 전환해, 색채에 농담을 주지 않고 일정한 톤의 색면으로 윤곽을 그리는 '클루아조니슴(종합주의)' 기법을 시도하게 된다. 또한 그곳에서 4월에 고갱, 앙케탱, 로트렉 등과 '프티 불바르 화가' 합동전시회를 열다.

1888년 한때 파리에 열광했던 고흐에게 파리의 매력이 차츰 그 빛을 잃었다. 2월20일, 새로운 빛을 찾아 남 프랑스로 훌쩍 떠나, 가는 도중 눈길을 사로잡은 아를에 머문다.

5월, 라마르틴 광장 2번지의 '노란집'을 빌려 자리잡는다. 생트 마리 바닷가, 몽마주르 폐허, 크로 평야 등 아를 주변 풍경화, 꽃핀 과수원, 해바라기, 붓꽃, 초상화, 사는 집 그림과 야경 등 고흐의 대표작들이 차례로 그려진다.

열심히 작업하는 한편 자신의 노란집에 고갱을 중심으로 '예술가 공동조합'을 만들기 위해 힘쓴다.

10월20일, 고갱이 아를에 도착하다. 처음에는 마음 따뜻한 공동생활이었지만, 차츰 그 분위기는 무너지고 두 사람 사이가 나빠지다.

12월23일, 두 사람의 불화로 고갱이 집을 나가자 면도칼로 자신의 한쪽 귀를 잘라내다. 고흐는 발견 직후 병원에 보내지고, 고갱의 전보를 받고 달려왔던 테오와 함께 고갱은 파리로 떠난다.

1889년 1월7일, 아직 불면증과 두통이 남아 있지만 우편부 룰랭과 사르 목사의 보살핌을 받으며 아틀리에로 돌아가, 다시 맹렬하게 그림을 그리기 시작하다.

1월 중간무렵, 테오와 요한나의 약혼소식이 전해지다.

2월7일, 발작을 일으켜 병원 격리실에 수용되다. 17일에 잠시 귀가했으나 26일에 다시 발작을 일으키자 주민들이 청원서를 내어 시장이 그를 요양원에 입원시키다.

3월24일, 시냑이 그를 병문안와서 둘이 함께 폐쇄되었던 노란집에 잠시 들른다.

4월17일, 테오가 결혼하다.

4월21일, 의사 페이롱이 원장으로 있는 생 레미 정신병원으로 보내주도록 테오에게 부탁하다.

5월8일, 생 레미에 도착하자 곧 병원 정원과 그 언저리를 열심히 그리기 시작하다.

7월5일, 요한나의 임신 소식이 들리다.

7월8일, 아를을 방문한 뒤 8월 중순무렵까지 발작이 계속되다. 브뤼셀에서 열리는 '20인회'에 출품을 권유받다.

12월24일, 다시 발작을 일으키다.

1890년   1월, 고흐의 작품에 주목한 알베르 오리에의 기사가 잡지 《메르퀴르 드 프랑스》에 실리다. '20인회'에 출품했던 《붉은 포도밭》을 외젠 보쉬의 누나 안나가 400프랑에 사다.

1월23~30일, 다시 발작을 일으키고 다음날에 테오의 아들이 태어나 빈센트 빌렘 반 고흐로 이름지어지다.

2월, 몇 번의 안정기를 거쳐 5월 중순까지 계속된 발작이 다시 일어나다. 그림물감까지 먹으려 하다.

3월19일, 앵데팡당 전시회에 10점의 작품을 내놓다.

5월17일, 생 레미 정신병원을 나와 파리로 가서 테오의 집에 잠시 머물다.

5월21일 피사로가 소개한 가셰 의사가 있는 오베르 쉬르 우아즈로 가다. 그곳의 라브 여관에 머물며 그림그리다.

7월27일, 테오에게 아들이 태어난 뒤로 자신이 동생의 짐이 되고 있는 게 아닐까 하는 불안에 시달리던 고흐는 야외에서 그림을 그리던 중 자신의 가슴을 권총으로 쏘다.

7월29일, 고흐는 새벽에 숨을 거두어 30일, 오베르의 공동묘지에 묻히다.

9월, 테오는 파리의 아파트에서 고흐의 작품전시회를 열다. 전시회에 온 친구와 예술가들은 고흐의 색채감, 창조력, 열정, 화가로서의 개성을 인정하다.

10월, 테오가 정신착란을 일으켜 요한나는 테오를 네덜란드로 데려가다.

1890년 1월, 베르나르가 기획한 반 고흐 회고전을 고갱이 반대하고 나서다.
1월21일, 테오가 세상을 떠나다(1914년에 고흐 옆으로 옮겨 묻히다).
20인회, 그리고 3월에 앵데팡당전, 4월에 화랑 르 발 드 구필에서 추도전시회 열리다.

1901년 파리의 화랑 베르냉 죈에서 처음으로 대규모 유작전(71점)이 열리다.

1905년 암스테르담 시립미술관에 고흐 작품 472점이 전시되다.

1907년 4월29일, 빈센트와 테오의 어머니(88세) 세상을 떠나다.

1914년 《빈센트 반 고흐 : 동생 테오에게 쓴 편지》가 책으로 되어 나오다.

2019년 한국에서 '고흐 영혼의 편지'—테오, 라파르트, 베르나르, 고갱 및 그 밖 사람들에게 보낸 고흐의 편지들을 모두 모아 김유경이 옮겨엮은 최초 완역판에 고흐의 대표작들을 수록 출간되다.

김유경

숙명여자대학교 미술대학 서양화 전공(부전공 영문학) 졸업
창작미협전「정월」특선 목우회전「주왕산」입상
지은책
「김유경 회화 작품집」
「조선 열두달 이야기」
「빨강머리 앤 인생방법」
옮긴책
「잉걸스·초원의 집」총8권
「몽고메리·빨강머리 앤」총10권
「몽고메리·앤스북스」총10권

World Book 280
Vincent Willem van Gogh
LETTRES DE VINCENT VAN GOGH À EMEL BERNARD
VERZAMELDE BRIEVEN VAN VINCENT VAN GOGH

고흐 영혼의 편지

빈센트 반 고흐/김유경 옮겨엮음

1판 1쇄 발행/2019. 3. 1
발행인 고정일
발행처 동서문화사
창업 1956. 12. 12. 등록 16-3799
서울 중구 다산로 12길 6(신당동 4층)
☎ 546-0331~6 Fax. 545-0331
www.dongsuhbook.com

사업자등록번호 211-87-75330

ISBN 978-89-497-1706-7　04080
ISBN 978-89-497-0382-4　(세트)